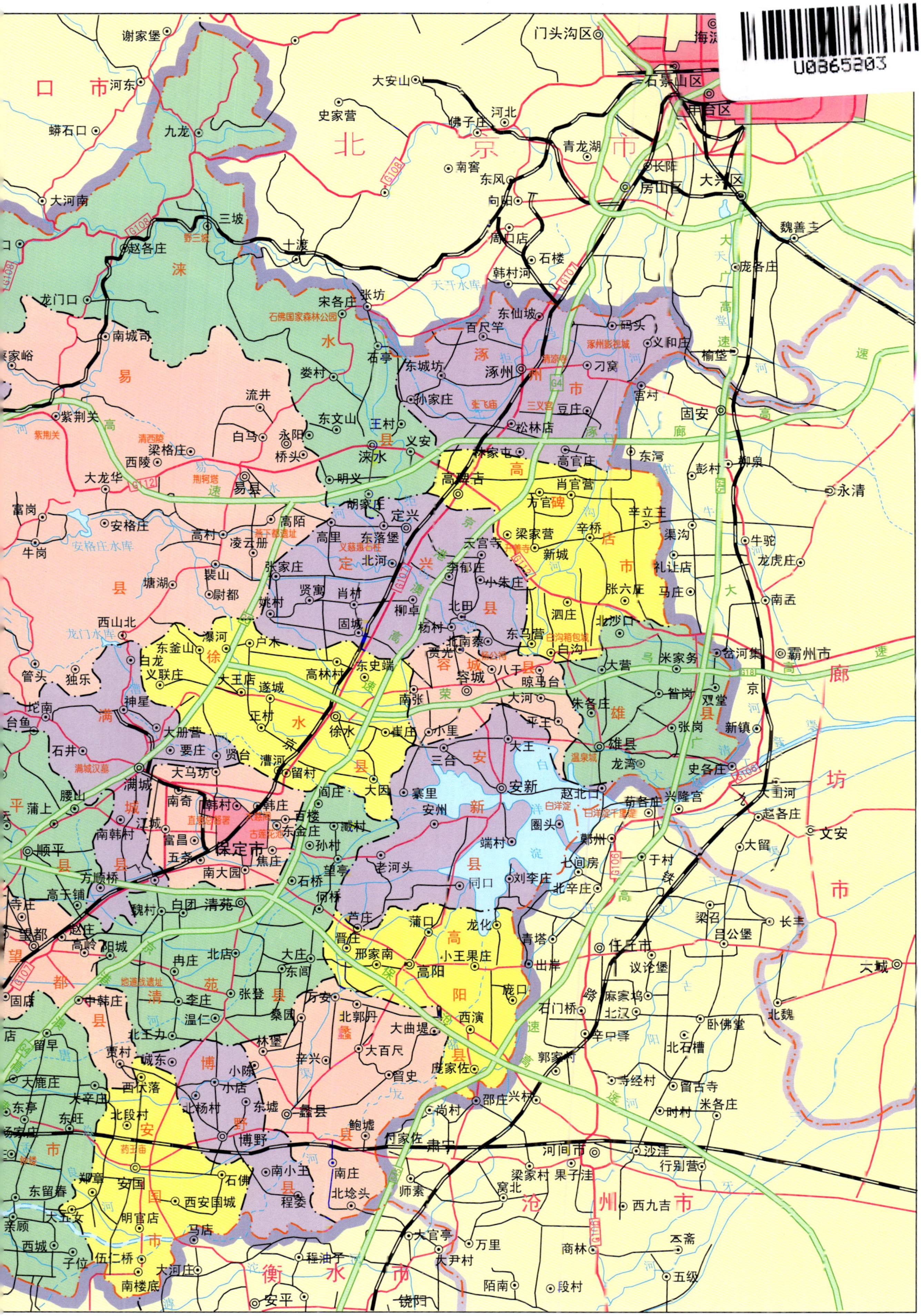

北京市
门头沟区
石景山区
丰台区
大兴区
房山区
长阳
口市
谢家堡
河东
蟒石口
九龙
大河南
三坡
赵各庄
野三坡
涞
水
龙门口
南城司
易
县
紫荆关
高
速
流井
白马
永阳
桥头
西陵
梁格庄
清西陵
荆轲塔
易县
大龙华
富岗
安格庄
安格庄水库
牛岗
塘湖
西山北
龙门水库
管头
独乐
大安山
史家营
河北
南窖
东风
向阳
周口店
石楼
韩村河
天开水库
十渡
宋各庄
张坊
石佛国家森林公园
娄村
东文山
王村
涞水
明义
义安
布亭
百尺竿
东仙坡
东城坊
涿州
孙家庄
松林店
豆庄
刁窝
码头
义和庄
涿州影视城
清凉寺
三义宫
张飞庙
青龙湖
高官庄
肖官营
方官
梁家营
辛桥
碑
店
市
新城
张六庄
北沙口
泗庄
东马营
白沟
白沟箱包城
高碑店
高阳
凌云册
裴山
尉都
高村
张家庄
姚村
贤寓
肖村
固城
定兴
东落堡
北河
义慈惠石柱
高里
胡家庄
定
兴
柳卓
杨村
北田
小朱庄
李郁庄
天宫寺
北南蔡
东釜山
白龙
义联庄
瀑河
户木
徐
大王店
遂城
正村
水
漕河
留村
徐水
崔庄
高林村
东史端
贾光
容城
八于
晾马台
南张
大河
平王
小里
三台
大王
安
新
县
安新
寨里
安州
端村
同口
刘李庄
圈头
赵北口
白洋淀
白洋淀千里堤
鄚州
七间房
北辛庄
大营
米家务
昝岗
雄
县
雄县
张岗
龙湾
朱各庄
温泉城
双堂
新镇
史各庄
苟各庄
兴隆宫
满
城
满城
满城汉墓
神星
大册营
要庄
贤台
大马坊
南奇
韩村
江城
富昌
五尧
保定市
焦庄
南大园
韩庄
百楼
东金庄
孙村
臧村
阎庄
大因
直隶总督署
古莲花池
石桥
辛亭
何桥
老河头
芦庄
晋庄
邢家南
高阳
蒲口
龙化
小王果庄
庞口
西演
庞家佐
邵庄
兴村
阳
顺平
蒲上
腰山
南韩村
方顺桥
高于铺
寺庄
望都
赵庄
高岭
阳城
魏村
白团
清苑
冉庄
北店
大庄
东闾
清
苑
张登
李庄
温仁
北王力
地道战遗址
中韩庄
固店
万安
桑园
北郭丹
大曲堤
大百尺
辛兴
林堡
蠡
县
留史
蠡县
鲍墟
北段村
东旺
大辛庄
东亭
大鹿庄
留早
枣村
城东
西伏落
北杨村
小陈
小店
博
野
博野
东墟
安
国
市
安国
药王庙
石佛
西安国城
郑章
明官店
南小王
程委
南庄
北埝头
伍仁桥
南楼底
大河庄
马店
子位
西城
东留春
衡水市
安平
程油子
大官亭
大尹村
万里
陌南
饶阳
段村
师素
河间市
沙洼
行别营
米各庄
时村
留古寺
寺经村
肃宁
尚村
付家佐
梁家村
果子洼
窝北
沧州市
西九吉
商林
五级
任丘市
议论堡
麻家坞
北汉
辛中驿
石门桥
郭家村
出岸
青塔
吕公堡
梁召
长丰
北魏
卧佛堂
北石槽
于村
文安
大留
赵各庄
大王河
廊坊市
霸州市
南孟
龙虎庄
牛驼
渠沟
礼让店
马庄
辛立庄
永清
彭村
柳泉
固安
东湾
宫村
信安
榆垡
庞各庄
魏善庄
大城
白洋淀
京
广
大广高速
G107
G108
G112
G4
G106
G18
G45

保定年鉴

2013

BAODINGNIANJIAN

保定市地方志办公室
《保定年鉴》编辑部 编纂

中国文史出版社

图书在版编目（CIP）数据

保定年鉴. 2013 / 保定市地方志编纂委员会办公室编. ——北京：中国文史出版社，2013. 11

ISBN 978-7-5034-4414-2

Ⅰ. ①保… Ⅱ. ①保… Ⅲ. ①保定市-2013-年鉴
Ⅳ. ①Z522. 23

中国版本图书馆 CIP 数据核字（2013）第 263510 号

保定年鉴（2013）

责任编辑：殷　旭
装帧设计：北　方

出版发行：中国文史出版社
网　　址：www. wenshipress. com
社　　址：北京市西城区太平桥大街 23 号　　邮编：100811
电　　话：010-66173572　66168268　66192736（发行部）
传　　真：010-66192703
录　　排：保定市北方胶印有限公司
印　　装：保定市北方胶印有限公司
经　　销：全国新华书店
开　　本：889×1194 毫米　1/16
印　　张：28. 25　　字数：956 千字
版　　次：2013 年 11 月北京第 1 版
印　　次：2013 年 12 月第 1 次印刷
定　　价：228. 00 元

《保定年鉴》编辑部

编 辑 说 明

一、《保定年鉴》是按照国务院和省政府的部署，在中共保定市委领导下，由保定市人民政府主办的大型年刊。本年鉴以马克思列宁主义、毛泽东思想、邓小平理论、“三个代表”重要思想和科学发展观为指导，坚持实事求是的思想路线。

二、本年鉴由市直属各部门、25 个县（市、区）、开发区、驻保单位和重点企事业共同参与编辑，着重记述全市改革开放、经济发展和社会进步的基本状况与最新成就，以丰富的内容、真实可靠的权威性资料为各级领导决策提供依据，为社会各行各业的规划发展提供借鉴，为中外人士投资保定提供信息。是让世界了解保定的窗口，让保定走向世界的桥梁。

三、《保定年鉴》（2013 卷）是连续出版的保定市第 13 部年鉴。《保定年鉴》（2013 卷）正文文字内容为 2012 年年度工作。

四、本年鉴文字内容编排设类目、分目、条目三个层次。卷首为中国历史文化名城——保定，提要介绍保定市总貌。卷中类目分别是：特载、大事记、中国共产党保定市委员会、保定市人民代表大会、保定市人民政府、政协保定市委员会、纪检·监察、民主党派·工商联、社会团体、军事、政法、综合管理、农业、工业、水利·电力、交通·邮政·电信、城建·环保、商贸、财政·税收、金融、教育、科学技术、文化、卫生·体育·旅游、社会生活、开发区、县（市、区）概况、人物、文献选编。

五、为充分展示保定市的重要活动和突出成就，反映全市经济社会的发展，做到图文并茂，形象生动，设图片专辑。图片资料根据反映内容的需要在时间上有所下延。

六、本年鉴资料由市直属各部门、县（市、区）和其他所涉及的单位提供，专人撰写文稿，主管领导审核，主要负责人签批。按照惯例，领导班子成员记到副县级实职以上。数据由专业统计人员核校，市委、市政府审定。内容所涉及的个别数据因统计口径、内涵、角度不同，不尽一致，以统计资料为准。

七、本年鉴由中共保定市委办公厅、保定市人民政府办公厅发文下达编辑任务，市地方志办公室年鉴编辑部承担编辑任务。在编辑过程中，得到各级领导、各相关单位的热情支持，在此谨致谢忱。

中国历史文化名城
——保定

区域位置 保定市位于河北省中西部，太行山北部东麓，冀中平原西部，北纬38°10′～40°00′，东经113°40′～116°20′之间。地处河北省中西部，太行山北部东麓，冀中平原西部，大清河流经于此。东接廊坊市霸州市，东南邻廊坊市文安县及沧州市任丘市、河间市、肃宁县，南界衡水市安平县，西南连石家庄市深泽县、无极县、新乐市、行唐县、平山县，西靠山西省五台县、繁峙县，西北与山西省灵丘县及张家口市蔚县交界，北依北京市房山区，东北与廊坊市固安县、永清县毗邻。全市土地总面积221.8万公顷，其中耕地总资源80.8万公顷。市中心北距北京140公里，东距天津145公里，西南距石家庄125公里。京广铁路、107国道、京港澳高速公路、京昆高速公路纵贯南北；神黄铁路，112国道，张石、廊涿高速公路，保沧、保阜高速公路，荣乌高速公路横穿东西。

自然环境 全市地势由西北向东南倾斜。地貌分山区和平原两大类。山区按高程及地貌划分，为中山区、低山区及丘陵三类。西部为中山区，海拔高程一般在1000米以上。北起涞水县宋各庄、易县紫荆关、涞源县走马驿，南到阜平县岔河以西。包括涞源县全部，涞水、易县、满城、顺平、唐县、阜平的西部深山区，总面积6790.5平方公里。最高山峰为阜平县歪头山，海拔2286米。中山区山体切割强烈，河谷深切，支脉发育，并嵌有小型盆地和断裂谷地。涞源、阜平、东团堡、走马驿等盆地均位于该区。中山区东南部是低山区和丘陵区，呈条带形。北起涞水，南至阜平，包括涞水、易县、徐水、满城、顺平、唐县、曲阳、阜平的一部或大部地区，总面积4197.6平方公里。低山区坡缓谷宽，陆地发育，有黄土覆盖。海拔高程除狼牙山为1105米外，一般在500米～1000米之间。丘陵区海拔一般在100米～500米之间，地形低缓起伏，向东南渐坡展为平原，并有孤山圆丘突出地面。

平原区系由大小不等的冲积扇构成，自北、西、南三个方向，向东部白洋淀倾斜，按成因分山前洪积平原、冲积平原及洼淀区三部分。京广铁路两侧为山前洪积平原。主要由拒马河、易水、漕河、龙泉河、唐河、沙河出山口后洪积物堆积而成，水力切割，冲沟发育。一般在海拔30米～100米之间，地面坡降为1‰～4‰。冲积平原系河流冲积扇前部相连接而成，河流交叉处多分布有大小不等的洼地。地势平坦，海拔在10米～30米之间，地面坡降小于1‰。该区含市区全部，雄县、高阳、清苑大部，容城、徐水、定兴、高碑店、博野、蠡县的一部分。洼淀区位于平原东部，为白洋淀和周边低洼易涝区，海拔7米～10米。含安新全部，高阳、清苑部分地区。境内河流主要为海河流域大清河水系。永定河流经东北部边界。大清河主要分为南北2支，长10公里以上的山区河道众多，呈扇形分布。南支主要由潴龙河、孟良河、孝义河、唐河、清水河、金线河、界河、府河、漕河、萍河、瀑河等汇入白洋淀。北支拒马河从铁锁崖分为南、北拒马河。北拒马河至涿州市东茨村入白沟河。南拒马河，在白沟镇与白沟河相会，以下称大清河。大清河经白沟引河与白洋淀连通。

白洋淀在市辖区东部，东西长39.5公里，南北宽28.5公里，总面积362.8平方公里，为天然积水区。

建置沿革 保定于战国时期始建城池。北宋太平兴国六年（981年）升为保州，建州城，为当时北宋北部边境军事重镇。元太宗十一年（1239年）改保州为顺天路治所，后于元至元十二年（1275 年）改顺天路为保定路，保定始名，寓保卫大都安定天下之意，辖 15 州县。明洪武元年（1368 年）改保定路为保定府。明永乐元年（1403 年）国都迁北京后，保定直属京师。清仍设保定府，辖 2 州 15 县，属直隶省。康熙八年（1669 年）直隶巡抚由正定迁保定，始为省会。1913 年直隶省会迁天津。保定改府为道，辖 40 县。1928 年国民政府废直隶省改建河北省，辖区各县直属省。1935 年省会迁保定。1948 年 11 月 22 日，保定解放，建立保定市，为冀中区直辖市。1949 年 8 月 1 日建河北省，保定为省会，同年 8 月 9 日建立保定专区行政督察专员公署。1958 年 4 月省会迁天津，11 月 29 日，保定专区所属 22 县 1 市合并为 10 县（市）。1960 年 2 月，撤销专区建制，将属保定专区各县划归保定市。1961 年 5 月恢复保定专区建制，市属各县由专区所辖，合并的大县陆续撤销。恢复 22 县 1 市建制。1966 年省会返迁保定，1968 年迁石家庄。1983 年 11 月 15 日，保定市复为省辖市。经国务院批准，1994 年 12 月，保定地区和保定市合并，建立新保定市。

行政区划 保定市辖 4 市（定州市、涿州市、安国市、高碑店市），18 县（易县、徐水县、涞源县、定兴县、顺平县、唐县、望都县、涞水县、清苑县、满城县、高阳县、安新县、雄县、容城县、曲阳县、阜平县、博野县、蠡县），3 区（南市区、北市区、新市区），另设高新技术产业开发区、白沟新城。

人口 年末全市常住人口为 1135.14 万人，比上年增加 7.91 万人。出生率为 13.27‰，死亡率为 6.33‰，自然增长率为 6.94‰。

气候概况 保定市地处华北平原东北部，气候属于温带半湿润半干旱大陆性季风气候，四季分明：春季冷暖多变、干旱多风；夏季炎热潮湿、雨量集中；秋季风和日丽、凉爽少雨；冬季寒冷干燥、雨雪稀少。保定境内日照充足、热量充分、冷暖气团活动频繁、降水分布不均、气象灾害多发。气温日较差夏季较小，冬季较大，日照时数山区多于平原，年均气温平原高于山区。

全市全年平均气温为 12.1℃，较常年偏低 0.2℃。与历史同期相比，唐县、望都、定州、安国气温偏高，满城、安新、蠡县与常年持平，其余地区气温偏低。年内全市平均降水量为640.2 毫米，较常年偏多 141.1 毫米（约为常年均值的 28%）。与常年同期相比，东部平原涿州、高碑店、雄县、安新偏多 5 ~ 6 成，其余地区偏多 2 ~ 3 成或基本持平，最大日降水量为 265 毫米（高碑店，7 月 21 日）。

全区年平均日照时数为 2269 小时，较常年偏少 267 小时，与常年同期相比，除涞源偏多 15 小时外，其余地区均偏少。季节内日照时数偏少时段主要集中于夏季和秋季。日照时数偏少的主要原因是持续雨（雪）天气和大雾天气的影响。

2012 年暴雨日数偏多，暴雨开始时间较早，结束时间较晚，强度也大。7 月 21 日，受副热带高压和西来槽的共同影响，全市出现降水，雨量分布极不均匀，保定中北部出现暴雨，其中涞源、涞水、易县、涿州、高碑店出现大暴雨，个别地区达到特大暴雨，最大降水出现在涞源的王安镇为 348.8 毫米，全市平均雨量 95.7 毫米，这次降水创造了多地单日降水量极值；7 月 30 ~ 31 日再次出现暴雨，本次过程中南部降水较大，北部略小，阜平、高阳、雄县部分地区达到 100 毫米以上的大暴雨，最大降水出现在高阳县县城为 201.8 毫米。全年全区冬末春初发生阶段性干旱，全市大部分地区降水偏少，造成部分农作物受灾和人畜饮水困难。年内强降温天气频发，寒潮降温次数明显多于常年。2012 年夏季灾害性天气相对较多，强降水过程相对集中，降水多出现在午后到夜间，局地伴有冰雹、大风等强对流天气。夏季全区共有 37 天出现雷暴，6 月 16 次，7 月 15 次，8 月 6 次。其中 6 月 21 日的影响范围较大：当日，受冷暖空气共同影响，全市出现大范围雷暴天气过程，全区共有 17 个县（市）出现了雷暴天气过程，曲阳、保定市区、安新、雄县出现 17 米/秒以上的大风，曲阳出现 4 毫米冰雹。2012 年雾日相对偏少，主要集中在仲秋至初冬季节，但是出现时间相对集中，给设施农业造成一定影响。

环境质量

一、空气质量

1. 市区环境空气质量状况

市区环境空气质量达到或好于《环境空气质量标准》（GB3095－1996）二级标准的天数为 331 天，其中一级天数达到 99 天。三项污染物 SO_2、NO_2 和 PM_{10} 年均浓度值达标，首要污染物为 PM_{10}。

2012 年保定市环境空气质量达标天数和达到一级天数与上年相同，SO_2、NO_2 和 PM_{10} 年均浓度值与上年基本持平。

2. 酸雨污染状况

全年共获取降水样品 94 个，PH 值在 3.98 ~ 8.05 之间。市区全年共采集到 5 个酸雨样品，酸雨频率为 5.3%，较上年下降 0.6 个百分点。

3、县城空气质量状况

2012 年，全市 22 个县（市）完成了全年县城环境空气质量自动监测。

各县（市）全年环境空气质量达到或好于二级

标准的天数比例为 83.9% ~100.0%。

唐县、高碑店市、涿州市 3 个县（市）SO_2 年均浓度分别超标 0.37 倍、0.15 倍、0.03 倍，其余各县（市）三项主要污染物年均浓度均达到国家二级标准。

二、水环境质量

（一）河流水质状况

常规监测的四条河流为拒马河、唐河、潴龙河（大沙河）和府河，共有 15 个监测断面。7 月普降大雨后，原来断流的落宝滩、北河店和新盖房断面均有水。15 个监测断面中水质状况为优（Ⅰ~Ⅱ类水质）的占 60%，水质状况为良（Ⅲ类水质）的占 13.3%，水质轻度污染（Ⅳ类水质）的占 6.7%，重度污染（劣Ⅴ类水质）的占 20%。监测断面达标率为 80%，比上年增加 5 个百分点。

1. 府河

府河焦庄断面水质为Ⅳ类，达到功能区划要求；望亭和安州断面水质劣于Ⅴ类，未达到功能区划要求。主要污染物为氨氮、总磷和化学需氧量。

2. 拒马河

拒马河源头涞源和上游山区干流紫荆关断面水质为Ⅱ类，水质优。7 月普降大雨后，下游自落宝滩断面原来断流的断面开始有水，落宝滩断面水质为Ⅰ类；北河店和新盖房断面水质为Ⅲ类，达到功能区划要求。支流琉璃河由北京入境，入境断面码头水质劣于Ⅴ类，主要超标指标为氨氮、总磷和化学需氧量等。

3. 唐河

唐河总体水质优。水堡、倒马关和白合断面水质为Ⅱ类，达到功能区划要求。

4. 潴龙河

潴龙河（大沙河）总体水质优。砂窝、阜平和王林口断面水质为Ⅱ类，达到功能区划要求。

5. 跨界断面生态补偿达标情况

全市有省级生态补偿水质监测断面 32 个，其中码头、水堡为对照点，不参与考核。其余各有水断面考核指标 COD、氨氮监测浓度均达到考核标准。

市考核跨界断面有 51 个，其中水堡、砂窝、码头、伍仁桥为对照点，不参与考核。龙泉河屯头断面（顺平－满城）1~5 月考核指标 COD 超标 1.76~4.98 倍；三恩庄断面（满城－清苑）4、5、12 月 COD 超标 1.78~11.1 倍。一亩泉河市西三环保满路南断面（满城－新市区）和黄花沟西王庄、张庄交界处（新市区－高新区）9 月分别 COD 分别超标 3.32 和 1.64 倍。其余各有水断面考核指标 COD 监测浓度均达到考核标准。

（二）饮用水源地水质状况

1. 保定市集中式地表水饮用水源地西大洋水库水质达到《地表水环境质量标准》（GB3838－2002）相应标准要求，水质优，地下水饮用水源地一亩泉水质达到《地下水质量标准》（GB/T14848－1993）Ⅱ类标准，水质优良。与上年相比，保定饮用水源地水质保持稳定。

2. 保定市 22 个县（市）除阜平县以沙河的地表水作为县城饮用水源外，其余各县饮用水源均为地下水。监测结果显示：20 个县（市）集中式地下水饮用水源地水质良好，雄县水利局点位第四季度硝酸盐超标 0.3 倍。阜平县城地表饮用水源沙河水质优。

（三）市区地下水水质

市区 4 眼常规监测井水质全部达到《地下水环境质量标准》（GB/T14848－1993）三类标准要求，为清洁水。水质较上年无明显变化。

（四）湖、库水质状况

1. 白洋淀

白洋淀平均水位为 7.58 米，未达到功能区划 8.4 米要求。在蓄水不足的情况下，Ⅲ类区中枣林庄达到Ⅲ类水质；烧车淀、王家寨、采蒲台、光淀张庄 4 个点位为Ⅳ类水质，圈头、端村 2 个点位为Ⅴ类水质。主要污染指标为总磷、高锰酸盐指数和化学需氧量。Ⅳ类区南刘庄水质劣于Ⅴ类，主要污染指标为总磷、氨氮和化学需氧量。鸪丁淀点位常年无水。

2012 年白洋淀水位较上年升高 0.52 米，受自然和人为因素影响，年内水位在 6.64~8.34 米之间大幅波动，部分区域水质随之在Ⅲ类和劣Ⅴ类之间剧烈变化。

与上年相比，Ⅲ类区全年平均水位仍为Ⅳ类，无明显变化，水质有所下降。营养状态与上年相同，仍为轻度富营养。

2. 水库

王快水库、西大洋水库、安格庄水库、龙门水库水质均达到Ⅱ类标准，水质优。

三、声环境

1. 城市区域环境噪声

保定市区域环境噪声监测网格覆盖面积 52.25 平方公里。市区平均等效声级为 55.2 分贝，达到 2 类区标准，较上年增加 0.3 分贝。点位达标率为 82.3%，较上年下降 5.3 个百分点。

2. 城市交通噪声

市区道路交通噪声监测点位为 159 个，总长度 202.4 公里。平均等效声级为 67.9 分贝，达到 4a 类区昼间标准。达标点位 141 个，达标率为 88.7%。超标路段长度为45.7公里，路段超标率为22.6%。

与上年相比，道路交通噪声与上年持平。路段超标率下降 0.9 个百分点。监测结果显示，2012 年平均车流量为 1792 辆/小时，比上年增加 33 辆/小时。

3. 城市功能区噪声

保定市功能区噪声 1、2、3、4 类区昼间和夜间等效声级全部达到国家规定标准。与上年相比无明显变化。

四、农村环境质量

2012 年，对满城县大册营镇大册村及安新县老河头镇西喇喇地村开展了环境质量监测。

1、地下水饮用水源：分别对两个村庄的 1 眼公用井进行了23 项指标的监测，大册村和西喇喇地村公用井水分别达到《地下水质量标准》（GB/T14848－1993）Ⅱ类和Ⅲ类标准，水质优。

2、环境空气：分别在 5 月和 10 月对两个村庄进行了连续 5 天的手工监测，可吸入颗粒物、二氧化硫和二氧化氮 3 项监测结果均达到《环境空气质量标准》（GB3095－1996）日均值二级标准。

3、土壤：共采集两个村庄各 15 个土壤样品，大册村 15 样品的 15 个监测指标全部达标；西喇喇地村样品中镉、铅和铜出现超标，超标率分别为 80%、73%和40%，其余12 项指标均达到《土壤环境质量标准》（GB15618－1995）二级标准和《全国土壤污染状况评价技术规定》（环发［2008］39 号）中的参照标准要求。

（气候概况资料由臧新伟、丁峥臻提供，环境质量资料由孟月华提供）

今日保定——图片专题目录

目　　录

特　　载

大事记

中国共产党保定市委员会

保定市人民代表大会

保定市人民政府

政协保定市委员会

纪检·监察

民主党派·工商联

社会团体

军 事

政 法

综合管理

农　业

工　业

商　贸

水利·电力

交通·邮政·电信

城建·环保

财政·税收

金 融

教 育

科学技术

文 化

卫生·体育·旅游

社会生活

开发区

县（市、区）

人　　物

文献选编

亲切的关怀 巨大的鼓舞

——习近平总书记到阜平县看望慰问困难群众专记

12月29日抵达阜平县后，习近平连夜听取河北省、保定市、阜平县经济社会发展特别是扶贫开发工作的汇报 兰红光 摄

2012年12月29日至30日，中共中央总书记、中央军委主席习近平到河北省阜平县看望慰问困难群众，考察扶贫开发工作。他强调，消除贫困、改善民生、实现共同富裕，是社会主义的本质要求。对困难群众，我们要格外关注、格外关爱、格外关心，千方百计帮助他们排忧解难，把群众的安危冷暖时刻放在心上，把党和政府的温暖送到千家万户。

29日下午，习近平冒着零下十几摄氏度的严寒，驱车300多公里来到地处太行山深处的阜平县。阜平是革命老区，是当年晋察冀边区政府所在地。阜平县也是全国重点贫困县。习近平对老区干部群众一分挂念，元旦前特地来到这里

12月30日，习近平在龙泉关镇骆驼湾村看望唐荣斌老人一家　兰红光 摄

看望。

抵达阜平县后，习近平连夜听取了河北省、保定市、阜平县经济社会发展特别是扶贫开发工作的汇报。他表示，革命老区和老区人民为中国革命胜利作出了重要贡献，党和人民永远不会忘记。改革开放30多年来，我国人民生活水平总体上发生很大变化。同时，由于我国还处在社会主义初级阶段，还有为数不少的困难群众。全面建成小康社会，最艰巨最繁重的任务在农村、特别是在贫困地区。没有农村的小康，特别是没有贫困地区的小康，就没有全面建成小康社会。中央对扶贫开发工作高度重视。各级党委和政府要增强做好扶贫开发工作的责任感和使命感，做到有计划、有资金、有目标、有措施、有检查，大家一起来努力，让乡亲们都能快点脱贫致富奔小康。

30日一大早，习近平在河北省委书记张庆黎陪同下，踏着皑皑残雪，来到地处深山的龙泉关镇骆驼湾村。这个村

12 月 30 日，习近平在龙泉关镇骆驼湾村困难群众唐荣斌家，与随行人员一起品尝蒸土豆　兰红光 摄

是特困村，村里608口人有428人为贫困人口。习近平逐一走进困难群众唐荣斌家、唐宗秀家看望，盘腿坐在炕上，同乡亲手拉手，详细询问他们一年下来有多少收入，粮食够不够吃，过冬的棉被有没有，取暖的煤炭够不够，小孩上学远不远，看病方便不方便。看到老区一些乡亲尚未摆脱贫困、生活还比较困难，习近平强调，只要有信心，黄土变成金。各级党委和政府要把帮助困难群众特别是革命老区、贫困地区的困难群众脱贫致富摆在更加突出位置，因地制宜、科学规划、分类指导、因势利导，各项扶持政策要进一步向革命老区、贫困地区倾斜，进一步坚定信心、找对路子，坚持苦干实干，推动贫困地区脱贫致富、加快发展。各级领导干部要心里装着困难群众，多做雪中送炭的工作，满腔热情为困难群众办事。

随后，习近平来到龙泉关镇顾家台村看望困难农户。在村委会，习近平同村干部、群众、驻村干部促膝相坐，共

12 月 30 日，习近平在龙泉关镇顾家台村村支书顾叔军（前左）的陪同下，来到困难群众顾成虎家，了解今年粮食的收成情况　兰红光

商加快脱贫致富之策。会上气氛热烈，大家争相发言。习近平听取了大家发言后强调，农村要发展，农民要致富，关键靠支部。农村基层的同志，工作在第一线，条件也不好，一年到头操劳得很，很辛苦，很不容易，我向你们表示诚挚的慰问。他叮嘱当地干部和随行有关部门负责同志，要原原本本把党的政策落实好，大家拧成一股绳，心往一处想，劲往一处使，汗往一处流，一定要想方设法尽快让乡亲们过上好日子。临别时，习近平满怀期待对村支书顾叔军说，希望早日听到乡亲们脱贫致富的好消息。

调研中，习近平还来到村卫生室，仔细了解新型农村合作医疗制度落实和药品供应情况，叮嘱当地干部要关心乡亲们身体健康，保障大家能看上病、治好病。他还察看了顾家台村的小卖部，了解农村日常用品供应情况。他强调，元旦将至，春节也很快就要到来。各级党委和政府要做好节前各项工作，让群众过上欢乐祥和的节日。

12 月 30 日，习近平在龙泉关镇顾家台村的小卖部，了解农村日常用品供应情况　兰红光 摄

王沪宁、栗战书和中央有关部门负责同志陪同考察。

12月30日下午，中共中央总书记、中央军委主席习近平在我市阜平县看望慰问困难群众、考察扶贫开发工作结束后，市委立即召开常委（扩大）会议，传达学习习近平总书记考察慰问时的重要讲话精神，研究我市贯彻落实意见。会议强调，要以习近平总书记到我市考察慰问为重大契机，放大机遇效应，主动加强对接，争取更多支持，推动保定各项工作上水平、上台阶。全市各级党委、政府要切实增强做好扶贫开发工作的责任感和使命感，把扶贫开发工作摆上更加突出的位置，进一步提升规划水平和工作标准，加大项目谋划和资金投入的力度，尽快让贫困地区脱贫致富奔小康，实现共同富裕，让总书记放心，让党中央放心，让人民群众满意。

“7·21”特大洪灾抗洪抢险救灾纪实

2012年7月21日8:00至22日4:00，保定市北部突降特大暴雨。最大降水为涞源县王安镇348.2毫米。涞源、涞水、涿州3县（市）大部分地区降雨量在300毫米左右。22时，拒马河紫荆关流量达到2580立方米/秒，为1963年以来最大洪峰。截至22日19时，涞源、涞水、易县、阜平、唐县、涿州、高碑店、安新等11县（市）、84个乡镇、593个村遭受不同程度洪涝、风雹灾害。受灾人口36万人，受灾面积27.5万公顷，紧急转移群众15.9万人。因灾死亡12人（涞源县9人、涞水县3人）。同时，涞水县野三坡景区滞留游客最多时达到1.1万人，涞源县5个村、2700名群众被困。由于山洪暴发，涞源县王安镇、塔崖驿乡、杨家庄乡，涞水县龙门乡、赵庄乡、其中口乡、九龙镇、三坡镇交通、通信中断。全市农作物受灾总面积57万亩，其中绝收5万亩。损毁国省干线公路387公里，冲毁农村公路1481公里。涞源白石山景区基础设施损失近3亿元，涞源十瀑峡、易县千佛山等10余个景区关闭。野三坡景区遭受重创。

7月21日18时，保定市启动防汛Ⅲ级应急响应，就迎战暴雨洪水工作进行具体安排。灾情发生后，省委书记、省人大常委会主任张庆黎作出指示，市委书记许宁、市长李谦等市领导分赴一线指导抢险救灾。7月25日，张庆黎、省长张庆伟到涞水县察看灾情，看望慰问受灾群众，指导抗洪救灾工作。7月29日，张庆伟到涞源县考察受灾群众安置、恢复重建等工作，并召开现场办公会，研究部署进一步做好受灾群众安置、搞好后期防汛和洪涝重灾区恢复重建工作。7月30日，市委召开十届二十六次常委（扩大）会议，决定成立市“7•21”洪水灾后重建指挥部，组建指挥部办公室，相应成立综合、项目、规划建设指导、受灾群众生产安置、对口援建协调、农业生产恢复、资金管理审计七个工作组。迅速建立起统筹兼顾、重点突出的规划体系。

8月2日，保定市召开大会，对“7•21”抗洪救灾斗争中涌现出的先进集体、模范人物进行表彰，对涞源、涞水、易县重灾区重建工作进行动员部署。8月23日，“7•21”灾后重建项目启动仪式在涞源、涞水、易县同时举行。省、市领导分别在涞源主会场和涞水、易县分会场出席仪式。涞源县谋划8大类124项灾后重建项目，总投资50.17亿元；涞水县谋划7大类72项灾后重建项目，总投资20.5亿元；易县谋划8大类107项灾后重建项目，总投资20.4亿元。重建项目建设重点涵盖危房改造、水毁县乡村道路、桥梁、水利、电力、通讯、旅游景区等基础设施和学校、卫生院、文化站等公益设施恢复建设。8月29日，省“7•21”洪涝重灾区恢复重建对口支援框架协议集中签约仪式在保定举行，石家庄等8个对口援建市和省国资委分别与涞源县、涞水县、易县签署对口支援框架协议和对口支援野三坡景区整合升级框架协议。副省长、省重建指挥部指挥长宋恩华出席签约仪式并在座谈会上讲话。在灾后重建对口支援签约仪式上，涞源县政府与石家庄市、邯郸市、沧州市、省国资委，涞水县政府与廊坊市、张家口市、邢台市，易县县政府与唐山市、衡水市分别签署《“7•21”洪涝重灾区恢复重建对口支援框架协议》。涞水县政府还与省国资委签署了《对口支援涞水县野三坡景区整合升级框架协议》。支援项目88个，总投资9亿元。全省各界人士纷纷捐款捐物，以“我们在一起”为主题的河北省赈灾义演晚会，现场募集善款2.87亿元。保定市抗洪救灾专题晚会现场收到捐款1亿多元。

9月27日，张庆黎、宋恩华赴灾区调研灾情、灾后重建及受灾群众安置情况，对今后工作提出“全力奋战一百天，确保群众过好年”、“五个一定要”和“落实、落实、再落实，抓紧、抓紧、再抓紧”的总要求。9月28日，保定市召开市委常委（扩大）会议，传达学习省领导讲话精神，讨论通过了市灾后重建指挥部提出的26条贯彻落实意见，进一步安排部署灾后重建工作。市灾后重建指挥部召开专题调度会议，对灾后重建工作进行再动员、再部署。11月6日，“7•21”洪水灾后重建第一期项目集中竣工仪式分别在涞源、涞水、易县举行，宋恩华出席竣工仪式并讲话，市委书记许宁主持仪式并宣布灾后重建第一期项目竣工。至此，涞涞易三县共竣工灾后重建项目1110个，完成投资60662.1万元。其中教育系统86个、卫生系统762个、交通系统99个、水利系统88个、住建系统6个、农业系统15个、旅游系统12个、广电系统2个、文化系统3个、供电系统2个、通讯系统3个、对口援建过水村升级改造项目32个。使灾区群众在衣食住行上有了基本保障。

在同无情洪水的殊死抗争中，全市人民万众一心，众志成城，塑造了“人民为本、生命至上，团结一心、众志成城，不畏艰险、敢于胜利”的“7•21”抗洪精神。这种精神，为战胜前进道路上的各种困难和挑战提供了强大动力。

灾 情

被洪水冲毁的通往涞水野三坡的公路　巩海波 摄

涞源白石山脚下咆哮的洪水　王子春 摄

被洪水冲毁的庄稼　范长河 摄

涞水野三坡百里峡景区被淹的街道　巩海波 摄

灾　情

易县境内被冲毁的 112 国道公路　侯梅 摄

遭受洪水袭击的涞源县浮图峪村　涞源县宣传部提供

涞源县二道河村受灾群众和房屋　范长河 摄

涞源县杨家庄村被洪水冲毁的房屋　张保林 摄

抢 险

易县养路职工整修道路，防止滑坡　王文坡 摄

抢修被洪水冲毁的道路　翟志刚 摄

抢修通讯线路　郭树林 摄

奋战在救灾一线的消防官兵和武警战士们　高欣悦 摄

抢 险

易县电力局员工手握绳索向拒马河南岸的高庄村运送电力物资　李景录 摄

易县医务人员在灾区为群众体检

向安全地点转移的受灾群众　高欣悦 摄

涞源县白石山景区紧急救援转移滞留游客　王子春 摄

7月23日，市委书记许宁在易县紫荆关镇小盘石村向村干部了解受灾情况　吴战平　摄

7月25日，省委书记张庆黎、省长张庆伟等省领导在涞水县察看灾情指导抗洪救灾工作，市委书记许宁、市长李谦等陪同　吴战平　摄

7月29日，省长张庆伟在市委书记许宁、市长李谦等陪同下，在涞源县杨家庄村看望受灾群众，了解受灾情况　张宝林　摄

7月31日晚上，保定市在百世千利会展中心举行"7·21"抗洪救灾大型募捐晚会，现场捐款1亿多元　吴战平　摄

救 灾 重 建

8月2日上午，保定市召开"7·21"抗洪抢险表彰暨灾后重建工作动员广播电视大会。图为大会会场　吴战平　摄

8月2日晚，"我们在一起——河北省抗洪救灾专题晚会"在河北会堂举行。晚会募集到救灾款物价值超过2.87亿元。图为在晚会上保定市涞水县勇救500名游客的"最美夫妇"刘庆花和丈夫王玉平(左二)与被救游客接受主持人采访　长城网　姜薇　摄

8月29日，省"7·21"洪涝重灾区恢复重建对口支援框架协议集中签约仪式在保定市举行，省重建指挥部指挥长宋恩华出席签约仪式并在座谈会上讲话。市委书记许宁作表态发言，市长李谦出席。图为签约仪式现场　吴战平　摄

11月6日，保定市举行"7·21"洪水灾后重建第一期项目集中竣工仪式。图为仪式现场　吴战平　摄

1 月 14 日，省委常委、统战部长田向利，省人大常委会副主任、市委书记宋太平等在清苑县慰问老党员　高欣悦 摄

1 月 17 日，保定市召开领导干部大会，宣布省委关于中共保定市委主要领导调整决定，许宁任中共保定市委书记，梁滨（中）、宋太平（右二）、刘建合（左二）、许宁（右一）、李谦（左一）在全市领导干部大会上　吴战平 摄

1 月 18 日，市委书记许宁、市长李谦等市领导慰问一线环卫工人　吴战平 摄

2 月 8 日，市政协第十一届五次会议在百世开利会展中心开幕　吴战平 刘强 摄

2月9日，保定市第十三届人民代表大会第五次会议在百世开利会展中心开幕　吴战平 摄

2月29日，河北省扶贫开发暨环首都扶贫攻坚示范区建设工作会议在涞水县举行。省委书记、省人大常委会主任张庆黎在会上讲话　河北日报记者 郭昭 保定日报记者 吴战平 摄

3月7日至9日，省委常委、组织部长、省开展加强基层建设年活动领导小组副组长梁滨到保定市调研，市委书记许宁、市长李谦等市领导陪同　吴战平 摄

3月8日，省委常委、常务副省长杨崇勇在市委书记许宁、市长李谦等陪同下到巨力集团调研　高欣悦 摄

3 月 20 日，省委书记、省人大常委会主任张庆黎在涞水县就深入开展加强基层建设年活动和推进扶贫开发工作进行调研。图为张庆黎在悟空寺村与村民一起栽植薄皮核桃，并详细了解该村的发展情况　河北日报记者 郭昭　保定日报记者 吴战平 摄

4 月 15 日，工业和信息化部部长苗圩在副省长张杰辉、市委书记许宁、市长李谦等陪同下到保定市长城汽车股份有限公司调研　高欣悦 摄

4 月 18 日，由全国人大常委会副委员长韩启德带队的全国人大常委会文物保护法执法检查组，在省人大常委会副主任宋太平、市长李谦等省市领导陪同下检查指导保定市文物保护单位的保护情况　刘强 摄

4 月 18 日，由河北省人民政府主办，保定市人民政府承办的“保定（香港）中国电谷·中国汽车城推介会”在香港举行。省委常委、副省长席出席并致辞，市委书记许宁发表了热情洋溢的讲话。图为项目签约仪式现场　张英涛 摄

4月24日，话剧《约定无期限》高校巡演暨创新大学生思想政治工作座谈会在石家庄召开。省委常委、宣传部长艾文礼，光明日报社副总编辑李春林讲话，省委教育工委书记、省教育厅厅长刘教民主持会议　高欣悦 摄

5月3日，总投资达21.6亿元的国家级门窗幕墙检测中心、保税仓储物流中心和节能门窗工业园二期三大项目，在高碑店市举行奠基仪式。副省长宋恩华宣布开工。建设部原副部长、中国金属结构协会会长姚兵致辞　吴战平 摄

5月5日，省委书记、省人大常委会主任张庆黎等省领导，市委书记许宁等与省会高校学生和省直机关青年一同观看话剧《约定无期限》演出　张宝林 摄

5月10日，副省长龙庄伟、省科技厅厅长贾红星、市委书记许宁出席保定国家大学科技园开园仪式并剪彩。图为开园仪式现场　刘强 摄

5月14日，河北定州、内蒙古伊利集团乳品产业项目签约仪式在石家庄举行。省委书记、省人大常委会主任张庆黎，省委副书记、省长张庆伟出席签约仪式。图为签约仪式现场　杨梦来　摄

5月17日，省委常委、常务副省长杨崇勇，市委书记许宁、市长李谦等出席建设白沟国际化新城全面升级工程仪式　吴战平　摄

5月20日，中国共产党保定市第十届委员会第三次全体(扩大)会议召开，图为大会会场　吴战平　高欣悦　摄

5月30日，市委书记许宁、市长李谦等市领导到阜平县城南庄晋察冀边区革命纪念馆重温入党誓词　吴战平　摄

6月5日，市委书记许宁、市长李谦等会见中国农业银行股份有限公司党委书记、董事长蒋超良一行　吴战平 摄

6月17日，全国政协副主席、科技部部长万钢在省长张庆伟、市委书记许宁、市长李谦等陪同下，到长城汽车股份有限公司调研　翟志刚 摄

6月18日，省委常委、副省长聂辰席在保定市调研，市委书记许宁、市长李谦等陪同　吴战平 摄

6月28日，保定市召开庆祝中国共产党成立91周年暨创先争优活动表彰大会。图为大会会场　吴战平 摄

6月28日，市委书记许宁等会见中国世贸集团董事局曾智雄一行　吴战平 摄

7月13日，省委常委、省军区司令员史鲁泽，政委李光聚等到保定市调研，市委书记许宁、市长李谦等陪同　吴战平 摄

8月15日，国家开发银行河北省分行与保定市签署协议，发放9000万元应急贷款，支持保定抗洪救灾工作。许宁、李谦、常思勇等出席贷款签约仪式。图为签约仪式现场　高欣悦 摄

8月16日，北京同仁堂(安国)中药材加工及物流配送项目举行奠基仪式，北京同仁堂(集团)有限责任公司党委书记、董事长殷顺海出席，市委书记许宁宣布项目开工，市长李谦致辞。图为奠基仪式现场　吴战平 摄

8月18日，首届中国（高碑店）国际门窗节暨中国国际门窗城开业庆典举行。第九、十届全国人大常委会副委员长成思危出席并致辞，省人大常委会党组副书记、副主任宋长瑞出席开幕式，省政府特邀咨询孙士彬、中国建筑金属结构协会会长姚兵先后致辞，市委书记许宁出席。图为开业庆典现场　吴战平　摄

8月30日，市委书记许宁、市长李谦等会见中国建设银行董事长王洪章一行　吴战平　摄

9月14日至15日，省委常委、省纪委书记臧胜业到保定市涞源县、易县、涞水县进行调研并召开工作汇报会。图为调研现场　刘强　摄

9月18日，市人大常委会设立30周年纪念大会召开。市委书记许宁，市委副书记、市长李谦出席大会并讲话。图为大会现场　刘强　摄

9 月 22 日，以“善行河北、善美壮歌”为主题的定市“7·21”抗洪救灾纪实摄影展在省博物馆开幕。省委常委、宣传部长艾文礼致辞并宣布开幕，副长沈小平出席。市委书记许宁致辞。图为艾文礼、小平、许宁等省市领导参观摄影展 刘强 摄

10 月 13 日，省委书记、省人大常委会主任张庆黎在保定市白沟新城调研小商品市场发展建设情况。市委书记许宁、市长李谦陪同调研。图为张庆黎考察华北城项目进展情况，许宁等陪同 崔振 摄

10 月 24 日，副省长张杰辉，中国兵器装备集团司副总经理、中国长安汽车集团股份有限公司董事余留平，市委书记许宁，市长李谦等出席长安汽车周年庆典活动 吴战平 摄

12 月 10 日，省委宣讲团党的十八大精神报告会在保定市举行 吴战平 侯虓 摄

保定市发展

党组书记、主任　岳文民

市发改委党组中心组学习

各类荣誉证书

保定市发改委·66165 部队迎新春军民联欢会

2012年，保定市发展和改革委员会在市委、市政府的正确领导下，坚持全面贯彻落实党的第十八次全国代表大会及市委十届三次全会精神，紧紧围绕建设“京畿强市、善美保定”目标任务，按照“保增长、调结构、控物价、惠民生”总体工作思路，凝神聚力、真抓实干,突出抓发展，重点抓项目，着力推进“十二五”规划实施，圆满完成了市委、市政府交办的各项工作任务。2012年，全市列入省重点项目57项，总投资2223.8亿元，项目数量并列全省第一，投资规模全省第三，项目总量连续两年在全省名列前茅；全市固定资产投资完成1888.4亿元，增长21.2%，总量和增速分别居全省第5位和第7位；争取上级资金支持的项目465个，落实中央预算内资金21.17亿元。

2012年，按照全市统一部署，发改委深入开展“创先争优”、执行力亮剑行动，组织开展“树三观”主题教育实践和“三作为”活动，深入贯彻落实党风廉政建设责任制，班子建设整体水平进一步提高，“两个环境”建设得到有效改善，“三总部”作用得到充分发挥，树立了“团结、务实、廉洁、高效”的良好形象。一年来，在全委干部职工的同心协力下，发改委各项工作做到了事争一流、创新争优，业务工作与机关建设双促进、双丰收。发改委机关党委荣获全省创先争优先进基层党组织荣誉称号，农业农村经济、工业聚集区建设、经贸服务业、农业资源区划、发展散装水泥、支援油田建设等工作受到省发改委表彰；承办人大建议政协提案、部门决算编报、春运工作、纪检监察、学习型党组织建设、基层建设年活动、十八大安保维稳以及信息、妇女和工会等方面工作受到市级表彰。

主任岳文民参加气化保定战略合作协议签约仪式

主任岳文民陪同副市长石海林赴涞源实地考察“7·21”灾后重建项目

主任岳文民深入灾区临时学校与孩子们交流

副书记杨国庆组织党员代表赴城南庄过党日

保定市总工会

2013 年 1 月 16 日，全国总工会党组纪检组组长、书记处书记王瑞生慰问保定市全国五一劳动奖章获得者、优秀农民工梁伟建

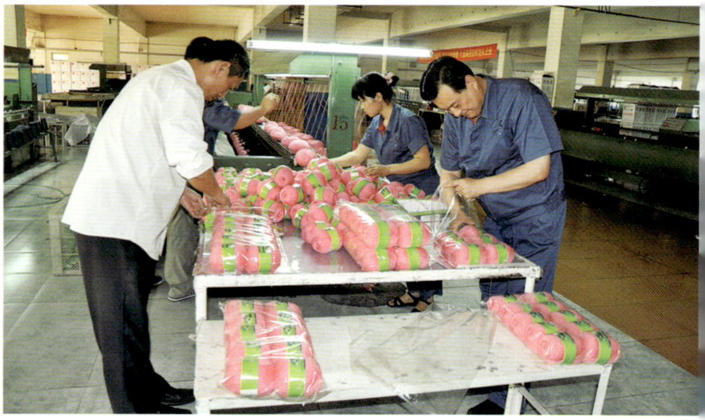

2012 年 5 月 7 日至 12 日，省总工会党组书记、常务副主席栗建华到三利集团驻企蹲点调研，与职工一起劳动

2012 年 6 月 8 日，市委副书记马誉峰到市总工会考察指导工作

2012 年 1 月 18 日，市人大常委会副主任、市总工会主席陈英杰慰问保运集团汽车总站郭娜陆地航空班

2012 年 11 月 20 日，市总工会举办全市"职工互助一日捐"职工救助暨第二期活动启动仪式

2012 年 4 月 27 日，"保定力量——主流文化艺术进企业"活动走进英利集团

2012 年 2 月 21 日，保定市总工会十七届五次全委（扩大）会议

2012年6月27日，保定学院《少先队学》举行结课仪式。团中央少年部部长王璐，团中央少年部组织培训处处长郑凯，团省委副书记、省少工委主任韩立群，团省委少年部部长刘丽，团市委副书记许红琳、杨跃峰参加了结课仪式

2012年3月5日，团市委组织近1000名志愿者在茗畅园社区、保定汽车总站、市内各公交站台等地开展集中志愿服务活动。市人大常委会副主任高天民、副市长闫立英、市政协副主席郭普参加了活动，并对志愿者进行了慰问

2012年9月5日，山东团省委考察团到保定对企业共青团工作进行调研。团省委副书记张泽峰陪同

2012年7月20日，团市委副书记杨跃峰到顺平五里岗村慰问"保定市见义勇为优秀青年"翟浩

2012年11月30日，团市委组织召开各界青年学习宣传贯彻党的十八大精神座谈会，市委副书记马誉峰结合自身体会，向全市各界青年和团干部代表面对面宣讲十八大精神

2012年10月18日，省青基会、朔黄铁路发展有限公司一行到保定市安国、博野验收朔黄铁路捐助项目，团市委副书记蔡红星陪同

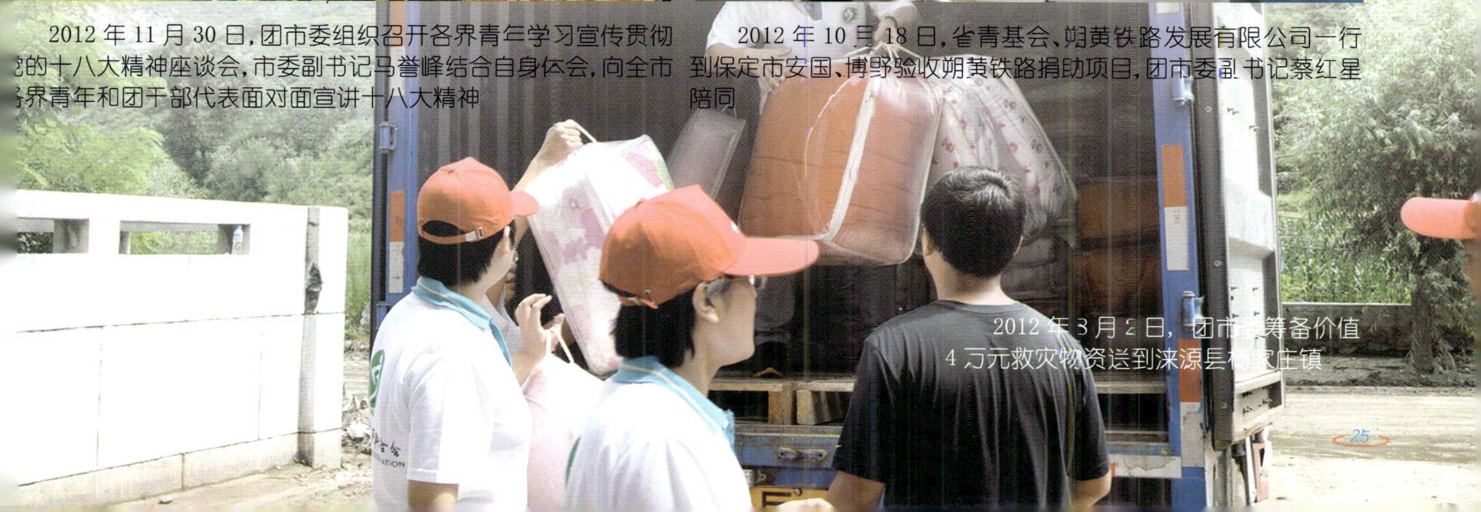

2012年8月2日，团市委筹备价值4万元救灾物资送到涞源县杨家庄镇

保定市红十字会

河北省红十字会专职副会长田更志、业务部部长王敏一行三人，在市人大常委会副主任、市红十字会会长贾体新，市红十字会常务副会长韩雅陪同下，赴涞水、易县、涞源查看灾情

市人大常委会副主任赵洪涛、市人大财经委员会主任王文涛、市红十字会常务副会长韩雅、市红十字会秘书长彭巨亚、市交通运输局纪委书记方永明等出席造血干细胞志愿者张浩宇表彰欢送会

市红十字会常务副会长韩雅接收三友服饰捐赠的救灾服装并发往灾区

高碑店隆基泰和集团通过保定市红十字会捐款 35 万元，救助了 4 名大病特困患者

省市红十字会工作人员赴革命老区阜平开展“博爱送万家”活动，给贫困户和孤残老人送去米、面、油、大衣、棉被、慰问金以及新春的祝福

韩国庆尚北道红十字会访问团同保定市第二中心医院交流卫生救护工作

保定市红十字会应急救护队荣获全省卫生救护大赛第一名

“7·21”水灾后，红十字会援助建设的博爱卫生站完成建设交付使用

保定市人民防空办公室

党组书记、主任　牛树根

团结奋进的领导班子

2012年，全市人防工作在市委、市政府、保定军分区和省人防办的正确领导下，坚持以科学发展观为指导，以曾强人民防空核心能力为主题，以落实政策法规为主线，安照“强化结建审批，完善应急指挥体系，构建大宣教格司，完善城市功能，服务改善民生，加强应急反应”的总要求，人防各项工作取得了新进展，圆满完成了任务目示。市人防办被评为全省人防系统年度目标考核先进单立、全省人防组织指挥工作先进单位等。为深化执行力亮

人防应急专业队

刂行动，市人防办开展了“树形象、强素质、创一流”主题实践活动，活动坚持精学习、深思考、查短板、定制度，Ꭓ得了良好效果。结合保定市实际情况，在人防建设上形成了“三个共识”，明确了“一个目标”，使保定人防建设的思路更加清晰，方向更加明确，为实现人防跨越式发展奠定了坚实的基础。

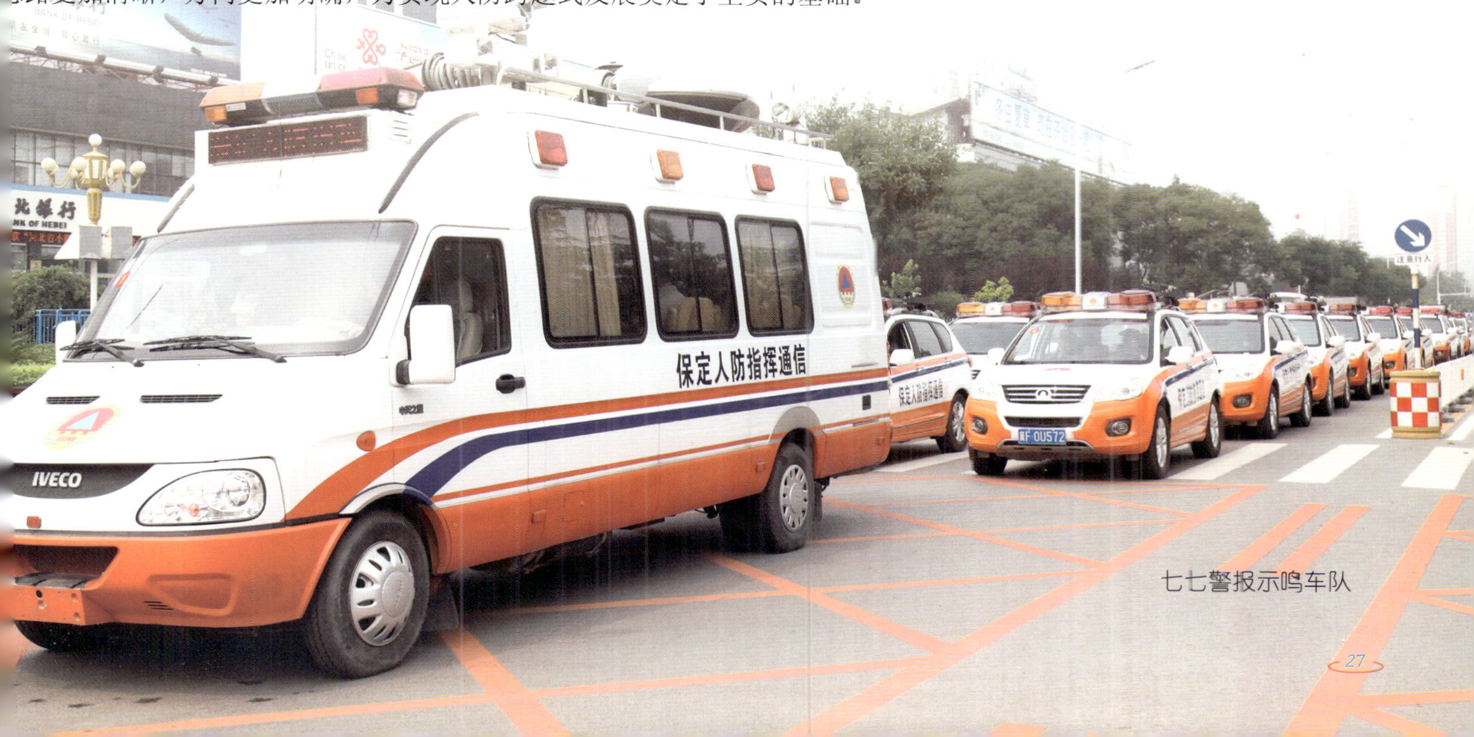

七七警报示鸣车队

保定市司法局

党组书记、局长　周立光

司法部副部长郝赤勇在省司法厅厅长李益民、保定市司法局局长周立光陪同下，到南市区检查指导基层司法行政工作

召开全市司法行政工作会议

市长马誉峰到司法局调研

开展全市人民律师忠于党主题活动

保定市司法局以创建全国一流司法局作为目标，围绕市委、市政府中心，服务大局，创先争优，全面提升司法行政工作标准和工作水平，为全市经济建设和社会发展提供了优质高效的法律服务和坚强有力的法律保障。

司法部部长吴爱英2012年5月在保定邀请市委、市政府主要领导座谈，对保定市司法行政工作给予了充分肯定和高度评价；司法部社区矫正局局长姜爱东带全国主管社区矫正工作厅(局)长到保定参观；保定市被评为“五五普法全国先进城市”，市法宣办被评为全国“法制宣传教育先进普法办”；荣获司法部社区矫正先进市、国家司法考试先进市；全省社区矫正、人民调解、律师党建、司法鉴定先进市，连续两年被评为全省司法行政“实绩突出单位”；荣获全省律师行业“三团一组法律服务工程”专项法律服务行动先进集体；成功进行了公证体制改革，保定市做法供全省各地学习借鉴；在全省率先实现人民调解“以案定补”机制全覆盖；多家律师所和律师分别被评为全国、全省律师行业创先争优先进集体和个人等。

召开全市“法律八进”现场经验交流会

保定市农业局

局 长 吕 先

农业部副部长余欣荣考察保定市农业生产

省委常委、省纪委书记臧胜业到保定市检查指导农业生产

副省长沈小平到保定市调研

保定市农业局是主管全市农业与农村经济发展的市政府工作部门。内设8个职能处（室）、15个局属事业单位。

近年来，全市农业系统按照“稳增长、抓特色、重科技、保安全、强保障、促增收”的工作总基调，认真履行职责，准确研判形势，科学谋划部署，狠抓措施落实，农业经济保持了良好发展态势。大宗农产品稳定增长，粮食总产保持在500万吨左右，连续两年跨上120亿斤台阶；蔬菜在北京市场占有率达15%左右，总产保持在1000万吨左右，是全省乃至全国重要的农副产品供应基地。特色产业迅猛发展，全市累计认定无公害农产品生产基地40个，认证无公害农产品100个，绿色产品12个，安国中药材等17个特色产业基地被评为“河北农业特产之乡”，成为县域经济的重要支柱。质量安全水平稳步提升，农产品质量安全检验检测网络基本形成，覆盖了主要农产品生产区域，农产品质量合格率始终保持在98%以上。农机化水平显著提高，小麦机耕、机播、机收水平均达到96%以上，玉米机收达到85%，小麦生产和玉米播种基本实现机械化。循环经济快速发展，沼气池保有量39.5万余户，年产沼气850万立方米，受益人口达158万。年推广测土施肥面积800万亩左右，免费为农民测试化验土壤样品3.5万个，测土配方施肥技术实现全覆盖。秸秆综合利用面积达到1081万亩，综合利用率达到86%。经营体制改革不断深化，全市流转土地已达124万亩，占承包耕地面积的.44%；累计注册农民专业合作社3489家，辐射带动90万农户；建立农业技术推广区域站153个，农技推广新机制初步形成。

市长李谦慰问三夏一线服务人员

保定市林业局

党组书记、局长 姜明慧

省林业厅厅长王海洋检查指导森林防火工作

市长李谦考察农业生态园建设

保定市林业局是保定市人民政府主管全市林业工作的职能部门，局内部设办公室、植树造林处、果树蚕桑花卉管理处、森林资源管理处、发展计划与资金管理处、林业工程项目处六个职能处室，局直属行政机构1个——市森林公安局，局直属事业单位12个。

2012年全市共完成造林76.44万亩（含封山），占年度任务45万亩的169.87%；完成义务植树1500万株，占年度任务1400万株的107.14%，完成新育苗5万亩，占任务5万亩的100%。工程项目建设：一是完成2004年退耕地还生态林国家级核查工作，合格率达到99%以上。二是退耕还林成果专项规划工程全部完成。三是退耕还林匹配工程建设也已全部完成。四是利用欧洲投资银行贷款林业发展项目，作为项目候选的涞源、涞水、曲阳、顺平4个县正在抓紧进行项目建议书的编制工作。

2012年，获得省绿委会、省人社厅、省林业厅共同颁发的“河北省国土绿化突出贡献单位”；获得省委、省政府颁发的“全省开展加强基层建设年活动优秀驻村工作组”；获得省林业厅颁发的“首届河北省名优果品擂台赛最佳组织奖”、“河北省果品产业工作先进单位”；获得保定市委、市政府颁发的“保定市2010-2011年度文明单位”。

局长姜明慧督导森林病虫害防治

局长姜明慧指导山区封山育林工作

保定市文化广电新闻出版局

局领导班子

庆祝十八大系列活动

2012年文化改革发展的任务非常繁重。党的十八大，省委八届二次、三次全会，市委十届三次全会等重大会议的召开，对文化建设做出了新的部署；全市执行力亮剑行动、“7•21”抗洪抢险救灾、加强基层建设年等重要活动的开展，给文化工作提出了更高要求。市文广新局在市委市政府的坚强领导下，按照市委、市政府的工作部署和年度目标任务，超前谋划，统筹兼顾，积极主动开展工作，创造性地抓好落实，突出重点、攻克难点、彰显特点、打造亮点，圆满完成年度各项任务目标，为“京畿强市、善美保定”建设提供了思想保证、精神动力、舆论支持和文化条件，为文化建设领跑全省奠定了坚实基础。市“扫黄打非”办公室被评为“2012年全国‘扫黄打非’先进集体”，新市区颉庄乡郝庄村等3个村的农家书屋被国家新闻出版总局“2012年全国示范农家书屋”，市文广新局被省农家书屋工程建设领导小组评为“农家书屋工程建设先进单位”、被省新闻出版局评为“第三届全省印刷行业职业技能比赛优秀组织奖”，先后被省文化厅评为“先进基层党组织”、“全省文化统计工作优秀单位”、全省“扫黄打非”先进单位、第七个中国“文化遗产日”暨第五届河北省民俗文化节活动优秀组织奖、文化信息工作优胜单位，被市委、市政府表彰为“政协提案先进承办单位”、“文明单位”、“全市建设年活动优秀驻村工作组”。被省文化厅、市委、市政府通报表彰或评为先进的共26人次。

农村文化市场管理工作经验介绍

“7•21”抗洪救灾慰问演出

基层建设年文化帮扶

保定供电公司

微笑服务

应急发电

测 温

保定供电公司是隶属河北省电力公司的国家特大型供电企业，担负着保定27个县（市、区）的供电任务，供电面积22109 平方公里，人口约1100万人。截至2012年，公司拥有110千伏及以上变电站138座，变电总容量1656.4万千伏安；公司运维110千伏及以上线路287条、5069公里；代维500 千伏线路9条、849公里。2012年售电量完成239.1亿千瓦时。

多年来，公司在河北省电力公司和保定市委、市政府的正确领导下，坚持以科学发展观为统领，始终秉承“四个服务”宗旨，以安全稳定为基础，以企业效益为中心，大力推进“两个转变”，全面加强“三个建设”，企业管理水平不断提高，优质服务水平明显提升，企业综合实力显著增强，为地方经济社会发展提供了坚强的电力支撑。公司先后荣获全国文明单位、中央企业先进集体、国网公司首届文明单位标兵等荣誉称号，连续20年保持省级文明单位称号，连续10年被保定市评为民主评议行风建设优秀单位。2012年，公司获全国五一劳动奖状、全国文明文明单位、国家电监会“十八大”保电先进单位、河北省“7·21”抗洪抢险先进集体等多项荣誉，管理创新成果《输电线路属地化运维管理》获全国电力行业企业一等奖。

检修维护

公司大楼

保定市交通运输局

交通部副部长冯正霖到保定市调研农村公路

张涿高速公路施工现场

保定市交通运输局是主管全市交通运输工作的政府职能部门。机关设10个内设机构，局所属事业单位43个、实有人员2693人。2012年在市委、市政府的坚强领导下，坚持以科学发展观为统领，以全市经济建设为导向，努力实施“大交通”发展战略，不断强化行业管理，交通运输工作实现了快速发展。全年完成交通建设总投资104.94亿元（含省管高速17.2亿元），其中完成高速公路建设投资50.6亿元，农村公路11.52亿元，市区路网重点项目3.2亿元，干线公路养护3亿元。截至2012年底，保定市公路通车总里程19006公里，其中国道8条1101公里，省道42条2070公里，县道34条971公里，乡道4280公里，专用路226公里，村道10358公里。

新双层车

贫困地区农村公路集中联片扶贫开发

张石高速公路二期路面摊铺

保定市国

国税干部进行税收分析

国税干部服务企业

国税干部组织税收宣传

稽查局检查账目

国税干部进行税源调研

保定市国家税务局职责是贯彻执行国家的税收法律、法规和规章，并结合各地实际情况，研究制定具体的实施办法；根据本地经济发展规划，研究制定本系统税收发展规划和年度工作计划并组织实施；根据经济税源和省国家税务局下达的税收计划，编制、分配和下达本系统税收收入计划并组织实施；负责本地中央税、中央地方共享税等税种的征收管理和稽查工作，负责增值税专用发票、普通发票和其他税收票证的管理工作；负责监督检查本系统的税收执法情况；负责税务行政处罚听证、行政复议和诉讼工作；负责本地进出口税收和涉外税收的管理工作；负责本系统的税收会计、统计工作；负责本系统经费、财务、基本建设和资产管理工作，负责审计和政府采购工作；负责本系统机构、编制和人事管理工作；负责本系统思想政治工作、精神文明

全市国税工作会议

国税干部深入纳税户调研

国税干部了解业户情况

国税干部税收宣传到田间

国税干部情系山区儿童

建设和基层建设，负责教育培训管理工作；负责本系统的纪检、监察工作；负责本系统税收信息化、现代化工作的规范和实施，建设和管理信息系统；研究税收征收管理方法，分析税收信息，掌握税收动态，组织税法宣传工作。

2012年，在经济增长下行压力加大的复杂环境下，全市国税系统认真落实省局和市委、市政府的各项决策部署，团结拼搏、务实进取，圆满完成各项工作。税收征管创新发展，优化税收征管体系改革取得新的进展；纳税服务持续优化，在全市“五好基层站所”评选中占据执法类十个席位中的七个；干部队伍和党风廉政建设扎实推进，连续第十二年被评为全市“先进基层党组织”，连续十二年获民主评议行风第一名，为促进全市经济发展和社会稳定做出了积极的贡献。

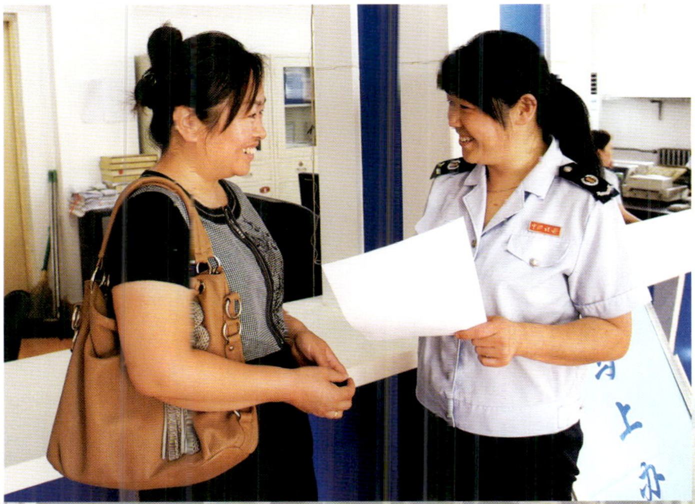

国税干部开展税务咨询

国税干部组织业务考试

南市区国税局

局　长　张沪军

锐意进取团结拼搏的领导班子

党组中心组学习

办税服务厅荣誉

保定市南市区国家税务局组建于1994年8月，现设10个职能科室：办公室、政策法规科、收入核算科、纳税服务科、征收管理科、人事教育科、监察室、党办室、工会、办税服务厅，5个税务分局，1个信息中心。现有干部213人。负责南市区辖区内企业增值税、消费税、所得税等税种的征收管理工作，管辖各类工商企业6000余户，连年超额完成税收任务，2012年共组织税收收入39.02亿元，再创历史新高。

近年来，保定市南市区国税局在省局、市局的正确领导下，在南市区区委、区政府及社会各界的关心支持下，坚持以加强税收征管为中心，按照上级机关的各项决策部署，一手抓税收业务建设，一手抓税务文化建设，双管齐下，齐头并进，逐渐打造出一个值得信赖、团结务实、拼搏进取、敢打硬仗、富有凝聚力和感召力的领导班子，带领出一个勇于创新、锐意进取的干部队伍，多项重点工作走在了全市甚至全省的前列。国家税务总局局长肖捷、副局长解学智、总经济师汪康，省纪委常委、省监察厅副厅长吕忠国等领导多次到该局指导工作并给予充分肯定。自2007年以来有省内外社会各界3000余人到南市区国税局参观学习，该局领导班子连续六年被评为优秀领导班子，行风评议连续十二年保持第一，连续七年荣获省级精神文明单位称号，连续五年在全市效能考核工作中名列第一，被评为省级纪检监察工作先进单位、省级规范化建设先进单位，被省纪委、市纪委评定为“廉政文化建设示范基地”。2009年9月，该局办税服务厅被全国妇联授予“全国三八红旗集体”荣誉称号。

一元复始，万象更新。站在新的起点上，展望2013年，面对不断发展的税收事业新形势，在新一届班子成员的带领下，南市区国税局将始终以党的十八精神为引领，全面加强队伍建设、业务建设和基础建设，转变工作作风，提升服务水平，强化典型引路，优化绩效考核，描绘新蓝图，踏浪新征程，创造新辉煌。

开拓进取的优秀团队

北市区国税局

局　长　吴纪欣

分局每周例会

北市区国税局为主管全区国税工作的行政机构，成立于1994年，现有在职干部职工156人，内设9个职能科室，个事业单位，5个税务分局。主要负责增值税、消费税、企业所得税等税种的征收管理工作，辖区内各类纳税人781户（一般纳税人959户，小规模纳税人2714户，纯企业所得税纳税人108户），其中重点税源12户。2012年该局共入库税收收入115776万元，同比增收17976万元，增长8.38%。

近年来，在保定市国家税务局和北市区委、区政府的正确领导下，北市区国税局始终坚持以邓小平理论、“三个代表”重要思想为指导，全面贯彻落实科学发展观，牢记“为国聚财、为民收税”的神圣使命，以组织收入工作为中心，全面规范税收执法、持续改进纳税服务，坚持做到依法治税与文明服务并举，全面提升服务水平，切实加强班子队伍建设，提高人员素质，开拓创新，真抓实干，各项工作成效显著。先后被评为保定市文明单位、思想政治工作先进单位，被北市区委、区政府评为“工作实绩突出单位”、执法单位民主评议第一名、“文明执法杯”评比第一名，被保定市局评为绩效考核先进单位、星级管理“五星级单位”，并且连续五年被保定市局评为“先进领导班子”，连续十年被区委、区政府评为“政风行风建设先进单位”。

2013年，北市区国税局将以党的十八大精神为指导，以开展“改进作风服务基层”活动为载体，按照年初工作会议确定的任务目标，以组织收入工作为中心，深入推进税源专业化管理改革，切实改进工作作风，不断提高纳税服务水平，全面加强干部队伍建设、业务建设、“三基”建设和党风廉政建设，力争各项工作再上新台阶，为经济发展、国家富强、人民幸福贡献力量。

国税干部走访重点企业

纳税人满意度调查

追寻延安精神红色教育

新市区国税局

局　长　史松青

新市区人大代表视察国税工作

局长史松青到企业调研

局长史松青到企业调研

新市区国税局成立于1994年，在职干部175人，其中本科及以上学历105人，专科69人，大专及以上文凭人员占总体人员96%；党员161人，占在岗职工总数的83%；区局班子成员6人，其中副职5人，平均年龄48岁。区局下设9个机关科室、5个基层税务分局和1个办税服务厅，共计15个基层单位。

新市区国税局管辖面积144平方公里，区内驻有保定钞票纸业公司、保定供电公司、天鹅化纤、天威保变、乐凯胶片等多家全国知名的企业集团。主要负责增值税、消费税、企业所得税、利息所得税等税种的税收征管工作。总登记户数8001户，其中增值税一般纳税人1724户，小规模纳税人个体工商户6164户，其他业户651户。辖区内企业特点是国有大中企业较多，工业基础发展好，与之配套的乡镇和街道企业发展较快，成为全区经济的支柱。

新市区国税局自成立以来，区局历届班子坚持以组织收入为中心，走“人才兴税、科技强税、管理增税”之路，坚持依法治税、聚财为国、执法为民，努力构建风正、气顺、劲足的和谐国税，连续10年夺得“文明执法杯”竞赛优胜单位，连续7届被评为省级文明单位，连续多年被评为区行风评议优胜单位。新市区国税局将继续在严格执法的同时，进一步优化纳税服务，带好队、收好税，为区域社会经济发展提供有力财力支持！

歌咏比赛喜获殊荣

高新区国税局

深入企业了解生产情况并开展纳税服务

文明帮建受欢迎

高新区国税局现有在职干部职工78人，平均年龄43岁。其中大专以上学历的占95%，硕士2人。全局干部先后有21 人获得省市国税系统业务能手称号，特许国际注册会计师1人，注册会计师2人，注册税务师7人，在市国税系统组织的业务考试中，多次获得团体或个人第一的好成绩，是一支积极向上、充满朝气的税务干部队伍。管辖保定国家高新技术产业开发区“一区三园” （即中心科技园、华北工业园、八达工业园），各类纳税人1700余户。管辖企业相对其他区县而言具有“三多一少”的特点，即：高新技术企业多、软件企业多、风电企业多，零星小企业少。

创先争优

近年来，由于辖区风电企业税收入库大幅下滑，税收压力逐年加大。面对经济下行压力，高新区国税局坚持以人为本，大力加强业务建设和队伍建设，税收管理水平不断提高，税收收入总量连年保持全市第二的位次。多项工作取得佳绩，先后获得“全国巾帼文明示范岗”、河北省三八红旗集体、河北省国税系统“先进集体”等称号，在2008 年、2010年、2012年度分别被河北省委、省政府命名为“文明单位”，2009年在代表市局接受省局绩效考核中，税收收入、税收政策落实、税源管理平台的应用等九个方面工作被河北省国税局集中考核组给予充分肯定，连续五年被授予全市国税系统年度税务工作绩效考核先进单位，2013 年被国家税务总局授予“税务系统先进集体”

全程引导辖区企业自助办税

唱红歌

保定市地方税务局

局　长　高会民

市地税局获得“保定市爱心慈善奖”

保定市地方税务局是负责保定市地方税收征收管理的职能部门，受河北省地方税务局和保定市人民政府双重管理，以垂直管理为主。市局机关内设17个处室（中心）：办公室、人教处、绩效处、基层处、监察室、机关党委、督察内审处、财装处、收入处、征管处、税政处、纳服处、社保处、发票处、信息中心、干部培训中心、机关服务中心。直属单位2个：稽查局、税源监控分局。管辖27个县（市、区）地方税务局，共有干部职工2390人。

新春联欢会

2012年全市地税系统在省局和市委、市政府的正确领导下，以邓小平理论和“三个代表”重要思想为指导，全面贯彻落实党的十八大精神，深入学习实践科学发展观，紧紧贯彻落实省局“三优两促进”的总体工作思路，将“提升征管质效、创新服务方式、固牢发展根基、凸显队伍活力”作为工作主基调，狠抓收入、保证质量，强化技能、提升素质，严格管理、注重绩效，建强基层、创先争优，圆满完成了以组织收入为中心的各项工作任务。

扇子舞宣传税法

全系统共组织各项收入159.08亿元，同比增收2.26亿元，增长16.59%。其中，税收收入完成106.27亿元，同比增收17.65亿元，增长19.92%；社保费收入完成44.45亿元，同比增收3.88亿元，增长9.55%；其他收入完成8.37亿元，同比增收1.11亿元，增长15.34%。

第一届运动会

全市地税系统获得了多项荣誉，市局机关连续三届被中央文明委评为“全国文明单位”、荣获了“全国模范职工之家”。全系统涌现出了1个“全国税务系统先进集体”，3个省级“青年文明号”，7个市级“青年文明号”，地税系统的社会形象和地位得到了进一步提升。

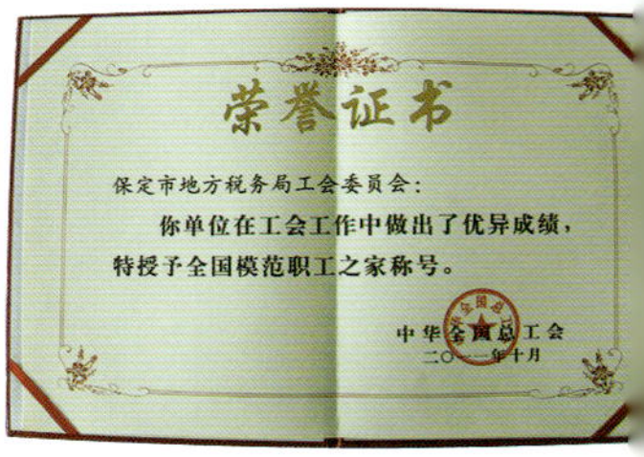
荣誉证书

保定市地方税务局工会委员会：

你单位在工会工作中做出了优异成绩，特授予全国模范职工之家称号。

中华全国总工会

保定市气象局

保定市气象防灾减灾绩效管理工作会议

保定市气象局位于保定市区东部，始建于1954年，一度由省气象台兼管，1980年为保定地区气象局，1995年地市合并，更名为保定市气象局。为正处级直属事业单位、国家基本站，实行上级气象部门主管、地方人民政府领导的双重领导管理体制和与之相适应的双重计划财务体制，根据授权承担本行政区域内气象工作的政府行政管理职能。

2012年世界气象日座谈会

近年来，在上级气象主管部门正确领导和地方党委政府大力支持下，保定气象部门紧紧围绕地方经济社会发展大局，坚持安全气象、经济气象、民生气象、生态气象发展方向，以需求为牵引，以创新为动力，以气象防灾减灾绩效管理和基层台站综合改革为抓手，大力提升气象灾害防御、公共气象服务、气象基础业务、基层协调发展四个能力，进一步强化科技人才的支撑作用和党建文化的驱动作用，积极深化为农服务“两个体系”建设，为保定市经济社会发展做出了新的更大的贡献。

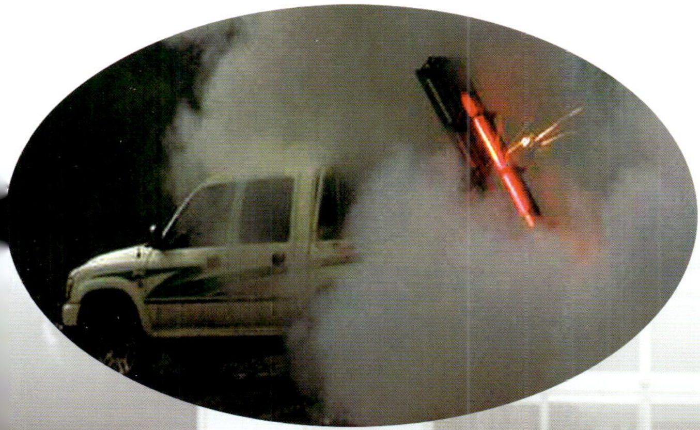

人工防雹增雨

建设年活动，顺平赠送锦旗

低碳生活启动仪式

保定市住房和城乡建设局

党委书记、局长　方砚烽

落实亮剑行动加快县城暨保障房建设推进会

2012 年市住建局迎“七一”文艺汇演

2012年，在市委、市政府的领导下，市住建局围绕全市总体部署，认真贯彻落实市委十届三次全会精神，加强领导班子和干部队伍建设，深入开展执行力亮剑行动和着力改善两个环境活动，开拓进取、攻坚克难，圆满完成了年度目标任务。各项工作共争取中央、省资金5.76亿元。建设市场数字化稽查新模式连续两年荣获全国住建领域突出贡献奖，获得了2011年度实绩突出单位、行风热线开播十周年暨“善美保定行风之星”十佳单位、全市为民服务创先争优群众满意窗口、创先争优先进基层党组织、党风廉政建设实绩突出单位、惩防体系建设创新单位等荣誉称号，十八大安保维稳工作受到了市委、市政府的通报表彰。

住宅建设日新月异

保定市水利局

局　长　吕坤力

2012年7月20日，省委副书记赵勇到保定检查工作

2012年7月22日，李谦、吕坤力、张海波研究汛情

西大洋溢洪道下游

保定市水利局是保定市人民政府主管全市水利工作的职能部门。在市委、市政府的坚强领导和省水利厅的大力支持下，保定市水利局坚持以科学发展观为统领，积极践行可持续发展治水思路，大力发扬“献身、负责、求实”的水利行业精神，创优环境、创新举措，超前谋划、狠抓落实，突出民生水利和现代水利建设，着力抓好防汛抗旱工作，着力做好重点水利工程建设，着力实施最严格水资源管理制度，着力推进水利改革发展，全面提高水利综合保障能力，实现了全市水利事业的又好又快发展。2012年，全市水利总投资近18亿元，解决了556个村、68.38万农村人口的饮水安全问题；全市新增节水灌溉面积50万亩；完成水土流失治理面积379.92平方公里；全市运行的水电站年发电量达1亿度；累计兑现大中型水库移民后扶资金5897万元，完成项目扶持资金1250万元；组织完成了国家专项规划内10条中小河流治理工程初步设计报告，其中9条已经省水利厅批复，项目总投资2.4亿元；完成了3座水库除险加固工程；西大洋引水工程向保定市区安全供水6745.68万立方米；王快水库、安格庄水库向北京应急供水3.529亿立方米；投资近5亿元的大水系水源工程全部完工并初步发挥效益；按照省市要求，大力开展水利扶贫和基层建设年工作，为贫困村群众解决了人畜饮水、农田灌溉、河道治理、水土保持等实际困难，得到了基层群众的充分肯定。夺取了2012年“7·21”抗洪抢险工作的全面胜利。水利事业的大发展快发展，为深入建设“京畿强市、善美保定”发挥了坚强的水利支撑作用，为全市经济社会健康和谐发展奠定了坚实基础。

引黄济定

保定市南水北调办公室

领导班子正在研究工作

市政府组织召开保沧干渠征迁安置工作动员大会

廊涿干渠保定段工程建成具备通水条件

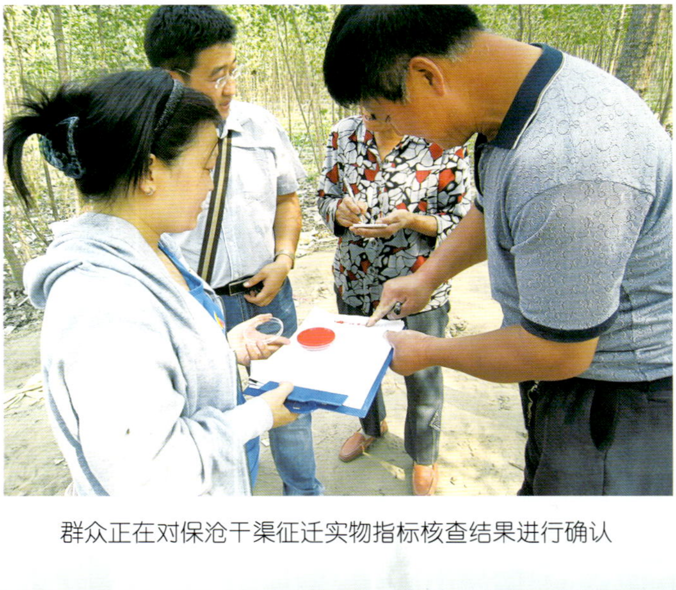

群众正在对保沧干渠征迁实物指标核查结果进行确认

保定市南水北调办公室为保定市南水北调工程建设委员会的办事机构，是保定市人民政府负责指导、协调、督促、检查辖区内南水北调工作的职能部门。2012年以来，为确保全市南水北调工作平稳快速推进，迎接党的“十八大”胜利召开，在市委、市政府的正确领导和上级部门的大力支持下，市南水北调办公室以落实市委“三自六不”要求、贯彻执行力亮剑行动为契机，统筹安排，精心组织，全力做好廊涿干渠建设管理工作，大力推进配套工程前期工作，扎实开展保沧干渠征迁实物指标核查工作，持续做好天津干线和总干渠征迁后续工作，优质高效开展各项帮扶工作，圆满完成了年初制定的任务目标，得到了上级部门和群众的一致好评。被国务院南水北调办公室评为南水北调系统财务管理先进单位，被市委、市政府评为文明单位、十八大安保先进集体，驻徐水五香坡村工作组被省委评为优秀驻村工作组，团支部被市委评为五四红旗团支部。

天津干线临时用地复垦退耕

保定传输局

局　长　孙国文

主管线路副局长杨向光在一线指挥抢修

保定传输局担负着保定辖区内的国家一级和二级长途通信光缆、全省干线光缆、本地网光缆等长途通信网的维护和抢修工作，截至2012年，保定传输局共计维护线路为2842公里，其中国家一级干线光缆6条，分别是京汉广、新京汉广、京汉广3号、京汉1号、京汉2号、北京外环线路，总长983公里；二级干线光缆6条，分别是涿磁一号，涿磁二号，涿秦一号，涿秦二号，保张承，保任线路，总长352公里；本地网线路40424公里，其中骨干环干线309公里；代维线路11083公里，其中移动线路4506公里，干线377公里；电信线路5354公里；广电线路1223公里，干线623公里，本地网600公里。

多年来，保定传输局把线路维护和保障线路安全放在各项工作的首位，把杜绝和减少线路阻断放在各项工作的重中之重，全局员工精心维护、辛勤工作，较好地完成了各项通信任务，在历年的抗洪抢险、重要应急通信保障任务中，多次受到上级有关部门的表扬，并连续获得“省级文明单位”等荣誉称号。在今后的工作中，保定传输局将全面贯彻落实“坚持以人为本，倡导绿色通信，追求卓越服务，实现持续发展”的综合管理体系方针，不断提高通信传输质量，提高通信保障能力，确保通信线路安全优质有效运行。

中国联通保定市公司领导和保定传输局领导第一时间赶赴抗洪一线进行指挥

对架空光缆进行抢修

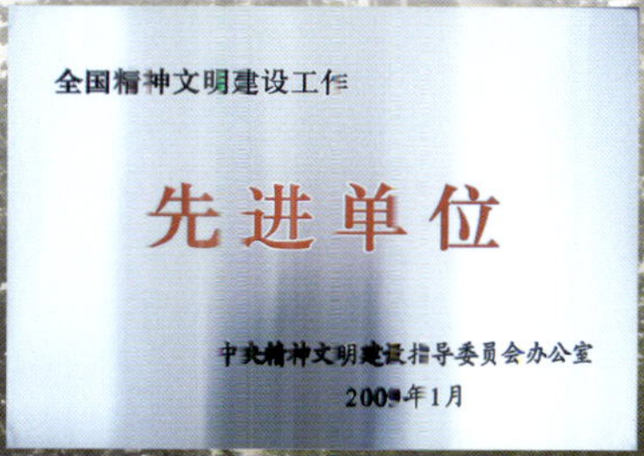

保 定 市 高

党工委书记、管委会主任　孙金博

2012 年 5 月 9 日，保定高新区国家大学科技园开园

2012 年，保定高新区完成了十余条道路的升级改造。图为改造完成后的天鹅路口

朝阳北大街非机动车与机动车硬隔离增加了非机动车的性，行人和非机动车在绿荫下行走较为舒适，而且非机动车和也可以方便的相互借用

全国最大的风电叶片生产企业——中航惠腾公司

保定高新区全景鸟瞰

2012年6月17日，全国政协副主席、国家科技部部长万钢（前）参观保定高新区英利集团

2012年3月28日，保定高新区举行中国电谷2012年项目集中奠基仪式

2012年10月9日，中央人民广播电台台长王求（左二）到保定区慰问“油条哥”

党工委副书记、管委会常务副主任张志奎到区企业调研

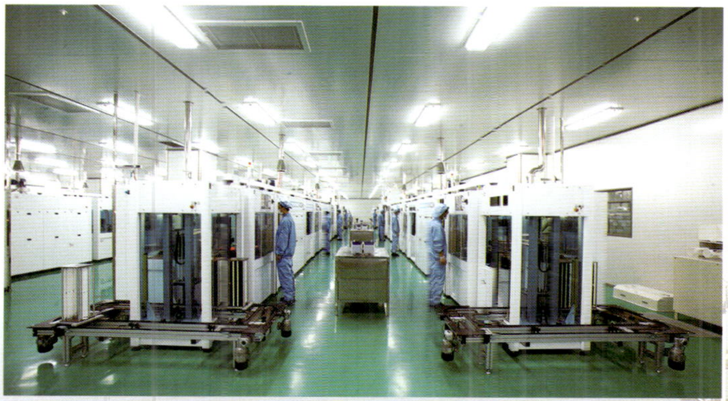

虽然美国双反、欧洲国家光伏补贴下降的光伏寒气逼人，但是英利保持了强劲的发展势头，生产车间满负荷运转。图为英利光伏产业园电池车间印刷工序生产场景

太阳能路灯在“中国电谷”得到了普遍应用。

白沟

党工委书记、管委会主任　刘金龙

2013 年 3 月 29 日，河北省副省长秦博勇（前左一）在恒大温泉旅游城项目选址地听取有关情况介绍

2012 年 8 月 25 日，在华润大学举行的以"跨越与突破：从商贸名镇到国际新城——转型、升级、创新"为主题的 2012 白沟新城高峰论坛会场

2012 年 5 月 17 日，建设白沟国际化新城全面升级工程仪式在白沟新城和道国际广场举行，图为省委常委、常委副省长杨（中），市委书记许宁（右二），市长李谦（左二），白沟新城党工委书记、管委会主任刘金龙（右一），隆基泰和集团董事长魏少军（左一）共同按下启动球

现代物流商贸中心

2010年9月白沟新城正式揭牌，辖白沟镇和白洋淀温泉城开发区，总面积118.5平方公里，居住人口15万人，是保定市经济最活跃、常住人口和流动人口最密集、也最具发展潜力的地区之一。白沟在持续快速发展的过程中，形成了"活力、包容、开放、创新"的城市个性和独特的"发展优势"：历史积淀厚重。白沟市始于汉，兴于三国，盛于明清，历史上曾保持着"日过千帆，商贾云集"的繁荣。区位优势明显。位于"京津冀三角腹地"，东有大广高速、京九铁路，西有京港澳高速、京广铁路和京石高铁，南有津保高速和正在建设的津保高铁，北有廊涿高速，距即将建设的首都二机场仅55 公里，北京至白沟的城际铁路已列入铁道部规划

3 年 3 月 1 日，保定市委书记聂瑞平（右二）到箱包交易城调研

2012 年 6 月 22 日，保定市县（市、区）、开发区重点工作东片调度会召开，市委书记许宁（前右二）、市委副书记马誉峰（前右一）听取白沟新城项目建设情况汇报

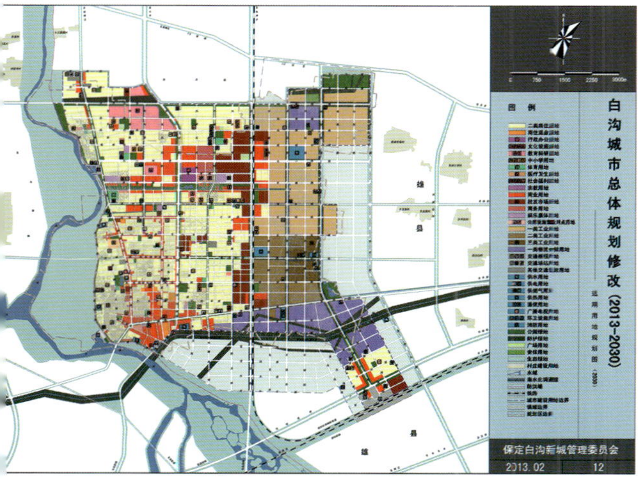

白沟新城总体规划修改（2013-2030）

2012 年 7 月 27 日，市长李谦（中）在现代物流商贸中心听取项目负责人介绍

业基础扎实。主导产业箱包业具有原材料供应、产品计、加工制造及销售等完整的产业链，已形成一个辐周边6个县（市）、55个乡镇、500多个自然村，从业人超过200万人的区域特色产业集群。拥有14个专业市，总经营面积400万平方米，2012年市场成交额达457元。品牌聚集度高。市场经营各类商品的注册商标总8000 多个，其中，国家驰名商标368个，省级著名商和名牌1965个。购物与旅游优势互补。白沟的商贸物优势结合白洋淀温泉城丰富的旅游资源优势，形成了沟新城购物旅游的雏形。物流辐射面广。白沟拥有完的物流配套体系，建有省级物流产业园，货运线路8 条，站点121家，覆盖全国31个省市地区，直达80余地级市，货源覆盖周边百公里，形成了辐射全国的物集散基地。

白沟镇污水处理厂

物流仓储产业园

满 城 县 委

县委书记　张　华

市县领导考察天华铝制品有限公司

汉墓片区升级改造一期工程奠基仪式

满城县位于河北省中部北同易县接壤，南与清苑县毗邻，西与顺平县交界，东接保定市和徐水县。总面积657.8公里，辖4镇8乡，204个行政村6个居委会、社区，人口39596人。

满城县城距北京150公里天津150公里、石家庄120公里处于三市三角腹地，东距保定市区仅15分钟车程。满城县区位优势明显，旅游资源丰富基础设施完备，交通便利。

县域内有国道107线和京广铁路、保涞、京赞等5条国、道，京昆、保沧、保阜三条速公路过境，到京津石仅为1小时车程。京广铁路相伴贯东南。县内建有220千伏变电1座，110千伏变电站5座，年销电量连续13年居保定各(市、区)之首，邮政及通讯备完备，县内无通讯盲点区。

满城县历史悠久，自古燕南赵北之地，满城之名始唐代天宝元年。满城县文化

业 绩

广　场

蕴深厚，长期以来文化事业生机蓬勃、历久不衰。2012年，满城县荣获保定地区首家“中华诗词之乡”称号。

2012年全县地区生产总值完成81.75亿元，比上年增长0.7%；全部财政收入完成56.6亿元，比上年增长19.7%；固定资产投资完成38.9亿元，比上年增长36%；城镇人均可支配收入19113元，农民人均纯收入769元，分别比上年增长10.2%和17.6%，社会各项事业保持了良好发展态势。

2012年，全年共谋划实施千万元以上重点项目55个，总投资457.7亿元，比上年增长53%。其中，省、市重点项目9个，年计划投资4.6亿元，实际完成投资11.7亿元，占年计划的256%。新开项目如期开工率和续建项目复工率均达100%，项目工作位居全市先进位次。县经济开发区、新兴产业园区顺利通过市级产业园区评审，与园区对接承载能力不断加强。

县 长 刘 峰

满城县隆基泰和广场项目奠基仪式

鑫海纺织有限公司车间

河北义厚成10万吨生活用纸项目效果图

涞 水 县

县委书记　王义民

2012 年 3 月 12 日，保定市环首都扶贫攻坚示范区（涞水县建设工作座谈会在涞水县召开

涞水名人——祖冲之

涞水县地处河北省中部偏西，太行山东麓北端，面积1650平方公里，山丘区占84%。全县辖15个乡镇284个行政村、588个自然村，总人口35万。涞水位于国家确定的燕山-太行山连片特困地区，是河北省确定的环首都扶贫开发攻坚示范区9个重点县之一，也是环首都绿色经济圈重点县之一，地处首都经济圈紧密圈层比较优势日益凸显，发展潜力无限。

历史悠久，人杰地灵。公元598年建县，因拒马河贯穿全境，始称涞水，至今已有1415年的历史，素有千年古县之称。境内历史文物众多，有庆化寺花塔、清代贤亲王墓、西岗塔等3处国家文物保护单位和摩崖石刻千佛舍利塔等11处省级文物保护单位，涞水高洛古乐入选国家首批非物质文化遗产名录。成语“闻鸡起舞、中流击楫”的主人公祖逖，南北朝时期的大科学家祖冲之，南极科考队首任队长、长城站、中山站首任站长、科学家郭琨都是涞水的杰出代表。同时，涞水是革命老区，为平西抗日根据地腹地，冀热察挺进军司令部、冀热察区委、平西军分区、平西专署均驻于此，聂荣臻、肖克等老一辈无产阶级革命家曾生活和战斗在这里，曹火星创作的《没有共产党就没有新中国》从这里唱响全国，红色经典歌剧《白毛女》的雏形——《白毛仙姑》从这里诞生。

区位优越，交通便捷。涞水与北京接壤110公里，距北京市中心90公里，距天津市中心170公里，距保定市中心公里，属大北京经济圈内圈。京原、高易铁路，112、108、京赞路等国省干道贯穿县境；建成、在建和即将开工建的张石、廊涿、张涿、京昆等四条高速、9个高速公路出口，使涞水成为京西南重要的高速交通枢纽，特别是京昆速建成后，由县城到北京西六环莲石路口只有60公里，真正纳入北京半小时交通圈；张涿高速通车后，从县城到野坡只需30分钟；已开通到涞水县城和野三坡景区的北京917公交专线，实现了涞水与首都交通同城化。同时，首都二机场（大兴、固安）选址距涞水县城只有50公里，建成后从县城经廊涿高速仅需半小时即可抵达。

廊涿高速涞水出站口

)12年8月23日保定市灾后重建项目启动仪式在野三坡举行

县 长 于舒心

资源丰富，生态良好。山区、丘陵、平原地貌兼备，已探明的矿物种类30余种，具有开采价值的18种，主要为石灰石、石材、砂石料、铁、铜、铅、锌等，多样的地理、矿产资源，蕴藏着巨大商机。涞水是生态大县，没有重大污染和破坏性建设，作为全国“三北”防护林工程重点县、河北省造林重点示范县，林地面积以每年3万亩以上的速度逐年递增，增速在河北省名列前茅，2011年被环保部授予“国家级生态示范区”荣誉称号。良好的生态环境促进了旅游业加速发展，野三坡景区拥有“世界地质公园”、“国家5A级景区”、“国家级重点风景名胜区”、“国家森林公园”、“中华生态保护示范单位”等多项桂冠。日常年份接待游客300万人次以上，门票收入6000万元以上，总收入达8亿元，旅游业已发展为涞水最富活力的主导产业。

涞水特色产业——古典红木家具

产业亮点突出，特色鲜明。电极、玻璃器皿、古典（红木）家具是涞水最具特色的工业产业。碳电极占国内市场70%的份额，占国际市场30%的份额，是“全球最大的炭电极生产基地”，近期研发的碳/碳复合材料产品性能已达到国际先进水平。玻璃器皿产品分8大系列2000余个品种，98%以上的产品销往欧、美、日、东南亚、澳大利亚、中国香港等120多个国家和地区，是“华北最大玻璃器皿手工吹制基地”。古典（红木）家具已有300年的历史，主要生产仿明清古典家具，产品除国内销售外，主要销往日本、新加坡、加拿大、美国等国家和地区，是“北方明清红木家具之乡”。

新建成的居民小区

野三坡风光

博 野 县 委

县委书记陈春霞（左一）陪同市委书记聂瑞平考察工作

博野县区位优越。位于冀中平原腹地，总面积331平方公里，总人口27万，县城距北京200公里，距石家庄100公里，距保定50公里，在中国第三大增长极“首都经济圈”范围之内。博野县是千年古县，人杰地灵。西汉置县，历史上名人辈出。清初思想家、教育家颜元开一代风气之先，被称为“北学之宗”，是“影响中国历史进程”的河北名人，受到毛泽东的高度评价。

省级开发区重点项目集中奠基仪式

博野县交通便利，省级公路保（定）衡（水）跨越南北，定（州）河（间）公路横贯东西，城乡交通四通八达。河北省政府“十二五”规划中的石津、曲港两条高速公路在博野交汇，博野将成为京津冀高速路网框架中的重要节点。

博野县工业特色明显，全县工业企业714家，规模以上企业32家，拥有中国驰名商标、中国名牌、河北省著名商标等32件，华月胶带、宝丰硝化棉等跻身“全国

保南地区最大的商业步行街——恒鼎商业街

全国绿化千佳村、国家级设施果品示范园大北河村的万亩梨

十强”。橡胶输送带业产能占全国市场份额的三分之一，工业水泵、高档衬布、油漆树脂、饼干等产业具备较好基础。

博野县生态优势突出，气候温和、土壤肥沃、水质清纯，适宜发展绿色有机农业，拥有省、市农业产业化龙头企业12家，产业化率67%，是中国北方重要的苗木集散地、保定市十大蔬菜基地。地热资源面积覆盖全县，出水温度在30℃以上，具备开发供热、发电等多种用途条件。

县长张才（左一）陪同省商务厅领导调研

新一届博野县委、县政府确定了“贫困突围、跨越赶超，建设产业新城、经济强县”的中心任务，建成了省级经济开发区，并作为产业新区纳入了县城规划，实现了“以城带产，以产兴城，产城互动”。经济开发区实现销售收入51亿元，已成为县域经济增长极。同时，县城14平方公里、开发区5平方公里的开发面积正在虚位以待大项目的到来。

县政府与秦博房地产城市综合体及中石化地热开发项目签约仪式

省级经济开发区企业英利集团旗下石光碳素公司

省级经济开发区企业万茂机械公司

整洁美丽的博野县城

定兴县委

2012年11月6日，县委书记牛景峰考察开业的中国银行定兴支行

2012年12月8日，定兴县太极拳协会参加保定首届民俗体育节

2012年10月16日，保定恒天大迪汽车有限公司举行揭牌仪式

日新月异的城市容貌

定兴县位于冀中平原腹地，京津保中心地带，辖1个省级工业聚集区和1个省级经济开发区、5镇11乡1个城区、274个行政村，总人口57.8万。自2004年以来连续被市委、市政府评为实绩突出县，相继荣获“全国文化先进县”、“全国商品粮基地县”、“全国粮食生产先进县”、“全国绿化模范县”、“全国平安建设先进县”、“全国法治县创建活动先进单位”等国家级荣誉称号。近年来，县委、县政府坚定不移地走开放兴县、工业立县、强农富民之路，县域经济保持平稳较快增长。2012年，完成县域生产总值86.8亿元，同比增长10.6%；财政收入达6.24亿元，同比增长24.9%，实现了两年翻一番。

倾力打造“全国文化名县”。定兴历史悠久，文化底蕴深厚，保定城重建者元朝名将张柔，《西厢记》作者、戏剧家王实甫皆为定兴人。定兴还是元曲故乡、河北梆子、孙式太极武学文化的重要发祥地，被列为“河北省黄金台文化艺术之乡”，拥有贤寓调、九曲黄河灯阵等省、市级非遗项目24项。2012年，王实甫文化创意产业示范园项目正式启动

《义慈惠石柱》、《张弘范》、《中国民间故事全书河北·定兴卷》等文化丛书相继出版。成功举办首届中国·定兴非遗文化旅游节、河北省第十届普通高校校长体育比赛、河北省县级青少年乒乓球锦标赛等一批有影响力的文化体育活动。

倾力打造“京南工业新城”。定兴是保定市拥有两家以上省级园区的3个县（市、区）之一。现有规模以上企业55家，形成了以长城内燃机、恒天大迪为支撑的汽车及零部件制造和以喜之郎、西麦、马大姐、五合窖等为支撑的食品加工两大主导产业，培育了以兴安冶金、华建为支撑的机械制造和以步长天浩、智同为支撑的制药及以兴安风电、中保安顺为支撑的新能源等新兴产业，多点支撑、布局合理的县域经济发展框架基本成型。

倾力打造“绿色农业基地”。定兴是传统农业大县，耕地面积74万亩，2012年粮食总产实现“十连增”。蔬菜种植面积达27万亩，其中设施蔬菜15万亩，高效设施蔬菜万亩以上，先后被认定为“河北省蔬菜产业示范县”和“全国蔬菜产业发展重点县”。与北京农产品中央批发市场签约对接，纳入首都安全食品供应体系。

2012年4月14日，县长王少雄代表县政府与河北智同生物制药有限公司签署ICH标准生化原料及制剂综合产业基地项目合作协议

2012年3月16日，定兴县与北京农产品中央批发市场有限责任公司签订农产品供应保障基地合作协议

2012年，定兴再次荣获“全国粮食生产先进县”称号

定兴县省级工业聚集区

顺 平 县 委

县委书记　张丽娟

县　长　王永建

顺平县位于河北省中部偏西，北纬38° 44′ 35″ ～39° 07′ 18″，东径114° 50′ 08″ ～115° 17′ 04″，东邻满城，西接唐县，南毗望都，北连易县，东南与清苑接壤，西北与涞源搭界。县城北距北京162公里，南距石家庄102公里，东距保定32公里。张石、保阜高速保阜、保涞、107国道等公路和京广铁路穿境而过。

南腰山村新民居

顺平县地处太行山东麓，华北平原西部，总面积708 平方公里。地形呈西北至东南斜长，地势西北高东南低，分中低山、丘陵、平原三种地貌。西北部为太行山区，面积约占全县总面积的三分之二，东南部为平原。最高的山峰白洋坨，海拔1006.7米，中低山海拔300～500 米，丘陵地区一般海拔200米左右，平原一般海拔为35～65米。主要河流有曲逆河、蒲阳河、界河、金线河、七节河，近30年来均变为季节河。全县属东部季风暖温带半干旱大陆性气候，四季分明。年均温12.2℃，年降水量578毫米。2012年降水总量652.6毫米，降水最多月份为7月份，降水量236.2毫米；日降水量最大47.8毫米，出现在6月24日。2012年平均气温12.5℃，1 月平均气温-4.4℃，7月平均气温26.9℃，年极端最高气温39.0℃，出现在6月17日，年极端最低气温-15.5℃，出现在1月22日。

顺富牌红富士苹果

2012年全县共有耕地面积212667公顷。全县多年平均自产地表水资源量0.96亿立方米，地下水平均资源量0.97亿立方米。非金属除石灰岩储量15亿吨，其中高纯石灰岩1亿吨外，还有石英岩和石英砂岩，白云岩、大理石、石板等；金属矿有金矿、银矿、磁铁和褐铁矿。

春秋战国时置县，名曲逆。西汉王莽改名为顺平。东汉时改为蒲阴。南北朝北齐天保七年（556年）更名北平。金贞祐二年（1214年）升县为州，名完州。明洪武二年（1369年），完州降为完县。1993年8月，经国务院批准，更

住宅小区

省长张庆伟考察养老服务中心

国家重点文物保护单位——腰山王氏庄园

顺平县。

全县设10个乡镇，其中5个镇，5个乡，辖237个行政村。

京广西线公路从中部穿过，保涞公路从县境北部通过，107国道和京广铁路从县境南部通过，保阜高速、张石高速公路在境内交汇，是保定西部重要的交通枢纽。

农业以林果为主。果树总面积30.7万亩，果品年产量2.01亿斤。红富士苹果、大久保蜜桃、磨盘柿为国宴果品。被国家农业部、林业总局命名为“中国苹果之乡”、“中国桃之乡”。工业以肠衣、食品、塑料、建材加工行业为主。肠衣加工为顺平传统特色产业，是河北省政府命名的25个特色经济产业之一，全县共有肠衣加工企业200余家，产品90%出口，占全国肠衣出口总量的20%以上，占世界出口总量的14%，年出口额达3000多万美元。

养老服务中心

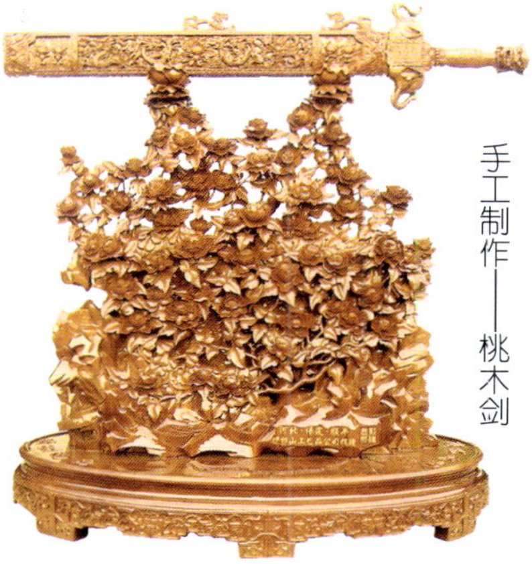

手工制作——桃木剑

华北最大的果汁加工企业——汇源公司

腰山王氏庄园是华北现存最完整的清代民居建筑群，国家重点文物保护单位，砖雕、石雕、木雕有“三绝”之称。唐河漂流自然景观独特、运动惊险刺激，“洞漂”绝无仅有，全程10余华里，被称为“华北第一漂”。伊祁山是尧帝诞生之所，又是历代佛教活动的圣地。依托山下百里桃园，连续十四年举办的“桃花节”为保定市重大旅游节庆活动之一。

中国肠衣基地

易县县委

中电投光伏电站项目：由中国电力投资集团河北分公司投资建设，总投资46亿元，建设风光互补电站。一期工程建设总装机容量20兆瓦的光伏电站，投资3.44亿元，于2012年5月开工建设，2012年底竣工并网发电，是目前全省建成最快、发电量最大的绿色光伏新能源项目。

狼牙山滑雪场

2012年，易县县委、县政府带领全县人民积极应对经济下行、“7·21”特大洪灾和十八大安保的严峻考验，同心同德，攻坚克难，全力推进旅游整合、工业聚集、城建造区、农业增效四项重点工作，圆满完成了全年目标任务。全年生产总值完成82.75亿元，增长

县城集中供热项目：总投资3亿元，占地69亩，项目建成后，可集中供热800万平方米，覆盖全城区。项目分二期建设，2012年实施了一期工程，完成投资1.2亿元，铺设管网24公里，实施集中供热50万平方米，在保定市首家实施城区集中供热。

航天民品产业园项目：由中国航天科技第二研究院投资总投资30亿元，建设期3年，占地1000亩，主要建设医疗、数防设备和无线电转配生产线，高科技物理电子对撞机生产和气象雷达、警戒雷达生产和调试等。2013年实施一期工程，投亿元，占地200亩，主要建设民用雷达设备生产线。

迎宾公园

创新接送学生车辆管理模式：初步建立了"政府主导、教育牵头、部门配合、齐抓共管"的长效机制，全县接送学生车辆安全得到有效保障。2012 年 2 月 20 日，省委书记张庆黎对易县加强接送学生车辆管理的做法做出批示："要继续大力推广易县校车管理经验，并持之以恒地抓下去，确保全省接送学生车辆交通安全。"

2.2%；全部财政收入完成4.8亿元，增长20%，其中公共财政预算收入完成3亿元，增长39.4%；规模以上工业增加值完成37.3亿元，增长26.4%；固定资产投资完成3.4亿元，增长34.1%；社会消费品零售总额完成29.8亿元，增长15.4%。

太行和益活性石灰生产线项目：由保定太行和益水泥有限公司建设，总投资 10.5 亿元，占地 280 亩，建设 4 条年产 26.4 万吨石灰生产线。该项目 2011 年 10 月开工建设，2012 年下半年投生产。

"7·21"灾后重建工程：灾后恢复重建涉及住房、交通等 8 个方面，共 134 个项目，总投资 7.9 亿元。2012 年有 71 个项目竣工，完成投资 4.68 亿元。同时，妥善安置受灾群众，确保了受灾群众无人因灾挨饿受冻。

容城县委

县委书记 张 浩

市长李谦，市委常委、副市长赵常福参加容城·白洋淀旅游区奠基仪式

县委书记张浩、县长李绍祥到金台东路拆迁现场指导工作

容城县民政服务中心

容城县地处北纬38° 57′ 04″ ～39° 08′ 32″，东经115° 45′ 26″ ～116° 04′ 02″之间，位于太行山东麓、冀中平原中部、南拒马河下游南岸，在大清河水系冲积扇上，属太行山麓平原的过渡带。东与雄县、白沟白洋淀温泉城接壤，北与定兴县相连，西与徐水县交界，南与安新县毗邻。总面积314平方公里，现有耕地面积31.2万亩。现辖5镇3乡，127个行政村，总人口26.58万人，其中城镇人口9.09万人。民族构成99.9%以上为汉族。

容城位于京、津、石三角腹地，距石家庄160公里，距北京、天津均为120公里，位于“两环”（环京津、环渤海）经济圈内。西临京广铁路和京港澳高速公路，津保公路和保津高速公路横贯全境，正在建设中的津保城际铁路从县城北部经过，白洋淀站设在容城境内。容城县乡村公路纵横交错，四通八达，交通十分便利。

容城自汉景帝中元三年（公元前154年）置县，至今历经2000余载，境内有属商代文化层的上坡遗址、燕国重要城邑南阳遗址、燕桓公与宋代杨延昭阅兵之地晾马台遗址。元初理学家、诗人刘因，明朝忠臣杨继盛、清初大儒孙奇逢并称“容城三贤”，更有狼牙山五壮士中的胡德林、胡福才，为容城增添了新的光彩。

容城县县委、县政府办公大楼

市长马誉峰考察大水服装公司

县　长　李绍祥

中共十一届三中全会以来，容城服装业从起步到兴起、从万人裤子大军闯市场到联合办厂、再到股份制、股份合作制企业的形成，始终呈现出蓬勃发展的良好势头，逐步发展成为县域特色支柱产业。特别是近年来，容城县委、县政府审时度势，强力推进服装产业转型升级，通过品牌创建、产业招商等重大战略措施的实施，使容城服装进入了一个崭新发展阶段，成为闻名全国的“北方服装之乡”，与浙江义乌、诸暨并称全国三大衬衫基地，素有“南石狮、北容城”之誉，1999年、2000年、2001年连续被中国服装协会评为“中国服装名城”，全县拥有服装企业920家，其中规模企业159家，年产值超亿元的企业12家，已经形成了龙头企业带动、骨干企业支撑、服装加工户遍地开花的产业格局。

2012年，容城县按照“三三二”（利用三个资源、打造三个增长极、培育两个市场）发展战略，团结一心，奋力开拓，全县经济社会保持了持续健康快速发展。全县地区生产总值完成53.28亿元，同比增长13%。全部财政收入完成3.92亿元，同比增长21%；其中，地方公共财政预算收入完成2.58亿元，同比增长19.4%。固定资产投资完成35.4亿元，同比增长35%。城镇居民人均可支配收入完成1.82万元，同比增长12%。农民人均纯收入完成9926元，同比增长16.7%。

县长李绍祥深入蔬菜大棚查看蔬菜生长情况

容城县白沟桥南轻纺城

容城县城新貌一角

保定市

西高庄新民居全景

2009 年投资建设亨佰丽小商品批发城，2011 年投入运营，为社会提供了大量就业机会

西高庄村位于保定市天威东路，全村386户，859人。1986年以来，村"两委"带领西高庄人以"育民、强村、为民"工程为载体，全面推进社会主义新农村建设，把一个人均收入不过几百元，集体欠外债10万元的贫困村，建设成了固定资产3亿元、年人均收入过万元的经济强村。

20多年来，西高庄村先后创办集体企业11家，为村民提供了大量的就业机会，斥巨资兴建"亨佰丽小商品批发城"项目于2009年试运营，为社会提供了2000个就业机会。

西高庄村坚持把培养推进新农村建设的新型农民作为长期不懈的重点工作，深入开展"育民"工程，积极培育社会主义核心价值观。1996年创办了保定市第一家农民高中班。201年成立了"西高培育中心"，开展"人人上讲堂"、"人人上舞台"活动。2010年开展村民家庭电视专题片的拍摄活动，展现该村在改革开放以来物质生活和精神面貌等方面发生的巨大变化，共拍摄电视专题片62集并通过保定电视台在全市播放；201年投资100万元建设了综合展室，全面展示该村的发展历程，为村民提供了开放式教育基地；围绕"善美西高"这一主题，深入开展精神文明创建活动，加强社会公德、职业道德、家庭美德、个人品德教育，提高村民思想道德素质，培育知荣辱、讲正气、做贡献、促和谐的良好风尚；

2006 年实施新民居建设，2009 年村民全部入住新居

尧“文化西高”这一主题，借助“书香家庭”评比活动的开展，扎实推进“文化强村”战略，完善并坚持“文化惠民”各项举措，先后开办了葫芦丝、二胡、中阮、巴乌、扬琴等乐器班，极大激发广大村民参与文化活动的热情，增强了群众在文化建设中的自我表现能力。

让广大村民得到实惠，共享改革发展的成果，是该村工作的最终目的，1986年实施村民退休制度，目前，退休村民每月至少可领取800元的退休费；定期组织老人们外出旅游一次；退休村民过生日村里发10斤鸡蛋；每年免费给老人们检查一次身体；入住养老院的村民每月补助150元；村民办丧事，给予1000元的丧葬补贴；实行《保定晚报》订阅补贴制度；2006年启动新民居建设工程，2009年村民全部返迁新居。

1993年至今连续被评为河北省“文明村”，1993年被评为保定市“小康村”，1995年被命名为“河北省红旗党支部”，2000年被评为保定市“农村基层民主建设先进村”，2001年被评为保定市“治安模范村”，2003年被评为河北省“树、讲、求”先进村，2005年被评为“全国创建文明村镇工作先进单位”，2010年被评为“全国妇联基层组织建设示范村”、“全国三八红旗集体”，2011年被评为“保定市百面旗帜党组织”和“全国文明村”，2012年被评为“河北省创先争优先进基层党组织”。

记录美好生活

文化艺术节大合唱

每年5月组织开展一次农民运动会

坚持开展丰富多彩的文化活动。图为村民太极扇表演

涿州市公安局

全局大会

整装待发

徒步巡逻

夜间巡逻

涿州市公安局下辖46个科、所、队，其中派出所1个、刑警中队5 个、直属大队8个、业务科室15个。辖区总面积742平方公里，总人口64.5542万人，辖15个乡镇办事处、开发区，406个自然村，30个社区。

2012年，以涿州市副市长、公安局长曹谦为班长的涿州市公安局党委一班人，在涿州市委、市政府和保定市局党委的坚强领导下，坚持以“解放思想、服务大局狠抓职业化警队建设，创建人民群众满意的公安形象为总体工作思路，紧密围绕全市中心工作和社会治安特点，全体民警恪尽职守，忠诚履职，公安工作取得明显成绩。

市公安局始终坚持把严打犯罪高压态势，重拳横扫各类刑事犯罪。全年破获刑事案件622起，刑事拘留37人，逮捕250人，移送起诉420人，抓获网上逃犯130人打掉各类违法犯罪团伙22个，破获命案6起，成功侦破“3•20”、“5•22”等重特大杀人案，打击指数增幅均近年来新高。

全面提升社会治安的驾驭能力和水平。在全市设18 处巡逻待警点，坚持待警巡控、多警种设卡机制，年街头盗窃、抢劫、抢夺（两抢一盗）案件发案数较年相比分别下降2.5%、37.5%、9.7%；对“电子赌博”卖淫嫖娼、街头扒窃等突出治安问题，集中组织开展项整治，查封电玩城6家，查扣赌博机272台，查处黄毒案件21起，缴获冰毒3878克、麻古442粒、吗啡52克麻黄碱147片，有力净化了治安环境；严控危爆物品，面查获烟花爆竹1145万头，雷管67枚、导火索167米、子弹50发、火枪1支、气枪2支，行政拘留12人，为全市安全定剔除了一大批涉爆隐患；牵头组织公安、武警、消防、卫生、环保、供电等反恐成员单位成功举行了涿州反恐习，全面提升了联合反恐处置和快速反应能力；组织开展打击经济领域犯罪“破案会战”，破获经济犯罪案件47起移送起诉123人，劳教15人，挽回经济损失一千余万元，有力维护了全市经济健康发展。

全面加强队伍执行力、落实力。对各级领导干部加强团结、履职尽责、发挥职能作用提出明确要求，全体班子员坚持日常深入基层一线指挥督导各项工作落实，形成了团结一心抓工作，聚精会神抓落实的良好局面。倾力落实优待警，积极争取党委、政府重视、支持，成功解决了530名辅警合同用工问题；多方努力，为民警落实基层岗位贴、节假日加班补助、精神文明奖等待遇，年内民警工资人均增长870元。争先创优氛围浓厚。一年来，该局先后20 个集体，76名个人受到上级机关表彰奖励，其中受省、市级表彰的集体有5个，个人22名。

顺平县白云乡西朝阳村

村党支部书记　田占岐

村委办公楼

村委大院

村委大院一角

文化剧场

西朝阳村位于顺平县城西6公里，全村1370户，4825人，耕地6175亩，人均收入1700元，是顺平县第一大村。全村共有党员137名，村委会行政人员11人，正是因为有这样一支坚强的领导班子做后盾，西朝阳村才能走出昨天的困境，开创今日的辉煌。从2000年起，该村就连年被评为市级先进党组织，村党支部书记田占岐也多次被评为县级优秀党员，县模范人大代表。

1984年至1990年，当时的西朝阳村村情复杂，交通不便，教育设施落后，村民生活状况普遍较差。为了使村民的期盼早日得以实现，田占岐带领村民走上了一条艰难的发展之路。经田四处奔波多方筹措，终于争取到了48万元资金，建成了当时全县乃至全市最标准的教学楼和村委会办公楼。1987年又投资80万元，相继建成了村冷库及大型集体企业一家。接着又铺设防渗管道5000米，打井10眼，拓宽大街，村民的生活随即发生了显著的变化。

2005年西朝阳村投资190多万元硬化了村中心大街及全村大小所在街道2.6万多米，安装路灯200多盏，极大地方便了村民的出行。

多年来，该村一直注重文化建设。为了满足群众日益增长的文化需求，投资70多万元修建了大礼堂。为了给群众提供一个良好的健身休闲娱乐场所，投资100万元兴建了建筑面积达2110平方米的文化广场。广场最显眼的是投资42万元的电子屏幕，它每天都在播放村民喜爱的各种节目。

而今，京昆高速、保阜高速、南水北调工程都从西朝阳村经过。由河北省地质勘察局、邯郸地热勘察队、廊坊地热勘察队共同勘察，确定地下温泉。准备成立旅游温泉城开发公司、地热农业公司、地热供暖公司三个开发项目。为西朝阳村的发展带来了新的便利和契机。

安新县三台

党支部书记　任占录

狮子村位于华北明珠白洋淀边，安新县城城西9公里处，处于安新县三台镇中心地带，交通发达，徐新公路东西横穿而过。春秋战国时间，三台建有城池，城内有“黄金台”、“招贤台”、“点将台”，谓之三台。

狮子村全村780户，2738人，以制鞋为主要产业，各类企业152家，千万元以上大型企业有10家，从业人员8000余人，其中外来务工人员5800余人，2012年人均收入为8500元。

2012年，村两委团结奋进、齐心协力、搞建设、抓经济、促发展、求实效，在工作中取得了物质文明和精神文明的双丰收。投资20多万元村内各街道安装路灯350盏，村北徐新路上安装广告牌23个；打机井3眼，修理更换水泵12台，更换农田浇灌电缆400多米，并成立专门维修管理人员，对农田设施经常进行检修与维护；投资350多万元，修建下水管道1600米，自来水管道1760米，硬化路面8333平方米。组建了秧歌队、戏曲演出队、健身舞蹈队等娱乐团队，丰富村民文娱生活。定期清理村内垃圾，为村民营造了良好的生活环境。

狮子村两委会议

迎春鞋服有限公司董事长　刘永生

迎春公司办公楼

安新县三台镇狮子村党支部、村委会

镇 狮 子 村

修排水沟

小河治理

由污水坑修成的水泥路

路　灯

金迈顿鞋服有限公司董事长　刘　学

金迈顿公司办公楼

狮子村秧歌队

保定南市区市场建设服务中心

主　任　李光邈

2012 年 6 月在总装便民市场组织市场商户开展“文明经营，诚信经营”签名活动

保定南市区市场建设服务中心位于红旗大街114号，隶属市市场建设管理办公室。机关设综合科、人事教育科市场建设管理科、财力科。所辖9个便民市场所（纺织品批发市场、总装便民市场、东关便民市场、古物便民市场、关便民市场、南唐便民市场、河坡西便民市场、农大西便民市场、乌马庄便民市场）和1个稽查大队。主要职责为规建设管理便民市场，为广大市民日常生活提供优质的便民服务，为创造良好的城市环境履行职责。

副主任董晓辉到建设中的便民市场指导工作

保定卷烟厂

厂　长　马立志

厂领导合影

保定卷烟厂创办于1902年，是国办第一家卷烟厂。秉
承“两个至上”行业共同价值观，保烟人坚定“共好”文
化信仰，携手同心，砥砺奋进，走出了相互尊重、理解、
关心、和谐共好的发展之路。企业严格规范、富有效率、
充满活力；员工“人生有信仰、事业有追求、工作有激
情”，保烟人用智慧和汗水扬起奋进的风帆，用豪情满怀
歌颂“一流愿景”新篇！

扶贫助教、爱心捐款、见义勇为，保烟变得更加绚丽
多彩，充满张力，企业融入了社会，文化滋润着品牌，如
鱼得水，相得益彰。保定卷烟厂先后荣获全国职工教育培
训示范点，河北省质量效益型先进企业，河北省企业文化
建设先进单位，河北省企业文化建设示范单位，保定市人
居环境建设突出贡献单位等荣誉称号。

面向未来，保烟人将勇往直前，开启新希望、新梦
想、新征程，建设成为充满阳光、更加和谐、幸福延绵的
实力保烟、活力保烟、魅力保烟、和谐保烟。

保定卷烟厂举办“魅力保烟百十载　荣耀五年更精彩”迎新春职工联欢晚会

保定卷烟厂“一流”目标

职工参加“拔河比赛”
厂领导在为职工加油

“激情飞扬”浮雕

卷接包车间南立面外景

厂区夜景

中国银行保定分行

2012 年 7 月 19 日，中国银行总行监事长李军到保定分行调研考察分行营业部

2012 年 3 月 30 日，中国银行河北省分行副行长常冰雁到保定分行宣布领导班子调整决定

2012 年 11 月 6 日，中国银行新建机构定兴支行开业

2012 年 6 月 28 日，中国银行保定分行与三利集团联合举“中国银行——三利集团长城一卡通”发卡仪式

2013 年 1 月 24 日，中国银行保定分行在电谷锦江举办 2013 年职工春节联欢会

2013 年 4 月 3 日，中国银行保定分行赞助“保定之春”大型交响音乐会

中国银行股份有限公司保定分行成立于1982年7月是隶属于中国银行河北省分行的二级分行。到2012年末内设13个部门，55家机构，1400多名员工。

2012年，中国银行保定分行在总行、省行的正确领下，坚持以科学发展观为指导，大力实施“科学发展、行腾飞”战略，紧紧围绕“网点建设、核心存款、基础户、净收入”四项重点开展工作，新增设5家县域机构存款、客户、净收入均有提升。2012年末，人民币各项款余额364.73亿元，其中人民币对公存款139.68亿元，蓄存款余额210.05亿元。人民币各项贷款余额211亿元贷款不良率0.29%。

2012年，中国银行保定分行新一届党委大力加强企文化建设，在坚持总行核心价值观的基础上，提出了“单、阳光、坦诚、和谐”的企业文化新理念，开展“平中行”建设，圆满完成了十八大期间的安保和维稳工作全年没有发生案件和事故，被河北省委、省政府授予“明单位”牌匾和证书。

工商银行保定分行

行长王爱东在飞扬物流商友卡启动仪式上讲话

省行行长许杰到白沟市场进行调研走访

工商银行保定分行现有物理网点99个，自助银行64个，ATM机402台，在岗员工2562人，为客户提供优质服务的同时，以承担社会责任为己任，为广大普通市民提供代发工资、存款、个人贷款、理财等金融服务，成为全市居民身边的银行，可信赖的银行。2012年末，实现各项存款余额569.63亿元，各项贷款余额291.36亿元。工商银行不断加大自助设备投放，强化网点环境建设，为市民提供安全快捷良好的服务。

省银协领导与分行代表领取百佳牌匾

分行行长王爱东和烟草专卖局局长张玉华参加牡丹烟草贷记卡启动仪式

保定分行与社会各界共度新春佳节

中国农业银行股份有限公司保定分行

党委书记、行长　史学军

陪同省行领导考察农行大道小学建设情况

领导班子

参加保定分行与白沟新城、隆基泰和战略合作签约仪式

与健身操比赛一等奖代表队合影

中国农业银行股份有限公司保定分行辖设1个市分行营业部、31家支行（县域23家），118个营业机构，员工总数2914 人。

2012年，全行继续坚持“发展为第一要务，风险防控为第一责任”经营理念。竭力支持地方经济建设，当年累放贷款126亿元，重点支持保定市骨干企业、龙头企业、重点项目和小微企业发展。全力提升金融服务水平，网点软转步伐加快，标准化装修网点达到90家，总行“神秘人”检查全省系统排名第一，电子渠道分流率继续稳居全省系统先进行列。全力助推县域经济和“三农”发展，当年新增新农保、新农合项目代理支行6家，达到12家，覆盖面达到52%；发放惠农卡65万张、社保卡17万张；新增金穗“惠农通”工程助农取款点2241个、总量达到2410个，乡镇覆盖率达到85.2%，让农民足不出户即可享受农行优质高效的金融服务。被农总行评为“服务‘三农’先进集体”，被保定市政府授予2012年度“金融工作贡献奖”，被评为“2012年度河北省内部审计先进单位”，并获得省、市两级“文明单位”称号。

全行科级以上干部重温入党誓词

党委书记、行长　宋尚增

中国建设银行与天威集团有限公司战略合作签约仪式

分行新一届领导班子出席工作会议

建设银行支持小企业集合票据项目启动仪式

中国建设银行股份有限公司保定分行是隶属于中国建设银行股份有限公司的二级分行，现辖营业机构78个，覆盖15个县（市）。2012年，分行新一届党委坚持以“巩固基础、改革创新、加快发展、确保平安”为指导，深入推进“一行一策”方略，加快转变发展方式，不断创新，追求卓越，全力支持地方经济建设。全年累计投放公司类贷款58.8亿元，其中向中小企业投放贷款30亿元，比上年同期增长29.11%。

截至2012年底，全行实现税前利润7.98亿元，全口径存款余额506.7亿元，新增56.78亿元。各项贷款余额57.7亿元，新增36.9亿元。实现中间业务净收入3.47亿元。全年不良贷款余额4577万元，比年初下降0.58个百分点，为同业最低。连续十年实现无案件、无重大责任事故安全运营。2012年被总行授予“平安建行”创建活动先进集体荣誉称号，在全市行风评议中居金融系统首位，荣获“善美保定，行风之星”称号，已连续三次蝉联省、市精神文明先进单位称号。

大堂经理向客户介绍现代支付系统

举办年度颁奖典礼表彰先进典型

坚持民主决策，遇有重大问题、事件，集体研究并坚持每周例会。图为办事处主任扩大会议

加强项目对接，主任孙双伦深入工程建设现场考察调研

2012年保定办事处按照“坚持一个方向，打好三大战役，实施四项工程”的工作思路，秉承“立足三农、面向县域、服务中小企业”市场定位，一手抓干部员工的作风，一手抓业务经营的发展，较好地完成了各项业务指标和工作任务。

定期召开会议，传达部署各项工作安排

华夏银行保定分行

党总支书记、行长　张景辉

2012年是保定分行第三个经营年份，也是华夏银行成立20周年，一年来，面临严峻的竞争挑战和繁重的经营任务，在总、分行党委和监管部门的关心和支持下，全行上下脚踏实地，真抓实干，全面完成了全年经营计划，取得了各项业务的快速发展和机构建设零的突破，内控和基础管理水平进一步加强，员工队伍日益壮大，金融服务水平得到显著提升，健康向上、稳健经营的企业形象日益巩固。2012年，保定分行全面完成各项经营计划。截至年末，全行本外币资产总额5.63亿元，同比增长52.69%；贷款余额3.93亿元，同比增长20.53%；负债总额5.85亿元，其中各项存款余额44.60亿元，同比增长54.8%。不良贷款余额保持为零。全行盈利能力持续提高，业务规模显著扩大。

2012年，分行营业部积极参加了河北省银行业文明规范服务“百佳”和中国银行业文明规范服务“千佳”示范单位的评选活动，并且均创建成功，极大地鼓舞了干部员工的士气，为2013年服务工作保持高水平打下了基础。在2012年上半年总行“龙盈理财”卓越营销支行竞赛中，保定分行在北方区7家分行100家网点中列第2位，在全国所有400多家网点中列第7位，被总行授予“龙盈理财卓越支行”称号。

华夏银行成立 20 周年暨石家庄分行成立 15 周年庆祝活动员大会

服务导入培训

业务技能大赛

交通银行保定分行

交通银行、隆基泰和战略合作签约仪式

涿州支行开业典礼

大堂经理微笑服务

交通银行保定分行于2011年3月28日正式落户保定，是交通银行河北省分行为完善环首都和省内网点布局、提升对当地经济金融的服务能力而设立的第四家省辖分行。在保定这片历史悠久的土地上，交通银行保定分行秉承“参与保定，融入保定，热爱保定，繁荣保定”的经营原则，以先进的企业文化、强大的网络平台和卓越的品牌价值为依托，不断丰富业务品种，不断拓宽营销渠道，不断完善服务功能，依法合规经营，借助环渤海经济圈和京津冀都市圈的核心区位优势，为广大客户提供高品质、全方位的金融服务，与广大客户共同分享改革发展的丰硕成果。

参加省分行职工运动会

中国邮政储蓄银行股份有限公司保定市分行

中国邮政储蓄银行股份有限公司保定市分行是隶属于中国邮政储蓄银行股份有限公司河北省分行的二级分行，位于保定市裕华西路519号。成立于2008年3月18日，辖内网点覆盖全市大部分乡镇。邮储银行保定分行以加快专业化转型为主题，以从严治行、夯实管理为基础，以整改解决问题为中心，以加快转变经济发展方式为主线，以创新经营服务为手段，切实转变工作作风，不断探索工作方式，完善工作措施，加大拓展力度，坚持“增量前移”、“增收节支”和“风控在先、效益为本”的发展理念，区分重点业务与前瞻业务，采取“抓大不放小、维系现有客户、扩大客户资源”的发展策略，全面深化交叉销售理念，大力践行创新发展理念，持续推进精细化管理模式，不断完善风险防控体系，充分依托和发挥网络优势，以打造全功能的零售商业银行为目标，完善城乡金融服务功能，为城市社区和广大农村地区居民提供基础金融服务，为地方经济发展服务。

河北省分行与保定市人民政府签署了3年内新增100亿元贷款投放的战略合作协议

邮储助企活动

业务宣传

保定银行
BANK OF BAODING

“保定人自己的银行”
Baoding's own bank

保定银行领导班子成员

2011年12月28日，中国银监会正式批准保定市商业银行股份有限公司更名为保定银行股份有限公司，简称保定银行。保定银行是保定市第一家地方性股份制城市商业银行，也是一家资本充足、资产质量优良、管理规范的现代商业银行。现辖1个营业部、20家市区支行、家社区支行和8家县域支行，分支营业机构达3家，员工600多人。

自成立以来，在保定市委、市政府的正确领导下，在人民银行、银监局的有效监管和大力支持下，坚持以客户为中心，以市场为导向，秉承“尚德务实，力行合规，协作创新，追求卓越”的企业精神，立足“服务地方经济，服务中小企业，服务市民百姓”的市场定位，依托完善的一级法人体制，充分发挥决策链条短、经营机制活的优势，不断进行金融产品和业务创新，积极为地方中小企业、重点项目、高新产业、社会民生等提供丰富的金融服务。主要经营存款、贷款、结算业务、票据承兑与贴现、银行卡、电子银行业务和代理收付款项及代理保险等金融业务。为中小微企业量身定制的“金臂膀励您腾飞”、“金支点•伴您成长”系列信贷产品和中小企业“共成长培育工程”及支持全民创业的“下岗失业人员小额担保贷款”业务，都是保定银行的优势品牌，树立了“中小微企业伙伴银行”和“市民银行”新形象，主要业务发展增速居全省城商行前列。优质的服务和良好的经营业绩，赢得了各级政府的高度评价和社会各界的广泛赞誉，先后被市委、市政府授予“金融贡献奖”，被省政府授予“金融创新奖”，获省、市“文明单位”和河北省五一奖状。

为适应现代银行的新要求，在竞争中谋求更大发展，保定银行将立足当地，努力用好新机遇，创造新优势，实现新跨越。积极转变经营发展方式，加快战略转型，坚定不移地走社区化、差异化、特色化、精细化发展道路，并通过实施第二个”三步走”战略，加快机构网点建设，实现县域机构全覆盖，做大做强做优，全力打造一流精品银行，为全市经济社会发展做出更大贡献。

向中国好人、河北省道德模范“油条哥”刘洪安发放10万元小额担保贷款，为“油条哥”扩大经营提供了有力的资金支持。

保定银行办公大楼

中国人民财产保险股份有限公司保定市分公司

总经理武运宝慰问女职工

组织党团教育活动

为“7·21”暴雨受灾群众捐赠物资

理赔及时受社会称赞

中国人民财产保险股份有限公司保定市分公司是中人保财险在保定市的分支机构，下辖36家支公司（营业3），保险服务遍及市区、22个县（市）及2个开发区，现有在岗员工1600多人，其中大专以上学历约占90%。

多年来，中国人保财险保定市分公司以促进保定经发展、保障人民安定生活为己任，努力在发展保定保险业等方面发挥积极作用。2000年以来，公司累计处理各赔案65万件，承担各类财产保险风险责任近1.6万亿元，计支付赔款45亿元，在经济生活中充分发挥了保险的经补偿和社会管理职能。连续被人保财险河北省分公司为“经营业绩优胜单位”、“双文明”建设先进单位；保定市国税局、地税局评为保险行业唯一纳税A级企业，船税代收代缴先进集体；连续3年被保定市社会治安综治理委员会评为社会治安综合治理工作“先进集体”；续两年被保定市金融办和保定金融理财博览会组委会为“十佳明星理财机构”；2011年被评为保定年度十大具影响力企业；2012年被评为“3·15”河北市场重质量信用公众满意单位。

中国人保财险保定市分公司依托健全的业务网点、效的优质服务、丰富多样的产品、先进的管理手段，赢了广大客户的赞誉。公司将充分发挥品牌、人才、产、技术、网络等优势，忠诚服务，笃守信誉，为保定市事业单位及城乡百姓提供更广泛的保险险种，造福更的保定人民，为保定经济建设提供更加优质的保险保服务。

组织开展扶贫捐助活动

中国人寿保险股份有限公司保定分公司

党委书记、总经理宗志做 2013 年工作报告

保定国寿组织系统员工向四川芦山地震灾区捐款献爱心

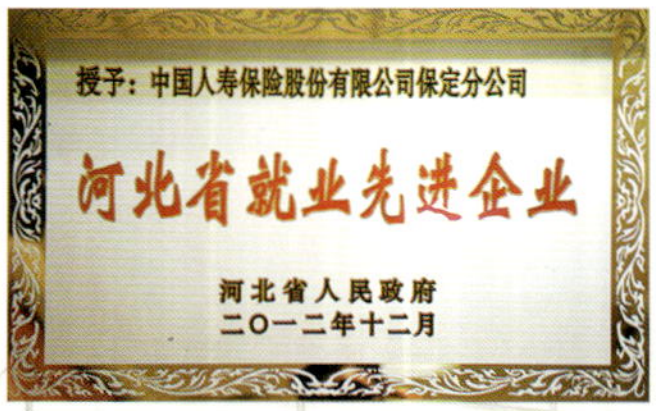

中国人寿保定分公司是隶属于中国人寿保险股份有限公司的（地）市级分公司，公司在保定市4区、22(市)县均设有销售与服务网点，销售人员近万人。2012年，保定分公司总保费收入突破32.5亿元，市场份额44.02%，继续保持在保定寿险市场的领先地位。

中国人寿保险股份有限公司保定分公司求真务实，改革创新，以崭新的姿态在回馈社会、服务客户方面不断迈出新的步伐。努力为全市广大人民提供更加丰富、优质的涵盖医疗、养老、意外伤害、企业年金、分红理财等各方面的寿险产品和服务。

保定分公司全体干部员工精诚团结，群策群力，各项工作在高平台基础上实现了新超越，获得众多荣誉。被集团公司评为业务发展先进单位，被总公司评为模范集体，被河北省人民政府评为“河北省就业先进企业”，被保定市委、市政府评为“文明单位”。在全省系统年度考核中成功实现“3A”目标，被省公司评为“先进集体”。

中国人寿保险股份有限公司保定分公司将结合自身实际，准确把握市场机遇，用心经营，诚信服务，积极履行社会责任，为积极打造顶级金融保险集团而不懈努力！

国寿组织全体员工积极献血

中华联合财产保险股份有限公司保定中心支公司

党委书记、总经理　王冠军

2012 年 6 月 27 日，在电谷颁奖——2012 年最受保定市民喜爱的保险服务品牌

中华联合财产保险股份有限公司保定中心支公司于005 年8月26日正式挂牌成立，下设12家分支机构，4个直属业务部，服务网络遍布全市各个县市区，截至2012年末拥有员工约1500人。中华联合财产保险股份有限公司保定中心支公司始终秉承“稳健、创新、持续、高效”的经营理念，以优质服务赢得市场、以规范守信严格自律，始终坚持以科学发展观为指导，以服务社会为己任，以市场需求为导向，以做专业型公司、效益型公司为目标，艰苦创业、用心经营，人才强司、优化服务。

2012 年 5 月 21 日，参加保定金融博览会现场

2012 年 8 月 10 日，涿州“7·21”暴雨灾害农险现场赔付

2012 年 10 月 23 日，望都黑堡乡中心小学捐助仪式

中国移动公司保定分公司

总经理王笑平在客户接待日活动中，为客户答疑解惑

总经理王笑平在灾区指挥通信抢修工作

移动公司为灾区提供免费电话

保定移动为助力提高城市体育文化生活，在全市举办乒乓球友谊赛，得到了广大运动爱好者好评

保定移动开展学雷锋活动，在社区街头为老年人详细讲解社区通老年业务

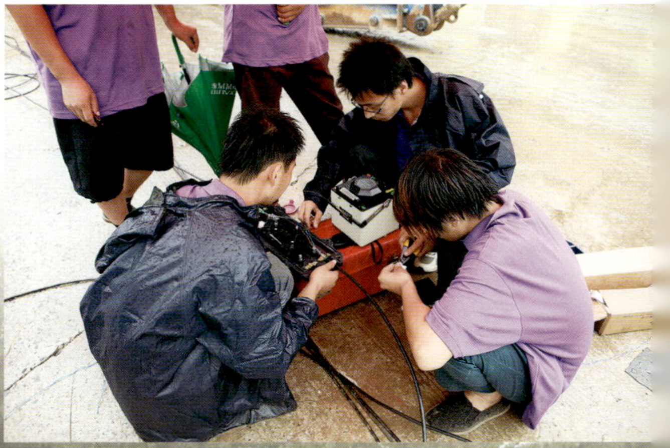

移动公司员工顶风冒雨抢修光缆

在紧张忙碌之余，公司组织员工开展丰富多彩的趣味体育活动

中国电信集团公司保定市分公司

总经理　郭洪景

秉承中国电信“用户至上、用心服务”的服务理念

开展红色之旅党员先进性教育活动

“7·21”特大洪灾发生后，保定电信应急通讯车第一时间到达救援现场

中国电信集团公司是按照国家电信体制改革方案组建的特大型国有通信企业，于2002年5月重组挂牌成立。集团公司下辖31个省级电信企业，拥有全国长途传输干线70%的资产以及全国范围内电信业务的经营权，继续拥有“中国电信”的品牌和无形资产。中国电信集团公司保定市分公司(以下简称“保定分公司”)是中国电信集团公司下属的市级分公司，于2003年3月19日正式成立，下辖23个县（市)分公司和3个市区业务发展部，在职员工000余人。

通信行业重组后，保定电信具备了全业务经营的资格和能力，主营基于有线网络的固定电话、有线宽带、光纤专线在内的基础通信业务；基于无线网络的移动数字电话（189、181、180、133、153号段)、无线宽带、数据通信等业务，拥有“天翼”、“189邮箱”、“118114号码百事通”、“互联星空”等业务品牌。

保定分公司秉承中国电信“用户至上，用心服务”的企业理念，紧密围绕“战略转型上水平，服务信息化创一流”的主题，以科学发展观为指导思想内强管理，外拓市场，提升服务水平，加大网络建设，优化网络质量，凭借着移动业务低辐射、高保密、高覆盖率的优势吸引了大批用户。

爱家先爱国，响应政府号召积极投身到社会公益活动，注重自身形象，提升公众认知度，诚实守信，用优质的服务为保定的信息化建设助力。先后获得“北方电信十强地市”、“河北用户满意服务明星”、“落实消费者责任年主题优秀企业”、“河北市场诚信守法公众满意单位”、“创先争优先进基层党组织”、“保定市文明单位”、“市级青年文明号”等荣誉称号。在2012年的涞水、涞源、易县抗洪抢险中，保定电信分公司抢修队伍迅速反映，第一时间赶到灾区抢通线路，为救灾赢得宝贵时间。

中国电信保定分公司将继续以推动保定市信息化发展为己任，以为用户创造价值为宗旨，以“回报社会，做有责任心的企业公民”为行为准则，以更快、更高、更强为目标，在竞争中谋求发展，在合作中寻求共赢，与保定市其他电信运营商一起，共同创造一个公平、有序、竞争的电信市场环境，为促进保定市经济发展做出更大贡献！

保定职业技术学院

党委书记　张千里

院　长　陈志强

市长马誉峰到学院指导工作

保定职业技术学院是一所国办综合类全日制普通高等学校。学院占地面积360亩，校舍建筑面积16万平方米，现有全日制在校生8767人。设有15个教学系部，4个专业（目前招生专业44个），其中中央财政支持的重点建设专业2个，省级教学改革示范专业3个，省级示范校重点建设专业5个。学院现有教师382人，其中教授39人，副教授82人，博士3人，硕士216人，硕士在读100余人，具有双师素质的教师288人，专业带头人28人。国务院特殊津贴专家1人，全国优秀教师2人，入选省新世纪“三三三”人才工程6人，全国行业教学指导委员会委员2人，省级教学名师1人，省级优秀教师4人，市新世纪学术技术带头人12人，市级教学名师11人。从企业聘请兼职教师302 人。拥有国家级精品课程2门、省级精品课程10门。学院固定资产总值3.3亿元，教学科研仪器设备总值629万元。建有16个实训中心130个实训室，有中央财政支持的实训基地2个。拥有各类图书资料92.67万册。建有覆盖学院所有建筑的校园网和校园安全监控系统，有教学用计算机2709台，有合计4910个座位的现代化多媒体教室。

学院被保定市人民政府确定为“保定市职业技术教育龙头学校”；2008年第一轮高职院校人才培养工作水平评估被评为优秀；2010年被遴选为河北省重点建设的示范性高职院校；2012年被教育部遴选为职业院校教育信息化建设试点院校；连续多年被评为保定市工作实绩突出单位、市级文明单位、省市安全稳定先进单位；牵头组建了保定新能源及能源设备制造产业职教集团。近年来招生及就业情况良好，被评为河北省招生工作先进院校和河北省普通高校毕业生离校前就业工作先进集体；学院团委被团中央授予“全国五四红旗团委”称号，学院就业服务指导中心被省教育厅遴选为河北省普通高校示范性就业指导中心。

保定市第一中学

校长田烈参加党的十七大

“倡导教育平等，构建和谐社会”一直是保定一中追求的理念。图为中共中央宣传部副部长胡振民为一中宏志班提写班训“穷且益坚不坠青云之志”

保定一中创建于1906年，1954年被确定为全国重点中学，1978年，被命名为河北省首批办好的24所重点中学之一，2000年被市政府授予“窗口学校”。世界著名生物学家牛满江、冶金专家王之玺、地质学家谭锡畴、物化专家张玉奎四位院士，国家女足主力队员王丽萍、演艺家村里等均出自一中。现有教学班67个、在校学生4500余人、教职员工310人。保定一中历来校风纯朴、学风严谨，以“严谨、求实、勤奋、创新”为校训，秉承“强化科技与人文并重的校园文化，形成具有百年底蕴的学术氛围，促进学生全面健康发展，办优质学校，为高校输送能参与21世纪国际竞争人才”的教育理念向全国名校迈进。

世界著名生物学家、校友牛满江在百年校庆庆典时回归母校

学校先后荣获“全国文明单位”、“全国青少年科技活动先进集体”、“全国中学教育科研联合体理事学校”、“全国招飞工作先进单位”、“全国中小学信息技术创新与实践活动先进单位”、“国家级语言文字规范化示范学校”、“全国贯彻《学校体育工作条例》优秀学校”、“河北省教育系统先进单位”、“河北省新课改示范学校”、“河北省教育科研先导型实验学校”、“河北省艺术教育示范学校”、“河北省绿色学校”、“河北省安全工作先进单位”、“河北省示范家长学校”、“保定市培养拔尖人才立功单位”、“保定市实施素质教育，提高教学质量立功单位”等。

校友张博为我国第一批女战斗机飞行员，参加2009年国庆阅兵，保定一中被评为全国飞行员培养先进单位

百年名校，英才辈出。一中校友中科院院士张玉奎访问母校，与一中学生面对面

百年一中新貌

保定市第十七中学

市教育局局长王绍联参加十七中教师节庆祝大会并致辞

作家曹文轩参加十七中开学典礼做读书报告

中国科学院老科学家科普演讲团团长钟琪等知名老科学家与学生亲切交流

保定市第十七中学建校于1906年，至今已有百余年历史。2008年为适应发展之需，实施初高中分离，成为一所九年制义务学校初中校。

学校坚持"以人为本"的指导思想，秉持"从这里走向世界"的办学理念，以"传统文化和现代意识兼备，民族精神与国际视野融合"为办学宗旨，走"开放式、国际化"的特色办学之路，把培养"有修养、会做人，有智慧、会学习，有能力、会创新，有个性、会合作"的现代人作为目标。全校师生团结一致，努力拼搏，秉承传统，开拓创新，教育教学等各项工作实现了新发展新跨越。

面对新形势、新要求和人民对教育的新期待，学校紧紧围绕师德师风建设，努力办好人民满意的教育。紧紧抓住培养一支德才兼备的教师队伍和业务过硬、作风优良的干部队伍两大环节，不断强化思想、理念的引导，努力增强使命感，强化合理的执行力与管理的精细化，注重评价的即时性、科学性与激励性，努力使全体师生拥有共同的愿景，形成统和的十七中文化。在学习型组织建设、书香校园、文化艺术校园、幸福新学校的打造上狠下功夫，使学校成为了名师众多、质量一流的学校，成为一所特色鲜明、效益领先、文化隽永、社会美誉度高的学校。

学校坚持科学发展观，认真落实新课程理念，牢记"学思结合，知行统一"的校训，要求教师树立新课程的教育观、学生观、学习观、教学观和评价观。在教育教学的过程中实施差异化管理和差异教学及走班制，大大增强了针对性，提高了效率。对学生实行自主管理和自主学习，促使学生学会发现自己、学会肯定自己、学会展示自己、学会发展自己独特的个性优势。在自主学习、探究学习、合作学习、体验学习等学习方式中找到成功的快乐。广大教师运用接纳赏识、关怀激励、表扬奖惩、合作关爱、辅导交流等方式，与学生共成长，成为新型课堂的创造者，为学生搭建起健康成长的平台。

坚持特色办学，促进学校发展，是学校一以贯之的追求。英语课堂整合国内和国外教学资源，并使用系列英文读物，扩大学生阅读量。同时，不断加强与国外的友好交往，进一步拓宽留学渠道，随着学校的不断发展，将有更多的国外学校与之建立友好学校，为学生国外留学提供更为广阔的空间。

学校在先后获得"全国未成年人思想道德建设工作先进单位"、"全国示范家长学校"、"全国中小学校外语教学研究先进单位"、"河北省创先争优先进基层党组织"、"河北省社会治安综合治理先进单位"、"河北省教育系统先进集体"、"河北省国际交流先进单位"、"河北省五四红旗团委"等殊多荣誉后，2012年中考再传捷报，各学科平均分名列市区第一，两名同学并列第一，两名并列第二，市区前十名有7人，前一百名有61人。为保定市的教育发展做出了贡献。

英国友好学校师生到十七中交流访问

保定市第二十三中学

校　长　赵文涛

党支部书记　李改芝

保定市第二十三中学始建于1956年，原称保定市第十中学，1966年改称保定市樊庄中学，1985年更名为保定市第二十三中学，2001年9月，与原连庄中学合并，迁入新址，仍称保定市第二十三中学，是隶属于南市区的一所初级中学，同时还是河北保定外国语学校生源基地和南市区乡村少年宫驻地。

学校位于保定市东南郊，东邻东三环，南接南二环，西通东二环，北依防洪堤，交通便利。现占地面积36264平方米，建筑面积7181平方米。校园环境优美，绿树成荫，绿地面积3665平方米。学校现有标准的理化生仪器室、准备室、实验室、微机室、语音室、音乐室、美术室、体育器材室、生物标本室、保健室、演艺厅；有室内乒乓球室、乐器室、鼓乐队、科技制作室、棋类室等少年宫项目；有藏书2.2万余册的藏书室和阅览室；有高标准的多媒体视频互动室、班班通多媒体教室，校园网络已接入保定教育城域网；有德育特色教室健食苑、国学苑和200米跑道的田径场，一个400米环形跑道的标准运动场也在谋划中。学校的教学设施为学生提供了更加广阔的发展空间。

学校现有教职工64人，学历达标率100%。学校坚持依法治校、以德治校、以人为本、和谐发展的办学宗旨。重视提高教育教学质量，大力推进寄宿制，已取得了一定的成效，先后多次被评为市、区级实绩突出单位、教学工作先进单位、安全文明校园等荣誉称号。领导班子始终以学校发展为己任，认真领会上级精神，广泛听取师生及周边群众意见，充分调动广大师生的积极性，与全体教师一道，以精诚团结、敬业奉献、严谨扎实、高效务实的工作作风使学校面貌焕然一新。学校将在制度化、规范化、科学化的基础上，进一步打造精细化、人文化、特色化校园。可以相信，保定二十三中学的明天会更美好。

南市区区长出席河北保定外国语学校生源基地挂牌仪式

共谋发展蓝图

班子成员关心退休教师

校　园

保定市中心血站

团结奋进的领导班子

血站新址鸟瞰图

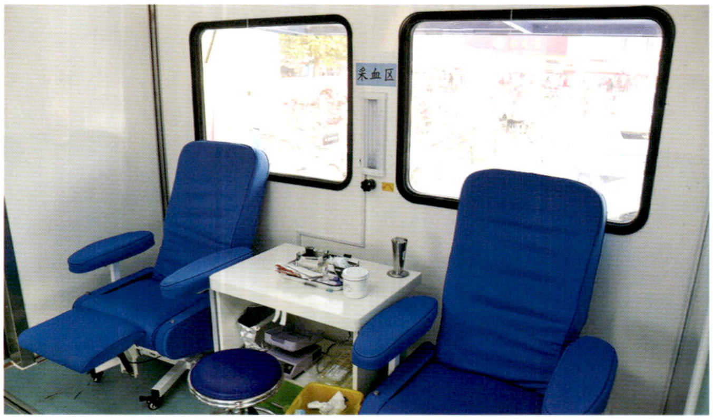

宽敞舒适的移动式献血屋

集体献血合影

保定市中心血站位于向阳北大街555号，始建于198年，1996年7月正式独立，隶属保定市卫生局，全民差额事业单位，实行财政收支两条线管理制度。主要任务是负责辖区25个县（市）区160余家医疗机构的临床供血服务。

血站占地3.01亩，建筑总面积4363.36平方米，其中业务用房2053.15平方米，办公辅助用房2310.21平方米设置科室19个。开展了无偿献血者招募、血液采集、检测与制备、临床用血供应；医疗用血的业务指导及相关服务项目；供血区域范围内储血的质量控制与评价、业务培训与技术指导等业务项目。

保定市中心血站始终坚持“加强质量管理、确保血液安全；提供优质服务、持续改进发展”的质量方针，向医疗机构提供全血、红细胞类、血浆类、血小板类、机采成分血等多种血液产品，满足了临床用血需求，保证了血液安全。同时开展了与临床输血相关的疑难血型鉴定夫妇免疫抗体检查、新生儿溶血病检测等技术。先后获得了“全国无偿献血先进市”、“河北省青年文明号”等荣誉称号。

血液知识走进大学课堂

保定市职业病防治所

所长、党支部书记　王同兴

保定市职业病防治所始建于1981年，地处保定市南二环路928号，是保定市唯一一家经省卫生厅批准的职业病防治专业机构。经过三十年的发展创业，已建成了一支集职业病危害预防、诊断、治疗和科研为一体的专业化队伍。在疾病预防与控制方面承担着全市职业健康检查、职业病诊断、治疗及职业卫生技术服务工作。在行政监督管理方面承担全市职业健康体检机构监督管理、职业健康体检统计汇总、放射卫生监督执法重任。

市职业病防治所占地面积19亩，建筑面积7000余平方米，编制74人，专业技术人员60人，其中，主任医师5人，副主任医（技）师14人，中级专业技术人员21人，国家注册安全工程师5人，通过引进、送出进修、营造学术氛围等人才培养措施。培养出了一些在全省享有盛名的职业病防治专家，其中3人被河北省安全生产监督管理局聘为职业病防治专家，5人被保定市安全生产监督管理局聘为职业病防治专家，7人入围河北省职业病诊断专家库，在河北省职业病防治工作占有重要位置。

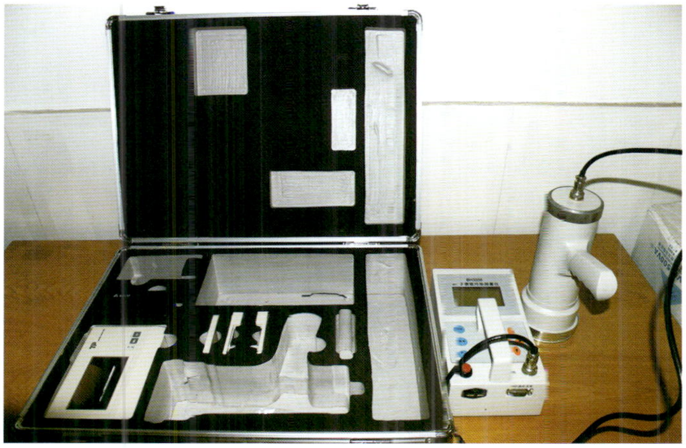

放射卫生监测、评价设备

2002年在全省首批取得省卫生厅批准的职业病诊断资质；2004年率先取得省卫生厅批准的职业卫生技术服务以及放射卫生检测、评价资质和职业健康检查资质；该所除具备常规的检测、治疗、诊断仪器外，还具有全省先进的一流设备，如大型职业健康体检车和电测听检查车，可深入生产一线，在工厂不停工的情况下进行职业健康检查；每年体检3万多人。处于全省领先水平的放射卫生检测评价设备，如X-线输出评价系统、CT性能/剂量模体测试系统、防护级高压电离室巡测仪、α、β表面污染监测仪、热释光测量装置等，为职业病防治和放射卫生检测、评价工作的开展提供了坚实的技术保障；目前，市职业病防治所拥有30张住院病床，专门收治职业病病人，对尘肺病和铅、汞、苯、正己烷、二硫化碳等职业中毒的治疗有丰富的经验。

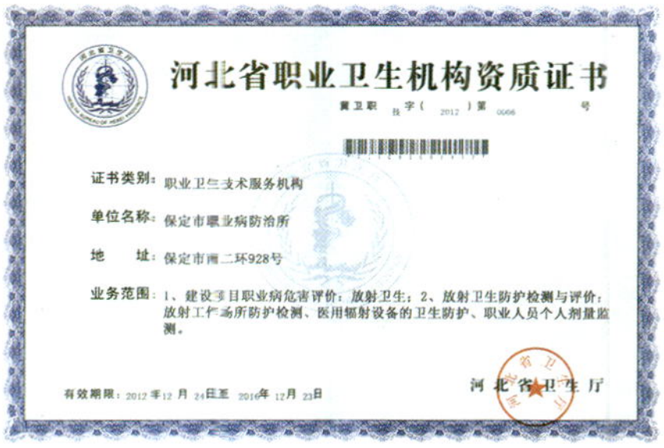

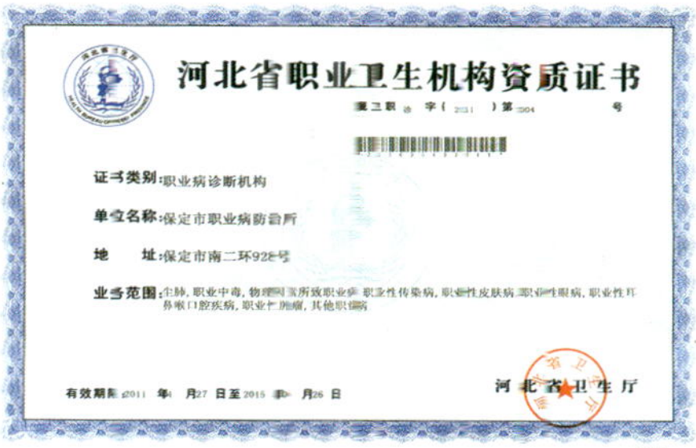

保 定 市 第 一

院长郭淑芹在全国人大会议上

医院领导班子每周二的行政查房

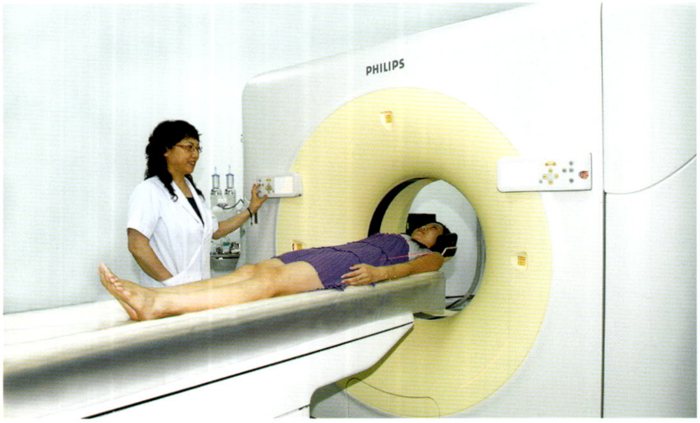

128 排极速螺旋 CT

1917 年直隶督军兼署省长的曹锟为医院前身题词赠匾

1886年，美国长老会在保定北关外创建了一所教会医院，它就是现在保定市第一中心医院最早的历史笔形。1917 年直隶督军兼署省长的曹锟为这所医院题词赠匾：“太和春暖”。这所当年华北地区最负盛名的医院曾数度搬迁和名称的更改。

1959年7月，在已整体迁出的河北医学院附属医院旧址上，来自这所老牌医院的医务专家团队，由院长徐校卿教授带队整建制迁入，正式组建了当时的一所省级医院——河北省中医研究院附属医院。医院后来又历经保定专区医院保定地区第二医院、保定地区医院，199年保定地市合并后更名为保定市第一中心医院。2008 年保定市委、市政府决定将“保定市人民医院”整体并入保定市第一中心医院。保定市第一中心医院现已发展成为保定市卫生系统的龙头单位，集临床医疗、教学、科研、康复、社区保健服务为一体的三级甲等综合医院，河北省卫生厅确定的四个地市级区域医疗中心之一。

目前，保定市第一中心医院有总院、东院两个院区。总占地面积159亩、建筑面积12万平方米，总资产9.2亿元。医院目前开放1517张床位，有75个临床医技科室，职工2163人，高级职称人员356人，博硕士学位研究生290人，硕士研究生导师10人，保定市名医22人，保定市新世纪学科带头人51人。

保定第一中心医院依托重点学科创新带动全院各科室的发展，制定了全面优化学科分类，提升全院整体医疗技术水平的发展战略。内分泌科、中医骨科、眼科、骨科、心胸血管外科、心血管内科、神经内科、重症医学科等十几个骨干科室优势凸显、市内领先。医院先后同北京协和医院、阜外医院、安贞医院、北大医院、京肿瘤研究所、天津、上海等国家级医疗单位建立了长期密切的协作关系。1991年与本济生会西条病院签订了中日友好医院技术合作协议书。是河北医科大学、承德医学等医学院校的非隶属关系附属医院。保定市15个住院医师培训基地设在该院。医院1.万平方米的东院综合教学楼设施先进，具备承担医科大学四、五年级学生的临床教学实习任务。医院引进的128排极速螺旋CT、SPECT、3.0T超高场多源磁共振、FT－20管造影机、直线加速器、全自动大型生化检测设备等百余台件大型国际先进的医疗设可为患者提供全面、快捷、准确的检查报告和最先进的治疗手段。凭借过硬的医疗技和先进的医疗设施，医院多次完成市委、市政府交办的突发灾害事故伤员的紧急救治任务。

保定市第一中心医院以科学管理为基点，以人才为重点，以科技创新为支点，以“当名医、创名科、建名院”基本路径，实施PDCA循环管理，不断完善质量控制体系，持续提升医疗质量。医院以保障医疗安全为目的，对医疗理中的14项核心制度的执行情况及对诊疗活动的每个环节，严把质量关，对“疑难危重、伴有并发症、二次手术、后感染”等重点人群，通过早期干预、早期管理、及时组织全院或外请专家会诊，提高诊治水平，杜绝或减少医疗险的发生。加强重点学科建设，实施人才战略。医院建立了人才引进与激励机制，培养、吸引、凝聚了一大批专家干。注重为青年技术骨干搭建事业平台，有效地整合内部人力资源，使其人尽其才。医院选送到国家级医院进修学一年以上的医护人员已达700多人；26名科主任及业务骨干走出国门完成业务研修。春华秋实，天道酬勤。如今的

中心医院

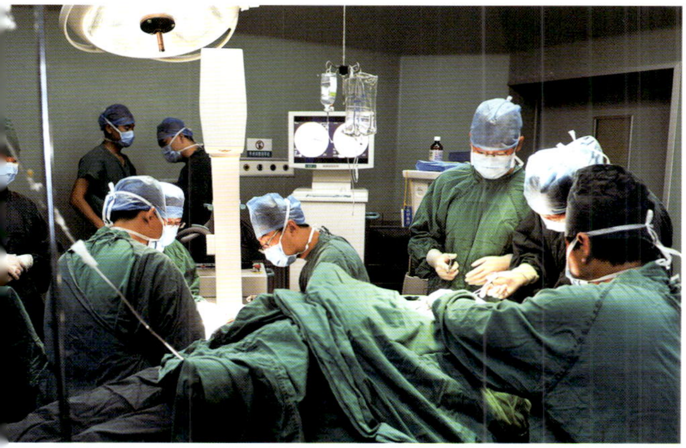

夜间急诊多科联合手术

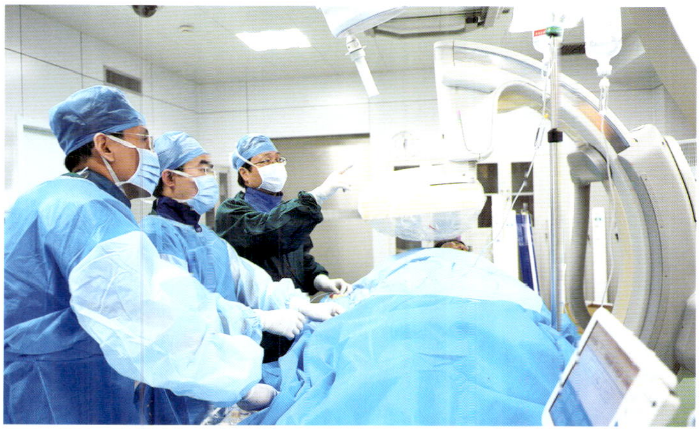

心血管介入技术达到国内先进水平

定市第一中心医院已是精英荟萃、人才济济，有5人在全国学术团体担任重要职务，有29人担任省级学术团体的常务理事、理事和委员，有15名科主任担任保定市各学科医学会和医师协会的主任委员，成为各自学科的领军人物。

医疗技术是医院的核心竞争力。医院在技术创新、引领全市技术进步中主动担当并发挥了排头兵的作用。2012 年，医护人员发表SCI国际论文及国内核心期刊论文达266篇，完成科研课题申报49项，其中省级11项，市级38 项，获省市科研成果奖励27项，奖项与等级连续7年市卫生系统排名第一。所开展的先心病矫治、心脏瓣膜置换、心脏不停跳冠脉搭桥术；冠脉造影术及支架植入术、急性心肌梗死的急诊冠脉造影及支架植入术、心脏起搏器植入术、埋藏式心律转复除颤器植入术，室性早搏、房颤的射频消融术；蛛网膜下腔出血颅内动脉瘤弹簧圈填塞术、脑内血管球囊扩张及支架植入术治疗脑血管狭窄；肝胆盆式肠吻合术治疗肝胆管结石；胰十二指肠切除及各部位肿瘤切除术和肿瘤的化疗、放疗、生物综合治疗；眼科超声乳化人工晶体植入术、玻璃体切割术；骨科大关节置换、断肢（指）再植术，前后路单、双开门手术治疗颈椎病；各个脏器及外周血管造影及导管介入治疗手术以及胸腔镜、腹腔镜、关节镜、宫腔镜等各种微创手术等几十项高新技术均达到国内先进水平。

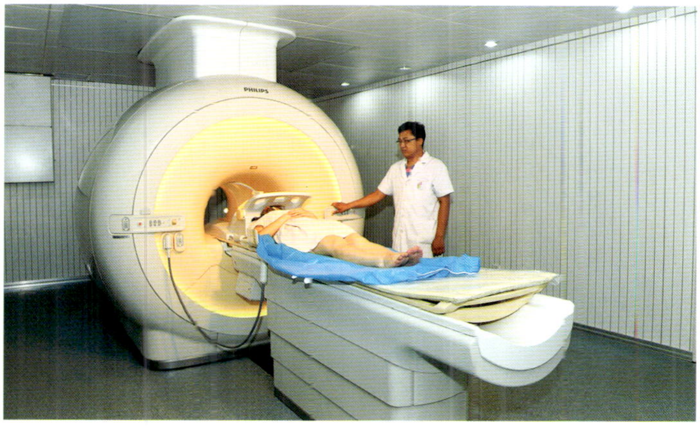

3.0T TX 超高场多源磁共振

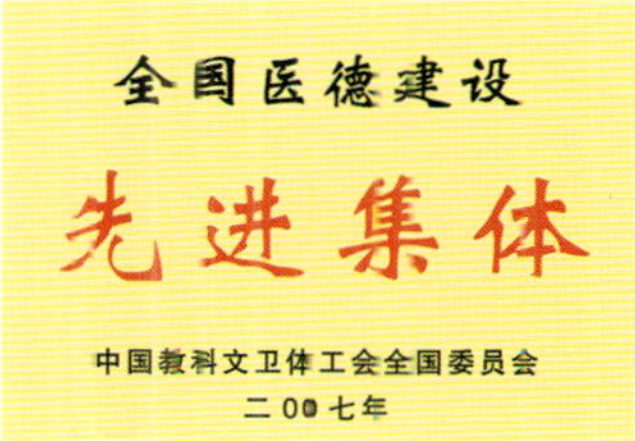

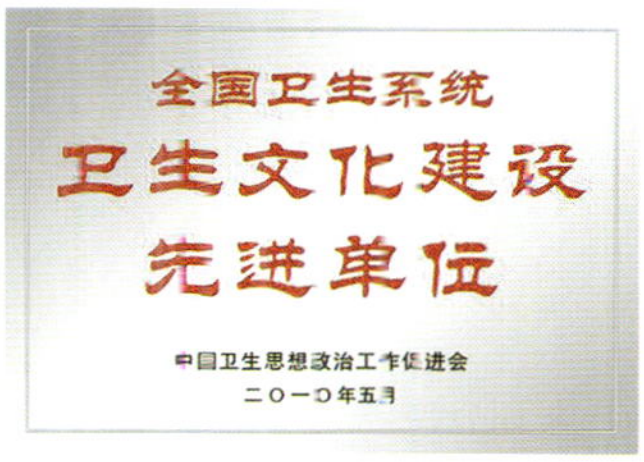

保定第一中心医院谨记“中心医院病人是中心”的院训；追求“千方百计，臻于至善”的服务理念，全心全意为每一位患者提供全方位的优质服务。医院是河北省政府命名的“园林式单位”，整体就医环境绿色温馨。本院4.2万平方米住院大楼及2.1万平方米东院住院楼宽敞明亮，装饰温馨，突出体现了以病人为中心的人性化设计、人性化服务、人性化管理的服务理念。住院病房采用宾馆化配置，病房环境充分保护患者隐私。医院还将人性化服务融入医护人员为患者服务的各个环节之中，时时处处体现人文精神。优质护理服务示范工程的全面实施，调整了护理工作模式，让护士从简单、被动的执行医嘱转变为更加注重人文关怀的整体护理，为患者提供全程、全面、专业化、人性化的护理服务。

在医疗收费上，医院严格执行河北省医疗收费标准，实行“一日清单”和免费查询制度。患者住院费用当日公布到床前，大型检查、用药、疾病转归、治疗预期效果等事前告知患者家属，给患者明明白白看病的体验。

一座白求恩雕塑，践行着医院数十年对技术精益求精的诺言；“尚德精术、和谐图强”的医院精神，传承着百年救死扶伤全心全意为患者服务的宗旨。白求恩，这个医务人员永远的学习榜样，成为保定第一中心医院所有医务人员的精神支柱，成为一中心不断创新、不断发展的动力源泉。保定市第一中心医院连续11年获得市委、市政府实绩突出单位”、“优秀领导班子”荣誉称号。院长郭淑芹教授连续当选第十届、第十一届、第十二届全国人大代表。医院曾获“全国精神文明建设工作先进单位”、“全国卫生系统先进集体”、“全国医德建设先进集体”、“全国卫生文化建设先进单位”等国家级荣誉。

保定市妇

院 长 杜宝琴

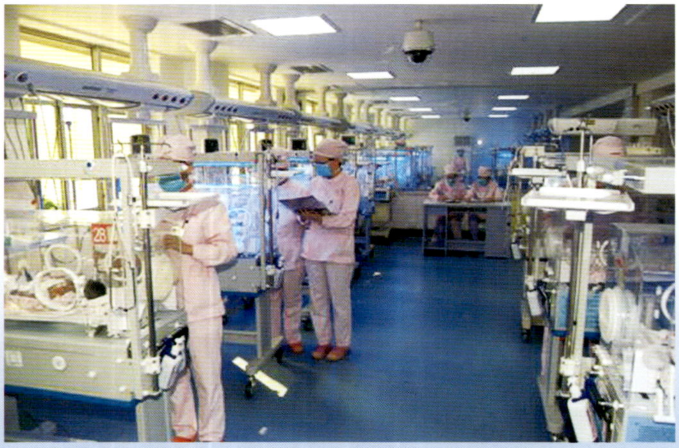

高标准新生儿重症监护室

保定市妇幼保健院前身是河北省妇幼保健院，始建于1950年，位于保定市天威中路1号，是保定市唯一一所集预防、保健、医疗、科研、教学、康复、计划生育指导于一体的三级甲等妇幼保健机构，也是保定市及周边地区唯一开展试管婴儿技术的单位。

医院拥有卓越的管理团队和精湛的技术团队，致力于为全市妇女儿童提供优质特色服务，主要开设产科、妇科、新生儿科、普儿科、头颈乳腺外科、生殖医学科、急诊科、麻醉手术室、遗传室、功能科、检验科、放射科、病理科、口腔科、眼科、儿童保健、妇女保健等科室，是保定市妇幼保健中心，计划生育技术指导中心，妇儿疾病救治中心，围产医学研究中心，新生儿疾病筛查中心，产前筛查、产前诊断中心，不孕不育诊疗等中心。

医院始终坚持以保健为主导，以医疗为支撑，以服务为特色，以文化为引导，积极创新管理模式，实施人性化精细管理，在认真履行妇女儿童预防保健、计划生育等公共卫生职能的同时，将“以人为本、技术创新”作为医院发展的主旋律，注重科技兴院，发挥专科特色，实现了“院有名科、科有名医”的技术优势，多年来在新生儿疾病、儿童及妇产科急危重症的诊疗与救治、妇女儿童保健方面积累了丰富的临床经验。产科是省级促进自然分娩示范医院，开展了水中分娩、无痛分娩、导乐分娩、产前筛查、产前诊断、新生儿游泳、新生儿抚触等特色项目；新生儿科拥有全市规模最大、规格最高、设施最先进的新生儿重症监护室及病房，开展了PICC及脐静脉插管、NO治疗

力保健院

市动脉高压、新生儿换血术等多项新技术，配备了省内首辆高档母婴转运车，在急危重症的抢救诊治方面处于全市领先地位；生殖医学科是保定市及周边地区唯一能开展试管婴儿技术的医疗机构，已使多名孕妇成功受孕，全市首例试管婴儿龙凤胎已顺利分娩，填补了保定市人类辅助生殖技术领域的空白。各项技术的日趋成熟、多项学科的齐头并进切实满足了患者就医需求，提升了医院品牌形象。

光阴荏苒，岁月如歌。在院长杜宝琴的带领下，有着60多年历史的保定市妇幼保健院已成为京南冀中妇幼卫生事业的一朵奇葩，先后获得了全国卫生系统先进单位、全国青年文明号、全国三八红旗集体、河北省妇幼卫生先进单位、河北省医药卫生系统先进集体、河北省白求恩杯竞赛先进单位、河北省群众满意的医疗卫生机构等荣誉称号。

目前，医院整体迁建项目已列入市政府惠民工程之一，三年后，一座现代化、功能齐全、环境温馨的花园式三级甲等妇幼保健院将拔地而起，在全力保障妇女儿童健康的道路上扬帆远航。

团结协作的院领导班子，从左至右：副院长宋兰萍、副院长刘卫红、院长杜宝琴、书记范建场、副院长郝亚平、纪检书记冯建忠

医院新楼远景效果图

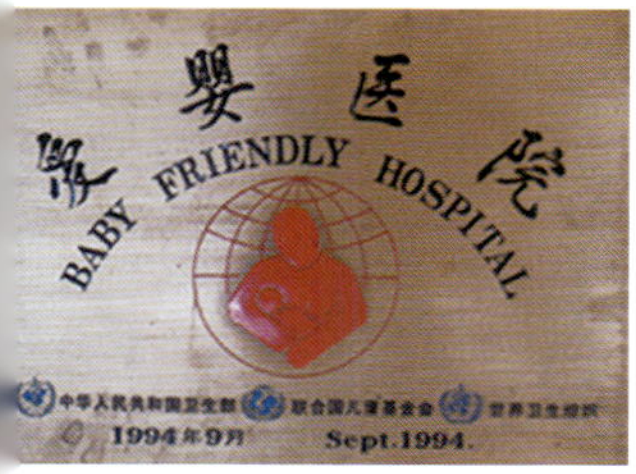

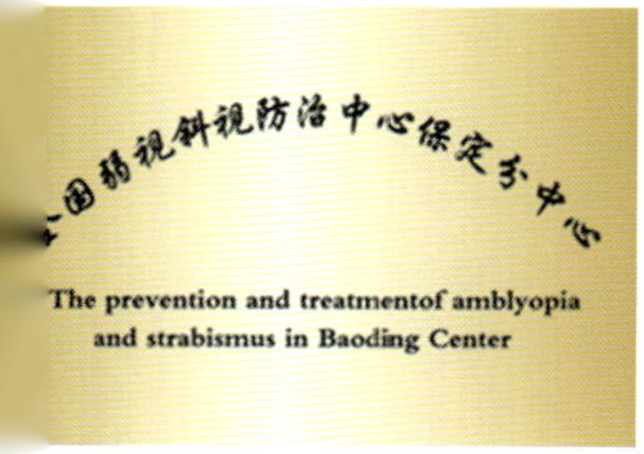

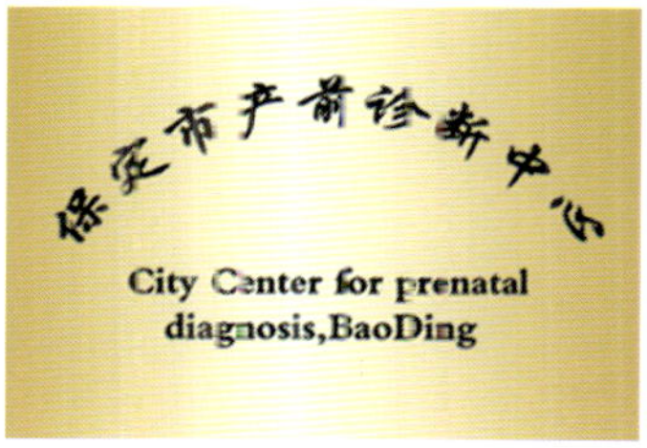

保定市第一中医院

党委书记、院长　齐　峰

团结务实、锐意进取的领导班子

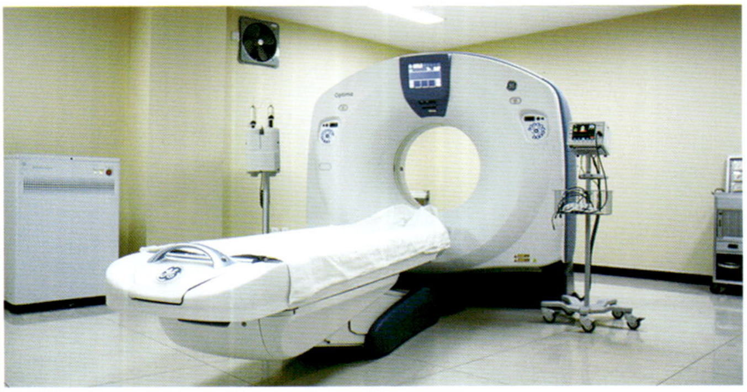

64 排 128 层 CT (动态 500 排)

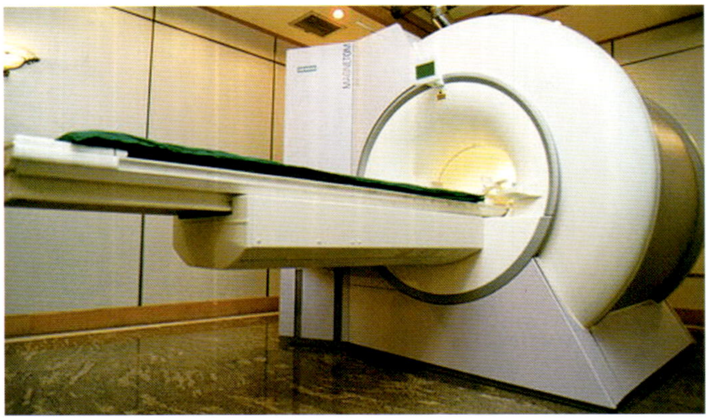

核磁共振仪

保定市第一中医院1949年建院，是一所集医疗、科研、教学、预防、保健、康复于一体的“三级甲等”综合性中医院。是北京中药大学和河北医科大学附属医院，“河北省示范中医院”，河北省三星级精神文明窗口单位。

医院学科和实力优势突出、技术力量雄厚、专科特色明显。编制床位500张，有临床、医技等科室62个。其中国家级重点学科3个，国家级临床重点专科1个，国家级名医工作室1个，省级重点学科2个，省级重点实验室1个，市级重点学科6个。

医院职工总数630人，442名专业技术人员中，拥有博士生导师5名，高级职称人员136人。河北省名中医2名，保定市名中医12名，国家、省级优秀临床人才10名，“三三三人才工程”4名，市新世纪学术技术带头人18名，形成较合理的人才梯队。

医院仪器设备齐全，拥有DR、CR、彩超、全生化分析仪、64排128层（动态500排）CT、核磁共振仪等先进设备。

医院坚持“大医精诚 救死扶伤”的服务理念，秉承“诚信、仁爱、拼搏、奉献”的医院精神，以病人为中心，中医药特色优势明显，综合实力突出，中西医并重，为患者提供全方位的医疗、保健、康复服务。

保定市车管所保联服务站

董事长　张俊乐

保定车管所保联服务站地处保定市北市区东三环中段（七一路与东三环十字向南100C米路西）。业务服务范围有：新机动车注册，二手车过户，转籍，补办证、照，制证，机动车检测等。

本站始建于2002年，经营占地100亩，现有驻站民警8名，员工120名，商户65家。市公安局交警支队电子警察违章处理，市环保局机动车尾气检测，保险公司、典当公司、评估公司等机构同时驻站办理业务，是集机动车交易洽谈、业务办理为一体的综合性服务站，站内四条检测线同时快速便捷为客户服务。

2010年被省商务厅确定为“二手车交易市场升级改造示范工程试点项目企业”；是商务厅审批备案的“旧机动车交易定点市场”；被中国质量诚信监督委员会、中国品牌评估中心、河北省质量诚信监督委员会评为“河北省质量诚信AAA品牌企业”；被中国企业信用工作委员会、中国企业信用登记评价中心授予“全国十佳诚信单位”荣誉称号；是中国汽车流通协会理事单位。

保定市建筑设

董事长、总经理　陆　峰

保定市建筑设计院有限公司前身为保定市建筑设计院，始建于1952年
2011年11月成立保定市建筑设计院有限公司。目前是保定市规模最大、
务职能最全的建设项目技术服务机构。

公司现有职工240余人，各类专业技术人员218名，其中教授级高级工
师11名，高级工程师59名，工程师67名，一级注册建筑师13名，一级注
结构工程师19名，注册公用设备工程师12名，注册电气工程师3名，注册
市规划师2名，注册咨询工程师（投资）7名，注册岩土工程师5名，注册
理工程师15名，注册造价工程师2名。

公司主要从事与建设项目相关的技术服务，涵盖工程咨询、工程设计
城乡规划、工程勘察、施工图审查、工程监理等服务内容，资质情况如下：

工程设计：建筑工程甲级、人防工程乙级、市政道路工程乙级、市政
力工程丙级、风景园林工程乙级；

电谷创业园职工公寓及研发中心

城乡规划：城乡规划乙级；

工程咨询：建筑专业乙级、风景园林专业丙级；

工程勘察：岩土工程甲级；

工程监理：房屋建筑工程甲级；

施工图审查：建筑工程一类、市政工程二类、人防工程乙级

多年来，公司在保定市承担了多项省、市级重点工程的
计任务，获国家及省部级奖励80余项。其中保定电信枢纽大
扩建工程荣获2006年度国家优质工程银质奖，保百购物广场
2012年度国家优质银质奖，华北电力大学学生餐厅（人防

保定市新市区人民法院审判楼

满城汉墓商业区景观设计

程）荣获2009年度全国优秀人防工程设计三等奖，保百购物广场荣获2011年度河北省十佳公共建筑称号，军校大厦·金顶宝座荣获2011年度河北省十佳绿色建筑称号，丽景蓝湾B区一期荣获2011年度河北省十佳绿色小区称号。

公司在2001年通过了ISO9001质量管理体系认证，2010年全面推广协同设计，2011年启动信息化管理系统。凭借可靠的质量和优质的服务，公司受到社会普遍的赞誉。目前，公司业务已扩展到北京、天津、山东、海南、甘肃、青海、内蒙古、山西、四川等地区。公司历年来秉承诚信服务的理念，服务于社会，多年被评为国家级“守合同、重信誉”单位、“中国建设系统企业信用·荣誉AAA单位”、“全国优秀勘察设计院”、“诚信单位”等称号。

七一合影

保百购物广场

保定市第一中学综合教学楼

中国冶金地质总局地球物理勘查院

院　长　陈海弟

物勘院领导班子：左三院长陈海弟、右三党委书记方合三、左二副院长张国义、右二副院长朱向泰、左一党委副书记张和平、右一副院长麻丰林

卢旺达驻中国大使馆代理大使卢文杰到物勘院考察

青海省航空物探野外飞行

中国冶金地质总局地球物理勘查院（以下简称物勘院拥有航空地质调查（国内三甲之一）、地球物理勘查、地球化学勘查、固体矿产勘查、气体矿产勘查甲级资质，是中国冶金地质总局所属的专业地质勘查单位。自20世纪60年代起，广泛开展了以寻找铁、锰、铬、金、银、铜、铅锌以及多金属矿为主的资源普查科研生产，逐步形成了集地质、物探、化探、遥感、测量于一体，技术先进、手段完备的地质找矿方法技术体系，取得了显著的地质找矿成果。

在方法技术上，复杂山区航空磁测数据调平技术填补了国内空白，地面大功率激电勘探技术在预测300～500米的矿藏赋存方面达到国内先进水平，入选国家十大地质科技成果的化探构造叠加晕评价技术在危机矿山接替资源找矿方面具备国际领先水平。2012年新增《构造叠加晕找矿法及找矿效果》、《成矿区带构造叠加晕研究及成矿预测》等技术专著。

在找矿成果上，迄今共完成综合勘查、测量面积近万平方千米，覆盖全国27个省、自治区和直辖市，取得了良好的经济效益和社会效益。2012年组织6架飞机，应用三维梯度航空磁测等国际先进的勘查方法技术，在青海、内蒙古、辽宁、湖南等多个省份开展地质找矿，累计飞行逾600 架次、16.14万测线千米，为国家资源勘查与保障做出了积极贡献。保定市委、市政府授予物勘院“文明单位”荣誉称号。

面向市场，拓宽服务领域，脚踏实地打造名副其实“国家队”和行业排头兵，是物勘院发展的愿景。

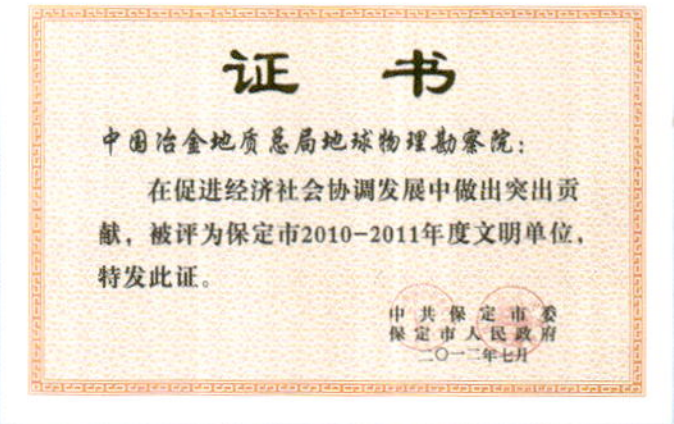
证　书

中国冶金地质总局地球物理勘察院：

在促进经济社会协调发展中做出突出贡献，被评为保定市2010-2011年度文明单位，特发此证。

中共保定市委
保定市人民政府
二〇一二年七月

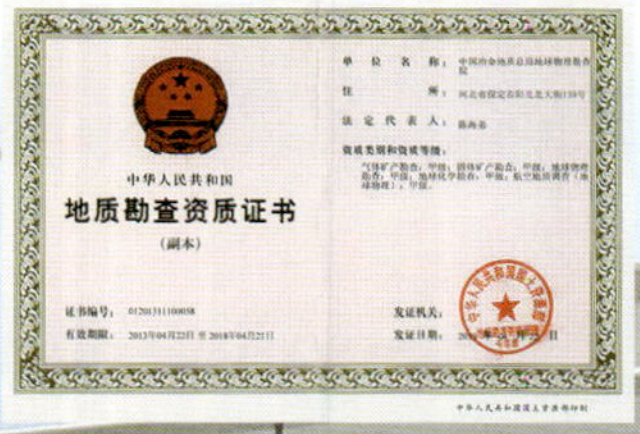
中华人民共和国
地质勘查资质证书
（副本）

中国建筑材料工业地质勘查中心河北总队，隶属中国中材集团公司，是一支专门从事固体矿产勘查、工程测量、航空摄影测量与遥感、地籍测绘、房产测绘、岩土工程地质勘察与施工、地质灾害防治、化学分析、岩矿测试、岩土测试的科研和生产单位。具有固体矿产勘查甲级资质证书，测绘甲级资质证书，岩土工程勘察甲级资质证书，地质灾害防治工程勘查、设计、施工、评估乙级资质证书等。科研、生产项目获各类、各级别科研成果奖数十项，通过了ISO9001:2000版质量管理体系认证和职业健康安全体系认证。

总队下设：地矿公司、测绘院、地环部、保定建材地质工程勘察院、综合实验室等直属单位。

总队本着“诚信、求实、团结、创新”的企业精神，坚持安全第一、质量第一，以先进的技术、优质的服务为顾客提供高质量、高水平的成果，为工矿企事业单位和地方经济的发展竭尽全力。

总队长　王援明

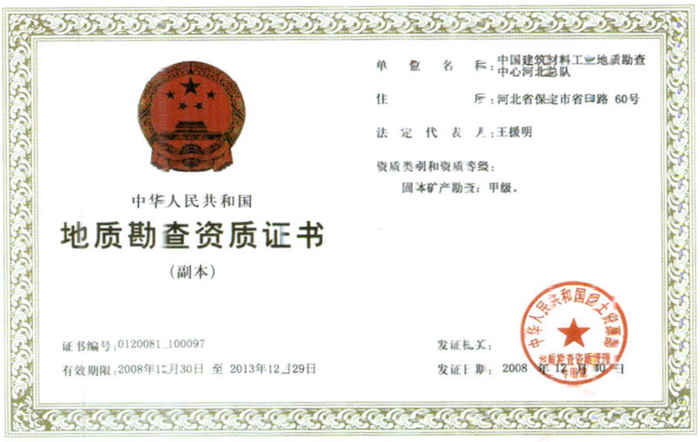
中华人民共和国
地质勘查资质证书
（副本）
单位名称：中国建筑材料工业地质勘查中心河北总队
住所：河北省保定市省间路60号
法定代表人：王援明
资质类别和资质等级：
固体矿产勘查：甲级。
证书编号：0120081100097
有效期限：2008年12月30日至2013年12月29日
发证机关：
发证日期：2008年12月30日

工程勘察证书
甲　级
单位名称：保定建材地质工程勘察院
业务范围：工程勘察专业类岩土工程（勘察）甲级
证书编号：031038-kj
有效期：****
发证部门：
2009年9月4日

测绘资格证书
Certificate of Surveying and Mapping Qualification
证书编号：甲测资字1323817
单位名称：中国建筑材料工业地质勘查中心河北总队
法定代表人：王援明
证书等级：甲级
主要业务范围：工程测量：控制、地形、建筑工程、线路管道、变形观测与形变、水利工程；矿山测量；地籍测绘：平面控制测量、地籍要素测量、地籍图、宗地测量、面积量算。
本证有效期限至2005年12月31日
发证机关（印章）
2001年1月1日
国家测绘局制

河北省诚信企业
（有效期两年）
河北省诚信企业评选委员会办公室
二〇一一年九月

证书
中国建筑材料工业地质勘查中心河北总队：
在促进经济社会协调发展中做出突出贡献，被评为保定市2010-2011年度文明单位，特发此证。
中共保定市委
保定市人民政府
二〇一二年七月

大唐保定供热有限责任公司

DATANGBAODINGGONGREYOUXIANZERENGONGSI

总经理　张继军

市长马誉峰到公司考察

公司领导班子合影

大唐保定供热有限责任公司成立于2005年9月，隶属于中国大唐集团公司，主营业务是供西郊各大企业生产用热和市区部分民用采暖用热，是保定市最大的集中供热企业。

大唐保定供热有限责任公司以“大唐供热 温暖万家”的“温暖”文化理念为指导，以“拼搏二次创业，争创国内一流供热企业”为奋斗目标，在保定市委、市政府的大力支持下，在大唐河北发电有限公司的正确领导下，坚持科学发展观，供热基础设施建设得以迅速发展。截至2012年底，建成小区换热站130余座，发展供热面积约1400万平方米，集中供热惠及市民30余万人，工业供热和采暖供热量共计903万吉焦。实现了铁西北热网和南郊热网联网运行，在市区内形成了由保定热电厂、清苑热电公司两个主要热源点为支撑，跨越铁路东西，横贯市区南北的大热网格局，初步实现了城市热源的合理调配。

作为中国大唐集团公司的基层单位，大唐保定供热有限责任公司积极履行社会责任，努力树立负责任的企业形象，公司成立七年来，大力发展集中供热，相当于在市区内替代5吨小锅炉280余座，为打造生态保定、美丽保定做出了重要贡献。同时公司先后获得了“全国电力系统最具社会责任感企业”、“全国电力系统企业文化建设先进单位”、“河北省文明单位”“河北省创先争优先进基层党组织”、“中国大唐集团文明单位”、“中国大唐集团先进基层党组织”、“河北省重质量讲信用公众满意单位”、“河北省诚信示范单位”、“河北省服务质量优秀单位”、“河北省AAA级劳动关系和谐企业”等省部级以上集体荣誉37项，获得“河北省五一劳动奖章”、“中国大唐集团公司劳动模范”、“保定市劳动模范”等地市级以上个人荣誉51项。

天威集团董事长、党委书记董其宏(前排居中)等到生产一线调研

天威集团超高压、大容量变压器生产基地

2012年，保定天威集团有限公司以党的十八大精神和科学发展观为指导，秉承“立足产业报国，铸就世界品牌”的价值观，不断深化调整，改革创新，迎难而上，齐心协力共克时艰，以调观念、调结构、调机制、拓市场、抓创新、强管理的实际行动，积极应对严峻经济形势带来的巨大困难和挑战，全年实现营业收入71.8亿元，销售变压器9231万千伏安、光伏组件200兆瓦、光伏电站EPC项目0兆瓦。

天威集团坚定不移加强市场开拓工作，特别是抢抓特高压交直流变压器等高附加值产品市场，在高端领域和重大项目上保持了行业领先地位，特高压变压器国内市场中标率达26%，国际市场高端产品、特型产品和配套产品的市场份额稳步提升。

天威集团狠抓科技创新，成果亮点纷呈、同行业领先，全年共获得各类科技奖励42项，其中1000兆伏安1000千伏特高压变压器获2012年度国家科技进步特等奖，特高压输变电技术被新华社全媒体评为“2012中国创造力技术”，全年共申请专利503项，其中发明专利114项，三um解传动整流变压器获第七届国际发明展览会金奖。

天威集团研制的1000兆伏安/1000千伏特高压变压器获国家科技进步特等奖

天威集团承建的1.85兆瓦光伏并网电站

天威集团保定变压器工业园区

河 北 保

总经理　崔　炜

2011 年技术练兵

真情服务

河北保百集团是一家集百货业态、超市业态于一体的综合性大型商业集团，下设保百购物广场、保定百货大楼、保百购物家园三大卖场，分别位于保定市区北、中、南三个商业黄金地段。集团总面积17万余平方米，经营商品41万余种。多年来，保百集团坚持科学发展战略，崇尚从严求实、诚信和谐的治企方针，履行社会责任，真情服务，赢得良好的社会信誉，企业两个效益稳步增长，两个文明建设取得了丰硕成果，被河北省政府命名为河北省龙头企业。

河北保百集团以“引领时尚、创导文明”为经营理念，运用现代化科学管理方式，诚信经营。三大卖场网络微机化管理的实行，快捷的物流配送，迅速的信息传递，使企业走上了良性发展的快车道。2010 年进行了停车楼建设，采用了先进的停车引导系统，同时采用了多种节能降耗设备设施；在发展过程中建立了一系列严谨的管理制度和奖惩体系，规范了业务流程微机化管理体系，引入了现代化的经营管理模式，最终形成了科学管理、科学经营的运营模式。

河北保百集团以“对顾客尊重、为顾

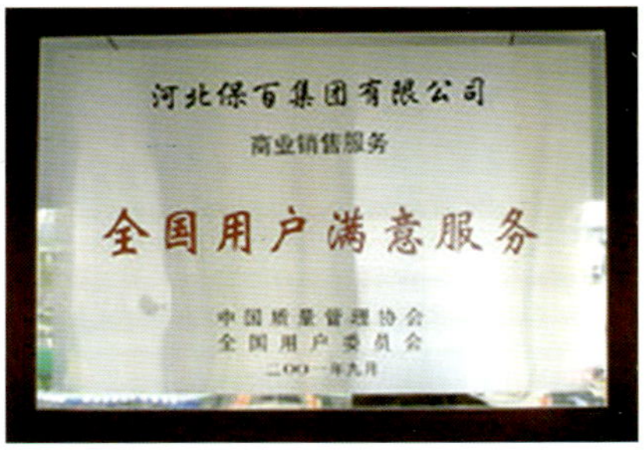
河北保百集团有限公司
商业销售服务
全国用户满意服务
中国质量管理协会
全国用户委员会
二〇〇一年九月

保百购物广场

客负责、让顾客放心、保顾客满意”为服务宗旨，重视商品及服务设施安全，建立了三员把三关商品质量管理体系，严把商品质量关；同时建立了服务质量管理体系，先后向社会推出“百项便民服务系统工程”、“超值服务系统工程”及“满意服务保障体系”等一系列200余项服务承诺，并践诺如铁，企业服务信用得到社会各界一致好评。

保百购物家园

在发展经济、提高效益的同时，保百集团热心公益事业。每年为贫困地区捐款捐物助学、福利院慰问总计百万元。2008年5月汶川地震，保百集团捐款160余万元，用实际行动诠释了最真诚、最无私的关爱，赢得了较高的社会赞誉。同时集团坚持“以人为本”，注重保护和发挥员工的积极性和创造力；重视技术业务培训，建立学习型组织，不断提高员工的科学文化素质和专业技术水平，持续增强企业的核心竞争力。

热情接待

多年来河北保百集团以突出的业绩荣获“中国零售百强企业”、“中国服务业企业500强”、“全国五一劳动奖状”、“全国商业企业信得过单位”、“全国质量管理先进单位”、“全国百城万店无假货示范店”及“全国服务业企业顾客满意企业”等200余项荣誉。

河北保百集团将继续沿着“科学管理、诚信经营”的轨道，乘势而上，不断的发展壮大，用坚韧不拔的意志和誓争一流的决心开创更加辉煌的未来，为构建和谐社会贡献自己的力量！

指挥停车

保定百货大楼

天威绿谷综合开发项目简介

天威绿谷项目地处保定市高新区黄金区域，西邻朝阳大街、北至隆兴路，交通便捷；教育、医疗、购物、娱乐、商务、休闲，近在咫尺、触手可及。人们于此可充分享受3分钟繁华生活圈所带来的便利、舒适和尊贵。

项目规划用地135亩，总建筑面积逾60万平方米。分为住宅区和商业综合体两部分。12栋住宅板式高层矩阵错落式分布，为居住者打造外观新颖、南北通透、舒适怡然的高品质住宅。小区大面积的绿化，将实现开窗见景、移步一景，诠释生活和谐人文之美。商业综合体将具有星级酒店、商务办公、影院、会所等功能，集购物、娱乐、休闲、餐饮于一身，引领都市时尚消费潮流，提升人们生活新高度。

项目将大力采用先进科学技术和设备，使绿色理念体现在各个方面，为建设“低碳保定、善美保定”做出自己的贡献。

九号国际城项目简介

九号国际城项目由中国正誉集团投资，保定市大华房地产开发有限公司开发建设。项目位于保定高新区核心地段，城市主干道朝阳大街东侧、天鹅路南侧，区域位置优越，交通便利、出行畅达。

项目总建筑面积30余万平方米，由北京市建筑设计研究院规划设计。高层住宅区以百米板式风景，尽展时尚现代形象。项目精心打造空中、下沉、围合式“三叠”园林景观，更有50～172平方米十余种经典户型，业主可惬意而居，品味舒适生活，挥洒花园情怀。

项目商务综合体部分，采用HOPSCA形式，建设集星级酒店、甲级商务、中央公园、购物中心、高级会所、精品公寓于一体的商务综合体，全力缔造保定城市生活新中心。2009年10月，该项目被河北省住房和城乡建设厅授予“2009年河北省优秀房地产开发项目”。于2011年第五届中国房地产年会上荣获“中国房地产最佳国际品牌示范名盘”荣誉称号。

直隶公馆项目简介

直隶公馆项目由中国正誉集团投资兴建，项目地处顺平县，毗邻国家3A景区——腰山王氏庄园。项目周边交通便利，出行迅捷。相邻张石、保阜高速公路，通达京昆、京港澳高速公路，规划中的保定市七一路亦将西延于此。

项目规划用地1000亩，总建筑面积约4万平方米，由中国建筑设计研究院规划设计，项目以四合院、集中式独栋住宅为主，秉承王氏庄园古朴典雅、恢弘雍容之气质，以千亩大境与庄园气象浑然天成。项目依山傍秀水，魅力无穷。园内四季花木、流光华，困顿于都市许久的筋骨，于此闲庭信步，繁杂洗濯无踪。高雅的酒店、精致的商务会所，以及网球场、马场等现代设施，将给人们带来舒适现代的品质生活。2013年1月，该项目被保定市人民政府办公厅、保定市住房和城乡建设局授予“保定市人居环境奖”。

正誉集团董事长兼总裁刘雪松，保定市第十三届人大代表，保定市第十一届、十二届政协委员；中国房地产开发商协会副会长。

董事长兼总裁　刘雪松

刘雪松通晓多元地产的开发与整合，作为品质生活倡导者，他引领下的正誉集团在住宅地产、商业地产、旅游文化地产中开发建设的每一件建筑作品都从内而外体现着时尚、现代、进取的人文色彩，闪耀着集团“品于心·德天下”的思想光华，以其专业、专注、专心的企业精神，倾力打造正誉品牌，为人们铸就高品质的美好生活。集团所开发建设的多个划时代的建筑精品，享誉业界，先后获得十多项国家级、省、市级荣誉。

创新　发展　激扬精彩人生

2002年、2005年，刘雪松先后创办保定市大华房地产开发有限公司、河北尺度房地产开发有限公司。至今，两公司开发建设涵盖住宅地产、旅游文化地产和商业地产，构建了多重资源相互整合的平台。其开发建设的容城县新容花园小区、保定高新区九号公寓等项目，以其优良品质享誉业界。目前正在建设的九号国际城项目、直隶公馆项目、正誉国际中心项目、天威绿谷项目总建筑面积上百万平方米，这些项目落成后，都将成为建筑经典，在提升城市品位、人居品质、文化内涵方面做出卓越贡献。

面对日益激烈的市场竞争，企业寻求多元化方向发展已是大势所趋。在他的领导下，宜家物业公司、河北尺度装饰装潢公司、洢佰伴商贸公司、深度国际酒店饮食娱乐公司、银信投资担保公司、正誉集团股份有限公司，河北尺度传媒公司，河北尺度房地产经纪公司、宜家建筑机械租赁公司相继成立，并于2009年7月成功组建中国正誉集团。目前集团已成为涵盖房地产开发、金融投资担保、建筑安装、装饰装潢、广告传媒、物业管理、娱乐餐饮、旅游开发、建材商贸等众多领域，资产达7.8亿元，员工上千名，累计为国家上缴利税数千万元的现代化综合性企业集团。

责任　奉献　感恩回馈社会

作为卓有成就的青年企业家，作为市人大代表和政协委员，刘雪松时刻未忘肩负的社会责任，他以感恩之心关注民生，回馈社会。近年来，先后安排城镇待业青年1600余人次；捐款30多万元，资助贫困儿童重返校园；在2008年四川汶川发生大地震后，他心系灾区，第一时间捐款100万元、捐药20万元，他的义举善行，得到社会各界高度赞扬。2008年9月，他被河北省民政厅、河北省慈善总会授予“河北省抗震救灾特别突出贡献奖”荣誉称号。2011年1月，在第五届中国房地产年会上，被授予“中国房地产慈善事业杰出贡献人物”荣誉称号。2008年，当选为保定市第十三届人大代表；2008年、2013年，两次当选为保定市政协委员。

正誉国际金融中心简介

正誉国际金融中心项目位于保定市高新区商务核心区域，地处朝阳大街以东、徐庄路以北，毗邻高新区小学。周边交通便利、配套设施完善。

该项目规划总用地1.5万平方米，总建筑面积9万多平方米。由中国建筑设计研究院规划设计。项目采用八字型南北双子布局，两座主楼建筑线条简洁明快、鲜明独特，具有强烈的识别性及设计感，同时也很好体现办公建筑所特有的高贵典雅品质。项目广泛利用现代科学技术，将低碳节能理念运用到各个方面，如太阳能照明，水循环利用、空调系统等。

该项目集金融交易、商贸服务、大型会议及商务办公等功能于一身，积极引导银行、保险、担保、证券公司等金融机构入驻，对地区经济发展起到有力推动作用。在2011年第五届中国房地产年会上荣获“中国房地产最具国际品牌商业地产名盘”大奖。

青山集团，用心营造生活作品

QINGSHAN GROUP CREATES LIFE WORKS WITH INTENTION

青山集团，成立于1992年，是集房地产开发、设计、建筑施工、装饰装修、物业管理、商贸及服务业等于一体的大型跨地区、跨行业的集团化公司。集团主业系为房屋建筑工程施工总承包企业和房地产开发企业，集房地产业、商贸业、服务业三大产业稳步发展，注册资金共计5亿余元。自2008年以来，集团以布局华北、多省多盘联动的发展战略，土地储备达2000余亩，开发面积近400万平方米。

深耕21年，创造辉煌业绩

21 YEARS OF EXPLORATION CREATES MAGNIFICENT ACHIEVEMENTS

青山集团，21年品牌筑就，厚积而薄发，成绩斐然。1992年，作为房地产市场的先行者，青山集团以城市运营商的责任感，秉承“用心营造生活作品”的时代发展使命，连续10年被工商部门评为“重合同守信用单位”，并先后获得“河北省房地产协会先进单位”、“争创质量、服务双满意单位”、“保定市工程建设诚信单位”、“重质量、讲诚信单位”等众多殊荣。2011年，清山地产荣膺中国地产总评榜——最具品牌诚信开发企业。

做责任城市运营商，布局华北，三省六地九盘联动

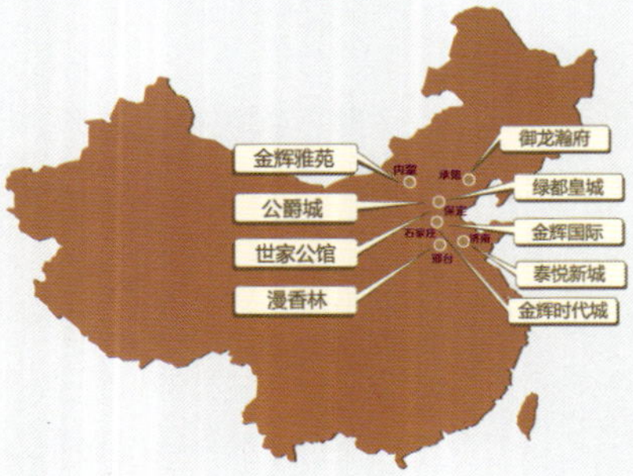

清山·公爵城 ——当代公爵的家族图腾

THE DUKE'S KINGDOM

清山·公爵城，位于保定东湖中央公园区，总建筑面积约百万平方米，以欧式新古典主义建筑风格，十大公爵主题园林组团，64.5%超高绿化率，打造保定前所未有的当代生活。

清山·漫香林 ——白鹭憩栖地 传世漫香林

PREMIER MANSION

清山·漫香林，位于邢台市国家3A级景区七里河新区，总建筑面积约70万平方米，其中商业约10万平方米，七里河一线水景，咫尺体育公园，打造约200%奇迹绿化率的邢台首席滨水豪宅。

清山·御龙瀚府 ——壹宅藏天下，山水隐王侯

ROYAL OFFICIAL RESIDENCE

清山·御龙瀚府，位于避暑山庄首选之地，滦河与武烈河交汇核心，紧邻承德CBD核心，总建筑面积约50万平方米，师法圆明园皇家园林、5000平方米私属会所、国际标准双语幼儿园，打造承德市无与伦比的传世瞰景府邸。

特　　载

中共保定市委常委会工作报告（摘要）

——在中共保定市委十届四次全体（扩大）会议上

（2012年12月17日）

中共保定市委书记　许　宁

各位委员、同志们：

现在，我代表市委常委会，就今年以来特别是市委十届三次全会以来的工作向全会作报告。

一、注重思想引领和思路创新，广泛凝聚建设京畿强市、善美保定的强烈共识

按照省第八次党代会和市第十次党代会部署，市委常委会着眼深化科学发展、再造战略优势，在深入分析形势、准确把握市情的基础上，对事关保定长远发展的一系列重大问题进行了深入研究。一是进一步明确了发展定位。准确把握保定在京津冀都市圈中所处的地位和承担的功能，提出建设京畿强市、善美保定的总体定位，强力打造中国电谷、低碳之都、汽车重镇、文化名城。这一与时俱进的战略选择，符合保定实际，也符合党的十八大精神，已经成为引领全市上下的行动指南。二是进一步明确了奋斗目标。综合分析面对的基础和机遇，明确提出全市整体实力要重返全省第一方阵，重塑形象，再创辉煌。三是进一步完善了战略布局。谋划确定了四大主攻方向、四大主体战略、七项重点工程的总体布局。这些思路举措，已经成为全市上下的共同意志和行动。只要我们坚持高标准、大力度、快节奏地持续推进，一定能够推动全市各项事业实现更好更快更大发展。

二、充分发挥低碳高端优势，着力打造独具特色的经济发展格局

市委常委会始终把加快发展作为解决保定问题的关键抓手，坚定不移地走低碳高端的科学发展之路。面对经济下行的巨大压力，坚持稳中求进、稳中求快，全市主要经济指标基本实现时间进度要求。着力抓了七个方面的重点工作：一是加速产业振兴。提出并启动了低碳经济示范区建设，注重打造产业板块，在保持传统优势的同时，支持低碳产业不断做大做强。注重培植产业龙头，对重点企业给予更为有力的政策和要素支持，帮助新能源企业在应对危机中加快结构调整，特别是汽车产业逆势上扬，整车出口占全国11%以上，长城SUV销量稳居全国第一。大力发展现代农业，粮食产量居全省第一，特色农产品在京津市场的占有率稳步提升。加快发展现代服务业，旅游、物流等产业占经济总量的比重不断增加。二是注重项目优选。紧紧围绕低碳高端的产业导向，以项目优势支撑战略优势。把项目建设作为检验干部的试金石，坚决做到“项目不到位，不能列后备；项目要了滑，坚决不提拔；项目往后退，干部要挪位”。全市列入省重点的项目数量居全省第一。亿元以上在建项目同比增长20%。三是创优载体平台。坚持把各类园区作为产业聚集的平台和区域腾飞的引擎，全面启动新能源之城、中国汽车城、航空航天工业城和安国中药都建设，精心打造生态休闲旅游度假基地、现代商贸物流配送基地、绿色食品加工供应和现代农业观光基地、承接央企转移的先进装备制造业基地。全市新增市级园区13个，各县（市、区）都有了市级以上的园区平台。四是强化创新驱动。全面推进观念创新、科技创新、体制机制创新。充分发挥大学城优势，建立了校地定期交流、校企组团对接机制，全市省级以上科技创新平台增至64家。五是力促开放提升。把京津作为开放重点，抓住“百家央企进河北”的机遇，市级领导带头结对跑争，长安集团、中航集团等一批央企都把保定作为战略投资的优选城市。今年以来，全市争得央企合作重点项目24个，引进京津资金同比增长35.5%。六是加快县域腾飞。全面实施县域腾飞战略，优化区域布局，加快转型升级，增创特色优势。曲阳石雕、安国中药、白沟箱包等传统特色产业实现新的发展，门窗生产、食品加工等一批特色产业蓬勃兴起。县域经济在高点定位、高端抢位、高速进位中踏上了新的腾飞之路。七是推进全民创业。进一步完善了支持全民创业的政策措施和服务平台。今年以来全市新增企业6190家，新增规模以上工业企业居全省第一（138家）。

三、着力改善“两个环境”，不断提升区域发展的战略优势

市委常委会认为，实现非资源地区的科学发展、加快发展，必须把环境作为最重要的竞争力来打造。认真落实省委、省政府“两个着力”要求，作出了“十个必须”的总体安排，两个环境的形象、质量明显改善。一是坚持以亮剑行动为主线。把省委“三自”、“六不”要求作为有力思想武器，深入开展了执行力亮剑行动，并将其作为贯彻“两个着力”要求的有效载体，打出了一套整饬纪律、转变作风、提高效能、优化环境的组合拳。下大力整治影响企业经营、项目建设、市场秩序的环境问题，充分展示了市委、市政府对环境严抓、严治、严查、严管的决心。各级干部的理想理念明显提升，能力魄力明显增强，勇于担事、埋头干事、善成大事已经成为一种自觉追求。二是坚持以企业满意为中心。紧紧围绕企业需求，实施行政审批提速工程。探索实行了市级党政领导接待企业制度，搭建了政企沟通的新平台。市级领导带头，深入开展千企万户大走访活动，广泛征求意见，研究改进措施，制定了着力改善两个环境的实施意见。三是坚持以对接京津为方向。着力推进与京津无落差、无缝隙的环境对接，努力营造“宾至如归”的同城感受。各类商务交流涉及的水电路、食住行、游购娱等基础设施对接标准不断提高，各类要素向保定聚集的通道逐步打开，进一步开创了对接京津、加快发展的新局面。四是坚持以政策创新为保障。广泛开展查短板、找差距、促整改活动，对1200多项政策措施进行了升级和创新。集中实施了着力改善两个环境的13项具体行动，以理念和思维的再造、标准和效率的再造、体制和机制的再造、形象和力量的再造，促进了环境质量和战略优势的整体提升。通过着力改善两个环境，本地企业持续发展的信心明显增强，外地企业来保投资的动力与日俱增，社会各界对保定形象的评价越来越好。

四、坚持以人为本，强力做好保障和改善民生工作

市委常委会把保障和改善民生作为最根本的政治责任，作为经济社会发展的出发点和落脚点，作为再造战略优势的重要内容。一是扎实推进扶贫攻坚。以涞涞易环首都扶贫攻坚示范区为重点，按照率先启动、率先突破、率先脱贫的原则，全面打响科学规划、基础设施、特色产业等十大攻坚战，努力把贫困落后地区打造成科学发展的典范、扶贫攻坚的先锋、城乡统筹的楷模和创先争优的样板。财政专项和社会帮扶累计投入7.1亿元，相当于上个10年的总和。二是全面落实惠民政策。年初确定的10项惠民工程33件实事，大部分已提前兑现。集中解决了68.4万农村人口饮水安全问题，提前完成全年目标。开工建设保障性住房40270套，竣工20092套，提前并超额完成省定任务。认真解决困难群众的生产生活问题，结对帮扶和集中救助资金达到2400多万元。就业再就业工作扎实推进，基本养老、基本医疗、城乡低保等保障体系进一步健全，教育、卫生、体育、计划生育等各项社会事业全面加强。三是深入开展“双惠”教育。以“惠在何处、惠从何来”主题教育为载体，解读惠民政策，诠释惠民举措，展示惠民成果。通过广泛宣传群众，积极引导群众，凝聚起建设京畿强市、善美保定的强大民心力量。

五、化危机为契机，“7·21”抗洪抢险和灾后重建取得决定性胜利

面对“7·21”特大洪灾，市委常委会果断决策，科学调度，团结带领各级党组织和党员干部，打赢抗洪抢险和灾后重建的攻坚硬仗。一是不惜一切代价确保群众生命安全。及时转移群众15.9万人，紧急疏散游客1.5万人，最大限度地避免了人员伤亡。紧急调运救灾物资，全力抢修水、电、路、讯等基础设施，在最短的时间内，确保了受灾群众有饭吃、有衣穿、有住处、有干净水喝、有病能及时医治。二是借助各方支持推进灾后重建。坚持大灾大干，大灾大建，大灾大变，努力把水毁灾区建成环首都扶贫攻坚示范区、幸福乡村示范区、生态开发示范区、小康建设示范区。坚持科学重建、跨越重建，绿色重建、和谐重建，优质重建、高效重建，阳光重建、廉洁重建，1238个重建项目提前竣工。三是面对生死考验形成伟大的抗洪精神。在同无情洪水的殊死抗争中，塑造了“人民为本、生命至上，团结一心、众志成城，不畏艰险、敢于胜利”的“7·21”抗洪精神。这种精神，为我们战胜前进道路上的各种困难和挑战提供了强大动力。在抗洪抢险和灾后重建中，省委、省政府和省直部门、兄弟市县、驻保部队等各个方面，给予我们亲切关怀和巨大支持。尤其令人感动的是，省委、省政府举全省之力，支持我市灾后重建工作。我们一定要深怀感恩之心，以更加优异的成绩回报省委、省政府的厚爱，回报社会各界的关怀。

六、提升城市发展理念，打造宜居宜业宜游的城市平台

城市是聚集资源要素、展示善美形象最直接、最有效、最能体现战略优势的窗口平台。围绕提速城镇化进程，大力实施了城市突破战略。一是突出规划引领，城市空间布局更加优化。积极构建“大马驾辕、多马拉车、众星捧月、各放异彩”的城市发展格局，全面实施中心城区人口规模、城区规模、经济规模倍增计划，北部低碳新城、东部高铁新城正在加快建设。涿州、定州等一批区域性中心城市带动能力明显增强。二是实施项目拉动，城市功能不断完善。把项目作为城建工作的重要抓手，严格落实市级领导分包督导责任制，大胆创新经营城市理念，确保了63项城建重点工程顺利推进。三是开展集中整治，城市形象显著提升。集中开展了城乡面貌和违法建设专项治理行动，规范了建筑市场，维护了群众利益，提升了城市形象。下放城市管理权限，城市管理效率不断提高。率先启动城市公交油改气。城区主要绿化指标均达到国家园林城市标准。统筹推进魅力县城和幸福乡村建设，城乡人居环境明显改善。

七、实施文化引领战略，全面树立了善美保定的新形象

市委常委会倍加珍惜保定文化这笔宝贵财富，充分发挥文化引领风尚、教育人民、服务社会、推动发展的重要作用，加快推进人文化大市向文化强市的转变，加快实现文化优势向战略优势的提升。一是保定精神得到广泛认同。大力弘扬以“崇信、重义、尚和、争先”为主题的新时期保定精神，涌现出“油条哥”刘洪安等一大批代表善美保定的时代标杆。全面推进善美机关、善美社区、善美窗口等创建活动，广泛开展了“道德模范基层巡讲”，保定精神的善美内涵正在成为全市人民共同的价值取向。二是保定形象得到全面提升。加强舆论宣传，中央级主流媒体正面宣传报道数量同比增长21%。加强文艺创作，话剧《约定无期限》等一批展示善美保定形象的精品力作，在全省、全国引起强烈反响。加强文化传播，成功举办了“中国·保定民俗体育艺术节”、“中国·保定空竹艺术节”、“中国·保定篮球文化节”等大型文化会展，推出了一批新的文化创意，保定文化的影响力不断放大。三是文化力量得到持续释放。农村公益电影放映、农家书屋建设等文化惠民工程成效显著，群众文化生活更加丰富多彩。文化产业加快发展，文化体制改革深入推进，文化经济的特色优势、规模优势逐步显现。

八、强化维护稳定的政治责任，全面打赢了十八大安保这场硬仗

市委常委会清醒地认识到，做好十八大召开之年的稳定工作，既是一项特殊的政治任务，也是一次特殊的历史契机，更是对保定整体形象、战略优势的一次全面考验和提升。一是树立非常思想。在解决问题上拿出120%的努力和诚意，在防止问题发生上构建120%的保险系数，全力构建“万无一失、万全之策、万民参战”的大维稳格局。二是采取非常举措。以铁的意志严查严打，以铁的手段严治严管，以铁的作风严防严控，以铁的纪律严责严惩。探索建立社会稳定形势研判中心，集中解决信访案件和苗头隐患1万多件，深入开展危爆物品、安全生产等专项整治。三是强化非常之责。实行市、县、乡、村责任捆绑制度，各级干部和13万多名安保志愿者昼夜奋战，形成了无缝隙、不断档的责任体系。实行红、黄、蓝三级预警，坚持顶满格、追到底，对部分失职失责人员果断进行了严肃处理。四是取得非常之效。经过全市上下共同努力，确保了十八大各个阶段维稳工作的全面胜利。更为重要的是，在这场硬仗的考验中，锤炼了一支政治坚定、作风优良、纪律严明的过硬队伍，展现了保定干部群众讲政治、顾大局的良好状态，树立了保定政治安定、和谐稳定的对外形象，形成了一系列维护稳定和社会管理的好经验好做法，为保定的长治久安奠定了坚实基础。

九、坚持党要管党，努力提高党的建设科学化水平

始终牢记党要管党、从严治党的政治责任，带头加强常委会自身建设，高度重视基层基础建设，为建设京畿强市、善美保定提供了坚强有力的政治保证。一是坚定各级党员干部的理想信念。围绕新的发展定位，提出了干部队伍建设的“十个关键词”，焕发了各级干部干事创业的崭新风貌。组织市四大班子领导集体到阜平县城南庄接受革命传统教育。党的十八大胜利召开后，市委常委会精心组织，周密部署，在全市迅速掀起学习宣传贯彻党的十八大、十八届一中全会和省委八届三次全会精神的强大热潮。二是夯实各级党组织的工作基础。圆满完成创先争优活动，全面落实“双对标双承诺”，改革创新干部实绩考核体系，形成了创先争优的长效机制。扎实推进加强基层建设年活动，9071 个帮扶项目全部完工，实现了群众得实惠、干部受教育、基层增活力的预期目标。全面加强基层规范化建设，农村、社区等基层基础更加牢固。三是筑牢拒腐防变的坚固防线。市委常委带头廉洁从政，带头做到“自身正、自身净、自身硬”。全面推进惩防体系建设，探索推行了廉政风险提示卡等防控机制。着力强化民主生活会、定期巡视等党内监督制度的落实。支持纪检监察机关坚决查办违法违纪案件，实现了查办案件的政治效果、社会效果和法纪效果的统一。

一年来，市委常委会充分发挥总揽全局、协调各方的领导核心作用，统筹做好各方面工作。支持人大及其常委会依法履行职能，加强和改进各项监督。支持政府和各职能部门按照职责权限依法行政，放手大胆开展工作。支持政协围绕团结和民主两大主题，加强政治协商、民主监督、参政议政。支持审判机关和检察机关依法独立行使职权。扎实推进新形势下的统一战线和民族宗教工作，注重加强同各民主党派和无党派人士的合作共事。大力做好援疆工作。注重发挥工会、共青团、妇联等各人民团体联系群众的桥梁纽带作用。进一步做好老干部工作。加强党管武装，强化国防动员和后备力量建设，开创了军民融合发展的新局面。

我们取得的这些成绩，是中央、省委正确领导的结果，是各个方面大力支持的结果，是各级党组织和广大干部群众共同奋斗的结果。在此，我代表中共保定市委，向辛勤工作在全市各条战线的共产党员、各级干部和广大群众，向关心支持全市工作的老领导、老同志，向驻保部队、武警官兵、政法干警和民兵预备役人员，向各民主党派、工商联、人民团体和无党派人士，向给予我们关心、支持的各界人士，表示衷心的感谢，并致以崇高的敬意！

在总结成绩的同时，市委常委会也清醒地认识到，对照提前建成小康社会的目标，我们已经具备坚实的发展基础和良好的发展态势，但是，发展理念、发展速度、发展质量还有较大差距，区位、文化、人力等综合优势还没有充分发挥，重点产业、重点项目和重点企业的规模、数量、拉动作用还不够强，总量指标落后，人均水平偏低，加快发展、跨越发展的任务非常紧迫。对照着力改善两个环境的要求，尽管通过执行力亮剑行动，各级干部的工作标准、工作效率发生巨大变化，得到了企业和群众认可，但是，与京津等周边先进地区相比，我们在两个环境建设上还存在明显的梯度差，载体设计、制度规范、监督问责等方面还需要不断创新和完善。特别是处在京畿重地，还需要进一步提升生态保护、环境治理的担当意识和工作标准。对照保障和改善民生的艰巨任务，虽然做了大量工作，解决了大量民生问题，但是，广大群众生活水平、幸福指数的提升还不够明显，还有不少贫困地区、困难群众需要加大帮扶救助力度，就业、教育、卫生等方面民生问题还需更好、更彻底地予以解决。对照城镇化加速发展的新形势，我们付出了很大努力，也有了明显改善，但是，城镇化水平低的问题仍然比较突出，中心城市规模小、带动能力弱，中小城市数量少、建设水平低，城镇基础设施、基础功能还需进一步完善和加强。对照加强和创新社会管理的重大考验，虽然稳定和谐的社会基础越来越牢固，但是，面对复杂的矛盾凸显期，影响和谐稳定的各类隐患依然较多，发现和处置重大问题的思路方法、加强和创新社会管理的长效机制，还需要不断创新和完善。对照党章和中央政治局八项规定，我们采取了一系列改进工作作风、密切联系群众的措施，也取得了比较明显的成效，但是，仍有一些党组织和党员干部，宗旨意识不够强，工作作风不够实，与群众的联系不够紧密，尤其是做群众工作、化解群众矛盾的能力还需进一步加强。这些问题，都需要在今后工作中认真加以解决。

同志们，以党的十八大为标志，我们已经踏上全面建成小康社会的新征程，我们一定要紧密团结在以习近平同志为总书记的党中央周围，把学习宣传贯彻党的十八大精神作为首要政治任务，在中央和省委的坚强领导下，以更好的精神状态、更好的工作作风、更好的工作业绩，努力开创建设京畿强市、善美保定的新局面，为早日实现全面建成小康社会的宏伟目标而努力奋斗！

政府工作报告

——在保定市第十四届人民代表大会第一次会议上

（2013 年 4 月 9 日）

保定市人民政府市长　马誉峰

各位代表：

现在，我代表保定市人民政府，向大会作工作报告，请予审议，并请市政协委员和列席会议的同志提出意见。

一、过去五年工作回顾

市十三届人大一次会议以来的五年，是我市经受住各种困难和风险考验、夺取改革发展新胜利的五年。在省委、省政府和市委的正确领导下，我们深入贯彻落实科学发展观，积极应对国际金融危机冲击，努力促进经济社会又好又快发展，圆满完成了本届政府任期的各项工作任务。

——综合实力跃上新台阶。2012 年，全市生产总值完成 2720.9 亿元，年均增长 11.8%。粮食总产突破 600 万吨，农业产业化率由 41.9% 提高到 63.5%。工业增加值达到 1259.4 亿元、增长 89.3%。社会消费品零售总额完成 1161.3 亿元，是 2007 年的 2.3 倍。省重点项目数量连续五年全省前三，固定资产投资累计完成 6448 亿元，是上个五年的 3.1 倍。财政收入完成 311.3 亿元，是 2007 年的 2.6 倍。民营经济增加值完成 1848.4 亿元、增长 83%。

——结构调整迈出新步伐。汽车产业实现新跨越，整车产量由 2007 年的 32 万辆增加到 85 万辆，出口连续 13 年全国第一；新能源产业在遭遇全球市场寒冬的情况下保持增长，光伏电池产量增长 10 倍，位列全球第一；纺织服装、食品、建材产业增加值分别是 2007 年的 2.4 倍、2 倍和 2.5 倍。长城汽车、英利集团、隆基泰和、巨力索具、奥润顺达、宏润纺织等一批龙头企业快速成长，全市工业化率由 42.6% 提高到 46.3%。园区建设全面提速，省级以上园区达到 27 个，市级以上园区实现全覆盖。节能减排深入推进，所有县（市）建成污水、垃圾处理厂，单位生产总值能耗五年下降 20.9%，化学需氧量、氨氮、氮氧化物、二氧化硫等主要污染物削减量完成省定目标。

——城乡面貌发生新变化。强力推进城镇建设大变样、上水平，实施了总投资近 3000 亿元的 150 项城建重点工程，是历史上投入最多、变化最大的时期。高速铁路建成通车，实现零的突破；高速公路通车里程达到 830 公里，是五年前的 2.8 倍，稳居全省第一。大水系主体工程完工，实现两库连通、清水入城。“一城三星一淀”组团发展框架基本形成。东三环、西二环、朝阳大街北延竣工通车，交通体系日臻完善。北部宜居新城迅速崛起，建设了电谷立交桥、农业生态园、东湖、新火车站等一批精品工程。太阳能之城建设成效明显，入选全国首批低碳试点城市、中国十大和谐管理城市，通过国家园林城市验收。县城道路、广场等市政设施建设加快，实施了 781 个新民居示范村建设，新改扩建县乡公路 7747 公里，所有村庄实现路水电讯全覆盖。城市化率提高近 10 个百分点。

——改革开放实现新突破。通过托管共建使高新区发展空间拓展 10 倍。白沟新城成为全省首个综合配套改革试点。市向区下放管理权限顺利完成。妥善解决了依棉改制、涞钢涞铜破产、天鹅集团重组等国企改革难题。医药卫生体制改革扎实推进。集体林权制度改革基本完成。五年引进外资 24.6 亿美元，是上个五年的 2.1 倍。出口总值 47.7 亿美元，比2007年增长近1倍。成立了保定银行，引进外埠银行7家，商业银行机构达到15家。上市企业17家，与32家央企实施合作项目44个、全省第一。

——人民生活得到新提高。坚持每年办好一批惠民实事，市本级财政用于民生支出210亿元，是上个五年的2.8倍。五年新增城镇就业51.2万人，城乡低保标准与全国平均水平同步增长，32万人得到最低生活保障。城乡医疗和养老保险实现全覆盖，新农合筹资标准由100元提高到290元。市县“多院合一”民政服务中心全面建成。建设保障性住房17.8万套，改造农村危房3.6万户，232万农村人口饮水安全得到保障。免费义务教育全面实现，学前教育全国领先，高考本二以上上线人数连续10年全省第一。乡镇卫生院和村卫生室建设走在全省前列，社区卫生服务街道覆盖率98%以上。基层文化场馆、广电设施、农家书屋等建设取得新进展。荣获全省唯一“奥运会突出贡献奖”、全国首批“全民健身示范试点城市”。扶贫攻坚取得突破，去年以来投入各类资金8亿元，相当于前十年的总和。城市居民人均可支配收入、农村居民人均纯收入分别达到19048元和7696元，比2007年增长74%和93.7%。

——政府建设取得新进展。成立了市、县行政服务中心，五年削减审批事项140项，削减率83.4%。民主法治建设和政府廉政建设取得新成效，办理人大代表建议609件、政协提案1647件，按时办复率均达到100%，满意率达到98%以上。安全生产连续6年名列全省前茅，食品药品安全工作保持全省先进，社会管理综合治理成效明显，圆满完成了奥运、国庆60周年、十八大等重要安保任务。被评为全国法制宣传教育先进城市。荣获全国双拥模范城“七连冠”。民族宗教工作稳定健康发展。统计、审计、人口计生、外事侨务、妇女儿童、人民防空、防震减灾、气象、档案、地方志、老龄、残疾人等工作都取得了新成绩。

2012年，面对经济下行、特大洪灾和十八大安保的严峻考验，全市上下扎实推进稳增长、调结构、攻重点、抓改革、惠民生、优环境各项工作，主要指标在全省实现争先进位。特别是面对“7·21”特大洪灾，全市党政军民团结一心，用大爱救大灾、以大干促大变，夺取了抗洪抢险和灾后恢复重建的决定性胜利，展现了保定人民不畏艰险、团结拼搏、敢于胜利的时代风采。

各位代表，过去的五年，是我市综合实力大幅提升、城乡面貌深刻变化、人民生活不断改善的五年。成绩的取得，是市委总揽全局、正确领导的结果，是市人大、市政协有效监督和大力支持的结果，是历届班子开拓进取、埋头苦干的结果，是广大干部群众团结协作、共同奋斗的结果。在此，我代表市政府，向全市人民，向人大代表、政协委员，向各民主党派、工商联、各人民团体和社会各界人士，向老干部，向驻保单位、解放军指战员、武警官兵和政法干警，向所有关心支持保定发展的朋友们，致以崇高的敬意和衷心的感谢！

我们清醒地看到，在加快发展的历史进程中，我市发展、稳定、民生任务还很重，还存在一些需要着力解决的问题。主要是：总体发展水平滞后、人均水平偏低，与人口大市的体量和毗邻京津的区位还不相称；产业规模小、层次低、创新能力弱，发展的支撑力不足；县域经济“短板”突出，半数县处于全省综合排位百名之外；城镇建设相对落后，城市形象和环境欠佳，辐射带动力不强；加快发展与要素支撑的矛盾突出，节能减排压力增大，空气、水环境质量亟待改善；教育、医疗、住房、就业、社保等领域，有很多问题解决得还不够好；全市还有138万贫困人口亟待脱贫，一些群众还过着让人揪心的穷日子，一些山区的孩子还在每天往返十几里山路上学；发展环境需要进一步改善，少数机关工作人员“部门利益至上、个人利益至上”，服务意识、办事效率与群众期望还有很大差距，“事难办、脸难看”、吃拿卡要等问题还常有发生，一些领域消极腐败现象依然存在。对这些问题，我们决不回避，一定以对人民高度负责的态度，采取更加有力的措施切实加以解决，真正让老百姓看到实实在在的变化，决不辜负人民群众对新一届政府的期望。

二、今后五年的思路和目标

党的十八大提出了到2020年全面建成小康社会的奋斗目标，市委十届四次全会确立了“加快重返全省第一方阵”的战略任务。重塑大市尊严，再创历史辉煌，确保全面建成小康社会目标在大多数地区总体实现，是我们必须担负起的历史责任。

未来五年，是全面建成小康社会的决定性阶段。作为发展中的人口大市，肩负着加快发展、加速转型、和谐稳定、改善民生等多重任务，既要保持较快的经济增长速度，努力缩小人均指标与全国全省平均水平的差距；又要真正转变发展的立足点，切实提高发展的质量和效益。尽管挑战前所未有，但从国际、国内发展大势和京津冀一体化进程明显加快的区域发展格局看，我市已进入了工业化、城镇化快速推进的黄金发展机遇期。经过多年的发展，我市已经具备了上水平、上台阶，全面建成小康社会的较好基础。当前全市上下干事创业、加快发展的愿望强烈，特别是习近平总书记到阜平视察慰问，给我市经济社会发展带来了巨大的正能量。只要我们牢牢把握机遇，积极应对挑战，坚定信心，乘势而上，就一定能够推动保定在新的历史起点上，实现更好更快更大的发展！

新一届政府工作的基本思路是：坚持以邓小平理论、“三个代表”重要思想、科学发展观为指导，全面贯彻落实党的十八大精神，按照省委、省政府和市委的部署，坚持转方式、调结构，高端引领、绿色发展，坚持新型工业化、信息化、城镇化、农业现代化同步发展，深入推进改革开放，深入实施产业振兴、城市突破、县域腾飞、文化引领四大主体战略，

着力改善“两个环境”，着力保障改善民生，促进经济持续健康发展、社会和谐稳定，努力夺取建设京畿强市善美保定、全面建成小康社会的新胜利。

新一届政府的中心任务是：通过不懈努力，实现“三个翻番”目标，到2017年，生产总值突破4000亿元，比2010年翻一番；财政收入突破600亿元，比2012年翻一番；城市居民可支配收入和农民人均纯收入年均增长10%以上，比2010年翻一番，建成更加富裕、秀美、文明、幸福的新保定。

今后五年，我们将举全市之力推进产业振兴，打造特色鲜明、结构合理、多元支撑的现代产业体系，建设实力保定。通过对现状的分析和未来的展望，今后五年或更长一段时间，能否实现产业的“升级版”改造，将是关乎我市发展命运的根本性问题。要大力实施产业倍增计划，按照壮大支柱产业、改造传统产业、发展新兴产业的思路，积极推进产业结构调整，发展一流产业、高端产业，全方位增创产业竞争优势。以园区为载体、以技术为核心、以集群为方向，加快建设新能源城、汽车城、航空航天城、安国中药都和先进制造业基地、生态休闲旅游度假基地、绿色食品生产加工供应基地、现代商贸物流配送基地，全面提升保定在京津冀都市圈的战略地位。

今后五年，我们将统筹城乡和区域协调发展，构建加速崛起、竞相赶超、跨越腾飞的县域经济发展新格局，建设活力保定。坚持分类指导，点线面结合，统筹推进“两群一线一区”发展。中心城市群，统筹市区及周边县发展，建设中国电谷、汽车城和以保北新城为依托的低碳经济示范区，打造主业突出、多元支撑、带动有力的保定中心城市经济板块。高度重视白洋淀区域发展，依托独特资源优势，发展商务经济、文化休闲等产业，打造首都功能外溢的首选之地。京南城市群，涿州、涞水、高碑店、易县、雄县、容城、定兴、白沟新城等县（市），加快融入首都经济圈，实现跨区域融合发展，打造新兴产业聚集中心和京南中小城市群。京广铁路沿线，充分发挥区位和交通优势，打造支撑保定加快发展的重要经济隆起带。西部太行山区，重点发展建筑材料、绿色食品、生态旅游、光伏发电等产业，打造与资源面积相匹配的保西经济“半壁江山”。通过优化生产力布局，增强区域经济活力，重构京津保“金三角”，真正把保定建成首都经济圈中具有战略支撑作用的重要城市。

今后五年，我们将坚持集约、智能、绿色、低碳方向，构建品位彰显、功能完善、布局合理的新型城镇体系，建设魅力保定。实施城市突破战略，以规划为引领，统筹“一城三星一淀”大保定组团发展，加快定州、涿州、白沟新城、涞源四个中等城市建设，集中发展一批中小城市，打造一批特色小城镇，构建“大马驾辕、多马拉车、众星捧月、各放异彩”的新型城镇体系。加快津保城际铁路和京石拓宽、荣乌、曲港、京昆北延等高速公路建设，增强城镇综合承载力。把加快基础设施、环境建设和农民工融入城镇作为城市建设管理的重点，实施中心城市人口、面积、经济规模“倍增计划”，再造一个新保定。谋划实施东湖文化中心、西湖体育中心、中央商务中心、市民服务中心和高铁新城会展中心“五大中心”建设，努力提升城市管理水平和城市品位，彰显古城魅力，建设现代新城，把保定打造成为连山接水、环境优美、宜居宜业的区域中心城市。

今后五年，我们将坚持用文化浸润古城，推进文化产业大发展、事业大繁荣、形象大提升，建设文化保定。以社会主义核心价值观为引领，加强社会公德、企业诚信和公民道德建设，弘扬新时期保定精神。加强历史遗存保护、传承和开发利用，全面规划和有步骤的修缮改造古城区，完成淮军公所、清河道署、城隍庙等文物古迹修复。实施文化惠民工程，加强文体设施建设，定期举办特色文化活动和文艺演出，增强群众文体生活的丰富性和愉悦感。推出一批反映保定文化的精品力作，培养一批文化名家和领军人才。壮大保定文化产业整体实力，加快文化、体育与休闲旅游等业态融合发展，打造中国文化体育名城、国际旅游城市。

今后五年，我们将强力推进生态文明建设，打造特质突出、环境良好、生态宜居的低碳示范城市，建设美丽保定。认真落实国家主体功能区规划，用生态理念重新审视土地利用规划、产业发展规划和城乡建设规划，优化空间开发格局。抓好太行山绿

化，加强白洋淀流域综合治理，加大空气、水、土壤等污染治理力度，持续推进节能减排，争创国家森林城市。大力发展低碳产业、倡导低碳生活、建设低碳社会，实施低碳城市“十大工程”和低碳社区、低碳园区等示范创建活动，努力使绿色生产特征日益凸显，低碳消费模式逐步形成，生态文明理念深入人心，建成天蓝、山青、水碧，人与自然和谐相处的全国生态文明示范城市。

今后五年，我们将倾力发展民生社会事业，构建保障有力、公平正义、安居乐业的和谐社会，建设幸福保定。坚持以人为本、民生为重，努力在住有所居、学有所教、劳有所得、病有所医、老有所养上取得重要进展，使城乡居民充分就业，教育现代化基本实现，城乡居民收入水平在全省位次前移，全民健康水平进入全省前列，社会保障全面加强，贫困人口基本消除，基本公共服务均等化总体实现，平安城市、法制城市建设全面推进，社会更加安定和谐，让全市人民生活得更有保障、更有品质、更有尊严、更加幸福。

各位代表，实现中华民族伟大复兴，是几代人的“中国梦”；实现经济振兴、社会安定、人民幸福，重振大市辉煌，是1200万人的“保定梦”。拼搏成就梦想，奋斗铸就辉煌。面对全市人民的期望和重托，我们必须解放思想，以改革创新的精神加快发展；必须戮力同心，以敢于担当的勇气迎接挑战；必须励精图治，以雷厉风行的作风攻坚克难；必须苦干实干，以卧薪尝胆的意志奋勇争先。我们坚信，只要全市上下团结一心，砥砺奋进，就一定能够战胜前进道路中的困难和挑战，书写无愧于历史和人民的新篇章！

三、2013 年重点工作

今年是贯彻落实党的十八大精神的开局之年，也是新一届政府履职的第一年。按照稳中求进的工作总基调，综合考虑各方面因素，全市主要预期目标是：生产总值增长10%左右，全部财政收入和公共财政预算收入均增长13%，固定资产投资增长21%以上，社会消费品零售总额增长15%以上，出口总值增长4%，城市居民人均可支配收入、农民人均纯收入均增长11%，城镇登记失业率控制在4.5%以内，居民消费价格指数控制在104%以内，人口自然增长率控制在7.6‰以内，节能减排指标完成省定任务。

今年要集中力量抓好十项重点工作，努力实现良好开局，迈出全面建成小康社会的坚实一步。

一是着力推动项目建设。坚持抓发展必须抓项目，切实加大项目投资力度。建设抓进度，全年初步安排市以上重点项目156项，总投资3497亿元，当年完成投资480亿元。突出抓好清苑中汽零产业基地、巨力高端索具等在建项目，确保长城汽车一期25万辆扩能、光为太阳能等项目竣工投产，力争长城二期、定州长安客车、向阳航空科技园等项目开工建设。谋划抓优选，瞄准高端引领、绿色发展，围绕战略新兴产业、重大基础设施、民生社会事业等领域，谋划储备一批超50亿元、100亿元的大项目、好项目，力争市县两级重点项目储备超千项。严把项目投资强度关，节约集约利用土地资源。园区抓提升，每个县抓好一个精品园区，起步区达到“五通一平”标准。举全市之力，将大王店产业园打造成为国内一流、代表保定产业形象的产值千亿元级园区。

二是着力提升工业水平。坚持工业立市，既要重视招商引资，注入发展新动力，更要重视本土企业和驻保企业的成长壮大，重振老工业基地雄风。壮大主导产业，以提高质量和效益为目标，强化企业抓产品、政府抓产业的理念，壮大汽车、新能源等支柱型产业，加快纺织服装箱包、食品加工、建筑材料、中药等传统产业上档升级，做大做强新型材料、航空航天、节能环保、电子信息、智能电网等战略性新兴产业，集中打造千亿元、500亿元产业集群。突出抓好长城、英利、巨力等100家优势企业做大做强，支持乐凯、风帆、凌云、惠阳等央属企业在保发展，各县（市、区）筛选一批重点企业大力扶持，全市新增规模以上企业200家。推进自主创新，以高新区为载体创建国家创新型特色产业园区，全年新增企业技术中心、工程研究中心30家以上，实施技改项目300个。推进人才强市战略，深化与中国科学院、清华大学等院校的战略合作，进一步发挥驻保高校作用，加快推进大学科技园建设，促进产学研结合和科技成果转化，提升“保定创造”水平。强化服务保障，加强煤电油气运等要素保障，落实国家结构性减税政策和省支持光伏产业发展措施，促进市域内产业链融合。激活增多金融市场主体，支持保定银行做大做强、实现县域全覆盖，吸引其他银行在我市增设机构。定期组织政银企对接，缓解企业融资难题。对重点企业实行挂牌保护，推动服务企业制度化、长效化。

三是着力做好“三农”工作。把解决“三农”问题摆在全局工作的重中之重，顺应城乡融合发展趋势，统筹规划城乡基础设施、基本公共服务和产业发展，遵循工农互惠、城乡一体的原则，进一步强化农业、惠及农村、富裕农民。稳粮食。加快国家级大型商品粮基地和500万亩粮食生产核心区建设，确保全年粮食总产600万吨以上。抓基地。推进十大蔬菜生产基地、八大特色果品基地、苗木中药材种植基地和三个省级蔬菜示范县建设，新发展规模化养殖基地20个。加强农产品质量监测体系建设，提高全市农产品质量和安全水平。创品牌。壮大现有龙头企业，抓好217个重点产业化项目建设，力争建成10个亿元以上项目，争创一批国家和省级品牌。实施农产品进京计划，支持供销社系统以“鲜天下”为品牌的农超对接模式，提高农产品市场占有率。强基础。全方位推进幸福乡村建设，抓好新民居重点村建设，新改建农村公路800公里，开展病险水库除险加固、中小河流治理，完成大水系水源工程，加快南水北调配套工程建设。促增收。加大科技兴农力度，促进农村劳动力转移就业，完善就业培训维权等服务体系；发展新型农村金融机构，引导各类信贷资金和社会资本投向农村。积极扶持发展种养大户、家庭农场、农村经纪人、专业合作社，带动更多农民发家致富。

四是着力加快城镇建设。推动基础设施和环境面貌实现较大突破。做大中心城市。实施北拓、南延、东通、西联路网贯通工程，启动建设白洋淀大道、复兴路西延、瑞祥大街北延、乐凯大街南延四条“城星通道”。加快北部新城和东部新城建设，拓展城市发展空间。提升城市品位。完成东湖、万博广场、燕赵商务中心等精品工程，建设一批城市新地标。加快三大片区拆迁改造步伐。打造复兴路、东风路、朝阳大街、七一路、乐凯大街5条景观大道。完成竞秀公园、植物园等5大公园提质改造，改善提升城市形象。做优做精县城。按照创建园林城市标准，实施县城建设“五个一”工程，每个县都要建成一条精品街道、一个高标准公园、一个商贸综合体、一个城市广场、一批公共设施。加快中心镇和重点镇建设，彰显个性，完善功能，打造精品。

五是着力壮大县域经济。以加快转型升级和特色化、规模化发展为方向，推进县域经济二次腾飞，再创县域经济新辉煌。做大经济总量。鼓励经济强县率先发展、迅速做大总量；扶持弱县跨越发展、扭转落后局面。加快推进徐水等2~3个产值千亿元县建设，力争3年内大多数县财政收入达到5亿元以上。做强特色产业。重点支持白沟箱包、容城服装、高阳纺织、高碑店门窗、博野胶带等产业上档升级，推动安国药业、曲阳石雕等产业完善链条，引导望都辣椒、定兴定州蔬菜、阜平大枣、满城草莓等产业向精深发展。做优知名品牌。保护和发展槐茂酱菜、保定铁球、稻香村食品等传统老字号，做强苇编画、定瓷、易水砚、桃木工艺品等一批知名品牌，提升保定特色产品的影响力和竞争力。

六是着力推进扶贫攻坚。深入贯彻落实习近平总书记来保视察重要讲话精神，全力打造环首都扶贫攻坚示范区。大力度推进。按照“1+3+5”工作格局，加快推进阜平“燕山——太行山片区扶贫开发试点县”建设。因地制宜，分类施策，对9个重点县逐一落实扶持政策和工作措施，打好基础设施、连片开发、项目建设等“十大扶贫攻坚战”。统筹抓好其他县（市）扶贫开发工作，徐水、安新、满城、雄县今年确保扶贫对象减少一半，其他非重点县基本消除贫困村。全市投入扶贫资金10亿元以上，确保150个村、3.5万户、10万贫困群众实现脱贫。大力度帮扶。完善定点帮扶机制，积极探索金融信贷扶贫和企业参与扶贫开发的新模式，争取得到国家、省更大支持，广泛动员全社会力量参与扶贫攻坚。大力度建设。把涞涞易灾后重建与扶贫攻坚结合起来，加快灾区道路、住房、学校、水利、景区等恢复建设进度，确保9月底完成重建任务。在9个重点县实施一批饮水安全、电网升级、交通建设、寄宿制学校、危房改造等基础设施项目，切实改善贫困地区生产生活条件。

七是着力改善生态环境。建设美好家园，实现永续发展，是全市人民的热切期盼。保定作为低碳试点城市，理应率先作为，树立典范。推动绿色发展。强化可持续发展理念，决不以牺牲环境资源为代价片面追求经济增长。抓好省新老“双三十”和千家企业节能减排示范工程，推行流域区域、重点行业污染物排放总量和浓度限值“双控制”。实施80个重点节能减排工程，抓好92家重点单位节能目标落实，推进资源能源在生产、流通、消费等各个环节的循环利用。严控新上高能耗、高污染项目，加快建设一批环境友好、资源节约的产业基地、重点项目和园区。治理大气污染。积极应对雾霾天气，开展“减煤、降尘、治企、控车”四项治理。实施“气化保定”工程；科学开发利用地热资源，加快雄县等“无烟城”建设；加大集中供热和清洁能源替代力度，市区和各县都要在今年取得突破性进展。优化水质环境。严格水源地和白洋淀生态环境保护，加大城市、县城和重点乡镇的污水处理厂能力建设，确保污水处理设施达标运行，从根本上促进地下水和地表水的环境质量改善。实施造林增绿。全面落实国家生态园林城市标准和创建国家森林城市规划，打造首都绿色生态屏障。要下决心、下大力解决环境突出问题，让人民群众因经济发展而富裕、因生态良好而舒适幸福。

八是着力深化改革开放。改革是发展的最大动力，开放是现代城市的重要标志。要增强改革的勇气，强化开放的意识，建设充满活力、开放包容的保定。加快政府机构改革和职能转变，把该管的事管好，不该管的事放下去，推进政府职能的科学配置和结构优化。深化国有企业改革，组建国有资产管理公司，逐步完善各类国有资产管理制度和体制，稳妥解决国企改革遗留问题。推进医药卫生、财税、价格、农村等各项改革，在18个县（市）开展县级公立医院改革，加强政府债务管理和风险防范，建立资源性产品价格形成机制，推进农村土地承包经营权流转，加快农村信用合作社改革。加快开放步伐，把全方位对接京津、融入首都经济圈作为开放的主攻方向，开展优势产业招商、特色园区招商、重点企业招商，精心组织好上半年举办的“北京保定周”和“天津保定周”两个大型招商活动，掀起招商热潮，在全市形成浓厚的招商氛围。实施“央企进保、省企进保、外企进保、大型民企进保、总部进保、人才进保”六大攻坚行动，力促航天科技产业园等一批项目落地，启动首都新机场临空产业园建设。加快“走出去”步伐，支持汽车、新能源等优势产业扩大出口，鼓励企业海外承包工程和建立生产基地，提升经济外向度。

九是着力建设文化体育强市。实施文化引领战略，增强文化自觉和文化自信，提升保定文化软实力。光大保定文化。年内建成关汉卿大剧院，加快市图书馆、档案馆、科技馆、群艺馆建设和直隶大剧院改造，规划建设西大街古城商业区，在15个千年古县谋划建设博物馆，支持各类民间博物馆建设。加强体育设施和群众健身场地建设，加强体育人才的培养和引进，打造名副其实的冠军城。建设保定名人苑、古城文化园、体育健身等各类主题公园，办好民俗文化节、体育节、空竹艺术节等特色文化活动。在北京、天津各举办一次保定特色文化产业博览会，让更多的人因文化而认识保定、了解保定、走进保定。壮大文化产业。重点发展动漫游戏、影视演艺、印刷出版、特色艺术、文化市场五大文化产业，突出抓好国家动漫产业基地、曲阳国家级文化产业园等建设，努力把文化产业打造成为支柱产业。做大文化旅游。抓好大白石山综合开发、易水湖旅游开发、白洋淀休闲旅游综合体等60个重点项目建设，集中打造白洋淀、野三坡、清西陵、白石山等一批精品旅游景区，整合旅游资源，构建中心城区、涞涞易等旅游大板块。开发特色旅游线路和产品，发展观光农业、生活体验、爱国教育等旅游业态，精心包装旅游品牌，加大在主流媒体的宣传促销力度，全面叫响“河北旅游看保定”。

十是着力加强社会建设。发展社会事业，创新社会管理，建设更加完善的公共服务体系。坚持教育优先发展。继续实施学前教育三年行动计划，推动义务教育基本均衡发展，提高高中教育发展水平；大力发展职业教育，谋划将市财贸学校并入保定职业技术学院并适时启动迁建；支持高校内涵发展，巩固和创新保定特色，打造精品教育城。提高医疗卫生水平。健全重大疾病防控和突发公共卫生事件应急机制，规划整合医疗资源，加强基层医疗卫生服务能力建设，完善社区卫生服务体系，加快村卫生室规范化建设。综合治理出生人口性别比偏高问题，稳定低生育水平。创新社会服务管理。加强安全生产监管，深入开展食品药品安全专项整治，加强平安保定建设，完善社会治安防控体系，严厉打击各类违法犯罪行为。加强矛盾纠纷排查调处，着力解决信访突出问题。加强国防教育和后备力量建设，推进全国双拥模范城“八连冠”争创工作。维护民族团结和宗教领域的和谐稳定。抓好第三次全国经济普查和城乡居民收入一体化统计调查工作。做好外事侨务、妇女儿童、残疾人、气象、档案、地方志等工作，努力取得新进展。

谋民生之利，解百姓之忧，是政府职责所在。更好的教育，更稳定的工作，更满意的收入，更放心的食品，更整洁的环境，更有力的社会保障和安全，这些老百姓心里最关心的事，就是政府工作的努力方向。今年，将按照群众需要、量力而行的原则，倾力办好52件惠民实事：加强社会保障。扩大社保覆盖面，城镇居民基本医疗保险参保率达到95%，新农合筹资标准提高到340元，提高城乡居民医疗补助标准和报销水平。推动更高质量就业。重点做好高校毕业生、农村转移劳动力、城镇困难人员、退役军人就业工作，城镇新增就业8.9万人，再就业3万人。加大教育投入。完成中小学校舍安全工程。在市区启动新建2所初中、1所九年一贯制学校、1所小学，力争小区建到哪里，幼儿园和学校就建到哪里，让孩子入托上学更方便。强化医疗服务。实施一批医疗卫生设施建设项目，开工建设市惠民医院门诊住院综合楼，加快市儿童医院、妇幼保健院迁建和第一中心医院改扩建项目，新建成59所乡镇卫生院。加强食品药品监管。设立300家早餐安全示范点，严厉打击涉及食品药品安全的各类违法犯罪行为。加快保障房建设。在市区开工建设保障房23200套，其中改造棚户区（城中村）10873套。抓好便民利民设施。坚持贴近群众、惠及百姓，下大力改造一批市区道路、小街小巷、便民市场和供热问题小区。完善市政服务设施。完成新火车站和高铁车站路网及配套工程等建设。提升环境质量。重点抓好农业生态园二期、市区污水处理厂升级、燃煤锅炉改造和客运汽车油改气。实施文化惠民工程。市区每月至少组织一场“文化润古城”系列演出活动。活跃县城和农村文化生活。推进双拥共建。落实政策规定，做好拥军优属工作。建设平安城市。加强道路交通安全综合整治，努力实现市区、县城主要道路和重点部位视频监控全覆盖，增强广大群众的安全感，让老百姓的生活更加安宁。

市容市貌、发展环境和就业创业问题，是人民群众反映最多的问题。今年，我们将下大力、出重拳，集中开展“三项行动”：

一是开展“城市管理‘6S’行动”，重塑保定城市新形象。着眼于从根本上解决市容市貌“脏、乱、差”问题，以“整理、整顿、清扫、清洁、素养、节约”为主要内容，集中开展专项整治，逐步健全科学、精细、长效的现代城市管理机制。坚决治理违法建设、市容脏乱、市场占道、交通拥堵等焦点问题，让城市整体井然、有序；突出抓好市县城区主干路、城乡结合部、城市出入口、街头游园绿地、背街小巷、铁路沿线等重点部位环境整治，大力推行精细化管理，让大街小巷整洁、干净；加强市民素质教育，动员广大市民共建美好家园，共同塑造和谐、文明的保定新形象。

二是开展“效能提升行动”，全方位优化发展环境。着力优化政务环境，以减少审批事项、减少审批环节，提高行政效率、提高服务质量为主要抓手，进而推进整体发展环境全面优化。下决心削减审批事项，将现在的238项行政审批事项压缩到81项，全部进厅办理，让企业和群众少跑路、少受累、不受气，提升群众的满意度和舒适度，努力将我市打造成审批事项最少、审批环节最简、办事效率最高、投资者最满意的城市。严肃查处不作为、慢作为、乱作为行为，谁敢破坏保定的环境，伤害投资者和群众的利益和感情，就砸掉谁的饭碗，坚决清除损害发展环境和保定形象的害群之马。着力优化政策环境，力争做到同等城市中成本最低、政策最优，促进各类生产要素无障碍聚集。着力优化法制环境和社会环境，狠刹“三乱”行为，坚持公平执法，提高执法效率，维护公平竞争的市场秩序。强化事事关乎保定形象、人人都是保定环境的理念，对欺生排外、漫天要价、敲诈勒索、强揽工程、阻工堵门等不法行为，对村霸、路霸、市霸及各类渣痞，用重典、下狠手，依法严惩，决不手软。

三是开展“全民创业行动”，全力打造活力之城、创业之域。大力实施“催生、助长、扶强”战略，全面落实民营企业“新36条”，完善全民创业政策措施，降低创业门槛，从市场准入、税收优惠、融资服务、用地保障等方面大力扶持。全面叫响创业光荣，全力支持全民创业，大张旗鼓地评选表彰一批创业功勋、创业标兵和创业明星。更加尊重、关爱企业家，对贡献大的企业和企业家给重奖、给荣誉、给信心，让保定因企业而兴盛，因企业家而骄傲。既要打造行业巨人，又要支持发展中小微企业，在全社会营造放手让一切劳动、知识、技术、管理和资本的活力竞相迸发，让一切创造社会财富的源泉充分涌流的良好氛围。

各位代表，要把保定建设得更好，需要各级党政干部和全市人民的共同努力。需要一件一件、脚踏实地、认认真真、实实在在地去做。新一届政府一定立党为公，执政为民，不负众望，务实苦干，努力为全市人民交一份合格的答卷，努力建设一个真正为人民服务、让人民满意的亲民政府！

四、全力打造服务型政府

空谈误国，实干兴邦。站在新的历史起点，承担新的发展使命，我们一定坚持实干兴市、清正为民，履职尽责，勤奋敬业，切实做到为民、务实、清廉。

牢记为民宗旨。坚持以人为本、关注民生，深入群众、了解民意，恪守为民之责、深谋富民之策、多办利民之事。进一步畅通市长专线、市长信箱和短信平台，加强政务微博和信息平台建设，不断拓展联系群众的渠道，认真听取老百姓的真话、实话、心里话、牢骚话，带着感情理解群众生活的不易、办事的困难、创业的艰辛，带着责任把工作往群众身边做，往百姓心坎里做，真正对人民负责、对事业负责、对历史负责。

发扬务实作风。严格执行“八项规定”，从市政府领导班子做起，带头转文风、转会风、转作风，多做少说，只做不说。讲实话、干实事，敢作为、勇担当，言必信、行必果。紧紧围绕发展第一要务，以强烈的事业心认真做事，以高度的责任感狠抓落实，多做打基础、利长远的大事实事，不漂浮、不图虚名、不标新立异、不急功近利、不做表面文章，用实干赢得群众的支持，以实绩回报人民的信任。

坚守清廉本色。打铁先要自身硬。严格落实党风廉政建设责任制，认真执行“简政放权、管住权力、管好钱财、政务公开、勤俭从政、依法促廉”六项要求。把权力关进制度的笼子，用制度管权、管钱、管人，给权力涂上防腐剂、戴上“紧箍咒”，真正形成不能贪、不敢贪的反腐机制。做到一部清正、政府清廉、政治清明。要让人民过上好日子，政府就要过紧日子，有困难难自己不能难百姓。坚决落实国务院向社会承诺的“约法三章”，请全市人民给予监督。

推进依法行政。加强机关标准化、制度化建设，推进行政权力公开透明运行。完善行政问责体系，健全集体决策、专家咨询、公开听证等制度，推进网络问政，严格按照法定的权限和程序行使权力，履行职责，确保每一个重大决策、每一项行政行为都于法有据、程序严格。切实加强行政监察、审计监督，努力提高政府的公信力。

各位代表！作为人民的政府，我们一定严格执行人大及其常委会的决议决定，自觉接受法律和工作监督，主动接受人民政协民主监督，广泛听取民主党派、无党派人士、人民团体意见，虚心接受社会监督和舆论监督，让人民更有效监督政府，使政府更好服务人民。鞠躬尽瘁为百姓，殚精竭虑谋发展。决不允许庸懒散奢，决不允许虚头巴脑，决不允许尸位素餐、不干正事！

各位代表！保定人民是英雄的人民，保定人民是勤劳智慧的人民。让我们紧密团结在以习近平同志为总书记的党中央周围，在省委、省政府和市委的正确领导下，齐心协力，团结奋斗，夙夜在公，苦干实干，弘扬保定精神，凝聚保定力量，共同谱写保定振兴的新篇章，共同创造保定发展的新辉煌！

大 事 记

1 月

1日～3日　2012年元旦小长假，保定火车站共安全发送旅客3.77万人，日均发送旅客1.26万人，较上年同比下降10.4%。其中，中短途旅客数量较一般时段有明显上涨，去往北京、石家庄、邢台、邯郸的旅客人数较多。

17日　保定市召开领导干部大会，宣布省委关于中共保定市委主要领导调整决定：许宁任保定市委委员、常委、书记，免去宋太平保定市委书记、常委、委员职务。省委常委、组织部长梁滨讲话，省人大常委会副主任宋太平、市委书记许宁分别表态并讲话。市委副书记、市长李谦主持会议。

19日　市委召开十届五次常委（扩大）会议，进一步深入学习张庆黎在省委八届一次全会上的讲话和省委八届一次常委会上的讲话精神，就市四大班子建设提出明确要求，并就做好当前工作进行了研究部署。会议强调，要出色地做好各项工作，市四大班子就要带头加强自身建设，带头严格要求自己，起好示范表率作用：要政治坚定，顾全大局；要团结民主，集中统一；要能谋善断，干事成事；要有责有权，勇于担当；要光明磊落，严守纪律；要廉洁自律，带好队伍。会议由市委书记许宁主持。

23日　农历正月初一。省委书记、省人大常委会主任张庆黎到保定市易县西山北乡石家统村，向父老乡亲们拜年。市委书记许宁、市长李谦陪同前往。

30日　市长李谦带领市直有关部门负责人到长城汽车股份有限公司现场办公。在2011年国内汽车行业不景气的背景下，长城汽车继续保持了稳健增长态势。全年实现营业收入450亿元，实现利税71.8亿元，销售整车48.7万辆，完成出口8.3万辆，增幅超过全行业平均水平。

31日　市长李谦带领市直有关部门负责人到英利集团有限公司现场办公。要求市委、市政府、市直有关部门、有关县（区）要围绕企业需求提供优质服务，全面保障企业发展。2011年，全球光伏行业剧烈动荡，英利在欧美市场和国内市场销售光伏组件超过1600兆瓦，实现销售收入200亿元，组件销量和销售收入创历史新高。2012年，该集团谋划了1吉瓦光伏完整产业链、磁悬浮储能飞轮、商贸物流中心等项目。

2 月

1日　自本日起，按照保定市环保局、市公安局联合发布的《关于进一步加强机动车排气污染防治的通告》，每日从7时至21时，禁止无绿色环保标志的车辆在天威路、长城大街、七一路和向阳大街形成的环路内（含环路）行驶。市环保、公安部门还将根据市区空气质量和道路交通状况，适时扩大限行区域。

2日　市长李谦主持召开全市环首都绿色经济圈项目调度会，重点听取涿州市、涞水县工作汇报，研究解决存在问题。2011年，涿州市有26个项目列入省市重点项目，总投资275.4亿元，全年完成投资28.65亿元，占年计划的107.6%；2012年筛选重大产业项目60个，总投资879.8亿元。涞水县2012年续建项目7个，总投资104.19亿元；计划新开工项目10个，总投资284.92亿元；已签约项目9个，总投资60.02亿元。

3日　立中车轮制造公司通过巴伐利亚汽车制造厂（宝马汽车公司）专家现场审核，生产的铝合金车轮正式取得供货通行证。截至2011年底，该公司铝合金车轮年产能近1000万只、在建产能390万只，产品涵盖2000多个规格的铝合金车轮、车轮模具、车轮自动化设备等，是中国最大的铝合金车轮制造商之一。

5日　市政府金融办发布消息，经中国银行业监督管理委员会批准，保定市商业银行更名为“保定银行”。保定市商业银行的前身是保定市城市信用联社，于2008年7月改制为城市商业银行。

6日　保定市召开城建重点项目调度会，听取城建重点项目工作汇报，研究部署下步工作。各城建重点项目牵头部门主要负责人，分别就交通建设、大水系建设、京石客专建设、火车站改造、关汉卿大剧院建设、农业生态园建设、城市建筑景观整治等23个重点项目进展情况及存在问题进行了汇报。市委书记许宁强调，城建重点项目，事关民生福祉，事关城市品位。各分包市级领导和责任部门要加强责任意识，流血流汗抓进度。市长李谦主持会议。

7日　保定市组织收听收看全省加强基层建设年活动动员大会并就全市活动开展进行部署，市委书记许宁讲话，市长李谦主持。会议强调，要以严肃的政治态度、良好的精神风貌、务实的工作作风，努力把加强基层建设年活动的各项工作做深、做细、做实、做到位，为实现全市经济社会更好更快发展作出新的更大贡献。

8日～10日　保定市政协第十一届五次会议在百世开利会展中心召开。市政协主席崔启慧宣布大会开幕，市政协副主席作政协保定市第十一届委员会常务委员会工作报告。市委、市政府、市人大主要领导以及在保的市委常委、市人大常委会副主任、市政府副市长出席大会。会议审议通过了市政协常委会工作报告和提案工作报告；列席了市十三届人大五次会议，听取并讨论了市长李谦所作的政府工作报告和其他报告；通过了有关决议。

9日～11日　保定市第十三届人民代表大会第五次会议在百世开利会展中心召开。会议由市人大常委会主任李光耀主持。市长李谦代表市政府向大会作政府工作报告。市委、市政协主要领导出席会议。会议以电子表决的方式，通过了关于保定市人民政府工作报告的决议等一系列决议。

10日　省委副书记、省长张庆伟带领省纪委领导到保定市，就2011年度推进惩防体系建设检查暨省管干部考核召开汇报测评大会。市委书记许宁、市长李谦分别代表市委、市政府就保定市推进惩防体系建设和落实党风廉政建设责任制情况进行汇报。张庆伟对保定市经济社会发展和反腐倡廉建设取得的成效给予充分肯定。要求保定市委、市政府围绕省第八次党代会和省“两会”的安排部署，结合保定实际，以建设经济强市为目标，以建设低碳城市为契机，以统筹城乡发展为抓手，以建设文化名城为引领，以建设和谐保定为根本，进一步开创全市经济社会发展的新局面。

13日～18日　保定市市长李谦随河北省经贸代表团赴美国访问，参加了保定市企业与美方合作项目签约仪式，广泛接触当地企业界代表，表达了保定市愿意同美国企业深化合作、开启互惠共赢发展新篇章的良好愿望。期间，英利能源（中国）有限公司、保定美达管件有限公司、定州东方铸造有限公司等与美方共签订总价值23.73亿美元的合同。

22日　保定市以广播电视大会形式，在百世开利会展中心召开认真落实省委“三自”、“六不”（自身正、自身净、自身硬，不让一天闲过，不让一事拖拉，不让一样恶习上身，不让一笔赃款进家，不让一个同自己接触过的群众不满，不让一个亲属和身边工作人员惹出闲话）要求，开展执行力亮剑行动广播电视大会。市委书记许宁出席大会并讲话，市长李谦主持大会。市委、市政府决定，以落实省委提出的“三自”、“六不”要求为核心，深入开展执行力亮剑行动。行动主要是着眼实现保定加快发展、跨越发展的历史使命，以敢于亮剑的精神和勇气，深入整治各级领导干部思想作风方面存在的突出问题，全面提升各级干部的执行力，达到整饬纪律、转变作风、提高效能、优化环境的目的，为实现全市各项事业的新发展新跨越新辉煌提供强有力的保障。

27 日　在当日举行的全国双拥模范城（县）命名暨双拥模范单位和个人表彰大会上，保定市再次被命名为“全国双拥模范城”，实现了全国双拥模范城“七连冠”。在这次大会上，涿州市和高碑店市同时获得“全国双拥模范县”荣誉称号。

29 日　河北省扶贫开发暨环首都扶贫攻坚示范区建设工作会议在涞水县举行。省委书记、省人大常委会主任张庆黎，省委副书记、省长张庆伟在会上讲话。保定市委书记许宁、市长李谦在主会场参加会议。会议深入学习贯彻中央扶贫开发工作会议精神，全面落实省第八次党代会和全省经济工作会议的部署要求，总结工作、分析形势，研究安排下一阶段的任务，采取坚决措施，举全省之力打好新一轮扶贫开发攻坚战。

3　月

1 日　保定市在涞水县举行扶贫开发暨环首都扶贫攻坚示范区建设工作会议，深入贯彻落实全省会议精神，对今后一个时期全市扶贫工作进行安排部署。市委书记许宁讲话，市长李谦主持会议。会议指出，保定市今后一个时期扶贫开发工作总的要求是：紧紧围绕实现保定各项事业的新发展新跨越新辉煌这个总方向，以贫困村和贫困户为主要对象，以集中连片特困地区为主战场，以改善生产生活条件为基础，以增加农民收入为核心，坚持政府主导、分级负责，集中扶持、重点突破，统筹发展、打造亮点，创新思路举措，提升标准质量，努力帮助更多困难群众稳定脱贫、发家致富，推动贫困落后地区加快发展、跨越发展。

3 日　保定市委、市政府在《保定日报》公布 2012 年在直接关系群众生活方面拟办的惠民事项。内容涉及社保福利、就业惠民、教育保障、医疗健康、扶贫开发、安居住房、利民便民、市区便民设施、生活环境提升、平安保定等 10 项惠民工程，共 33 件具体事项，每件事项都有承办单位。

2 日 ~ 6 日　保定市创排的话剧《约定无期限》在清华大学、中央民族大学、首都师范大学进行了 3 场演出。《光明日报》、《中国文化报》、《中国教育报》、《河北日报》、人民网、新华网等媒体做了大量报道。话剧由保定市委宣传部、市文明办、市文广新局与河北农大党委宣传部共同推出，取材于河北农大园艺系果树 9301 班优秀毕业生群体 15 年如一日，默默资助病逝同学李宝元父母的感人事迹，着力讴歌了他们勇于担当、守信践诺、扶贫济困的精神品格，充分彰显了社会主义核心价值观。该剧于 2011 年 11 月 29 日在河北农业大学首演，演员多为河北大学、保定学院的在校大学生，在保定市已演出 20 余场。2012 年 2 月 24 日开始在石家庄高校巡演。省委、省委宣传部、省委教育工委、省教育厅、省文明办、省文化厅等领导到场观看。

9 日　保定市野生动物保护协会发出《爱鸟护鸟倡议书》，倡议全市人民爱鸟护鸟，为鸟类创造良好生存空间。为保护野生鸟类资源，市野生动物保护协会向全社会倡议：爱鸟、护鸟；多植树、种草、养花，保护鸟类的自然栖息地，为鸟类创造良好的生存空间；不伤害、不捕杀、不笼养野鸟；拒食野鸟。并公布了乱捕乱猎、伤害、运输、贩卖鸟类等野生动物的行为的举报电话，以及受伤的野生动物及鸟类的救护电话。

14 日　市长李谦主持召开市政府第四十四次常务会议。会议讨论并原则通过了《关于认定满城县科技工业聚集区等 13 个市级产业园区的决定》、《保定市城市公交、长途客运车辆推广使用液化天然气实施方案》、《保定市燃气总公司与新奥（中国）燃气投资有限公司合资方案（草案）》、《保定市食品安全黑名单管理办法（试行）》、《保定市地热资源管理办法》、《市政府关于公布第三批市级非物质文化遗产名录的通知》。

15 日　保定市召开落实执行力亮剑行动加快县城暨保障房建设推进会议。会议强调，把县城和保障房建设作为检验各级政府和干部执行力的重要内容。市长李谦出席会议。会议期间，市政府与各县（市、区）签订了住房保障工作目标责任状、“两场（厂）”建设责任状。2012 年，保定市全市开工建设保障性住房和棚户区改造住房 37390 套（户）。其中，新增廉租住房 2000 套，新增公共租赁住房 10000 套，新建经济适用住房 7100 套，新建限价商品住房 15000 套，城市棚户区改造 3454 户，国有林场危旧房改造 99 户，国有垦区危房改造 237 户。同时，新增发放廉租住房租赁住房补贴 1000 户。

19 日　市委书记许宁、市长李谦到东湖植树点同干部群众一道参加义务植树活动。市四大班子领导及法、检两长一同参加。当日，南市区、北市区、新市区及高新区也设立了植树点，全市1200余名干部群众共植树12200多株，树种包括雄性毛白杨、油松、白蜡、银杏等。

27日　保定市在定州市召开全市重点项目园区和城建工作会议。市委书记许宁、市长李谦出席会议并讲话。会议要求学习借鉴定州市统筹推进项目园区和城市建设的做法，使区域经济、三次产业实现同步、协调发展；学习借鉴定州市善于查找与发达地区差距的精神，积极作为，不甘落后，奋起直追。

28日　按照全市重点项目园区和城建工作会议安排部署，保定市27个县（市、区）、开发区隆重举行重点项目集中开工日奠基仪式。市委书记许宁、市长李谦等市四大班子及公检法领导分别带队，赶赴各县（市、区）、开发区，出席集中开工奠基仪式。此次集中开工的143个重点项目主要是生产性和社会民生项目，总投资1200亿元，年计划投资200亿元。项目竣工后，可实现销售收入1460亿元，利税280亿元。

4　月

1日～3日　保定市清明小长假全市共接待游客575万人次，旅游收入30多亿元，同比分别增长了7.7%和8%，实现了安全、秩序、质量统一的目标。其中野三坡景区以京津冀近短途自驾、自助、亲友结伴游游客居多，共接待游客3.1万人次，门票收入68万元。白洋淀景区迎来北京、天津周边游客1.1万人次，门票收入28万元，同比增长3%。

10日　河北大学与华夏麒麟（香港）国际投资控股有限公司签署合作协议，共同建设总投资80亿元的河北大学科技文化产业园项目。根据合作协议，河北大学与麒麟集团共同建设“燕赵之光——河北大学科技文化产业园”项目，打造集科技服务、成果推广转化、创新创业、知识产权保护和交易、投融资及其担保、法律服务、文化创意、教育及培（实）训、小微企业办公、国际学术交流、宜居等为一体的综合性“科技—文化—产业示范基地”，促进保定市乃至河北省的经济、科技发展和城市升级。该项目毗邻河大新校区，分起步、发展、成熟三个阶段建设。市长李谦出席签约仪式，并代表市四大班子对项目成功签约表示祝贺。

12日　保定市在百世开利会展中心召开稳定工作会议，安排部署稳定工作，为党的十八大胜利召开创造良好环境，确保关键时期不出问题。市委书记许宁讲话，市长李谦主持会议。

18日　作为河北省（香港）投资贸易洽谈会的重要组成部分，由河北省人民政府主办，保定市人民政府承办的“保定（香港）中国电谷·中国汽车城推介会”在香港香格里拉酒店举行。省委常委、副省长聂辰席到会并致辞。市委书记许宁讲话。中联办、驻香港特别行政区特派员公署、香港华懋集团、香港科技园、德国贺利氏集团、日本来福株式会社等部门、企业界人士与保定市领导及企业界人士参加。在随后的签约仪式上，与会领导共同证签总投资25.5亿美元，利用外资18亿美元，涉及新能源、汽车零部件、电子信息、纺织服装、公共服务、商贸等多个领域的25个项目。

23日　保定市与丹麦王国森纳堡市在电谷国际酒店商务会议中心签署协议书，正式结为友好城市。该市成为保定市第九个友好城市。市长李谦、森纳堡市市长艾丝女士代表双方签字。森纳堡市面积500平方公里，人口约7.7万，是丹麦一个工业比较发达的城市。是一个以节能技术、区域供热和可再生能源技术为重点的“清洁能源谷”，欧洲实现零二氧化碳排放的示范城市。保定市与森纳堡市于2008年10月确定了在低碳或零碳城市建设方面的长期交流机制。

30日　截至本月末，保定市农村信用社各项存款余额915亿元，贷款余额480亿元，无论是存款还是贷款市场份额均居全市各金融机构首位。保定市农村信用社已经成为一家拥有22家县级联社、659个营业网点，7300余名从业人员的地方性金融机构，形成了辐射面最广、服务领域最宽的金融服务体系。

5　月

3日　总投资21.6亿元的国家级门窗幕墙检测中心、保税仓储物流中心和节能门窗工业园二期三大项目，在高碑店市举行奠基仪式。国家级门窗幕墙检测中心投产后将形成国内最大最权威的门窗年检测能力；保税仓储物流中心将形成河北省中部地区最大的海关保税区，面向京津冀提供保税、仓储、物流等相关外包服务；节能门窗工业园二期达产后则可形成96亿元销售收入。市委书记许宁出席，市长李谦就加快项目建设讲话。

4日　曲阳县人民政府与中国三峡新能源公司150兆瓦光伏发电项目签约仪式在北京举行。中国三峡集团公司董事长、党组书记曹广晶到会祝贺，市委书记许宁、市长李谦出席签约仪式。中国三峡新能源公司是中国长江三峡集团公司的全资子公司，其前身为中国水利投资集团公司。双方拟建“曲阳150兆瓦光伏发电项目”位于曲阳县王快水库大坝附近，计划总投资25亿元，主要建设150兆瓦平板阵列光伏发电场，并配套建设变电站一座。

5日　由省委宣传部、中国音乐家协会、省文联主办，省音乐家协会、中华爱子影视教育促进会及保定市委宣传部和定州市委、市政府承办的纪念张寒晖诞辰110周年系列活动在定州市举行。张寒晖1902年5月5日生于定州西建阳村，1925年加入中国共产党后，长期做党的地下工作并进行音乐创作，其代表作《松花江上》曾激励无数爱国志士走向抗日前线。1942年张寒晖参加了延安文艺座谈会，在延安期间，创作出《军民大生产》、《没有共产党哪有今天》等60多首革命歌曲和大量戏剧作品，与冼星海、聂耳并称“音乐三杰”。

14日　保定市扶贫攻坚指挥部第一次全体（扩大）会议在易县召开，对环首都扶贫攻坚示范区建设进行再动员、再部署。市委书记许宁出席会议并讲话，市长李谦主持会议。会议要求，在扶贫攻坚中力度要再加大，以更强的声势开创扶贫工作新局面；在扶贫攻坚中措施要再强化，以更高的标准争取扶贫工作新成效；在扶贫攻坚中资源要再整合，以更好的保障实现扶贫工作新突破。会议特别强调，在扶贫开发攻坚战中，各级各部门一定要坚持实事求是原则，绝不允许搞形式主义和不切实际的形象工程。

14日　河北定州、内蒙古伊利集团乳品产业项目签约仪式在石家庄举行。省委书记、省人大常委会主任张庆黎，省长张庆伟，伊利集团董事长兼总裁潘刚，保定市市长李谦出席签约仪式。此次签约的伊利定州冷饮项目，总投资4亿元，计划于2013年4月投产。一期项目达产后可日产冷饮产品250吨，每年可生产冷饮产品4.5万吨，年产值5亿元，将直接安置就业近1300人。定州伊利乳业有限公司2006年11月在定州市正式投产，日处理鲜奶能力为1200吨，总占地面积32万多平方米，是伊利集团目前最大的单体液态奶生产基地，也是定州市目前最大的农业产业化龙头企业。

16日　保定市召开环境保护大会，贯彻全国第七次环保大会、全省第八次环保大会精神，统一思想，部署工作任务。市委书记许宁对环境保护工作作出批示，市长李谦出席会议并讲话。

17日　保定市区路灯监控系统升级改造核心工程启动。自5月9日启动的市区照明监控系统改造工程旨在将路灯监控系统由无线电模式升级到现阶段最先进的GPRS模式。截至目前，保定市（不含高新区）共有路灯专用变压器269台，路灯24816盏。路灯监控中心与各控制点通过无线电专网或GPRS网络进行信息传递，能随时获取各站点信息和状态，随时调整路灯运行状态参数，实现调压、节能等功能。

20日～21日　中共保定市第十届委员会第三次全体（扩大）会议在百世开利会展中心召开。会议深入贯彻落实省第八次党代会提出的建设经济强省、和谐河北的重大决策部署，对事关保定长远发展的重大问题、重要工作进行研究和部署。市委书记许宁代表市委常委会作题为《深化科学发展再造战略优势为建设京畿强市善美保定而不懈奋斗》的讲话。受市委常委会委托，市委副书记、市长李谦主持会议。会议强调，要站在新的历史方位，重新审视保定；要着眼再造新的战略优势，科学定位保定。要着力实施实施产业振兴、城市突破、县域腾飞、文化引领、四大主体战略；努力让善美保定的崭新形象走向全国、走向世界。

24日　为深入贯彻落实中共中央、省、市一系列会议精神，以建设京畿强市、善美保定为目标，为进一步深化文化体制改革、加快发展开放型经济、切实做好新阶段扶贫开发工作，保定市委、市政府制定了《关于实施文化引领战略建设文化强市的意见》、《关于加快开放型经济发展的意见》、《关于举全市之力打好扶贫开发攻坚战的意见》。意见明确了三项工作的重要意义、指导思想、基本原则、组织领导和主要目标，明确了总体思路和重点工作，并对相关项目建设，就投融资、税收、土地、工商注册登记等方面，在政策支持上做出详细的规定。

25 日　“三利杯”2012 中国·保定国际空竹艺术节在军校广场开幕。市长李谦致开幕词。开幕式上，“上海大世界基尼斯”总部代表向保定市颁发“最多国籍空竹爱好者参与的抖空竹活动”牌匾；省体育局领导向三利集团颁发“2012 中国·保定国际空竹艺术节突出贡献奖”纪念鼎。本次空竹艺术节由省体育局、市委、市政府共同主办，吸引了 60 多个国家的 100 多名国际友人，全国 32 个省（市、自治区）和香港、澳门特别行政区的 5000 多名空竹爱好者，参赛规模和人数创历届之最。开幕式前，市委书记许宁到驻地看望了前来参加艺术节的国家体育总局、省政府、省体育局有关领导。

28 日　市长、市规委会主任李谦主持召开市城乡规划委员会第十七次全体会议。经投票表决，审议通过了《保定文体新城控制性详规及城市设计》、《保定供电公司新生产检修基地项目修建性详细规划》、《王范庄村旧村改造修建性详细规划》、《普兰庭住宅小区修建性详细规划方案设计》、《保定市红星美凯龙家居生活广场修建性详细规划》、《市公安局业务技术用房修建性详细规划》。

30 日　市委书记许宁带领市四大班子领导，到阜平城南庄晋察冀边区革命纪念馆，重温入党誓词，参观革命纪念馆，缅怀革命先烈的丰功伟绩，接受革命传统教育。市委在阜平城南庄召开常委（扩大）会议，就发扬革命传统，加强领导班子建设提出要求。许宁强调，一要带头向学善思，筑牢履责之基；二要带头团结共事，把握取胜之要；三要带头务实创新，坚守成事之道；四要带头勇于担当，不避为政之责；五要带头联系群众，恪守为民之心；六要带头严守纪律，常修从政之德。

30 日　大水系王快、西大洋两库连通工程竣工通水。保定市在曲阳县王快水库举行庆祝仪式，市委书记许宁宣布工程竣工并开闸放水。王快、西大洋两库连通工程，是以自流输水方式将水量较为丰沛的王快水库和西大洋水库连接在一起的引调水工程，总投资 1.6 亿元，工程线路总长 15 公里，是迄今为止河北省水利建设史上工程种类最齐全、地形地质条件最复杂、施工难度最高、施工工期最长的引调水工程。工程通水运行后，正常年份王快水库可向西大洋水库调水 2 亿平方米，途经保定城区向白洋淀供水 1.2～1.5 亿立方米，向一亩泉水源区补充地下水 0.3～0.5 亿立方米。

31 日　市委书记许宁、市长李谦等市四大班子领导先后来到保师附小和青年路幼儿园，看望慰问少年儿童，共庆“六一”国际儿童节，祝愿全市少年儿童健康成长、快乐生活。

6　月

6 日　保定市举行长城汽车股份有限公司“金太阳”50 兆瓦光伏屋顶并网发电项目签约暨启动仪式。市委书记许宁、市长李谦出席。“金太阳”示范工程，由国家财政部、住建部、科技部、能源局发起，旨在通过支持光伏发电技术示范应用及关键技术国产化，推动光伏发电技术进步和规模化发展。长城汽车公司以集中连片形式，在工业园区生产、生活建筑安装光伏发电系统，总安装面积将达到 40 万平方米，建成后年均发电 6200 万千瓦时，年节约标准煤 2.48 万吨，减排二氧化碳 6.448 万吨。

11 日　坚持每天用安全油炸油条、杜绝使用复炸油的保定“油条哥”刘洪安事迹在中央电视台《焦点访谈》节目中播出，受到保定市社会各界的高度关注。

11 日～17 日　保定市开展主题为“珍惜生命之源、人人节水护水”的 2012 年全市公共机构节能宣传周活动。各县（市、区）及市直各部门通过组织开展节水形势报告会、节水用水大家行、节水新技术产品推介等活动，深入开展水资源国情和民情教育，普及节能知识和技术，营造珍惜爱护水资源、公共机构做表率的良好氛围；全市各级公共机构通过停开空调和公共区域照明、全部或隔层停开电梯等方式，进行能源稀缺体验；公共机构工作人员倡导并践行“135”出行方案（即 1 公里内步行，3 公里内骑自行车，5 公里内乘坐公共交通工具）。

12 日　市长李谦主持召开食品安全调度会，强调要在全市服务业广泛开展学习“油条哥”刘洪安活动，大力倡导诚实守信精神，提高食品安全水平和城市文明程度，为建设京畿强市、善美保定凝聚强大力量。同一天，受市委书记许宁、市长李谦委托，市委常委、宣传部长、市文明委常务副主任李国英，副市长、市文明委副主任闫立英带领市有关部门负责人和各级新闻媒体有关负责人到高新区看望“油条哥”刘洪安。

14日　市长李谦在市接待中心会见了深圳茂业集团董事长黄茂如一行。近两年，茂业集团在保定市投资的茂业百货、燕赵国际项目进展顺利，为保定市城市建设、商贸流通业发展作出了贡献。保定茂业百货国贸店营业面积2.3万平方米，以“时尚生活方式缔造者”为经营定位，引进国内外知名品牌近300个。燕赵国际项目主要功能是商业及办公，楼高45层，总建筑面积14.5万平方米，计划投资约10亿元。目前施工至裙楼6层、塔楼5层，完成投资约4亿元。

28日　保定市召开会议庆祝中国共产党成立91周年。号召全市各级党组织和广大党员要学习榜样，大力弘扬党的优良传统，争做创先争优活动的先进典型，为建设京畿强市、善美保定作出新的更大贡献，以优异成绩向党的十八大献礼。市委书记许宁出席会议并讲话。大会通报了受中央组织部和省委表彰的先进集体和优秀个人，宣读了《市委表彰决定》。会上，市领导为受表彰的先进集体和优秀个人颁奖。

30日　截至6月底，保定市全部财政收入完成163.8亿元，占年计划的53.6%，同比增长19.9%；公共财政预算收入完成79亿元，占年计划的53.5%，同比增长26.4%，均超额完成上半年任务。至6月底，全市公共财政预算支出完成149.8亿元，增长13.3%。其中科学技术、医疗卫生、住房保障、节能环保、社会保障与就业等重点支出实现快速增长，为建设“京畿强市、善美保定”提供了坚强的财力保障。

7　月

2日　保定市召开领导干部大会，深入贯彻落实市委十届三次全会精神，全面总结上半年工作，对下半年工作进行安排部署，确保超额完成全年各项目标任务。市委书记许宁、市长李谦出席大会并讲话。会议指出，2012年上半年全市各项工作虽然取得令人鼓舞的成绩，但必须保持清醒，形势依然严峻复杂，必须迎难奋进、主动作为。会议对下半年全市在经济发展、维护稳定、扶贫攻坚三个方面做了重点部署。

4日～5日　省长张庆伟到保定市就转方式、调结构、稳增长等方面工作进行调研。张庆伟先后考察了安国中药材中心交易大厅、药都制药集团、河北长安汽车有限公司新区扩能项目、定州城市规划展览馆、文庙、文博园开元寺塔文化广场、高阳县宏润公司、宏利公司、徐水大王店产业园区等十多家企业、园区。张庆伟还就发展旅游、文物保护和中医药工作提出要求。市委书记许宁、市长李谦陪同调研。

10日　保定市应急处突反恐防恐力量建设成果汇报演练在武警8640部队举行。市委书记许宁、市长李谦和省公安厅领导到场观摩。许宁强调，反恐处突队伍要以这次汇报演练为契机，始终保持高昂的精神和旺盛的斗志，严阵以待，常抓不懈，对恐怖势力和各类违法犯罪分子，要防得严、防得紧、防得早，打得准、打得狠、打得快，让其在保定没有立足之地、没有藏身之所、没有可乘之机。

11日　由省委宣传部与保定市委、市政府主办，市委宣传部与安新县委、县政府承办的纪念文学大师孙犁逝世十周年座谈会在安新举办。座谈会上，与会专家、学者高度评价了孙犁的一生。他们认为，孙犁是我国当代文学的一位大师，他始终不渝地遵循党的文艺方针，身体力行发扬并丰富了我国革命文学的现实主义传统。7月6日，来自全国各地的三千余位文学爱好者齐聚白洋淀荷花大观园孙犁纪念馆，缅怀这位文学大师、“荷花淀派”创立者。

18日　市长李谦主持召开调整理顺城市管理行政执法权限工作安排部署会，强调要通过改革体制机制，重新整合资源，实现城市管理精细化、网格化、长效化。根据市委、市政府出台的《关于调整理顺城市管理行政执法相关权限的意见》，在城市管理行政执法方面，将市城市管理行政执法局南、北、新市区分局分别更名南、北、新市区城市管理行政执法局，接受市城市管理行政执法局和所在区的双重领导，以区为主，行使辖区城市管理行政执法职能。在城市环境卫生方面，南、北、新市区所辖城区道路绿化带的环境卫生、清扫保洁工作，按照“属地管理”原则，全部下放到各区。在市场建设管理方面，由市市场建设管理办公室负责所辖市场的环境卫生保洁工作。

21日～22日　21日8：00至22日4：00，保定市北部突降特大暴雨。最大降水为涞源县王安镇348.2毫米。涞源、涞水、涿州3县（市）大部分地区在5小时至不足1天的时间内降雨量在300毫米左右，为有气象记录以来所少见。22时，拒马河紫荆关流量达到2580立方米/秒，为1963年以来最大洪峰。截至22日19时，保定市涞源、涞水、易县、阜平、唐县、涿州、高碑店、安新等11县（市）、84个乡镇、593个村遭受不同程度洪涝、风雹灾害。受灾人口36万人，受灾面积27.5万公顷，紧急转移灾民13万多人。死亡12人（涞源县9人、涞水县3人）。同时，涞水县野三坡景区滞留游客最多时达到1.1万人，涞源县5个村、2700名群众被困。全市受灾较重的是涞水和涞源两县。由于山洪暴发，涞源县王安镇、塔崖驿乡、杨家庄乡，涞水县龙门乡、赵庄乡、其中口乡、九龙镇、三坡镇等8个乡镇交通、通信中断。此次特大暴雨是保定市历史上降雨强度最大、降雨汇水最急、水流速度最快的一次。21日18时，保定市启动防汛Ⅲ级应急响应，就迎战暴雨洪水工作进行了具体安排。灾情发生后，省委书记、省人大常委会主任张庆黎作出指示，市委书记许宁、市长李谦等市领导分赴一线指导抢险救灾。

25日　省委书记、省人大常委会主任张庆黎，省长张庆伟到保定市涞水县察看灾情，看望慰问受灾群众，指导抗洪救灾工作。要求各级党委、政府和有关部门一定要以高度的政治责任感和对人民群众高度负责的精神，充分认识当前灾情的严重性、抗洪救灾的艰巨性，立足抗大灾、防大汛，扎扎实实做好下一步抗洪救灾和灾后重建各项工作。

27日　保定市召开落实省委着力改善两个环境要求开展城市建设管理攻坚行动动员大会，动员全市统一思想、迅速行动，发扬“7·21”抗洪精神，切实规范城市建设管理秩序，净化城市环境，提高管理水平，提升城市品位，特别是全面打好清理市区违法违规建设和城市环境容貌脏乱整治“两个攻坚战役”，力争在最短时间取得最显著成效。市委书记许宁出席会议并就开展城市建设管理攻坚行动讲话。市长李谦主持大会。会议还下发了《保定市城市环境容貌脏乱整治考核评比办法（试行）》和《关于开展清理市区违法违规建设工作实施方案》两个文件。

29日　省长张庆伟到“7·21”洪涝重灾区涞源县视察受灾群众安置、恢复重建等方面的工作，并召开现场办公会，就进一步做好受灾群众安置、搞好后期防汛和洪涝重灾区恢复重建工作进行研究部署。市委书记许宁、市长李谦陪同视察并参加现场办公会。

8　月

2日　保定市召开大会，对“7·21”抗洪救灾斗争中涌现出的先进集体、模范人物进行表彰，对涞源、涞水、易县重灾区重建工作进行动员部署，号召全市人民学习先进事迹，弘扬抗洪精神，以更加奋发有为的精神，加快灾后恢复重建，夺取抗洪救灾斗争的全面胜利。市委书记许宁、市长李谦出席会议并讲话。

3日　总投资15.869亿元的10万吨生活用纸基地项目在满城县要庄乡西黄村奠基。市长李谦宣布项目开工奠基。该项目位于满城县科技工业聚集区，由河北义厚成日用品有限公司投资建设，投产后可形成每年10万吨生活用纸的生产能力，年实现销售收入20.46亿元，年均利税1.364亿元。

6日　中国汽车零部件（保定）产业基地一期首个项目——年产100万套巨威汽车电子电器项目开工奠基仪式在清苑县经济开发区举行。市委书记许宁宣布项目开工。项目总规划占地450亩，投资20亿元，主要生产信息化、节能化、舒适化、智能化的汽车电子电器系列产品。中国汽车零部件（保定）产业基地项目规划占地3000亩，投资100亿元，是以汽车零部件生产为主的综合项目，涵盖研发、生产、检测、销售、物流、生活配套六大板块。

10日　张家口市干部群众为保定市灾区捐款183.8万元。市委书记许宁、市长李谦，张家口市委副书记吴立芳出席在电谷国际酒店举行的捐款交接仪式。保定“7·21”特大洪涝灾害发生之后，张家口市委、市政府立即响应、全力支援，第一时间派出抢险救援队赶赴灾区，累计出动武警官兵、干部群众2500多人和几百部大型机械车辆，帮助保定市抗洪救灾，转移被困群众，抢修损毁道路，运送食品物资，在危急时刻解决了很多关键问题，为保定市抢险救灾作出了巨大贡献。

16日　河北省重点项目，北京同仁堂（安国）中药材加工及物流配送项目在安国现代中药工业园（北区）举行奠基仪式。北京同仁堂（集团）有限责任公司党委书记、董事长殷顺海及公司有关高层出席。市委书记许宁宣布项目开工，市长李谦致辞。项目总投资12.1亿元，将建设GMP生产车间、仓储库、检测中心等工程，项目建成后，预计年营业收入15.68亿元，利税2.6亿元。

18日　首届中国（高碑店）国际门窗节暨中国国际门窗城开业庆典举行。市委书记许宁出席，市长李谦致辞。本届国际门窗节以“低碳、高端、节能、环保”为主题，全面展示国内外节能门窗领域的最新科技成果，为中国乃至国际门窗业提供了一个传播信息与文化、促进交流与合作、整合市场与资源的平台。来自德国、意大利、美国、法国等14个国家的48家入驻企业代表百余人参加了开幕仪式。当日开业的中国国际门窗城是亚洲唯一的门窗幕墙展览交易中心，规划占地1650亩，总投资33亿元，各类展馆面积50万平方米，包括保税物流区、省内首个国家级门窗幕墙检测中心，以及与北京理工大学、山东建筑大学、河北农业大学合作开办的门窗专业本科学院等。

22日　蒙牛乳业（保定）二期工程在望都县竣工投产。保定二期工程（PET）项目是蒙牛乳业首个PET项目，总投资6.9亿元，共3条生产线，全部投产后可年产30万吨PET含乳饮料，年销售收入30亿元。

23日　保定市“7·21”灾后重建项目启动仪式，在重灾区涞源、涞水、易县三地同时举行。省、市领导分别在涞源主会场和涞水、易县分会场出席仪式。涞源县谋划8大类124项灾后重建项目，总投资50.17亿元；涞水县谋划7大类72项灾后重建项目，总投资20.5亿元；易县谋划8大类107项灾后重建项目，总投资20.4亿元。重建项目建设重点涵盖危房改造、水毁县乡村道路、桥梁、水利、电力、通讯、旅游景区等基础设施和学校、卫生院、文化站等公益设施恢复建设。

28日　总投资10亿元的保定红星美凯龙家居生活广场项目在高新区奠基。市委书记许宁宣布开工，市长李谦出席奠基仪式。此次奠基的红星美凯龙（保定）家居生活广场项目是与保定方北投资有限公司合作的省级重点项目，包括家居商场、写字楼、商务公寓等，建成后可向社会提供2000多个就业岗位，年利税超亿元。

28日　隆基泰和广场项目、汉墓片区升级改造一期工程奠基暨满城汉墓创建5A景区启动仪式分别举行。市委书记许宁、市长李谦分别宣布项目开工。隆基泰和广场项目位于满城四大片区之一的东部商贸区，为当地最大综合体项目。该项目总建设面积17.5万平方米，其中高端住宅10万平方米，商业面积7.5万平方米，包括百货、超市、餐饮、IT、家居、建材等多项商业内容。满城汉墓片区升级改造一期工程集商业休闲、仿汉代文化广场、公益事业于一体，总投资7亿元，总建筑面积8万多平方米，具备观光游览、休闲度假、人文教育等多重功能。

29日　省“7·21”洪涝重灾区恢复重建对口支援框架协议集中签约仪式在保定市举行，副省长、省重建指挥部指挥长宋恩华出席签约仪式并在座谈会上讲话。市委书记许宁作表态发言，市长李谦出席。在签约仪式上，涞源县政府与石家庄市、邯郸市、沧州市、省国资委，涞水县政府与廊坊市、张家口市、邢台市，易县县政府与唐山市、衡水市，分别签署《“7·21”洪涝重灾区恢复重建对口支援框架协议》。涞水县政府还与省国资委签署了《对口支援涞水县野三坡景区整合升级框架协议》。

30日　涿州市松林店工业聚集区重点项目暨基础设施建设开工仪式在松林店工业聚集区举行。市委书记许宁宣布开工并为项目培土奠基。此次集中开工的项目包括北京航天赛德年产22000吨超细二氧化硅项目、涿州北方重工设计有限公司年产100套铝加工专用设备项目、保定华威变压器年产8000台变压器（迁建）项目和涿州市胜丰铸件有限公司年产1.5万吨矿山支架建设项目，四个项目总投资6.3亿元。基础设施建设涉及松林店园区的7条道路，总投资约3.7亿元。

9　月

4日　保定市召开城建重点项目调度会。会议听取了“一城三星一淀”和北部新城建设规划汇报，对城建重点项目建设中遇到的困难和问题进行了认真研究，对下步工作提出明确要求。市委书记许宁强调，要树立全局理念，健全推进机制，强化规范管理，注重民生保障，进一步完善城市功能、改善城市面貌、提升城市品位，为人民群众创造宜居宜业的城市环境。市长李谦主持会议。

7日　保定市2012年教师节庆祝表彰大会在百世开利会展中心召开。市委书记许宁出席大会并讲话，市长李谦主持大会。大会对易县中学等15所“保定市师德建设优秀单位”和任瑞田等6名“保定市教书育人楷模”进行了表彰。

14 日　直隶餐饮文化博物馆及直隶国际大酒店两个重点项目在高新区奠基并开工建设。市长李谦出席奠基仪式并宣布项目开工。直隶餐饮文化博物馆是全国首座含五星级酒店的餐饮文化博物馆，一期建筑面积 6.2 万平方米，投资 6 亿元，由保定玉兰香直隶会馆餐饮有限公司承建。整个项目建成后将填补全国饮食文化主题博物馆式休闲度假旅游景区的空白，形成“游直隶总督署、品直隶官府菜、观直隶餐饮文化博物馆、住直隶文化酒店”的文化特色旅游线路。

17 日　安新县投资 2.5 亿元的保定港安年产 18 万吨废旧铅酸蓄电池综合回收利用项目竣工投产。项目由安新县正旭有色金属有限公司与香港深资源投资有限公司共同投资兴建，占地 200 亩。该项目从意大利引进国际一流的 CX 预处理集成系统，自动化水平高、能耗低、环境效益好，是国家政策鼓励类项目，也是河北省“3255”循环经济示范项目。

24 日　市委书记许宁主持召开市区维护稳定调度会，并深入涿州市、高碑店市实地检查十八大安保工作。

10　月

6 日　14 时 48 分，因非法制造、储存雷管，保定市南市区五尧乡东五尧村尧和宁苑小区 18 号楼发生爆炸。爆炸案发生的 18 号楼 3 单元楼体损坏严重，共造成 32 人轻伤，2 人重伤，3 人死亡。爆炸案发生后，省委书记张庆黎、省长张庆伟等省领导立即作出批示，副省长宋恩华与省政府办公厅、卫生厅、公安厅领导到爆炸现场和救治医院一线指导。市委书记许宁、市长李谦等赶到现场，当即成立“10·6”爆炸案处置工作指挥部，迅速启动应急预案，全力以赴救治伤员、调查爆炸原因，积极做好善后处置和稳定工作。

7 日　保定市召开瑞祥大街北延和复兴路西延征拆动员会，要求成立指挥机构，迅速展开工作。瑞祥大街北延复兴路至北二环段红线宽 30 米，双向 4 车道，北二环至北三环段红线宽 40 米，双向 6 车道，道路全长 3782.612 米，总投资 2 亿元。复兴路西延规划红线宽 60 米，双向 8 车道，全长 11.97 公里，总投资 8.255 亿元。

9 日　保定市召开京港澳高速公路（京石段）改扩建工程保定段土地组卷动员会。市长李谦出席动员会并讲话。京港澳高速公路（京石段）改扩建工程起自河北省与北京市交界的琉璃河附近，与正在改扩建的京港澳高速公路石家庄至磁县（冀豫界）段相接。项目主线全长 224.678 公里，采用双向八车道高速公路标准建设，路基宽度 42 米。

12 日　市委书记许宁、市长李谦等市四大班子领导到保定市公安局调研指导工作。在慰问公安干警、听取工作汇报后，许宁强调，全市各级公安政法机关要进一步坚定信心，加大工作力度，为党的十八大胜利召开营造一个安全稳定的社会环境。

16 日　河北农业大学庆祝建校 110 周年。中共中央政治局委员、国务委员刘延东致信祝贺，全国人大常委会副委员长陈至立发来题词，省委书记张庆黎、省长张庆伟致信祝贺。省市有关领导参加了庆祝活动。河北农业大学始于 1902 年的直隶农务学堂，先后更名直隶高等农业学堂、直隶公立农业专门学校、河北省立农学院、河北农学院、河北农业大学。目前学校有 27 个学院，涵盖了“农、工、管、理、经、文、法、艺术”八大门类，形成了以农业学科为优势，多学科协调发展的格局，共为社会培养近 30 万名各类人才。

16 日　保定市召开着力改善发展环境、着力改善生态环境动员大会，市委书记许宁讲话，李谦主持并讲话。会议指出，在总体把握上，要坚持发展环境更宽松，最大限度地减少制约发展的各种障碍；生态环境更从紧，最大限度地保护生态环境不遭破坏。在工作重点上，要突出抓住理念、作风、机制三大关键，筑牢诚信、公平、法治三大基石，强化低碳、高端、优选三大取向，宜居、宜业、宜游三大追求。在目标导向上，要突出提速和进位，通过着力改善“两个环境”，促使全市和各县（市、区）发展速度明显提升，综合排位明显前移。

24 日　长安汽车公司成立 150 周年庆典暨新长安之星上市发布仪式在定州市举行。河北省、中国兵器装备集团公司、中国长安汽车集团股份有限公司领导出席。市委书记许宁、市长李谦参加庆典活动。

25 日　在 2012 年度河北省科学技术进步奖评选中，保定市累计获河北省科技进步奖 28 项，其中一等奖 5 项、二等奖 7 项、三等奖 16 项，获奖总量及获一等奖数量均居全省第一位。

31日　保定市重点项目集中开工日活动在20个县（市、区）同时举行，以工业生产性项目为主的总投资436亿元的47个大项目、好项目全面进入实施阶段。市委书记许宁、市长李谦分赴北市区、容城县宣布开工。

31日　市长李谦主持召开市政府第五十次常务会议。会议讨论并原则通过了《整治违法违规建设项目处理意见》。会议强调，违法违规建设项目影响建筑市场健康持续发展，影响社会和谐稳定，出重拳加以治理势在必行。具体整治中要明确目标，依法从严处罚，要协调联动，公开透明。

11　月

1日　保定市在电谷国际酒店举行百威英博保定清苑啤酒生产基地签约仪式。市委书记许宁、市长李谦及百威英博公司高层出席签约仪式。百威英博（清苑）啤酒生产基地项目总投资20亿元，其中一期投资7亿元，生产规模为25万吨/年。

3日　保定市启动军警民联合开展十八大铁路护路工作。为切实做好十八大期间铁路护路工作，市委政法委、保定军分区司令部、市公安局、市护路办决定联合组织开展十八大期间铁路护路工作，确保铁路大动脉安全畅通。

6日　保定市“7·21”洪水灾后重建第一期项目集中竣工仪式，分别在涞源、涞水、易县举行，标志着保定市灾后重建取得了阶段性胜利。省政府副省长、省灾后重建指挥部指挥长宋恩华出席竣工仪式并讲话。市委书记许宁主持仪式并宣布灾后重建第一期项目竣工。市长李谦致辞。

16日　市委召开十届三十七次常委（扩大）会议，传达中国共产党第十八次全国代表大会精神，就全市深入学习宣传贯彻大会精神，做好当前工作进行研究部署。市委书记许宁主持会议并讲话。

22日　保定市召开十八大安保维稳工作表彰大会，学习贯彻党的十八大、十八届一中全会精神和省委八届三次全会精神，全面总结保定市十八大安保工作，隆重表彰工作突出的先进集体和先进个人，对做好当前工作进行部署。市委书记许宁讲话，市长李谦主持会议。会议指出，在十八大安保维稳工作中，全市各级党组织、各级领导干部、政法干警和武警官兵以及广大群众团结一致，攻坚克难，实现了省委提出的“六个确保”的目标要求，夺取了十八大安保的全面胜利。

26日　中国科学院电工研究所保定光伏系统检测实验室（简称中科院保定光伏检测中心）在高新区落成。这是中科院针对太阳能光伏系统研发试验等建设的国内最大检测平台。该项目由中科院电工所和高新区共同筹建，总投资1亿多元，选址在高新区风电产业园内，占地30亩。项目于2010年8月开工，2011年5月工程通过主体验收，8月开始内装施工。

27日　省委书记、省人大常委会主任张庆黎到涞水县悟空寺村宣讲党的十八大精神，强调要让群众过上更加殷实的日子。市委书记许宁陪同，市长李谦参加座谈会。

28日　按照市委、市政府提出的园林绿化进机关、进社区、进学校、进企业、进庭院“五进”工作要求，全市掀起秋冬季绿化植树热潮。市委书记许宁、市长李谦等市领导带头参加冬季植树活动。全天市区义务植树活动共计植树5000余株，主要树种为法桐和国槐。2012年全市秋冬季造林任务50万株，其中市区9.5万株，各县（市）40.5万株。

12　月

1日　自本日开始，至2013年2月底，市内空调公交车执行空调开放期票价，2元一票制，各种公交IC卡在此票价基础上按原优惠比例执行。自11月1日起，市内空调公交车暖气开放，但票价暂未调整。经过一个月的试运行，广泛收集乘客建议，确定空调公交车冬季车厢内适宜温度为20℃～23℃。并从12月1日开始调价。

12日　省长张庆伟到保定市顺平县、望都县宣讲党的十八大精神，就发展县域经济和做好民生工作进行调研。市委书记许宁、市长李谦陪同调研。

17日　中共保定市委十届四次全体（扩大）会议在百世开利会展中心召开。会议深入学习宣传贯彻党的十八大、十八届一中全会及省委八届三次全会精神，听取并讨论了市委常委会工作报告，审议通过了《中共保定市第十届委员会第四次全体会议决议（草案）》，决定通过《中共保定市委关于全面建成小康社会的决定》，对全市发展、稳定各项工作进行了安排部署。全委会由市委常委会主持。市委书记许宁代表市委常委会作工作报告。

20日　大唐清苑热电厂230万千瓦热电联产机组全面投产供热，成为市区和清苑县冬季供暖新热力。总投资29亿元的大唐清苑热电项目是市重点项目，主要满足市区南部、清苑县城的工业用热和居民采暖需求，替代区域内的分散采暖供热小锅炉，每年可减少烟尘、二氧化硫排放11058吨、8521吨。一期建设230万千瓦燃煤供热机组，年增供电量约33亿千瓦时，供热面积1200万平方米。1号机组已于11月份投产供热。

20日　市委书记许宁、市长李谦带领市直有关部门负责人到安国市调研并召开推进会，对加快推进安国中药都建设进行专题研究部署。许宁强调，要认真贯彻落实省长办公会精神，抢抓机遇，放大机遇，举全市之力，只争朝夕加快安国中药都建设步伐。

21日　白洋淀大道下穿京石高铁客运专线完成U型槽等主体工程，形成了对高铁桥墩的安全防护，保证了京石高铁安全运营。白洋淀大道下穿京石高铁客运专线段长200米，工程总投资2649万元，地处清苑县前营村。因京石客专要于2012年底通车，下穿段需提前实施。征拆工作于2012年9月开始，11月8日完成下穿段28户的拆迁。

8日～22日　为大力弘扬“崇信、重义、尚和、争先”的保定精神，宣传推广保定市民俗传统体育运动，保定市举办首届“义厚成杯”中国·保定民俗体育艺术节。市委书记许宁、市长李谦出席开幕式。民俗体育艺术节由保定市委、市政府主办，保定市委宣传部、保定体育局承办。活动历时15天，包括开幕式展演和各项目比赛两部分。比赛包括陀螺、鹰爪翻子拳、戳脚、铁球、快跤、空竹、踢毽、赛鸽等项目。

12日～25日　保定市连续三次组织相关单位，召开查处违法违规建设项目联审会，听取了市工商局、住建局、新市区政府、高新区管委会、南市区政府、北市区政府等相关单位的汇报，对部分违法违规建设项目制定处理意见。

26日　京石高速铁路客运专线正式开通，保定东站正式启用，当天保定东站到发G字头和D字头列车共47趟，北京到保定的时间缩短到50分钟。保定东站位于保定市中心东约9．5公里。站前广场位于京石高铁保定东站西侧，主广场占地面积约5公顷，总建筑面积6．9万平方米。原保定站所有动车客运业务以及高铁客运业务均在此站运营。京石高铁客运专线保定段全长171公里，途经涿州、高碑店、定州、北市区、南市区等10个县（市、区）。除设立保定东站外，还建有涿州东站、高碑店东站、定州东站。

26日　中国乐凯胶片集团公司正式更名为中国乐凯集团有限公司，标志着乐凯集团由全民所有制企业，正式转变为中国航天科技集团公司出资的“一人有限责任公司”。

29日～30日　中共中央总书记、中央军委主席习近平在河北省阜平县看望慰问困难群众，考察扶贫开发工作。习近平听取了河北省、保定市、阜平县经济社会发展特别是扶贫开发工作的汇报。他强调，消除贫困、改善民生、实现共同富裕，是社会主义的本质要求。对困难群众，我们要格外关注、格外关爱、格外关心，千方百计帮助他们排忧解难，把群众的安危冷暖时刻放在心上，把党和政府的温暖送到千家万户。王沪宁、栗战书和中央有关部门负责人陪同考察。

30日　保定火车站新客运站（西站区）开通投入使用。新保定站由三站六线扩展为五站十线，可同时停靠八列火车上下乘客，具备年发送千万旅客的能力，西站房建筑面积3．5万平方米，是河北省除新石家庄站之外规模最大的火车站。同时，为方便市民出行，10条市内公交线路调整延伸至火车站西广场。

31日　中共河北省委提名中共保定市委副书记马誉峰为保定市政府市长候选人。

31日　2012年，全市全部财政收入和公共财政预算收入双双超额完成目标任务。其中全部财政收入完成311亿元，占年计划的101.8%，同比增长17.1%；公共财政预算收入完成159.9亿元，占年计划的108.1%，同比增长24.4%。

中国共产党保定市委员会

【中共保定市委常务委员会组成人员】

书　　记　宋太平（1月免）
　　　　　许　宁（1月任）
副 书 记　李　谦
　　　　　王晓栋
　　　　　马誉峰（5月任）
常务委员　宋太平（1月免）
　　　　　许　宁（1月任）
　　　　　李　谦
　　　　　王晓栋
　　　　　马誉峰
　　　　　高树义（1月免）
　　　　　江永亮（1月任）
　　　　　赵常福
　　　　　李国英
　　　　　常增月
　　　　　王立山
　　　　　刘　颖
　　　　　王惠欣（女）
　　　　　兰保良
　　　　　刘德明
　　　　　曹　宇（1月任）
　　　　　李志刚（5月任）

【中共保定市委秘书长、副秘书长】

秘 书 长　刘　颖（5月免）
　　　　　李志刚（5月任）
常务副秘书长　许秋民
副秘书长　王荷丽（女）
　　　　　杨增德　李洪刚
　　　　　王保辉（12月免）
　　　　　付卫民（女）
　　　　　李树进　赵　军
　　　　　张　剑　谢国庆
　　　　　田红军　程　杰
　　　　　任永海

中共保定市委办公厅工作

【中共保定市委办公厅】　中共保定市委办公厅是市委的综合办事机构，正县级单位，主要承担着为市委和市委领导提供参谋服务、协调运转、督促检查、后勤保障等政务服务职能。内设综合一处、综合二处、综合三处、综合四处、综合五处、综合六处、综合协调处、信息处、法规处、秘书处、市委值班室、督促检查一处、督促检查二处、督促检查三处、网络管理处、组织干部处、接待处、老干部处、市社情民意办公室、群工综合处、群工指导处、群工督办处，市委机要局（市密码工作领导小组办公室，保定市国家密码管理局）综合处、业务处、通信报务处、技术处，市委保密委员会办公室（市保密局）综合处、技术检查处等职能处室。同时根据工作需要，设置机关党委、工会、妇委会。

【概况】　2012年，市委办公厅以“三服务”（为上级党委服务、为同级党委服务、为基层群众服务）为核心，以“三办”（办文、办会、办事）为重点，以“双提”（提高效率、提高标准）为主线，完成全年各项目标任务。

【辅助市委决策，出谋划策能力得到新提升】　一是协助市委谋划开展执行力亮剑行动。把省委提出的“三自”、“六不”要求细化为9个方面27条行为规范，谋划制定关于开展执行力亮剑行动的《实施意见》，起草市委书记许宁在动员大会上的讲话。《实施意见》和许宁讲话成为亮剑行动的基本遵循。呈报省委的专题报告、相关文件、动态信息多次得到省委主要领导和其他省领导的肯定性批示。承担执行力亮剑行动综合协调、工作指导、督促检查工作，制定出台会议制度、责任分工等5项制度，以及工作通报、工作会商等4项工作机制。为落实市委、市政府的《实施意见》，协调指导有关部门制定6个实施细则，编发简报174期，有力推动执行力亮剑行动的开展，使这项活动在全省叫响。二是协助市委召开十届三次、四次全会。牵头承担两次全会的组织筹备工作，深入调查研究，起草主题报告，谋划发展思路，指导制定5个配套文件。三次全会确定的深化科学发展，再造战略优势，建设京畿强市、善美保定的一系列重大举措得到全市普遍认同。为深入贯彻落实党的十八和省委八届三次全会精神，市委决定召开十届四次全会。市委办公厅牵头完成了市委主要领导的主题报告和讲话，起草了市委、市政府《关于全面建设成小康社会的决定》。全会确定的保定市提前建成小康社会、重返全省第一方阵的奋斗目标，极大鼓舞了全市人民加快发展的信心和斗志。三是协助市委、市政府抓好"7·21"抗洪抢险及灾后重建工作。面对突如其来的特大洪灾，市委办公厅迅速反应，按照领导要求，仅用半个小时就做好了市委常委（扩大）会议的组织筹备工作，为市委第一时间决策赢得了时间。市委办公厅相关人员随市委书记许宁考察灾情，帮助提出了10个方面需省委、省政府协调解决的困难和事项，得到了省委书记张庆黎、省长张庆伟的认可，为日后赢得全省对口支援保定奠定了基础。提前谋划起草许宁"8·2"讲话，极大地激发了全市人民灾后重建的信心和热情。抽调得力干部参与灾后重建指挥部办公室的工作，在建章立制、文稿起草、组织协调等方面做了大量卓有成效的工作，受到指挥部领导充分肯定。在灾后重建告一段落后，市委办公厅撰写了《在灾难中矗起历史丰碑——保定"7·21"抗洪救灾带给我们的几点思考》的全景式调研文章，在《保定日报》整版刊发，《大力弘扬"7·21"精神奋力夺取灾后重建全面胜利》的长篇回顾文章在《河北日报》刊发，在对救灾重建进行全面、系统总结的基础上，向全省、全市人民表明了市委、市政府的态度和决心，起到了鲜明的舆论引导作用。四是协助市委谋划部署十八大安保工作。根据省委、省政府一系列部署和要求，以及不同阶段的形势任务和工作目标、工作重点，牵头组织4次全市领导干部大会，起草市委主要领导和分管领导讲话，协助市委对十八大安保工作进行全方位、多层面、递进式安排部署。市委提出并严格执行的"三个非常"、"两个120%"、"四个第一时间"、"四铁"（铁的目标、铁的意志、铁的措施、铁的纪律）的刚性要求，强力推进了安保工作不断深入，受到省委书记张庆黎等省领导的高度评价。十八大期间保定市没有发生一起进京上访、滋事等问题，为全省十八大安保工作做出了贡献。五是协助市委谋划着力改善"两个环境"工作。对于这项重大决策，省委、省政府高度重视，决策出台前，省委专门举办理论中心组学习讨论会。办公厅起草许宁在会上的发言，提出着力改善两个环境是非资源地区加快发展的根本出路的基本观点，得到与会省领导的认同。省会议后，市委办公厅立即着手筹备保定市着力改善两个环境动员大会，代市委、市政府起草的《关于着力改善发展环境的实施意见》和《关于着力改善生态环境的实施意见》，提出了13个专项行动，许宁在大会讲话中提出"十个必须"的要求，这三个文件成为推动保定市改善"两个环境"的重要指导性文件。根据新的工作要求，对执行力亮剑行动办公室、着力改善"两个环境"办公室人员进行整合安排、统筹使用，制定工作规范、工作制度和工作机制，确保了人员及时到位，迅速展开工作。

【适应领导要求，以文辅政能力得到新提升】 2012年共起草、把关各类文稿750篇，比上年增加近40%。撰写调研报告32篇，5篇在省委办公厅《综合与调研》刊发，刊发数量居全省第一。编发《决策研究》57期，《决策研究呈阅》8期，《决策研究内参》3期，有效发挥了决策参谋作用。起草把关市委主要领导活动新闻稿318篇，比上年同期增加61%。撰写"宗吾"评论文章10篇，数量为历年之最。在《人民日报》、《光明日报》、《河北日报》等省以上主流媒体刊发许宁署名文章和市委重大决策稿件31篇，数量为历年最多。在《经济日报》刊发市委十届三次全会精神解读文章10篇，在近年来尚属首次。上报省委信息工作继续保持全省领先水平，正面信息采用量、《河北快报》头版头条采用量、市委书记言论采用量均居全省第一。报送市委信息由许宁书记批示肯定18次，同比增加1倍。审核制发各类文件、信函507份，其中，近三分之一的文件、信函均为连夜审核、制发，特别是保呈字文件制发数量比上年增加近一倍，确保了省委、省政府及时了解和掌握保定市工作情况。编印《市委工作通讯》12期，较好地发挥了传递市委声音、交流工作经验的作用。

【办好会务和活动，统筹协调能力得到新提升】 凡市委主要领导参加的会议和活动，办公厅全部介入指导、组织协调或直接办理；凡其他市委领导出席的会议和活动，办公厅相关服务处室都积极参与；凡遇有紧急情况或突发事件，办公厅干部职工无论是在一线还是后方，都昼夜值守。一是做好重要会议、活动的协调。全年组织筹备市委常委会、党政联席会及市四大班子联席会46次，协助市委领导召开协调会40次；直接承办全市性会议51次，协助指导其它会议60余次，协调市委领导参加各类活动300余次，未出现任何差错。二是做好市委重大公务接待工作。接待国家级领导人5批，规格连续三年达到最高。特别是元旦前夕在阜平接待中共中央总书记习近平，严格执行中央“八项规定”，精心安排，周密部署，得到中央办公厅和省领导的肯定和好评。接待省部级领导32批，比上年增加40%。尤其是省委书记张庆黎先后10次到保定调研、考察和慰问，接待平均准备时间仅为1天半，次数之多和准备时间之短是近年来没有的。接待各类考察、调研团组4500余人，比上年增加30%。完成第十四届中国科协年会保定承办工作，1人被评为全省先进个人，综合三处被评为全省先进集体。协助市领导谋划市、县党政领导接待企业工作，及时推动了市委重大决策部署的落实。三是做好市委重点工作协调。培树精品工作站816个，民情档案工作和工作站工作作为群众工作创新精品在全省推广。“金秋助学”活动直接资助困难学生468名，发放资助款234万元。完善“一卡通”助困模式，加大日常救助力度。保定市群众工作在全省处于领先位次，社情民意工作位居全省前列。

【服务维稳工作，应急处置能力得到新提升】 一是提供参谋服务。起草修改把关涉及信访稳定、民族宗教、防范邪教、社会治安等方面文稿200余篇。建立信访稳定工作月报制度，定期向相关市领导报告，提供决策参考。全年向省委办公厅上报《信访稳定工作动态月报》12期。以保呈字文件上报省委、省政府7次，省委领导批示3次，对保定的信访稳定和十八大安保给予高度评价。二是抓好协调调度。筹备组织调度会、协调会50次。参与做好“10·6”爆炸案、涉日维稳、涉军维稳、唐县死猪事件、烟草公司停尸事件、依棉问题、高碑店教师问题、望都“2·05”案件、曲阳“5·25”食品安全事件等处置服务工作，做到了参与有度，协调有力。三是全力做好跨区域案件协调工作。做到了有案必调、调必有果、件件落地。牵头组织相关人员深入100多个乡镇、200多个村和50多个市直部门，对落实十八大安保措施情况进行督查。派出9人分3个工作组驻雄县3个村，连续工作20天，为维护驻村稳定做出贡献。四是做好市委机关大院安保工作。规范大院门口信访接待程序，全年共接待、疏导、处置各类来访716起4977人次，编发《上访情况周报》44期。投资20余万元对监控设施进行升级改造。十八大期间，每天对机关大院进行防爆检测，发现并处置易燃易爆隐患4起。市委办公厅、市委机要局和综合二处、市委机关事务管理局保卫处被市委、市政府评为十八大安保工作先进集体，7人记二等功，10人记三等功，10人嘉奖。

【推动决策落实，督促检查能力得到新提升】 坚持“敢较劲、有韧劲、善言劲、利鼓劲”的督查原则，按照“事事有着落、件件必落实”的督查目标，创新工作思路，改进评价办法，真实有效督查，确保政令畅通，维护市委权威。全年牵头组织重大决策督查11次，督办市委常委会议定事项70件，是上年的2倍；承办省领导批办事项22项，是上年的1.5倍，办结率100%；承办市委领导批示件132件，比上年增加80件，办结率100%；承办省、市人大代表建议和政协提案55件，比上年增加21件，全部按期办结，市委督查室被评为政协提案先进承办单位。先后15次配合省委督查室对省委书记批示件进行实地督查，使批办事项迅速得到解决。首次将市委书记所有批示文件全部纳入督查落实内容，实行督办约谈制度、回访制度和督查事项落实评价制度，每一件事项完成后都对承办单位办理情况给予打分评价并计入本单位年度考核结果，同时函告承办单位主要负责人。督查工作的力度和成效得到省、市委领导的肯定，先后20余次做出肯定性批示表扬。

【精细高效服务，运转保障能力得到新提升】 公文运转，全年共办理省以上文件1380份，传阅办理请示报告类文件863份，收发各类文件、简报70余万件，公文运转效率提到近年来最快。《中办通讯》征订工作获全国、全省先进单位称号。值班工作，充实值班力量，改善值班环境，严格执行领导在岗带班、双人双岗值班制度，为专业化值班奠定了基础。办理值班报告280多件，紧急情况重大事件向省报告46次，没有发生瞒报、误报、漏报现象。在全市组织开展值班工作先进县（市、区）创建活动，12

个县（市）被省委办公厅评为优秀单位。密码工作被省委机要局授予“2012年度河北省党政系统密码工作先进单位”。保密工作，在全市范围内开展不间断拉网式保密大检查，实现了对全市门户网站进行实时监控。广泛开展保密宣传教育和知识培训，成立保密工作协作组，建立保密工作分类分片督导机制。《河北保密工作》刊发保定市信息、简讯数量居全省第一。加大投入，增添设备，随时检查，逐级签订保密承诺书，确保了厅机关保密工作万无一失，市委办公厅、市保密局被省评为保密工作先进集体，受到省委办公厅、省委组织部、省人社厅、省保密局通报表彰。信息化工作，拓展应用领域，为有关市委领导配备移动办公平台，确保外出期间能随时、随地批阅公文，这项工作在全省党政系统是首创。后勤工作，积极协调筹措资金，提高经费使用效益，市委机关事务管理局被评为2012年度市级财政预算编制优秀单位。规范车辆管理，完成历次市委重大活动的车辆保障工作。升级改造市委常委会议室硬件设备。改造机关大院老化路灯线路，定期对机关电梯进行维护保养，对大院车位进行改造，就增停车位68个，停车秩序明显好转，市委机关大院环境进一步改善。市委机关事务管理局被省直机关事务管理局评为2012年度实绩突出单位。

【打造和谐团队，机关建设管理得到新提升】 2012年是办公厅经历的最紧张、最忙碌、最负考验和挑战的年份之一。办公厅干部职工在高强度工作中得到了拉练和检验，一人当成三人用，每天按照分秒过，在一个硬仗接一个硬仗的战斗中，全厅一盘棋，上下齐努力，打遭遇战，打整体战，“白加黑”、“五加二”成为工作常态。坚持严爱并重，既不放松工作要求，又体现人文关怀，真正让干部职工心情舒畅地投入到工作中。2012年，市委办公厅被市委、市政府评为文明单位，被市委评为创先争优先进基层党组织。综合一处、综合五处、秘书处被市直机关工委评为优秀处室。一是“双提”带动激活力。按照秘书长李志刚提出的强化“五种意识”、实现“五个突破”、争创“六个一流”的总要求，在“双提”活动中，公文运转、会务组织、值班、公文制发、信息调研、督促检查、公务接待、后勤保障等方面做了30多个方面的改进。建立“三办”工作点评制度，既讲成绩，又讲差距，敞开说事，互相借鉴，学习提高。二是端正导向优环境。对涉及办公厅重大问题、重要决策，事先征求意见，集体讨论决定。调整充实为市委主要领导服务的综合文字力量，新增设综合六处。按照省委办公厅要求，加强了社情民意工作。全年提拔重用科级干部7人，处室交流干部10人次，基本做到了人尽其才。三是改进作风树形象。深入开展执行力亮剑行动，提出了一系列严格的纪律要求，勇于任事、埋头干事、善成大事成为办公厅干部的自觉追求。对市委的各项决策部署，做到第一时间传达学习，带头贯彻落实。选派3人到涞水县石圭村驻村帮扶，以帮扶的实际成效展示了办公厅干部的良好形象。四是主动服务显关爱。关心干部职工的切身利益，完成了153名住房未达标干部职工购房补贴审核公示工作。认真落实独生子女奖励政策，为符合条件的5人发放奖金1.5万元。为8名职工解决了子女入学问题。全面落实离退休老干部政策和生活待遇，定期走访慰问，保障老干部用车，并适时组织参观考察活动。积极组织干部职工参加“迎七一”演讲比赛、书画摄影展览、游泳、羽毛球、保龄球比赛等活动。组织女干部到重点项目建设现场参观学习，开展学习十八大精神研讨活动，调动了女干部的工作热情和干劲，妇委会被评为全省巾帼建功先进单位。

【推进党风廉政建设】 一是立足全局，搞好服务。全年起草市委领导有关党风廉政建设和反腐倡廉方面讲话10篇，审核制发相关文件4个。利用“书记热线”、“书记信箱”、“民生热线”、“民生直通车”等信息平台，协调解决群众反映的问题95件。以“两办”名义制定下发了全市公务用车使用管理实施办法，全面完成公务用车审核工作，对全市1162辆违规用车进行了处理。二是严格管理，强化预防。为防止不廉洁问题发生，及时提醒领导秘书、接待、督查等敏感岗位的工作人员，严格自律，秉公做事。在接待工作中，严格执行中央、省、市关于厉行勤俭节约、反对铺张浪费的有关规定，完善接待审批制度，对接待规格、标准、范围进行明确界定，实行定点接待。在后勤管理中，建立健全了财务管理、固定资产管理、经费使用等规章制度和办公用品消耗台账，对机关车辆、办公用品采购实行定点维修、采购。三是加强教育，匡正风气。始终坚持廉政、勤政两手抓，把开展党风党纪教育作为基础性工作，时刻提醒告诫，让干部职工真正树牢廉洁自律的思想防线，全厅干部职工没有发生违法违纪问题。在干部使用中，坚持德才兼备、以德为先，公平公正选拔，未出现跑、要、请客、送礼现象。

（金声久）

组织工作

【中共保定市委组织部】 中共保定市委组织部是市委主管组织工作和干部工作的职能部门。主要负责全市各级领导班子、干部队伍、基层组织和党员队伍建设以及人才队伍建设、干部考核等方面的工作。内设18个处（室）：办公室、机关党委（人事处）、研究室（政策法规处）、干部一处、干部二处、干部三处、人才工作处、干部监督处（举报中心）、干部培训处、公务员管理处、考核处、基层组织处、组织指导处、组织员办公室、干部信息管理处（干部信息管理中心）、交流干部服务处（机关老干部处）、新闻和网络宣传处、党员电化教育处（党员电化教育中心）。

部　　长　兰保良（12月离任）
　　　　　李双喜（12月任）
常务副部长　王月衡
副 部 长　张　莹（人事局局长、党组书记）
　　　　　乔玉忠
　　　　　张　健（老干部局局长）
　　　　　赵忠明
　　　　　范增振
　　　　　李习谦
　　　　　曹占军（援疆）

【概况】 2012年，认真按照全国组织部长会议和全省组织工作会议要求，以提高组织工作科学化水平为主题，以迎接十八大、学习贯彻十八大精神为主线，着力做好各项工作：一是坚持把深化干部人事制度改革作为推进执行力亮剑行动的重要突破口，成立专门小组，集中力量攻坚，重点在强化日常考核上下功夫，出台了《实施细则》，改进了考核方式，加密了考核次数，激发了干部队伍整体活力。二是组织部认真落实省委提出的《关于实施领导干部思想政治素质提升工程的意见》，强化教育培训，加强日常管理，严格干部监督，切实加强了换届后领导班子和干部队伍建设。三是认真按照中央基层组织建设年和省委加强基层建设年的要求，以创先争优活动和深化“提高年”活动为载体，抓规范、促提升，基层组织建设得到进一步加强。四是把服务和保障央企入冀和扶贫开发两项工作作为重点，抓实人才工作，支持鼓励高层次人才到保定创新创业，加强县域人才队伍建设，全面优化人才发展环境，为推进经济、社会发展提供人才和智力支撑。五是以“一迎双争”为主题，深化“讲重作”活动，召开了组织系统自身建设推进会，把强化组织系统考核突出出来，充分调动了全市组工干部学习、工作的积极主动性，全市组织系统自身建设取得了良好成效。2012年全市组织系统有11项工作受到省以上批示肯定，14次在全国、全省有关会议上作典型发言，全国组织工作满意度调查结果连续第四年保持领先位次，有3个单位和14名个人分别被省组部、省人社厅评为先进集体、先进个人和嘉奖人员，市组部研究室（政策法规处）被中组部、人社部评为“全国组织系统先进集体”。

【强化一线考察工作】 围绕省、市重大战略部署，强化对扶贫攻坚、央企入冀进保、基层建设年、城镇容貌整治等急难险重任务的一线考核，深入了解干部现实表现。“7.21”特大洪涝灾害发生后，在第一时间下发《关于在抗洪救灾中充分发挥党组织战斗堡垒作用和共产党员先锋模范作用的通知》，号召全市各级党组织、领导干部和广大共产党员迅速行动起来，积极投身到抗洪救灾和灾后重建工作中来。为在抗洪救灾和灾后重建一线发现干部、识别干部，专门制订了《关于对部分县领导班子和领导干部进行抗洪抢险专项考察的工作方案》，及时派出考察组，采取个别座谈、征求意见、实地查看等形式，全面深入了解干部的现实表现，作为干部任用和奖惩的重要依据，对其中表现突出的9名县级干部和7名科级干部，全部纳入市委和当地县（市、区）组织部门的视野，在下一步干部调整中给予重点考虑，对考察中发现的2名表现较差的干部，1名给予免职处理，并在全市通报批评，1名进行了诫勉谈话。

【实行市直单位民意调查】 从与民生联系紧密、直接服务基层的驻市行政服务中心的31个市直单位入手，进行了民意调查。将群众关心、关注，能够直接感受到的情况作为调查内容，将单位班子、县级干部和中层正职作为调查重点，将干部容易出现的问题概括为“工作时间不在岗”、“态度冷淡、说话生硬”、“办事拖拉、效率低下”、“故意刁难”、“办事不公道”、“不托人说情不办事”等九个方面，通过会议测评、随机走访等形式，直接征求社区居民、个体经营户、离退休干部等服务对象的意见，更加全面地掌握了单位和干部的真实情况。这次集中民意调查，先后召开测评大会14场，参会人员累计

1298 人，随机调查走访 251 人次，累计调查测评干部 1325 人。依据民意调查结果，对满意度较低的 4 个单位，约谈了领导班子成员；对反向测评得票较多的 4 名县级干部和 8 名中层正职，由单位主要领导进行提醒谈话，年终考核不得评为优秀。

【加强定期考核】　变定量指标的结果管理为过程管理，实行定期考核、动态监管。每季度召集有关市直部门，结合省考核保定市的定量指标，会商分析运行情况，对有关班子和干部及时提出预警。面对经济下行压力，会同市发改委制定了市重点项目“一月一通报、两月一考核”的定期考评制度，推动重大项目建设。以了解和掌握县级班子换届后运行情况为重点，就县（市、区）党政班子和干部存在的问题、“两头”干部情况以及县域经济、民生建设和维护稳定等工作情况进行了半年巡察，并以市委名义向各县（市、区）反馈了巡察意见。同时，进一步完善年度考核方法，在考核分类、指标设置、定档方式上作了有针对性的调整，特别是在考核方式上，实现了日常考核与定期测评、领导考评与群众评议、组织评定与社会评价相结合，进一步提高了考核结果的准确度和公信度。

【加强干部教育培训】　突出新任职干部的培训，共培训新任职副县级领导干部 102 人，正科级领导干部 340 人，全部完成年度培训任务。以科学发展和社会管理为主题，先后举办干部培训班 1077 期，培训 13.5 万人次。开办“名家讲堂”4 期，培训 780 余人。围绕服务“央企入保”抓培训，将驻保新央企中层以上管理人员纳入市委党校秋季主体班次招生范围。扎实推进农村基层干部“素质工程”，对乡镇党委书记、组织委员，新任村党组织书记等进行培训，累计开办 7 大类 11 个班次，培训基层干部 2568 人次。

【加强干部管理工作】　深入开展民主集中制教育，教育引导各级干部自觉遵守省委“约法八章”，在领导班子中深入开展谈心谈话活动。突出干部“德”的考察和了解，继续采取在 2011 年换届中全面推行的“反向测评”办法，更加客观地了解掌握了干部的缺点和不足，有效防止了干部“带病提拔”和“带病上岗”。“德”的反向测评办法作为创新案例，被中组部选入《全国组织工作改革创新案例集》。继续采取“五统五分”的方式（全市统一组织领导、统一程序步骤、统一组织笔试、统一组织面试、统一任前预审；县市区分别确定选拔职位和报考条件、分别制定方案和发布公告，分别组织报名和资格审查、分别组织考察、分别决定任用），连续第三年统一组织为县（市、区）公开选拔了 193 名副科级领导干部。在全市范围内公开选拔了市工商联主席。先后完成了 6 批次 116 名市管干部的任免工作。完成了县乡人大、政府和县政协换届有关工作。做好全市“四级联考”公务员招录工作，新招录 511 人，实现了录用过程的“零差错”。

【加强干部监督工作】　坚持教育在先、警示在先、预防在先，认真抓好县乡人大、政府和县政协换届严肃纪律工作，各县（市、区）换届风气评价为“很好”的比例均在 98% 以上，312 个乡镇换届风气评价为“很好”的比例均达到 100%。结合市直单位年终考核，对 97 家有用人权的单位开展了“一报告两评议”工作，708 名新选拔任用的科级干部接受了民主评议。健全查核专办制度，深入开展整治买官卖官专项行动，不断加大查核督办、追究问责、警示通报力度。畅通干部选任工作监督渠道，发挥“12380”举报电话、信访和网络举报的整体作用，共受理各类举报案件 70 余件。对 25 个县（市、区）和 3 个开发区贯彻执行《干部任用条例》情况进行了检查，对有关县存在的问题进行了督促整改。

【认真开展加强基层建设年活动】

按照省委部署，在全市开展了以“强班子、促发展、惠民生、保稳定”为主题的加强基层建设年活动，建立了 288 个领导干部联系点，选派 1923 名机关干部深入 643 个村抓帮扶，驻村工作队员严守纪律，踏实工作，紧扣“十件实事”抓推进、抓落实，在全部或超额完成省委规定动作的同时，还积极做好自选动作。全市累计投入资金 9.7 亿元，确定的 9071 个帮扶项目全部完工。通过加强基层建设年活动，夯实了基层基础，提升了干部能力，统筹推进了各项工作。

【深入开展“交友连心”活动】

为促使干部在服务群众的实践中接受教育、锤炼作风、提高能力素质，进一步密切党群干群关系，在全市深入开展“交友连心”活动，通过谈心交心、走访慰问、劳动实践、扶贫解困等方式，组织 1.8 万名领导干部与基层干部群众交朋友，带动基层干部与 130 万名群众结成交友对象。活动开展以来，各级干部与群众谈心 60 多万人次，走访慰问困难群众 5.4 万名，帮助解决实际困难3.7万件。交友连心活动进一步深化拓宽了联系服务群众的范围和渠道，为有效提升干部的素质和能力搭建了新的平台，取得了良好的社会效果。新华社《国内动态清样》、人民日报先后刊发了保定市的做法，原中组部主要领导和省委领导给予了批示肯定。

【深化“基层组织建设提高年”和创先争优活动】 结合石家统样板和基层实践经验，总结提炼了“五个规范化”建设模式，组织召开现场会，在全市进行了推广，中央、省组部领导给予高度评价，省组部以专报形式将保定市《实施意见》全文转发。在此基础上，研究制定了“规范化”建设规划，按照“第一年抓六分之一、第二年抓2500个村、第三年全覆盖”的思路，分步推进农村党组织规范化建设，年底前率先完成了全市六分之一、1160个村的规范化建设。继续推动大学生村官管理规范化，抓好社区和非公企党建工作。深化省委提出的“四项机制”，重点抓实“双对标双承诺”活动，进一步活跃创先争优局面。每个县（市、区）再次明确对标措施和赶超责任，力促县域经济实现较大跨越，社会形势实现持续稳定。村党组织和农村干部就任期和年度职责目标作出了承诺，党员结合岗位实际作出了“一句话承诺”。

【引导党员在抗洪重建一线发挥先进模范作用】 选派精干力量深入涞源、涞水、易县重灾区一线，深度发掘基层党组织和党员典型，在《基层组织建设工作简报》中开辟“党旗在这里飘扬专题，连续刊发16期；并撰写详实的先进事迹文章向主流媒体投稿，《人民日报》和《保定日报》分别以“筑起冲不垮的堡垒”和“洪水前筑起坚强的堡垒风雨中挺起不屈的脊梁”为题予以报道。抗洪救灾期间，《河北日报》累计报道保定市基层党组织和党员先进事迹47篇；《保定日报》开设“来自抗洪抢险一线的报道”专栏，累计报道76篇；人民网、新华网等主流网络媒体累计刊载抗洪救灾网评文章22篇，长城论坛等省级网络媒体刊载66篇。全市在抗洪救灾中涌现出的11个基层党组织和11名共产党员受省级表彰，17个先进集体、176名个人受市级表彰。

【做好农村“两委”换届工作】 把选好配强村党组织书记放在突出位置，进一步细化“五选一不选”标准。扩大民主选举方式，村党组织换届全部实行“两推一选”办法，91%以上的村委会换届实行了自荐直选。全市6207个行政村，村党组织全部完成换届任务，村委会换届完成率达99.9%，分别比上届提升了0.4和0.6个百分点。

【服务保障央企入冀和扶贫开发工作】 承办了“服务保障省委省政府重点工作推进会”，并按照会议要求，制定了保定市服务保障央企入冀和扶贫开发工作两个专件。组织开展了进保央企“大走访”活动，对企业反映的问题，实行“责任捆绑”，强化落实力度；实施了重点产业企业人才素质提升工程，举办了重点骨干企业、成长型企业董事长或总经理培训班。从市县乡选派了490名干部驻村进行扶贫帮扶，组成联合走访组，对重点县434个贫困村逐村问效，针对贫困村的困难和需求，加大协调解决力度。

【进一步加强人才工作】 推进实施重点人才工程，完善科学发展的人才工作领导体制和运行机制，健全符合改善“两个环境”要求的人才政策体系。将年度工程目标任务、推进措施、完成时限及责任部门落到实处，加强督导调度。深化“对接京津”战略，推进地校合作，组织开展“两院院士走进保定，红色西部行”等活动。加大重点领域和产业人才培养引进力度，制定了保定市引进高层次人才的意见，吸引包括央企人才在内的各类高层次人才到我市创业。进一步扩大“院士工作站”的建站数量，向省推荐符合建院士工作站条件的企业4家，为培养引进高层次科技型和创新型人才搭建了平台。扎实做好“巨人计划”创新创业团队和领军人才申报推荐、组织初评工作。继续深化农村实用人才创业示范活动，重点抓好示范乡镇和示范村创建。组织开展了“人才工作宣传月”活动。

【干部信息管理工作】 进一步加强干部人事档案管理工作，审核认定调任人选人事档案和副科公选人员人事档案干部身份。完成了干部人事档案专项核查整治工作相关情况的统计上报工作，根据省组部全省县乡干部身份专项核查治理工作会议精神，对全市县乡干部身份专项核查治理工作进行安排部署，并定期督导进度。做好档案日常管理工作。制定了“大组工网”运行规范管理制度。对部机关互联网络系统进行了严格自查，加强了信息网络安全保密工作。做好部机关网络系统的维护和技术服务工作。

【交流干部服务工作】 整合交流干部的服务资源，将全市交流干部的成员单位由过去的5个增加到18个，协调市属医院开辟了交流干部就诊就医的“绿色通道”，建立了交流干部“12349”紧急救助服务平台，将全市下基层干部纳入市县两级服务范畴并提供应急服务。将走访慰问工作常态化，在市老干部局进行的“背靠背”测评中，市组织部老干部工作满意度为100%。

【组织史资料续编工作】 利用5个月时间先后四易其稿，对《河北省组织史资料（第四卷）》（保定部分）进行了编纂。同市委办公厅等20个参编单位签订了质量保证终生责任书，将征集各个环节纳入质量保证机制。

【党员电教工作】 编辑制成《农村基层党组织百面旗帜创建示范典型》专辑，下发到各县（市、区），并在保定电视台“培树农村基层党组织百面旗帜”专栏展播。为纪念党成立91周年，组织拍摄制作了16个先进基层党组织和优秀共产党员专题，在市电视台开办“为党旗增辉”专栏，集中播出。积极发挥远程教育主阵地作用，在市农村党员干部现代远程教育播出平台开设了“十八大专栏”，上载党史教材等课件12部，宣传展示党的伟大历程。编辑制作反映党员干部在抗洪抢险工作中冲锋在前、发挥先锋模范作用的新闻专题4部，精心打造了反映全市抗洪救灾及灾后重建的专题片《洪峰浪尖党旗红——保定市基层党组织和广大共产党员“7.21”抗洪救灾纪实》。与省远程教育办联合制作的《不可磨灭》专题片，在2012年河北省第17届影视艺术“奔马奖”评比中获二等奖。

【宣传调研信访工作】 制定出台了新的信息工作考评办法，建立实行季度通报制度，举办了全市骨干信息员培训班。上报信息被中组部信息刊物采用18条，被省委信息中心刊物采用4条，省组部信息刊物采用95条。认真做好内刊编辑工作，编发《保定组工通讯》20期，《保定组工信息》90期。承担一个中组部下发课题，两个省下发课题，并协调确定了18个重点调研课题，下发各县（市、区）。《竞争性选拔干部问题研究》课题报告，由于贴近中心，质量较高，分别被省党建所和省组部评为一等奖。按照省、市委稳定工作会议精神，扎实开展了全市组织系统信访工作“攻坚月”活动，通过创新举措，狠抓落实，加强督导，严肃问责，取得了明显成效。

【全面加强组织部门自身建设】 为健全组工干部考核评价机制，制定出台了《关于深入开展执行力亮剑行动进一步加强组织系统自身建设的意见》与《机关科级以下干部年度考核试行办法》、《县（市、区）委组织部年度工作考核评价试行办法》、《市直单位组织人事（干部）处年度工作考核评价试行办法》，对考核重点、考核方式、考核结果运用等作出了明确规定。加强对机关干部平时工作的考核记录，专门制发了《平时考核纪实册》，要求干部记录工作完成情况，作为年终考核的重要依据，实行处室工作周报制度。举办了处长讲堂、业务骨干谈心得、年轻干部演讲，计算机操作技能竞赛、“五星评比”、创新成果展示评选、学习贯彻十八大精神“问计调研”等一系列活动。组织全体机关干部、各县（市、区）委组织部、市直单位组织人事（干部）处随机抽取的人员进行业务考试。

（梁建杰　张银平）

宣传工作

【中共保定市委宣传部】 中共保定市委宣传部是市委主管意识形态工作的综合职能部门。负责协调指导全市理论武装、新闻舆论、文化艺术、精神文明创建、思想政治、国防教育等方面的工作。机构设置：办公室、调研舆情室、理论处、新闻一处、新闻二处、文化艺术处、文化市场综合执法协调指导处（市扫黄打非协调督查办公室）、宣传教育处、干部处、文化体制改革和文化事业开发办公室、机关党委，市委对外宣传局（市政府新闻办公室）：综合联络处、事业处、网络宣传管理处，市精神文明建设委员会办公室：协调处、综合调研处、未成年人思想道德教育与志愿服务指导处，国防教育领导小组办公室，保定市思想政治工作研究会。

部　　长	李国英
常务副部长	张刚强
副 部 长	房振杰
	赵其国
	王淑彦（女）
对外宣传局局　　长	刘力权
文明办主任	赵其国（兼）

【概况】 2012年，以“建强市、促和谐、迎接党的十八大”为主题，以执行力亮剑行动为抓手，深入开展“效能全面提升年”活动，组织实施“十二项重点活动（工程）”，坚持把宣传工作摆到大局中去把握、去推进、去引领、去超越，在宣传发动上追求广度，在宣传创新上追求深度，在宣传成果上追求高度，在宣传氛围上追求浓度，全面推进各项

工作提高水平、提升实效，为建设“京畿强市、善美保定”提供有力的思想保证、舆论支持、精神动力和文化条件。主要做了以下六个方面工作：1、以迎接学习宣传贯彻党的十八大精神为重点，扎实推进理论武装工作；2、以大力提升保定良好外在形象为目标，新闻宣传工作得到进一步加强；3、以“善行古城、文明保定”为载体，精神文明创建取得明显成效；4、大力实施文化强市战略，文化建设工作迈出新步伐；5、以“十要十不要”为抓手，宣传管理工作不断完善；6、以推进作风和能力建设为目的，宣传干部队伍呈现新面貌。

【理论工作】 扎实推进理论学习、理论宣传、理论研究，用党的最新理论成果武装头脑，指导实践，推动工作，增强贯彻落实科学发展观的自觉性和坚定性，为建设“京畿强市、善美保定”打下坚实思想基础。强化理论中心组学习。突出县处级以上领导干部这个重点，强化中心组“领学”、组织领导干部“述学”、进行专题“考学”、综合打分“评学”、深入基层“督学”等五项举措，切实抓好理论学习。组织各级党委（党组）理论中心组（扩大）成员深入学习党的十八大、省委八届三次全会、市委十届三次全会和全市“优化两个环境”动员大会精神，统一思想，凝聚力量。推进学习型党组织建设。进一步创新学习方式，健全学习制度，充分发挥“保定学习讲坛”、“百课下基层”等学习品牌的作用，不断推进学习型党组织建设常态化。组织开展了全市“千名书记讲党课”活动，向省委宣传部推荐了3篇优秀党课教案和3名先进个人。开展理论研讨活动。成功组织召开市委十届三次全会精神理论研讨会和执行力亮剑行动理论座谈会，开展执行力亮剑行动理论研讨会主题及“弘扬西柏坡精神与保持党的先进性”理论研讨会征文活动，成功召开全市社会科学工作会议。组织党的十八大精神学习宣传。采取多种形式和方式，精心组织，强力推进。突出抓了实施一场主题宣传战役、组织一轮学习培训、抓好一系列集中宣讲、推出一批研究阐释成果、开展一系列网上宣传活动、选树一批先进典型、打造一批精品力作、搞好一批群众文化活动、深化一项主题教育活动、推动一次大调研活动等“十个一”活动，帮助广大干部群众理解、掌握和运用党的十八大精神。

【新闻工作】 始终把贯彻落实中央和省委省政府、市委市政府重大决策部署，推动科学发展作为工作主线，牢牢把握团结稳定鼓劲的舆论导向，积极打好主动仗，全力唱响主旋律。对内宣传坚持围绕增强信心，凝聚热爱保定、宣传保定、建设保定的合力；对外宣传坚持围绕塑造形象，营造关注保定、支持保定、投资保定的氛围。突出建设“京畿强市、善美保定”这个鲜明主题，先后组织了执行力亮剑行动、市委十届三次全会精神、基层建设年、扶贫攻坚战、城市环境整治、抗洪抢险救灾和灾后重建等宣传战役，取得了良好宣传效果。特别是在“7·21”抗洪抢险中，新闻报道及时有效，发挥了重要作用，受到上级领导和社会各界一致好评。省委常委、宣传部长艾文礼批示：“掌握主动，应对及时，始终弘扬主旋律，应认真总结。”市委宣传部先后受到省委省政府和市委市政府的通报表彰。对外宣传保定工作取得明显成效。着眼树立善美保定形象，不断加强与上级媒体联系，整体策划、选题对接，主动提供新闻素材和报道线索，形成了正面宣传保定的舆论强势。全年共接待各级各类媒体记者1000余人次，采访县（市、区）、市直部门300多次，在中央、省主流媒体刊播稿件5240余篇（条），同比增长49%，进入全省前三名。同时，围绕香港中国电谷推介会、厦门投洽会、廊坊经贸洽谈会、深圳高交会等重大活动，开展集中宣传，大力推介保定市新能源、汽车制造、文化产业的发展状况，宣传保定的良好投资环境。全年共办调8批43名境外媒体记者来保采访，在境外媒体刊发稿件161篇。重视外宣品制作发行工作，共制作外宣品500多种、10万多册（盘），提高了对外宣传保定的品位。

【精神文明建设工作】 按照叫得响、常态化、带好头、树典型的要求，着眼于意在善、贵在行，精神文明建设活动形式多样，内容丰富，影响深远。开展“善行古城、文明保定”学雷锋主题道德实践活动。出台了《关于广泛开展“善行古城、文明保定”学雷锋主题道德实践活动实施意见》，组织“善行古城、文明保定”学雷锋主题道德实践活动启动仪式，召开学雷锋活动主题座谈会。组织开展学雷锋志愿服务活动和“月评雷锋式保定好人”活动。制定《学雷锋活动宣传方案》，在新闻媒体开设学雷锋专题栏目。制定下发了学雷锋活动宣传口号，利用社区宣传栏、LED电子屏、公益广告等方式加强对学雷锋活动宣传。扎实推进公民道德建设工程、开展评选公民道德标兵活动。举办研讨会、座谈会，在主要媒体开办道德建设栏目，开展“道德建设网上谈”活动。深入挖掘、大力宣传各个领域道德建设先进典型，编辑出版图书和报告文学，组织“道德模范故事汇”市级巡演和“雷锋精神学习宣传日”活动。深入开展“我推荐、我评议身边好人”和“做一个有道德的人”活动，21位保定人登上中国好人榜，3人当选十大感动河北年度人物、2人当选七大河北时代楷模，均位居全省第一。组织开展道德领域突出问题专项教育和治理。大力实施未成年人思想道德教育“十百千万”工程。推进乡村少年宫项目建设。筹备建设保定市未成年人心理健康维护中心。组织开展以“爱祖国、爱家乡”为主题的网上祭英烈、向国旗敬礼、童声里的中国、中华是我家优秀童谣征集传唱系列活动；组织开展以“爱父母、敬师长”为主题的文明小博客评选活动；开展“十佳百优”文明校园、文明班级、美德少年评选活动。开展全国文明城市创建活动。以“十城联创”为总抓手，围绕“着力改善发展环境、着力改善生态环境”，不断深化文明单位创建活动，突出抓了重点地区、窗口行业、窗口单位的创建活动。筹划成立保定市精神文明建设研究中心，开展新时期保定主流人文精神大讨论活动，在全市叫响了“崇信、重义、尚和、争先”的新时期保定精神。协调市文明委成员单位开展文明道德实践活动，在全市组织开展了“我为创建文明城市做奉献”活动和文明创建志愿服务活动。通过搞宣讲、做培训、发资料等多种形式，大力倡导文明言行、普及礼仪知识、宣传文明理念。开展学习宣传道德模范和身边好人活动。组织各级道德模范组成巡讲团，深入社区、村镇、企业、学校、机关等基层单位开展巡讲活动。组织了“保定好人”亮相公交站台工作。在市区主干道公交站点设立“保定好人”宣传展板，介绍河北农大9301班毕业群体、全国道德模范提名奖获得者时翠平及市道德模范李红旗等10人的优秀事迹。组织开展了“刘伶醉”杯善美保定人评选、长城杯“文明市民”宣传表彰工作。重大典型宣传取得突破，“油条哥”刘洪安的先进事迹在全省、全国引起强烈反响，赢得广泛赞誉，充分展示了“善美保定”的新形象。中央文明办领导、省委书记张庆黎、省委常委宣传部长艾文礼给予批示表扬。省文明委下发决定开展向诚信“油条哥”刘洪安学习活动。组织开展了《只为一个永远的约定》河北农大果树9301班优秀毕业生群体先进事迹报告会全省巡演和7·21抗洪先进事迹全市巡演。开展“惠在何处、惠从何来”宣传教育活动。选调熟悉党的惠农政策、具有一定理论水平、热心宣讲工作的社会各界人员成立12个惠农政策宣讲团，采取面对面宣讲、党委书记讲党课、组织报告会、送理论下基层等多种形式开展宣讲工作，取得扎实成效。开展“西柏坡精神”主题教育活动。以“弘扬西柏坡精神”为主题，组织广大党员干部开展了“三学三看”活动，并举办“西柏坡精神”大讲堂。结合推动红色旅游发展，组织党员、干部、群众和青少年，开展“弘扬爱国主义精神——红色之旅在保定”爱国主义教育基地巡访学习活动。组织开展了立足岗位作贡献竞赛、与贫困家庭结对帮扶等活动。在市主要新闻媒体开辟“西柏坡精神大家谈”专栏，组织征文，印发宣传图片，拍摄电视政论片，深入挖掘、推出了一批“做西柏坡精神传人”的先进典型，在全市上下广泛营造出了学习践行“西柏坡精神”的浓厚氛围。

【文化建设工作】 坚持“虚”功“实”做，“文”活“武”练，“软”实力“硬”打造，文化强市建设加快推进。文化惠民力度加大。在抓好关汉卿大剧院、市博物馆等标志性文化设施建设的同时，积极推进基层文化设施建设。实现了市图书馆、博物馆和群艺馆的免费对外开放，积极向上级申请“流动舞台车”10台、价值360万元、占全省指标数的19%；为乡镇文化站申请配套设备101套、价值505万元、占全省指标数的40%。积极协调河北出版传媒集团为涞水县“农家书屋”捐赠了价值200万元的图书、报刊和电脑。提前三个月完成建设农家书屋803家（居全省前列）、乡镇文化站41个、为632个农村党员远程教育基层点完善配套设施的任务。加快三个重灾县受损乡镇文化站建设，建成乡镇文化站7个。扎实开展了彩色周末和元旦春节期间系列文化活动，组织了空竹艺术节、狼牙山登山节、保定古城戏剧节、民俗体育节等节庆活动，极大地丰富了人民群众的文化生活。文化体制改革不断深化。6个文艺院团成功转企改制，注册成立了保定菊芳演艺有限责任公司。文联《青少年文学》杂志社和保定广播电视报社改革任务顺利完成，获全省非时政类报刊出版单位文化体制改革工作先进单位。河北影院、百花、人民剧场完成改造任务，正式营业；红星影院改造积极推进。保定市再次被评为“全国文化体制改革先进地区”。文化产业发展步伐加快。出台了《关于实施文化引领战略建设文化强市的意见》。谋划一批文化产业项目，成型65个，其中11个项目列入2012年河北省文化产业重点项目候选项目。巨力影视传媒有限公司、曲阳宏州石业有限公司、曲阳定瓷有限公司、易县易水砚有限公司4家企业申报了国家“文化企业30强”。河北野三坡神悦文化传播有限公司被文化部命名为第五批国家级文化产业示范基地。曲阳县入选河北省文化产业“十强县”、曲阳雕塑文化产业园入选河北省“十大文化产业聚集区”。投资60.5亿元的河北实甫文化产业创意园区在深圳文博会上签约。文化精品生产成果丰富。话剧《约定无期限》获第三届中国校园戏剧优秀剧目奖，在清华大学、首都师范大学、中央民族大学、河北省高校和全市各县（市、区）组织演出达百余场，中央和省市领导对该剧予以高度评价，创造了保定文化史上的奇迹。成功举办电影《一诺千金》首映式和“善行河北、善美壮歌——保定市‘7·21’特大洪灾纪实”摄影展。成功举办“7·21”抗洪救灾大型募捐晚会，筹集善款1.07亿元，出版图书《战洪图》。积极筹办“英雄河山、善美保定”首届中国·保定（北京）摄影展。继续做好电视剧《直隶风云》、《直隶商号传奇》，电影《白石山下一家人》、《张寒晖》，舞台剧《荆轲与秦王》的创拍和文学作品《中和之家》、《白妮》的创作工作。

【宣传管理工作】 按照省委常委、宣传部长艾文礼提出的“十要十不要”，采取有力措施，加强宣传思想文化阵地管理工作。严格落实新闻管理制度。认真落实新闻例会制度、重大活动宣传管理制度、重要新闻稿件审阅制度、新闻协调会制度、考核奖惩制度。认真落实监督措施，坚持每天收听收看新闻，及时发现问题、及时纠正问题。认真落实上级有关新闻报道指示要求，定期不定期下发《报道提示》。制定《保定市关于进一步规范新闻采编工作的实施办法》，开展规范新闻采编秩序学习教育活动。组织检查考试，把考试成绩作为新闻从业人员资格的重要内容，作为年终工作考核及年度优秀编辑记者评选的重要条件。切实加强网络舆情监控工作。成立互联网新闻研究中心，投资120万元购置设备，开设专用机房，建立互联网监控分析系统，坚持24小时进行网上巡查，建立网络舆情分析研判及网络舆情专报、日报、直报制度。先后向市委市政府报送《网络舆情专报》138期，下发《互联网舆情预警通知单》90期。积极做好网上舆论引导，组建了由1万多名机关工作人员、优秀教师、青年学生和新闻媒体工作人员组成的网络义务监督员队伍，协调本地网站删除负面有害信息主贴220多条，跟帖7200多条。深入做好突发事件舆论应对工作。牢固树立维稳意识，积极化解热点问题，全力应对突发事件。坚持在第一时间到达事发现场、发出权威信息、控制舆论制高点，在维稳工作中发挥了积极作用。在望都“2·05”杀人案、唐县及涿州爆炸案、白沟拉杆箱厂“虐童案”、曲阳食物中毒、白洋淀死鱼等事件的处置过程中，工作迅速、敏捷、果断、有力，特别是南市区五尧乡“10·6”爆炸案舆情应对工作及时有效，受到市主要领导充分肯定。扎实做好文化市场管理工作。面对迎接党的十八大召开的特殊要求，立足于特殊年份、特殊区位、特殊使命，大力组织实施文化“护城河”工程，坚持日常监管和开展专项行动相结合，采取横向到边、纵向到底、上下联动、综合治理的做法，深入开展“扫黄打非”，集中组织了“查封反制香港政治性有害出版物”等3个专项行动，查处了一批大案要案，净化了文化市场。全市共出动执法人员1.5万余人次，检查文化市场经营场所8000余家次，收缴违禁出版物6万余册，查处案件29起，受理各种举报46起，办复率100%。

【队伍建设】 按照“学习、创新、争先”的要求，不断加强宣传文化系统领导班子和干部队伍建设，宣传文化干部的政治素质、思想素质和业务素质进一步提高。认真组织参加省委、市委组织的“创先争优”、“执行力亮剑”活动，严肃纪律、振奋精神、转变作风，提升了宣传文化干部的执行力、创造力和战斗力。组织县（市、区）委宣传部长参加中宣部组织的县级宣传部长培训班3期，组织全市县（市、区）常委宣传部长、主管文化副县长50余人参加全省宣传部长培训班。组织部机关副县级以上领导干部参加全市县处级干部学习党的十八大精神专题研讨班4期。稳步实施“古城文化名人培育工程”，注重加强基层宣传文化队伍建设，督促乡镇（街道）和文化站（所）推进编制、人员、岗位、经费“四落实”工作。不断深化“走转改”活动，新闻采访作风得到明显转变，涌现出了一批先进典型。认真抓好调查研究和舆情信息工作，推出一批有分量的调研成果，及时向上级报送大量舆情信息，被省委宣传部采用516篇、被中宣部采用218篇，继续保持在全省的先进位次。

（刘亚辉）

统战工作

【中共保定市委统战部】 中共保定市委统战部是市委主管统一战线工作的职能部门。主要职责是联系各民主党派和无党派代表人士，搞好多党合作和政治协商；落实党的民族宗教政策，做好少数民族干部的培养和举荐工作；联系海外工商社团及代表人士，做好台胞台属工作；做好党外人士的政治安排和实职安排；联系市工商联做好非公有制经济人士的思想政治工作；搞好统战理论宣传。内设办公室、研究室（宣传办）、一处（民主党派、工商经济）、二处（民族宗教）、三处（港、澳、台，海外联络）、四处（干部、知识分子）、党总支（老干部室）、综合处、交流交往处、经贸处。台湾同胞联谊会挂靠统战部。

部　　长　王惠欣（女）
常务副部长　周　刚
副 部 长　董桂武　王连水

【概况】 2012年，全市统战工作秉持“同心、民主、包容、共赢”的核心理念，牢牢把握大团结大联合的主题，紧紧围绕建设京畿强市、善美保定这个中心，以一个好的精神状态，一个好的工作作风，着力探索体现时代特色、保定特点的统战工作创新发展路子，为全市深化科学发展、再造战略优势做出了积极贡献。

【巩固团结奋斗的思想政治基础】 以“五一口号”发布64周年为契机，组织市各民主党派班子成员和无党派代表人士，举行“保定市统一战线传统教育基地”揭牌仪式，重温“五一口号”、参观了晋察冀边区革命纪念馆、召开“同心”思想座谈会。根据中央4号文件和省委9号文件，起草《中共保定市委关于加强新形势下党外代表人士队伍建设的实施意见》（保发［2012］12号）。制定下发《中共保定市委统战部关于在党员领导干部中开展同心教育实践深化交友联谊活动的实施方案》。按照德才兼备，以德为先的原则，严格程序、严格标准，在全市党外干部中公开选拔了市工商联主席。举办各类党外代表人士培训班55期，培训人员达1400多人次，统战干部培训班20期，培训160人次，推荐1名副县级党外干部参加省委统战部组织的挂职锻炼，提高了党外代表人士政治把握、组织协调、参政议政和合作共事能力。

【为全市跨越崛起凝聚智慧力量】 全年共提提案238件，大会发言5件，30篇提案被评为优秀提案。指导市工商联组织召开两次百余家涉外企业参加的中澳经贸洽谈会。加强与工商银行、华夏银行、邮政银行等金融机构的联系。举办“2012保定·海峡两岸美食文化节”。在保定（香港）中国电谷·中国汽车城推介会上，邀请台湾区电机电子工业同业公会、中华中医药生技国际发展协会等20余家知名企业到会，共引进合资项目5个。促成市政府继续与台湾区电机电子工业同业公会签订“战略合作框架协议”、与台湾蓝天电脑集团在保定投资“百汇（保定）IT电子广场综合体”的意向，台商投资唐县陶瓷工业园、容城服装研发中心等项目洽谈磋商。邀请台湾永大集团、五洲国际集团代表到保定大王店工业园区台商产业园，就在该区发展文化产业，建立动漫产业“电子交易中心”、建立动漫学院、华夏艺术学院等投资项目实地考察。

【民族宗教领域和谐稳定】 组织协调各地和有关部门对全市宗教活动场所进行安全隐患检查，配备更新安防设施，完善安全稳定制度。开展清真食品市场大检查活动，妥善处理多起清真食品“不清真”问题。加强对宗教事务的依法办理，依法制止多起乱建宗教活动场所、非法聚集和境外宗教渗透活动。积极帮助宗教团体及时发现和解决实际问题，为宗教团体解决了部分办公经费。组织开展对宗教工作领导干部、宗教工作干部、民族宗教界人士等民族宗教政策法规大培训活动，办班18个，培训1500多人。指导各地党政领导与当地爱国宗教人士建立交友谈心制度，开展一对一、几对一、谈心式、探讨式等多种形式的思想教育活动。组织指导全市宗教界深入开展“弘扬爱国爱教、共建和谐保定”主题教育活动，积极参与社会公益事业，各宗教团体为“7·21”洪涝受灾地区捐款捐物万余元，捐资助教6.4万元。组织指导市伊斯兰教协会开展解经比赛，开展民族团结进步教育。在美国出现“辱教”电影、法国出现“辱教”漫画引发国际伊斯兰教界强烈反应的情况下，未出现不稳定问题。

【搞好统战宣传扩大统战影响力】 全年收集各类信息600余条，编辑《统战信息》12期，上报省委统战部信息近300条，被《河北统战动态》、相知网站等采用160余篇（条），上报6篇建议信息，被中央统战部《零讯》采用2篇。上报工作汇报3篇，被中央统战部《每日汇报》采用1篇，被省委统战部评为信息工作二等奖。制订《2012年保定市统一战线理论研究课题计划》，上报省委统战部优秀案例6篇，创新成果5篇，获创新成果奖3篇。积极强化内刊宣传影响力，编发《保定统战》4期，发稿14篇，被中央统战部宣传办和中国统一战线杂志社评为宣传先进单位。

【扎实推进基层建设年活动】在基层建设年活动中，选派6人组成2个工作组，多方争取协调建设资金和项目投资共计850余万元，实施基层组织建设、街道硬化、卫生室建设、垃圾处理、资源共享、村庄规划、危房改造、一村一品等10件事。作为帮扶集团牵头单位，先后两次召开帮扶集团成员会议。在阜平县招收50多名初高中毕业的待业青年进行定点培训、定岗定位。积极协调中华海外联谊会，争取资金70万元，为帮扶村协调善款3万余元，定制新课桌椅1770套，组织爱心人士与15名特困学生开展了“结对子活动”，投资6万元为阜平县董家口村安装了30多盏照明灯，新建和改扩建了包括帮扶村在内的14个村卫生室。

（窦建强）

农村工作

【中共保定市委农村工作委员会】市委农工委是市委主管农业和农村工作的综合职能部门。在市委的领导下，对全市农业农村工作实施宏观谋划、综合协调、政策研究、督促检查。内设办公室、综合处、农村改革处、农村经济处、新农村建设指导处、城乡统筹指导处、政策调研处、干部人事处、监察室、机关党委、机关事务所等11个处室。

书　　记　王惠欣（女）
常务副书记　刘会恩（女）
副 书 记　李国星
　　　　　段　军（女）
纪工委书记　郝贵良

【概况】2012年，围绕建设“京畿强市，善美保定”总要求，始终坚持以科学发展观为指导，以“一产抓特色”为总揽，以转变农业发展方式为主线，认真落实中央、省、市关于“三农”工作的一系列决策部署，攻坚克难，勇于开拓，完成各项任务目标。中共保定市委农工委被省委农工部评为河北省2012年度农业农村工作综合优秀单位，新农村建设优秀单位，农业产业化、农村基层民主政治建设、农村信息工作优秀单位。

【会议部署】3月26日，市委、市政府召开全市基层建设年暨农村水利人口计生工作会议，市委书记许宁就开展好基层建设年活动，认真做好农村、水利和人口计生工作作重要讲话。市长李谦就农村、水利和人口计生工作做出具体安排部署。会议由市委副书记王晓栋主持，市领导常增月、刘颖、王惠欣、兰保良、石海林出席会议。

【做大做强农业产业化龙头企业】认真做好龙头企业的认定与监测工作，2012年认定市级以上重点龙头企业292家，其中省级44家，国家级2家，直接带动农户136万。全市农业产业化经营总量达到659.6亿元，同比增长13.9%以上；农业产业化经营率达到63.5%；市级农业产业化重点龙头实现销售收入270亿元以上，比上年增长15%以上。

【突出抓好农业产业化项目建设】全市共确定“111行动计划”230个，其中投资亿元以上的重点项目55个，投资5亿元以上的21个，投资10亿元以上的项目10个，总投资额239.3亿元。2012年完成投资66.38亿元，同比增长10%以上。新开工项目55个，竣工项目58个，其中完成亿元以上大项目13个。全市农业产业化项目招商引资成效明显，签约项目29个，协议引进资金61亿元，超额完成年内实现引资额20亿元的任务目标。

【积极推进农产品生产（加工）基地和“一村一品”专业村建设】积极发展壮大重点龙头企业集群，大力推进原料生产基地建设，全市规模农产品生产（加工）基地已发展到127个。扎实推进“一村一品”专业村建设。全市符合农业部“一村一品”标准的专业村发展到370个，比上年增加1个村，专业村主导产业从业农户13.85万户，户年人均纯收入达到8097元。全市涉农专业乡镇发展到13个，主导产业从业农户达到11.12万户。

【稳步推进幸福乡村建设和新民居建设】按照全省幸福乡村建设“15个字”（水电路讯房、山水林田村、科教文卫保）的总体要求，着力打造“布局合理、设施完善，环境优美、生活便利，安居乐业、文明和谐”的幸福乡村。2012年全市认定省级幸福乡村试点242个，全年规划建设项目1030个，总投资规模达到27.29亿元，试点村建设取得明显进展。同时，2012年新认定省级新民居建设示范村61个，全市539个新民居示范村累计完成建筑面积1217万平方米，其中101个示范村全部完成建设任务，并有41877户农民入住新居。

【强力开展村庄环境综合整治】 按照面上整体推进、重点区域率先突破的路径，集中开展农村环境治理，努力打造天蓝水净、地绿山青、村容整洁、优美宜人的农村生态环境。据统计，7月以来全市拆除违章建筑12670处，清理村内积存垃圾106.8万立方米，同时全市4581个村制定了卫生村规民约，一半以上的村配备了专职卫生保洁人员。

【扎实推进基层民主政治建设】 在全市广泛开展“村务公开民主管理示范单位”创建活动，全年新建村务公开民主管理示范村476个。指导做好村务公开工作，全市村务公开率达到98%以上，群众满意率达到96%以上。进一步规范村级民主决策机制，保障农民群众的决策权，全市农村普遍建立了“两会”组织，完善了“两会”制度，制定了实施细则，全市98%的村选举产生了新一届村民代表及村务监督委员会、民主理财小组等，并建立健全了组织机构。1月和7月组织两次全市统一的民主议政日活动，参加活动人员达27万余人，共提各类意见、建议4万多条，采纳1.8万余条，进一步提升了农民群众参政议政的热情。

（张振山）

政策研究工作

【中共保定市委研究室】 是隶属于中共保定市委的决策参谋机构，其基本职能是围绕全市中心工作，通过调查研究和文稿起草，为市委领导决策服务。2012年，全室共有人员20人，内设秘书处、综合处、经济处、政社处、内刊处5个处室和市委资料室1个科级事业单位。2012年市委研究室工作取得较大成效，被市委、市政府评为“工作实绩突出单位”和2010－2011年度文明单位。被河北省委政策研究室授予全省党委政研系统“创先争优优胜单位”。市委研究室主办的内刊《保定发展》获得“全国优秀党刊”称号。

主　任　王保辉（12月离任）
副主任　侯朝辉
　　　　赵魁山（6月离任）

【概况】 2012年，市委研究室按照“围绕中心、突出核心，标定一流、争先创优”的指导思想，以“当好参谋助手、为科学发展服务”为主题，不断强化调研主业，积极参与市委部署的各项活动，以更加开放、更加有效的工作、更加过硬的本领、更加务实的作风，圆满完成市委核定的任务目标。2012年，共完成各类文字材料330余篇，综合文字一稿成功率达到80%以上，其中调研类文稿工作量最大、成果最丰、影响最大，主要体现是省市领导批示多、单篇密集批示多，全年共完成调研类文稿近40余篇，受到省、市级领导批示50多人次，其中省领导批示11人次，市委主要领导批示达15篇。全年在省以上报纸、刊物发表文章10篇，数量和层次及宣传效果实现全面提升。2012年共编发《保定发展》13期、《调查研究报告》8期、《呈阅件》4期、《咨询简报》3期、《县乡情况反映》9期、《政策动态》12期。2012年市委研究室在突出抓好调研主业的基础上，认真落实省、市委部署，基层建设年、群众工作站、亲民爱民活动也取得较大成效，为分包、联系的社区及困难群众，解决了不少实际问题，较好地完成了各项工作任务和目标，得到了领导的肯定和驻社区、驻村群众的广泛好评。

【全市总体工作研究】 2012年，党的十八大召开前夕，按照市委书记许宁要求，市委研究室组织人员撰写了许宁十八大访谈稿，把全市重点工作划分为七个方面的内容：一是围绕党的十八大报告内容谈理解、体会和认识。二是围绕保定市情宣传保定、推介保定。三是围绕2012年保定市抓工作的思路、举措和路径谈发展。四是围绕着力优化“两个环境”谈体会。五是围绕首都经济圈发展规划提出保定下一步如何发展。六是围绕创新社会管理、和谐社会建设讲做法。七是围绕学习宣传贯彻十八大精神谈思路和举措。同时撰写了许宁在十八大“媒体开放日”上的访谈提纲，得到市委领导的认可。12月，根据党的十八大报告提出“到2020年全面建成小康社会”的要求，按照市委领导的指示精神，由市委研究室、市委办公厅共同负责起草保定全面建成小康社会工作文件。历经1个月的时间，数易其稿，完成了《中共保定市委关于全面建成小康社会的决定》起草任务，并由市委研究室撰写了《中国共产党保定市第十届委员会第四次全体会议决议》（草案）。12月17日，市委十届四次全会进行讨论通过后，以市委保发〔2012〕21号文件印发全市。

【经济工作研究】 低碳产业是保定市的主导产业，在面临美国对低碳“双反”调查，低碳产业低迷的情况下，如何顺势而上、逆势而为，打破当前低碳发展的禁锢，如何在激烈竞争中保持保定在全国乃至世界的领先地位，是保定市亟待破解的难题。2月，市委研究室组成专题调研组，围绕保定低碳发展的大背景以及产业瓶颈等进行深入调研，并撰写了题为《擦亮我市“低碳产业”这张名片》的调研文章，以市委研究室《呈阅件》（2012年第2号）刊发后，得到常务副市长马誉峰的肯定性批示：“这篇调查报告切中要害。题目就很好。我市必须在已有良好基础上坚定不移地走低碳发展之路。请发改委认真阅研。提出我市进一步发展低碳经济的政策措施。送低碳发展研究院一阅。”此报告对保定发展低碳产业产生重要的指导意义。6月，市委研究室组织精干力量深入到凌云、长城、中兴、河北长安、新凯、大迪等汽车制造企业及零部件企业进行实地调研，撰写了题为《要保护好、利用好“保定汽车”这块金字招牌》的调研报告，对保定汽车及零部件产业的发展现状及相关情况进行深入细致的研究，并提出了发展壮大保定汽车产业的建设性意见。此篇文稿刊载于市委研究室《调查研究报告》2012年第3号，得到省委研究室主任王书利和马誉峰等市领导的肯定性批示。

【“执行力亮剑”、优化“两个环境”及基层建设年工作】 2012年初，全市开展“执行力亮剑”和优化“两个环境”活动，市委研究室抽调3人全程参与此项活动，起草重要文件、领导讲话、工作建议、总结报告等综合性材料80余篇，如研究制定了《关于认真落实委“三自”“六不”要求开展执行力亮剑行动的实施意见》、《关于全面推进执行力亮剑行动的指导意见》及六个专项《实施细则》、《“查短板、找差距、促整改”工作实施方案》和《保定市2012年度执行力亮剑行动考核办法》等重要文件，均以市委文件形式下发；2月，省委召开全省开展加强基层建设年活动动员大会，组织1.5万名干部进驻5000多个自然条件差、经济发展相对缓慢、农民生活不够富裕、班子不够健全的村，融入农村推动发展，倾心帮扶排忧解难，使百姓得实惠、干部受教育。为积累活动经验、引领活动方向，市委研究室对全市驻村工作情况进行深入调研，撰写了题为《群众为什么欢迎这样的工作队》的调研报告，对省交通厅驻涞水县板城村工作经验进行了总结。该调研报告经省委政策研究室《送阅件》2012年第10号、市委研究室《调查研究报告》2012年第1期刊发后，分别得到张庆黎、臧胜业等省领导和许宁、李光耀等市领导的肯定性批示。省委书记张庆黎批示为：“交通运输厅驻板城村工作队的经验值得总结推广。实践证明：只要我们的干部放下架子、扑下身子，去听真言、摸实情、办实事，便能赢得群众的信赖和拥护。”同时，此篇文稿还刊载于《河北发展》2012年第3期、《保定发展》2012年第5期。4月，市委研究室在基层调研中发现，北市区南常保村“幸福乡村”建设卓有成效，尤其是党支部书记、村主任王喜来践行省委“三自”、“六不”要求，带领全村干部群众积极践行张庆黎“六个一”精神，为全市乃至全省实施“幸福乡村计划”提供了有益启示。为此，市委研究室专门撰写了题为《“六个一”的忠实践行者》调研报告，经省委政策研究室《调研呈阅》2012第18期刊发上报省委领导后，得到了赵勇、臧胜业等省领导和许宁等市领导的肯定性批示。省委副书记赵勇批示为：“南常保村的做法值得推广。”为推动保定着力改善发展环境、着力改善生态环境工作的深入开展，按照保定市着力改善两个环境工作领导小组办公室安排，12月2日至8日，市委研究室赴昆明、柳州、佛山、广州4市学习考察两个环境建设工作。考察结束后，撰写了《关于赴南方四市学习考察两个环境建设工作的报告》，报告总结了南方四市加强两个环境建设的先进经验和做法，针对保定市着力改善两个环境的工作实际，提出切实可行的意见和建议，得到市委、市政府领导的肯定。12月，为充分总结保定市开展执行力亮剑的成效，进一步优化“两个环境”，按照市委领导意见，市委研究室撰写了《保定市落实省委“三自”、“六不”要求开展执行力亮剑行动的有关情况》，并上报省委办公厅。

【围绕抓典型进行热点问题调研】 民俗体育健身在保定有着悠久的历史。近年来，保定市先后成功举办了四届“中国·保定空竹艺术节”，传承发展了空竹艺术，叫响了保定空竹品牌，在全国乃至世界范围内产生深远影响。3月，市委研究室、市委宣传部、市体育局组成联合调查组，在深入调研的基础上，撰写了《小空竹——抖出“大作为”》的调研报告，总结挖掘提升了保定市空竹艺术节的经验做法。该报告得到省委常委、宣传部长艾文礼和市委常委、宣传部长李国英的肯定性批示，并要求市委宣传部以大字头文件批转宣传文化系统学习。4月23日《保定日报》头版头条予以刊发。7月，市委研究室联合市体育局对保定钩腿子进行了专题调研，撰写了题为《保定钩腿子一腿钩天下》，全面阐述其发展历史及现状，并对存在的问题提出建议。该报告上报市委后，得到了市委书记许宁、市委副书记马誉峰等多位市领导的肯定性批示。同时，此篇文稿被省委政策研究室《河北发展》2012年第9期刊发，被《保定日报》以系列形式刊载，被百度百科、新华网、燕赵都市网、河北新闻网等媒体网站刊载，这些都大大提升了钩腿子在保定乃至全省、全国的影响力。同时，在空竹和钩腿子两篇调研的影响下，12月8日，保定成功举办了第一届民俗体育艺术节，掀起了民俗体育健身活动的热潮，传承光大了保定体育之城的美誉。统筹城乡发展是一个浩繁巨大的工程，涉及社会经济生活的方方面面。2月，市委研究室就涿州在统筹城乡方面所作出的成绩进行总结和提炼，撰写了题为《破落村庄变成了美丽城市》的调研文稿，为全市统筹城乡发展培树典型、挖掘经验提供了借鉴。此篇文稿经市委督查专件形式上报领导后，得到了市委书记许宁、市长李谦等市领导的表扬和认可。7月，市委研究室与市教育局组成联合调研组，就如何深化校地合作、促进地方发展进行调研，并撰写了《地方与高校如何握紧彼此的手》，调研中所提建议得到市委、市政府领导的充分肯定。市委副书记马誉峰批示："此报告很有针对性和操作性，望领导小组办公室认真研究，一件一件地做，必然能获得双赢的效果。"8月，市委研究室到唐县调研，通过实地走访等形式，充分挖掘了唐县信访案件动态归零工作法的成功经验，撰写了《唐县："信访案件动态归零"工作法两个月化解积案234件》的调研报告，并在此基础上撰写了市委副书记马誉峰的署名文章上报省委，得到了省委副书记赵勇的肯定，为保定市信访工作提供了可行性参考意见。

【7·21抗洪抢险工作】 2012年7月21日，保定遭受百年不遇特大暴雨袭击。灾难来临，市委研究室积极投入到抗洪抢险工作，并抽调1人参与灾后重建工作，共起草各类文字材料205篇，编发简报56篇，在《河北日报》和《保定日报》报道5篇。如市委书记许宁在保定市灾后重建项目启动仪式上的讲话《在废墟上重建美好家园，努力夺取抗洪抢险和灾后重建的全面胜利》、《大干大建涅槃重生》、《大力弘扬"7·21"抗洪精神奋力夺取灾后重建全面胜利》等一系列重要文稿；市委研究室主办的《保定发展》2012年第8期编发了主题为"京畿大地暴雨突袭、拒马河畔沙场点兵"专刊，大力弘扬了保定市抗洪抢险精神。

（倪　剑）

保密工作

【保定市保密局】 保定市保密局是市委、市政府管理保密工作的部门。主要负责对党的保密工作方针政策，法律法规进行宣传；对保密工作法律法规贯彻落实情况进行执法检查；对国家秘密的确定工作进行指导、管理；经管涉密网络、涉密计算机的建设审批和管理；泄密案件查处。内设综合处、检查技术处。

局　长　李树进

【概况】 2012年，全面提升信息化条件下保密工作科学化水平，为维护国家安全和利益，建设"京畿强市、善美保定"做出积极贡献。年度考核被省保密局评定为优秀等次。全市包括保定市保密局在内的8个单位被评为全省保密工作先进集体，9人被评为全省保密工作先进工作者。

【保密宣传教育工作】 根据"六五"保密普法规划和《保定市2012年保密法制宣传教育工作计划》，对全市保密宣传教育工作进行了安排部署，年内开展了有规模、有特点、有效果的宣传教育活动。精心组织了新《保密法》实施两周年宣传月活动，在《保定日报》上刊登了保密法律法规知识，协调市电视台在三个频道共10个固定时段播出保密宣传标语，通过短信平台向市直各单位发送保密格言手机短信。组织全市涉密人员、干部职工和群众收看《神圣的职责　永恒的主题》保密专题文艺演出。对军转干部、市纪委、市委政法委、市统计局、惠阳厂、工商系统、卫生系统、电力系统、涿州市、雄县、北市区、印刷定点单位、军工单位近5700名涉密人员进行了保密法律法规知识和保密技术培训。在党校上半年和下半年开设的中长期干部培训班以《新〈保密法〉学习提纲》、《保密知识简明读本》为教材，开设了保密教育课，市县两级党校接受保密教育的干部近6000人。利用三级刊报，宣传推动工作，做好《保密工作》杂志的"学、用、订"工作，2012年被采用稿件3篇，超额完成了省考核目标。向《河北保密工作》积极投稿刊稿，刊用数量居全省第一位。编发市《保密工作简报》12期，充分发挥了简报交流信息、沟通情况、指导工作、彰先策后的作用。在全市范围内为各级党政领导干部、涉密人员配发《保密知识简明读本》7200册，利用《读本》图文结合、通俗易懂的内容，取得了良好的保密教育效果。

【保密监督检查工作】 结合党的十八大保密服务保障工作，在全市范围内展开拉网式检查，共检查25个县（市、区），60多个重点市直部门，对保密制度的落实、涉密文件资料管理和计算机网络使用情况进行了检查，检查效果得到省保密局领导的充分肯定，完成党的十八大保密服务保障工作。市保密局制定下发了《关于进一步加强保密检查工作的意见》，明确日常保密检查的范围及主要内容，实现了保密检查工作经常化和规范化。做好国家统一考试保密工作，在全市范围内开展了国家考试保密检查，对市教育局、市考试院、市司法局、河北零五印刷厂、保定星光印刷厂等8家相关单位进行了检查。在高考、司法考试、执业医师资格考试、公务员四级联考期间派人全程参与联查，确保了全国统一考试的安全保密。做好军工企业保密资格认证审查和复查的审核工作，对徐水巨力索具股份有限公司和长鑫机械制造有限公司进行保密资格认证指导和初审，同时配合省认证组做好保定市乐凯集团、乐凯磁性材料厂重新认证和风帆集团、保定三金公司和凯博瑞公司的认证复查工作。省认证组对保定市认证初审工作给予高度评价，认为保定市的认证初审工作在全省是最好的。在全市范围内组织开展了网络清理检查和涉密科研项目保密检查。

【保密管理工作】 开展“系统建设年”活动，明确了2012年10项主要任务。成立了保定市保密工作协作组，按照系统将175个市直及驻保单位、相关企业编成18个保密工作协作组，制定了《保密工作协作组活动规则》，明确了组长单位职责。组织召开了协作组第一次组长会议，通过保密协作组这一平台，切实加强了各单位的沟通联络，工作交流进一步做好市直单位的保密工作。建立保密工作分类分片督导机制，将175个市直及驻保单位、相关企业分成4个组，25个县（市、区）分成4个片区，共设立4个督导组，市保密局4位局长分别负责4个组和4个片区的督导工作，实行例会制度和巡查制度。

【保密科技工作】 认真制定并落实“十二五”时期保定市保密事业发展规划。制定了保定市《“十二五”时期保密事业发展规划》并得到市发改、财政部门的认可，以两办名义下发。在全市保密部门开展保密检查专用车辆、保密检查专用设备配备工作。做好重大会议期间的网络信息保密检查，利用互联网涉密信息检查监控设备对全市党政机关门户网站定期检查、实时监控。市保密局在全市范围内自行组织开展了互联网站保密检查，并开展经常性的互联网信息和党政机关门户网站保密技术检查，对全市范围内网站进行检查监控，发布信息实施监测，每月定期向省局报送检查情况报告。

（杨　磊）

信访工作

【保定市信访局】 保定市信访局隶属市委、市政府领导，县级行政单位。内设办公室、综合信息处、接待处、驻石联络处、驻京联络处、复查复核处、办案处、办信处、督查室、网上信访处。

局　长　李洪刚
副局长　王再兴　叶江平
　　　　田　雨　李红岩（女）

【概况】 2012年，市信访局围绕确保党的十八大顺利召开这一中心任务，以“大事不出，小事也不出”为总要求，以深入实施“八三”工作法和“五三”工作机制为主线，以“两个120%”（在解决问题上拿出120%的努力，在防止问题发生上构建120%的保险系数）和“三个非常”（以非常思想对待信访稳定工作，以非常举措完善安保体系，以非常责任抓好落实）为指导理念，以超常的思维、超常的举措、超常的作风、超常的责任，攻坚克难，不辱使命，全力以赴抓好矛盾排查、双月攻坚、积案化解、防范稳控等重点工作，以“四铁”（铁的目标、铁的意志、铁的措施、铁的纪律）要求狠抓各项工作落实，全市信访形势总体平稳，保持了“五下降一好转”态势（进京个体访449户次534人次，同比分别下降39.1%和48%；进京集体访9批次61人次，同比分别下降67.9%和72.3%；非正常进京访233人次，同比下降61.2%；赴省个体访1377户次2161人次，同比分别下降12.2%和10.6%；赴省集体访9批次161人次，同比分别下降35.7%和26.5%，信访秩序明显好转），有力地维护了全市社会稳定，完成十八大安保任务。十八大期间，全市未发生一起进京上访，实现省委提出的“四个归零”目标（十八大期间确保不发生规模性集体进京上访，确保不发生极端恶性事件，确保不发生重大群体性事件，确保不发生重复非正常进京上访，实现四项指标零记录），得到中央、省督导组和省、市有关领导的充分肯定。

【构建强有力的组织指挥体系】 一是坚持高站位布局。市委、市政府始终把维护稳定作为首要之责，把十八大安保作为第一位的政治任务。自4月12日起，全市先后5次召开高规格的领导干部大会和信访稳定会议进行全方位、多层面、递进式的安排部署。二是坚持高标准要求。力争做到“三个非常”、“两个120%”和四个第一时间（第一时间贯彻上级精神，第一时间掌握预警信息，第一时间化解矛盾隐患，第一时间现场应急处置），十八大安保期间做到“大事不出，小事也不出”。三是坚持高规格领导。成立由市委书记许宁任政委，市长李谦任指挥长的十八大安保指挥部，主要领导亲自谋划部署，分片分领域进行调度，督导落实。市联席会议各召集人坚持直接抓，亲自接访、协调调度重点疑难信访案件，市委副书记马誉峰两次进京检查指导驻京值班工作。其他市级党政领导亲历亲为，落实“一岗双责”。十八大召开期间市领导全部进驻联系点，到最前沿指导工作，为顺利完成安保任务提供了坚实的组织保障。

【强化督查检查抓落实】 一是以高规格迎接中央督导组。8月29日至9月1日、10月18日至21日，中央信访督导组两次到保定市督导检查工作，市委书记许宁、市长李谦向督导组作汇报，市联席会议各召集人轮流陪同，市信访局提前制定接待方案，做好各项迎检准备工作，先后到涿州、唐县等8个县（市、区）实地检查。中央督导组对保定信访稳定和十八大安保工作给予充分肯定和高度评价。二是大力配合省督导组。自7月26日开始，连续3个半月，市信访局组成由1名副局长带队的督导组，陪同省督导组对全市7个市直部门和27个县（市、区）、开发区进行督导检查，27个县（市、区）、开发区检查了两遍。对保定市通过扎实工作实现十八大期间零上访，省督导组予以充分肯定。三是深入一线督导。按市安保办的安排，10月开始，市信访局派出1名副局长带队的督导组直接进驻涿州市，先后到15个乡镇（办事处）、35个重点村、11个重点社区，督查重点人员稳控、重点部位警戒、基层“四个覆盖”、主要路口等重要部位安保工作，完成了督查任务。

【强化源头预防抓矛盾排查】 全市把信访苗头排查化解工作作为一项基础性、前置性工作来抓，坚持月排查与集中排查相结合、拉网式排查与重点排查相结合、化解矛盾与重点防控相结合，努力做到排查网络、苗头隐患、动态管理“三个全覆盖”，把握主动权，打好主动仗。全市共排查化解信访苗头隐患5067件，掌握10个方面涉稳群体、重点人员4000多人。十八大安保期间，市信访局坚持日排查、日研判、日报告制度，共向省联席办上报重大苗头隐患31件，向市委办、市维稳办等有关单位上报苗头隐患74件，成功化解对越参战人员、原乡镇电影放映员、部分被辞退教师等不稳定群体的集体访苗头60余次，得到市领导的表扬和肯定。

【扎实开展双月攻坚活动解难题】 9至10月，全市开展解决信访问题“双月攻坚”活动，市联席办牵头制定具体工作方案，按照“属地管理、分级负责”、“谁主管、谁负责”的原则，对省交办的447件重点信访案件和市自行梳理的1059件信访案件，逐一交办给相关责任单位办理。对案件解决进展情况，市信访局实行每周一汇总，定期调度通报，并组织召开调度会推动双月攻坚活动深入开展。同时筛选出54件信访突出问题，由市级党政领导分包，逐案按“七个一”（一个工作班子、一套化解方案、一份会办纪要、一份双向责任书、一个结案报告、一份答复意见书、一套稳控措施）的要求解决。1506件信访案件全部按期办结，息诉罢访率85%以上。

【强化领导干部接访包案】 根据省要求，市信访局及时研究制定领导接访工作实施意见，先后10余次下发通知安排市领导接访工作。十八大期间，由市长李谦带头，12名市领导每天轮流到市信访接待服务中心公开接访。全年市级党政领导公开接访共50人次，接待信访案件53件、683人次，编发接访工作信息20期，解决重点疑难信访案件53件；县级党政领导公开接访共5194人次，接待上访群众8270起、23860人次，解决问题6098件次。工作中，一是增加密度。市级党政领导由每周二公开接访变为每天接访。各县（市、区）、开发区由党政领导每周不少于3次变为党政主要领导每天轮流接访。二是加大力度。认真实行初访首接责任制，谁接访谁办访，谁接访谁包案，一包到底。三是提高满意度。各级信访部门提前做好领导干部接访公示、案件筛选、方案制定、人员通知、信息编发和相关影像资料留存等项工作，确保接访工作顺利开展。通过市、县两级党政领导公开接访，一大批信访积案、难案迎刃而解、息诉息访。

【强力推动依法终结工作】 及时研究制定复查复核《办法》和依法终结《实施意见》，成立工作机构，组建复查复核处，多次下发通知、召开专题调度会进行研究部署，并采取以会代训、现场整理卷宗等形式对相关工作人员进行业务培训。对信访老户特别是长期进京缠访、闹访的非访老户，坚持带着感情做好群众工作，做到“四个不欠账”（不欠法律账、不欠政策账、不欠经济账、不欠感情账）。对一些信访人坚持不合法、不合理要求的案件，按照“严格程序、严格管理、严格标准、严格责任”的要求，积极协调有关单位进行复查复核，依法予以终结。全年共申报省联席办备案依法终结事项179件。

【强化信访激励机制】 一是坚持定期倒排通报制度。市联席会议制定出台《关于各县（市、区）、开发区，乡镇、县直部门信访工作倒排方法》，对进京访、非正常进京访、赴省访和到市访四项指标，按距离和人口万分比核算后，对各县（市、区）、开发区情况进行倒排。对各乡镇和县直部门，按发生的人次由高到低进行倒排。全年共编发通报15期，共对15个县（市、区）、市直部门，16个乡镇、县直部门进行倒排通报。二是坚持年度考核制度。市联席会议研究出台2012年信访工作考核及评价实施办法，根据各县（市、区）、开发区户籍总人口以及与北京、石家庄、保定市区的距离远近，分别设定人口和距离系数，使信访考核工作更加科学、客观、完善。市委、市政府拿出96万元，对8个先进县（市、区）予以奖励，并对信访量较大、工作落后的4个县（区）实行列管，限期改变局面。

【强化信访值班保障工作】 元旦、春节、三级“两会”等敏感时期，中央、省领导到保定考察指导工作和全市性重要会议期间，市信访局均担负着值班保卫工作任务，通过超前安排、周密部署、扎实工作，未发生一起有影响的信访案件。围绕做好十八大安保工作，年初成立驻京值班工作组。十八大期间，进一步强化组织领导，有效调配值班力量，按照“分兵把守、守土有责、统一指挥、有效调度”的要求，把全市500余名值班人员编为8个值班工作组，把守北京重点区域和敏感部位的8个区域，有针对性地进行巡查，并坚持做到每日一督导、每日一检查、每日一报告。共编发《北京工作简报》11期，《进京访情况日报》13期。在北京外围成功劝返各类上访人员64人，接回精神病患者1人，完成了保定市零上访工作目标，使驻京值班工作最大限度地发挥了终极防线作用。

（许　丽）

工委工作

【中共保定市直属机关工作委员会】 为市委派出机构，内设办公室、组织部、宣传部、市直纪工委、市直团工委、市直妇工委、市直武装部和市直机关工会，实有43人。其中，市直纪工委、市直团工委、市直妇工委、市直武装部分别为市纪检委、团市委、市妇联、保定军分区派出单位，实行双重领导，以市直工委管理为主；市直机关工会为市总工会派驻单位。主要职责是统一领导市直机关党的工作和群团、民兵工作。

书　　记　刘　颖（兼，6月离任）
　　　　　李志刚（兼，6月任）
常务副书记　宁洪茂
副 书 记　王　洋
　　　　　刘　波
　　　　　李长友
　　　　　袁志军（1月任）
纪工委书记　牛意萍（女）

【概况】 2012年，市直工委紧紧围绕服务中心、建设队伍两大核心任务，认真贯彻落实市委十届三次全会精神，以开展执行力亮剑行动“走在前、做表率”主题实践活动为主线，服务市委大局、努力开拓创新、转变机关作风、激发机关活力，以改革创新精神推进机关党的思想、组织、作风、反腐倡廉和制度建设，全面提高机关党的建设科学化水平，市直工委获全省机关党建综合评价第一名。

全面推进学习型党组织建设。开展培树学习型党组织“百优处室”活动，培树了一批在市直机关事迹突出、特色鲜明、可学可看、成效明显的先进典型。扎实落实市直机关党委（党组）中心组集体学习制度，组织市直机关党员干部认真学习贯彻市委十届三次、四次全会精神，将其作为中心组理论学习的重点内容，在《机关党建网》开办专栏，营造学习宣传的浓厚氛围。在机关党员干部中广泛开展“全民读书日”和“读书强基”活动，组织市委十届三次全会精神答题活动，共有市直89个单位的11021名党员干部参加答题，其中县级领导891名，参答率

98%。开展经常性的思想政治工作，注重人文关怀和心理疏导，推进和谐机关建设。出台了《关于开展“善行古城、文明保定”学雷锋主题道德实践活动实施方案》，在市直机关广泛开展“善行古城，文明保定”学雷锋主题道德实践活动和西柏坡精神教育实践活动，在市直机关广大干部中唱响了干部重政德、个人重品德，社会重公德、家庭重美德的主旋律。加强党员队伍管理，市直机关党建工作基础不断夯实。督促和指导8个单位按规定完成换届选举，组成新一届机关党组织领导班子。考察任命专职副书记9名，调整书记、副书记9名。为提高党务干部业务能力和工作水平，先后对专职党务干部和基层党支部书记进行培训。实行基层党组织分类管理，对所属669个机关基层党组织分类定级，建立台账。开展党员民主评议，逐级推选出优秀共产党员169名、优秀党务工作者60名、先进基层党组织75个，召开表彰会予以表彰。严格落实发展党员“公示制”、“票决制”和“预审制”，发展新党员201名，对212名入党积极分子进行了党的知识培训。逐步完善帮扶老党员、生活困难党员长效机制，组织市直机关党组织对640名困难党员和老党员进行走访慰问，发放慰问金和慰问品折合人民币28.42万元。深化保持党的纯洁性主题教育活动，党风廉政建设和反腐败工作力度不断加大。强化警示宣传教育，组织了保持党的纯洁性主题教育知识竞赛活动，43个市直单位的4700余名党员干部（其中县级领导干部540人）参加知识测试，并从中选出19个单位组队举办知识竞赛。配合市纪委组织开展市直单位“修正德、强执行，争做善美公仆”演讲比赛，营造了反腐倡廉宣传教育的浓厚氛围。加强党员干部队伍监督，下发《市直机关开展廉政文化进机关、基层组织党务公开和日常工作纪律检查的通知》，加强对党务公开工作、廉政文化进机关和日常工作纪律专项检查，及时总结推广各单位党风廉政建设和反腐败工作的新进展、新举措和新成效。确定了市直机关党务公开和廉政文化进机关示范点，组织交流学习，起到较好的示范作用。以科级干部廉洁从政为突破口，关口前移，在市直机关推行科级干部述廉评廉活动，共有45个市直单位组织召开了专题会议，915名科级干部对一年来抓好职责范围内党风廉政建设工作及廉洁自律情况进行陈述，并组织党员群众对他们进行测评，把党风廉政建设和反腐败工作推向深入。强力推进惩防体系建设，从“预防”和“惩治”两方面内容入手，构建了以“组织保障、宣传教育、监督保障、严惩腐败”为主线的惩防体系基本框架。强化对腐败行为的严厉惩治，认真做好来信来访及案件审理工作，对市直机关违纪党员干部依法依纪进行严肃处理。积极发挥群团作用，党群共建扎实推进。市直机关工会以深化“职工之家”建设，争创学习型、创新型、节约型工会组织为抓手，开展了“保定市先进职工之家”和“保定市先进职工小家”的评选工作。积极开展群众性的文体活动，举办了保龄球大赛、乒乓球排位赛、游泳比赛。为女职工办理“女职工安康团体重大疾病保险”，开展“职工互助·一日捐”救助工作，救助金额达8.4万元，充分体现大家庭的温暖。春节前对部分劳模进行慰问，对省部级劳模进行体检，对特困职工实施救助。市直团工委以开展创建“青年文明号”活动为抓手，不断加强团的基层组织建设。举办“高效协作·提高执行力”团组织书记培训班，打造过硬团干队伍。积极培树省、市、机关三级典型，充分发挥榜样的示范引领作用。着力深化青年志愿者行动，开展了“献礼十八大－保定市青年志愿者‘7+1’志愿服务系列活动”，通过访贫问苦，促进社会和谐。市直妇工委以“巾帼创新促发展、服务妇女促和谐”为主题，开展“爱心父母”与贫困儿童结对帮扶、参观保定非物质文化遗产展览、为孤残儿童编织爱心毛衣等活动。针对机关妇女的新需求，整合资源，举办大型交友联谊会。实施“女性素质工程”，组织了6次以关爱妇女和儿童身心健康为主要内容的讲座培训。授予市外事办翻译室等30个岗位为市直机关“巾帼文明示范岗”称号，激发了市直部门广大妇女爱岗敬业、无私奉献的热情。市直武装部开展了以《国防法》、《国防教育法》等法律法规为主要内容的宣传教育活动，按照军分区“务求数据准确，确保整组质量”的总体要求，严格审查，逐级把关，完成了民兵整组工作。

【开展执行力亮剑行动“走在前、做表率”主题实践活动】 活动共分三个阶段（动员部署、集中推进和全面总结），六项内容（抓素质提升、抓服务大局、抓创先争优、抓基层建设、抓激励关爱、抓制度保障），十三项具体工作（1. 举办大讲堂、2. 开展大培训、3. 开展大讨论、4. 开展大学习、5. 深化四项机制、6. 创建“共产党员先锋岗”、7. 开展“七一”表彰、8. 开展加强基层建设年活动、9. 开展联系基层活动、10. 开展党内关怀活动、

11. 开展全员健身活动、12. 开展《实施细则》督查、13. 开展受理投诉）。通过这项活动，展示机关各级党组织和广大党员干部的崭新风貌，凸显“走在前，做表率”的先锋模范作用，进一步发挥机关党建的监督保障作用，优化了市直机关政务环境，提高服务水平。

【积极开展迎接和学习宣传贯彻十八大精神活动】 “七一”前夕，举办30个市直单位49名选手参加庆“七一·党在我心中”为主题的演讲比赛。10月，组织开展以“迎十八大·歌颂祖国”为主题的书法摄影展，共有市直机关35个单位125名书法摄影绘画爱好者参加，上报作品180幅，市直机关共有1900余人参观。展示了市直机关各级党组织在建设“京畿强市、善美保定”中取得的新成就、新业绩。党的十八大召开后，及时下发了《关于认真学习宣传贯彻党的十八大精神的通知》，召开全市机关学习宣传贯彻党的十八大和市委十届四次全会精神工作会议，对市直机关基层党组织学习宣传贯彻党的十八大和市委十届四次全会精神做了具体安排；对市直机关党组织征订党的十八大学习辅导读物提出要求；为直属党组织购买《十八大报告学习辅导百问》、《十八大党章修正案学习问答》；为市直机关全体党员配发新《党章》，在市直机关迅速掀起学习宣传贯彻党的十八大精神的热潮。

【开展创建“共产党员先锋岗”活动】 以“党旗在一线飘扬，党徽在一线闪亮”为主题，开展创建“共产党员先锋岗”活动。创建活动以“争创群众满意窗口、争当优秀服务标兵”为目标，通过开展“三亮三比三评”活动，层层推荐、严格评选，在各条战线培树了第一批56个先进典型，并举行“共产党员先锋岗”命名授牌仪式。这一活动，充分体现了“围绕发展抓党建，抓好党建促发展”的工作思路，虚功实做，使机关党建在提高机关党员干部责任意识、岗位意识、争先意识和领率意识，提升服务水平，优化服务环境等方面发挥了积极作用，这一做法也得到了省直工委的充分肯定。

【扎实开展基层建设年活动】 按照省委“提高思想认识、办好惠民实事、推动产业发展、维护和谐稳定、加强基层组织、健全体制机制、宣传动员群众和强化驻村干部管理”要求，认真落实省、市委工作部署，精心选拔6名作风硬、能力强、肯吃苦的干部组成驻村工作队，积极开展各项帮扶工作。主要领导深入走访调研，竭力解决帮扶过程中遇到的难题。驻村工作队紧紧依靠市、县两级活动办和所驻村两委班子，进村民家中拉家常，到田间地头察民情，结合实际谋发展，克服困难，全力以赴，扎实履职尽责，完成驻村帮扶及党的十八大期间安全稳定工作，加强基层建设年活动中群众满意度综合评价为100%满意。

（冯立娜）

编制工作

【保定市机构编制委员会办公室】 保定市机构编制委员会办公室为保定市机构编制委员会的常设办事机构，既是市委的工作机构，又是市政府的工作机构。列市委序列，在市委、市政府和市编委的领导下负责全市行政管理体制和机构改革以及机构编制的日常管理工作。内设综合处、体制改革处（政策法规处）、行政机构编制处、事业机构编制处、县乡指导处和监督检查处。下设参照公务员全额事业单位保定市事业单位登记管理局和全额事业单位保定市机构编制电子政务中心2个事业单位。

主　任　刘晓莲（女）
副主任　金　伟　李　璟
　　　　马继光

【概况】 2012年，围绕“着力改善生态环境、着力改善发展环境”和市委、市政府中心工作，认真落实省委“三自”、“六不”要求开展执行力亮剑行动，深入开展“工作效率提高年”活动，完成各项重点工作和职能业务目标，创新和特色工作突出，争取省新建县级机构20个（其中正县级机构2个，副县级机构18个），在全省位居第一，较好地发挥了为经济发展和社会稳定提供体制机制保障的作用，得到了中央编办、省编委办、市委、市政府的肯定和社会各界的好评。11月，中央编办专门对保定市“四化”（工作标准精细化、编制管理规范化、考核培训常态化、调研工作制度化）管理方法予以转发，供全国机构编制系统学习借鉴。先后获全省事业单位清理规范先进典型、省公立医院机构编制管理改革暨事业单位法人治理结构试点工作先进典型、省中文域名管理工作先进单位、省加强基层建设年活动优秀驻村工作组等4项省级奖，并先后三次在全省介绍了事业单位清理规范、公立医院体制改革和事业单位法人治理结构的典型经验做法。2009－2011年连续3年被市委、市政府评为领导班子实绩突出单位的基础上，1月14日，市委、市政府又专门下发了保办字［2012］4号文件，对市编办工作在全市予以通报表扬。同时，获市先进基层党组织、市文明单位、市惩防体系建设先进单位、十八大安保维稳工作先进集体等12项市级奖，并有3人分别被市委、市政府记二等功、三等功和嘉奖。

【完成事业单位清理规范工作】　截至5月底，25个县（市、区）8033个、市直480个事业单位清理规范工作全部完成，保定市制定的县（市、区）事业单位清理规范方案被省编委办采用并在全省推广，在5月16日全省事业单位清理规范工作督导检查中，省督导组认为保定市谋划早、行动快、推进稳、工作实，走在了全省前列。7月，在全省分类推进事业单位改革座谈会上，保定市做了先进典型发言，介绍了保定着手早、主动扎实开展工作的经验和做法。

【扎实开展事业单位改革模拟分类工作】　清理规范工作结束后，及时转入事业单位科学分类工作。一是及时组织专题培训。5月举办了市机构编制系统干部培训班，对市县有关人员就中央、省有关政策和分类中需要注意的问题进行了专题培训。二是主动开展模拟分类工作。市县两级结合清理规范，及时根据上级有关政策，主动开展模拟分类工作。8月，积极向省沟通汇报，参照省制定的最新分类目录（讨论稿），对市本级事业单位进行了初步的模拟分类。三是加强对县（市、区）的工作指导。9月12日，主动召开全市分类推进事业单位改革工作座谈会，各县（市、区）汇报了事业单位初步模拟分类工作情况，在严格保密的情况下，对事业单位分类工作进行了专题研究，要求25个县（市、区）不等不靠，积极主动做好事业单位模拟分类工作，保定市的工作走在了全省前列，其他市也到保定学习交流，得到省编委办的充分肯定。

【巩固政府机构改革成果】　为进一步巩固政府机构改革成果，确保改革取得实效，3月，组织全市25个县（市、区）、市直各单位严格按照“三定”方案进行了认真自查；5月，主动会同市纪委、市委组织部、市财政局等部门，对25个县（市、区）和市直各部门“三定”规定落实情况在自查基础上进行全面督导检查。由各位副主任带队，对重点县（市、区）“三定”规定落实情况进行实地督导检查，对发现苗头性问题的县（市、区）和市直部门向其主要领导下发督办单，限期整改落实，确保“三定”规定落到实处。9月3日至14日，以市委组织部对《党政领导干部选拔任用工作条例》执行情况进行检查为契机，积极沟通，主动协调，与市委组织部组成联合调查组，就落实政府机构改革方案和“三定”规定等工作，分成4个组，由组织部领导带队，深入28个县（市、区）、开发区进行了督导检查。对检查出的问题，检查组现场提出整改意见和建议，并向县（市、区）编委领导进行了反馈。主任办公会专门听取4个督导组的汇报后，进行认真研究，对问题突出的向当地党委、政府下发《机构编制工作督办卡》，限期整改；对一般性问题，下发《机构编制工作提示卡》或《函》，请县（市、区）编委予以重视，认真解决。

【严格机构编制管理】　一是进一步加强制度建设。为贯彻落实中央、省两办《关于进一步加强机构编制管理的通知》精神，3月21日，在全市机构编制工作会议上，市委、市政府领导分别就机构编制管理提出了“一条红线”（严格执行中央、省下达的专项编制总额）、“三个严格”（严格按照规定使用行政编制、严格遵守机构编制管理权限和程序、严格执行编制使用核准制度）的要求。3月底，省委办公厅、省政府办公厅《关于进一步严格机构编制管理的通知》下发后，4月初市编办即以两办名义下发了《关于进一步加强机构编制管理工作的通知》，在贯彻落实上级通知精神的基础上，着重强调了“不得擅自设立机构或提高机构规格”等“六个不得”，为严格机构编制管理提供了法规化依据和政策依据。二是全面落实实名制管理。按照全省统一安排部署，自2月起，开展了机构编制实名制信息核查工作。核查率99.5%。3月，为加快工作进度，主要领导安排部署，由各主任带队，组成3个督导组，深入25个县（市、区）和市直部门对核查工作进行了督导检查。对工作进展缓慢的望都、顺平两个县党委、政府下发了督办卡，限期整改。为确保工作不留死角，9月会同市委组织部的联合督导检查中，再次就信息核查工作进行了督导检查。10月底，按照省编办要求，市编办对信息核查工作进行总结、验收，形成报告，并上报省编委办，完成实名制信息核查工作。保定市的做法得到省编办领导的充分肯定，《河北省机构编制工作信息》对保定市的工作予以了刊载报道。三是全面落实编制使用核准制度。根据中央、省有关政策，参照省直做法，结合保定实际，4月26日下发了《关于编制使用核准有关问题的通知》，就核准原则、程序、申报受理做出明确规定：机关事业单位录用、聘用、调配工作人员，首先要向机构编制部门申报编制使用。对不办理编制使用核准手续的人员，组织、人社部门不得办理录用、聘用、调动、安置等进人手续；对未办理入编手续人员，财政部门不得列入财政预算和发放工资。各县（市、区）也都参照省、市做法，对编制使用核准制度进行了规范。针对个别县（市、区）存在程序不规范、落实不到位的问题，经过主任办公会专题研究后，对有关县（市、区）党委、政府下发了督办卡和提示卡，限期进行整改，效果很好，编制使用核准制度得到了全面落实。

【基本完成全国经济发达镇行政管理体制改革试点工作】 白沟镇是河北省唯一一个经济发达镇行政管理体制改革试点镇，市编办积极主动工作，最大限度争取中央、省政策支持，完成各项试点工作任务，创造性地提出“政策支撑、优势互补、共同发展”的管理体制，为白沟镇创建了更广阔的发展平台，推动了白沟经济社会全面发展。一是领导重视，靠前工作。主要领导先后六次带队深入白沟镇做专题调研，广泛听取各方面意见，为取得市直有关部门通力合作和大力支持，亲自上门沟通协调。在深入调研、广泛听取意见建议、反复论证的基础上，代省起草了《关于推进白沟镇行政管理体制改革试点工作的意见》，并逐一征求了市委组织部、市委农工委等14个部门以及白沟镇意见。按照中央、省政策要求，起草了《白沟镇行政管理体制改革试点方案》，经市委、市政府领导主要领导同意后，以市委办公厅、市政府办公厅文件下发。二是积极主动，扎实推进。《方案》下发后，市编办立即召集财政、环保、国土、公安、人社、规划、住建等部门主管领导就下放县级行政管理权限进行专题督促，10月17日专题召开了18个市直有关部门领导，高碑店市、白沟新城主要领导，白沟新城组织人事局局长，白沟镇党委、政府主要领导、分管领导参加的白沟镇改革试点工作推进会议，通过强力推进，使白沟镇行政管理体制改革六个配套改革实施意见及时印发，确保了管理权限下放到位。三是加强协调，赢得支持。多次与市法制办沟通协商，邀请法制办领导组成联合调研组深入白沟，就权限下放落实情况、机构编制落实情况、区划调整和行政管理体制改革等问题与白沟新城、白沟镇主要领导进行了进一步深入研究，为下放权限理顺法理机制、做好法制护航。根据调研中发现和反映的问题，采取现场办公的方式，最大限度给予了答复和解决。对于一时解决不了的问题，及时向市领导进行了专题汇报，并协调涉及到的有关县（市）和部门及时给予了解决。

截至11月底，经济发达镇改革试点工作已基本完成。省编委办主任王亮、副主任张才彦对白沟镇改革试点工作整体进展情况表示满意，对白沟镇扎实推进改革试点各项具体工作都给予充分肯定。

【开发区（园区）管理机构建设成效显著】 对开发区（园区）管理机构组建在调研的基础上进行跟踪评估。围绕发展经济这个中心，按照市委、市政府提出的“县县都有省级开发区”的目标，主动对全市所有建立的省级、市级开发区（园区）都认真进行了实地调研，根据政策要求，提出机构组建方案，按照程序报省编办审批。在省编委办大力支持下，保定市已有25个开发区（园区）、工业聚集区、景区管理机构得到省批复，在全省位列第一。认真研究探索开发区（园区）分类管理模式，6月至7月，根据产业特色、发展潜力等要素，由县乡处、体改处组成督导组，对已审批机构设置的开发区（园区）机构编制的落实情况进行了督导检查和跟踪评估。对其它省级开发区（园区）也进行了深入调研，根据不同情况，加强政策指导，推动健康发展。

【进一步深化完善政府机构改革】 继续推进政府职能转变，推动政府管理方式创新，稳妥推进相关体制改革。围绕保障和改善民生，加强对城市执法、卫生、食品安全、文化、安全稳定等领域的体制机制研究，强化职能配置，理顺职责关系，切实把编制资源向这些领域倾斜，及时提供有利于民生发展的机构编制服务。一是推进城市管理行政执法体制改革。为解决多年来在城市管理行政执法体制中存在的职责不清、推诿扯皮、城市管理水平不高的问题，在主动调研基础上，提出了市行政执法局和三区政府有关职责调整和相关事业单位调整的意见，经市委、市政府同意后组织实施，城市管理体制取得突破性进展。二是推进医药卫生体制改革。会同有关部门，积极稳妥推进承担的全省县级公立医院改革试点工作（唐县人民医院），并在全省医药卫生体制改革工作会议、全省公立医院机构编制管理改革暨事业单位法人治理结构试点工作座谈会上做了典型发言。在深入调研的基础上，设立了保定市人民政府食品安全委员会办公室，并对25个县（市、区）食品安全管理机构进行了审核、批复，截至6月底，全市食品安全管理机构组建工作全部完成。三是完善部门职责分工协调机制。根据省编委办有关文件精神，经市编委会研究同意，制定下发了《市委和市政府机关部门职责分工协调办法》，建立起了保定市行政机构职责分工协调制度。同时，加强了市社会管理综合治理机构、互联网工作机构、市委社情民意机构建设，为全市经济社会发展稳定提供了体制机制保障。

【完成政法机关工勤剥离和第二批政法专项编制分配工作】 根据中央、省政策要求，在进行认真调研的基础上，按照扎实稳妥推进的原则，起草了《政法系统剥离工勤人员核定工勤人员编制实施方案》，《方案》严格按照冀机编办〔2012〕19号“政法机关一般在政法专项编制的8%以内核定工勤人员编制”的核定标准，对全市政法机关工勤编制进行了核定。按照省编委为保定市下达的第二批政法专项编制分配要求，会同市公安、法院、检察院、司法部门，根据“突出重点，加强基层和一线，着重解决突出矛盾和重点问题；向案件不断增多，维稳任务重，编制较少的县（市、区）倾斜，不搞平均分配”的原则，提出了具体分配意见，分配意见报省编办备案后，市编办下发了为市直政法部门（公、检、法）和25个县（市、区）分配编制的通知，第二批政法专项编制全部分配到位。

【中文域名注册管理工作成绩突出】 按照全省中文域名注册管理工作统一部署，建立了周报告制度，各县（市、区）每周上报工作进度及存在的问题，提高各县（市、区）编委办和市直各部门对中文域名注册工作的重视程度。为加快工作进度，2月24日、3月1日连续两次对中文域名工作进展缓慢的县（市、区）进行督导，并先后3次召开了市直机关事业单位、县（市、区）编委办参加的中文域名注册推进会。主要领导多次专题听取工作进展情况的汇报，提出具体工作要求。通过强有力的举措，全市注册申请率达到89.85%，完成率86.74%，注册数量排名全省第一，超额完成省部署的工作任务，获全省域名管理工作先进单位。

【完成人大代表建议、政协提案办理工作】 2012年，市编办共承办人大代表建议2件、政协提案3件，涉及卫生、农业、工业等领域。通过积极沟通和认真调研，主动听取代表和委员对办理工作的意见、建议，及时进行了答复，并对代表和委员进行了走访和征询意见，5件建议、提案全部按时办结，代表委员满意率100%。

【积极争取上级政策支持】 根据经济社会发展需要，围绕市委、市政府中心工作，充分履行机构编制部门职能，积极主动做好服务，2012年省批复保定市新建县级机构20个（正县级2个：保定市人民政府食品安全委员会办公室、保定市清西陵保护区；副县级18个：公安局特警支队、曲阳雕塑文化产业园区、涞源县白石山景区、涞水县野三坡景区、易县狼牙山景区、古北岳国家森林公园、长城工业聚集区、涿州工业聚集区、清苑经济开发区、徐水经济开发区、顺平经济开发区、蠡县经济开发区、涞水经济开发区、安国现代中药工业园区、保定市民政事业服务中心、保定市园林绿化管理局、保定火车站站前地区管理委员会、市委非公经济组织和社会组织工作委员会），在全省位居第一，为保定经济发展提供了坚强的体制机制保障。

【围绕中心进行调查研究】 2012年，围绕市委、市政府实施文化引领战略、扶贫开发攻坚计划等全局性工作，深入调研，为领导决策提供科学、准确、翔实的依据。一是对扶贫工作重点县扶贫开发管理机构设置进行规范。3月上旬，对唐县等9个扶贫开发重点县扶贫开发管理机构的设置及运行情况进行了调研、督导，9个扶贫开发重点县均设置了扶贫开发管理机构。二是为文化旅游产业发展提供机制保障。2012年专题围绕为传承保定历史文化，做大、做强文化旅游产业提供体制机制保障进行调研，按照“精简、统一、效能”的原则，提出科学、合理的建议，为领导决策提供了依据。通过认真调研和积极争取，设立了清西陵保护区等管理机构，为市旅游局旅游管理服务中心调整了编制，专门用于引进专业旅游人才，从而助推了保定文化旅游产业的发展。三是实行全员调研制度。机关每人根据所承担的工作职责进行深入调研，2012年共撰写调研报告25篇。年终召开机关调研成果交流研讨会议，评选优秀调研成果，促进调研成果及时转换，形成全体机关干部重学习、重调研的良好氛围。

【基层建设年活动取得实效】 加强基层建设年活动中，市编委办以“三个坚持”（坚持主要领导亲历亲为，坚持主任办公会定期研究，坚持帮扶工作务求实效）为抓手，紧密结合帮扶村实际和单位职能，认真对照“三个突出”和“十项重点任务”，在规定时限内，高标准完成了市委、县委为神南村确定的9项帮扶项目，累计投资102.7万元，积极协调相关职能部门，完成了自选帮扶项目8项，筹措资金29.99万元。获全省开展加强基层建设年活动优秀驻村工作组。5月28日，《保定日报》以《一枝一叶总关情》为题报道了工作组的做法。10月，南神南村两委全体班子成员来到机关，对市编办帮扶工作表示感谢，并赠送了“心系群众、帮危扶困、鱼水情深”牌匾。

（薛　静）

老干部工作

【中共保定市委老干部局】 负责全市离退休干部（简称老干部）工作的专门机构，归口市委组织部管理。其主要职能是贯彻落实中央、省、市有关老干部工作的方针、政策；按照有关规定做好离休干部的安置管理工作；检查指导各级各部门落实老干部的政治、生活待遇；配合有关部门组织老干部发挥作用并及时宣传推广老干部发挥作用的典型；指导全市老年教育工作；组织指导老干部开展健康有益的活动。内设办公室、宣传调研处、组织指导处、安置管理处4个处室，另设机关党委。辖市关心下一代工作委员会办公室、市老年大学、市老干部活动中心、市直机关第一、二、三干休所共6个事业单位。

局　长　张　健
副局长　许尔强（10月离任）
　　　　张　莉（女）

【概况】 截至12月底，全市共有离退休干部70709人，其中离休干部4884人。

2012年，全市老干部工作以纪念干部离退休制度建立30周年和“心齐气顺喜迎十八大”为主题，以做好党的十七大以来老干部政策落实情况检查为契机，改革创新、求真务实、狠抓落实，完成了年度各项工作任务。中组部老干部局对保定市党的十七大以来老干部政策落实情况进行了督导检查，对全市老干部工作给予了充分肯定和高度评价；涞源县关工委车志忠获河北省十大优秀志愿者标兵称号；市关工委宣讲团获河北省优秀志愿服务组织称号；市老年大学选派的歌曲《烽火狼牙山》参加全国“盛世欢歌第二届中国中老年文艺汇演”获“金星奖”、“最佳编导奖”、“非凡才艺奖”，舞蹈《我的家乡白洋淀》在省比赛中获得创作和表演两个一等奖，在第六届华北五省区市舞蹈大赛中获中老年组一等奖；市老年大学教师尹春林书法作品参加“喜迎十八大，永远跟党走”全国书画名家邀请展，获“突出贡献奖”；市老干部局基层建设年活动下乡工作队被市委评为优秀工作队。

【开展丰富多彩活动迎接十八大】 组织老年社团和老年大学班组学员，开展丰富多彩的活动，积极营造喜迎十八大的浓厚氛围。组织一万余名老干部、老年人参加全国喜迎党的“十八大”知识竞赛活动，获全国优秀组织奖。开展“为维护稳定献力量，为两个改善献余热”活动，举办全市老年人“喜迎十八大、庆祝老年节”文艺演唱会，全市20个文艺代表队参加，1000余人观看。十八大召开后，各地各单位通过举办十八大精神座谈会、报告会、研讨会、辅导班等多种方式，迅速在老干部中掀起学习十八大精神的热潮。

【促进离退休干部各项待遇的落实】 在坚持老干部政治待遇“八项制度”的基础上，加强定期通报和季度走访老干部工作，保定市季度走访老干部工作从2008年初开始一直坚持下来，这一做法在全省老干部工作会议上又一次受到表扬。保定市春节、重阳节两次向老干部通报情况，征求老干部意见和建议，市委书记及四大班子主要领导参加。5月，组织31名地厅级离退休干部对保定市农业生态园及高碑店市重点企业参观考察，使老干部亲身感受全市改革开放带来的新变化。各县（市、区）、市直部门也以不同形式召开情况通报会，组织老干部参观考察，参加本地有关会议，走访慰问等活动，老干部各项政治待遇得到较好地落实。完成了市直第四批企（事）业离休干部上收工作，涉及4个主管部门、9个企（事）业单位28名离休干部、3名遗属，共需经费927.1万元。保定市改制、破产企业离休干部、困难事业单位离休干部上收工作全部完成，以后改制随时上收，这项工作走在全省前列。完善规范了特困离退休干部帮扶机制，各县（市、区）和市直部门协调财政，筹措资金100.95万元，从社会和企业募集捐助部分资金，帮扶1007名困难离退休干部。市直离休干部医药费“预付金”由2011年的1.2万元增加到2012年的2万元。3月，中组部老干部局对保定市党的十七大以来老干部政策落实情况督导检查，局长陶治国对保定市的老干部工作总结了八个字：认真、扎实，很有成效。他说："如果全国的老干部工作都像保定这样，我们就放心了"。

【充分发挥老干部作用】 全市"五老"队伍规模已达2万多人，市宣讲团开展各类宣讲109场，听众近5万人次，全市每年有上千名老干部参与机关作风群众满意度测评，有100多名离退休老干部被各级市纪检委聘请为特邀纪检监察员和民主评议员。2012年全市老干部募集扶贫助困资金738.91万元，帮扶贫困儿童5126名，捐赠图书上万册，帮助致富脱贫900户，向涞源、涞水、易县等洪涝灾区捐款20余万元，产生了良好的社会反响。市老促会先后向满城县坨南乡学校捐赠学习用品5775件、衣服1381件、图书2036册、桌椅12套、电视机1台，并促成河北小学与坨南乡明德小学结为"手拉手"学校。启动"心系老区建设，关爱青少年成长，共助教育事业发展"百万爱心捐赠活动，分别向曲阳县郎家庄乡三会小学、高阳县西演镇布里小学、顺平县小学捐赠114.4万元多媒体教学等设备。2012年，总结宣传了被涞源县百姓称为活菩萨的车志忠和市老年大学门诊部义务行医20年的李海濂、市关工委副主任王鹿鸣等先进典型。"七一"前夕，对全市71个先进离退休干部党支部和82个优秀离退休干部党员进行了通报表彰。

【推动阵地建设和扩展老干部服务领域】 全市共有老年大学（老年学校）155所，校舍建筑面积1.8万多平方米，在校老年学员1.5万余人。市老年大学有一个主校区2个分校区，总面积5000余平方米。有教学班56个，开设25门课程，学员近2500人。老干部活动中心（室、站）251个，总面积达到了46089平方米。市老干部活动中心建筑面积达4027平方米，每年有7万余人次来这里活动娱乐健身。各县、乡镇都开办了老年大学和老年学校，形成了教学三级网络。老干部活动阵地建设有了新进展，各县（市、区）加大资金投入，通过改（扩）建，不断改善硬件设施，建立健全管理制度，形成了一批标准高、设施全、管理规范的县级活动中心和县级老年大学。积极开辟第二课堂，让老年学员展示自我，服务社会，许多县（市、区）老年大学组织学员到光荣院、敬老院演出，各县（市、区）一些有条件的乡镇，也因地制宜，积极筹建乡（镇）级和村（居）级老干部活动中心（室），极大方便了老年人就近活动。市老干部生活服务呼叫中心，2012年累计接收有效呼叫1000余次，极大帮助与方便了老干部。全市各级老年大学、活动中心做到全年有计划、月月有赛事、天天有活动，使老人体会到家的温暖。

【加强老干部工作部门自身建设】 深入开展创先争优和执行力亮剑行动活动，提出了老干部工作者要树立"六种形象"的要求，市、县两级老干部局机关建立和坚持周一工作例会、周五业务学习等制度。老干部工作队伍的党性作风、能力素质、工作水平进一步提升。信息宣传工作被省老干部局评为优胜单位，博野、曲阳县局为优胜县，安新、易县、唐县、涿州、涞源、满城、蠡县7个县局为先进县。组织参加中组部老干部局举办的纪念离退休干部制度建立30周年理论研讨征文活动，市老干部局《关于发挥老同志积极作用的有效途径和方法的实践和探索》调研报告被省评为二等奖。定州市的《创新思路主动作为不断探索加快老年教育事业发展新途径》研究文章被省优秀成果汇编采用。市局编发《老干部工作简报》13期，不断加大信息交流和督导力度，信息宣传工作不断提升。政治上关心老干部工作人员成长进步，选调热爱老干部工作的年轻干部，为老干部工作增添活力。

（崔山义）

市委后勤工作

【中共保定市委机关事务管理局】 中共保定市委机关事务管理局是为市委机关提供后勤管理和服务保障工作的职能部门，隶属市委办公厅。内设办公室、财务处、车辆管理处、总务处、经营管理处、生活服务处、保卫处。主要职责是负责市委办公厅及市委有关部门的经费管理；负责市委机关国有固定资产的管理；负责市委办公厅机关车辆的管理和调配；负责市委机关大院的卫生、绿化、美化、亮化及水、电、暖、电梯的管理和房屋维修使用；负责市委会议室、文印中心、医务室、理发室、活动室、东西两院机关餐厅的管理；负责市委机关内部安全保卫工作等。

局　长　田红军

【概况】 2012年，市委机关事务管理局认真贯彻落实《机关事务管理条例》，践行"双提"要求，推进"规范化建设、精细化管理、人性化服务"，狠抓工作落实，完成年度各项目标任务。

【规范服务管理】 坚持将规范化建设作为管理局的一项重要工作。制定完善了《企业合同制工人管理办法》、《考勤管理办法》、《市委机关大院车辆进出、停放管理办法》、《市委机关事务管理局防汛预案》、《市委会议室使用管理规定》、《会议室服务员工作守则》等规章制度，同时，大力推进各项规章制度的落实，采取集中学习、集体讨论、随机考核等多种形式，组织全局干部职工结合本职工作认真学习，做到人人熟悉制度，了解相关政策，明白工作程序，努力实现按职责服务保障、靠制度管人管事，规范化管理服务水平明显提升。

【严格管控经费】 从四个方面入手，全面加强机关资金统筹及管理。一是严把预算关。科学编制单位预算，不丢项、不拉项，仅临时工工资项目列入财政预算的140万元，就较往年增加了100万元。2012年被评为“2012年度市级预算编制优秀单位”。二是严把执行关。严格执行经费预算，量入为出，对专项保障任务及需求，积极申请专项资金，争取财政支持。三是严把收入关。多方组织预算外收入，积极收取门店租金、水电费、文印中心承包费、移动基站占用费等，做到应收尽收。四是严把审核关。严格财务报销审批手续，遏制铺张浪费等不良现象；加强计算机等精品设备的日常监管、维修、更换，使管理更加严密规范等。

【提升餐饮会务质量】 坚持把降低运行成本和提高服务保障质量作为餐饮和会务保障的落脚点，以精细化服务促进餐饮会务保障质量的提升。餐饮保障方面。一是严密组织。坚持定点采购，定期检查供货商资质，每天检查食品原料质量，确保供应渠道安全；严格落实食品原料储存保管和加工制作要求，严格人员卫生管理，确保储、制安全；加强卫生维护，确保吃得安全卫生。2012年，市委机关餐厅通过市食品药品监督管理局验收，领取了餐饮服务许可证。二是改善用餐环境。改建市委6号楼二楼雅间，新建了三楼大雅间，由市委餐厅承担了部分市委接待任务，降低接待成本，节约经费支出，同时改善环境，提高接待水平。三是科学谋划。科学制定主副食谱，合理搭配花色品种，注重营养与色香味结合，解决吃得好、吃得有营养的问题。同时，多方征求干部职工意见，协调食品药品监督局加强检查指导，查找存在问题，及时沟通，及时整改。会务服务方面。对会前、会中、会后应做工作进行细化、量化、标准化，明确服务标准、保障措施及流程，为参会市领导配备呼叫器，及时提供更优质、高效的服务。全年共提供大、中型会务服务97次，做到了热情服务零报怨、超前服务零差错。

【细化车辆管理】 一是按公车治理的要求重新核定车辆编制35辆，较原来增加5辆；二是针对局管车辆严重老化，保养、维修费用高，油耗高，存在安全隐患的问题，采取措施报废旧车3台，空出编制以备增加新车；三是严格派车制度，合理调度、细致安排，完成省委主要领导及其他省、市领导赴保指导抗洪救灾、救济援助、调研及全市性重大会议、重大活动的车辆保障工作。四是实行定点加油，一车一卡、核定定额；五是定点修车，逐车建立维修保养档案，成立维修保养鉴定小组，严把维修关口；六是为局管车辆办理ETC不停车电子收费系统手续，方便了领导，节约了时间，明晰了费用，减少了高速费用资金由司机垫付再报销手续，堵塞了漏洞；七是定期组织司机安全行车教育，增强安全行车意识，及时对车辆进行维护保养，保障了市委领导及办公用车的安全。

【保卫工作扎实有效】 一是坚持把市委大门口接访工作作为安全保卫工作的首要任务，对上访人员接待程序和工作细节进行全面规范，全年共接待、疏导、处置集体访、重复访、个体访共计716起4977人次，全面保障了大院正常办公秩序。被市委、市政府评为“十八大”安保工作先进集体；二是编报《上访情况周报》44期，为领导及时提供每周市委门口的上访情况，遇重大信访案件及时向领导汇报，适时总结上访规律，提出合理化建议，供领导参考；三是投资20余万元对大院监控设施、设备进行更新升级改造，新增7个监控头，更新14个监控头，扩大了监控覆盖面，提高了监控清晰度；四是多次邀请市消防支队到市委大院进行消防安全检查，共投资3万余元对消防设施、设备、消防管道、水箱等进行了维护检修，消防器材、设备、设施完好率达95%以上；五是严格执行巡查制度，利用监控系统对大院24小时不间断进行监控；六是加强了外来车辆、人员管理，加大盘查力度，搞好登记统计；七是加强应急情况处置准备，落实预警机制，健全突发事故处置、反恐、防汛、防火等应急情况处置预案，加强相关知识培训，提高防范、应对突发事件的能力；八是与机关大院各部门、局管门脸等单位签订“安全生产和消防安全协议书”110份；

九是安排专项资金15万元新购置搜爆仪一台，每天进行防爆检测工作，发现并处置易燃易爆隐患4起；十是全力解决机关大院停车位紧张问题。在大院南侧雪松下、1号楼天井、3号楼南侧增加停车位68个，有效缓解了停车难问题；积极和交警部门联系，重新划定车位线，设置交通警示、标识牌16个，增设防护栏30组、隔离墩2个，停车秩序明显好转；实施了停车区分区管理，增设车辆疏导员，严格执行车辆通行证制度，保障了机关大院车辆有序畅通。

【逐步改善机关环境】 一是全力保障水、电、暖供应。针对水暖管道、电力线路年久老化等问题，认真检查，加强维护，保障二路用电，投入11.5万元对机关大院老化的路灯线路进行改造，在供暖期间加班加点抢修管道，确保水、电、暖正常使用；二是对市委常委会议室进行改造，更换调音台，增加设备功能，增设投影四部，改造了窗户、墙体及屋顶，增强了保密效果，增加了功能。三是确保电梯安全。在做好日常检查、定期维修的同时，邀请安监部门技术人员进行全面检查，确定维保单位，及时排除故障，保障乘梯安全；四是做好机关大院园林绿化工作，对大院绿植进行全面改造，栽种串红1500株、麦冬750平方米、鸢尾5000余株、芭蕉2000余株。配合大院车位改造，对车位全部进行了绿化，并请园林局专家进行现场指导，使大院绿化错落有致，四季常青；五是及时更换精品设备。在夏季来临前对全厅空调进行全面检修，更换空调6台，对2005年以前的电脑设备进行全部更新，共更新电脑22台。

【坚持以人为本人性化服务】 认真做好机关内部后勤服务保障，为领导和机关提供更优质、更高效、更规范的服务，精心打造富有特色的“人性化服务”品牌。一是分季度征求机关大院干部职工对后勤服务保障工作的意见建议，及时发现存在的问题，并予以整改，以进一步提高保障能力，改进服务质量；二是积极推进全局干部职工住房补贴申报工作，共涉及62人，补贴面积2616.967平方米，补贴金额60.6万元，各项手续已审批完毕，已向市财政局申请发放；三是扎实做好人事劳资、协调运转工作。完成各类文件、会议纪要、会议记录、总结、计划、请示、报告等文字材料50余篇；做好公文收发及上传下达工作，确保了公文渠道安全、顺畅，全年共办文200余件；严格落实各项值班制度，坚持24小时值班和节假日轮流值班，确保信息渠道和政令畅通；加强对外联系与交流，强化内部处室的沟通协调，适时召开处室座谈会，了解各处室工作进展情况，督促工作进度；制作宣传展牌6块；谨慎保管公章，合理安排使用，对不符合政策或有关手续不齐的一律不予盖章，全年共加盖印章270余次；抓好考核、干部职工调资和到龄人员的退休手续办理等工作，年度考核工作顺利完成，办理2位同志增人增资手续，办理机关退休手续5人、企业退休手续1人；2012年以来共与14名临时工新签正式劳动合同，提高了工资待遇，及时缴纳了养老、医疗、生育等保险，增加缴纳了工伤保险，稳定了队伍；及时收缴党费、工会费，发放独生子女费；完成2011年度管理局年鉴编纂工作；完成法人证书验证年检、组织机构代码证年检工作等。四是积极联系多家医院，组织办公厅系统干部职工体检，为5名长期慢性病干部职工申报慢性病医疗待遇，为3名大病职工争取工会大病求助及困难补助，为2名困难职工争取了困难补助；五是认真落实”亲民爱民”活动，多次组织机关干部赴结对帮扶对象家中、学校进行走访慰问，帮助其解决生活、生产中的实际困难；六是组织全体干部职工向涞源、易县、涞水灾区捐款11500元；七是协助鹏翔小区物业公司加强了对小区的管理，投入10万元更新了小区的监控设备、消防大门，更新了小区路灯线路，增加了照明设施，增设了小区外墙防盗铁丝网；八是加强文印中心管理，树立品牌意识，精品意识，为机关提供优质服务。开展经济核算，降低费用，降低成本，杜绝浪费，控制不必要的开支。

【全力配合市委中心工作】 一是完成省委书记张庆黎、省长张庆伟一行赴涞源、涿州、涞水灾区及涞水悟空寺村调研、宣讲十八大精神等接待工作；二是按照全市防汛工作总体安排，配合市委领导第一时间赴灾区指导防汛工作；三是全力解决交流市级领导办公、周转用房。针对春节期间市委主要领导调整问题，及时安排领导临时办公场所，在春节放假期间组织专业人员昼夜加班加点对领导办公用房和周转房进行了装修，配齐了办公和生活用品，得到领导认可；为新调任市委领导积极安排周转房，并进行简要装修，于八一前夕使领导及时搬住。四是配合市委、市政府祝贺河北农业大学校庆110周年，专门组织人员多次赴曲阳县，选购雪浪巨石一块，从曲阳拉回并安排8辆吊车安置在农大校园；五是清真寺片区拆迁工作进展顺利，分包拆迁任务基本完成。

【公车治理取得成效】　在省公车办的指导下，发挥优势，迅速行动，强化举措，扎实推进，多次得到省公车办的肯定。一是着眼建立长效机制，以市委、市政府两办的名义下发《保定市党政机关公务用车配备使用管理实施办法》，详细规定了车辆编制的核定标准、公务用车的配备标准、越野车使用配备标准等，同时规定了车辆更新标准、车辆采购程序、车辆使用管理、违规使用公务用车的监督检查等各个方面内容。积极探索公务用车制度改革的思路，为全市公务用车的管理提供了可靠依据，为下一步推动公务用车制度改革奠定了基础。二是全市车辆核编工作全面完成。全市共核定一般公务用车新编制数4625辆，比一般公务用车实有车辆数（4651辆）压减26辆，压缩比例0.56%，核定执法执勤用车新编制4360辆，比执法执勤用车实有车辆数（4363辆）压减3辆，压缩比例0.07%。三是违规车辆全部纠正处理完毕。共对全市登记自查出的1162辆违规车辆进行了调剂、拍卖、报废、退回换回等纠正处理，其中调剂一般公务用车465辆、退回换回违反规定借换车辆423辆、报废车辆47辆，申请调剂24辆、公开拍卖140辆（拍卖金额214.78万元）。通过此次专项治理工作，摸清了全市党政机关公车底数，对违规公务用车进行了全面清理，按照新的车辆核编标准对全市党政机关、事业单位进行了重新核定，理顺了公务用车采买、使用、管理等方面，成效明显。

（杨　超）

党史研究工作

【中共保定市委党史研究室】
中共保定市委党史研究室是中共保定市委主管党史征集、编纂、研究、宣传工作并对所辖县（市）党史部门进行业务指导的职能部门，正县级机构，直属市委领导，业务上受中共河北省委党史研究室指导。内设秘书处、编研处、宣教处、资料处。附设保定中共党史学会，负责联系、协调全市党史界的学术研究工作。

主　任　李丙申
副主任　卢金婷（女）
　　　　李　焱
　　　　郭敬洋（7月离任）

【概况】　2012年，保定市委党史研究室在党史征、编、研、宣各项工作中都取得了较好成绩，完成全年的目标任务。1、完成《中共保定地方简史》（1919－1978）的编纂出版工作。2、继续开展改革开放新时期专题资料和社会主义时期保定党史人物资料的征编工作。3、完成保定革命纪念馆陈展大纲的修改任务。4、按省委党史研究室要求做好保定四清有关资料的征集工作。5、完成并上报省委党史研究室《科学发展　和谐河北——从十七大到十八大》一书保定相关资料的征集和撰写工作。6、积极开展保定二师七六学潮和高蠡暴动80周年纪念活动。7、认真做好党史信息工作。全年刊发《党史简讯》12期，编发信息125条，共2万余字。向省委党史研究室、市委办报送信息10条，刊发2条。在《保定日报》登载信息1条。2012年信息工作灵活主动，积极反映了保定市、县两级党史部门中心工作和业务工作的开展情况，实现了党史工作动态信息共享和党史工作经验的交流。8、广泛宣传地方党史。以《中共保定地方简史》的出版发行为契机，在全市深入开展党史学习教育活动，向社会各界赠送《中共保定地方简史》。同时，为更好地发挥党史育人作用，努力推进党史事业自身的科学发展，根据省委党史研究室要求，指定了党史宣讲团成员，按时报送相关宣讲稿件及课件，并参加省党史宣讲团成立及业务培训会议。9、2012年度被评为省《党史博采》征订工作先进单位。通过周密安排、大力督导和多渠道征订，提前完成2013年度《党史博采》征订任务。10、完成保定中共党史学会的年检及日常管理工作。

在努力完成年度目标任务的同时，进一步强化责任意识，承担了省、市等上级部门下达的各项临时性工作。一是完成保定市省级第一批党史教育基地参评单位推荐工作。根据省委党史研究室关于河北省中共党史教育基地评选命名实施意见和有关通知精神，筛选确定并推荐阜平城南庄晋察冀边区革命纪念馆、清苑冉庄地道战纪念馆和易县狼牙山风景区管理处为保定市第一批参评单位。9月18日，上报参评单位被省委命名为河北省中共党史教育基地。二是为省委党史研究室和省文化信息资源共享中心合作拍摄的专题片《燕赵红色记忆》保定篇，提供了五四运动时期保定的有关历史图片100余幅，并联系了留法勤工俭学纪念馆的拍摄工作。三是与市纪委、市委宣传部、市监察局和市文广新局共同完成了保定市党性党风党纪教育展览的筹备和展出。四是在领导干部党的纯洁性教育活动中，为市纪委结合地方党史，用保定地方党史中的历史事件、历史人物和历史进程，及其所反映出的历史规律和伟大精神，开展纯洁性教育活动，提供相关的党史资料。五是在与市纪委等单位共同举办的党性党风党纪三项学习教育活动知识竞赛筹备工作中，完成有关领导论述、党史等内容的112道试题的出题任务。六是与保定中共党史学会共同举办了庆祝党的十八大胜利召开党史图片展。10月30日至11月20日，展览先后在市纪委机关、河北大学、保定第二中学等单位展出，并配合展览组织了党史宣讲和图书赠阅等活动，以喜闻乐见的形式，开展爱国主义和革命传统教育，受到参观群众的普遍欢迎。七是完成省委党史研究室和省旅游局关于编纂《中国红色旅游系列丛书》相关资料的征集上报工作。

【筹备展出“保定市党性党风党纪教育展览”】 与市纪委、市委宣传部、市监察局和市文广新局共同完成保定市党性党风党纪教育展览的筹备和展出。在筹备过程中，市党史研究室完成光辉历程部分中国共产党历史和中共保定地方史大纲的编写及图片筛选提供工作。大纲共5万余字，筛选提供图片120余幅。6月27日，展览在市博物馆首展，市委、市人大、市政府、市政协有关领导出席开展仪式。展览共分重要论述、光辉历程、廉政建设、时代楷模、警钟长鸣、党纪条规六部分，共120块展板，其中市党史研究室编写的光辉历程部分有50块展板。各县（市、区）及市直共100余个单位组织参观展览。展览受到市有关领导和各单位参观人员一致好评。

【深入开展改革开放新时期专题资料征编工作】 根据党史基础工作长期规划，继续有步骤地开展保定改革开放新时期重要党史专题、重大党史事件专题资料的征编和研究工作。完成“望都辣椒”、“市直机关三学三查三克服一坚持活动”等专题的资料征集工作，同时积极参与中央党史研究室举办的首届党史文化论坛，撰写的《让党史文化鼓起前进的风帆》一文入选。

【“保定革命纪念馆”陈展大纲修改完成】 按照《关于“保定革命纪念馆”布展工作实施意见》（保宣发［2011］33号）的部署和市委宣传部的计划安排，负责陈展大纲的撰写和邀请有关专家学者对大纲进行审定论证。2011年11月底，完成大纲初稿的撰写任务并报送市委宣传部。2012年3～4月间，大纲初稿通过了中央党史研究室、中央党校和省委党史研究室等有关专家的审阅，得到肯定。5月，根据专家的意见，对大纲初稿的一些细节进行修改，并报送市委宣传部。

【《中共保定地方简史》（1919－1978）出版发行】 按照年初制定的工作规划，开展了《中共保定地方简史》的编纂工作。9月经中共党史出版社审核后出版发行，全书共计16万字。该书客观记述了保定党组织从1922年建立到1978年走过的57年光辉历程，实事求是地反映了党领导保定人民在革命、建设进程中取得的伟大成就及主要经验。全书简明扼要，脉络清晰，主线突出，是在新形势下广泛深入地开展党史学习活动的一本普及性党史基本教材。

【积极开展纪念七六学潮和高蠡暴动80周年系列活动】 2012年是保定二师七六学潮和高蠡暴动80周年，为搞好相关的纪念活动，弘扬先辈的革命精神，激发广大人民热爱保定、建设保定的热情，市党史研究室在查阅室存史料的基础上，通过各种渠道和方法，搜集整理了45万字的相关资料，为纪念活动做了积极的准备工作。6月，完成了关于七六学潮的纪念文章《省立第二师范学校抗日护校斗争和七六惨案》，共7500余字，从7月1日开始，在《保定日报》星期刊分两期刊登。8月，完成了关于高蠡暴动的纪念文章《保属特委书记李之道》，共3000字，在8月26日《保定日报》星期刊刊载。

（杨永丽）

党校工作

【中共保定市委党校（保定市行政学院、保定市社会主义学院）】

全校教职工编制185人，有专兼职教师56名，其中教授6名、副教授29名、讲师21名，全校有2名博士，10名硕士。学校设经济学、法学、社会学、政治学、管理学5个教研室，办公室、机关党委、人事处、纪检室、工会、财务处、妇委会、行政处、离管处、函授处、电教处、研究生处、教务学员处、信息处、科研处等15个行政处室。学校占地面积70亩，建筑面积21000平方米，其中包括大、中、小各种规格教室27个，集教学、会议、汇报、演出等多种功能于一体的现代化报告厅1个，学员公寓236间，能满足400人同时住宿培训。学校设有计算机网络中心、电教中心，图书馆面积600平方米，藏书近10万册，各种刊物及电子信息资料2000余种。

校　　　　长　马誉峰
院　　　　长　赵常福
常务副校（院）长　王炳林
副校（院）长　魏振江
　　　　　　李强勇
　　　　　　王　纪
　　　　　　郭献民
教　育　长　张　宝

【概况】　紧紧围绕“三名”（名师、名品、名校）“两一”（市内一流市直单位、省内一流市级党校）的既定目标，按照“四有”（有用，教师讲课要有用，能帮助学员解决问题；有味，重视讲授艺术；有心，讲授围绕核心；有准，坚持党校姓党的准则）、“三为”（科研工作坚持为提高教学质量服务、为市委和政府决策服务、为社会实践服务）、“两化”（努力推进管理制度化和后勤服务社会化）、“一提高”（提高教职工的综合素质）的工作思路，全面推进以教学为中心的各项工作，完成各项任务目标，为提高全市干部队伍的整体素质、服务保定科学发展上作出应有贡献。被河北省委党校综合评价为实绩突出单位，被省委党校评为“优秀在职研究生工作站”，“河北省党校系统优秀通讯站”、“全省党校函授教育优秀单位”，年终市委考评均为实绩比较突出单位。

【教育培训工作】　围绕“四有”深化改革，全面提高教学质量。全年完成2期6个主体班班次的培训，开办了一期“保定市非公企业党组织书记培训班”、一期“保定市双管企业党组织书记和党务工作者培训班”、两期“新疆农二师基层干部培训班”、六期“县（处）级干部学习党的十八大精神集中轮训班”。行政学院组织了2011、2012两年新录用公务员977人的初任培训班。社会主义学院组织了一期“民主党派新成员培训班”，年总培训规模达到3300余人次。在职研究生学历教育，有4个专业（经济管理、法学、公共管理、社会管理）、6个在职研究生班，在校研究生学员400余人。

精选培训专题。本着“缺什么、补什么，用什么、学什么”的原则，主动跟进市委、市政府的战略部署，从组织需求、岗位需求和学员个人需求三方面设计培训专题。开展了“关于党校干部培训内容需求状况”的专题调查，为改进和完善教学体系提供参考依据，调研成果在《河北党校报》进行全文刊发。针对当前领导干部工作压力大的问题，新增了“领导干部阳光心态”专题。同时把反腐倡廉教育作为学员的必修课，保证课时量不低于10%，致力于将反腐倡廉意识落实到学员头脑。学员们反映，学习后对开展工作很有帮助。

丰富教学方式。坚持传统方式与创新方式相结合，采取情景模拟式、互动式、研讨式、辩论式等教学模式，使学员由被动接受者变为主动参与者，取得良好效果。组织学员深入风帆集团、英利新能源、长城汽车集团等6个大型企业现场教学，赴苏州、井冈山进行异地培训，使学员们进一步解放思想、更新观念、拓宽视野，达到增长见识、提高素质等目的。2012年在异地培训结束后，增加了半个月的在校学习时间，专门交流总结异地培训的收获，真正实现了专题授课和异地培训的相辅相成、相得益彰。

坚持党校姓党。党校始终坚持党校的主阵地、主渠道作用，积极宣传党的路线、方针、政策，以及市委围绕中心工作而出台的政策，并把其作为教学的核心。在理论体系方面，重点围绕党的十八精神和中国特色社会主义理论体系，新增“学习十八大，建设美丽中国”等五个专题教学，着重提高领导干部的理论素养。为贯彻落实省委、市委会议精神，把“打造高效执行力”、“京畿重地、善美保定”作为教学专题。

创新管理模式。2012年，党校在学员管理工作中首次推行校级领导全员参与管理的新模式，按教研室设置课题组，按课题组配备校级领导，直接参与、组织、领导课题讨论和社会调研等一系列工作，受到学员普遍欢迎，取得明显成效。根据研究生学员的特点，开创了双考勤制度，采用指纹签到方法，保证学员到课率，党校研究生管理经验被省专刊转发，并被评为优秀研究生工作站。

【科研工作】　坚持“三为”抓好科研，充分发挥思想库智囊团作用。2012年，党校获得河北省党校系统第八届科研工作组织奖，有4个县级党校获得全省党校系统科研工作组织奖。获河北省党校系统第八届优秀科研成果一等奖一项、三等奖四项（一等奖：申彩虹撰写的《以工业化推进山区县经济又好又快发展——对保定市工业西进战略的调查与思考》。三等奖：张洁娟撰写的《保定倾力打造“城市文化品位”的调研与思考》、靳永慧等编著的《专业技术人才创新能力教程》、朱颖新等撰写的《关于我市构建社会化养老服务体系的调查报告》、张树光等撰写的《略论保定市发展环境建设——基于昆山市发展环境建设的经验》）。全年出版3部编著，在核心期刊发表9篇文章、国家级刊物发表23篇文章、省级文章10篇、市级刊物发表13篇文章。

强化科研在教学中的基础作用。围绕党委政府的中心工作和群众关注的热点、难点问题设置学科、筛选课题，以决策咨询服务为着眼点，抓住重点、突出热点、解决难点。校领导全程参与课题调研，确保研究上档次、高质量、有实效。同时坚持把科研精品带进课堂，探索教学、科研、管理三位一体的教学科研管理模式，实现“教学出题目－科研做文章－成果进课堂”的循环态势。全年申报省、市、校三级课题42项，获批29项，申报和获批数量均创历史新高。

强化科研在党委政府决策中的咨政作用。在11所县级党校挂牌“中共保定市委党校市情调研基地”，与涞水县委党校合作撰写的《涞水县扶贫攻坚示范区建设的调查和思考》，得到副市长石海林的批示，并在政府内部刊物《工作调研》第28期刊发。围绕市十届三次会议精神，举办了全市党校系统建设“京畿强市、善美保定”的征文活动，历时五个月，共收到调研报告128篇，择优在校刊《保定视界》上发表。增设校刊《市情研究》，选取有价值的调研报告向领导报送。

强化科研在社会实践中的促进作用。2012年，党校召开市情调研基地（主任）工作会议，重点围绕现实问题研究及如何进一步发挥思想库作用进行交流。召开了全市县级党校常务副校长会议，分析县级党校的现状和面临的形势，探讨发展对策。组织县级党校常务副校长赴重庆市、四川省、湖北省等部分市、县党校考察学习，优选县级党校领导和教师到省委党校和行政学院部进行培训学习，提高县级党校的教学科研能力。省党校领导多次到县级党校进行实地考察调研，分析困扰县级党校发展的瓶颈问题，寻求破解途径。

【行政后勤】 实施“两化”搞好保障，着力强化服务职能。2012年，修改完善了4项后勤管理制度，制定实施了《办公费及办公用品管理规定》、《财务人员组织管理制度》等，进一步完善各项工作和运行机制，把各项工作纳入制度化、规范化轨道，做到有章可循、有据可依。加强信息化管理，数字图书馆实现了中文期刊全库检索、博硕论文全库检索和超星数字图书的全文检索，微机录入图书400多册，微机阅览室利用率进一步提高。继水、电改革后，2012年改建了锅炉房，改用新型燃气锅炉，并采取委托经营方式，与物业公司签订供暖服务合同。对办公区物业实行了整体对外承包，校园绿化和卫生全部实现了社会化管理。解决了困扰党校多年的后勤服务不到位问题，保证了以教学为中心的各项工作正常运转。

【科学发展】 强化“一提高”打牢基础，切实加强自身建设。提高教职工的综合素质，增强党校竞争力，推进党校“三名两一”目标实现。

注重提高思想政治素质。坚持抓班子强素质、带队伍求过硬的原则，认真坚持校委中心组学习制度、例会制度和理论学习日制度，并将市委十届三次、四次全会精神、十八大精神的学习扩大至中层干部，采取自学、集中学习、交流讨论、学习参观相结合的方式，把理论学习与工作、思想密切结合，用最新理论成果武装头脑，保持高度的政治敏感性。将班子成员的理论学习延伸到主体班的课堂，每位校领导负责一个课题组，直接参与、组织课题讨论和社会调研等工作。严格落实党内监督制度，坚持纪检检查室主任列席校委会制度，做到直接介入。在人事任免、财务支出、物资采购招投标等重要事项上加大监督力度，集体讨论决定，做到了“公开、公正、透明”。在保定市惩防体系建设活动中，坚持标本兼治、综合治理、惩防并举、注重预防，得到了市委领导好评。

着重增强教师业务素质。2012年先后选派50人次通过参加培训、参观考察，更新知识、增长见识、提高水平。十八大后，派5名骨干教师参加北京大学“党的十八精神”高级研修班学习，3名教师参加省党委宣讲团培训，2名教师参加省党校十八大精神师资班，5名教师参加保定市十八大精神宣讲，为十八大精神进课堂做好铺垫。2012年引进4名高素质人才，其中1名博士、2名硕士。在主体班培训教学时，外聘中央党校、省委党校、河北大学教授及市委领导共30余人次来校授课，解决了教师理论不深、数量不足、力量不强的问题。

努力提升干部工作标准。坚持公开、公平、竞争、择优的原则，调动干部工作积极性，以创先争优和民主评议为动力，努力提高干部的落实力、执行力，增强争先进位意识，确保干部始终保持昂扬的精神状态、严谨的工作作风、高度的责任意识，想干事、能干事、干成事的氛围空前浓厚。在全省“加强基层建设年活动”中，党校两个工作队全年进驻曲阳县北洪德村和小盖都村，切实为所驻村谋发展、做实事，由于工作实绩突出，驻村工作队和工作队人员受到省、市表扬。在“十八大”安保工作中，两个工作组进驻曲阳县东泉头村和西泉头村，排查隐患、化解矛盾，确保了十八大召开期间未出任何问题。校委所有人及中层干部都积极参与“亲民爱民”活动，筹措资金29100元，走访、慰问帮扶对象，为其提供资金帮助和智力帮扶。在扶贫工作中，聘请专家对曲阳县桃户地村进行实地考察，多方协调资金12万元，对100多亩山坡进行综合整治。在党校全体教职工的共同努力下获得“河北省党校系统优秀通讯站”、“全省党校函授教育优秀单位”、全市“创先争优党建联席先进单位”、“2012年度先进基层党组织”等奖项。

（韩良杰）

社区工作

【保定市城市社区工作委员会办公室】 保定市城市社区工作委员会办公室为副县级单位，主要职责是协调指导全市社区建设工作，承担和制定年度工作目标。内设综合协调处、调研处、基层指导处。

主　任　杨增德（兼）

【概况】 2012年，按照市委、市政府的总体工作要求，全面深化和谐社区建设，社区建设整体水平继续保持在全国和全省的示范领先地位。高标准和谐社区建设、善美社区建设、精细服务项目化管理等多项工作举措得到国家民政部的肯定和推广。8月，民政部基层政权和社区建设工作简报转发了市委书记许宁在全市社区建设大会上的讲话，肯定了保定市在加强社区管理，推动城市基层社会管理创新方面的举措。市委、市政府领导高度重视社区建设工作。市长李谦对保定市高标准和谐社区建设做出批示：“社区建设成效明显，望继续努力”；对十八大安保期间“小产权房”督导工作做出批示：“督导组认真负责，效果明显”。市委常委、政法委书记王立山对十八大安保期间督导工作做出批示：“督导组工作认真，督导有力”。副市长石海林批示：“高标准和谐社区建设，社区办抓得紧，成效显著，望继续加大力度，持之以恒抓下去。”2012年全市社区战线涌现出一批先进集体和先进个人。5个社区受国家级表彰，21个社区受省级表彰。中国社会报、河北日报等多家新闻媒体对保定市社区建设中涌现出的亮点工作进行了宣传报道。

【推进“高标准”和谐社区建设工程】 1、高标准和谐社区建设整体推进。坚持服务功能精细化、环境设施人性化的建设理念，启动第二批高标准和谐社区创建工作。市社区办按照规划前置审查备案、中期不间断督导、后期检查验收的全程监管程序，建立完备的创建工作推进方案，多次召开不同规模的审核会、研讨会、调度会、实地座谈会等，跟踪进度、提出意见、解决问题。全年，全市各级财政和开发建设单位总计投入资金7000余万元，共建成高标准和谐社区20个。建成后的高标准和谐社区平均面积达到900平方米，最大的达到2500平方米。人性化的硬件设施、温馨亮丽的场所环境和贴近居民需求的服务项目，提高了社区居民的归属感、安全感、幸福感。2、基础设施建设实现均衡发展。严格落实“百户30平方米”的政策要求，2012年新签社区办公用房协议52个，面积1.8万平方米，建成并交付使用的社区办公用房20个，面积1.1万余平方米。同时，开展精品社区上档升级和老城区、散居型社区的改扩建工作。全年投入资金1412万元，完成上档升级社区51个，老城区改、扩建社区11个，打造了一批环境好、服务优的“小精品”。

【推进“惠民生”管理创新工程】 1、推进社区管理创新。为更好的发挥社区在构建和谐社会中的积极作用，市社区办在深入调查研究、广泛征求意见、反复修改完善的基础上，起草了《关于加强和创新社区社会管理工作的意见》。文件从强化社区管理职能、完善社区服务体系、发挥社区核心作用、建设管理服务平台等方面提出了具体意见。重点探索实施“网格化”社区管理服务模式，完善区（县、市）、街道、社区三级综合管理服务平台，配齐配强服务团队，实行责任包干、管理到户，强化对社区内“人、事、物、组织”的管理服务，变被动应对问题为主动发现和解决问题，推动政府行政管理与基层群众自治有效衔接和良性互动。2012年，全市各社区解决居民关心的热点难点问题2619件，化解各种矛盾纠纷2487件。2、推进社区政务公共服务。一是科学调配社区警力，为社区民警配备1名或多名流管员，加强流动人口管控，核查实有人口信息1157万余条，登记流动人口30余万名，摸排管控重点人员11362名，登记出租房屋88879户，社区破案率提升23%，群众安全感进一步提升。二是推进社区社会保障与社会救助服务。认定消除零就业家庭96户，安置困难高校毕业生711人，帮助就业困难人员实现就业2639人，其中残疾人114人。直接纳入社区管理的企业退休人员9.3万人，服务率为85%；城镇居民医疗保险参保登记人员19.5万人；为全市8.27万居民进行了城镇低保审查办理，实现了动态管理下的应保尽保、应退即退。三是强化社区卫生服务。为城市居民建立健康档案78万余份，建档率98.6%，电子建档率94.7%。对社区65岁以上的老年人和已确诊的慢性病患者进行健康控制管理。12家公立医院与社区卫生服务机构签订了“手牵手”帮扶协议，派驻首席医师、技术骨干进社区工作。逐步完善的社区卫生服务功能，保障了城市居民享受安全、有效、便捷的十五分钟卫生服务圈服务。3、推进社区精细化服务。按照“寓管理与服务之中”的工作要求，重点加大了创新性服务项目培育力度，在提升社区“软实力”上下真功夫。各社区在服务项目设置和实施中，坚持以居民需求为导向，“自下而上”建立了“发现需求－评审立项－寻找资源－解决问题－项目评估－意见反馈”全程评估机制，大力推行“一居一品、一社一型”社区多元化服务。社区新华书店－文化氧吧、银龄家园－为老服务、人大代表和政协委员之家、未成年人科技体验馆、四点半课堂、便民工具室、心理减压室等一批服务项目运行成效良好，得到居民的普遍认可。按照市政府“十项惠民工程”部署，积极参与全市“生鲜农产品直销体系”建设，推进“蔬菜直销进社区”工作，建成社区直销店29个，其中固定店15个、流动店14个，囊括生鲜农产品、特色农产品、米面粮油、调味品及多种服务，较好的解决了“农民卖菜难、市民买菜贵”的问题。同时，全面推动社区工作由“坐等服务”向“主动服务”转变，建立实施了错时上下班、节假日轮休制度、预约服务制度、服务承诺制度、首问责任制度、限时办结制度等，打造社区“全天候、全方位、全覆盖”的高效便捷服务，实现了与社区居民需求的全面对接。4、推进社区居家养老服务。各县（市、区）按照“五有”（有领导机构、有服务场所、有服务网络、有服务项目、有高龄津贴）标准，积极推动居家养老服务工作。2012年共建成133个社区居家养老服务站，配齐了基本生活服务设施，具备了日间照料以及助餐、助洁、助医、助行、助购等服务功能。经过两年的发展，全市已有60%的社区完成了建站任务，受益老年人累积达20万。市委、市政府专门出台政策，为65岁以上加入12349网络平台的老年用户每户每月补助5元话费，80岁以上老年人的高龄补贴制度全面落实，并向社会公开招录了60名公益岗位人员专门从事社区居家养老工作。5、推进社区信息化服务。发挥市社区服务中心龙头作用，建设集行政管理、社会事务、便民服务为一体的社区信息化服务体系。加强社区现代化办公服务设施建设，提高现代技术运用能力，实现办公服务网络化、电子化，减轻工作负担，提高工作效率。充分依托已建12349网络服务平台开展服务，全市入网老年人达到20万户，加盟企业2万多家，登记志愿者3.6万余人，服务需求总呼入量210多万次，求救总呼入量1428万次，成功挽救了1167位老人的生命，产生了良好的社会效益。保定市的做法在全省、乃至其他省市都产生了影响，全国已有39个地市仿照这一模式建立起了便民服务和为老服务系统。

【推进“提素质”文化繁荣工程】

1、弘扬善美文化。围绕保定建设“京畿强市、善美保定”的总体定位，市社区办与市文明办、市民政局、市文广新局联合下发了《关于建设善美社区的意见》。通过开展道德建设工程、低碳环保工程、文化惠民工程，优化社区人文环境、自然环境、服务环境。各社区充分利用宣传平台，弘扬新时期保定精神、中华传统美德，号召居民模范遵守道德规范和文明公约，用善美教育引领社区文化。共开展各类文化宣传、教育讲座1500余场，参与居民5余万人。同时，与市文广新局一同开展了“善行河北——万城道德主题电影展映工程”，在全市182个社区放映了364场，观众近11万人。以河北省道德模范、身边好人为原型的优秀影片，贴近生活、发人深省，引领了社会风尚。《中国社会报》头版对保定市的善美社区建设活动予以宣传报道。2、开展善美活动。全市各社区广泛开展了“孝亲敬老”、“和睦邻里”、“讲文明、树新风”、“讲公德、改陋习”等主题活动，进行“善美社区”、“平安社区”、“文明楼栋”、“五好家庭”、“孝顺儿女”、“好婆婆、好儿媳”、“十大魅力老人”、“善美文化品牌”等善美集体、善美人物、善美服务项目的评选。广泛开展社区睦邻文化节、社区艺术节、趣味运动会、社区书画展、风筝节等品牌文体活动，满足了居民群众对文化艺术的新需求。挖掘社区文化资源，聘请保定名人创作了《保定有个油条哥》、《俺社区出了个油条哥》两首古城新歌，制成光盘广泛传唱。培育社区文化能人，发展社区文体辅导员530余人，社区文体队伍1390支，举办各类群众性民俗活动、文化娱乐活动、体育健身活动748场，参与居民25万人。军学社区的舞蹈在全国“海峡两岸老年文化交流展演活动”中获金奖。3、营造善美环境。配合全市低碳城市建设，广泛开展低碳社区（小区）创建活动，通过开展科普讲座，发放科普图册，树立科普典型，倡导低碳生活理念、推广低碳生活技巧、践行低碳生活方式和低碳消费模式。有条件的社区安装了太阳能照明系统、太阳能垃圾箱、太阳能楼牌号等节能设施。结合“地球熄灯一小时”活动，广泛发动居民用实际行动为低碳环境贡献自己的力量。与市气象局共同出台《关于做好社区气象防灾减灾工作的通知》，每个社区明确2名气象信息员，及时将气象灾害信息传播到户，社区气象防灾减灾能力得到加强。抓好社区内及周边的环境净化、绿化、美化、畅化、亮化工作，广泛开展社区环境卫生宣传教育，增强了居民公共卫生意识。

【推进“强作风”队伍提升工程】 1、强化社区社会组织培育。与驻保院校开展深层次合作，依托高校人文社会学科研究资源，创新社区社会工作新途径、新方法。借助中国社会工作协会与华北电力大学共同创建“中国社会工作与社会法治创新研究中心”、“中国社会工作协会会员服务基地”的契机，依托基地和研究中心力量，与华北电力大学就创新社区管理、社会工作者培训等方面达成合作意向，共同探索实践社区服务的创新与管理。同时，北市区分别与华北电力大学、河北大学、保定学院等驻保高校建立了社区建设战略合作关系，吸引高校人力资源和教学优势为社区提供智库支持，实现了社区管理与高校服务的双赢对接。2、加强社区工作队伍建设。深入落实市委《关于加强和改进城市社区居民委员会建设的意见》（保办发〔2011〕18号）文件精神，全面提高社区办公经费和社区工作者待遇。市区内社区书记主任生活补贴达到每月1760元，“一人兼”的每月1810元；副书记、副主任达到每月1650元；委员达到每月1540元。继续落实医疗、养老、生育、工伤“四险”。社区年办公经费由上年1.2万元/年提高到平均2万元/年，最高的县（市）达到了14.4万元/年。市、县（市、区）两级财政设立了社区建设专项资金，最高的达到每年316万元。办公条件的提高和生活待遇的改善增强了人才的吸引力，激发了社区工作者的工作热情和积极性。全市共有社区干部2650人，平均年龄由去年的40岁降至38岁，大中专以上学历占总人数的90%，社区工作者结构更趋合理。3、加大社区组织培训与激励。按照分级负责、分级组织的原则，各县（市、区）纷纷采取综合培训、技能竞赛、专题研讨、实地观摩等形式，开展各类社区干部培训395场（次），参训人员3000多人（次）。社区干部服务群众、依法办事的能力和水平大大提升。鼓励社区干部参加社会工作职业资格和学历教育，172人取得助理社工师和社工师资格，享受职业资格津贴。同时各县（市、区）加大社区干部考核评价体系建设，完善了社区工作者选拔任用机制、学习培训机制、考评奖惩机制、人才储备机制等，营造了奋力争先、干事创业的良好氛围。4、壮大社区志愿者队伍。紧紧围绕居民所需所盼，全面开展社会救助、慈善公益、优扶助残、敬老扶幼、治安巡逻、环境保护、社区矫正、科普咨询等志愿服务活动。建立全省社区学雷锋志愿服务站示范点10个。大力扶持优秀志愿服务项目。其中，“王叔叔讲故事”发起人王星焱与保定学院联合，在20个社区建立服务基地。营造和谐书香的社区文化氛围；河大社区校社联手，积极推动为老志愿服务，形成了社区“关老、敬老、爱老、助老”的生动局面。全市共有社区志愿者近15万人，志愿服务组织1023个，社区志愿服务项目784个，开展各具特色的社区志愿服务活动3720人（次），提供资金支持20余万元。

【推进“保稳定”重点工作协助工程】 2012年安保形势紧、任务重，围绕全国“两会”安保、保钓安保、十八大安保等重大任务，全市各社区积极行动，以群防群治队伍为骨干，以建立平安网络为手段，全面创建平安社区，形成了社区干部、社区党员、社区民警、居民楼院长、社区志愿者、物业保安、辖区单位积极参与齐抓共管的工作格局。广泛开展了“小产权房”清查、涉危涉爆物品排查、流动人口出租房屋摸底、不稳定人员思想转化、重点人群入户走访、护路护桥等工作，并及时排调涉及物业、垃圾、污水、噪音、供暖等居民纠纷。社区工作者深入小区访民情、察民意，抓排查，促化解，坚持24小时在岗，不间断巡查。据统计，安保期间走访居民32.8万户、排查隐患692起、解决矛盾纠纷463起，保证了无上访事件、无重大事故，较好地发挥了社区维护稳定“第一道防线”的作用。

（张　蓓）

保定市人民代表大会

【保定市第十三届人民代表大会常务委员会组成人员】

主　任　李光耀

副主任　宋　文　高天民　贯体新（女）　赵洪涛　梁书屏（女，4月辞职）　陈英杰　袁振江　王恒国　闫志强

秘书长　朱贺星

委　员　马文河　孔祥琨　王文涛　王俊茹　王捍东　王雁飞　闫增爱（女）　刘　勇（4月辞职）　刘会恩（女）　刘保生　刘宝燕（女）　庄　平　江永亮　杨　俊（女）　杨文阁　杨玉兰（女）　李　娟（女）　李长海　李和明　李洪林　宋献丰　张卫星　张刚强　张邯生　张树欣（女）　陈文增　苑宝义　岳素然（女）　单光辉　姚忠耿　柴国才　贺宇良　高　山　高银龙　梁连起　董彦超（女）　储耀宏（女）　魏建国

【市人民代表大会专门委员会】

财政经济委员会

主任委员　王文涛

副主任委员　谷小兵　李栋梁

城乡建设环境保护委员会

主任委员　李洪林

副主任委员　陈学聪　杨文阁

【市人大常委会办事机构】

办公厅

常务副秘书长　庄　平

副秘书长　李继红（女，8月辞职）　连晨月　李金平

研究室

主　任　张邯生

副主任　柳向标

选举任免代表工作委员会

主　任　王月衡（兼）

常务副主任　储耀宏（女）

副主任　唐建新（8月辞职）　孔令印

财政经济工作委员会

主　任　王文涛

副主任　李栋梁　宋富强

农村经济工作委员会

主　任　李长海（8月辞职）　唐建新（8月任）

副主任　王会军

城乡建设环境保护工作委员会

主　任　李洪林

副主任　陈学聪　崔胜利

法制工作委员会

主　任　杨玉兰（女）

副主任　李四起

教育科学文化卫生工作委员会

主　任　刘宝燕（女，8月辞职）　李继红（女，8月任）

副主任　武卫华

内务司法工作委员会

主　任　高　山

副主任　杨亮辉　王清江

民族宗教侨务外事工作委员会

主　任　董彦超（女）

副主任　郭兴武

【市第十三届人民代表大会第五次会议】　2月9日至2月11日在百世开利会展中心举行，应出席会议代表649名，因事因病请假60名，实际出席589名，符合法定人数。会议听取和审议了保定市人民政府工作报告；审查和批准了保定市2011年国民经济和社会发展计划执行情况的报告与2012年国民经济和社会发展计划；审查了保定市2011年市本级预算及市总预算执行情况的报告和2012年市本级预算及市总预算

草案，批准了2011年市本级预算执行情况的报告和2012年市本级预算；听取和审议了保定市人大常委会工作报告；听取和审议了保定市中级人民法院工作报告；听取和审议了保定市人民检察院工作报告。会议以电子表决的方式，通过了保定市人民政府工作报告的决议；通过了关于保定市2011年国民经济和社会发展计划执行情况与2012年国民经济和社会发展计划的决议；通过了关于保定市2011年市本级预算及市总预算执行情况和2012年市本级预算及市总预算的决议；通过了关于保定市人大常务委员会工作报告的决议；通过了关于保定市中级人民法院工作报告的决议；通过了关于保定市人民检察院工作报告的决议。

【市十三届人大常委会历次会议】 2012年市十三届人大常委会共召开7次会议。

第二十九次会议 2月1日在市人大机关五楼常委会会议室举行，会期半天。会议听取和审议了市人大财经委关于市十三届人大四次会议《关于扩建保定市七一东路高速出口收费站的议案》办理情况的报告；听取和审议了市人大选任委关于市十三届人大四次会议期间代表建议、批评和意见办理情况的报告；听取和批准了市十三届人大常委会代表资格审查委员会关于补选代表的代表资格审查报告；听取和审议了大会筹备处关于市十三届人大五次会议筹备工作情况的报告；通过了关于召开市十三届人大五次会议的决定；通过了关于市十三届人大五次会议各项决议的表决办法、会议议程、日程、主席团会议日程的各项草案；通过了市十三届人大五次会议主席团和秘书长建议名单、常务主席建议名单、执行主席分组建议名单、副秘书长建议名单、议案审查委员会建议名单、列席人员名单和邀请人员名单草案；通过市十三届人大五次会议关于提出和办理代表质询案的规定（草案）；通过市十三届人大五次会议关于提出和办理议案及代表建议、批评和意见的规定（草案）；讨论通过市人大常委会工作报告（草案）；通过了人事任免有关事项。

第三十次会议 4月25日在市人大机关五楼常委会会议室举行，会期一天。会议听取和审议了市政府关于农田水利设施建设工作情况的报告；听取和审议了市政府关于住房公积金管理情况的报告；听取和审议了市人大常委会执法检查组关于检查《中华人民共和国消费者权益保护法》实施情况的报告；审议了市政府关于《保定市十三届人大常委会组成人员对市人大常委会执法检查组<关于检查中华人民共和国土地管理法实施情况的报告>的审议意见》研究处理情况的报告（书面）；审议了市政府关于《保定市十三届人大常委会组成人员对市政府实施企业技术创新工程工作评议意见》研究处理情况的报告（书面）；审议确定了保定市人大常委会2012年专项工作评议计划；通过了人事任免有关事项。

第三十一次会议 6月6日在市人大机关五楼常委会会议室举行，会期半天。会议专题审议和通过了人事任免有关事项。

第三十二次次会议 6月26日在市人大机关五楼常委会会议室举行，会期一天。会议听取和审议了市政府关于推进义务教育均衡发展工作情况的报告；听取和审议了市人大常委会执法检查组关于《中华人民共和国城乡规划法》实施情况的报告；审议了市政府关于《保定市十三届人大常委会组成人员对保定市2011年全市融资性担保工作的评议意见》研究处理情况的报告（书面）；审议了市政府关于《保定市十三届人大常委会组成人员对保定市农业生产和农产品安全工作的评议意见》研究处理情况的报告（书面）；审议了市人民检察院关于《保定市十三届人大常委会组成人员对市检察院公诉工作的评议意见》研究处理情况的报告（书面）；听取和审议了市中级人民法院关于破产案件审判工作情况的报告，对市中级人民法院破产案件审判工作进行了满意度测评；通过了人事任免有关事项。

第三十三次会议 8月21日在市人大机关五楼常委会会议室举行，会期一天。会议听取了市政府关于对保定市广原地产有限公司申请2012年防汛救灾应急贷款予以补助的议案的报告，审议了市政府关于对保定市广原地产有限公司申请2012年防汛救灾应急贷款予以补助的议案，并通过了有关决议；听取和审议了市政府关于保定市2012年国民经济和社会发展计划上半年执行情况的报告；听取和审议了市政府关于保定市全市及市本级预算上半年执行情况的报告；听取和审议了市政府关于保定市2011年市本级预算执行和其他财政收支情况的审计工作报告；听取和审议了市政府关于2012年整村推进扶贫开发工作情况的报告，对市政府关于2012年整村推进扶贫开发工作进行了满意度测评；通过了人事任免有关事项。

第三十四次会议 10月25日在市人大机关五楼常委会会议室举行，会期一天。会议听取和审议了市政府关于保定市2011年全市及市本级决算的报告，批准了保定市2011年市本级决算；听取和审议了市人民检察院关于开展职务犯罪预防工作的报告；审议了市政府关于《保定市人大常委会组成人员对市人大常委会执法检查组关于检查＜消费者权益保护法＞实施情况的报告的审议意见》落实情况的报告（书面）；审议了市政府关于《保定市十三届人大常委会组成人员对市人大常委会执法检查组关于检查＜中华人民共和国城乡规划法实施情况报告＞的审议意见》的研究处理情况的报告（书面）；审议了市政府关于《保定市十三届人大常委会组成人员对市政府＜关于住房公积金管理工作情况报告＞的审议意见》的研究处理情况的报告（书面）；审议了市中级人民法院关于《保定市十三届人大常委会组成人员对市中级人民法院破产案件审判工作的评议意见》的研究处理情况的报告（书面）；审议了市中级人民法院关于市十三届人大五次会议期间代表建议办理工作情况的报告（书面）；听取和审议了市政府关于府河生态景观廊建设工作情况的报告，对市政府府河生态景观廊建设工作进行了满意度测评；听取和审议了市政府关于农村文化设施建设工作情况的报告，对市政府农村文化设施建设工作进行专项评议。

第三十五次会议　12月18日在市人大机关五楼常委会会议室举行，会期一天。会议听取了大会筹备处关于市十三届人大六次会议筹备工作的报告；通过了关于召开市十三届人大六次会议的决定；通过了关于市十三届人大六次会议会议议程、日程、主席团会议日程的各项草案；通过了市十三届人大六次会议主席团和秘书长建议名单、常务主席建议名单、执行主席分组建议名单、副秘书长建议名单、选举办法草案。听取并通过了市十三届人大常委会代表资格审查委员会关于补选代表的代表资格审查报告；听取了关于提请确认许可对保定市人大代表刘占丰采取刑事强制措施的报告。审议了市人大常委会关于市十三届人大五次会议期间代表建议、批评和意见办理情况的报告（书面）；审议了市政府关于《市十三届人大常委会组成人员对市政府＜关于保定市2012年国民经济和社会发展计划上半年执行情况报告＞的审议意见》的研究处理情况的报告（书面）；审议了市政府关于《市十三届人大常委会组成人员对市政府＜关于保定市2012年市总预算及市本级预算上半年执行情况报告＞的审议意见》的研究处理情况的报告（书面）；审议了市政府关于《市十三届人大常委会组成人员对市政府＜关于保定市2011年市本级预算执行其他财政收支的审计工作报告＞的审议意见》的研究处理情况的报告（书面）；审议了市政府关于50亿元融资资金使用情况的报告（书面）；审议了市政府关于《市十三届人大常委会组成人员对市政府＜关于推进义务教育均衡发展工作情况报告＞的审议意见》的研究处理情况的报告（书面）。

【代表建议交办会】　3月7日，市人大常委会组织召开了代表建议交办暨2011年度优秀代表建议、先进承办单位表彰会。参加会议的有市人大、市政府主要领导，市人大常委会机关各委（办、室）主任，市政府办公厅、市委督察室负责人，各承办单位主要负责人及工作人员，市法检两院分管领导，受表彰的先进承办单位负责人和优秀代表建议的市人大代表共计120余人参加会议。市长李谦、市人大常委会主任李光耀分别讲话。

保定市十三届人大四次会议期间，人大代表提出的建议、批评和意见（以下简称建议）共计110件，其中包括代表10人以上联名提出的由议案改为建议的13件，共分为7大类。其中财经方面40件，城建环保方面28件，科教文卫方面20件，政法方面7件，农林水方面10件，党建方面3件，其他方面2件。根据《保定市人大常委会关于办理市人大代表建议、批评和意见的办法》的有关规定，市人大常委会选任工委将代表建议分别转交市政府、市中级人民法院等有关部门研究办理。其中交市政府及所属部门办理的100件，转请党委有关部门办理的10件。截至2011年8月底，代表建议全部答复并走访代表。得到解决或基本解决77件，占70%；列入规划逐步解决的26件，占23.6%；因客观原因不能解决而做说明解释的7件，占6.4%。代表建议的按时办结率和答复率为100%，代表满意和基本满意的109件，占99.1%。

【人大经验交流培训活动】　2月28日，全市县乡人大换届选举统计报表工作培训会议在市人大常委会机关五楼会议室召开。会议传达了全省人大换届选举统计报表工作培训班的精神，总结了前一阶段保定市县乡两级人大换届选举工作。安排部署全市县乡人大换届选举统计工作，统一规范统计报表的填写和注意事项。培训班上，针对换届选举工作中有关数据录入、表格填写、软件使用等问题进行详细的辅导；并现场指导软件安装，解答疑难问题。培训期间，与会人员还就统计工作展开讨论、交流。25个县

（市、区）人大代表科（室）主任及相关工作人员参加培训会议。市人大常委会副主任王恒国就搞好学习培训提出明确要求。

6月27日至29日，全省各市人大民侨外委第六次联席会议在保定市召开。省人大常委会民侨外委主任张宝岩、市人大常委会主任李光耀、副主任陈英杰、秘书长朱贺星出席会议，全省各市人大常委会民侨外委主要负责人参加会议。座谈会上，市人大常委会主任李光耀介绍了保定历史文化背景，并就市旅游资源利用情况进行详细阐述。各市民侨外委负责人对《河北省旅游条例》贯彻实施情况进行了座谈。会后，与会人员分别对安新县白洋淀、白沟新城和直隶总督署等地环京津休闲旅游工作开展情况进行实地考察。会议期间市委书记许宁到驻地看望了参会人员。

【市人大常委会设立三十周年纪念活动】

9月18日，保定市人大常委会设立三十周年纪念大会在电谷国际酒店召开。市委书记许宁，市委副书记、市长李谦出席大会并讲话。

市委书记许宁在讲话中首先代表中共保定市委，向市人大常委会设立30周年表示热烈祝贺，向为保定市人大工作作出重要贡献的老领导、老前辈致以崇高敬意，向历届人大代表、常委会组成人员和人大工作者致以诚挚问候，向所有关心支持人大工作的社会各界人士表示衷心感谢。许宁指出，30年来，保定市历届人大及其常委会在市委领导下，认真履行宪法和法律赋予的职权，为全市改革发展稳定作出了重要贡献。30年来，全市发展县域经济、培育立市产业、加快城市建设、实施民生工程、支援灾后重建等重大工作部署，都有各级人大及其常委会的积极参与、主动跟进和监督支持。30年来，全市民主法治意识深入人心，“一府两院”依法行政、公正司法水平明显提高，政务和法制环境不断改善，各级人大及其常委会为此付出了不懈努力。市人大常委会在30年历程中留下了许多深刻启示，要不断深入挖掘，并转化成推动工作的宝贵财富和精神动力。做好人大工作，必须坚持与党委同心，认真贯彻党委的决策部署，自觉把党的领导贯穿于依法履职的全过程；与政府同力，围绕全市工作大局，支持和促进“一府两院”的工作，凝聚强大工作合力；与群众同愿，真实反映民情民意民声，始终以人民利益为重，以人民需求为先；与发展同向，自觉服从和服务于第一要务，为推进科学发展倾心用力；与时代同步，把握社会进步的脉搏，顺应改革发展的大势，不断与时俱进、开拓创新。许宁强调，市人大常委会要以纪念设立30周年为契机，奋力开创人大工作新局面。要切实增强政治意识。始终坚持党的领导，在思想上、政治上、行动上与党中央保持高度一致，认真贯彻省委、市委的决策部署，始终坚持正确的政治方向，切实增强政治鉴别力和敏感性，倍加珍惜并不断巩固发展精诚团结的政治局面。要切实增强大局意识。紧紧围绕建设“京畿强市、善美保定”的奋斗目标和全市中心任务，积极主动地开展工作，在构建战略优势上勤思考，在“一府两院”工作上多支持，在提升善美形象上添光彩。要切实增强群众意识。充分发挥人民代表来源广泛、联系群众紧密的优势，创新活动方式，强化民生调研，加大对民生工程和惠民政策落实情况的监督检查，坚持不懈地为群众办实事、解难事、做好事。要切实增强法制意识。加强对宪法、法律和人民代表大会制度的宣传普及，加强对行政和司法机关执法人员执法行为的监督检查，通过强有力的法律监督和工作监督，确保公民、法人和其他组织合法权益得到尊重和维护。要切实增强创新意识。解放思想、开动脑筋，认真研究人大工作面临的新情况、新问题，进一步创新工作思路、活动载体、运行机制和方式方法，在规范中创新，在创新中规范，使人大工作既依法有序，又富有生机。许宁强调，加强和改进党对人大工作的领导，是坚持和完善人民代表大会制度的根本保证。各级党委要站在提高执政能力、巩固政权基础的高度，在加强和改进党对人大工作的领导上付出新的努力。要切实做到思想上高度重视，工作上大力支持，环境上切实保障，站在新的历史起点上，不断开创保定市人大工作新局面，为建设“京畿强市、善美保定”作出新的更大贡献，以优异成绩迎接党的十八大胜利召开。

市长李谦代表市政府，向市人大常委会设立30周年表示热烈祝贺。他说，在过去的30年里，市人大常委会紧跟时代步伐，认真履行法律赋予的职责，对涉及全市发展的重大事项和重大决策，深入调查研究，广泛集聚民意，及时做出决定决议，积极建言献策，有力促进了政府科学、民主决策和依法行政。当前，保定市正处在改革发展稳定的关键时期，全市各级政府和政府各部门，要以这次纪念人大常委会设立30周年为契机，从加强政府执行力建设的角度出发，更加重视和支持人大工作。要自觉主动接受人大监督，切实加强执行能力建设，全面提高政府决策水平，持之以恒推进依法行政，全心全意做好服务保障，扎扎实实履行好人民群众赋予我们的职责和权力，奋力开创各项事业发展的新局面。

市人大常委会主任李光耀总结回顾了市人大常委会30年来的光辉历程。他说，1982年7月，保定市第七届人民代表大会第一次会议，依法选举产生了保定市人民代表大会常务委员会，这是保定市社会主义民主政治建设的重要里程碑，从此开启了全市人大工作和民主法制建设的新篇章。30年的历史经验，弥足珍贵，这就是必须坚持党的领导，必须坚持围绕中心、服务大局，必须紧紧依靠人大代表和切实维护人民群众利益，必须正确把握人大与“一府两院”的关系，必须不断开拓创新。30年的精神财富，催人奋进，只有牢记历史，才能不负重托；只有与时俱进，才能面向未来；只有抓好落实，才能再创佳绩。在新的历史征程中，市人大及其常委会一定不辜负全市人民的期望，在市委的坚强领导下，执政为民常亮剑，击水扬帆再启航，为建设“京畿强市、善美保定”作出新的更大贡献。

市政协主席崔启慧在致辞中说，30年来，在市委的正确领导下，全市各级人大紧紧围绕改革发展稳定大局，认真履行宪法和法律赋予的各项职权，在依法监督、重大事项决定、自身建设等方面做出了积极探索，取得了突出成绩。市政协与市人大紧密联系、加强沟通、相互支持、密切配合，共同围绕全市工作大局，做了大量卓有成效的工作。衷心祝愿市人大再接再厉，开创新局面，续写新辉煌。

市人大常委会副主任宋文主持纪念大会。市人大常委会原老领导应林福、林东晗；市委常委、军分区司令员江永亮，市人大常委会副主任高天民、贾体新、赵洪涛、陈英杰、袁振江、王恒国、闫志强出席会议并在主席台就坐。市十三届人大常委会组成人员，历届市人大常委会老领导，各县（市、区）人大常委会负责人，市政府工作部门主要负责人，驻保全国、省人大代表参加会议。

【执法检查、调研】 3月14日至15日，市人大常委会副主任王恒国带领部分常委会委员和市人大代表对保定市住房公积金管理工作进行调研。调研组先后到市住房公积金管理中心、定州分中心和徐水县管理部进行实地调研，观看业务建设和管理的专题片，听取工作汇报，就工作中存在的困难和面临的问题与相关负责人进行座谈。王恒国对保定市住房公积金管理工作给予肯定，特别是对公积金开展执行力亮剑行动措施具体有力给予表扬。指出住房公积金事业是服务民生、改善民生、保障民生、切实为人民群众谋利益的大事，是解决群众住房问题的重要渠道和保证，尤其是在解决中低收入职工家庭构建住房方面发挥着不可替代作用。要求住房公积金管理部门要增强责任意识，提升管理理念；健全机制，强化整改，规范管理细节；推陈出新，坚持惠民便民利民，增强服务效能；以“三自”“六不”要求，长敲警钟，提高警惕，进一步提高管理水平，确保资金安全，促进这项事业健康发展。

3月20日，市人大常委会主任李光耀带领部分常委会领导到保定市商业银行白沟支行进行实地调研，调研组考察了白沟支行营业厅，并听取保定市商业银行董事长张英莉的工作汇报，还听取白沟新城管委会主任刘金龙的工作汇报。李光耀指出，保定市商业银行是从信用社发展而来，成立初期条件很差，可以说是从无到有，从小到大，从效益一般到效益很好，这是一个艰苦奋斗、逐步成长壮大的过程。通过5年的努力，消化了大量的不良资产，规模不断扩大，利润不断攀升，而且本月底将正式更名为“保定银行”，这说明保定自己的银行在发展中的作用越来越大，地位越来越牢固，工作得到了各级领导的肯定，也得到了人民群众的信任。希望保定市商业银行要继续艰苦创业，采取有力措施解决好发展中面临的困难和问题，为保定市经济又好又快发展贡献自己的一份力量；各级政府要高度重视金融工作，着力解决好金融业所面临的各种困难，积极改善金融环境，进一步增强金融业服务地方经济发展的实力。市人大常委会副主任高天民、贾体新、袁振江、王恒国，秘书长朱贺星参加调研。

3月20日至21日，市人大常委会副主任赵洪涛带领部分市人大常委会委员和部分市人大代表，对保定市农田水利设施建设情况进行调研。调研组深入易县、涿州听取了有关情况汇报，对易县安格庄水库易水灌区、团山村水利基础建设、北娄山村小塘坝工程及涿州市惠友三兴农业科技有限公司、刁窝乡现代农业项目进行了实地调研，集中听取了市水利局、发改委、农业局、财政局、农开办等相关部门关于全市农田水利设施建设工作情况汇报。赵洪涛在汇报座谈会上要求调研组成员要充分认识开展调研活动的重要性和必要性，要发扬求真务实的作风，深入细致地研究问题，力戒形式主义和走过场，确保活动取得实效。

3月29日，市人大常委会副主任袁振江到易县西山北乡菜园村进行扶贫调研。调研组深入到菜园村石佛沟旅游景区和农家游示范户实地走访调查，听取了菜园村的情况汇报后，还听取了市财政局、旅游局、扶贫办、华中地产集团等单位有关人员的意见和建议。调研组与参加座谈的人员就菜园村扶贫工作进行讨论，初步确定了扶贫思路与帮扶计划。袁振江在调研中指出，菜园村的扶贫工作要从“救助扶贫、实干扶贫、产业扶贫、精神扶贫”四方面展开。首先解决与村民密切相关的生产、生活方面的困难。在解决基本生活问题的同时，走好产业突破的路子，做好整体规划，集中力量开发石佛沟景区，完善景区内的相关设施，尽快将景区打造成带动该村经济增长的新型产业。通过旅游的发展带动农家院及其他产业链条，增加农民的收入，增强该村的经济实力，实现菜园村的全面发展。

4月11日至12日，市人大常委会副主任贾体新带领部分常委会委员和市人大代表对保定市医疗机构建设情况进行调研。调研组先后到市急救中心新址、市儿童医院新址、高阳县医院新址、市中医院新址、市第一中心医院、市中心血站新址实地调研，听取医疗机构建设情况汇报，就未来保定市医疗机构项目建设总体规划，并与相关负责人进行座谈。贾体新对保定市医疗机构建设工作予以肯定，她在讲话中指出，医疗卫生事业具有公益性、特殊性，事关群众健康权益，医疗机构建设是卫生事业发展的重要组成部分，必须进一步强化政府在规划、筹资、监管等方面的主导作用。工作中，有关部门要以改革为突破口，解放思想、用足政策、科学规划、分步实施、量力而行，探索公立医院发展新模式。副市长闫立英参加座谈会。

5月9日，市人大常委会副主任高天民带领部分常委会委员和人大代表对市中级人民法院破产案件审理工作进行评议调研。调研组一行在市中院听取了保定市及新市区、涿州市法院关于破产案件审理工作情况的汇报。随后，调研组又与部分破产企业管理人、破产企业负责人和职工、债权人及律师代表进行座谈，征求其对市中院破产案件审理工作的意见及建议。市中级人民法院院长梁红继、党组成员刘永生陪同调研。

5月15日，市人大常委会副主任袁振江组织召开了易县菜园村扶贫项目落实工作协调会。会上，相关部门就扶贫项目资金、公路施工、旅游规划及贫困户、贫困学生救助等情况进行了汇报。市委常委、组织部长兰保良到会并对菜园村扶贫项目落实提出了意见和要求。

5月17日，市人大常委会副主任贾体新带领部分常委会委员对保定市义务教育均衡发展工作进行调研。调研组先后到涞水县石亭镇石亭小学、涞水县第四中学、大赤土小学、涞水县第三中学、涞水小学和容城县南阳中学、午方北庄小学、沙河营小学、容城小学进行实地调研座谈会上，调研组成员听取了市政府、涞水县政府、容城县政府相关工作汇报，对保定市及这两县的义务教育均衡发展工作给予肯定。贾体新在讲话中指出，要加强义务教育学校标准化建设，尽快实现办学条件的相对均衡；制定出台规定和细则，规范、完善和落实教师交流制度；加强督导检查，促进教育均衡发展。副市长闫立英陪同调研。

5月18日，市人大常委会副主任王恒国到唐县黄石口乡芦苇村对扶贫工作进行调研。调研组实地查看了该村的防洪堤坝和核桃基地项目，入户走访了贫困户并送去慰问金和慰问品，听取了该村“两委”和驻村帮扶单位的情况汇报。调研组对该村的扶贫项目建设规划以及驻村帮扶单位的帮扶思路、帮扶计划、帮扶进度给予充分肯定，对下一步扶贫工作提出要求。王恒国提出三点要求：一是要提高认识。扶贫工作既是一项重要的经济工作，更是一项重要的政治任务，要把扶贫工作作为一项顺民心、合民意的德政工程，认认真真地抓好、实实在在地做好。二是要落实措施。该村的扶贫项目建设规划和帮扶思路已经初步确定，下一步关键是抓好各项规划的落实。各位分包领导和各个帮扶部门要发挥好各自职能作用，多方协调、多方争取、多管齐下、多措并举，不折不扣地把制定的扶贫规划逐项落实好，争取早日见到效果。三是要拓宽思路。要结合该村的实际，因地制宜，利用好、发挥好山地资源丰富的自然优势，充分挖掘脱贫致富的更多途径，让更多贫困人口早日脱贫。

5月23日至24日，由市人大常委会副主任王恒国带领部分市人大常委会委员、人大代表和城建环资委委员，就保定市贯彻落实《中华人民共和国城乡规划法》情况进行执法检查。此次活动旨在进一步增强全社会执行《城乡规划法》的自觉性，提高政府部门贯彻落实力度，推进全市城乡规划建设上台阶，实现城乡面貌上水平，促进经济社会城乡建设统筹协调发展。检查组对涿州市和顺平县进行了实地检查，听取了市城乡规划管理局、涿州市和顺平县有关情况汇报，就一些具体问题与相关人员交换意见。市委常委、副市长赵常福看望了检查组一行。王恒国对保定市和涿州市、顺平县贯彻落实情况给予肯定。同时，他要求，各级政府和城乡规划管理部门要进一步加大对《城乡规划法》的宣传力度，增强干部群众的规划意识、守法意识、自觉意识；进一步提高城乡规划的水平和质量，处理好当前与长远的关系、发展与规划的关系；进一步加大《城乡规划法》的执法力度，尤其是落实力度，控制违规建设，减少拆违成本；进一步增强规划队伍的自身建设，包括专业人才建设、现有人员素质的提高、执法力量的加强，执法体系的完善。

7月3日，市人大常委会召开重点建议办理情况汇报座谈会，听取市第一中心医院门诊综合楼改扩建等重点建议办理情况，研究下一步工作内容。市人大常委会副主任宋文、贾体新出席会议。市卫生局负责人汇报了关于市第一中心医院门诊综合楼改扩建、市第三中心医院惠民大楼建设、市妇幼保健院整体迁址和市急救中心迁址新建等重点建议及建议的办理情况。市卫生局、市发改委、市财政局、市规划局、市住建局、北市区政府、市第一中心医院、市第三中心医院、市妇幼保健院、市急救中心等单位负责人就重点建议办理过程中的具体事宜进行座谈商讨。市委常委、常务副市长赵常福、副市长闫立英参加会议。

7月19日，市人大常委会民侨外工委组织部分市人大常委会委员和市人大代表组成的调研组对保定市宗教工作进行调研。调研组分别听取了市政府和蠡县政府宗教工作情况汇报，深入到蠡县万佛寺、市基督教“两会”伯特利堂进行了实地调研并进行了座谈。通过调研，调研组较为全面地了解了保定市宗教工作基本情况，并对市政府及市宗教部门所做的大量的工作给予充分肯定，对发现的问题和下一步工作提出意见和建议。

8月2日，市人大常委会副主任赵洪涛带领市人大机关有关人员到白沟新城督导防汛工作。督导组一行实地查看了白沟河新大桥、南刘庄、白沟河东白路、高桥险工等地防汛情况，听取了防汛工作情况汇报，并对白沟新城防汛工作给予肯定。就做好当前防汛工作，赵洪涛要求，一是要切实增强防汛工作的责任感和使命感，立足于防大汛、抗大洪、抢大险、救大灾，牢牢把握防汛工作的主动权，确保安全度汛；二是要严格责任，按照防洪法要求，严格落实“防汛五种责任制”，对因工作疏忽或执行上级指令不力造成损失的，要依据责任追究制度追究有关人员责任；三是要严肃防汛纪律，各级责任人要坚守岗位，确保政令畅通；四是要密切配合，协调联动，各地要坚决服从市防汛抗旱指挥机构的调度指挥，保证做到有令即行、有禁即止；五是突出重点，借势清障，确保河道行洪畅通，保障人民群众生命财产安全。

8月7日至8日，市人大常委会副主任赵洪涛带领部分市人大常委会委员对保定市整村推进扶贫开发工作进行调研。此次调研旨在实地了解整村推进扶贫开发工作开展情况，总结经验、查找问题，为十三届人大常委会专项评议市政府整村推进扶贫开发工作做好准备。调研组实地调查了顺平县白云乡阳辛庄养鸡扶贫项目、河口乡北李各庄桃树产业，唐县白合现代苹果技术示范园区、齐家佐乡王各庄村核桃产业，听取了市扶贫办、顺平县和唐县工作情况汇报，较为全面地了解了保定市整村推进扶贫开发工作情况，并就工作中存在的主要问题及解决对策，与相关负责人进行座谈。赵洪涛在座谈会上讲话，对市政府及相关部门所做的大量工作给予充分肯定，并对今后的扶贫开发工作提出要求。

9月6日，市人大常委会副主任王恒国带领市人大部分常委会委员到河北荣毅通信有限公司进行调研。调研组首先听取了该公司关于复合光电缆、LED产品和低碳智能交通系统等自主创新产品研发与应用情况介绍，观看了企业发展与创新品牌产品。座谈中，委员们对荣毅公司的发展提出了意见和建议。王恒国在充分肯定了公司关于复合光电缆、LED产品和低碳智能交通系统等自主创新产品研发与应用成果以及对社会贡献的同时，并对下一步公司发展提出希望：一是光电缆技术，可广泛用于智能交通、智能电网、数字城市、数字矿山、物联网建设中，符合国家倡导推广的低碳节能、智能综合交通的相关政策和社会经济可持续发展的方向，应尽快在相关行业推广应用。二是政府有关部门应对低碳、节能、适用、高效的光电缆、LED灯等生产企业优先提供政策等多方面的扶持，促进智能交通和社会经济良性发展。三是公司企业应广泛宣传，得到社会的大力支持，共同推进公司企业技术转化、做大做强，实现飞跃发展，竭力打造低碳健康照明行业的第一品牌。

9月13日至14日，市人大常委会副主任贾体新带领部分常委会委员和市人大代表，对保定市农村文化设施建设情况进行调研。调研组先后深入曲阳县、安国市，实地考察了乡（镇）综合文化站、村农家书屋及农村文化信息资源共享工程建设情况，听取了两地农村文化设施建设情况汇报。在随后召开的汇报座谈会上，副市长周省时介绍了相关情况并听取了调研组意见和建议。贾体新对该项工作给予肯定，认为保定市对农村文化设施建设工作重视，采取的工作措施得力，取得的社会效果显著。贾体新在讲话中指出，各级政府要深刻认识党的十七届六中全会提出的社会主义文化大发展大繁荣重大意义，提高对文化特别是农村文化建设工作重视程度，将文化建设纳入经济社会发展总体规划，建立健全体制机制，加大财政投入，加强文化人才队伍建设，利用好、建设好、维护好文化设施，把保定文化大市品牌竖起来，实现文化大市向文化强市转变。

9月19日上午，市人大常委会副主任王恒国带领部分市人大常委会委员，对市政府《加快府河生态景观廊建设工作》进行调研。此次调研是为市人大常委会对市政府加快府河生态景观廊建设工作开展专项评议做准备。评议小组实地查看了乔木、灌木栽植和草坪铺装等工作，听取了市住建局有关情况汇报，就有关问题进行了座谈，并与相关人员交换了意见。王恒国在座谈时指出，府河片区景观带建设是城市建设的重要组成部分，是一项举市关注、市民期盼的重点项目，是保定市的亮点工程。他要求，相关部门要继续强力推进工程进度，攻坚克难，多途径、多方法协调解决问题；加强对建成地带的养护与管理，定制度、抓细节，把好事办好、实事办实。

9月24日，市人大常委会党组副书记、副主任高天民到徐水县就十八大安保工作进行了督导检查。督导组首先听取了徐水县委及县委主要负责人的情况汇报，并实地察看了巨力集团刘伶醉酒业公司十八大安保工作。通过汇报和察看，督导组对徐水县的安保工作给予充分肯定，并就十八安保工作提出了要求：一是要把对十八大安保工作的责任落实到位，强化责任机制，把工作做实做细，不出纰漏；二是徐水作为宗教大县，一定对这一问题给予高度关注，掌握准确信息，及时化解矛盾，把工作做足做到前面；三是希望在做好安保工作同时，要继续大力抓好经济工作，要做到发展与安保两不误两促进，以优异的成绩迎接党的十八大胜利召开。

9月25日，市人大常委会副主任高天民带领部分常委会委员和人大代表对市检察院职务犯罪预防工作进行调研。调研组一行就保定市检察机关职务犯罪预防工作情况到保定监狱和张石高速公路紫荆关隧道建设工地进行实地视察。在市检察院观看了职务犯罪预防工作专题片，听取了市检察院及曲阳、涞水两县检察院有关情况汇报。随后，调研组就相关情况与检察院有关领导进行了座谈交流。高天民对市检察院职务犯罪预防工作给予充分肯定，一是市检察院领导班子对职务犯罪预防工作高度重视，紧紧把握全市改革发展稳定大局开展工作。二是工作中抓关键、抓热点、抓难点，对重点工程专项预防，对关键环节把握得当。三是工作中注重创新，逐步形成了自己的工作特色。四是推动了示范教育基地的建设，强化了其警示教育作用。五是强化了自身建设，塑造了检察系统的良好形象。市检察院党组书记、代检察长李勤，党组副书记、副检察长赵大明等陪同调研。

10月30日，市人大常委会副主任赵洪涛到安新县就十八大安保工作进行了督导检查。督导组实地察看了建昌铜业有限公司的安全生产情况，并听取了安新县委、县政府关于全县十八大安保工作开展情况的汇报。督导组对安新县的安保工作给予充分肯定，并就以后工作提出要求：一是要把对十八大安保工作的责任落实到位，把工作做实做细，不出任何纰漏；二是要进一步加强对影响安保工作的重点领域进行排查，不留死角死面，发现问题及时解决；三是要在做好安保工作同时，继续大力抓好经济工作，做到经济发展与安保工作“两不误、两促进”，努力完成全年的各项工作任务目标。

11月2日，市人大常委会副主任王恒国到阜平县就经济运行、信访稳定和十八大安保工作进行督导调研。督导组听取了阜平县的有关工作汇报，深入到河北梦雨食品有限公司了解企业产品生产、销售和发展情况。督导组对阜平县今年以来各项工作所取得的成绩以及该县当前的工作部署给予充分肯定，并就抓好今后工作提出三点要求：一是要确保十八大安保和信访稳定工作不出任何问题；二是要确保各项工作措施不折不扣地落实到位，责任到人，不能有任何麻痹思想和侥幸心理；三是要确保圆满完成年初确定的各项目标任务，坚持统筹兼顾，做到“两手抓、两不误”。

【视察】 5月16日，市人大常委会组织部分市人大常委会委员和市人大代表，对保定市农业生态园建设工作进行视察。此次视察是2012年市人大常委会重点监督的工作之一，旨在比较全面地了解和掌握保定市农业生态园建设工作的基本情况、取得的成绩以及存在的困难、问题，研究分析并提出有针对性的意见、建议，进一步推动农业生态园建设工作深入开展。视察组实地视察了市农业生态园，并召开座谈会，听取了农业生态园建设指挥部的工作汇报。调研组就农业生态园建设工作提出了意见和建议。

9月17日，市人大常委会副主任赵洪涛带领部分市人大常委会委员和市人大代表对保定市气象服务“三农”工作进行视察。视察组实地视察了市气象局和满城县气象局的台站建设情况，听取了市气象局和满城县政府关于气象服务“三农”工作情况的汇报，并就具体问题与参会人员进行座谈。市人大常委会副主任赵洪涛在座谈会上作了重要讲话。

9月25日，市人大常委会选任工委组织部分市人大常委会委员和市人大代表对市政府办理代表建议的工作情况进行视察。首先召开了汇报会，听取了市政府办公厅及市发改委、市财政局、市交通运输局、市城市执法局和市市场服务中心等部门的代表建议办理情况汇报；之后，实地视察了相关单位所承办的建议，如“李庄早市、七一西路西延和保涞路满城段占道经营”等落实情况。2012年市人代会上，代表们提出建议、批评和意见共103件，办理工作已进入尾声。代表们在座谈时对市政府系统办理代表建议工作所取得的成绩给予充分肯定，并就今后落实好代表建议提出了意见和希望。

10月18日，市人大常委会副主任赵洪涛带领部分市人大常委会委员，对保定市林果生产情况进行视察。视察组实地视察了顺平县东阳各庄红富士苹果基地和满城县柿子沟，听取了市林业局关于保定市果品产业发展情况汇报，并就具体问题与有关负责人进行交谈。视察组一行对全市果品产业发展给予充分肯定，并就下一步抓好果品产业发展提出了很好的意见和建议。一是果品产业发展的意识要不断加强；二是果品产业发展的规划要到位；三是果品的品质要不断提升；四是果品产业的发展要突出特色，努力实现“一县一品”的目标要求。

（王舒晟）

保定市人民政府

【保定市人民政府市长、副市长】

市　　长　李　谦

市委常委常务副市长　马誉峰（6月离任）

赵常福（6月任）

市委常委副市长　赵常福（6月离任）

刘　颖（6月任）

曹　宇(2月任,挂职)

副 市 长　闫立英（女）

刘宝玲（6月离任）

周省时　石海林

潘静苏（4月任）

杨宝东（6月任）

【保定市人民政府秘书长、副秘书长】

秘 书 长　郝国赤

常务副秘书长　齐志明

副秘书长　张智惠

张　明（9月任）

王占永　陈业鹏

师国利　葛荣亚

白光明　周林伟

王　涛　闫向阳

董俊杰

刘　靖（8月任）

丰世敬　聂会文

翟喜英（挂职）

朱忠帅（8月任，挂职）

【市政府工作综述】　市十三届人大一次会议以来的五年，是保定市经受住各种困难和风险考验、夺取改革发展新胜利的五年。在省委、省政府和市委的正确领导下，深入贯彻落实科学发展观，积极应对国际金融危机冲击，努力促进经济社会又好又快发展，完成了本届政府任期的各项工作任务。

综合实力跃上新台阶。2012年，全市生产总值完成2720.9亿元，年均增长11.8%。粮食总产突破600万吨，农业产业化率由41.9%提高到63.5%。工业增加值达到1259.4亿元、增长89.3%。社会消费品零售总额完成1161.3亿元，是2007年的2.3倍。省重点项目数量连续五年全省前三，固定资产投资累计完成6448亿元，是上个五年的3.1倍。财政收入完成311.3亿元，是2007年的2.6倍。民营经济增加值完成1848.4亿元、增长83%。

结构调整迈出新步伐。汽车产业实现新跨越，整车产量由2007年的32万辆增加到85万辆，出口连续13年全国第一；新能源产业在遭遇全球市场寒冬的情况下保持增长，光伏电池产量增长10倍，位列全球第一；纺织服装、食品、建材产业增加值分别是2007年的2.4倍、2倍和2.5倍。长城汽车、英利集团、隆基泰和、巨力索具、奥润顺达、宏润纺织等一批龙头企业快速成长，全市工业化率由42.6%提高到46.3%。园区建设全面提速，省级以上园区达到27个，市级以上园区实现全覆盖。节能减排深入推进，所有县（市）建成污水、垃圾处理厂，单位生产总值能耗五年下降20.9%，化学需氧量、氨氮、氮氧化物、二氧化硫等主要污染物削减量完成省定目标。

城乡面貌发生新变化。强力推进城镇建设大变样、上水平，实施了总投资近3000亿元的150项城建重点工程，是历史上投入最多、变化最大的时期。高速铁路建成通车，实现零的突破；高速公路通车里程达到830公里，是五年前的2.8倍，稳居全省第一。大水系主体工程完工，实现两库连通、清水入城。“一城三星一淀”组团发展框架基本形成。东三环、西二环、朝阳大街北延竣工通车，交通体系日臻完善。北部宜居新城迅速崛起，建设了电谷立交桥、农业生态园、东湖、新火车站等一批精品工程。太阳能之城建设成效明显，入选全国首批低碳试点城市、中国十大和谐管理城市，通过国家园林城市验收。县城道路、广场等市政设施建设加快，实施了781个新民居示范村建设，新改扩建县乡公路7747公里，所有村庄实现路水电讯全覆盖。城市化率提高近10个百分点。

改革开放实现新突破。通过托管共建使高新区发展空间拓展10倍。白沟新城成为全省首个综合配套改革试点。市向区下放管理权限顺利完成。妥善解决了依棉改制、涞钢涞铜破产、天鹅集团重组等国企改革难题。医药卫生体制改革扎实推进。集体林权制度改革基本完成。五年引进外资24.6亿美元，是上个五年的2.1倍。出口总值47.7亿美元，比2007年增长近1倍。成立了保定银行，引进外埠银行7家，商业银行机构达到15家。上市企业17家，与32家央企实施合作项目44个、全省第一。

人民生活得到新提高。坚持每年办好一批惠民实事，市本级财政用于民生支出210亿元，是上个五年的2.8倍。五年新增城镇就业51.2万人，城乡低保标准与全国平均水平同步增长，32万人得到最低生活保障。城乡医疗和养老保险实现全覆盖，新农合筹资标准由100元提高到290元。市县“多院合一”民政服务中心全面建成。建设保障性住房17.8万套，改造农村危房3.6万户，232万农村人口饮水安全得到保障。免费义务教育全面实现，学前教育全国领先，高考本二以上上线人数连续10年全省第一。乡镇卫生院和村卫生室建设走在全省前列，社区卫生服务街道覆盖率98%以上。基层文化场馆、广电设施、农家书屋等建设取得新进展。荣获全省唯一“奥运会突出贡献奖”、全国首批“全民健身示范试点城市”。扶贫攻坚取得突破，2012年以来投入各类资金8亿元，相当于前十年的总和。城市居民人均可支配收入、农村居民人均纯收入分别达到19048元和7696元，比2007年增长74%和93.7%。

政府建设取得新进展。成立了市、县行政服务中心，五年削减审批事项140项，削减率83.4%。民主法治建设和政府廉政建设取得新成效，办理人大代表建议609件、政协提案1647件，按时办复率均达到100%，满意率达到98%以上。安全生产连续6年名列全省前茅，食品药品安全工作保持全省先进，社会管理综合治理成效明显，圆满完成了奥运、国庆60周年、十八大等重要安保任务。被评为全国法制宣传教育先进城市。荣获全国双拥模范城“七连冠”。民族宗教工作稳定健康发展。统计、审计、人口计生、外事侨务、妇女儿童、人民防空、防震减灾、气象、档案、地方志、老龄、残疾人等工作都取得了新成绩。

特别是2012年，面对经济下行、特大洪灾和十八大安保的严峻考验，扎实推进稳增长、调结构、攻重点、抓改革、惠民生、优环境各项工作，主要指标在全省实现争先进位。特别是面对“7·21”特大洪灾，全市党政军民团结一心，用大爱救大灾、以大干促大变，夺取了抗洪抢险和灾后恢复重建的决定性胜利，展现了保定人民不畏艰险、团结拼搏、敢于胜利的时代风采。

市政府办公厅工作

【概况】 2012年，市政府办公厅紧紧围绕全市中心工作，充分发挥综合协调、参谋服务职能，全面落实市委、市政府决策部署，完成各项目标任务。

着力加强自身建设。围绕建设学习型、服务型机关，切实改进工作作风，努力提高干部队伍素质，营造干事创业的良好氛围。严格执行民主集中议事决策制度，领导班子成员大局意识不断增强，工作合力显著提升。树立正确的选人用人导向，坚持公正、公开、透明原则，按组织程序提拔任用科级干部和按规定公开选调工作人员，努力营造干部成长进步的良好环境。严格执行廉政准则和改进作风八项规定，坚持廉政建设与重点工作同安排、同部署、同落实。被评为全市纪检监察系统工作实绩突出单位和市直机关文明单位。

着力开展调查研究。围绕全市发展的战略问题、改革稳定的突出问题、群众关注的热点问题，深化调查研究，牵头起草了《关于加快县域经济发展努力实现二次腾飞的意见》、《关于整治违法违规建设项目处理意见（试行）》等一系列文件，为市委市政府领导决策、推动工作提供了重要参考依据。

着力增强以文辅政能力。精心做好各类文稿起草工作，在站位上求高，在立意上求新，在核稿上求细。全年起草和参与市政府及办公厅文件、市政府领导讲话、工作总结、情况汇报等各类文稿千余件、约600余万字。

着力精化服务标准。认真做好市政府全体会、常务会、专题会、市长办公会的组织筹备和各项服务工作，周密安排市政府领导基层调研、现场办公、重点工作调度等事项，做到了衔接有序、精益求精。参与组织和完成了国家领导、有关部委领导和省领导来保视察、调研等重要接待任务，受到中办和省、市领导充分肯定。

着力提高文电办理效率。实行来文来电即接即办、日清日结，全年承办各级各类文电6.4万余份，处理各类要事要情报告600余件。严把公文制发政策关、法制关、体例关、文字关、程序关，审核各类公文990余件，做到了严谨规范、快捷高效。

着力提升信息服务水平。努力为市领导提供及时、准确、优质信息。全年编发《信息快报》90期、《政务要情》90期、《工作调研》48期、《专报信息》6期、《综合政务信息》42期，共上报信息2600余条。被省政府评为上报信息工作优胜单位。

着力加大督导检查力度。加强督查队伍建设，加大日常督查和专项督查的频次和力度，协助市领导组织开展了违法建设和市容环境两项集中整治行动。对市政府重要会议议定事项和市政府主要领导批办、交办事项全部立项督办，做到件件有回音，事事有着落。

着力加强应急管理工作。加强值班力量，严格执行突发事件信息报告制度，参与处置"10.6"爆炸事件，保障了各项后续工作顺利推进和矛盾问题妥善解决。组织修订有关专项应急预案，进一步提高了应对能力和水平。

着力推进电子政务建设。积极推进电子公文交换系统全覆盖，加强门户网站建设和管理，保证网站内容及时更新。"中国河北"保定栏目发布各类信息6000余条，上传图片500余幅、视频380余个，市级政府信息公开平台主动公开信息16736条。被省政府评为政府网站建设管理先进单位。

着力做好建议提案承办工作。认真落实办前办中办后"三走访"制度，办理全国和省、市级人大代表建议及政协提案487件，按时办结率、答复函规范化率、走访率均达到100%，代表委员满意率100%。被省政府评为人大代表建议政协提案工作优秀承办单位。

着力畅通民意诉求渠道。充分发挥市长热线电话、市长短信平台和市政府投诉中心的窗口和纽带作用，及时梳理、督办群众反映的热点难点问题。全年受理市长热线电话近4万个、短信平台信息2.7万余条，办结率达到90%以上。

纪检组长　齐志明
督查专员　赵洪汛（8月任）
　　　　　王国勇（8月任）
市政府食安办副主任
　　　　　王胜起（8月任）
　　　　　臧占全（8月任）

【加强经济运行调度】 面对严峻的宏观经济形势，密切跟踪国内外经济动态和政策变化，提出针对性强的意见建议，为市委市政府当好参谋助手。积极协助市领导，定期组织市直部门会商分析，研究制定应对措施，保持了经济平稳运行。牵头成立多个工作组，深入企业开展帮扶，帮助企业开拓市场、渡过难关。

【推进产业发展和项目建设】 认真研究新能源、汽车等主导产业发展趋势和扶持政策，协助市政府领导多次召开全市重点项目建设调度会、观摩会，协调解决大王店产业园、风帆工业园、安国中药都建设中的困难和问题，促进了一批产业园区和重点项目顺利开工建设。

【做好食品安全工作】 组建市食安办，积极协调推进县级食品安全机构建设，健全完善食品安全工作制度，提升了食品安全工作水平。研究制定了《关于进一步加强食品安全工作的意见》等一系列规范性文件，组织开展打击地沟油、瘦肉精、非法添加、假劣酒、私屠滥宰等五大专项行动，得到省充分肯定。

【推动城市建设上档升级】 深入谋划，科学论证，协助市领导确定了全市城建重点项目，坚持定期调度、分析、督导，促进了工程建设顺利实施。西二环已竣工通车，农业生态园、高铁车站、新火车站投入使用，三大片区拆迁改造取得突破，顺利通过国家园林城市复审验收，朝阳大街北延、万博广场、东湖城建重点工程进展顺利，正在成为城市建设的新亮点。

【强化改革开放】 成立驻保高校协调服务工作小组办公室，建立了校地定期交流、校企组团对接机制，开创了与驻保高校交流合作的黄金时期。学习借鉴外地经验，组织研究制定实施意见和操作方案，顺利完成新一轮市向区下放城市管理权限，进一步理顺了清西陵管理体制。积极协调组织香港、廊坊、厦门等一系列大型经贸洽谈活动，协调推动百家央企入保活动，不断加大招商引资力度，取得了丰硕成果。

【优化金融生态环境】 进一步加强与各级金融机构的联系，争取农业银行总行、建设银行总行提升对保贷款规模，积极筹建沧州银行、成都农商行、晋商银行分支机构。全年新增小额贷款公司6家，新设私募股权投资基金及其管理企业8家，创投公司3

家，成功举办第二届金融理财博览会。定期组织召开银企对接，帮助企业通过增发、短期融资等形式直接融资31.8亿元，积极协助乐凯新材、四通新材在证监会申请上市审批。被省政府评为金融生态市。

【为民办好实事】　研究确定了10项惠民工程33件惠民事项，逐项分解、跟踪督查、及时催办、按时反馈。积极协助市领导跑部进厅，向国家、省及上级部门争取了大量社会事业项目和资金。督促落实农村义务教育学生营养改善计划，协调相关部门开通市区第一批“公交学生专线”，有效推动了社会事业项目落实。

【投入抢险救灾和灾后重建】　面对突如其来的“7.21”特大洪灾，及时启动洪灾预警、预案，抽调精干力量充实到市抢险救灾指挥部和灾后重建办公室，第一时间投入工作。协调受灾县和相关部门，在最短时间内完成了全市受灾情况的详实统计，为灾后重建的整体规划、项目谋划和争取上级支持等后续工作顺利开展奠定了有力基础。累计争取各类援建资金约25亿元，1238个重建项目提前竣工。

【抓好扶贫攻坚】　认真落实市委市政府扶贫攻坚工作部署，摸清底数，掌握情况，牵头制定相关政策文件，为全市扶贫工作开展提供了有力的政策保障。顺利推进42个富县扶贫项目，争取各类资金累计投入8.1亿元，工作走在全省前列。

【搞好信访维稳】　热情接待、依法受理群众来信来访，领导批示件反馈率100%，办结率98.5%。党的十八大前夕，抽调精干力量驻村工作，集中解决了一批群众关心关注的热点难点问题。被评为全省基层建设年活动优秀驻村工作组、全市十八大安保维稳先进集体。

【《保定人物志》第二次印刷出版】　《保定人物志》重印本于2012年5月第二次印刷出版。这部志书由市地方志办公室组织编辑，2011年4月由中央文献出版社出版后，受到社会各界的广泛关注和欢迎，认为这是一部内容丰富、编辑严谨、有开创意义的志书，起到了发掘整合保定优秀历史文化资源、宣传保定优秀人文文化的作用。成为保定市对外往来中高品位的文化媒介，扮演了保定市文化使者的角色。同时各界人士通过多种途径与编辑部联系，就人物志中的一些具体细节，如人物的选录、人物条目的撰写、传主内容的选取等方面提出了中肯的建议。人物志第一次印刷后，不到一年时间便发行一空。为此，经市政府有关领导研究决定第二次印刷。这次印刷，收录人物时间下延到2012年4月，增补了11位人物，全书收录人物达到1726人，并根据读者建议对部分人物条目进行了修订，使其内容更加丰富、准确。

【《保定年鉴》(2012卷）出版发行】　由保定市人民政府主持、市地方志办公室《保定年鉴》编辑部组织编纂的《保定年鉴》(2012卷)，于2012年12月由中国文史出版社出版发行。全书91万字，有彩页112页，择要反映全市各项重要活动，并载有保定市政区图和保定市城区示意图。这是保定市编纂出版的第12部地方综合年鉴。内文设28个类目，全面系统地记述了2011年全市经济社会全面发展，各项事业全面进步的基本情况与最新成就。以丰富的内容、真实可靠的资料为各级领导决策提供依据，为全市经济社会事业规划发展提供借鉴，为资政存史提供信息和资料，为保定的对外宣传发挥窗口作用。

（李铁军　刘朝晖
邵阿男　张积涛）

法制工作

【保定市人民政府法制办公室】

保定市人民政府法制办公室是市政府负责政府法制工作的工作部门，正县级行政单位。主要职责是编制市政府规范性文件计划、督促、指导有关部门实施。依法参与和组织起草或审核市政府规范性文件草案。受市政府委托，解释市政府制定的规范性文件。负责市政府规范性文件实施过程中，部门间争议的协调及其他涉法事宜。依法监督检查市级行政机关执法法律、法规、规章和规范性文件的情况；研究法制建设中存在的问题，向市政府提出建议。组织清理规范性文件，编辑规范性文件汇编。受市政府管辖的行政复议案件；受市政府法定代表人委托，代理行政诉讼案件的应诉。围绕行政立法、行政执法、执法监督和行政复议工作，开展法制理论研究。做好市政府的法律咨询和服务工作。负责行政执法人员和政府法制工作人员的法律知识培训工作。负责行政执法证、行政执法监督检查证的审核备案及发放工作，行政罚没许可证的审核备案工作。承办市政府交办的其他事项。内设综合（备案）处、法规处、行政复议处和协调监督处。

主　　任　张智惠
副 主 任　任秀彦（女）
纪检组长　李砚明
副 主 任　史　进（11 月任）

【概况】　2012 年，紧紧围绕市委、市政府中心工作，深入贯彻国务院《全面推进依法行政实施纲要》《关于加强市县政府依法行政的决定》，全面推进依法行政、加快法治政府建设，充分发挥了政府法制工作在优化发展环境、实施科学民主决策、加强制度建设、转变政府职能等方面的参谋助手作用，为建设“京畿强市、善美保定”做出了应有贡献。被评为“十八安保维稳先进单位”、“市人大代表建议先进承办单位”。

【规范性文件审核工作】　1、严把规范性文件审查关。2012 年，市法制办注重从增强业务水平、提高审查质量上下功夫，切实从源头上规范抽象行政行为，为城市管理、经济发展、社会和谐创造良好的政策、法律环境。共审查各类文稿 103 件，涉及国有资产监管、公共资源、车辆管理、食品安全、经济发展政策、招商引资、廉租住房建设、灾害应急以及社会保障等内容。其中规范性文件 22 件（含对部门规范性文件前置性审查 1 件），其他领导交办的涉及政府重大经济决策事项的临时性任务 81 件。审查规范性文件，坚持以科学发展观为指导，秉承“高站位、顾大局、促发展”的原则，立足全市发展大局，在严格执行上位法前提下，结合保定市实际情况，提出具有可操作性的法律意见，保证了行政机关之间文件制发的统一性、协调性，促进政府各项工作均做到依法行政、依法决策。市政府领导对法制部门提供的意见建议给予了充分肯定，多数吸收采纳。2、高效承办人大代表建议。2012 年，市法制办承办了市人大代表提出的两项提案，其中《关于提高规范性文件质量的建议》是保定市六个重点建议之一。市法制办组成专门工作组，在对部分县、市和市直部门充分调研基础上，找准了规范性文件制定质量不高的原因，在吸取其他市经验基础上，制定了《保定市规范性文件制定办法》，从规范性文件制定计划、制定依据、论证、征求意见建议、审核、备案等都进行了细化和明确，得到市人大办公厅通报表扬。3、认真组织规范性文件的清理、备案。根据省政府办公厅《关于印发 2012 年政府规章规范性文件清理工作实施方案的的通知》（办字〔2012〕127 号）及保定市人民政府办公厅《关于做好规范性文件清理工作的通知》要求，市法制办对以市政府及办公厅名义印发的 143 件规范性文件进行了清理。依据相关法律、法规、规章的规定，经过征求原起草部门的意见，确定废止 26 件、拟修改 7 件、继续保留 110 件，废止和保留的规范性文件目录通过新闻媒体正式向社会公布，废止、拟修改和继续保留的规范性文件目录，由市政府发文予以公布。2012 年，市法制办向市人大、省政府报备本级政府出台的规范性文件 10 件，受理各县、市和市直部门报备的规范性文件 10 余件。

【行政执法监督工作】　1、扎实推进依法行政工作向纵深发展。2012 年，根据全市依法行政工作要点和市委市政府科学发展目标考核的要求，制定了保定市依法行政工作考核标准，充分发挥依法行政考核在推进依法行政中的督促引导作用。年初，市法制办对各县（市、区）和 38 个市政府部门 2011 年度依法行政工作进行了全面考评。保定市在省政府依法行政考核中被评为“2011 年度全省依法行政考核优秀设区市”。同时，在徐水县和涿州市成功创建依法行政示范县的基础上，继续开展市直机关的依法行政示范单位创建活动。在深入调研的基础上，经保定市推荐，省政府验收，市地税局被确定为省依法行政示范单位，弥补了保定没有省依法行政示范单位的不足。2、认真开展行政强制实施主体及事项清理工作。市法制办对各部门上报的行政强制实施主体和行政强制项目依据有关法律、法规逐一逐项进行了严格的审核，经市政府确认后于 4 月 28 日将行政强制主体通过《保定日报》向社会予以公布。3、加大依法行政培训和考试力度。市法制办科学制定培训方案，编写培训教材，组织了由市政府各行政执法部门的业务骨干参加的行政强制法专题培训班，并对 60 余个行政执法部门的近 6000 名行政执法人员进行了微机无纸化闭卷考试。4、加强行政执法证件管理。根据省政府法制办下发的《关于行政执法证件和行政执法监督检查证件清理的通知》，对全市不具备行政执法资格的人员进行了全面再清理，全市共清理出需吊（注）销的证件 3000 余个。5、稳步推进城市管理相对集中行政处罚权工作。2012 年，顺平、涞源、安新、蠡县、定州 5 个县（市）开展相对集中行政处罚权工作的实施方案已经市政府常务会议研究通过，并上报省政府审批。为进一步推动这项工作，市法制办组织召开了相对集中行政处罚权工作调度会，要求剩余的县（市）尽快制定实施方案，加快工作进度。6、严格落实重大行政处罚案件备案制度。2012年，市法制办对市级行政执法部门报备的56份行政处罚案卷进行了认真审核。对存在严重问题的案卷，及时和执法部门进行沟通，指出存在的问题，并要求及时采取措施予以纠正。7、认真开展行政执法案卷评查活动。市法制办会同市监察局定期组成联合检查组，对行政许可、非行政许可、行政处罚案卷等进行监督检查，2012年重点针对行政处罚中程序缺失或不当等问题，梳理出行政处罚工作中存在的疑难杂症，并组织制定整改措施，提高了执法水平。

【行政复议工作】 2012年，市政府本级共受理行政复议案件56件，审结52件，其中维持28件，调解和解结案19件，撤销变更5件。1、健全行政复议制度机制。制定完善了保定市《行政复议办案程序制度》、《行政复议听证制度》、《行政复议简易程序制度》等相关制度，建立健全了统一受理、分组审理、专家咨询、集体讨论等一系列行政复议工作机制，有效促进行政复议工作规范化、制度化。2、加大行政复议宣传力度。积极开展行政复议相关知识的宣传工作，在《保定日报》开辟行政复议宣传专栏，通过典型案例的宣传，增强人民群众法律意识，提高人民群众通过合法途径依法解决行政纠纷的能力。在市政府法制办网站设立行政复议板块，公开行政复议受案范围、条件、程序等事项，提供复议文书格式文本。将行政复议法律知识纳入行政执法人员培训内容，培训考试不合格人员不予办理行政执法证件。3、完善行政复议工作保障。积极协调市政府建立了行政复议接待室、听证室，专门负责行政复议接待工作，并制作行政复议相关宣传资料在法制办上墙公示，制作行政复议申请书范本，方便行政相对人申请行政复议。4、规范行政复议案件审理。借鉴外地设立行政复议委员会制度的经验，在保证一般行政复议案件两人办理基础上，对重大疑难案件邀请保定市政府法制专家咨询委员会成员参与案件审理。规范行政复议调查取证工作，行政复议案件需要调查取证的2人参与，保证调查取证的合法性，重现场调查，不搞闭门办案；在行政复议案件审理过程中充分利用好行政复议调解和解机制，尽量把行政争议化解在基层，消灭在萌芽状态。

（吴国忠）

市政府后勤工作

【保定市人民政府机关事务管理局】 隶属市政府办公厅，为参照公务员法管理的副县级事业单位，内设办公室、总务处、财务处、房管处、经营处、车管处、保卫处、综合管理处。主要职责是负责市政府办公厅及有关部门和单位的经费管理；负责市政府办公厅机关车辆的管理和调配；负责市政府机关1号院国有资产、办公用房、卫生、绿化、亮化、美化及水、电、暖的管理和通讯保障及内部安全保卫工作；负责本级公共机构节能监督管理工作，指导和监督下级公共机构节能工作；负责市政府中厅会议室、玉兰会堂、文印室、医务室、活动室的管理工作；负责机关食堂、市直第一幼儿园和市直第二幼儿园的管理工作；负责市政府机关2号院和“五一”饭店办公楼的综合管理工作；负责市直机关5、6号宿舍区及阳关小区的物业管理工作。

局　长　郝国赤

【概况】 2012年，紧紧围绕市政府和办公厅中心工作，讲政治、顾大局、识大体，在创先争优活动中树立标杆，争创一流综合型服务机关；进一步加强局机关领导班子和干部队伍建设，着力培养年轻干部，优化干部队伍结构，注重干部梯队建设，特别是遴选了一批优秀新生力量，不断提高整体综合服务能力；攻坚克难，开拓进取，完成年度内各项工作任务，被省直机关事务管理局授予“2012年度全省机关事务管理工作先进单位”称号。

【加强规章制度建设】 根据市委统一部署，学习贯彻党的十八大精神，严格执行省委提出的“三自”、“六不”要求，深入开展了执行力亮剑行动。以执行力亮剑为载体，进一步加强了局机关规章制度建设。1、严格管理制度，贯彻落实上级精神。坚持周一例会制度，严格签到管理，将学习制度化、长效化。组织学习《机关事务管理条例》，成立了专门领导小组，结合实际工作制定了工作方案，将《条例》贯彻落实到具体工作中。严格执行党风廉政建设责任制，将党风廉政建设和反腐败纳入全局工作重要部分。2、完善招标采购制度，确保公开阳光透明。对机关2号院洗车场和市直宿舍5号区、机关2号院取暖用煤等项目都进行了公开招标；继续坚持财务审批制度，严格财务审批程序；实行办公用品采购领取制度，明确规定采购人员必须在两人以上，采购物品经库管员验收合格后登记入库，同时，领取办公用品，必须严格按照程序，填写领取单，经办公室主任签字同意。3、严格车辆管理制度，强化公车治理工作。按照中央、省、市有关文件要求，在局机关深入开展公务用车专项治理工作，对16台违规车已全部按有关规定进行了处理；严格车辆管理制度，采取“车车跟”、“人人签”、“月月核”的加油管理办法，做到规范管理，确保服务到位，实现了节油降耗；坚持车辆维修管理制度，修理时由车管处认定，填写“三联单”，实行定点维修；印发了《关于进一步加强车辆管理的若干规定》，严格执行公务用车“五条禁令”和车辆“三检”制度，完成70多台车辆的年度检车和年度换证工作，为大型活动出车200余次，全年安全行车200多万公里，确保了十八大等关键时期的用车安全。

【建设和谐后勤机关】 1、在经费紧张的情况下，投资70余万元新建停车场3个，有效缓解了机关大院车辆停放压力，并出台了《市政府机关大院车辆进出和停放管理办法》。2、在局机关深入开展安全隐患大排查工作，全年共组织治安、消防大检查4次，投资19万余元更换了各类消防器材，定期开展消防演练，强化了消防安全意识。3、继续加强保安队伍管理，健全奖惩机制，明确岗位职责，全面实施绩效考评管理；强化大院安全监管，对重要部门、重点部位、主要路口进行实时视频监控，增配了强光手电、巡更棒、工作制服等安保装备；切实做好重大会议、活动的安全保卫工作，协助有关部门接待上访380多次，组织玉兰会堂开会执勤30多次，组织中厅会议室开会执勤32次，为各局、委、办排忧解难5次，有效地维护了机关办公秩序。4、加强十八大期间安全保卫工作，协同联动，由保卫处、房管处、经营处、综管处共同组成检查组，联合公安、社区、居委会，对机关1、2号大院内各单位、出租房屋、政府小区进行消防安全和违禁物品大检查，清除了隐患，完成十八大安保工作，得到市政府表彰，其中2人立二等功、1人立三等功、2人受到嘉奖。

【做好综合服务保障】 1、加强水电等设施、设备的日常检查工作。全年共完成日常水电维修维护200余人次，改造了市政府机关2号院供电线路，更换2台高压水泵，交付使用了机关1号院高压配电室，完成防水工程3000多平米，有效化解了各类安全隐患，保障机关大院内各项设备设施的正常运转和水电的正常供应。2、做好会议服务工作，逐步实现会场管理规范化、服务标准化、使用有偿化的目标。全年共提供会议服务322场次，服务人员600余人次。3、完成五一饭店办公楼的安全检测鉴定、办公用房清理和机关1号院东侧综合楼的承包鉴定工作，进一步规范门面出租，有效提高了固定资产收益。4、加大市政府机关大院环境绿化、美化工作力度。市政府机关1号院绿化面积达26458.4平方米，种植花草树木40余种；改善公共区域卫生条件，粉刷楼道8000余平方米、改造厕所8间。5、不断完善机关餐厅、理发室的服务功能，在减轻财政负担的前提下逐步实现了后勤保障服务社会化。6、完成各项接待任务，顺利完成全国机关事务工作协会60余名代表参观的接待工作，受到与会代表和国管局领导的好评。7、坚持以幼教为本，创建品牌，市直一幼、二幼被评为省级示范幼儿园，为幼儿成长提供良好环境，为机关工作人员解除后顾之忧。8、落实省、市政策精神，做好入村帮扶工作。选派了3名政治素质强、工作作风硬的人员入村工作，为所驻村安装变压器1台，修路1056米。全局干部分3次共捐献帮扶资金1万余元，切实贯彻落实市委亲民爱民活动要求。

【推动节能工作稳步前进】 1、印发《保定市公共机构节能“十二五”规划》和《2012年保定市公共机构节能工作实施方案》，确定“十二五”期间50家节约型公共机构示范单位，制定下发了10多份文件通知，使节能工作具有可操作性。2、开展以“水是生命之源，人人节水”为主题的节能宣传周活动，全市各公共机构通过媒体、网络宣传节能知道、节能常识1500多件次，形式各异板面900多块，宣传条幅600多条，切实增强了干部职工的能源忧患意识和节约意识。3、结合保定市实际，对全市各公共机构500多名工作人员进行了专业技术培训，确保节能各项工作的顺利进行。4、根据上级有关文件精神，节能办制定了《全市公共机构节能工作任务分解表》，各县（市、区）、市直各部门及有关单位，严格按分解表进行实施，全年顺利完成了3%的节能指标。5、加强对能源设施的节能降耗管理，重点在水、电、暖、车辆、办公耗材等使用方面完善措施，坚决杜绝常明灯、长流水和办公电话聊天等现象。

（张伟铧）

国有资产监督管理

【保定市国有资产监督管理委员会】 是主管国有资产监管和国有企业改革的政府工作部门，主要职责是在市政府授权下，代表市政府履行出资人职责，管好、用好国有资产，防止国有资产流失，促进国有资产保值增值。内设17个职能处室，人员编制103人，现实有115人。委直属单位5家：保定市产权交易市场、保定市信托投资有限公司、保定市企事业单位法律顾问事务所3家事业单位和保定市发展投资有限责任公司、保定市民安物业管理有限公司2家企业。履行出资人职责企业5家：保定交通运输集团、商达集团、保定银行、百世开利集团、天翔集团。

党委书记 主任	张彦儒
党委副书记 调研员	王东江
副主任	苏利杰 吴中秋 申俊岭 翟彦君 许胜尧 程现庄
副书记	高保忠
纪检书记	周广义（7月离任）

【概况】 2012年，市国资委继续深入开展创先争优活动，认真落实“四项活动机制”，激发党员履职践诺的内在动力，在工作中发挥好模范带头作用。认真落实市委部署，按照省委“三自”、“六不”要求，深入开展执行力亮剑行动，查短板，找差距，促整改，切实加强整风肃纪。通过上述活动的开展，机关干部精神状态、工作作风明显转变，为各项工作顺利开展提供有效保障。不断提升国资监管水平，规范国企改革程序，积极促进国有企业科学发展，完成本年度各项任务目标。

【按时高质量完成国有资产统计工作】 据2011年决算，全市共202户入统国有企业（市属企业94户、县市区属企业108户），资产总计231.8亿元，负债总计196.4亿元，所有者权益35.4亿元，实现利润1.1亿元；其中市国资委履行出资人职责企业资产总计159.3亿元，负债147.9亿元，所有者权益11.4亿元，实现利润1.4亿元。

【认真做好企业清产核资及财务审计工作】 对鑫丰商贸集团国有期权股回购、宝丰硝化棉公司国有股权转让、尚泉供水科技有限公司兼并项目、保定公交总公司执行新会计准则等组织开展清产核资财务专项审计工作，为企业改制和产权结构调整提供有效的依据。对委直属企业进行年度财务审计，对出资人企业决算进行批复，规范了企业经营管理行为。

【严格规范企业投资行为】 制发了《保定市国资委关于完善项目投资申报程序的通知》，加强对国有企业投资行为的监管，提高企业投资行为的规范化、制度化、科学化水平。

【国有企业改革工作进展顺利】 按照省、市有关要求，对市（县）属国有企业改革情况进行了调查摸底，制发了2012－2013年度国企改革计划，并责成各县（市、区）及市直相关部门根据实际情况，制定下辖国有企业的改革计划，按阶段进行督导，相关工作有序推进。天翔集团、田野集团油泵制造有限公司、蹦床厂、液压机械厂、河北外贸包装印刷厂等企业已完成资产审计评估、债权债务清查、职工安置费测算等基础性工作；保液集团职工安置工作已基本完成；指导白合水泥厂破产管理人进行职工安置工作；按照市政府要求，组织对原美术一厂破产遗留问题进行调查，对职工安置问题提出解决意见。

【国有产权管理不断加强】 截至2012年10月，全市470户企业共占有国家资本44.68亿元。本年度完成企业国有资产评估备案项目5个，账面价值3574.45万元，评估值12874.6万元，评估增值9299.2万元，增值率72%，切实维护了国有资产出资人合法权益，有效防止了国有资产流失。按照“应进必进，能进则进”的原则，企业国有产权对外转让全部实现进场公开交易。加强对各县（市、区）企业国有产权转让的检查督导，进一步规范了县级企业国有产权转让行为。

【积极推进宝硕股份公司破产重整】 宝硕股份公司破产重整后，市国资委做了大量协调督导工作，督促宝硕股份公司及其控股股东和实际控制人，履行重组承诺，积极推进重整计划，尽快实施实质性重组，并定期进行风险函告。同时积极协调敦促宝硕股份公司，大力推进氯碱公司停产搬迁和新上项目启动，维护职工稳定。

【妥善处置依棉问题】 根据市委、市政府部署，始终把处置依棉问题放在突出位置，在完成大部分职工分流安置的基础上，完成了依棉集团外资股权追缴和工商登记变更等工作。依法启动了破产清算程序，破产管理人于5月末正式进驻后，积极做好企业资产清查清收及债权审查工作，完善各种基础资料，为职工安置工作做好前期准备，同时积极配合市处置依棉问题工作组维持了职工稳定。

【完成厂办大集体调查摸底工作】 按照省国资委要求，组织对所属26个县（市、区）、市直有关部门国有厂办大集体企业情况进行核查。经核查，全市共有17家国有厂办大集体企业，截至2011年底，总资产4226.41万元，总负债5254.69万元，所有者权益-1028.28万元，在册职工1461人，其中在职620人，退休734人，内退107人。

【推进解决国有企业职教幼教退休教师待遇问题】 会同市有关部门组成专门工作机构，集中时间地点联合办公，经两次摸底调查，全市共涉及职教幼教机构148个（中央属77个，省属11个，市县属60个），涉及职工2294人。在摸底调查基础上，以市政府办公厅名义制发了《关于妥善解决国有企业职教幼教退休教师待遇问题的实施意见》（［2012］保市办250号），为推进此项工作奠定了政策基础和制度保障。截至2012年底，人员资格审查工作已基本完成，一审结果已公示。

【积极推进企业分离办社会工作】 启动华丰集团子弟小学分离办社会工作，积极推进中铁十八局、中铁电气化局所属公安机构的移交接收工作。

【监管企业实现科学良性发展】 加强科学监管，履行出资人职责企业及委直属企业均实现科学良性发展。保运集团积极调整线路结构，促进经营模式转变，大力开展低碳运输，全力推进城乡客运一体化，主营业务收入实现较快增长。保定银行立足“服务地方经济、服务中小企业、服务市民百姓”的市场定位，全面推进战略转型，进一步加大对中小微企业和县域经济的支持力度，资产质量继续提升，各项监管指标良好。商达集团紧密结合行业特点，大力调整经营结构和经营方式，实现了经济效益和社会效益双提升。百世开利集团妥善解决了与东方资产管理公司2.04亿元本息的债务纠纷，并着手通过法律手段处理同相关企业的债权债务问题。信托投资公司积极做好贷款回收工作，探索业务拓展转型，密切与省金融办、市银监局的联系，积极推动战略重组的实质性突破。融达资产公司2012年底累计回收资产包债权资产311万元，完成计划任务的103%，保全资产1.34亿元，融资7400万元，回购信达和信达立人投资两家公司31.7亿元债权资产，公司管理资产额达到42.7亿元。

【加强惩防体系建设】 对国企改制破产、国有资产转让等群众关切、社会关注的热点问题，实现运行过程的动态公开，并定期开展监督检查。严把“申报论证、方案审批、清产核资、资产处置、费用稽核、职工安置费用支付”等六大关口，落实国企改革和产权交易中财务审计和资产评估中介机构公开选聘制度，国有企业的产权交易、资产转让全部实现公开转让、市场竞价，杜绝了暗箱操作和违纪违法行为的发生。以国有企业领导人员的管理和监督为重点，完善“三重一大”集体决策制度。深入开展企业效能监察。加强对经营管理者履职行为的过程监督。充分发挥职代会和工会在民主决策、民主管理、民主监督中的作用。在监管企业中初步建立了权力运行监控体系，为企业惩治和预防腐败工作奠定了制度基础。

（杨　丽　霍建永）

经济研究工作

【保定市人民政府研究室】 保定市人民政府研究室是承担市政府研究任务的工作部门，正县级行政单位。负责通过调查研究形成报告、方案、建议等，为市委、市政府科学决策提供依据，参与市政府综合文件和主要领导的重要讲话及署名文章的撰写，同时负责全市政府系统调研工作的协调与指导。内设办公室、综合处、工财处、农村处、社会处。编发的内刊有《调研呈阅》、《调研参阅》、《调研信息》。

主　　任　王占永
副 主 任　王凤柱　李树礼
　　　　　张　岩
纪检组长　彭彦岭

【概况】 2012年，市政府研究室围绕建设“京畿强市、善美保定”总体定位，认真履行职责，牢牢把握服务于市委、市政府科学民主决策的工作方向，解放思想，再造优势，充分发挥参谋助手作用，努力树立团结和谐的机关形象，完成全年各项工作任务。

【坚持抓调查研究工作，提高参谋服务水平】 按照市委、市政府的总体部署，紧紧围绕全市中心工作，进一步加强调研工作的组织领导和协调调度，做到年初有计划、季度有安排、每月有调度，不断提高参谋服务水平。全年完成调研报告14篇。其中，在省政府研究室内刊刊发2篇，获省领导批示1篇，获市领导批示7篇。编发《调研呈阅》7期，《调研参阅》4期，《政府决策参考》3期。与省政府研究室联合调研的《打造光伏产业强省构建绿色经济引擎》得到常务副省长杨崇勇充分肯定。《唱响转变经济发展方式主旋律——保定转变发展方式的探索与实践》，在省政府研究室《调研内参》刊发。在参与市委、市政府重要文稿起草方面及多项调研成果获得市委、市政府领导的充分肯定。《政府决策参考》紧紧围绕市委、市政府阶段性中心工作，每期聚焦重点，搭建交流平台，为各级政府科学民主决策搞好服务，受到好评。

【坚持抓阶段性重点工作，促进一方和谐稳定】 按照市委、市政府的统一部署，抽调得力干部，组成4个工作队，深入乡村、街道一线开展基层建设年、十八大安保、群众工作站工作，认真组织亲民爱民、社会捐助活动，广泛了解社情民意，大力推进基层组织建设，认真开展治安、信访、重大矛盾纠纷等隐患排查，全力做好维稳工作。促进一方和谐，维护一方稳定。

【坚持抓思想作风建设，夯实辅政基础】 把建设学习型机关、深化工作作风作为思想作风建设的抓手，不断提高干部队伍政治素养、保持党的先进性和纯洁性，推动各项工作创先争优。在准确把握市情上下工夫，不断增强调研工作的前瞻性、针对性、可操作性和创造性，积极主动地开展超前研究和发展趋势的分析预测，全力打造能参善谋的干部队伍。认真落实省委“三自”、“六不”、“十个严禁”要求，成立活动领导小组，制定实施方案，深入开展执行力亮剑行动，进一步规范工作纪律，净化“工作圈”、“生活圈”、“交际圈”，促进干部良好作风的形成。

（王晶敬）

外事侨务工作

【保定市人民政府外事办公室】 保定市人民政府外事办公室（保定市人民政府侨务办公室）为市政府工作部门，是外事侨务港澳工作的归口管理职能部门。主要职责是贯彻执行党和国家外事侨务工作的方针政策和法律、法规、规章，研究制订本市外事侨务工作规章制度和工作规划，并负责组织实施；负责本市与国外友好城市交往活动的组织工作，指导全市民间对外交往；组织接待来保访问的国宾、党宾和其他重要外宾，指导本市外事礼宾接待工作；归口管理全市因公出国和赴港澳地区的工作，办理应邀来保的外国人员的审核审报，统筹安排市领导公务出访活动；负责组织、接待、管理来保外国记者的采访活动，负责协调处理全市重大涉外事件；协助有关部门做好各项侨务政策的落实，负责归侨侨眷合法权益维护工作和统筹协调涉侨部门和社会团体开展华侨华人和港澳同胞工作。内设秘书处、机关党总支、出国人员管理处、国际交流处（礼宾处）、涉外新闻处、侨务处（港澳事务处）。

主　任　潘志勇
副主任　冯　真（女）
　　　　卢建春
　　　　王　瑛（女）

【概况】 2012年，围绕全市中心工作，充分发挥外事侨务资源优势，服务于国家总体外交和全市经济社会发展，完成各项任务。2012年被国务院侨务办公室评为“全国侨办系统信访工作示范单位”，外事侨务港澳总体工作被列为全省先进行列，获“十八大安保维稳工作先进集体”、“文明单位”等称号。积极争取河北农业大学获批为首批“全国社区侨务工作示范单位”协助河北大学向国务院侨办申报“华文教育基地”，项目正在审批中。

【对外友好交流合作】 一是扎实做好礼宾接待。2012年共接待涉及政府往来、经贸合作、教育交流、医疗卫生等领域的外国团组18批334人次。二是积极推动项目合作。在对外交往中，努力推进一批实质性合作项目的对接，取得多项成果；积极推进教育、文化、环境、技术等领域的合作，达成一批对外合作意向，服务经济和社会发展取得新成效。三是努力开创友城交往新局面。积极拓宽友域交往渠道，提高交往层次，推动保定市与友城在经贸、教育、文化等领域的对外交流和合作不断拓展。四是不断提高对外宣传力度。2012年内共接待外国记者7批41人次，涉及媒体24家，扩大了保定市在海外的影响力。

【因公出国（境）管理工作】 一是突出重点抓服务。全年共审核报批因公出国（境）团组71批244人次。强化为市领导和重要经贸团组服务的意识，对市领导率团出访的审核报批工作，努力做到提前介入、跟踪服务，急事急办、特事特办，保证了对外交往的正常进行。二是落实任务促招商。积极服务于“京畿强市，善美保定”，推动企业“走出去”、“引进来”，与商务局积极配合，组织、协调、指导办理项目洽谈、经贸往来等52个小团组赴国（境）外开展招商活动，超额完成了《〈政府工作报告〉2012年工作落实方案》中确定的任务目标。招商、洽谈项目团组与往年同期水平基本持平，在与国外政府部门、大型企业的交流合作上取得成效。认真落实全省领导干部因公出访推动项目工作电视电话会议精神，建立联席会议机制，严格落实保定市《领导干部因公出访推动项目合作实施意见》，增强了出访的针对性、目的性和实效性。三是严格审核抓把关。严格落实加强因公出国（境）管理的规定，继续深入开展制止公款出国（境）旅游出访专项活动，严格控制无明确公务目的和无实质性内容的团组和人员。四是强化职能促发展。为更好地服务于保定市“走出去、请进来”发展战略，积极“跑部进厅”，做了大量细致而卓有成效的工作。

【涉外管理工作】 协同公安、安全等有关部门，妥善处理各类涉外事件，减少负面影响，维护良好的涉外环境。全年共接待外国记者7批41人次，涉及媒体24家；邀请外国人共计58批74人次；妥善处置涉外事件9起。严格落实河北省《关于进一步加强境外非政府组织在冀活动管理工作的意见》，建立了保定市境外非政府组织在保活动管理和我市民间组织参加国际非政府组织活动管理工作联席会议机制，明确召集人和组成人员，通过加强成员单位间的协调配合，整合资源，形成合力，提高了处置非政府组织在我市活动的管理水平。

【侨务工作】 2012年党的十八大召开，市外事办将落实侨务政策法规、稳定侨心、凝聚侨力作为工作重点，积极开展侨务普法宣传活动，规范侨务执法程序，加大扶贫济困力度，依法维护归侨侨眷合法权益。1、采用发放宣传册、召开座谈会、普法宣讲等多种形式，宣传《侨法》及其《实施办法》，在全国法制宣传教育日期间，开展“侨法进社区”大型普法活动，发放宣传资料千余册，提供法律咨询300余人次。2、依据政策为全市33名归侨、侨眷办理了身份认证，核发了归侨侨眷身份证；为24名“四侨”考生办理中高考加分认证，为1名归侨办理了归国安置手续。3、为4名工龄满三十年的退休归侨办理了生活补贴审批手续，连同2011年的4人，2012年一共8名归侨享受到每月100元补贴的照顾。4、提升社区侨务工作水平，积极争取河北农业大学获批为首批“全国社区侨务工作示范单位”，指导完成校区“侨之家”的规划和场地建设，并向该校拨付2万多元建设资金。5、协助河北大学向国务院侨办申报“华文教育基地”，项目正在审批中。6、加强重点侨务信访事件督办力度。全年共接待、受理侨务来信、来访、来电咨询400人（次），其中重点办理了旅美华人李彬反映定州祖坟纠纷一事。经积极协调，妥善解决了问题，双方当事人对处理结果非常满意，此件的办理也得到了国侨办和省侨办的认可。由于近年来侨务信访工作实绩突出，5月被国务院侨办授予“全国侨办系统信访工作示范单位”。7、开展送温暖活动，共走访慰问归侨侨眷68户、225人，送去慰问金及慰问品共计6万元，帮助他们度过和谐温暖的节日。积极联络市残联，为全市10名残疾贫困归侨侨眷争取到每人1000元生活补贴，并于春节前发放到位。8、完成了对全市贫困归侨侨眷的摸底统计工作。这项工作历时两个月，将全市106名贫困归侨侨眷的详细信息登记在册，并上报省外侨办，这也是近几年来摸底工作最全面、最详细的一次，可以为以后的侨务扶贫工作提供依据。9、经市外事办积极联系，由澳门同胞张志豪出资的“黄土计划”助学贫困大学生项目2012年再次在保定市实施，向清苑、曲阳县的30名应届贫困大学生提供每人每年2000元奖学金，帮助他们完成大学学业。至此，保定市已有涿州、涞水、清苑、曲阳的56名贫困大学生获得资助。10、2012年夏季“7.21”特大洪涝灾害发生后，市外事办积极联系何仁慈善基金会，并组织市民政、住建、教育等部门研究制定详细工作方案，于9月向基金会申报了灾后重建捐助项目，申请为重灾区涞源、涞水、易县拨款用于民宅及学校的重建工作，项目申请已被受理，正在审核过程中。11、7月初接待香港应善良福利基金会代表崔维柏、何志祥到易县高陌乡考察捐建卫生院项目，已完成立项及协议签署工作，总投资48.3万元，预计2013年下半年投入使用。这是应善良基金会在河北省捐建的第一个乡镇卫生院项目。12、由市外事办和保定电视台联合摄制的专题片《跨海的爱》拍摄完成，这部片子反映的是保定市荣誉市民、日籍华人竹内林书女士十几年来为保定市捐资助教的感人事迹，3月在保定台播出，已完成后期加工和光盘制作，下一步进行宣传和展播工作。13、接待加拿大白求恩纪念协会会长约翰·杜卡斯一行到唐县牛眼沟村看望残疾儿童，到唐县白求恩医院开展学术交流和义诊活动，这是该协会第四次到唐县开展慈善公益活动。14、美国河北同乡联谊会在美国洛杉矶成立，市外事办致信表示祝贺。该会会长王博宇回乡探亲期间市外事办接待了他，就保定籍侨胞在美国的发展状况以及利用侨界资源开展经贸、文化、教育的合作等方面进行了深入交流。15、组织涿州市、定州市参加“2012年全国城市经济发展与城市融资平台搭建合作论坛”活动，市外事办领导与涿州市、定州市领导分别在论坛上做了发言，宣传推介本地城市发展规划、投资环境及各项政策，与参会企业家现场进行了项目洽谈对接，取得了满意的效果。16、为加强全市侨务干部素质，提升业务水平，推荐清苑、易县、定州侨办的三名侨务干部参加国务院侨办于2012年2月举办的“全国侨务工作会议精神培训班”。

【外事往来】

领导出访：

1、4月15日至4月19日，保定市市委秘书长刘颖率团到香港考察访问。

2、4月12日至4月22日，保定市人民政府常务副市长马誉峰率团出访南非、坦桑尼亚考察访问。

3、4月15日至4月20日，保定市人民政府副市长闫立英随国家建设部出访新加坡，参加研修班培训。

4、4月16日至4月20日，中共保定市委书记许宁率团到香港考察访问。

5、6月4日至6月13日，保定市副市长周省时率团出访日本、韩国考察访问。

6、9月25日至10月3日，保定市政协副主席赵桂良率团出访澳大利亚、新西兰考察访问。

外事接待：

1、1月13日，埃塞俄比亚大使塞尤姆·梅斯芬先生一行8人访问高阳硕丰农场、宏润公司。（硕丰公司计划在埃国投资兴建1500亩农场）

2、3月15日，外交部礼宾司参赞金智健一行6人来保，为外交部杨洁篪夫人率领50名女驻华使节或使节夫人（其中20余名为外交部人员）来访做前期准备。

3、3月31日，接待西班牙医疗代表团一行6人的来访。

4、4月3日，西条市友人一行8人来访。

5、4月9日，美国夏洛特市教育家一行3人访问东方双语学校，十四中。

6、4月10日，女驻华大使及大使夫人代表团（22人），在外交部部长杨洁篪夫人和有关司局级领导、省外办副主任王占明一行陪同下参观直隶总督署。

7、4月16日，加拿大驻华大使马大维一行4人访问唐县，向唐县政府捐赠白求恩生平事迹展展板。

8、4月22日至25日，丹麦森讷堡市代表团在市长奥丝率领下，一行19人来访，举行友城签字仪式，低碳建设工作座谈会（丹麦驻华副大使姚朔仁、中国驻丹麦前大使甄建国同行）。

9、4月20日，倍慈基金会驻华代表马艾丽女士一行2人访问顺平，就重症精神病患者救助项目进行考察。

10、4月12日，夏洛特市长致李谦市长信，希望天威集团在北美的分支机构能设在夏洛特。经与天威集团沟通、协调，董事长丁强答复若无特殊情况，分支机构将设在夏洛特。联系河北大学日语系师生访问西条。保定、米子乒乓球联队参加中日友好乒乓球大会事宜。

11、5月9日，清华大学代表团（含外宾）一行62人访问保定市，考察新能源产业状况。

12、5月16日、17日，韩国红十字会会长申基沃一行10人访问保定市。

13、5月18日，廊坊经贸洽谈会召开，市外事办负责APEC相关会议的外联工作。

14、5月24日、25日，市外事办邀请十几个国家40余位在保留学生参加中国保定国际空竹节。

15、5月30日，美国芝加哥市教育文化代表团一行13人访问保定市，参观了直隶总督署、古莲花池、青年路幼儿园、美术中学。

16、5月31日，冰岛大学MBA高级经理人代表团一行40余人在公使衔参赞拉格纳尔陪同下访问长城汽车、巨力集团。

17、6月5日，比利时东佛兰德省经济发展局局长德克勒克率该省经济教育代表团一行15人访问长城汽车、河北农业大学。

18、7月5日，黑山科技代表团一行10人（黑国科技部长萨尼亚、驻华大使莉尔雅那）访问高开区、英利集团，洽谈合作事宜。

19、8月22日，德国大使施明贤一行4人访问英利。

20、8月27日，荷兰王国南荷兰省省长杨·弗兰森一行22人访问保定市，就与英利公司合作建设新能源研发中心事宜进行洽谈。

境外媒体接待：

1、3月8日，美国有线电视新闻网（CNN）中国专题制片人李元等三人采访英利，拍摄太阳能产品应用、电谷国际酒店。

2、3月13日，英国广播公司（BBC）主持人JustinRowlatt和AnitaRani参观采访英利集团、光伏馆和电谷国际酒店。

3、4月22日至27日，保加利亚记者团一行7人采访长城汽车。

4、6月21日至22日，加拿大广播公司北京记者站一行3人到保定艺校采访拍摄。

5、6月26日，FRANCE24法国国际新闻24小时电视台首席驻华记者季伯文及摄像到保师附小和国电联合动力采访拍摄。

6、7月25日，路透社、日本共同社、彭博社等10家媒体的12名记者，参加英利等光伏产业就欧盟反倾销调查申请召开的联合新闻发布会。

7、8月2日，路透社、德国电视台等5家媒体的12名记者参加英利召开的新闻发布会。

民族宗教工作

【保定市民族宗教事务局】 保定市民族宗教事务局是保定市政府组成部门。主要职能是贯彻执行党的民族宗教政策，依法对民族宗教事务进行管理，发展少数民族经济、教育、文化、科技、体育、卫生等各项事业，维护少数民族、宗教团体的合法权益，促进民族团结、宗教和谐与社会稳定。市民族宗教事务局为正县级行政机关，内设办公室、政策法规处、经济处、民族处、宗教一处、宗教二处、宗教三处。

党组书记
局　　长　闫兰申（女）

党组成员
副 局 长　李正如　赵守万
赵永建

党组成员
纪检组长　信　超

【概况】 2012年，全面贯彻落实党和国家民族宗教方针政策，认真贯彻落实中央、省、市一系列会议精神，牢牢把握“稳中求进”的工作总基调。全力服务“京畿强市、善美保定”建设，完成了省民宗厅规定的7项年度目标任务和市《政府工作报告》列出的4项目标任务。全年向上级部门报送各类工作信息363条，调研文章13篇。努力打造了一支“忠诚、团结、勤奋、高效”的民族宗教干部队伍，全面提高工作效率和工作质量。被市委、市政府评为“十八大安保工作先进集体”、“2010－2011年度在促进经济社会协调发展中做出突出贡献文明单位”、市民宗局驻村工作组被评为省级优秀驻村工作组，保定市基督教“两会”获中国公益慈善事业表彰会先进集体。

【少数民族经济发展】 5月，全省民族工作示范村创建工作会议和全省民族经济统计工作会议先后在易县和定州市召开。易县凤凰台村、忠义村，清苑县大庄镇石屯回族村等6个民族工作示范村，被省厅命名为首批“河北省民族工作示范村”。特别是凤凰台和忠义村两个满族风情特色村寨的创建工作受到了国家民委和省民宗厅领导及有关地市的好评。2012年，全年共审核上报少数民族发展资金项目12个，收集备案项目20个，争取省支持30个项目的发展资金420万元。积极为保定市古城香业等6家少数民族用品生产企业争取国家“十二五”民品企业，享受国家流动资金贷款贴息213.5万元，促进全市民品企业的发展。

【少数民族团结进步事业】 广泛开展以“民族团结、和谐稳定”为主题的“保定市民族团结进步宣传月”活动，促进了各民族团结和社会和谐稳定。认真贯彻落实《河北省清真食品管理条例》和《河北省散居少数民族权益保障条例》，切实维护了少数民族的合法权益。7月，保定市代表队参加在张家口市举办的河北省少数民族传统体育蹴球项目比赛，获体育道德风尚奖。保定市少数民族空竹队代表河北省参加在北京举办的第四届全国体育进社区优秀健身项目展示，充分展现了保定市少数民族文化体育风采。

【依法加大民族宗教事务管理】 研究制定了《关于第六个五年法制宣传教育实施方案》和《关于在全市宗教界开展“宗教政策法规学习月”活动实施方案》，积极开展民族宗教法律法规“八进”活动，全面提升了全市宗教干部和宗教教职人员的能力素质。大力解决教职人员社保问题。在已认定备案的414名教职人员中，符合参保条件的已全部参保，参保率达到100%。认真规范宗教活动场所财务监督管理，进一步推动了场所规范化管理。

【积极引导宗教与社会主义社会相适应】 建立了全市宗教活动场所数据库，制定和谐寺观教堂创建8项制度和9类37条具体验收标准，全面推进以“安全”为主题的和谐寺观教堂创建活动。使全市宗教活动场所创建工作合格率达到了95%以上，得到省民宗厅领导充分肯定，并在全省推广。指导宗教界开展“宗教活动慈善周”活动。宗教团体共为社会捐爱心善款 23 万元；市天主教、基督教“两会”分别赴顺平、博野、涞水等地进行义诊活动；市基督教“两会”为新市区梅兰菊社区、康欣园社区和顺平、清苑、涿州、阜平等县、市、区捐赠轮椅 230 套。“7·21”特大洪灾发生后，全市宗教界积极响应党和政府号召，向灾区捐款捐物献爱心，市级宗教团体共计向灾区捐款捐物累计达 30 余万元，体现了宗教积极与社会主义社会相适应，奉献爱心，构建和谐社会的良好风尚。

（赵守万　龙宏连　牟虹刚）

档案工作

【保定市档案局】 保定市档案局（馆）为市政府全额拨款直属事业机构，实行局、馆合一，一套机构，两个牌子，设办公室、法规处、保管利用处、业务指导处、科教处、编研处、政府信息公开服务处。主要职责是负责对全市档案事业实行宏观管理；依据有关法律、法规进行档案行政执法、监督；指导、检查、协调档案业务工作。负责集中统一管理市直机关的重要档案资料；保守党和国家机密，维护档案的完整，确保档案资料的安全；负责调查、收集散存在外的本市档案资料和与本市有关的史料。组织档案科学技术和理论研究，推进本市档案工作的科学管理和现代化建设。制定全市档案干部队伍建设规划，组织档案专业教育和档案干部培训工作，协助做好档案专业技术职务评聘有关工作。负责全市档案宣传工作，统一管理全市档案资料对外交流，协调全市档案工作的外事活动。负责全市档案信息开发、开放规划与管理，发挥档案信息资源作用，为社会各方面提供服务。承担《中华人民共和国信息公开条例》和市政府规定的有关政府信息公开的各项任务。增加政府公开信息服务职责，承担政府信息收集、整理和面向社会公众提供查阅利用等。承办市委、市政府交办的其他事项。

局　　长　张冰水
副 局 长　张维清　辛书田
　　　　　刘建军
纪检组长　李变巧

【概况】 2012 年，切实履行“为党管档、为国守史”的神圣职责，制定了“五个一批”的工作目标（建设一批高标准的档案馆室、建成一批农村社区档案工作示范点、征集一批有特色的档案进馆、形成一批档案数字化成果、出版一批档案编研成果），为保定档案工作的开展制定一个科学合理的工作规划。根据总体规划，将任务目标细化分解到各个处室，局党组定期召开会议，协调、督导各项任务目标的落实，为全年任务目标的完成提供了机制保障。1、丰富馆藏。2012 年市档案馆共接收档案 10180 卷、8955 件（2002 年以前以卷为单位计算、2002 年以后以件为单位计算），征集各种档案资料 350 余册。其中有江泽民、胡锦涛来保定视察工作的照片、题词，保定市“7.21”抗洪抢险救灾资料，《西高庄村志》等档案资料。政府公开信息服务处接收政府信息公开文件 1794 件，征集各县公路通史 23 本；《保定古城街巷史话图说》8 本；《保定军校师生故事选》、《保定军校的共产党员》、《武生宗师李兰亭及传人》、《浩劫》纪略等著作；征集保定首届旅游美食节照片 1160 张，资料 70 多份，为美食节保存了详实的史料。形成了一批档案数字化成果，扫描馆藏地契档案 228 盒，其中著录 5100 条、扫描 6146 页；录入知青返程档案 20 卷、2000 余条；录入印章档案 302 条、近 3 万字。通过数字化建设，加强了对档案的保护，建立了地契档案、知青返城档案、印章档案数据库，方便了查阅和利用。2、着力推进各县档案馆（室）及档案工作建设。截至 2012 年底，已为涞源、顺平、易县、蠡县争取中央财政支持建馆资金 618 万元，蠡县、涞源档案馆已开工建设。为望都、清苑、安新上报了档案馆建设项目资金支持所需资料。随着资金的到位，一批县级档案馆建设将陆续开工。为加强机关、团体、事业单位档案室建设，进一步提高机关、团体、事业单位档案规范化管理，共对 80 多个市直部门档案工作进行了业务指导，指导保定市地税局、满城县国税局晋升为河北省 5A 级档案管理标准，指导北市区地税局等 59 个单位达到河北省 4A 级以上档案管理标准，位列全省第一。3、档案编辑研究。利用馆藏房地契与河北大学联合出版了《保定市房契档案汇编》，全书共 10 册。完成了《保定教育史料选编》的编写，全书 60 多万字，130 多幅图片。与河北大学联合编撰的《保定商会档案》，自 2008 年签署合作协议，经过 4 年努力，已出版 20 册，还有 30 册待出版，全书收集了自清末到民国初期，保定市商会章程、账簿、粮食、物价等各种档案资料，较详实、全面的还原了保定清末至新中国成立初期保定的历史原貌。积极推进县（市、区）

编研工作的开展，下发了《关于做好档案编研工作的通知》。县（市、区）也编辑出版了一批极具价值的编研成果，如阜平县编辑出版的《阜平县红色档案丛书》，共十册。通过档案资料，从多个方面记录了晋察冀边区革命斗争的史实。4、档案干部培训。结合国家局8号令和《河北省档案工作目标管理认定办法》的实施，有针对性的开展形式多样的培训活动。与县档案局联合举办档案业务人员岗位培训班5期，培训400多人；组织系统培训2期，培训将近100人。根据培训需要，编辑出版了简明、实用的培训教材《档案干部必读》。8月16日，组织召开保定市档案学会成立暨第一届会员代表大会。9月5日，正式成立了保定市档案学会。5、档案宣传。与保定电视台《文化七日行》栏目共同举办了以“历史见证——走进保定国家档案馆”为题的专题节目；在《保定日报》开设了“保定档案”专栏，定期刊登历史人物和历史事件资料；举办了“档案馆日”，向社会宣传档案，提高社会档案意识

保定市档案局连续三届被评为保定市“文明单位”，连续多年被市纪委评为“实绩突出单位”、“实绩先进单位”，档案局机关总支连续两年被评为“市直机关先进基层党组织”，1人被评为“保定市优秀党务干部”。《保定老照片》、《保定农业史料概览》、《保定农业三十年》三部作品获2012年河北省开发利用档案优秀服务成果一等奖。《保定农业史料概览》获保定市社科特别奖。

【开展档案执法活动】 统一编辑、印制了《档案执法意见书》和《责令限期整改通知书》两种执法文书，明确执法内容，规范执法程序。按照“市县联合、分系统、按专项”的思路，组织开展“档案执法年”和“档案执法月”活动。对17个市直单位进行了档案执法检查。与安国市、新市区等县（市、区）开展联合档案执法检查。通过执法检查达到依法治档的目的，收到了促进档案工作规范化管理的效果。12月，与民政、卫生等系统开展民生档案执法，进一步督促各单位做好民生档案的收集、整理、保管、利用工作，充分发挥民生档案为民服务的作用。

【加强农村、社区档案工作示范点建设】 12月5日，召开全市农村、社区档案工作现场会。通过典型示范、经验介绍，进一步明确农村、社区档案工作标准、要求，推进农村、社区档案工作深入开展，争取早日建成一批设施齐全、管理规范、制度健全的农村、社区档案室，把农村、社区档案开发成服务居民生活和社会建设的重要资源。

【提高档案工作服务水平】 认真抓好档案安全保管和服务利用工作，提高档案工作水平，以便更好的为社会发展和人民群众服务。截至2012年底，为保定市委十届三次全会召开，提供了改革开放30年来历届市委、市政府资料近30份，500余页；为十届三次全会报告的撰写提供了较完整的历史档案资料；为市人大、市政协、粮食局等十多个单位的编史修志提供了大量资料；接待社会各界档案利用者3000余人、提供电话咨询和电话委托查询300余次，调阅档案及资料8000余卷（册）。为服务对象提供了有关就业、退休、医疗保险、财产纠纷等问题的原始凭证，充分发挥了档案“资政惠民”的作用。按照国家档案局和省档案局的要求，对开放利用档案和档案目录进行初步审慎划控、鉴定。与保密局一起对涉密档案、涉密信息进行鉴定，对档案利用中的硬件设施进行检查，建立保密台账，制定保密规定，完善安全措施；邀请市消防支队讲解消防知识，并组织全局干部职工进行消防演练。

（赵　静　白雅冰）

综合政务服务

【保定市行政服务中心管委会（优化办）】 是市政府特设机构，正县级单位，单独列编，实行市委、市政府双重领导，设在市纪委，负责市行政服务中心的管理工作和全市优化环境工作。机构调整后，共有43个单位入驻，其中审批和服务事项337项，并引进收费银行、会计师事务所、保险、邮政、照相、防雷评估等配套服务单位和中介机构9家。主要职能是负责对进入行政服务中心的各项审批（含行政许可、非行政许可、其他行政权力）事项和与之相关的服务事项进行协调、指导和监督；负责行政服务中心相关制度落实情况的监督、检查；负责对进入行政服务中心工作人员的日常管理和向有关部门建议后备干部人选；主持召开重大事项联审会，组织和监督《保定市投资项目联合审批实施方案》的实施；对进驻行政服务中心的审批、服务事项涉及的费（税）（含行政事业性收费、政府性基金、经营性收费、国有资本经营收益、税收）实行集中统一收取；负责对涉及公共资源交易有关事项的管理、监督；负责对行政服务中心各分厅的管理

和监督；制定全市优化发展环境方面的政策措施，并组织实施、督导检查；负责对全市优化环境及驻行政服务中心窗口工作的考核，对各县（市、区）和市直各部门及工作人员提出考评意见；受理有关行政服务中心和优化环境方面的群众投诉，负责调查、核实危害发展环境案件，并提出处理意见；组织和监督《保定市委、市政府关于进一步优化骨干工业企业、高成长型工业企业和重点工业企业发展环境的若干规定》的实施；负责行政服务中心的后勤服务、安全保卫及网络维护等工作；完成市委、市政府交办的其他任务。内设九个职能处室：办公室、综合业务处、督查一处、督查二处、效能监察处、行政处、网络技术服务处、党政领导接待企业领导小组办公室协调对接处、党政领导接待企业领导小组办公室综合督导处。另外，根据工作需要设置了机关党委、房地产联合审批办公室、固定资产投资联合审批办公室、公共资源交易市场筹建办公室。

主　　任　商少璞
常务副主任　庞海林
副 主 任　孟庆良
　　　　　宋红敏（女）
　　　　　王树兴

【概况】 2012年，市行政服务中心管委会（优化办）强力推进党政领导接待企业工作、权力运行监控机制建设和公共资源交易中心建设，完成年初既定的工作目标和上级交办的各项工作任务。在全国政务公开和政务服务工作交流会、全省公共资源交易市场建设工作推进会、全省推进权力运行监控机制建设座谈会上分别作了典型发言；被中纪委确定为全国廉政风险防控工作联系点，连续第三年受到省委、省政府通报表彰（2012年被授予“全省创先争优先进基层党组织”称号），连续第5年被市委、市政府授予“实绩突出单位”和“文明单位”。新华社、《河北日报》、《河北经济日报》、《保定日报》等新闻媒体多次对中心的工作经验进行宣传报道。2012年，中心共受理审批和服务事项1324456件，其中分厅1126927件。办结1324151件，办结率99.98%。办理固定资产投资项目立项143项。组织联合审批事项267项（联合踏勘108项，联合审图45项，联合验收38项，联办协办121项）。完成税、费收入32.09亿元〔其中税金收入5.12亿元，土地出让金、行政事业性收费、基金及其它收费共26.97亿元（高新区土地出让金6.12亿元）〕。组织政府采购139次，中标额10993万元。组织建设工程招投标84项，中标金额40.22亿元。国有建设用地招拍挂40宗（其中高新区18宗），成交价25.36亿元（其中高新区6.12亿元）。采矿权出让14次，成交价1081万元。

【中心建设水平显著提高】 深入开展创先争优活动，推进中心建设上档升级，中心管委会坚持以“四项机制”建设为重点，亮承诺，明职责，以“便民利企”为目标，强举措，提服务，大力强化党员干部的责任意识，不断推升党员干部的能力素质，着力发挥中心基层党组织的战斗堡垒作用，中央创先争优活动领导小组办公室、国家预防腐败局、省人大等多次到中心调研考察，都给予了充分肯定。科学研判形势，明确责任目标。中心管委会在深入分析全年形势任务的基础上，结合单位实际，明确了“扩大优势，打造亮点，夯实基础”的目标要求，确立了以创先争优活动为统领，以“政务服务标准化建设、权力运行监控机制建设、公共资源交易中心建设、优化发展环境”等为重点的“一个统领、八项工作”年度总体思路。承诺服务标准，接受社会监督。围绕转变作风、简化环节、提升效能、强化服务，制定优化环境、支持发展的创新性措施，明确相关硬性规定、审批服务标准和投诉举报电话，通过《保定日报》、保定电视台阳光直播室栏目、政府信息平台、中心网站等途径向社会进行公开承诺，接受社会监督，努力实现审批服务“事项更少、程序更简、效率更高、服务更优”。分解任务目标，确保责任到人。对着力改善两个环境、十届三次全会、《政府工作报告》、行政审批制度改革、十八大安保等涉及中心责任的事项，进行分解细化、责任到人，确保工作落实到位，并定期汇总工作进展情况，及时做好工作调度和讲评。建立轮岗制度，加强多岗锻炼。中心管委会（优化办）承担着“全市中心建设、优化发展环境、纪检监察”等重要职责。针对单位军转干部比重大、干部工作经历单一的实际，中心管委会（优化办）建立了干部轮岗制度，对机关中层及以下干部实施定期轮岗，2012年中心共对12名机关干部进行了岗位调换，轮换率将近三分之一。开展多种培训，增强服务水平。依托“处长论坛”交流学习平台，大力开展政德教育和党的宗旨教育，定期开展理论学习和相关业务培训。中心已开展80余期“处长论坛”。依托多种形式，提升任职能力。与10余所高校合作建立社会实践基地，加强对政务服务建设新理论的探索与实践。利用“服务标准化建设、省市人大领导视察、上级调研活动、党政领导接待企业工作、公共资源交易中心建设”等大项任务摔打锤炼年轻干部；组织开展“政务服务阳光行”进社区、进园区、进农村活动，深入一线为群众和企业解答难题，解决困难；组织参观警示教育基地和廉政文化长廊，增强自律意识；选派优秀干部参与驻村帮建、十八大安保等任务。深入推进政务服务体系建设。建立健全上下联动、层次清晰、覆盖城乡的市、县、乡、村四级政务服务体系，全市27个县（市、区）、300个乡（镇）、3793个行政村已建立了行政服务中心、便民服务站（点）。加强市、县行政服务中心标准化建设，加快县级行政服务中心质量管理体系认证工作。构建电子政务平台，大力推进“七大系统”建设。条码防伪系统已建成，其余系统正在积极研发。完善市、县、乡三级联网运行，加快推进市直部门、县直部门联网，实现市、县、乡三级监控网络全境式覆盖，已联通25个县级服务中心，115个乡镇便民服务站。全面提升政务服务水平。为民服务创先争优活动开展以来，中心管委会（市优化办）紧紧围绕“推动科学发展、促进社会和谐、服务人民群众、加强组织建设”的总体要求，坚决贯彻落实中央和省委的活动部署，认真落实“八有标准”，深入推进“三亮三比三评”活动，不断丰富活动载体，创新推进举措。2012年中心机关党委被省委授予“全省创先争优先进基层党组织”称号，全市共有5个行政服务中心或窗口被省委创先争优活动领导小组授予“全省为民服务创先争优群众满意窗口”，有12个驻厅窗口被市直工委命名为“共产党员先锋岗”。另外，按照“试点先行、全面覆盖”的思路，将安新、徐水、清苑、满城4个县级行政服务中心的服务事项统一纳入到“12349”便民服务范围，逐步拓展“12349”便民平台功能，不断探索开展政务服务的新途径。全力筹建公共资源交易中心。坚持以中央、省关于公共资源交易建设推进会会议精神为抓手，紧紧围绕全年工作任务目标，狠抓制度建设、强化技能培训、普及政策规定，有力地推进了公共资源交易体制机制改革创新。2012年市本级共组织政府采购107次，组织建设工程招投标215项，国有建设用地招拍挂37宗，采矿权出让10次，成交金额74亿元。在完成全年工作任务目标的基础上，按照“一委一办一中心”的组建要求，狠抓制度建设，规范工作流程，整合现有资源，11月13日保定市本级公共资源交易中心已正式挂牌成立，年底前各县（市、区）公共资源交易中心已全部筹建到位。

【全市发展环境显著改善】 在全市范围内组织开展“转作风、强服务、促发展”优化环境活动，推动全市发展环境持续优化。开展业务办件联查。本着“流程更简、环节更少、时限更短、成本更低、服务更优、效率更高、群众更满意”的原则，中心管委会（市优化办）集中利用一个月时间，对全市31个市直部门、27个县（市、区）、开发区相关部门2011年办理的行政审批、行政执法案卷卷宗进行抽查，共抽查各类卷宗9634份，对违反《河北省行政许可案卷标准（试行）》，存在厅外审批、执法不规范、擅自增加前置条件、审批程序倒置、收发室等问题604件卷宗，依法追究当事人和相关责任人的责任。开展“收发室”问题专项整治活动。为切实解决“厅外审批、体外循环”等突出问题，进一步提高行政审批效率，优化政务服务环境，中心管委会（市优化办）以市两办名义出台了《行政服务中心驻厅部门“厅外审批、体外循环”问题专项整治活动实施方案》，分自查整改、监督检查和总结考评三个阶段，通过规范进厅事项、规范部门授权、创新服务方式、强化中心管理、严格责任追究等措施，集中解决行政服务中心运行中存在的“窗口受理、机关审批”、“人进事不进、事进权不进”、让群众和企业两头跑的“挂号室”、“前店后厂”等突出问题，进一步规范审批服务行为，全面提高审批效率和服务质量。广泛征求意见建议。通过规范满意度评价器使用、对办事群众进行电话回访、发放群众满意度调查表等措施，最大限度地征求办事群众的意见和建议。通过开展“座谈会”和“恳谈日”等活动，面对面地征求企业和群众对行政审批服务方面的意见和建议。经过对群众、企业意见建议的梳理、解答、转办等，有力地提升了行政服务效能。建立党政领导接待企业制度，搭建政企对接平台。中心管委会（优化办）成立了专门处室，采取广泛征集意见，制定相关制度，建立企业名录库等措施，党政领导接待企业工作于9月7日正式启动。全市共接待企业357个，企业反映的1032个问题已有393个得到解决。其中市党政领导接待企业反映问题45个，已经解决23个。健全项目领办代办制度，构建审批绿色通道。开展联合审批工作，2012年中心共受理房地产和固定资产投资类项目265项，组织协办联办147项，联合审查79项，联合审图46项，联合验收

31项，联合踏勘26项。对省、市重点项目，对市、县发展有重要支撑作用的项目，实行无偿代办、全程领办，共为企业项目无偿领办代办80余次。抓好相关制度落实，减轻企业负担。抓好自由裁量权基准制、进企业检查准入制、企业宁静日制度、重大处罚备案制、收费目录制等一系列优化环境制度的落实，通过专项检查、重点抽查、明查暗访等形式，对制度落实不力、违规执法等行为进行严肃查处和追责。2012年共审核批准执法部门38起入企检查事项，对8起非“宁静日”或重复检查事项进行了把关。在全市聘请282名优化环境监督员，及时了解和反映企业呼声，对监测企业进行不定期走访和电话回访，广泛征求企业对优化环境意见建议，结合执行力亮剑行动集中组织了4次有针对性地明察暗访活动，“企业五乱”现象得到了有效遏制。强化日常监督管理。在中心内部开展了两次思想作风纪律整顿活动，针对各窗口工作纪律、办公秩序、服务态度等方面存在的问题，共下发4期工作纪律检查情况通报，及时纠正违规问题52起，对33人次进行了口头批评或诫勉谈话，对14个窗口下发了限期整改通知书。畅通投诉举报渠道。加大投诉举报受理力度，向社会公布举报电话，实行24小时无间断受理，切实做到“有诉必接，有诉必查，有查必果”。2012年共接待投诉举报98起，督办和转办县（市、区）和市直部门68起，直接查处12起，对28起违反工作纪律和不作为、乱作为行为进行了责任追究，有36名党员干部收到了党政纪处理，处理结果群众满意度达到91%。加大明察暗访力度。开展“执行力亮剑行动”以来，市优化办采取配强暗访队伍，配足暗访设备，明确分工，确立重点，分片包干等方法措施，对全市各县（市、区）358个乡（镇）、1432个部门、30家企业组织开展了明察暗访活动，针对工作纪律、行政审批、公路“三乱”、企业“五乱”以及社会反映强烈的突出问题，重拳出击，综合治理，共查处794人，有效改善了我市发展环境。规范查效问责制度。制定出台《保定市对损害发展环境行为问责的暂行规定》，就存在的政策不宽松，部门服务意识差、办事效率低、企业“包袱重”、经营“失诚信”等影响发展环境的问题和行为作出明确界定，并就相关问责事项、问责方式、问责程序等作出进一步规定。制定出台《保定市对损害生态环境行为问责的暂行规定》，通过实施严格的责任追究，减少和防止各类损害生态环境行为问题的发生。

【政务服务水平显著提升】 为深入贯彻落实中办、国办《关于深化政务公开加强政务服务的意见》精神，营造“行为规范、运转协调、公正透明、廉洁高效”的政务服务环境，中心管委会（市优化办）始终坚持以政务服务标准化建设为牵引，明确目标，强化举措，全力提升保定市政务服务标准化水平。2012年为深入贯彻落实中办、国办《关于深化政务公开加强政务服务的意见》精神，营造“行为规范、运转协调、公正透明、廉洁高效”的政务服务环境，中心管委会（市优化办）始终坚持以政务服务标准化建设为牵引，明确目标，强化举措，全力提升保定市政务服务标准化水平。引入体系抓深化。在创建政务服务标准化体系并填补河北省空白的基础上，中心管委会（市优化办）以政务服务标准化体系为主体，将质量管理体系（ISO9001）引入到政务公开、政务服务和权力运行监控工作中。经过近半年时间的摸索实践，2012年4月19日，中心建立的质量管理体系在国内率先通过了国家权威认证机构的评审认证，并获得了相关证书（注册号：04512Q20149ROM）。限时达标抓推广。为大力推广服务标准化的经验成果，提高保定市行政服务中心建设水平，中心管委会（市优化办）按照“分级定限、逐级达标”原则，推进全市22个县级行政服务中心标准化建设，16个四星级以上行政服务中心已全部完成达标任务，并顺利通过了质量管理体系认证。2012年9月省纪委办公厅印发《关于改善发展环境和生态环境工作进展情况的通报》（冀纪办发［2012］10号），明确在保定市行政服务中心召开全省政务服务中心标准化建设工作推进会，全面介绍、推广保定市的经验做法。2012年7月17日，《河北日报》头版以《在省内率先推行行政服务标准体系建设－－保定行政服务效率整体提速》为题刊登了保定市标准化建设的经验做法。试点申报抓提升。经过积极争取，2012年8月中心管委会（市优化办）作为河北省首家行政机关单位上报申请国家级服务业标准化试点。对此，新华社进行了报道，中央领导人做出了批示：“要在全国政务服务领域推介保定市行政服务中心标准化建设的经验作法。”为深入推进政务服务标准化建设，2012年，中心管委会（市优化办）在全市各级行政服务中心及分厅中组织开展了审批服务专项整治活动。通过全面检查、卷宗审查、跟踪督查、严肃查处等整治措施，进一步规范进厅事项，压缩审批事项，优化审批程序，提高服务效率，推动“两集中、两到位”和“五个一”制度的全面落实，做到审批事项更少、流程更简、时限更短、成本更低、服务更优、效率更高，让群众和投资者更满意。此次整治活动中，市本级共下放、调整22个审批事项，对385项进厅审批服务事项的服务指南和流程进行再审核、再清理，共压减216个审批环节，行政审批时限比法定时限整体提速50.24%，其中提速60%的部门占驻厅部门的30%。服务质量目标化。以《行政许可法》等有关法规条文为依据，在现有基础上，在构建质量管理体系的过程中，中心管委会（市优化办）按照“总分结合、各负其责”的原则，对各处（室）及各驻厅窗口的服务质量实施目标化管理，形成了中心有1个总目标，处（室）和窗口有54个分目标的目标管理体系，确保了人人都有责任，岗岗都有任务。服务方式规范化。制定实施文明礼仪规范、举办文明礼仪培训等措施，规范每一名工作人员的服务仪表、言行和态度，确保了政务服务形式规范化。通过发放便民服务承诺卡、设立便民服务区、升级维护电子触摸屏，确保了政务服务举措规范化。服务过程程序化。遵照“便民利企”和“流程最优化”的原则，依据法律相关程序规定，对服务过程进行了程序化设计。每一项办事事项，从“首问”接待咨询，到“一次性告知”；从受理办件，到“承诺时限办结”；从办结发证，到办事群众服务评价；从办件结果公示，到接受社会监督；从服务评价，到绩效考核等形成了一个完整的闭环，使整个服务过程实现程序化，预防和杜绝服务过程的人为的随意性。

【权力运行监控机制建设扎实推进】　按照中央、省《2012年预防腐败工作要点》要求和省预防腐败工作会议精神，在总结保定市监控机制建设工作的基础上，起草了《保定市2012年推进行政权力运行监控机制建设的工作要点》，明确10个重点部门、以及涉及“三公”领域、项目建设部门重点推进。坚持“工作推进上建账、工作督导上查账、工作考核上要账”，通过督导检查、调度汇报、评价考核、组织召开重点单位调度会等方式，开展了“检查月”和“标准化规范化达标”活动，确保了廉政风险防控各项工作落实到位。组织各政府部门进行“回头看”，全市共有51个部门重新调整编制了《廉政风险等级目录》，着力打造权力运行完整监控链条，确保廉政风险评估的规范化。坚持以市行政服务中心电子审批系统为依托，建立“三网并轨”权力运行监控系统平台，实现权力运行全程电子监控。全市23个县（市、区）、2个开发区、115个乡（镇）实行了与市权力运行监控平台的互联互通。积极推进县（市、区）党委、人大、政府和政协机关廉政风险防控工作，国有企业、大专院校权力运行监控机制建设，形成了各具行业特色的监督监控体系。

（王金坡）

无线电管理工作

【河北省保定无线电管理局】　河北省保定无线电管理局隶属河北省无线电管理局，负责全市无线电管理工作。正县级单位。内设综合科、业务科、监督检查科、监测站。实有人员16人。

局　长　赵　强

副局长　吴庆华　焦红利（女）

【概况】　2012年，紧紧围绕“加强管理、保护资源、保障安全、健康发展”的方针，认真贯彻《中华人民共和国无线电管理条例》和《河北省无线电管理规定》，按照依法行政、规范程序、把握重点、搞好服务的工作思路，不断加大无线电管理工作力度，着力推进台站核查、量化考核工作、机关标准化、执行力亮剑活动，狠抓工作作风，全面完善制度建设，团结协作、各尽职守、不怕困难、扎实工作，完成全年各项工作任务。

【基本情况】　全年共按审批权限受理行政许可申请6件，按时办结6件（其中超短波台网3件、调频广播电台3件）。指配150MHz超短波对讲机频率1对（2个）。审批新设超短波固定台2座、移动台61部，调频广播电台2座；变更调频广播电台台址3座；增设超短波移动台400部，日常监管台（站）177座，撤销台（站）177座（部）。

【认真开展台站核查工作】　根据国家和省局文件精神，制定《河北省保定无线电管理局2012年无线电台站核查工作实施方案》，并于4月启动了保定市台站核查工作。此次核查共涉及各类台站22496座（部），校对数据库必填项591833项，准确性校验66731项。数据库完整性、准确性已达双100%目标。开展各类宣传60余次，召开举办各类会议、座谈和培训20余次。新纳入管理固定台83座、移动台3569部，录入直放站554座。现场检查人机见面、监测比对、执法检查共计行程2万余公里。为更好地开展台站核查工作，管理局依托当地政府，将各县区办公室主任纳入台站核查领导小组，将公安、消防、人防、交通等部门的无线电台站纳入无线电管理，有力保障了台站核查工作的正常开展。规范直放站管理，将移动、联通、电信等3家运营商的直放站资料全部录入台站数据库。通过全体工作人员的努力，完成了核查阶段的工作任务，并取得全省第一。

【积极受理干扰投诉】　按照无线电干扰受理时限要求，及时受理和查处各类无线电干扰投诉，先后完成行政执法案件13起，罚没设备14台（套），干扰排查8起，全部在24小时内出动，均严格按照量化指标要求及时处理。

【积极开展无线电管理宣传工作】

扩展宣传形式，拓宽宣传渠道，为无线电管理工作营造良好的社会舆论氛围，实现“以管理促宣传，以宣传促管理”的目标。通过扎实推进无线电管理工作的落实带动宣传工作的落实，丰富宣传内容，提高宣传效率，增强宣传工作的社会关注度。3月，为推进干部队伍政德建设，提升公民思想道德素质和文明程度，市委下发文件要求全市开展“善行古城、文明保定”学雷锋主题实践活动，管理局领导前往顺平县民政事业服务中心，看望孤寡老人、荣誉军人和孤儿。当地多家媒体积极关注、主动跟踪报道管理局活动进展情况，及时公布活动的动态和信息，使活动得到了社会公众的广泛关注。先后联合《保定晚报》、保定师范附属学校开展“读者开放日”和中小学生无线电课外实践活动，进一步增强了社会公众对无线电频谱资源的保护意识，提升了无线电管理工作在社会上的认知度和影响力。此举也得了省局主要领导的肯定，认为对中小学生进行科普知识普及，是无线电管理宣传工作的创新。2012年被中共保定市委办公厅评为“上报信息工作达标单位”。

【做好重大活动等无线电安全保障工作】　2012年，保障十八大无线电安保工作是首要政治任务，为认真贯彻落实省无线电管理局、保定市委、市政府关于做好“十八大”期间维护稳定工作的指示精神，管理局对无线电应急工作预案进行检验和完善的同时，坚持实施24小时值班和安全检查。查处可疑信号，确保社会稳定。为提高处置无线电应急工作能力，确保无线电安全稳定工作万无一失。管理局开展了一次“防插播“无线电应急演练。

2012年共完成24个考试的无线电反作弊保障工作。其中在保障国家司法考试过程中，技术人员准确定位了作弊者所在房间，执法人员查获了作弊设备和包括身份证，银行卡等能够反映作案人员个人信息的多个物品，已移交公安机关处理。此项工作也受到了司法局领导和工作人员的赞扬。通过防范和打击在各类重大考试中利用无线电设备进行作弊的行为，有力地维护了考试公平和公正。

【为无线电管理提供技术支撑】

2012年，管理局继续提高对无线电监测工作质量的重视程度，进一步强化无线电监测数据的应用。按信道累计监测45634小时，完成省站每月下达的各频段监测任务。召开监测月报分析会11次，及时掌握了辖区无线电磁环境的变化，为开展业务、执法工作提供科学的依据。在2012年的台站核查工作中，监测站共生成图表96个，累计分析信号562个。人工比对数据100余条，解调监听频率90个，有力保障了数据结果的准确性。为台站核查工作提供了强有力的技术支撑保障。

（张天骄）

驻外办事处工作

【保定市人民政府驻北京联络处】

为正县级单位，下设办公室、信息处、经济协作处、稳定协调处。主要职能是按照“振兴保定，服务首都”的总体工作思路，进行政务联络、稳定协调、招商引资、信息编发、接待服务等。

主　任　贾亮君
副主任　张保国　张立洲

【概况】　2012年，积极主动地开展工作，完成市委、市政府下达的年度考核目标和市领导交办的各项工作任务。

【对接北京和招商引资工作】

1、努力拓人脉。一是深化保定市政府驻京联络处在保定人民广播电视台开办的《保定人在北京》大型系列新闻访谈节目，2012年以来，重点联系采访了10余位有实力的保定籍企业家。通过节目发展并吸引一批企业家到保定投资兴业，进一步推进保定市招商引资活动。二是深化了在《保定日报》开办的系列报道《乡情纽带》栏目。自刊登以来已报道数十名在京保定籍企业家，讲述了他们通过多年自强不息、顽强打拼，立足首都的同时演绎着保定人的精彩。三是保定驻京联络处与《燕赵都市报》合办了《五湖四海保定人》栏目。进一步拓展了宣传空间，驻京联络处通过这些平台，积极联系身在全国各地的保定人，得到身在异乡的保定人士的热烈响应。栏目刊登后不仅在京反响热烈，许多在祖国各地的保定籍工商界人士纷纷与驻京联络处取得联系，表达了关心家乡、建设家乡、为故土招商引资、牵线搭桥的热切愿望。2、合力搭平台。发挥联络处和商会的桥梁纽带作用，为保定企业家在京发展、为京保全面合作，提供更优质的服务。保定商会已发展会员200多人，涵盖保定20余个市县。联络处充分发挥窗口作用，积极推介保定。连续两年自筹资金，联合北京保定商会在京举办保定籍老乡“迎新春同乡联谊会”，扩大保定市的影响和知名度，得到在京领导和各界人士的积极响应。在北京的领导和老乡经常到联络处，视联络处为老家，积极互动，表达了强烈的乡情乡谊和为家乡做贡献的良好愿望。3、着力抓项目。2012年的招商工作取得明显成效，特别是招商引资及项目推介工作，效果比较突出。全年由驻京联络处牵头联系的项目达10余项，主要有：一是参与联系了北大青鸟集团野三坡培训中心项目，工程进展顺利；二是参与北京市旅游局、河北省旅游局到涿州、涞水的环京津旅游对接调查工作；三是高碑店北京丰台农场项目和法国葡萄酒基地建设项目等。四是通过商会金融机构会员单位北京大连银行分别为保定市企业新凯汽车集团融资2亿元、巨力集团融资3亿元

【稳定协调工作】 2012年，始终把稳定协调工作作为重要工作之一，特别是十八大期间，联络处按照市委、市政府的总体要求和统一部署，积极做好“十八大”安保工作。一是成立驻京联络处十八大维稳安保工作领导小组。组长贾亮君，副组长张保国、张立洲。小组成员由科级以上干部组成，并明确了副组长及各科室的责任分工。二是强化值班制度。严格执行24小时值班制度，要求值班人员完全做到时刻在岗位，分秒不漏岗。严格规范值班日志的记录，完善交接班制度。要求在十八大结束前所有人员不允许请假，必须保证全员上岗。三是明确细化责任目标，做到责任到人。重新调节部门人员结构，应对特殊时期的工作要求。为此驻京联络处成立3个小组。即维稳协调组、信息情报组、督导服务组。对于保定市进京上访人员的接待突出一个“快”字，努力做到快到位、快疏导、快遣返。四是积极配合信访工作，为信访工作人员提供满意服务。驻京联络处为安排好来京工作的各市县信访工作人员的食宿，克服资金经费紧张的困难，想尽办法改善信访工作人员的食宿条件，营造家的氛围，解决他们的后顾之忧。对于在驻京联络处居住的信访工作人员，提供交通工具或是人员帮助以及协调与北京当地有关部门的关系，全力以赴努力工作。五是强化应急处置措施。做好事态控制。制定现场应急方案，并进行上报和组织实施，及时向领导小组汇报现场工作进展情况，做好教育引导。了解上访人员提出的主要问题，并进行对话，做好解释疏导工作。做好协调联络。通知上访人员所在地责任人赴京现场劝导，动员家人参与做好思想工作，做好记录。对突发事件的发生和解决，都要有详细记录，用以备案可查。做好排查，排查化解本单位的不稳定因素，做到彻底排查，彻底整治，确保单位大楼的安全运营。由于工作突出，被保定市委、市政府授予十八大安保维稳工作先进集体，另有3人分别给予立功嘉奖。同时，也受到了所属地北京丰台区安委会的赞扬和肯定。联络处全年协助有关县市区处理了集体访、非正常访15起，累计120余人次。

【收集上报信息工作】 充分利用在北京的驻地优势和与国家各部委、北京市、各大媒体、科研院所的密切关系，与河北省政府驻北京办事处在涞源县联合举办面向国家有关部委的2012年政务信息工作交流会，进一步加强了与国家有关部委的沟通和联系，加深与国家有关部委从事信息工作人员的感情。报送信息上，把关系到保定市经济社会发展、对接重点、热点问题作为我们信息搜辑报送的着力点。报送信息做到有情况、有分析、有建议。共编发各类信息110余条，采用率20%以上，为市委、市政府领导决策提供了有效参考。

【接待服务工作】 认真完成市委、市政府及主要领导交办的各项政务联络任务。全年接待或参与省、市领导及市委、市政府有关部门160余人次在京的公务活动；为到北京开展公务、考察、就医等事宜的机关工作人员和离退休老干部提供良好的食宿服务保障，累计达30批150余人次；为老领导、老干部及其家属到北京就医联系医疗专家30多人次。

（许平　刘光）

【保定市人民政府驻天津办事处】 是保定市人民政府派驻天津的机构，主要职责是协调做好在天津的招商引资工作；负责保定市在天津举办的重大经济活动、政

务活动的组织、联络、协调；收集上报天津信息；负责市领导和有关部门在天津公务活动的接待安排工作；同时完成驻地政府的指派工作。编制15人。

党组书记
主　　任　李保旗

【概况】　2012年，结合河北省着力改善生态环境和着力改善发展环境的要求，围绕建设“京畿强市、善美保定”这一总体定位开展工作，多方位促进津保对接，被天津市政府合作交流办公室评为“双向服务先进单位”。

【深入挖掘招商人脉资源】　成功举办“天津·保定同乡联谊会”，共联络在津的保定籍老领导、政府各部门领导、企业家共计80余人参加，进一步完善了友好人士名册，通过联谊会加深了同乡感情，强化了以人联姻的招商引资渠道。6月28日在天津成立保津商会，共组织70多家保定籍企业加入商会，商会成员分布在建筑、物流、商贸等多个行业。保津商会的成立为保定籍企业在天津的发展壮大创造了有利条件。

【为保定企业在津发展创造良好环境】　积极为保定企业艾尼斯化妆品有限公司与天津津工超市有限公司就合作事宜进行联络商谈，并陪同参观考察了超市总部。联络天津工商银行与长城汽车天津分公司就在长城厂区设立便民服务网点事项进行合作洽谈，为保定企业在津更好发展做好服务。联络燕赵都市报“五湖四海保定人”栏目组到天津采访保定籍的领导和企业家，积极宣传保定人、保定企业在天津的生活和发展状况。组织部分天津企业到保定巨力索具股份有限公司参观考察，进一步宣传保定知名企业，促成了巨力与天津银锚铝业就采购低成本、高质量的原材料达成合作意向。协助巨力集团在天津两次成功举办“刘伶醉酒推介展销会”，共联络天津各界人士共计400余人，提高了保定刘伶醉酒在天津的知名度，取得了较好的宣传效果和销售成果。

【多方位促进津保对接】　继促成天津最大的社区便利连锁超市津工超市有限公司签署农产品供应合作意向书后，又联络超市到保定市容城、徐水考察蔬菜基地建设情况，供需双方进行深入洽谈并将进一步开展合作，为保定建成天津农副产品供应基地开展对接。为了更好的打造天津的产业功能延伸区，多次就天津红桥区和保定雄县共建科技园区项目进展事宜与津保双方联络沟通，并拜访天津红桥区管委会，向雄县提出加强与天津红桥区交流和派人挂职锻炼的可行性建议，力促项目进展。积极联络天津康斯明节能环保科技有限公司与清苑县垃圾发电项目开展合作，使清苑对生活垃圾焚烧炉渣资源的综合利用有了更进一步的了解，为双方合作奠定了良好的基础，为保定市发展低碳经济和建设良好的生态环境发挥作用。

【接待服务工作】　4月，市委书记许宁随河北省党政代表团到天津考察，驻津办精心联络，认真准备，做好市领导的接待工作。5月，积极做好保定市参加“天津第19届投资贸易洽谈会”的接待工作。

【组织天津企业到保定投资、招工】　组织保津商会为易县紫荆关小学捐赠5万元用于改善贫困学生的学习和生活条件，并与村委会签订《扶贫助困合作意向书》，计划投资50万元建设50个蔬菜大棚，形成蔬菜特色产业，扶持该村长远发展。积极联络天津龙驰网信网络技术有限公司到保定市招工，为保定市劳务输出牵线搭桥。

【信息工作保持优胜】　积极拓宽信息渠道，加入驻津机构信息网络交流平台，提高报送质量；结合保定开放提升工程，将天津市对外开放工作的成功经验上报，对保定市对外开放工作提供借鉴。全年上报信息81期，信息采发25期，调研采发1期，被市委、市政府办公厅评为信息工作“优胜单位”。

（康　军）

政协保定市委员会

【综述】 政协保定市委员会是中国人民政治协商会议的地方委员会之一，在中共保定市委的领导和河北省政协的指导下开展工作。主要职能是政治协商、民主监督、参政议政。政协保定市委员会设置 32 个委员界别，2012 年委员总数 723 名。2012 年，市政协机关被评为全市工作实绩突出单位、十八大安保维稳工作先进集体、河北省机关档案工作目标管理 AAA 单位、河北省政协宣传工作先进单位、省政协《乡音》征订工作先进单位。

【市政协第十一届委员会常务委员会组成人员】

主　　席　崔启慧

副 主 席　陈占国　孙建恒

张国立　赵桂良

梁文平

姚秀珍（女）

刘建立　郭　普

李小亭（女）

许　皞

秘 书 长　槐建国

常务委员（共 120 名）

万进儒　马会杰

马　河　王士芳

王玉祥

王红艳（女）

王丽华（女）

王连群　王炳刚

王胜利　王　谦

王新利　王福友

王慧燕（女）

冯文堂　冯鹤菁

左　群（女）

田双喜

白红敏（女）

龙苏梅（女）

刘立新　刘伟音

刘利忠　刘国旗

吕玉锦　孙建设

孙树贵　孙新怀

师蕴珩

许红琳（女）

邢彦学

闫克军（回族）

吴剑松

张云彩（女）

张文龙　张志民

张志茹（女）

张怀明　张英俊

张荣芳（女）

张敬东　张瑞春

张冀明　李大忠

李旭辉　李连才

李明凯　李荣月

李　晔

李桂琼（女）

李雁鸣　李献强

杜亦大　杜建强

杨坤龙　杨学举

杨益寿　狄国良

陈玉忠　周文琪

周连生

范艳艳（女）

郑明慧（女）

宫娜景（女）

赵立柱　赵志国

赵清华　郝春海

贾春顺

崔和平（女）

姜　山

曾　刚（女）

焦冠军　程宝山

葛长青　董桂武

程真广　臧瑞平

颜世民　冀学明

霍占利　王　议

王　征　王勇山

宁洪茂　田海林

乔玉忠

刘　力（女）

刘立青（女）

刘　鹏　邢　斌

齐立信

吴金霞（女）

吴洪琴（女）

吴　琼（女）

张占忠

张学敏（女）

李　义　李成果
杨冬梅（女）
杨伟坤（女）
杨军华（女）
杨增德　邹洪利
周　刚　武文革
赵　静（女）
倪贺营
郭　芳（女）
郭运通　高　玉
崔玉林（女）
程和平
马永平（女，回族）
付保世
邢　昊
阴虹桥（女）
李华平（女）
陈　隽　周乐新

【市政协机构及成员】
常务副秘书长　贾凤聚
副 秘 书 长　邢发欣
刘　丽（女）
刘　畅（女，9 月任）
研究室
主　任　张云彩（女，9 月免）
王宏伟（9 月任）
副主任　王宏伟（9 月免）
王　波
经济科技委员会
主　任　李华平（女）
副主任　闫会斌
文教体卫委员会
主　任　崔和平（女）
副主任（空缺）
社会法制委员会
主　任　马会杰
副主任　（空缺）
学习宣传委员会
主　任　范艳艳（女）
副主任　朱东利
提案委员会
主　任　李荣月
副主任　丁国胜
台港澳侨委员会
主　任　曾　刚（女，9 月免）
王庚申（9 月任）
副主任　王庚申（9 月免）
文史资料委员会
主　任　崔玉林（女，9 月免）
张艳彬（9 月任）
副主任　（空缺）
人口资源环境委员会
主　任　张　旭
副主任　张艳彬（9 月免）
机关党委
书　记　槐建国（兼）
副书记　戴士桥

【市政协十一届五次会议】　政协保定市第十一届委员会第五次会议于 2012 年 2 月 8 日至 2 月 10 日在保定百世开利会展中心举行。会议应到委员 723 名，实到 696 名。市委、市人大、市政府、军分区领导和政协历届老领导应邀出席了大会开幕式、闭幕式。

市政协党组副书记、常务副主席陈占国代表市政协第十一届委员会常务委员会向大会作工作报告。报告回顾了过去一年的工作，一年来，在中共保定市委的正确领导下，市政协高举爱国主义、社会主义旗帜，牢牢把握团结和民主两大主题，团结带动全市各级政协组织和广大政协委员，紧紧围绕全市中心任务和工作大局，充分发挥协调关系、汇聚力量、建言献策、服务大局的重要作用，为推进保定市科学发展、促进社会和谐作出了积极贡献。

面对新的形势和任务，报告提出 2012 年市政协工作的指导思想和总体要求是：高举中国特色社会主义伟大旗帜，以邓小平理论和“三个代表”重要思想为指导，深入贯彻落实科学发展观，在中共保定市委领导下，团结动员政协各参加单位和广大政协委员，认真履行政协职能，积极建言献策，主动当好市委、市政府的参谋和助手，为构建更高水平小康社会努力奋斗，以优异成绩迎接党的十八大胜利召开。

报告要求，全市各级政协组织和广大政协委员要抓好政治理论学习研究，切实把握政协履职方向；自觉服务全市发展大局，积极履行政协各项职能；广泛凝心聚力，促进社会和谐稳定；加强实践探索，不断提高政协工作科学化水平。牢牢把握时代脉搏，始终保持蓬勃朝气，锐意进取，不断创新，进一步提高政协委员的个人素质和形象，进一步凝聚各方面智慧和力量，进一步当好经济发展的加油机、社会发展的减震器与社会和谐的润滑剂，共同谱写政协事业发展新篇章，以优异成绩迎接中共十八大的胜利召开。

受政协保定市第十一届委员会常务委员会的委托，刘建立向大会作政协保定市第十一届委员会常务委员会关于十一届四次会议以来提案工作情况的报告。

与会委员列席了市十三届人大五次会议，会议审议通过了政协保定市第十一届委员会第五次会议关于常务委员会工作报告的决议；审议通过了政协保定市第十一届委员会第五次会议关于十一届四次会议以来提案工作情况报告的决议；审议通过了政协保定市第十一届委员会提案委员会关于第五次会议提案审查情况的报告；审议通过了政协保定市第十一届委员会第五次会议政治决议。会议期间，来自全市各族各界的 600 多名政协委员，以高度的政治责任感和历史使命感，围绕保定市经济建设、政治建设、文化建设、社会建设和政协工作中的重要问题，认真履行委员职责，积极建言献策，充分展现了政协委员情系发展、关注民生、不辱使命的崭新风貌。会议始终充满了隆重、热烈、民主、和谐的浓厚氛围，开成了一次承前启后、继往开来的大会，凝聚人心、汇集力量的大会，发扬民主、增进团结的大会。

【市政协 2012 年常委会议】 2012 年，市政协共召开 3 次常委会议。

市政协第十一届十六次常委会议于 2 月 10 日在市政协十一届五次会议期间召开。会议听取了大会秘书处对委员小组讨论情况的综合汇报；审议通过了政协保定市第十一届委员会第五次会议关于常务委员会工作报告的决议（草案）；审议通过了政协保定市第十一届委员会第五次会议关于十一届四次会议以来提案工作情况报告的决议（草案）；审议通过了政协保定市第十一届委员会提案委员会关于第五次会议提案审查情况的报告（草案）；审议通过了政协保定市第十一届委员会第五次会议政治决议（草案）。市政协十一届十七次常委会议于 3 月 13 日召开，会上，市政协副主席陈占国传达了市委、市政府《关于认真落实省委“三自”、“六不”要求，开展执行力亮剑行动的实施意见》精神；审议通过了市政协 2012 年工作要点。市政协十一届九次常委会议于 3 月 26 日召开，会议听取了市政协副主席许皞传达全国两会有关精神；审议通过了市政协 2010 年工作要点

市政协十一届十八次常委会议于 9 月 19 日召开，会上，听取了市政协副主席郭普就《关于进一步改善农村生产生活条件的建议案》的起草说明；听取了市政协副主席陈占国就有关人事事项说明；审议通过了《关于进一步改善农村生产生活条件的建议案》；审议通过了有关人事事项。

【围绕全市经济发展建言献策】 加快发展是解决前进道路上所有问题的关键。市政协始终把助推科学发展作为履行职能的第一要务，积极建言献策。市政协始终将经济社会可持续发展作为第一要务，围绕经济发展建言。2012 年紧紧围绕“京畿强市、善美保定”总目标，组织省市政协委员，先后就生态农业建设项目发展情况、优化中小企业发展的法制环境等课题开展调研视察，就促进中小企业做大做强和升级转型，更加充分的发挥中小企业在“保增长、促调整、扩内需”方面的作用提出意见和建议，并提交了专题报告，受到了市委、市政府主要领导的充分肯定和高度评价。

城乡一体化发展，建设生态宜居、环境友好型城市是市政协长期关注的焦点问题。市政协全力助推社会事业全面进步，组织委员就保定市海关监管和服务、城市环境综合治理开展调研，民事案件的执行紧紧围绕社会事业发展建言献策，报送了《关于我市中级人民法院民事执行工作情况的调研报告》等调研报告。为了进一步改善保定农村生产生活条件，市政协成立了以市政协主席崔启慧为组长的专题调研组，深入基层，通过走访、座谈、参观等形式，对农村生产生活情况进行调研，充分吸收先进地区的成功经验，反复论证，经市政协十一届十八次常委会审议通过，形成了《关于进一步改善农村生产生活条件的建议案》，得到市委、市政府主要领导的充分肯定，并要求市政府有关部门认真组织采纳、实施。

市政协充分发挥人才荟萃、智力密集的优势，大力推动文化大市建设。深入发掘文化资源，积极组织省市政协委员，对保定市体育后备人才基地、旅游文化产业进行视察，报送视察报告；谋划成立了市政协莲池书画院；积极筹备参加市直机关“迎十八大、歌颂祖国”书画摄影展活动，喜迎党的十八大胜利召开；文艺界委员积极参与 7.21 抗洪摄影展等创作演出活动，在繁荣保定文化实践中发挥了积极作用；编辑发行了《河北文史资料全书·保定卷》，该书共收录文章近 400 篇，共计 280 多万字，图片近 600 幅，编纂了《河北省会在保定》文史资料专辑，共收录文章 110 多篇，约 80 多万字，图片 400 余幅。

【努力维护和谐稳定】 2012 年，市政协充分发挥人民政协作为协商民主重要渠道作用，围绕团结和民主两大主题，坚持把维护和谐稳定作为义不容辞的责任，为促进“善美保定”建设做了大量工作。市政协坚持把推动解决民生问题作为咨政建言、献计献策的切入点和落脚点。组织省市政协委员就保定市食品卫生安全情况、新型农村合作医疗、保障性住房建设等重大民生问题，形成了《关于我市新型农村合作医疗运行情况的调研报告》，得到了市委、市政府领导高度重视，为市委、市政府科学决策提供了依据和参考。多次组织开展科技、卫生、法律“三下乡”等咨询服务活动，直接惠民 1 万多人次，受到了农民群众的欢迎。进一步深化扶贫帮困联系制度，走访慰问困难群众，积极参与各类慈善捐助活动。

提案是委员反映民意的重要形式，2012 年共收到提案 339 件，立案 334 件，市政协继承以往行之有效的工作方法，将跟踪

督促检查及服务贯穿于办理、落实提案的全过程，进一步提高提案办理质量。不断畅通社情民意反映渠道，发挥政协在维护群众利益和群众关心的热点问题方面的积极作用。全年共反映社情民意10件，其中《关于科学处置高校教学和科研中危险化学品的建议》的社情民意，得到主管教育工作的副省长批示，为政府决策提供了重要建议。同时，市政协组织各界别委员积极参与行风评议、交通执法座谈、审判案件、价格听证等各类活动二十余次，反映群众呼声，体现百姓意愿，维护了社会公平正义。

【促进各党派团体和各族各界人士的合作共事】 市政协始终注重发挥人民政协作为最广泛的爱国统一战线组织的作用，积极促进各党派团体和各族各界人士合作共事，广泛开展联谊活动和对外交往，尽力凝聚各方面的智慧和力量。主动加强与民主党派、工商联和各人民团体的联系，邀请各民主党派开展联合视察、联合调研活动，注重发挥政协各参加单位的作用，积极为其参政议政搭建平台。优先安排民主党派、工商联、人民团体作大会发言，对反映的社情民意和专项建议重点办理，对提出的提案进行重点督办。邀请民主党派、工商联、无党派人士参加各类座谈会，及时通报情况，聆听委员心声，倾听委员意见，为委员充分表达自己的主张提供舞台和机会，巩固了荣辱与共、肝胆相照的和谐关系。举办了国际形势专题报告会。邀请知名专家到保定就中国周边国际形势，特别是南海形势变化复杂等问题深入分析讲解，拓宽委员视野，增进了各界人士对党和国家的外交方针政策的理解。在重要节日之前，组织各界人士座谈会、茶话会，共谋发展大计，畅谈美好未来，凝聚了社会各界力量。2012年，市政协完成全国政协副主席和多个专门委员会来保考察接待任务，并通过全国政协积极反映保定市相关意见和建议。积极搭建宣传平台，拓展政协网站的影响力，办好《保定政协》会刊和《政协信息》，加强《保定日报》政协专版的宣传报道，全年累计网站发布图片近30幅，编发稿件100余篇；报刊发稿100余篇，约10万字，其中在《人民政协报》、《河北日报》、《乡音》、燕赵政协新闻网等国家和省级媒体发表文章20余篇，有效扩大了保定政协的影响。

【加强市政协自身建设】 加强自身建设是履行政协职能的重要基础和保障。市政协常委会积极适应新形势、新任务的要求，坚持解放思想、实事求是，在继承中发展，在探索中创新，把加强自身建设作为政协工作的重要基础，不断提升政协工作水平。十八大胜利召开以来，市政协按照省、市委要求，组织学习党的十八大精神和省委八届三次全会精神，召开主席会议、机关全体会议，全面部署学习，并号召和动员市政协机关全体人员、全市各级政协组织、市政协各参加单位和广大政协委员以党的十八大精神为指引，切实把智慧和力量凝聚到十八大提出的任务目标上来，把思想统一到中央、省市委的重大部署上来，围绕市委市政府工作中心，发挥优势，积极作为，为建设“京畿强市、善美保定”贡献力量。继续开展“两争两为”活动，不断增强委员责任意识，严格工作标准。通过健全委员活动小组管理制度，完善专委会对口联系服务制度，充分发挥委员履行职能的主体作用。广大委员立足本职岗位、服务发展大局、推动社会进步、热心公益事业，为全市经济社会发展作出突出贡献。按照省、市委统一部署，深入开展“三自六不”执行力亮剑活动、加强基层建设年活动，积极参与十八大安保工作，不断加强政协机关的思想、政治和组织建设。通过制定和完善内部管理制度，建立规范、高效的运行机制，积极倡导团结民主、求实创新、奋发有为、廉洁高效的工作作风，打造和谐包容的政协机关形象，机关干部服务全市经济社会建设的大局意识和服务委员的责任意识明显增强，精神状态与风貌明显提升。

（张　涛　张新培）

纪检·监察

【中共保定市纪律检查委员会、保定市监察局】 中共保定市纪律检查委员会、保定市监察局履行党的纪律检查和行政监察两项职能，在市委、市政府和中共河北省纪委、省监察厅的领导下开展工作。内设23个室（办），即：办公室、监察综合室、第一纪检监察室、第二纪检监察室、第三纪检监察室、第四纪检监察室、第五纪检监察室、案件监督管理室、干部监督管理室、政策法规研究室、案件审理室、党风廉政建设室、纠风室、宣传教育室、行政效能监察室、执法监察室、信访室、预防腐败室、老干部管理服务室、机关党委、培训管理室、信息管理室、巡视办（2012年8月4日编办批复设立中共保定市委巡视工作联络组办公室）。

书　记　常增月
副书记　王振民（兼监察局长）
　　　　钱君杰
　　　　商少璞（兼行政服务中心主任）
　　　　姚小兵
常　委　杨敬新（兼监察局副局长、市委巡视工作联络组办公室主任）
　　　　李木栓
　　　　李晓峰（兼监察局副局长）
　　　　张宏升（兼监察局副局长）
　　　　刘景桂
监察局纪检员　李永灵

【概况】 2012年，新一届市纪委常委会带领全市各级纪检监察机关深入贯彻落实科学发展观，紧紧围绕迎接、学习、贯彻党的十八大这条主线，按照坚持方针、构建体系、拓宽领域、建设队伍的总体思路，围绕中心、服务大局，突出重点、整体推进，党风廉政建设和反腐败工作取得新成效。

【监督检查工作】 始终把检查党的路线、方针、政策和加强对中央省市关于重大决策部署贯彻落实情况作为重要职责，确保政令畅通。着力加强党的纪律，特别是党的政治纪律、省委“约法八章”、换届纪律和市委关于严明政治纪律各项要求执行情况的监督检查，严肃查处有令不行、有禁不止行为。重点加大对加快转变经济发展方式监督检查力度，组织18个部门对节能减排和环境保护、耕地保护和节约集约用地、水利建设等政策措施落实情况进行监督检查，发现问题17个，提出整改措施7项。清理社会保险基金、社会救助基金、社会福利基金3类专项资金和退耕还林补助、科技专项资金（经费）、农机补贴、农村安全饮水、优抚、高速公路征地拆迁补偿6类重点检查项目资金61.48亿元。开展对十八大安保工作的监督检查，下发了《关于进一步加强十八大安保期间监督检查工作的通知》，加大督导检查力度。组织开展水利配套资金、农村饮水工程、闲置土地和土地整治、违法排污企业整治等专项检查。“7·21”特大洪灾发生后，及时制定出台了《关于洪涝灾区救灾捐赠资金使用监管办法》、《洪涝灾区资金监督检查工作制度》和《保定市“7·21”洪水灾后重建资金项目监督检查工作方案》，对三个重灾县的11.64亿元救灾和灾后重建资金使用管理及市委、市政府确定的88个灾后重建重点工程项目进行了全程监督，为抗灾救灾和灾后恢复重建工作提供有力保障。

【党风廉政建设工作】 市委、市政府始终坚持把党风廉政建设和反腐败工作置于全市经济社会发展大局中来定位，作为一项重大而紧迫的政治任务来推进，反腐败领导体制和工作机制不断健全，党政齐抓共管、群众支持参与的良好局面进一步巩固和完善。市委、市政府主要领导对反腐倡廉工作亲自部署、定期听取工作汇报、过问大案要案的查处、督促解决群众反映的突出问题，市委、市政府其他班子成员认真履行“一岗双责”，形成了“一把手抓、抓一把手”、“班子抓、抓班子”的良好局面。年初，对研究确定的党风廉政建设责任制具体任务，全部由市委、市政府主要领导负总责，党政班子成员分工负责，有关责任单位“一把手”直接承办。市委与各县（市、区）和市直部门“一把手”签订反腐倡廉建设目标责任书，加大日常督导和年度考核的工作力度。把党风廉政建设责任制落实情况列为各级领导班子和领导干部考核定档的重要内容，建立执行党风廉政建设责任制年度考核制度，由24名市级领导带队，对各级各单位各部门党政领导班子和领导干部进行单独考核，形成了规范化、制度化、程序化的考核机制。认真落实党内监督制度、领导干部重大事项报告制度和“三项谈话”制度，141名县处级领导干部报告了个人重大事项，同下级党政机关主要负责人谈话460人次、任前廉政谈话1174人次、诫勉谈话134人次，对19人进行了函询。制定出台了《关于实行党员领导干部廉政提示制度的暂行规定》，及时进行日常和事前廉政风险预警提示，促使各级党员干部不断增强廉洁从政意识。

【优化环境工作】 围绕落实省委“三自”、“六不”要求，把作风建设与优化发展环境紧密结合，着力解决党政机关和领导干部作风方面存在的突出问题。在全市深入开展执行力亮剑行动查效问责工作，整饬纪律、转变作风、提高效能、优化环境。制定出台了《关于充分发挥纪检监察职能作用，服务保障促进着力改善发展环境着力改善生态环境工作的实施意见》，明确了工作任务和责任单位；出台两个《问责暂行规定》，切实加大监督检查和问责力度。在全市84个市直部门和各县（市、区）建立了领导干部责任公示台。对338个科局、乡镇的工作纪律、服务质量、行政效能以及依法行政情况进行了3轮25次明察暗访活动，对不作为、乱作为以及庸懒散贪软等问题进行严肃查处和整治。组织开展了“转作风、强服务、促发展”主题实践活动，编印了《全市行政效能综合监督检查工作手册》，选取全市6个重点项目实施跟踪问效。对全市各单位行政许可事项、非行政许可审批事项、行政监管事项办理情况和行政处罚行为实施情况进行了专项检查，检查审批、执法案卷9474件。开展“服务市场主体、服务人民群众”民主评议活动和“善美保定行风之星”评选活动，进一步提升政风行风建设和窗口单位服务水平。组织开展“入企问商纠风提效访查”行动，建立了党政领导干部接待企业制度，市、县两级领导干部共接待企业268个，为企业解决问题274个。

【查办案件工作】 全市各级纪检监察机关共接受信访举报9201件（次），初核案件5123件，立案4356件，结案4352件，处分4391人（其中县处级干部14人），通过查办案件，为国家挽回经济损失2528万元。查办治理商业贿赂案件10件，涉及违纪资金66万元。深入开展以贯彻落实中纪委印发的《案管规则》为主要内容的“案件质量提升年”活动，制定出台了《重要线索管理暂行规定》，进一步建立健全线索统管排查机制。坚持依纪依法、安全文明办案，制定出台了《关于认真贯彻落实＜中央纪委关于使用“两规”措施的规定＞》的通知，对“两规”措施的使用作出具体规定，制定下发了《关于进一步加强纪检监察机关办案安全和办案纪律工作的通知》和《关于做好“中秋”、“国庆”及十八大期间办案安全工作的紧急通知》，对办案安全工作进行监督检查。加强案件审理、申诉复查和案件监督管理工作，保障党员干部的合法权益。注重反腐倡廉网络舆情工作，信访举报渠道更加畅通，查办案件组织协调机制更加健全。

【专项治理工作】 2012年，深入开展工程建设领域突出问题专项治理，组织25个县（市、区）、2个开发区开展循环互查，开展检查22次，发现问题463个，督促整改462个，对2011年以来全市投资额500万元以上的政府投资项目中的挂靠借用资质投标、违规出借资质等问题进行专项清理，对3类专项资金、6类重点项目，共计61.48亿元专项资金进行清理检查，制定了工程建设项目信息采集共享、公开以及廉洁承诺和问责办法，工程项目信息公开和诚信体系建设工作取得初步成效。深入开展了食品药品安全专项整治，建立保定市食品安全全程监管机制；大力治理公路“三乱”问题，出台了查纠整治暂行办法，开展公路“三乱”综合治理试点工作，进一步规范教育收费工作，党政纪及组织处理33人；组织开展医药购销和医疗服务专项调研检查，在19家公立医院建立患者满意度评价机制，实行了网上药品集中采购，推行高值医用耗材和大型医疗设备集中采购制度。着力纠正公务员和国有企业事业单位招聘中的不正之风，对省四级联考、公安系统委托培养基层干警招录、保定商业银行招录、教师招聘工作进行监督。深化公务用车专项治理，纠正处理违规车辆1162辆，起草下发了《党政机关公务用车配备使用管理实施办法》等制度，形成了较为规范的监管体系。

【惩防体系建设工作】　认真贯彻落实中央《工作规划》和省委、市委《实施办法》，以权力运行监控机制建设为切入点，运用“项目推进法”统筹推进教育、制度、监督、改革、纠风、惩治各项工作。按照抓基础、抓深化、抓拓展的要求，制定出台了《保定市行政权力廉政风险评估管理暂行办法》，对非行政许可审批事项、审批事项的前置条件进行了清理，制定了《保定市行政审批告知承诺办法（试行）》，组织43个行政部门，涉及366项审批事项进行公开承诺。加强政务服务标准化体系建设，将质量管理体系（ISO9001）引入到政务公开、政务服务和权力运行监控工作中，建立的质量管理体系，在国内率先通过了国家权威认证机构的评审认证。不断加强公共资源配置、公共资产交易和公共产品生产“三公”领域防止利益冲突机制制度建设，市、县两级公共资源交易中心全部挂牌成立，市本级对重点领域的798个重大招投标项目进行了实时监控。对全市20类617家中介组织摸底调研，实行黑名单制度，进一步规范了招投标市场秩序。

【农村基层党风廉政建设工作】　在加强企业、学校、社区基层党风廉政建设的同时，坚持把推进农村党风廉政建设作为一项基础性、长期性工作来抓。在全市所有乡镇实行农村集体“三资”委托代理服务制，98%的行政村建立了村务监督委员会，不断加大《农村基层干部廉洁履行职责若干规定》的宣传力度，出版发行《农村基层干部廉洁履行职责若干规定——漫画图说》，在全市范围内组织开展贯彻执行情况的专项检查。围绕十八大安保工作，充分发挥纪检监察信访举报工作和信访监督作用，排查信访苗头隐患1478件，加强督导解决力度，警示、纠正农村基层干部轻微违纪问题。深入开展“五好群众满意基层站所”评选活动，对30个先进单位进行宣传报道。积极推进党务公开和县委权力公开透明运行工作。扎实推进基层重要事务规范化管理工作，在全市范围内选择了8大类168个基层单位进行试点，并逐步在全市范围内全面推广。

【廉政文化建设工作】　将开展保持党的纯洁性主题教育活动作为反腐倡廉宣传教育工作的主线，切实加强对领导干部的理想信念和宗旨教育、党性党风党纪教育、从政道德教育。会同市委组织部、市委宣传部、市委党校等部门开展保持党的纯洁性“九个一”主题教育活动，先后征集廉政格言2800多条，举办“修政德、强执行，做善美公仆”主题演讲50多场，编印了《践行省委“三自”、“六不”要求，保持党的纯洁性主题教育学习手册》。组织全市各县（市、区）纪委书记讲党课活动，市委常委、市纪委书记常增月带头到市委党校讲党课。对49名县级干部、917名科级干部进行了党政纪知识考试。成功举办了第四次全省廉政文化建设观摩交流保定活动日，新建教育基地3个，实现了全市廉政教育基地全覆盖。

【纪检监察机关自身建设】　市纪委常委会高度重视自身建设，深入贯彻落实科学发展观，大力加强领导班子建设，认真学习宣传贯彻落实党的十八大精神和中央关于改进工作作风密切联系群众的八项规定，切实加强理论学习和党性修养。坚持理论中心组学习制度，认真执行民主集中制、廉政准则各项规定和省委“约法八章”，修订完善了《市纪委常委会议事规则》，制定出台了《关于充分发挥市纪委委员作用的意见》，班子的整体能力和水平不断提高。换届工作结束后，新一届市纪委领导班子到阜平城南庄革命纪念馆接受革命传统教育，开展了“走百家、求大计、抓对标、促提升”活动和“总结今年工作、谋划明年思路”调研月活动，切实提高履职能力。出台了《进一步加强乡镇纪检组织建设的实施意见》。积极探索开发区（园区）、非公有制企业纪检监察机构建设。加强与派驻机构的业务指导，制定出台了《关于加强委局机关各室与实行统一管理的派驻机构业务联系的意见（试行）》。进一步加强巡视工作，积极协调成立了全省第一个市级巡视工作联络组。在全市纪检监察系统持续开展以增强政治意识、大局意识、责任意识、服务意识、忧患意识为主要内容的思想教育活动。大力实施素质建设工程，认真开展岗位练兵、科技强兵活动，实行重点业务岗位持证上岗制度，举办了全市新任纪检监察干部培训班3期，对289名新任纪检监察干部进行了专题培训，全年共培训干部1544人次，制定了《关于严肃全市纪检监察干部纪律的若干规定》，从政治纪律、组织纪律、工作纪律、办案纪律、廉政纪律、保密纪律等方面对纪检监察干部提出明确要求，为深入推进反腐倡廉建设提供了坚强的组织保障。

（李立虎）

民主党派·工商联

民革保定市委

【中国国民党革命委员会保定市委员会】 隶属民革河北省委，为县级行政单位，内设办公室。至2012年底，全市民革党员409人，按界别划分为河大总支、教育总支、农大支部、河大医附院支部、保定学院支部、科技支部、经济支部、机关支部、法律支部、卫生支部、涿州支部、直属支部共十二个基层支部。3月11日至4月10日，组织完成了除涿州支部、直属支部外10个基层支部的换届工作，选出支部主委10人，副主委17人，支部委员18人。5月25日，召开了民革保定市十二届二次委员会。民革保定市第十二届委员会委员现有主任委员一名，副主任委员四名（其中一名驻会），秘书长一名。党员中高级职称105人，中级职称131人，平均年龄51.5岁；保定民革有省人大代表3人（常委1人），省政协委员1人，市人大代表3人（常委2人），市政协委员26人（常委8人），区政协委员30人（常委4人）。

主任委员　李小亭（女）
副主任委员　姚忠耿（驻会）
赵志国　李金善
王炳刚

【概况】 2012年是换届的第一年，新一届领导班子带领全体党员围绕市委、市政府的中心任务，服务大局，践行“同心思想”，开展调查研究，建言献策，反映社情民意，为保定市的发展作出了贡献。认真开展参政议政工作。两会期间，共上交提案45件。提案质量与数量均创新高。河北农业大学支部被省民革评为“参政议政先进支部”。扶贫工作长抓不懈，涌现出优秀典型。副主委王炳刚长年扎根贫困地区，被省委、省政府评为“帮扶先进个人”。民革保定市委获2012年度优秀爱心敬老先进单位。祖统工作成绩斐然，民革保定市委会获民革全国祖统工作先进集体、驻会副主委姚忠耿获民革全国祖统工作先进个人。出版《民国名人与保定》一书，纪念辛亥革命，记录史实，挖掘地方人文资源，扩大影响力。保定民革与石家庄民革一起代表河北民革参加“全国民革系统羽毛球比赛”获得了团体第四名。

【队伍建设】 利用培训会、支部学习等多种形式组织支部班子成员、党员开展学习活动，增强政治素质，提高理论水平。2月，民革机关认真落实中共省委“三自”、“六不”要求，融入中共保定市委的执行力亮剑行动，开展“查短板、找差距”活动。4月，组织召开“基层组织负责人培训会”新当选的支部领导成员全员参加。7月24日至27日，组织15名新党员参加了由中共市委统战部和市社会主义学院联合举办的民主党派新成员第六期理论培训班。开展“同心”行动，制定了《民革保定市委“同心”行动方案》。7月23日，举办“同心”思想建设、基层组织建设现状座谈会。支部主委、市委委员、骨干党员代表共21人参会。9月，选派基层组织负责人参加民革省委组织的“同心思想主题教育”培训活动。12月初，举办十八大精神专题学习会，带领全体党员学习十八精神。12月15日，民革保定市委组织基层支部党员70余人参观66393部队军史馆。

【组织建设】 着力组建团结、热情、有活力、具有创新力的基层团队。3月11日至4月10日，严格按照民革章程规定和民主程序，组织完成了河大总支、教育总支、农大支部、河大医附院支部、保定学院支部、科技支部、经济支部、机关支部、法律支部、卫生支部10个基层支部的换届工作。5月25日上午，召开民革保定市十二届二次委员会，传达民革河北省委第十一次代表大会有关会议精神，通过了2012年工作计划及新党员名单，公布了市委会机构设置及职能负责人分工。2012年全年吸收新党员23名，平均年龄37.65岁，均具有本科以上学历，其中中级以上职称有15人。完善党员登记制度是2012年的一项主要工作。向所有党员下发了《党员登记表》，摸清党员近几年的发展情况，并印制了《党员通讯录》。

【参政议政】 在2月8日至10日召开的保定市政协第十一届五次会议上，政协副主席、民革保定市委主委李小亭代表民革市委作大会口头发言《关于充分发挥区位优势，借势借力打造京津保高等教育圈的建议》。市委会提交了大会书面发言《打造文化创意产业园推进保定文化产业的发展》和《以政策为导向，力促我市养老事业快速发展》。两会期间，保定民革政协委员共提交提案45篇（含集体提案），其中科教文卫体类占50%，改革发展工业交通城市建设类占16.7%，党群统战政法和精神文明建设类、民政人事劳动和社会保障类、农林水牧环保旅游类、财贸金融类各占8.3%。相比往年，提案质量与数量均创新高。3月，收集省、市、区三级人大、政协会议案、提案共64篇，编辑完成《保定民革2012年参政议政资料汇编》一书。集体提案《以三年大变样为契机，全力提升保定品味》和《打造良好政策环境，使文化成为我市经济发展的新引擎——关于我市文化建设的几点建议》，分获2012年度市政协特别优秀提案和优秀提案。党员王洪亮的提案《关于加强药品监管力度，保障人民身体健康的建议》被评为特别优秀提案，其余三名党员个人提案被评为优秀提案。在全国“两会”期间，民革党员通过市委会上交了《关于促进农业稳定发展农民陆续增收的建议》、《关于加强食品安全生产的建议》、《关于环京津区域与中心都市和谐发展的建议》和《减小贫富差距、合理为企业退休职工涨工资的建议》。2012年各支部共完成调研报告13篇，涉及文化、教育、环境、养老、金融等各个方面。4月，在市委会的倡议下，法律支部会同保定企业家协会，成立“保定民革企事业法律服务中心”，其主要职能为加强民革内部法律宣传，为民革成员提供及时有效的法律咨询服务。

【社会服务】 3月，保定民革按照全市扶贫开发工作的部署，与被帮扶单位涞水县娄村乡中水东村见面对接，建立帮扶关系，确立了“邀请有关专家和企业家对该村进行资源考察，确定特色经济开发项目，进行生产经营，促进科学发展”的科学开发项目，“定期邀请农业专家对该村大棚蔬菜种植进行技术指导”的种植扶助项目和“定期邀请科技人员对该村发展生猪、鸡和肉牛养殖业进行专业帮扶”的养殖扶助项目，最终签订了《保定市定点扶贫工作协定书》。6月，民革市委驻会副主委姚忠耿、秘书长张凌然组织4名民革医疗专家随同民革省委组织的义诊小组赴涞源县北石佛乡荆山口村、张家峪村开展义诊活动，携心电图机等多种医疗仪器为村民诊疗约1200人次，捐赠药品，价值3000余元。7·21特大灾害，市委会的机关人员捐款1100元。民革党员、国际俱乐部董事长王保利组织近百名员工捐款共计6.5万余元，还为灾区民众送去了食品、生活用品。副主委王炳刚长年扎根贫困地区，2012年被省委、省政府评为“帮扶先进个人”。卫生支部确定超达、春辉两家养老院为“关爱老人帮扶单位”，驻会副主委姚忠耿参加了挂牌仪式。3月，联合新市区妇幼保健院为两家养老院全体护工近40人提供了免费体检，建立了统一的《养老院护工健康档案》。9月28日，副主委姚忠耿带领经济支部部分成员到市春辉养老院进行节前慰问，并为老人送上月饼、食用油等节日用品。9月29日，卫生支部联合保定爱心敬老协会同爱心人士来到保定金秋老年公寓和超达养老院，看望老人和护工。民革党员高博成赠送全自动电脑血压检测仪一台。民革保定市委获2012年度优秀爱心敬老先进单位。

【祖统工作】 保定民革于2012年4月和11月，分别由副主委姚忠耿、秘书长张凌然带队，组织民革党员51人赴台湾考察。鉴于近年来祖统工作的突出表现，民革保定市委被评为“民革全国祖统工作表彰会议先进集体”、驻会副主委姚忠耿被评为“民革全国祖统工作表彰会议先进个人”。

（张　颖）

民盟保定市委

【中国民主同盟保定市委员会】 中国民主同盟保定市委员会（以下简称“市民盟”）隶属民盟

河北省委。民盟市委机关为县级行政单位，机关编制8人，实有7人。至2012年年底，全市民盟盟员779人，女盟员351人，大学以上584人，博士32人、硕士98人、学士198人，其中正高职称104人、副高职称318人、中级职称262人，平均年龄53.5岁；中共党员35人。教育工作者423人；科技工作者63人；医药卫生界117人；文化艺术界11人；新的社会阶层人士73人；政府机关47人。民盟市委现有基层组织21个（4个总支、17个支部）。全市盟员中2名省人大代表、6名市人大代表，13名区（县）人大代表；6名省政协委员，30名市政协委员，33名区（县）政协委员，7人担任人大、政府、政协处级职务。

主任委员　李和明
副主任委员　邢彦学　李雁鸣
　　　　　　李博文　贾春顺
　　　　　　张小莉（女）

【概况】　召开践行“同心”思想学习座谈会，组织盟市委委员、基层负责人、盟务骨干共同学习中央统战部、民盟中央主要领导有关重要讲话精神，对盟市委践行“同心”思想、深化社会主义核心价值体系活动进行安排部署，下发《关于进一步将学习践行社会主义核心价值体系活动推向深入的通知》，要求各基层盟组织引导盟员深刻认识活动的重要意义和作用，把学习践行活动贯穿和落实到本支部自身建设的全过程和履行职能的实践中，促进与中国共产党同心、同德、同向、同行。组织机关干部及全市盟员收听收看中共十八大开幕式及相关报道；下发学习通知，要求学习好、领会好、宣传好、贯彻落实好十八大报告精神；民盟各基层组织通过组织学习座谈会、参观展览等多种形式，交流学习十八大精神的心得体会；11月19日，盟市委召开座谈会，学习“中共中央致各民主党派中央和工商联的感谢信”，进一步深化了对中国共产党领导的多党合作和政治协商制度的认识，进一步明确了参政党成员所应承担的责任和任务。盟市委召开多次专题学习座谈会，认真学习胡锦涛在中共中央党外人士迎春座谈会上和省部级主要领导干部专题研讨班上的重要讲话精神，民盟十一届代表大会精神，中央统战部长杜青林、省委统战部长田向利以及省各民主党派主委讲话精神，认真学习贯彻中共保定市委十届三次全会精神。组织盟市委委员、基层组织负责人和各级人大代表、政协委员参加保定市民主党派学习全国两会精神报告会、省统一战线传统教育基地城南庄揭牌仪式、市爱国统一战线传统教育基地揭牌仪式暨纪念“五一口号”发布64周年座谈会，李和明在会上做了题为《铭记历史，坚定不移地走中国特色政治发展道路》的发言。组织新当选的盟市委委员参加省社院民主党派人士同心思想教育培训班等。盟市委领导参加盟省委组织的“继承传统，同心同行”主题教育活动，赴重庆中国民主党派历史陈列馆和四川南充张澜纪念馆考察学习，重温民盟和中国共产党同心同行、肝胆相照的历史。开展“我为保定做贡献，我为民盟添光彩”活动，激励盟员立足保定实际，服务保定科学发展。

【参政议政】　在市政协十一届五次全会上，盟市委做大会发言2件，提出集体提案14件，个人（联名）提案24件。其中《关于进一步强化对市区出租车管理的建议》、《关于设立保定市饮用水质量监测周报制度的建议》得到市政府主要领导批示，并在实际工作中予以采纳。一年中，盟市委向上级盟组织和市政协、市委统战部共提交社情民意信息90余件，多篇信息被省级以上盟组织采纳。全年召开两次参政议政工作专题会议，确立2012年参政议政调研课题。积极配合上级盟组织对民办教育现状和发展情况进行调研。联合民盟石家庄市委共同围绕民营医疗机构发展情况，到清城中医骨伤医院实地考察调研。调动全市盟员和各基层组织参政议政的积极性，继续深化“一支部一案”、“一人一议”活动。盟员政协委员积极参加市政协调研活动，深入县、村、民营企业实地调研，为合力推进全市的经济发展、和谐发展提出了一系列有针对性、科学性的意见和建议。重视提案落实的效果，盟市委先后5次组织盟内专家学者召开提案工作专题会议，就市政协十一届五次全会民盟集体提案的办理情况，分别与主办单位进行座谈、交换意见。民盟政协委员活动小组被评为2010－2011年度先进委员活动小组，盟员孙建设、孟英利、赵志英、马永平、王凤芹被评为2010－2011年度优秀市政协委员。盟市委集体提案《全力应对金融危机，确保我市经济平稳较快发展》获“保定市政协特别优秀提案”荣誉称号，集体提案《关于促进我市旅游经济持续健康发展的建议》以及盟员邢彦学、伍晓晴、安永福、赵志英、赵金龙等5人的个人提案获“保定市政协优秀提案”荣誉称号。重视与政府对口联系单位和提案承办单位的经常性联系。加强与政府相关职能部门联系。

【自身建设】 全年召开6次主委会议，2次全委会议。发展新成员43人，本科以上学历34人，其中博士3人、硕士6人，高级职称11人、中级职称11人，平均年龄38.3岁。全市现有盟员779人，下设21个基层组织。盟员李雁鸣、崔彦宏获2011年度国家科学技术进步二等奖，民盟中央、中央统战部副部长尤兰田分别发来贺信表示热烈祝贺。认真学习《中共保定市委关于加强新形势下党外代表人士队伍建设的实施意见》。盟市委历时两个月，连续举办八期中青年盟员座谈会，对近五年入盟的热爱盟务、政治素质好、有一定参政议政能力和较高专业知识水平的200余位中青年盟员进行了培训座谈，回顾民盟的光荣历史和优良传统，交流参政议政、反映社情民意信息的体会以及个人工作学习情况。及时发现、培养参政议政人才、盟务骨干，进一步加强盟市委后备干部队伍建设。组织23位盟员参加保定市社会主义学院第六期理论培训班。参加盟省委高校基层组织建设工作调研，与学校党委统战部门领导及支部盟员座谈。加强机关干部的政治理论学习，参加全省民主党派干部履职能力培训班。及时做好盟员基本资料的更新、学习宣传信息的整理报送工作。完成《保定年鉴》（2011卷）的供稿工作。全年编印《保定盟讯》4期，编发理论文章、工作交流材料及各项盟务活动信息近百条。多篇在《团结报》、民盟中央网站、《河北民盟》、燕赵政协新闻网、《保定日报》、市《统战信息》、《政协信息》刊发。继续落实好领导班子和机关联系基层制度，利用节假日走访慰问省、市盟老领导、老同志，积极为基层组织间的联谊活动牵线搭桥。

【社会服务】 积极配合盟省委和省市统战部开展好社会服务工作，组织盟员医务专家8人会同石家庄市盟员专家，到省委统战部下基层联系点清苑县张登店村和林水屯村开展爱心义诊活动。共诊治村民300余名，发放药品价值4000余元，2名盟员医疗专家还随省委统战部、省市盟领导深入老党员和特困户家中，为其诊治病情。盟市委领导分别到省、市统战部在阜平的下基层联系点参加帮扶工作。认真组织开展“三下乡”活动。先后组织市二院、省畜牧所、市一中心医院支部盟员组成医疗服务工作队和社会服务工作队，到涞水县永阳镇东垒子村、满城县大册营镇王辛庄、唐县齐家佐乡全胜庄村开展大型免费义诊咨询服务。为群众检查350多人次，接受疾病咨询150多人次，发放健康宣传材料达600份，药品价值1500余元。为贫困村建设村图书室踊跃捐赠图书330余本。畜牧专家为大家详细讲解了口蹄疫的防治和治疗技术。积极与定点帮扶的涞水县娄村乡中水东村该村联系，确定帮扶措施。“7.21”洪涝灾害发生后，第一时间与涞水县委统战部以及帮扶点中水东村村委会取得联系，沟通商议救灾措施。同时下发通知倡议全体盟员为抗击洪涝灾害做出积极的贡献。8月8日，盟市委会同其他民主党派赴中水东村将党派机关干部捐赠的8700元善款送到受灾群众手中，并与地方党委政府负责人就充分发挥民主党派优势，帮助受灾群众渡过难关，共建美好新家园进行座谈。认真总结“农村教育烛光行动”的经验，发挥盟员“专家组”作用，巩固在北市区东金庄村中心校的成果，推荐该校4名骨干英语教师到北京新东方学校进修。盟市委被评为“2007－2011年民盟河北省委社会服务工作先进集体”，赵志英、魏瑞璞、鹿瑞麟、李智青、张继东、赵彦琴、刘澎涛获“2007－2011年民盟河北省委社会服务工作先进个人”。

（刘澎涛）

民建保定市委

【中国民主建国会保定市委员会】（以下简称“民建市委”）隶属民建河北省委，为县级行政单位，内设办公室。民建市委有市委委员25人。2012年下设3个总支和13个支部。会员581人，其中大专以上学历479人（其中博士24名），占会员总数的82.4%；中级以上职称367人，占会员总数的63.2%；经济界人士521人，占会员总数的89.7%。

主任委员　闫立英（女）
副主任委员　王雁飞（驻会）
董金皋　吴剑松
白红敏（女）
张双才

【概况】 民建市委以中共十八大和民建十大精神为指导思想，以“同心”思想学习教育活动为主题，卓有成效的开展了新阶段的思想建设活动。中共十八大胜利闭幕后不久，市民建省委委员即参加了民建河北省委在省社会主义学院举办的学习贯彻中共十八大精神培训班，民建市委班子成员和机关工作人员也第一时间组织学习解读十八大报告。经过广泛动员和精心组织，民建市委对全体市委委员和支部委员进行了十八的精神学习培训。南市区新华支部、北市区中兴支部等多个支部也先后组织了学习座谈活动。民建保定市委还先后带领基层组织和会员开展了“同心”思想培训班、学习全国两会精神报告会、国际形势报告会、学习贯彻中共保定市委十届三次全会精神大会、学习贯彻《中共中央关于加强新形势下党外代表人士队伍建设的意见》电视电话会议、全市统战工作会议、“执行力亮剑行动”征求意见座谈会、纪念“五一口号”发布六十四周年暨统一战线传统教育基地揭牌仪式、全省党外代表人士“同心”教育培训班等多项学习教育活动，通过不断学习进步，提高了领导班子和广大会员的政治把握能力，为各项建设打下了扎实的思想基础。

【组织建设】 完成了民建市委换届工作。3月7日，在华侨宾馆召开民建保定市第十二次代表大会，会议圆满完成各项换届任务。大会听取并审议通过了闫立英代表民建保定市第十一届委员会所做的题为《认真履行职能，践行科学发展，为建设符合新时期要求的参政党努力奋斗》的工作报告。选举产生了十二届委员会。十二届委员会委员共25人，文化程度、行业、性别、代表性等各方面结构科学合理。选举产生了出席民建河北省第七次代表大会的18名代表；审议通过了民建保定市第十二次代表大会决议。在民建保定市十二届一次委员会上，选举闫立英为主任委员，王雁飞、董金皋、吴剑松、白红敏、张双才为副主任委员，王雁飞兼任秘书长。以建立素质较高的基本队伍为目标，积极慎重地发展会员，改善会员结构，不断提高会员队伍整体素质。严格坚持发展前经过接触谈心、入会知识学习、会友活动、单位考察等程序，在“注重质量、注意数量”的前提下，重点发展和联系了一批高层次、高素质人才，还有许多有代表性的优秀党外人士主动联系要求入会，民建市委逐一开展考察工作，择优吸收入会，全年共发展新会员32名。组织会员赴深圳参加民建中央和科技部主办的2012（第十四届）中国风险投资论坛，赴乌鲁木齐参加民建中央、工业和信息化部、新疆自治区政府共同主办的2012（新疆）中国非公有制经济发展论坛，为企业家会员提供接触高端的机会，提升管理水平，拓宽发展思路；民建市委还组织会员赴云南参观考察，许多支部也组织会员开展外出考察、联谊聚会等活动，通过开展丰富多彩的会内活动，增进了会员友谊、增强了组织凝聚力。民建保定市委在组织工作中突出“民建会员一家亲”的组织氛围，打造服务平台，促进银企对接，支持会员企业发展壮大。民建市委了解到企业中普遍存在的融资难题后，多方联系，先后组织协调中国银行、中国农业银行、华夏银行与企业家会员召开银企对接会，先后参与人员近百人次。通过面对面的对接，银行向企业讲解贷款政策，分析融资方案，企业向银行反映现状和发展谋划，提出融资需求，为多家企业制订了有针对性的解决方案。其中比较有代表性的成果如四家会员企业结成四户联保，与华夏银行合作，以信誉贷款的形式，每家企业获得了350万元贷款。中国农业银行、华夏银行还就民建会员企业制订了专门的优惠贷款政策申报省行审批。另外，民建市委还与科技局联系，为企业争取科技发展基金。

【参政议政】 在河北省和保定市两会参政议政工作中，民建代表、委员踊跃建言，参政议政各项成果继续在保定市保持领先，民建委员活动小组获保定市政协“先进委员活动小组”称号、民建保定市委获民建省委“省政协大会发言和集体提案先进单位”、“反映社情民意工作先进单位”和“宣传报道工作先进单位”荣誉称号。在河北省政协十届五次会议上，经民建省委报送，保定民建《关于促进我省非公经济发展的建议》和《加快构建我省生鲜农产品物流系统的建议》两篇稿件入选省政协大会书面发言。在保定市人大十三届五次会议上，民建驻会副主委王雁飞提出的《关于在我市推行自行车免费使用公共服务系统的建议》得到了代表们的联名支持，获得市委、市政府的高度重视，书记、市长、分管副市长等市领导逐一做出批示，市长马誉峰批示“是件好事”、“要管理好”，市委书记许宁批示“好事要办好”，要求相关部门认真落实。在保定市政协十一届五次会议上，民建《关于促进保定市民营经济发展的建议》、《关于新生代农民工社会保障问题的探析》、《加快以生态宜居城市建设引领新型城市化的建议》等9篇稿件入选大会发言，数量之多创历年之最。其中闫立英主委在会上作《关于进一步推进我市休闲旅游业对接京津的建议》的口头发言，黄元生作《关于加快构建我市生鲜农产品物流系统的建议》的口头发言。民建立案集体提案《保定市中小企业融资困境与对策》、《关于新生代农民工社会保障问题的建议》、《关于应对农产品价格大起大落的建议》等19件，委员个人提案27件，总计45件。多件提案被列为重点提案，呈报市委书记、市长阅示，其中《关于在我市推行自行车免费使用公共服务系统的建议》、《加快发展我市战略新兴产业的建议》、《关于促进保定市民营经济发展的建议》等6份提案获重要批示。结合提案办理工作，民建市委与市工信局就中小企业融资问题专门召开座谈会，对提案建议的落实取得了良好的推动效果。

【社会服务】 2012年，民建市委积极配合民建中央和中共保定市委扶贫工作重点，围绕中心，服务大局，发挥优势，拓展思路，产生了良好的社会影响，社会服务工作成绩走在全省乃至全国前列。民建保定市委及会员全年在各项社会服务活动中共捐款捐物总值1860余万元。参与了民建中央"支持环首都欠发达地区发展"调研。7月份，民建中央组织以全国人大常委会副秘书长、民建中央副主席张少琴为组长的"支持环首都欠发达地区发展"调研组到保定市调研，听取了各相关部门工作汇报，并赴涞水县实地考察。民建河北省委主委秦博勇、驻会副主委郭士刚及市民建主委闫立英、驻会副主委王雁飞、会员李赶顺、王延杰等参与调研。在保定市的调研结束后，民建中央调研组还赴张家口、承德等地考察，调研全程结束后由我市会员王延杰执笔完成调研报告。参与了"7.21"水灾救灾重大工作。民建保定市委积极配合中共保定市委、市政府工作大局，主动参与救灾工作，第一时间向全体会员传达了中共保定市委统战部发出的《伸出援助之手、奉献一颗爱心倡议书》，民建市委和各支部及众多会员在中共市委、市政府的号召和组织下，积极捐款捐物，参与抢险救灾。其中，三友服饰捐物价值1000万元，英利集团捐款600万元，民生房地产捐款150万元。民建市委领导和机关人员多次到灾区慰问，送去资金和物资。开展了环首都扶贫攻坚示范区对口帮扶。民建保定市委积极贯彻民建中央和全市扶贫工作会议精神，主动帮扶、认真谋划，驻会副主委王雁飞及市各民主党派负责人共同赴涞水县娄村乡中水东村进行扶贫考察，与当地村领导班子人员座谈，实地了解扶贫村现状和需要解决的问题，制订帮扶方案，并签订了定点扶贫工作协议书。谋划通过农业技术指导、农副产品销售、争取优惠政策和建设特色产业村等多项举措，逐步开展为期四年的帮扶工作，帮助该村改善生产生活状况。参与了博野县扶贫开发工作。在6月27日召开的博野县扶贫开发工作座谈会暨民建保定市委扶贫捐款仪式上，民建市委组织18名民建企业家向博野县贫困村现场捐款100万元，博野县委、县政府向民建保定市委赠送了锦旗。市委常委、统战部长、农工委书记王惠欣出席仪式并对保定民建会员企业家的奉献表示了表扬和感谢，充分认可了民建保定市委近年来优异的社会服务工作成绩，号召社会各界向民建学习。推动了公共自行车系统建设。经过充分考察调研，在市人大和政协两会上同时提出了《关于在我市推行自行车免费使用公共服务系统的建议》，建议一经提出，广受各方关注，政府研究室结合民建建议整理出专项报告，市委书记、市长、主管市领导先后批文作出批示，相关部门积极吸取建议，并征求细化措施。为进一步落实建议，细化工作，民建市委还会同市政府办公厅、市公交总公司等单位，联合赴武汉、杭州等公共自行车服务工作开展较好的示范城市学习考察，武汉民建会员企业鑫飞达公司专程到保定研讨合作方案，确立了与武汉鑫飞达在工程建设和自行车采购上的合作意向。随后，民建市委参与制定了《实施方案》，为市委、市政府起草了《关于加强公共自行车交通系统建设和管理的实施意见》，并规定该项目投资建设和运营工作主要由民建会员企业承担。

（费玉川）

民进保定市委

【中国民主促进会保定市委员会】 中国民主促进会保定市委员会（以下简称"民进市委"）隶属中国民主促进会河北省委员会，主要职责是政治协商、民主监督、参政议政。民进市委机关为县级行政单位，内设办公室，下设学习宣传、组织建设、参政议政、社会服务四个专门委员会，1个总支部委员会，21个基层支部。

主任委员　张国立
副主任委员　杨　俊（女）
　张利平（女）
　杨敏生　王连群

【概况】 2012年民进保定市委深入学习贯彻党的十八大及民进中央、省委的会议精神，努力实践中国共产党领导的多党合作和政治协商制度。牢牢把握主题，围绕中心，服务大局，抓住重点，突出特色，切实加强自身建设，履行参政党职能，扎实推进各项工作。

【思想宣传工作】 市委会向各支部共下发《关于学习严隽琪主席在民进十二届十九次中常会上的讲话的通知》、《关于贯彻落实十八大会议精神的通知》等学习文件13件。组织会员先后参加了全国学习贯彻《关于加强新形势下党外代表人士队伍建设的意见》电视电话会议、国际形势报告会和保定市各界人士迎中秋、庆国庆茶话会等会议。4月，班子成员和机关干部参加了中共河北省委统战部在阜平城南庄举办的河北统一战线教育基地揭牌仪式。在中共中央发布“五一口号”64周年前夕，市委会领导班子成员参加了市委统战部组织的保定市纪念“五一口号”发布64周年城南庄座谈会会议，进一步巩固了多党合作的共同思想基础、推进了多党合作事业蓬勃发展。积极拓展宣传渠道，加大宣传力度，向《民主》、《河北民进》、《保定日报》等各类媒体和网站推荐优秀稿件60余篇；县市电视台先后3次对我会重大活动予以报道。会刊《保定民进》全年共编辑5期，印发1000余册，结合代表大会及其他重大活动开辟了专刊、专栏。为了加强民进保定市委宣传思想工作和参政议政工作建设，着力提高民进保定市委的履职能力和水平，确定了各支部宣传通讯员及社情民意信息员22人。

【参政议政】 市委会主要领导先后20次参加中共市委、市政府、市政协举办的各种形式的协商会、座谈会，分别就开展执行力亮剑行动、政府工作报告、学习贯彻十八大精神等发表意见；积极参加中共市委、市人大、市政协组织的对农田水利设施建设、生态农业建设、保定市义务教育均衡发展工作情况、农村文化设施建设等的考察调研活动，深入实际，了解民意，向党委和政府提出有价值的意见、建议。“两会”期间共提交提案、建议20件，其中大会发言2篇，集体提案4件，内容涉及文化教育、医疗体制改革、环境保护、农林业、社区建设、企业改革等方面，所有提案都得到相关部门的高度重视，并根据所提建议制定了具体的改进措施。民进市委注意利用信息化手段提高工作效率，进一步提高信息质量和利用率，向民进省委、市政协和市委统战部报送各类社情民意信息22篇，从民主党派独特的角度和渠道反映了很多真实的情况及有价值的建议。7月，召开了2012年参政议政工作专委会议，会议总结了“两会”情况、传达了民进河北省委参政议政年会精神、部署了2012年参政议政工作，与会人员认领了调研选题和社情民意信息选题。7月13日，由驻会领导带队，100余名会员参加，参观考察了保定市农业生态园，使会员更深入的了解了保定在发展道路上的优势和机遇，从而帮助参政党成员更有的放矢地提出符合保定发展客观规律的有价值的提案、建议。2012年民进保定市委获民进省委参政议政工作二等奖；社情民意信息工作三等奖；3名会员被民进省委评为信息工作先进个人，1名会员被评为优秀信息员；1件集体提案被中共市委办公厅、市政府办公厅、市政协办公厅评为特别优秀提案，2件集体提案被评为优秀提案；民进界委员活动小组被市政协评为先进委员活动小组。

【自身建设】 组织建设上，发展新会员27名，平均年龄40.7岁，中高级以上职称19人，进一步改善了全市会员学历层次和界别问题。3月8日召开中国民主促进会保定市委员会第六次代表大会，会议选举产生了民进保定市第十二届委员会、推选产生出席民进河北省第八次代表大会的代表、通过了大会决议，圆满完成了市委会换届工作。6月，为更好地发挥参政党作用，经民进十二届三次主委会议研究，成立了参政议政、组织建设、社会服务和学习宣传四个专门委员会，以更好的服务社会经济发展，为和谐稳定作出更大贡献。7月，民进十二届十九次中常会在河北省召开，5~6日，20名中常委及中央随行人员共计57人到保定就市文化建设进行考察。省人大常委会副主任宋太平，省政协副主席、民进河北省委主委王刚，保定市四大班子主要领导陪同考察并举行欢迎晚宴。考察团先后到直隶总督署、白洋淀等实地考察。驻会领导多次与省市相关部门进行协调沟通，并数次陪同民进中央、民进省委等部门有关领导对考察点进行实地踩点，详尽了解餐饮、住宿、交通等事宜，多次召开机关工作会议部署接待工作，圆满完成了接待任务。8月，向“民进河北开明书画院”推荐市优秀书画家及其代表作品20余幅。为了充分发挥专委会在参政议政、社会服务等方面的作用，民进省委下发了《关于推荐各专委会委员人选的通知》，市委会按照通知要求，积极向民进省委新一届专委会推荐符合要求的我市会员。11月，召开组织建设专委会议，通报了2012年度前三季度工作情况和第四季度工作安排，与会市委委员、支部负责人进行了交流座谈，共同研究在新时期、新形势下如何更好地开展和推进民进组织工作。在妇女节和教师节来临之际，印发慰问信向全市女会员及教育工作者致以衷心的祝福和诚挚的慰问。春节前夕驻会副主委杨俊带队，携带慰问品走访慰问会内离退休老领导、老会员及患病会员，送去节日的祝福和组织的关怀。制度建设上，市委会进一步巩固和完善了上届以来形成的每周例会制度，这不仅有助于机关每周各项工作的顺利完成，更有利于机关干部全面了解机关工作，形成上传下达、统筹配合的工作氛围。同时，市委会进一步完善了工作程序，人事、财务、行政管理等制度，力争创建讲制度、讲规范、讲程序的高效运转机关。作风建设上，在领导班子的带领下，民进保定市委逐渐形成政治、业务两手抓，实践、理论两手硬的学习作风；意识强烈，上级、基层同重视，表面、实际共关注的服务作风；主动负责、勇于承担、团结互助的工作作风。机关建设上，民进保定市委认真贯彻落实民进全国机关建设工作会议精神，以制度建设为抓手，以干部队伍建设为重点，不断改进机关作风，提高服务和管理水平，促进和谐机关建设。为进一步优化办公环境、完善机关信息化系统总体布局，市委会置换了新的空调，更新了信息化设备，同时为筹建网站做了大量工作，市委会网站现已开通，进入试运行阶段。

【**社会服务**】 4月，驻会副主委杨俊带领全体机关干部、民进河北小学支部部分成员及河北小学部分师生冒雨再次深入满城县坨南乡进行帮扶，为明德小学送去价值1万余元的30套课桌椅和2000册图书；确定了第二届结对帮扶教师和第五届结对帮扶学生名单，并颁发证书。满城县教育局局长，坨南乡党委书记、乡长应邀出席了活动。7月21日特大洪涝灾害发生后，全体机关干部积极响应市委号召，深入践行“同心”思想，踊跃捐款3000余元，向灾区群众伸出援助之手，共渡难关。8月，组织会员向统战部的2个定点扶贫村捐书680余册。12月，民进保定市委经过多方筹措，民进河北小学支部再次向明德小学捐赠160套课桌椅。驻会副主委杨俊带领机关干部参加了支部组织的到保定市儿童福利院的慰问活动，为福利院孤残儿童带去残疾幼儿急需的纸尿裤、玩具、食品、羽绒服、针织帽子等价值近2000元的慰问品。

（柯　岩）

农工党保定市委

【**中国农工民主党保定市委员会**】（以下简称“农工党保定市委”）隶属于农工党河北省委员会，市委机关为县级行政单位。2012年有委员20人，下设3个总支委员会，10个支部委员会，党员311人，其中医药卫生界226人，占党员总数的72.4%，具有高级职称者199人，占党员总数的63.8%。

主任委员　孙建恒
副主任委员　张卫星　尹博英
　　　　　　李　娟（女）
　　　　　　李　晔

【**概况**】 2012年农工党市委带领全市各基层组织和广大农工党员认真学习贯彻中共十八大精神，切实把思想和行动统一到十八大精神上来；组织开展各类学习活动，创新活动形式，丰富活动内容；发动党员立足岗位，学行一致，将学习与推动工作结合起来，在工作岗位上体现自身价值；以学习贯彻十八大精神为动力，按照十八大作出的新的战略部署，努力加强自身建设。圆满完成为期三年的树立和践行社会主义核心价值体系活动，广大党员，特别是织领导班子成员和骨干党员对社会主义核心价值体系的认识进一步提高；在参政议政、民主监督和社会服务等方面取得了新的成绩；提高了践行社会主义核心价值体系的自觉性，由于工作出色、成效显著，农工党保定市委被授予“开展树立和践行社会主义核心价值体系活动优秀集体”第一名，孙建恒等29人被授予“树立和践行社会主义核心价值体系先进个人”。切实发挥保定军校纪念馆这个北方唯一的“中国农工民主党党史教育基地”的重要作用，不断地在全市党员中宣传和弘扬农工党同中国共产党风雨同舟、荣辱与共的优良传统。各基层组织和全市农工党员纷纷以不同形式到军校纪念馆参观和学习。接待了来自农工党中央以及其他各地农工党组织的参观和学习。

【**参政议政**】 全市农工党员中有各级人大代表4人，其中省人大代表2人，市人大代表2人（常委2人）；各级政协委员27人，其中省政协2人（常委1人），市政协主席1人、市政协常委3人、委员13人，区政协委员9人。农工党市委在市政协十一届五次全会上提交集体3件，提案个人提案18件。其中集体提案《公共食品安全监管应注意的一些问题及建议》得到市长的专门批示，还被农工党省委采纳，作为了省政协全会的大会发言，得到省主要领导的批示。农工党市委的领导班子成员积极参加中共保定市委、保定市政府召开的征求意见会、民主协商会，就《政府工作报告》、政府工作以及我市经济建设和社会发展中重大问题、涉及人民群众切身利益的热点问题积极建言献策。组织市委委员赴张家口等地考察调研，针对保定市县域消防工作的薄弱问题，经专门调研撰写了《加强县域消防队伍建设的建议》。一年来向农工党省委、中共市委以及市政协报送社情民意和各类信息上百条。政协十一届三次全会79号集体提案《构建现代产业体系的几点建议》被评为优秀提案。农工界别政协委员小组被市政协评为先进委员活动小组，农工党机关工作人员被评为市政协系统优秀通讯员。

【组织建设】　农工党保定市第七次代表大会于2月23日召开，会上认真听取和讨论了农工党河北省委领导和中共保定市委领导的讲话，听取和审议了孙建恒代表农工党保定市第六届委员会所做的工作报告，报告全面地总结了农工党保定市委带领全市各基层组织和广大党员比较圆满地完成了第六届委员会成立以来制定的各项工作目标及任务，为维护保定市经济社会又好又快发展，促进社会稳定做出了巨大贡献；报告还对新一届市委会需要着重抓好的四方面工作提了一些建议。大会采取无记名投票方式选举产生了农工党保定市第七届委员会和参加农工党河北省第七次代表大会的代表。农工党市委还积极组织各基层组织负责人、后备干部以及骨干成员参加学习全国两会精神报告会、国际形势报告会、学习贯彻中共市委十届三次全会精神大会，组织新党员参加市社会主义学院理论培训班。在组织发展工作中严格按照组织发展规则和程序，并侧重高学历、高素质人才，本年度发展了13人加入农工党，其中8人具有硕研以上学历。

【社会服务】　农工党市委充分发挥自身优势，开展了一系列富有成效的医疗服务、扶贫帮困和社会公益等活动。6月份在容城县南张镇中心卫生院，举办“2012（第五届）中国环境与健康宣传周”活动，制作展板、发放宣传册宣扬“绿色与健康”的科学生产、生活方式；还邀请了保定市各大医院的知名专家为当地老百姓进行义诊，受到当地人民群众的热烈欢迎，约有上千名群众受益。保定市“7·21”部分地区遭受严重的洪涝灾后，农工党保定市委积极发动全市各基层组织和广大农工党员踊跃捐款约1.3万元。配合中共保定市委为扶贫村建设“农村书屋”捐书数百本。保定市农工党的各基层组织和以农工党员为主的一些社区和专科医疗机构也数次到贫困山区和革命老区开展义诊，赠送药品和食品；到各大专院校、公司为学生和职工进行医疗卫生保健讲座，到各县医院及乡镇卫生院对基层医护人员进行业务培训和技术指导。

（赵　涛）

九三学社保定市委

【九三学社保定市委员会】　隶属九三学社河北省委，九三学社市委机关为县级行政单位，内设办公室，编制5人，实有4人。市委会有委员23人，下设1个县级基层组织、2个基层委员会，20个支社。主要职能是参政议政、民主监督、社会服务。现有社员677人。

主任委员　许　皞
副主任委员　阎增爱（女）
　　赵清华　夏培鑫
　　张晨钰

【概况】　2月24日，九三学社换届大会在保定市华侨宾馆举行，95名代表参加。大会听取并审议了九三学社保定市第十届委员会的工作报告，选举产生了九三学社保定市第十一届委员会和出席九三学社河北省第七次代表大会的代表26人，顺利实现了政治交接。同时，积极组织代表参加社省委换届会，2人当选为社省委常委，5人当选为社省委委员。3人参加了九三学社第十次全国代表大会，1人当选为九三学社中央委员。

【思想建设】　社市委把树立和践行社会主义核心价值体系作为推进新老交替和政治交接的核心内容，加强领导班子建设，形成有利于树立和践行社会主义核心价值体系的长效机制。社市委被九三中央评为“学习践行社会主义核心价值体系全国先进集体”。社市委举办市委委员培训班1期；组织5人参加社省委在中央社会主义学院举办的社省委委员培训班；2人参加河北省社会主义学院“同心”思想培训班。组织机关干部收看开幕盛况；召开主委会，确定把学习宣传和全面贯彻落实党的十八大精神作为首要政治任务，并向各基层组织下发文件，要求各支社精心安排，组织社员掀起学习贯彻十八大精神的热潮。按照九三中央的要求，将杨佳作为学习和践行社会主义核心价值体系的榜样，认真部署学习活动。活动细分为事迹宣传、融入履职实践、争先创优三个阶段，每个阶段突出一个重点，循序渐进，在全市社员中形成了学典型、争先进的氛围。

深化“同心思想”，做好新社员的培训工作，组织2011年新社员参加了市社会主义学院举办的第六期理论培训班。3名社员被评为“优秀学员”。

【组织建设】 2012 年，全市共发展社员 34 人，平均年龄 38.7 岁，其中博士 5 人，硕士 16 人。截至 2012 年底，全市社员总数为 677 人，高级职称占社员总数的 59.6%。配合各县区人大、政协换届，社市委推荐符合条件的人选，社员中担任各县区人大代表 3 人，担任各县区政协委员 26 人。社市委结合《主委班子成员联系基层制度》，建立了《社市委机关人员联系基层制度》。领导班子成员按照支社分包，突出重点，深入基层第一线，机关人员每人平均联系 3~4 个支社，每 2 个月至少下基层 1 次，为积极引导各基层组织开展活动提供了保障。结合传统节日“三八妇女节”，组织 30 名女社员调研考察了白沟新城；组织骨干社员赴威海刘公岛接受爱国主义教育。每周召开专题学习会定期强化理论学习。开展批评与自我批评总结会，查找了自身在执行能力和服务意识等方面存在的问题与差距，改进了工作作风。

【参政议政】 市政协十一届五次会议上，提交提案 58 件，其中大会发言 3 件、集体提案 17 件、个人提案 38 件，全部立案。其中 5 件提案受到了中共保定市委书记许宁的批示和督办。2012 年度市政协提案交办暨表彰会议上，1 件提案被评为特别优秀提案，5 件提案被评为优秀提案。省政协会议上，保定市九三学社提交的《关于加快落实省直管县体制改革有关问题的建议》被选为大会发言，4 件提案被九三省委选用为集体提案报送省政协，保定市九三学社省政协委员提交个人提案 7 件。通过社省委、市委统战部、市政协等渠道报送社情民意信息 25 篇，其中《关于加快推进耕地由“数量”保护向“数量-质量”保护转变的建议》被中央统战部《零讯》采用，《加强对目前高校教学和科研实验中涉及危险化学品用后妥善处理制度缺失或未落实问题的监督》的信息受到副省长的批示。

【社会服务】 赴涞水县娄村乡中水东村进行扶贫考察，与当地村领导班子人员座谈，实地了解扶贫村现状和需要解决的问题，制订帮扶方案，并签订了定点扶贫工作协议书。保定市涞水、涞源、易县等北部地区洪涝灾害发生后，社市委牵头捐款 8700 元，捐赠图书 800 余册。易县独乐乡中独乐村、满城县等地开展“科技卫生”双下乡活动。累计诊治病人 400 余人次。组织社员到顺平县康盛园农民幸福院、保定市康寿园老人公寓、弘德家园孤儿院开展了献爱心社会公益活动，累计捐赠生活必需品等价值 11500 余元，部分社员还现场捐赠了现金 2000 余元。

【宣传工作】 通过多层次、全方位、网络化的宣传途径，向各级媒体投稿近 36 篇，被累计采用 31 篇。自办刊物《保定社讯》7 期。在九三省委宣传工作会议暨理论研究成果交流会上，社市委获得九三学社河北省委 2011 年度宣传工作二等奖，被市政协评为宣传工作先进单位。

（王 烨）

保定市工商联

【保定市工商业联合会】 保定市工商业联合会是中国共产党领导的工商界组成的人民团体和商会组织，是党和政府联系非公有制经济人士的桥梁纽带，是政府管理非公有制经济的助手。市工商联机关为正县级单位，内设办公室、组宣部、经济部、联络部。

主　　席　赵桂良（1 月~9 月）
　　　　　霍占利（9 月~12 月候选人）
党组书记　董桂武（兼）
副 主 席　董桂武　郭武昌　刘占奎　王丽华（女）　杨建平　葛大壮　魏建军　王　凤　王　超　李晓恩　张振堂　梁连起　孙树贵　臧立根　杨建忠　康玉柱　李小社　魏少军　杨东升　成　燕（女）　李春波　董跃中
秘 书 长　胡铁成

市总商会
会　　长　赵桂良
副 会 长　袁大炳　李建新　杨金庆　杨文革　郭运通　梁　伟　孙占启　李　鹏　刘继台　刘彦忠　芦新菊（女）　左玉龙　张春奇　张建军　张志民　国宝莲（女）　周乐新　赵明亮　徐新革　崔　炜
秘 书 长　胡铁成

【概况】 2012 年，全市工商联组织围绕全市中心工作，创新机制，搭建平台，加大服务企业的工作力度，积极推动非公有制经济健康发展，促进非公有制经济人士健康成长，为推进全市各项事业新发展新跨越新辉煌做出贡献。机关先后被评为“市直机关文明单位”、“先进妇女组织”、“工会工作先进单位”等荣誉称号。

【开展参政议政工作】 配合党委认真组织考察推荐全国人大代表1名、省人大代表5名、省政协委员8名，做好市人大代表、政协委员的推荐工作。在各级人大、政协会议期间，倡导全市工商联界别人大代表和政协委员积极提交高质量议案、提案200余份，许多意见建议得到党委和政府的重视与采纳。根据市委、市政府主要领导要求，努力做好非公有制经济人士晚餐会的筹备工作，共联系走访企业140多家，为市委、市政府相关领导提供了第一手非公有制企业资料。配合省工商联在全市范围内对90余家涉外民营企业就开拓国际市场、引进专业型人才、赴外培训等方面进行了问卷调查。在指导全系统开展的系列调研活动中，形成各类调研材料20余篇。

【抓好商会建设】 积极争取党委、政府支持，强化工作措施，加强对直属商会、专业委员会的核查、登记和整改工作。筹备并成立了保定市工商联金属材料商会、保定市保津商会、保定市家装家居行业协会；召开了福建商会筹备工作会议并就成立工作详细部署，组织筹备了保定市老字号协会、茶业协会和旅游协会；召开了白沟新城各异地商会座谈会议并就规范运行提出建设性意见。在劳动妇女节来临之际，组织不驻会领导班子女性成员以冷餐会的形式开展了联谊活动，活动以引领生活时尚、关爱女性健康为主题，树立了全新的健康理念，丰富了妇女文化生活，促进了机关干部和企业家情感交流。

【加强对非公有制经济发展的协调服务】 紧紧围绕“京畿强市、善美保定”总体定位和四大主体战略举措，加大了服务企业力度。积极探索企业海外发展的路径与模式，助力非公有制企业走出去，两次组织召开中澳经贸洽谈交流会，与澳大利亚电工协会达成意向，择期正式签署建立友好商会协议书。加强了与金融机构的联系，着力促成银企合作，为非公有制企业加强融资支持。配合市委、市政府组织我市3家会员企业出席了中国廊坊5.18经贸洽谈会；参与做好2012年度省AAA级劳动关系和谐单位申请推荐工作。加强了与兄弟地、市工商联的横向联系，与沧州市及辽宁省辽阳市工商联建立了友好商会关系并签署协议书。全年组织、指导各级工商联开展各项学习和业务培训达9000多人次。

【抓好维稳和十八大安保工作】

高度重视维稳和十八大安保工作，领导干部率先垂范，严格落实责任制，及时排除隐患。做好各县（市、区）工商联和各企业会员思想政治工作。严格执行24小时值班备勤制度和请销假制度，坚持领导干部带班，值班人员双岗按时值班。派驻工作队员到安国八五村驻村维稳，及时掌握信访矛盾重点及存在隐患，采取多种形式做好群众思想工作，并就食品安全、防爆物品、电力设施、反宣标语等安保隐患进行了排查，建档造册，对存在安保隐患的商业摊点、部位及时联系药市办和相关部门进行整改，为十八安保工作顺利完成作出了贡献。

【做好救灾扶贫工作】 重点做好“7.21”抗洪救灾及生产自救工作。“7.21”特大洪灾之后，市工商联高度重视，机关全体干部职工即时捐赠现金5800元。在抗洪救灾募捐晚会上，全市非公有制企业现场捐款捐物4700余万元。针对中共中央总书记习近平在阜平调研情况专题学习谋划，引导非公企业积极参与到扶贫事业当中来。市工商联主要领导和主管领导多次带队赴定点扶贫村博野县东墟乡大墟村实地走访，在市工商联的多方努力下，石家庄市工商联保定商会在会长董跃中的带领下，积极踊跃捐款，现场捐助24万元用于该村的扶贫改造工程。对该村村容村貌进行了修缮和改造，该村被确定为重点扶贫村。

【推动基层建设年等活动的开展】

认真落实加强基层建设年活动。市工商联驻清苑县望亭乡东安村工作队认真努力推进各项工作，加强了与县交通局、建设局、电力局、卫生局、文广新局等有关职能部门和主管领导的联系，搞好项目对接，总投资76万余元谋划并实施了村庄主街道硬化、标准化卫生室和农家书屋建设、安全用电、环境整治规划等七项重点工程。工作队邀请河北农业大学农学院教授李雁鸣为村民们讲授小麦提高产量的田间管理课程，并为村民免费发放《保定市亩产500公斤小麦高产创建技术规范模式图》。继续深入开展“百家民企进老区帮千户光彩示范行动”活动，组织100家非公有制企业采取走访慰问、技术培训、解决难题、项目帮扶等方式，支持和帮助1000户贫困户脱贫致富，并通过建立适合当地特点的共建模式，带动当地群众就业、增收，实现互利双赢。争取省工商联支持，在全市开展“明日之星爱心助学”活动，为24

个县（市、区）中小学捐赠价值240余万元的教学设备。协调市工商联女企业家商会开展了“同在蓝天下，同上一堂课——关爱贫困留守儿童”活动，组织顺平县35名贫困留守儿童参观保师附属学校并随课程听讲互动，为贫困留守儿童赠送了书包、儿童图书、羽绒服等礼品，唤起社会各界对贫困留守儿童的关注。

（王立祥　郭　静）

社 会 团 体

工 会

【保定市总工会】 保定市总工会是市委联系广大职工的桥梁和纽带，是会员和职工利益的代表者和维护者，基本职责是维护职工合法权益。内设办公室、机关党委（干部人事处）、纪检监察室、研究室（政策法规处）、组织部、经济技术部（职工技术协会办公室）、财务部、民主管理部、法律工作部、保障工作部、宣教文体部、女职工部（女职工委员会办公室）、劳动保护部、经费审查委员会办公室、劳动福利事业管理部、教育工会（副县级机构）、市直机关工会、工业建设农林水工会、财贸金融轻纺工会。下设职工培训中心、工人文化宫、第二工人文化宫等3个直属事业单位。

市总工会十七届委员会

主　　席	陈英杰（兼）
常务副主席	周文琪
副 主 席	文　霖
	赵金柱（满族）
	杨占辉
	仝秀明（女）
	田宝元
	齐春刚（11月任副主席候选人）
教育工会主任	刘爱国（7月免）
经审委主任	王文奎
女工委主任	支　亚（女）

市总工会党组

党组书记	周文琪
党组副书记	文　霖
党组成员	赵金柱（满族）
	杨占辉
	仝秀明（女）
	田宝元
	齐春刚（11月任）
	刘爱国（7月免）
	吴国锋
	王文奎
纪检组长	吴国锋

【概况】 2012年全市共有基层工会15522个，涵盖法人单位29185个，会员151.4万人。各级工会紧紧围绕建设“京畿强市，善美保定”中心任务，切实履行工会职能，各项工作取得明显成效。市总工会先后获得全总表彰5项、省总表彰14项、市委市政府表彰16项，工会工作经验在市以上会议或媒体予以推介7项、在市级以上内外刊物刊登200余篇。特别是工会整体工作在省总北戴河会议上做了典型发言；基层组织建设工作年度考核全省排位第一；劳务派遣企业建会入会工作，全总通报表彰的全国15个成绩突出城市中，保定是唯一地级市，其余均为副省级或省会城市。

【“四双”活动】 全总在企业工会实施“工会组织亮牌子、工会主席亮身份”（简称“双亮”）工程，保定市作为全国10个示范城市之一，创造性地开展了“工会组织亮牌子、工会主席亮身份，工会工作树品牌、工会干部树腰杆，会员评议工会工作、上级评选优秀工会，促进企业和谐、促进企业发展”（简称“四双”）活动。“双亮”是手段，“双树”是助力，“双评”是保障，“双促”是目标。全市6500家企业开展了活动，激发了基层工会活力，推动了企业和职工和谐发展。“四双”活动被列为全省创新品牌，在全国、全省会议上作了典型发言，《工人日报》、《工会信息》等多家报刊进行了专题报道。

【“面心实”活动】 深入开展了“面对面、心贴心、实打实服务职工在基层”活动，按照“开展调查研究、宣传政策法规、促进企业发展、推动解决困难、推进重点工作”的要求，认真开展了“三个一”活动：集中开展驻企蹲点调研活动。全市456名专职工会干部结成106个工作组分批驻企蹲点调研，访谈一线职工2280名，撰写了106篇有价值的调研报告，全面推广省总工会党组书记、常务副主席栗建华在三利集团蹲点时创造的会员入会工作经验；广泛开展“四送”（为困难职工送温暖、为一线职工送法律服务、为工资集体协商送政策指导、为农民工送文化）活动。对10424名在档困难职工实现了全走访，为846名困难职工发放慰问金42.3万元，开展了“主流文化艺术进企业”活动，惠及2万多名职工；建立健全“一项制度、两大平台”长效机制。建立了“联系职工交朋友”制度，全市所有专职工会干部与1565名职工先后联系5300多次。进一步完善了职工服务中心和企事业单位群众工作室，全市7069家群众工作室累计接待职工20.7万人次，排查调处矛盾隐患4260多起。

【职工经济技术活动】 始终坚持服务中心，围绕保定市经济建设和社会发展重点领域，在重点项目、技改创新、城市建设等六个方面开展了“助推示范”劳动竞赛，动员广大职工积极投身经济建设主战场，参赛单位8890家，参赛职工89.5万人，创造的直接经济效益达到21.3亿元，省总推广了保定经验。针对市场对“蓝领”人才的需求，重点抓了高素质职工人才队伍建设，33.6万名职工参加了岗位技术练兵和职工技能培训，3.3万名职工提高了技术等级，2.3万名职工成为金牌工人、能工巧匠、岗位标兵和技术能手，较好保障了企业对熟练工人和技术人才的需求。大力推进企业文化和职工文化建设，通过开展主题道德实践活动、评选职工职业道德模范、送主流文化艺术进企业演出，以及建立职工书屋示范点等，丰富了职工文化生活。通过开展向“陆航班”、“油条哥”等先进模范人物学习活动，在广大职工中形成了干事创业做贡献的良好氛围。

【企业民主管理工作】 始终坚持服务大局，努力维护职工队伍和社会的和谐稳定，以职工为主体的核心利益得到进一步保障。建立健全了工资集体协商年度督导检查制度，集中开展工资集体协商百日行动，建立了劳资双方互利共赢协调机制，完善了职工信息采集数据化动态管理，开通了服务职工金点子信箱，有力地推动了工资集体协商工作，已建会企业中共有11737家建立工资集体协商制度，建制率达95%，798家企业经协商工资增幅达到25%以上。大力推进企业和谐劳动关系建设，全面推开乡镇（街道）和开发区、工业园区、工业聚集区和谐劳动关系创建活动，共培养出全国模范劳动关系和谐企业2家、AAA级和谐企业103家、AA级和谐企业268家，各级劳动关系和谐企业超过千家。

【职工帮扶服务工作】 帮扶救助工作日益深入，实现了经常化、制度化、社会化。市、县两级帮扶中心全部转型升级为职工服务中心，形成集帮扶救助、互助保障、政策咨询、争议调处、法律援助、就业服务、职工培训、心理咨询“八位一体”的职工服务平台。深入开展“职工互助一日捐”活动，第二期捐款完成1545.73万元，累计救助职工5283人次，发放救助金1100.23万元。全面实施职工生活后勤保障提升计划，职工生产生活条件得到有效提升。开展“心系职工情，温暖进万家”等系列活动，为市区内特困职工每人发放“爱心卡”、取暖费，提供医疗援助。会同有关部门组织举办就业洽谈会、民营企业招聘周，一大批下岗职工实现了就业再就业。维护职工生命健康权益，组织2257家企业、42.6万名职工参与了“安康杯”劳动竞赛，5.93万名职工参加了安全生产培训。深入实施“助学育才”工程，资助困难职工子女222人，发放助学金55.75万元。开展“职工白内障光明项目”进基层活动，1500多名职工得到诊疗服务。开展“姐妹手拉手、温暖助单亲”活动，560多名单亲困难女职工获得了生活与心理援助。

【职工法律援助工作】 严格落实“三项制度”（层级负责和责任追究制度、日常信访接待制度、职工信访代理制度），完善健全“三个机制”（维稳协调联动机制、矛盾预警机制、突发事件快速反应处置机制），实行领导班子成员和县级干部包案制度，组建百人职工法律援助团，受理群众信访近2600件，消除历史积案12个。加强劳动争议调解组织建设，建立了企业劳动争议调解委员会8275个，帮助困难职工和农民工解决裁员、欠薪、断保等劳动争议300余起次。针对十八大安保工作的严峻形势，市总组成班子成员带队的驻村、驻企、驻京、驻社区工作组共9个，均圆满完成任务，荣获市十八大安保先进单位，5名派出干部受到表彰。特别是“7.21”特大洪灾发生后，市总迅速制定应急预案，下发紧急通知统一部署，积极争取省总专项支持资金80万元，组织全市工会系统筹集款物260余万元，对因灾致困家庭进行了救助慰问，维护了职工队伍的稳定。

【基层组织建设】 巩固了党工共建工作格局，全面推行“党建带建、税务帮建、工商促建、组织员主建、推进员协建”的“五建”工作法，广泛开展“摸实情、查实底、建实账，千名干部下基层”集中建会行动，全年共发展会员12.5万人，组建基层工会组织2878个，企业工会涵盖单位6622个，建立工会联合会704家。整体推进县、乡、村、企四级规范化建设，全市县级工会16家达到省级规范化标准、6家获得省先进工会称号，11个乡镇（街道）获得“河北省百家示范乡镇（街道）工会”称号，涌现出150个先进职工之家、100个先进职工小家。各级工会干部始终坚持“站位高点、创新突破、争先进位、共建和谐”，不断强化自身建设，进一步提高了服务职工群众的能力和水平。

（王萌萌　马晓明）

共青团

【中国共产主义青年团保定市委员会】 是中共保定市委领导下的先进青年的群众组织，机关设办公室、组织部、宣传部、青工部、青农部、学少部、统战部机关党总支部和青少年宫、青年服务站两个事业单位。

书　记　许红琳（女，7月任）

副书记　许红琳（女，1～7月主持工作）

杨跃峰　蔡红星

【概况】 2012年，团市委围绕党政工作大局，认真履行团的四项基本职能，全力实施分类引导工程、青春建功工程、青年民生工程、桥头堡前移工程和团干部能力成长工程，团结带领全市团员青年在建设“京畿强市善美保定”的实践中彰显了青年力量，各项工作取得了长足发展。一年来，市委、市政府对团市委工作高度重视，市长李谦、市委副书记王晓栋、市委副书记马誉峰、组织部长兰保良、政法委书记王立山、副市长石海林先后对团市委组织开展的青春致富大讲堂、助力扶贫开发和灾后重建、推进青年就业创业、村级团组织集中换届、大中学生思想稳定等工作做出批示。团省委书记梅世彤先后8次到保定调研指导工作，对保定市工作给予了大力支持。

【实施分类引导工程，引领青年工作取得新进展】 兴起学习贯彻十八大精神热潮。以学习贯彻十八大精神为统领，提升新时期保定青年理想信念。组织团员青年观看十八大开幕式盛况，召开书记办公扩大会，研究制定学习宣传贯彻十八大工作方案，下发了《关于在全市广大团员青年中迅速兴起学习宣传贯彻党的十八大精神热潮的通知》。开设十八大学习专题和学习专栏，营造学习氛围。组织召开“学习十八大永远跟党走”全市各界青年代表学习宣传贯彻十八大精神座谈会，市委副书记马誉峰对十八大精神进行了宣讲，并对青年提出了具体要求。在各级团组织中广泛开展学习贯彻十八大“六个一”活动，即召开一次专门会议安排部署、每周组织一次集中学习、至少组织一次主题实践活动、团委书记至少进行一次宣讲、每名团干部撰写一篇学习体会、每个团组织阵地制作一个宣传专栏。主题实践教育活动丰富多彩。围绕善美保定建设，开展了“学雷锋”志愿服务活动。以建团90周年为契机，开展了“传承五四精神激扬青春风采”主题教育活动。4月30日，在市农业生态园二园之际举办“绽放多彩青春奉献家乡发展——青少年文化活动日”系列活动。5月18日，召开了学习贯彻中央、省委纪念建团90周年重要活动精神座谈会，市委书记许宁、副书记王晓栋等7位市领导出席，许宁对全市广大团员青年提出了明确要求。以学习贯彻市委十届三次全会精神为主线，开展了‘青春建功新保定”主题实践活动。围绕庆祝建党91周年和党的十八大召开，开展了“学党史、知党情、跟党走”、“喜迎十八大永远跟党走”系列活动。运用新媒体影响青年深入。开通团市委腾讯、新浪官方微博和各级专职团干部个人微博，全市团组织和团干部微博数已达到371个，团市委微博粉丝已达到6000余人。开展了“青春风尚善美保定”、“我身边的雷锋”等主题微博活动。加强“青春直通车网络基础平台”建设，为直接联系青年、服务青年、青年自组织管理、团的自身建设等各项工作提供全面的技术支持。“青春直通车”注册总数已突破7万人。团干部广泛联系普通青年。开展团干部直接联系普通青年工作，共对接青年2300余名。团干部利用QQ、短信、微博等现代化通讯手段与青年进行沟通交流，及时了解他们的需求及思想动态，帮助他们解决思想和生活上的问题。依托“百名团干部进校园”活动，积极做好全市大中专学生思想引导和稳定工作，在专职团干部与全市所有大中专院校及部分重点中学对接的基础上，明确工作原则，完善信息报送体系，成立志愿者队伍，提升应急处置能力，在黄岩岛、钓鱼岛事件及涉日敏感时期和十八大召开期间，未出现一起学生聚集、游行等过激事件和行为。

【实施青春建功工程，服务党政中心工作取得新成效】 助力“京畿强市”建设。开展“青春直通车建功新保定”青联委员走进县（市、区）活动，先后走进中国巨力集团、英利能源（中国）有限公司、药都集团、祁州酒业集团等，为当地的招商引资和企业发展寻找更多的商机和项目。成功承办“2012年中央企业团工委与团省委对接联谊－青年力量·共创未来”活动，与央企团委签署合作备忘录。积极拓展对外交流，先后接待中国社科院、交通运输部团委、中央国家机关团工委、北京团市委、四川、湖南、山东团省委、西藏青年民族团结先进代表考察团等到保定参观考察，为招商引资搭建平台。深入做好涞水县娄村乡南庄村对口扶贫和雄县昝岗镇王马浒村基层建设年活动，积极为两村修建水利设施、电力设施和“两委”办公场所。助力“善美保定”建设。深化青年志愿者行动。3月5日，组织近千名志愿者在茗畅园社区、保定汽车总站、市内各公交站台等地集中开展了“经济强市我奉献和谐保定展风采”志愿服务活动。国庆期间，组织开展了“真情颂善美献礼十八大——保定市青年志愿者‘7+1’志愿服务系列活动”，对接帮扶30名孤寡老人和残疾人。建立志愿者服务长效机制，火车站、高铁站、客运中心、社区、中小学校随处可见志愿者的身影，成为“善美保定”建设的一大亮点。拓展青年文明号创建活动。13家市级青年文明号集体成功晋升为省级青年文明号，对促进文明城市和文明行业创建起到了标杆示范作用。推进大中学生暑期社会实践活动。组建100余支社会实践小分队，分赴广大农村和城市社区。开展典型选树活动。培树了自强自立大学生何飞、见义勇为好青年翟浩、全国优秀青年志愿者唐明宇、全军优秀士官贾元友、全国优秀志愿服务项目“王叔叔讲故事”等一大批善美人物典型。助力扶贫开发和灾后重建。一是“青春致富大讲堂”农村青年培训项目。招募专家学者220人组建讲师团，举办培训18场，培训农村青年6000多名，争取省助力资金28.9万元。二是“农村青年小额贷款”创业扶持项目。全年共发放小额贷款1.53亿元，受益农村青年4000余名。三是“青春奉献基层”青年志愿者服务项目。招募320余名志愿者，举办活动10余场。组建22支青年突击队踊跃投身抗洪抢险和灾后重建。发动青联委员捐款2000余万元，并将价值15万元的物资送到涞水、涞源等重灾区。四是“新农村文化宣传”青年思想引导项目。拓宽农村青年思想引导渠道，邀请河北、北京知名媒体到涞水、涞源、易县实地采访。五是“希望工程”贫困学生圆梦项目。争取上级支持700余万元，救助涞水、涞源、易县贫困大中小学生3800余名。六是“1+1+N”结对帮扶致富项目。涞水、涞源、易县分别与中国移动通信集团公司等3家央企成功对接，开展结对帮扶。七是“新农村好青年”人才培养项目。以“农村青年创业致富带头人”评选活动为抓手，挖掘和培树50名农村青年典型。助力改善“两个环境”。实施三大行动，助力改善“两个环境”。青春靓城行动。开展青春风采·善美保定——全市青少年助力改善“两个环境”集中行动日，组织万余名志愿者进机关、进校园、进企业、进社区等，清除城市垃圾、扮靓城市环境。组织交通志愿服务队到主要路段、站点和街口，纠正交通不文明行为，建立环境整治青年示范区（街）150个。青少年“绿动保定”行动。争取价值10万余元的绿化苗木，招募青年植绿护绿志愿者，种植爱心林、纪念林、友谊林2.5万亩，建立青年示范林（路）150个。青春建功行动。组建300余支企业生产型、科技攻关型、民生保障型、节能环保型、市政建设型青年突击队，广泛开展安全、质量、进度、管理、创新五个方面的“立功竞赛活动”。

【实施青年民生工程，服务青年工作取得新突破】 服务青年就业创业。下发《关于深入推进青年就业创业工作的实施意见》，组织开展“青春大讲堂”、“企业家进校园”就业创业报告110场。依托208家青年就业创业见习基地，为2700余名社会青年和高校应往届毕业生提供实习岗位。依托“青春致富大讲堂”、送金融知识下乡等活动，采取团组织单独培训、联合政府部门培训、依托社会经济组织培训等形式，培训农村青年3.5万人，促进就业6990人，落实培训资金66.5万元。服务青少年成长成才。青少年宫培训规模和质量稳步提高，年培训量突破17000人次。组织开展了2012青少年宫少儿春节联欢晚会、青少年宫庆六一少儿曲艺专场、2012超级童声大赛等活动，开办了HCS少儿电视台。举办了“花园杯”数学夏令营、暑期舞蹈集训营、小荷风采优秀少儿书画作品展，承办了中央音乐学院音乐考级、河北电视台《宝贝上春晚》保定地区海选等活动，一大批青少年宫学员在全国和省市级各类大赛中获奖，为全市青少年搭建起一个快乐学习和展示风采的舞台。服务困难青少年群体。积极争取上级支持，全年共募集资金700余万元，救助贫困小学生360名、中学生4000名、大学生230名。新签希望小学援建、改扩建项目3个，争取95万元为曲阳、博野等县的4所学校提供相关配套设施。组织开展贫困儿童关爱行动，举办大手牵小手——华电关爱行、“我们一起过六一”天使100公益活动、“放飞梦想共助成长”——青年志愿者圆梦六一志愿服务、“基层建设年——希望工程志愿者走进希望小学”、“志愿青春和谐河北”共青团关爱农民工子女志愿服务等活动。维护青少年合法权益。举办《未成年人保护法》普法知识教育、“自护自救安全知识”讲座、劳动用工法制宣传活动，把法律援助服务送到学校和工地。延伸12355热线功能，强化青少年诉求咨询服务、个案转接处理等功能。全年接受咨询电话80余个，解决权益问题12个。积极推进未成年人保护和预防青少年违法犯罪，开展与人大代表、政协委员面对面活动，牵头全市青少年违法犯罪进行调研，并向市政法委提交了调研报告。

【实施桥头堡前移工程，团的自身建设取得新成就】 扎实开展村级团组织换届。大力加强农村团组织建设，以村“两委”换届为契机，开展了村级团组织集中换届，圆满完成了全市6130个行政村的团组织换届选举工作，居全省第一位。保定市的做法在省委“全省村两委换届工作简报”和团省委“农村共青团工作简报”上刊发，在全省宣传推广，相关信息被团中央移动频道采纳。在团省委召开的村级团组织建设推进会上，保定市做了典型发言。积极推进乡镇、村团组织标准化建设，按照“五有”标准，创建20余个团组织标准化建设示范乡镇和示范村。大力推进乡镇实体化“大团委”建设。深入落实全省乡镇实体化“大团委”建设工作电视电话会议精神，全市325个乡镇共新建直属团组织6839个，居全省第一位。在全省共青团工作交流会上，保定市做了典型发言，相关做法在团省委“河北青少年工作信息专报”上专题刊发。同时，每个县（市、区）选取两个乡镇6个直属团组织，开展标准化建设。积极探索农民专业合作组织团建，对889个国家、省、市级和一般合作社进行摸底，在189个农合组织建立了团组织，并纳入乡镇实体化“大团委”建设中，农合组织逐步成为了团组织服务和扶持青年增收致富的重要依托和有效载体。积极开展非公经济组织团建。全力推进非公有制经济组织团建，成立企业共青团联席会，编发企业团工作简报，促进企业负责人、企业团组织之间的学习交流。全年新建成非公企业团组织1226个，覆盖35岁以下青年8.6万余人。成立了驻天津团工委，为保定籍在津务工青年搭建了就业创业、权益维护、人才培养、关爱帮扶的新平台。大力加强共青团外围组织建设。积极打造时尚青联、文化青联、责任青联，成立青书协小组、青画协小组、青年摄影家小组、青年户外活动小组及青联艺术团等，全面提升青联吸引力和凝聚力。组织开展“保定市各界青年学习贯彻市委十届三次全会精神座谈会”、第二届大型婚礼文化节和青联委员县（市、区）行等活动。开通“保定市少先队”微博，建立“保定少先队”QQ群，召开全市少先队工作会议，制定《保定市少工委2012年对县（市、区）少工委工作考核细则》，进一步规范少先队辅导员队伍。以保定学院为试点，在全省11个地市率先开设《少先队学》选修课，邀请专家、优秀辅导员等为大学生授课，取得良好效果。

【实施团干部能力成长工程，团干部综合素养取得新提升】 加强理论业务学习。坚持开展机关干部“每周一讲”活动，提高团干部的学习能力和表达能力。选派18名高校团干部到县（市、区）团委挂职锻炼，组织机关中层干部到县（市、区）上团课，培训乡镇、农村基层团干部1600余名。举办保定市青年马克思主义者培训班，230余名团干部参加了培训，市委副书记马誉峰为团干部讲授党课，并对广大团干部成长成才提出了殷切期望。提高工作执行力。深入开展执行力亮剑行动，把贯彻“三自”、“六不”要求与执行“团干部作风建设十六条”紧密结合。建立了团干部考核评价机制。对优秀团干部进行表彰奖励，提高各级团干部的工作积极性。建立了工作述职机制。各县（市、区）、驻保高校、大企业团委定期述职，促进工作横向交流，提高基层团组织的创先争优意识。建立了重点工作督查机制。对每一项工作任务做到四明确，不让一事拖拉，不让一项工作落空。建立了向同级党委定期汇报机制。每半年将县（市、区）团委工作向县委主管领导通报，增强县（市、区）团委的压力感和责任感。

（王晓明）

妇　联

【保定市妇女联合会】　保定市妇联是中共保定市委领导下的全市各界妇女的群众团体组织，正县级单位。按照“三定”方案，设办公室、组织联络部、宣传部、城乡工作部、权益部、儿童工作部等6个部室，内设党总支，保定市人民政府妇女儿童工作委员会（以下简称妇儿工委）办公室设在市妇联，实有人员27人。下设保定市妇女儿童活动中心一个，事业单位。妇联的基本职能是代表和维护妇女权益，促进男女平等。

主　席　蒋兰梅（女）
副主席　张　立（女）
　　　　张　力（女，9月免）
　　　　张荣芳（女）
　　　　段　辉（女）

【概况】　2012年，市妇联围绕大局，开展执行力亮剑、创先争优、基层组织建设年等活动，做好抗洪救灾、十八大安保等工作，团结带领广大妇女为建设“京畿强市、善美保定”做出新贡献。获全国妇女创先争优先进集体、省加强基层建设年活动优秀驻村工作队、保定市创先争优先进基层党组织等各种荣誉17项。在省妇联十二届七次常委（扩大）会议上做了题为《扩大覆盖面提高影响力不断开创非公有制经济组织妇女工作新局面》的发言，《“亨佰丽”杯女大学生创业大赛的实践和思考》作为全省基层妇女群众工作典型案例作书面交流，副市长周省时对非洲马拉维代表团到保定考察情况汇报做出“女企业家是招商引资项目建设的生力军”批示。在《保定快报》等刊登信息16条。在国家、省、市媒体宣传妇女工作、妇女典型近200篇（次）。全年协调款物1000多万元。

【以维权促进社会和谐稳定】　市妇联认真履行职能，维护妇女合法权益，以维权促维稳。一是维权组织网络化。“妇女儿童维权站”已实现了全覆盖。8月11日，内蒙古自治区妇联考察团到保定市参观妇女维权和信访代理工作。在全市推广了北市区妇联“五六七”维权工作法。二是信访接待规范化。推进妇女信访代理规范化建设，全年接待信访168人次，接听热线1688次，做到了无积访、无越级访、无民转刑案件的发生。三是普法教育经常化。制定《保定市妇联系统“六五”普法规划》，举办了“三八”妇女维权周活动暨河北省妇女维权示范站授牌仪式，“市场劳动用工，劳务市场清理整顿”法律宣传教育专项活动，“法律进校园、进课堂”活动，“送健康、送法律、送科技”大型帮扶，12.1世界艾滋病日，12.4法制宣传日等活动。四是做好十八大信访安保工作。开展不稳定问题隐患大排查大化解工作。组建了5支巾帼维权志愿队伍。贯彻落实《关于进一步深化妇女信访代理制加强维护社会稳定工作的通知》。权益部被市直机关工委授予“党员先锋岗”。十八大安保工作组、驻永中社区群众工作站、驻郭村工作队，克服种种困难，做好安保工作。4人获保定市十八大安保工作先进个人。

【以项目助力幸福民生工程】　市妇联发挥协调优势，整合社会资源，实施项目化运作，改善妇女儿童生存发展环境，惠及广大妇女儿童。一是开展妇女儿童健康行动。实施了母亲健康快车、农村妇女“两癌”免费筛查、先心病患儿救助项目。共争取“母亲健康快车”15辆，TCT机13台，受益妇女11000人。争取“专项基金”11万元，为1000多名妇女免费筛查，将救助重点县扩展到10个。为23名先心病儿童实施手术，减免医药费20余万元。开展了“光明行动走进雄县”公益活动及微笑列车、免费窝沟封闭公益项目，233名患者及儿童受益。1000多名妇女参加女性安康重大疾病保险。举办孕妈妈知识讲座，受益群众达2000人，提高了妇女儿童卫生保健意识和健康水平。二是深化春蕾计划，提升社会动员力。协调资金17.82万元，资助294名春蕾生及贫困儿童；为顺平县黄井小学争取春蕾小学项目20万元；中国儿少基金会资助易县40名贫困高中生连续三年15.6万元；曲阳3名困难学生进入省妇联“新芽高中春蕾班”。省危难儿童救助金14.6万元资助27名危难儿童。看望烧伤女孩李培，送去现金2000元。丹麦太阳能供水系统项目落户2所中学；举办保定市庆“六一”救助表彰大会，招募“爱心父母”200多名，捐款12万多元。启动“恒爱行动”——为灾区儿童编织爱心毛衣活动。全年落实救助款85.8万元，物品价值550多万元。三是做好亲民爱民、扶贫工作、群众工作站、基层组织建设年工作。深入到安新县、永中社区、顺平县侯各庄村慰问120个困难家庭和贫困学生，款物3.36万元。举办“手拉手、爱心助未来”——保定市少年儿童同城小伙伴互助系列活动。市区20个爱心家庭和“爱心儿童”与侯各庄村小学的20名同学结成长期互助伙伴。开展“同在蓝天下、同上一堂课”关爱贫困留守儿童公益活动，为35名留守儿童提供2万余元的生活学习用品。实施“母亲邮包”公益项目，40名贫困母亲的名址信息已上报省妇联。基层组织建设年活动。驻郭村工作队筹集款物88多万元，高效优质完成省十项工程。用水泥硬化了村三条主要道路，新建110平方米的卫生室，28平方米的农家书屋，赠送电脑10台、电脑桌、DVD等设备、书籍800多册。清理垃圾1000多方。翻新广场1000平方米，修建高标准篮球场1个，安装健身器械7套。危房改造1户，完成农村电网改造升级。开通农村党员远程教育网络和数字卫星农家书屋。规范基层组织建设，新建排水管道400多米，发展党员2名。评选好儿媳，举办家教、法律知识讲座，义诊853人次，免费为206名学生体检，发放资料5000份。更换新桌椅254套，捐赠100个书包和体育用品。援助慰问33人。国家、省、市、县网站、刊物多次报道，县项目工作调度会上做了典型发言。县委、县政府、郭村两委分别向工作队赠送了铜匾。四是抗洪救灾，重建家园。7.21洪灾发生后，市妇联积极行动，26日即将机关工作人员捐款10400元送到民政救灾中心，在《保定日报》发出倡议书，动员社会力量，帮助灾区恢复生产，重建家园。积极争取全国、省妇联和市女企业家、爱心人士为涞水、涞源灾区捐赠价值1000余万元的床板、帐篷、衣服、蔬菜、面粉、食用油、棉被、药品、车辆等。

【凝聚力量，建设京畿强市善美保定】 引领城乡广大妇女为建设“京畿强市、善美保定”贡献聪明才智。一是实施妇女创业就业行动。争取省“农村贫困单亲母亲”项目资金21.5万元，配套资金35万元，救助定兴、涞水、容城、阜平县贫困单亲母亲43名。联合开展春风行动，举办SYB创业培训班，15人争取到小额贷款，帮助1万多名农村富余劳动力转移就业。投资20万元成立了巾帼家政职业培训学校，举办家政服务培训15期，培训340人。6名育婴师和家政服务员参加全省家庭服务技术大赛。曲阳县成立家政学校，涿州、曲阳、安国、涞水、新市区等县（市、区）培训4242名，就业率达到90%。深化大学生创业大赛，授予6所驻保高校就业处“支持大学生创业先进单位”。30名非公企业女老板当选“铿锵玫瑰”，表彰近百名巾帼创业小老板。二是分类培训，全面提高妇女素质。召开保定市纪念国际妇女节102周年大会暨女性素质大讲堂；针对女企业家举办“相约三八·共享财富”金融知识培训、健康知识专题讲座。争取省农村实用技术培训资金16万元，举办培训班130期，培训妇女2.5万人次。三是培树巾帼现代农业科技示范基地。开展保定市农业生态园文化活动周妇联活动日。开展行业特色杯竞赛活动，涌现出省岗位建功先进集体54个、先进个人23人，巾帼创业明星店13个，妇女科技示范基地13个，全国巾帼现代农业科技示范基地2个，培育市级巾帼现代科技示范基地60多个，落实资金10万元，带动500名妇女就业。10月17日，非洲马拉维共和国性别、儿童与社会福利部部长阿妮塔·卡林德率领马拉维妇女代表团到保定市，就妇女参与现代化农业生产和妇女参与商贸流通情况进行考察。代表团到涿州市百荣现代农业产业园、白沟箱包交易城参观考察。四是普及科学家教知识，丰富儿童文化生活。举办“科学家教进万家”、《儿童心理营养》大型讲座，举办“迎新春少儿书画展”、“童心有爱绽放未来”儿童图文创作大赛、“迎十八大少年儿童书法展”活动，收看了爱国主义电影。参加河北省第七届妇女书法展征稿活动。在全市200所小学开展校园口腔健康教育活动。参加河北省文明交通天使评选活动。评选百名“保定市美德少年”，开展了保定市青少年读书教育活动，60多名中小学生参加了故事演讲比赛。五是选树典型，弘扬社会新风。表彰保定市“三八”红旗手102名、集体51个。开展“孝行天下”主题系列活动。中央电视台教育频道“时代女性”专栏对“全国五好文明家庭标兵”李茂村肖秀义进行了专访。申报省级“妇女之家”示范点5个。发放报刊架、旗帜、徽章、活动记录本等。全市组建巾帼志愿服务队伍300支，召募巾帼志愿者3万人，开展了法律援助、科普宣传、卫生保健、家庭教育、扶贫助困等服务。涌现出“爱心妈妈”品牌。7月29日，省长张庆伟考察涞源一中安置点时，对涞源县六吉村妇女的“志愿者队伍队”、保定市巾帼心理咨询师给予了充分肯定。《中国妇女报》刊登了《巾帼志愿者，救灾前线的最美“风景”》的文章。

【全面加强妇联组织建设】 “坚持党建带妇建，妇建服务党建”的原则，开展强基固本和示范组织创建活动，为妇女事业发展提供坚强的组织保障。一是做好妇女进“两委”工作及农村妇代会换届选举工作。联合组织部、民政局下发《关于在村级组织换届中大力推进妇女进“两委”工作的通知》，深入40多个乡镇指导检查，在已完成换届的6202个村“两委”中，有6115个村有女性进了“两委”，6078个村完成村妇代会换届选举。二是推动非公有制经济组织建立完善妇女组织工作。下发文件，在定州召开了全省首次非公有制经济组织建立完善妇女组织现场会。全市建立非公经济妇女组织336个。三是激发妇联组织工作的积极性。推荐了全国妇联基层组织建设示范县（市）1个、示范乡（镇、街道）15个、示范村（社区）15个。河北省妇联基层组织建设示范县（市）1个、示范乡（镇、街道）16个、示范村（社区）128个。召开了市妇联十四届三次常委会、执委会，替补执委10名、增补执委8名、主席3名。四是提高妇联干部队伍整体素质。制定了《2012－2015年保定市妇联干部教育培训规划》，举办保定市妇联贯彻市委十届三次全会精神专题学习班。参加省妇联学习贯彻十八大精神专题研讨班；组织11个村妇代会主任参加河北省农村妇代会主任培训班。五是开展妇联干部“一联五”贴心扎根工程。全市6694名妇联干部联系妇女群众33470人。宣讲政策受益妇女12295人次，排查化解矛盾隐患345起，维权741人次，提供致富信息448条，协调资金149万元，捐助资金131.2万元，办好事507件。开展领导干部交友连心活动。确定联系点28个，联系妇女3850名。六是提升能力，推动妇联工作落实。以创先争优和亮剑行动为契机，推动妇联各项工作落实。下发市妇联《关于认真落实省委“三自”、“六不”要求，开展执行力亮剑行动实施意见》、《市妇联“查短板、找差距、促整改”工作实施方案》，召开了动员大会，下发征求意见函，召开座谈会、主席会、党员干部大会，查摆问题，找差距、促整改，上报《保定市妇联查找出的短板差距及整改措施》、《保定市妇联关于“查短板、找差距、促整改”工作公开承诺》，在机关开展执行力亮剑行动“走在前、作表率”主题实践活动。组织党员、部室开展2012年创先争优认责承诺、全面对标。完成了《保定市志》妇联篇（1979－2010年）的初稿撰写。

【推进惩防体系和党风廉政建设】 一是将廉政建设责任制落到实处。召开党组会专题部署反腐倡廉工作。成立了党风廉政建设工作领导小组，制定了《市妇联党风廉政建设责任制工作意见》、《市妇联领导班子及班子成员党风廉政建设责任目标分解》，将任务层层分解，进一步明确了一把手、班子成员、科室负责人的责任，明确了责任追究范围和惩戒措施。二是筑牢拒腐防变思想道德防线。学习了中纪委、省纪委、市纪委全会精神；学习了中央、省、市领导关于加强党风廉政建设和反腐败工作的重要讲话、《领导干部廉洁从政若干准则》等有关规定，开展了为“全国创先争优优秀党员”网上投票、知识答题、演讲比赛、观看电影、参观党风党纪展览、撰写廉洁从政格言、表彰优秀党员、上好廉政党课、保持党的纯洁性主题教育活动等。三是切实规范领导干部廉洁从政行为。制作《2012年领导干部责任公示台》，完善了《市妇联领导班子成员廉洁自律制度》、《市妇联机关工作制度》、财务管理、公车使用等制度，在人事任免、大额财务支出等重大事项决策中，坚持规范程序、集体讨论、会议决定，避免了腐败问题的发生。对财务支出、党费收缴、评选先进等情况进行公开，用制度管权、管事、管人。定期召开党风廉政建设会议，充实完善廉政档案。四是开展廉政文化进家庭活动。把家庭廉洁文化建设、廉政文化进家庭与创建妇女之家、巾帼志愿者活动、创建学习型家庭活动结合起来。通过宣传牌、宣传画、警示格言牌等形式，广泛宣传廉政文化知识，倡导以俭为荣、以贪为耻的社会风尚；把廉洁情况作为评选“三八红旗手”、“巾帼建功”、“五好文明家庭”、“文明和谐家庭”的重要条件，营造风清气正的成才环境，构建反腐倡廉的家庭防线；把廉政文化进家庭纳入“女性素质工程”、未成年人思想道德建设、“双合格”家长教育实践活动，对女领导干部、广大家长进行廉政教育；开展燕赵百名优秀女性、保定市第三届道德模范、最佳孝顺儿女等评选活动。举办保定市首届公益集体婚礼，营造崇尚文明、风清气正、勤俭持家的社会氛围。五年来，落实了党风廉政建设责任制，认真落实《建立健全惩治和预防腐败体系2008－2012年工作规划》，初步形成惩治和预防腐败体系基本框架。

（周志忠）

侨联

【保定市归国华侨联合会】 保定市侨联是中国共产党领导的由全市归侨、侨眷组成的人民团体，是党和政府联系广大归侨、侨眷和海外侨胞的桥梁和纽带。主要职责，贯彻侨法，维护侨益，充分调动广大归侨、侨眷和海外侨胞的积极性，为保定市的对外开放和经济建设服务。内设办公室、宣联处，共8人。

党组书记　贾永山
副 主 席　李玉华（女）

【概况】　2012年，保定市侨联认真学习贯彻党的十八大精神，深入开展“为侨服务年”活动，积极做好基层建设年和十八大安保工作，圆满完成了全年的各项工作任务。并根据省、市统一安排，市侨联派出3名干部分别进驻新市区东闫童村和蠡县张七村开展工作。驻村后，侨联机关和驻村干部为村民办实事、解难事。经与有关部门协调，为村民打井、修路、整治村容村貌、修建文化广场、增容用电、加固教学楼、开展义诊等。侨联“基层建设年”工作得到了群众和有关部门的充分肯定，《河北日报》、河北电台、《河北经济日报》、《燕赵都市报》、《保定日报》、保定电台和新华网、中新网、中国网、长城网、河北基层建设年网、保定网等媒体先后进行了报道。

【开展“为侨服务年”活动，做好侨界群众工作】　一是开展“情暖侨心”为主题的走访慰问活动。共走访慰问归侨侨眷40余户，送去慰问品和慰问金近两万元。开展侨联干部与归侨侨眷“交友连心”活动，深入交友对象家中集中开展走访调研活动，增强了为侨服务工作的针对性。二是组织部分老归侨畅游桃花园。为迎接党的十八大胜利召开，组织部分老归侨到桃花盛开的顺平县赏花踏青，进一步激发了老归侨爱国爱乡的热情。三是成立保定市归侨侨眷法律咨询服务中心。12月19日，市归侨侨眷法律咨询服务中心在河北佳蓬律师事务所举行了揭牌仪式。省侨联副主席包东、市委常委、统战部长、农工委书记王惠欣出席揭牌仪式并讲话。保定市归侨侨眷法律咨询服务中心将为全市广大归侨侨眷提供法律咨询和服务，为维护侨益工作提供便利条件。

【“请进来、走出去”，扩大对外宣传和联谊】　先后接待了中国侨联主席林军、吉林省侨联主席张守信、外交部驻加拿大多伦多总领事房利一行、美国博文国际投资集团董事长王博宇及台湾海峡两岸和谐文化交流协进会会长陆炳文一行。陪同客人参观考察了长城汽车有限公司、留法勤工俭学运动纪念馆等，扩大了保定的对外宣传。侨联党组书记贾永山到北京拜访了河北冀商联合会会长郭春来，双方就计划在保定建冀商大厦、开展扶贫助困活动等事宜进行了交流。

（李玉华　林薇）

社科联

【保定市社会科学界联合会】保定市社会科学界联合会（简称市社科联），是中共保定市委领导下从事理论研究和理论宣传的学术性人民团体，是保定市社会科学界各学会、协会、研究会的联合组织，负责对全市社会科学学会、协会、研究会进行业务指导、管理、组织、协调，是党和政府密切联系社会科学工作者的桥梁和纽带，正县级全额拨款事业单位，参照公务员管理。与中共保定市委讲师团合署办公。承担着社科规划课题研究、社科优秀成果评奖、社科青年专家评选、干部理论教育等工作职能。

主　席　房振杰
副主席　张秀贤（女）
　　　　李万一　王惠鹏

【概况】　2012年度，保定市社科联高举中国特色社会主义理论伟大旗帜，贯彻落实科学发展观，认真学习领会、贯彻落实党的十八大精神，认真学习贯彻市委全会精神，积极开展执行力亮剑行动，创新思路，强化特色，突出重点，着力做好各项工作，服务大局水平进一步提高，在全市社科界影响力和凝聚力进一步增强。完成“走基层太行行”调研团在保定的服务，这次调研活动由省社科院组织，在阜平、唐县、顺平三县调研3天，整个调研团40多人。参照省社科联做法，正式启动《保定社会科学年鉴》编纂工作。市委常委、宣传部长任编委会名誉主任。

【认真学习贯彻市委十届三次全会精神】　认真学习全会精神，召开全体干部大会集中学习。组织社科专家对全会精神深入解读。与保定电视台合作，制作两期专题节目。单位主要领导接受媒体记者采访。机关工作人员撰写理论文章在《保定日报》发表。召开全市学习全会精神理论研讨会。到徐水县大王店镇刘官营村宣讲全会精神，市委组织部电教中心专门制作了专题片。在《保定社会科学》设十届三次全会专栏，深入宣传全会精神。

【积极为执行力亮剑行动提供智力服务】　与市委宣传部联合举办“执行力亮剑行动理论研讨

会”。市委常委、宣传部长出席并作重要讲话。《保定日报》整版刊登了发言摘要。与市委宣传部联合开展执行力亮剑行动主题理论征文活动。

【首次召开全市社科工作会议】 会上，市委宣传部副部长、市社科联主席房振杰对2011年社科工作进行了简要总结，并对2012年工作进行了部署。对在2011年度社科工作中表现优异的61个先进单位、54个先进个人进行了表彰。市委常委、宣传部长出席并讲话。各县（市、区）委宣传部、高开区党群工作部、白沟新城组织人事局的主管领导、理论科长；市直有关单位负责人；市属和驻保高校分管领导、科研（社科）处长；所属社团负责人等120余人参加会议，《保定日报》等有关媒体进行宣传报道。

【有效发挥社科规划课题咨政作用】 下发年度课题征集意见函，召开课题立项研讨会，通过报刊、文件、网络多渠道宣传发动，调动全市社科工作者广泛参与。全市申报623项立项申请，评出一般课题290项，共建课题90项，课题申报的数量、质量均创新高。

【组织保定市赴基层十八大精神集中宣讲活动】 与市委宣传部联合组织开展。制定《工作方案》，结合保定实际编写《宣讲提纲》。在市委常委会议室召开宣讲动员会。市委常委、宣传部长做动员讲话。从市社科联、党校、驻保及市属院校专家学者中抽选15名宣讲骨干，成立市委赴基层宣讲团，分赴各县（市、区）、学校、企业、军营、农村、社区等基层宣讲点开展宣讲。

【发挥社科团体服务经济社会发展的作用】 积极拓展基层社团组织队伍。推进学会审检制度化。对全市社会科学会进行了认真的年检，对部分变更情况逐一进行妥善处理。指导成立保定市应用心理学会、保定市五帝文化研究会、保定市婚姻家庭咨询师协会。组织学会参加全国大中城市社科联第23次工作会议，市财政学会被评为全国标兵学会，市金融学会、市军校研究会被评为全国先进学会。

【举办保定市第八届社科普及周】 成立保定市社科普及活动组委会。8月20日至26日，以“建强市、促和谐、兴文化、迎接十八大”为主题，在全市举办保定市第八届社会科学普及周活动。与市委宣传部联合发文，组织全市宣传文化系统、各所属社团参加“河北省文化大发展大繁荣知识竞赛”活动。结合“走转改”要求，开展社科知识咨询教育活动。围绕社会主义核心价值体系建设、京畿强市善美保定建设，文化大发展大繁荣等主题，举办各种主题研讨会。

【承办2012河北省社科普及工作会议】 4月11~13日，2012河北社科普及工作会议在保定召开，各市社科联和高校有关人员参加会议。市委常委、宣传部长到驻地看望与会人员。省社科联领导总结2011年科普工作，安排部署2012年工作；与会人员分组讨论民生调研活动等社科普及工作；省委信息中心负责同志就民生调研作了专题报告；省社科院领导讲了意见。

（高继承）

文　联

【保定市文学艺术界联合会】 保定市文学艺术界联合会是中国共产党领导下的人民团体，是市委、市政府联系广大文学、艺术工作者的桥梁和纽带，是全市各文艺家协会和各县（市）、区文联和企业（产业）文联的联合组织。机关内设4个科室：办公室、组联处、人事处、艺术精品辅导处。下属二个科级事业单位：保定市文学艺术创作室、保定市文艺发展培训部。另下辖十一个文艺家协会和一个书画院：保定市作家协会、保定市书法家协会、保定市美术家协会、保定市摄影家协会、保定市音乐家协会、保定市舞蹈家协会、保定市戏剧家协会、保定市曲艺家协会、保定市民间文艺家协会、保定市影视家协会、保定市杂技魔术家协会；保定市文联书画院。

党组书记　郭树林
主　　席　刘素娥（女）
副 主 席　张劲鹰（女）

【概况】 2012年，在坚持“二为”方向、“双百”方针和“三贴近”原则上，深化科学发展观，以“文化活动抓广度、人才培养抓厚度、精品创作抓高度、队伍建设抓制度”的发展理念，践行“爱国、为民、崇德、尚艺”的文艺界核心价值观，围绕“京畿强市、善美保定”目标，开展“百花扎根沃土、艺术奉献人民”为主题的系列文艺活动，不断加强自身建设，创造了文联工作发展的新局面。先后被省文联评为优秀单位，被市委、市政府评为精神文明建设先进单位和先进基层党组织。7月26日，原保定市文学研究室、保定市文联文化艺术培训部和《青少年文学》杂志社三个事业单位合并为保定市文学艺术创作室和保定市文艺发展培训部二个科级事业单位。

【文艺活动扩广度】 以服务市委市政府中心工作为重点，积极创办各类丰富多彩的文艺活动。一是勇挑社会责任。围绕"7·21"抗洪救灾，为灾区共捐赠价值10万余元的现金和书画作品，举办了"万众一心抗洪灾"大型纪实摄影展和"善美壮歌——保定"7.21"抗洪救灾纪实摄影展"，出版了《善美在这里凝聚——"7·21"保定抗洪救灾文学作品专刊》。围绕迎接庆祝党的十八大，举办了庆祝十八大诗歌朗诵会、书画笔会、相声曲艺展演、庆祖国华诞迎十八大少儿挥毫颂保定——保定兰亭十年校庆·静笃师生书法作品展和"迎风飘扬的旗——庆祝十八大主题演唱音乐会"等大型庆祝活动。二是弘扬社会主旋律。组织作家深入一线采访"善行河北"突出人物，推出了"纪念孙犁先生逝世十周年专刊"。举办了"美丽保定女子摄影展"、"善美保定·刘文焕《中华奥运会金牌榜》专题书法展、""善美保定·绚丽青春——保定市第二届青年美术精品展、"保定市第四届舞蹈大赛、善美保定·电视书法大赛、保定市首届非职业管乐艺术展演，组织创作了音舞快板《善美保定谱华章》等。三是繁荣基层文化建设。以举办活动普及文艺知识为基点，举办了"送欢乐下基层、送戏曲下乡"活动，为讴歌基层建设年创作征文诗稿60余首。组织创作并演出快板书《扶贫攻坚赞》、小品《他不像个官》、歌曲《书记来到咱小山村》等。

【人才培养抓厚度】 大力开展人才工程建设，全年发展全国级会员5人，省级会员105人，市级会员130余人。一是完善激励和培训机制政策，加速人才培养步伐。完善了《保定市文化精品创作奖励办法》、《保定市优秀文化人才培养规划》和《关于定期举办文学艺术知识讲座及考核机制》等机制政策。二是以举办文学讲座、创作笔会、作品研讨会、文友会及展览赛事等形式发现、培育文艺人才。先后邀请《小说选刊》、《长城》主编到保定培训。开展了孙犁先生逝世十周年座谈会、河北省首届河北诗人奖颁奖典礼暨新保定诗群研讨会、河北省作协与保定市作协易县基层调研暨文学座谈会、莫言文学创作座谈会和申跃中、张小鑫《中和人家》作品研讨会等。三是利用走出去、请进来及采风等形式推介文艺名人。在省美术馆成功举办了"游目骋怀——陈文增自作诗词书法巡回展"。在石家庄、唐山等地举办了陈文增师生临帖展、一苇杭之——吴占良书法展、塞外风·李根茂书画作品展、袁浩王维安油画作品展、"弦动古城——王三改小提琴独奏音乐会"、李明久山水画艺术展等。四是利用网站和文学刊物推介艺术人才。在文联网站上建立了保定文艺家人才库，开辟"佳作赏析"栏目，创办了保定摄影家协会网。

【精品创作现高度】 以冲击国家、省级奖项为目标，共推出30多部（件）文学和艺术作品获省及全国级大奖。一是在弘扬保定主流人文精神上下功夫。精心组织编撰大型文学选本《保定古代文学作品选》，《中国民间故事全书·县卷本》已有18个县全部完成。歌曲《保定有个油条哥》创作成功并发行光盘，电视剧《直隶往事》完成剧本创作并着手筹拍，电影《张寒晖》开机拍摄。舞台剧《约定无期限》受到中央领导和省委主要领导的首肯。二是在积极开拓文艺新天地上下功夫。申跃中的长篇小说《中和人家》、刘素娥的长篇小说《白妮》被中国作协和省作协列为重点选题推荐并完成出版发行，聂昱冰的《我们的青春》入选中国作协重点扶持选题，杨江敏的作品《我们走在春天里》、靳三的《猫镇》入选河北省作家协会2012年重点创作选题扶持项目。杨继红的长篇小说《我是CPA》，聂昱冰的长篇小说《携来阳光，伴你回归》，翟英琴的《迪安的魔镜》等一批文学精品相继出版发表。散文《某年某月的某一天》获得第一届孙犁文学奖散文大赛二等奖。话剧《约定无期限》获第三届中国校园戏剧节优秀剧目。韩丽、王晓先、王双久等在"丰南杯"第二届河北省戏曲大赛中分获大奖、金奖和银奖。书法家吴占良、张怀斌书法论文入选中书协"第九届全国书学讨论会"，杜一青书法作品入展中书协"全国第三届行草书展"。李巧玥刻字艺术作品入展中书协"第九届全国刻字艺术展"。何立新作品《惊蛰》获"锦绣中原——全国中国画作品展"全国一等奖。张冬梅等创作的舞蹈《涟涟荷之情》先后获得河北省廉政文艺作品调演一等奖和教育部第三届大学生艺术展演舞蹈类专业组三等奖等奖项，老年人舞蹈《我的家乡白洋淀》荣获第六届华北五省市舞蹈大赛创作一等奖、表演一等奖。

【队伍建设循制度】 以工作有为求定位，在"联络、协调、服务"职能上做文章，文联自身建设取得新突破。河北省文学艺术界联合会第九次、河北省作家协会第六次代表大会在石家庄召开，全市共有32名代表在省第九次文代会、省第六次作代会上当选主席、委员、理事等职。组织作家协会、戏剧家协会成功进行了换届，刘素娥当选为第六届作协主席，张晓阳当选第三届戏剧家协会主席。成立了河北省京剧票友协会保定分会。成立了以党组书记郭树林为组长的“三自六不”执行力亮剑行动和加强基层建设年活动领导小组，制定和完善了各项规章制度，选派以副调研员彭静为组长的驻村建设年工作队，完成省委要求的“十件实事”工作，并帮助该村成立了秧歌队、合唱团。十八大安保队员张劲鹰、张永胜分获市委记功和嘉奖。指导县市文联根据县域文化特点，按照“一县一品”要求打造品牌文艺活动，定州成立了吹歌文化研究会，博野、望都、容城等县（市）先后成立摄影家协会、书画家协会和戏剧家协会。

【期刊工作高标准】 高质量完成《青少年文学·推理》全年24期出版发行工作，举办了首届“华文推理大奖赛”。《荷花淀》文学期刊全年6期顺利出版，并评选了《荷花淀》年度优秀作品奖，宣扬保定文化名人，增强城市文化韵味。《荷花淀》被评为河北省文学期刊贡献奖。

（陈　伟）

保定市红十字会

保定市红十字会是从事人道救助工作的社会救助团体，是党和政府在人道领域的助手。依照《红十字会法》积极开展宣传推动无偿献血、造血干细胞捐献、遗体器官捐献、卫生救护培训、备灾救灾、募捐救助等工作。内设业务部、办公室。

会　　长　贾体新（女）
专职副会长　韩　雅（女）
秘 书 长　彭巨亚

【概况】 2012年，保定市红十字会充分发挥党和政府人道工作领域助手作用，大力弘扬“人道、博爱、奉献”的精神，开拓创新，积极进取，围绕“一个中心”，突出“三项重点”，加强“三项建设”，在备灾救灾、卫生救护、大病救助等方面做了大量工作，全年共募集物资1800余万元，完成博爱卫生站及小学建设、改造项目69个，争取价值100余万元红十字公益书库1个。先后荣获全国卫生救护大赛优秀奖，省卫生救护大赛第一名。荣获市委、市政府“文明单位”和市直机关“党员先锋岗”称号，圆满完成了各项任务。

【扎实开展“三献”工作】 推动无偿献血、捐献造血干细胞和遗体、器官捐献工作是红十字会的重点工作，以纪念“5·8世界红十字日”和“世界献血日”等活动为契机，联合市卫生局、中心血站等部门，对市民和大学生进行无偿献血、捐献造血干细胞相关科学知识宣传活动，全年完成无偿献血62386人次，采血量23.1吨，完成造血干细胞血样采集1277人次，成功捐献造血干细胞2例，累计捐献成功21例。

【做好备灾救灾和人道救援工作】 7月21日，保定市11个县（市）发生特大洪涝灾害，在水灾发生后第二天，市红十字会工作人员就赶赴灾区，全市各级红十字会严格按照市委、市政府“大灾显大爱”的要求，积极发动社会各界爱心人，开展募捐救灾工作，募集到价值1000余万元的衣服、矿泉水、方便面等物资运往灾区。灾后，在会长贾体新的支持下，筹措资金200万元，对受灾较为严重的涞源、易县等县受灾村援建67所“红十字博爱卫生站”，缓解了灾区群众看病难的问题，得到市委、市政府的高度赞扬。

【深入开展贫困救助工作】 全年救助大病特困家庭343户，发放救助金90余万元。资助贫困学生140名，救助款物近8万元，救助先心病儿童16名，白血病儿童24名，并配合省红十字基金会开展了恶性肿瘤援助救治工作。积极开展“博爱送温暖”活动，两次到涞源、易县等贫困县走访慰问贫困家庭和学校贫困生，发放慰问款物总值30万余元。积极争取全国和省红十字会支持，援助保定市55.98吨，价值30万元的大米，用于救助涞源、涞水等贫困山区。

【积极培养卫生救护培训教师，延伸培训工作领域】 2012年全年，组织培训初学机动车驾驶员13万人，培训华北电力大学、河北农大等学校师生1000多人，在青少年中普及卫生救护常识教育，推进卫生救护进农村、进社区、进企业，扩大了卫生救护培训工作面。

（苏博渊）

军　　事

保定军分区

司　令　员　江永亮
政 治 委 员　陈剑武
副 司 令 员　段一兵
参　谋　长　周　明
政治部主任　李大忠
后 勤 部 长　韩瑞新
副 参 谋 长　苏文福

【概况】 2012 年，保定军分区着眼十八大召开的特殊形势，牢牢抓住“听党指挥、履行使命、安全稳定”三项重点，坚持全面打基础、聚力抓中心、重点求突破，军分区全面建设呈现出科学发展、稳步推进、整体跃升的良好局面。

思想政治工作。突出“迎接十八大、学习贯彻十八大”这条主线，坚持把听党指挥、忠诚可靠作为部队建设的首要任务来抓。严格落实理论学习要求，狠抓师团两级党委中心组学习，高标准举办副团职以下干部理论集训，深入开展“赞颂科学发展成就，忠实履行历史使命”、“讲政治、顾大局、守纪律”两项重大教育，广大官兵高举旗帜、听党指挥、履行使命的思想基础更加牢固，结合学习贯彻 7 月 23 日中共中央总书记胡锦涛在省部级主要领导干部专题研讨班上的讲话和开展建军 85 周年纪念活动，创新形式，拓展范围，广泛开展优秀四会政治教员比武和“颂歌献给党”朗诵比赛。

军事工作。保定军分区认真贯彻全国民兵工作会议精神，按照省政府、省军区加强民兵应急力量建设的指示要求，紧紧围绕“指、编、配、训、保”五个环节，完成了应急力量建设任务，并在省军区半年党委全会上介绍了经验。坚持见用对接、战训一致，在涞源山火扑救、抗击特大暴雨洪涝灾害、“10·6”爆炸案和十八大期间军警民联防联保等任务中，保定市民兵应急力量以过硬的素质和良好的精神面貌，得到了地方党委政府的肯定和人民群众的赞誉。《解放军报》、军区《政治工作通讯》等媒体相继作了报道，省军区转发了经验。2012 年，保定市民兵应急力量成绩合格率 90% 以上。7 月，定州市、望都县民兵应急分队参加了保定市应急处突反恐力量汇报演练，展示了保定市民兵应急队伍的良好风貌。按照“一联四应”要求，健全完善联合备战值班室建设，严格规范值班室备勤制度，狠抓值班要素训练演练，确保了备战工作的正规有序。全面贯彻落实《国防动员法》要求，进一步健全组织机构、明确责任分工、完善工作制度、加强训练演练，国防动员建设水平有了明显提升。积极协调市政府妥善解决了驻保部队和大唐清苑热电厂建设用地纠纷问题。高标准抓好军事志编纂工作，军分区被评为全军军事志编纂工作先进单位。

安全管理和稳定工作。牢固树立“抓安全就是讲政治、落实安全责任就是政治任务”的观念，军分区多次召开常委会，认真学习上级安全稳定工作指示精神，定期分析安全形势，查找安全隐患。部门以上领导带机关干部对各团级单位分片包干，进行“拉网式”隐患排查。深入开展“六抓六提高”活动（抓学习提高思想认识、抓排查提高防范实效、抓配套提高技防水平、抓战备提高应急能力、抓典型提高工作层次、抓评比提高工作动力），省军区转发了做法。对照北京军区八个方向安全建设基本规范，广泛开展“百日安全评比竞赛”和“学法规、用法规、守法规”

活动，官兵遵规守纪、按规办事的能力得到了明显提升。指导望都县、高阳县人武部扎实开展创建“平安营院”试点活动，在省军区网上验收中得到了好评。先后投入50余万元，对重要场所保密设施进行升级改造。

后勤工作。狠抓了以机关新营院迁建为重点的各项基础设施建设，新营院办公楼主体工程已通过军区质监站竣工验收，新办公楼外墙装修和部分附属设施建设等项目招标工作已经完成，新旧营区土地置换工作取得重大突破。继续加大党委理财力度，严格经费使用管理，强化预算执行监督，降低行政消耗性开支，确保了收支平衡；结合“五用一履行”专项整治，积极清理核销垫借款，着力解决了一批历史遗留问题。狠抓节约型军营建设，注重基础设施维护，水电暖消耗费用不断下降。大力加强卫生保健工作，严防腺病毒感染疫情，实现了“零感染”目标。高度重视饮食安全，狠抓伙食单位的监督检查，确保了官兵的饮食健康。扎实推进职工管理制度改革和各项政策落实，全面推行公务卡支付结算制度，全力维护军人保障卡系统平稳运行。不断加强干休所改造和老干部工作，积极推进各项设施建设。

党管武装和双拥共建工作。以“深入贯彻主题主线重大战略思想，不断开创军民融合式发展新局面”为主题，组织召开全市党管武装工作述职和市委议军会议，研究解决了民兵应急力量建设、十八大军警民联防联保、支持驻保部队建设等重难点问题，省军区转发了经验做法。市委书记、军分区党委第一书记许宁被评为“全国国防后备力量建设十佳新闻人物”。积极协调市委市政府出台硬性措施，全力抓好军转安置工作，保定市军转安置的做法被北京军区《政治工作信息》转发。与市委联合修订《保定市党管武装工作考核办法》，将党管武装工作落实情况纳入各县（市、区）党委班子政绩考核内容，有力促进了党管武装工作的落实。紧密结合建设“京畿强市、善美保定”的奋斗目标，协调驻军、发动民兵成建制、成规模开展双拥共建、扶贫帮困活动，为构建和谐保定做出了突出贡献。军分区投入25万元进行对口援建，有效推动了帮扶村的建设步伐。

【扎实开展基础性训练】 3月，保定军分区组织参谋人员和专武干部集训，选拔出21名专武部长参加省军区比武竞赛，取得了团体总分第二名的成绩。组织全区官兵参加北京军区信息化知识网上竞答，高碑店市、徐水县人武部被省军区评为信息化知识竞答先进单位。10月，完成省军区年终军事训练考核和信息化建设调研，得到省军区首长机关的肯定。

【完成了涞源县山火扑救任务】 4月4日至6日，保定军分区动用民兵应急力量500多人，协调驻军1380人，经过全体参战官兵近44小时的日夜奋战，完成了1200余亩森林火灾的扑救任务，受到了保定市委、市政府和当地人民群众的赞扬，军分区的经验做法被省军区摘转。

【民兵应急力量建设】 军分区重点抓市建营、县建连、乡（镇）建排3个类型、7个单位的试点先行。5月15日，市政府、军分区召开全市民兵应急力量建设现场观摩活动，军分区部门以上领导和机关科长，各县（市、区）政府主管领导、人武部部长、军事科长参加了会议，共计100余人。省军区副司令员李毅、后勤部副部长杜文乐带机关人员到会指导。现场观摩了市民兵应急营部、储备器材库，南市区反恐维稳连、北市区抗震救灾连、清苑县抗洪抢险连、满城县森林扑火连、新市区县级应急连、南奇乡综合应急排基本设施建设、装备器材和人员集结点验。

【完成特大自然灾害救援任务】 7月21日至22日，保定市北部突降特大暴雨，涞源、涞水、易县等11个县（市）、66个乡（镇）、593个村遭受不同程度的洪涝、风雹灾害，受灾人口80余万，受灾面积413余万亩，其中涞源、涞水、易县、涿州最为严重，直接经济损失达70亿元以上，是自1963年以来发生的致灾性最强、损失最惨重、基础设施破坏最严重的一次特大自然灾害。7月21日，军分区作战值班室接到汛情通报后，迅速收拢人员，司令员江永亮、政委陈剑武及部门以上领导第一时间赶回作战值班室，连夜进行部署，迅速向涞源、涞水、易县、涿州下达任务，启动应急预案，集结民兵应急分队，迅速展开抗洪抢险救灾行动。7月22日，江永亮、参谋长周明参加市委扩大会，受领抗洪抢险任务。之后军分区迅速召开首长碰头会，成立了涞源、涞水和涿州3个前方指挥所。军分区组织民兵和协调驻军全力投入防汛抢险救灾，经过4个昼夜顽强奋战，共动用各类车辆1000余台次，疏散转移群众4.2万人，解救围困群众6188人，抢修道路175.4千米，修筑堤坝2868米，救灾行动无人员伤亡。7月25日，省委书记张庆黎，省长张庆伟，省委常委、省军区司令员史鲁泽赴涞水灾区考察，对保定军分区抢险救灾工作给予肯定。

【完成护路任务】 军分区与市委、市政府组织了以实现“四个确保”为目标的十八大期间军警民联合铁路护路行动，组织京广、京原铁路沿线15个县（市、区）人武部的民兵，联合全市公安、政法、铁路干线各方力量，连续奋战16个昼夜，对辖区内295.72公里长的铁路、51个乡（镇）、247个村进行了“篦梳”式排查，印制《军警民联合护路执勤手册》1000余本、《爱路护路宣传画报》5000余份下发每个执勤点，完成了京广、京原铁路645个桥梁、涵洞、道口昼夜上岗执勤任务。成功处置D2009动车因自身故障紧急停车等5起突发险情，打造出了具有保定特色的军警民联合护路新模式。

【冬季征兵工作】 9月底至10月底，开展了征兵宣传发动工作，市征兵工作领导小组“征兵宣讲进校园”活动，受到省、市各级领导的一致好评。对各单位报名人数、体检合格人数进行“日统计”，及时掌握第一手资料。组织了保定市征兵工作电视电话会议、保定市征兵领导小组会议、保定市征兵阶段性会议、保定市征兵体检调度会议、保定市征兵体检业务培训会议等多个会议，顺利完成了全市征兵任务。省征兵办三次转发军分区做法。

【民兵应急力量冬季适应性训练演练】 12月20日至23日，军分区部门以上领导、机关全体干部，25个人武部和沿途9个县（市、区）民兵应急分队进行冬季适应性训练。出动车辆22台，装备器材500余件（套），途经北市区、新市区、满城县、顺平县、望都县、唐县、曲阳县、定州市、清苑县、南市区10个县（市、区），总行程310公里，完成了战备等级转换、收拢集结、指挥所勤务、组织指挥、宿营野炊和综合保障等7个训练内容13个训练课目的训练，拟制各类文书30余份，标绘作战用图4份，开设了野战指挥所，搭建了野营村。全面检验了严寒条件下师、团首长机关组织指挥多样化军事行动能力和民兵应急力量年度训练成果，积累了在严寒条件下组织民兵分队“走、打、吃、住、藏、通、供、管、修、救”经验。

【审计监督落实坚决】 充分发挥审计监督作用，制定下发了《团级单位主官离任经济责任交接监督办法》，对离任和调整的16名单位主官，坚持先审计再离任，有效堵塞了经费使用的漏洞。《解放军报》、《战友报》给予了报道。

【深入开展军事理论研讨】 组织理论学术研讨交流，形成了40余篇可行性、指导性很强的理论研究成果。司令员江永亮《着眼转变求突破、建用对接抓落实，强势推进民兵应急力量建设创新发展》、政委陈剑武《加强思想作风建设，提高军事训练质量》、参谋长周明《民兵应急力量常态化专业化规范化建设之我见》等研讨文章，被《华北民兵》、《华北军事》转载。

（么猛　张强）

武警保定支队

【武警河北省总队保定市支队】 中国人民武装警察部队河北省总队保定市支队（简称保定支队），编制等级为旅级。2005年6月1日由原第四支队和原保定市支队合并组建。主要担负保定、太行、冀中、定州4所监狱看押、22个县（市、区）看守所看守、保定钞票纸厂、地矿部五四三厂、广电总局七八三台、航天科二集团三二一工程守卫以及处置突发事件、反恐、巡逻、押运、押解、追捕、警卫等各类任务。

支队长	裴晓东
第一政治委员	潘静苏（市公安局局长兼）
政治委员	刘兴国(6月离任)
	蔡　洪(6月任)
副支队长	任军国(3月离任)
	王有礼
	王建贞(3月任)
副政治委员	薛建功(3月离任)
	江耀献(3月任)
	王之顺(11月任)
参谋长	梁海涛
政治部主任	唐培生(3月离任)
	李东辉(3月任)
后勤部部长	张宏峰

【概况】 2012年是支队持续发力，全力奋进的一年。各级按照支队党委总体思路和部署，扎扎实实打基础，凝神聚力抓落实，一心一意谋发展，支队被总部表彰为安全工作先进单位，被河北省评为“文明单位”，连续四年被总队评为“基层建设先进支队”。总部副司令员戴肃军、政治部主任于建伟，总队司令员李志坚、政委宋兵役先后到支队考察指导，均给予高度评价。

一是思想政治建设扎实有效。紧贴迎接保卫十八大特殊政治要求，始终把思想政治建设摆在首位，突出抓好7月23日中共中央总书记胡锦涛在省部级主要领导干部专题研讨班上的讲话和十八大精神学习贯彻。扎实开展“两项重大教育活动”，坚持领导干部带头授课辅导，基层小课堂答疑释惑，班排组织讨论深化，广泛开展歌咏比赛、知识竞赛、篝火晚会等配合活动。支队深化“两项重大教育活动”和顺平县中队主题教育试点做法被总队转发。大力加强先进军事文化建设，不断创新“首长与我面对面”电视访谈节目，开通“警营会客厅”、开播“警营电视台”、开设“我与首长键对键”交流平台，召开“赞颂科学发展成就，忠实履行职责使命，永远做党和人民的忠诚卫士”主题教育动员部署会。指导帮助中队组建文艺特色小分队，培养官兵的“精气神”。针对政治谣言、敏感事件冲击，积极抓好形势政策教育和任务中政治工作。注重加强宣传报道和典型引导，全年有26篇文字新闻、图片、视频稿件在全国性新闻媒体上刊登，16篇经验做法被总队转发，被总队评为“年度新闻报道”先进单位。

二是中心任务完成。坚持中心居中，狠抓制度落实、实时管控、隐患整治。注重检查督导，周抽查、月通报、季讲评，网络查、实地查等措施扎实有效。强力推进“四防一体化”建设，除两个新建目标外，其余中队全部达标。着眼战斗力生成，大兴“抓训有功，训练有为”之风，投入27万元用于训练奖励，严格训练效果过关升级考核，集中开展勤务大练兵活动。组织兵员抽组演练，及时更新装备器材，加强人装结合训练，“五种力量”建设初具成效。先后完成看守所人犯分流、扑救涞源山火、“7·21”特大洪灾物资装卸和全市应急处突反恐力量建设成果汇报演练等重大临时任务。扎实备战十八大安保，城市武装巡逻和4个环京公安检查站的警戒备勤任务完成出色，3个单位、11人被保定市通报表彰。

三是部队管理安全正规。坚持依法从严治警，依靠制度促管，进一步规范抓建秩序。扎实开展“条令学习月”和“学规范、明职责、抓经常、打基础”活动，严密组织机关、直属分队整训。突出重大安全问题防范，围绕打好“五大战役”细化完善措施，深入开展教育整顿，消除各类隐患136处。

四是基层建设不断进步。始终把工作重心放在基层，集中精力抓经常打基础，归纳总结的“一线指挥部”、“前沿指挥所”和“一线战斗堡垒”抓建经验，在全总队介绍推广。坚持把大队主官纳入每周大交班、每月首长办公会，开展基层军事主官集训活动开展。修订完善《党委机关定点帮建、挂钩问责实施方案》，全年组织6批次、122人次工作组一线帮建。按照“思想大解放、标准大提高、建设大促进”的要求，广泛开展“大练基本功”和《纲要》培训及机关整训活动，组织机关、基层干部参观。开展了安全工作讲评暨“迎盛会、严纪律、树形象、保安全”作风纪律教育整顿会议。举办“看变化赞成就，颂党恩强责任”演讲比赛和“军歌嘹亮迎盛会”歌咏通讯赛。持续优化基层干部编配，深入开展创先争优活动，四大队、定兴、定州中队被总队表彰为创先争优“先进大队党委”和“先进基层党支部”，4人分别被表彰为优秀共产党员和优秀党务工作者。

五是后勤保障更加有力。立足“三个服务”方向，突出抓好后勤队伍建设，积极开展业务培训，及时修订完善处突保障预案、开展训练演练。统一为基层单位安装餐厅监控，制定指导性食谱，实行副食品由大队采购配送机制。积极创新防范手段，投资5万元为基层中队安装升级兵器室应急钥匙管理箱。积极整合后勤保障力量，扎实推进综合性现代后勤基地建设。特别是在基础设施建设上，坚持借势聚力、攻坚克难，高标准完成16个中队的设施配套和档次提升，新建1个大队部和5个基层中队，启动7个中队的建设工程，教导队合并后的设施配套和支队新机关主体封顶任务顺利完成。

六是党委班子建设进一步加强。着眼建设学习型党组织，严密组织党委中心组带机关理论学习，重视抓好基层学习制度落实。以总部“三个规范性文件”为依据，进一步规范议事决策程序。扎实开展“讲政治、顾大局、守纪律”教育活动，突出纠治倾向性问题，研究制定巩固深化教育成果措施。认真贯彻落实民主集中制，坚持重大问题党委集体研究决定，在干部使用、工程建设、经费开支等重大和敏感问题上，一切按制度办、按程序办、按职责办。

【举办“首长与我面对面”电视访谈栏目】 结合部队建设新要求和官兵成份新变化、思想新情况，保定市支队每半月开展一期“首长与我面对面”电视访谈栏目。通过“说说心里话，讲讲身边人，谈谈心烦事，拉拉家常嗑”的形式，使官兵在宽松愉悦的氛围中消除心中疑虑、形成思想共识、激发工作热情，达到“我给首长提建议，首长为我解难题”的目的，促进部队安全、稳定、健康发展。年内共举办4期“首长与我面对面”栏目。

【召开党委二届二次全体（扩大）会议】 1月17日，支队召开党委二届二次全体（扩大）会议。支队党委委员、基层中队党支部正副书记、机关科长参加会议。期间，保定市公安局局长、支队第一政委潘静苏在会上讲话，并与会议代表合影留念。会议传达学习总部、总队两级党委会议精神，全面总结支队2011年度建设形势，部署2012年度工作，表彰2011年度先进单位和个人。支队党委书记刘兴国以《持续打基础、精心抓落实、全力保稳定、创新求发展，以优异成绩迎接党的十八大胜利召开》为主题作工作报告。支队党委副书记裴晓东以《振奋精神、夯实基础、精心落实、稳中求进，在新的起点上推进部队建设向更稳更高发展》为题讲话。

【参加驻地“扶贫助教”活动】 4月26日，为进一步发挥武警部队在扶贫开发工作中的生力军作用，提高贫困地区的生活质量，支队积极组织参加向易县梁格庄中学献爱心活动，向学校捐赠价值3万元的教学和文体器材。支队政委刘兴国、副政委江耀献、后勤部部长张宏锋参加了捐赠仪式，并到受助学生家中进行慰问。捐赠仪式上，江耀献代表支队接受学校赠送的锦旗。

【戴肃军到保定支队检查调研】 5月12日，武警部队副司令员戴肃军率总部工作组一行7人，在河北总队总队长李志坚、政委宋兵役等领导的陪同下到保定支队检查调研，亲切看望慰问基层官兵。戴肃军带领工作组一行到支队机关，在听取支队党委的工作汇报后，围绕四个调研课题，与支队不同层次官兵代表亲切座谈。李志坚、宋兵役参加座谈，宋兵役代表总队党委作了表态发言。

【完成市应急处突反恐防恐力量建设成果汇报演练任务】 7月10日，保定市组织应急处突反恐防恐力量建设成果汇报演练。保定市支队出动430名兵力，完成汇报演练任务。总队参谋长杨福生应邀出席，一线检阅并慰问参演官兵。此次演练，支队共担负分列式、力量展示、反恐综合演练7个演示课目和路线引导、现场警卫、信号弹发射、精确射击、方队管理、衔接调控等多项保障任务。

【完成“7·21”涞水野三坡抢险救援任务】 7月21日，保定市涞源、易县、涞水、涿州遭遇60年不遇的强降雨。横穿野三坡的拒马河水位高涨，野三坡景区内近万名游客、村民受困。7月22日，支队迅速开设基指，支队长裴晓东、政委蔡洑坐镇基指指挥，基指人员24小时排班轮流值守。支队兵分两路紧急向灾区支援，一组在副支队长王建贞的带领下前去涿州方向参加前指坐镇指挥，另一组由参谋长梁海涛带领50名官兵前往涞水野三坡方向紧急救援。7月24日，支队出动50名官兵向灾区紧急搬运救灾物资，共装卸棉被4000条，救灾帐篷、水约2吨。

【开展向河北水灾地区捐款活动】 7月26日下午保定市支队召集全体官兵组织“向河北水灾地区捐款”仪式。支队长裴晓东、政委蔡洑等支队党委常委带头捐款，全体官兵积极参与、踊跃捐款，纷纷献出自己的一份爱心。捐款结束后，支队第一时间与地方民政部门取得联系，并由副政委江耀献代表支队党委将16.5244万元的爱心捐款捐献给灾区人民。

【组织参与防范处置“9·18”敏感期涉日抗议维稳任务】 9月18日，根据总队和保定市委、市政府部署要求，保定市支队严密组织参与防范处置“9·18”敏感期涉日抗议维稳任务，迅速完成战备等级转换，立足应对最复杂、最困难局面，全面备战，高效指挥，快速行动。受领任务后，支队连夜召开专题部署会，启动一级响应机制，迅速开设基本指挥所、前进指挥所，建立了预备前指。支队长裴晓东18日到市公安局指挥中心参加联指，政委蔡洑全程坐镇基指指挥，副支队长王建贞和副政委江耀献负责前指，对部队实施不间断指挥。

【举办“警营电视台”节目】 支队以面向基层、服务官兵、聚焦中心、激励士气为宗旨，举办“警营电视台”节目。栏目设置有支队要闻、首长与我面对面、警营说法、警营专题、新人新风、教育辅导、大事记录七个板块，由基层提供新闻线索，支队电视台人员根据新闻线索及时深入基层拍摄，整理、录制“警营播报”节目，通过电视会议系统组织官兵集中收看。9月22日晚，第一期“警营播报”正式开播。

【组织环京“护城河”指挥部、公安检查站勤务】 为积极发挥首都“护城河”作用，全力拱卫首都安全，扎实做好十八大安保维稳工作，根据总队统一安排部署，自10月26日起，保定市支队出动36名兵力，积极配合保定市公安局担负对京石高速公路涿州检查站、都衔检查站、马各庄检查站和挟河检查站4个环京治安检查站设卡执勤任务。

【大型会议、活动安全保卫】 1月13日，完成“中国京剧名家保定迎春晚会”安全保卫任务。1月14日，完成“保定市2012少儿春节联欢晚会”安全保卫任务。1月18日，完成保定市“2012年春节联欢晚会”安全保卫任务。1月23日，完成省委书记张庆黎向狼牙山五壮士敬献花篮现场警戒任务。1月22至28日，完成春节期间城市武装巡逻勤务任务。2月7日完成“保定市加强开展基层建设年活动动员大会”安全保卫任务。2月13日，完成“中共保定市第十届纪律检查委员会第二次全体会议”安全保卫任务。2月29日至3月1日完成“河北省扶贫开发暨环首都扶贫攻坚示范区建设工作会议”安全保卫任务。4月12日完成“保定市安全稳定工作会议”安全保卫任务。4月14、15日，完成第三届狼牙山·山花节和2012年“878”杯全国摩托车越野锦标赛临时勤务。5月24日至25日完成“2012中国、保定国际空竹艺术节”开幕式现场安全警戒任务。6月5至10日，严密组织“上海合作组织峰会”期间城市武装巡逻任务。6月28日，完成“庆祝建党91周年”安全保卫任务。6月22日至25日，完成涞水野三坡“音乐嘉年华”现场警戒任务。8月18日至20日，完成“首届国际门窗节”开幕式现场安全警戒任务。9月13日，完成“抗洪救灾先进事迹主题报告会”安全警戒任务。10月1日，完成保定市委庆祝建国63周年国庆升旗任务。12月9日，完成“中国·保定首届民俗体育艺术节”开幕式现场安全保卫任务。

【调犯武装押解】 1月12日，协助保定监狱完成跨区武装押解勤务。4月25日，完成定州市看守所羁押人员分流武装押解勤务。5月9日、10日，完成由冀东监狱至冀中监狱途中武装押解勤务。5月16日，完成由保定市看守所至太行监狱押犯转监警戒任务。8月2日，完成高碑店市看守所羁押人员分流武装押解勤务。9月17日，完成由保定市看守所至太行监狱的途中武装押解勤务。9月28日，完成安国市看守所羁押人员分流武装押解勤务。

（何　鑫）

人民防空

【保定市人民防空办公室】 保定市人民防空办公室是市国防动员委员会常设办机构，是市政府人民防空工作的主管部门，负责人防工程建设、人防组织指挥通信、人防警报建设、人民防空知识教育、人防专业队建设，检查指导26个县（市、区）的人防业务工作。人防办机关设秘书处、工程处、指挥通信处、人事宣传处、财务处。

党组书记	牛树根
主　　任	李铁柱（7月离任）
	牛树根（7月任）
调 研 员	段林虎
副 主 任	张才修
纪检组长	赵志平

【概况】 2012年，全市人防工作以落实政策法规为主线，强化结建审批，完善应急指挥体系，构建大宣教格局，按照“完善城市功能、服务改善民生、加强应急反应”的总要求，各项工作都取得了新的进展，完成了任务目标。2012年度被评为全省人防系统年度目标考核先进单位、全省人防工程服务民生先进单位、全省人防组织指挥工作先进单位、全省人防宣传教育先进单位、全省人防财务管理先进单位、全省人防文秘工作先进单位，涿州市人防办被评为全省县级人防工作十佳单位，定州市、高碑店市人防办被评为全省县级人防工作先进单位。

【人防建设形成新思路】 针对中国周边复杂的国际形势和不确定因素，结合保定市实际情况，经过认真分析研究、调查摸底和理论思考，在人防建设上形成了“三点共识”（在人防建设上必须要把握融合发展的方向；在人防发展上必须要走可持续发展的道路；在惠及民生上必须要实现应急能力常态化），明确了一个“目标”（凝神聚力，奋力拼搏，努力实现保定市人防建设事业跨越式发展，进入全省第一梯队）。这“三点共识”的达成和“一个目标”的确定，使保定人防建设的思路更加清晰，方向更加明确，实现了人防建设理论上的升华，为人防各项工作提供了科学的理论依据和现实的指导。

【人防工程建设取得新进展】 以结建审批和引资为重点，以服务民生为抓手，加强了人防工程建设。人防行政审批窗口按期办结率、办件准确率均达100%。批建医疗救护工程1个，防护专业队9个（市级7个，县级2个），认真谋划火车站西广场大型人防平战结合工程，已报市政府审批。大力开展人防工程挂牌工作，加强地震应急避难和纳凉送爽场所建设，把人防工作平时用于服务改善民生落到了实处，全市共悬挂标识牌552块，建设地震应急避难场所2个，开辟纳凉避暑场所7个，开发利用面积2万平方米，新增就业岗位1500个，新增地下停车位1500个。加强人防工程质量监督，对所有开工建设的人防工程，做到全程跟踪，重点抽查；对检查情况做到随时登记，及时归档；对查出的问题，做到严格把关，坚决整改到位，保证了人防工程质量合格。

【人防指挥通信建设实现新突破】 围绕完善要素功能，强化应急能力，积极开展指挥通信建设。建立健全了机动指挥平台体系，实现了机动指挥全覆盖，人防应急信息保障能力得到加强。完成了常备及应急专业队的整组训练工作，筹划组建了新型心理防护专业队，举行了授旗仪式。出台了《保定市人防短波电台管理使用规定》，在全省率先实现了省、市、县三级短波通信联网。全市新装防空警报器55台，新增无线统控设备4套，完成目标的183%，基本实现了警报建设与城市建设的同步发展，成功进行了7月7日防空警报试鸣工作。在“7·21”特大暴雨中，果断启用了海事电话，使受灾区域及时向抗洪指挥部通报了灾情，为抢险救灾赢得了时间，为政府应急指挥提供了通讯保障。

【人防宣传教育取得新成效】 坚持以基地建设和“五进”工作为重点，努力构建人防“大宣教”格局。利用竞秀公园人防工程，建设了一个集纳凉送爽、科普宣传、模拟体验、应急训练、防灾避难、物资储备等功能于一体的宣传教育基地，建筑面积2000平方米，已基本竣工。人防宣传教育工作已延伸到全市43个市直机关、30家大中型企业、79个社区，78所初级中学、25所高中和职中开设了防空防灾知识课程。充分利用报纸、杂志、电台、电视台等媒体，对人防建设成果和防空防灾知识进行宣传，提升了人防部门的社会影响力。全年共刊稿76篇，完成年度任务的152%，连续三年获得全国通讯报道先进单位。

【人防法制建设得到新提升】 以“开展法规政策落实年”活动为抓手，加大了政策法规宣传力度，在全市集中组织开展了《河北省结合民用建筑修建防空地下室管理规定》（省政府22号令）的学习宣传活动，优化了人防法制环境。加强了执法监督，分三组对各县（市、区）人防法律法规和政策落实情况进行实地督导检查，推动了人防法律法规的落实。加大执法力度，开展了结建审批执法专项行动，对未批先建、多批少建、批而不建、不按图纸施工、补建未建、欠缴易地建设费超出时限和欠建人防工程的单位果断启动执法程序。结合两个环境治理，规范了行政审批制度，简化了审批程序，提高了审批效率，做到了人防政策公开，审批流程公开、执法程序公开。

（边秀珍）

政　　法

政法工作

【中共保定市委政法委员会】 中共保定市委政法委员会是市委领导、管理政法工作的职能部门，负责指导、协调、督促、检查全市政法工作和社会管理综合治理工作，部署阶段性政法、综合治理及社会稳定工作任务，协调政法各部门的关系，协调督办重大疑难案件，协助市委及组织部门管理政法机关的领导班子和领导干部。市委政法委与市社会管理综合治理委员会办公室合署办公，同时市维护稳定工作领导小组办公室设在政法委。内设办公室、政治部（组织干部处、教育法纪处、宣传教育处）、研究室、执法监督一处、执法监督二处、综治处、综治一处、综治二处、综治三处、综治四处、矛盾纠纷排查调处办公室、维稳一处、维稳二处、维稳三处，下属事业单位市综治委铁路护路联防领导小组办公室。

书　记　王立山
副书记　马文河（常务副书记）
　　　　荆国平　张敬东
　　　　张恒谦　田文江
　　　　张　平（7月任）

市社会管理综合治理委员会办公室

主　任　张敬东（兼）
副主任　高国联（女，专职副主任）
　　　　周利民（7月任）

【概况】 2012年，市委政法委围绕建设“京畿强市、善美保定”大局，坚持把党的十八大安保作为第一位的政治任务，不断完善大维稳格局，加强和创新社会管理，深入推进政法队伍职业化建设，完成了各项任务目标，确保了全市社会大局持续稳定。被省委、省政府评为十八大信访维稳工作先进集体，被市委、市政府评为十八大安保工作先进集体，19人立二等功、21人立三等功、32人受嘉奖。

【“十八大”安保工作】 市委、市政府始终把十八大安保作为首要的政治任务，围绕省委提出的“六个确保”和“六个严防发生”的总体目标，超前谋划，周密部署，狠抓落实。年初成立了由主要领导任政委和指挥长的安保指挥部，制发了详实周密的安保方案。市委政法委积极履行市十八大安保指挥部办公室职能，充分发挥政法部门主力军作用，指挥、督导、协调全市各级各部门全力以赴做好安保维稳工作。指导公安等部门依法打击和处置邪教组织的破坏活动，未发生任何事端。全力做好涉日维稳工作，先后15次召集有关部门和单位，分析形势，研究对策，确保平稳度过。对各类利益诉求群体的重点人，全部录入数据库，逐个明确责任主体，全力解决和稳控。同时，依法妥善处置了一大批重大突发案（事）件和群体性事件隐患。3月，组建了保定市社会稳定形势资讯研判中心，对各类涉稳信息第一时间搜集、第一时间研判、第一时间督办、第一时间处置，先后编印专报71期，为领导决策提供了可靠依据，牢牢掌握工作主动权。全面推行社会稳定指数评价工作，对省、市198项重点项目进行了社会稳定风险评估，强化了维稳工作的源头预防。全面启动了十八大安保战时机制，组织全市13万名平安志愿者深入社区、农村、厂矿、学校昼夜巡逻，设卡盘查，构筑了安保维稳工作的第一道防线。实行军警民铁路护路联防，组织党政机关干部、政法干警、民兵、护路志愿者1.6万余人，昼夜巡逻，保证了铁路大动脉的安全畅通。9月，全省护路现场经验交流会在保定市召开，中央综治办和省委、省政府领导到保定检查指导护路工作，经验做法被誉为“保定模式”。组织指导市、县两级16239名机关干部进驻全市6383个村、250个社区，解决了大量群众反映强烈的问题。成立市委政法委纪工委，设立市维稳形势研判中心，扩编了市综治办、市护路办，建成高标准的涉法涉诉联合接访服务中心、医患纠纷调处中心、铁路护路联防大队。协调市政府为市直政法部门投入资金1.4亿元，全面更新了政法系统技术装备。投资近200万元改扩建了涿州挟河治安检查站，使其在十八大安保中发挥了重要作用。以市委办、市政府办名义发文，推动各县（市、区）维稳办、综治办新增编制120个。

【社会管理创新】 以11个专项工作组为依托，以项目建设为载体，试点引路，整体推进，提升了全市社会管理科学化水平。组织召开“四个覆盖”（基层党组织全覆盖、基层民主组织全覆盖、经合组织全覆盖、农村综治维稳组织全覆盖）现场经验交流会，全市2384个行政村实现了“四个覆盖”，占全市农村总数比例的38.4%。自主研发了“一卡通”治安管控责任倒查系统，对流动人口漏管失控的责任单位和责任人，实现了自动考核。推动建立了社区矫正电子信息系统，解决了刑释解教人员的漏管、脱管现象。积极推广满城县建立安置帮教基地的经验，安置率达到95%以上。加大对重点青少年群体和老小病残人员的帮扶力度，成立关爱农民工子女志愿者队伍200支，志愿者17330人，在农民工子女较集中学校结对205个，服务农民工子女29562名。建立流浪乞讨未成年人救助管理站4个，救助流浪未成年人382人。市综治办联合公安、财政、卫生、民政、残联制定出台了《关于易肇事肇祸精神病人收治管控工作实施办法》，建立落实了易肇事肇祸精神病人排查、信息通报、诊断评估、信息录入、收治及管控措施。医患调处“保定模式”更加完善。医患中心成立以来，共处置大的医患纠纷93起，中心直接调处132起，指导医患双方调解110起，接访、咨询、受理1073人次428起，中心支付调处基金649.89万余元，在全省乃至全国都处于领先地位。

【社会治安综合治理】 组织开展了严打整治“亮剑”行动、夏季严打“清剿”行动和十八大安保严打整治行动等一系列专项斗争，共破获各类刑事案件27707起，抓获犯罪嫌疑人9662名，打掉犯罪团伙182个，与上年同比分别上升了23%、28%、22%。集中整治重点地区和突出治安问题，开展清缴火患、交通秩序整治、校车治理、收缴管制刀具、弩和仿真枪、劳动用工和劳务市场清理整顿、金融网点安全隐患、非法人体器官移植行为、学校周边环境等专项行动，有效堵塞管理漏洞，全面净化了社会环境。严管严治危爆物品，不间断地组织开展查禁非法爆炸物品和矿点、危爆物品“大清查”等专项行动，全年共查破各类涉爆刑事案件528起，抓获涉案人员917名，查缴非法炸药102.9吨、雷管177.8万枚。组织印制、发放市直公、检、法、司四部门《关于收缴非法爆炸物品严厉打击涉爆违法犯罪的通告》和市综治委、市公安局《致全市城乡居民的一封信》500余万份，营造了群防群治危爆物品的浓厚氛围。2012年共排查矛盾纠纷9104件，调处9051件，调处化解率99.4%。创造性地开展了“十佳”调解员、优秀调解员评选活动，共评出“十佳”调解员10名、优秀调解员43名，发放评选表彰奖金18.7万元。评选表彰活动，规格标准高、组织程序严，开创了河北省先河，有效激发了全市各级调解组织的积极性，取得了很好的社会反响，省综治办在全省进行了推广。建立人民调解“以案定补”机制，有效激发基层调解员工作积极性。

【执法监督】 组织全市公、检、法系统开展了11个专项执法检查，以及涉案款物集中清理和政法机关重点对象直查剖析活动。先后协调、督办重大复杂案件315件，依法纠正了执法瑕疵，维护了法律尊严。研究制定了《重大执法活动、事项和重大案件、事件、事故报告备案制度》、《关于加强县级党委政法委执法监督工作的意见》，建立健全了执法监督长效机制。组织集中开展涉法涉诉信访“清积化解”活动，约访、督办、化解到市、赴省重复访案件218件。全年市涉法涉诉联合接访中心接访群众4100余人次，同比增加30%，吸附力、公信力和督办力明显增强。对排查出的信访隐患、重点信访案件和重点人全部实行市直政法机关领导和县（市、区）政法机关主要领导“双包案”，逐案逐人落实“五包一”措施。根据省考核通报，保定市整体信访工作排名全省第一，十八大期间实现了“零非访、零积案、零倒排”。

【政法队伍职业化建设】 组织开展政法干警核心价值观主题教

育实践活动，开办“忠诚教育大讲堂”，组织召开政法英模报告会，提高政法队伍思想政治水平。开办“保定政法学堂”，全年举办讲座11期，培训学员10760人次，《光明日报》等主流媒体进行了专题报道。结合执行力亮剑活动，开展了持续不断的纪律作风专项暗访检查和专题警示教育，对40名责任人给予了党政纪处分。认真履行管理干部职能，和市委组织部联合印发了《关于全市政法系统年轻干部交流挂职锻炼的实施意见》，研究制定领导干部任职交流、优秀年轻干部上下左右挂职锻炼、科级干部选拔任用等制度，营造了风清气正的选人用人环境。

（李　静）

公安工作

【保定市公安局】　保定市公安局是保定市人民政府主管全市公安工作的职能部门（正县级单位），业务上受河北省公安厅监督和指导，担负着领导指挥和组织协调全市公安工作的任务。保定市公安局所属机构共43个，其中综合管理部门10个，执法勤务部门24个，直属分局9个，所属事业单位1个；管辖22个县（市）公安局。

党委书记
局长　潘静苏
党委副书记
常务副局长　安增奇
党委副书记
副局长
交警支队支队长　李振平
党委委员
副局长　张五进
李栋梁
杨东川
党委委员
纪委书记　李金萍（女）
党委委员
副局长
政治部主任　王　亮（10月任）
党委委员
国保支队支队长　董　元

【概况】　2012年，全市公安系统围绕建设“京畿强市、善美保定”，以十八大安保牵动全局工作开展，解放思想、创新理念，竭尽心智，履职尽责完成了各项工作任务，为促进全市经济发展和迎接党的十八大胜利召开创造了和谐、稳定的社会环境。全年公安工作共受到中央领导批示肯定2次，被中央领导签发集体一等功命令5次，受到公安部、省委、省政府领导批示肯定10次，受到公安部、省公安厅贺电表彰6次。全年共有9个单位获国家级先进集体、13人立个人一等功、112人立个人二等功、626人立个人三等功、1628人获个人嘉奖。在2012年度民主评议工作中，全市公安系统在行政执法类中的综合排名取得了历史最好成绩。

【完成“十八大”安保任务】　按照市委、市政府和省公安厅统一部署，全市公安机关以最高等级、最高规格、最严标准，采取超常措施，全力投入“十八大”安保工作，实现了“六个确保”和“八个坚决防止”的目标。在安保工作中，始终把维护政治稳定置于首要位置。积极构建大维稳格局，高压管控抓反恐，严密防范强打击，化解矛盾控源头，没有发生有影响的重大政治事件和群体性事件，没有发生暴力恐怖事件和个人极端暴力事件；始终将打击防范作为主攻方向。2012年1至10月，共破获各类刑事案件24473起，抓获各类犯罪嫌疑人8413名，打掉犯罪团伙170个。涉爆犯罪得到有效打击，街头抢劫抢夺犯罪同比下降92%，入室盗窃等侵财犯罪同比下降51%，全市没有发生重特大火灾、交通事故。十八大召开期间，全市启动武装巡逻、设卡盘查机制和“警民万人大巡逻”，每天投入警力3500名，设立卡点80个，投入7.8万名群防群治力量。11月5日至20日决战决胜期间，保定市主城区未发生“两抢”案件，人民群众安全感、满意度明显增强。始终以严管严控筑牢环京护城河防线。坚持严守重点目标、严把进京关隘、严控重点人员。对全市七类1425处重点目标，特别是途经保定市进京的陕京、京邯输气管道，50万伏超高压输电线路，南水北调工程，任京、唐燕输油管道和京广、京原、朔黄铁路等重要设施，指导责任单位和十八大安保志愿者死看死守，对党政机关、水电油气等重要基础设施，增派特警查验值守，确保万无一失。发挥涿州、涞水3个环京治安检查站作用，在环京公路巡警中队、国道中途、客运场站和高速公路入口设立42个警务工作站，实行源头管理、远端控制、分段管控、分类安检，共检查31.2万辆机动车、126.7万人，劝返人员3198名，没让一名危险分子、一件危险物品通过保定市进入北京。

【成功侦破“2·05”杀人案】　2月5日，望都县发生4名唐县籍男性未成年人被杀害案。此案引起各级领导高度重视，国务委员、公安部长孟建柱，河北省委书记张庆黎、省长张庆伟相继作出批示，公安部副部长张新枫亲自督办。河北省委常委、政法委书记、公安厅长张越，省公安厅常务副厅长曹爱平，保定市委书记许宁，副市长、公安局长潘静苏等省、市领导到一线指挥。在案件侦破过程中，省、市、县三级指挥部灵活运用物证分析、基础摸排、以物找人、以车找人、视频导侦、网上作战、发动群众等多种侦查措施，广泛应用“公安网、互联网联查法”、“关系人员倒查法”、“批量比对碰撞法”、“人员轨迹串并法”、“视频监控导侦法”等多种侦查手段，历经一个月昼夜鏖战，于3月4日成功抓获犯罪嫌疑人汤运涛。

【反恐防恐力量建设得到加强】 以党的“十八大”安保为契机，积极争取市委、市政府支持和上级机关指导，主动协调各反恐成员单位，从人员、装备、机制、演练等方面不断加强，全市反恐防恐力量建设取得明显成效。7月10日，为充分展示全市反恐防恐建设成果，进一步提升应急处突和反恐防恐能力水平，保定市在武警驻定州342团开展应急处突反恐防恐力量建设成果汇报演练。市四大班子领导、省公安厅主管领导和相关部门，武警部队主要领导，市反恐成员单位主要领导，市公安局领导班子成员，各县（市、区）委、政府主管领导、政法委书记、公安局长和全市1800余名公安民警、武警战士、社会各界群众代表以及中央、省、市新闻媒体记者现场观摩。此次演练分为分列式、力量展示、合成反恐演练三阶段，公安、武警、消防、民兵预备役和市反恐成员单位共计1700余人参与，涉及13个人员方队、46台专业车辆、5个力量展示科目以及反恐处突综合演练。汇报演练的成功举办，展示了保定市反恐处突队伍的良好精神风貌和全力维护社会稳定的坚定决心，赢得了各级领导和各界群众的高度评价。

【350兆电台实现扁平化指挥】 市公安局按照省公安厅党委统一部署，紧密结合保定市实际，以建设“统一指挥、反应灵敏、协调有序、运转高效”的扁平化应急处突指挥体系为抓手，以满足十八大安保需求为目标，以350兆同播通信系统建设和应用工作为载体，投资1000万元，于6月底初步建成反应灵敏、指挥有力、安全可靠的信息化指挥调度系统。经联网测试，市区及全部县（市）城区、平原地区高速公路、国省道及乡镇派出所、山区重点旅游景区入口处覆盖率均达100%，山区其它区域覆盖率达90%以上，初步实现了对各县（市、区）基层所队的“一呼百应”，在抢险救灾、警卫任务、重大安保、应急处突、重大案件中，发挥了不可替代的作用。

【抗洪抢险彰显公安风采】 7月21日，保定市北部山区发生因暴雨引发的山洪及泥石流灾害事故后，按照省、市领导指示精神，副市长、公安局长潘静苏带领公安民警、武警、消防官兵第一时间赶赴涞水野三坡重灾区抢险救灾。全体参战人员深入最危险地区、路段，抢通了第一条解救受灾群众的生命之路，连续奋战48小时，疏散解救被困游客、村民1.5万余人，完成了省委、市委、市政府交给的先期抢险重任。在整个抢险过程中，全体参战人员不顾个人安危，与受灾群众血脉共博，生死与共，用血肉之躯筑起了一道确保群众生命安全的钢铁之城。7月28日，市委、市政府专题发出《关于对全市公安系统在“7·21”抗洪抢险救灾工作中突出表现予以表扬的通报》，给予了充分肯定。

【助推经济发展再上新台阶】 深入开展了改善两个环境活动。对影响、阻碍生态环境、发展环境建设的各类不法行为开展综合治理。对国家、省、市重点建设项目和重点工程，实行派驻警务制度，组织警力一对一上门服务，全程保障。成功处置了盗窃热电厂发电用煤、阻碍第二工人文化宫改造施工等问题；出台了车辆上照自选号服务台、医疗机构与车管业务联网合作、消防审批一站式服务、开通出入境“团队预约”窗口等26项便民利民措施；严厉打击经济领域犯罪，全年共破案1177起，抓获犯罪嫌疑人3455人，涉案价值5.1亿元，挽回经济损失1亿元。特别是在全国开展的打击经济领域犯罪“破案会战”中，全市公安机关共破获经济犯罪案件1035起，移送起诉犯罪嫌疑人3395名，挽回经济损失0.9亿元，被公安部评为“破案会战成绩突出集体”；深入开展了“打四黑除四害”专项行动和打击“地沟油”、“瘦肉精”专项行动，破获涉及食品药品刑事案件212起；组织专门力量对“黑出租”开展专项整治，彻底治理了“黑出租”问题。

【职业化警队建设迈出新步伐】 全市公安机关以推进执行力“亮剑”行动和职业化警队建设为主线，积极践行“没有任何借口，认真做好每一件事情”的局训要求，全警凝聚力、战斗力明显提升。一是强化宗旨教育建设。开展了“发扬传统、坚定信念、执法为民”人民警察核心价值观和弘扬“雷锋精神”教育活动。部署开展了“串百姓门、交百姓友、办百姓事”活动，积极构建和谐警民关系。二是强化善美公安建设。在全警部署开展了“实战训练年”活动，以职业化警队建设军训和跤术训练为重点，有计划、有步骤的开展警务技能、民警体能、业务知识训练比武，有效提升了队伍的整体战斗力；专题部署开展了打造“善美交警”活动，带动全警提升了职业意识、善美意识。8 月 30 日，保定市公安局被授予“善美保定行风之星”荣誉称号。三是强化和谐警营建设。组建了 64 支从优待警服务队，慰问民警 4265 人次，发放慰问金 45.86 万元，为民警解决实际困难 436 件。四是做强警务保障。积极争取党委、政府重视、支持，为公安机关招录特警队员 124 名，特警辅警、交警协警 272 名，流动人口协管员 756 名。购置了防暴枪、装甲车、巡逻车等装备，有效解决了警力不足问题，提升了战斗力。五是深化人事制度改革。自 11 月 19 日开始，市公安局先后组织开展了正科级领导干部调整选拔工作、直属分局派出所副科级副所长竞争上岗工作，共调整选拔正科级领导干部 143 名，选拔直属分局派出所副科级副所长 92 名。

（张彦涛　张　冲）

检　察

【保定市人民检察院】　保定市人民检察院是国家的法律监督机关，依法独立行使检察权。保定市人民检察院检察长由同级人民代表大会选举产生，领导干部和检察机关的工作受同级人大监督。保定市人民检察院内设两个局（反贪污贿赂工作局、反渎职侵权工作局）、27 个处室队；设立保定市人民检察院冀中地区检察院，作为保定市人民检察院的派出机构。

党组书记 检察长	李　勤
党组副书记 副检察长	赵大明　王　启
党组副书记 反贪污贿赂局局长	张　华
党组成员 副检察长兼 渎职侵权局 局长	王蓬蓬（女）
党组成员 副检察长兼 保定市冀中 地区检察院 党组书记 检察长	彭少勇
副检察长	孙元芳
党组成员 调研员	刘章栓
党组成员 纪检组长	李桂生
党组成员 副检察长	周　涛
党组成员 蠡县人民检察院 党组书记 检察长	安军旗
党组成员 政治部主任	张　克
党组成员 反贪污贿赂局 副局长	卢彦芬（女）
党组成员 反贪污贿赂局 副局长	郝国正

【概况】　2012 年，全市检察机关围绕科学发展的主题和加快转变经济发展方式的主线，以执法办案为中心，深化三项重点工作，强化法律监督、强化自身监督、强化队伍建设，全面履行宪法和法律赋予的职责，为建设“京畿强市、善美保定”作出应有贡献。涌现出以“全国优秀反渎职侵权局”保定市检察院反渎职侵权局、“全国文化建设示范院”新市区检察院，“河北省青年文明号”公诉处，“河北省人民满意的公务员”赵大明、“河北省模范检察官”刘建革、卢宏华，“中国好人榜（见义勇为）好人”“河北雷锋”高明毅为代表的一批先进集体和先进个人。信息服务功能进一步深化，在省以上发表调研文章 647 篇，省级以上宣传报道 1446 篇。

【立足检察职能，服务中心工作】

按照省院《关于发挥检察职能为发展环境和生态环境建设服务的指导意见》的要求，全力服务“京畿强市、善美保定”建设，为改善全市“两个环境”、再造环境优势提供强有力的司法保障，制发了《关于服务京畿强市善美保定建设的意见》和《关于重大项目建设护航工程的实施意见》、《关于开放型经济发展护航工程的实施意见》、《关于文化引领战略护航工程的实施意见》、《关于开展扶贫资金专项预防扶贫开发攻坚护航工程的实施意见》、《关于检察人员素质提升工程的实施意见》五个护航工程，为全市经济社会科学发展提供了强有力的司法保障。

坚持办案服务发展，执法维护稳定，2012 年依法批准逮捕生产销售伪劣产品犯罪 8 件 13 人，生产销售假药、劣药犯罪 6 件 8 人，生产销售有毒有害食品犯罪 7 件 14 人，妨害公司企业管理秩序犯罪 5 件 6 人，危害税收征管犯罪 9 件 12 人，扰乱市场秩序犯罪 75 件 106 人。

进一步健全和完善以涉农办、工作队、工作站、服务室、联络员为主要组织形式的涉农检察组织机制。与市农工委、发改委、农业局、水利局等14家单位共同签订了《关于在查办和预防涉农惠民领域职务犯罪工作中加强协作配合的通知》。加强了派驻乡镇检察室建设试点工作，建成了以派驻灵山镇检察室为代表的一批检察室，有效地推动了涉农检察工作的深入健康开展。全年共受理批捕涉农刑事案件1931件2771人，批准逮捕1835件2654人，受理起诉涉农案件2033件2853人，移送起诉1764件2426人。深入乡镇1819次，深入农村2772次，发放宣传材料31.577万份，举办法制讲座181次。接待信访513件886人，平息集体访63件257人，受理举报193件241人。5月10日至11日，《人民日报》、新华社、《检察日报》等中央新闻媒体对保定市涉农工作进行专访，全面介绍了保定市检察机关推动涉农惩防腐败体系建设和社会管理创新，维护农村和谐稳定的经验做法。

【认真履行职能，维护社会和谐稳定】 一是加大社会稳控力度。十八大安保期间，市县两级院都成立了以检察长为组长的维稳领导小组，实行党组成员分包基层院制度，抽调25名科级检察人员具体指导基层院，并做到实行一日一汇报，一周一调度。严格政治、办案、组织、廉洁等纪律，确保十八大维稳任务的完成。二是依法打击刑事犯罪。坚持从快方针和“两个基本”的原则，对于公安机关提请批准逮捕、移送起诉的重大犯罪案件，只要事实清楚，证据确实充分，依法快捕快诉。全年检察机关共审查逮捕4325件6074人，提起公诉4482件6931人。全面贯彻宽严相济刑事政策，决定纠正漏捕289人，纠正漏诉196人；依法决定不批准逮捕372件571人，依法决定不起诉148件196人。三是解决群众合理诉求。深入推进“清积案、减新访、理访序、促和谐”等专项活动，全市检察机关共接待群众来访2435人次，来信208件，批转办45件。坚持涉检信访排查化解常态化，排查化解涉检信访隐患案件47件；认真落实领导干部接访（下访、巡防）、领导包案和部门联合接访等制度，共办理省院交转办高检院要结果案件4件，高检院强制终结案件1件；办理省、市中心交转办案件28件；办理刑事申诉案件2件、刑事赔偿案件2件。实现了市委提出的党的十八大期间“大事不出、小事也不出”的最佳战果。四是推动社会管理创新。认真开展检察环节的社会管理综合治理，深入开展集中排查调处整治和社会治安重点地区突出治安问题排查整治工作，定期或不定期地排查矛盾纠纷。规范和强化社区矫正法律监督，协助基层组织加强对社区服刑人员的矫正帮教。积极参与创建青少年维权岗活动，完善适合未成年人身心特点的办案方式及制度，坚持依法办案和教育挽救相结合，对涉嫌轻微犯罪的未成年人依法决定不批捕51人、不起诉31人。努力探索预防青少年违法犯罪的有效机制，在安新县人民检察院成立了全省首个“未成年人犯罪预防基地”，进一步拓展预防未成年人犯罪的有效途径，实现未成年人犯罪预防常态化、长效化。

【优化发展环境，反腐倡廉建设】 依法严肃查办贪污贿赂职务犯罪。全年反贪部门共立案查办贪污贿赂犯罪案件142件233人。在办案过程中，规范侦查办案活动，慎重使用强制性措施，严格执行举报人和证人保护、讯问职务犯罪嫌疑人全程同步录音录像以及逮捕职务犯罪嫌疑人报上一级检察院审查决定等制度，进一步提高了办案质量，增强服务大局的实效性。查办渎职侵权犯罪工作。反渎职侵权部门共立案查办渎职侵权犯罪案件54件112人。会同有关部门建立健全了行政执法与刑事司法相衔接工作机制，着力解决渎职犯罪根本性问题，有效净化了政务环境。在加大查办犯罪案件力度的同时，切实增强办案风险意识，高度重视安全防范工作，严格落实办案安全防范各项制度，从根本上消除办案安全隐患，确保办案安全零事故。预防职务犯罪。积极推进侦防一体化建设，认真抓好“预防工程建设领域职务犯罪，促进社会管理创新”专项预防工作。对张涿高速公路、西阜高速公路、京石高铁、保定新监狱以及南水北调工程等积极进行跟踪预防。积极开展行贿档案查询，查询1090次，涉及施工单位1208个。在保定市第十三届人大常委会第三十四次会议上，专题报告了职务犯罪预防工作，受到与会代表的充分肯定。认真开展扶贫资金专项预防、扶贫开发攻坚护航工程，制定专项扶贫资金的预防方案，为扶贫攻坚示范区建设护航；开展重大项目建设护航工程，开展同步同期、全方位深层次的职务犯罪预防工作，保障政府投资安全；积极服务灾后重建工作，与市民政局联合颁发了《关于对“7·21”抗洪救灾捐赠款物开展专项预防工作的实施意见》，为灾后重建工作护航。

【维护公平正义，诉讼法律监督】 刑事立案监督，监督纠正侦查机关应当立案而不立案89件99人，不应当立案而立案119件

141 人。侦查活动监督，纠正漏捕 175 件 289 人，对侦查活动的违法行为提出纠正意见 610 件次，参加重大案件讨论 1028 件 1773 人次。刑事审判监督，对确有错误的刑事判决、裁定提出抗诉 27 件，支持抗诉 22 件，发出纠正违法通知书且已纠正 231 件。民事行政诉讼监督，对认为确有错误的民事、行政判决和裁定提出抗诉 38 件，提出再审检察建议 171 件。刑罚执行监督，监督审查罪犯减刑、假释、保外就医 3118 人，纠正呈报减刑、假释不当 81 人，发出检察建议和纠正违法通知书 67 份，查办职务犯罪 6 件 12 人。加大对涉及农民的刑讯逼供、超期羁押、以案谋私、枉法裁判，办人情案、关系案等违法行为的监督力度，加强对涉及农民土地承包经营权和其他权益纠纷而不服法院生效判决裁定的申诉案件监督力度，将监督的触角延伸到农村。查办司法人员涉嫌贪赃枉法、失职渎职等职务犯罪案件 24 人，通过法律监督，维护了公平正义。

【强化自身监督，提升整体队伍素质】 一是坚持政治建检。扎实开展政法干警核心价值观活动。扎实开展“忠诚、为民、公正、廉洁”核心价值观主题实践活动，综合运用报刊、电台、电视台、网络等多种渠道，采取征文比赛、演讲比赛、文艺演出等多种方法，宣传教育活动的成效，展示检察机关的良好形象。二是坚持从严治检。整饬纪律作风。在全市检察机关开展“整饬纪律、转变作风、规范执法、提高执法能力、提升执法公信力”为主要内容的思想作风纪律整饬专项活动，通过思想发动、剖析问题、查摆整改、建章立制等各项工作。委托市统计局和专业调查机构，依托互联网和短信，进行以人民群众对检察工作满意度为主要内容的社会测评，根据反馈意见不断改进和加强检察工作。成立案件管理办公室，依托信息化平台，统一受案，全程管理，动态监督、案后评查，宏观指导，实现对执法办案的统一、归口、全程、动态管理。充分发挥建立“执法档案”规范执法行为的作用，开展对执法过错案例的讨论，强化干警规范执法意识。严格落实执法过错责任追究制，建立“检察官执法瑕疵档案”制度，明确责任范畴，切实从源头上减少和杜绝瑕疵案件的发生。三是坚持素质强检。重点开展任职资格、专项业务、岗位技能、司法考试培训，共组织参与各类培训班 50 余期。实施干部素质提升工程，加强检察理论研究，做好检察业务人才选拔和管理工作，共有 29 人入选省、市检察业务专家库。组织全市检察干警认真学习修改后的刑事诉讼法、民事刑诉法，开展各类讲座、培训 10 余场次。四是坚持廉洁从检。坚持“敲警钟日”活动，把开展警示教育作为一项长效机制，用典型案例和廉政文化教育和引导广大检察人员。认真开展了扣押、冻结、处理涉案款物专项清理工作，进一步加强检务督查工作。接受全市人民的监督，选任人民监督员 64 名，参加走进阳光直播间节目，开展检察开放日活动，在《保定日报》开辟检察专版（已出版 10 期）。

（杨晓成）

审判工作

【保定市中级人民法院】 保定市中级人民法院（以下简称“市中院”）在市委领导、市人大监督下，主管全市的审判工作，业务上受河北省高级人民法院的监督和指导，审理法定管辖的第一审案件；基层人民法院移送的第一审案件；对基层人民法院的判决、裁定上诉、抗诉案件；以及对本院发生法律效力的判决、裁定、调解提起的再审案件；执行本院受理的第一审案件；监督和指导基层人民法院的审判工作。截至年底，全市有 25 个县（市、区）人民法院，144 个人民法庭。保定市中级人民法院内设机构 30 个，即办公室、政治部、组织人事处、法官管理处、教育培训处、宣传处、立案一庭、立案二庭、刑事审判第一庭、刑事审判第二庭、民事审判第一庭、民事审判第二庭、民事审判第三庭、民事审判第四庭、行政审判庭、审判监督第一庭、审判监督第二庭、执行局、执行一庭、执行二庭、研究室、法警支队、司法技术处、计财装备室、机关党委、老干部处、工会、妇委会、纪检组监察室（合署办公）、书记员管理办公室。

党组书记 院长	梁红继
党组副书记 副院长	李毅（8 月免）
	苑三国
党组副书记 纪检组长	徐占军
党组成员 副院长	靳晓光（9 月病故）
	刘文钧
	高素英（女）
副院长	刘玉婷（女）
党组成员 政治部主任	殷文胜
党组成员	刘永生

【概况】 2012 年，全市两级法

院以“建过硬班子、带合格队伍、创一流业绩”为目标，狠抓公正艺术办案、队伍职业化建设、“十八大”安保、涉诉信访等重点工作，取得新进展。紧紧围绕全市中心工作，坚持依法、公正、艺术办案，审判和执行工作稳中有进，主要审判指标保持全省法院前列。全年共受理各类案件（不含非诉执行审查、减刑假释案件）57052件，结案56961件，同比分别增加998件和979件，结案率99.84%，同比基本持平。其中市中院受理4907件，结案4756件，结案率96.92%，为推进“京畿强市、善美保定”建设，改善两个环境提供了有力的司法保障和服务。

【刑事审判工作】 全市法院积极开展“打黑除恶”等严打整治专项斗争。其中全年审结4909件，结案率99.59%，判处罪犯5371名。严厉打击黑恶势力犯罪，故意杀人、绑架、抢劫、爆炸等严重暴力犯罪，以及盗窃、抢夺等多发性侵财犯罪，共审结此类案件4123件，从重从快审理了臧广辉等黑社会性质组织案、汤运涛杀害儿童案等一批领导批办、群众关注、社会影响大的案件，取得良好的社会效果。同时加大对经济犯罪案件的惩处力度，共审结合同诈骗、贷款诈骗、虚开增值税发票等类案件61件。严厉打击贪污、贿赂、渎职犯罪，共审结此类案件91件。严惩危害公共安全犯罪，共审结危险驾驶案件30件，实刑率达91.6%。审结危害食品、药品安全犯罪6件。坚持惩罚犯罪与保障人权并重，共对12名被告人依法宣告无罪。坚持教育、感化、挽救方针，共对65名未成年人判处非监禁刑，引导其正确认识错误，尽早回归社会。全面推进量刑规范化改革，共适用量刑规范化审理案件752件。规范减刑、假释工作，推行裁前公示和听证制度，共审结减刑案件4290件、假释案件205件，促进了罪犯改造自新。严打整治、打黑除恶、量刑规范化等项工作受到上级领导的好评。

【民事审判工作】 发挥民事审判职能，促进社会和谐发展。全年全市法院共审结各类民事案件37352件，结案率99.85%。优化金融环境，共审结金融类案件1111件；强化民生审务，审结婚姻家庭、继承赡养、劳动争议、涉及“三农”等案件24341件。注重保护妇女儿童、现役军人的合法权益，审结此类案件70件。强化知识产权纠纷审判，审结71件，依法保护了自主创新成果。积极推行巡回法庭、速裁合议庭。拓展简易程序适用范围，全年一审案件简易程序适用率达到95.94%。对涉及抚育费、抚养费、赡养费、退休金、劳动报酬等民生类案件实行优先立案、优先审理、优先执行。司法救助措施切实落实。共对3730件农民工、下岗职工、孤寡老人、残疾人等特困群体案件，减、免、缓诉讼费410万元；两级法院多方筹措特困群体救济扶助资金210万元，对316名当事人实行基金救助，让人民群众真正感受到司法的人文关怀。

市中院坚持“调解优先、调判结合”工作原则，建立覆盖各审判领域的全程调解机制。先后制定了《关于诉前调解工作的有关规定》，成立了深化发展“诉前纠纷解决机制”工作领导小组，全市两级法院全部建立诉前调解中心。中院设立了“诉前调解解决机制”发展基金，对优秀调解单位和优秀调解个人予以精神和物质奖励。全市民事案件调撤率达到57.35%。市委、市政府在全市范围内评比“一大金牌调解员”，法院系统就占两名。其中市中院法官赵岚以第一名的成绩在全市表彰会上做了典型发言。由于加强诉前调解工作，全年有4015起纠纷案件化解在诉前，减轻了当事人诉累，缓解了民事诉讼案件上升势头。

【行政审判工作】 发挥行政审判职能，促进行政机关依法行政。全年审结327件，结案率96.46%。审结与群众生产生活密切相关的资源、劳动和社会保障、计划生育、工商管理等案件108件，占结案总数的31.34%；审结城建、公安、交通等案件115件，占结案总数的28.14%。健全完善行政争议调处新机制，协调结案218件，占53.45%，促进了行政争议的有效化解。

【执行工作】 发挥执行保障职能，促进法定债权实现。通过开展“集中清理执行积案”、“惠民生、保稳定、促和谐”民生类案件集中执行、“反规避执行”等活动，不断强化执行措施，完善威慑机制，执行难问题得到进一步缓解。全年执结14373件，执行标的额29.8亿元。对恶意规避执行主体实施司法拘留1250人次，刑事处罚112人。

【涉诉信访工作】 以十八大期间的信访安保工作作为全年工作重点，以强烈的政治责任感和使命感，较好的完成来访来信接待、十八大及全国两会信访安保、信访案件督办化解、再审案件立案审查等工作。从年初到8月底，两级法院共排查梳理出368名重点涉诉信访人员，建立了化解台帐，明确了化解领导责任人和化解时限，为做好十八大安保工作奠定了初步基础。上半年法院把化解集体上访隐患案件作为信访工作重点。3月，刑一庭成功化解了一起重大上访隐患案。4月，高阳法院成功化解了一起社会关注的张某某触电死亡案。上半年，基层人民法院成功化解了5起集体上访案，定兴法院的信访工作还受到市委领导的表扬，经过两级法院的努力工作，圆满完成了市、省、全国“两会”安保的各项工作任务，实现了省法院要求的“非访”零指标，受到省法院的表彰。下半年市中院加大信访工作力度，一把手亲自抓信访工作，深入细致的开展十八大期间的信访安保维稳工作。针对60个老上访户，采取以下措施：1、对25名生活无着的老上访户，法院争取了100多万元司法救助金予以救助，使其息诉罢访。2、对35名长期居住北京或外省籍上访人员，在十八大会议召开前夕全部劝回保定辖区，并协助地方党委、政府妥善稳控。在十八大召开期间，没有出现一起进京集体上访和非正常上访案件，圆满完成十八大安保工作任务。

市中院全年共受理申诉案件136件，结案136件，接待来访458人，来信691件，化解中央政法委交办案件6件，省政法委交办的案件23件，市政法委交办案件9件。由于信访工作成绩显著，中院立案二庭（信访办）被市委评为十八大安保先进单位，两名干警记个人二等功一次。

【强力推动司法公开】 市中院普遍设立审判法庭记者席，公开接受新闻媒体监督。实行裁判文书公开上网，认真落实审务公开、院长接访日、公众开放日等措施。在全市法院建立新闻发言人制度，4月初完成对全市法院27名新闻发言人的全员培训，对重点案件和社会关注案件，及时公布案件进展。通过电视、广播、报纸等媒体，向全市进行了公开承诺，推动了具体措施落实。对庭审活动进行网络直播，建设公告开庭电子显示屏，强力推进审判“进农村、进社区、进企业、进学校、进军营”（即送法“五进”）活动，中院刑庭、民庭、行政庭等先后到部队、学校、工厂、街道等公开开庭，既进行了法制宣传，又提升了庭审质量和水平，得到了官兵、学生等社会各界的好评。

【不断深化陪审制度】 市中院借鉴北京等地法院的工作经验，在全省中院率先将一审案件引入人民陪审员参审机制。从市辖三个区的人民陪审员队伍中，分不同行业、不同阶层，公开选拔了21名人民陪审员，初步建立起属于中院的人民陪审员队伍。同时制定了《人民陪审员参审实施细则》，并于4月开始，在中院刑事、民事、行政一审案件中，选择重点案件、社会关注案件，由人民陪审员和法官共同组成合议庭审理案件。截至年底，中院人民陪审员共参审案件42件，包括6件刑事案件、16件民事案件、20件商事案件。8月对全市人民陪审员进行了一次大规模集中培训，提高了人民陪审员参审工作的质量，人民陪审员参与案件审理工作，进一步推进了司法民主、司法公开活动，收到了良好的社会效果。

【抓好党风廉政建设】 以领导班子建设为重点，引领廉政建设。结合今年执行力亮剑行动和纪律作风整顿活动，不断加强组织领导，多次专题研究部署党风廉政和惩防体系建设工作，形成了“一把手”负总责，班子成员对分管部门负直接领导责任，各部门负责人为直接责任人的三级责任体系，树立了领导干部清正廉洁的形象。以反腐倡廉教育为手段，推动廉政建设。通过反腐倡廉知识问答，观看廉政警示教育片、领导上廉政党课等多种形式的警示教育活动，不断提高干警拒腐防变能力。以健全廉政制度为依托，构建防腐体系。建立了《关于贯彻落实〈建立健全教育、制度、监督并重的惩治和预防腐败体系实施纲要〉的实施措施》、《“两错”责任追究工作程序》、《关于严禁本院工作人员过问职务外案件的暂行规定（试行）》、《执法质量考核评议和执法档案管理办法（试行）》等为内容的不愿为、不能为、不敢为、不必为的“四不为”机制，促进党风廉政建设工作的顺利开展。以强化监督检查为保障，确保不出问题。坚决查处违纪违法案件，严肃处理违纪违法干警。严格落实案件线索集中管理和案件线索集体排查制度、初核工作制度、被调查人合法权利保障制度，以及办案工作责任制、案件主办人制度、执纪办案过错责任追究制度、办案工作内部制约和监督制度等，使办案工作更加科学严密、高效有序。2012年全市法院收到举报案件53件，立案21件，结案20件，正查1件，给予党政纪处分的12人。

【加强后勤保障工作】 中院组织开展全市法院“服务质量年”活动，增强综合部门的大后勤服务和服务大审判的意识和能力。中院被最高院定为“全国法院机关后勤服务协作组”成员单位，并在全省法院“服务质量年”活动部署会议上做了经验介绍。中院做为全省唯一中院，被最高法院评为“全国法院后勤工作先进集体”。积极推动司法警察训练基地建设（3月21日开工建设）。中院司法警察训练基地规划占地面积27亩，建筑面积7701平方米，配置有四个审判法庭、培训综合楼、法警训练场等配套设施，计划在2013年底建成并投入使用。加强法庭物质装备建设，积极筹措法庭保障经费和建设资金。完成两级法院“十二五”基础设施建设编报工作，编列预算申请资金2亿多元。为顺平、望都两个基层法院申请上级拨付专项建设资金2600万元；为涞源、徐水、涿州、高碑店、容城、易县等6个基层法院，完成2012年度审判综合楼新建（扩建）立项工作。充实法庭审判力量，配备政治素质高、审判经验丰富、纠纷调处能力强的干警，特别是年轻干警到人民法庭工作。做好与人大代表的联络工作，使人民法庭成为化解矛盾、亲民爱民的前沿阵地。

（赵凯新　左　迪）

司法行政

【保定市司法局】　保定市司法局是保定市人民政府主管全市司法行政工作的职能部门，业务上受河北省司法厅指导，是担负组织、指导、协调、部署普法依法治理、民间矛盾纠纷调解、安置帮教、社区矫正、国家司法考试、法律服务、法律保障、法律援助、司法鉴定等工作的行政执法机关。保定市司法局内设机构15个，下辖25个县（市、区）司法局。

党组书记
局　　长　周立光

党组成员
副 局 长　耿凤忠　刘占博

郝春海

副 局 长　师蕴珩

党组成员
纪检组长　王小洪

党组成员
政治部主任　李兰云

党组成员
普法办主任　付　玉（女）

【概况】　2012年，全市司法行政系统围绕“服务十二五、推进大维稳”，以做好党的十八大安保工作为首要任务，以社会管理创新和职业化建设为主线，认真开展执行力亮剑行动，深入推进体制机制改革和司法行政工作资源整合，大力加强基层基础建设，全面提升司法行政工作标准和工作水平，为全市改善两个环境建设，打造“京畿强市，善美保定”，提供了优质高效的法律服务和法律保障。司法部部长吴爱英5月3日到保定会见了市委书记许宁、市长李谦和市委常委、政法委书记王立山，吴爱英指出：多年来，保定市司法行政工作在省司法厅的正确指导下，在市委、市政府的领导下，各项工作取得显著成效，为保定市的经济发展、社会和谐稳定做出了应有的贡献。特别是普法工作、社区矫正工作在河北省乃至全国都处于领先位置。司法部和司法厅是认可的。

市法律援助中心被司法部评为“全国法律援助便民服务示范窗口”；王笑娟律师所被评为全国律师行业创先争优先进集体；市司法局连续两年被河北省司法厅授予整体工作“实绩突出单位”；被评为全省社区矫正工作先进集体；被司法部基层司评为人民调解工作宣传先进单位；被市委市政府授予十八大安保工作先进集体、全市经济环境建设文明单位；被司法部中国司法杂志社评为先进集体；获全省律师行业“三团一组法律服务工程”专项法律服务行动先进集体；获全市维护社会稳定先进单位、社会治安综合治理工作目标重点考核先进单位、党务工作先进单位、工会工作先进单位、妇女工作先进单位等荣誉。

【全面实施人民调解“以案定补”机制】　6月9日召开了全市各县（市、区）常委、政法委书记和司法局长参加的推行人民调解“以案定补”经验交流大会，市委常委、政法委书记王立山和省司法厅副厅长王大为出席会议，徐水县政法委、博野县司法局、定兴县高里乡司法所介绍了实行人民调解“以案定补”的成功经验，现场观摩了博野县小王庄司法所两个司法所人民调解卷案和调解协议书。7月和8月，市司法局连续召开调度会进一步推进落实，各县（市、区）政法委、司法局积极行动，借势推进，经过试运行、推广、攻坚三个阶段的工作，在各县（市、区）委、政府、县委政法委的支持下，截至9月30日，除阜平外，各县（市、区）实行了人民调解“以案定补”机制，在全省率先实现“以案定补”机制全覆盖，调解经费全部列入财政预算，经费最高的县（市、区）每年30万元，最少的10万多元，这是全市司法行政工作机制上又一个新突破，充分调动了广大人民调解员的积极性，全身心投入到全市深入开展的“大排查、大调解、迎十八大做贡献”活动中，确保第一时间把矛盾和问题化解在第一现场，做到“小事不出村、大事不出乡（镇）、矛盾不上交”。全年共排查调处矛盾纠纷25822件，调处成功 25675 件，成功率达 99.5%，有效地维护了社会稳定。

【公证体制改革成功进行】 根据《公证法》规定，市司法局坚持高站位谋划、高标准运作、高起点培训的原则，依据河北省司法厅冀司复［2011］号批复及保定市编委会保编字［2011］11 号文件精神，撤销市区原四个公证处，组建保定市直隶公证处和保定市古城公证处两个公证处。从体制上、机制上一步到位，彻底解决了公证工作存在的根本性问题，以“四个一流”（一流的人才，一流的管理，一流的服务，一流的收入）的标准全力打造高素质、高水平的公证队伍。按照公平、公正、公开和择优录取的原则，招录了 20 名公证员，并举办了全市新招录公证员培训班。省司法厅巡视员刘向东等到保定市司法局调研，对保定市公证改革采取根本性措施、进行革命性的做法非常重视并予以充分肯定，并将全市做法列入省司法厅专刊，供全省各地学习借鉴。

【推动法治环境建设】 在全市举办了“弘扬雷锋精神，让青春在维稳中闪光”法律宣传活动、“党员律师为民服务百日活动”、“党员律师在身边，法律服务惠民生”义务法律咨询活动、“劳动用工、劳务市场清理整顿”法制宣传教育专项活动、“聚焦公正执法”主题宣传、“12·4”全国法制宣传日宣传等 20 余次大型法律宣传活动，在活动中向近万名群众开展法律咨询、法律宣传和法律服务，共发放宣传资料 10 万余份，进一步增强了广大群众学法、守法、用法意识。

【组建全市法制宣传教育志愿者队伍】 进一步拓展法制宣传教育工作领域和工作方式，完善法制宣传教育网络，成立了“保定市法制宣传教育志愿者服务指导委员会”，组织 25 个县（市、区），3 个开发区，30 多家市直机关、8 所驻保高校和群众团体 3000 余名具有法律知识及专业素质的各界人士参与其中。按照“有场所、有标识、有队伍、有制度、有档案、有管理、能服务”的“六有一能”的标准进行规范化建设。

【深入推进社区矫正和安置帮教工作】 全市建立 2126 人的社矫安帮专职工作队伍和 4295 人的社会志愿者队伍，强化培训，分批、分期对执法人员、社会工作者和社会志愿者进行《社区矫正工作文件汇编》、《社区矫正工作应知应会》和《社区矫正法律规定汇编》等内容的培训。进一步完善监狱与司法所的衔接机制，邀请保定监狱、太行监狱、冀中监狱、定州监狱、保定劳教所、高阳劳教所联合召开了全市社区矫正和安置帮教工作对接座谈会，实现无缝衔接。全市社区矫正和安置帮教两项工作通过主动延伸，积极创新，实现无缝衔接，有效管控，大大降低重新违法犯罪率的做法，得到司法部和省司法厅的肯定，司法部《社区矫正工作简报》于 2 月 15 日和 3 月 13 日刊发两期保定市的创新做法；3 月 20 日，司法部社区矫正局局长姜爱东及全国社区工作培训班学员一行 130 余人，到蠡县观摩指导社区矫正工作。8 月 8 日，司法部基层司刑释解教人员安置帮教处处长白杰到保定市，对刑释解教人员信息管理系统规范运行给予充分肯定和高度评价。

【扎实开展“三团一组”法律服务工程】 全市 1100 余名律师积极介入市、县政府确定的产业支撑项目、重大基础设施项目、节能减排低碳环保项目、社会事业和民生工程四个方面的项目建设。通过担任法律顾问、参与项目洽谈、办理招投标、投融资等提供多形式、宽领域的法律服务，共办理各类案件 33596 件，法律顾问 876 家。全市法律顾问服务企业已达到 600 家以上，“法律体检”的企业数达到 954 家。

【公证领域不断拓展】 积极服务工业园区建设、重大项目建设等重点经济领域，为国有土地招拍挂、政府采购、保障房分配等政府重点工作提供现场公证服务。主动介入公司企业事务，为全市改善发展环境、依法规范市场经济秩序提供法律服务。2012 年，公证已进入 120 家企业开展法律服务，30 名公证员与 40 家企业建立了长期法律服务联系。全市累计办证 22029 件，比上年同期增长 10.6%。避免和挽回经济损失 2 亿元。

【法律援助工作水平不断提高】 突出深化法律援助便民服务这一主题，以服务发展、服务民生为目标，积极采取措施，让更多困难群众获得必要的法律援助，进一步扩大法律援助覆盖面和受援面，完善法律援助便民服务工作网络体系，联合市总工会在其所属大中型企业中建立法律援助工作站 6 个。在中央专项彩票公益金法援项目执法规范建设年活动中，共上报中央彩票公益金法律援助案件 192 件，申请资金 37.83 万元，高标准、高质量完成省中心下达的任务。结合“法律援助为民服务创先争优年”活动，在全市开展法律援助进社区、进乡村活动，与市老年协会联合在市区内各大社区开展法律援助制度宣传活动，发放宣传资料8000余份，共举办了10期10场宣传活动。全年共办理法律援助案件3482件，实现了援助案件年增长20%的总体目标。

【国家司法考试顺利实施】 9月22、23日，保定市组织2012年度国家司法考试，全市共有2749人报名参加，考生数量占全省报考人数的四分之一，涉及面广，工作要求高，操作难度大，且在特殊时期举行。因此，在国家司法考试工作的各个环节严密组织，规范操作，做好防泄密、防作弊工作，为考生提供周到热情的服务，协调市公安、检察、法院、教育、保密、卫生、无线电、武警等部门密切配合，确保了国家司法考试工作的完成。

【司法所规范化建设明显改善】 在全市342个司法所全部实行由县（市、区）司法局垂直管理的基础上，大力加强司法所规范化建设，各县（市、区）通过全省公务员考试、在各县（市、区）范围内符合身份人员中招录、局机关干部下派充实等多种形式和手段，配齐配强司法所工作人员。截至年底，全市乡镇共有司法所工作人员647人，有牌无人所、一人所明显减少。充分利用中央财政专项拨款，大力改善司法所办公条件和工作人员待遇。全市司法所全部统一了标识和会徽，配备了电脑、打印机、电话、扫描仪等办公通讯工具。157个司法所配备了警用面包车、摩托车等交通工具，司法所办公条件有了明显改善。同时，积极协调当地党委政府，争取在司法所经费保障方面给予政策倾斜，落实工作人员的岗位津贴和职级待遇。全市21个县（市、区）的232名司法所长落实了副科级待遇，司法所规范化建设有了明显提高。

（王文鹏）

综 合 管 理

宏观经济管理

【保定市发展和改革委员会】 保定市发展和改革委员会为综合研究拟订经济和社会发展政策、指导总体经济体制改革的市政府组成部门。负责研究提出全市国民经济和社会发展战略目标和重大方针政策，组织编制全市国民经济和社会发展中、长期规划和年度发展计划，研究分析经济形势和发展情况、全市经济体制改革和对外开放的重大问题、产业结构战略性调整和升级、区域经济和城镇化发展等方面的工作，承办市政府交办的其它事项。内设31个职能处（室）：办公室、人事培训处、政策研究处、发展规划处、国民经济综合处、经济体制综合改革处、固定资产投资处、地区经济处、财政金融处、经贸和服务业处、高技术产业处、产业发展处、外资利用和经济协作处、农村经济处、交通运输处、资源节约和环境保护处、社会发展处、经济运行调节处、行政审批服务处、重点建设项目综合管理处、重点建设项目管理一处、重点建设项目管理二处、重点建设项目稽察特派员办公室、能源处、电力发展处、新能源装备及综合利用处、机关党委、纪检监察室、老干部处、深化医药卫生体制改革领导小组办公室、央企服务处。所属5个事业单位：保定市交通能源办公室、保定市建设投资公司、保定市节能监察中心、保定市散装水泥办公室、保定市农业区划委员会办公室。

党组书记 主任	岳文民
党组副书记 调研员	杨国庆
副主任	闫海清
	张林峰（援坝）
	李建领（市重点办主任，6月任）
	康　青（7月二线）
	杨　军　尹绪龙
	孙增儒（市物价局局长）
	马福生
	樊运会（援疆）
	彭延昭（援疆）
纪检组长	孙振军
重点办副主任	王永平
	邸旭伟（女）

【概况】 2012年，市发改委围绕建设“京畿强市、善美保定”目标任务，按照“保增长、调结构、控物价、惠民生”总体工作思路，凝神聚力、真抓实干，突出抓发展，重点抓项目，着力推进“十二五”规划实施，完成了市委、市政府交办的各项工作任务。按照全市统一部署，深入开展“创先争优”活动、执行力亮剑行动，并在委内自行组织开展“树三观”主题教育实践和“三作为”活动，深入贯彻落实党风廉政建设责任制，班子建设整体水平进一步提高，“两个环境”建设得到有效改善，“三总部”作用得到充分发挥。2012年，市发改委机关党委获全省创先争优先进基层党组织荣誉称号，农业农村经济、工业聚集区建设、经贸服务业、农业资源区划、发展散装水泥、支援油田建设等工作受到省发改委表彰；在承办人大建议政协提案、部门决算编报、春运工作、纪检监察、学习型党组织建设、基层建设年活动、十八大安保维稳以及信息、妇女和工会等工作受到市级表彰。

2012年，全市生产总值完成2720.9亿元，同比增长10.5%，高于全省平均水平0.9个百分点，总量和增速分别居全省第5位和第2位。其中，第一、二、三产业增加值分别增长4.2%、12.2%和10.4%。全市全部财政收入完成311.3亿元，增长17.1%，高于全省1.8个百分点，总量、增速均居全省第5位。全部财政收入占GDP比重由上年的10.9%上升到11.4%，提高0.5个百分点。地方公共财政预算收入完成159.9亿元，增长24.4%，高于全省4.5个百分点，总量和增速分别居全省第5位和第4位。城市居民人均可支配收入19048元、农民人均现金收入7696元，分别增长12.6%和15.6%，居全省第四位和第一位；城镇新增就业9.85万人，企业退休人员养老金、城乡低保标准和职工工伤、失业保险待遇继续提高。全市固定资产投资完成1888.4亿元，增长21.2%，高于全省0.1个百分点，总量和增速分别居全省第5位和第7位。建设项目完成投资1540.5亿元，增长27.9%，高于全省平均增速2个百分点。亿元以上在建大项目680个，同比增加86个，完成投资1240亿元，同比增长35.8%，占全市建设项目投资的比重达到80.7%，比上年提高0.7个百分点，高于全省平均水平14.3个百分点。从行业看，汽车制造、电器机械及器材制造业、公共设施管理业和道路运输业，分别完成投资106.3亿元、109.9亿元、57亿元和48.6亿元。规模以上工业完成增加值1020.9亿元，增长14.1%，高于全省0.7个百分点，总量和增速分别居全省第5位和第3位。主导行业呈现“四快一降”趋势。汽车及零部件增长16.8%、纺织服装增长24.5%、食品增长9.2%、建材增长23.9%，四行业拉动全市规模以上工业增长9.2个百分点，新能源及输变电行业持续回落，同比下降25.7%，影响工业回落3.1个百分点。规模企业发展壮大。规模以上工业企业户均产值达到2.53亿元，同比提高500万元。其中排前100家企业实现工业总产值1775.5亿元，占规模以上工业总产值的比重为43.1%，拉动规模以上工业增长14.6个百分点；排前10家企业实现工业产值969.2亿元，占规模以上工业总产值的比重为23.5%，同比提高4.8个百分点。全年粮食总产量达到604.5万吨，稳居全省第一。全市社会消费品零售总额实现1161.3亿元，增长15.7%，高于全省0.2个百分点，总量和增速分别居全省第3位和第1位。限上企业零售额完成316.6亿元，增长26.4%，高于全省8.3个百分点，占全市社会消费品零售总额的比重为27.3%，对全市消费品零售总额的贡献率达到42.1%，拉动全市消费品零售总额提高6.6个百分点。全市城镇消费品零售额完成902.1亿元，占零售总额的比重为77.7%。粮油食品、服装鞋帽、家用电器和音像制品、石油及制品、汽车五大类商品实现零售额256.6亿元，占全市限额以上零售额的81%，拉动全市限额以上零售额增长19.3个百分点。全年居民消费价格总指数为103.4%，较上年回落2.4个百分点。金融机构本外币各项存款余额3774.9亿元，比年初增加526.5亿元，增长16.2%，同比提高3.3个百分点。其中储蓄存款2664.5亿元，比年初增加380.7亿元，增长16.7%。本外币各项贷款余额1589.7亿元，比年初增加237.4亿元，增长17.6%，同比提高1个百分点。对外出口总值完成47.7亿美元，同比下降11%，低于全省平均14.6个百分点，总量和增速分别居全省第2位和第10位。单位GDP综合能耗比上年下降4.8%，超额完成目标任务。

【运行监测、加强调控，宏观经济实现平稳较快增长】 按照市委、市政府的部署，主动当参谋、跑项目、强调节、控物价，努力促进经济平稳较快增长。坚持月分析、月会商、季报告制度，组织召开全市经济运行分析会，及时向市委、市人大、市政府汇报经济形势，提出对策建议。全年，围绕经济结构调整、发展方式转变、体制机制创新等方面起草上报了30余个政策性文件，被市委、市政府印发或转发实施。（一）提出了事关全市发展的工作思路、措施。代政府起草了《关于抓好当前经济工作确保实现首季开门红的通知》，印发了《2012年发展改革工作要点》，提出了2012年全市经济社会发展基本思路、主要目标和工作重点；及时了解掌握国家、省政策导向，积极组织对口拜访国家发改委活动，并及时将有关政策信息情况向市委、政府报告；代市委、市政府起草了《关于做好当前经济工作努力保持经济平稳较快发展的实施意见》、《关于着力改善发展环境的实施意见》等一系列文件，提出促进全市经济社会发展的重点工作、具体措施及发展建议。（二）不断加强经济运行分析监测工作。逐月撰写分析报告，组织召开全市经济运行分析会，及时向市委、市人大、市政府汇报经济形势，提出对策建议。坚持季度重点监测、月度常规监测，强化预警、调度。编制月度《保定经济社会发展手册》。（三）突出重点，夯实要素供应保障基础。制定出台了《综合应急预案》、《保定市天然气供应协调应急预案》，进一步完善了市级煤电油气运要素预警保障机制，对要素供应单位及各县（市、区）煤电油气运运行动态情况逐季跟踪服务。同时，坚持月分析、季调度、年通报，重点监控全市67家利税过亿元企业生产要素动态调节情况，并撰写分析报告，为领导决策和保障供应及时提供依据服务。加强全市“春运”组织协调工作，连续三年被省发改委评为春运工作先进单位。

【抢抓机遇、狠抓项目，增强经济发展后劲】 坚持把项目投资作为重要抓手，加大重点项目的实施力度，精心谋划争取，破解瓶颈制约，强化责任落实，努力增强发展支撑。（一）扎实推进重点项目建设。在全市开展了“重点项目突破年”活动，制定了《关于强力推进项目建设的实施细则》，实施重大项目承包责任制，实行重点项目“一月一通报、两月一考核”。通过实施项目优选工程，2012年全市列入省重点项目57项，总投资2223.8亿元，项目数量并列全省第一，投资规模全省第三，项目总量连续两年在全省名列前茅。全年省重点项目完成投资260.04亿元，完成年计划的126.9%；市重点项目完成投资313.15亿元，完成年计划的116.3%。市以上重点项目平均投资规模达到20.95亿元，比上年提高了10.25亿元。其中，100亿元以上项目10项，总投资1333.9亿元；投资50亿元以上项目24项，总投资2180.5亿元，大项目数量和投资规模均比往年有所提高。（二）加大中央预算内资金争取力度。积极组织有关部门谋划、筛选2012年度政府投资项目，编制项目计划。围绕中央扩大内需、加大投资的政策性机遇，加强政策研究，迅速对照国家政策投向，牵头组织筛选项目，加大项目谋划储备，加强与上级沟通和联系。在社会事业、农村民生工程及基础设施、高新技术及服务业、节能减排与生态建设、产业振兴和技术改造、保障性安居工程及重大基础设施等国家重点支持的六个方面积极争取中央预算内资金支持，全力推进项目建设。全年本市争取上级资金支持的项目465个，落实中央预算内资金21.17亿元，对全市民生项目、基础设施以及环保节能等项目的发展起到了积极推动和促进作用，受到市委、市政府通报表彰。（三）规范政府投资项目管理。加强投资指标监控与调度，进行月度、季度投资形势分析，及时了解和掌握项目建设进度，协调解决存在的问题，确保全年投资指标的完成。加强对政府投资项目管理，做好重点建设项目稽察工作，明确项目投资来源渠道，严格控制投资概算，节省财政资金，落实项目前期建设条件，为政府投资项目的顺利实施提供有利保障。

【依托园区、转型升级，促进产业结构调整】 坚持在发展中促调整，在调整中促转变，在转变中促提高，增强综合竞争力。（一）推进产业结构调整。按照一产抓特色、二产抓提升、三产抓拓展的发展思路，出台促进产业结构调整的实施意见和细则。按照工业强市、产业兴县的发展思路，围绕特色产业聚集区做大做强专业市场，形成流通业和制造业互促共荣、协调发展的块状特色区域经济体系。（二）全力抓好园区建设。为进一步加强对各类产业园区的指导和培育，起草了《2012年全市产业园区发展意见》，对指导全市产业园区又快又好发展提出了明确的发展目标及工作重点。每月坚持对全市各类产业园区进行调度的工作机制，及时了解掌握全市产业园区发展情况，为领导决策提供参考和依据。（三）加强谋划，打造特色产业园区。以提升产业水平为目标，着力建设一批具有先进制造业和高新技术产业特色的高端产业园区。谋划、实施了“三城一区”（汽车城、新能源城、航天航空城及低碳产业示范区），打造未来新能源和装备制造业洼地。主要有总投资100亿元的中国汽车零部件（保定）产业基地、投资100亿元的乐凯航空科技园、涞涞易航空航天产业基地、清苑航空航天科技园区以及数码印刷等高技术产业园区。

【节能降耗、优化环境，建设低碳保定】 树立低碳理念，科学统筹经济增长与节能减排，把“保完成、促转型”作为全年乃至“十二五”初期节能工作的总要求，制定了《保定市2012年节能工作实施方案》等指导性文件，有力地推动了全市节能减排及低碳城市建设工作深入开展。（一）继续强化节能目标责任，加大对节能项目扶持力度。年初对全市节能目标进行了预分解，5月又按照省最终核定下达本市的节能目标，进一步细化分解到了各县（市、区）和重点用能企业。突出抓好列入省“十二五”期间“千家企业节能低碳行动”的全市92家重点用能单位节能管理工作，加强对国家、省支持的重点节能项目监管，组织谋划了一批技术水平领先、节能减排成效显著、示范带动作用强的节能技改项目申报中央预算内资金支持。（二）大力推进“低碳城市”建设。精心组织“地球一小时”主题宣传活动，组织开展低碳知识进校园、进社区活动，提高广大市民与在校学生的低碳环保意识。扎实推进建筑节能、低碳交通工作。起草并实施了《保定市城市公交、长途客运车辆推广使用液化天然气实施方案》，市区795辆柴油公交车更换使用天然气工作全面完成，235辆柴油长途客车已完成更换使用液化天然气工作。完成了市委、市政府年初制定的2012年城市公交和长途客运车辆更换液化天然气车的惠民工作事项。

【主动对接、深化合作，改革开放取得新成效】 进一步加大改革开放力度，重点领域改革和对内对外开放工作取得显著成效。（一）加强对全市经济体制改革工作的总体指导和统筹协调。研究制定出台了《保定市2012年经济体制改革重点工作安排意见》，分解目标任务，明确责任部门，加强督导落实，扎实推进医药卫生体制改革、文化体制改革、教育体制改革及国企改革等工作。（二）着重抓好重点领域和关键环节的改革工作。一是按照设立保东新区综合配套改革试验区的设想，起草了《关于以白沟新城为核心，打造保东新区综合配套改革试验区的请示》，上报市政府，力争建立"保东新区"早日实现，获得与曹妃甸、渤海新区同等的优惠政策。二是围绕建设好环首都扶贫攻坚示范区，起草了《关于建立"涞涞易"环首都扶贫攻坚示范区综合配套改革试点的设想（征求意见稿）》，发有关县及部门征求意见。三是稳步推进价格改革。完成了推行居民阶梯电价基础工作调研及听证工作；根据市供水总公司调价申请，完成了前期的调研审查、成本监审、专家评审等工作，目前已经进入听证程序；围绕天然气价格改革、供热价格改革和药品价格调整运行情况进行了深入调研，为下一步深化改革奠定了基础。（三）积极拓宽对外开放广度和深度，提高利用境内外资金的质量和水平。成功组织参加了"香港投洽会"、"廊坊经洽会"、韩国丽水世博会、厦门投洽会、深圳高交会五次大型招商洽谈活动，共签约外资项目33项，总投资37.19亿美元，协议利用外资28.53亿美元；签约内资项目3项，总投资71亿元，合同引资64.4亿元。围绕"环首都绿色经济圈"建设和"对接京津"战略，积极引导保定市环首都县市，加大对接京津力度。2012年，全市利用外资55051万美元，同比增长23.5%。其中外商直接投资54749万美元，同比增长24%；引进省外资金536亿元，同比增长44.79%。

【紧跟政策、加大投入，保障和改善民生】 按照重基础、增投入、惠民生的工作思路，加强和指导项目谋划储备，筹措资金，争取国家支持，推进改善民生领域基础设施建设。（一）加强项目跑办和落实，促进全市社会事业快速发展。密切关注国家扩内需、稳增长政策措施，及时掌握投资动向，主动出击，有效工作，积极争取国家投资支持。全年共有238个社会事业项目列入国家和省投资计划，争取到位上级资金60386万元，其中中央预算内资金58561万元，资金总量居全省各市首位。（二）支持保障性住房建设。紧紧围绕国家关于保障性住房的产业政策和投资方向，做好项目储备及申报争取工作。全年，组织申报保障性安居工程及重大基础设施项目131个，争取中央资金3.82亿元。（三）强化强农惠农政策，促进农村经济发展。大力争取国家和省的支持，改善农村生产生活条件。争取到农村小水电、农村饮水安全、大型灌区节水改造与续建配套、水土保持、河道治理、水毁水利建设、动物防疫体系、生猪标准化养殖、奶牛标准化养殖、农产品质量安全体系建设、国有垦区危房改造、基层农技推广服务体系建设、农村沼气、旱作农业示范基地、粮食生产能力建设、巩固退耕还林成果、国有林场危旧房改造、林业棚户区（危旧房）改造、防护林工程、易地扶贫搬迁、以工代赈等21大类项目资金12.2亿元，落实省以上资金9.6亿元（其中中央投资7.6亿元，省投资2亿元），争取落实项目资金再创历史新高。（四）扎实推进医药卫生体制改革工作。全民医保体系建设成效显著。全市城镇职工基本医疗保险、城镇居民基本医疗保险、新农合三项基本医疗保险分别达到了97%、97%、96.52%，超额完成了省95%以上的目标要求；基本药物制度和基层医疗卫生机构新机制不断巩固完善。全市312所乡镇卫生院、9所社区卫生服务中心，全部实施了基本药物制度，实行了"零差价"销售，五项制度全面建立（基本药物制度、人事制度、管理制度、保障制度、分配制度）。截至年底，全市6217个承担公共卫生服务的村卫生室已有5596个实施了基本药物制度，占总数的90%，此项工作保定市在全省排第一位；村卫生室标准化建设工作高标准、高质量全面完成。出台了《保定市村卫生室标准化建设指导意见》和《保定市村卫生室标准化建设竣工验收指导意见》，市、县、乡层层签订责任书，并建立了联席会议和通报制度。到11月30日，全市4967个标准化村卫生室已全部提前建成，并通过验收，此项工作在全省排位第一。（五）积极落实价格调控政策，着力稳定物价水平。面对并不乐观的物价形势，进一步加强市场价格动态调研分析，及时上报苗头性、倾向性价格信息和措施建议，为市委、市政府宏观决策当好参谋。利用物价网站、《保定日报》、《保定晚报》、保定电台等媒体发布价格信息700多条次，合理引导群众消费预期。积极推进“农产品绿色通道”、“粮食最低收购价格”、用水、用电等惠农利民价格政策落实。以稳妥审慎的态度推进价格改革，对涉及民生的价改项目严格把关，稳步实施。全市控物价、惠民生形势良好，完成全年4.5%左右的调控目标。

【重点先行、合力攻坚，推进基础设施建设】 围绕加强产业结构调整，优化产业布局，大力推动节能降耗，通过科技创新提高能源转化效率和使用效率，在路网建设、能源重大项目布局、扩大火电装机容量等方面加大推进力度。（一）建设适度超前的现代化综合交通运输体系。狠抓重大项目前期工作，加强组织领导和协调调度，加大跑办盯办力度，全面掌握情况，及时解决前期工作中出现的问题，确保快速推进。京石高铁客运专线全线顺利完工，并开通运营。经与省进一步沟通协调，解决了本市四个车站通往广场道路用地指标1315亩。经过跑办，京港澳高速公路保定至白洋淀连接线、张石高速公路新增顺平至保定连接线、保阜高速公路东下关互通至吴王口连接线三个项目获省批复。围绕北京新机场建设及新机场带来的影响，积极和省发改委沟通协调。并通过跑办和争取，省发改委在研究编制北京新机场河北区域综合交通规划中，考虑到地方政府利益最大化的原则，在既有交通设施基础上共规划了16条线路，其中涉及到保定市的综合交通项目共有8条，占到二分之一。（二）优化能源结构，加快能源项目建设。继续推进中海油煤制天然气管道项目前期工作，正在向国家申请“路条”；进一步推进霸州至保定天然气输气管道及沿线6县（市）各支线建设。其中安新支线、容城支线已建成，雄县支线、白沟支线正抓紧建设中。2012年冬季已通过霸州至保定天然气输气管线向保定市区供气，日均供气10万立方米，在2012年冬季天然气供应紧张的情况下，发挥了能源保障作用；加快高阳至保定、徐水天然气输气管道建设，高阳、安新、徐水境内主管线及大王店工业园区内主管网已铺设完成，清苑段正加紧建设中。（三）以保障电力供应为基础，加强重大电力项目建设。大唐清苑热电项目主体工程与电力送出、项目供水等各项配套工程建设全面完工，铁路专用线建设工程接近尾声，12月底两台机组实现双投，大大缓解了市区南部和清苑县城的工业用热和居民采暖压力。国电西北郊热电项目经国家能源局的严格审核于6月12日正式批准，国电保定西北郊电厂2台35万千瓦热电联产项目开展前期工作，标志着国电保定西北郊热电项目进入国家核准程序，此项工作受到李谦市长的肯定与表扬。京能涿州热电联产项目以“上大压小”方式开展前期工作，上报所需的各类支持性文件已具备，已上报国家能源局申请“路条”。

【创新驱动，重点支柱企业形成新引擎】 加大扶持力度，实施动态管理，搭建产学研联合创新服务平台，开展企业与大专院校、科研院所技术合作交流活动，加强重点企业创新能力建设。（一）组织开展国家认定企业技术中心评价工作，加强企业技术创新体系建设。保定市天威、乐凯、巨力3家企业在全国729家国家级企业技术中心评价中成绩优异，其中保定天威集团有限公司总得分在90分以上，评为优秀，位列全国第六位，成为河北省首家进入全国前十的国家级企业技术中心。同时，加强省认定企业技术中心、省工程实验室的申报工作。截至年底，全市共有国家级企业技术中心6家、国家级工程实验室2家、省级企业技术中心44家、省级工程实验室6家。（二）深化产学研合作基地建设。以高新区为主体，联合驻保各高校成立新的大学科技园，提升完善大学科技园软硬件服务水平，申报国家级大学科技园，将大学科技园建成产学研合作的新亮点和创新资源储备的核心；加大对创业中心孵化器投入，增加孵化基金规模；推进“光伏产业研究院”建设，设立光伏应用产品展示交易中心，加速应用产品研发与推广。

【深化合作，推进央企对接工作】

把推进央企工作作为全市转方式、调结构的重要抓手，以承接在京央企的战略转移为重点，推进保定再造新兴战略优势，加快推进与北京一体化建设的发展步伐，以央企合作为产业引领，进一步聚集资源，集中要素，全面提升产业拉动能力和水平。（一）健全工作制度，深化央企合作，推进项目实施。代市政府制定了《关于扶持央企合作加快发展的实施意见》，优化央企发展环境。建立和完善了央企项目责任人制度、重大协调事项预先安排制度、项目重大问题专报制度、项目建设基础数据报送制度、动态信息报送制度等五项制度，积极参与组织市委、市政府与合作央企间的两次集中签约和九次高层对接活动，加快推动签订战略合作框架协议项目的开工建设。省跟踪保定市与央企合作签约项目共21项，截至年底，竣工项目2个，总投资2.02亿元；开工项目12个，总投资429.34亿元，累计完成投资82.62亿元；前期项目7个，总投资199.6亿元，竣工开工率66.67%。在全省2012年度央企入冀引导资金项目申报中，全市有8个央企合作项目入围，共获得省专项资金支持8600万元，居全省首位。（二）紧盯首都经济圈纳入国家战略的进展情况，做好本市纳入首都经济圈的前期调研和编制规划等各项前期工作。聘请国内一流的规划编制单位中国科学院地理科学与资源研究所承担保定市首都经济圈规划课题研究，编制完成了《首都经济圈（保定市）发展规划》（初稿）。大力推进环首都绿色经济圈建设，在规划对接、基础设施对接、产业对接等方面取得了显著成效。

【灾后重建和扶贫开发工作取得阶段性成效】 保定市"7·21"洪涝灾害后，市灾后重建办公室设在市发改委，在指挥部的领导下，按照"大灾大干、大灾大上、大灾大建、大灾大变"的要求，坚持以项目争资金，以项目促重建，共谋划了88个重建项目，争取援建资金24亿元，围绕灾民衣食住行的"六个确保"全部得到落实，有力地促进了灾后重建工作的顺利开展，取得了灾后重建的阶段性胜利。全力打造环首都扶贫攻坚示范区。按照"1+3+5"扶贫开发格局，全力推进阜平、涞水、唐县等9县的扶贫开发，确保年内150个村、3.5万户、10万多名贫困群众实现脱贫。通过企业帮扶、政策扶贫、项目扶贫、智力扶贫等多种方式，提升贫困地区自我发展能力。

（杨国庆　张学军　刘晓宇）

统计管理

【保定市统计局】 保定市统计局是主管全市统计和国民经济核算工作的市政府工作部门，业务上受河北省统计局和市政府双重领导。内设12个职能处室。主要职责是：（一）拟定保定市统计工作规章；制定统计改革、统计现代化建设规划和统计调查计划；组织领导和监督检查市内各县（市、区）、各部门统计和国民经济核算工作，监督检查统计法律法规实施情况。（二）贯彻执行国家、省国民经济核算体系、统计指标体系和基本统计制度；管理全市各项核算制度；制定地方统计调查标准和统计调查制度；组织管理、审批各县（市、区）、各部门统计调查项目（包括社会和涉外）、调查计划、调查方案；组织全市统计登记工作。（三）组织完成国家、省部署和普查任务；研究提出重大市情市力普查和抽样调查计划，并组织实施；组织各县（市、区）、各部门社会经济调查，汇总、整理全市基本统计资料；对国民经济、科技进步和社会发展等情况进行统计分析、统计预测和统计监督，向市委、市政府及有关部门提供统计信息和咨询建议。（四）统一核定、管理、公布、出版全市性基本统计资料，定期向社会公众发布全市国民经济和社会情况统计信息。（五）管理全市统计信息自动化系统和统计数据库体系；管理全市统计数据库网络。（六）组织管理统计人员持证上岗，协助组织管理统计专业技术资格考试和专业技术职务评聘工作。（七）承办市委、市政府交办的其他事项。

党组书记 局长	梁瑞萍（女）
局党组副书记 国家统计局 保定调查队 队长	李凤江
副局长	蔡毅儒　朱德连 田　毅
纪检组长	刘永志
党组成员 普查中心主任	康云山

【概况】 2012年，统计工作围绕"夯基础、抓创新、重改革、强服务"这一总体工作思路，勇于开拓，扎实工作，努力推动全市统计工作不断取得新成绩。保定市综合统计工作进入全省先进行列，被省统计局评为"优胜单位"，8项专项工作被评为"先进单位"。市统计局被省政府评为"河北省妇女儿童发展规划先进集体"、"全省人口普查工作先进集体"。统计信息工作分别被市两办评为"优胜单位"。

【夯基础、抓规范，筑实工作之基】 2012年，坚持以统计规范化建设为抓手，全面加强统计基础建设。一是抓好基层规范化管理。为掌握基层统计人员的基本情况，有针对性的开展业务培训和工作指导，制定并下发了《统计基层基础工作实施方案》，对基层人员基本状况进行了摸底调查，建立了贸易、投资、房地产、农业等8个专业的基层统计人员情况信息库，在开展基层人员业务指导方面做到了有的放矢。制定了《保定市统计“双基”工作示范点建设规划》，在完成省统计局规定的建成3个规范化建设达标县任务基础上，还将博野、雄县、涞源、安新4个县列入重点帮扶和培养范围，并多次深入县（区）指导工作，组织县（市、区）之间开展了相互参观学习活动，以点带面，示范引导，以此推动全市统计“双基”建设上档升级。加大了基层基础资料规范化建设的力度。各县（市、区）统计局全部建立了自2009年以来涵盖各类指标的翔实的数据库，为全面建成小康社会，提供了重要的数据支撑。二是加大建设投入，保障能力不断提升。按照统计联网直报改革和网络运行安全的需要，加强了网络运行抗风险能力建设，市统计局投入8万元，购置了网络运行管理相关设备，并对统计内网主干线进行了升级换代，全市统计内网运行环境得以根本性改善。加快了县级网络防火墙建设，按照全市集中统一管理的要求，各县（市、区）共投入资金30余万元，完成了网络防火墙建设，提高了全系统网络防御和管理能力。

【明思路、抓创新，提升统计能力】 一是借势推动，理顺职能。针对国家调查队机构整体划转后，局地方队机构急需整合的实际，经过多次与市编制部门反复沟通和协调，把地方城调队、企调队、农调队机构编制进行了整合，报请省编制部门批准，将原城调队、企调队、农调队全部编制进行了划转，成立了副处级单位“保定市统计调查中心”。采取多种形式，最大限度的整合了科级干部职数，整合出23个科级干部岗位。9月，在全局开展了科级干部竞职上岗工作，经过竞职演讲、民主推荐、党组研究、组织考察等环节，23名年轻干部走上副科或正科岗位。既健全了机构，理顺了职能，又优化了干部队伍结构。二是巩固成果，推进改革。2012年，在基层统计体制改革方面，在巩固以往改革成果的基础上，重点在推进基层管理及其纵深延伸。市统计局下发了《关于深入推进乡（镇）办事处统计垂管工作的通知》，在对乡镇统计机构管理，包括机构、人员管理、人员调动、人员考核等提出了明确要求，并通过开展专项工作检查，敦促各项要求的落实。各县（市、区）积极落实市统计局要求，进一步完善了乡镇统计站建设，普遍建立了包括对乡镇统计人员定期考核、业务培训、工作例会等制度，健全并完善了《乡镇统计站考核办法》、《乡镇统计机构评比办法》等相关制度，定州、容城、高阳、易县等部分县（市、区）在村级统计室建设方面迈出了坚实步伐，基层管理进一步得到加强和规范。全市已有24个县（市、区）完成了统计垂直管理改革任务，乡级统计机构成为县统计局的派出机构，本市的改革工作走在了全省的前列。

【抓改革、破难题，实现工作新突破】 针对提高数据质量、解决基层统计力量和任务严重失衡等影响统计工作整体开展的一些难题，以深化改革为突破口，努力破解难点，争取实现工作新跨越。一是全力抓好“企业一套表”改革工作。“企业一套表”改革，是国家统计数据上报方式的重大变革，即通过网络直报，由数据源头通过互联网直接上报到国家，从而减少中间环节，减轻基层工作负担，保证数据可靠程度。

在抓“企业一套表”改革工作过程中，按照“多措并举，完善制度、规范流程、巩固提高”的总体工作思路，认真解决好设备配备、人员培训、数据评估等项工作落实，全市“企业一套表”改革工作取得良好效果。加强了“四条红线”教育，严格了审核工作。对被调查单位及县（区）统计人员加强了“四条红线”教育和法制观念教育。建立了IP地址监控和备案制度及数据分级、分专业审核验收制度。根据工作实际，完善了数据审核程序。对“一套表”数据上报程序进行了必要补充和完善，加强了数据质量控制。工业、贸易、能源等专业，分别增补了部分审核内容，仅能源专业，就增加了16种、60余条审核公式，便于市、县、企业统计人员第一时间对源头数据进行审核评估；进一步规范了平台操作流程，各专业结合实际，对平台操作流程配以文字和图片，方便基层人员对平台操作的理解、使用。加大了“一套表”新增专业推进力度。为推进农业、服务业、劳资等专业纳入“一套表”顺利实施，市统计局专门进行部署，对全市314个乡镇的农业“一套表”实施硬件情况进行摸底调查，要求各县（市、区）对上级为基层统计站配置的专用的计算机等设备进行清理，挪作它用的限期追回，为农业“一套表”的实施奠定了基础。8月，市政府办公厅下发了《关于认真做好农村统计“一套表”改革工作的通知》，加强了农村统计“一套表”改革工作的领导、组织、推动力度。重新规范、完善了“一套表”实施必需的企业名录库管理，对全市2711家“三上企业”，6万个法人单位和产业活动单位，涉及到2.2万项数据和信息更正，保证了信息的准确和完整。对新申请入统的近300家“三上企业”基本信息和数据，进行了严格的审核和确认，做到了名录库信息的及时维护和更新，为联网直报实施奠定基础。在全省“企业一套表”改革工作总结交流会和国家统计局局长马建堂到河北调研“一套表”改革工作汇报会上，保定市都做了典型发言和经验介绍，并得到省统计局和国家统计局领导的肯定。二是全力抓好数据质量提升。数据质量关乎政府公信力。对此，加强了业务培训和指导工作。全年，共召开各类专业培训会议30余次，培训基层统计人员千余人次，结合深入基层开展工作检查、“企业一套表”工作督导等活动，深入27个县（市、区）、60余家企业进行工作检查和业务指导，有效地促进了基层人员业务水平的提高，提高了源头数据质量。透过市政府联席会议制度这个平台，向各部门领导和统计人员宣讲统计方法制度的新变化，要求部门增强数据质量意识。全年共召开部门联席会议8次，有效地促进了部门数据质量的提高。强化了分析评估和数据监管。对各类指标匹配性加强了审核评估，特别是加大了对部门数据的逻辑审核及相关指标匹配性、协调性评估，使部门数据更加符合实际。建立数据质量“一票”否决制度。市统计局下发了《关于认真执行2012年县（市、区）统计局业务工作规范化综合评定标准》的通知，确定年终统计综合评定工作实行数据质量“一票”否决制，对于统计数据质量出现重大问题的县（市、区），取消本年度综合评定资格。

【重研判、强服务，推进整体工作上水平】 一是加强分析研判，当好参谋助手。先后三次集中深入全市各县（市、区）、110余家重点部门和企业，开展调研活动，了解影响全市经济发展的具体要素和症结，为领导指导工作提供具体的、针对性建议和翔实的资料及决策依据。特别是针对经济下行压力加大、经济形势复杂多变、不确定因素增多等复杂环境，加强了对全市经济运行的分析监测，对各项经济指标，特别是各类考核指标，加强分析研判，在指标运行的进度分析、前瞻性分析、影响因素分析、针对性对策建议等方面，加大工作力度，及时为市委、市政府科学决策、指导工作提供依据。二是围绕工作重心，做好优质服务。针对十八大后，市委十届四次全会提出的“2020年全市综合经济实力进入全省第一方阵”和“生产总值、城乡居民人均收入提前翻番”的奋斗目标，组织有关人员反复进行测算和论证，结合本市实际，提出了发展规划可行性建议，为市委出台《关于全面建成小康社会的决定》提供了决策依据。三是助推县域经济发展，发挥职能作用。市委开展“执行力亮剑行动”中，市统计局承担了县域经济对标进位的组织推动、督导考核等工作。在借鉴诸多地区有益经验基础上，搜集整理了大量资料，建立了市、县两级对标指标体系，对“十一五”以来，全国287个地级以上城市、全省136个县（市）主要指标、位次和综合实力排位资料进行了搜集整理，建立了自新中国成立以来全市各县（市、区）县域特色产业主要指标数据库资料，并按照月度、季度、年度分类开展监测，全力推进对标进位工作。参与市委《关于加快县域经济发展努力实现二次腾飞的意见》的制定。与市委组织部紧密配合，对市委考核县（市、区）相关指标的设定、评价权重等进行反复研究和论证，参与《县域经济考核评价办法》等考核文件的起草修改等工作，努力为县域经济加快发展和尽早实现腾飞献计出力。发挥部门职能作用，加强对全市经济运行指导，2012年，随市委、市政府主要领导深入县（市、区）开展经济工作督导6次，并在分片区经济工作调动会上，对各县（市、区）经济工作进行点评，提出改进经济工作的意见建议。2012年，共撰写统计分析、统计专报86期，提供数据快报88期，统计信息300余条，被市委、市政府主要领导批示79篇次。

（沈国清）

人力资源和社会保障工作

【保定市人力资源和社会保障局】 保定市人力资源和社会保障局是市政府管理全市人力资源和社会保障工作的职能部门。内设办公室、人事处、政策研究处、规划统计处、基金和财务处（社会保险基金监督处）、就业促进处、人力资源市场处（非师范类毕业生就业指导办公室）、军官转业安置处、专业技术人员管理处（保定市外国专家局）、职称管理处（市职称改革领导小组办公室）、事业单位人事管理处、农民工工作处、劳动关系处、工资福利处、养老保险处、失业保险处、医疗保险处、工伤保险处（市劳动能力鉴定委员会办公室）、农村社会保险处、调解仲裁管理处（保定市劳动人事争议仲裁委员会办公室）、劳动监察处、行政审批服务处等23个内设机构。

党组书记
局　　长　张　莹
副 局 长　王德全　陈克祥
　　　　　刘晓莲（女）
　　　　　李振杰　孙福君
　　　　　石俊奇　张普霖
　　　　　陶连海　付爱国
纪检组长　耿国岚

【概况】 2012年人力资源和社会保障工作紧紧围绕中心，服务大局，以“民生为本、人才优先”为主线，以争创“三个一流”为工作目标，践行“无边界服务”理念，创新举措合力攻坚，转变作风狠抓落实，圆满完成了全年各项任务目标，全市人力资源和社会保障事业实现新突破，为全市经济社会的平稳快速发展做出了应有贡献。

【就业局势继续保持稳定】 实现城镇新增就业9.85万人，城镇下岗失业人员再就业3.33万人，其中就业困难人员再就业1.29万人，农村劳动力转移就业18.1万人，城镇登记失业率为3.91%，各项指标均大幅超额完成全年计划。开展创业培训2784人，发放小额担保贷款2.014亿元，共扶持3048人实现创业，带动10577人实现就业。

【社会保障体系建设取得重大突破】 社保制度逐步健全，顺利实现城乡居民社会养老保险制度全覆盖；各项社会保险覆盖面快速扩大，将更多的人纳入社会保障网。到2012年底，城镇基本养老、城乡居民养老、城镇基本医疗、工伤、失业、生育等各项社会保险参保人数分别达到112.3万人、529.1万人、189.2万人、69.7万人、52.1万人、59.8万人；社保待遇水平持续提高。连续第七年调整企业退休人员养老金待遇，受益人员达到22.1万人，月人均增长养老金185.2元。对失业人员领取失业保险金标准进行调整。提高各级财政对城镇居民医保的补助标准，达到每人每年240元。住院费用报销比例、医疗保险支付限额等待遇逐步增加。全市城镇职工、居民参保人员住院统筹基金最高支付比例分别达到85%、80%。

【人才队伍建设不断加强】 全年共引进各类人才1612人，其中高层次人才478人，新增高技能人才6300人。高端人才合作进一步深化，与北京大学、清华大学签订的优秀人才合作计划顺利实施；以大型支柱性企业为依托设立“技能大师工作室”，不断拓宽高技能人才培养平台。天威集团的大师工作室受到了省调研组的高度评价，人社部牵头拨专款支持10万元，受资助单位在全国仅有10家。

【干部人事制度改革进一步深化】 完善公务员招录办法，拟制事业单位选聘工作人员实施细则，机关事业单位“入口”进一步规范。顺利完成2012年公务员四级联考，有512人通过体检、考察并审批录用；在全市公安机关执法勤务机构警员职务套改中，对7825人进行了初审，为下一步整体推进公务员分类管理工作夯实了基础；实行重点分类，启动全市行政机关公务员职业道德培训工作；事业单位岗位设置管理工作进入规范化、常态化轨道；按行业分类，指导出台绩效工资考核办法，事业单位绩效工资管理机制逐步完善，绩效工资实施成果更加巩固；制定《保定市“十二五”期间军队转业干部安置计划实施方案》，深化阳光操作的安置模式，2012年各项接收安置工作圆满完成。

【劳动者合法权益得到有效维护】 强力规范查处违规行为，劳动者的合法权益得到有效维护。全年共主动监察用人单位2.5万户，接受举报投诉案件1272件，结案率达到98%，取缔非法职介机构65户，清退童工52人，共为2002名劳动者追讨各类欠薪8488.6万元。受理劳动争议案件1583起，结案率达到98%。

（李军波）

国土资源管理

【保定市国土资源局】 保定市国土资源局是市政府国土资源行政执法部门。依照《中华人民共和国土地管理法》、《中华人民共和国矿产资源法》和《中华人民共和国测绘法》规定，承担全市土地、矿产资源、测绘的管理和监督工作。内设办公室、人事处、政策法规处、规划处、财务处、耕地保护处、地籍处、土地利用处、测绘管理处、地质勘查处、矿产开发管理处、地质环境和科技处、执法监察处、机关党委、工会、监察室、妇委会等17个处室。辖土地储备中心、土地开发整理中心、土地产权管理办公室（征地管理办公室）、国土资源执法监察支队、国土资源规划测量所、地产评估中心、国土资源信息中心等7个事业单位。2012年3月，经市委研究决定，撤销中共保定市国土资源局党组，成立中共保定市国土资源局委员会。

党委书记 局长	田庆柱
党委副书记 副局长	刘杰
副局长	蔡建会 陈绍辉 夏静海 赵志刚
纪委书记	祁建英
党委专职副书记	相胜革

【概况】 2012年，以科学发展观为统领，以保障发展为主线，以构建国土资源管理新机制为切入点，积极主动服务，严格规范管理，统筹保障发展和保护资源，全面加强干部队伍建设和党风廉政建设，有效提高国土资源调查评价、规划、管理、保护与合理利用水平，各项工作扎实推进、运转有序，为建设“京畿强市、善美保定”做出了积极贡献。

【全力保障省市重点建设项目用地需求】 全年共落实新增建设用地计划指标28132亩，是近几年保定市争取用地指标最多的一年，较好的解决了长城汽车、风帆、巨力等一大批省市重点项目和城市基础设施建设用地问题。争取用地规模25平方公里，为城市建设和县域特色经济发展提供了用地保障。

【规划编制和报备工作进一步加强】 完成了保定市土地利用总体规划（2006－2020年）的编制工作，国务院已批准并实施。25个县（市、区）土地利用总体规划（2010－2020年）全部编制完成并通过省政府批准实施。市级和9个山区县矿产资源规划编制全部完成并上报省政府；土地整治专项规划编制工作全面启动，10个试点县已完成了规划编制工作待审批。

【耕地保护工作整体推进】 坚持以最严格的管理制度为有效手段，资源保护力度进一步加大，层层签订了《耕地保护目标责任书》，明确职责，确保全市1184万亩耕地保有量不减少。在全市范围内基本完成了基本农田划定工作，25个县（市、区）共318个乡（镇）的基本农田逐一落实到地块，落实总面积698493公顷，超出规划指标293公顷。太行山山前平原示范建设项目进展明显加快，6个县（市）的17个项目进展顺利。

【进一步加大资源市场培育力度】 市本级完成35宗国有建设用地招拍挂出让工作，面积1657.91亩，收缴出让金22.52亿元。受理并完成新设采矿权18个，以招挂拍牌方式公开出让采矿权14个，收取采矿权价款1081万元。

【国土资源执法监察力度不断加强】 深入积极开展土地矿产卫片整改工作，全市915宗违法占地案件中，除采取非立案处理的83宗外，其他832宗已全部立案查处到位。共计补办用地手续678.86亩，其中耕地212.96亩；拆除复耕181.44亩。全市违法占用耕地面积占新增建设用地占用耕地总面积的比例由最初的7.1%降至5.18%（全市各县、市、区违法占用耕地面积的比例均未超过15%）。矿产卫片整改检查整改工作中发现的62个矿产违法勘查开采问题也已全部查处整改到位。

【进一步规范矿业管理秩序】 顺利开展了山区7县11个矿种102个矿山的“三率”调查评价工作。积极稳妥的推动第二期16个矿区45个采矿权的资源整合工作，进一步提高矿产资源规模化、集约化水平。

【扎实做好信访稳定工作】 全年共接待来访267次483人；处理群众来信来电1062件，其中来信450件，来电612件；处理省要结果案件47宗，市要结果案件29宗，受理信访复查案件23宗，已全部办结。全年没有发生进京、赴省集体访等重大土地信访问题，有效地维护了国土资源系统的信访稳定。“十八大”期间，加大了对信访工作的督导力度，主动深入基层、深入群众，将矛盾化解在一线。同时指派信访经验丰富、综合素质高、协调能力强的工作人员赴京开展信访维稳工作，实现了“十八大”期间“零上访”的目标。市局被市委、市政府评为“十八大”安保维稳工作先进集体，1人立二等功，1人立三等功，2人受到嘉奖。

【加强地质灾害防治工作】 对涞源等山区9县所有地质灾害隐患点进行了一次拉网式核查、排查，进一步明确并细化了市、县政府以及国土、水利、气象、财政等相关部门的责任和任务。“7·21”灾害发生后，深入一线指导救灾，协调涞水、涞源、易县相关县申报耕地复耕项目，争取复垦项目总面积27443亩，总投资8448万元，于10月立项，并抓紧实施。经积极努力，国土资源部专门为全市受灾严重的3个县出台扶持政策，具体包括指导灾区编制灾后重建土地利用规划，保证灾后恢复重建用地计划指标，将涞源、涞水、易县增列入工矿废弃地复垦实点市县等6项特殊政策，为灾区恢复重建的供地、用地政策提供了强有力的保障。3县灾后重建规划调整已完成，工矿废弃地复垦利用专项规划顺利通过国土资源部审查，并上报省政府审批。同时，积极争取地质灾害应急治理补助资金2740万元、地质灾害防治2250万元、农田复垦专项资金1.2亿元。

【地热资源开发利用取得明显进展】 代市政府起草的《保定市地热资源管理办法》并由市政府印发，这在全省地级市是首例，得到了省厅充分肯定；完成了《保定市地热资源调查评价与勘查开发利用规划》编制工作；成功申报了“中国温泉之城”；积极参与市政府、中石化集团新星石油公司举行的地热开发战略合作洽谈会，进一步提升了本市地热资源开发利用水平。

【稳步推进测绘管理工作】 开展了年度测绘资质复审换证工作和测绘单位测绘成果质量认可工作；《河北省志·测绘志》续修已完成；积极推动数字保定建设，《数字保定地理空间框架建设项目设计书》已经省地理信息局批准，在准备招投标工作。

【地籍管理工作迈出新步伐】 切实加快推进农村集体土地所有权确权登记发证工作。全市27个县（市、区）已全部展开调查，全市共完成村界勘测调查3343个村。同时，为企业办理土地抵押191宗，面积284公顷，贷款达20.06亿元。

【加大地质环境综合治理力度】 完成了京昆沿线（保定段）矿山环境治理一期3000万元省级项目10个矿山的施工招标工作，目前多数标段已工程量完成过半。京昆沿线（保定段）矿山地质环境治理二期1500万元国家级项目的勘查、设计通过了省级专家评审。

（李朝伟）

物价管理

【保定市物价局】 是市发展和改革委员会管理的行政机构，负责对全市价格（收费）进行调控、监管和服务。内设办公室（人事处）、价格政策协调处、商品价格管理处、价格信息监测处（价格信息服务中心）、行政事业收费管理处、公用事业价格及经营收费管理处（南水北调工程基金工作小组办公室）、价格举报中心。下辖两个行政单位（价格监督检查局、价格成本监审局）和2个事业单位（保定市价格认证中心、保定市收费许可证审验服务中心）。

局　长　孙增儒

副局长　齐力军（9月离任）

　　　　王占河　左建立

　　　　崔忘红（女）

【概况】 2012年，全市物价工作着眼经济社会发展大局，以保持物价总水平基本稳定为中心任务，全面履行调控监管职能，稳妥推进价格改革，不断优化价格环境，提高价格服务质量，为促进全市经济持续发展和社会和谐稳定做出了积极贡献。全市居民消费价格指数为102.8。

【落实价格调控政策，物价总水平保持基本稳定】 进一步加强监测预警和市场价格动态调研分析。全年向市委、市政府、省物价局报送价格工作动态16期，输送建议30余条，利用物价网站、《保定日报》、《保定晚报》、保定电台等媒体主动向社会公布价格信息700多条。启动应急监测累计280个工作日。“7·21”保定市西北部特大洪灾发生后，迅速采取启动应急监测机制、加强市场巡查、加大信息发布力度等积极应对措施，确保了灾区市场价格基本稳定。积极推进“农产品绿色通道”、“粮食最低收购价格”、用水、用电等惠农利民价格政策落实。以稳妥审慎的态度推进价格改革，对涉及民生的价改项目严格把关，稳步实施。充分发挥价格调控联席会议办公室、通胀预期管理牵头部门的作用，加强与农业、商务、供销、民政、财政、交通等部门的沟通协调，提出增加货源储备、保障市场供应、稳定市场物价的建议。重点对通胀预期管理八个方面的工作进行了集中调研和自查整改。2012年全市控物价、惠民生形势良好，CPI涨幅低于预期调控目标1.7个百分点，圆满完成了稳控物价任务。

【稳中求进，价格改革迈出新步伐】 积极配合省物价局，完成了推行居民阶梯电价基础工作调研及全省居民阶梯电价方案听证工作，居民阶梯电价政策在保定市顺利实施；根据市供水总公司调价申请，完成了前期的调研审查、成本监审、专家评审、价格听证等工作；围绕推进天然气价格改革，完成了调查摸底和相关测算工作，先后调整制定了7个县的天然气初装费标准，为下一步深化改革奠定了基础；制定出台了大唐清苑热电厂热力出厂价格政策；积极配合市医改办完成了综合改革工作试点和分包县的有关医改工作。唐县人民医院作为全省公立医院改革试点，改革方案经省物价局批准并正式实施。深入重点县和基层卫生院对基层医疗机构执行药品零差率情况进行核审，基层医疗机构一般诊疗费补偿政策得到较好落实。根据国家统一部署，降低了免疫类、消化类药品最高零售限价。在全市县级以上非盈利性医院推行了按病种收费方式改革试点，有20个病种纳入试点范围；在国家和省发改委先后四次上调、四次下调成品油价格的背景下，抓了相关政策落实和社会稳控工作；受省物价局委托，高质量地完成了张石高速公路涞源至涞水段收费标准听证工作。指导县级召开供水、燃气等价格听证会8次，完成价格改革项目35个。

【加强市场价格监管，价格执法工作取得明显成效】 采取政策培训、提醒告诫和规范检查等多种形式强化企业价格自律。深入抓了《河北省商业零售行业价格行为管理规定》落实。对价格欺诈、哄抬物价、串通涨价等违法行为保持了高压态势。加强节日市场物价监管，做到了节日前有部署、有要求，节日期间有监督、有检查，节日后有总结、有讲评。坚持每日向政府和上级主管部门上报市场价格动态。采取市、区配合，市、县联动的办法，加大了元旦、春节、“五一”、“十一”、中秋等节日市场物价巡查力度。突出抓了涉农价格和收费专项检查。采取重点抽查、指导督查和直查的方法，对水利、国土、住建、工商、民政、农业、畜牧、劳动人事、农村中小学等涉农价费重点单位进行了检查，受到省物价局通报表彰。开展的电力、教育、医疗等行业专项检查力度大、成效好。共查处各类价格违法案件3500多件，市本级没收违法所得228万元，收缴罚款290万元。受理群众举报150件，办结率100%。

【做好清费治乱工作，优化全市价费环境】 据上级有关通知要求，配合省物价局对涉及工商、税务、海关、质检、贸促会、国土、农业等8个部门的收费项目进行认真核对，共取消或停收20个收费项目；采取逐园回访、征求家长意见、召开座谈会等方式，对全市幼儿教育收费进行深入调研，撰写的《幼儿教育收费及执行情况调研报告》得到市领导和省物价局领导的充分肯定，《中国价格协会通讯》予以刊发；围绕殡葬服务收费情况深入企业和基层调研，为省物价局制定《殡葬服务收费管理办法》提供了参考；认真受理解决群众关注的房地产、有线电视、停车、物业等价格和收费问题。对全市旅游价格、市区停车收费和商品房明码标价行为进行了规范治理，效果良好。

【提高服务质量，价格基础性工作又有新起色】 按时完成了省下达的种植业和饲养业两大类21个品种农产品成本及收益的调查汇总和分析上报工作，撰写专题分析材料10余篇。共完成对供水、供热、廉租房、天然气、幼儿园、农村有线数字电视、旅游景点等行业45项成本监审项目的审核工作，监审标的额16.82亿元，核减不合理成本约5.54亿元。按规定对市区居民供水价格成本监审情况进行了公开，经受住了社会各界的检验；价格认证和价格鉴定服务领域进一步拓展。全市共开展涉案财物价格鉴定3000余件，涉及金额2.3亿元。车损鉴定2000余件，标的额2100万元。开展价格认证18件，标的金额近2亿元；完成了6个县（市）区教育系统“两员”600余人的培训任务。审验收费许可证582个；充分发挥市内主流媒体舆论阵地作用，全年在网络、报刊刊发消息、工作动态200余篇，在《保定日报》、《保定晚报》固定版块发布实时价格信息100余条。有2篇研究报告获中国价格协会价格调研优秀成果奖；对物价门户网站进行了重新改版升级。发展价格信息服务网络用户30余家；价格协会连续五年被中国价格协会评为“全国价格协会系统先进单位”。

（张俊超　宋贵章）

工商行政管理

【保定市工商行政管理局】 保定市工商行政管理局直属河北省工商行政管理局，是保定市政府主管市场监管和行政执法工作的职能部门。内设办公室、人事教育处、政策法规处、反不正当执法处、消费者权益保护处、市场（合同）规范管理处、商标广告监督管理处、外商投资企业注册监督管理处、食品流通监督管理处、12315指挥中心、财务装备处、企业监督管理处、监察室、机关党委。派出机构4个：保定市高新技术产业开发区工商行政管理局（副处）、保定市白沟新城工商行政管理局（副处）、保定市工商局企业注册分局（科级）、河北省经济检查总队保定市经济检查支队（科级）。直属事业单位（科级）7个：保定市消费者协会、保定市个体劳动者协会、保定市私营企业协会、保定市维修行业管理办公室、保定市工商局信息中心、保定市工商局基层教育中心、保定市工商局机关服务中心。下辖保定市各县（市、区）工商局。全系统在职干部职工3542人。

局　　长　张瑞清
副 局 长　翟中申　苑丙成
纪检组长　范　珠（女）

【概况】 2012年，全市工商系统尽心尽力支持经济发展，尽职尽责强化市场监管，严抓严管加强队伍建设，各项工作均取得了新的成绩。市工商局被省委省政府命名为“省级文明单位”，被省委创先争优活动领导小组授予“为民服务创先争优群众满意窗口”。

【抓环境，提效能，服务全市经济发展】 围绕改善环境，提升工作站位。市工商局成立了着力改善“两个环境”领导小组，召开了全系统2200余人参加的动员部署大会，副市长周省时出席大会并讲话。市工商局研究制定了《关于进一步优化发展环境促进全民创业的若干意见》，出台了30条政策措施，先后得到5位市领导的肯定性批示，《保定日报》专版进行了报道。保定市《着力改善“两个环境”工作简报》以专刊形式对这一举措进行了刊发，市委副书记马誉峰对此作出批示。高新区局、北市区局、涿州市局、涞水县局、蠡县局、望都县局、安国市局和阜平县局都立足职能，制定了优化发展环境、促进经济发展的政策措施，得到了当地党委政府领导的表扬。

围绕改善环境，促进经济增长。2012年，全系统充分发挥工商登记注册职能，积极支持各类市场主体快速健康发展。全市共新登记内资企业7355户，个体工商户30452户，农民专业合作社1455户，新设立外商投资企业23户。截至2012年底，全市实有内资市场主体258038户，注册资本（金）超1800亿元，主体总量和注册资本（金）同比分别增长11.32%和19.36%。

围绕改善环境，实施“商标战略”。按照市工商局统一部署，各单位组织开展了“商标助企创名牌”活动，紧贴政府产业规划，对重点企业开展“一对一”帮扶指导，着力解决企业创牌过程中遇到的实际问题和困难。2012年，全市新认定驰名商标6件、河北省著名商标36件。全市共拥有有效注册商标26209件、河北省著名商标256件、中国驰名商标23件，均位居全省前列。高碑店市局加大了争创力度。唐县局推进了“商标富农”。博野县局指导农民专业合作社申请注册农产品商标，积极培育、打造特色产业体系。安新县局协调县委、县政府出台政策，对获得驰名商标、著名商标的企业分别给予20万元和10万元奖励，提高了企业争创品牌的积极性。

围绕改善环境，助力企业融资。利用股权出资、股权出质、动产抵押登记等方式，积极帮助企业拓宽融资渠道，获取发展资金。2012年，全系统共组织银企对接会、洽谈会200余次，举办大型签约仪式2次，累计为企业实现融资102.59亿元，有效缓解了中小企业的融资难题。满城县局举办了银企对接签约活动。涞源县局、望都县局开通了邮储助企活动平台。徐水县局以分局为单位，组织了6场银企对接会，为21家企业实现融资近8亿元。顺平县局推行联保无抵押小额贷款，受到企业广泛好评。新市区局为企业融资23.84亿元，金额居全市前列。

围绕改善环境，创新服务机制。一是继续推行“一审一核”、远程核名、上门年检、网上年检等便民措施，对全市个体私营企业实行“零收费”注册，方便了企业办事，减轻了企业负担。二是对重大招商引资项目和重点建设项目，坚持提前介入，全程帮办。清苑县局推行了企业跟踪服务卡制度。蠡县局实施“菜单式”服务新模式，对开发区企业进行问卷调查，帮助企业解决实际困难。白沟局提供“一对一”全程帮办服务，全力服务国际商贸城和温泉国际旅游城项目建设。三是提供信息参考。市工商局深度开发工商信息资源，组织撰写了市场主体发展报告、商标发展报告等10个专题报告，汇编成《工商行政管理白皮书》，上报市委、市政府，并向社会公开，为政府决策、部门管理、行业自律、企业经营和社会公众提供了信息服务和决策参考。高新区局、涿州市局、安国市局、定兴县局都撰写了市场主体发展报告或产业分析报告。涞水县局、涞源县局、易县局、涿州市局服务全市大局，积极支持“7·21”洪水灾后重建，受到了当地党委、政府领导的高度肯定。

【抓监管，重规范，维护市场秩序取得新成效】 流通环节食品安全监管力度进一步加大。规范食品流通许可，严把食品经营主体准入关，全市共发放食品流通许可证33425个。先后组织开展“春季飓风”、问题明胶、滥用食品添加剂、问题乳粉、地沟油等专项整治行动26次，检查食品经营户216224户次，检查各类市场2813个次，查办食品违法案件355起，查处不合格食品7194.7公斤。进一步强化食品质量抽检，2012年全系统委托法定检测机构完成食品抽样检验18大类14116个批次，合格率达95.47%；快速检测食品17大类31600个批次，对不合格食品依法采取了后处理措施。唐县局以“发现问题”为着眼点，实行食品安全监管“五查”工作法，推进了监管职能到位。博野县局依托农村“一会两站”，新建了食品安全监管站，协调县政府落实了人员经费补贴，农村食品安全监管力量得到加强。

始终保持打击传销的高压态势。积极协调公安等部门，集中开展大规模专项清查，在党的十八大召开前夕，全市以环北京周边以及铁路沿线的县（市）为重点，集中开展了“九月飓风”集中清查行动。2012年，共捣毁涉嫌传销窝点51个，教育遣散涉嫌传销人员1427人，移送司法机关刑事拘留8人，劳教16人。同时，市工商局与市广播电台联合举办了“珍爱亲情、远离传销”专题节目，与华北电力大学等高校联合开展了“禁传销、反欺诈、共建和谐校园”宣传活动，在全社会营造了抵制传销、举报传销的浓厚氛围。涿州市局、涞水县局与北京房山分局共同建立了打击传销、规范直销联防联动区域合作机制，构筑了京郊非法传销防护网。

“红盾护农”行动取得实效。严查农资经营主体，规范农资经营行为，强化农资商品质量监测，完善了“两账两票一卡一书”制度，推动了农资市场秩序的持续好转。2012年共检查农资经营户9861户次，检查农资市场463个次，查处农资违法案件237起，抽检农资商品610个批次，合格率为83.7%，为农民避免经济损失146.7万元。

虚假违法广告整治扎实推进。组织召开了全市整治虚假违法广告联席会议，以关系人民群众健康安全的食品、药品、医疗、保健食品、房地产广告为重点，对全市各类媒体进行了专项检查。共监测广告经营单位973家，检查广告1072条次，依法停播（发）违法广告396条，查办违法广告案件284起，发布广告监测报告6期，对市属主要媒体负责人进行了行政约谈。

房地产市场规范整治取得阶段性成效。按照市委、市政府的统一部署，市工商局与住建、公安等部门联合制定了《保定市建筑和房地产销售市场违法行为查处暂行规定》，认真清理各类违法建设项目和擅自设立售楼部等违规行为，共查处违规售房案件118起，得到了市政府领导的充分肯定。

各类市场专项整治扎实开展。开展了“双打”专项行动，检查各类经营主体20995户，捣毁制假售假窝点3个，查办侵权假冒案件426起。强化流通领域商品质量监管，先后开展了电信服务、通信器材、塑料玩具、建材市场等专项整治，对15大类1031个批次商品进行了抽检。清理取缔无照经营力度进一步加大，2012年全系统共查处取缔无照经营22557户，向有关部门函告11944户，补办营业执照6570户。曲阳县局积极协调县政府成立了无照经营专项整治领导小组，将部门行为上升为政府行为，进一步增强了执法合力。开展了打击仿冒、傍名牌专项行动，检查经营户4055户，专业市场50个，查处案件9件。同时，进一步加强成品油、“瘦肉精”、军服以及网络商品交易监管，积极配合有关部门做好社会治安综合治理、扫黄打非、“打非治违”、校园周边环境整治等工作，为促进全市和谐稳定发挥了积极作用。

【抓维权，建机制，保护消费者权益工作展现新水平】 消费维权网络进一步完善。充分发挥12315网络作用，及时受理、依法处理消费者申诉举报，2012年共受理消费者咨询21554件，申诉3520件，举报3841件，申诉、举报办结率分别为100%、98%。扎实推进12315“五进”工作，在全市商场、超市、市场、企业、景区新建消费维权服务站450个，方便了消费者就近投诉和解决消费纠纷。2012年，在市人大常委会开展的《消费者权益保护法》执法检查中，检查组对市工商局以及定兴县局、徐水县局的消费维权工作进行了现场检查，并给予了充分肯定。

消费宣传活动有声有色。围绕“消费与安全”年主题，以“六个一”为载体（召开一次新闻发布会、组织一次集中宣传活动、召开一次企业代表座谈会、发出一封致消费者的信、发出一份倡议书、组织一次行政约谈），组织开展了大型消费宣传活动。针对消费者反映强烈的突出问题，开展了电信、家电行业服务质量评议活动，组织消费维权进校园活动13次，举办消费教育大讲堂2期。

消费教育引导扎实有效。通过各类媒体向社会发布消费提示、警示310期。针对电信运营商、品牌汽车销售、美容美发等存在问题较多的行业，定期组织开展行政约谈，及时指出问题，提出整改建议。共组织召开行政约谈会65次，发放行政告诫书、建议书180余份。在消费维权工作中，顺平县局妥善处理了403户业主集体投诉开发商推迟交房问题。南市区局处理了农民购买收割机出现质量问题等典型案件。雄县局加大了对垄断行业的查处规范力度，有效保护了消费者权益。

【抓教育，严管理，干部队伍自身建设迈上新台阶】 教育培训扎实开展。组织参加了国家总局举办的网络远程教育，在全省工商系统取得了第二名的好成绩。按照省局统一安排，组织开展了“强化履职尽责、加强市场监管”

主题培训活动。先后举办了登记注册、消保维权、执法办案等工商法规和业务知识培训14期，系统广大干部拓宽了视野，增长了知识，责任风险意识进一步增强。队伍管理更加严格。一是抓用人。人事工作有限制解冻后，市工商局本着“对事业负责、对干部负责”的原则，坚持“德才兼备、以德为先”，严格按照法定标准和程序，先后对阜平、清苑、白沟新城、满城、涞水等单位进行了干部调整，激发了干部热情，增强了队伍活力，促进了工作开展。二是抓制度。先后出台了局务会、公文办理、值班等制度规范和机关工作人员劳动纪律，靠制度管人、靠制度管事、靠制度追责的机制初步形成。市工商局机关通过了IS09000质量管理体系认定，有效提高了工作效能。三是抓治理。结合全市执行力亮剑行动，强力开展了“治慵、治懒、治散、治贪、治软”专项治理。加强法制建设，开展了执法评议和案件回访活动，完善了立销案审查备案、重大案件集体会审、案卷统一归档等制度，全年共核审案件1320件，受理行政复议案件3起，组织听证会2次。四是抓典型。在全系统组织开展了“双十佳”评选活动（十佳执法标兵、十佳服务标兵），充分发挥了正面典型的示范引导作用。深入12个县（市、区）局、57个基层分局开展了明查暗访，对暗访情况在系统大会上进行了通报，为广大干部敲响了警钟。易县局深入开展工商团队教育，实行每天一点名、每周一点评、每月一通报、每季一考核，其做法被保定市委宣传部评为思想政治工作案例创新一等奖，有效提升了干部队伍的士气和执行力。

（赵树祥）

审计管理

【保定市审计局】 保定市审计局主要职能是对本级政府各部门和地方人民政府及其各部门的财政收支、国有金融机构和企事业单位组织的财政收支的真实、合法、效益进行审计监督，对党政领导干部、国有及国有控股企业领导人的经济责任进行审计。内设办公室、法制处、人事处、财政审计处、金融审计处、行政事业审计处、经贸审计处、农业与资源环保审计处、社会保障审计处、固定资产投资审计处、外资运用审计处、经济责任审计处、内部审计处、开发区派出审计处、计算机信息审计处、业务审理处16个职能处室。设总经济师、机关党委专职副书记、妇委会专职主任、工会专职主席、纪检监察专职干部。下设2个事业单位，经济责任审计办公室、基建审计中心。2012年，共有干部职工104人（含下属）。

党组书记 局长	孙淑花（女）
党组副书记 副局长	罗　凯
副局长	温丽娜（女） 范国庆　张建波 陈仕强
纪检组长	朱春友
总审计师	温丽娜（女）

【概况】 2012年，不断加强审计业务建设和机关建设，充分发挥审计的“免疫系统”功能，较好的完成了全年各项任务目标。全市审计机关共审计单位278个，查出违规行为资金65940万元，管理不规范资金640724万元，上缴财政资金25698万元，归还原渠道资金45061万元，提出审计建议438条，被采纳185条，被审计单位制定审计整改措施23项，建立健全规章制度6项，移交移送纪检监察等部门处理案件5件，涉案7人。市审计局开展的社保资金审计工作受到审计署的集体嘉奖。

【社保审计】 组织全市360多名审计人员，对市本级和25个县（市、区）社会保障资金进行了审计，延伸调查了218家企业、52个村（居）委会和26家医院。揭示了各级管理部门在社会保障政策执行，社会保障资金筹集、管理和使用，以及业务管理等方面存在的问题，提出了有针对性的审计意见和建议。市委、市政府对这项工作非常重视，市委召开社保审计整改工作专题会议研究部署，市委书记许宁，市长李谦，市委常委、常务副市长马誉峰等多名市领导和政法委、纪检委、公安局、检察院等相关单位主要负责人参会听取汇报。会后，根据市政府指示，市审计局代市政府起草了《保定市人民政府关于对社会保障资金审计结果进行整改和督查的通知》，全面推进了社保审计整改工作。市人社局、民政局等部门根据审计结果出台了进一步规范和加强社保资金管理的有关制度和规定。这次审计对查处和揭露社保资金管理中存在的问题、规范资金管理、促进和提高资金的使用效益、保障资金安全等起到了重要作用。

【财政审计】 在开展预算执行审计中，对市财政、地税、部分行政事业等13个单位进行了审计，对有关企业、重点项目、重点资金开展专项审计和调查。依据审计结果，市审计局受市政府委托作了《保定市本级2011年度预算执行和其他财政收支的审计工作报告》。针对存在的问题，市政府进行了认真研究部署，狠抓落实措施，加大督导力度，相关部门整改成效明显，受到市人大常委会高度评价。

【投资审计】 2012年，全市审计机关认真贯彻落实《河北省国家建设项目审计条例》和《保定市政府投资项目管理办法》，把加强对政府投资项目的审计列为重点，特别是把住竣工决算的关口，提高了建设资金的使用效益。市审计局先后对安新淀北泵站改造项目、农业生态园建设项目、白沟白洋淀快速路项目以及全市高速公路建设情况等6项道路基础设施、水利基础设施和专项基础设施工程进行了竣工决算审计，核减工程投资5102万元。

【经济责任审计】 2012年，市审计局积极探索经济责任审计新的方法和思路，取得了良好效果。一是创新工作思路。由单纯以财务收支为重点的审计模式向注重绩效审计模式的转变全面铺开，印发了《领导干部经济责任审计操作指南》，从方案起草到报告撰写都进行了规范。二是创新项目管理模式。全局成立审计领导小组，各审计组在领导小组的统一指导下工作，保证了经济责任审计工作的一致性。三是实行了部分领导干部审计结果报告直送市委书记、市长制度。

【抗洪救灾审计】 市审计局组织力量派出5个审计组，对涞源县、涞水县、易县、涿州市和市本级财政、民政、慈善会、红十字会以及工会、妇联、共青团、个体协会等单位接收的抗洪救灾资金物资的来源、支出和结存情况进行了跟踪审计。审计过程中，利用广播电视台、保定日报社先后发布社会公告三次，及时向社会公布物资、资金的筹集使用情况，报道得到了人民网、《中国审计报》、《河北日报》、长城网的转载，得到了社会的好评。对涞源县、涞水县和易县"7·21"灾后重建第一批完工项目进行了竣工决算审计。这些项目涉及学校重建和加固、乡镇卫生院和村卫生站建设、水毁公路修建、水毁民居建设等内容。市政府领导对审计工作充分肯定。

【民生资金审计】 自2012年10月起，组织27个审计组，抽调217名审计人员对保定市2012年至2015年城镇保障性安居工程实施跟踪审计。审计揭示了保障性安居工程部分开工任务未完成、建设管理不到位、资金未按规定提取筹集及使用，部分已开工保障房工程项目未办理土地审批手续，部分工程项目优惠政策未落实等五方面的问题，并有针对性的提出了审计建议和整改要求。同时对农村中小学布局调整和社会抚养费进行了审计调查。市审计局成立了农村中小学布局调整审计调查项目指挥小组，全面配合审计署京津冀特派办在清苑县开展的工作，并组成审计组，对易县、定州、定兴、徐水、雄县、唐县6个县（市）开展农村中小学布局调整的审计调查。

【金融审计】 在省审计厅统一组织下，分别对河北省农村信用社昌黎县联社、易县联社2011年度资产负债损益情况进行了就地审计。审计中充分运用了计算机辅助手段，发现了信贷资产质量分类不真实、贷款主体不合规、用途不合规、程序不合规以及一些财务违规现象，提出了防范信贷风险、防止资产损失、确保规范经营的意见和建议。被审计单位对审计结果十分重视，已经开展专项整改。还对保定银行股份有限公司2011年度的资产负债损益情况进行了审计。

【内部审计】 内审协会采取了问卷、走访、座谈、实地考察等形式开展了民营企业内部审计调研活动，掌握了第一手资料，并完成了12家国有企业内部审计成就展活动及配合省内审协会在保定举办全省内审干部培训班活动。

（张永方）

技术监督

【保定市质量技术监督局】 直属河北省质量技术监督局，是保定市政府主管标准化、计量、质量管理、质量监督、食品生产加工环节监管和特种设备安全监察等工作的职能部门，履行综合管理和行政执法两大职能，下辖4个区分局和22个县（市）局。下设5个直属事业单位：保定市产品质量监督检验所、保定市计量测试所、保定市纤维检验所、保市特种设备监督检验所、保定市标准化所。市局机关内设：办公室、计划财务与科技处、法规处、人事劳动处、监察室、机关党委、质量管理处、标准化处、计量处、产品质量综合监督处、认证认可监督管理处、特种设备安全监察处、食品生产监督管理处、稽查队等13个职能处（室）。

局　　长　郭宝忠（12月离任）
　　　　　顾锁群（12月任）
副 局 长　周立雄（12月离任）
　　　　　赵禄勋（12月离任）
　　　　　顾锁群（12月离任）

袁建国
郭振生（12 月任）
王少青（12 月任）
纪检组长　郭静通

【概况】　2012 年，质量技术监督工作以全力保持系统安全稳定、全面提高产品质量、全心保障人民生命健康安全、全速促进地方经济发展为目标，紧紧围绕年度各项目标任务和重点工作，进一步解放思想，创新思路，转变作风，强化服务，狠抓落实，较好地完成了十八大安保和年度各项目标任务，取得了安全稳定与事业发展双胜利。市质监局质量处处长王景元先后被省质监局、省委评为“为民服务先进个人”，保定行政服务大厅标准化代码窗口先后被省质监局、保定市委评为“为民服务先进窗口”，被市直工委评为“红旗先锋岗”。

【实施两大战略，助推地方经济成效显著】　一是强力推进质量兴市战略。出台了《强力推进质量兴市战略，促进经济强市和谐保定建设具体措施》，明确了 26 项重点工作，丰富了质量兴市内容。对多年不变的质量兴市领导小组进行了调整，重新明确了相关部门的职责与任务。协调各县（市、区）6 月底前 100% 出台了质量兴县意见，1 家省级质量兴镇试点、6 家市级质量兴镇试点全部出台实施方案。结合省质监局“双五百”、“双五十”活动，开展了“双十”活动，18 家卓越绩效模式试点启动了工作计划。对有效期内的 199 家省名优产品企业进行了发展状况年度调查，数据显示，2011 年省名牌产品企业收入占全市规模以上企业收入的 28.1%，对全市工业增加值增长的贡献率为 17.3%。二是大力实施名牌兴企战略。制定并出台了《保定市“十二五”期间名优产品和服务名牌培育计划》，向省质监局推荐了河北省名牌产品 84 项，优质产品 27 项，服务名牌 8 项，服务质量奖 16 项，质量效益型先进企业 11 项，名牌推荐数量居全省首位，超额完成了指标；全市共申报省政府质量奖（组织）4 项，有 3 项进入现场评审阶段，1 名个人进入专家评审阶段，创历年之最。加强质量管理，对全市 412 家工业产品生产许可企业、222 家强制性认证企业、30 家计量器具制造许可企业和 34 家特种设备制造许可企业全部建立了质量档案。9 月下旬，河北省实施质量提升工程工作经验现场交流会在保定召开，来自全省 150 家推行卓越绩效示范企业以及各市质监局主管局长、处长共 180 余人参加了会议，与会人员参观了长城汽车股份有限公司、保定天威集团特变电气有限公司，省质监局副局长夏延军对保定市质量提升工作给予了高度评价。全市群众性质量管理活动再创佳绩，召开了保定市第 27 次 QC 小组发布会，参加河北省第 33 次 QC 小组发布会，共获得全国优秀 QC 小组 5 个，省优秀 QC 小组 17 个，优秀班组 QC 小组 15 个，为解决企业技术和管理难题，提质降耗，增加效益，做出了贡献。

【夯实三大基础，各项业务工作扎实推进】　抓标准、促发展，服务地方经济建设。围绕“一产抓特色”，顺平桃、徐水甜玉米、望都辣椒 3 个国家级农业标准化示范区已按要求完成组织领导、标准体系建设、技术培训等阶段性工作。完成“日光温室设计规范”等 5 个省地方标准制修订任务，完成率 100%，完成 4 个市级农业地方标准制修订工作。围绕“二产抓提升”，完成国家和行业标准起草、制修订 60 项以上，超额完成任务；完成 2 家在建的省级标准化良好行为企业试点建设任务，五合窖酒业等 2 家企业被确定为新的试点单位。引导企业申报采用国际标准和国外先进标准认可 29 项，实施采标标志备案 29 项，均超额完成目标任务。帮助企业备案企业标准 268 项。围绕“三产抓拓展”，100% 完成徐水高速公路服务区等 3 家第三批省级服务标准化试点任务，完成了 3 家在建服务业标准化试点验收备工作。完成了《高速路服务区服务质量规范》、《五院合一老年服务机构服务规范》2 个省级服务标准审定准备工作。抓计量、惠民生，促进企业技术进步。广泛开展计量监督检查，全年共检查集贸市场、商场、超市、旅游景区、饭店 892 个（家），检定强检计量器具 13.6 万台（件），受检率 95% 以上。开展了定量商品包装专项监督检查，对 5 类产品 20 家企业的 38 种产品进行了检查，平均合格率为 96%。积极推进“关注民生、计量惠民”工程，集贸市场公平秤、加油机、热能表受检率达到 100%，水、气表达到 95% 以上，免费为百姓家用血压计、家用电子秤等检测 1000 多件。完成 27 家重点耗能企业的计量保证能力合格确认，超额完成任务。完成计量建标复查 22 项，为 4 家企业核发了许可证。抓认证、严把关，强化质量技术支撑。进一步加强认证认可审核、日常监管和清理工作，对 600 多家企业开展了监督检查，获证企业日常检查率达到了 100%，自查率为 90.8%。检查强制性产品认证企业 171 家，强制性产品认证证书 470 张。开展了 35 家获证实验室的监督评审工作，对 60 家食品、建材、纺织服装类实验室进行了专项整顿检查，配合省质监局对81家实验室进行了复评、扩项等工作。新增定州、清苑2个食品检验中心，清苑“河北省燃香产品质量监督检验站”已获省质监局批准，正在筹建。编制了《保定市获证实验室情况分析报告》。持续解决检验周期不按时、检验数据不真实、签发报告不核实、发送报告不及时的四实（时）问题，检验报告质量大幅提高。

【确保四个到位，产品质量安全监管有力】 加大力度，确保食品质量安全监管到位。制定印发了《2012年食品保安全措施》，明确了23项具体措施。紧盯高风险区域产品，对省政府明确的2个县域、2个乡镇食品集中生产加工区域开展了专项检查，向当地政府报送了《重点区域食品产业规划提升报告建议》和《食品质量安全风险分析报告》。徐水刘伶醉收购了9家白酒企业，为徐水白酒整合和重组作出了积极努力；望都辣椒小作坊全部取缔，10家企业质量水平和检验能力得到提升；高碑店8家不符合要求的豆腐丝小作坊被取缔。妥善应对应急事件，明胶事件发生后，对发现问题的华鲁食品有限公司移交公安处理，在唐县对检验不合格的5吨明胶产品进行了集中销毁；五得利面粉硼砂事件后，第一时间赶到五得利集团雄县面粉有限公司，连夜开展检查核实，取样检测26个，为省质监局决断提供了数据支撑。组织76家年销售额500万以上的食品企业全部建立了质量安全管理机构，建立率100%。已建立电子溯源系统69家，建立率90.8%。对已掌握的小作坊建档率达到了100%。对135家企业、405名从业人员进行了业务培训。严防死守，确保特种设备安全监管到位。全年制定工作方案7个，组织开展重要活动、重要时期以及重要节假日期间安全大检查10多次。针对薄弱环节，先后开展大型游乐设施客运索道、危化企业特种设备、汽车起重机、电梯专项整治。重点工作借力政府强力推进，上半年，以市安委会的名义印发了《保定市特种设备“打非治违”和隐患排查治理集中行动实施方案》和《关于对暑期安全生产重大危险源和重点企业监控重点隐患整改任务集中交办的通知》，将长期未能有效解决的安全隐患进行了集中交办，明确了市直各部门和使用单位的责任，提高整治有效性。13个安全阀校验站获省质监局核准；特种设备使用登记发证率为100%，重点监控设备使用登记率为100%；特种设备使用单位现场监督检查率为74.07%，重点监控设备使用单位现场监督检查率为89.66%，气瓶充装单位现场检查率为100%；全市未发生特种设备安全事故。专项整治，确保工业产品安全监管到位。对省质监局明确的电线电缆、人造板、复混肥、防水材料等4类产品开展质量整治，4类产品抽查平均合格率达到91.4%，较上年有大幅提升。大力推进监检一体化工作，前三季度国家监督抽查合格率为85.7%，比上年提高34.7%，不合格后处理率为100%；省监督抽查合格率为82%，比上年提高4%，不合格后处理率达100%；市监督抽查合格率为86.25%，100%完成了市抽任务。加强对机动车安检机构的监督检查，新批准2家，换证6家，新增检测线4家，建立安检机构规范化建设示范点3家。6月份，对容城县毛绒玩具进行了专项整治，取得良好成效。重拳出击，确保扶优打假治劣工作到位。围绕百姓关心的食品、农资、建材、汽车、家电等产品，组织开展“质检利剑行动”，共检查生产销售企业、批发零售市场、建筑工地750余家（个），立案81件，涉案货值66.1万元。有计划地组织开展“进千企·保平安”等专项打假9次，全市系统共出动执法人员16500余人次，车辆7200余台次，检查各类企业6900多家次，查办各类案件千余起，移送公安机关案件2起，向其他市通报案件线索1次，有力地遏制了假冒伪劣行为，保护了合法生产经营者和消费者的利益。

【加强法制质监建设】 认真贯彻《全面推进依法行政实施纲要》和相关法律法规要求，全面落实省质监局涿州2010年“8·16”法制现场会精神，制定《重大行政决策合法性审查制度》，设计制作《质量技术监督行政处罚案件立案登记表》、《质量技术监督行政处罚案件审理流转登记表》，全过程把关监控。进一步完善县级局法制机构建设，固定专职法制人员，全年组织法制和一线执法人员培训3次，人员1500多人次。规范行政执法行为，落实案审会制度，对357份案卷进行了评查。继续实行法律顾问制度，为系统提供法律援助，全年提供咨询120余次，处理法律事务10多件，全年没有出现一起行政复议。

【推进政府质量奖初见成果】 拟制了《关于对质量与名牌创建工作的奖励意见》，多次向市政府主管市长做专题汇报，得到充分肯定。与市财政局、法制局协调，经多次修改，补充完善，并征求领导小组成员单位的意见，已上报市政府，等待市政府批准通过。

【计量技术机构建设100%通过验收】 根据省质监局2012年计量技术机构建设方案，2012年继续推动6个县计量技术机构建设，系统共投入400多万元用于技术机构建设。全市系统6个县的计量技术机构以最低97分的成绩顺利通过省质监局验收。

【地理标志产品保护成果丰硕】 刘伶醉酒地理标志产品保护公告于7月10日公示。清苑熏香地理标志产品保护的公示期顺利通过，正在进行专家评审前的准备工作。全市地理标志保护产品已达9个，列全省第一。

【区域性产品质量提升工作效果明显】 在区域性产品质量提升工作中，本市满城县生活用纸被确定为“服务区域经济发展”目标区域。通过整治工作政府化、质量工作经常化、监管工作制度化、企业工作具体化，满城县生活用纸企业由整治前的204家企业优化到目前的90家，产量由整治前48万吨提高到现在的60余万吨，10余家企业通过了ISO9000质量管理体系认证，2家企业产品被评为河北省名牌产品，8个生活用纸商标被评为河北省著名商标，产品合格率达到了100%。

（田　凯）

食品药品管理

【保定市食品药品监督管理局】 主要职能是对餐饮消费环节和保健食品、化妆品进行监督管理；对药品（包括中药材、中药饮片、中成药、化学原料药及其制剂、抗生素、生化药品、生物制品、诊断药品、放射药品、麻醉药品、毒性药品、精神药品、医疗器械、卫生材料、直接接触药品包装材料和容器等）的生产、流通、使用进行行政监督和技术监督。内设办公室、人事培训处、财务处、食品保化处、药品注册与安全监管处、医疗器械处、市场监督处、药品稽查处、法制审批服务处、机关党委、纪检监察室等11个处（室）。下设南市区、北市区、新市区、高新技术开发区和白沟·白洋淀温泉城直属分局。保定市药品检验所为局直属单位，组建了市食品保化监督所，为全额拨款事业单位，增加了药品不良反应检测中心直属事业单位，全面履行全市餐饮服务环节食品、保健食品、化妆品的监管职责。

党组书记
局　　长　　徐顺通
党组成员
纪检组长　　杨　静（女）
党组成员
副 局 长　　赵　彤（女）
　　　　　　马立新　王彦秋

【概况】 2012年，市食品药品监督工作围绕市委提出的“京畿强市、善美保定”目标，抓班子、带队伍、强监管、促发展，努力把人民群众饮食用药安全装在心中，把监管责任担在肩上，人民群众的饮食用药安全得到有效保障，党和政府在人民群众中的声誉进一步树立，药械、餐饮事业得到了健康有序发展。系统涌现出“良心油条哥”刘洪安等闻名全国的先进典型，完成了迎十八大食药安全保障、基层建设年、政府放心早餐工程等重大食品药品安全工作任务，市局被评为精神文明建设先进集体、全省食品药品监管工作先进单位等荣誉称号，受到中央、省、市领导的一致肯定和好评。

【京畿强市、善美保定建设】 开展了餐饮医药行业争做诚信经营者、善美保定人活动，将餐饮药品企业诚信体系建设与“崇信、重义、尚和、争先”的保定精神紧密结合起来，提出了创建保定诚信餐饮品牌的发展方向，5月，培树的诚信餐饮典型“油条哥”刘洪安走红网络，受到全国人民追捧，油条哥受邀参加了全国食品安全宣传周启动仪式，网络点击量高达3000多万次。为了及时回应社会公众对“良心餐饮、诚信经营”的热烈期盼，切实承担起让老百姓对吃上安全、放心食品的重任，局党组经研究提出解决早餐摊贩重复用油、推进“放心早餐工程”，促进餐饮医药产业上档升级三点举措，《人民日报》、中央电视台《焦点访谈》、《东方时空》、《新闻1+1》以及新华网、人民网、中新网等各大主流媒体先后进行了报道。市长李谦迅速作出批示，给市食药局拨款100万元用于政府早餐放心工程，已在全市发展了41个放心早餐示范点。省委书记、省长均作出了批示，省领导在接见刘洪安时说：“保定为河北争了光，榜样的作用是无穷的，一个榜样能改变一个历史，保定的小餐饮乃至河北的小餐饮也许将有历史性改变。”油条哥成为了保定又一张名片。

【确保人民群众用药安全】 2012年先后开展了食品药品安全隐患排查年、药品生产流通领域整治、中药材市场整规等20余次专项行动，全年共查处各类违法案件350余起。召开由药械企业参加的千人大会，公开通报典型药品违法案件，极大震慑了违法犯罪分子的嚣张气焰。全市共完成检品1281批次，其中监督性检品1077批次，检出不合格药品45批次，不合格率为4.18%。省政府药品安全督导检查组对保定市药品安全监管工作给予了高度评价。

【安国中药材专业市场快速健康发展】 2012年，河北省提出了建设中医药强省的战略目标，安国市场迎来前所未有的发展机遇，4月~8月，先后有副省长杨汭，国家食品药品监督管理局副局长吴浈，省长张庆伟，省委常委、常务副省长聂辰席等到安国调研，市食药局受市政府主要领导委托，组织开展了为期6个月的中药材市场整顿规范专项行动，共查获疑似染色丹参5280公斤，假秦艽60公斤，提取栀子750公斤。查处假劣案件11起，涉及中药材品种15个，涉案金额19万余元，2起案件移交公安，进一步净化了安国中药材专业市场秩序。为推动药都发展，市食药局参与起草了《安国中药材专业市场规范发展报告》，提出的“建立中药材质量检验检测体系”和“扶持建立大型医药企业集团”的建议得到采纳，组织《人民日报》、中央电视台、《中国医药报》等7家中央媒体到安国采访，对中药材市场监管工作进行了全方位、多角度的正面宣传报道，安国中药材专业市场有望迎来第二次腾飞。

【基本药物监管】 以中药制剂为重点品种，加大基本药物生产监督检查的频次和力度，每季度检查一次，检查时重点针对物料来源、原辅料及成品检验、生产工艺、GMP执行情况等方面进行全面检查，共检查基本药物生产企业96家次，责令企业整改3家，已整改到位。根据确认有效的药品标准对15家基本药物生产企业269个执行国家药品标准情况进行全覆盖监督检查，并与各基本药物生产企业签订标准执行责任书，同时督促企业实时关注国家药典委员会及省局网站公布的药品标准信息，确保基本药物品种严格按照现行有效的国家药品标准进行生产。按照合理分布，均衡抽验的原则，对在产药品全覆盖抽验，对基本药物品种特别是中药材涨价幅度大的中药制剂增大抽验频次。按照省、市食药局2012年基本药物抽验计划，完成基本药物抽验60余批次，中药饮片抽验20批次；完成省评价性抽验7品种21批次。协助省药品检验院完成国家评价性抽验26批次。开展药品检验报告电子平台操作培训。为进一步推进药品检验报告电子版，加强药品安全管理，提高药品生产企业对药品检验报告电子版平台的操作水平，10月30日，市食药局聘请省食药局有关专家率先针对药品检验报告电子版平台操作进行培训，获得了省食药局领导的大力表扬。共培训药品生产企业质量负责人、微机操作员120余人。

【监管长效机制进一步健全】 制定新版GMP认证实施计划。成立了推进《药品生产质量管理规范》（2010年修订）工作领导小组，召开新版GMP实施情况座谈会，引导企业加快实施新版GMP的进度，科学合理地安排好申报新版GMP认证的时间。共有9家企业通过了新版药品GMP认证检查。新版GMP认证分类指导分期实施。要求无菌企业务必须于2012年底完成软、硬件改造，确保2013年12月31日前通过新版GMP认证，其它企业务必须于2014年底前完成软、硬件改造，确保2015年12月31日前通过新版GMP认证。加大药品GMP跟踪检查力度。以原料原药材来源、质量检验、销售情况为检查重点，对全市所有通过GMP认证的药品生产企业进行了GMP跟踪检查，共计跟踪检查49家，其中采取飞行检查方式检查20家。

【确保人民群众餐饮环节食品安全】 以打击违法行为和假冒伪劣产品为重点，组织开展了餐饮服务环节食品非法添加和滥用食品添加剂专项整治行动、学生“小饭桌”专项监督检查、食用油脂和餐厨废弃物管理专项整顿、“瘦肉精”专项整治等12项专项清查。开展了对学校食堂、建筑工地食堂专项整治和元旦、春节期间、“五一”期间、中秋国庆期间食品安全专项整治。在全市开展餐饮服务食品安全示范县（市、区）创建活动，其中涿州市、望都县被评为省级食品安全示范县。在全市全面实施餐饮服务单位量化分级管理和开展诚信体系建设活动。全市市直管学校食堂、大型以上餐饮单位、高速服务区餐饮单位、集体餐饮配送、中央厨房量化评定率达到100%，其他餐饮单位达85%。按照“一户一档”的要求全部建立企业监管诚信档案。积极推行诚信守法承诺及信息公示制度。建立违法企业“黑名单”和示范店制度，进一步完善严格落实举报投诉制度，逐步规范企业经营行为，不断完善全市餐饮食品安全诚信体系。

【保健食品化妆品生产经营监管】 在全市范围内开展化妆品、保健食品生产经营使用专项检查。组织了对上海益健生物科技有限公司等14家虚假标识产品，省食安办关于人民网报道黄金肾保、“富来森牌糖舒宁胶囊”等假冒保健食品的监督检查，组织开展了化妆品生产企业违法使用禁用物质专项检查及对部分美白祛斑化妆品的监督检查。通过多项专项整治行动，确保全市保健食品质量和市场秩序。

【保障重大活动期间的食品安全】 年内完成了环首都经济圈扶贫开发会议、海峡两岸美食节等重大活动食品安全保障及驻会任务共69次，出色完成了西北部山区特大洪涝灾害灾后食品安全保障任务，全年累计保障时间146天，其中覆盖法定节假日达半数，地点涉及全市27个县（市、区）中的23个，共计保障317餐次、9万余人次食品安全，有效避免食品安全事件的发生。

【科普宣传和培训工作成效明显】 一是搭建媒体平台。围绕“京畿强市、善美保定”、“诚信经营”等主题，与报纸和电视台《聚焦》栏目合作，宣传药品法律法规和诚信自律经营意识。二是搭建公益平台。开展药品安全宣传月活动，在保定电视台滚动播放安全用药宣传片，提高居民安全合理用药意识。三是搭建咨询平台，市区及22个县（市）全面开通运行“12331”投诉举报电话，并做到了24小时、365天全天候接通，及时收集群众、媒体反映的食品药械安全问题，及时核查、有效研判、妥善处置本行政区域的投诉举报。全年共受理群众举报153起，确保反映的问题事事有落实、件件有回音。以全面提升行业管理水平和从业人员综合素质为主线，以新增职能和不断强化培训工作的针对性、实用性、需要性和培训效果为重点，不断充实、完善、巩固、提高六种培训模式（联合培训、联办培训、上门培训、层次培训、委托培训、网络培训），培训工作已形成全系统高度重视、协调联动、全面展开、不断提升的崭新格局。累计组织药品GMP、GSP培训10期，培训从业人员1345人次；餐饮服务单位食品安全员培训3期，培训从业人员908人次；与15个县（市、区）局联合举办了餐饮服务单位主要从业人员、药品经营企业从业人员培训共计15期，4460人次。

（王爱华）

安全生产管理

【保定市安全生产监督管理局】 是保定市人民政府主管安全生产工作的直属部门。依法对煤矿、非煤矿山、危险化学品、烟花爆竹等行业的安全生产和职业健康安全工作实施重点监管；从综合监管的角度指导、协调和监督有关部门（行业）和工矿商贸生产经营单位的安全生产管理工作，承担保定市安全生产委员会办公室的日常工作。内设办公室、综合协调处、政策法规指处、规划科技处、企业培训处、4个安全监管处（一处、二处、三处、四处）、职业健康安全监管处、事故调查处、应急救援指挥办公室、煤炭安全管理办公室，以及人事处、机关党委、纪检监察室、工会等17个处（室），下设执法监察支队、矿山安全生产服务中心。

党组书记 局长　王宪刚

党组成员 副局长　刘军　白宏伟　李铁庆　张占军

党组成员 纪检组长　孟贤会

党组成员 监察支队长　薛文龙

调研员　张伟光

监察支队政委　马增福

【概况】 2012年市安监局认真贯彻落实国家、省安全生产工作的部署要求，围绕为“十八大”顺利召开保驾护航这个中心，以“安全生产深化落实年”、“安全生产监察执法规范年”和“安全文化建设年”为载体，以强化精细化监管、监察执法和开展安全生产领域“打非治违”专项集中行动为抓手，着力规范“四项责任”（政府的组织领导责任、职能部门的监管责任、企事业单位的主体责任、基层组织的社会管理责任），不断提升“四个能力”（监管监察能力、安全保障能力、技术支撑能力、企业自我管理能力），开拓创新，合力攻坚，下大力解决安全生产领域的突出矛盾和问题，全面推动安全生产工作向规范化、常态化方向发展，全力打赢了“十八大”安保和“7·21”强降雨尾矿库安全两个漂亮仗，高标准完成了安全生产标准化建设、重点高危行业领域专项整治、职业卫生行政许可、安全应急救援平台建设、安全教育培训重点内容的年度安全生产各项任务，保持了全市安全生产形势的持续稳定。2012年，全市安全生产形势继续保持了持续稳定，杜绝了重大以上安全事故和工矿商贸企业较大事故，各类事故起数和死亡人数总量连续6年“双下降”，全年共发生各类生产安全事故1120起，同比减少37起，下降3.2%；死亡275人，同比减少21人，下降7.1%；死亡人数比省定控制指标（291）少16人，占省定控制指标的94.5%。安全生产整体工作在前三年在全省综合排位实现“三连冠”的基础上，继续在全省11个设区市中取得了第二名的好成绩，多项工作受到了国家、省的充分肯定与表扬。其中，“安全生产月”活动被国务院安委会、中宣部、国家安监总局等七部委评为先进单位，“十八大”安保工作被市委、市政府评为先进集体，成功实施了张石高速公路岳家沟隧道塌方事故应急救援受到市政府的通报表彰，“7·21”强降雨尾矿库安全工作受到市委、市政府主要领导的批示表扬和省安监局通报表彰。

【加强组织领导与协调，完善安全生产监管体系】 一是主动争取上级支持。市委坚持定期听取安全生产工作汇报，研究解决安全生产领域的重大矛盾和问题；市政府把安全生产和职业健康工作目标及重点项目作为一项重要内容，列入全市经济与社会发展规划和年度工作计划，严格落实季度防范安全事故例会制度，研究、部署、督促、检查全市安全生产工作。市委书记许宁两次主持市委常委会听取安全生产专题汇报，深入基层对安全生产进行调研，并多次就安全生产工作做出重要批示；市长李谦坚持每季度至少检查一次安全生产和职业卫生工作，深入重点地区、重点项目、重点企业就安全生产进行调研；副市长杨宝东到市安监局对全市安全生产工作进行调研，并坚持每周听取安监局工作汇报，每月至少一次深入重大危险源、重点企业进行督导检查，亲自督办重大隐患的整改。二是健全组织领导体系。年初对市安委会进行了升格调整，主任由市政府主要领导担任，安委会成员由原来的各单位主管领导调整为主要负责人，并将组织部、政法委纳入安委会，各县（市、区）、乡镇也参照市里做法对本级安委会进行了调整，并严格落实了安委会各项工作制度。为进一步完善党政齐抓共管的工作机制，把领导干部“一岗双责”具体化，列入2012年度安全生产目标管理责任书中，并在年终实施了重点考核。三是强化责任考核。年初，市政府主要领导与27个县（市、区）政府、开发区管委会和21个市直有关部门的主要负责人，签订了《安全生产目标管理责任书》，把安全生产重点任务事项列入《市政府工作报告责任落实分解方案》。年底，把安全生产作为市委、市政府总体工作考核的重要内容，并实行了专项考核，考核结果与领导干部政绩直接挂钩，对发生较大以上安全生产事故，或对重大隐患不排查、不报告、治理不力的地方和部门，实行一票否决，取消评先资格；对因工作失职，致使本地区、本部门发生重大事故，或在较短时间内连续发生较大事故的单位，对有关党政领导干部进行严格问责。

【精细化安全监管全面推行】 一是全面落实安全监管责任。连续6年在安全生产领域实行了网格化管理，将全市所有企业和相关事业单位的安全监管责任，全部划分到市、县两级有关部门和所有乡镇、街道办事处，逐一拉出名单，分级建立了台账。对市、县、乡三级督导检查频次、内容等做出了明确具体的规定，日常监管工作逐步走上规范化、常态化轨道。二是不断创新监管方式。在市、县两级有关部门和乡镇、街道办事处，继续推行了“一会一卡”（召集例会和安全提示指导卡）和‘三定一表”（定时、定人、定量，安全检查表）制度，由市、县两级有关部门和乡镇将安全监管工作要求，以召集企事业单位负责人例会和安全提示指导卡的形式，及时传达到所监管的企事业单位，加强对企事业单位的动态控制和指导。三是不断凝聚监管工作合力。进一步巩固和强化了安全生产“三联互动”（联席会议、联合检查、联合执法）工作机制。通过召集部门联席会议、组织有关部门开展联合执法或联合督导检查活动，进一步整合了安全监管力量。先后召开了建筑施工、道路和水上交通、民爆物品、职业卫生、消防安全、燃气安全、特种设备、旅游等安全监管联席会议。组织10多个部门和相关专家，开展了职业卫生、建筑施工、道路和水上交通、水利设施、人员密集场所、旅游、民爆物品和医院、学校安全等多项联合执法检查活动，使安监部门的综合监管、有关部门的行业监管和消防、质监、气象、燃气等部门的专项监管得到了有机结合，有效地促进和规范了相关行业领域的安全生产工作，安全监管效能明显提升。四是突出重要时期的安全监管。对“两节、两会”、“五一”、暑期、汛期、安全生产月、“十一”、“十八大”、冬季等重要时期的安全生产和职业卫生工作，始终坚持早安排、早动手，制定详细计划，不断强化措施，认真组织开展监察执法检查，实行严密防控。6月份，针对暑期、汛期安全事故预防的特点和规律，组织相关部门和专家，对重点行业领域可能发生的事故与对策进行了认真研究，制定下发了《保定市暑期、汛期安全事故防范要点》，并采取集中交办的形式，对33处地质灾害点、72家重点隐患单位和重点企业、21处隐患路段、335台特种设备、14处燃气管线占压等监控整改责任，逐一进行了分解督办。特别是在“7·21”强降雨期间，提前预判，及早部署，一线指挥，快速做出反应，组成5个督导组，在强降雨到来之前，分赴涞源、易县、涞水、唐县、阜平，对尾矿库盯防和人员撤离等工作进行协调督导，组织6万多人提前进行了撤离，有效地避免了重大人员伤亡，全市尾矿库实现了“未垮一坝、未死一人”的目标。五是持续推进隐患排查治理。始终把隐患排查治理体系建设，作为一项长期性的工作放在突出位置，不断推进。制定出台了《保定市安全生产隐患排查治理制度》，对市、县、乡、企各层面隐患排查治理的范围、频次、内容等作出明确规定，定了安全生产22条，对推动隐患排查治理制度落实提出了明确要求，全力推动隐患排查治理向规范化、常态化方向发展，实现了对所有生产经营单位的100%覆盖。2012年，全市各级有关部门、乡镇按照高危行业企业每月一次、一般行业企业和事业单位每季一次的频率，共排查企事业单位8万多家次，发现一般性隐患32550处，完成整改30427处，整改率达到94%。

【推进打非治违专项行动，维护安全生产秩序】 一是重视程度高。4月17日，全国、全省“打非治违”专项行动电视电话会议结束后，市长李谦立即组织召开专门会议，对相关工作进行了动员部署。5月2日，李谦主持召开市政府常务会，组织各副市长和有关部门一把手，对“打非治违”工作进行了专题研究。市委、市政府召开了全市领导干部大会，对安全生产领域“打非治违”集中行动进行了再动员、再部署。市委书记许宁专门作出批示。二是组织力量强。市政府成立了由李谦任组长、各副市长为副组长，市委宣传部常务副职、市政府主管副秘书长及市监察局、安监局、公安局等单位一把手为成员的专门领导小组，对全市“打非治违”专项集中行动进行统一组织指挥。各县（市、区）也相应成立了“打非治违”专项行动领导小组，加强了对专项行动的组织领导。三是落实行动快。在省方案正式下发之前，组织各县（市、区、开发区）和有关部门，将国家、省、市有关部署要求，以“一会一卡”的形式，立即传达到企事业单位，让企事业单位先动起来，开展为期一个月的自查自纠集中行动。同时，以市委、市政府两办名义，印发了《保定市安全生产领域“打非治违”和隐患排查治理集中行动工作方案》（保办字〔2012〕50号）。市安监局根据自身承担的监管职能，制定印发了煤矿、非煤矿山、尾矿库、危险化学品、烟花爆竹、职业卫生、冶金建材、监察执法、专题宣传、廉政督导等10个专项具体行动方案（〔2012〕保安监管53号），每季度召开一次执法工作专门会议，对执法检查工作进行督查调度；各县（市、区）、市直各有关部门，按照全市总体安排和安全监管职责分工，全部制定了具体的行动方案，组织开展了“打非治违”和隐患排查治理行动。四是标准要求高。明确了“5个100%”的工作要求，即所有生产经营单位覆盖率达到100%、各类在建工程施工项目覆盖率达到100%、农村（社区）覆盖率达到100%，隐患按时整改率达到100%，对发现的非法违法行为查处率100%，为全市“打非治违”行动明确了方向。同时，对存在非法生产经营建设行为的单位，严格按照“四个一律”的规定（对非法生产经营建设和经停产整顿仍未达到要求的，一律关闭取缔；对非法生产经营建设的有关单位和责任人，一律按规定上限予以处罚；对存在非法生产经营建设的单位，一律责令停产整顿，并严格落实监管措施；对触犯法律的有关单位和人员，一律依法严格追究法律责任），实施严厉处罚，对所有关闭取缔的生产经营单位，采取强制断电措施，确保关闭到位。五是取得效果好。全市共组织各类督导检查组5382组次，出动执法人员31776人次，检查企业18949家，发现隐患问题24101处，暂扣或吊销证照1604家，关闭非法企业97家，责令三停624家，查处纠正违法违章行为32679起，全市安全生产环境进一步得到净化。尤其是在“十八大”安保工作中，针对保定的特殊地理区位和承担的特殊政治责任，从10月1日起至“十八大”结束，在部分重点行业领域实行了“临时特别管制措施”，对重点行业企业派专人实行24小时驻厂盯防，实行领导干部分包督查，确保了“十八大”期间未发生任何有影响的安全生产事件。

【重点行业专项整治和标准化建设】 2012年，继续组织在“煤矿、非煤矿山和尾矿库、危险化学品、烟花爆竹、民爆器材、道路交通、人员密集场所、建筑施工、职业卫生、冶金、特种设备、燃气安全”等重点行业和领域，大力组织开展专项整治和安全生标准化达标活动。1. 煤矿：市编委批准关于成立保定市煤矿工业安全管理局方案，并上报省编办审批。对全市现有的五处煤矿，已按照《河北省人民政府关于保定市煤矿企业联合重组方案的批复》，完成了炭灰铺煤矿、野北煤矿、燕川煤矿、涞源煤矿的兼并重组，涞水煤矿已关闭到位，完成了省政府下达的煤矿整合重组和关闭任务。阜平炭灰铺煤矿已进入技改阶段，所有煤矿企业在技改完成后将全部达到安全生产三级标准化，监测监控系统、压风自救系统、供水施救系统、通讯联络系统、井下人员定位系统自技改之日起同时施工，技改验收之日同时完成验收。2. 非煤矿山和尾矿库：积极推广先进适用技术，在全部158家露天矿山中推广使用了中深孔爆破、分台阶开采、机械铲装、机械二次破碎和非电起爆技术，完成了全部地下矿山的机械通风改造和采空区处理；全面加强标准化建设，全年完成金属非金属矿山企业、尾矿库企业创建标准化企业57家。全市持证矿山企业404家，累计完成标准化创建380家，达标率为94%，超额完成省安监局80%的任务目标；大力推进六大系统建设，全市24家地下矿山已完成安装17家，完成率达到71%，超额完成省安监局60%的任务目标；全面落实三等以上尾矿库县级领导分包制度，对其它尾矿库全部落实了包库领导，配备了安全副职和专职安全管理人员，7座三等尾矿库已有6座完成在线监测安装，剩余1座已经完成了设计，超额完成省安监局80%的目标；按照省安监管一〔2012〕37号文件要求，大力推行地下矿山尾砂胶结充填技术，并在涞水县恒通水电有限公司召开了尾砂胶结充填现场会；开展班组建设、安全基础管理试点建设，非煤矿山基础管理试点企业共完成3家，非煤矿山班组建设示范单位1家，完成了省定任务目标。3. 危险化学品：切实加强搬迁企业的安全监管，对涉及搬迁的4家企业（河北宝硕集团有限公司氯碱分公司、河北旭阳焦化有限公司、河北田原化工有限公司、河北新兴化工有限责任公司）加大监督检查频次。河北宝硕集团有限公司氯碱分公司和河北新兴化工有限责任公司涉及到的氯碱车间已经停产，河北旭阳焦化有限公司和河北田原化工有限公司已完成搬迁计划；全力开展危险化学品生产企业标准化建设和专项整治，71家涉及标准化的生产企业，9家已达标，9家通过审核，其余53家已进入标准化建设程序；9家涉及危险工艺改造的企业，6家完成自动化改造，3家停产；加强对71家危险化学品生产企业的督导检查，下达责令改正指令书48份，强制措施决定书3份，发现安全隐患676条，整改落实608条，责令停产整顿企业9家。4. 烟花爆竹：严格落实烟花爆竹安全监管责任和“打非”工作要求，成立烟花爆竹“打非治违”工作领导小组，开展联合督导、联合检查，强化重点时段、重点地区安全监管。开展了“三超一改”、转包分包及多股东各自组织生产等违法违规行为和礼花弹、黑火药、引火线、氯酸钾等专项治理。全年打掉非法生产窝点6个、非法储存点36个，破获案件178起，抓获、处理违法犯罪嫌疑人178人；收缴烟花爆竹2.4万枚、黑火药680.3公斤、各类原材19672个，确保了烟花爆竹行业领域事故预防形势的持续稳定。5. 民爆物品：加强了2家生产企业和9家民爆物品库的安全监管和日常巡查，严格执行定量和分类储存规定，没有出现违反规定存储、混放现象。组织开展缉枪治爆、严打整治“亮剑”、“打非治违”等一系列专项行动，共破获各类涉爆刑事案件433起，抓获犯罪嫌疑人263名，打掉31个涉爆团伙，端掉非法制贩、私藏窝点51个，收缴炸药98.79吨，雷管177.7万枚。6. 道路和水上交通：全面落实国家、省有关规定，所有旅游包车、三类以上班线客运车辆，全部安装了卫星定位装置，安装率达到100%，并建立监控平台日常运行管理制度。强化了对相关车辆运行情况的动态跟踪监控；组织开展了道路交通领域打非治违和隐患排查治理、道路客运安全整治、公路安全隐患排查治理、“三超一疲劳”、涉牌涉证、酒后驾驶、治理市区大型车辆、校车治理、严打整治交通违法行为、交通秩序整治百日会战等各类专项行动10余次，共查处各类交通违法行为113万例，其中酒后驾驶8946例、涉牌涉证9.6万余例、客运车超员1.95万例、超速52万例、超载2.2万例，取消不符合经营资质的客运车辆41辆、旅游包车5辆；制定长途班线客车排查整治方案，39部长途客运车辆均能做到凌晨2时至5时停车休息。排查国省干线4条、一类桥梁607座、二类桥梁152座、三类桥梁55座、四类以上桥梁4座，隧道7条，对所有排查出的病害桥梁，均已设置限速、限行标志，并列入维修计划。审验船舶357艘、船员452人、水上漂流项目8处，纠正水上违法35起。7. 消防安全：深入开展“平安消防”专项行动，构建消防安全“网格化”、“户籍化”管理体系，强力推进社会单位“四个能力”建设，出台了《保定市消防安全网格化管理工作达标暂行标准》；进一步加大了消防安全宣传力度，全市

32座消防站、消防科普教育基地全部对外开放，累计接待群众20万人次。利用消防宣传车深入社区、企业、农村开展消防宣传220次，先后组织开展了“红色流动大军——万名出租车司机消防志愿者在行动”、“小记者消防志愿者”、“百场宣传进校园”等专项宣传活动，组织消防疏散演练324次，播放宣传视频20余万次，发放消防宣传品10万余份，发送手机短信42.5万条，累计受教育群众达110万人。8. 建设施工：从2011年12月至2012年12月，分四个阶段，持续组织开展了为期一年的专项整治行动。严格落实了领导分包和部门监管责任，认真组织开展了首季执法检查、 “两节、两会”、春季复（开）工、五一、暑期汛期、中秋、国庆及冬季建施工安全专项行动；强化施工单位资质把关，坚决防止不具备相应资质和安全生产条件的施工企业进入市场，强化了所有在建施工现场安全生产标准化管理，对塔吊、提升等施工机械，严格落实了注册备案制度，加强了对安装、运行、拆除等环节的监控；组织市、县有关部门对1300多处在建施工项目进行了不间断的动态跟踪监控督查，进一步强化了建设、施工、监理三方安全生产主体责任落实。9. 职业卫生：完善职业卫生目标考核体系，把职业健康监管写入市政府与各县（市、区）、各有关部门签订的《2012年安全生产目标管理责任书》中，将职业健康监管机构和队伍建设、职业危害申报、职业健康培训、职业卫生安全许可等重点事项，列入年终安全生产目标考核计划；加强职业卫生机构建设，全市27个县（市、区）、开发区都成立了独立的职业健康监管机构，均配备了2名以上专职监管人员，监督检查装备配备经费分阶段逐步纳入了财政预算；成立了职业健康技术服务领导小组，加强了专家队伍建设，全市有5家评价机构和2家检测检验机构进行了备案，为职业安全健康的监管监察工作提供了有力的技术支撑；积极开展职业卫生“三同时”审查和监督检查，共对32家企业进行了建设项目职业健康“三同时”审查、验收、备案；全面落实职业病危害项目申报工作，截至12月底，全市共申报备案企业5190家，超额完成省定任务目标；对全市机动车维修、IT企业职业病防治现状和石棉、石英砂、木质家具制造行业基本情况进行了摸底调查，并组织相关人员参加了专项培训；扎实推进职业卫生安全许可工作，69家企业办理了职业卫生安全许可证，其他企业已进行了办证登记，与检验检测机构和评价机构签订了协议，在抓紧进行现场监测和评价；加强职业健康监管监察人员培训，集中开展了企业接触职业危害从业人员培训，对27个县（市，区）、开发区和25家省属以上企业负责人、管理人员和从业人员进行了职业健康培训，共举办培训班50期，培训15863人，各类企业职业健康岗前岗中培训已达10多万人次。10. 冶金建材：组织开展了冶金企业安全生产标准化达标活动，全市2家冶金企业中，涞源奥宇钢厂通过二级标准化验收，另一家亚鑫钢厂列入产能淘汰企业，炼钢、炼铁二单元有50%达到二级标准化，冶金企业煤气系统安全设施全部实现联网，联网率达100%。省属以上建材二级标准化达标率100%（曲阳金隅水泥、易县太行合益水泥、北新建材），其他建材企业二级标准化达标率30%以上，三级达标率30%以上，冶金企业全员培训率达到100%。制定了《保定市冶金企业十大风险岗位专项整治实施方案》，冶金企业热风炉等10个较大风险作业岗位风险辨识表、事故防控措施、员工应知应会手册及安全作业程序完成率100%，已通过省检查验收。制定了《保定市机械等行业标准化建设保障措施》，组织开展了机械、轻工、纺织、烟草、商贸等行业基本信息统计工作，建立了完整的达标企业统计信息库，并按季度对达标企业进行了统计上报。11. 特种设备：组织开展了大型游乐设施安全检查、电梯专项整治、产业聚集区锅炉和危化企业冷库压力容器压力管道整治、特种设备质量安全风险排查等活动，加大了对全市无证非法充装站的查处力度，共查处9家非法车用气瓶加气站和9家非法液化石油气充装站，并予以关停、取缔。对全市大型起重机械按期进行了检验，保证了大型起重机械的安全可靠运行。

【强化安全宣传教育，提升安全意识和能力】 一是加强培训监管力度和组织机构建设。制定了《2012年全市安全生产培训工作计划》、《安全生产培训工作考核办法》；投入20余万元完成了市级安全培训考试基地建设，通过了省安监局组织的验收，并实现了与省培训考核系统的联网运行。保定市九安、定州市、涞源县、唐县、易县、博野县等6个培训机构已完成考点建设，能够达到独立完成范围内所有培训工作。二是加强领导干部和安监人员安全培训。6月，组织各县（市、区）政府主管领导、安监局长和市政府有关部门主管领导进行了一周集中学习，共培训县级领导干部150多人；在暑期、汛期、十八大安保期间，利用以会代训的形式，市政府又专门组织各县（市、区）政府主管领导进行了集中学习。进一步加大了对县、乡安监人员和乡镇干部的监管业务培训，共培训700多人，持有安全生产监管执法证人员培训率达到了100%。三是强化企业全员培训和社会化宣传。全年共培训企业主要负责人8600人次，安全管理人员15600人次，特种作业人员19300人次，接毒接害岗位人员15400人次，其他从业人员28320人次。大力开展企业全员培训，各类企事业单位严格落实安全培训相关制度和规定，制定培训计划，建立了培训台账和从业人员档案，企业主要负责人、安全管理人员、特种作业人员均做到了持证上岗；认真组织开展了“安全生产月”活动，制定印发了《保定市安全生产月活动方案》，市安委会副主任、安办主任王宪刚在保定电视台上做了“安全生产月”活动动员讲话，《保定日报》发表了题为“践行科学发展观做好安全生产工作”的评论员文章。组织各部门及企业分别在人民广场、总督署广场、军校广场开展了“安全生产月”宣传咨询日活动，发放有关宣传资料一百多种近万余份，制作展板100余块，各种读本共计12000余册，直接受教育群众达10万人。2012年，保定市被国家七部委评为“全国安全生产月活动先进单位”。

【强化应急救援和事故调查，增强应急保障能力】 一是加强市及重点县（市、区）应急救援指挥机构建设。2012年，严格按照“三定方案”标准和保定市编办《关于调整县市区安监部门人员编制的通知》要求，加强重点县（市、区）应急救援指挥机构建设，17个重点县（市、区）实现了编制、职责、人员、经费和装备“五落实”；市安监局2012年争取市财政资金50万元，用于改善应急救援装备。其他县（市、区）、开发区明确有专人负责应急管理工作，社区、乡镇落实专职应急管理负责人，各类企业和相关事业单位均明确了应急管理部门和人员，安全生产应急救援机构建设得到了长足发展。二是加强应急救援指挥平台和应急队伍建设。市应急救援指挥平台已投入运行，充实完善了应急预案、应急队伍、应急专家、应急物资和装备等各类应急资源数据库，并实现了市、重点县（市）指挥平台对接和100家重大危险源企业的互联互通；在2011年完成10个重点县（市）应急救援指挥平台建设的基础上，2012年又有9个县完成了应急救援指挥平台建设，顺平县、雄县、定兴县、容城县4个县的应急平台建设也已开始招标建设，此项工作走在了全省的前列，多次受到省安监局表扬。三是强化应急救援预案备案和演练工作。按照网格化监管责任分工，组织开展了高危行业和重点企业应急救援预案评审备案工作，备案率达到了100%，其中市级共计完成905家企业的应急预案评审、备案工作，各县（市、区）局共计完成1275家企业的应急预案评审、备案工作。完成了全市90家重大危险源备案、登记、建档工作，并颁发《重大危险源备案证》，备案率达到了100%；在全市组织开展了“应急救援演练周”活动，各级各部门及生产经营单位都制定了“应急演练周”演练计划，严格按计划组织开展了应急演练活动。市、县两级政府综合应急演练23次，部门应急演练40次。全市1239家高危企业、行业都进行了应急演练，并对应急演练进行了评估建档。四是强化事故调查和处理工作。严格按照“四不放过”原则，完成了本级负责的安全生产事故调查处理，按时结案率达到了100%，对各县（市、区）负责的9起生产安全事故进行了挂牌督办，全部完成审核备案。对省交办的事故及群众举报的隐患及时进行了认真核查，事故报告和信息反馈及时，准确，无迟报、瞒报和谎报事故。

【强化安全执法监察，遏制非法违法行为】 一是加强执法工作的组织计划。在全市安全生产工作会议和每季度防范安全事故例会上，都将其作为一项重要内容进行安排部署；按照省《关于编制安全生产监管年度执法工作计划的通知》要求，全市各级安监部门认真编制年度执法计划，经本级政府批准后，在上级安监部门进行了备案；市安监局坚持每季度对执法工作进行一次督查调度，各县（市、区）安监执法部门，严格按照年度执法计划的要求，制定阶段执法实施方案，认真组织实施，较好地完成了年度执法任务，并按要求上报了执法情况和统计数据。二是突出重点时期和重点行业的执法检查。在春节、“两会”、“安全生产月”、暑期汛期、国庆节、十八大和冬季等重要时期，分别组织开展了非煤矿山、危险化学品、烟花爆竹和民爆物品、人员密集场所、打击非法开采、道路交通安全、建筑施工、校车安全、城市燃气、特种设备等多次集中执法活动，确保了重点时期的安全稳定。结合“打非治违”和隐患排查治理专项行动，组织开展了安全生产首季集中执法行动、“决战四十天，迎接十八大”安全生产专项执法整治特别行动，共检查企业18562家，发现隐患27248处，整改26940处，立案1486起，经济处罚2051.3万元。其中市监察支队共检查企业380家，发现隐患1161条，督促整改隐患1118条，立案87起，经济处罚209.2万元。三是规范执法行为提高执法效能。组织开展了安全生产行政执法规范年活动，强化执法监督管理，加强执法考核，提高执法质量。严格按照安全生产行政执法“八步规程”（计划、准备、检查、取证、送审、处罚、复查、组卷）的要求和国家安监总局31号令的规定，认真组织实施执法行动；对检查发现的隐患问题，逐一对照有关法律法规标准进行分析处理，认真执行重大行政处罚集体讨论制度和案件审核制度，做到了违法事实认定准确、证据确凿、程序合法，适用法律正确，自由裁量适当，提高了案卷的质量，有效避免了执法过错引发错案；建立健全了案卷评查制度，完成了省安监局安排的互查工作，组织对辖区内的安全生产行政执法案卷进行了检查评审，对查出的问题向各县（市、区）进行了通报，并提出了整改意见；市、县两级安监执法部门对查出的隐患和问题，逐一对整改情，除部分隐患整改期限未到外，其余全部都按时整改到位、处罚到位。四是加强了执法监察队伍建设。市、县（市、区）均成立了独立的安全生产执法监察机构，设立了专门编制，执法人员经费全部由财政保障，加大了执法装备的经费投入，全市共配备执法车94辆，电脑132台，打印机77台，照相机70部和一定数量的摄像机、录音笔、个体防护及检测设备器材，为执法工作的有效开展提供了保障。同时不断加大对安全生产执法工作的财政支持，将安全生产执法经费列入本级财政预算，而且执法专项经费逐年递增，并将安全生产行政执法经济处罚收入全部用于安全生产工作。

（赵　路）

农　　业

综　　述

2012年，全市认真贯彻落实中央、省农村工作会议精神和市第十次党代会会议精神，坚持“城乡统筹、三化同步”方针，围绕强科技保发展、强生产保供给、强民生保稳定，进一步提升特色产业、壮大县域经济、建设幸福乡村、深化农村改革，不断加快社会主义新农村建设步伐，全面促进农业增效、农民增收、农村发展。全市粮食播种面积1382.3万亩，总产达到了604.5万吨，居全省第一，约占全省总量的1/5，被农业部评为粮食生产先进市。望都、博野率先建成吨粮县，定州、定兴、徐水获“全国粮食生产先进县”称号。

全市建成规模千亩以上蔬菜示范园36个，其中新建部级示范园7个，累计达到10个。全市蔬菜播种面积达到239.8万亩，其中设施蔬菜播种面积39.0万亩，总产931.6万吨。

全市农机总动力达到1200万千瓦时。小麦机耕、机播、机收水平分别达到99%、97%、98%，玉米机播达到90%以上，小麦生产和玉米播种基本实现机械化。三夏期间，组织2400多台小麦联合收割机，赴河南等周边省开展跨区机收作业，异地收获小麦100余万亩，为农民创收4000余万元。

全市新增或复审无公害认定基地6个，新增或复审无公害认证产品21个，累计认定基地47个，认证产品153个；认证绿色蔬菜基地9个，认证绿色产品20个。全市共抽检农产品样品3872个，农产品农药残留合格率达到99.8%，农产品质量安全得到有效保障。

围绕“节本增效”和资源综合利用，大力发展循环农业。新建户用沼气池4831个，建设物业网点155个，建成并运行大中型沼气工程6处，全市沼气池保有量达到44.8万户，年产沼气1.34万立方米，受益人口179万。共采集化验土样1.4万个，推广测土配方施肥面积805万亩，累计推广3924.1万亩，节肥32.18万吨，总增效益17.6亿元。农作物秸秆综合利用率达到90%。

全市建立农业区域（综合）站和乡镇站153个，基层农技推广体系改革任务基本完成。全市建成县级土地流转机构27个，乡级机构312个，市本级和22个县市均成立了农村土地承包仲裁委员会。全市流转面积131万亩，占承包耕地面积的13.2%；其中规模经营面积达到69.7万亩。全市累计注册农民专业合作社3489户，其中国家级示范社2家，省级示范社52家，市级示范社41家，现有社员12万余户，辐射农户90万户，覆盖全市4600多个行政村。

全市共争取部、省级资金3.5亿多元，其中落实良种补贴资金1.89亿元，惠及全市326个乡镇的216万农户；落实农机具购置补贴1.41亿元，补贴各种农机具和畜牧水产机械12976台（套），受惠农户6997户。推广农作物良种1244万亩，主要农作物良种覆盖率达到98%。农作物病虫草鼠害防治面积达到5783.4万亩次，重大病虫害防治覆盖率达到98%以上。建设了高标准粮田、沼气工程、农垦危房改造等一批重点项目，农业综合生产能力稳步提高。

以标准化规模养殖场示范创建为抓手，建成部、省级标准化示范场102家，其中部级31家，省级71家。2012年，全市肉类总产量64.5万吨，禽蛋总产量42万吨，鲜奶总产量80.3万吨，水产品总量6万吨。畜牧水产总产值235.6亿元，畜牧水产总产值占农林牧渔总产值的比重36%左右。肉、蛋、奶总产量及奶牛存栏均居全省第四位，生猪和肉羊饲养量居全省第二位。

全年新发展果树11.11万亩，占任务的144.3%；完成树体改造18.296万亩，占任务的104.2%；新增花卉面积1.5万亩。圆满完成《政府工作报告》所确定的八大优质果品基地建设任务目标，果树面积达到253万亩，果品产量达136万吨；木材产量完成3.7万立方米，人造板产量完成36.9万立方米，各类经济林产量完成136.5万吨。

全市共确定“111行动计划”230个，其中投资亿元以上的重点项目55个，总投资额239.3亿元，完成年度投资66.38亿元，同比增长10%以上。全市农业产业化项目招商引资成效明显，签约项目27个；协议引进资金61亿元，超额完成年内实现引资额20亿元的任务目标。2012年认定市级以上重点龙头企业292家，其中省级44家，国家级2家，直接带动农户136万，全市农业产业化经营总量达到659.6亿元，同比增长13.9%；农业产业化经营率达到63.5%以上；市级农业产业化重点龙头实现销售收入270亿元以上，比上年增长15%以上。

积极发展壮大重点龙头企业集群，大力推进原料生产基地建设，全市规模农产品生产（加工）基地已发展到127个。扎实推进“一村一品”专业村建设。全市符合农业部“一村一品”标准的专业村发展到370个，比上年增加1个村，专业村主导产业从业农户13.85万户，户年人均纯收入达到8097元。全市涉农专业乡镇发展到13个，主导产业从业农户达到11.12万户。

2012年全市认定省级幸福乡村试点242个，认定省级新民居示范村61个，争取省财政奖补资金5870万元，其中为灾后重建三县争取资金2620万元。截至12月底，242个幸福乡村示范村已规划建设项目1030个，总投资规模达到27.29亿元。全市539个新民居示范村累计完成建筑面积1217万平方米，入住农户41877户，建成未入住约5万户，101个示范村全部完成建设任务。

（张振山）

种植业

【保定市农业局】　保定市农业局是主管全市农业与农村经济发展的市政府工作部门，负责研究制定农业和农村经济发展规划、农业产业政策；指导监督农业产业有关法律法规的实施；指导农业社会化服务体系建设和乡村集体经济组织、合作社组织建设；落实农村基本经营制度，指导监督减轻农民负担工作；预测并发布农业各产业产品及农业生产资料供求情况和农村经济信息；负责农业机械化和农机。内设办公室、人事处、计划财务处、农业处、科技教育处、农村经济体制与经营管理处、农机处、市场与经济信息处8个职能处（室）、15个局属事业单位。全系统有专业技术人员165人，其中农业技术推广研究员22人，副高职64人，中职51人，初职以下32人。

局　　长
党组副书记　吕　先
党组副书记
调 研 员　王贺鹏
党 组 成 员
副 局 长　张凤洋　刘建民
马跃斌（8月任）
党 组 成 员
纪 检 组 长　陈殿桓
副 局 长　张来永

【概况】　2012年，紧紧围绕建设“京畿强市、善美保定”奋斗目标，全面落实“一产抓特色”战略部署，按照“稳增长、抓特色、重科技、保安全、强保障、促增收”的工作总基调，完成了各项任务目标。农民人均纯收入7696元，继续保持较快增长速度。全局共有23项工作受到部、省、市的表彰和奖励，其中有3项获农业部表彰，2项获省级表彰，9项工作被省农业厅评为先进，9项工作受到市委、市政府表彰。

【农业综合生产能力稳步提升】
粮食生产实现稳定增长，积极应对特大洪涝、爆发性黏虫等严重灾害，及时制定灾后恢复生产意见，切实加强技术指导，粮食生产再获丰收，粮食总产达到604.5万吨，连续两年跨上120亿斤台阶，望都、博野率先建成吨粮县，被农业部评为“全国粮食生产先进市”。蔬菜产业整体素质明显提升，以标准园创建为抓手，深入推进省、市示范县建设，全市各类投资达5.73亿元，建成规模千亩以上蔬菜示范园36个，其中新建部级示范园7个，累计达到10个，建设蔬菜专业合作社110个。全市蔬菜播种面积达到239.8万亩，其中设施蔬菜播种面积39.0万亩，总产931.6万吨。棉花、油料产业稳定发展，全市油料总产27.1万吨。棉花总产2.1万吨。棉花、油料、药材等经济作物保持稳定发展态势。

【农业安全发展水平不断提高】 以开展"种子执法年"、"农机安全年"、"放心农资进社入户"活动为载体，深入开展专项整治活动，坚持关口前移、重点监控，全年未发生质量安全事故，有效保障了农业安全发展。农产品质量安全水平稳步提升，全市立案查处违法经营农资案件224起，查处违法种子2.1万公斤、农药1.52吨、肥料721吨。以蔬菜为重点，扎实开展"三品一标"品牌提升行动，全市新增或复审无公害认定基地6个，新增或复审无公害认证产品21个，累计认定基地47个，认证产品153个；认证绿色蔬菜基地9个，认证绿色产品20个。全市共抽检农产品样品3872个，农产品农药残留合格率达到99.8%。农机作业安全水平稳步提升，围绕关键季节、关键环节，深入开展农机安全专项整治行动，组织安全作业培训，规范安全作业程序，强化跨区作业农机组织化、信息化管理，确保了农机作业安全。重大病虫害防控能力稳步提升，大力推广绿色防控和"一喷多效"技术，全市防治农作物病、虫、草、鼠害面积达到5783.4万亩次，挽回产量损失81.6万吨，重大病虫害防治覆盖率达到98%以上，病虫害防控能力进一步提高。

【农业发展活力进一步增强】 农业投入力度加大，全市共争取部、省级资金3.5亿多元，其中落实良种补贴资金1.89亿元，惠及全市326个乡镇的216万农户；落实农机具购置补贴1.41亿元，补贴各种农机具和畜牧水产机械12976台（套），受惠农户6997户。建设了高标准粮田、沼气工程、农垦危房改造等一批重点项目，农业综合生产能力稳步提高。基层农技推广体系改革基本完成，全市建立农业区域（综合）站和乡镇站153个，落实农业区域站和乡镇站编制1914人，人员到位率达到88%，基层农技推广体系改革任务基本完成。农村土地经营权流转步伐加快，县乡两级普遍建立土地流转有形市场，建成县级土地流转机构27个，乡级机构312个；市本级和22个县（市）均成立了农村土地承包仲裁委员会。全市流转面积131万亩，占承包耕地面积的13.2%；其中规模经营面积（20亩以上）达到69.7万亩。农民专业合作社快速增长，全市累计注册农民专业合作社3489户，较上年增长54.7%，其中国家级示范社2家，省级示范社52家，市级示范社41家，现有社员12万余户，辐射农户90万户，覆盖全市4600多个行政村，有力推动了农业产业升级和规模扩张。农村"三资"管理逐步规范，全市5678个村实行了农村财务委托代理服务制，占总数的91%，其中实行电算化管理的乡镇达到295个，规范化率达到85%以上，农村财务管理规范化水平进一步提高。开展村干部任内和离任专项审计，共审计村5778个，审计金额15.5亿元，查处违纪违规金额1500万元，52人受到党纪、政纪处分。

【可持续发展能力不断提高】 围绕资源综合利用，以"节水、节肥、节药、节种、节地、节能"为重点，大力推进农业节能减排，发展低碳农业。大力实施农村沼气工程，全市新建户用沼气池4671个，建设物业网点155个，建成并运行大中型沼气工程6处；全市年产沼气1.34亿立方米，年节能9.56万吨标煤，实现经济效益5.76亿元，受益人口177万。大力实施测土配方施肥工程，全市共采集化验土样14000多个，制定小麦、玉米、花生、甘薯、马铃薯、蔬菜、果树等作物配方100多个，推广测土配方施肥技术805万亩，累计推广3924.1万亩，节肥32.18万吨，总增效益17.6亿元，科学施肥技术的覆盖率、到位率和肥料利用率大幅提高。大力实施秸秆综合利用工程，大力推广秸秆直接粉碎还田、秸秆压块、养畜、食用菌栽培、堆沤积肥等综合利用技术，2012年秸秆综合利用面积达到1124万亩，秸秆综合利用率达到90%。

【农业科技支撑能力增强】 积极开展"农业科技促进年"活动，围绕"科技进村入户、助力增产增收"，加快农业科研创新水平，拓宽农业科技服务领域，不断提升科技服务保障能力。农业生产良种化，发挥良种补贴的导向作用，加强良繁体系建设，积极培育、引进和推广优良品种，全市推广良种面积1244万亩，主要农作物良种覆盖率达到98%以上。适用技术集成化，大规模推进粮棉油高产创建活动，充分发挥市县乡领导干部示范田引领带动作用，实现了要素整合、技术集成，辐射带动大面积均衡增产，粮食单产水平不断提高，高产创建区小麦亩产均达到500公斤以上，玉米亩产达到650公斤。生产过程机械化，全市农机总动力达到1217万千瓦，农机总量持续稳定增长，农机装备结构进一步优化。小麦机耕、机播、机收水平分别达到99%、97%、98%，玉米机播达到90%以上，小麦生产和玉米播种基本实现机械化。科技服务多元化，以开展"百、千、万"农业干部下基层、解难题、送服务行动为载体，通过举办培训班、科技人员蹲点包乡包村入户进行现场技术指导、开展示范户建设、赶科技大集等多种方式，提高农业实用技术普及率。全市组织各类培训班3313期，发放技术资料或明白纸110万多份，共开展农业知识普及性培训75.31万人次。

（张志刚）

农业机械

【概况】 2012年，全市农机总动力达到1217万千瓦，比上年增加25万千瓦，同比增长2.14%。平均百亩耕地拥有农机动力107千瓦，比上年增加2千瓦。受农机购置补贴政策的拉动，全市新增大中型拖拉机2044台，同比增长7.26%；新增小麦联合收割机328台，增长2.54%；新增玉米联合收获机2138台，增长111.94%；新增旋耕机1369台，增长4.7%；新增深松机161台，增长5.84%；新增秸秆粉碎还田机838台，增长5.27%；新增植保机械808台，增长10.14%；新增畜牧养殖机械986台（套），增长6.26%。农机原值达到70.82亿元，比上年增加3.84亿元，增长5.74%。

2012年，全市27个县（市、区）、开发区共落实农机购置补贴资金1.4097亿元（其中中央农机购置补贴资金1.3855亿元，省级农机购置补贴资金192万元，市级农机购置补贴资金50万元），比上年增加4400余万元。全市共补贴各种农机具和畜牧水产机械12976台（套），受惠农户6997户。直接带动农民购买农机投入近3亿元。

2012年，全市小麦机耕、机播、机收作业水平分别达到99%、97%、98%以上，小麦生产基本实现全程机械化。全市玉米机播作业达到90%以上，玉米秸秆粉碎还田458.35万亩，占玉米种植面积的67%以上，玉米机收作业面积328.12万亩，占玉米种植面积的47%，机收水平比上年提高了10个百分点，呈现快速增长势头。

2012年，全市农机管理部门共组织小麦联合收割机2400余台，分别赴河南、山东、内蒙古等地进行跨区机收作业，共在异地收获小麦100余万亩，为农民创收4000万元以上。

（张志刚）

林　　业

【保定市林业局】 保定市林业局是保定市人民政府主管全市林业工作的职能部门，负责全市林业发展规划的制定和组织实施，负责国家林业方针、政策及法律法规的组织实施和监督检查，负责组织指导全市造林绿化工作，负责全市的森林资源和野生动物资源的保护管理及监测工作，负责全市林业科研及技术推广工作。局内部设办公室、植树造林处、果树蚕桑花卉管理处、森林资源管理处、发展计划与资金管理处、林业工程项目处6个职能处室，局直属行政机构市森林公安局，局直属事业单位12个。

党组书记 局　　长	姜明慧
党组成员 调 研 员	荀志惠（女）
党组副书记 调 研 员	陈　飞
党组成员 副 局 长	许喜林　赵建振 田景梅　苑慧峰 甄壮平
党组成员 纪检组长	臧思良
党组成员 森林公安局 局　　长	李忠琦
森林公安局 政　　委	张建华

【概况】 2012年，全市共完成造林76.44万亩（含封山），占年度任务45万亩的169.87%；完成义务植树1500万株，占年度任务1400万株的107.14%，完成新育苗5万亩，占任务5万亩的100%。工程项目建设上，完成2004年退耕地还生态林国家级核查工作，合格率达到99%以上；完成了退耕还林成果专项规划工程和退耕还林匹配工程建设；利用欧洲投资银行贷款的林业发展项目，涞源、涞水、曲阳、顺平4个项目候选县项目建议书的编制工作已经启动。全年共获得各级表彰七项：省绿委会、省人社厅、省林业厅共同颁发的“河北省国土绿化突出贡献单位”；省委、省政府颁发的“全省开展加强基层建设年活动优秀驻村工作组”；省林业厅颁发的“省林业系统第一季度省级以上媒体发稿排名第一”、“省林业系统第二季度省级以上媒体发稿排名第二”、“首届河北省名优果品擂台赛最佳组织奖”、“河北省果品产业工作先进单位”；保定市委、市政府颁发的“保定市2010－2011年度文明单位”。

【产业发展速度加快】 林果产业发展迅速，新发展果树11.11万亩，占任务的144.3%；完成树体改造18.296万亩，占任务的

104.2%；新增花卉面积1.5万亩。八大优质果品基地建设完成新建红枣基地1.04万亩，占年度任务的104%；优质桃基地0.6万亩，占年度任务的100%；无公害苹果基地2万亩，占年度任务的100%；优质核桃基地5.37万亩，占年度任务的268.5%；杏扁基地1万亩，占年度任务的100%；磨盘柿基地改造7.3万亩，占年度任务的146%；鸭梨基地改造1.386万亩，占年度任务的138.6%；休闲果品基地1.1万亩，占年度任务的100%。果品产量达135万吨。果品产业化经营持续发展，龙头企业不断改造升级。高阳天润农产品有限公司投资2590万元建设万吨果品仓储物流基地；蠡县百丰集团新扩建200亩梨树，新建500吨冷鲜库1座。农民专业合作社申请项目投资，壮大产业基础。高碑店达农核桃专业合作社争取到了国家农业综合开发林业项目，获取资金120万元。积极组织农民专业合作社和龙头企业申请省级挂牌。河北天丰农业集团有限公司等20家单位被评为2012－2013年度河北省林果产业化重点龙头企业，易县盛秋林果专业合作社等14家单位被评为重点专业合作组织。农民专业合作组织及果品加工厂不断壮大。全年，共新建专业合作组织28家，惠及农民2460人，全市果品专业合作组织达到172家；新建果品加工厂4个，果品加工厂达到112个，年加工果品达到23.7万吨。果品市场影响力日益增强。积极组织果品龙头企业、专业合作社、种植大户参加首届河北省名特优果品擂台赛及河北省首届苹果品质鉴评会议，保定市在果品擂台赛上，获1个金奖，5个银奖，9个铜奖；在省厅组织的苹果鉴评会上，获1个金奖，1个银奖，3个铜奖。此外，还通过打造精品示范基地、加强与北京锦绣大地等市场对接的方式，不断增强阜平大枣、顺平桃、顺平苹果、涞水麻核桃、高阳梨等品牌效应，提高了名特优果品知名度。花卉产业创佳绩，定州市被确定为“河北省万亩花卉苗木示范基地”。花卉苗木面积进一步扩大，达到13.24万亩。林板产业增长较快，木材产量完成3.7万立方米，人造板产量完成36.9万立方米，各类经济林产量完成136.5万吨。

【资源管理力度加大】 严格执行森林采伐限额、林地管理和征占林地审核审批，共审核审批占地项目10宗，征收森林植被恢复费221.79万元；规范野生动物管理工作，共救治国家二级保护和省级保护动物鸟类共12只；扎实做好2011年下半年得到省政府批准的阜平银河山、唐县大茂山、易县摩天岭三个自然保护区机构编制的申报工作，配合省林勘院对湿地进行全面摸底调查工作。2012年全市共发生森林火灾15起，过火面积278.6公顷，其中森林受害面积9.2公顷，达到了省、市的“四个确保”目标要求。9月，森林重点火险区综合治理二期建设项目获得国家林业局批复，全市森林防火基础设施建设将得到全面加强。林业有害生物防治工作成效显著。全市林业有害生物发生面积112万亩，其中美国白蛾发生70万亩。全年共计防治作业面积260万亩，其中美国白蛾防治216万亩。森林病虫害成灾率控制在4.2‰，无公害防治率达86%，测报准确率达87%，种苗产地检疫率93%，达到了省林业局下达的“四率”指标。全市森林公安机关先后组织开展了多种形式的打击破坏森林资源违法犯罪专项行动，查处了一批有影响的涉林案件。共查处各类案件764起，其中办理刑事案件32起，行政案件519起，治安案件213起，刑事拘留20人，取保候审17人，罚没763万元。春防打击野外用火行动，全市共出动执法人员19282人次，车辆5235台次，采取刑事强制措施7人，治安拘留144人，行政罚没9.33万元，有效遏制了野外用火的多发态势。接处省督办案件2起，办结2起。接处市公安局交办案件1起。

【林木种苗工作成绩显著】 全市育苗面积发展到30万亩，苗木储量达6亿株，产值13亿元，苗木基地主要集中在定州、博野、安国、易县、清苑5县（市）。全年共办理生产许可证256份，经营许可证256份，核发标签105本，合格证108本。争取种苗良种培育项目3个，资金到位350万元；对2000－2010年国家投资的种苗项目进行了进一步检查；对在建的种苗项目资金使用情况、基地档案建设情况与管理情况等进行了检查；组织完成了望都、涞水两县的种苗项目验收工作。继续整顿种苗市场，加大对违法行为的查处力度，全市共查处违法案件4起，罚款1.8万元。进一步加强种苗质量监管，对易县、望都、徐水、清苑、博野、安国、定州7个苗木生产经营重点县（市）进行了质量抽查，共抽取杨树、侧柏、油松、法桐等12个树种，苗木合格率100%。

【扶贫工作扎实推进】 按照省、市基层建设年、全省扶贫大会和省政府提出的到2015年再造一个“河北果品产业”的要求，共承担4县6个村和9个县79个村的“一村一品”帮扶任务。为完成帮扶任务，按照市政府出台的

《西部山区果品产业带建设规划》和《保定市核桃产业带建设规划》，引导贫困乡村大力发展特色林果业，实现生态受保护、农民得实惠，林业扶贫上台阶的目标。市林业局驻阜平县坊里村工作队获全省先进工作组，除完成规定任务外，还协助村里建设宽敞明亮的教学楼一座，极大地改善了基层教学条件。协助建设标准化幼儿园，解决了全村50多名幼儿入学难和学前教育问题。协助村里建设利民桥，改善了村里生产、生活条件和方便村民出行，并为下一步土地开发利用奠定了基础。协助修建灌溉井一座，解决了150亩耕地灌溉问题。组织群众结合核桃基地建设，平整土地200亩，修建拦洪坝3000米，为核桃产业基地的发展提供了有力保障。协调村两委建设，建设高标准的两委办公室，党员活动室，配套了办公桌椅、电视等，促进了基层组织的规范化运作。

【生态园建设成效显著】 农业生态园是市委、市政府一项重点民生工程，2012年4月28日举行了一期工程竣工暨开园仪式，完成了市委、市政府确定的“五一”前开园的既定目标。2012年5月，省委常委、省纪委书记臧胜业到生态园视察工作，对生态园建设和管理给予高度评价。2012年6月启动生态园二期项目建设。主要包括星级酒店、生态餐厅、北方苗木花卉交易中心、江北农艺文化苑、花卉温室联动大棚、蔬菜观光园、农耕体验区等十个项目，二期工程已全面进入施工阶段。

【科技服务不断扩大】 聘请河北农业大学教授徐继忠为望都县果农现场讲解苹果树精细修剪及苹果幼树早期丰产等关键技术；聘请河北农业大学教授张志华就目前核桃发展现状，核桃栽培管理技术，核桃嫁接技术以及病虫害防治等对部分阜平县果农进行现场讲授。通过年初定任务、强责任、不定期督导等方式，鼓励县林业局果树技术人员开展技术培训。顺平县开展林果技术义务咨询服务活动，共解决果农提出的实际问题10个，发放技术小册子300多份，技术明白纸1000多份；易县针对核桃栽植过程中可能出现的问题进行现场解答，并就核桃管理在全县开展技术培训。鼓励引导县域间参观学习。曲阳县组织财政、林业水利、发改等有关部门及各乡镇长、部分造林大户代表共计50余人到易县、顺平参观学习。构建科技信息服务网络。市林业局利用网络平台，及时发布果树生产管理相关知识和先进技术；涞水县通过建立技术服务短信互动平台及印发技术管理挂历，提供技术帮扶。

【创森工作扎实有效】 市政府批复同意《创建国家森林城市森林体系建设总体规划（2010－2020)》，并已按照程序报国家林业局备案，并下发各地迅速组织实施，为保定市早日跨入国家森林城市行列奠定坚实基础；市绿委办组织编制完成了《保定市古树名木录》，为全市创建工作增加了新的载体，发挥了很好的宣传作用。

（韩忠礼）

畜牧水产业

【保定市畜牧水产局】 保定市畜牧水产局是保定市人民政府主管全市畜牧水产业的直属事业机构。其主要职责是：贯彻国家畜牧水产法律法规并监督执行。拟定并落实全市畜牧水产业发展规划、政策。负责全市畜牧水产业建设项目的立项、初审和申报工作。制定全市畜牧水产业科技普及、培训、技术引进、推广规划和年度计划，并监督实施。组织科研课题的技术攻关和科研成果的推广应用。制定全市畜牧水产养殖品种繁育和改良规划，指导生产、繁育和推广畜禽水产良种工作。负责全市动物防疫、检疫、医政、药政、药检和动物卫生监督工作。负责全市草地资源保护、建设、开发、利用的组织实施工作，制定草地资源、农作物秸秆资源开发的中长期规划及年度计划，指导全市草原防火工作。负责《中华人民共和国动物防疫法》、《中华人民共和国畜牧法》、《中华人民共和国农产品质量安全法》、《重大动物疫情应急条例》、《中华人民共和国兽药管理条例》、《国务院水生野生动物保护法》、《农业部动物检疫管理办法》、《河北省动物防疫条例》、《河北省渔业船舶检验条例》等8部法律、9部法规和40多项规章的监督执行。承办市政府交办的其他事项。

党组书记 局长	郝俊愿
党组副书记 调研员	贯志清（女）
党组成员 副局长	刘学军　王连卿
党组成员 纪检组长	陈殿恒

【概况】 2012年，全市畜牧水产工作围绕中央1号文件精神和省委“一产抓特色”发展战略，全面贯彻落实省、市决策部署，积极推动省政府135号文件落实，制定出台《关于加快现代畜牧业

发展的意见》，着力转变生产方式，按照“一种五化”（畜禽良种普及、区域化布局、规模化养殖、标准化生产、科学化防控、产业化经营）要求，加强基地建设，健全保障体系，强化产业监管，促进产业升级。2012年主要养殖品种饲养量仍居全省前四位。全市肉类总产64.5万吨，同比增长1.8%；禽蛋总产42万吨，同比增长0.1%；鲜奶总产80万吨，同比增长1.5%；水产品总产5.5万吨，同比增长1.7%。2012年畜牧业产值228亿元，同比增长29.2%；渔业产值7.8亿元，同比增长7%。牧渔业产值占大农业产值的36%，较2011年增长2.9个百分点。

【标准化规模养殖有新进展】以标准化规模养殖场示范创建为抓手，搞好综合服务，规范养殖行为，全面推动生产方式转变。建成部、省级标准化示范场102家，其中部级31家，省级71家（生猪21家、奶牛35家、肉牛5家、肉羊9家、蛋鸡26家、肉鸡6家）；完成32个新建标准化养殖场（生猪6个、蛋鸡6个、肉牛2个、肉鸡1个、肉羊17个）。整合标准化、菜篮子、良种补贴等政策、项目、资金，重点向规模养殖倾斜。发挥龙头企业和专业合作组织作用，一批高标准畜禽水产品生产基地逐步成型并发挥效益。认真做好统计监测和价格预警，合理设置监测点，强化统计员培训，加强与统计、调查部门的协调，提高统计数据的可靠性。实行定点监测跟踪，及时收集、分析、上报监测数据，适时发布信息，指导养殖场户合理安排生产。推进企业无公害认定认证，全市累计通过产地认定的企业317家（畜牧企业299家、水产企业18家），累计通过产品认证的企业125家（畜牧企业111家、水产企业14家）。积极创建名优品牌，涌现出了“大午牌”种鸡、“玖兴牌”童子鸡、“唐尧牌”羊肉、“莲池牌”猪肉、“兴莲牌”鸡蛋、“山泉黄牌”中华鳖等一批地方名优动物产品品牌，年销售收入达12.6亿元。生态渔业健康发展，在西大洋水库放流池沼公鱼卵5亿粒；在白洋淀放流鲢鳙鱼种67万尾，日本沼虾800万尾；在王快水库放流中华鳖稚鳖2万只。全年累计放流鲤、鲫鱼9万尾（7.6万斤）；鲢鳙鱼794万尾（25.98万斤）；草鱼36万尾（12万斤）；日本沼虾1600万尾；净化型水草种植5万平方米，增殖放流资金达325万元。加强渔政管理，严查“毒、电、炸”等违法捕鱼行为，加大对违法捕捞的打击力度，有效保护了渔业资源。“中华鳖优势产业带”、“西北部山区冷水资源产业带”的精品渔业生产稳步发展，全市温棚养殖中华鳖面积4100余亩，中华鳖年产量4200余吨；冷水鱼养殖面积1100余亩，其中鲟鱼养殖面积达到900余亩，特色水产品养殖面积同比增长6.1%。

【良种繁育体系建设有新突破】坚持企业主体、政府扶持、市场运作方式，突出骨干品种，建立层次分明的引进、繁育、推广体系。完善了市级家畜精液配送中心和6个牛改良站、5个羊改良站、8个种公猪站。组织参加猪、羊改良技术培训2次，近500名基层两种推广人员接受了培训指导。生猪、肉羊良补项目建设顺利完成，全市推广人工受精13.5万头，精液54万剂，发放种公牛羊900只，发放奶牛冻精21万支。涞源雨润、清苑海大等重点建设项目稳步推进；顺平旺盛敏达种猪场扩建项目落实国家资金150万元；涿州连生牧业种羊场扩建项目争取国家资金180万元；徐水大午种禽场、定兴茂隆中华鳖良种场、安新聚珠良种场建设进展顺利。淡水养殖重点推广中华鳖、青虾、鲟鱼、七彩鲑鱼、鲤鱼等优质品种，全市生产淡水鱼苗1600余万尾，池沼公鱼卵10亿粒，中华鳖卵1000余万粒，日本沼虾苗5000余万尾，鱼种1000余吨。全市猪、牛、羊、鸡、水产良种覆盖率分别达到96%、96.3%、89.4%和82.1%和80%以上。

【重大动物疫病防控有新增强】继续完善重点动物疫病防控工作责任制，建立了政府与政府、政府与部门、部门与部门之间的责任网络，通过协调、调度、督导、检查等工作，确保防疫措施落实。8月29日，“河北省2012年秋季重大动物疫病集中免疫启动仪式”在高碑店举办；10月20至23日保定市又代表河北省接受了农业部“动物卫生监督绩效考核”检查，取得满分的优异成绩，受到了农业部检查组的高度评价和充分肯定。防疫经费纳入各级财政预算，全市共2480万元，其中市本级925万元。组建了700多个强制免疫小组，共约1.7万人参与强制免疫。共免疫牛40.56万头，羊232.70万只，猪387.42万头，禽4070.11万只，免疫密度均达到了100%，检测抗体合格率均在70%以上，均符合农业部标准要求。组织实施“重大动物疫病防控安全月”、“集中消毒月”行动，集中组织开展大规模的消毒灭源行动，强化了养殖场的消毒程序，完善了消毒设施设备，做到了消毒全覆盖、多频次，粪便等废弃物处理无害化。加大肉羊、肉牛布病免疫力度，提高免疫密度，对跨省调入的羊、肉牛实行“落地免疫制度”，采取个体口服接种方法，提高免疫效果。全市共免疫肉牛16.93万头，羊232.69万只。全市271个奶牛场区，已有199个奶牛场区达到稳控，其中有89个奶牛场区得到了净化。进一步规范动物卫生监督执法，全市累计产地检疫生猪240.45万头，牛7.21万头，羊68.99万只，家禽1542.17万只，其它特种养殖10.1万头（只）；屠宰检疫生猪78.78万头，牛10.62万头，羊47.75万只，家禽1376.3万只，其它2.8万头（只）。共查处染疫及不合格动物产品108吨，全部进行了无害化处理。产地检疫和屠宰环节累计检测“瘦肉精”样品119370例。进一步加强狂犬病和宠物包虫病的消毒、净化和防治工作，市区内免疫接种用苗22944支，发放犬猫驱虫药15624片，投喂1万余条，居民小区消毒95个，发放消毒药品4600余瓶。

【动物产品质量检测体系有新提升】 进一步完善行政监管、检验检测、综合执法三大体系，全市畜牧水产系统已有24个县（市、区）成立了动物产品监管机构，13个县（市、区）成立了区域性畜产品检测机构，6个县（市、区）成立了农牧综合质检机构；畜牧水产综合执法机构已达16个。在全市范围内组织开展了“瘦肉精”、病害肉、奶站、兽药和药物残留、饲料和饲料添加剂、获证企业、农资打假以及水产品等八个专项整治活动，全市共出动执法人员10余万人次，检查整顿兽药、渔药、饲料和饲料添加剂、规模养殖场等生产经营单位、农贸市场等25229个次，印发各种宣传资料7.23万余份。积极开展非GSP兽药经营企业“集中清理行动”，取缔未通过GSP验收企业，新上和保留的兽药经营企业严格按GSP标准验收。全市共查处各类违法违规问题87起，下达责令整改通知25起，移送公安案件3起。奶站网络化视频监控系统进入安装调试阶段，市级监控中心、27个县级监控分中心、275个奶站监控点实现全程监管。以三聚氰胺、“瘦肉精”、孔雀石绿等非法添加物含量以及氯霉素、磺胺类、总抗生素等药物残留含量指标检测为重点，加大对生鲜乳、畜禽产品、奶牛饲料、蛋白饲料原料、猪（牛、羊）尿样、水产品的抽测力度，全市共完成各类样品抽检128447批次，市本级检测中心完成各类检测样品13323批次，总体合格率在96%以上。同时，完成了省级抽检、全省瘦肉精交叉抽检、全省生鲜乳交叉抽检以及市区风险预警监测任务。瘦肉精检疫检测同步、瘦肉精长效监管、奶站视频监控等机制逐步实现常态化、规范化。

（季晓明　黄　亮）

工　　业

【保定市工业和信息化局】　是主管全市工业和信息化发展的政府工作部门。主要职责：一是提出全市新型工业化发展战略和政策，协调解决新型工业化进程中的重大问题，拟订并组织实施工业、信息化的发展规划，推进产业结构战略性调整和优化升级，推进信息化和工业化融合。二是拟订并组织实施全市工业行业规划、计划和产业政策，提出优化产业布局、结构的政策建议，推进现代产业体系建设，组织实施行业技术规范和标准，指导行业生产质量管理，协调推进工信系统名牌战略工作。三是监测、分析全市工业运行态势，统计并发布相关信息，进行预测预警和信息引导，协调解决行业运行发展中的有关问题并提出政策建议；负责工业应急管理、产业安全和国防动员有关工作；负责市医药储备管理的有关工作。四是负责提出全市工业、信息化固定资产投资规模和方向（含利用外资和境外投资）、国家和省、市财政性建设资金安排的意见；按照产业政策和规定权限负责国家和省、市规划内及年度计划规模内固定资产投资项目的审批、核准、备案和申报等工作。五是负责对全市中小企业和民营经济的宏观指导、综合协调，负责中小企业统计工作，研究拟订全市中小企业发展战略、中长期发展规划、年度计划并组织实施；会同有关部门拟订全市发展中小企业、民营经济的规章草案和扶持政策并组织实施，协调解决改革、发展中的重大问题；指导和推进中小企业转变发展方式，推动结构调整优化；拟订中小企业产业集群发展规划及政策措施并组织实施；拟订推进全民创业的政策措施并组织实施；负责创业辅导基地的规划、建设及机构和辅导队伍建设。六是拟订和组织实施中小企业发展专项资金年度计划和固定资产投资计划，提出市级中小企业发展专项资金年度预算建议，实施对中小企业发展专项资金使用的监督检查；指导县（市、区）中小企业专项资金的设立和使用；提出中小企业融资的政策措施并组织实施；推动建立中小企业创业风险投资引导资金，确定资金使用方向；负责企业诚信体系建设；组织推进中小企业信用担保体系和信用制度建设；推动建立完善中小企业服务体系，引导各类中介组织为中小企业提供服务。七是贯彻国家政策和标准，拟订高技术产业中涉及生物医药、新材料、信息产业等规划并组织实施；指导行业技术创新和技术进步，以先进适用技术改造提升传统产业；组织实施有关国家、省、市科技重大专项，推进相关科研成果产业化，推动全市软件业、信息服务业和新兴产业发展。八是承担全市振兴装备制造业的组织协调责任，贯彻执行国家、省重大技术装备发展和自主创新规划、政策，依托国家、省、市重点工程建设协调有关重大专项的实施，推进重大技术装备国产化，指导引进重大技术装备的消化创新。九是拟订并组织实施全市工业能源节约和资源综合利用、清洁生产促进政策，参与拟订能源节约和资源综合利用、清洁生产促进规划，组织协调相关重大示范工程和新产品、新技术、新设备、新材料的推广应用。十是推进全市工业体制改革和管理创新，提高行业综合素质和核心竞争力，指导相关行业加强安全生产管理。十一是统筹推进全市信息化工作，组织拟订相关政策并协调信息化建设中的重大问题，促进电信、广播电视和计算机网络融合；指导协调电子政务发展，指导电子商务发展，推动跨行业、跨部门的互联互通和重要信息资源的开发利用、共享。十二是负责协调维护全市信息安全和信息安全保障体系建设，指导监督政府部门、重点行业重要信息系统与基础信息网络的安全保障工作，协调处理信息安全重大事件，承担跨部门、跨地区和重要时期的信息安全应急协调工作。十三是组织开展工业、信息化的对外合作与交流，组织开展工业、信息化利用外资工作。十四是承担履行《禁止化学武器公约》的组织协调工作。十五是管理原市属工业局所属12个事业单位和原工业经济促进局、中小企业局、信息产业局所属企事业单位。25个内设机构：办公室、政策法规处（市加快西部工业发展领导小组办公室）、人事处、规划发展处、科技创新处、运行监测协调处、产业政策处、节能与综合利用处、原材料工业处（市稀土办公室）、装备工业处、消费品工业处、国防工业处（市履行禁止化学武器公约事务办公室）、保定市汽车领导小组办公室、信息产业处、信息化推进处（电子政务处）、网络信息安全处、融资担保处、中小企业处（市民营经济工作领导小组办公室）、对外经济技术协作处、直属企事业单位管理处、机关党委、纪检室、团委、妇联委、工会。局直属事业单位20个，企业12家。市委市政府临时机构办公室15个。分别是：信息化办、电子政务办、禁化武办、工业强市办、工业西进办、减负办、纺织办、食品办（食品工业发展）、创业办、民营办、小水泥整治办、淘汰落后办、争创百强办、稀土办、对标办。另外，主管的行业协会有：市企业家协会、市民营企业家协会、信息产业协会等工信系统各行业协会十几家。

党组书记 局　　长	苑丰平
党组副书记 副 局 长	许西岭
党组成员 副 局 长	张新建 李曙慧（女）
党组成员 纪检组长	刘建丽（女）
党组成员 副 局 长	冯跃强　于俊峰 刘瑞林（支疆）
调 研 员	韩书军
总工程师	刘玉国
总经济师	崔　浩

【概况】 2012年，全市工业总产值4122.8亿元，占全市GDP的45.8%，工业化率46.3%，提高0.5个百分点。其中，规模以上工业企业1627家，增加值完成1020.9亿元，同比增长14.1%，在全省排第5位，高出全省平均水平0.7个百分点；规模以下企业1.9万个，增加值320亿元，同比增长19.4%。全年新增规模企业138家，居全省第一位。工业产品产销率97.3%，工业利润总额179.9亿元，工业纳税137.6亿元，占全市税收总额的44.3%。

五大主导产业的情况：汽车生产85万辆，产量增加14.3%，高于全国增速9.7个百分点。汽车产业全年完成工业增加值217.1亿元，同比增长16.8%。新能源及能源制造业实现销售收入200亿元，下降40%；纺织服装、食品、建材产业销售收入分别增长27.6%、5.3%、10%。

全市民营企业、中小微企业达到2.8万家。民营经济实现增加值1848亿元，占全市GDP的68%；上缴税金230亿元，占全市财政收入的74%，同比分别增长12.6%、14.2%。

【全力保增长，抓工业经济运行调度】 工业经济是全市经济的大头，是安置就业、财政收入的台柱子，坚持向工业要指标要效益。一是分解落实任务目标。制定了2012年新增规上企业户数目标，同规模以上增加值增速一起，列入县级政府工作考核指标体系。二是加强运行监测分析。每月通报各县（市、区）规模以上工业增加值增速、新增入统规上企业数等指标完成情况，每季对全市工业运行进行专题分析，及时研究对策并认真解决。三是狠抓新增企业入统。四是合理调度要素供应。对煤电油气运等工业生产要素进行科学调度，优先保障规模大、竞争力强、产品市场前景好的企业。

【大力推进工业企业投资和技术改造】 根据年初省厅下达的工业技改任务目标，年初进行了任务分解，每季度对县（市、区）的投资完成情况进行督导通报。对全市重点技改项目进行督导、检查，对项目建设中出现的困难和问题给予及时协调解决，指导企业加快技术改造步伐。全年全市实施500万元以上工业项目955个，其中技改项目393个，列入省千项重点技改项目计划的97个。完成工业投资905亿元，同比增长30%；技改投资完成407亿元，同比增速38%。完成工业项目审批150项。组织企业申报国家、省各种专项扶持资金到位2.9亿元。

【搭建服务平台，推进民营经济和中小微企业发展】 全年全市工信系统完成各类企业服务平台150个。融资担保机构总数已达

32家（全市全年新增5家），注册资本金总量14.88亿元，实现担保能力90亿元。建立（在建）创业辅导基地43个，省工信厅已备案21个，列入省示范基地9个，共投入资金31.2亿元，标准厂房面积达到153.5万平方米。大力开展中小企业“强解帮促”服务活动。从全市发展前景较好、成长性较强的民营企业中，筛选了200家最具成长性企业和300家创业模范企业，进行专门扶持和重点服务。中小企业公共服务平台网络建设推进较快，筛选市机械电子技工学校作为市级平台承建单位，安国中药、高阳纺织、曲阳雕刻和容城服装作为拟建窗口平台网络实施单位，指导编制平台网络建设方案，市平台网络建设方案通过省厅核定，安国中药、高阳纺织和容城服装平台建设方案，已获工信部批复，正在积极推进。

【企业人才培训工作走在全省前列】 把为企业服务作为工信局的工作宗旨，把提高企业家素质、给予企业家智慧作为服务企业工作的切入点，扎实开展专家教授等培训工作。创新培训模式，加大培训力度，创办企业家大讲堂。全市全年组织各类培训48期，培训企业家和企业中高层管理人员8000多人次。创建了中小微企业网络培训平台，目前有近100家企业参与网上培训活动，受到了企业界高度赞扬。

【大力淘汰落后产能】 2012年保定市淘汰落后任务量大大超过往年，是全省重中之重，为高标准做好淘汰工作，淘汰办组织对各县（市、区）进行项目审核，并及时督导按要求拆除计划内落后产能设备。计划内79家企业全部按期完成任务目标。

【推进企业减负工作】 2012年保定市增值税一般纳税人税基减免824户，免税营业额86亿元；增值税即征即退147户，累计退税1.1亿元；减征696户，累计减免税0.25亿元；小规模纳税人税基减免1108户，免税营业额20.7亿元，减免28户，累计减免税94.5万元，3.7万户起征点之下的个体户享受了增值税免税政策。享受企业所得税优惠政策企业3409户，优惠金额35.8亿元。

【信息化推进工作】 政务部门核心业务信息化覆盖率达到55%以上，全市互联网宽带用户突破100万户，农村信息机覆盖率达到了85%。汽车、纺织等主要行业大中型企业关键工序数控化率达到73%。长城汽车、巨力索具股份有限公司等18家企业被授予省级以上信息化与工业化融合重点（示范）企业称号。

【企业维稳工作】 工信局负责全市工业系统的维稳工作。特别是原市8个工业局所属16个事业单位和60多家集体企业，2010年机构改革划归工信局所属，由于历史原因造成的养老、医疗、工资等问题拖欠严重，涉及人员近500人，至今这些人无工资、无养老待遇、无医保待遇，这些单位办公地点三丰路改造被拆部分，三年大变样被拆部分。集体企业500多人，之前到省、市上访告状几乎天天存在，给稳定工作带来不小难度，成为不稳定因素难点单位。市委市政府责成工信局管理后，成立领导小组，实行领导干部“一岗双责”和专人负责的工作机制，具体负责对各事业单位历史遗留问题的处理工作。基本摸清底数，理清解决方法，并协调相关部门提出解决意见正在逐步解决之中。成功解决多起上访重大问题。包括：下属企业保定市物资总公司因房产问题多年来多次集体上访问题、轻工业物资总公司集资款返还问题、机械冶金一公司职工拆迁问题等。

（党保荣）

部分工业企业简介

【长城汽车股份有限公司】 长城汽车股份有限公司始建于1984年，从事汽车研发生产业务，是中国规模最大的民营汽车制造企业，也是中国首家在香港H股上市的民营整车汽车企业，是国内规模最大的皮卡SUV专业厂，集团下属控股子公司30余家。下属控股子公司30余家，员工6万余人。公司拥有6个整车生产基地（皮卡、SUV、CUV，轿车MPV），拥有哈弗SUV、腾翼轿车、风骏皮卡/MPV三大品类，拥有50万辆整车产能，具备发动机、前后桥等核心零部件的自主配套能力。产品形成了迪尔、赛铃、赛酷、风骏四大系列皮卡，柴油机、汽油机、两驱、四驱四大系统，大双、中双、小双、一排半、大、小单排、厢式等七种规格皮卡品种。在SUV系列，已经搭载4个平台：赛弗SUV、赛骏SUV、赛影RUV、哈弗CUV，两驱、四驱多个品种。公司产品质量过硬，获得国际国内三大认证，即ISO9001国际质量体系认证、UKAS英国皇家认证、GCC海湾认证、SASO沙特认证和CCC国家强制性产品认证。获得全国产品质量、售后服务双达标先进企业、河北省名牌产品、河北省著名商标、河北省质量效益型企业、高新技术企业、民营上市公司十强、中国企业500强、中国机械500强、中国制造500强、中国工业企业500强、中国汽车工业销售收入30强、河北民营百强之首等称号。2012年被评为汽车产业上市公司投资潜力总评榜第一名，被《环球企业家》评为“2012年中国最佳表现公司50强”，被国际著名财经杂志美国巴伦周刊评为“你不可不知道的十大中国品牌”。长城汽车在在国内市场，哈弗SUV连续10年保持全国销量第一，并于2013年3月销量率先突破100万辆；长城皮卡连续15年在全国保持市场占有率、销量第一。长城轿车单品连续多月进入乘用车销售榜十强，累计销售突破30万辆。在国际市场，自1998年首次出口以来，长城汽车在出口量和出口金额方面连续多年名列前茅；产品销往全球100多个国家和地区，其中意大利、澳大利亚、俄罗斯、智利等市场表现突出。长城汽车注重出口产品的品质和出口经营质量；旗下产品率先通过欧盟车型认证；此外，长城汽车已在十几个国家建立了组装厂，其中2012年2月投产的保加利亚组装厂，是中国自主品牌第一个在欧盟建立的汽车组装厂。

【保定卷烟厂】 保定卷烟厂是一家具有悠久历史的国有企业，1902年建厂，是中国第一家官办烟厂。2004年被石家庄卷烟厂兼并重组。保定卷烟厂是河北省骨干企业、保定市利税大户，现有职工1800人，资产总额13.2亿元（其中固定资产3.3亿元），占地24万平方米，年生产能力40万箱，生产制造工艺达到国际标准。2012年，保定卷烟厂高举“打造一流企业”的旗帜，以昂扬向上、追求卓越的精神状态，顽强拼搏、求真务实的工作作风，完成了全年各项目标任务。1. 精益生产上水平：围绕“消除浪费、持续改善”的精益生产核心理念，保定卷烟厂加大在线监控与分析能力，消除工作中的一切非增值流程与动作，以最少的投入实现最大产出，成本控制水平得到显著提高；探索实施以“时间定额管理”为核心的准时化生产，减少指标波动，实现了生产节奏的均衡性；积极构建工艺质量三大管控体系，实施牌号经理制和带班制，产品质量持续保持稳定；充分利用六西格玛管理工具，提升工艺质量精准控制能力；加强设备现场管理，推行“三个清洁”，实现了设备清洁行为的习惯化和制度化；充分利用技术研究会平台，建立以技术带头人命名的技术研究室，促进技术成果向生产力转化；广泛开展形式多样的机台竞赛活动，以活动带动活力，活力激发创新力；深入推进能源管理工作，通过开展紧缺能源体验等系列活动，进一步增强员工清洁生产、节能减排意识。2. 管理创新结硕果：计划管理新进展。各部门围绕“系统”、“运营”管理理念，制定年度规划及支持方案，目标量化清晰，措施科学可行；计划管理办公室每月进行严格督查及考核，确保各项工作有序进行、高效完成；深化项目经理责任制，制作管理看板，公开管理，公证监督，相互借鉴，相互学习，促进工作全面提升。6S管理新举措。以打造“数字6S、效率6S、卓越6S”为指导，以创建五星级企业为目标，完善考核标准，创新考评方式，建立“部门自查、分组检查、综合检查和重要时期检查”四级检查模式，有效调动了各部门自主管理积极性，使6S管理真正成为提升现场管理和创新管理的科学工具。内控水平新提升。始终坚持严格规范这条“生命线”，扎实推进“两项工作”及办事公开民主管理，加强投资项目和全面预算管理，严格物资采购和工程项目监管；持续推进体系建设，不断提高内审质量，确保体系规范运行。3. 服务保障更有力：强化质量安全意识，确保所有自采物资、烟用添加剂等，符合食品安全等级，为一线提供优质的原辅材料；大力推行精益物流管理，明确各工序作业时间，提高快速响应能力和物流服务水平；实施同城物流配套项目，实现了工商联运；在信息保障方面。完善数采、MES运行体系，建立定期沟通机制，为生产提供高效、规范的信息服务；2012年，保定卷烟厂被中烟公司评为“NC项目实施优秀企业”。在安全保障方面。规范岗位操作标准，抓好重点危险源管控，安全技术防范水平不断提高，实现了“5022”安全目标，获“保定市治安防范先进单位”。4. 队伍建设显生机：有针对性的开展岗位培训工作，全年参训总量达4827人次；自主开发精品课程16门，编制省级培训教材2部，初步形成了具有保烟特色的精品课程体系，2012年，保定卷烟厂获“中国企业ELN创新奖”，被中华全国总工会评为“全国职工教育培训示范点”；健全新员工培养机制，编制入职手册，建立成长档案，实现员工成长的终身教育、终身管理；创建员工成长积分管理模式，强化员工自主管理，挖掘潜能，实现“岗位增效、企业增盈、自我增值”；高技术、高技能人才显著增加，1人获得高级技师资格，6人获得技师资格，2人获得高级职称，19人获得中级职称；开展生产班组管理模式创建工作，对班旗、班徽等进行修改完善，举办丰富多彩的班组活动，制丝车间甲班与卷接包车间丙班获得“全国质量信得过班组”一等奖，三个班组荣获“河北省质量管理优秀班组”称号。5. 企业文化促和谐：加大文化宣传，丰富文化活动，逐步使共好文化升华为共同信仰，让员工“人生有信仰、事业有追求、工作有激情”；以开展厂内纪念日为载体，举办110周年和“一流愿景”五周年主题活动，开展第三届职工运动会及书画摄影展，营造“工作快乐、快乐工作”的和谐氛围；规范整理企业年鉴及历史档案，留存企业发展的宝贵资料。同时，以党的十八大胜利召开为契机，进一步加强党建和思想政治工作，扎实开展“235”及“三讲三爱三珍惜”教育实践活动；加强效能监察，规范权力运行，推动廉政建设深入开展；积极推进民主管理，构建和谐劳动关系，实现了职工收入稳定增长。2012年，保定卷烟厂获“河北省企业文化建设示范单位”、“保定市人居环境建设突出贡献单位”。

【英利新能源有限公司】 英利（集团）新能源有限公司位于保定国家高新技术产业开发区，是一家集研发、生产、制造、销售、安装为一体的高新技术光伏企业，全球领先的太阳能公司。主要从事晶体硅硅锭、硅片、太阳电池、组件、控制－逆变器、光伏系统工程及光伏应用产品的研究、制造、销售和服务，是全球最大的垂直一体化光伏发电产品制造商之一，拥有完整的产业链，产品销往国内，出口德国、西班牙、意大利、希腊、法国、韩国和美国等国家和地区，在全球设有十多个分支机构及办事处。公司于2007年6月在纽交所正式挂牌交易，成为首家获得SA8000证书的中国企业，公司已成功加入国际环保组织——PV-CYCLE，并获得德国莱茵公司的TUV认证。公司建设了世界上目前唯一的五星级太阳能光伏电站式的酒店——电谷锦江酒店。集团现有总资产366亿元，员工26000人，实际总产能超过2.6吉瓦。在河北保定、衡水，天津滨海新区和海南海口建有四大产业基地，在西藏拉萨、甘肃兰州、上海、深圳等地设有75家子分公司，在美国、德国、意大利、西班牙12个国家设有分支机构

【保定天威集团有限公司】 保定天威集团有限公司（原保定变压器厂）始建于1958年，2001年子公司天威保变成功上市，2008年正式成为中国兵器装备集团公司全资企业。集团拥有22个控股子公司，资产总额超过380亿元，员工1.4万人，研发人员2200多人。集团拥有国家级技术中心和北京研发创新基地，获国家专利67项，获得国家和省部级科研成果99项。拥有中国实验室国家级特高压实验室。产品包括变压器、电抗器、互感器、开关、电磁线、冷却器、等。变压器电压等级涵盖10～1000千伏，容量涵盖50千伏安～100万千伏安。年产变压器1.7亿千伏安，电磁线2万多吨，产量居世界第一。产品出口美国、日本、欧盟、加拿大、巴基斯坦、苏丹、印度等50多个国家和地区，获得了国家质量监督检验检疫总局颁发的《进出口商品免检证书》。集团成为核电企业的合格供应商，成为世界上变压器行业核心技术最齐全、电压等级覆盖面最宽、品种最多、技术装备先进的知名输变电产业集团。2002年集团进军新能源产业，取得很大发展：在光伏领域形成完备的晶体硅光伏制造产业链，成功研制并投产非晶硅薄膜光伏产品，年产多晶硅1.1万吨，多晶硅片、多晶硅电池、太阳能组件800兆瓦，非晶薄膜太阳能电池50兆瓦；在风电领域形成整机、叶片、塔筒和风电开发构成的完整产业链，年产风电整机1000套，叶片400套，已拥有新能源企业15家。

【中国石油集团东方地球物理勘探有限责任公司】 成立于2002年12月6日，是中国石油旗下、中国最大的专门从事地球物理勘探的专业化工程技术服务公司。公司共有合同化员工2.1万人，直接从事生产科研工程的技术人员4496人，其中在站博士后6名，拥有博士51名、硕士756名。有国内最大的物探技术研究中心、地震数据处理中心和地质研究中心，并先后挂牌国家人事部博士后科研工作站、CNPC物探技术研发中心和石油大学硕士研究生工作站。公司总资产235亿元，2011年营业收入154.2亿元，实现利润6.6亿元，上交税金2.6亿元。拥有428XL、408XL等各类陆地及浅海过渡带采集设备129台套，55.1万道；NOMAD65、SM－26等各类震源420台；TRIMBLE、LEICA等各类测量仪1710台；MI－9S、WTZ－300等各类物探钻机1250台。拥有“BGP先锋号”六缆船、“东方勘探一号”二维船、BGPCHALLENGER二缆船和一支深海OBC船队。现有物探队158支，其中甲级物探队92支，陆地地震队129支，综合物化探队21支，VSP测井队8支。公司集野外采集、数据处理、资料解释、装备制造、软件开发等业务于一体，具有全面、系统、强大的服务功能。拥有PAI技术，能够针

对油气勘探开发所面临的各种复杂问题，提供采集、处理、解释一体化的地球物理勘探解决方案。公司拥有一批自主知识产权、符合国际工业标准的软件系列：处理解释一体化软件系统GeoEast、地震采集设计系统KlSeis、综合导航定位系统、地震勘探测量数据处理与质量监控系统；具备陆上石油物探需要的常规和特种勘探装备的制造能力，形成了大吨位可控震源、地震钻机、电缆、检波器、仪器、特种运载设备等系列产品，共100多个品种。国内勘探区域涉及9个省区，服务于15个油田。股份公司近三年重大勘探发现中，公司的参与率达到70%以上。2009年集团公司国内油气勘探10项重要进展中参与9项。连续五年被授予“油气勘探贡献奖”。公司积极拓展国际市场，集团公司海外重大油气发现参与率保持100%。先后通过CHEVRON、SHELL、BP、TOTAL、ENI等全球大油公司的资审。国际业务覆盖分布在5大洲、40多个国家，累计服务过的油公司超过100个，形成中东、北非两大规模生产基地。公司累计发现大小油气田260余个，找到石油地质储量80多亿吨，相当于616亿桶；天然气储量2万多亿立方米。公司陆地地震勘探市场居全球第一位，综合实力位居全球物探行业前三位。公司连续5年获得全国“安康杯”竞赛优胜单位称号，被全国总工会授予全国五一劳动奖状；被国资委授予中央企业先进集体和中央企业先进基层党组织荣誉称号；被国家劳动和社会保障部、中华全国总工会授予全国模范劳动关系和谐企业称号；获全国企业文化建设优秀单位称号；获河北省劳动关系和谐企业、河北省星级职代会企业等荣誉称号。

【保定钞票纸业有限公司】 是“一五”期间建设的新中国第一家钞票纸厂，新中国第一张钞票纸的诞生地。隶属于中国印钞造币总公司，是中国钞票纸高级防伪纸张的主要供应商，也是中国钞票纸新工艺、新技术、新材料的研究开发基地，2001年成为亚洲规模最大的钞票纸专业生产厂家。位列中国工业企业500强，多次获河北省文明单位称号。拥有职工2600余人，近500名工程技术人员；各类机制纸生产能力为3万吨。2011年资产总额17.3亿元，销售收入20.6亿元，纳税额3.3亿元，利润3.3亿元。坚持用科学发展观指导企业经营，努力提升“绿色工艺”水平，实行清洁生产，注重污水治理，是河北省唯一一家国家环境友好企业。实施“科技兴厂”战略，钞票纸技术研究所2003年被确认为省级企业技术中心。致力于研发防伪技术和专有技术，《一种中性钞票纸生产工艺的研究》获2005年度国家科学技术进步二等奖；多项研究成果应用于第五套人民币的印制，被中国印钞造币总公司授予一等奖，另有多项技术获国家知识产权局授予的专利证书。2010年企业更名为保定钞票纸有限公司。

【风帆股份有限公司】 前身为保定蓄电池厂始建于1958年，是“一五”期间国家156个重点建设项目之一，1992年更名为风帆蓄电池厂，1996年改制为保定风帆集团有限责任公司，2000年更名为风帆股份有限公司，隶属于中国船舶重工集团公司，2004年“风帆股份”A股在上海证交所挂牌上市。注册资本2.18亿元，员工人数6918人，资产总额32.4亿元。2011年销售收入40.4亿元，利润0.8亿元，上交税金1.4亿元。公司拥有博士后工作站和国家级技术中心，被国家知识产权局确定为第三批全国企事业知识产权试点单位，取得国家认可委（CNAS）颁发的国家实验室和国防科技实验室认可证书，可按国际先进标准为用户提供汽车用、工业用及各种特殊用途的蓄电池产品，获得部省级科技进步奖44项、国家级科技进步奖4项，拥有授权发明专利3项。风帆商标被认定为中国驰名商标，风帆产品被国家质监总局列为国家免检产品。吸引中国化学与物理电源行业协会酸性蓄电池分会和中国电池工业协会铅酸蓄电池分会于2006年和2007年迁址到风帆。公司为奥迪A6、帕萨特领驭、别克荣御、北京奔驰戴克300C、上汽荣威、南汽名爵、现代途胜、桑塔纳、依维柯等国内绝大多数主流车型的配套，占国内配套市场的30%，连续两年跻身于中国汽车零部件百强企业，在全国31个省、市、自治区建有16个销售服务中心，国内市场占有率达到25%以上，并出口30多个国家和地区，产品已正式纳入美国通用公司全球采购体系。公司通过了ISO9001质量体系认证、VDA6.1与QS－9000质量体系双认证、ISO/TS16949标准认证等认证。公司先后获全国用户满意企业、全国质量管理先进企业、全国降废减损先进企业、中央企业先进集体等称号。

【河北凌云工业集团有限公司】 隶属中国兵器工业集团公司，前身为河北凌云机械厂，1966年建厂，原址在涞源县，1985年军品停产，1987年撤销军品生产线，列为军转民企业。1986年在涿州市松林店镇购地建设民品基地，于1994年11月整体搬迁完毕，实现了引厂出山的战略转移。

1999年，工厂整体改制为河北凌云工业集团有限公司；2003年下属子公司——凌云工业股份有限公司在沪市发行股票成功上市。公司的主导产品为汽车零部件和PE管道系统，产品生产规模和技术水平在国内同行业中处于领先地位，是国内汽车零部件制造业和塑料建材行业知名的大型企业集团。集团拥有20家控股、参股公司，其中16家中外合资企业，1家上市公司，总资产24.9亿元，员工10023人。2011年主营收入50.9亿元，纳税1.1亿元，实现利润4.2亿元。从1987年起，先后与美国、澳大利亚、丹麦、瑞士、韩国及国际金融机构等合资兴办近20家中外合作企业，逐步发展成为以河北凌云工业集团有限公司为核心、拥有十几家中外合资企业、投资主体多元化、多种经济成分并存、国内知名的大型企业集团。公司主要生产PE燃气管道系统、PA－11汽车管路系统、汽车辊压件、冲压件、装饰密封件、等速万向节前驱动轴、汽车空调管及总成、锅炉燃烧机等产品。公司主营业务横跨汽车零部件（产能6000万件/年）、PE管道系统（产能8万吨/年）两大行业，生产规模和技术水平在国内同行业中处于领先地位。其中凌云和亚大已成为汽车制造业和城市燃气输配业的驰名品牌，亚大聚乙烯（PE）管材管件为国家免检产品，亚大商标为中国驰名商标。公司连续三年在保定市利税大户企业排名居第五位；在国家统计局公布的2155家全国大型企业中排名第1037位；在中国汽车工业协会和国家统计局公布的全国汽车零部件百强企业中列第29位。集团拥有两个国家级实验室、一个省级研发中心和建设部PE管道培训中心；PE塑料管材管件被评为河北省名牌产品、国家质量免检产品。各合资公司均为省级高新技术企业，其产品均为省级高新技术产品，等速万向节传动轴产品为河北省名牌产品，亚大塑料制品有限公司图形商标被评为中国驰名商标。凌云集团本部以凌云工业股份有限公司为主的几家合资企业均通过了QS9000、VDA6.1、ISO9002质量体系、OSHMS18000职业安全健康管理体系、ISO14000环境管理体系认证。

【巨力集团有限公司】 成立于1985年，是以制造、设计、销售起重钢索具、软索具、链条索具、捆绑索具、冶金吊夹具、建筑缆索具、建筑钢拉杆为主体的专业化国际制造、销售集团，集团下设8个子公司，建立了20个专业化索具制造工厂，在全国建立了66个分公司、办事处。与100多个国家建立了稳定的营销、服务网络。资产总额37.3亿元，从业人员6585人，2011年销售收入15.2亿元，利润6.6亿元，上交税金1.4亿元。巨力索具股份有限公司是中国规模最大、品种最齐全、制造最专业的索具制造公司，占据中国索具行业第一品牌的主导地位。拥有国家级企业技术中心，河北省吊索具工程技术研究中心。研发新产品合成纤维吊装带、900吨水轮发电机定子吊具、工程用缆索热铸锚具、高强度锚杆的研制与应用等，有9项产品添补了国家空白，7项产品获河北省科技厅颁发的科技成果证书。公司已取得国家实验试认证CNAS、GS认证、CE认证、CCS认证、LR认证、DNV认证、KR认证、GL认证、煤安标认证、矿安标认证，并成功纳入海军武器装备合格承制方。公司编制的《索结构技术规程》、《船坞拉杆》、《起重吊具合成纤维吊装带》、《空间格构结构设计规程》等多项行业标准已获得国家标准委员会批准，申报技术专利共49项，已授权35项，如“钢拉杆”、“吊装仿伪技术”、“无接头钢丝绳制造设备”、“高压线路牵引绳”等。主导产品荣获河北省名牌产品证书，著名商标证书，“J&L”品牌获中国驰名商标。产品广泛应用于钢铁冶金、机械制造、海洋事业、石油化工等国家重点工程，如国家体育馆“鸟巢”、嫦娥1号奔月工程、神州6号航天工程、海上石油平台工程、“南海一号”沉船打捞工程、曹妃甸首钢码头工程、深圳会展中心工程、广州新白云机场建设、长江三峡工程、黄河小浪底工程等。公司在中国A股上市，在行业内做到了亚洲第一、世界一流的位置。

【涞源县奥宇钢铁有限公司】 成立于2001年7月，位于涞源县城东7公里处，地处京、津、冀经济圈，京原铁路、108、112国道等贯穿全境，张石、京乌高速公路四通八达。公司立足毗邻京津晋的区位优势，依托境内资源优势，不断完善运行机制，创新管理模式。公司有员工近2000名，其中技术人员300余名。有480立方米高炉四座，108立方米烧结机一套，10立方米竖炉一座，120吨/天双梁式活性石灰窑五座，40吨转炉两座，四机四流、二机二流连铸机各一台，11000立方米/小时制氧机一套，HX－2×3500/90型吸附制氧设备一套。具备生铁130万吨/年、钢坯150万吨/年的生产能力。配套鑫鑫、京源城、鑫瑞三个矿业公司，年产优质铁矿粉130万吨，可满足奥宇70%的铁矿粉需求。2007—2009年，公司连续被评选为河北省百强企业；2007年度中国私营企业纳税百强排行中，奥宇钢铁纳税1.31亿元，列河北省第一名，全国第31名。2009年，生产钢坯109.3万吨，实现销售收入25.2元，上缴税金9890万元，实现利润1.8亿元。2010年，实现销售收入33.8亿元，利润1.5亿元，上交税金1.1亿元。2011年，上交税金1.3亿元。

【河北康达有限公司】 1989年创建，逐步成长为长江以北最大的气雾杀虫剂厂家和北方卫生杀虫研产基地之一。1992年被河北省科委授予高新技术企业荣誉称号，1993年被河北省政府授予民办科技明星企业，1995年、1996年、1997年连续三年被河北省政府授予民营科技十强企业之一。公司以“枪手”牌家用卫生杀虫剂、电蚊香、电热液体蚊香杀虫系列产品为主导产品，“枪手”家用卫生杀虫剂以“枪手走遍天下，打抱不平”广告语知名全国各地，它使用方便，并且杀虫效果、安全性、气味等方面已达到或接近西方国家同类产品；“枪手”电蚊香配方独特，效果持久，气味芳香，真正做到“枪手护卫，一片安宁”；“枪手”电热液体蚊香采用新型电热恒温元件，安全省电。“枪手”商标于1992年、1995年被评为河北省著名商标。1997年枪手牌家用卫生杀虫剂销量近1500万支，产值2.2亿，利税3000多万元。2011年企业资产总额3.3亿元，从业人员1367人，完成产值6亿元，实现销售收入5.3亿元，利润0.6亿元，上交税金0.7亿元。据国家统计局对全国56个城市市场商品品牌专项调查统计结果，“枪手”家用卫生杀虫剂在1997年全国56个城市市场喷杀剂销量第一名。

【河北中兴汽车制造有限公司】

河北中兴汽车制造有限公司（前身田野汽车集团）于1999年改制为合资公司，是中国皮卡和SUV产品的骨干生产企业。注册资本3000万美元，占地500亩，员工人数2113人。公司建立了高水平的汽车研究院、试验检测中心和造型测绘中心，开创了自主知识产权基础上的国际联合开发的独特研发理念和模式，具有完全自主知识产权及整车研发能力，拥有包含冲压、焊装、涂装、总装全套工艺的汽车生产设施。主要产品：A、B、K等系列皮卡及SUV。总资产19亿元，2011年产销4.7万辆，实现销售收入25.7亿元，上交税金0.6亿元。公司是国内同行业中首批通过国家汽车产品3C认证企业，首家全线产品通过电喷发动机“三高”（高原、高温、高寒）环境标定试验企业，全线产品达到国家排放标准。公司顺利通过ISO9001：2000版质量管理体系认证、美国RAB认证和海湾认证，被中国商务部评定为中国对外贸易信用体系指定示范单位。公司建立了完善的营销服务体系，有300多家国内经销商和230家服务站。通过海外营销服务网络遍布中东、非洲、东南亚、南美、俄罗斯、西欧、北美等40多个国家和地区，并在俄罗斯、埃及、越南、土耳其等地建立了海外工厂，开展CKD/SKD境外组装业务，连创全国同行业单批次出口、出口总量以及CKD/SKD散件出口多项第一。

商　　贸

贸　易

【保定市商务局】 保定市商务局是主管全市国内贸易、国际经济合作的政府工作部门，业务上受河北省商务厅指导，主要承担外贸进出口管理、招商引资、国际经济技术合作、外资企业审批管理、拍卖和典当行业管理、成品油市场管理、畜禽定点屠宰管理、酒类和调味品市场监管、市场体系建设、市场运行监测分析、电子商务、整顿和规范市场经济秩序等社会管理职能。内设24个处室，局直属事业单位8个、企业57个。

党委书记 局　　长	王庆龙
党委委员 副 局 长	郭　建
	张庆丰
	刘二强
	李　岱
	郑立奎
党委委员 纪检书记	张子龙

【概况】 全年实际利用外资55051万美元，增长23.5%，完成省政府任务目标，总量和增速分列全省第六、第三位；外贸出口47.7亿美元，总量列全省第二位；社会消费品零售总额1161.3亿元，增长15.7%，增速列全省第一位。

【招商引资实现新突破】 先后组织参加香港、廊坊等8次经贸洽谈活动，签约外资项目26项，协议外资31.13亿美元；内资项目3项，协议引资64.4亿元。组织104个小团组开展境内外招商，签订协议和意向41项，达成合作意向10项。充分利用保定商务之窗等网络平台，开展网上招商。

【省级开发区建设取得新进展】 经努力，雄县、徐水、涞源、唐县、博野、望都、定兴等7县申报省级开发区已经省政府批复，至此，保定市已拥有省级以上开发区17个，省级以上开发区数量和石家庄、廊坊、邢台并列全省第一。

【开放型经济工作调度督导明显加强】 细化落实了开放型经济工作主要领导季述职、分管领导月汇报制度，逐月进行调度、汇总、分析、通报。牵头起草了《关于开放型经济工作考核及项目引荐奖励暂行办法》、《关于鼓励创业投资发展的若干意见》等文件。牵头起草并以市政府名义印发了《外商投资项目专办代办制度》，加强对外资项目的协调服务。

【贸易促进能力和水平稳步提升】 强化出口基地建设。邀请商务部产业司领导到保定考察指导，牵头起草了关于加快汽车基地建设的一揽子文件。指导帮助安国中药材、高阳纺织成功获批国家级外贸转型升级专业型示范基地。争取到国家外贸公共服务平台项目建设支持资金755万元；争取国家进口产品贴息专项资金3524万元，占全省的56%。组织了5次外经贸政策、业务专题培训，与中国出口信用保险公司、银行等机构进行对接。组织100多家企业参加了广交会等展会活动，争取国家中小企业国际市场开拓资金200万元。推荐曲阳2家石雕企业获得国家文化出口重点企业和重点项目支持，组织企业参加了中国国际服务贸易交易会和大连欢交会，取得较好效果。

【对外经济合作平稳增长】 新增境外投资项目3个，中方境外投资1680万美元。完成对外工程承包额1.2亿美元，提前超额完成全年计划（1亿美元），被省商务厅评为2012年对外承包工程业绩突出单位。外派劳务129人（省厅备案），妥善处置了几起外派劳务纠纷。

【市场流通体系建设进一步完善】 继续推进“万村千乡市场工程”建设和农超对接工作，新建改造和规范标准化农家店500家。周末车载蔬菜市场试点工作进展顺利，新建改造了8家标准化菜市场，在人口密集社区开设了30个农产品直销网点。启动了主城区放心早餐工程试点，共规划设置早餐亭（车）300个，115个已开始试运营。家电下乡快速增长，全年共销售下乡产品141.6万台，增长21%；销售额39.3亿元，增长27%；兑付补贴金额4.4亿元，增长28%，补贴金额列全省第二位。

【市场运行监测分析及时准确】 对限额以上批发、零售、住宿、餐饮企业经营情况逐月督导调度，全年新增限额企业140家，超额完成全年目标，列全省第一。生活必需品和生产资料监测企业样本体系进一步完善，数据上报率、及时率均提高至100%，在省商务厅考核中名列前茅。

【电子商务快速发展】 组织各县（市、区）积极参与农产品网上购销对接活动，交易额3.1亿元，居全省第一。组织开展电子商务示范基地创建活动。引导企业搭建县域特色产业电子商务平台，争取到省财政电子商务专项支持资金140万元。全省电子商务工作会议在保定市召开。组织电子商务企业参加了中国电子商务博览会，开展了电子商务培训。

【市场监管能力进一步提高】 严厉打击私屠滥宰、屠宰注水、注入其他物质等违法犯罪行为。积极推进酒类电子监管，开展假劣酒专项整治行动，严格酒类流通随附单制度，切实保障饮酒安全。积极推动安国申报国家级中药材流通追溯体系建设试点，争取到国家专项支持资金2000万元；推荐定州获得国家级商务综合执法试点。推动徐水获得国家区域性大型再生资源回收利用基地项目补贴575万元。成品油、典当、拍卖、二手车交易、报废车拆解、再生资源回收、药品流通等特殊行业监管进一步规范。

（周　启）

海　关

【中华人民共和国保定海关】 保定海关隶属石家庄海关，依法对保定市（包括22个县、市）内进出境的运输工具、货物实施监管，征收关税和其他税、费，查缉走私，并编制海关统计和办理其他海关业务。保定海关内设办公室、人事政工科、财务科、征统科、监管和技术科、加工贸易监管科、稽查科，并有石家庄海关缉私局派驻保定海关的缉私科共同开展工作。

关　长　关伟仁
副关长　杨　杰

【概况】 2012年，加强税收征管工作力度，切实强化业务单证的审核工作，全年接受报关单申报进口601票，出口57票。在通关管理工作方面，在稳固乐凯胶片集团、亚大塑料等原有企业的前提下，推动了华夏集团、大正食品区域通关业务的开展及发展壮大，同时通过政策宣讲吸引了亚大汽车塑料、远东肠衣等一批企业的积极申报。一般贸易进口货物价格水平均保持在98～102的绿色区间；低价记录比重小于1%；归类准确率达到了99%～100%；减免税审批准确率达到了95%～100%，属于“四好”定量指标中的优势指标。通关效率实现了进口平均通关时间在2小时以内，出口平均通关时间在1小时以内。如剔除特殊报关单外，甚至达到了0.5小时之内，实现了年度工作规划与“四好”指标的双达标。在税款减免方面，涉及石油勘探、汽车制造、光伏风能、输变电等产业领域及科研院所、大学教育、医疗机构等民生领域，帮助实体经济切实享受税收优惠，节约税收成本。2012年共征收1.4671亿元，其中关税0.2988亿元，增值税1.1683亿元。2012年度减免税审批324份，其中货值18739万美元，减免关税人民币7940万元，减免增值税人民币9052万元；减免税备案12份。

【确保监管业务指标不断优化】 2012年，保定海关监管货运量6.84万吨，监管货值4.21亿美元，1～11月查验率5.2%，查获率17.4%。通过对报关企业和货物进行分析，在上半年开展肠衣企业集中查验，共对4家肠衣进口企业查验了5票报关单。在查验的同时对企业进行关于海关监管政策的宣传。充分利用取样化验的方式加大对大宗商品、化工商品的监管力度。先后对粗氧化锌、润滑油等商品查验时进行取样送检，降低监管风险。力促保定海关监管场所的设立，为实现监管到位打造坚实基础。通过积极向保定市反映海关监管场所问题，努力开展政策宣讲。保定陆港投资有限公司等两家企业已相继开展海关监管场所建设，其中保定陆港投资有限公司监管场所卡口和监控系统建设已完成，并等待石家庄海关验收。认真做好转关货物海关封志的验核和转关货物申报单的核销工作，全年共核销进口转关货物申报单138份。2012年共审批办理留学回国人员购买国产免税车辆21份，非居民长期旅客进境自用物品2份，常驻机构进境公用车辆14份，领销牌照通知书15份，解除常驻机构公用车辆海关监管15份，常驻人员自用车辆海关监管1份。2012年保定海关共办理加工贸易手册备案217份，备案金额1.91亿美元，同比下降64.4%，保税金额4291.71万美元，同比下降57.31%，电子账册项下保税进口金额4.44亿美元，同比增长93%。核销加工贸易手册224份，内销征税金额930万元人民币，同比下降57.1%。

【做好稽查工作】 2012年开展企业稽查10家，查发6家，其中移交缉私1起，案值111万元，涉税21万元；稽查补税5家，补缴税款27.23元。保税核查方面，加强对保税料件内销补税、剩余料件处置等易发生漏税问题的企业进行核查，重点核查企业财务账册是否规范，边角料及剩余料件的处理是否规范以及企业单损耗的核定测算是否准确。2012年完成保税核查120起。在对加工贸易企业进行常规核查的基础上，对重点加工贸易企业进行了重点核查，下发稽查通知书3家，补征税款补税12.67万元。减免税核查方面，对新进口免税设备和免税设备既将到期的企业进行必查，重点核查免税设备是否抵押、是否附加特许权使用费以及实际生产是否符合产业条目。通过检查，对一家企业随设备进口电脑情况进行了补税。2012年减免税核查企业24家，其中补税2家，税款总计14.5万元，移交缉私1家，罚款6万元。

企业管理方面，2012办理企业注册208家、变更272家、换证233家，企业巡查153家。加强对企业的风险评估，为动态调整分类管理提供依据，2012年，上半年保定海关对辖区内A类企业进行了重新评定，对6家不符合A类标准的企业向总关企业管理部门进行了申报做了降级处理。同时受理7家企业A类管理申请。

【加强打私力度】 以贯彻落实关党组年初下发的“各业务现场、职能部门移交案件线索任务指标”为抓手，缉私部门加强与稽查、加贸、查验和征统等业务科室的联系沟通，与一线业务科室相互支持配合，充分调动海关一线关员在查发走私违规案件中的主观能动性和积极主动性，为缉私工作提供更多线索支持。积极探索提高缉私部门自主查发案件能力，学习借鉴兄弟分局片警式管理模式，建立重点企业档案，结合保定辖区业务实际对重点商品和重点企业开展专项核查，发现走私违规嫌疑线索。主动加强与地方公安经侦部门及北京等周边缉私局的联系配合，争取支持配合，拓展案件线索的来源渠道。缉私部门年内受、立案3起，结案3起，罚没入库6.2万元。完成协查任务26起，其中来人协查18起、来函8起、出动警力90余人/次、车辆70台/次、行程约1万余公里、调取证据材料2500余份。有效规范了辖区内企业进出口行为，为综合治税工作创造了良好的外部环境。

【坚持廉政建设与业务建设深度融合】 深入贯彻2012年关区党风廉政建设工作例会会议精神，4～5月开展了反腐倡廉教育月活动，组织全关对《石家庄海关预防渎职侵权犯罪知识手册》、《海关系统违纪违法案例选编（2009－2010）》等文件进行了深入学习并开展了“三大讨论”。组织各科室对可能引发渎职侵权行为的岗位和存在的风险隐患认真进行梳理排查，重点对“五查”、“三审”环节存在的渎职侵权风险和制度规定过宽、过严而导致的制度缺陷性风险进行研究，制定相应的防控措施，并及时整改到位。坚持每季度进行一次业务执法和非执法领域的自查工作。通过内控自查工作，强化了运用HL2008廉政风险预警处置系统防范执法风险的主动性和自觉性，有效化解了执法风险和廉政风险。认真落实外出执法廉政监督试点工作，遵循谁主管谁负责的原则，严格按照《海关工作人员外出执法廉政监督办法（试行）》要求的程序开展外出执法工作。制发了《保定海关外出执法用车及用餐情况审批表》，因特殊原因需管理相对人提供交通工具及在外就餐时须事先审批、做好记录，切实做到按照《办法》规定用车及在外就餐。统一印制《反馈表》，编号盖章，由企业填写后密封带回，凭表签字报销外勤费用。试点工作开展以来，已收到《反馈表》180份，开展之前收到廉政监督卡92份，共计272份，未发现不廉洁情事。

【服务地方经济发展】 积极落实国家加快转变经济发展方式和

调整产业结构的政策，创新监管理念，优化通关流程，大力支持低碳经济及节能环保产业的发展，在通关前、中、后进行全程指导，帮助相关企业茁壮成长。在进口前安排审单、归类部门与企业建立专线联系，组织业务骨干下厂进行专项培训，实地查看归类疑难商品，共同探讨科学的归类方法，在报关活动之前解决潜在的问题；在通关期间，对新能源类设备价值高、科技含量高的特点，提供了“专用窗口”、‘绿色通道’、‘预约通关’等便利措施，铺就通关快速路；事后，定期回访，了解企业通关新问题，共同探讨更加科学高效的通关模式。针对保定加工贸易业务比重较大的特点，加大了推广加工贸易电子联网监管的力度，从天威英利新能源有限公司1家企业，推广到8家企业，使企业的加工贸易业务办理和操作更为便捷，有力的支持了地方龙头企业的发展。积极进行政策引导，合理谋划辖区保税监管场所布局，围绕保定内陆港、高碑店市国际门窗城保税仓库设立等保定市重点发展项目，对公用型保税仓库的设立提供了政策支持，并于年内增设了1家公用型保税仓库。主动帮助企业排忧解难，对刚涉足进出口领域的企业，由于业务知识不熟悉，容易发生违法违规情事或造成业务执行上的困难，派员对其进行了一对一的业务讲座，使企业生产、仓储、财务人员对海关监管要求有了深刻的认识，企业管理进一步规范，满足其对海关业务知识的需求；对有困难的企业开展调研，实地了解情况，帮助分析问题，提出解决办法，使企业业务运转更为顺畅。

（郝　倩）

粮油购销

【保定市粮食局】 是保定市人民政府负责全市粮食流通管理职能部门。内设办公室、人事劳资处、调控处（政策法规处）、流通科技与行业发展处、监督检查处、财务审计处。另外单设机关党委、纪检监察室、工会、妇委会、老干部处5个处室，下辖5个事业单位（3个全额拨款、2个自收自支），12个局属企业。

党委书记 局　　长	张文兴
党委副书记 副 局 长	丁进忠
党委委员 副 局 长	李　利　刘绪超
党委委员 纪检书记	李建华

【概况】 2012年，全市夏粮累计收购59.8万吨，同比增长21%；秋粮累计收购64.9万吨，有效地保护了农民的种粮积极性。全市入统粮食企业累计完成粮食购销总量533万吨，提前超额完成全年任务目标；完成了博野县粮食局和雄县方达国有购销库二个单位的省级示范单位认定工作和6个县（市）3万套农户科学储粮装具发放任务；按照“纵不断线、横不断档”的要求，编撰了1979年—2010年期间保定粮食志任务，全书共分九节，累计10万余字。2012年全市超标准完成军供计划，军粮供应工作全省排名第一，获优胜单位称号。

【粮食产业化经营】 面对粮食生产、流通的新形势，出台了《关于进一步加强粮食流通工作的意见》。2012年，紧抓发展现代粮食物流、农业直补仓储设施设备更新改造、科学储粮设施等项目，共争取上级支持资金2959万元，为全市粮食企业发展提供了强有力保证。培育粮油项目，增强发展后劲。投资总规模33.54亿元的全市粮油产业化项目有保定市粮食局直属库扩建、高碑店市粮食产业基地、定兴县20万吨粮食仓储、蠡县粮食局建设农业产业化粮棉储备和物流、雄县粮食局建设的薯片雄县加工基地、望都县粮食局小麦种植基地、博野县粮食局仓房建设、花生深加工配套设施、成品粮油批发交易中心等15个项目，已完成投资3.14亿元。

【粮食购销经营】 依托军粮品牌优势，发展多种经营和特供网点建设。2012年新建军粮特供店1家、军粮特供社区粮油网点8个。全市军供特供网点达22家，完成军粮特供销售额6039万元，实现毛利470万元。大众厨房突出“俏馔”品牌，全面加强质量管理，取得了QS产品质量认证，扩建改造了精品车间，日产销量达10吨，发展便民销售网点110个，完成产值600万元，实现利润55万元，并进入京津冀市场。组织开展粮食集团化经营，大力扶持民营粮食企业发展，全市20家多粮食企业与京津粮食集团签订购销协议30万吨，粮食流通呈现出良好的发展势头。

【国有粮食企业三年振兴工程】 按照省粮食局统一部署和市委、市政府的总体要求，深入开展“学习扶宁经验”和“学习柏粮集团”活动，以优势企业为龙头、以产权为纽带，大力推进企业优化重组，全市国有粮食企业由129家整合为40家。据统算：2010年粮食经营量135万吨，经营收入106123万元，同比减亏1470万元，2011年粮食经营量97万吨，经营收入128586万元，2012年粮食经营量141万吨，经营收入141904万元，实现利润突破2000万元，超额完成了省粮食局提出的市级统算利润目标，在全省国有粮食振兴工程总结表彰大会上，保定市6个企业被评为先进单位，占全省六分之一，市粮食局被评为优秀单位。

【粮食收购审批】 按照上级要求进一步简化收购许可审批程序，严格把关，审批时限缩减到5个工作日，大大提高了审批效率，全市具有粮食收购资格的涉粮经营企业达464家。2012年办理收购许可证41家，服务满意率达100%。

【粮食仓储管理】 按照省粮食局部署，制定粮食库存检查方案，集中对辖区内粮食企业的库存数量、账务处理、储备轮换、储存安全进行了专项检查。全市重点抽查了10个县（市）、24个存储库点、11家粮食企业、11万吨粮食，全市库存粮食账实相符、质量良好、储存安全，宜存率100%。积极研究和推广绿色、无公害储粮技术，全市粮食仓储企业达到《粮油储藏技术规范》管理标准，"一符四无"率达100%，科学保粮率达80%以上。

【粮食安全保障机制】 结合清仓查库，完成4万吨省级储备粮轮换监管任务；高碑店市、徐水县、博野县、望都县、定州市、涿州市、曲阳县共7个县（市）建立了2.12万吨县级粮食储备，高碑店市建立560吨县级成品粮储备。依据《保定市粮食应急预案》，进一步强化了35家粮食应急网点的管理，适时组织粮食储运、加工、供应等企业法人及业务骨干集中培训和应急演练，强化了应急队伍建设，粮食应急保障逐步进入常态化管理；全市确立了粮食购销企业、加工企业、重点市场、主要超市四大类39个粮价测报网点，建立日报分析制度，粮食预警体系日趋完善；组织开展2011年度全市粮食供需平衡调查工作，共抽样调查农户1157户、居民户361户、粮食转化企业31家、非国有粮食企业189家、国有粮食企业208家，为粮食宏观经济提供了决策参考。

【粮食行政职能】 利用"法制宣传日"、"世界粮食日"和夏粮收购检查等活动以及充分利用"3.15"、"12.4"、"10.16"等时间节点，广泛深入地宣传《粮食流通管理条例》、《河北省粮食流通管理规定》等法规和政策，扩大依法管粮。2012年我局组织开展了粮食收购政策执行、省储粮轮换和粮食统计执法等专项检查，全年共检查出库企业13家、走访购买企业5家、检查24次，查处各类涉粮案件35起，审核认定各类粮食收购主体483个，维护粮食市场流通秩序。

【安全生产】 层层落实安全生产和安全岗位责任，分级制定安全生产应急救援预案，坚持月调度、季排查，严格实行"一票否决"制和"一岗双责"制。组织开展春秋两季安全生产大检查，共检查基层库站163个、粮食38万吨，转移低洼库站粮食1000吨，，确保消除安全隐患和汛期储粮安全，全年没有发生储粮安全责任事故。加强粮食系统食品安全、原粮卫生、食品添加剂、地沟油专项整治和监管，组织9次粮油质量检查，抽检粮油样品80份，食品安全专项检查29次，确保市粮食库存、市场粮油质量和食品安全，没有发生任何问题。

【抗洪救灾工作】 "7.21"洪涝灾害发生后，局党委紧急召开专题会议研究部署，立即启动应急响应机制。全市粮食系统紧急筹措面粉600万斤、大米400万斤、小包装食用油1万箱。第一时间向涞源县灾区无偿捐赠价值6万元的800桶精装小包装食用油；积极协调市财政筹资145.1万元，购成品粮70万斤、5升小包装食用油2500桶，应急网点共向灾区供应大米29万斤、面粉33万斤、小包装食用油4917桶；积极向省粮食局汇报灾情，争取100多万元的资金支持。在抗洪救灾工作中，副市长石海林在《保定市粮食局关于灾区救灾粮油供应情况的汇报》上指示："组织及时有力，对灾区供应和生活保障发挥了重要作用，应予以表扬"；副市长周省时批示："粮食局响应迅速，保障得力，继续努力，全力保障抗洪救灾粮油供应"。

【接待信访工作】 严格落实领导分包企业、处室分工负责制度，强化领导责任，重大问题一把手亲自接访、调度。全年接待上访群众151余人次，处理上访案件50余次，处理来信25封，召开信访协调会20次。累计反映问题100多个，领导干部全年累计下访300多人次，完成信访督办案件2件、复查案件1件，解决各类问题120多个，全年没有发生越级集体上访事件。

【三年大变样工作】 组织协调机关及直属单位拆迁26处、总面积约4.4万平方米，完成了142户职工宿舍拆迁任务。在十八大召开前，先后召开调度会30余次，深入住户60多次，协助西大园片区拆迁指挥部动员6户拆迁钉子户，完成拆迁任务。本着“能省则省、能简则简”的原则，改装办公楼1647平方米，新建办公楼863平方米，实现机关办公楼整体搬迁，更换了部分办公设施，创建了和谐的办公环境，提高了全局形象。

【职工生活保障】 协调统筹资金150万元，解决新中国面粉有限公司50人养老保险金问题。协调解决保定市原粮油储运公司3人的历史遗留问题。全年累计协调解决公益性岗位114个，安排下岗职工再就业27人，申请机关公益岗位一次性救助资金1.5万元；争取特困职工补助救助资金12.43万元，慰问特困职工46人，解决4名特困职工子女上学问题和31名困难职工特困证办理，解决了下岗职工再就业和困难职工的实际问题。

【军转干和老干部工作】 积极申报企业军转干部“四费”101.4万元，争取慰问金5万元，为老干部发放各类费用和争取各种资金共60多万元，保障了企业军转干和老干部的各项待遇。

【精神文明建设】 以“基层组织建设年”活动为契机，局领导班子成员带队深入13个基层企业督导调研，撰写了7篇调研报告，提出了粮食部门建设、粮食企业改革的意见和建议。在经费极度紧张情况下，支持安国市固显村、阜平县后庄村、社区工作站3.86万元。先后选派12名优秀干部进驻5个村5个县，受到各级有关部门的好评。驻安国市工作队被评为市级先进工作队，2人被评为省级先进队员。广泛开展了民主评议党员和“两优一先”表彰工作，组织全体党员进行了党性分析，接受群众评议，全局17个党组织、541名党员评议合格率100%，2012年共表彰了优秀基层党组织5个、优秀党员29名、优秀党务工作者5名，极大地调动了党员的积极性和创造性。

（刘永华）

供销合作

【保定市供销合作社】 保定市供销合作社是保定市供销合作经济的管理、监督、协调、服务部门，业务上接受河北省供销合作社指导、机关内设办公室、党办室、组织人事处、财务审计处、监察室、合作指导处、社团指导处、安全统筹处、盐业管理办公室、烟花炮竹管理办公室、资产中心11个处（室）。2012年辖22个县（市）供销社，309个基层社，12个直属企业。

党委书记
主　　任　杜永昌
副 主 任　孟荣才　鲍世尧
纪检书记　尤永顺

【概况】 2012年，全市供销社系统在深化改革中走出低谷，在为农服务中发展壮大，在融入大局中不断崛起。2012年全系统各项经济指标全面增长，全年商品购进完成94.42亿元，同比增长31.06%；销售完成100.49亿元，同比增长30.66%；利润完成949万元，同比增长27.39%，经济指标再创新高，保持了强有力的发展势头。

【“两大重点工程”建设收效明显】 按照“三年任务两年完成”的总体工作目标，基层社组织体制改革任务提前全面完成，实现了预期目标。截至2012年底，全市建设新型基层社309个，其中2011年完成了99个，2012年新建210个。通过基层社组织体制改革，有效提升了供销社的社会形象，盘活壮大了基层为农服务组织，为推进全市农业产业化增添了新生力量。同时，围绕市委、市政府项目建设工作总体要求和省供销社“加快实施县城商贸综合体建设工程”的发展战略要求，把县城商贸综合体建设作为夯实供销社经济基础、提升供销社形象，扩大供销社社会影响力的重要举措来抓，通过精心谋划、周密部署、强力推进，综合体建设工作取得了实质性进展。省供销社与安国市签署了正式项目落地协议。在此基础上，积极围绕新网工程、基层社改造、农业综合开发等工作上项目，既抓能增强供销社实力的骨干项目，又抓能增强为农服务能力的“民心项目”；既抓国家投资项目，又抓招商引资项目，以县城商贸综合体建设的新进展推动了全系统项目建设再上新台阶。截至年底，全系统共谋划新建、在建项目27个，总投资5.5亿元。

【助农增收成效明显】 组织农民走向市场是党委、政府“三农”工作的重中之重，更是供销合作社的重要工作任务。2012年，全市各级供销社通过整合资源，打造平台，创新方式，典型引路，不断加快农合联建设步伐，为农服务工作成为供销社工作的突出亮点，农合联工作得到党委政府的高度重视，截至年底，保定市和22个县（市）“农合联”会员总数已达2.7万个，引领发展各类专业合作社1569家，辐射带动农户65万户，整体服务覆盖面达到90%，年助农增收超过

6.5亿元，为助推全市农业产业化发展、提高农民组织化程度、促进农民增收发挥了积极作用，真正成为了引领农民合作经济组织发展的主力军。2012年，积极探索建设“保定市生鲜农产品直销体系”，为实现农合联服务的实体化进行了有益探索，取得了明显成效。按照“政府主导、供销社主办、市场化运作”的原则，“立足三农、服务社区、直销惠民”的服务宗旨，“新鲜、平价、安全”的经营目标，“固定店为主、流动车为辅”的工作方法，“先试点、后试行、打造模式、全面推广”的工作步骤，一头连农民、一头连市民的全市生鲜农产品直销体系格局初步形成。生鲜直销体系的承载运营主体——新合作农产品销售有限公司，已经建立起高效完整的运营机制，15个社区直销店，14个流动直销点正式运营，1个高标准配送中心和15辆流动售货车投入使用，32个直采基地1万余农户参与其中，40多万市民从中受益，累计销售各类蔬菜230余万斤。特别是在“7.21”暴雨灾害和年底大白菜滞销期间，直销体系主动承担社会责任，发挥了赈灾和缓解卖菜难的重要作用，得到了省、市领导的多次批示和充分肯定。春节前，市长马誉峰专程到天威社区考察供销社社区直销店的开展情况，对供销社积极打造“生鲜农产品直销体系”给予了充分肯定和高度评价，对进一步做好工作提出了明确希望和具体要求。马誉峰指出，这种模式一边连着农民，一边连着市民，既促进了农民增收，又方便了群众购买，是今后供销社的发展方向，要不断完善，大力推广。

（李　妍）

烟草专卖

【保定市烟草专卖局（河北省烟草公司保定市公司）】 成立于1984年12月，名为保定市烟草专卖局、河北省烟草公司保定分公司，两块牌子、一套人马，直属河北省烟草专卖局（公司）管理，主要职能是贯彻落实《烟草专卖法》、整顿规范保定辖区内的卷烟市场经营秩序、《卷烟零售许可证》的发放与管理，以及卷烟市场的货源调配与供应，集烟草专卖执法和卷烟经营为一体。2004年5月，取消了县级公司法人，县级烟草公司更名为县级卷烟经营部。2006年12月，开展烟草经营母子公司体制改革，保定市烟草专卖局（分公司）更名为保定市烟草专卖局（公司）。自2008年用工分配制度改革后，保定市烟草专卖局（公司）机关设有18个科室（部门），下辖19个县（市）烟草专卖局（营销部），涿州、雄县2个稽查大队（卷烟营销部）及定州稽查大队（卷烟经理部）。

党组书记
局　　长　张玉华

党组副书记
代 经 理　谈家俊

党组成员
副 经 理　陈　冉

党组成员
纪检组长　赵忠凯

党组成员
副 局 长　于占才（6月任）

【概况】 2012年，以“经济发展上水平”为主线，以严格规范为统领，紧紧围绕行业发展思路，加快转变经济发展方式，大力优化卷烟销售结构，不断加大专卖管理工作力度，切实维护了国家利益和消费者利益。全年销售卷烟37.85万箱，同比增长1.75%；实现单箱销售额17051元，同比增长23.6%；卷烟销售收入64.54亿元，同比增长25.71%；实现利税12.23亿元，同比增长27.51%；其中实现利润6.51亿元，同比增长32.26%。

【卷烟经营】 扎实开展品牌培育，制定考核方案，合理确定培育目标，发挥销售业绩通报激励作用，落实奖惩措施，推动卷烟品牌培育工作取得成效；深度推进工商协同，召开品牌培育座谈会，加强日常沟通，共同培育重点卷烟品牌；客户经理深入市场一线，积极介绍宣传重点培育品牌和新品牌的特点和卖点，拉动产品动销；将零售终端建设与品牌培育工作有效结合，充分发挥现代卷烟零售终端在品牌培育过程中的示范引领作用；加强与零售客户沟通，通过开展客户指导培训会，不断提高零售客户品牌培育能力。不断加强终端建设，制定完善零售终端建设方案及配套制度，加快终端建设进程，市局（公司）阳光服务店于2012年年底正式投入运营；稳步发展电子商务，丰富网络平台功能，广泛开展网上征文、终端形象评比、政策信息宣传等活动，推动电子商务工作向提升网络使用效率和客户服务质量方面发展；扎实开展明码标价工作，实行烟签捆绑，创建明码实价货签对位示范店，进一步促进货签对位工作；以点带面，在全市推广明码实价互助合作小组经验。持续推进物流建设，以优化配送线路和配送流程为重点，不断提高配送效率，降低物流运行成本；完善物流二级核算制度，严格实施费用预算和定额管理，进一步促进物流精细化管理；稳妥推进物流中心用工分配制度改革，通过公开竞岗和双向选择的方式完成物流中心人员的定岗定编，构建起和谐、科学的物流劳动用工关系；积极推广物流亮点工作，确定了“同城联运”亮点项目，极大地促进了物流建设、管理和运行水平的提升。

【市场监管】 始终以维护国家法律法规和专卖专营体制为己任，以净化卷烟销售市场为目标，继续坚持“有假烟必有网络，有网络必有大案”的办案理念。成立由保定市政法委、中级人民法院、检察院、公安局、交通运输局、质监局、邮政局、工信局、城市管理行政执法局、物价局、海关、工商局、车务段、烟草专卖局14部门组成的卷烟联合打假机制，推动卷烟联合双打工作深入开展，打假破网工作取得新突破。2012年共破获各类网络案件23起，捣毁制假售假窝点14个，查获各类制假机械29台，拘留57人，逮捕42人，判刑12人。扎实开展专项整治行动，开展“风云一号”和“风云二号”、“雷霆行动”等市场专项整治行动，加大对卷烟零售市场的治理整顿力度，对辖区重点品牌、重点户进行整治。全市共查处各类案件3403起，查扣各类违规卷烟2133.97万支，其中查获假冒卷烟413.28万支，查获真品卷烟1720.69万支。严厉打击非法加工烟丝、烟叶行为，对非法加工烟丝、烟叶行为进行集中整治，整治期间，市局与七个治理重点县签订责任状，全市建立非法加工烟丝、烟叶治理工作长效机制，捣毁一大批非法制售烟丝窝点，进一步提高烟草市场控制力和净化率。2012年共查获烟丝、烟叶等139.5吨。

【基础管理】 扎实推进“两项工作”，以维护职工知情权、参与权、表达权和监督权为主要内容，以规范工程投资、物资采购和宣传促销实施流程为重点，以“办事公开民主管理”为主要模式，确保行业各项工作公开透明、规范运行。认真完成2011年国有资产产权登记工作，组织开展资产清查、资产处置和会计决算工作，查补财务漏洞，通过规范财务管理防止国有资产流失。对工程项目建设进行审计监督，开展历史遗留问题整改、经济责任审计等专项审计，认真开展同级审计工作，实现审计监督的日常化、制度化、规范化，为行业健康运行保驾护航。对2011制度文件进行清理，开展全市行业规章制度考试，以考促学，学以致用，促进制度进一步规范。组织学习党的路线方针政策及党纪条例，严格落实党风廉政建设责任制，深入开展岗位风险点自查、与市纪委、监察局建立党风廉政建设沟通协调机制，进一步加强廉政风险防范建设。严格按照投资、采购项目的管理规定进行投资、采购项目的实施和验收；充分发挥国有资产管理软件作用，对全市实物资产台账进行统一梳理，切实提高管理水平。继续保持全市行业安全稳定，经常性地开展重点岗位安全防范警示教育，定期开展重点部位安防设备隐患排查，加大安防资金投入，定期开展信访稳定排查，在政策允许范围内，及时解决历史遗留问题。全力打造阳光文化与阳光服务品牌，将阳光文化和阳光服务品牌融入企业经营管理实践；开展读书教育年活动，为员工购买学习用书，提高员工文化素质；完成基层建设年及定点扶贫开发驻村工作任务，驻村工作组被市委授予“基层建设年先进单位”荣誉称号。

（孔　芳）

石油购销

【中国石油化工股份有限公司河北保定石油分公司】 是中国石油化工股份有限公司地市级分支机构，主要经营汽油、柴油、煤油、润滑油等石化产品及便利店商品。拥有河北地区第二大油库（库容量61万立方米）1座，年吞吐量110万吨，铁路专用线长25公里，为成品油资源调入提供了有力支撑；拥有在营加油站230余座，遍布市区、县城、国省道、高速公路等重要位置，网络布局日趋优化完善。拥有保定市唯一的B级油品化验室1个，可24小时进行汽、煤、柴、润四大类成品油的32项指标进行精准化验，确保保定全区中国石化系统内所售商品全部符合国家相关标准。公司内部设有组织机构10个，其中专业化经营部门3个，综合管理部门7个，县（市）级分公司22个。

经　　理　胡　林
党委书记　郎占山
副 经 理　林　鹰　谢连君
　　　　　赵德胜

【概况】 2012年，全年实现销售总量50.09万吨，实现非油品营业额3990万元，全年未发生上报等级事故。

【企业经营创效能力增强】 扎实推进目标客户开发工作。通过灵活运用积分让利、点对点竞争等营销举措，成功开发了北国商城等大客户。年内新增卡站10座、充值网点43座。自助加油业务稳步推进。通过开展“自助加油送彩票”营销活动，提升了客户对自助加油的关注度和满意度。丰富商品种类，以酒类、烟草和燃油宝等重点商品销售为龙头，加大货源组织和烟草证办理力度。

【提升企业风险防控能力】 加大隐患治理工作力度，重点对防雷设施、房屋漏雨、隐患罩棚、配电系统等隐患部位进行治理。继续加大改善经营服务设施工作力度，年内维修站房54座，维修水塔、水泵、水管等供水设施32座，完成2座站的外接自来水工程，新打水井9眼。在应对“7.21”特大洪灾突发事件中，公司应急指挥机制运转高效，领导干部靠前指挥、上下响应迅速，及时开展生产自救，不仅将企业财产损失降到了最低，未发生人身伤亡事故和环境次生灾害，而且积极参与了当地政府的应急救援工作，干部员工的应急事件处置能力在实践考验中得到提升。年内未发生上报等级安全事故，完成了十八大安保任务。认真践行“每一滴油都是承诺”，严格操作流程，筑牢油品出库质量关，年内未发生上报等级数质量事故。

【抓好网点建设】 全年完成了定州清风路站等5座加油站的改造收尾工程，完成了市区五四路站等17座加油站和商客部营业室的形象改造工作，完成了5座加油站自助改造工程。完成了沈庄站、金苑站2座便利店升级改造工程。组织完成了143座加油站视频监控的安装和验收工作。完成了南库储油区的工艺管道改造和发电间、值班室的主体建设工作。

【加强企业党建】 广泛开展“共产党员责任区和示范岗”创建活动，设立了52个服务窗口为“共产党员责任区”，市公司党委表彰的23名优秀共产党员亮牌上岗。开展便民服务活动，统一制作了便民服务台12个，为每座加油站添置了小药箱、热水瓶、维修工具、保温桶等日常用品。扎实开展了道德模范评选活动，助人为乐模范马腾云、敬业奉献模范张秀楼、赵云虎获得省公司嘉奖。

（葛　茜）

集贸市场

【保定市市场建设管理办公室】 是市政府对全市各类市场的主管部门。主要职责是负责制定全市市场布局规划、市场建设，组织市场论证，负责市场登记工作；负责对所辖市场经营活动的日常管理，调解市场纠纷，管理市场物业，提供有偿服务，收取设施租赁费；配合有关执法部门或有关执法部门委托，对市场经营者违法违章问题进行查处；负责所辖市场的防火、防盗工作，配合公安、消防等部门，对市场的日常安全和消防设施管理使用达标情况进行规范和检查；负责市场培育开发，引进现代化商业业态，推动市场上档升级；组织各类庙会、商品交易会；负责市场统计与分析；组织市场检查评比、验收；指导各县（市）市场建设服务机构的业务工作；发挥好市场管理协会的作用，进一步规范全市各类市场健康有序发展；承办市委、市政府交办的其他事项。内设综合处、党办室、监察室、人事教育处、财务审计处、市场建设处、市场管理处、市场稽查处、市场卫生保洁处、经济协作办公室等10个处室，下辖4个区市场建设服务中心，即南市区中心、北市区中心、新市区中心、高新区中心。

党委书记 主　　任	陈永华	
副 主 任	曹路祥	李贺田
	严立新	李建民
	张增强	
纪委书记	马增凯	

【概况】 2012年，经营和管理东风桥市场、工农路蔬菜果品批发市场、南二环农副产品批发市场、建华路小商品批发市场、化纤综合市场、中华社区便民市场、马庄便民市场、复兴路便民市场、农大西等60多个便民市场，年成交额30亿元。在市场建设方面，为优化市区环境，市区全年投资1.5亿元，建设升级改造了盛兴东路便民市场、五号区便民市场、合作路便民市场、保府便民市场、五一九便民市场、盛兴路和丽景蓝湾B区等7个便民市场，保证了人民群众的需要，优化了城市环境；利用市场平台，安置下岗失业人员。2012年，全市各类商品市场发展到964个，市场建设管理系统采取多种筹资形式，投入市场建设资金3.6亿元，全市新改扩建市场10个，其中市区投入资金1.5亿元，新改扩建市场3个，新改扩建升级7个。全市市场年成交额460亿元，其中市区市场成交额30亿元；市场年成交额超亿元市场36个，超10亿元市场6个，国家级文明市场6个，全国百强市场3个，省级百强市场19个。并涌现了安国药材、高阳纺织、庞口农机配件、白沟箱包、曲阳雕刻、易县石材、涞源矿产品、雄县古玩、定州蔬菜、保定工农路蔬菜果品、阜平

大枣、满城草莓等一大批在全国有一定影响的大型专业批发市场。形成了以国家级、省级大型批发市场为龙头，封闭永久型市场为骨干，遍布城乡的零售便民市场为基础；连接生产和消费，多层次、多领域、网络化的市场以城乡一体化为纽带，以区域专业和特色经济为龙头的市场发展发展新格局。在促进县域特色经济发展和农民增产增收、增加就业、增加财政收入等方面发挥了重要作用。

【市场建设实现新突破】 积极推进大型专业市场建设，全市大型专业市场的谋划和建设工作扎实推进。积极谋划推进保定特色产品专业市场项目，推动在客运中心附近投资18亿元建设建筑面积15万平方米的大型特色产品专业市场，打造保定纺织品、服装、鞋类等优势轻工产品的集散中心。就该项目配合市发改委完成了项目初步论证、组织材料报市联合审批大厅完成了项目联审。扎实推进化纤市场整体改造项目，按照将现化纤市场北移、规模由11亩扩大为26亩，建设新的化纤市场，完成了项目用地申请、规划设计等前期工作。加强工农路市场提升改造项目建设，完成了对工农路市场路面和部分经营场地的维修改造工程，对市场办公楼进行了维修改造，市场商业楼项目也已全面复工。推进市场标准化建设任务落实，完成了第一批标准化菜市场建设和验收工作。全部完成马庄市场等6个标准化菜市场建设省标准化菜市场项目的申报工作，并按照省商务厅《标准化菜市场验收指南》要求通过了省级验收，取得了省专项支持资金180万元，为促进全市便民市场建设迈上新台阶做了努力。围绕落实市场专项规划，做好小区配建市场的配套政策上报工作。赴市区新建小区建筑工地第一线，对照规划方案，实地考察便民市场的位置、规模、现状，利用10余天的时间排查市区近20个在建小区，获得了第一手资料，同市规划局有关处室领导座谈，探讨统一管理小区便民市场的途径及方法，草拟了建立新建居民小区便民市场移交机制的建议稿上报市政府，就小区市场配建及移交等问题提出了意见和建议。配合市规划部门完成了保定市首部市场专项规划——《保定市中心城区市场建设专项规划（2010－2020）》的编制，并经市政府批准执行，为市场规划化发展打下良好基础。

【狠抓市场规范化管理】 全年共下市场检查120个工作日，召开市场管理工作专题会15次，对市场管理中存在的环境不整、卫生不净、日常性事务管理差等问题进行了彻底治理；对早市的开办、管理进行了更加明确的规范。对所属市场、便民网点超界限占道经营进行治理，使小街小巷的占道经营得到有效治理，真正做到还路于民。采取多种方法加强对早市、夜市的管理，杜绝露天烧烤的存在。加大食品安全检查力度，先后对猪皮冻、食用明胶、猪血豆腐等进行了专项整治，并联合《保定晚报》组织了食品安全诚信商户挂牌活动，做到了食品安全宣传到位、认识到位，商户做到了不再进问题食品，不再销售问题食品，并严格落实《食品安全法》，实行了日巡查制度，每日坚持派专人进行巡查检查，将巡查情况登记入册。加强消防安全检查，对电源线路等问题进行了安全排查，共排查出消防隐患26处，拆除市场内私搭乱建80多处，拆除私接乱搭电源20余处，更换老化破旧电线1500多米，并加穿了PVC阻燃管。严格落实领导干部“一岗双责”、“一会一卡”、“三定一表”制度。开展液化气、氧化气钢瓶专项整治工作，通过一个月的专项整治，四区中心和直属市场共检查钢瓶680个，报废钢瓶5个。组织开展“安全生产月”活动，6月10日各区市场中心积极参加所辖区的安全生产咨询日活动，活动当天向广大经营者、消费者共发放宣传材料2000余份，营造人人讲安全、人人保安全、人人做安全的良好氛围。切实做好党的十八大消防安全工作，及时下发了《基层市场十八大消防安保检查方案》，认真吸取了10.6爆炸案沉重教训，指导各市场对市场内易燃易爆品进行了认真排查和登记备案，从根源上消除了隐患死角。制定了《关于着力改善生态环境开展城市环境容貌脏乱整治攻坚行动实施方案》，狠抓市场环境的治理。通过市场管理热线、数字化城管指挥中心和“百姓家园”网络平台受理市民群众意见和建议200多件（次），件件都及时准确地向责任单位进行了交办，及时督促和收集整改意见，及时进行了沟通反馈。据不完全统计，通过市场管理热线和数字化城管指挥中心共受理处置市场管理热点问题192起（次），受理百姓家园”网络平台群众问题反映5件，确保了所有意见建议件件有回音，96%以上都能够整改落实到位，一定程度上增强了广大市民对市场管理工作的理解和支持，促进了社会和谐稳定。

【加强行风建设】 采取多种形式搞好行风教育。以全市开展的执行力亮剑行动为契机，加强对干部职工进行思想道德作风教育，严格用制度规范和约束行为，不断转变作风。向社会公开承诺，实行微笑服务、延时服务、延伸服务，为民办实事、办好事，向社会公布行风评议热线电话，及时解答群众提出的问题，自觉接受监督。严肃查处了一些违纪人员，对1名科级干部进行了诫勉谈话，对1名一般工作人员进行了行政记过处分，责令1名科级干部在班子会上作了检查。先后组织走进行风直播间2次，对行风热线所反映的市场存在的问题，各单位都认真对待，情况属实的及时整改到位，并积极向电台和群众反馈信息，共解决问题21个，满意率100%。在市区内封闭、半封闭市场广泛组织开展阳光服务活动，共发放明白纸2500多份，发放征求意见卡1500余份，收集整理各类意见和建议30余条，解决纠纷3起，对合理化建议全部进行了落实。南二环市场在组织开展的阳光服务活动中，市场经理亲临一线现场解答经营者和消费者提出的实际问题，现场解答百姓提问23起，解决纠纷1起。保定日报对该市场开展的阳光服务活动进行了报道。更好发挥民主行风评议员的作用，各单位聘用行风评议员200余人，并发放联系卡，多次召开评议员代表质询会，了解群众关注的热点和难点问题，并制定切实可行的整改措施。通过开展一系列活动，进一步扩大了知名度，树立了新的形象。

【积极做好维稳工作】 做好十八大安保工作，落实维护十八大安保工作责任制，建立安全预警信息网络，在市场办成立组织的同时，要求所属各单位结合工作实际，确定本单位主管稳定领导，设立市场所维稳责任人和市场所维稳信息员，将维护稳定工作延伸到基层、延伸到市场所。结合单位工作实际，先后召开4次党委会议，对十八大期间的安保工作进行安排部署，每周召开矛盾调处工作调度会。严格执行24小时值班制度，确保全天候通信联络畅通。进一步加强领导带班和工作人员值班制度，严格落实值班责任制。带班领导始终坚持在岗在位，吃住在机关，履行职责，遇有紧急突发情况，亲自指挥、亲自协调，妥善处置。全面排查化解各种不稳定因素，对各类矛盾纠纷、市场治安突出问题、安全生产隐患进行全面排查，对逐个市场、商户群体和内部职工进行排查，不留死角死面。对排查出的问题逐一登记造册，建立档案，明确责任领导、责任人，限期解决。确实不能解决的，派专门力量做好稳控工作，确保不发生问题。

【加强班子建设和队伍建设】 围绕"抓班子带队伍，抓作风促发展"这条主线，以提高素质、优化结构、改进作风、增进团结为重点，狠抓班子和队伍建设。认真贯彻落实省委"三自""六不"要求，开展执行力亮剑行动，迅速建立健全领导组织，党委一把手挂帅，班子成员明确进行分工，并制定了活动方案，多次召开会议安排部署，狠抓活动的落实。突出"责任落实要从严，整饬纪律要从严，督导检查要从严，实绩考核要从严，结果运用要从严"，坚持广泛深入地进行思想发动，坚持联系实际，解决问题。通过开展执行力亮剑行动，达到了整饬纪律、转变作风、提高效能、优化环境的目的。加强政治理论学习。积极开展学习型党组织建设，强化中心组政治理论学习。进一步健全各类学习制度，每月制定学习计划，坚持每个星期进行一次集中学习，每月进行一次自我总结，每半年进行一次自评，积极建设一支学习型领导班子，做到始终保持政治上的清醒与坚定。把学习的范围扩大到基层党员干部，提升了理论水平，拓展了工作思路。广泛开展党风廉政建设警示教育活动，组织科级以上干部25人参观了市党性党风党纪展览，组织党员干部50余人去老区进行党性党风党纪教育。完善用人机制，选拔任用了一批优秀的年轻的科级干部、公司经理，分3次对机关处长和基层部分科级干部进行了岗位交流，并于8月28日组织召开了机关处长任职演讲大会，在处长就职演讲的基础上，机关其他工作人员和基层人员对各位处长进行了民主测评，满意度达到96%。通过科学的用人，调动了广大干部职工的积极性和创造性，为市场办的发展提供了强大的组织保障。

（卅金城）

商 检

【中华人民共和国保定出入境检验检疫局】 负责保定辖区的出入境卫生检疫、动物检疫、植物检疫、商品检验、鉴定和监督管理，以及卫生注册、进出口安全质量许可、有关的质量认证认可工作等行政执法工作。内设办公室、财务科、综合业务科、通关科、动检科、植检科、食品科、机电科、轻纺科、化检等10个科室。另设有河北检验检疫技术中心保定分中心、中检集团保定分公司等2个事业单位。为保证技术执法，设有保定检验检疫局综合实验室（河北检验检疫技术分中心）。实验室拥有紫外可见分光光度计、原子吸收分光光度计、原子荧光分光光度计、气相色谱仪、气相色谱质联用仪、液相色谱串联质谱仪、酶标仪等各类检测仪器设备150余台，可承担食品、食品添加剂、食品接触材料、动植物产品、纺织服装、轻工产品、化工矿产品、金属制品等共计24个商品领域、135个标准、520项参数的检测。综合检测实力排在保定市首位。

党组书记 局　　长	赵万秋
党组成员 副 局 长	鞠景黔
	王静娟（女）
党组成员 纪检组长	李兰志

【概况】 2012年，围绕“解放思想，力求突破”这条主线，以“学强局、找差距、谋发展”为主要抓手，较好地完成了各项工作任务。2012年共检验检疫进出境货物17187批，货值23.69亿美元，同比分别增长2%和27%；其中出口15605批，货值17.82亿美元，同比分别增长0.6%和15.9%；进口1582批，货值5.87亿美元，同比分别增长28.4%和82.3%，共检出不合格出入境货物348批，货值5702.9万美元，其中出境46批，货值487.9万美元，入境302批，货值5215万美元。不合格批次同比增长107%，货值增长159%。不合格产品检出率4%，较上年增长100%。

【促进外经贸事业健康发展】 针对上半年进出境商品检验检疫监管情况撰写的《2012年上半年保定辖区进出口商品质量状况分析报告》和通过实地调研撰写的《关于保定市中药材出口及检验检疫监管工作的报告》，全面展示了检验检疫部门所作的工作，大力宣传了检验检疫在促进外向型经济发展中的重要地位和作用，得到了市领导的充分肯定，提升了检验检疫部门的影响力和社会认知度；出台的《保定检验检疫局关于服务外向型经济发展、稳定外贸增长的十五项措施》，得到了市政府的高度评价，并责成以保定市开放领导小组办公室名义转发各县、市、区和有关部门。助推长城汽车、天威保变、英利新能源、巨力索具等大型企业系列产品做出大品牌，推动容城服装、高阳纺织、安国中药材、清苑手拉葫芦、定州丝网、顺平肠衣、满城速冻果蔬等代表区域特色的中小企业加快产业升级，向产业一体化、管理规范化、原料基地化、生产规模化方面迈进，先后与5个县（市）政府签订了质量安全标准化示范区建设协议。为长城汽车和天威保变两家免验企业扩大出口插上腾飞的翅膀，助力定州“西城体品”健身器材逐步踏上了健康发展的“快车道”，树立中德肠衣、圣源肠衣、味群食品、美威食品为出口食品农产品生产加工企业标杆，率先在河北省系统内开展食品农产品对标达标活动。及时出台了服务外向型经济发展、稳定外贸增长的15项措施，认真落实免收费政策，截至12月10日，共免收检验检疫费441.1万元，新增注册报检企业146家，新增产地证注册企业93家。优质有效的服务促进了辖区部分产品出口量的持续增长，其中汽车出口增长33.8%，变压器出口增长21.8%，体育用品出口增长120.6%，巨力索具等系列优势产品出口增长45.1%。

【提高安全监管能力】 利用企业诚信管理系统，加强失信企业信息采集，及时将失信企业列入“黑名单”管理。对6家非诚信企业进行信息采集，将1家非诚信企业列入了“黑名单”管理。与企业签订各种“承诺书”、“责任状”，辅之以相应的依法惩处措施，营造出“守信得利、失信必究”的局面，提高企业遵规守法的诚信度，降低进出口商品质量安全风险。建立风险防控和应急处置预案，敦促辖区68家出口食品备案企业和34家出口工业产品许可证管理企业，全部建立完善产品召回程序和应急处置预案，相关检验科室指定专人收集整理和分析国内外风险预警资料，及时向相关企业发布风险预警信息，加强风险控制，落实质量风险“早发现、早研判、早预警、早处置”。共完成20家自愿性认证企业认证有效性执法监管抽查，19家出口食品农产品企业备案复查，9家出口工业产品企业出口商品注册登记审核，对33家出口食品注册备案企业和18家出口肠衣注册备案企业持续开展了HACCP体系运行有效性验证。2012年新增出口食品备案企业4家，许可证企业6家，申请扩项2家，为30家企业申报了直通放行，与23家出口企业签订了HACCP及ISO9000认证合同。在对1644批入境货物检验检疫中，共检出2批携带外来活体生物的进境货物包装，1批夹带棉籽的进境棉和1批夹带外来杂草籽的进境粮谷，并对疑似携带外来有害生物或植物的货物、包装和集装箱，及时采取了挑拣、焚烧和卫生除害处理措施，确保了辖区工农业生产安全和人身健康。针对河北羊肠衣中小加工户生产的羊肠衣半成品存在“扩路”问题，及时召开专题会议，要求出口企业承诺“不收购、不生产、不销售”任何形式的“扩路”肠衣产品，并与出口企业签订了《质量安全承诺书》；同时，向市政府呈报了《保定检验检疫局关于提请地方政府有关部门高度关注羊肠衣"扩路"问题的报告》，引起了市政府主要领导的高度关注，并责成相关部门即刻排查整治，发现问题依法查处。保定检验检疫局提供上报的此信息得到了总局领导的批示。

【加大排查整治力度】 组织开展了质量安全风险排查整治，集中对出口食品中使用添加剂情况进行了排查，并督促出口食品企业对食品添加剂的使用进行如实备案。集中对3家食药同源类中药材生产加工企业和4家果脯类生产企业以及16家罐头生产企业的质量安全风险点进行了排查，制定了安全风险点监控措施，并指定专人定期对监管排查情况进行汇总上报。组织实施辖区出口食品领域"潜规则"的拉网式排查，对3家使用工业硫磺熏蒸制作蜜饯企业责令整改，向辖区18家出口肠衣企业下发了《严禁在出口肠衣生产加工过程中对天然肠衣实施"扩路"的通知》，并加强了日常监管和定期监管巡查力度，清理和消除了出口食品领域安全隐患。

【积极开展业务自查】 全年共抽查各类单证330余份，查出一般性差错30余个，分别以OA发布等不同方式向相关科室进行了反馈，并敦促相关科室实施重点整改；定期开展超流程业务单证督查，敦促相关科室对20余家超过流程时限的单证，通过电话催报、现场督报、企业约谈、诚信管理、行政处罚等措施进行了落实，避免了长期挂单、飞单和逃漏检等问题发生；定期开展检测不合格样品分析，出台了《保定局综合实验室检测不合格情况分析报告制度》，利用检测数据，对来自法检和委托检测的阳性和不合格的产品进行综合性系统分析，定期向相关业科室和生产企业发布实验室检测产品的质量情况分析报告，充分利用实验室检测数据，为检验监管科室全面掌握辖区单类商品或者原料质量状况提供参考依据。

【加强廉政风险防范】 试点建立并有效运行了廉政风险防范机制，确定了岗位权限和个人风险点，区分了各岗位风险等级，健全和完善了风险防控措施，加强了廉政风险点监督管理，全局共梳理风险岗位20个，确定风险点36个，其中A级风险点23个，B级风险点10个，C级风险点3个，试点工作经验在全省系统廉政风险防控会议上做了介绍。

【加快基础建设】 实验室建设迈上新台阶。保定局综合实验室顺利通过"三合一"现场审核，共扩充57个标准，209个检测项目及参数，通过食品检验机构资质认定17大类，90个标准，287个项目和参数，实验室检测资质共计24类、135个标准、520个参数。为提升检验检疫人员技术把关能力、保障辖区畜牧养殖业安全，启动了动检实验室的建设工作，动检实验室已正式投入使用并首次顺利完成进境种鸡血清学实验室检测任务。科技工作成效显著。与河北农大合作的国家自然科学基金项目《S蛋白来源的B细胞表位抗体对PEDV感染的影响研究》，与河北省畜牧兽医研究所合作《河北省家兔与猪的绿色养殖技术研究与示范》顺利开题，承担的省局自主立项课题和与云南局合作的总局课题进展顺利，另有10篇科技论文在省级以上科技文献、刊物上发表。机构建设有序推进。保定"内陆港"检验检疫基础设施建设顺利推进，安国中药材检测中心建设取得进展。为促进保定中药材扩大出口，扶持传统产业做大做强，向市政府提出了在安国建立检测机构的建议，此项建议引起了保定市政府的关注，并责成安国市政府拿出具体的筹建方案，该项工作正在有序推进中。企事业管理规范运行。积极贯彻落实省检验检疫局党组关于促进企事业做大做强的工作部署，认真查找企事业发展中存在的问题，进一步规范了收费行为，堵塞了漏洞，维护了集体利益。积极开拓新业务、新客户，企事业收入保持稳定增长。

【做好宣传工作提升窗口形象】 向省检验检疫局报送反映保定检验检疫局动态的信息390条，其中近百篇文章在外网和国门时报及河北检验检疫杂志刊登。参加了河北检验检疫系统首届"图强杯"乒乓球比赛，获得了女子团体第二名、男子团体第四名的好成绩。获2010－2011年度保定市直工委和保定市级"文明单位"称号。围绕"便利检企"目标，积极加强窗口建设，用"三个有"（来有迎声、问有答声、走有送声）、"四个一"（一个微笑、一句问候、一杯茶水、一站式办公）、"四个心"（解决问题耐心、办事文明细心、提供援助贴心、服务充满爱心）的标准提高服务水平。严格落实急事急办、特事特办、"5＋2"、"白＋黑"、24小时预约服务工作机制和服务承诺。

（丁选亚）

"十大"专业和特色市场

【十大专业市场】

1. 白沟新城市场　白沟镇总面积54.5平方公里，镇区面积16平方公里，人口近11万人，从业人员6.2万人，日上市商品2.4万种，年成交额100亿元。被列为"全国百强市场"，实现了电子商务。这是一座新兴的城镇，与浙江义乌齐名，靠箱包业和小商品批发而闻名中外。成为了国内、国际箱包，小商品等购物中心、集散中心，被联合国开发计划署命名为"中国可持续发展小城镇试点"，被中央文明委命名为"全国创建文明村镇工作先进镇"。2008年保定市委、市政府把白沟·白洋淀温泉城确立为"一主三次"中型城市之一，被河北省命名为"白沟新城"。

2. 安国东方药城　占地面积1.5平方公里，建筑面积60万平方米，总投资8亿元，中药材经营企业239家，经营品种3000多个，日上市量400多吨，辐射全国40多个省、市、自治区、直辖市、港澳台、东南亚及欧美等30多个国家和地区，年交易额65亿元。被命名为国家级文明市场。市场规模和档次居全国同类市场之首。

3. 曲阳雕刻市场　雕刻城入口处北临南环路，西临曲新公路。市场占地面积180亩，从业人员2万余人，市场有1000余类雕刻工艺品，分成传统、西洋、人物、动物等各种式样，雕刻业年产值达5800万元。以雕刻工艺品打入国内外雕刻市场，全县雕刻产业实现年产值13.8亿元，实现年销售收入12.5亿元，被誉为"中国雕刻之乡"。

4. 容城服装市场　全县拥有市场百余个，总交易额40余亿元，其中年交易额超过500万元的市场10个，年交易额超过1000万元的市场3个。以服装闻名的服装商贸城交易额达5亿元，以服装辅料、玩具、箱包交易闻名的桥南市场，年交易额超过30亿元。形成特色产业链，提供就业机会8000余个，增加居民收入5000余万元，拉动县域经济发展。

5. 高阳纺织市场　占地面积525亩，从业人员15万人，规模宏大。市场主营毛巾、浴巾、毛巾被、餐巾、毛线、毛毯等上百个品种，上万个花色。其销售网点遍及全国和五大洲，纱丝年吞吐量占全国总产量的四分之一，市场交易额达到27亿元，是中国目前最大的纺织品特色市场之一，被誉为"中国纺织之乡"。

6. 工农路蔬菜果品批发市场　位于保定市南市区长城南大街，占地面积400亩，交易大棚9792平方米，有1.48公里的铁路专线，日上市蔬菜、果品等200多个品种，上市量1.3亿公斤，辐射北京、内蒙古、山西、安徽、江苏、湖北、山东等全国30多个省、市、自治区，年成交额18亿元，成为华北重要的蔬菜集散地。

7. 定州市鲜活农产品批发市场　占地235亩，成交量445.6万吨，成为区域的"龙头"示范市场，年成交额达36.5亿元。定州蔬菜种植面积由原来的5万亩发展到165万亩。定州蔬菜远销北京、天津等30多个省市。

8. 化纤综合市场　位于保定市区西部城乡结合部，毗邻保定化纤厂，始建于1995年5月，市场占地面积14200余平方米，水泥钢架式结构，玻璃瓦棚顶全封闭，内设柜台600余个，2层商业楼房，早、夜市占地面积6500平方米，现有固定商户1300余户，市场主要经营农副产品、水产品、小商品等，以批发、零售为主。市场分为小商品、农产品、肉制品、水产品、酒店用品等8个经营区。成为保定西部大型综合性批发、零售市场。

9. 高阳（庞口）农机配件城　占地40万平方米，建筑面积21万平方米，现有固定门店1800个，主营整机和汽车、农用车、机动三轮车、拖拉机、收割机等，配件2万余品种。国内600多家大中型企业在市场从事直销或代销，名优产品占市场配件总量的80%以上，销售全国各地，出口印度尼西亚、俄罗斯等20多个国家和地区。被国家农机流通协会命名为"中国农机配件之都"。

10. 鑫丰装饰材料市场　位于保定市三丰路，占地面积16万平方米，主要以经营装饰材料为主，辐射保定周边北京、天津、内蒙古等全国20多个省、市，保定市的装饰装修材料80%的材料来自该市场，从业人员1万余人，年成交额7亿余元，实现了电子商务。

【保定市区典型便民市场】

中华大府河市场　位于市中心中华小区南部，大慈阁东侧。占地面积3万余平方米，总投资1800余万元，该市场分为地下和地上两个营业区域。地上为品牌自行车、电动车交易区，地下为多功能交易大厅"农加超"农副产品交易区摊位1000多个。2008年12月运营，主要经营水产、生熟肉及制品、调料、牛羊肉、禽蛋、干鲜果品、蔬菜、粮油副食品等为主，并经营与此相配套餐饮、酒店用品，是地处保定市区核心地带的批零大卖场。

保府便民市场　位于保定市莲池南大街，占地面积3万余平方米，多功能交易大厅1.5万余平方米，分为A区和B区两大经营区域，内设柜台800余个，精品屋200余间，市场外部有30余亩的停车场，市场主要经营海鲜、牛羊肉、生熟肉制品、干货、调料、水产品、蔬菜、禽蛋、粮油副食品、水果等以及与此相配套的酒店用品。

五一便民市场　位于向阳北大街五一饭店北侧，占地面积3780余平方米，2000年运营，市场内柜台425个，精品屋64间，主要经营服装、鞋帽、小百货、小家电、家具、副食品等，是一个综合性的全封闭型便民市场。

自立便民市场　地处新市区裕隆街，是保定市下岗职工再就业基地，始建于1996年，市场全长510米，内设铁皮柜台356个，安置下岗失业人员500多人，曾先后被省市评为“青年文明号”“十大青年文明号标杆”市场。

先锋街便民市场　位于新市区先锋街，始建于1984年，占地面积2000余平方米，柜台213个，门脸145间，主要经营蔬菜、水产、肉类、副食、调料等，年成交量5486.39吨，服务周边乐凯小区、康乐社区等7个小区居民。

双胜街便民市场　位于双胜街南起五四路北至七一路，全长930米，始建于1984年。市场内柜台150余个，门脸180余间，从业人员2000余人。主要经营蔬菜、果品、水产、调料为一体的综合性便民市场，解决了周边华北电力大学、双胜小区约8万余人的购物难等问题，规范化的管理被省、市多次授予“青年文明号”等荣誉。

五一九便民市场　始建于2000年，市场占地面积3000余平方米，柜台262个，门脸75间，主要经营农产品、副食品、日用百货、服装等，是市区综合性的半封闭型便民市场。

红阳路便民市场　位于北市区红阳大街，始建于1999年，半封闭型市场，占地面积3150平方米，有门脸77间，2010年又进行了升级改造。主要经营蔬菜、熟食、粮油、调料、干果等。全市规范旧自行车市场时，并把旧自行车市场引入了该市场。便民的服务解决了周边教育局小区、红阳小区、保定市第一干休所等约6万居民的购物难的问题。

中华社区便民市场　位于市区中华小区内，占地面积1500平方米，轻钢板结构，全封闭式市场，功能完善，内设摊位197个，门脸15间，是2003年为民办实事的便民市场之一，解决了周边6个居民小区5万户居民的购物难问题。

总装农改超市　位于保定市红阳南大街，占地面积3000多平方米，建有1000平方米的交易大厅，内设柜台180个，四周建有门脸22间，主要经营蔬菜、副食等居民生产生活必须品，是2003年市政府为民办实事的便民市场，解决了周边干休所、红阳小区等近万户居民的购物提供了便利。2010年与南方投资商合作实现了“农改超”市场。

合作路便民市场　位于北市区五四东路河北大学东侧，占地2500平方米，门脸62间，柜台11个，商户73家，从业人员500余人，主要以经营小吃为主、各类副食品为辅。2007年7月进行了整体升级改造，配套设施齐全，增强了市场竞争力。曾被市委评为“先进单位”，多次被授予“青年文明号”。

盛兴便民市场　位于盛兴西路。东起盛景园，西到向阳北路，全长262米。2003年11月开始运营。市场南侧为彩钢板保温材料盖成的门脸，北侧为阳光板的购物长廊。市场现有门脸83间，柜台146个，主要经营有蔬菜、粮油、水果、肉类、烟酒、小吃、百货、土产等。方便了盛景园、邮电小区、竞秀等居民的生活。

马庄便民市场　位于市区中华小区内，占地面积1500平方米，轻钢板结构，全封闭式市场，功能完善，内设摊位197个，门脸15间，是2003年为民办实事的便民市场之一，解决了周边6个居民小区5万户居民的购物难问题。

农大新校区便民市场　又称乌马庄便民市场，位于南市区乌马庄村西，农大新校区对面，占地面积2800余平方米，为二层框架结构，内部配套设施齐全，投资400余万元，全封闭市场，彻底解决农大师生和周边居民购物难的问题。

复兴路便民市场　位于市区瑞祥大街与复兴路交叉路口东南角，占地面积7.5亩，投资150万元，建设框架结构全封闭市场，配套设施齐全，主要经营：农产品、副食品、日用品、解决周边新一代B、C区、世纪华庭等小区的居民的购物难问题。

北河沿便民市场　始建于1993年，位于北河沿路，西起恒祥大街，东至长城北大街，占地面积5000平方米，摊位400个，主要经营生肉、熟食、冷冻食品、面食、水产品，蔬菜、水果、鸡蛋、小百货、杂粮等，解决了新华村小区、金昌小区等6个小区居民的购物难问题。在便民利民的同时也为下岗失业人员再就业提供了就业平台。

农大西便民市场　位于保定市农大西街，占地面积1400余平方米，固定摊位240个，门脸10间，主营蔬菜、干鲜果品、水产等，实现马路市场退路进厅，净化了河北农大周边环境，被市委、市政府列为下岗职工再就“示范市场”。

富阳路便民市场　市场占地面积900亩，柜台213个，门脸214间，使用物业柜台43个，门脸132间。2000年6月运营，经营项目有蔬菜、生肉、调料、食品、熟食、百货、服装。月成交量为134.8吨，月成交额为191.8万元。服务周边乐凯三区、富阳社区、花园里社区等。

保联旧机动车交易市场　位于北市区东三环东后营村北，占地面积100亩，距保定市车管所2公里。该市场是经市政府批准，市工商局核准注册（保定市保联旧车产权交易有限公司）。公安车管、交通、环保、保险等职能部门入驻联合办公，“一条龙”服务。主要业务：各种车辆检测、新车上照、过户、转籍、评估、车辆年检、解除违章等，每周六、日为二手车交易日，各项业务手续就地办理，快捷方便。

【保定市区典型批发市场】

南二环农副产品批发市场　位于保定市区南端城乡结合部，临靠南二环路，总面积200余亩，2002年兴建，总投资5000万元，市场交易大厅9600平方米，四周为三层，设有办公区和旅馆等全封闭式市场，经营柜台10列836个，可容纳400余家商户，市场交易大厅划分为调料、蔬菜、杂粮、牛羊肉、白条鸡、生肉、熟肉制品、豆制品、水产、海鲜等10多个经营区，并设有精品交易屋，二、三楼为管理服务机构办公场所，市场外设有保鲜库、货储仓库和各类农副产品精品，经营门脸、各类设施齐全、功能完善，于2008年10月份启动，日客流量达1万余人，月交易额达6000余万元，市场辐射周边22个县（市区）以及山东、山西、内蒙古等地。

建华路小商品批发市场　位于保定火车站东侧建华大街513号，始建于1990年，占地面积4800平方米，2006年升级改造，各种配套设施齐全，由办公区和多功能交易大厅组成，管理规范化。现有精品屋166间，柜台679个，主要以批发小商品、服装、布匹、鞋帽、百货、日用品为主，零售为辅，年成交额3亿多元，日客流量2万余人，被河北省评为“超亿元市场”，该市场可与浙江义乌、石家庄南三条市场媲美，辐射北京、天津、石家庄和保定周边。

东风桥商品批发市场　位于保定市繁荣商业区，东邻东风商贸广场，北靠保定市东风路，交通便利，始建于1987年，建筑面积3860平方米，为封闭式钢架结构，内设557个摊位，经营人员1000多人，市场以经营百货、布匹、鞋帽、小商品为主，辐射保定22个市、县，日客流量4万余人，年成交额超亿元，曾多次被国家、省市为文明，信得过市场荣誉称号。

保定纺织品市场园区　位于保定市东二环东侧500米，保定客运中心北侧，总占地面积400亩，分为一、二、三期，一期占地面积50余亩，建筑面积10000平方米，主要经营纺织品批发零售，市场辐射周边各县（市、区）和天津、北京等地，打造保定市东部纺织品园区。

（帅金城）

水利·电力

水　　利

【保定市水利局】　保定市水利局是市政府工作部门。主要职责是负责保障水资源的合理开发利用，拟定水利战略规划和政策，组织起草有关水事规章制度并监督实施，组织编制综合规划、防洪规划等重大水利规划。负责生活、生产经营和生态环境用水的统筹兼顾和保障。负责水资源保护工作。负责防治水旱灾害，承担保定市防汛抗旱指挥部的具体工作；组织、协调、监督、指导全市防汛抗旱工作；指导水利突发公共事件的应急管理工作。负责节约用水工作。指导全市水利设施、水域的管理与保护，指导主要河道、水域的治理和开发；指导水利工程建设与运行管理。负责防治水土流失。指导农村水利工作。负责重大涉水违法事件的查处，协调、仲裁跨县（市）水事纠纷，指导水政监察和水行政执法。开展水利科技和外事工作等。内设办公室、人事科教处、规划计划处、水政水资源处、财务处、建设与管理处、水利水保处7个处室（不含机关党委和老干部处）。

党委书记
局　　长　吕坤力
调 研 员　王兰芬（女）
党委委员
副 局 长　张光伟　郑宝贵
　　　　　张海波
　　　　　朴丽芬（女）
副 局 长　吴剑松
纪委书记　李俊琪
党委委员
总工程师　郝记栓

【概况】　2012年，市水利局大力弘扬“献身、负责、求实”的行业精神，充分发挥水利部门的职能作用，通过全系统干部职工的共同努力，圆满地完成了各项工作任务：战胜了“7·21”暴雨洪水，夺取了防汛抗旱工作的全面胜利，实现了保安全、多蓄水的目标；全市农村水利基础设施进一步夯实；南水北调、大水系等重点水利工程建设快速推进；山区水土保持和农村水电事业稳步发展；最严格水资源管理制度全市推行，水资源管理保护得到进一步加强；大中型水库移民后期扶持政策落实工作扎实有效。2012年，市水利局实现了水利事业的持续健康快速发展，为建设“京畿强市、善美保定”做出了贡献，全年获市以上集体荣誉19项，个人奖26人次。

【抗击“7·21”暴雨洪水取得胜利】　针对2012年严峻的防汛抗旱形势，通过修订完善各类防洪预案、严格落实防汛责任制、完善通讯预警水平、加大河道整治力度、准备防汛物资、落实抢险队伍、深入防汛检查、搞好培训演练、加强防洪宣传等措施，扎实工作、狠抓落实，夺取了全市防汛抗旱工作的全面胜利。特别是‘7·21’暴雨洪水发生后，全局党员干部按照分工，履职尽责、认真研判、提前预警、科学调度，最大限度地保障人民群众的生命财产安全，全面实现了保安全、多蓄水的目标。由于在防汛工作中表现突出，市水利局被省委、省政府评为“7·21”暴雨和10号台风抗洪抢险救灾先进集体，局办公室、防汛抗旱指挥部办公室获市“7·21”抗洪抢险救灾先进集体。

一是在领导重大决策上，充分发挥了参谋助手作用。7月20日，市水利局针对21日至22日全市可能出现的强降水天气过程，全员上岗到位，全天候密切关注雨情、水情及天气变化，并随时向市委、市政府报告。同时，向各县（市）及有关部门下发了紧急通知，要求做好防范工作。7月21日17时，当研判拒马河流域可能出现一次大洪水时，局党委第一时间向市委、市政府作了汇报，受市委、市政府主要领导和主管领导委托，及时启动了全市防汛Ⅲ级应急响应，并按照市委、市政府要求，及时通知涞源、涞水、易县等山区县做好暴雨洪水的各项防范准备工作。各级党委政府按照要求积极行动，迅速转移群众15.9万人，有效避免了重大人员伤亡。

二是在突发汛情关键时刻，彰显了局党委的凝聚力和战斗力。7月21日17时至22日9时，市水利局针对雨情、水情及天气情况昼夜组织会商。21日18时，根据保定市拒马河流域可能发生大洪水的研判，局党委第一时间派出了由副局长带队的6个工作组连夜赶赴拒马河沿线的涞水、涞源、涿州、定兴、高碑店、容城等县（市）指导防汛抗洪抢险工作；连夜发出13个防汛专件，通知拒马河沿线的各县（市）做好“防大汛、抗大洪、抢大险、救大灾”的各项准备，同时紧急调运编织袋20000条，救生衣200件，冲锋舟16艘等防汛物资支援有关县（市）。

三是在解决复杂问题上，展示了水利人的智慧和能力。面对百年不遇的汛情，全局干部职工不等不靠，积极协调省防汛抗旱指挥部派直升飞机到涞源、涞水解救受困群众和空投救灾物资，增加火车专线救助野三坡游客安全撤离；张坊水文站测流断面被堵，积极协调涞水县在确保安全的前提下允许张坊水文站正常测流；积极协调民政局、粮食局及时解决涞源县抢险救灾物资和粮食紧缺问题；紧急向易县调运3条橡皮艇，解救了70名被困群众。

【“7·21”水毁水利工程灾后重建工作扎实有效】 “7·21”特大洪灾发生后，市水利局全面深入落实省抗洪抢险救灾表彰暨灾后重建动员大会精神，按照市委、市政府和市灾后重建指挥部的工作部署，精心组织，多措并举，积极推进水毁水利工程的恢复重建。截至2012年年底，农村饮水工程：涞源、涞水、易县三县所有饮水困难群众均已实现临时供水，永久性工程正在按计划实施，已累计完成新打水源井231眼，维修水源井1031眼，配套设备291台（套），铺设管道126万米，修建水池、水窖169座，完成总进度的66%；护村坝工程：修复护村坝37400米，占计划的26.8%；水库工程：已修复水库2座（涞水县垒子水库、蔡家井水库），其它3座水库（涞水县木井、峨峪、福山口）将于2013年汛前修复。

【民生水利建设成效显著】 坚持把实实在在地解决基层群众生产生活中的困难与问题作为工作的出发点和立脚点，做了大量工作，并取得了良好的效果。1.农村饮水安全方面。总投资3.3亿元的农村饮水安全项目于10月提前完成年度任务，解决了556个村、68.38万人的饮水安全问题。经过积极协调争取，2012年共有四批饮水安全项目资金下达保定市，总投资5.7亿元，计划解决119.48万人的饮水安全问题。2.中小河流治理方面。组织完成了国家专项规划内10条中小河流治理工程初步设计报告，其中9条已经省水利厅批复，项目总投资2.4亿元。易县北易水河防洪综合整治工程（桩号1+750—4+000）、拒马河涞源县城防洪治理工程、阜平县沙河治理工程（西关大桥~东关大桥）、定州唐河治理工程已全部完工。3.水库除险加固及水闸、泵站建设方面。按照市委、市政府要求，列入国家规划的水库除险加固项目全部实现开工。曲阳县宿家庄水库、李家洼水库，唐县上庄龙锅水库主体已完工。涞水县木井水库、唐县下庄石盆水库已完成总投资的60%；大泽水库完成总投资的55%；福山口水库完成总投资的36%。完成了雄县清北泵站及大屯等4座节制闸的初步设计报告，并通过省水利厅审查。4.大型灌区续建配套及节水改造方面。重点实施了沙河、唐河、易水三大灌区续建配套与节水改造项目。总投资3170万元的沙河、唐河大型灌区续建配套和节水改造工程已完成中央投资的80%，总投资1667万元的易水灌区续建配套与节水改造工程已完成投资666.8万元。5.小型农田水利基础设施建设方面。围绕打造500万亩粮食生产核心区和提高粮食生产综合能力，重点实施了第一、二、三批清苑、安国、定州、定兴、望都、博野、满城、徐水8个小型农田水利重点县项目，全市累计完成投资1.5亿元，新增节水灌溉面积50万亩，是年度任务的两倍。6.农村水电建设方面。不断加快新农村电气化县水电建设步伐：曲阳县金阳湖水电站项目可行性报告已完成，并审查上报待批；涞源县桑园水电站正在进行开工准备；总投资2395.91万元的菜树林水电站已完成投资550万元，大坝主体工程已基本完成。积极推进小水电代燃料工程项目和增效扩容改造项目的实施，总投资1394.56万元的涞源县唐河小水电代燃料项目已完成投资254万元，完成了9个增效扩容项目的初步设计，总装机2.379万千瓦，总投资4697.95万元。2012年全市所有运行的水电站共发电1亿千瓦时。7. 水土保持综合治理方面。依托国家太行山水土保持重点建设工程、国家级坡改梯试点项目、省重点水土保持项目、省财政补助水土保持项目和清洁型小流域试点工程等，2012年完成水土流失综合治理面积379.92平方公里，完成投资1.3亿元，是年度任务的近两倍。8. 水库移民后期扶持政策落实方面。依据后期扶持资金使用管理办法，发放2011年第四季度、2012年第二季度直补资金4647万元；发放省级后期扶持项目资金428万元；下达中央结余资金750万元；专项资金72万元。后期扶持资金运转高效，管理规范、安全。同时，按照先易后难、先急后缓、先生活后发展的原则，实施了一批移民群众关注、社会经济效益明显的项目，累计完成项目扶持资金1250万元。

【扶贫攻坚与基层建设年建设成果丰硕】 实施扶贫攻坚与基层建设年工作是省、市重要战略部署，市水利局始终把两项工作作为重要政治任务，摆在水利工作的突出位置，抓实抓好。1. 水利扶贫攻坚工作。局党委将水利扶贫工作作为服务基层、改善民生的重要内容，提出了“一个主题”、“两个目标”、“三个优先”的工作思路。一个主题，即以困难地区群众的需求为出发点和落脚点，全力打好水利扶贫攻坚战；两个目标，即把水利扶贫攻坚工作列入年度业务考核目标和干部实绩考核目标；三个优先，即水利规划优先考虑困难地区、水利项目优先扶持困难地区、水利资金优先投入困难地区。2012年，市委、市政府确定市水利局帮扶四个环首都攻坚贫困村和一个少数民族村，共投入资金155万元，完成了以下工作：一是投资10万元为涞水县曲家磨村打机井2眼，完成了管道机房配套设施建设。二是投资10万元为易县马兰台村开荒山500亩，种植薄皮核桃和杏树1.5万棵；整修村委会办公场所600平方米，已经达到标准化水平。三是投资10万元为涞水县马各庄村购置潜水泵一台，解决大部分村民用水难的问题，并购买了1.1万米PVC水管为全村更换输水管网和配套设施；投资90万元将该村1500米护村堤坝列为灾后重建项目，已经完成施工。四是投入25万元为涞源县五间房村开工建设潜流坝工程，发挥引水蓄水作用。已完成村中600米长的水泥路铺设，自流引水工程已经实施完毕，已经运行发挥作用。五是投资20万元为安国市西城乡东城村清理河道400米，解决了村内污水成河臭味弥漫的棘手问题。2. 基层建设年工作。按照省委和市委统一部署，市水利局派出6名同志组成两个工作组赴唐县长古城村和南雹水村进行帮扶。工作队于2月10日驻村开始，利用10个月的时间，走家入户，调研民情，加强与村“两委”干部及党员协调与沟通，切实搞好安全生产和农村稳定工作，同时严格落实驻村工作制度，遵守驻村工作纪律，确保了在驻村工作期间不出问题。积极协调相关部门，按照省委提出的“十件事”要求，全力推进帮扶项目实施建设，各方筹措资金394万元，按期完成了预定任务。2012年全市有643个帮扶村，402个村存在饮水安全问题，涉及55.57万人，工程总投资2.8亿元。市水利局作为牵头部门，经过多方努力，402个村的饮水安全工程已经全部完工验收，并开始运行。

【水利管理工作全面提升】 1. 水资源管理水平明显提高。实行科学计划用水，按照要求下达了年度用水计划和指标，并监督落实；坚持水月报、季报、半年考核等制度，对超计划用水户征收加价水费。2012年，市区征收水资源费等各项费用3660万元。严格水资源论证，按照有关规定制定了建设项目水资源论证工作程序，严格按照程序开展水资源论证报告书的申请、受理、审查、决定等工作，全市水资源论证工作已经步入规范化轨道。严格排污口管理，进一步规范申请、受理、审查、决定、登记等工作程序，并建立了完整的入河排污口管理档案；不定期开展排污口执法检查，对不达标的排污口坚决依法处理。2. 节水型社会建设全面提速。在全市大力推广博野节水试点先进经验，深入开展“科学节水进社区”大型宣讲活动十多场次。以群众喜闻乐见的形式大力宣传水法，大依法治水营造良好氛围。通过各项活动的开展，节水型社会建设效果明显，在城市工业产值不断增长的情况下，实现了用水量零增长。3. 最严格水资源管理制度建设初见成效。落实最严格水资源管理制度是2012年水利管理工作的重中之重，市水利局按照省有关会议精神，代市政府起草了《保定市人民政府实行最严格水资源管理制度实施意见》（已出台）和《保定市实行最严格水资源管理制度实施方案》。《意见》的出台标志着最严格水资源管理制度正式实施。4. 安全供水工作万无一失。在西大洋供水公司和西大洋水库干部职工的共同努力下，2012年共向保定市区安全供水6745.68万立方米（跨年度供水期），其中生活、生产用水6388.17万立方米，生态供水357.51万立方米，加氯6吨，调流78次，做到了按需安全供水，为保定市的经济发展、社会和谐稳定起到了重要的支撑和保障作用。另外，王快水库和安格庄水库累计向北京应急供水3.529亿立方米，其中王快水库向北京应急供水2.6346亿立方米，安格庄水库向北京应急供水0.8944亿立方米，有效缓解了北京用水困难。5. 行政审批工作进一步规范。水利审批窗口是保定市行政服务中心最规范的窗口之一，多次受到中心的肯定和表彰。2012年，行政审批中心共办理审批事项52件，接受群众咨询150多人次。在市纪委2012年各季度例行检查中，审批中心全部审批事项均符合规范要求，并且未发生过一起群众投诉和不满意事件。由于工作成绩优异，水利窗口分别获得市委创先争优活动领导小组颁发的“全市为民服务群众满意窗口”、市直工委“共产党员先锋岗”和市行政中心管委会“窗口标准化建设先进单位”荣誉称号。6. 水行政执法深入开展。以“世界水日”、“中国水周”、“六·五”普法为契机，大力开展水宣传活动，出动水利、水文、大学生志愿者共70余人，累计发送宣传材料6000份，制作大型展板4块，接受咨询230人次。同时，强化水利执法，全年查处各类水事案件32起，协调水事纠纷13起，有效维护了全市的水事秩序。7. 水利科技工作蓬勃发展。在市水土保持试验站和望都灌溉试验站广大科技工作者的共同努力下，保定市的水利科技工作取得了长足进步。市水土保持试验站的清西陵水土保持科技示范园被水利部命名为“国家水土保持科技园区”；全国水土保持监测网络和信息系统二期工程易县观测场建设圆满完成，并获国家发明专利；望都灌溉试验站圆满完成了冬小麦、夏玉米常规试验田间试验及管理工作，完成了“引进灌溉试验仪器在地面ET监测中的应用”项目验收和“冬小麦非充分灌溉制度研究”项目部分试验工作。8. 水利普查工作进展迅速。按照国务院和省水利普查领导小组的安排部署，根据水利普查总体方案和时间节点要求，按时完成了水利普查数据成果上报、水利普查档案验收等工作。

【大水系工程建设取得突破性进展】 2012年，大水系建设办公室充分发扬“团结协作、攻坚克难、科学推进、优质高效”的大水系精神，全力推进水源工程建设，圆满完成了市委、市政府下达的年度工作目标，取得了工程建设和工程管理工作的胜利，经过三年苦战，大水系水源工程已全部完建。1. 两库连通工程竣工通水。两库连通工程于2012年4月25日竣工通水，正常年份王快水库可向西大洋水库调水2亿立方米；途经保定城区向白洋淀供水1.2亿~1.5亿立方米；向一亩泉水源区补充地下水3000万~5000万立方米，将为保定市区和两库下游广大地区生活生产生态用水需求提供充足的水源。2. 北线工程二次启用。北线工程自2011年9月12日至10月10日清水入市后，2012年8月5日至25日，西大洋水库经北线工程分两次向保定市区河湖生态补水，补水时间20天，补水总量1000万立方米，取得了良好效果。3. 下游工程顺利实施，应急通水工程全面竣工。下游工程线路总长40公里，通过对现有河道进行清淤疏浚和部分桥梁改建，确保进入市区的环境水量和上游洪沥水安全顺畅排入白洋淀。市区至白洋淀应急通水工程经过3个月的昼夜奋战，南环堤河和黄花沟两条河道治理工程全部竣工，具备了通水条件，并开始安全顺畅地承泄市区排水，效果良好。4. 市内地表水质量进一步改善。经多措并举，通过西大洋供水管道和北线工程向市区河道补水，市内地表水质量明显改善。经与环保部门联系，市区地表水环境质量达到环境功能区划要求，大水系水质也满足水质要求。

【抓好信访稳定和安全生产】 市水利局牢固树立安全稳定是压倒一切的思想，进一步增强责任感，把安全稳定工作摆在突出位置，狠抓工作落实，为全市水利事业发展创造了稳定、和谐的环境。1. 信访稳定工作扎实稳妥。针对水利系统在建工程多，遗留问题复杂的实际情况，超前谋划，强化举措，牢牢控制住了稳定局面。工作中，坚持预防为主、堵疏结合，坚持重点突破、兼顾其他的方法，注重从源头上、从根本上解决问题、化解矛盾，做到了“事事有回音，件件有着落”，较好地解决了各类矛盾隐患和遗留问题。特别是在党的“十八大”召开期间，局党委多次召开专门会议进行研究，并严格落实责任到专人，形成了主管局长、单位领导、责任人层层负责抓落实管控体系，盯紧盯死存在不稳定因素的单位，密切关注各类矛盾隐患动向，确保不发生群体性上访事件。通过坚持不懈的努力，全市水利系统整体稳定，未发生群访、越级访事件。2. 安全生产工作常抓不懈。2012年市水利局安全生产工作以“打非治违”和迎接“十八大”为工作重点，加强日常监管和特殊时期的管制措施，加强培训教育，全系统共开展培训11次，培训人员498人。继续深入落实责任制和承诺制建设，层层签订人人有责，特别抓好在建工程的安全管理，加大检查力度。加大了“打非治违”力度，全市共取缔非法采砂点6个，出动执法人员2938余人次，出动警力534余人，查处采砂机械10台，发放宣传品近2万份，动用机械585台次，清理采砂石料87.9万立方米，平整河道75公里。全局共排查企事业单位49次，发现一般隐患72处，共投入资金79.9万元，逐一进行跟踪整改，2012年全局没有发生一起安全事故。

（陈吉华　蒋晓丽）

【保定市南水北调办公室】 保定市南水北调办公室是保定市南水北调工程建设委员会的办事机构，是保定市人民政府负责指导、协调、督促、检查辖区内南水北调工作的职能部门，为参照公务员管理的正县级全额拨款事业单位。内设综合处、计划财务处、设计环境处、征迁安置处、建设管理处五处。主要职责是配合国家和省做好南水北调中线主体工程建设的协调和服务工作；组织实施征地拆迁、移民安置；牵头组织保定市受水区配套工程的规划设计、资金筹措等，负责全市配套工程的建设管理。

主　任　朴丽芬（女）
副主任　马　杰
副主任　凌国增（2月任）
副主任　陈国庆（10月完成市大水系建设办公室工作回到市南水北调办公室）

【概况】 2012年，为确保全市南水北调工作平稳快速推进，统筹安排，精心组织，全力做好廊涿干渠建设管理工作，大力推进配套工程前期工作，扎实开展保沧干渠征迁实物指标核查工作，持续做好天津干线和总干渠征迁后续工作，优质高效开展帮扶工作，圆满完成年初制定的任务目标，得到了上级部门和群众的一致好评。被国务院南水北调办公室评为南水北调系统财务管理先进单位，被市委、市政府评为文明单位、十八大安保先进集体，驻徐水五香坡村工作组被省委评为优秀驻村工作组，团支部被市委评为五四红旗团支部。

【廊涿干渠保定段工程建成具备验收条件】 廊涿干渠工程自2011年3月开工建设以来，市南水北调办作为委托建管单位组建了现场项目部依法管理，科学组织，狠抓安全生产和质量控制，工程建设稳步推进。到2012年5月，主体项目32公里的双排PCCP管道安装基本完成，在按要求组织回填、临时占地复垦、专项设施回迁的同时，将工作重点放在了穿越项目施工上。廊涿干渠保定段共有穿越11处，其中有铁路2条、高速公路1条，107国道1处、县乡级公路5处，河道两条。由于施工作业必须保证穿越的铁路、公路通行不受影响，造成施工难度较大，协调工作任务重，手续十分繁琐。穿越项目的进度成为工程能否如期完工的关键环节。办公室领导多次到工程现场查看，听取土建施工单位的汇报，就地组织建管、设计、监理及土建施工单位召开现场会，根据不同穿越工程的特点，找到经验丰富的专业施工队伍施工。除107国道穿越工程一处因地质情况变化进行了重大设计变更外，其余穿越工程进展顺利。在建管部和设计、监理的严格控制、科学管理下，各项穿越工程陆续完工。建管部随即组织阀井浇筑、阀件安装、管理用房建设等后续扫尾工作，还系统开展了质量、安全、资料大检查，保证了工程资料的真实、全面、系统、完整，为工程验收打下了良好的基础。到10月底，廊涿干渠保定段工程主体建设任务按省政府要求如期完成，具备了验收条件。另外，为给全省南水北调配套工程建设提供有益的借鉴，建管部集中技术力量编制了《南水北调配套工程廊涿干渠保定段质量控制》，将廊涿干渠工程建设诸多实验成果以图文并茂的形式，生动、形象、通俗易懂地展示出来。在规范做好主体工程建设管理工作的同时，市南水北调办按照临时用地复垦工作相关程序，以对群众负责的态度，组织涿州市调水办认真做好廊涿干渠临时用地复垦退耕工作，到2012年12月底，需复垦的3385亩临时用地全部复垦退还群众，复垦施工单位抓紧完善相关资料待竣工验收。

【配套工程各项前期工作进展迅速】 2012年以来，随着《河北省南水北调配套工程建设管理若干意见》的出台，全省配套工程建设目标、体制机制逐渐明晰，建设计划基本确定。按照省政府确定的跨市干渠年内开工、其它目标2014年全部建成通水的要求，时间已非常紧迫，市南水北调办加快推进各项前期工作。一是组织对水厂以上输水工程可研报告反复修改完善的同时，全力推进了水厂以上输水工程可研立项相关的专项审批工作。组织开展了建设项目用地预审、环境影响评价、规划选址、水土保持方案、防洪影响评价等各专项工作，通过倾力协调、积极跑办，在较短时间基本完成各专项成果，并已全部上报省各行业主管厅，待批复下达后即可向省发改委上报审批。二是积极配合省办做好保沧干渠前期工作。为便于协调，市南水北调办将保沧干渠与配套工程水厂以上输水管道工程的各专项报审工作一并开展。开展了保沧干渠的土地初审，配合项目法人完成了环境影响评价，协调规划部门出具了工程规划选址意见。三是大力推动各县（市）地表水厂及配水管网前期工作。受水区各县（市）需新建地表水厂24座，经协调督促，地表水厂及配水管网的可研报告已全部编制完成，其中10个目标已完成可研立项，3个已开工建设。四是积极参与了全省配套工程建设相关政策办法的研究，诸多建议和意见被省采纳。同时，按照以线带片、同步推进的原则，制定出全市水厂以上输水管道工程和地表水厂及配水管网工程分四个设计单元建设计划，为下步配套工程建设明确了目标任务。五是组织开展了水厂以上输水工程的初设阶段勘察设计招投标工作。委托招标代理机构编制完成了4个标段的招标文件，经河北水务集团审查后报省南水北调办。六是为减少投资、缩短建设周期，按照省办指示，提前安排实施了水厂以上输水工程部分穿越项目建设，为下步顺利进行配套工程建设打好了基础。

【保沧干渠征迁实物核查工作圆满完成】 保沧干渠是河北省南水北调配套工程四条大型输水干渠之一，承担向保定、沧州和廊坊市的12个县（市）15个供水目标的输水任务。涉及保定市曲阳、定州、安国、博野、蠡县、高阳6县（市）。工程实施对于缓解沿线地区缺水状况，改善水环境，保障经济社会发展具有重要意义。按照省政府的建设目标要求，2012年9月28日，市政府组织召开保沧干渠征迁实物核查工作动员大会，市南水北调办随即组织保沧干渠沿途各县（市）认真落实动员会部署，抽调业务骨干，配强核查力量，通过组织专题业务培训，提高核查人员的工作技能，做到了组织发动到位；组织沿线各村镇书写、悬挂标语100余条，散发征迁政策明白纸5万份，利用电视台滚动字幕、高音喇叭播放公告等形式开展了广泛深入的宣传，做到了宣传动员到位；配齐了核查所用的物料、车辆，安排好了核查人员的食宿，做到了后勤保障到位。10月1日，市南水北调办公室组织200余人的核查组分6路赴曲阳、定州、安国、博野、蠡县、高阳6县（市）开展工作，全面启动了保沧干渠保定境内135公里范围内的征迁实物指标核查工作。征迁实物核查是征迁安置工作的基础，是补偿资金计算的根据，关乎被征迁群众的合法利益和沿线社会稳定。工作中，核查组严格按照征迁工作政策，依据征迁核查大纲要求，以科学严谨的态度认真测量操作。核查过程中，核查队员坚持公平公正，阳光操作，一把尺子量到底，全力确保核查工作严谨准确、全面快速、协调有序开展。经过系统的内业整理形成了核查报告，为下步补偿资金兑付工作打好了基础。

【配套工程预防职务犯罪工作系统展开】 保定市南水北调配套工程建设特点是施工线路长、涉及范围广、建设时间紧、投资规模大、社会关注度高。为充分发挥检察机关法律监督职能，有效防范南水北调工程建设中职务犯罪案件的发生，按照省检察院与省南水北调办公室联合下发的冀检会［2012］2号文件要求，市南水北调办与市检察院共同建立完善了南水北调配套工程预防职务犯罪长效机制。2012年8月29日，市检察院和市南水北调办共同签署了《市检察院和市南水北调办共同开展惩治和预防职务犯罪工作方案》，联合成立了保定市南水北调配套工程建设预防职务犯罪领导小组，加强了组织领导，完善了人员配置，全面启动了保定市南水北调配套工程建设预防职务犯罪工作。

【天津干渠和总干渠征迁后续工作有序开展】 随着天津干线主体施工进度加快，到2012年底任务量完成了95%。为切实保障主体工程顺利完工，市南水北调办多措并举开展征迁安置工作。一是严格落实补偿。按照“占一季补一季”的原则，开展了天津干线15542亩临时占地第五季、第六季、第七季资金补偿兑付工作，维护了涉迁群众的合法利益。二是着力破解难题。解决了广门营村、南孙各庄村排水问题等一批征迁安置和施工影响问题，排除了矛盾隐患，维护了沿线社会稳定。三是超前计划安排。为确保临时占地复垦工作及时、规范实施，分县区部署启动了临时占地复垦退还工作，并多次召开调度会、座谈会部署调度复垦工作，到2012年底基本完成施工道路、营区硬化层清除，耕作层回填工序，基本实现了全线平整。四是依法实施拆迁。在国家重点工程建设已无回旋余地的情况下，尽可能给予了政策和资金照顾，督促容城县政府对东李家营两户坚持无理要求的涉迁钉子户实行了统一拆除，完成了拆迁任务，提供了施工用地，满足了国家重点工程建设需要。为尽快完成南水北调京石段应急供水工程尾工项目建设，满足工程竣工验收需要，2012年，市南水北调办下大力组织开展并完成了京石段应急供水工程35KV输电线路安全运行走廊树木砍伐工作、永久弃渣场水土保持绿化工作。组建了保定市南水北调三条河防洪影响处理工程建设管理项目部，负责保定市境内的唐河、漕河、北易水等河流的防洪影响处理工程设计、审批工作，为工程开工建设打下了坚实基础，按要求完成了京石段总干渠完工决算编制、征迁档案验收准备工作。针对“7·21”暴雨对南水北调干渠两侧造成较大冲淹的情况，市南水北调办本着情系群众、改善民生的原则，协调各方多次现场调研，认真研究方案，妥善解决问题，尽快弥补了群众损失，维护了渠道沿线社会稳定。

【向北京应急供水安保工作扎实进行】 2011年7月至2012年上半年，河北省利用南水北调京石段工程第三次向北京应急供水。按照省南水北调办及市政府指示，市南水北调办负责指导督促沿途9县（市）南水北调办和供水运管单位开展供水安全宣传、完善防护设施、设置警示标志以及开展渠道内外安全保卫等工作。任务下达后，市南水北调办迅速成立供水安全宣传和环境协调工作领导小组，制定完善安保工作方案和突发事件应急预案，组织渠道沿线各有关县（市）大范围、高密度地开展安全宣传工作。累计张贴供水安全通告7200份，悬挂标语500余条，制作牌板440块，与沿线中小学生及家长签订了15.3万份责任状，在县电视台播出安全供水通告30天，村内高音喇叭循环播放广播稿两个月，为各县分别购置了一部皮卡车沿渠进村不间断宣传。督促运管单位修缮渠道两侧护栏，加强安保巡视及救助，派出检查组分赴各县（市）检查供水安保工作。整个供水期间，工程运行良好，渠道沿线社会稳定，未发生水质污染及群体性事件。

【“十八大”安保攻坚战全面打赢】 2012年以来，保定市南水北调工作呈现出头绪多、战线长、时间跨度大、维稳任务重等特点。为保障南水北调工程沿线社会稳定和工程建设顺利，按照市委、市政府和市排调办的总体安排，市南水北调办以签署维稳责任状形式，层层分解维稳责任到人、到岗、到事。组织工程沿线有关县（区）对总干渠、天津干线、廊涿干渠、保沧干渠各类矛盾纠纷和稳定隐患开展了拉网式排查摸底，建立台账，对于排查出的问题分门别类，按照“属地管理”和“谁主管、谁负责”的原则，妥善调处化解，做到了件件有回音，事事有着落。坚持突发事件第一时间报告和日报告、零报告等信息反馈常态制度，做到了信息灵通，传达顺畅。市南水北调办驻徐水五香坡村工作组在做好信访排查的基础上，进一步摸清了村里的重点矛盾纠纷和重点信访人员，积极协助村“两委”班子和包村干部做好各类稳控工作。配合乡党委、政府在帮扶村积极开展了预防犯罪、排查危爆物品等工作，并坚持每天对全村的社情做一次分析，认真查找隐患和事故苗头，妥善做好处置，杜绝了危害社会稳定和群众生命财产安全事故的发生。为迎接党的“十八大”胜利召开，市南水北调办驻东方苑社区群工站积极配合社区开展了预防犯罪、排查危爆物品工作，充分发挥社区民警、物业和志愿者的作用，认真排查非法存放危险爆炸物品，张贴关于“清理收缴非法爆炸物品”的通知100余份，利用黑板报、横幅等宣传工具宣传，鼓励辖区居民对非法存放爆炸物品知情者举报。督导小区安保检查站的设卡、盘查和登记工作，以及时发现掌握可疑人员和物品，确保了辖区居民生活安全。

（耿子奎　郝红梅　谢长江）

【西大洋水库管理处】 西大洋水库管理处位于唐县境内。主要任务是防汛、工程管理、水源地管理、城市供水、工业供水及农业灌溉。2012年内设党委办公室、行政办公室、人事科、灌区办公室、财务科、监察室、工程管理科、北罗管理所、仁厚镇管理所、工程灌溉科、机电科、老干部科、水源地办综合科、水政监察大队、水政大队、派出所、工会、综合经营科18个科室。

主　任　李一贤
副主任　刘建国　刘宏楼

【概况】 西大洋水库地处海河流域大清河系南支唐河的出山口处，控制唐河全部山区流域面积4420平方公里，为大（Ⅰ）型水库。西大洋水库加固工程尚未完工，主坝及六轴坡副坝已完成加固，山庄副坝，坡上一、二副坝加固均未启动。加固完成后，防洪标准为1万年一遇，总库容达12.58亿立方米。唐河发源于山西省浑源县仓风岭，河道全长273公里，经定州市、望都县、清苑县入白洋淀。枢纽工程由一座主坝（全长1820米）、4座副坝（全长2975米）、正常溢洪道、固定口门式非常溢洪道、泄洪洞、输水洞及电站组成。配套工程有总干渠一条，长40.78公里，干支、斗渠共417条，总长523.70公里，建有闸、涵、桥、泵站、水电站等各类建筑物2938座。2012年全年入库水量2.88亿立方米，最大入库流量为98.14立方米/秒，年最高库水位134.61米，最低库水位129.55米，最大库容3.82亿立方米，总出库水量2.06亿立方米，年蒸发量（陆面蒸发皿）959毫米。西大洋站年降水量661毫米。

【完成全年供水目标】 2012年全年向保定市供水8019万立方米，农业灌溉用水7147万立方米，工业供水1815万立方米。通过周密安排合理调度，保证了各用水户的用水需求。向保定市环境供水1104万立方米。

【项目建设】 一是完成主坝、六轴坡副坝坝顶照明电缆敷设。二是完成西大洋水库防洪调度综合楼主体工程，投资约200万元。三是2010年唐河灌区节水改造工程第一、二批项目总投资4167万元，主体工程已基本完成，完成中央投资2300万元。四是完成上坝公路翻修工程。五是完成主坝区封闭管理工程及配套设施建设。

【灌溉管理】 一是管理处探索建立水利工程建后管护新机制，着力推进水利工程标准化、规范化、制度化，做到工程管理分段包干，责任到人，确保工程设施的高效良性运行，为今后达标升级做准备。二是管理处在抓住有利时机抢工程进度适时灌溉，注重节约用水。加大渠道巡逻力度，清淤复堤，规范渠道植树，清理完善灌区范围内的土地手续与相关合同。全年农业灌溉四次，大水系供水一次，总用水量7524万立方米，灌溉12万亩次，累计历时73天，农业灌溉总收入约120万元。

【加大水源地保护力度】 2012年管理处继续实行水政、渔政、公安、环保四位一体的执法体系，实现专管与群管相结合，陆面与水面相结合，点源与面源相结合，日常管理和集中整治相结合，收到良好的护水效果。一是严格执法，对破坏水质的行为进行严厉打击。二是采取封闭管理措施。在入库口安装伸缩门，在水库重点部位安装24小时监控，确保水质安全。三是通过生物净化措施，投放净水鱼苗，实现了保护水质与渔业生产的良性循环。四是通过启用非常措施，确保水质不受污染。“7·21”洪水过后，管理处在第一时间安排水政大队所有人员出动，及时打捞对水质有污染的特殊物品。管理处组织80多条渔船，历时10天，对流入库区内的漂浮物进行打捞，并且在水库上游平缓地带设置了拦污网。2012年水质一直保持在地表水二类，大部分时间均保持在一类标准。

【安全度汛】 全面落实以行政首长负责制为核心的五种责任制，成立了12个防汛职能组队，按照百年一遇的洪水标准做好各项准备工作。对闸门启闭设备、备用电源、系统电源、通讯设施等进行了检查维修、保养，并进行了调试和试运行，准备好充足的防汛物料，各职能组队按独立作战7天的要求进行了多次实战演练，通过汛前检查和特殊天气的巡查，发现问题及时处理，安全度汛。副省长沈小平、水利厅副厅长袁福及市长李谦等省市领导到水库检查防汛时，对西大洋水库的防汛工作给予了充分的肯定和赞扬。

（刘　欣）

【保定市王快水库管理处】 王快水库管理处为副县级差补事业单位，归属保定市水利局领导。管理处内设党委办室、行政办公室、人事科、财务科、工程科、工程管理科、灌溉科、机电科、水政大队、派出所、保卫科、防汛抗旱办公室以及曲阳（一、二、三所）、定州、安国、博野、蠡县七个灌溉所总计19个科级单位，全处干部职工343人（其中在职职工200人，离退休职工143人）。主要任务是防汛、大坝工程管理、渠道工程管理、水源地保护、城市供水及农业灌溉用水。

党委书记 主　　任	蔡翔涛
党委副书记 副 主 任	刘正龙
党委委员	葛进昌　张献军 任玉良

【概况】 王快水库是一座以防洪为主兼灌溉发电的大（Ⅰ）型水库，位于海河流域大清河水系南支沙河上游，坝址处于曲阳县郑家庄村西，距保定和石家庄分别为100余公里。总库容13.89亿立方米，水库控制流域面积3770平方公里，占总流域面积的59%。下属的沙河灌区是大（Ⅱ）型灌区，有效灌溉面积76万亩，总干渠从曲阳到沧保界134公里。水库主要建筑物有拦河坝、溢洪道、泄洪洞、水电站。2002年9月20日除险加固工程开始动工。2005年9月工程竣工，达到规划防洪标准。防洪标准为500年一遇洪水设计，1万年一遇洪水校核。2012年，以安

全生产工作为主线，始终贯穿整个工作体系。

【一丝不苟搞好供水】 2012年共向北京供水两次。2012年1月1日至3月15日，历时74天，供水12005.88万立方米；7月2日至7月17日，历时15天，供水1756万立方米。曲阳农业灌溉用水2730万立方米；给曲阳孟良河补水两次，引水量376万立方米。大小电厂2012年共发电2100万千瓦时。为做好供水工作，管理处在供水前不断加大宣传力度，张贴、下发保水质和供水安全通告3000余份，刷新供水标语300余条，多次出动宣传车沿供水渠道进行宣传；在电视台滚动播映供水的意义、责任和义务，形成全民关心爱护供水的良好社会氛围；加强工程巡护，投入30多万元对渠道内的小口进行封堵，对险工险段进行处理，对渠道内的垃圾柴草进行清理；灌溉、工管、机电紧密配合，科学调度，上下协调；做好人员及调度安排，水政执法大队12名人员，24小时不间断巡护水面；由72人组成的3个护渠分队和6个管护组，带红帽袖章近90多个日吃住在渠边，以保证渠道安全无事故，水质安全、流量充足。

【扎实做好防汛工作】 2012年，王快水库在结束了给北京第二次供水后，紧接着迎来了紧张的防汛工作。由于水库水位一直处在超汛限运行状态，天气形势严峻多变，防汛工作不容乐观。结合水库自身实际，管理处早部署，抓重点，强措施，采取水库和灌区同抓共管。主要做到："一个宗旨"，即保安全。水库多蓄水，灌区不决堤，汛期不死人。"两个预案"，即防洪预案和防洪抢险预案要及时修定，更具有科学性和可操作性。"三个及时"，即一是部署及时，统一指挥，精心安排值班人员，严肃值班纪律，做好各类信息收集及传递方式和程序；二是演练及时，7月19日水库管理处和县人武部联合在王快水库开展了防汛演练，参演人数为160人；三是调度及时，水库根据市防抗办的调度指令，安全实施防洪调度方案，一是向沙河泄洪22天，二是为了实现洪水资源化目标，有效补充保南地区的地下水，从总干分洪11天。"四个到位"，即一是巡护到位，重点部位要做到24小时有人值守，及时汇报动向；二是制度到位，有完善和严格的值班、预警制度，形成上下协调一致，层层签订责任状；三是物资到位，防汛物资是关键，保障物资在指定的地点有专人看护，能在第一时间运到洪灾现场；四是抗洪抢险队伍到位，及时与当地政府、部队做好联系，确定队伍人数及行动路线，沟通好实施救援方案，确保在发生事故时能拉得出，用得上。

【严封死禁保水质】 王快水库是省级饮用水水源地和水源地保护区，也是北京市重要应急备用水源地之一，且负有向北京、天津、保定市及潴龙河东地区的临时供水任务。管理处采取多种措施，保证水质不受污染。一是加大宣传力度。通过广播电台、电视台等媒体宣传水质保护的重要性，出动宣传车，深入库区周边乡村进行水法宣传，发放张贴宣传通告800余份，明白卡1000余份，使大家在思想上重视起来，达到共同执法的目的。二是实行封闭管理。水政执法大队人员实行不间断的水上巡查，严厉打击水面上的非法作业人员（包括清理网箱养鱼200余箱，禁止非法钓、毒、电、炸鱼行为近千起，清除非法水面采铁砂船近300余艘、游泳船6艘）。三是建立县乡村三级护水协调员制度，形成水库水源地护水网络组织。护水协调员与水库执法大队、保卫科人员，配合曲阳、阜平两县公安、交通、环保、水土资源、水利局等部门，多次对非法采砂、网箱养鱼及库湾非法填建拦河坝等行为进行打击，取得了成效。四是水库为了达到"自然净化水质、自然渔业增值"目的，按照政策规定，设置禁鱼期和捕鱼期，促进水库水质及渔业管理良性、和谐发展。水库出资近10万元购买净化水质的草鱼、花白鲢等鱼种近400多万尾放养，直接经济价值达60余万元。

【多措并举抓安全】 安全生产工作是水库工作的重要工作之一，也是一大亮点。作为省确立的安全生产承诺示范单位，管理处坚持不懈地狠抓安全生产工作：一是层层签订安全生产承诺书，按要求及时召开例会；二是聘请国家安监司领导和省、市安监局的安全专家对全处的安全员及全处干部职工进行了两次大规模的专题培训学习，组织全处干部职工参加了水利部开展的安全生产网络知识竞赛活动，使全处上下增强安全生产意识；三是投入60余万元，消除水库防汛工程、渠道工程及机关内部安全隐患，新增设200余块警示牌，更新、刷新警示标语500余条；四是结合安全生产新规定、新政策完成了《安全生产规范化资料汇编》、《安全生产承诺资料汇编》的重新修订；五是在做好日常工作基础上，特别做好节假日和十八大期间的安保工作，保证水库工程设施和人员安全，实行全封闭式管理，实行24小时不间断值班巡逻。共对200余车次进行安全检查，劝阻1600多辆车上坝，接待了8次省市县暗访组，受到了各个暗访组的肯定。

【科学创新促发展】 一是进一步学习和完善人事、财务、行政等规章制度，做到人、财、物透明阳光，各项工作向科学化、合理化、规范化、秩序化方向发展；二是探索水面渔业新发展，采取封闭管理模式，实现水质和水生物资源持续增长双丰收；三是水源地综合办事处积极向省环保局申报水库周边防护围栏和水质自动监测站项目，对水库水质进行实时监控；四是2011年度节改工程项目及高效节水的项目已批复正在施工；2012年度第一、二期节改项目的实施方案及投标工作将在2013年逐步实施。

（蔡贵胜　王红亮）

【安格庄水库管理处】 安格庄水库管理处为副县级差额补贴事业单位，隶属保定市水利局。管理处内设党委办公室、行政办公室、工程管理科、人事劳资科、财务科、治安室、灌溉科、水政科（兼水政执法大队）、房涞涿灌区管理站及向阳、高村、裴山、太和庄四个灌溉管理所。

党委委员
管理处副主任　李锁成

党委委员　毕晓伟

【概况】 安格庄水库是大（Ⅱ）型水库，位于中易水中上游，控制流域面积476平方公里，枢纽建筑物主要有主坝、溢洪道、泄洪洞、水电站、八里沟副坝和跨流域紫荆关引水工程等六部分。水库主坝长602米，最大坝高49.4米，坝顶高程170.60米。水库除险加固工程于2002年基本完成，水库防洪标准达到了2000年一遇，最高洪水位168.71米。下游河道安全标准为20年一遇洪水，限泄1000立方米/秒，超标准时不限泄。

水库下属两个灌区：易水灌区和房涞涿灌区。易水灌区经过40多年的建设，已形成干、支、斗固定渠系布局基本合理的大型灌溉系统。易水灌区设计灌溉面积39万亩，有效灌溉面积28万亩。房涞涿灌区兴建于天启年间（1621－1626年），20世纪50年代搞了低标准配套，进行了扩建。设计灌溉面积30.2万亩。

【狠抓安全稳定、安全生产工作】 建立了以行政首长为主要责任人的安全组织，建立了较完善的规章制度。各科、室、所把安全稳定贯穿全年的工作当中，水库党委严格要求职工增强安全意识，维护稳定团结的局面，落实好责任制，做到了一级抓一级、层层抓落实，确保了单位的安全与稳定。2012年，对水库、灌区的所有工程设施、生产生活设施进行了多次检查。发现安全隐患及时处理解决，及时向全处职工传达贯彻上级有关安全稳定的指示精神。为确保水库安全度汛，对影响防汛工作的一些工程和生活设施进行了维修。加强供水管理，保证了灌溉和北京供水的安全运行。

【较好地发挥了水资源效益】 2012年3月15日至7月6日，给北京第一次应急供水历时108天，共计供水7700万立方米，为河北省创收1.55亿元。管理处利用北京供水水费，解决了拖欠职工的部分工资和一些历史遗留经济旧账，改善了单位的经济状况，调动了职工的工作热情。2012年汛后，因为水位超过了最高允许蓄水位，经市水利局与上级单位协调，12月1日开始给北京第二次供水，计划供水1亿立方米，初步定于2013年3月结束。另外，2012年还进行春灌放水2次，秋灌1次，灌溉供水共计3000万立方米，灌溉面积8万亩次，共实现灌溉水费收入72万元。

【加强工程管理，实现保安全目标】 在工程管理上，力求做到科学、细致、严格。为确保大坝及其他工程设施的安全运行，技术人员对工程进行了多次大检查。2012年的防汛准备工作重点抓好“六个落实”：一是组织落实。汛前全面落实各重点单位防汛责任人，落实以行政首长负责制为首的各项防汛责任制。二是工程落实。汛前认真开展水库工程防汛安全大检查，对检查出的问题及时采取处理措施。三是预案落实。认真修订各类防灾抗灾预案，提高预案的实用性和可操作性。四是物资落实。储备、管理好各类防汛抗旱物资，确保抢险救灾的物资需要，增储了编织袋、钢管等防汛抢险物料。五是队伍落实。认真落实抢险队伍和群防队伍，确保抢险队伍在关键时刻拉得出、用得上、干得好。六是基础夯实。加快推进洪水预警系统的建设，增强预警和突发性洪水的测防能力。在2012年的“7·21”暴雨中，水库经受住了考验，工程未出现险情，保证了安全运行。但水库防汛专用道路及防汛物料仓库发生不同程度的损坏，管理处已上报水毁工程维修计划。水库上游紫荆关引水工程受“7·21”暴雨影响发生险情，出现多处漫决，经采取合理的应急措施使损失降到了最小。

【重点工程建设】 2010年易水灌区节水改造项目，总投资2500

万元，其中中央投资1500万元。到2012年底基本完成。2011年易水灌区节水改造工程，投资1667万元。项目已全面开工，工程进展顺利。2012年易水灌区节水改造工程项目可研已经完成并通过审查，控制投资6000万元。另外，2012至2015年易水灌区节水改造工程项目可研也完成上报，控制投资1.2亿元。安格庄水库大坝安全鉴定工作已经完成，水库评定为三类坝，工程需要第二次除险加固。水库二次加固工程初步设计已经完成，概算投资1亿多元，初设正在审批中。（冯亚辉）

【龙门水库管理处】 龙门水库管理处位于保定市满城县白龙乡东龙门村，隶属于保定市水利局，为副县级差额事业单位。内设办公室、工程科、渠道科、多种经营科、财务科、治安派出所、渔政站和纪检监察室等科室。至2012年底，全处共有在职人员53人，其中管理人员13人，专业技术人员17人，工勤人员23人；副高级职称2人，中级职称7人，技师7人。

党委书记
主　　任　贾爱成
副 主 任　李军良
纪委书记　王秀成

【概况】 龙门水库位于保定市满城县东龙门村漕河中游，是一座以防洪为主，兼有灌溉、养殖等综合用途的大II型水利枢纽工程。该水利枢纽工程包括主坝一座，长539米，最大坝高40.5米；副坝四座，全长2237米，除十八坡付坝高程为131米外，其它坝顶高程均为131.8米；新建泄洪闸全长96米，设8孔闸门，堰顶高程为120米，净宽80米；百年一遇洪水设计，两千年一遇洪水校核。控制流域面积470平方公里，最大库容1.267亿立方米。

【度汛工程建设】 由于自然环境侵蚀和水库工程设施老化，在2012年度的防汛工作中，技术人员发现主坝下游排水暗管排水不畅，水库上游入库站测流断面不能正常使用，严重威胁着防汛抗洪工作。为了保障水利工程安全运行，经保定市防汛抗旱指挥部批复，2012年度汛工程于9月25日开工建设，预计2013年4月完工，总投资134万元。其中土建工程由保定市建筑安装工程处承建，2012年9月25日开工，2012年11月15日完工。主要工程量有：土方开挖1500立方米，混凝土管安装300米，反滤池浆砌石100立方米，土方回填1250立方米。水库入库站新建测流面分部工程主要工程量有：混凝土衬砌288.75平方米，土方开挖1197.1立方米，土方回填336立方米。闸门及附属设备工程由管理处施工，计划于2013年3月开工，工期两个月，主要项目有：闸门旧钢丝绳拆除、金属芯镀锌钢丝绳安装，上油；闸墩栏杆治安防腐、泄洪闸工作桥护栏除锈防腐；更换十八坡集中控制室及管理处三楼自动化控制室UPS电源、电机更换、备用电源维修、灌溉阀井处理等。

【精心管理，确保安全度汛】 2012年汛期，水库以上流域内平均降水量626.3毫米，日最大点雨量为9月2日七峪站，雨量为143.8毫米。截至9月17日8点，水库库水位为117.69米，库容2280万立方米，汛期累计来水量1525万立方米。在2012年的防汛工作中，管理处严格落实防汛责任制，加强工程监测及洪水预报。工程巡视检查组负责各坝段和工程设施的巡视检查工作，实行责任追究制，每周一次，检查结果汇总到防汛办公室，填表时署上检查人姓名，保存备查。工程技术人员对重点工程、薄弱环节加强巡视，定期观测、分析，把握工程动态，对各种可能发生的险情进行了估计并制定相应的措施。报汛组成员昼夜值班，不迟报、不漏报、不误报。各种制度和责任制挂牌上墙，以利监督。

（安玉兰）

电　力

【保定供电公司】 保定供电公司是隶属河北省电力公司的国家特大型供电企业，担负着保定27个县（市、区、开发区）的供电任务，供电面积22109平方公里，人口约1100万人。2012年，公司本部共有职工2019人，公司系统共有职工1.3万人。截至2012年底，公司拥有110千伏及以上变电站138座，变电总容量1656.4万千伏安；公司运维110千伏及以上线路287条、5069公里；代维华北电网公司资产500千伏线路9条、849公里。

经　　理　王军利
党委书记　闫晓丁
副 经 理　荆　宇　唐　勇
　　　　　侯书其　王向东
纪委书记　任玉池
工会主席　崔建勇
总会计师　刘海涛

【概况】 2012年，保定供电公司售电量完成239.11亿千瓦时，公司系统没有发生人身、电网、设备、交通、火灾和信息事故。公司获全国五一劳动奖状、全国文明单位、国家电监会“十八大”保电先进单位、河北省“7·21”抗洪抢险先进集体等多项荣誉，管理创新成果《输电线路属地化运维管理》获全国电力行业企业管理创新成果一等奖。

【电力供应安全可靠】 公司始终将确保电力安全可靠供应作为各项工作的重中之重，严格执行《安全生产法》、《电力安全事故应急处置和调查处理条例》及《国务院关于进一步加强企业安全生产工作的通知》等各项规定，全面落实各级人员安全责任，强化隐患排查治理，确保电网安全稳定运行和电力可靠供应，综合电压合格率完成99.794%，供电可靠率完成99.950%。在涞源、涞水、易县三县遭受60年一遇特大洪灾后，保定供电公司迅速启动应急机制，紧急抽调抢修人员3179人，历经7天7夜连续奋战，恢复受灾地区全部11.7万客户的正常供电，以“零事故”取得抢险救灾的阶段性胜利，得到政府和社会各界的充分肯定，收到锦旗、感谢信100件，中央电视台等各级新闻媒体报道90余次。保定公司和涞源、涞水2个县公司被评为河北省“7·21”抗洪抢险先进集体。省电力公司“7·21”抢险救灾总结表彰大会在保定召开，公司被评为省公司“7·21”抢险救灾先进单位，4个受灾县公司被评为突出贡献单位。

【电网建设稳步推进】 认真落实保定市电网建设工作会议精神，紧密结合保定市工业化、城镇化和农村现代化进程，全面对接重点项目，加快推进坚强智能电网建设。全年完成电网投资9.71亿元（其中主网8.96亿元；配网0.75亿元），投产110千伏及以上容量73.7万千伏安、线路169.56公里，新增配网架空线路32.4公里、电缆线路20.5公里，新增公用配电变压器77台，增加变电容量3.14万千伏安，进一步优化了保定市电网结构。积极服务市重点建设工程，克服困难，抓安全、保质量、赶进度，如期完成富昌至生态园10千伏供电线路工程建设，及时满足了生态园区中秋、国庆“双节”期间的用电需求；大力配合市政道路改造工程，积极筹集资金，圆满完成东湖片区10千伏线路迁改工程，为确保东湖工程按期竣工奠定了基础；配合市政府保定市生态园、朝阳路北延公路和容城工业园建设，迁改110千伏及以上线路7条、29公里，杆塔68基。

【多措并举提高优质服务水平】 始终秉承“你用电、我用心”的服务理念，着力打造95598光明服务工程，不断优化供用电环境。广泛开展电力开放日、“三进”（进社区、进企业、进学校）等活动，解答客户用电咨询1900余次，走访重点大用户5623家，为电力客户提供贴心服务。不断深化“十分钟缴费圈”，在现有12种缴费方式的基础上，大力推广POS机、网上银行、电视一卡通等3种非现金缴费方式，并在133个城郊村设置24小时售电网点，进一步改善了用户缴费环境，方便了客户购电。充分发挥共产党员服务队作用，组成107支“共产党员服务队”和325支“八九点钟的太阳”青年志愿者服务队，广泛开展“三进”志愿服务，解决群众生产生活难题2300余件，架起了党和人民群众的连心桥。面对电力供需紧张局面，周密编制、严格落实有序用电方案，保证了迎峰度夏期间居民和重要用户用电，圆满完成春节、高考等141次保电任务。特别是在中共十八大安保工作中，公司全面落实市委、市政府部署，超前谋划，精心组织，广大干部员工9天连续作战，出动车辆5500余台次，行程近4万公里，圆满完成保电任务。公司获国家电监会“十八大”保电先进单位、保定市“十八大”安保工作先进集体等荣誉称号。此外，公司还严格落实政府要求，圆满完成中共中央总书记习近平到保定阜平考察调研期间的保电任务。认真听取社会监督员的意见建议，对各类行风投诉举报件进行调查、分析，着力改进提高服务品质，客户满意度显著提升。公司被保定市授予“善美保定，行风之星”荣誉称号。公司系统继续保持民主评议行风领先水平。

【服务社会主义新农村建设】 认真贯彻市委、市政府关于开展加强基层建设年活动的重要部署，大力实施“新农村、新电力、新服务”发展战略，促进农业增效农民增收。加大农网建设力度，继续实施农网升级改造工程，完成1个县、15个乡、392个村电气化建设，进一步提升了新农村电气化水平。精选骨干人员驻高碑店小高科庄村帮扶，在圆满完成十项规定重点帮扶工程的同时，主动募集13万元资金改善小高科庄村小学环境。同时，投资1.48亿元完成455个村电力设施改造任务，新建改造10千伏线路155.66公里，新建改造低压线路1120.63公里，新增改造配变526台、新增容量7.4万千伏安，极大改善了帮扶村用电环境。公司的工作赢得了社会各界的广泛赞誉，共收到锦旗、感谢信150多封。公司驻村工作组被评为河北省优秀驻村工作组。心系灾区群众，在抢险救灾的同时，超前谋划涞源、涞水、易县三县灾后电力设施重建，并在第一时间迅速启动相关工作，规划总投资约5.08亿元。根据灾区重建总体规划，科学安排电源布点，实施差异化设计，集中优势力量，高质量完成全年124项重建工程项目。

（杨宝杰）

交通·邮政·电信

铁　路

【保定火车站】 保定火车站隶属北京铁路局北京车务段管辖，是全国铁路一等站。按业务性质为客货运站；按技术性质为区段站。该站有客运、运转、货场、清苑货场和满城站5个运输生产部门；一线生产班组62个；设站长1人、站党总支书记1人，副站长2人，站长助理1人；2012年在职职工930人。

【概况】 保定站管辖北站（客运站）、南站（货物列车技术作业站）、3个货场（南货场、清苑货场、刘守庙东货场）、1条支线（保定－神星）。全站线路189条，总延长181.6公里。担当保定市区及22个县（市）旅客和货物的铁路运输及区段、摘挂列车的编解任务；有站管专用线28条。各式门桥吊4台、装卸叉式车4台；配属专用基本调车机4台；另外，使用企业自备调车机2台："厂调"负责保定西郊第一、二电厂取送车调车作业，"清调"负责保定南郊清苑电厂取送车调车作业；新客运站西站区有主站房综合楼1座（内设旅客升降电扶梯13架、候车大厅上下2层、检票口4个、贵宾候车室2个；外设站台3座）；主站房南侧开通综合售票大厅1座（含售票、取票、退票、照顾重点旅客"爱心售票窗口"、实名制购票身份证明制证窗口共16个；新安装使用了自助取票、自动售票机8台）。2012年完成旅客发送542.11万人，超年计划发送23.21万人；货物发送73万吨，超年计划发送3万吨；装车13839车，超年计划装车809车；卸车55523车，比年度计划指标亏欠1573车；运输总收入50945.53万元，比年度计划指标超额395.53万元。

【安全生产管理模式实现转变】 以落实北京铁路局提出的"高、勤、严、细、实"工作要求，实施安全风险管理为根本抓手，变结果考核为过程控制，积极开展预防为主，关口前移，精细管理；记教训，抓防范，盯现场，严两纪，达标准，明考核，实现了全站安全运输生产持续稳定。成立了以站长、站党总支书记为组长，站班子其他成员为副组长，各部门主任、书记及车站5个查岗组组长为组员的领导小组；明确主管安全副站长常务负责此项工作，各部门分工抓落实，制定了《保定站安全风险管理实施方案》，做到有序推进。摘录制作了宣传提纲和宣传手册下发各工种；通过班前班后会等，广泛发动，组织职工大讨论，讲清开展安全风险管理的重要意义，强化"三点共识"；各部门建立了《安全风险管理专卷》、设立了安全风险管理考核公示栏，逐日汇总，纳入月度综合考核；车站组织干部专题学习，站长亲自讲解，提高全员对安全风险管理的认识；各部门向职工讲解安全风险管理知识，细化分解学习内容，组织统一考试，确保落实到位。结合路局公布的50个关键项点，制定了车站《安全风险控制表》，录入过程控制系统；制定了35个岗位的《岗位安全风险控制卡》，并结合作业实际，对路局规定以外的客运上线保洁、运转减速顶作业、驼峰调车长、门卫等，通过外延岗位涵盖范围，结合人员、设备、环境和作业特点，也制定了控制卡，形成一套统一格式的《岗位安全风险控制卡》，确保岗位风险卡全覆盖；开展了车站安全生产风险日预警、周趋势、月分析及研判工作；修订了《干部履责说明书》和《职工作业指导书》；完善了多种《应急预案》和18项措施办法，形成一整套《保定站安全风险管理措施办法》。

【利用技防物防手段保障安全】 积极利用科技管控方法，拓宽现场作业安全卡控渠道，各级干部和管理人员在日常工作、现场检查、值班巡视、作业查岗中，采取了到机务段调取回放“调车机监控录像”、查看道口作业监控、安检查危仪录像、装卸货物列车质量影像资料、调车作业设放“检”字牌、对当班职工进行“酒精测试仪”检测、电台监听作业用语、流程和安全联控呼唤应答等，制定了《保定站安全风险管理技防物防量化考核表》和《登记本》，对查出的问题认真分析、定责考核、强化整改。一系列技防物防手段的运用，改变了单纯的“人盯人”，为安全生产提供了新保障。

【卡控关键点确保运输安全稳定】 结合实际，明确安全攻关点和突破点，加大对影响安全生产的倾向性、关键性、习惯性违章等问题的整治、卡控力度；关口前移、超前防范、严格管理，从发牌、物技防手段运用、回放检查的次数和质量上得到体现，车站各级管理运用风险管理的理念和方法，与现行有效的安全管理制度相融合，促进安全管理工作效率的提升，为确保全站运输安全生产提供了一个新平台。

【新设“清苑电厂行车室”和“五尧线路所”】 年内新建大唐保定清苑南郊电厂开通，保定火车站增设了该电厂行车室及清苑五尧线路所2处铁路运转作业新岗点；安装使用了6502自动闭塞电气集中行车办理设备；安排了倒班值岗人员；该电厂自备专用调车机1台，保定站运转组建了“清调”专门调车组，负担该电厂到达电煤货物列车的取送作业，保证了该电厂如期开通和日常运转。

【坚持召开“调车工种职工家人座谈会”】 从1998年起，保定站运转每年春节前召开调车职工家人座谈会，到2012年已坚持了15年。职工家人座谈会以团拜的形式，沟通单位与职工家人的联系，增进职工家人对铁路确保运输安全、保障职工人身安全，进而爱岗敬业，良好服务社会重要性的认识和理解。

【新客站（西站区）年底开通】 12月30日凌晨3点半，随着车站改造部分竣工第一趟接入旅客列车的发车启动和限速运行安全出站，标志着保定火车站新客运站（西站区）开通投入使用。在紧张筹备新客站开通期间和实际开通的当夜，北京铁路局、北京车务段有关领导、保定站主要领导和相关干部坐镇一线，与施工单位加强联系、加强行车组织、调度和指挥；客运服检与运转外勤联手，客流组织和旅客引导、售票工作、站台排队乘车、服务咨询、保洁工作、供暖供水、餐饮供应等章法有序，为保障西站区顺利开通创造了条件。贯彻党中央“八项规定”，新站开通没举行剪彩庆典仪式。新客站开通后，车站立即开展了“新站舍、新设施、新服务、新标准”为主要内容的优质服务活动，使用好新站扩能改造后的硬件条件，全面提升为广大旅客服务的质量，树立全新的保定火车站新形象。

【实行全“实名制”售票、验证验票进站与乘车】 从清明小长假起，按照上级要求，在原动车、重点列车旅客实行“实名制”购票、乘车基础上，对所有列车旅客一律实行“全实名制”三核对（车票、实际乘车人、二代身份证）进站和乘车。售票厅15号窗口为“公安制证”（办理旅客购票临时身份证明）窗口；在进站口处设立岗位和人员，专门进行“三核对”，无票和三核对不符人员谢绝进入候车厅、不予放行、检票和上车；实名制车票丢失可在售票窗口“挂失补”；网上实名制订票成功、网上购票成功车站取票信息可进行查询、确认等。严密了旅客进站和乘车组织，促进了旅客铁路旅行安全。

【首次使用“自助取票”和“自动售票”机】 从新客站（西站区）开通起，陆续增设、添加使用了“自助取票机”和“自动售票机”8台，由车站电子工作人员负责日常保养维护、由售票厅人员负责上票卷纸和调试，安排客运专人指导旅客取票或购票操作。起到了分流窗口购票、取票，减轻售票厅压力，缩短旅客购票排队等候时间，更充分合理利用现有票额、运能，快捷、便捷等功效。

（张　翔）

公路交通

【保定市交通运输局】 保定市交通运输局的主要职责是贯彻执行国家、省、市交通运输行业发展的方针政策和法律法规；承担全市综合运输体系的规划协调；组织拟订全市公路、水路和地方铁路等交通运输行业规划和标准；承担全市公路、水路和地方铁路建设市场监督管理；承担全市公路、水路和地方铁路运输组织管理及市场监督、安全监管责任；负责全市交通运输行业体制改革和企业管理；负责协调国家铁路项目前期、建设和运输等相关事宜；负责所管辖高速公路及国、省重点干线公路网运行监测和协调，承担国防交通战备工作；承办市政府交办的其它事项。机关设10个内设机构，行政编制56名，设局长1名、副局长3名，纪检书记1名，科级职数18名。局所属事业单位43个、实有人员2693人。

党委书记 局　　长	李正群	
党委委员 副 局 长	宋海振	刘英杰
	张树林	吴刊峰
	肖　健	王　江
党委委员 纪检书记	方永明	

【概况】 2012年完成交通建设总投资104.94亿元（含省管高速17.2亿元），其中完成高速公路建设投资50.6亿元，农村公路11.52亿元，市区路网重点项目3.2亿元，干线公路养护3亿元。全市现有县际以上客运班线896条，营运客车2936辆；农村客运班线808条，营运客车2758部；出租汽车6450辆（其中市区3036辆），市区公交汽车线路85条，公交运营车辆1562辆，万人拥有量为14.9标台，年客运量1.47亿人次。2012年全市完成道路客运量15363万人，旅客周转量927986万人公里，货运量21949万吨，货运周转量8573331万吨公里，同比增长4%、9%、20%和19%。截止2012年底，保定市公路通车总里程19006公里，按行政等级划分：国道8条1101公里，省道42条2070公里，县道34条971公里，乡道4280公里，专用路226公里，村道10358公里；按技术等级划分：高速公路824公里，一级公路524公里，二级公路1960公里，三级公路2243公里，四级公路13241公里。

【张石高速公路西陵互通至涞源南互通段竣工通车】 张石高速公路西陵互通至涞源南互通段长66.7公里，途经易县、涞源两县，采用双向四车道标准，设计速度80－120公里每小时，路基宽26米。2009年3月开工。该段地形地质情况复杂，桥梁隧道众多，并与京原铁路、陕京输气管线、112国道多处交叉，是张石高速保定段全线施工难度最大路段。在省、市和沿线党委、政府的大力支持下，经全体参建者努力工作，于2012年12月22日11时通车运营。至此，张石高速公路保定段全线通车运营，进一步完善了保定市及全省高速公路网布局，将为沿线经济发展提供坚实基础。

【大广高速白洋淀支线竣工通车】

大广高速白洋淀支线全长14.6公里，概算投资8.28亿元，全段位于雄县境内，采用双向四车道标准，设计时速80公里每小时，共设桥梁628米/7座（不含互通区桥梁长度），分离式立体交叉5处，于2011年12月开工，2012年12月28日正式通车运营。白洋淀支线将把大广高速和白沟新城通过连为一体，带动保定东部次中心城市的快速发展，有助于进一步开发白洋淀旅游资源，有效促进资源整合，增强对北京、天津以及河北省南部地区城市游客“周末游”和“假日游”的吸引力。

【初步形成“三纵三横一环”高速路网】 2012年底，全市高速公路通车总里程达830公里，位居全省首位，初步形成了“三纵三横一环”（三纵：大广高速、京港澳高速、京昆高速；三横：廊涿－张石、保津－荣乌、保沧－保阜；一环：由京昆、保阜、荣乌、京港澳顺接而成的环城高速）的高速路网格局。

【交通运输部领导到保定考察】

8月6日交通运输部部长李盛霖到保定市考察“7.21”洪涝灾害道路水毁及恢复、高速公路建设等工作。副省长宋恩华，省交通运输厅厅长高金浩，市委书记许宁，市长李谦，市委常委、副市长刘颖等领导陪同考察。李盛霖详细了解“7.21”洪水造成保定市境内高速公路、国省干道、县乡公路毁坏情况，查看受灾情况，并听取了市交通运输系统抢险救灾工作简要汇报，对市县两级党委、政府及交通运输部门奋力抢险救灾的精神给予充分肯定，并表示，尽最大努力支持保定市交通运输系统灾后重建工作。4月17日，交通运输部副部长冯正霖率领考察组在省交通运输厅厅长高金浩，副厅长宋晓瑛，副厅长潘晓东，市长李谦，市委常委、副市长赵常福等有关领导陪同下，到市客运中心站参观考察。考察组一行实地查看了进站安检、出站检查、监控中心、车辆检测中心等道路安全保障设施，并查看了保运集团第九分公司安全生产情况。在随后召开的座谈会上，冯正霖在分别听取了赵常福和保定市交通运输局、保运集团有关负责人的情况汇报后，对保定市道路客运安全工作给予了充分肯定，并提出了具体意见。

（郝　琰）

公路运输

【河北保定交通运输集团】 是一家以道路旅客运输、城市公共交通、旅游以及汽车修理、汽车销售、物流、宾馆、餐饮服务等业务为一体的大型综合道路运输企业。拥有国家一级客运资质、二级货运资质。目前，下辖12家子公司、39家分公司、2个一级客运站，23个二级客运站。在职职工9127名。

董事长 党委书记	张　生
总经理 党委副书记	王陵江
副董事长	魏成华
党委副书记 纪检委书记	李淑珍（女）
工会主席	曹士杰
副总经理	刘　俊　梁玉民 王　冀　李　力 张　宇

【概况】 2012年，拥有各类客、货运输车辆4200余部，长途客运线路近700余条，市区全部公共交通班线59条，日输送旅客45万余人次。营运范围通达18个省、市、自治区。2012年共实现客货周转量280807千吨公里，实现主营业务收入98470万元，实现利润总额1787万元。全年事故率0.5起/百万车公里；伤人率0.3人/百万车公里；亡人率0.02人/百万车公里；经损率1.5万元/百万车公里。集团公司荣获中交企协“全国交通运输节能减排优秀贡献企业”和“全国交通企业文化建设品牌单位”称号，荣获全国总工会、团中央、中质协“全国质量管理优秀企业”称号，荣获省人民政府“河北省就业先进企业”称号，荣获省交通运输厅“河北省交通运输系统2012年春运工作先进单位”称号，保定汽车总站党总支荣获中组部“全国创先争优先进基层党组织”称号，先进典型郭娜陆地航空班被交通运输部誉为“当代交通运输服务团队的楷模”。

【提高客运市场竞争力】 2012年新开通线路11条。经过与天津公司多次沟通，达成了18条线路互通班车的意向。结合京昆、张石、保阜等高速线路的开通，经与省运管局、北京省际处协调，重点对平速线路发往北京以及原由乡（镇）村发往北京的班线，调整为高速运营，共计完成了38条平速线路、86部营运车辆的高速线路调整工作。调整后经营模式由融资承包改为公车公营，线路效益、企业收益得到了明显增长。同时又积极调整运力配备和发车密度，促进线路增收创收。通过坚持经常性的线路效益分析，客运市场调研，探索并把握运输生产变化规律，科学调整运力配备，合理安排班次密度，以满足旅客乘车的需求，促进企业效益的增长。巩固城乡道路客运一体化推进成果，扩大线路收益。一、二、三公司在601、621、631线路上，增车增座，使线路收入明显上升。九公司保定至廊坊线路通过市场调研、经济分析，实施运力调整，更新了LNG清洁节能客车。半年时间就通过线路增加收入冲抵了购买新车增加的折旧，创造了良好效益。从客运市场需求出发，合理调整发车班次，节约运输成本，挖掘线路效益潜力。六公司在涞源遭受“7.21”特大洪涝灾害后，立即调整线路发车班次，沉着应对市场变化。五公司密切关注单车实载率，及时调整石家庄线路发车班次，减少空驶里程，节约运输成本。同时还针对市场需求，适时增密了沧州高速线路班次，促进了增收创收。公交总公司灵活安排台班趟次，根据线路客流动态，探索弹性调度机制。一公司针对白沟、安国市场经济活跃，阜平高速开通，运行时间缩短，普遍受到旅客欢迎的实际，在941、601线路上，分别增密多个班次，在912线路上增车增班等等，深挖了线路潜力，取得了良好效益。

【推进城乡客运公交一体化、公交化改造进程】 积极谋划城乡道路客运一体化、公交化改造，对城市公交开展低碳运输，落实节能减排举措，加快公交车“油改气”工作进度。公交总公司积极做好689台LNG空调车的更新工作。在车辆招标工作中，严格招标程序，合理选配车辆设备。9月份，公交总公司与中茂能源、保定工行就车辆购置委托贷款正式签约，落实了车辆购置资金。10月份，丹东黄海DD6109S55型环保燃气公交车已陆续上线运营；在推进城际线路公交化改造中，集团公司总结已开通501、621、631线路的经验，重点完成了保定至易县、容城（白沟）、博野三条线路的公营车改造工作。8月份完成了对易县恒安公司和原市二运公司共计27台客车的收购工作。10月份，对保定至易县平速线路实施公车公营。四公司为尽早实现容城－白沟－天津全线公营管理，5月份实施保定至容城线路资源整合工作。在收购26台社会集约化车辆工作中，管理人员不分昼夜地与经营者座谈交流，就收购方案进行宣传讲解，连续10多天吃住在客车上。通过艰苦细致的思想工作，完成了社会车辆收购工作，顺利开通了

641公交线路。一公司在经历了与上述两个公司同样的艰辛努力后，8月份完成了博野线路上31台社会集约化车辆的收购，完成了保定至阜平低速公车公营改造，开通了612城际公交线路。集团公司积极落实节能减排措施，开展低碳运输，对单程300公里以内适合于LNG车辆运营的线路，大力实施“油改气”工作。2012年集团公司购置了154部LNG车投入营运，全年替代柴油2900吨，节省燃料费用630万元。被中交企协评为“全国交通运输节能减排优秀贡献企业”。

【确保运输生产安全稳定】 针对“道路客运安全年”活动，坚决防止驾驶员疲劳驾驶。对全集团所有省际班车驾驶员的配备情况、连续驾驶时间、落地休息地点进行详细摸排。按照省运管局排查方案要求，通过调整发车时间，明确休息地点，停运整合线路等方式，严格落实“凌晨2时至5时停运”措施。集团公司共调整了15条线路的发车时间，停运2条线路。对28条线路明确了中途休息地点，并实施GPS和视频24小时监控。加强客车动态监管力度。全集团运营车辆GPS安装率达到100%，夜间运行车辆、卧铺车以及城际公交车安装了视频监控系统，将GPS监控违章率列入各单位月度考核。为保证GPS设备有效运转，与GPS设备安装商联系，签订了驻地维修合同，确保GPS系统零故障率。为健全完善GPS使用管理制度，规定GPS不在线的车辆一律不得运营。对于违反规定，非法改装GPS系统、故意遮挡卫星定位信号等存在重大安全隐患的，从严处理。严格控制超员超速违法行为。在全面加强内部监管的基础上，配合交管部门，对因超员超速列入“黑名单”的驾驶员严肃处理。收到“黑名单”信息后，安管人员第一时间与当事人见面，共同核实信息，确认无误后，给予严肃处理，有效地促进了违章率的降低。坚决执行“安全带-生命带”专项行动。集团公司于5月中旬全部完成了高速公路客运车辆安全带的安装任务，完善了司乘安全告知内容。各级汽车站在严格落实“三不进站，五不出站”制度的基础上，增加了专项检查内容。切实落实“七防”措施，加大隐患排查力度。对基层各单位进行消防安全及内部治安防范检查8次，其中大联查3次，消防安全及治安防范工作考核3次。检查消防设施、器材达17000余件次，维修灭火器3716具，更新灭火器422具。各基层单位进行消防安全及治安防范隐患排查、自纠活动600余次，组织消防灭火和旅客疏散演练22次。在党的十八大安保工作中，出色地完成了安保和稳定工作任务，同时也为广大旅客提供了安全的乘、候车环境。3月份，在国家三部局联合召开的“道路客运安全年”动员部署电视电话会议上，集团公司作为全国道路运输企业的唯一代表做了典型发言。董事长张生在发言中介绍了安全生产的具体做法、实际效果和今后的工作思路，得到了国家三部局领导的充分肯定。5月份，交通运输部冯正霖率队来保定客运中心专题视察安全生产工作，再次肯定了保运集团在安全生产工作中迈出的坚实的步伐。9月份，集团公司又作为全省运输企业的唯一代表在河北省交通安全工作会议上做了经验介绍。2012年，集团公司被授予“河北省安全生产管理先进单位”荣誉称号。

【扩展物流业务】 集团公司一手狠抓企业内部管理，强化工作质量考核，严格成本控制。另一手狠抓市场的维护和拓展，积极增收创收，努力巩固市场，占领市场。在全力做强第三方物流市场的攻坚战中，以保定物流园区为基础，进一步发展维护保定至广州、合肥，定州至重庆以及省内货物中转配送业务。增加了广泉物流、立中纸箱、中硕电池等十余家优质客户。以北京公司为基础，开辟北京至江苏专线业务。在江苏设立常州、无锡、苏州三个物流分站，利用物流信息系统对专线实施管理。同时设立专线天津办事处，开通北京至天津的往返专线运输，进一步增强北京专线业务的辐射能力。物流公司在北京市场巩固原有物流客户的基础上，又开发了宝马配件、京东方等近十家客户，扩大了在北京物流市场的影响力，为发展第三方物流，整合社会资源创造了条件。以汽车站为基础，大力发展区域物流。物流管理部门组织营销人员进行物流知识普及培训和MIS管理系统培训，着重普及物流知识及实际操作。目前在区内设置6条物流专线，覆盖全区22个县，为建立完善的物流网络打下了基础。保定总站在巩固区内保运快送业务的同时，今年与南京、济南等汽车站建立合作关系，签订中转业务协议。由于保运快送的信誉好、服务优，今年又有数十家新客户与他们签订了服务协议。二公司从仓储、配送业务入手，健全机构，搭建信息平台，建设了物流仓储库房，拓展了高碑店业务市场，收益良好。七公司在巩固原有唐县至保定物流专线的基础上，充分发挥所属各汽车站的节点作用，不断扩大业务范围。三公司今年又新增3部危货车投入物流生产。阳光旅游公司拓展城市航站楼业务范围。与北京方面签署航空货物运输联运协议，已开始受理航空货运业务。以提高仓储管理能力和水平为基础，发展货代业务，实现以储带运。物流公司与美的合作，为其产品提供仓储、配送服务。通过全面提升仓储标准化管理，优化仓储方式，提高了仓储效率，降低了仓储成本，为顾客提供了优质服务，初步形成了具有保运特色的仓储模式。在此基础上，拓展新业务，增加规模客户，又发展了格力电器业务。10月份，对邓禄普轮胎实施质押物监管。这一业务的开展，在拓展仓储经营模式，提高仓储管理水平的同时，拉动了以储带运和货代业务发展，扩大了物流作业环节。加强物流园区管理，以优质服务创造良好效益。为满足园区入驻商户需求，2012年在园区专户C、D座原有库房的基础上，改建了内置库。为河北快运在园区内建设占地近300平米，高度达8米的二层立体库房。截至12月底，园区共有100多家商户入住，入住率由去年的96%提高到了100%。

【拓展汽贸业经营领域】 巩固发展重卡工程车辆市场份额，巩固“北奔”、“红岩”，开发“欧曼”、“重汽”，开创“格尔发”销售新局面，完成了红岩4S店改建，加快了一汽品牌涞源4S店建设。努力开发乘用车经营品种。完成了众泰、纳智捷两个轿车品牌的签约，纳智捷4S店主体已完工，上汽安吉2S专业高级轿车维修连锁店已获授权。9月份众泰4S店开业经营，当月就实现销车收入330万元。建立覆盖全区的二级销售网络。依托集团公司县站布局优势，积极拓展销售网络，加大对网络销售人员的培训，使业务人员掌握销售技巧和产品知识，更好地向用户推介产品，提高了成交率。轿车销售网络已覆盖全区20个县，网络销售占比60%。转变销售方式，多种形式促销增收。汽贸公司积极组织销售人员，掌握汽贸市场信息，及时推出了陕汽节能环保LNG货车销售项目，已与曲阳方面签订了50辆大型货车的订单。北奔站的销售人员根据市场变化，开发新的行业客户，在小型公交车、越野工程车、水泥搅拌罐车的销售上取得了成功，组织销售人员“上山下乡”，通过车辆巡展、用户恳谈会等多种形式实现促销。加大汽贸清欠工作力度。受货运市场经营困难影响，贷款车回款难度加大。为维护企业利益，业务人员，抓紧“月供”催缴。汽贸“月供”拖欠率保持在了1.8%以下，经营风险降到了最低限度。狠抓售后服务促销售。在汽车行业的激烈竞争中，汽车产品本身差异越来越小，售后服务成为各品牌竞争的焦点。汽贸公司紧紧抓住这一关键环节，不断强化基础管理，提高售后服务水平。按照标准将售后服务程序化，对所有销售车辆建立起服务档案。汽贸公司2012年投入30多万元进行了汽车销售、维修、配件管理的软件开发，努力提高售后服务水平。各品牌售后服务站及维修车间实行24小时值班服务，坚持“竭尽全力为用户服务，千方百计使顾客满意”的工作方针，努力为顾客提供人性化、差异化的服务。

【加大对车站的升级改造力度】 集团公司对汽车站建设加大投资力度，严格履行甲方责任，严把工程质量关，确保汽车站建设及升级改造项目成为“放心工程”。通过自筹资金并争取省厅支持，投资上亿元，完成了保定西客站主体工程，涿州公交换乘站主体工程，客运中心升级改造项目，涞源站、定兴站新建工程以及高阳站外网电气工程、消防工程，白沟站增建项目，高碑店站、容城站防水工程等。

【不断提升服务质量】 集团公司结合创先争优活动的开展，将2012年确定为“服务质量创新年”，确定了“规范服务，创新方法，确保顾客满意”的活动主题，组织广大员工持续开展“创新服务，让顾客满意在保运”活动。稽查部门从规范服务出发，全年组织11次大规模联查活动，有效地规范了司乘站务人员的服务行为。各单位以创新服务方法为切入点，实施品牌战略，开展特色服务。保定汽车总站被授予“河北质量名牌”企业。在总站品牌工程中，郭娜陆地航空班充分发挥引领示范作用，在创新服务的实践中实施“星星管理模式”，将创新服务与提高业务水平相结合，不断提高服务能力，将创新服务与长效机制的形式相结合，全面提升服务水平；还对照省交通运输厅出台的汽车站客运文明服务规范，重新制定了十二项规章制度，落实到工作岗位上。一公司“太阳花”乘务组根据旅客需求不断创新服务方法，按月实行末位淘汰，按季评选服务明星，激发班组成员的服务热情。乘务队相继荣获了河北省“女职工建功立业标兵岗”、保定市“女职工示范岗”的光荣称号。一公司还制定了“名优品牌班组、诚信品牌车站、服务品牌班组”建设计划，力争通过服务品牌建设创新服务方法，提高整体服务水平。三、五、九公司分别以“客乐达”、“安馨服务”、“保运快客”接受河北省服务名牌验收为契机，不断加强服务质量改进和服务方法创新。九公司大力开展621公交诚信客运班线及首都机场名优客运班线创建活动。9月份，首都机场客运班线被北京交通委和省运管局联合授予“文明服务示范班线”称号，并举行了隆重的授牌仪式。四公司在徐水、容城、雄县三地成立了“青年志愿者服务队”，对标“郭娜陆地航空班”，努力为旅客提供高质量的服务。公交总公司转变传统的运营管理模式，在省内同行业率先向市民承诺重点线路首、末班重点站准时到站。3月份，在2路和101路上试运行后，本市媒体对这种重承诺、方便市民出行的运营模式进行了追踪报道。这一模式又延伸到了8条线路上，深受广大市民欢迎。为方便市民观光游览生态园，开辟了游3路、游5路定点旅游线路，极大地方便了节假日市民群众的游园出行；开通了23条学生专线，解决了学生出行安全问题，受到了市领导、学校、学生及家长的一致好评。六公司在倾力打造“拒马源头七姐妹”优质服务示范班组的同时，又大力开展了创建满意班线，创建满意车站的“双满意”活动。七公司“红色驿站”服务组被评为河北省“质量信得过班组”，在这个班组的影响带动下，又涌现出了“红色快车”、“温馨之旅”等服务品牌班组，有力地促进了服务质量的提高。二公司的“彩虹姐妹”服务组、八公司的“易水河温馨港湾”服务组、十公司的“城市之舟”都在本单位发挥着示范引领作用。公交总公司通过开展“金牌形象驾驶员”评定工作，在上千名驾驶员中155名驾驶员脱颖而出，营造了“比学赶帮超”的学习气氛，掀起了优质服务的新高潮。

【关心体贴职工生活】 组织安排省级以上劳模免费体检；帮助常年患有慢性病的职工申报医疗保险门诊慢性病待遇；为离休老干部和建国前老职工缴纳医疗统筹费；为家庭生活困难员工发放困难补助。3月份，为113名单亲女职工投保“平安女性重大疾病保险”。各单位工会组织坚持“五必谈、五必访”，职工遇有婚丧嫁娶，热情给予帮助。一、十物流公司开展了“生日送蛋糕，短信送祝福”活动，每位在岗职工生日当天都能收到来自企业的祝福和问候。职工医院为方便员工就医，对现有场地进行了装修维护，并为住院治疗的员工免费提供餐饮。三公司、保定汽车总站为一线员工发放抗流感药品，注射流感疫苗，保护职工身体健康。汽贸公司为身体残疾的职工调整安排适当工作。物业管理中心充分征求驻客运站各单位意见，为员工提供便宜可口的午餐。二公司为解决部分职工住房困难，筹建了一幢宿舍楼。四公司筹资在家属院打了一眼“深水井”，改善了职工群众的饮水质量。公交总公司、九公司为缓解驾驶员的疲劳，购置了电动按摩椅。七公司职工赵军的女儿身患白血病后，党员干部爱心捐款1.2万元，帮助解决了员工的燃眉之急。通过保障和改善民生各项措施的落实，党群关系、干群关系进一步和谐融洽，企业的凝聚力、向心力不断增强。集团公司今年被授予“河北省文明交通行动计划先进单位”称号。

【强化监督管理】 重新修订了《党风廉政建设责任制规定》，组织各基层单位和机关部室负责人作为“第一责任人”重新签订了《党风廉政建设责任书》，集团副处级以上干部签订了《廉洁自律承诺书》。按照省委“三自”、“六不”的要求以及市委“亮剑”行动的部署，购买了《廉政建设学习读本》，深入组织学习贯彻，不断增强管理人员廉洁自律意识。集团公司作为保定市建立行政权力监控机制试点单位，紧紧抓住腐败现象易发多发的重要权力和部位，查找风险点101个、确定了三级风险等级，建立健全了企业权力运行监控机制。在大宗物资采购招标中，严格按照规定程序履行审批、招标、采购手续，完成并登记备案物资采购合同154项，金额525万元，节省支出近40余万元。集团公司被市委、市政府授予“推进权力运行监控机制建设工作先进单位”称号。

【认真实施“打非治违”专项行动】 集团公司积极贯彻上级党委政府对“打非治违”专项行动的工作部署，落实“大事不出，小事也不出”的要求，将各岗位安全隐患的全面排查作为工作重点。各单位均成立组织，制定方案，认真加以落实。各单位安委会每月定期分析本单位安全工作中的问题，制定有针对性的改进措施。对所有岗位、设备、设施等环节的隐患排查工作，按照要求详细记录，留有痕迹。同时强化日常安全管理，教育广大一线员工，人人知道岗位操作规程和安全注意事项，知道发生异常情况如何处置、发生事故如何自救互救。八公司为加强员工劳动保护，编制了司、乘、站、修岗位《安全操作指南》。物流公司对所有园区入驻客户建立了消防档案，并组织员工和商户进行消防知识培训。公交总公司、油品公司全面加强安全预防性管理，工作重心前移，管理放在一线，放在基层，放在现场，严查不规范生产行为。物业管理中心重点加强车场管理，增加了安全防范投入，重点区域安装了监控系统。保定汽车总站在专项行动中，重点落实“三不进站，五不出站”制度，党的十八大安保期间，充分利用安检仪、手持探测器等安检设备，做到每包必检。夏季面对洪涝灾害，积极开展以“六预防”为主的汛期安全生产防范，保障了汛期道路运输安全。

【组织业务技术大练兵】 集团公司紧紧围绕生产经营，组织广大职工开展多种形式的岗位练兵、劳动竞赛活动。8月份，在全省全面启动“河北省岗位练兵技术比武”活动的新形势下，适时开展了第二届职工岗位技术技能竞赛活动。经过层层选拔，149名选手进入到了司、乘、站、修、会计、稽查、计算机应用等各专业组的决赛中，最终30名选手分获了一、二、三等奖。通过竞赛活动的深入开展，有力推动了企业文化建设。

【质量管理活动成绩突出】 2012年，集团公司共有64个质量管理小组收获了活动成果。一、三、五、六、七、九公司、保定汽车总站的七个QC小组分别参加了河北省、交通运输部、全国QC小组成果评审会，获国优小组2个、部优1个、省优4个。申报河北省服务名牌3个。集团公司被全国总工会、团中央、中质协授予“全国质量管理优秀企业”称号。

（田梦波）

邮　　政

【保定市邮政局】 保定市邮政局属国有公众服务性企业，现有职工4045人，下辖6个职室部室、10个专业局、22个县（市）局；邮政支局所228个、金融网点143个；2012年实现业务收入5.71亿元，完成省公司计划108.82%，连续14年被省委、省政府评为“省级文明单位”。

党委书记 局　　长	任炳怀
纪检书记 副 局 长	崔合营
工会主席 副 局 长	曹力英

【概况】 2012年，保定市邮政局认真贯彻省公司、市委、市政府各项工作部署，全面推进“三五八十”战略构想，实现了企业效益与运行质量明显提升。积极贯彻落实省、市委“亮剑”活动精神，召开了为民服务亮剑行动动员大会，启动了“查短板、找差距、促整改”工作，向社会做出了八项承诺，并于3月27日在《保定日报》、保定电视台向社会公开。严格落实省委“三自六不”要求，严格规范领导干部行为。市局为全体中层干部和职能部室人员订做“三自六不”警示牌，要求将其作为刚性原则来执行，作为铁的纪律来遵守，严格规范基本行为。

【开展“三亮”活动】 通过亮标准、亮身份、亮承诺，接受监督，增强服务意识，激发内在动力。11185客户服务中心和2012690服务监督电话，全天候受理的用户业务咨询、查询和投诉的电话，确保第一时间内把问题通知到所属单位，在最短的时间把处理结果向用户反馈，给予解决和答复。2012年，邮政用户综合满意度达到94.5%，客户投诉率明显降低。

【发挥典型带动作用】 2012年初，涿州市邮政局投递员谢清岭在由中宣部、中央文明办主办，中国文明网承办的“我推荐、我评议身边好人”活动中，当选为“中国好人榜”（敬业奉献）好人。3月，市局党委发文《关于开展向“中国好人”谢清岭学习活动的决定》，鼓励和引导广大职工爱岗敬业、岗位成才。3月5日，保定市邮政局党委授予路东投递分局五班“雷锋投递班”称号，号召全局职工以开展“学习雷锋活动”为契机，进一步加强队伍建设，提升服务质量，改善服务环境，在全市邮政致力创建“精细化管理，确保全网畅通”的典型，全面推进保定邮政持续健康发展。

【文化下乡服务三农】 实施了“电影下乡、科技下乡、文化下乡”活动，为22个县（市）局配备数字化放映机，组成“三下乡”慰问小分队，把党和政府的方针政策给百姓送进村；把科技图书和科技文化给百姓送进村；把百姓所需的生活用品和生产资料送上门；还帮助百姓缴纳话费、农电费以及其它百姓需要的服务项目，让百姓不出村就能享受良好的邮政服务。2012年中秋节前夕，保定邮政三下乡服务队走进顺平县高于铺村，举办“爱在邮政，情暖顺平”大型慰问演出，活动期间，市局领导班子成员和顺平县委、县政府主要负责同志一起为“绿色村”、“百庄示范田”等项目和“邮政图书馆”揭牌，并为高于铺村军烈属和孤寡老人送上节日慰问品。在2012年基层建设年活动中，保定局抽调包括副局长崔合营同志在内的2名优秀干部组成驻村帮扶工作组，与唐县北齐家佐村结成队子，工作组按照建设社会主义新农村的要求，充分发挥邮政部门职能，积极为村民办实事、办好事，得到当地政府和百姓的好评。截至2012年底，保定局共完成、补建空白乡镇邮政网点137个，建立三农服务站2815个，直营店80个，服务面积达3000个行政村。2012年，配送化肥11500吨，各类作物种子181吨，酒水日用品等142200件。

【队伍建设进一步加强】 全市配备专职营销人员369人，占到从业人员的9.5%；实现营销业绩10723万元，同比增长43.92%。在全省2012年度“营销创优”劳动竞赛中，保定局荣获“营销创优”竞赛二等奖，涿州飞扬梦想队获优秀营销团队一等奖，《“越来越好”相声小品晚会》获优秀营销项目二等奖；定州市邮政局鄢红彦获全国优秀营销员称号。2012年11月，市局聘请上海陆家嘴财富中心金融专家，选择市区五个网点，全面启动金融网点转型工作。短短十天取得显著效果，特别是在“以人为本，以客户为中心”方面，提升明显，社会反应强烈。在在鼓励职工参加学历教育、远程培训、专业学习的基础上，先后邀请了对外经贸大学彭向刚教授、陆家嘴财富管理培训中心多位知名专家等，对中层以上干部、部分优秀营销人员、金融从业人员和机关管理人员进行了创新力、执行力以及标准化金融服务的培训。2012年，全局远程培训12期，巡回培训3643余人，参加网上学习4800人，专题培训53期、4600人次，全员培训率超过了100%。

【提升员工福利待遇】 从2011年劳务工可以参加大病保险以来，全区劳务工参保人数达1818人，八年来共救助患大病职工146人次，补助金额为151.3万元。2012年全年共筹集送温暖、慰问资金9.5万元，慰问劳动模范5人，困难职工20人，特困职工6人。设立金秋奖学金，资助50人，资助金额4.8万元。

【改善邮政服务环境】 积极推进“城市投递员之家”建设，市局专门成立了工作领导小组。由市局工会牵头围绕城市投递人员生产生活状况、投递队伍现状等内容，对全市5个城市投递分局进行了调查，有针对性的对市区5个投递分局开展了城市“投递员之家”建设，改善和提高了城市投递员生产生活条件，营造了关心、关爱、尊重员工的和谐氛围，全面提升了我局投递服务质量。市局5个投递分局全部实现城市“投递员之家”，为投递员解决了休息、就餐、洗浴、如厕等问题，建家率达100%。进一步完善“四有”小家建设。2012年新建了60个农村支局（所）“四有”小家，4月份，市局工会对“四有小家”情况进行检查验收，并针对存在的问题，提出了不断完善创建标准，丰富创建内涵，突出创建特色，培育小家文化，健全完善职工小家建设长效机制。截至年底全市有148个邮政农村支局，实现“四有”的有145个，建家率达到了98%。

（刘建峰）

联　通

【中国联合网络通信有限公司保定市分公司】 中国联合网络通信有限公司保定市分公司（以下简称保定联通公司）是中国联通在保定市境内的分支机构，具有电信全业务经营资质。保定联通公司拥有结构合理、技术先进、功能强大的现代通信网络，主要经营WCDMA/GSM移动电话、固定电话、宽带等基础通信产品和信息应用、信息内容、系统集成等综合信息服务产品，肩负着党政军专用通信、应急通信等重要任务，竭诚为全市人民提供通信信息服务。保定联通公司辖市分公司本部、22个县（市）分公司和白沟新城营业部等24个分支机构，其中，市分公司本部设综合部、市场营销部、财务部、人力资源部等27个部门，另设市网络分公司。

总经理　党委书记　崔世君
工会主席　郭志杰
副总经理　黄立新　师学林　刘长山　李毅超　郭志杰　岳　刚
纪检委书记　郭志杰

【概况】 2012年，保定联通公司紧紧围绕“信息生活的创新服务领导者”发展愿景，加快规模效益发展，深化服务改革创新，各项工作取得了新进展。全年启动建设项目27个，GSM网络下载速率较年初提升110.76%，交通干线良好覆盖率达到98.5%，实现了京石武高铁和廊涿、保沧、大广、保阜、张石高速全覆盖。开展宽带提速工程，行政村宽带覆盖率和商务楼宇光纤覆盖率均超过99%，能够为7成以上客户提供8M速率接入服务。持续推进HSPA+网络升级和WLAN建设，3G上网速度达到21M，全市200余个区域实现联通WLAN覆盖。截至2012年底，固定电话交换容量达到199万门，移动通信网交换总容量达到339万户，宽带端口总容量达到157万个，IP城域网出口带宽达到400G；在网客户总量达到429万户。

【全力打造“智慧保定”】 在服务好保定电子党务网、电子政务网、“平安保定”等大型项目的同时，2012年底与保定市政府签署了“智慧城市”建设战略合作协议。年底前，保定市“公交一卡通”项目顺利完成平台建设并进入测试阶段。该项目作为全市首例面向公众客户的一卡通项目，实现了手机客户乘坐公交车刷卡消费、公交车辆到站信息查询等多种功能，测试稳定后，装有联通智能RF－SIM手机卡的客户，可按普通公交IC卡政策刷手机乘坐市区内千余辆无人售票公交车。

【持续推进信息化应用】 年内先后承接了长城汽车、巨力集团、英利新能源等重要企业的信息化建设项目，根据客户需求提供汽车信息化、呼叫中心、IDC机房、移动办公、销售人员管理系统等业务；面向中国地质大学长城学院、河北科技学院、保定职业技术教育中心等高校开通“校园一卡通”业务，实现广泛应用，并在此基础上推出校园宽带多账号业务，满足了校园宽带一个信息点多个账号同时上网的业务需求；承建保定市北市区综合教育信息化项目，开通了全市31所中、小学光纤4MVPN教育视频互动联网（视频教学、教学信息共享）电路；研发承建了保定市烟草系统配送车辆定位、视频监控系统，实现了对烟草运输车辆动态位置的实时监控、调度控制、双向通信、历史数据回放、车内外3G实时视频监控等功能，从根本上提高调度管理系统对运营状况的实时掌握与应变能力，节约了客户成本；承建阜平交通运输局道路运输管理站人车定位项目，成功实现本地乡村客运车辆人车定位业务应用，助推了政府“两客一危”车辆安全管理工作。

【实施服务创新工程】 持续打造“宽带当日通”服务品牌，推出光纤薄覆盖、无障碍受理、主动预约等宽带服务措施，建立了7×8小时服务支撑体系和宽带修障感知指标体系，实现了修障服务“按日管控”，年底障碍维修超时数量较年初下降10.96%。同时，全力提升服务能力，广泛开展3G大讲堂和客户俱乐部活动，建立了行业信息化演示体验厅，全面满足客户了解信息化、使用信息化的需求，让信息服务走入了客户生活；加大客服官方微博、电子自助等服务措施的推广，完成联通电子商城业务升级，有效拓展了服务渠道；启动农村营业部标准化建设，努力提升基层销售单元集约化管理水平，为广大农村客户打造优质便捷的服务渠道。继续保持了2个国家级、3个省级“青年文明号”荣誉，东风路营业厅荣列省青年文明号“十大标杆”。

【全力投身“7·21”抗洪抢险】 2012年7月21日晚，保定西北部突降特大暴雨，洪涝灾害直接导致当地通讯设施严重破坏。灾情发生后，省、市联通公司高度重视，第一时间启动应急预案。保定联通利用本地网络资源多路由、多形式的优势，连夜通过网络调度恢复环网，独家实现了涞源县城以上区域通信服务不中断，为当地政府组织救援赢得了宝贵时间。7月22日上午10时，联通公司应急通信人员携带3部海事卫星电话乘坐军队直升机赶往野三坡灾区，率先将联通海事卫星电话送抵重灾区一线，成为河北省政府与灾区建立的唯一通信渠道。整个抗洪抢险期间，保定联通累计出动抢险人员451名、各类应急通信车76辆、卫星电话8台，公司广大干部员工在断电、断交的恶劣条件下，不顾个人安危，在重灾区第一个恢复公网通信服务，先后取得了打出第一个海事电话、第一个移动电话、第一个固定电话等多项“第一”的成绩，并及时推出免费“平安电话”服务，强有力地支持了抗洪抢险救灾工作，受到灾区政府和群众的赞扬。2012年，保定联通被授予河北省文明单位、集团级文明单位、省级抗洪抢险先进集体等多项荣誉称号。

（袁建英　尚爱丽）

移　动

【中国移动通信集团河北有限公司保定分公司】 （简称保定移动公司）成立于1999年7月7日，是保定市运营最早、规模最大，拥有客户最多的移动通信运营商，拥有市公司及23个县分公司和2个市区营销中心，现有各类职工2600余人。主要经营第二代（GSM）移动数字电话和第三代（TD－SCDMA）移动电话。先后获得中央企业先进集体、全国五一劳动奖状、全国精神文明建设先进单位、中央企业思想政治工作先进集体、中国移动通信集团先进基层党组织、中国移动通信集团创先争优先进基层党组织、河北省文明单位等多项荣誉称号。

党委书记
总 经 理 王笑平
副总经理 李治文 张 军
刘冬菊（女）
王忌武 马泉生

【概况】 2012年，保定移动公司坚持正德厚生，臻于至善的核心价值观，以社会责任为己任，致力于加强公司内部管理，强化执行力，加快战略转型步伐，深度开发市场，着力为市场需求提供更贴切、更便捷、更优质的信息化服务，进一步提升通信网络能力，丰富信息服务产品，实现了移动网络连续覆盖保定境内的京石武高铁和廊涿、保沧、大广、保阜、张石高速的网络信号全覆盖，全市所有自然村“村村通”等。截至2012年底，移动用户达700余万。

【深化网络基础管理】 2012年保定移动公司贯彻“网络质量是通信企业生命线”的核心理念，分流优化并举，开展了2G质量提升、室内质量提升、TD网络质量大会战等专项活动，多项网络指标均保持全省领先水平，实现了GSM和TD“质”“量”共同提升。在工程管理中坚持“创新、安全、质量、协同”的理念，通过工程建设属地化、一体化施工等具体措施，工程建设速度明显提升。不断加快校园、经济热点区域WLAN建设。在网络日常管理中，牢固树立“网络安全是最大的网络质量”和“100－1＝0”的安全意识，重点落实、全力以赴保障十八大网络安全；深入开展网络安全大检查和告警清理大会战活动；全面落实铁塔全生命周期纵向一体化管理，确保铁塔安全运行，夯实了网络基础管理。

【提升应急能力】 保定移动公司建立了常态化通信保障工作机制，全面修订了应急通信保障预案，应急演练贯穿市、县两级，涵盖核心网、传输网、无线网、电源等所有专业。较好地完成了4月涞源白石山、涞水白草畔森林火灾、阜平山火应急通信保障和7.21特大洪灾的通信抢险救灾工作。7·21洪灾使保定的涞水、涞源、易县、涿州等县遭遇有水文记录以来的最强降水，洪灾造成164个中继段约1786公里光缆线路损毁，退服基站近300个，累计损失近亿元。出动抢修人员6100余人次、车辆1800余台次、发电机2900余台次，完成了全部基站抢通。保定分公司在抢险中的表现，得到了省委省政府、保定市委市政府及社会各界的高度赞扬并获得“河北省7.21抗洪救灾先进单位”称号。

【发挥信息优势助力城市发展】 2012年，保定开通“无线城市”门户网站，相关服务已正式发布，可通过PC和手机两种方式登录页面。可提供无线政务、时事新闻、交通出行、便民服务、公共事业等8个频道，105项应用服务。与保定市民政局、财政局进行了多次沟通洽谈，延伸社区通服务内容，并由保定市政府签批，将65岁以上老年人入网紧急救助服务平台所需话费补贴列入市级年度财政预算。同时市民政局联合保定移动公司共同组建“12349（社区通）”增量扩面工作组，为城镇居民提供更加便捷的移动信息化服务。为助力提高保定市政务及办公自动化水平，保定移动公司成功开展了政务网等一系列集团信息化服务平台，极大的方便了各个单位办公自动化需求。

（李祺伟）

电　信

【中国电信集团公司保定分公司】 中国电信保定分公司成立于2003年，经过10年的发展，截至2012年底保定电信成为保定地区3G覆盖最广、宽带服务最好的全业务运营商，公司共有14个职能部门，4个分区业务发展部，23个县（市）分公司，各类在职员工1406余人。

总 经 理 郭洪景
党委书记 王会民
副总经理 赵洪勋 吴 燕
王雅璐 杨贵军
宾光义

【概况】 2008年通信行业重组后，保定电信分公司成为全业务运营商，主营互联网接入及应用、移动通信和固定电话等综合信息服务，拥有“天翼”、“189邮箱”、“爱音乐”、“号簿助手”、“号码百事通”和“互联星空”等知名品牌，拥有189、181、180、133、153号段。2012年获得“创先争优先进基层党组织”、“保定市文明单位”荣誉称号，东风中路营业厅及客服中心10000号被命名为“市级青年文明号”。

【提升客户服务与网络建设】 保定电信客户服务方面行业内全市排名第一，总体投诉率控制在1.2人次/每千用户/月，得到了用户的普遍认可。同时，投资1.56亿元新建OLT机房140余个，高速3G网络基本覆盖保定全部区域，为用户提供了良好的通信质量和优秀的应用体验。

【履行企业社会责任】 保定电

信在企业自身发展的同时积极关注环境保护和社会进步等企业使命，积极参与市委、市政府及各个部门组织的扶贫工作、驻村帮扶等工作。在2012年保定地区“7·21”洪灾中，保定电信发挥技术优势调集公司各项资源力争及时抢通、及时修复受到了市县各级政府部门的嘉奖，并积极参加灾后重建工作。

【惠民服务活动】 保定电信上级部门贯彻“宽带中国”战略，将以提速度、广普及、惠民生、降价格为目标，实施宽带上网提速工程。同时，继续推动建立普遍服务资金，深入实施通信村村通工程和信息下乡等宽带惠民活动。截至2012年底共建成各类营业厅50余个，进一步方便了民众对通信服务的要求。同时，继续开展“暑期电影进社区”和“暑期电影下乡”等系列活动，得到新老用户的普遍认可和赞誉。

（蔡若菁　郄　浩）

城建·环保

城乡规划

【保定市城乡规划管理局】 保定市城乡规划管理局是组织编制全市城乡规划并实施管理，负责对各县（市）规划局的业务指导和监督管理的政府部门。局内设9个职能处（室）：办公室、人事教育处、总工程师办公室（规委会办公室）、县乡规划管理处、城区规划管理处、建设规划管理处、市政规划管理处、规划监察处；下设南市区、北市区、新市区、高新区4个直属规划分局；下属4个基层单位：市规划编制研究中心、市城建档案馆、市规划设计研究院、市城乡建筑设计院；行业管理单位1个：市建筑设计院。

局　　长　倪贺营
副 局 长　陈　谦　王宝玉
　　　　　姜　健
纪检组长　王惠娟（女）
党组成员
副调研员　张志强

【概况】 2012年，市城乡规划管理局按照城市总体规划的要求，围绕加快新型城镇化进程、促进城乡规划上水平这条主线，突出“四个主攻方向、四大主体战略”，充分发挥规划的引导作用，着力打造“京畿重地、文化名城、低碳城市、山水保定”四张城市名片，以机关标准化管理为抓手、以法规规章体系建设为支撑、以数字规划建设为平台，促进了城乡规划编制的科学化、管理的规范化、监督的公开化，实现了规划设计水平全面提升、规划管理刚性明显增强、规划技术手段持续改进的目标。市委十届三次全会报告及五个专件涉及市城乡规划管理局的69项任务目标均按要求推进落实，《〈政府工作报告〉2012年工作落实方案》涉及的29项任务目标均提前或按时完成，2012年城建重点工程项目涉及的73项任务目标均推进落实，2012年市定局领导班子11项工作任务目标全部完成，为建设京畿强市、善美保定提供了科学的规划保障。

【科学规划，统筹引领】 注重发挥规划龙头作用，精心组织、超前谋划、科学编制、反复论证，着力为建设京畿强市、善美保定提供科学规划保障，以科学规划统筹引领科学发展。1. 突出对接京津发展规划。与北京市规划委员会签订了《京保城乡规划合作交流机制框架协议》，组织编制了《保定市对接北京空间发展战略研究》、《京南新区概念性总体规划》和首都新机场对接相关工作，突出对接京津的发展方向。2. 做好中心城市规划。组织编制了《保定市中心城市空间发展规划》、《中心城区北部新城（新能源城、汽车城）规划》，为城市的长远发展奠定基础。出台了《关于进一步提高“三星一淀”城乡规划管理水平的实施意见》，并进一步完善了区域规划协调工作机制，推进中心城市与相关县（市）之间的产业布局、重要项目、重大设施、土地使用等方面的规划对接，指导各地城乡建设发展。3. 完善基础设施专项规划。组织编制《保定市市域城乡统筹规划》、《低碳城市生态技术指标体系研究》、《城市绿道网建设标准研究》、《绿色社区标准与评价体系研究》、《城市水系生态环境改造研究》等规划前期成果，制定相应实施措施，为打造生态、宜居、低碳城市引领方向；编制审批了《保定市市场专项规划》、《保定市“十小”便民设施专项规划》，推进便民设施进街道、进社区。4. 统筹城乡一体化。加强对各县（市）城乡规划管理工作的指导、调度和督查，促进城乡统筹发展和城镇化水平的提高。加强县城建设。重点指导县（市）编制完成了《城市风貌特色近期建设规划》，开展实施“六个一”工程规划〔即，2012年各县（市）做好一处以上风貌特色街区规划、公园片区规划、示范性小区规划、重点区域城市设计、景观大道街景整治规划和标志性建筑或建筑群设计〕，提升县城建设品位。指导专项规划。重点指导各县（市）编制总体规划及县城控制详细规划和城市景观风貌、绿地系统、综合防灾、市政基础设施、公用服务设施规划等专项规划。推进乡镇和村庄规划，实现了各县（市）县城近期建设规划范围内的控制性详细规划覆盖率100%，各县（市）域乡镇和村庄规划编制率100%。5. 搞好重点建设项目规划。完成了关汉卿大剧院、万博广场、未来石、直隶餐饮博物馆等一批理念新、站位高、质量好的重点项目规划编制工作，积极谋划了东湖文化中心、西湖体育中心、中央CBD中心、市民服务中心、高铁新城会展中心等五大中心概念性规划，组织编制了东湖片区、高铁片区等一系列详细规划，为促进重点项目建设、提高城市品位提供了规划保障。

【规范管理，增强依法行政效能】 从规范管理入手，着力改善发展环境，提升工作效能。1. 规范规划管理。依法修改完善规划编制、审批、公示、监督检查制度，按照省、市行政审批事项改革相关文件要求，对市城乡规划管理局行政许可、非行政许可审批、行政监管等事项进行全面清理规范。搞好示范引导，作为省住建厅和全市试点单位，积极开展ISO机关办公标准化建设工作，并率先通过审查和认证；加强数字规划建设，市区进一步提高了应用水平，各县（市）基本建立起数字规划管理平台，实现了科学高效的规范化管理。依法制定保定市《城乡规划行政处罚自由裁量权基准制度》，确保依法行政，维护城乡规划的严肃性和权威性。2. 强化行政效能。认真落实规委会制度和“五策”运行机制，大力推行阳光规划、阳光审批，并依法简化审批环节，缩短审批时限，向社会进行公开承诺。对工业项目和重点工程实行“绿色通道”，发挥技术优势，完善现代化的“窗口”办理制度，确保项目随报随办，并积极与企业、建设单位沟通，听取他们的意见和建议，协调解决存在的实际困难。2012年，市城乡规划管理局先后组织对河北中兴汽车制造有限公司、保定向阳航空精密机械有限公司、宇能电气有限公司、长城公司等26家企业、建设单位和29项重点建设项目现场办公196次，解决实际问题215个，受到了有关单位的好评。3. 严格规划实施。与市委组织部联合举办全市各县（市、区）主管规划工作负责人、规划局长及业务骨干参加的规划业务培训班，着力提高素质和能力；认真落实城市“五线”管理和“一书三证”制度，严格规划依法实施；理顺相关执法权限，健全规划执法队伍，加大规划批后跟踪管理和查处力度，确保“规划落地”。市人大对全市城乡规划执法调研和检查工作中给予了充分肯定。

【高效完成灾后重建规划工作】 2012年“7·21”暴雨洪灾后，市城乡规划管理局全力服务灾区重建工作。投入干部职工及规划技术人员56人，第一时间深入灾区进行指导，对水毁房屋等灾情进行摸底调查，和当地部门、规划设计单位、相关专家一起开展迁建区选址、规划编制基础资料调研和现场踏勘工作，推进灾后规划编制工作的开展，并在规划系统内积极组织募捐活动，为灾区筹备救灾物资和重建资金3.4万余元。积极争取上级支持，省住建厅在全省范围内调集11家具有甲级规划编制资质设计单位，开展保定市灾后村庄规划编制工作。协调省地理信息局免费提供规划编制所需地形图，为灾后规划编制开展争取到省级政策和技术支持。分解灾后村庄规划编制任务，制定任务分布图，倒排工期，挂图作战，并建立日报制度，加强督导调度，确保工作进度。建立专家信息库，根据灾区需要，组织规划专家随时赶赴灾区提供技术咨询和现场指导，确保规划编制质量的落实。根据当地条件和村情实际，按照着眼长远、利于发展、先急后缓、分步实施要求，指导涞（源）涞（水）易（县）编制完成70个灾后重建村庄规划，为灾后重建提供了科学的规划服务和保障，受到了市委、市政府主要领导的充分肯定和表扬。

【开展加强基层建设年活动和扶贫攻坚工作】 选派政治思想强、工作作风硬、群众威信高的干部进驻顺平县三个村开展基层建设工作。工作组迅速展开调研，制订帮扶计划，确定帮扶项目，面向全社会倡议献爱心承包桃树200余棵，捐赠电脑10台、图书500册、健身器材5套，并帮助绿化广场等。市城乡规划管理局主动与涞源、涞水、易县沟通，对扶贫对象贫困程度和产业现状迅速组织调研，制定了扶贫攻坚计划，并签订了《保定市定点扶贫工作协议书》。根据扶贫项目的特点，结合自身职能，为涞源县编制了《白石山休闲旅游扶贫示范区规划》，规划围绕世界地质公园白石山的庄伙村等10个村庄，打造旅游产业带动周边经济发展；为涞水县编制了扶贫攻坚规划、保野路沿线城乡环境综合整治规划、三线五片规划等，为扶贫村沙岭西打井一眼；为易县桑园村编制综合整治规划，协助完成了村内两条约5公里街道硬化，自筹资金10万元为该村打井。并按照省、市要求，积极发挥自身优势，指导编制完成了643个村庄环境综合整治规划和322个村庄规划，为加强基层建设提供了科学的规划保障。

（徐雅靖）

【保定市城乡规划设计研究院】

保定市城乡规划设计研究院为市属副县级事业单位，归口为保定市城乡规划管理局，是保定市唯一的国家甲级资质的城乡规划编制单位，工作性质属政府行为，职能主要为政府职能服务，是市政府和市城乡规划行政主管部门的技术支持专业队伍，是研究制定公共政策的社会公益机构，是“编制法定规划的法定责任人”，肩负着保护资源环境、促进经济、维护社会公平、保障公共利益的重大社会责任和法律责任。主要工作内容为编制城镇体系规划、城市规划、乡镇规划和城乡发展战略、有关政策的研究、城乡规划的跟踪研究，为政府城乡规划和建设方面的决策提供依据。全院现有拥有高级职称33人（其中教授级高级工程师8人，高级工程师25人），中级职称37人，各专业注册师39人（其中国家注册规划师17人、国家注册咨询师12人、其它专业注册师10人），本科及以上学历员工占75%。

内部机构配置有：城乡规划一所、城乡规划二所、城乡市政规划一所、城乡市政规划二所、城乡规划研究所、地理信息所、院办公室、城乡规划业务管理室、城乡规划技术质量管理室、后勤管理室。拥有现代化办公设备：微机140余台，测绘仪器包括GPS各种卫星定位仪在内30余台套，各种复印扫描设备10多台。具有多种先进正版设计软件，全院建立了先进的网络系统，计算机出图率100%。

院长、党总支书记　姜　健
副院长　郭志奇
　　　　孙燕明（女）
　　　　骆连福　李铁柱
总工　王志仓

【概况】　2012年，市城乡规划设计研究院全面贯彻执行IS09001-2000国际质量体系认证，实现了设计质量的规范化、程序化管理；重视科技进步与科技创新工作，积极参与国家、省、市科研课题的研究工作，积极参与国家、省级规范编制工作。始终坚持“科学为本、质量为生、管理为重、持续改进、顾客满意”的质量方针；以“崇尚科学，求真务实”为立院之根本，以“技术领先，质量过硬”为立院目标，以“海纳人才，培养人才”为立院方略，以“赢得信赖，赢得满意”为立院要求。2012年，市城乡规划设计研究院获保定市年度文明单位和市直工会工作先进单位荣誉称号。

【精益求精完成市重点工作项目】

2012年完成的市重点工作项目，一是重点任务：保定中心城市北部新城总体规划、保定市2012城建道路规划方案、保定市交通影响评价研究、保定市城市风貌特色近期建设规划、保定市保障性住房规划、城市建筑外延规划研究、城市绿道网建设研究、保定市城市排水安全研究专项规划；二是重点工程：复兴苑路建设工程设计和规划设计，乐凯大街南延、复兴路西延和瑞祥大街北延的可行性研究报告；三是扶贫攻坚规划：涞水县石亭镇、娄村乡等四个乡镇八个村的规划编制，涞源县白石山景区六个村的规划编制；四是灾后重建规划：涞源县两个乡镇迁建区和六个村庄灾后重建规划，以上项目的完成，通过省住建厅和省政府的两次评审，均得到了领导和专家的赞扬及肯定；五是援建新疆：完成了农二师二二三团哈木呼提镇、二十一团开来镇总体规划，规划成果得到农二师的领导和专家高度评价。

（刘文学）

住房和城乡建设

【保定市住房和城乡建设局】

保定市住房和城乡建设局为市政府工作部门，负责全市住房和城乡建设行政管理。编制84名，内设16个处（室），辖12个事业单位、1个临时机构。主要负责贯彻执行国家、省有关住房和城乡建设工作的方针、政策和法律、法规，拟订有关政策及发展规划并指导实施，依据有关规定进行行业管理；根据本市国民经济和社会发展总体规划，拟订本市住房和城乡建设工作的中长期规划和具体实施计划；拟订全市危旧住房的改造计划并组织实施。承担推进住房制度改革的责任。依据上级房改政策规定，拟订本市住房制度改革的具体方案和实施细则并组织实施。承担保障城镇低收入家庭住房的责任。拟订住房保障相关政策并指导实施；会同有关部门做好中央、省、市经济适用住房、廉租住房资金安排并监督实施；编制住房保障发展规划和年度计划并监督实施。承担规范、指导村镇建设的责任。指导全市乡镇和村庄的建设与管理，推动村镇建设的改革与发展。承担规范房地产市场秩序、监督管理房地产市场的责任。负责全市住宅与房地产业行业管理；会同或配合有关部门拟订房地产市场监管政策并监督执行，推动住宅产业化；参与城镇土地使用权有偿出让工作；提出房地产业的行业发展规划、产业政策，负责房地产开发、房屋权属管理、商品房预（销）售、房地产转让、抵押、房屋租赁、房屋面积管理，房地产估价与经纪管理、物业管理，房屋征收拆迁的规章制度并监督执行。监督管理建筑市场、规范市场各方主体行为。规范建筑市场，监督、管理建筑市场准入、工程招投标、工程咨询、工程监理、工程质量、工程稽查和安全；组织或参与重大工程质量事故的调查处理；负责工程质量的审核与评定及对工程质量纠纷的仲裁；负责建筑安装、建筑装饰的行业管理，包括对建筑安装、建筑装饰企业的资质管理；监督检查工程质量及施工安全。参与制定城镇国土规划和区域规划；负责城建科学研究工作；会同文物管理部门对历史文化古迹进行保护和管理；拟订各类房屋建筑及其附属设施和城市市政设施建设工程的抗震设计规范；综合管理全市建设工程抗震设防工作；指导城市地下空间开发和利用工作。承担和实施建立科学规范的工程建设标准体系的责任。监督指导全市各类工程建设标准、定额的实施；对工程造价实施管理，拟订全市工程建设标准定额和工程造价管理的规章制度，会同有关部门拟订、发布工程建设地方标准和建设系统各行业的工程标准化、经济定额、产品标准，并组织实施和监督。负责住房和城乡建设监察的管理工作；对违反相关法律、法规的行为进行处罚；主管全市风景名胜区工作。承担推进建筑节能、城镇减排的责任。会同有关部门拟订建筑节能的政策、规划并监督实施；指导房屋墙体材料革新工作；组织实施重大建筑节能项目，推进城镇减排。指导公房的使用、修缮、拆迁、改造和保留保护的管理；负责市直管公房资产和拨用产的监督与管理；负责全市房屋安全鉴定工作。负责全市建设工程勘察设计工作，规范勘察设计市场；制定本系统科技发展规划、计划和技术经济政策，组织科技论证、开发和成果的推广应用；拟订和实施本系统行业人才培养规划；负责系统内行业科技人才队伍建设管理工作；负责组织管理本系统专业经济技术职称的评定和执业资格管理工作。会同有关部门编制城建资金使用计划、资金筹措及监督使用。负责住房和城乡建设系统的法制宣传教育工作；指导、监督住房和城乡建设行政执法和行政监察工作。负责落实私房政策遗留问题的处理工作。负责住房和城乡建设信息管理工作。负责全市城市规划区内国有土地上房屋拆迁的监督管理；负责本市城市规划区内国有土地上房屋拆迁、安置指导工作。负责全市住房和城乡建设统计工作。

党委书记 局　　长	方砚烽
党委委员 副 局 长	张树才（7月任）
	焦　龙　赵爱国
	梁志民　刘　虹
	葛新民　兰　勇
	专　胥
党委委员 纪委书记	牛力学

【概况】　2012年，市住建局围绕全市总体部署，认真贯彻落实市委十届三次全会精神，深入开展执行力亮剑行动和着力改善两个环境活动，开拓进取、攻坚克难，圆满完成了年度目标任务。各项工作共争取中央、省资金5.76亿元，建设市场数字化稽查新模式连续两年获全国住建领域突出贡献奖，获得了2011年度实绩突出单位、行风热线开播十周年暨"善美保定行风之星"十佳单位、全市为民服务创先争优群众满意窗口、创先争优先进基层党组织、党风廉政建设实绩突出单位、惩防体系建设创新单位等荣誉称号，十八大安保维稳工作受到了市委、市政府的通报表彰。

【保障性住房建设超额完成省定目标】　2012年省下达保定市责任目标为开工建设保障性住房及各类棚户区37890套，竣工2万套。市住建局按照"市区做大头，县（市）任务与地方财力挂钩"的原则，合理分配任务，全力推进，开工建设保障性住房及各类棚户区40270套，占省定任务的106%，累计竣工20092套，占省定任务的100.5%，提前两个月超额完成任务，共争取中央资金0.9亿元。市住建局被评为河北省保障性安居工程工作先进集体。保定市创新的保障房建设"四位一体"运作模式，在2012

年全省保障房建设保定现场会上做了典型发言。

【三大片区拆迁改造取得新的突破】 2009年以来，保定市实施了西大园、府河和清真寺三大片区拆迁改造工程。这是省内规模最大的棚户区改造工程，也是德政工程、民心工程。2012年以来，市委、市政府相关市领导亲自担任各片区指挥长，加强领导，举全市之力，全力推进拆迁。作为拆迁主力的市住建局工作人员根据市委提出的“三不怕”工作精神，“三步走”、“三大战役”的工作思路和“三心”、“三真”等工作方法，创新思路，多措并举，强力攻坚，取得了新突破。

火车站改扩建暨西大园片区企事业单位完成拆迁57家，占总量的98%；住宅拆迁完成3548户，占总量的89%。回迁安置区规划建设回迁安置楼16栋38万平方米，已开工建设6栋9.7万平方米。火车站改扩建市政配套工程西站房地下空间、知青路地道桥（西侧）和地下商业通道（西侧）完工；阳光大街施工段北段、西站前广场、公交停车场、地下商业通道已投入使用，火车站西站区于2012年12月30日正式开通。

府河片区企事业单位有57家完成动迁，住宅6174户完成动迁，累计完成总任务的80%。规划建设安置房住宅楼41栋，已开工23栋，其中16栋已经主体结顶。截至8月底，府河生态景观廊种植各类乔木0.46万株，种植灌木、草坪7.56公顷，提前4个月超额完成市政府下达的景观廊建设任务。

清真寺片区原有住户1885户，企业事业单位27家。规划建设回迁安置楼51栋，已基本完成拆迁任务。回迁安置楼开工建设49栋，其中20栋已经主体结顶，29栋正在主体、基础施工。

【外环水系工程建设进展顺利】

外环水系是“大水系建设”的重要组成部分，全长近60公里，其建设项目主要包括拆迁占地、土方、防渗、堤顶道路、桥梁闸坝、污水截流、景观绿化等七大项工程，估算总投资约10.57亿元，已完成投资8.89亿。经过近三年的建设，外环水系主体竣工并已顺利通水。

【农村危房改造扎实推进】

2012年省下达的目标是完成22个县（市）农村危房改造9880户，由于涞源、涞水、易县遭受洪水灾害，任务增加到13880户。在完成年初省定目标的基础上，三县6500户受灾农民住房恢复重建任务中，3373户农民住房修缮任务、2209户原址重建任务当年全部完成，918户异地迁建已全部开工。共争取上级资金3.4亿元。

【两厂（场）建设进展顺利】

2012年省定目标为8个镇污水处理厂，全部实现开工建设。到2012年底，涿州市松林店镇、涞水县三坡镇污水处理厂竣工。其他6座（定州李亲顾、高碑店市方官、高阳庞口、雄县龙湾镇，阜平县阜平镇、徐水大王店）主体工程已开工建设。共争取国家城镇污水处理设施配套管网奖补资金0.77亿元。

【行业管理不断加强】 市住建局引入ISO认证体系，于2012年11月顺利通过ISO9001质量管理体系认证，获得了正式的质量管理体系认证证书，成为市直机关中通过此项认证的首批单位之一。全面落实市政府《关于开展清理市区违法违规建设工作实施方案》要求，对市区违法施工项目拉网排查，出动执法人员1300多人次，稽查建设项目183个，建筑面积632万平方米，下发行政预警书21份，下达责令整改通知书45份。从严查处违法施工案件21起，有效遏止了违法施工蔓延的势头。办理施工许可证62个；应招标工程招标率达到100%；依法审查施工图37项109万平方米，对勘察设计单位的资质实施动态管理，不定期进行抽查；以加强劳务基地建设为抓手，坚持实施走出去发展战略。全市到外省（市）施工企业达到210家，施工队伍覆盖24个省、市、区，2012年完成建筑业总产值约879亿元，同比增长33%；积极推广太阳能等可再生能源在建筑中的应用，应用比例达到40%，超过了省定38%的目标。争取中央、省财政墙改及建筑节能方面补贴资金0.69亿元。

【房产交易工作有序开展】 在房地产交易大厅推行“立等可取”工作模式，提高工作了效率。办理房地产交易手续7845起80万平方米；办理房地产抵押手续4960起222万平方米；办理房屋租赁登记备案证636个36万平方米；办理商品房预售许可证48份264万平方米；办理公房异动手续253件，办理有偿转让141户；完成房租收缴实收总额1028万余元，收缴率95%。

（陈冠群）

市政公用事业

【保定市公用事业局】 保定市公用事业局是承担城市市政公用事业维护和管理任务的市政府事

业单位。负责贯彻执行国家、省、市有关城市建设方针、政策、法律、法规；参与制定市政公用事业方面地方性法规、文件和实施细则，并组织实施；建设和管理城市市政公用事业基础设施，保证市政公用事业基础设施正常运行；对各县（市、区）市政公用事业工作进行指导和监督；承担保定市市区供热领导小组办公室日常工作。局机关内设12个职能处室，下辖供水总公司、排水总公司、燃气总公司、市政维护管理处等9个单位。2012年，局系统先后被授予全国“安全文化建设示范单位”，省级“青年文明号”、“十佳文明服务窗口”，以及省、市文明单位，保定市“社会治安综合治理先进集体”、“纪检监察机关案件检查工作先进单位”、“工作实绩突出单位”等多项荣誉称号。

党委书记 局长	王勇山
党委副书记 副局长	郭振光
党委副书记 副局长 园林局局长	马春英（女）
党委委员 副局长	薛凯 张文泽
	戴涛 韩造树
党委委员 纪委书记	王旭

【概况】 2012年，市公用事业局按照高效能管理、高水平经营、高质量建设、高标准服务的工作目标牢固树立“精细化”和“创优服务”理念，全面提升城市基础设施建设、管理和维护水平，各项工作取得了显著成就。截至2012年底，管辖的市政道路总长244.26公里，总面积712.25万平方米；供水管道总长893.27公里，用水人口118.95万人，年供水量8537.5万立方米；排水管道总长826公里，年处理污水量8253万吨；燃气管道总长1014公里，天然气用户25万户，液化气用户10.45万户，年供应天然气11032万立方米、液化气4357吨；路灯总数29400盏，变压器266台。

【扎实推进各项重点工程建设】 2012年，面对承担的城建重点建设项目、政府工作报告任务和为民办实事事项，明确“突出重点，解决热点，突破难点，打造亮点”的工作思路，发扬顽强拼搏精神，坚持对每个项目倒排工期，挂图作战，有力地保证了建设进度和工程质量。一是高铁片区及站前广场项目建设。为达到确保满足京石高铁开通运行条件要求，抢时间，抓进度，组织开展工程建设大会战，11月底前5条总长9.353公里的快车道实现通车。占地200亩、总建筑面积5.9万平方米的站前广场12月20日全部铺装完毕，达到开放条件。跨京港澳高速公路钢结构斜拉桥安全合龙并达到通行标准，为保定市开发城市东部新区奠定了基础。二是东湖项目建设。完成投资5.86亿元，成功实现了南、北两侧主湖区蓄水，完成了配套的复兴路机动车、公交车道建设和五四路、焦银路、规划一路南段建设任务，建成两座跨黄花沟桥梁，为打造保定城市东北部景观生态新区奠定了良好基础。三是大力推进市区道路建设。继续组织实施西二环路、东风路东延、复兴苑路等跨年度工程并全部完工，启动复兴路西延、瑞祥大街北延项目建设，促进了城市交通承载能力的提高。四是加快推进了污水处理升级改造及再生水利用。污水处理一级A升级改造工程完成监理、勘察、审图、土建、设备等招标工作，并积极拓宽筹资渠道，争取中央预算内和白洋淀生态治理等专项资金，确保工程顺利实施；强力推进再生水利用工程和市场化进程，8月份鲁岗处理厂污水再生利用工程厂内通水试运行。

【不断增强城市公用事业保障能力】 为进一步提高城市保障能力，更好地服务群众生活和经济建设，不断加快公用基础建设和技术革新步伐，增强综合实力，为城市化发展提供有力保障。一是供水事业稳步发展。克服资金困难，强化内部管理，创新服务模式，再造发展优势。新建、改建供水管线14条，铺设管道15公里；合资成立高新区供水公司，拓展供水服务区域；争取财政补贴资金9000万元，冲抵了债务压力；采取多种措施，加大降耗堵漏管理力度，全年实现安全供水8200万立方米。二是燃气事业发展态势良好。新建天然气管网30公里，实现第二气源入市，年内实现扩户2.7万余户，完成液化气车用气瓶检测站等项目建设，单位合资合作步伐加快。三是排水和污水处理运营管理得到加强。构建三标一体模式和搭建排水数字化信息管理平台，进一步规范运营管理工作，全年3座污水处理厂累计处理污水8300万吨、污泥13.8万吨，削减COD3.7万吨、BOD1.2万吨；年内疏通管网800余公里，清掏检查井14698座、收水井10663座，维修补配排水设施560套，确保了城市排水顺畅和安全度汛。四是道路桥梁管理力度加大。严格依据养护要求，积极探索、改进工艺，注重预防为主，消除道桥病害，全年完成油路维修16637平方米，便道更换维修13906平方米，牙石更换维修13369米，维修、粉刷桥梁5957平方米，随着维护经费的不断提升，道路桥梁设施完好率、及时维修率、维修工程合格率均达到要求。五是路灯建设管理成效明显。坚持发展“节能、环保、高效”的城市道路亮化原则，在科技资金支持力度不断加大和合同能源管理创新的情况下，全年安装、改造不同路段路灯215基，维修路灯1469盏，升级改造了GPRS路灯自动控制系统，路灯亮灯率达到98.44%。六是城市供热持续稳步推进。统筹推进老旧居民生活区供热设施改造、供热计量改造和清苑电厂集中供热管网、北三环集中供热调峰热源厂建设等工作，着力解决了一批涉及民生的供热问题，推动了市区供热可持续发展，发挥了防火墙的作用，连续三年没有发生集体堵门堵路的群体事件。七是公用事业改革取得新成效。按照市委、市政府的要求，进一步确立了市政公用事业改革思路，加快供水、燃气合资合作改革步伐，推进了市政公用事业市场化进程。

【进一步规范设施管护和行业管理】 始终坚持向管理要社会效益、经济效益的工作导向，把管理工作摆在首位来抓，以设施管理和行业管理为两个重要抓手，持续深入开展精细化管理年活动。一是坚持日常精细管护。围绕所管辖的供水、排水、燃气、道桥、路灯、公园、广场、绿地等设施目标，进一步落实专职监督管理人员职责，强化分路包段、定岗定责的管理手段，充分利用数字化指挥中心统筹调度，加大管护力度，加大巡查频度和密度，全面提高了设施的完好率和故障抢修的及时率。二是突出抓好“两项整治”。按照市委、市政府统一部署，结合工作职能，认真开展城市环境容貌脏乱整治攻坚行动，逐级签订责任状，明确任务目标和责任分工，规范标准，层层分解，细化到人，真正使每一平方米设施、每一米管线都量化落实到人，基础设施巡查巡视和维护保养工作得到加强。三是切实加强内部管理。局属各单位坚持分类施策，因地制宜，在调动职工积极性、提高设备利用率、降低生产成本等方面不遗余力，推动了局系统整体管理工作的进步与发展。四是严格安全生产管理。始终坚持安全生产规章制度建设和隐患排查治理“两手抓”，切实把安全隐患消灭在萌芽状态。先后深入开展了“打非治违”、市政公用工程领域隐患排查治理、汛期高温期安全督导、节前安全生产大检查、食堂安全卫生检查、综合应急救援演练等活动，达到规范和提升安全生产工作水平的目的，杜绝了各类安全生产责任事故的发生。尤其是“十八大”安保维稳工作期间，局系统把事关民生的供水、燃气、道桥、路灯、施工现场作为重中之重，严格纪律，严防严控，通过全局共同努力，未发生一起责任事故和涉稳事件，实现了“六个确保”的目标要求，取得了“十八大”安保维稳攻坚战的胜利。五是落实行业监管职能。积极谋求行业规范化管理机制建设，集中开展了燃气行业经营许可监督检查，积极推进了燃气、污水处理、供水、道路管理等特许经营和管理监督制度建设。

【全面提升社会服务水平】 围绕为百万市民提供优良的公用产品和服务，进一步更新服务理念，拓展服务内容，深入开展行风建设和优质服务工作，真正做到“为民想、知民意、解民忧、暖民心”。一是主动开展服务工作。进一步完善行风优服精细化管理实施方案，通过聘请行风监督员、与新闻媒体联合开办便民服务栏目等，疏通民意渠道，并定期统计分析媒体信息，及时处理群众反映的各类问题，责内事项及时发现、处理、反馈，责外事项及时协调、主动配合，年内义务处理了建华大街运输房舍院内雨污分流管道沟塌陷和朝阳南大街村产供水管线跑水等问题。二是深化服务载体功能。继续办好局系统尾数为“111”的服务热线，强化与局指挥中心热线并项受理力度，快速响应，妥善处置，有效发挥服务指挥、办理、反馈、督查平台作用，全年共受理办结群众咨询事项36912件次，满意率为99.6%，收到各类表扬610件；受理城市管理数字化指挥中心发来案卷2390件次，其中责内事项972项全部办结，并按照要求反馈。三是开展富有特色的服务活动。年内组织开展了“走进公用事业、了解公用事业、感知公用事业、支持公用事业”主题优质服务宣传月活动，到广场、公园、社区开展大型便民服务宣传，发放宣传资料3800余份，征求意见1500余人次（份），接受市民咨询625余人次，义务维修燃气具、供水设施85件次。严格落实服务预告制，在保定晚报、市政网络平台发布停气、停水、断交信息90条次，及时发布工作动态、便民服务信息等335篇。先后6次走进电台《行风热线》栏目直播间，与广大市民互动、交流，解答咨询，处理问题，很好地满足了市民群众的需要。通过大力开展行风建设、优质服务工作，进一步树立了良好的社会形象，得到了广大市民的充分理解和支持。

【加强党建和精神文明建设】一是扎实开展创先争优活动。按照上级工作要求，总体部署，扎实推进，明确工作重点和目标任务，适时对基层党组织和党员开展创先争优活动进行群众评议，认真听取基层群众的意见建议，有效发挥了基层党组织的战斗堡垒作用和党员的先锋模范作用。同时，在及时总结的基础上建立长效机制，使创先争优活动取得的成效和经验得到了充分运用。七一前夕，局党委组织召开庆祝建党91周年暨创先争优活动表彰大会，对评选出的15个基层党支部、15名优秀党务工作者、50名优秀共产党员和20个党员先锋岗进行了表彰。二是深入开展基层建设年活动。根据省、市总体部署，对开展基层建设年活动进行了深入布置和扎实推进。确定6名同志到涞源县北石佛乡南上屯村和白石山镇斗军湾村进行定点帮扶，圆满完成各项帮扶工作任务，由于实绩突出，驻涞源县南上屯村工作组被省委、省政府授予"全省开展加强基层建设年活动优秀驻村工作组"荣誉称号。同时，本着为基层干部群众排忧解难、维护群众利益、解决群众疾苦的目标，局党委班子成员、局机关13名正科级干部每人分别在局属基层单位确定6名交友连心对象，通过组织交心谈心、帮扶慰问等活动，领导干部与交友对象心贴心沟通交流，听取意见建议，并通过深入一线与基层干部职工共同劳动，详细了解了基层工作内容和情况，为群众解决实际问题10余件，达到了坚强基层组织、规范运行机制、清晰发展思路、和谐发展环境的目标。三是党建工作进一步加强。年内，按照上级要求，认真贯彻落实做好基层党组织分类定级和基层党组织整改提高晋位升级工作，组织局属各基层党组织按照分类定级情况和结果，针对行业特点，找差距、找不足，制定具体整改方案，明确整改重点和措施，切实达到了晋位升级的要求。同时，积极开展基层干部科学发展和社会管理教育，专门聘请市委党校教授，对全体科级干部进行了加强和创新社会管理的专题培训，对提升干部队伍素质教育、提高公用事业管理水平起到了积极作用。四是精神文明建设富有成效。在繁重的保障工作和艰巨的建设任务中，局各级党组织注重加强精神文明建设教育和引导，各级领导干部、广大党员求真务实，率先垂范，靠前指挥，带头冲锋在前，以实际行动影响和带动了广大干部职工，在全系统形成了积极进取、奋发向上的精神风貌，有力推动了各项工作开展，全系统精神文明建设工作得到了扎实推进。

（陈　伟）

园林绿化

【保定市园林绿化管理局】 保定市园林绿化管理局是市政府主管城镇绿化工作的职能部门，经历了园林处（一级局）、园林局和公用事业局（园林局）阶段，于2012年10月9日又正式成立了相对独立的副县级事业单位。园林局担负着城市园林绿化规划、建设、管理等任务，管辖全市25个县（市、区）和两个开发区的城镇绿化业务工作。内设五个职能处室：办公室、城镇绿化管理处、公园广场管理处、园林绿化建设处、园林绿化监察处。下属15个基层单位：动物园、植物园、竞秀公园、东风公园、滨河公园、军校公园、一亩泉河游园、人民广场、绿化工程管理处、基建工程处、第二苗圃、龙潭公园管理处、红旗苗圃、公园电影院、动物园派出所、竞秀公园派出所。

党委书记 局　　长	马春英（女）
副 局 长	王建勇　李丙发 许亚平　王　宇

【概况】 2012年，市园林局按照市委、市政府提出的建设"京畿强市、善美保定"的要求，紧紧抓住"着力改善两个环境"有力契机，强力推进以创建国家园林城市为龙头的国家卫生城、环保模范城、优秀旅游城、低碳试点城"五城联创"活动，全面落实"创建、提质、增绿、保护"的园林绿化总方针，城市绿量得到大幅增加，城市生态环境得到明显改善，城市品位得到显著提升。全年社会绿化共计完成植树140.06万株，其中市区14.2万株，各县（市）完成125.86万株。城市建成区绿地率、绿化覆盖率和人均公园绿地面积分别达到了36.2%、36.96%和9.15平方米。较上年增长了0.56、0.84个百分点和0.8平方米。荣获国家住房和城乡建设部命名的"国家园林城市"称号，在河北省第一届园林博览会中所建设的保定园获一等奖，在河北省基层建设年活动中获得"优秀驻村工作组"称号。

【国家园林城市创建工作】 以倾力打造"低碳、高端、协调、善美"为核心内容的现代园林城市为目标，按照"调机构、增绿地、强管理、提品位"的工作主线，通过巩固完善基础绿化、扩面提升重点绿化、规划实施新增绿化，着力提升绿地总量，通过完善管理机制、创新管理模式、强化管理责任，扎实精细绿化管理，做到既重视“绿量”的扩张，又追求品质的提升，为国家园林城市创建工作奠定了坚实的基础。国家住房和城乡建设部专家组对保定市进行实地检查后，对保定市园林城市创建工作予以充分肯定，一致认为保定市已达到国家园林城市标准并获正式命名。

【全民义务植树】 在东湖和河北金融学院分别组织开展了由四大班子领导带头，机关、企、事业单位以及社会各界积极参与的大型义务植树活动，四区也分别选址同步进行。园林局积极配合市委、市政府“两办”督查室，每日每周进行抽查通报，在《保定日报》、《保定晚报》、保定电台、电视台公开曝光，确保义务植树活动得到广泛有效开展，不仅超额完成植树任务目标，而且形成了“爱绿、建绿、护绿”的良好氛围。

【公园绿地建设】 以满足市民就近休闲为目标，按照城市居民出行“300米见绿、500米见园”的要求，强力推进以六大公园（东湖公园、北湖公园、南湖公园、府河公园、农业生态园和西北郊万亩森林生态园）为中心的公园绿地建设，并对市区64个街角游园全面进行绿化提升改造，公园绿地面积增至1051.43公顷，人均公园绿地面积达到9.15平方米。在2012年河北省住房和城乡建设厅组织开展的“十佳公园”、“星级公园”和“星级游园”评选工作中，军校公园和植物园获“五星级公园”和“十佳公园”，动物园获“四星级公园”，东风公园获“三星级公园”，祥和公园获“四星级游园”称号。

【单位庭院居住区绿化】 在对3000多个单位庭院和居住小区普遍进行绿地规划的基础上，以推进园林绿化“五进”（进机关、进企业、进学校、进社区、进庭院）活动为抓手，积极开展“省级园林式单位庭院、居住区”和“百佳园林式单位庭院”评选活动，倾力打造精品型庭院。市区有2个单位庭院、2个居住小区分别被河北省住房和城乡建设厅命名为“省级园林式单位”和“省级园林式居住区”，截至2012年底，市区共有“省级园林单位”98个，“省级园林式居住区”83个。在市区开展的“百佳园林式单位庭院”评选活动中，50个单位和50个居住小区被评为“百佳园林式单位庭院”。

【道路绿化建设】 一方面对市区400多条街巷绿化，本着缺什么补什么、缺多少补多少的原则搞好补植补种，道路绿化普及率和道路绿地达标率分别达到100%和94.84%。另一方面，通过大力实施道路绿化景观改造提升工程，对七一路、东风路、裕华路、天威路、长城大街、恒祥大街、朝阳大街、乐凯大街、莲池南大街等城区主干道进行提升改造，对西二环、东风路东延等道路，按照绿道理念进行高标准设计改造，打造精品型、节约型林荫道路。正在启动建设的复兴路西延、瑞祥大街北延、乐凯大街南延等路段，全部按照绿道理念进行规划设计，使之成为连接“四星”的生态廊道。

【省级园林县城（城市）创建工作】 按照“重点推进，全面创建”的工作思路，加快推进省级园林城市创建步伐，通过多次召开现场调度会并进行现场检查指导，及时有效协调解决各县（市）在创园工作中存在的重点难点问题，尤其是对园林绿化基础较好的安国市、清苑县、满城县进行重点指导、督导。安国市顺利通过2012年省级园林城市检查验收工作并获正式命名，使全市省级园林城市创建工作取得新的进展。

（冯少孟　郭文丰）

住房公积金管理

【保定市住房公积金管理中心】

保定市住房公积金管理中心成立于2002年12月27日，为直属市政府的正县级事业单位。中心机关内设办公室、人事处、财务会计处、纪检监察室、网络信息处、审计稽核处、贷款管理处、归集执法处8个处室，下设3个分中心、19个县（市）管理部，实行垂直管理。主要职责是：负责全市住房公积金归集、使用、核算、保值和贷款工作。

党组书记 主　　任	李增泉
党组成员 副 主 任	邓建华　彭禄江
	马文勇　董力生
党组成员 总会计师	许金章
党组成员 纪检组长	李　萍（女）

【概况】 2012年，全面提高管理和服务水平，充分发挥公积金制度的住房保障作用，圆满完成了全年各项工作目标任务。截至2012年底，全市住房公积金累计归集134.74亿元，归集余额82.89亿元，覆盖率达到95.17%。累计发放住房公积金贷款66.88亿元，为45968户职工

家庭改善住房条件提供了资金支持，当年实现住房公积金增值收益1.68亿元。

【公积金业务实现新跨越】 2012年，保定市住房公积金管理工作科学健康和谐发展，主要业务指标再创新高。一是以政策为依据，强力推进归集扩面工作。将非公有制企业作为公积金制度扩面的重点，主动上门开展工作，深入挖掘扩面潜力。开展集中执法，上门催建催缴，通过下发《责令限期整改通知书》和《责令限期缴存通知书》，督促企业依法缴交住房公积金。制定出台了《关于调整2012年度住房公积金缴存基数和比例的通知》，提高了市区缴存基数的上限和下限，切实维护了职工的合法权益。2012年，全市归集住房公积金26.22亿元，较上年同期增长22.62%。二是严格落实调控政策，服务地方经济发展。认真执行国家房地产市场调控政策，实行差别化贷款政策，严格审核二套房贷款，并将二套房贷款首付比例上调60%，利率上浮1.1倍，坚决杜绝三套房贷发放，保障中低收入职工的住房需求，遏制投机投资性购房，促进保定市房地产市场平稳健康发展。2012年，共为7696户职工发放住房公积金贷款14.44亿元，较上年同期增长37.26%。

【制度化建设】 1. 进一步完善制度建设，建立科学高效的制度运行机制。2012年，根据国家、省、市各项法律法规政策，对已建立的财务管理办法、责任追究、审计稽核等管理制度加以梳理充实完善，编制成《保定市住房公积金管理中心文件汇编》印发执行，进一步健全完善了住房公积金管理制度体系。2. 完善信息管理系统，有效防范管理风险。根据业务发展需要，对住房公积金网络信息系统不断进行升级改造，实现了数据集中存储、适时联网监管，为公积金安全运营提供更有力的科技保障。3. 实行内审监控机制。对市本级及所辖22个县（市）分支机构的住房公积金归集、提取、贷款、核算等业务进行半年一审查稽核，在内审中发现问题及时进行纠正和解决。一年的审计结果表明，各项内部管理运作规范、有序，资金安全运行得到有效保障。

【行风建设】 1. 增强服务意识，提高服务效率。牢固树立“为民服务”的宗旨意识，大力弘扬“以人为本、诚信为先、敬业高效、廉洁奉公”的住房公积金文化理念，进一步增强服务意识，不断提高服务质量、服务效率和服务态度。2. 规范服务行为，提升服务水平。重新修订了《关于优化服务环境工作人员行为规范》，制定统一的文明服务行为规范、统一着装、统一服务文明用语。制定《受委托商业银行业务考核办法》，将服务质量的提升延伸至委托银行，推动了整体服务水平的提高。3. 创优服务方式，提高办事效能。结合落实省委“三自、六不”要求开展执行力亮剑活动，查短板、找差距，通过电台和电视向社会公开承诺，缴存业务由3个工作日缩短为2个工作日办结，职工办理支取业务手续齐全的即时办结，贷款审批时限由15个工作日缩短为10个工作日，提高了为民办事效率和服务水平。

【服务社会经济发展】 1. 执行力亮剑活动成效显著。按照市委统一部署，将11月、12月确定为“十八大精神集中学习月”，通过开设专题、学习园地，开展集中学习、支部生活会、知识答题、撰写读书笔记等活动，将学习成果转化为推动工作的强大动力，在全系统形成了干事创业、奋发有为、争先创优的良好氛围。2. 扎实开展基层建设年活动。按照市委统一部署，选派10名科级以上干部到定州市清风店镇、易县梁格庄镇奇峰庄村，以“强班子、促发展、惠民生、保稳定”为主题，以“十件实事”为重点，倾力帮扶，解决实际困难，给所包社区、村镇、“7·21”洪涝灾区61万元帮扶建设资金。“中心”驻定州工作组，被省委、省政府、定州市委逐级评为开展加强基层建设年活动优秀驻村工作组。

（赵红卫　徐　萌）

环境保护

【保定市环境保护局】 保定市环保局是市政府对全市环境保护工作实施统一监督管理的行政执法部门。内设办公室、综合计划处、政策法制处、科技监测处、总量控制处、环评管理处（行政审批服务处）、污染防治处、自然生态处、辐射管理处、宣传培训处10个机构，下属环境保护监测站、环境监察大队、环境保护研究所、环境评估中心4个科级事业单位，高新技术产业开发区、白沟新城2个环保分局。另设纪检监察室、机关党委（人事处）。

党组书记
局　　长　肖宝元
副 局 长　贾见勇　朱宇光
　　　　　王金育　李文彦（女）
纪检组长　鲁红新

【概况】 2012年，市环保系统按照省、市两级党委、政府着力改善发展环境、着力改善生态环境的战略部署，围绕省、市下达的环保任务目标，以污染减排为主线，以改善环境质量为目标，强化各项工作措施，进一步提升了环保工作质量和水平。全年共计实施379个减排项目，其中污水处理厂及配套管网建设、工业企业废水深度治理工程减排项目44个，农业规模化畜禽养殖场污染治理项目164个，电力、水泥、钢铁等行业工程治理及工业企业煤改气工程减排项目54个，造纸、制革、印染、钢铁、有色金属等行业结构减排项目111个。环境质量总体平稳向好，空气质量在全省位居中游；地表水水源地西大洋水库和王快水库水质一直保持符合国家要求的二级或三级标准，水质优良；一亩泉水源地的地下水水质优于国家要求的三类标准，水质优良；32个省控河流断面水质全面达到省定标准，入淀河流及白洋淀水质逐年好转。保定市被河北省政府表彰为2012年“省环境保护目标管理先进市”称号。

【污染防治】 深入推进大气和水污染防治工作。大气污染防治工作：一是燃煤锅炉治理。拆除改造燃煤锅炉263台，超额完成了全年计划。谋划并实施了231台燃煤锅炉烟尘深度治理和天然气改造项目。二是秸秆禁烧。突出抓好夏秋两季的禁烧工作，专题部署，强化督导，收到良好效果。三是淘汰“黄标车”。全年共淘汰“黄标车”3.5万辆。四是市区空气异味污染集中整治。针对高新区出现的异味污染问题，组织专门执法力量，逐企业排查，共出动执法人员219人次，排查企业405家，对8家排放异味的污染企业进行了停产治理，市区居民对异味污染的投诉下降了80%，十八大期间高新区居民对工业异味污染达到了零投诉。

水污染防治工作：一是加强白洋淀生态治理。通过积极努力，白洋淀纳入全国第二批生态环境保护试点湖泊，确定了2012年的治理项目，争取到省资金4000万元，并谋划了2013至2015年的治理规划，将获得更多的资金支持。二是妥善应对“7·21”特大暴雨可能导致的次生环境问题。2012年7月21日的特大暴雨，使涞源、涞水、易县等西部山区县受损严重，拒马河出现了泥石流等地质灾害，而后，这些地方又连遭降雨。为防止洪灾可能引发的环境污染，克服交通中断等困难，在第一时间组织力量赶赴灾区，进行灾后环境隐患排查，对拒马河沿线水质进行现场查看，及时对水质情况予以发布。经连续数天的监测结果表明，拒马河水质各项指标均未超标，水质正常，有效地应对了个别新闻媒体的炒作。三是妥善应对因“7·21”特大暴雨集中泄洪导致白洋淀端村水域发生的死鱼现象。经组织技术人员于当晚赶到安新县展开调查监测工作，对孝义河沿途工业企业和城镇污水处理厂进行拉网式排查，环保监测部门连续每天对白洋淀及入淀河流水质进行监测，深入调查分析并经上级环保部门认可确认，死鱼原因是暴雨、洪水产生的次生灾害导致水体溶解氧含量过低造成鱼类窒息死亡，有效稳妥地指导了相关处置工作并及时与媒体进行了协调沟通。四是严格落实河流断面控制预警制度。对省控32个河流断面和市控51个河流断面加强监测预警，充分发挥污水处理厂在流域治理中的作用，确保向河流排放废水的造纸、印染等工业企业全部执行《城镇污水处理厂污染物排放标准》一级A标准，有效减轻向下游水体排放的污染负荷。五是强化集中饮用水源地保护。完成了西大洋水库、一亩泉水源地一、二级保护区内警示牌、标志牌的设置工作。组织有关县就城市集中式饮用水水源地风险管理进行分析调度，对水源地保护区禁行路段加强检查，严禁运输危险品的车辆通行，确保饮用水水源地环境安全。

【环保审批】 充分发挥环境保护参与综合决策、宏观调控的积极作用，主动服务，优化发展。全年共争取各类省级以上环保专项资金支持近1.3亿元，对符合政策要求的建设项目开辟绿色通道，跟踪服务，先后为5个技术创新能力建设项目、39个基础设施建设项目、28个省、市重点项目、36家大中型企业的项目选址及环评工作，及时审批并帮助办理征地及争取国家资金创造条件。

【环保专项整治】 涉铅行业转型升级取得明显成效。编制了保定市区及徐水、安新、清苑、蠡县四个重点控制区重金属污染防治年度实施方案，全市取缔40家，保留21家涉铅企业。涉铅产业的生产规模、工艺、污染治理、管理水平等均有了显著提升。对以蠡县为重点的制革行业实行停产治理。启动制革行业规划的编制工作，倒逼蠡县的制革业整顿升级。土小企业的环境整治取得较大进展。全市共出动执法人员2.3万余人次，检查企业4700余家，取缔关停土小企业、摊点322家，其中关停取缔小塑料加工企业97家、小灰窑企业82家、小炼油摊点67家、土法熔炼摊点33家、电碾子洗床43家，指导

71 家灰窑企业和 30 家塑料企业建设了治污设施。

【农村环境整治和环保创建】 一是将 7 个县、8 个片区、106 个村庄列入全省整治方案，为保定市争取农村环境连片整治资金 2100 余万元。二是组织制定了《保定市农村环境综合整治 2012 年至 2014 年三年行动方案》，谋划了 31 个片区、45 个乡镇、474 个村庄的农村环境连片整治任务，并列入全省的项目库。三是全市全年有 6 个村庄达到国家级生态村验收标准、4 个乡镇达到省级优美乡镇验收标准、20 个村达到省级生态村验收标准。

【环境监测】 主要进行了水、气、声环境质量常规监测，空气、水自动监测及数据上报，省、市（流域）河流跨界断面生态补偿监测，“双三十”重点单位环境质量监测，“以奖促治”村庄专项监测，机动车尾气监测，重点污染源监督性监测和污染应急监测等，共报出自动监测数据 147 万个，各类有效监测数据 7.9 万个。

【环保专项资金】 全年共争取农村环境、白洋淀生态试点综合整治等各类省级以上环保专项资金支持 12000 余万元，比上年增加 400 余万元。

【环保政策机制创新】 一是建立了环境监察网格化管理工作机制。将工作责任细化到每个岗位、量化到每个点源，提高执法效能，全市环境监管工作更加规范化和科学化。二是出台了《保定市环境保护局行政处罚运行规则》。明确了各执法处室查处范围和职责，确立了“首查负责制”，细化了办案流程，规定了办案标准。三是成立了保定市环境保护局重大行政处罚案件审理委员会。确保公平公正处理重大环境违法行为，准确行使行政处罚自由裁量权。四是建立了环境信访交办督查机制。每月编制《环境信访月报》，由市政府下发给各县（市、区）政府，对信访案件进行分解分析，形成了层层交办、层层抓好落实工作格局。

【局领导班子和环保队伍建设】 一是把学习放在首要位置，围绕环保中心工作，大力开展以讲知识、讲思路、讲经验、讲现状为主的“环保业务大讲堂”学习培训活动，确定了环境监测、环境标准、环境应急、环境执法等 15 个课题内容，由各业务处室专家骨干依次登台讲课，使全局人员的专业知识水平有了明显提高，执法程序得到进一步规范。二是坚持把落实省委“三自”、“六不”要求，开展执行力亮剑行动作为一项事关全局的政治任务来抓，开展“铁腕治庸、重典治懒、强力治散”三项治理，整肃工作纪律，狠刹不良风气。三是按照市政府转发的《河北省人民政府办公厅关于开展机关标准化管理工作的通知》要求和市政府主要领导批示意见，市环保局作为市直先期开展机关标准化建设的 5 个试点部门之一，经过扎实推进，初步建立了一整套全程可控的质量管理运行体系，顺利通过了认证机构的审核认证，机关工作更加正规、有序。

（孟月华）

城市管理

【保定市城市管理行政执法局】 保定市城市管理行政执法局（以下简称市执法局），是主管全市城市管理行政执法工作的市政府工作部门。负责综合协调、监督、管理和指导全市城市管理行政执法以及市容环境卫生管理工作。执法局机关设办公室、政治处、督察处、环卫处、规划处、亮化处、法规处、建筑垃圾管理处、监察室、财务处等十个职能处室；下设直属一大队、直属二大队、高新区分局、车站广场综合治理办公室、高铁东站综合管理办公室、数字化城市管理服务中心、无害化处理中心、公共秩序管理支队等 8 个局属单位。

党委书记 局长	刘铁英
党委副书记 调研员	马士伟
党委委员 副局长	刘文力　李　哲
	李宝祥　麻建华
党委委员 公共秩序管理支队队长	马海斌

【概况】 2012 年，市执法局紧紧围绕“打造新时期最可敬团队”的战略发展目标，突出“创新城市管理、构建和谐城管”两个重点，坚定信心，团结奋进，攻坚克难，锐意进取，不断提升城市管理水平，护航“京畿强市、善美保定”建设，抓班子、带队伍，转作风、求突破，不断创新城市管理，着力打造整洁、干净、靓丽、有序的城市环境，取得了显著成效。

【着力改善两个环境，推动全市“脏乱整治”工作】 1、推动脏乱整治常态化。市执法局作为全市脏乱整治领导小组办公室，牵头组织协调，开展市区五项攻坚；推进县（市）脏乱整治；实施

“鲶鱼行动”，在“两报”、“两台”开辟“环境整治专栏”，做到“每日进度见报、每天问题曝光、每次排名公开”，发现解决环境问题2000余处。9月21日，组织召开全市脏乱整治（高碑店）现场会，提出了“高碑店标准”，推广学习“高碑店模式”。召开年度总结表彰大会，全市各县（市、区）重视程度明显增强，掀起了整治工作高潮。2、道路清扫保洁精细化。针对城中村、背街小巷、城乡结合部等环境卫生薄弱环节，建立专人保洁制度，实现了市区环卫工作全覆盖、无缝隙；推行“门前三包”，提高了沿街单位、商户的环境意识；投资10余万元购置了电动三轮车，推广生活垃圾定时定点收集，提升了道路清扫保洁效果。3、环卫设施建设标准化。全年增设、更换果皮箱1000多个；投资650万元建成三座压缩式垃圾转运站；投资120万元升级改造垃圾台站和公厕，环卫基础设施建设实现突破；投资1600多万元购置了57辆环卫作业车，改善了市区环卫设备落后状况，为提升环卫水平奠定了坚实基础。

【建筑垃圾管理规范化】 2012年3月，市政府出台《保定市市区建筑垃圾管理暂行办法》，调整建筑垃圾管理权到执法局，实现了管理、执法的统一。5月17日，召开了全市建筑垃圾管理工作会议，局党委提出了“倾全局之力、实现规范管理”目标；集中开展建筑垃圾专项整治活动，从建筑垃圾源头、运输、倾倒三个关键环节抓起，依法查处私拉乱运、扬撒遗漏、随意倾倒等违章行为；全年共受理建筑垃圾处置核准161件，无偿清理积存垃圾80余万立方米，实现了建筑垃圾管理“处置企业资质化、运输车辆密闭化、行驶路线信息化、积存清理无偿化”。

【数字化城市管理服务中心办公大楼正式启用】 2012年8月6日，占地9.38亩、建筑面积1.14万平方米的数字化城市管理服务中心办公楼投入使用，作为省内首座、全国一流的数字化城市管理监督指挥平台，树立了崭新的对外形象。数字化城市管理系统采取“一级监督、二级指挥、三级处置、四级网络”管理模式，发挥数字化城市管理平台作用，实现市区城市管理工作的统一协调、集中调度、科学考核，建立了现代化城市管理指挥、监督体系。采取万米单元网格管理法和城市部件、事件管理法，利用3G等现代化通讯技术，监管市区范围132.33平方公里，对市政设施、户外广告、道路交通、环境卫生等10大类、152项内容，进行立体化监控、全方位管理。成立了200多人的信息采集员队伍，实行信息采集情况每周通报制度，制定了信息员信息采集管理和奖惩办法，保证每天上报1000多条城市管理信息，确保了信息采集数量多、范围广、质量高。自系统运行以来，累计受理各类城市管理案件685608件，立案517557件，派遣387795件，处置359568件，办结370897件，结案率达93.29%。积极发挥了数字城管监督、指挥、协调、督导职能，做到城市管理问题收得到、派得出、要结果。在及时发现，快速处置领导重视、媒体关注、百姓关心的热点问题方面和重大迎检、重点整治及日常管理工作中发挥了重要作用。

【景观亮化设施维护工作】 2012年，已建成的东风路、七一路、朝阳大街等8条道路的景观和亮化设施全面进入维护期。执法局以打造精品工程、市民满意工程为目标，依照“四个经得起”工作要求，加大对景观和夜景亮化设施的巡查维护频率和力度，全力保证市区“四横两纵三环”景观亮化格局效果，打造古城魅力夜景，美化城市形象，提升城市品位。

【2012年职能目标任务工作】 2012年，市执法局承担的《政府工作报告》、《城建及社会事业重点项目》、《惠民工程》等6项重点建设项目，全部提前完成。1、实现城乡一体化垃圾集中处理。在现有垃圾处理场周边20公里范围内建设转运站76座，经收集、倒运全部入场集中处置；垃圾填埋场地面导排和渗滤液处理系统一、二期工程全部完成，出水水质达到规定排放标准，消除了环境污染。无害化处理中心全年减量化、资源化、可再生销纳处置生活垃圾43.5万吨。2、努力开展生活垃圾处理费征缴工作。协调市政府、市公用事业局、市燃气公司，开展生活垃圾处理费燃气征收代缴工作，相关收纳系统改造于10月初完成。3、积极推进市区垃圾转运站项目建设。在市发改、规划、环保等部门的大力配合下，分别在头台村、乌马庄、列电选址建设了三座压缩式垃圾转运站，提高了市区生活垃圾转运能力。

【顺利完成城市管理体制改革】 按照市委、市政府《关于调整理顺城市管理行政执法相关权限的意见》（保字〔2012〕17号）要求，于8月3日至9月25日，先后举行了南、北、新市区城市管理行政执法局成立暨揭牌仪式，接受区委、区政府和市执法局的双重领导，以区为主。针对改革过程中，思想不稳定、认识不统一、十八大安保维稳工作任务重的严峻形势，执法局党委开展了“讲党性、看觉悟，讲人性，看品行，讲大局、看考验”的“三讲三看”活动，确保了全局上下坚决服从改革大局，实现了人、财、物的平稳顺利交接和各项工作的有序开展。建立健全了市控区统、条块互动、运转高效、和谐有序的管理机制，充实完善了区级管理职能，加快了城市管理属地化进程，理顺了市、区两级城市管理权责关系，掀开了城市管理工作新篇章。

【创新城市管理机制】　市执法局党委适应新形势，接受新挑战，迅速转变角色，找准站位，从具体业务工作转入宏观监督管理。1、出台“两个意见”，形成制度化管理模式。制定了《关于加强市区城管执法工作的指导意见》，完善了《关于加强县（市）城管执法工作的指导意见》，推行“六统一、一规范”标准，形成标准化管理模式，推动全市城市管理工作健康有序开展。2、明确“六项制度”，建立长效化监督体系。制定了市区违法建设、市容环卫、城管执法、建筑垃圾、户外广告、非法营运三轮车等六项巡查通报考核制度，每周编发巡查《周报》；定期开展全市城管执法业务工作考核评比竞赛活动；工作重心从单一市区转向全市范围，加强指导、检查、监督、考核，形成科学、规范、长效监督考核体系。

【突出“两站”管理打造保定魅力窗口】　改扩建火车站、新建高铁保定东站正式运营后，市政府将“两站”管理权交给市执法局。局党委以“打造善美保定靓丽窗口”为目标，迅速成立东站管理机构，加大人力、物力、经费等支持力度，加强与车站、公交、驻地等单位协调联系，形成工作合力，同时加大对改扩建火车站广场的规范管理，全力保障旅客运输和改扩建工程的顺利进行。并针对出租车拒载、甩客、不按规定使用计价器等违法行为，牵头组织开展客运市场专项整治活动，震慑了客运市场违法违规行为，赢得了市民的肯定，受到了市领导的表扬。

【严控违法违章行为】　督导开展查扣非法营运性三轮车专项治理，始终保持高压管控态势，防止了非法营运现象反弹。并开展取缔露天烧烤专项治理行动，全年扣缴、销毁烧烤炉具1000多个，为净化大气环境做出了贡献。先后9次组织校园、企业周边环境专项治理活动；同时开展市区环境整治百日攻坚行动、“迎双节”市容环境整治突击月、拆除市区违章棚亭等专项活动，有效遏制了城市乱象。

【队伍建设工作】　1、在思想上坚定信念，奠定城管跨越发展基础。号召全局上下始终坚持“理性、文明、和谐、民生”执法理念和“局内讲包容、局外讲文明、工作讲责任、执法讲公正”局训要求，紧紧围绕“打造新时期最可敬的团队”战略目标，有序推进城市管理工作又好又快发展。2、在行为上理性文明，赢得市民百姓理解支持。坚持文明执法，做到“四步曲、两必须”，要求“群众宁有几分错、队员不能错一分”；严格遵守《执法人员行为规范》，树立了“亲民爱民、文明高效、领导认可、百姓满意”的执法形象。一年来，未发生一起暴力抗法、阻扰执法事件。3、在执法上依法办案，确保公平公正执法为民。在全局倡导“四不四做”廉政准则，增强自律意识；面向社会聘请200名行风监督员，广泛接受监督；在重点项目建设上做到了“四个经得起”标准要求。建成法制宣传教育志愿者工作站，编印了“执法手册”和“口袋书”，有针对性地开展法制培训、检查考核、评比竞赛，提高执法队员业务素质和办案水平。全年无一例行政复议和行政诉讼案件。在省住建厅行政执法检查、市纪委执法监察评议等工作中受到充分肯定。获得全省“依法行政先进单位”称号。4、在管理上以人为本，实现惠民利民，构建和谐。对进城销售季节性农产品的农民，坚持“疏导、指导、不扣、不罚、服务”惠民管理；广泛推行说理式执法，尤其对违反城市管理有关规定、未造成严重影响的行为，实行“首违免罚制”（首次免予处罚），既维护了市容环境，又方便了市民生活。

（薛　冰）

财政·税收

财　政

【保定市财政局】 保定市财政局是主管全市财政收支、财税政策、国有资本金基础工作的市政府工作部门。主要职责是：贯彻执行国家和省财政税收的方针政策，指导全市财政工作；参与全市经济的决策和管理；拟定全市财政税收收入计划，管理市本级财政支出；监督各县（市、区）财政收支和各部门的财务活动；调控和综合平稳全市的社会财力；负责行政事业性收费、国有企业清产核资和农业开发的资金调度等。内设办公室、人事处、预算处、国库处、财政监督处、综合处、政府采购管理处、绩效管理处、稽核处、会计处、行政政法处、教科文处、社会保障处、农业处、经济建设处、政府债务管理处、资产管理处、城建处、综合治税办公室、专项资金监管处、农村综合改革工作办公室、规划评审处、资金管理处、土地生态处、产业项目处等25个职能处室和监察室、老干部处、机关党委、工会、妇委、团委等6个综合处室。下辖财经稽查办公室、行政事业资产管理办公室、预算编审办公室、政府采购办公室、财政集中支付办公室、社会保障资金审核办公室、财政信息管理办公室、财政投资管理办公室等12个全额事业处室。非税收入管理局为财政局管理的副县级事业单位。

党组书记 局　　长	吕宝生
党组副书记 调 研 员	康爱民
党组成员 副 局 长	陈树存　张宗社
	李照力
党组成员 纪检组长	牟学珍（女）
党组成员 非税收入局 局　　长	赵留强
党组成员 农发办主任	游剑虎
党组成员 副 局 长	王树凯
调 研 员	赵景岳

【概况】 2012年，市财政局积极创建“四型财政”，提高“四个服务”水平，努力改善“两个环境”，不断深化财政改革，全面发挥财政职能，为建设“京畿强市，善美保定”做出了积极贡献。全年获得市级以上集体奖项20项，其中被国务院表彰为“全国新型农村和城镇居民社会养老保险工作先进单位”，民主评议行风连续11年排名经济管理类第一，连年被市委市政府授予工作实绩突出单位。

【把组织收入作为第一要务，实现财政收入稳步增长】 面对全市经济下行压力加大、企业效益下滑、财政增收乏力、刚性支出增加、“7·21”洪灾影响、收支矛盾异常尖锐的严峻形势，各级财税部门千方百计深挖增收潜力，依法加强税费征管。截至2012年年底，全市全部财政收入和公共财政预算收入双双超额完成全年目标任务。其中全部财政收入完成311亿元，占年计划的101.8%，同比增长17.1%；公共财政预算收入完成159.9亿元，占年计划的108.1%，同比增长24.4%。

【把发挥职能作为重要责任，促进经济发展方式转变】 继续落实好家电、摩托车下乡补贴政策，不断完善补贴兑付制度，规范补贴兑付程序，加强补贴资金监管。2012年，累计销售家电下乡产品353.14万件（台），同比增长56.2%，发放补贴资金10.5亿元，各项指标位居全省领先位置。积极组织申报淘汰落后产能中央财政奖励资金项目，重点支持造纸、铅酸蓄电池、水泥、重金属等行业，全市涉及淘汰落后产能企业29家，专项资金投入5066万元。大力扶植中小企业发展，共申报各类补助项目110个，补助资金6.08亿元，为推动全市中小企业发展提供了财力保障。大力促进科技创新，全年安排科技三项费用专项资金2495万元，较上年增长9.1%，支持企业自主创新和基础条件建设，促进科技成果转化。

【把保障和改善民生作为重要目标，促进各项社会事业稳步发展】 坚持优化支出结构，加大民生倾斜力度，全力保障市委、市政府确定的“33件惠民事项”。全年直接用于改善民生支出292亿元，占总支出的76%，同比增长6%。一是支持教育优先发展。全市教育投入82.2亿元，完成财政教育支出占全部支出17.7%的任务，达到20.8%。二是提高社会保障水平。及时拨付社会保障资金64.67亿元，将财政补助标准由每人每年200元提高到240元，保证了138.3万人按时每月领取55元养老金，保证了全市24万企业离退休人员及时足额领取养老金。累计拨付相关资金4.29亿元，全市实现城镇新增就业9.3万人，下岗失业人员再就业3.1万人，困难人员就业1.2万人，1.7万人按时领取失业金。三是支持医疗卫生事业发展。积极扩大新型农村合作医疗和城镇居民基本医疗保险覆盖面，将补助标准从每人每年200元提高到240。四是保障抗洪救灾及灾后重建。及时下达市级救灾资金250万元、捐赠资金7400万元、中央和省财政救灾资金1.9亿元，专项用于灾民紧急转移安置、临时生活救助、倒损房屋恢复重建等，确保了灾区群众基本生活和社会稳定。

【把支农惠农作为重要抓手，夯实农业基础地位】 综合运用各项财政政策，建立健全了支农投入多元化稳定增长机制。截至年底，下达并拨付各项支农专款17.46亿元，较上年同期增长近30.3%。一是大力开展扶贫攻坚行动。通过整合资金，集中财力2.5亿元，其中1亿元用于支持产业发展，1亿元用于担保，0.5亿元用于重点扶贫项目，大力支持旅游、种植养殖和地方特色产业。二是严格落实惠农政策。全年累计发放粮食直补11.3亿元，农资综合直补8.69亿元，全市326个乡镇216万户886万种粮农民受益；发放良种补贴资金1.89亿元，农机具购置补贴1.41亿元，直接带动农民购买农机投入近3亿元。三是认真做好农村综合改革工作，全市281个乡镇、3018个村组织申报了村级一事一议财政奖补项目，总投资4.22亿元，446.5万人受益。四是大力实施农业综合开发。按照“一环一线一片一结合”的总体布局，竣工项目抓完善，在建项目抓进度，项目谋划抓优化，全面提高工作水平，开发县数量、项目谋划、开发规模、开发标准实现新突破。

【把深化改革作为重要手段，提高财政管理水平】 一是预算管理扎实有效。认真贯彻了零基预算、综合预算原则，细化了预算编制，预算收支安排更加科学、精细。出台了《保定市市级财政项目支出绩效目标申报管理规程》，受到省财政厅表扬。完善了债务管理制度，建立了新的台账管理系统，实现了政府性债务的统一归口管理。在全省率先出台了《保定市市直行政事业单位常用资产配置标准》等文件，进一步规范了常用资产配置管理、资产出租出借管理和资产处置程序。二是国库制度改革扎实推进。在进一步规范市本级改革的基础上，加大对县级改革的督导力度，进一步规范改革模式、完善操作程序、加强制度建设。研究出台了《关于市本级进一步推进公务卡制度改革实施方案》，在《保定日报》连续10期刊登了公务卡知识讲座栏目，大力普及了公务卡相关知识，9月底前完成了市直73个预算单位的联网、办卡。三是财政监督实现全覆盖。建立健全覆盖所有财政资金和财政运行全过程的监督机制。专门设立了资金监管处，强化内部监督，确保了财政资金安全。抽调业务骨干对财政收入短收县（市、区）和全市市直部门的财政收支情况进行了专项督导检查，收到明显效果。四是投资评审效能再创新高。全年共完成包括工程结算、招投标文件及标的、拆迁补偿等各种性质的审核项目150余项，涉及资金总计23.5亿元，总计核减1.35亿元，实现了工程质量和节约资金的双赢。五是政府采购改革日趋完善。全年共组织政府采购活动221次，完成采购额1.3亿元，节约财政资金1300万元。

【调整机构设置，强化服务水平】

一是推动一项改革。年初，根据工作需要，参照省财政厅的机构设置，成立了预算局、支付局和监督局，新设了治税办、绩效处、债务处等，调整优化了处室职能，实现了与省财政厅的无缝对接。二是强化四个服务水平。从理财思路、用财把关、财政政策运用以及培财壮源上，为各级领导当好参谋，出好主意；推行信息公开和行政权力公开透明运行，实行AB工作法和限时办结制；坚持面向基层、服务群众，严格按程序办事，对部门和基层提出的资金申请以及关系到人民群众切身利益的事项，要高度重视，做到件件有回音，事事有着落。

（王式兵）

国家税务

【保定市国家税务局】 保定市国家税务局是主管全市国家税收工作的行政机构，是中央垂直管理单位，为正处级全职能局。内设12个职能科室，4个直属机构，3个事业单位，下辖27个县（市、区）局。主要负责增值税、消费税、企业所得税、车辆购置税、储蓄存款利息个人所得税、出口货物退税等中央税和中央地方共享税的征收管理工作。设局长1名，副局长4名，纪检组长1名，总经济师1名，总会计师1名，全系统共有干部职工4033人，其中在职人员3005人，离退休人员1028人。

党组书记 局长	杨树民
党组副书记 副局长	郭福霖
党组成员 挂职副局长	李平（4月任）
党组成员 纪检组长	于国荣（8月离任）
党组成员 副局长	张志宏
	王胜军（7月离任）
	苑国忠（7月任）
党组成员 纪检组长	乔劲刚（9月任）
党组成员 总会计师	张文锦
党组成员 总经济师	李国发
调研员	于国荣（8月任）

【概况】 2012年，市国税局围绕“抓要害、促核心，保亮点、破难点，强落实、上台阶”的工作思路，强化落实，精细工作，有力地保障了全市系统各项工作任务平稳、顺利、高质、高效的圆满完成。全年共组织税收收入161.2亿元；政府口径收入实现十年来首次进位，位列全省第四；增速由全省第九跃至第六，超过平均值0.8个百分点。落实政策方面，为高新技术等各类企业减免税收4.35亿元，办理出口退税33亿元。

【征管水平不断提高】 融征管和服务为一体，以提升征管优化服务，以强化服务推动征管，实现了二者的同提升。一是加强税源监控。以分级分类和风险管理为抓手，加大税源监控力度。制定《专业化管理工作意见》，组织部分县区国税局对重点行业制定行业管理措施，并形成了毛巾、纺织、箱包、混凝土四个行业评估模型；依托数据分析监控中心，对成品油、农产品抵扣和代开发票等情况进行监控，定期编发风险监控分析通报，积极采取风险应对措施，评估纳税人4755户，入库税款1.1亿元。同时，加强大企业管理，市局监控户数增至529户；加强第三方数据应用，利用综合治税信息积极开展数据核查比对，新办税务登记3000余户，调增定额541户。二是优化征管体系。认真落实省国税局要求，在一城一区一县稳步推进试点工作，白沟国税局在全省率先应用新税源管理平台；选择雄县、定兴国税局成立大企业管理组，探索大企业集中管理模式。

【纳税服务水平不断提升】 分步推进全职能窗口建设，对21项日常涉税业务实行“免填单”服务，利用省、市、县三级视频监控平台定期对办税服务情况进行抽查，探索实施“城乡通办”，服务阵地建设得到进一步加强；普遍建立纳税人学校和维权协会，培训纳税人2万余次；积极开展纳税服务质量回访和满意度调查，根据纳税人合理需求提供个性化服务，受到普遍欢迎。

【税务稽查成效显著】 通过开展重点税源、成品油购销、出口退税等企业专项检查，煤炭铁精粉、羊绒加工等行业区域专项整治，查补入库税款2.6亿元，四项考核指标在全省位列第二；积极配合完成山东“2.24”等重特大虚开增值税专用发票案件协查工作，进一步净化了税收环境。

【不断加强班子建设】 在思想建设上，注重把理论与实践充分结合，通过落实学习制度和一系列理论学习教育活动及实践锻炼，提升领导干部思想水平。在组织建设上，注重选人用人，按程序严格把关；注重优化班子结构；注重年轻干部多岗锻炼。分期分批选拔任用科级领导干部31人，调整交流科级领导干部114人次，使班子结构进一步优化，领导素质不断提升。完成了40名科级干部交流轮岗工作。同时，按程序选拔、任免非领导职务109人次，领导职务与非领导职务良性互补的激励作用进一步发挥。在能力建设上，以不同形式强化班子整体和个体考核、工作绩效考核，召开民主生活会，开展联合巡视，落实干部分工制度和干部培训，以提升班子的执政能力和执行力。

（桂新社）

地方税务

【保定市地方税务局】 保定市地方税务局是负责保定市地方税收征收管理的职能部门，受河北省地方税务局和保定市人民政府双重管理，以垂直管理为主。市局机关内设17个处室（中心）：办公室、人教处、绩效处、基层处、监察室、机关党委、督察内审处、财装处、收入处、征管处、税政处、纳服处、社保处、发票处、信息中心、干部培训中心、机关服务中心。直属单位2个：稽查局、税源监控分局。管辖27个县（市、区）地方税务局，共有干部职工2390人。

局　　长　高会民
副 局 长　顾建明　刘立峰
　　　　　孙晓菊（女）
　　　　　王洪通
纪检组长　李贺先
总经济师　姜　涛
稽查局长　张雪梅（女）

【概况】 2012年全市地税系统将“提升征管质效、创新服务方式、固牢发展根基、凸显队伍活力”作为工作主基调，狠抓收入、保证质量，强化技能、提升素质，严格管理、注重绩效，建强基层、创先争优，圆满完成了以组织收入为中心的各项工作任务。全系统共组织各项收入159.08亿元，同比增收22.64亿元，增长16.59%。其中，税收收入完成106.27亿元，同比增收17.65亿元，增长19.92%；社保费收入完成44.45亿元，同比增收3.88亿元，增长9.55%；其他收入完成8.37亿元，同比增收1.11亿元，增长15.34%。全市地税系统获得多项荣誉，市局机关连续三届被中央文明委评为“全国文明单位”、荣获了“全国模范职工之家”。全系统涌现出1个“全国税务系统先进集体”，3个省级“青年文明号”，7个市级“青年文明号”。

【税费收入持续稳定增长】 全系统共组织各项收入159.08亿元，同比增收22.64亿元，增长16.59%。在组织收入过程中，主要采取了以下措施：一是严格坚持“依法征税、应收尽收、坚决不收过头税、坚决防止和制止越权减免税”的组织收入原则。二是认真落实税收分析定期联系制度，突出强化了货物运输业、出租房屋、存量房交易等方面的征收管理和检查督导，深入推行“月点、季片、年面”的重点行业常态化管理模式。三是通过发挥税源监控嗅觉的作用、税务稽查的震慑作用、综合治税的网络作用。四是加强社保费管理。积极与劳动、财政部门搞好沟通，大力开展费源调查，强化分类管理，确保了全年社保费收入任务的完成。

【税收管理质量进一步强化】 一是按照专业化管理、规范化运行的征管工作思路，着力实施税源管理质量考核，逐月提取征管“五率”数据，每季对基层分局的税源管理情况通报，方便税收管理员及时对标整改。二是从加强货运业管理入手，据实摸排车辆、吨位、代开发票金额情况，有力地防止了该行业转引税款、虚开发票现象。三是针对土地交易存在偷税漏税问题，依托国土资源部下属中国土地市场网第三方数据支撑，建立土地交易两税税源监控平台，定期采集有关土地市场交易数据，引入监控平台形成契税税源数据，通过全方位比对税源数据与征管数据，及时发现疑点数据，督导基层据实征收，有效堵塞了部门信息不对称、土地交易不完税、征管软件不匹配、执法行为不规范等方面形成的两税征管漏洞，实现了土地交易环节税源无缝隙监控。

【税收执法水平进一步提高】 首先，做好全系统税务干部普法教育工作，深入贯彻落实省地税局《税收执法考核评议和执法过错责任追究办法》和《税收执法岗位职责》，加大对执法行为的监控力度。其次，在全省地税系统率先实行执法联动，形成了以“控（税源监控）、管（征收管理）、查（税务稽查）、核（法规督察内审）、究（纪检监察）”为“联动主轴”的执法工作一体化，有力地促进了税收执法工作的科学化、专业化和规范化，极大地降低了税收执法风险和廉政风险，奠定了坚实的惩防体系建设基础。再次，进一步发挥税务稽查以查促管、以查促收的作用。重点关注纳税零申报、负申报、低税负企业涉税问题，抓好对房地产、建筑安装、化工、证券、金融保险、学校、医疗等垄断行业的专项检查。加强对企业发票使用情况的检查，严肃整治假发票，有力地整饬了税收环境。

【税收服务进一步优化】 一是

紧紧围绕纳税人的合理需求，积极深化国地税联合办税、同城通办、网上报税等服务工作，试点并推广税务登记、发票发售、报验登记、税务登录等50多项办税环节的“免填单”业务。二是全面开展县级局领导参与重点税源联系服务和“百企千户问需求”活动，组织税务干部走进保定电视台《阳光直播室》，专门就落实税收优惠政策、扶持小微企业发展、办税事项咨询等问题，现场与市民沟通交流、释疑解惑。三是制定了《办税服务厅业务数、质量考核办法》，扎实推进星级办税服务厅和网上办税服务厅建设，升级改造基本功能设施，在“一窗式”服务基础上，提供“套餐式服务”，成立纳税人学校，安装运行24小时多网点自助办税终端，推行管理事项前移和“先办后审”，做到即申即办、当场办结，最大限度地方便了纳税人，提高了服务效率。

【干部队伍建设得到加强】 首先，全系统立足于建设学习型地税机关，积极打造培养爱岗敬业、胜任本职的干部队伍，本着“请进来、走出去，缺什么、补什么”的原则，先后制定出台《干部素质提升工作纲要》、《兼职教师选拔实施办法》、《“税收大讲堂”学习计划》等规范性文件。其次，坚持分类施教、以需定训、送教育下基层，全面推行“三级九阶”培训法，逐一建立干部培训动态档案，鼓励税务人员参加“四师”执业资格考试。定期邀请清华大学、河北大学等高校教授到市地税局举办专题讲座，联合保定金融学院举办首期百名税干技能培训班，认真落实“月考学、季述学、年评学”的工作机制。再次，大力组织开展综合性比武竞赛活动，切实强化财会、法规、征管、稽查等岗位的基本技能培训，全面选拔尖子人才和业务骨干，进一步增强了学习教育的针对性和实效性。

（赵亚民）

金　　融

金融综述

【金融运行】　2012年，保定市金融机构贯彻执行稳健的货币政策，积极推进金融改革创新，不断提高辖区金融服务水平，有效改善地方金融生态环境，在各自的领域，为地方经济的平稳较快发展做出了积极贡献。截至年末，保定全辖各项存款余额达3774.91亿元，比年初增加526.53亿元，同比多增157.19亿元；存款年增速为16.2%，同比增加3.4个百分点。全辖各项贷款余额为1589.73亿元，比年初增加237.40亿元，同比多增43.07亿元；贷款年增速为17.6%，同比增加0.8个百分点。

【金融调控】　人行保定市中心支行按照“总量适度、审慎灵活、定向支持”的总体思路，引导金融机构积极落实国家宏观调控要求，贯彻执行好各项货币政策。综合运用多种调控手段，努力做好金融调控与稳定工作。

一、贯彻落实稳健的货币政策，把握信贷投放的力度和节奏。（一）继续落实稳健的货币政策，支持地方经济发展。按照上级行工作要求，加强“窗口指导”，统筹配置信贷资源，有效增加对实体经济的信贷投放，加大对保定市汽车产业、新能源、电子信息和新材料等制造业和产业园区建设的支持力度，对全市在建重点项目、保障性住房建设、城镇化建设、节能减排等加大信贷支持，促进地方经济平稳较快发展。（二）加大金融对中小企业、三农和社会民生的支持力度。引导金融机构依据“中小微企业”的融资需求特点，不断创新融资模式、服务手段、信贷产品及抵、质押方式，支持辖区中、小、微企业发展。2012年，辖内金融机构共向“中小微企业”发放贷款35.6亿元。扩大小额担保贷款覆盖面，加大对下岗失业、自主创业、农民工等人员的创业信贷支持，进一步做好民生性金融支持和服务工作。制定了《进一步明确农村信用社信贷调控和监测工作流程》，确保涉农金融机构将信贷资金投放到“三农”领域。全年，新增涉农贷款149.8亿元。（三）创新工作方法，涉农信贷效果评估工作做法得到总行领导批示。保定中支不断创新工作方法，扎实开展涉农信贷效果评估工作，并指导辖内定兴支行开展相关探索，取得了较好效果。该项工作得到总行行长助理郭庆平的批示：“河北保定中支指导定兴县支行开展涉农信贷政策效果评估的四项成效表明：只要工作措施扎实，加大落实力度，金融服务县域经济发展的作用就有明显提高，人民银行县支行职能作用的发挥也同样有提高。”总行金融市场司有关领导赴保定就此项工作开展专题调研，并给予了充分肯定。（四）做好利率政策传导，指导金融机构贯彻优惠利率政策。加强监测和指导，全面掌握辖内金融机构利率政策执行情况，对利率竞争秩序进行规范和引导，确保基准利率及利率浮动区间调整工作的平稳实施。做好对辖内民族贸易和民族特许商品生产贷款优惠利率相关工作，加强对金融机构发放优惠利率贷款资金用途、期限和利率的监督。（五）进一步加强房地产信贷管理。认真落实国家房地产调控政策，做好差别化住房信贷政策实施工作，按季组织召开房地产金融工作专业委员会季度例会。运用房地产监测系统，撰写保定市房地产市场及金融运行情况调研报告，全面调查保定市房地产市场及金融运行情况，2012年保定市房地产市场保持了相对稳定的发展趋势。

二、加大监督检查力度，全力维护地方金融稳定。（一）加强风险监测评估，提高风险防范能力。一是加强地方非银行机构风险监测评估，对小额贷款公司、专业合作社、担保公司进行重点监测。二是加强金融机构重点领域的风险监测分析，关注政府融资平台、房地产等行业的信用风险。三是密切关注蠡县信用社风险状况，有针对性地制定了应急预案，成立了领导小组，切实防范风险。（二）完善流动性监测分析，加强存款准备金日常管理。做好存款准备金的调整和交存工作，坚持按月调查各类地方法人金融机构流动性状况，对于流动性水平较低的金融机构，及时制定支持预案防范流动性风险。密切关注存款准备金率调整对金融机构资金流动性的影响，做好政策的动态反馈，有效防范和化解金融风险，确保辖区金融稳定。（三）精心组织，全面开展金融统计执法检查工作。组织辖内各金融机构召开了金融统计检查专题工作会议，对金融统计检查工作进行了部署，并制定了详细的检查方案。在各金融机构自查的基础上，“保定中支”组织人员对辖内13家银行及23家分支机构进行了检查，发现问题、及时纠正，并撰写专题检查报告，上报上级行。（四）加强对辖区保险业、证券业金融机构的综合管理。制定了《中国人民银行保定市中心支行对保险业、证券业金融机构综合评价实施细则》，进一步推动保险业、证券业金融机构有效执行人民银行金融管理政策，提高人民银行对保险业、证券业金融机构综合评价工作的质量和效率，促进辖区保险业、证券业金融机构的稳健经营，维护辖区金融稳定。（五）加强风险控制，深入开展反洗钱工作。对金融机构实施分类差别监管，对被监管机构划分风险等级，根据金融机构的风险程度选择相应的监管措施和现场检查工具。完成对长江证券、中英联合财险、泰康人寿保险和河北银行的反洗钱执法检查工作，并对辖区金融机构业务人员进行了反洗钱知识测试。

【金融监管】 2012年，保定银监分局紧紧围绕银监会、河北银监局工作部署，不断提高监管工作的针对性、灵活性和有效性，维护了辖区银行业安全稳健运行，促进了经济又好又快发展。一、稳步推进平台贷款风险化解工作。一是分局领导干部带队深入7家银行业机构、3家平台公司调查督导，组织召开融资平台贷款风险情况专题分析会议，约谈5家被监管机构负责人，促进监管政策落实。二是组织开展2011年“退出类”最大一户、2012年新增平台贷款专项检查，提出整改意见，进一步规范平台贷款管理。三是加强台账统计、监测和分析，对退出的三家平台公司继续做好监测管理工作。四是组织开展了高速公路平台贷款情况专项调查，向市政府提出了相关政策建议，协调银行业机构积极支持在建高速公路项目，当年新增高速公路贷款8.2亿元。年末，全辖融资平台贷款24户，金额285.68亿元，比年初增加2.73亿元，“押品”整改率97.75%，比年初提高2.64个百分点，未发生违约还款事项。二、房地产贷款风险可控。对56家房地产企业资质、资金来源等开展专项调研；对69家房地产开发企业建立“名单制”管理台账，按季进行房地产贷款运行及风险分析；组织开展农村中小金融机构落实房贷政策审慎监管会谈；对保定银行房地产贷款开展专项检查；督促银行业机构开展房地产压力测试，加强对房地产信贷的风险监测和预警。截至2012年9月末，房地产业贷款余额63.83亿元，较年初减少10.33亿元，占贷款总量的4.23%，较年初下降1.26个百分点；不良贷款余额0.32亿元，不良率0.50%，资产质量较好。三、采取得力措施，力促不良贷款“双降”。一是与银行业机构签订不良贷款“双降”工作目标责任书，强化压力传导。二是重点督促辖区法人机构加大拨备提取及呆账核销力度，落实信用风险管控措施，提高资产质量和信贷管理水平。年末，全市银行业不良贷款余额110.17亿元，比年初减少23.15亿元；不良率6.93%，比年初下降2.93个百分点。四、紧密盯防流动性风险。在严密防范法人银行机构流动性风险的基础上，将蠡县27家高风险农村合作金融机构作为监管重点，加强日常监测、预警、分析，严防发生支付、挤兑风险。向河北银监局和市政府上报《关于尽快推进蠡县农村信用社风险处置工作的报告》（银监保局字〔2012〕23号），推进处置进展，促请国务院责成有关部门启动化解工作。五、突出做好案件防控和安保维稳工作。继续坚持“压力传导、严格问责”等做法和保持案件防控高压态势。组织银行业机构逐级签订案防目标责任书11536份，形成多层次、广覆盖的案件防控责任体系。巩固案防工作成果，将以往案件风险隐患排查出的问题融入日常监管工作，非现场监测重点关注，现场检查逢查必问。推进案件防控内生动力建设，强化银行业金融机构内部稽核与外部监管的信息沟通和互动。强化责任追究，督导、查办富昌信用社挪用客户资金违规事件，对6名相关责任人进行了严肃处理，对2010年发案的涞源县农联社上庄信用社主任进行了行政处罚，起到了较好的警示和震慑作用。印发《关于做好十八大安保工作确保银行业安全稳定的通知》，统筹安排做好员工思想教育、金融服务、安全保卫、政务值班等各项工作，配合省公安厅开展安全保卫大检查，及时消除风险隐患。2012年，辖内银行业机构保持零案件。六、严防信息科技风险和表外业务风险。开展“夯实统计信息基础，提升银行业数据质量”竞赛和数据质量良好标准外部评估现场检查，对各机构2011年度信息科技风险进行评估，重点督促地方法人机构提升风险管控能力。加强票据业务非现场监测，对建设银行保定分行承兑汇票业务合规性进行现场检查，及时堵塞风险漏洞。

【金融服务】 人行保定市中心支行努力优化金融生态环境，全面提升辖区金融服务水平和质量。

一、进一步规范业务操作，提高国库服务水平。不断提高国库会计核算质量与水平，实现国库会计核算全年无差错。加强监督检查，防范风险，确保国库资金安全。出台了《国家金库保定市中心支库信息工作管理办法》，对辖内各支行国库信息的报送、管理、奖惩等做出了明确的规定。该《办法》被石家庄中支以文件形式转发。二、加强会计核算管理，扎实开展助农取款服务工作。制定了会计核算重要岗位异地轮换工作方案，强化会计核算管理，防范资金风险。开通“银行卡助农取款绿色通道”，有效改善了辖区农村支付服务环境。2012年，全辖金融机构设置助农取款服务点6746个，涉及行政村5929个，超额完成农村助农取款覆盖70%的工作目标，为辖区农户提供了更为便捷的金融服务。三、多措并举，推进辖区信用体系建设。一是加大宣传力度，深入辖区农村开展征信知识宣传，切实增强了农民的信用意识。二是做好信用查询及异议处理工作，办理个人征信系统信用报告查询4853笔。三是准确及时地完成贷款卡发放行政许可和档案管理工作，发放贷款卡1186张。四是积极开展机构信用代码推广应用工作。2012年保定辖内信用代码发放存量和增量总数80859户。四、加强外汇管理工作，得到地方政府肯定。不断提升服务水平，深入辖内大中型企业调研十余次，帮助企业解决实际困难，撰写的保定市太阳能产业发展情况调查得到省政府领导批示。促进贸易投资便利化，圆满完成货物贸易外汇管理制度改革。加大外汇检查力度，对中国银行和农业银行分支机构的外汇业务合规性进行了检查，对华夏银行和浦发银行即期结售汇市场准入情况进行验收备案。创新工作方法，改进工作手段，做好外汇政策的宣传和解释，支持地方实体经济发展。外汇管理工作得到保定市委、市政府的批示表彰，市长李谦作出批示：“感谢市外汇管理局对地方经济工作的支持。”五、做好跨境人民币业务宣传和培训相关工作。积极宣传跨境人民币有关业务，召开跨境人民币业务开办银行RCPMIS系统培训会，促进相关工作的全面开展。充分利用RCPMIS系统做好日常监测，加强对金融机构业务指导，确保系统正常运行和迅速推广。2012年，保定市共激活跨境贸易人民币结算试点企业272家，办理跨境人民币结算金额66972.62万元。

【保险业务】 2012年，保定市共有保险公司38家。其中财险公司19家，寿险公司19家。

一、财险业务：保费总收入30.65亿元，同比增长16%。（一）商业险：保险费收入21.26亿元，同比增加15.73%，其中机动车保费17.49亿元。赔款支出9.23亿元，赔付率52.8%。（二）交强险：保险费收入9.39亿元，同比增长10.3%。赔案件数81056次，累计赔款4.44亿元，赔付率47.3%。二、寿险业务：保险费收入73.84亿元，同比降低0.8%。赔款支出1.07亿元，满期给付8.87亿元，年金给付1.24亿元，死亡医疗给付1.53亿元，退保金额6.55亿元。

【证券概况】 保定市设有17家证券营业部，比上年增加1家。截至2012年底，全年股票交易金额942亿元，托管总资产181亿元，手续费收入1.12亿元。

（薛冀峰）

银行业

【中国人民银行保定市中心支行】

中国人民银行保定市中心支行是中国人民银行（总行）的派出机构。其主要职责是传达、贯彻央行货币政策，维护地方金融稳定，组织、管理相关货币发行业务，经理地方国库，履行外汇、外债管理职能等。内设17个科室，现有干部职工246人。

党委书记
行　　长　邵仁姿

副 行 长　霍东升　宋云利
　　　　　李建设
纪委书记　张冬生
工会主任　刘泰然
调 研 员　王国萍　蒋新巧

【概况】　2012年，保定市中心支行按照天津分行和石家庄“中支”的整体工作部署，围绕保定“中支”党委提出的“强管理保安全，重监管促履职，抓创新重实效，提素质树形象”的总体工作要求，认真落实总行、天津分行和石家庄中支工作会议精神，继续贯彻执行稳健的货币政策，确保辖区金融稳定，积极推进金融改革创新，切实提高辖区金融服务水平，有效改善了地方金融生态环境，促进地方经济平稳较快发展。

【贯彻落实稳健的货币政策，把握信贷投放力度和节奏】　一、继续落实稳健的货币政策，支持地方经济发展。按照上级行工作要求，加强“窗口指导”，统筹配置信贷资源，有效增加对实体经济的信贷投放，加大对保定市汽车产业、新能源、电子信息和新材料等制造业和产业园区建设的支持力度，对全市在建重点项目、保障性住房建设、城镇化建设、节能减排等加大信贷支持，促进地方经济平稳较快发展。到2012年底，全市本外币各项贷款余额1589.7亿元，比年初增加237.4亿元，同比多增43.1亿元。二、加大金融对中小企业、三农和社会民生的支持力度。引导金融机构依据“中小微企业”的融资需求特点，不断创新融资模式、服务手段、信贷产品及抵、质押方式，支持辖区中、小、微企业发展。2012年，辖内金融机构共向“中小微企业”发放贷款35.6亿元。扩大小额担保贷款覆盖面，加大对下岗失业、自主创业、农民工等人员的创业信贷支持，进一步做好民生性金融支持和服务工作。制定了《进一步明确农村信用社信贷调控和监测工作流程》，确保涉农金融机构将信贷资金投放到“三农”领域。全年，新增涉农贷款149.8亿元。三、创新工作方法，涉农信贷效果评估工作做法得到总行领导批示。保定中支不断创新工作方法，扎实开展涉农信贷效果评估工作，并指导辖内定兴支行开展相关探索，取得了较好效果。该项工作得到总行行长助理郭庆平的批示：“河北保定中支指导定兴县支行开展涉农信贷政策效果评估的四项成效表明：只要工作措施扎实，加大落实力度，金融服务县域经济发展的作用就有明显提高，人民银行县支行职能作用的发挥也同样有提高。”总行金融市场司有关领导赴保定就此项工作开展专题调研，并给予了充分肯定。四、做好利率政策传导，指导金融机构贯彻优惠利率政策。加强监测和指导，全面掌握辖内金融机构利率政策执行情况，对利率竞争秩序进行规范和引导，确保基准利率及利率浮动区间调整工作的平稳实施。做好对辖内民族贸易和民族特许商品生产贷款优惠利率相关工作，加强对金融机构发放优惠利率贷款资金用途、期限和利率的监督。五、进一步加强房地产信贷管理。认真落实国家房地产调控政策，做好差别化住房信贷政策实施工作，按季组织召开房地产金融工作专业委员会季度例会。运用房地产监测系统，撰写保定市房地产市场及金融运行情况调研报告，全面调查保定市房地产市场及金融运行情况，2012年保定市房地产市场保持了相对稳定的发展趋势。

【加大监督检查力度，全力维护地方金融稳定】　一、加强风险监测评估，提高风险防范能力。一是加强地方非银行机构风险监测评估，对小额贷款公司、专业合作社、担保公司进行重点监测。二是加强金融机构重点领域的风险监测分析，关注政府融资平台、房地产等行业的信用风险。三是密切关注蠡县信用社风险状况，有针对性地制定了应急预案，成立了领导小组，切实防范风险。二、完善流动性监测分析，加强存款准备金日常管理。做好存款准备金的调整和交存工作，坚持按月调查各类地方法人金融机构流动性状况，对于流动性水平较低的金融机构，及时制定支持预案防范流动性风险。密切关注存款准备金率调整对金融机构资金流动性的影响，做好政策的动态反馈，有效防范和化解金融风险，确保辖区金融稳定。三、精心组织，全面开展金融统计执法检查工作。组织辖内各金融机构召开了金融统计检查专题工作会议，对金融统计检查工作进行了部署，并制定了详细的检查方案。在各金融机构自查的基础上，保定中支组织人员对辖内13家银行及23家分支机构进行了检查，发现问题、及时纠正，并撰写专题检查报告，上报上级行。四、加强对辖区保险业、证券业金融机构的综合管理。制定了《中国人民银行保定市中心支行对保险业、证券业金融机构综合评价实施细则》，进一步推动保险业、证券业金融机构有效执行人民银行金融管理政策，提高人民银行对保险业、证券业金融机构综合评价工作的质量和效率，促进辖区保险业、证券业金融机构的稳健经营，维护辖区金融稳定。五、加强风险控制，深入开展反洗钱工作。对金融机构实施分类差别监管，对被监管机构划分风险等级，根据金融机构的风险程度选择相应的监管措施和现场检查工具。完成对长江证券、中英联合财险、泰康人寿保险和河北银行的反洗钱执法检查工作，并对辖区金融机构业务人员进行了反洗钱知识测试。

【优化金融生态环境，提升金融服务水平和质量】 一、进一步规范业务操作，提高国库服务水平。不断提高国库会计核算质量与水平，实现国库会计核算全年无差错。加强监督检查，防范风险，确保国库资金安全。出台了《国家金库保定市中心支库信息工作管理办法》，对辖内各支行国库信息的报送、管理、奖惩等做出了明确的规定。该《办法》被石家庄中支以文件形式转发。二、加强会计核算管理，扎实开展助农取款服务工作。制定了会计核算重要岗位异地轮换工作方案，强化会计核算管理，防范资金风险。开通"银行卡助农取款绿色通道"，有效改善了辖区农村支付服务环境。2012 年，全辖金融机构设置助农取款服务点 6746 个，涉及行政村 5929 个，超额完成农村助农取款覆盖 70% 的工作目标，为辖区农户提供了更为便捷的金融服务。三、多措并举，推进辖区信用体系建设。一是加大宣传力度，深入辖区农村开展征信知识宣传，切实增强了农民的信用意识。二是做好信用查询及异议处理工作，办理个人征信系统信用报告查询 4853 笔。三是准确及时地完成贷款卡发放行政许可和档案管理工作，发放贷款卡 1186 张。四是积极开展机构信用代码推广应用工作。2012 年保定辖内信用代码发放存量和增量总数 80859 户。四、加强外汇管理工作，得到地方政府肯定。不断提升服务水平，深入辖内大中型企业调研十余次，帮助企业解决实际困难，撰写的保定市太阳能产业发展情况调查得到省政府领导批示。促进贸易投资便利化，圆满完成货物贸易外汇管理制度改革。加大外汇检查力度，对中国银行和农业银行分支机构的外汇业务合规性进行了检查。对华夏银行和浦发银行即期结售汇市场准入情况进行验收备案。创新工作方法，改进工作手段，做好外汇政策的宣传和解释，支持地方实体经济发展。外汇管理工作得到保定市委、市政府的批示表彰，市长李谦做出批示："感谢市外汇管理局对地方经济工作的支持"。五、做好跨境人民币业务宣传和培训相关工作。积极宣传跨境人民币有关业务，召开跨境人民币业务开办银行 RCPMIS 系统培训会，促进相关工作的全面开展。充分利用 RCPMIS 系统做好日常监测，加强对金融机构业务指导，确保系统正常运行和迅速推广。2012 年，保定市共激活跨境贸易人民币结算试点企业 272 家，办理跨境人民币结算金额 6.7 亿元。

【加强内部管理，夯实基础工作】 一、强化安全管理，做好发行、保卫、保密工作。加大安全检查工作力度，全年开展各项安全检查 40 余次，及时发现隐患，堵塞漏洞。加强安全防范，圆满完成十八大安保各项工作任务。构建大安全工作体系，加强干部职工的思想教育，开展矛盾排查化解工作，严格执行枪弹安全管理制度，构建和谐稳定的央行机关。加强保密管理，对全辖保密、涉密计算机、涉密移动存储介质进行全面检查，防止失泄密事件发生。保证辖区合理现金供应和库款安全，2012 年全辖累计现金投放 244.6 亿元，回笼 215.3 亿元，净投放 29.3 亿元；完成发行基金调运 57 次，调出调入发行基金 208.1 亿元。切实加强人民币管理和反假币工作，净化人民币发行环境；做好县支行发行库恢复有关工作，经过精心筹备，高碑店支行发行库改造顺利完工，并于 5 月 31 日正式恢复运营。二、加强机关内部管理，提供有力的科技保障和优质的后勤服务。对各个业务系统及时进行升级和日常维护，强化计算机安全管理，确保网络运行安全通畅；开发了《保定中支任务管理系统》，针对日常办公中的各项待办事宜进行实时提醒，部门领导也可以通过该系统查看部门任务分配及完成情况，方便了各项工作的办理。机关后勤管理工作从抓规范入手，严格按制度办事，坚持勤俭办行，做好物业管理、后勤服务、车辆管理，节能减排等各项工作，不断提升服务水平。三、进一步提升财务管理水平。严格执行各项财务制度，科学安排各项费用支出，严格内设银行账户监督，强化预算约束力，推动会计财务管理的科学化、精细化和规范化。认真落实"管采分离"工作机制，加强集中采购审批管理，严格落实公示制、承诺制和问责制，深入开展"小金库"专项治理工作。四、事后监督和内部审计工作有条不紊。顺利完成了全辖会计核算业务和中支国库、发行业务的日常监督工作。审核会计核算业务 6 万余笔，完成国库会计业务监督 20 万张，监督发行业务传票 1 万余张。不断加强内控体系建设和内审队伍建设，探索绩效审计试点工作，充分发挥基层央行内审职能作用。2012 年完成履职审计项目 7 个，内控审计项目3个。切实提高审计质量，加大培训力度，对辖内22个县（市）支行总稽核进行内部审计理论与实务相关培训。五、认真做好应急管理、政务公开和法律事务工作。健全完善应急管理工作机制和体系建设，制定了《2012年应急演练计划》，组织建立了辖区应急指挥联络表，全辖应急意识和处置能力不断提高。同时，认真做好政务公开工作，依托政府网站平台，对群众关心的行政许可事项、金融法律法规和人民银行有关业务信息及时进行了公开。开展金融法制宣传，做好机关的法律咨询和法律服务工作，为人民银行依法合规开展工作提供法律支持，对辖区涉诉案件的相关情况进行了统计和备案，并要求按时限进行积案化解。

（薛冀峰）

【中国银行业监督管理委员会保定监管分局】 （以下简称保定银监分局）系中国银行业监督管理委员会派出机构，于2004年2月正式挂牌成立并对外履行职责。主要职责是根据银监会授权对保定市各政策性银行、国有商业银行、农村信用社、股份制商业银行、邮政储蓄银行、城市商业银行类金融机构及其分支机构的设立、变更、终止和业务活动进行监督管理，依法对金融机构违法违规行为进行查处，审查和批准高级管理人员任职资格，统计有关数据和信息，维护保定市银行业的合法、稳健运行。

党委书记 局　　长	李向军（3月任）
调 研 员	刘文卿
党委委员 副 局 长	张本科
党委委员 纪委书记	张会欣
党委委员 副 局 长	牛惠君（女）

【概况】 2012年，保定银监分局围绕银监会、河北银监局工作部署，强班子、带队伍、谋创新、求突破，确保了辖区银行业安全稳健运行，促进了地方经济又好又快发展。截至2012年末，全市银行业金融机构各项贷款1589.72亿元，较年初增加237.4亿元，增幅为17.56%；各项存款3717.43亿元，较年初增加512.24亿元，增幅为15.98%；不良贷款余额110.17亿元，较年初下降23.15亿元，不良贷款率6.93%，较年初下降2.93个百分点。2012年，机关党总支、办公室党支部、人事科党支部被河北银监局党委授予“先进基层党组织”荣誉称号，办公室被评为河北银监局青年文明号，人事科被评为河北银监局五一巾帼岗，11人分别被河北银监局授予“优秀党务工作者”、“优秀共产党员”、青年岗位能手、监管标兵等荣誉称号。被保定市人民政府授予“金融工作贡献奖”。

【坚守底线防范和控制重点风险】 一是通过调查督导、台账监测、现场检查、组织专题分析会议、约谈被监管机构负责人等，稳步推进平台贷款风险化解工作，协调银行业机构积极支持在建高速公路尽快建成运营。年末，全辖融资平台贷款24户，金额285.68亿元，比年初增加2.73亿元，押品整改率97.75%，比年初提高2.64个百分点，未发生违约还款事项。二是强化“名单制”管理，开展专项调研，督促银行业机构开展房地产压力测试，加强对房地产信贷的风险监测和预警。年末，全市房地产不良贷款余额0.32亿元，不良率0.50%，资产质量较好。三是签订不良贷款“双降”工作目标责任书，督促法人机构加大拨备提取及呆账核销力度，全市银行业不良贷款余额、比率保持“双降”态势。四是将蠡县27家高风险农村合作金融机构作为流动性风险防范重点，加强日常监测、分析、预警、汇报，促请国务院责成有关部门启动化解工作。五是采取签订案件防控责任书、监管提示、行政处罚、与银行业机构内审稽核部门互动、开展安全保卫大检查、统筹做好十八大期间安保维稳工作等，保持案件防控高压态势。银行业机构继续保持零案件。

【强化服务促进支持实体经济发展】 一是支持地方经济发展的引领作用进一步加大。将监管政策、银行业改革发展情况、分局重点调研成果及时向市委市政府汇报，提供决策参考。制定《关于进一步优化金融环境助推实体经济发展的实施意见》，推进金融生态环境建设。保定“7·21”洪涝灾害发生后，通过下发通知、制定意见，指导抗洪救灾恢复重建工作深入开展。通过调研督导、召开监管工作会、座谈会、下发监管意见书、监管通报等方式，引导银行业机构加大对重点领域和薄弱环节的信贷支持力度，辖内银行业实现了信贷资金的平稳有序投放。二是加强对公众的金融知识宣传。组织辖内银行业机构开展“传承发扬雷锋精神，金融知识服务于民”、“送金融知识下乡”、“促监管知识进基层行”等活动，配合市金融办开展“保定金融理财博览会”活动，取得了良好社会效果。三是服务涉农、小企业的力度进一步加大。与各银行业机构签订工作目标责任书，坚持任务分解、按季通报制度，积极开展小微企业金融服务宣传月、成效展活动，采取暗访、调研、督导等方式，督促各行加大工作力度，提高服务水平，全辖实现“两个不低于”工作目标。四是银行业机构经营行为进一步规范。有序引导辖内银行业机构开展不规范经营专项整治工作，全辖排查业务金额509.66亿元，发现问题1502个，全部整改到位，提升了银行业社会形象。

【扎实推进银行业改革发展稳步进行】 一是城商行经营实力提升。向市政府上报专题报告推动完善公司治理，实现了董事长、行长分设，督促引导向县域延伸机构，认真落实“五年规划”，各项监管指标持续向好。二是农村中小金融机构改革进一步深化。通过深入调查、动态督导、月度监测、季度通报，持续推动达标提升工作；通过规范流程、严格审核，有序推进股份制改造工作；辖内农信社各项风险指标有所好转。三是银行业组织体系更加完善。全年辖内13家支行开业，沧州银行保定分行批准筹建，邮储银行完成9家二类支行改革工作。

（张春林）

【中国银行股份有限公司保定分行】 中国银行股份有限公司保定分行是隶属于中国银行股份有限公司河北省分行的二级分行，下辖15个县（市）支行、6个市区支行。2012年末，全系统员工1400余人。办理人民币存款、贷款、结算、票据贴现、代理发行兑付政府债券、金融债券，代理收付款项业务；外汇存、贷款、汇款，外币兑换、国际结算、结售汇、外汇票据的承兑、贴现、以及资信调查、咨询、见证和经中国银行业监督管理委员会批准的其他业务，是功能齐全的现代化股份制商业银行。

党委书记　行　长　郑元昌（3月任）
党委委员　副行长　李旭东（10月离任）
周玉河（10月任）
赵士明（兼任纪委书记）
马惠玲（女，兼财务总监）
杜雅红（女）
朱文龙（10月离任）
董英群（10月任）
郑　涛

【概况】 2012年，中国银行保定分行认真执行总行“转型发展、跨越发展、创新发展”的工作方针，大力实施“科学发展、大行腾飞”战略，各项工作扎实推进，主要业务实现快速发展，经营绩效持续进步。到年末，人民币各项贷款余额为211.18亿元，比年初增加21.80亿元，余额和新增市场占比分别达25.68%和17.87%。人民币各项存款余额达到364.73亿元，较2011年末新增（不含理财）10.61亿元，余额和新增市场占比分别达18.41%和5.35%。实现中间业务收入2.73亿元，较2011年减少1686万元，实现净利润6.13亿元。

【加快发展资产业务】 公司贷款方面：召开了大公司带动战略研讨会，坚持抓大户，向保定市道路开发中心、英利能源（中国）有限公司、保定天威保变电器股份有限公司等单位投放贷款18.71亿元。在中国银行保定分行主导下，省行与隆基泰和集团签署了金额达100亿元的战略合作协议。大力抓中小企业客户，召开了中小企业存量客户推动会，成立了中小企业中心，明确任务，承包到人，新增新模式中小企业客户54户，新增贷款3.28亿元。零售贷款方面：重点抓了“白沟模式”，白沟支行投放个人贷款12.5亿元，占全行个人贷款投放总量的39%。票据融资取得良好业绩，实现票据融资交易量25.36亿元，同比增长23%，市场占比31%，实现利息收入4728万元，利息收入、净利差收入均居同业第一。

【努力增加存款和客户】 一是抓存款。公司存款方面，通过抓关键项目、关键领域、关键客户，抑制了存款的大幅下滑，成功营销博时基金5亿元，股份制银行同业存款6.5亿元。储蓄存款方面，通过抓代发薪、理财产品和热点存款，储蓄存款增长额和日均余额两项指标提前完成全年任务，一直排在全省前列。二是抓基础客户。公司条线通过举办各种银企对接会，从源头上批量拓展了一批中小企业目标客户；通过密切与当地证券公司联系、加强督导等措施，三方存管账户仅用一周时间就新增59户，位列全省首位；借助社保账户查询产品，新增养老金运营账户31623户，新增户数和任务完成率列全省第一名。个金条线通过持续抓代发薪、落实代发薪“一把手”工程，抓热点存款营销，抓校园卡、联名卡项目，扩大了有效客户数量；通过开展客户升级活动，提高了中高端客户占比；通过组织以网点负责人、理财经理为骨干的白金卡推介会，增加了白金卡发卡量。

【大力发展中间业务】 重点抓了中银集富、供应链融资、远期结售汇、保函、跨境人民币，基金、保险、贵金属销售和汽车分期等业务。公司条线超额完成省行任务，对全行贡献度接近50%。

【加强风险管理】 一是防范授信风险。及时传导省行相关授信政策，办好风险政策导报，及时向基层传导政策信息，提示风险；建立重点行业风险监测机制和重点客户名单式管理制，确保风险管控有针对性。二是防范案件风险。成立防案工作小组，层层签订案件防控责任书，定期召开内控会议，研究内控及案件专项治理工作；加强警示教育，组织员工观看警示教育光盘，开展“合规在身边”主题活动，对新入行大学生开展“学制度、讲法纪、树正气、立规矩”主题教育活动，对新提拔干部进行任前廉政教育谈话和廉政考试；强化监督检查，组织开展了“员工违规行为排查”、“员工账户过渡客户资金核查”等六项检查；强化问责，通报批评、扣罚绩效80多人次。

【大力开展业务技术练兵活动】 制定了《业务技能测评管理办法》，修订了《新入行大学生业务技能测评管理办法》，把员工的技能练兵纳入日常管理，加大奖惩力度，把业务技能水平与员工的绩效工资和个人职业生涯挂钩，调动了员工练兵的积极性。承办了省行业务技能选拔赛暨经验交流会，获得了1个第一、1个第二和1个第三名的好成绩。3名选手被省行抽调参加集训，两名选手代表省行参加了中行系统“全球业务技能大比武”，营业部的郭旭获得对私业务第四名的好成绩，受到总行、省行表彰。

（王二宝）

【中国工商银行保定分行】（以下简称“工行保定分行”）是隶属于中国工商银行股份有限公司的二级分行，位于保定市东风中路1902号。至2012年末，所辖一级支行29个、二级支行68个、分理处2个，在岗员工2535人。主要业务包括：办理人民币存款、贷款、结算业务；办理票据贴现业务；代理发行金融债券；代理发行、代理兑付政府债券；代理收付款项；经中国银行业监督管理部门批准的其他业务。办理外汇存款；外汇贷款；外汇汇款；外币兑换；国际结算；结汇、售汇；资信调查、咨询、见证业务。办理支付结算代理、人民币资金和票据融资业务；外汇票据的承兑与贴现、外汇担保、外汇金融衍生产品交易、代客外汇买卖、远期结售汇及人民币外汇掉期、个人外汇理财产品；办理国际贸易融资业务；办理保函业务；办理银行卡业务；办理代理收付款项业务、保管箱业务、基金代销业务、记账式债券的柜面买卖业务，资金存管业务；办理电子银行；办理银证转账业务；办理企业、个人财务顾问服务业务；代理资金清算。安装工程保险、机动车辆保险、家庭财产保险、建筑工程保险、健康保险、企业财产保险、人寿保险、意外伤害保险等保险兼业代理业务。

行　　长　王爱东
副 行 长　刘任扬　姜遵勇
　　　　　李跃进
纪委书记　戚宏智
副 行 长　刘伟岩　赵立均
　　　　　闫焕堂　张春煜

【概况】 2012年，工行保定分行坚持全心全意服务地方经济发展的一贯宗旨，立足保定，依托保定，以支持地方经济发展为己任，将自身经营发展融入全市经济建设之中，以提供资金融通为重点，拓宽渠道，创新产品，不断加大信贷投放力度。截至年末，各项贷款余额291.36亿元，较年初增加43.52亿元，其中个人贷款余额90.3亿元，较年初增加16.43亿元，小企业贷款累计投放32.56亿元，余额28.21亿元，较年初增加10.69亿元。各项存款余额569.63亿元，较年初增加68.31亿元，其中储蓄存款余额372.65亿元，较年初增加54.9亿元，对公存款余额196.77亿元，较年初增加14.92亿元。完成中间业务收入4.04亿元，实现拨备前利润11.93亿元，居全辖银行同业首位。同时，连续三届获得“河北省文明单位”称号，长城支行被评为中国银行业“文明规范服务百佳示范单位”，涿州支行获“全国金融五一劳动奖状”。

【全力支持保定市产业振兴战略】 紧紧围绕市委十届三次全会提出的深化科学发展、再造战略优势的主攻方向，集中精力，突出重点，找准着力点，全力投入到金融支持保定市主体战略的实施中来。一是重点将贷款投向支撑保定市产业振兴的低碳板块，其中为风帆股份、天威保变及三利集团等企业贷款2.52亿元。截至2012年末，项目贷款107.12亿元，较年初增加1.15亿元。二是积极支持保定市战略新兴产业、现代装备制造业、文化产业、现代物流业等的金融需求。项目贷款涉及文化旅游、铁路、装备制造业、开发区领域、电力、商贸流通等六大行业。三是积极支持中型客户的资金需求。2012年开展了与百户中型客户建立信贷关系工程，与100户公司客户建立了信贷关系，对其中的78户企业进行了评级授信、47户企业办理了表内外融资。截至2012年末，中型企业客户120户，融资余额151.11亿元，较2011年末新增19.07亿元。

【大力支持保定城市突破战略】 密切与市规划局和住建局等职能部门的联系沟通，注重发挥利率等政策优势，全力助推市委、市政府提出的城市格局建设步伐。其中支持北方商贸城、五金机电灯饰建材城经营性物业贷款，支持万博广场、未来石商用房开发贷款，支持九号国际城、源盛嘉和住宅小区、高阳上林苑住宅小区、雄县鸿泰花园一期、定州御景名门住宅小区二期和涿州京都商务主题公园住宅小区五期、恒昌·如意双星东区一期、宏远宜居园、京都置业高层住宅小区住房开发贷款等共计30.22亿元。全年累计发放个人住房贷款16.94亿元。截至2012年末，房地产融资余额达105.1亿元，其中法人客户融资45.82亿元，较上年增加12.17亿元，个人住房贷款余额59.28亿元，较年初增长10.61亿元。

【积极支持县域腾飞战略】 围绕市委、市政府提出的加快县域经济发展的战略重点，突出雄县、容城、涿州、高碑店、安新、白沟等县域经济发达、小企业资金需求旺盛的地区，加大小微企业的信贷支持力度。累计投放小企业贷款318笔，金额32.56亿元，余额28.21亿元，较年初增加10.69亿元，贷款增量与增速高于上年同期，特别是涿州支行累计投放小企业贷款7.5亿元，余额7亿元，较年初增长4.2亿元。一是大力发展贴近小企业需求的网贷通产品，共投放264笔，金额27.78亿元，有效满足了小企业用款随时提取、资金富余随时归还、操作方便快捷的要求。二是致力于产品创新。根据市场需求，积极研发适应客户需要的贷款品种，先后创新了总行级创新产品－－小企业标准厂房按揭贷款以及6个省行级专业市场集群联保贷款。全年投放小企业标准厂房按揭贷款1233.1万元，投放联保贷款15400万元。三是积极支持白沟箱包、安国中药、容城服装、高阳纺织、雄县塑料等产业集群的资金需求，累计为各类产业集群发放小企业贷款22亿元，其贷款余额占全部小企业贷款的78%。

【助推保定市全民创业工程】 以重点市场、重点支行为支撑，为创业者提供资金支持和服务保障。一是开展“工行进市场服务进商户”个人经营性贷款主题活动，着力提升专业市场服务层次。增加白沟市场人员力量、加大同市场管理方及担保方合作，推进担保、抵押、联保、质押等多元融资组合，截至2012年末共计向白沟专业市场发放个人经营贷款5亿元，12月7日在总行组织召开“工行进市场服务进商户”个人经营性贷款主题活动视频会议上，保定分行代表河北省分行就服务白沟商品交易市场的经验做法作了典型发言。二是将城区和无专业市场的涿州、定州、高碑店等作为个人经营贷款的重点发展区域，对闹市及繁华市场的门店积极办理抵押担保方式的个人经营贷款业务。截至年末累计发放个人经营性贷款14.72亿元，增长6.21亿元。三是与物流公司合作，在白沟商户中发行飞扬物流商友卡，有效满足了商户、物流企业的结算需要，深受白沟市场广大商户和物流企业的欢迎。截至12月末，已发行飞扬物流商友卡4900张。

【致力满足市场多方面金融需求】 积极应对信贷规模紧张和市场资金需求旺盛之间的矛盾，在拓宽服务渠道上下功夫，千方百计满足客户需求。一是加大票据贴现力度，加快金融票据的变现速度，满足企业对资金的迫切需求。累计办理票据贴现24.91亿元。二是开办PE主理银行业务，为白沟一大型民营企业募集资金3亿元，帮助企业有效解决了项目建设资金不足的问题，推动了白沟地区的经济发展。三是积极推进养老金和托管业务。截至年末，托管养老金基金5094万元，安心账户资金托管规模达79亿元。

【致力打造一流金融环境】 作为窗口服务单位，工行保定分行始终坚持客户至上、服务第一的经营宗旨，不断完善服务水平，提升服务层次，以客户满意作为经营的重要目标。一是完善网点服务体系，方便居民办理金融业务。加大网点布局调整力度，增加网点业务功能，优化网点服务环境，提高金融服务能力，在经济发达地区适当增加营业网点，为广大居民提供更多的金融便利。二是服务高等院校建设。为河北大学建立大学生实践基地，促进教学成果的转化。为河北金融学院学生提供社会实践机会，由业务骨干带领学生深入专业市场进行实地考察实践。三是为满足市场客户的结算业务需求，在全市52个商品交易市场新布放个人转账终端6441台，投放总量达到6661台，有效节约了商户的时间和资金成本，促进了客户经营效率的提高。

（王　磊）

【中国农业银行股份有限公司保定分行】 全辖设1个市分行营业部、31家支行（县域23家），118个营业机构（城区25个、县域93个；营业室32个、分理处86个）。员工总数2914人。主要业务包括：办理人民币存款、贷款、结算业务；办理票据贴现业务；代理发行金融债券；代理收付款项及代理保险业务；企业、个人财务顾问服务；代理发行、代理兑付、销售政府债券；买卖政府债券、企业债券和其他有价证券业务；办理外汇存款、外汇贷款、外汇汇款、外汇票据承兑、外汇担保、贸易和非贸易结算、资信调查业务；企业年金托管业务；代理开放式基金业务；电话银行、手机银行、网上银行业务；买卖、代理买卖外汇业务；办理同业拆借、资金融通业务等。

行　　长　史学军
副 行 长　李志杰　杨春青
　　　　　宋焕忠
纪委书记　邱相宇

【概况】 2012年，大力发扬“亮剑”作风、“狼性”精神，坚持公私业务、城乡市场“四轮驱动”，凝神聚力谋发展、打基础、控风险，各项工作取得显著进步。截至2012年12月末，各项存款余额562.3亿元，新增62.8亿元。各项贷款余额162.7亿元，新增19.9亿元，较上年多增5.6亿元。实现中间业务收入2.8亿元，较上年多增1280万元。实现拨备后利润11.6亿元、经济增加值6.7亿元。市分行被评为“2012年度河北省内部审计先进单位”，并获得省、市两级“文明单位”称号。

【强力支持地方经济建设】 全行围绕“发展是硬道理，发展是第一要务，全力支持地方经济建设”的发展思路，加快信贷转型步伐，有效助推保定经济又好又快发展。一是对大客户、大项目进行重点支持。以提升综合创效水平为前提，集中信贷资源支持了优势行业重点客户、大型上市公司、省以上重点项目，努力做到了早投放、快投放。全年重点支持了大唐清苑热电厂、天威集团、巨力索具、隆基泰和、津保铁路项目等优质客户和项目，累放资金47.1亿元。二是小微企业金融服务不断加强。了解企业金融需求，不断充实完善小微企业项目库。建立小微企业信贷审批绿色通道、缩短业务链条，加快投放进度。累放小微企业投放贷款11亿元，新增7.1亿元，增速169%，远超出监管部门“两个不低于”的标准。三是“三农”服务不断深入。推进“一行一方案”，认真落实对重点县域支行的倾斜政策，增强重点支行竞争力和发展后劲。不断创新金融产品和金融服务模式，通过加强与新农合、新农保的业务合作，扩大金融服务覆盖面，全年新增新农保、新农合项目代理支行6家、达到12家，覆盖面达到52%。进一步优化用卡环境，畅通服务“三农”渠道，金穗“惠农通”工程助农取款点总量达到2410个、新增2241个，乡镇覆盖率达到85.2%，让农民足不出户办理存取款、支取养老金等业务，发挥了重要的支农作用。

【强化风险管理】 坚持两手抓、两手都要硬，基础管理、内控管理、案防工作不断深入，实现了全年无重大经济案件、无重大刑事案件、无重大责任事故的目标。加强规章制度、操作规程和法律法规等学习培训，扎实开展了“三化三达标”、“三化三铁”、“典型刑事案例教育”、“防诈骗集中学习教育”、“消防集中教育”、“四基”学习等多项活动，有效增强了队伍的风险意识、制度意识。加强政府融资平台、房地产、小企业、农户信贷等重点领域信用风险管控。实现了运营“三大集中”，缩短了网点处理业务时间，提高了作业效率，有效防控了操作风险。扎实推进“平安农行”创建工作，人防、物防、技防建设迈上新台阶，实现了所有金库有线、无线报警系统全覆盖，金库门禁系统视频监控全覆盖。

【提升金融服务水平】 坚持“客户至上，始终如一”的服务理念，多措并举，实现了服务意识明显增强，服务作风明显改变，服务效率明显提高，服务能力明显提升“四个明显变化”。一是加快网点建设。完成5家支行网点软转型工作。新装修规范化网点23个，标准化装修网点达到90个，改善了服务设施、服务环境。为全部网点配备了大堂经理、大堂保安，切实让客户感到了服务的周到、便利。二是提高金融科技服务水平。加大自助机具布放力度，目前已经投产ATM机近305台、POS机近7500台、转账电话（智能支付终端）达到4.6万部。同时，着力发展网上银行、手机银行、电子商务等新型电子银行业务。三是打造团结高效的服务团队。加强领导干部队伍建设，更好发挥火车头的带动作用，严格落实“一岗双责”，认真开展“三自、六不”作风建设活动，强化组织纪律观念和大局意识。深植企业文化核心理念，扎实开展“双先”学习活动、爱岗敬业专题教育活动，引导干部员工树立正确的人生观、价值观。

【积极履行社会责任】 全行员工自觉为“7·21”洪灾捐款捐物30余万元，并在重灾区设立金融服务点，保障灾区金融需要。积极支持贫困地区教育事业，向阜平县捐资531万元，启动了农行大道小学建设工程。大力推进“基层组织建设年”活动，向帮扶村赠送电脑、图书，帮助村民解决实际问题，塑造了负责任的大行形象。

（陈 倩）

【中国农业发展银行保定分行】 中国农业发展银行是直属于国务院领导的唯一一家农业政策性银行，以服务三农为己任，以“建设新农村的银行”为使命，在农村金融中发挥着骨干和支柱作用。农发行保定分行成立于1996年11月，在市区和各县（市）设有23个分支机构，市分行机关内设9个部室：办公室（党委办公室）、客户部、信贷管理部、风险管理部、计划财务部、会计信息部、内部审计部、人力资源部（党委组织部）、监察室。主要业务范围：办理由国务院确定的粮棉油、猪肉、食糖等主要农副产品的国家专项储备贷款；办理粮、棉、油收购和调拨贷款；办理棉麻系统棉花初加工企业的贷款；办理国家规定棉花企业的棉花预购、棉花深加工贷款；办理农、林、牧、副、渔领域内的产业化龙头企业贷款；办理农业科技贷款；办理农业小企业贷款；办理农村基础设施建设、农业综合开发、农村流通体系建设、县域城镇建设、新农村建设贷款；代理财政支农资金的拨付；办理县域除居民储蓄存款外的公众存款业务；办理同业存款；办理开户企事业单位的结算；开办进出口经常项目和资本项目下的国际结算业务及与国际业务相配套的存款、外汇存款、代客外汇买卖、结汇售汇、外汇融资等业务；办理经中国银行业监督管理委员会批准的代理保险业务；办理经国务院及中国人民银行批准的其他业务。

党委书记 行　　长	张洪泽
党委委员 副 行 长	马伶俐　李　亮 侯增军

【概况】 2012年，农发行保定分行着力构建党建领航、发展强行、文化兴行、制度立行、廉政护航“五位一体”的工作格局，不断提升金融服务水平，持续开创了保定分行和谐有效发展的新局面。获得首批“河北省企业文化建设示范单位”；保定市“金融工作贡献奖”、“最具社会责任单位”和2010－2011年度文明单位；省分行经营绩效考评一等奖、经营指标专项量化考核第一名；“实施粮食库存浮动抵押、防控风险做强做大”工作获得省分行“进步创新奖”。行长张洪泽被中国金融工委授予“全国金融五一劳动奖章”。

【全年信贷投放57.7亿元，再创历史新高】 积极实施“两轮驱动”业务发展战略，积极实施“两轮驱动”业务发展战略，一轮全力支持粮棉油全产业链信贷业务，另一轮积极支持农业农村基础设施建设政策性中长期信贷业务。全年累计发放各类贷款57.7亿元，同比增加15.3亿元，再创历史新高，其中发放粮棉收储贷款47.6亿元，支持企业收购粮食40.2亿斤、棉花93万担；支持农业农村基础设施建设项目2个，发放贷款2.8亿元；支持农业产业化龙头、加工和农业小企业32家，发放贷款7.3亿元。

【全年利润首超亿元，绩效显著提升】 全年实现利润10304万元，首次突破亿元，比上年增加1234万元，增幅14%，完成全年任务的109%。年末各项存款余额23.1亿元，低成本存款日均余额22.6亿元，增加2.6亿元，完成省分行下达任务的169%；全年累计实现中间业务收入397万元，完成省分行下达任务的201%。

【不良贷款继续“双降”，资产质量不断提高】 创新举措，制定实施了《关于购销贸易企业粮食收购贷款形成的库存办理动产浮动抵押的指导意见》和《关于对贷款形成的粮食库存办理财产保险的指导意见》，有效防控了存量贷款风险，持续保持了零新增不良。坚持以清促核，清核并举，全年累计清收处置不良贷款1743万元，不良贷款占比下降0.42个百分点，实现了不良贷款“双降”目标。

【创新举措精细管理，保持全辖“四无”】 严格贷款管理，严把贷款准入、调查、审查关，做到风险关口前移；加强贷后管理，坚持贷后检查、风险排查和重点贷款客户风险核查、贷后10日内首次跟踪检查等制度，制定实施了《中国农业发展银行保定分行客户经理驻库服务监管办法（试行）》，积极倡导融监管于服务之中的理念，做到检查常态化、经常化，有效提升了金融服务水平；严格财务管理，坚持签单管理，坚持费用分配与业务发展和经营绩效挂钩的激励机制，进一步形成了全行竞相发展的良好局面；坚持党风廉政建设与业务经营两手抓、两手都要硬，及时召开了银企廉政共建座谈会，并与全部贷款企业签订了《银企廉政共建承诺书》；组织全辖签订《廉洁从业承诺书》；实施了纪委书记廉政回访制度，进一步强化了上下和内外监督；高度重视安全生产和安全保卫工作，不断提升安全管理水平，持续实现了“四无”目标。

（赵亚锋　孙荣凯）

【中国建设银行股份有限公司保定分行】 中国建设银行保定分行是隶属于中国建设银行股份有限公司的二级分行，位于保定市东风中路1861号，内设18个职能部门，营业机构78个，其中15个县支行，11个城区单点支行，31个城区直管网点，县支行所辖21个分理处（储蓄所）。业务范围：存款、贷款、国内外结算、票据贴现和各类中间代理业务等。

党委书记 行　　长	陈中新（7月离任）
	宋尚增（8月任）
党委委员 副 行 长	曲隽煜
	王惠言（女）
	李　军（9月任）
党委委员 纪检委书记 副 行 长	李玉平
工会主席	崔有芹（女）
风险主管	马敬平

【概况】 2012年，建行保定分行以“巩固基础、改革创新、加快发展、确保平安”为指导，以“争先进位、跨越发展”为目标，经营效益稳步提升。到年底实现税前利润7.98亿元，同比增长1.17亿元，系统排名第五；实现经济增加值4.76亿元，同比增长0.6亿元。全口径存款余额达到506.7亿元，新增56.78亿元，排名系统第三，同业第二。其中对公存款新增19.98亿元，系统排名第五，同业第一；个人存款新增44.3亿元，系统排名第三。各项贷款余额157.7亿元，新增36.9亿元，排名系统第四，同业第二，增速高于全省16.7个百分点。其中对公非贴现贷款新增16.36亿元，系统排名第六，同业第二；个人贷款新增17.85亿元，系统排名第三，同业第二。全年实现中间业务净收入3.47亿元，排名系统第四，同业第二，同比增长1470万元，市场份额27.3%，较年初提升0.8个百分点。全年不良贷款余额4577万元，比年初减少5701万元，不良率为0.27%，比年初下降0.58个百分点，均完成省行控制计划，为同业最低。全年实现安全运营，无案件、无重大责任事故。

【深化“一行一策”方略】 在巩固成果、总结经验的基础上，加大“一行一策”探索创新力度。一是找准定位，明确发展方向。以“抓特色，出亮点，上台阶”为目标，逐行重新梳理修订市场定位，明确工作着力点和发展方向。各条线及时修订指导意见，提供精准化的目标定位和数据支撑，大力开展分组竞赛，树立标杆，引导基层机构做长长板，做出特色。二是分类指导，加强考核管理。以大力提升市场份额和系统贡献度为导向，对“涿定高”、城区、其他县支行三大板块分别制定各自在系统、同业内争先进位的具体目标。完善工资分配、绩效考核、标杆管理等考核机制，认真贯彻落实“上不封顶，下不保底”的考核政策，实施差别化管理。三是整合资源，实行政策倾斜。在下达计划、分配信贷规模上，实行政策倾斜，区别对待，优先保障重点行和突出发展业务；在资源配置上，对重点产品加大支持力度；加强重点区域班子力量，为重点业务营销团队优先配齐人员。促进了小企业业务、个贷业务、个金业务、电子银行业务等的快速发展。

【强化资产带动作用】 把资产业务作为实现跨越发展的突破口。一是紧盯重点加大投放。围绕核心企业、重点项目组建营销团队，以制定综合金融服务方案为抓手，明确任务目标，完善考核机制，紧盯时间进度，在重点项目上取得了新突破，大力组织开展“抓客户、争项目、促中收”主题营销活动，逐行梳理出重点项目，行领导带队开展高层营销，加强督导狠抓落实，有力促进了资产业务的大幅提升。二是打造特色优化结构。把小企业业务、个人贷款业务作为全行突出发展业务，对重点区域、重点项目组建营销团队，细化分解任务目标，完善落实专职审批人派驻制、重点支行派驻制、客户经理包行制。加大创新产品推广应用，全力推进“供应贷”、“善融贷”、“信用贷”、“网银循环贷”和“助保贷”等小企业业务批量化发展。以拓展个人助业贷款为抓手，加大个贷分中心建设，顺利完成“房e通”系统，在拓宽担保方式、推广“财富贷”落地、优化流程管理等方面取得突破。

【进一步转变发展方式】 积极转变发展方式，创新工作机制。一是做大做强个人业务。在二代转型基础上，加快推进“三综合”建设试点工作，促进网点由交易核算型向营销服务型转变。大力开展社区营销，组建支持团队，开展驻点营销、上门营销、理财交流会等社区营销活动200余场，连续开展营销竞赛活动，产品销售能力大幅提升，借记卡、保险、理财产品、贵金属等重点产品均居系统前三。强化客户经理队伍建设，实行柜员服务效率每周排名通报；狠抓网点服务质量，规范网点环境，落实十三项便民设施，在省行检查中均排位全省前三。二是加快战略性业务发展。落实加快电子银行发展“八项措施”，全年电子银行账务性交易量比、电子渠道代缴费笔数居全省首位，个人类电子银行客户新增均居系统第三，企业网银、个人网银、手机银行客户新增排名同业第一，承办的保定市政府采购办公室网上招投标项目正式上线，率先在全省取得突破，先后获总行电子银行专项营销组织奖、先进集体奖。狠抓信用卡重点产品，信用卡客户新增系统第四、汽车分期新增系统。第二，超额省行全年计划；自助设备账务性交易量比、账户活动率均居系统第一。深化对公结算业务转型，36个对公网点全部通过柜面劳动组合试点验收，结算账户新增、结算产品覆盖度跃居系统首位，主要结算产品排名全省前四。

【有效提升案件防控能力】 始终把防风险、保安全摆在突出位置。一是大力提升资产质量。强化信贷经营管理，加大对风能光伏等高风险行业贷款、政府融资平台贷款的风险监测力度，落实“三会一审”制度，确保不出现新的不良和贷款形态下迁。积极处置不良资产，全年实现超值现金回收5433万元。二是强化柜面合规操作。继续完善基层机构关键风险评级制度，对落后机构负责人及时进行约见谈话。加强对基层机构关键风险点的现场检查督导，检查覆盖面达到100%。会计、营运条线认真落实会计检查制度和会计风险分析例会制度，发挥委派主管职能，大力开展专项治理，加大稽核差错控制力度。积极配合做好内外部审计检查，提高整改效果。三是狠抓案件防控。严格落实总行提出的“三个不放过”要求，认真开展全行风险隐患检查活动，进一步加强员工行为排查，严防员工参与社会非法集资或高利贷等，做到管理落实到位、检查落实到位、处罚落实到位。加强舆情监测，提升声誉风险管理能力，确保安全稳定。被总行授予“平安建行”创建活动先进集体荣誉称号。

（王旭庆）

【河北银行股份有限公司保定分行】 河北银行保定分行成立于2010年12月29日，内设10个职能部门，1家支行，员工106人。经营范围包括吸收公众存款；发放短期、中期和长期贷款；办理国内结算；办理票据承兑与贴现、发行金融债券；代理发行、代理兑付、承销政府债券；买卖政府债券、金融债券；从事同业拆借；从事银行卡业务；提供信用证服务；提供担保、代理收付款项及代理保险业务；提供保管箱业务；外汇存款；外汇贷款；外汇汇款；外币兑换；国际结算；同业外汇拆借；外汇担保；外汇票据的承兑与贴现；结汇、售汇；自营外汇买卖、代客外汇买卖、买卖或代理买卖股票以外的外币有价证券业务；资信调查、咨询、见证业务；个人理财业务；经中国银行业监督管理委员会依法律、法规批准的其他业务。

行　　长　马照辉
副 行 长　蒋铁强　李晓燕（女）
行长助理　祖永涛

【概况】 2012年，河北银行股份有限公司保定分行紧紧围绕“服务地方经济、服务中小企业、服务城市居民”的市场定位，创新工作思路、转变增长方式，坚定不移地走差异化、特色化、精细化之路，开拓创新，奋力拼搏，各项业务取得快速发展。先后获得保定市“金融工作贡献奖”、“文明工作单位”和河北省“金融安全保卫工作先进集体”等荣誉称号。截至2012年末，保定分行资产总额达到23.03亿元，较年初增长16.06亿元。各项贷款余额22.53亿元，较年初新增16.02亿元；各项存款余额为16.49亿元，较年初增加12.5亿元。

【立足当地，打造多元化融资平台】 围绕地方经济发展战略，深入保定市各个企业进行调研，了解企业金融需求，化解企业发展难题，为当地企业打造多元化融资平台。2012年12月，保定分行同中航证券有限公司合作的保定国家高新技术产业开发区发展有限公司的8亿元企业债项目成功发行，有力地支持了保定高新区的发展。截至2012年末，保定分行共向保定地区的制造业，建筑业，电力、燃气及水的生产供应业，水利、环境和公共设施管理等行业的100余户企业累计投放贷款近40亿元，成为支持保定地方经济发展的重要力量。

【推动转型，大力支持中小企业发展】 立足当地，把为中小企业提供优质金融服务作为应尽的社会责任。一是成立小企业金融服务分中心。为进一步支持保定小微企业发展，打造良好的融资平台，拓宽小微企业融资渠道，2012年，保定分行成立小企业金融服务分中心。成立当天，即与保定市工信局签署了合作协议，在2012至2013年度向保定当地中小企业提供20亿元的授信额度，为保定市中小企业进一步拓展融资方式，解决中小企业融资难问题提供更加便捷、更加有力的金融支持。二是与保定鑫丰集团举办战略合作暨“商圈”金融产品推介会。会上，保定分行与保定鑫丰集团签署战略合作协议，由鑫丰集团提供担保，授予鑫丰市场内所有商户1亿元的整体授信额度，切实解决商户贷款难问题。三是组织召开“惠友亨通”金融服务论坛暨中小企业股权融资项目对接会。多家国内知名私募股权投资机构、证券公司及10余家拟上市企业参加了本次会议。通过本次会议，参会企业对中小企业上市政策和上市流程有了更全面、详细的了解，为我市中小企业的融资拓宽了渠道。

【防患于未然，大力提升风险防控能力】 保定分行在日常管理中主动经营风险，正确处理业务发展和风险防范关系。一是做好信贷业务审查与审批工作。以总行《2012年授信工作指引》为指导，开展业务审查、信贷审批、风险管理等工作，全年无不良贷款发生。二是加强贷后管理，切实提高贷后管理水平。全年组织开展了三次信贷大检查和多次专项检查，并建立了贷后检查通报制度，通过各项检查，提高了客户经理的风险防控意识和贷后管理水平；对亿元以上贷款存量客户进行了贷后评价监督检查工作，及时掌握了大客户的经营状况和风险点，为经营决策提供了可靠依据；开展“贷后管理月”活动，对三、四季度发放的全部对公贷款进行抽查，并针对有风险隐患或相对风险较高的行业、企业进行专项回访。三是对公司类授信业务、国际业务、个人类授信业务及信用卡审批流程做出调整，组建个贷审批中心，合理调整审批流程和权限，进一步提高了审批效率。

【参与社会公益活动，向社会奉献爱心】 2012年，保定分行累计组织开展“金融服务社区行”宣传活动10余次，进行金融政策宣传、产品介绍和业务咨询，服务社会；经常组织业务骨干深入周边小区进行反假币、反洗钱等业务知识宣传及普及，提升居民防诈骗意识；组织广大员工为“7·21”特大暴雨灾区捐款1万余元；组织60余人参加河北银行保定分行志愿者服务队，参与保定市志愿者活动；开展“救助困难职工一日捐”活动，为困难职工奉献爱心。一系列活动的开展，使得河北银行在保定地区树立了良好的企业形象，品牌知名度和美誉度大幅提高。

【加强自查和演练，切实做好安全保卫工作】 始终坚持从难从严的方针，完善内控制度，强化内部管理，加强自查和演练，切实做好安全保卫工作。一是补充和完善《安全保卫制度》，从制度上从严要求；二是派出专人参加总行的安保、监控检查，随后，对检查案例进行了总结，并对保定分行的安保及监控设施进行全面自查；三是多次组织开展消防和防盗抢演习，有效增强了员工的安全防范意识，提高了处理突发事件的能力，从而能够更好的保障客户和保定分行的利益。通过落实各项制度，狠抓内控建设，加强监督检查，实现了全年安全经营无事故。

（乔永鹏）

【河北省农村信用社联合社保定办事处】 是经中国银行业监督管理委员会河北监管局批准，河北省联社在保定市设立的派出机构，成立于2006年1月，履行全市农村信用社的管理、指导、协调和服务职能，设有综合科、业务科、财务科、稽察科、网络分中心5个科室，下辖22家县级联社，营业网点660个，在册职工7054人。

主　任　孙双伦
副主任　王国庆　刘润武
总稽核　高悦民

【概况】 2012年保定办事处按照“坚持一个方向，打好三大战役，实施四项工程”的工作思路，秉承“立足三农、面向县域、服务中小企业”市场定位，一手抓干部员工的作风，一手抓业务经营的发展，较好地完成了各项业务指标和工作任务。截至2012年底，全市农村信用社各项存款余额982.6亿元，较年初增加150.2亿元。全市农村信用社各项贷款余额502.8亿元，较年初增加46.7亿元。

【狠抓经营管理“四个”关键】
1. 抓干部和反腐倡廉。严格干部选拔任用机制。严密组织县级联社备用高级管理人员公开竞聘，通过报名审查、笔试、竞聘演讲和答辩、考察公示等环节，从全辖286名报名者中选拔了备用高级管理人员53人。为保证公开、公平、公正，在各环节均全程摄像，有关影像资料存档备查。圆满完成县级联社换届工作，提拔使用干部29人，平级交流干部24人，优化了领导干部结构。2. 抓清收不良贷款。一是抓落实、严问责，强化制度管控。建立起约见谈话制度，今年以来，大额贷款形成逾期90天以内的联社，对联社理事长、主任进行约见谈话，限时清收处置。还根据各联社新增加不良贷款台账，逐月指导各联社进行责任认定。同时要求各联社建立领导班子“包收”制度，对前五十户不良贷款逐户明确清收责任并落实责任追究、制定清收方案。二是讲原则、重方法，丰富工作举措。通过不断的探索和实践，保定办事处总结出了清非工作的“十四个依靠”。三是强监测、早预警，前置防范关口。要求各联社充分利用信贷、会计等各种信息系统资源中汇总的企业报表数据，对借款人进行非现场监测分析，并按照贷后管理的要求，定期和不定期的深入企业进行现场检查，及时发现潜在隐患，切实做到信贷风险防范关口前移。按旬监测不良贷款清收进度，月末按日监测清收进度，对指标靠后的联社进行督导和调度。四是建组织、强支撑，实行专业运作。办事处从各联社抽调业务骨干组成了专业化的清非大队，用于破解县联社遇到的各种清收阻碍，并着重加强政策指导，与各县之间合力进行清收，收效显著。3. 抓新增贷款质量。坚持堵源重于清非的理念，狠抓源头管理，及时调整经营理念，堵塞管理漏洞。制定并下发了《关于1000万元（含以上）大额新增贷款贷后管理不尽责行为的处罚办法》，对2005年7月1日以后发放的单笔金额在1000万元（含）以上的贷款，在2012年1月1日以后形成的新增不良贷款，依据贷款逾期情况，对理事长、主任分别采取在岗清收、离岗清收等处罚措施。对各联社千万元以上大额贷款分别在到期前6个月、3个月、1个月向授信联社发出风险提示书。督促联社提前与借款人进行沟通，制定资金筹措和还贷计划，落实责任人和时间表，对到期需要继续用信的，提前准备授信材料，避免贷款形成逾期。4. 抓资金营运。计划成立联合资金营运中心，挑选政治好、业务优、素质高、道德佳、能力强的人员负责资金营运，从而形成资金的聚集效应，提高议价能力，增强盈利水平。

【持续助力小微企业发展】 一是实施指标承办责任制，强化中小企业政策效果评估。指导各联社明确涉农、小微企业增速指标责任人和责任科室，办事处对涉农、小微企业贷款增速指标完成情况按旬督导、按月通报，对指标不达标的联社，果断采取通报批评、压缩非农贷款规模、暂停受理非农信贷项目咨询等处罚措施。二是创新信贷产品，满足客户多元化资金需求。在广泛开展实地调研的基础上，针对小微企业资金需求的短、频、快特点及缺乏有效担保的现实问题，根据行业经济特色，因地制宜开发各种信贷产品，在持续开办抵押业务的基础上，大力推广小企业联保贷款，并逐步探索出基地+农户、商城+个体、公务员担保、协会担保、担保公司担保等模式。三是完善利率定价机制，提升服务方式的灵活性。对涉农、小微企业实行利率优惠，尤其是对农信社存款、中间业务贡献度大的客户实行差别优惠利率，较平均贷款利率下调了0.34个百分点。四是简化贷款操作流程，开辟助力小微企业的绿色通道。修订完善了《中小微型企业授信管理办法》，建立了适应中小微型企业经营特点的信贷评级授信制度。开辟小微企业评级授信“绿色通道”，不断优化审批手续。

【扎实推进小额信贷试点改革】 坚持“省级推动、市级督导、县级为主”的原则，选定辖内定兴联社作为此次改革试点，加速推进。同时指导各联社根据本辖内情况，按照权、责、利相结合的原则，制定适合本联社的小额信贷实施方案和小额信贷业务考核办法。

【不断提高信贷水平】 结合《保定市2012－2014年度农业产业化重点龙头企业名单》和《保定市2012年重点项目计划》，对优质企业拉单子，逐户营销。建立起分层营销体系，指导各联社建立分层次的营销体系。要求各联社按月制定并上报本月贷款营销计划和完成情况，并据此进行督导。

【有效强化资金组织】 树立了“存款是立社之本”的理念，全辖上下掀起了增存揽储的高潮。制定并下发了《关于开展2012年1季度小指标竞赛活动的通知》，制定考核措施，以考核促实干，促进增长。瞄准源头抢抓对公业务，以行政事业单位、大型企业单位为重点，利用网点优势，大力营销，促进存款增长。充分发挥人员和网点优势，将指标分解到个人，逐步形成客户经理、内勤人员和网点“三位一体”相互补充、共同作用的吸储方式。及时监测存款变化，对存在增长缓慢、猛增猛降、未完成序时进度等问题的联社进行督导。在全市金融机构中存款余额率先突破900亿元，市委书记许宁出席存款突破900亿元宣传启动仪式。

【重点强化财务管理】 拟定了《河北省农村信用社联合社保定办事处财务开支管理暂行办法》，明确了费用列支流程，强化固定资产管理，继续加强对固定资产的管理和清查，明确构建标准及审批权限，特别是对车辆费用的管理。并加强对《河北省农村信用社费用开支配比管理指导意见》的学习和运用，控制和节约基本运营费用，用活用好营销费用，将费用开支向一线业务和效益提升倾斜。同时要求各联社根据实际情况重新梳理财务制度和费用开支管理办法，对费用开支和财务审批权限进行修订，上报办事处备案。印发了《关于进一步加强固定资产清查工作的通知》，对固定资产进行自查，对账实不符、闲置、报废的资产进行清理，落实房屋、土地产权。

【大力实施产业扶贫】 指导3家联社认真落实省联社赤城扶贫工作座谈会精神，扎实开展扶贫工作。首先坚持“立足三农，面向县域，服务中小企业”的经营定位，积极支持农民脱贫致富，支持当地蔬菜种植、畜牧养殖、旅游等产业发展，选择优质小微企业进行支持。其次强化宣传，营造氛围。及时总结信贷扶贫工作经验和先进做法，加大宣传力度，发挥以点带面作用。第三进一步加大与政府尤其是扶贫办、民政局、农业局等主管部门的沟通力度，及时了解国家支农扶贫政策，指导当地农民有计划生产，增强帮扶效果的同时有效防范风险。

【全面营销新农保代理】 明确市县两级分层营销，成立了市、县两级营销小组，坚持“分层实施，全面推进”原则，并将此项工作进展情况纳入干部考核范畴，层层明确分工，级级传导压力，强力推进。全年有15家联社与当地社保部门签订了《合作协议》，4家联社与当地社保部门签订了《合作意向书》，“新农保”专户余额为2.2亿元。

【努力实现深化改革】 一是持续优化股权结构。积极规范小股金，确定合理的股金规范起点，提高股权集中度。通过法人股收购、自然人转让等形式，大力提高法人股占比，优化股权结构。全面做好股东资格审查工作，建立股东变更上报制度。二是全面推进农商行改制。组织改制联社到廊坊大厂联社、邢台城郊联社学习改制经验，积极探索清收不良贷款新方法，同时积极与长城、信达等资产管理公司接洽、探讨不良资产处置新模式。三是扎实推进股份制信用社改制。积极协调市工商局，组织改制联社集中办理《名称预先核准通知书》手续。多次与银监局、中介机构就改制联社的账务遗留问题进行沟通、协商，最后由改制联社、银监局、中介机构三方商定形成了《清产核资报告》及《资产评估报告》。

【全力维护“平安农信”】 一是案防工作实行一把手负责制，与县联社理事长签订《案件防控目标管理责任状》22份，全辖共签订责任状7340份。围绕员工“工作圈、生活圈、社交圈”进行全方位、多角度、多层面拉网式排查。同时对8家县级联社50个网点标准化建设招投标过程进行监督。二是夯实安保基础，以安全促发展。组织对各联社监控中心进行改造升级，在易县、高阳、高碑店联社进行试点。同时协同公安部门对52个新建、改建网点和ATM机进行了验收，对216个网点、所有ATM机具及自助银行进行安全检查。三是做好信访维稳，以稳定促和谐。建立了信访工作一把手负责制，制定了《关于做好党的十八大安全稳定工作实施方案》，建立了不稳定群体基础信息库。同时组织各联社对辖内3000余名原代办站人员在京务工情况进行了全面排查，确保了十八大期间的和谐稳定。

（李　培）

【华夏银行股份有限公司保定分行】 成立于2010年5月11日，隶属于华夏银行石家庄分行，是保定市引进的第一家全国性股份制商业银行，也是华夏银行石家庄分行在河北省内设立的第一家二级分行。保定分行办理所有银行业务，经营范围包括人民币存款、贷款、结算业务，办理票据贴现，代理发行金融债券，代理发行、兑付、销售政府债券，代理收付款项、外汇存款、外汇贷款、外汇汇款、外币兑换、国际结算结汇、售汇、外汇票据的承兑和贴现、华夏银行总行授权的代客外汇买卖、资信调查、咨询见证业务，开展保险箱业务，及其他经银监会批准的华夏银行总行的业务范围内、石家庄分行授权开展的业务。至2012年末，内设5个职能部门，2家营业机构，员工132人。

党总支书记 行　　长	张景辉
党总支委员 副　行　长	蒋文利　黄　鹏 陈同辉
工会主席	蒋文利

【概况】 2012年是保定分行的第三个经营年份，保定分行全面完成各项经营计划。截至年末，全行本外币资产总额46.63亿元，同比增长52.69%；贷款余额33.93亿元，同比增长20.53%；负债总额45.85亿元，其中各项存款余额44.60亿元，同比增长54.8%。不良贷款余额保持为零。全行盈利能力持续提高，业务规模显著扩大。

【中小企业与个人业务特色初步显现】 2012年，华夏银行保定分行在中小企业信贷业务和个人业务方面均快速发展，在保定当地业务特色初步显现，品牌认知度得到提高。截至年末，保定分行小企业授信余额22.02亿元，授信客户276户。中小企业信贷资产五级分类全部正常，收息率100%，不良贷款率为零。全年累计投放小企业贷款15.82亿元，占全年全部贷款投放的52.2%。在石家庄分行三家二级分行中，保定分行中小企业客户数量居首。在保定当地股份制商业银行中，华夏银行保定分行小微企业各项贷款余额排名第一，客户数量也处于领先地位。在个人业务方面，保定分行全面完成各项考核指标，指标完成率在石家庄分行居于前列。储蓄存款余额突破10亿元；个人客户资产总量达到20亿元；个人客户总量达到18193户，其中VIP客户数达到1883户。实现了储蓄存款余额、理财存量、个人资产总量的翻番，个人客户和VIP客户数实现倍增发展。储蓄存款余额、当年新增额、储蓄存款日均在2010年以来成立的华夏银行所有二级分行中列第一位。储蓄存款余额和日均、VIP客户存量和增量、理财产品销量和存量、个人客户资产总量等在石家庄分行名列首位。在上半年总行"龙盈理财"卓越营销支行竞赛中，保定分行在北方区7家分行100家网点中列第2位，在全国所有400多家网点中列第7位，被总行授予"龙盈理财卓越支行"称号。

【落实风险和案件防控措施，全行业务健康合规运转】 2012年，华夏银行保定分行把防范风险摆在了更加突出的位置。一是不折不扣地落实了2012年"行长一号令"，把风险和案件的防范放在各项工作的第一位，并贯彻落实到具体工作中，增加管控科技含量及制度落实，提高管控手段和方法的效力，增强案件防控的主动性。二是扎实推进廉政风险防范和案件风险防范（简称"两个防范"）工作，制定了2012年《案件防控工作计划》和《纪检监察工作计划》；按照分层、分岗的原则，全面完成了各级员工案件防控责任书的签订；严格落实"五个一"要求，定期召开案件工作落实会和案件风险分析会；认真梳理领导班子及专业部室各岗位的廉政风险点，不断增强自我净化、自我完善、自我革新、自我提高能力，自觉维护党的纯洁性。针对个人行为"10条禁令"展开员工教育，完成行员直系亲属移居国（境）外情况调查和员工异常行为排查，确保工作不走过场。此外，专业部门采取多种措施，形成全行案件防控合力。会计条线坚持风险分析例会制度，狠抓银企对账工作，强化支付密码器的推广，加大会计检查力度，多措并举规避会计案防风险；信贷业务上认真落实贷款风险管理，加强贷款风险监测，主要是严格落实贷款抵押担保等前提条件，加强对客户经理贷后管理的监督监测，加强对信贷风险客户进行贷后回访，对贷后管理中发现的问题及时督促整改落实，减少贷款风险的发生。人力资源条线加强对行员录用、干部提职聘任等工作的流程规范落实，对行员强制休假及岗位轮换、员工持证上岗、人事档案等重点工作加强管理，杜绝人事风险。三是强化合规工作效能，将内控措施落实到节点、工作职责落实到岗位，确保"规规相符、规职相符"，有效避免部门之间风险控制上的冲突和缺位。加大业务监督力度，推行全面风险管理理念，强调全过程合规。深化检查效果，坚持"三不放过"原则，严肃对待整改工作，形成长效机制。按照监管部门和总、分行的相关要求，认真开展了"规范贷款行为、科学合理收费"专项治理活动，对贷款条件和服务收费项目开展了三轮全层级、全流程、全品种的地毯式自查活动，业务覆盖面达100%。修订完善了有关合同条款，收费目录向社会公示公开，规范了经营和收费行为。

【加强队伍建设，提高服务能力】 2012年，通过公开招聘等方式，员工队伍得到进一步充实，大大缓解了柜台、客户经理等岗位人手紧张的局面，同时员工素质也得到了进一步提高：一是加大业务培训和指导力度，注重能力培养，强调培训效果，进一步提高员工的职业技能素质，切实提高工作和服务质量。会计、信贷和营销等条线均制定了系统性的培训计划和体系，培训时间得到保证，培训内容较为全面，培训效果较为明显。全行全年共组织各类培训30余次，参加人员达到530余次，全行实现100%持证上岗率。二是强调思想教育和职业道德教育，坚持贯彻"诚信、规范、和谐"的核心价值理念和高标准、零缺陷的工作理念。2012年，华夏银行保定分行高度重视客户服务工作，从环境建设、员工培训、强化监督检查及结果运用等方面着手，下大力气整治服务工作中存在的问题，全年完成环境改造或优化项目10余条；轰轰烈烈开展了"文优服务标兵"评选活动；组织"标杆网点训练营"培训、大堂经理培训及转培训、例会培训等各类服务培训90余次；组织会计专业检查

30余次，并从四季度开始，坚持每日对营业场所进行服务检查，加大了对问题整改的督促力度。以总行二十周年、石家庄分行十五周年行庆活动为载体，通过为残障孤寡人士提供爱心服务、在报刊媒体上刊登服务闪光人物和事迹、丰富商旅卡等产品的增值服务等方式，初步树立“感动服务，情满华夏”的服务品牌，在当地社会和银行业收获了良好口碑。2012年，华夏银行保定分行营业部被评为河北省银行业文明规范服务“百佳”和中国银行业文明规范服务“千佳”示范单位。

【机构建设成功起步，渠道建设效果明显】 作为年度“一号工程”，2012年，保定分行机构建设工作全面展开，实现零的突破。6月27日，保定分行第一家分支机构，东风路支行顺利开业，经营情况良好，截至12月末，一般性存款余额达9.5亿元。自助银行建设工作取得一定成效。建成7家离行式自助银行，其中已经营业6家，1家正在办理开业手续；单点式自助银行建成1家，在建1家。另外有3家离行式自助银行正在等待总行的批复。

（张贯杰）

【交通银行保定分行】 于2011年3月28日正式落户保定，是交通银行河北省分行为完善环首都和省内网点布局、提升对当地经济金融的服务能力而设立的第四家省辖分行。在保定这片历史悠久的土地上，交通银行保定分行秉承“参与保定，融入保定，热爱保定，繁荣保定”的经营原则，以先进的企业文化、强大的网络平台和卓越的品牌价值为依托，不断丰富业务品种，不断拓宽营销渠道，不断完善服务功能，依法合规经营，借助环渤海经济圈和京津冀都市圈的核心区位优势，为广大客户提供高品质、全方位的金融服务，与广大客户共同分享改革发展的丰硕成果。

党委书记 行　　长　郭立冬

党委成员 副 行 长　张志谦　郝志清

【概况】 交通银行股份有限公司保定分行成立于2011年3月28日，是隶属于交通银行河北省分行的二级分行。至2012年末，内设4个职能部门、一家市内网点、一家县域支行，员工68人。经营经中国银行业监督管理委员会批准的存款、贷款、结算、中间代理业务等本外币业务，是功能齐全的国有股份制商业银行。2012年，交通银行保定分行认真贯彻落实总行“二次改革”和省分行“三年发展规划”，围绕“两化一行”战略，各项工作顺利开展。在货币政策收紧，市场竞争加剧的情况下，因地制宜，制订相应经营管理策略，各部门紧密团结，精诚合作，全体干部员工，扎实工作，业务发展日趋平稳，各项工作有序进行。在省行的2013工作会议上，保定分行获得“先进省辖分行”“优秀基层党组织”。在保定市第二届金融理财博览会上获得“十佳明星理财产品”和“十佳明星理财团队”奖。截至2012年末，全行资产总额达到21.73亿元，人民币各项存款余额20.4亿元，较年初增长8.97亿元。其中人民币对公存款余额17.5亿元，较年初增长7.5亿元，人民币储蓄存款余额2.9亿元，较年初增长1.82亿元。人民币各项贷款余额11.04亿元，较年初增长5.86亿元。实现经营利润1687万元。全年无不良贷款、未发生案件和重大责任事故。

【克难奋进，积极支持地方经济建设】 根据总行和省分行关于2012年信贷投向和授信管理的有关文件精神，认真落实稳健货币政策，按照“用好增量、盘活存量、做大流量”的总体要求，合理投放，稳定发展大型客户，做多中小型客户，大力发展个人消费贷款。一是持续加大对优质客户项目的支持，制定个性融资计划，服务保定市重点项目，选择符合保定分行投向的项目贷款，积极推进债券、票据池、票据融资、国内信用证、保理、非融资性保函以及国际贸易融资等，为分行的资产业务发展提供了有力支持。二是抓住信贷政策对中小企业融资定向宽松的有利时机，主动选择那些运营能力强，发展前景好，符合保定分行信贷投向的中小企业。在风险可控的前提下，尽最大限度拓展“展业通”客户。三是将分行信贷政策与保定市的行业政策相结合，全力拓展资产业务的空间，将投向重点转到电力、机械、战略性新兴产业等行业，特别是国家重点在建续建项目，严控“两高一剩”，优化信贷结构。四是以“存款立行”为指导思想，深入贯彻落实“一把手抓存款、全面抓存款、全方位抓存款”要求，推动负债业务发展。

【加强营运费用精细化管理】 分行班子坚持业务发展与内控管理并重，以内控管理的不断加强来保障业务的健康发展。分行内控管理部门以“定制度、设系统、严考核”为手段，不断提升会计营运水平，完善贷后风险管理。一是规范会计流程，合规操作。会计条线严格按照省分行

"遵规章、查隐患"活动要求，严格执行会计制度，规范会计操作，对风险监督中心下发的查询及差错要求营业部门次日晨会必须逐人、逐条讲解，达到了合规操作、防控风险的效果，会计业务差错率始终保持较低水平。二是重视风险管理。制订了2012年度反洗钱检查工作计划、《交通银行保定分行反洗钱工作实施细则》，注重反洗钱宣传。修订《交通银行保定分行贷后管理考核办法》、《交通银行保定分行公司业务贷后管理尽职考核实施细则》，保证贷后管理有效落实。成立全面风险管理委员会，全面风险管理体系逐步形成。组织学习"三个办法一个指引"相关规定，指定专人负责检查督导经营单位贷款发放情况。实现了全流程管理、诚信申贷、协议承诺、实贷实付、贷放分控、贷后管理、罚则约束，提高了信贷从业人员的风险防范意识。三是费用精细化管理。出台《保定分行财务管理办法》，加强了财务管理，规范了费用审批程序，集中采购制度得到有效落实，财务开支达到精细化要求。

（李彦书）

【上海浦东发展银行股份有限公司保定分行】 上海浦东发展银行股份有限公司保定分行是隶属于上海浦东发展银行石家庄分行的二级分行，2011年6月27日获批成立，7月12日开始对外营业。内设三部一室和三个营销团队，员工49人，平均年龄35岁。经营范围：吸收公众存款；发放短期、中期、长期贷款；办理国内外结算；办理票据承兑和贴现；发行金融债券；代理发行、兑付、承销政府债券；买卖政府债券、金融债券；从事同业拆借；买卖代理买卖外汇；从事银行卡业务；提供信用证服务及担保；代理收付款项；提供保险箱业务；资信调查、咨询见证业务；在行式自助银行；代理保险业务；总行授权的电子银行业务；总行在中国银行业监督管理委员会批准的业务范围内授权业务；经中国银行业监督管理委员会批准的其他业务。

党委书记
行　　长　张亚军

党委委员
副 行 长　谷俊华

党委委员
行长助理
工会主席　田红光

【概况】 2012年是上海浦东发展银行保定分行第一个完整经营年度。全行紧扣"科学快速发展"这一主题，继续突出核心存款、市场营销、产品创新、内控案防四项重点工作，在全行开展系列营销活动，各项业务呈现健康发展的良好势头，系统内排名持续上升：在总行二级分行中综合竞争力排在54位，在个人银行十佳二级分行（全国82家参评）排名中列第11位。通过银监分局的监管后评价，获得"良好A"的评价等级。年末各项存款余额77.9亿元，其中对公存款11.1亿元、储蓄存款余额9.2亿元、同业存款57.6亿元。各项贷款余额8.5亿元，其中公司贷款6.3亿元，个人贷款余额2.2亿元。全年未发生任何案件事故，实现了安全稳健运营。

【以存款为目标，提速发展个人业务】 通过坚持"三个到位"，拓宽一个渠道，促进个人业务跃上新台阶。一是组织推动、激励到位。提早制定一季度旺季营销激励方案，抓住元旦、春节的黄金时期，确保个人存款早起步、早见效。紧抓"全员营销"这一法宝，深入扎实开展一系列个人存款营销，取得实效。积极探索着营销新模式，组织人员深入拆迁村，播放红色电影并穿插业务讲座，为争揽拆迁资金积累了经验。一系列活动的开展，有力地促进了个人存款节节攀升。二是借力造势、宣传到位。在利用好短信平台、营业厅LED屏等宣传渠道的同时，积极联系保定市主流媒体，多形式推介特色理财产品。积极参加保定市第二届金融理财博览会，获优秀组织奖。积极开展"三进"活动，与茗畅园社区举办"轻松理财进万家"、"喜迎十八大文艺晚会"等活动，提升了客户的认知度和信任度。三是提升服务、坐销到位。利用环境优势，理财经理、大堂经理、柜员协调配合，深入开展"多说一句话营销"，推介合适产品及增值服务，自然客户数量及资产均稳步增长。四是拓宽个贷业务渠道，扩大客户服务范围。凭借浦发银行个贷流程精简、业务办理高效等优势，以个人住房（商用房）按揭为切入点，通过个人按揭贷款扩大客户渠道。11月7日，总行副行长徐海燕到保定分行调研，祝贺浦发银行保定分行个人存款超过10亿元，并对个人业务取得的成绩给予充分肯定。

【突出区域特色，助推经济发展】 一是积极开展"大干50天，迎接保定分行开业一周年"公金业务活动，实现存款增长和产品创新的双突破。实施一把手工程，以"扩户增存工程"为主导，实施'走出去'的营销策略。突出战略与核心客户的业务拉动作用。强力推动"限时服务"，提升工作效率和客户服务质量。活动主要取得两项突破：对公存款增长迅速，6月末余额达到11.7亿元，完成了活动自定目标和石家庄分行目标。二是创新思路，发展中小企业资产业务。大力推进“1+N”供应链模式融资业务，成功叙做一笔保理加银承业务。向中小企业提供针对性的订单融资、玲珑透、联贷联保、吉祥三宝等授信产品，满足了客户多样化需求。三是成功主办2012保定经济发展论坛。市政府有关领导及中小企业代表100余人参加。论坛邀请河北省人大常委会原副主任张士儒作了主题报告。

【强化全面风险管理】　一是加强授信管理，严格执行总分行贷前调查内容和原则，团队负责人参与现场调查，风险经理提前介入。切实加强各类融资到期前管理，动态掌握企业经营情况、财务状况、还款意愿和还款能力，有效防范了风险。二是完善内控体系。分行与各部门、部门与员工续签了《案件防控责任书》、《安全保卫目标责任书》和《员工承诺书》。三是加大对关键岗位、重点业务、重要环节和操作风险的检查力度。重点针对贷款、理财产品、POS商户等多项领域进行合规检查，并开展了多项专门检查。对新业务、首笔业务、发生频度低业务进行重点监控，深入各个环节，提高了操作人员对关键业务、关键交易、关键环节的有效控制能力。四是加强安全保卫，强化对营业网点和办公区的日常安全管理，提高安全自查和检查频率，每季组织员工应急演练。

【深入开展“不规范经营”专项治理】　一是加强组织领导，成立了一把手为组长的领导小组。二是组织全员学习，进行“七不准”、“四公开’考试，组织全员参加总行网上学习考试，做到人人达标。三是明确分工，责任到人，相关部门对中间业务收费情况分别开展自查，自查面达到100%。四是制作了“七不准”、“四公开”的展板，在营业厅上墙公示，在LED中滚动播放。五是建立举报投诉机制。向社会公布举报电话，明确负责接待投诉的部门和人员。六是及时将总行服务收费标准、便民手册摆放在营业厅，专人解释。全年未发生任何因存、贷款和服务收费等引发的投诉。

【积极推进厅堂一体化改革】　一是确定以“非现金业务区销售为主、现金业务区坐销为辅”的销售策略，运营人员开始销售理财产品。二是合理分配资源，排班向关键时段倾斜，灵活设置柜台，实现随时调整。三是推进6S管理，加强柜面服务，成立了6S监督小组。开展三期服务流程化培训，提升了柜面服务水平。

【积极履行社会责任】　到保定市第二福利院进行慰问，向保定“7·21”特大洪灾捐款11700元，积极参加河北省中小学生捐赠图书和治疗斜视捐赠活动，强化了员工的社会责任感及回报社会的意识，扩大了浦发银行的社会影响。

（刘永新）

【唐县汇泽村镇银行有限责任公司】　经河北省银监局批准，由内蒙古鄂尔多斯银行发起设立的保定市首家村镇银行——唐县汇泽村镇银行于2011年6月开始对外营业。汇泽银行业务功能齐全，可吸收公众存款；发放短期、中期、长期贷款；办理国内结算业务；办理票据承兑与贴现；从事同业拆借；代理发行、代理兑付、承销政府债券；代理首付款及代理保险业务；从事银行卡业务；经银行业监督管理机构批准的其他业务。

董事长　任怀雄
监事长　陈新午
行　长　李惠荣
副行长　刘敬献

【概况】　2012年是唐县汇泽村镇银行经营工作的“提升年”。汇泽银行始终坚持差异化、特色化发展道路，以“优质、高效、准确、快捷”为服务理念，以市场为导向，以客户为中心，通过强化内部管理、加强员工队伍建设、提高服务质量、拓展客户资源等工作，经营业绩稳步上升，社会影响力和美誉度也逐步提升。截至2012年12月31日，资产总额26680万元，负债总额21176万元。各项存款余额13446万元，各项贷款余额7414万元，全部为“涉农”贷款。存贷比为55%；贷款收息率100%，到期收回率100%，不良贷款率为零。资本充足率24%，核心资本充足率24%，流动性比率120%，拨贷比2%。各项监管指标均符合监管要求。

【拓展贷款业务，支持“三农”和“中小”】　汇泽银行充分发挥“机制灵活、决策迅速”优势，稳步拓展贷款业务。2012年继续坚持支持“三农”、支持“中小”的经营理念，发放的贷款惠及农户75户、小微企业27家，涉及种植、养殖、农产品加工、制造、矿产品加工及卫生事业等行业，支持了县域经济发展，实现社会效益与企业效益共赢。

【强化品牌宣传，提升公信力】　2012年4月至6月，在各乡镇主要街道、公交沿线、特色村等主要道路沿线完成户外墙体广告工作，广告面积达万余平方米；完成车体广告30余辆，涵盖了县域主要公交路线。广告内容有针对性，简洁明了，弥补了行报和网站对农村市场宣传的低效性。另一方面，全力打造“村镇银行是百姓自己的银行”形象，除采用传统的宣传单、报纸等方式进行宣传，还多次组织“电影文化及金融知识宣传”活动，员工组成自行车队进村入户、走街串巷：走进商业门店，走进企、事业单位、走进政府大楼，进村委会、进居委会、进养殖大户家门。真正做到上门服务，使百姓更加了解和认同村镇银行，树立“百姓贴心银行”的形象。

【加强内控建设，防范各类风险】 2012年，在保证各项监管指标符合标准的基础上，认真落实安全保卫工作，加强监督检查，2012年度共组织安全保卫检查12次，安全隐患整改5次；组织突发事件预案演练6次，涉及抢劫、盗窃及诈骗等；组织安保专项会议6次；参加公安局安保培训2次；参加公安局安保专项会议3次。并且成立了以行长为组长、各部门负责人为成员的各类案件小组，各小组成员分工协作，各司其职，保障了全行的案件防范和各类风险防控工作顺利开展。

【培养一支过硬的团队】 汇泽银行根据员工队伍的构成现状，实施了育人加用人的人事管理办法。一方面选拔和培养自己的中层管理队伍，选择人员时避其所短、用其所长。每周二、周四晚上由不同部门经理带领全员学习和讲解各项制度和业务知识，行长现场就重点问题和关键点进行深度讲解，还分岗位、有重点的让中层走出去参加培训和学习，例如：财务经理到秦皇岛参加银监局组织的财务知识学习；营业室主管参加鄂尔多斯银行组织的年终决算和会计结算业务学习；内审稽核部经理参加“银行业风险防范”培训活动；业务部经理带领业务人员多次参加市、县级银企洽谈会、业务推介会等；5月，市场部经理、业务部经理、行政部经理一行赴北京参加“第五届全国村镇银行发展座谈会”。另一方面做好全员的职业技能、职业道德和职业精神的培养工作，对员工的培养渗透到工作和生活的点点滴滴，常抓不懈。常态化地召开全体员工会议，传达和学习上级文件及有关规章制度；本着“干什么学什么，缺什么补什么”的原则，要求各部门开展内部学习；定期组织员工业务知识及技能比赛，组织员工开展“三学一练二考”活动，即学制度、学法规、学政策、练技能、考知识、考操作。

（甄　丽）

【中国邮政储蓄银行股份有限公司保定市分行】 中国邮政储蓄银行股份有限公司保定市分行（以下简称邮储银行保定分行）是隶属于中国邮政储蓄银行股份有限公司河北省分行的二级分行，位于保定市裕华西路519号。成立于2008年3月28日，2012年下辖市分行11个管理部室，23个管理行，203个营业网点，拥有金融从业人员1349人。辖内网点覆盖全市大部分乡镇。邮储银行保定分行充分依托和发挥网络优势，以打造全功能的零售商业银行为目标，完善城乡金融服务功能，为城市社区和广大农村地区居民提供基础金融服务，为地方经济发展服务。

行　　长　林建军
党委书记　马福增
副 行 长　石　利　袁爱武
　　　　　张　勇
行长助理　许　超

【概况】 以加快专业化转型为主题，以从严治行、夯实管理为基础，以整改解决问题为中心，以加快转变经济发展方式为主线，以创新经营服务为手段，切实转变工作作风，不断探索工作方式，完善工作措施，加大拓展力度，积极开展工作，全年全行实现业务收入3.94亿元，完成计划任务的101.48%；全行不良贷款额、率实现双降；全年未发生案件和重大责任事故。

【各项业务平稳快速发展】 坚持“增量前移”、“增收节支”和“风控在先、效益为本”的发展理念，区分重点业务与前瞻业务，采取“抓大不放小、维系现有客户、扩大客户资源”的发展策略，全面深化交叉销售理念，大力践行创新发展理念，各项业务的发展均实现新突破。一是加强督导，突出营销，公司业务实现持续快速发展。研究经济环境，分析金融政策和客户结构，夯实基础，持续推进“亮点工程”，坚持以项目营销为抓手，加大对企业类客户的营销力度，逐步实现公司业务二次转型。二是交叉营销，创新理念，个人金融业务实现持续性增长。不断提升服务水平，通过开展高端客户新春答谢会、联谊会等多形式活动，增进相互了解和信任，切实提升客户的满意度和忠诚度，充分利用网上银行、手机银行和信用卡等金融品牌优势和网上银行手拉手活动、以及个性化服务，进行“捆绑营销”和“组合营销”，巩固和扩大优质客户群体，提高优质客户占比和优质客户贡献度，夯实了业务发展的基础。三是全行合力，抢抓机遇，推进信贷业务发展。在做好媒体宣传、银企对接等宣传之外，逐渐与当地的村、镇政府、工商所等进行深入的沟通合作，实现零售信贷批发做；通过对营销人员进行上岗培训、能力提升培训、实践培训、座谈交流等多种形式不断提高人员的素质和业务能力，并通过信贷队伍动态管理办法，充分调动主观能动性；积极开办新的个贷品种，申请差别化授信，调整产品要素，创新贷款产品。

【积极探索新的发展模式】 密切与市政府金融办沟通，及时向市政府汇报业务发展情况以及遇到的困难和问题，充分利用政府搭建的融资平台，寻找目标客户，探索新的发展模式，组织了由金融办、工商联、工促局、个私协会等单位参加的不同形式的会议和活动。其中，河北省分行与保定市人民政府签署了3年内新增100亿元贷款投放的战略合作协议，邮储银行保定分行与保定市人力资源和社会保障局签订了“就业创富”工程战略合作协议，与巨力集团签署了三年内投放信贷额度10亿元战略合作协议，拓展了客户群体，也为地方经济建设提供便捷、优惠的金融服务。

【持续推进精细化管理】 在业务快速发展的同时，高度重视精细化管理，通过细化各项经营管理措施，强力推进执行力建设，推动分行各项工作的规范化、精细化。一是坚持行政工作管理的精细化。通过召开机关作风整治活动动员会，从细节出发，纠正工作的随意性、散漫性，整肃违纪行为，倡导高效、务实的工作作风。此外，通过开展一系列活动，让全员关心关注发展，理解一线业务发展的艰辛，进而树立“我为基层服务，我为一线解忧”的意识。二是坚持财务工作的精细化。充分发挥财务工作对全行经营管理的导向作用，密切跟踪各单位业务发展，了解费用使用情况，加强业务调研和经营分析，为全行经营管理提供决策依据。三是坚持用人制度精细化。创新用人机制，开展支行长、部室经理PPT大赛、进行一级支行长、二级支行长培训、举办中层骨干培训班。

【抓内控防风险，完善风险控制体系】 坚持“风控在先”的原则，积极发挥“三道防线”的合力作用。通过开展采取形式多样的研讨会和培训会，举办内控与合规征文、竞赛、廉政警示教育等形式，增强全系统员工内控与合规的意识，提炼和培育适合分行实际的内控与合规文化。在审计方面，实现了网点、机构审计结合，常规、专项审计互补，在审计范围、内容上有效的形成立体审计模式，促进审计工作有效开展。在安保方面，完善各项规章制度，建立了统一、规范、科学的安全保卫管理台账，逐步实现日常安全保卫管理工作的科学化、规范化和制度化，通过上线监控系统完善了非现场检查，确保了检查工作的全覆盖。

【企业文化进一步丰富】 充分发挥党建服务和保障作用，切实推进基层组织规范建设，规范各类台账及制度的管理，并对基层党组织的各项工作进行检查。深入基层，组织召开民主生活会。深入查找各单位在经营管理和科学发展中存在的问题及差距，剖析问题原因，并讨论制定了切实可行的整改措施，为业务发展保驾护航。成立分行工会，建全工会组织，为工会管理工作和员工队伍建设提供了组织保证。同时在“7.21”特大暴雨洪灾来临之后，迅速组织赈灾捐款，共计捐款2.6万元，与此同时以分行名义为易县、涞源、涞水县政府分别捐款5万元。

（张　宁）

【中信银行股份有限公司保定分行】 位于保定市裕华西路733号，成立于2010年7月27日，隶属于中信银行石家庄分行，是中信银行石家庄分行设立的第一家二级分行。至2012年末，保定分行内设6个职能部门，下设县域支行1家，全行干部员工72人。经营范围包括：办理人民币存款、贷款、结算业务；办理票据贴现；代理发行金融债券；代理发行、代理兑付、销售政府债券；代理收付款项；外汇存款；外汇贷款；外汇汇款；外币兑换；国际结算；结汇、售汇；外汇票据的承兑和贴现；总行授权的外汇担保；代理国外信用卡的发行及付款；总行授权的代客外汇买卖；资信调查、咨询、见证业务；代理保险业务；经中国银行业监督管理机构批准的其他业务。

行　　长　常辉锋
副 行 长　辛占杰
行长助理　张敬龙（11月离任）
　　　　　刘国林（7月任）

【概况】 2012年，中信银行保定分行紧紧围绕“多措并举促发展，加大调整促转型，强化管理控风险，凝聚信心再超越”的总体工作方针，结合保定分行实际，按照“抓管理、强内控，强发展、促创新，调结构、促转型，强业绩、比贡献”的工作思路开展各项工作，在全行干部员工的共同努力下，资产规模不断扩大，市场竞争力不断提高，内控管理水平不断提升，业务发展和管理水平迈上新台阶。2012年，在石家庄分行所辖机构中，保定分行一般性存款余额排名第一位。至12月末，全行一般性存款余额为28.88亿元，其中对公存款22.4亿元，储蓄存款6.44亿元；贷款25.65亿元，实现利润8826万元。全年无不良贷款，未发生案件和重大责任事故。

【扩大经营规模，夯实业务基础】 一是行领导带头营销，对潜在客户和目标客户进行走访，进一步密切了与老客户的关系，扩大了合作范围，银企合作更加紧密；二是紧盯重点投行项目开发不放松，指定专人负责项目推动工作，加大营销力度，几个重点项目成功落地。三是做好小微企业扶植工作。9月份获批白沟项目后，中信银行保定分行投入骨干力量，采取“集群营销，批量获取”的方式，主动支持优质中小企业客户，为当地小微企业发展做出了自己的贡献。10月18日，中信银行保定分行第一家县域支行－－涿州支行开业，为当地小微企业发展提供了便捷有力的金融支持。四是继续通过特色主题卡、理财讲座、高尔夫活动等形式，面向不同客户群体进行有针对性的营销，逐步打造中信品牌。五是丰富个贷品种，除住房按揭贷款外，还开办汽车消费贷款、个人经营贷款，进一步满足了客户的不同需求，扩大了市场份额占比，截至12月末，中信银行保定分行个贷余额在当地中小股份制银行排名首位。六是做好网点转型工作，强化零售业务渠道建设，强化产品和服务的应用，提升网点的经营能力。

【进一步增强内控管理能力】 一是深入开展“不规范经营”专项治理工作。按照总分行、当地监管部门要求，中信银行保定分行全员动员，按照时间进度及要求，深入开展此项工作，取得了较好的效果。二是牢固树立责任意识。按照总行案防责任制的要求，中信银行保定分行明确案防职责，逐级签订“案防责任书”，各部门负责人为本部门案防工作的第一责任人。各部门既相互协调又各司其职，发挥各部门的大局意识，防止案件防控的盲点，杜绝互相推诿的现象，切实把案防工作落到实处。三是针对易发案件的重要领域和环节，有的放矢地开展风险排查工作。通过高频度、全面的检查，有效排查了风险隐患。四是加强放款及相关环节管理。对放款授权后相关流程和环节进行了明确，调整了风险管理部人员岗位设置，较好地提高了放款操作效率和风险控制能力。五是继续强化员工思想道德教育，严密关注干部员工的工作生活情况。中信银行保定分行继续推行“六禁”教育，同时利用电子科技手段，配合合规部对员工大额交易进行调查，采用多种渠道，提高员工职业素养，提升道德水平。

（崔　屹）

【保定银行】 保定银行股份有限公司（以下称保定银行）成立于2008年6月，原名保定市商业银行。2011年12月28日，经中国银监会批准更名为现名。保定银行是保定市首家具有独立法人资格的股份制城市商业银行。总行位于保定市朝阳北大街889号，注册资本人民币67198万元。保定银行实行“一级法人、统一核算、分级管理、授权经营”的管理体制，建立健全了股东大会、董事会、监事会和经营管理层“三会一层”公司治理架构。内设办公室、人力资源部、计划财务部、公司金融部、个人金融部、风险控制部、会计结算部、电子银行部、信息发展部、稽核部、安全保卫部及党办室、纪检监察室等职能部门，下辖28家支行，1个营业部。其中县域支行8家。2012年末，有在职员工611人，其中大专以上学历492人，占比80.5%；具有专业技术职称人员203人，占比33.2%。

董　事　长　张英莉（女）
行　　　长　雷俊杰
监　事　长　郑海玲
党 委 委 员　王恩东
党委副书记　刘惠仙（女）
常务副行长　赵清哲
纪 委 书 记　王宗信
副　行　长　郭俊段（女）

【概况】 2012年，保定银行积极转变发展方式，全面推进战略转型，深入开展“风险管理年”、“文化建设年”和“质量提升年”活动。夯实基础，严控风险，强化管理，突出特色，监管评级上升为3级，主要业务指标再创历史新高，机构网点建设和改造步伐加快，大力支持县域经济、中小微型企业健康发展和全民创业，服务地方经济的能力显著增强。被省委、省政府评为省级“文明单位”，被省政府授予“金融创新奖”，被市政府授予“金融工作特别贡献奖”，基层建设年驻阜平县顾家台村工作队的帮扶工作不仅受到百姓的欢迎和省市检查验收组的好评，还得到中共中央总书记习近平的充分肯定与鼓励。

资产负债规模跃上新台阶。到年末，全行资产总额2089124万元，同比增加807630万元，增幅63.02%；负债总额1990043万元，同比增加792673万元，增幅66.20%；各项存款余额1666528万元，同比增加477227万元，增幅40.13%；各项贷款余额503038万元，同比增加148839万元，增幅42.02%。

盈利水平持续增长。2012年，全行实现拨备前利润总额25147万元；实现净利润18989万元，同比增加8390万元，增幅79.16%。

资产质量不断优化。开业以来完成资产回购2亿元，成功收回和化解不良资产3亿元，核销不良资产7529万元，不良贷款余额4445万元，不良率为0.88%，同比下降了0.71个百分点。

资本充足，拨备水平较高，抵御风险能力进一步增强。资本充足率11.04%；拨备覆盖率286.48%。2012年，主要业务指标发展增速位居全省同业前列，各项监管指标符合监管要求。经营指标的全面完成，监管指标的持续优化，为保定银行健康快速和可持续发展奠定了坚实的基础。

【转变发展方式，推进战略转型】

"保定银行"的更名，标志着保定银行跨入了区域性商业银行序列，进入了一个全新的发展时期。根据保定市建设"京畿强市、善美保定"的四大主攻方向、四大主体战略，立足于更好地推动保定银行科学发展、跨越发展，进一步完善保定银行"五年发展规划"，将转变发展方式、实施战略转型摆在突出位置，确定坚持走"社区化、差异化、特色化、精细化"的经营发展之路，力争把保定银行打造成为监管指标优良，服务效益良好，经营机制科学，公司治理有效，内控制度完善，风险管控到位，转型特色突出，信息科技先进，企业文化独特，人才保障有力，立足保定、遍布社区、覆盖县域的区域性现代化精品银行。一是深入推进市场转型。继续做深做透本地市场，助力县域经济、三农（城乡结合部）经济，坚持机构布局向下发展，服务触角不断向县域延伸、向社区渗透。二是深入推进产品转型。以满足客户需求为中心，瞄准目标客户群体特点，为客户提供细分化、个性化、定制化的业务产品。三是深入推进客户转型。坚持"小企业大服务，小客户大市场"的经营理念，强化"市民银行"、"中小微企业伙伴银行"特色。四是深入推进服务转型。以客户利益为核心，不断创新服务范围、内容、方式和手段，提高金融服务效率和水平。

【集中优势信贷资源，支持重点项目和中小微企业】 根据国家金融方针、政策，积极支持全市重点项目建设、交通运输、市政民生事业。重点支持了万博广场、白沟新城项目启动、生态园等项目的建设。尤其加大了对中小微企业和民营企业的支持力度，中小微企业贷款占比达到85%以上。为其量身定制了"金臂膀"、"金支点"系列信贷产品，形成了以集团担保为特点的"鑫丰市场模式"和"白沟五金建材城模式"。推出的"金支点·商户贷"产品，支持小微企业735户，新增就业岗位1.1万个；"金支点·商圈贷"产品，为白沟新城12个专业市场中数万家个体商户提供首期授信额度达10亿元，降低融资门槛和融资成本。在保定市25个县（市、区）筛选优质中小微型企业，通过搭建政银企共同参与的融资平台，开展"共成长"培育工程，进一步解决了中小微企业融资难题。

【加大涉农贷款投放，支持新农村建设】 积极落实国家经济金融政策，大力支持新农村建设。2012年末，全行涉农贷款余额26.78亿元，较年初增长11.61亿元，增幅76.53%，全面完成涉农贷款"两个不低于"指标。全力保障涉农经济的融资需求。

【履行社会责任，支持全民创业】

站在"替政府分忧，为弱势群体解难"的高度，持续加大"下岗失业人员小额贷款"投放和管理力度，不断优化贷款流程，提高放贷效率。如：及时向中国好人、河北省道德模范"油条哥"刘洪安发放10万元小额担保贷款，为"油条哥"扩大经营提供了资金支持。到2012年末，累计发放再就业小额贷款4.78亿元，创造就业岗位3.3万个，惠及各类自主创业与再就业人员6.6万余名。

【创新服务载体，树立市民银行新形象】 开展以"进社区、进园区、进市场、进超市、进城乡结合部"为主题的"五进"活动，通过建立"三支营销队伍"，实行"一把手"负责制，采取社区营销、"一对N"营销等多项措施，全年进入社区257个，市场（超市）106个，城乡结合部134个，惠及上万家小微企业和百万市民。与上年同期相比，储蓄存款占比增加22.4个百分点，存款稳定性进一步增强。网上银行、自助银行全面开通，电子银行承兑汇票、住房公积金及多种代理业务成功开办，实行多项业务费用减免，打造"惠民银行"，达到了市民欢迎、商户受益、银行增效一举多赢的效果。

【加快分支机构设立，助力县域经济发展】 根据保定市“强力推进县域经济二次创业”的总体要求，将“立足保定、遍布社区、覆盖县域”的目标列入本行《五年规划》，在对县域经济发展进行深入研究的基础上，将加速县域支行发展作为主攻方向，不断加快机构建设步伐，研究、出台了支持县域支行发展的政策、办法，县域支行发展体制机制和管理模式不断完善，积极研发适应县域经济特色的信贷产品，建立了快捷高效的审批机制和绩效考核机制。继先期开业的涿州、白沟、安新、定州支行后，2012年，涞水、徐水、唐县、安国支行也建成开业，8家县域支行立足当地，管理到位，成为助力县域经济发展的有生力量。到年末，8家县域支行发放贷款达到15.94亿元。高阳、曲阳、满城、高碑店等4家县域支行在筹建。

【强化内控确保安全运营】 通过大力开展“风险管理年”和“质量提升年”活动，统筹兼顾发展和风险，实现风险和收益的均衡。一是建立了较为全面的风险管理机制。业务管理、风险管理、内审三道防线齐抓共管，严防市场风险、信用风险、流动性风险和操作风险。实行统一的法人管理和分级的授权控制体系，充分发挥董事会、监事会作用，建立健全了问责机制，使风险管理贯穿于业务全过程。二是加强制度建设，提高制度内在约束力和执行力。坚持内控优先原则，构建“五铁体系”，用“铁制度、铁流程、铁数据、铁贷款、铁现金”强化内控管理；2012年，补充完善了财务管理、会计结算、信贷业务、电子银行业务等多项内控制度，梳理归纳出10大类共计408项内控重点风险环节，制定出《保定银行内控检查表》，明确了内控检查的内容，规范了检查程序，使内控检查制度化、常态化。三是进一步加大了科技投入和建设力度。充分发挥信息科技在推动业务拓展和提升管理水平上的支撑作用，完成了《保定银行IT诊断规划报告》，制定了保定银行信息系统“三年建设规划”和“三步走”举措，积极防范信息科技风险。四是扎实做好综合治理和安全经营工作。严格落实一把手责任制，坚持与业务经营工作同研究、同部署、同检查、同落实，有效预防了诈骗、抢劫、盗窃等各类金融案件的发生。被市公安局评为安全保卫先进单位、被市国资委评为安全生产先进单位。五是完善工作机制推进信访维稳工作。尤其在党的十八大期间，按照市委“三个非常”和“两个120%”的要求，严格落实一岗双责，做到“五个到位”，确保了十八大期间和谐稳定，被市委、市政府授予十八大安保维稳工作先进集体。

【热心公益事业，扶贫工作扎实有效】 注重履行社会责任，热心公益事业，积极为政府和群众排忧解难。保定市“7·21”特大洪涝灾害发生后，及时向灾区捐款200万元支援灾后重建。紧紧围绕“贴民心、解民困、帮民富”的指导思想抓好扶贫工作，为唐县扶贫村修路、助教、修建卫生室、改善村容村貌，为百姓脱贫致富出真招、办实事。被省老区建设促进会评为“支持老区建设先进单位”。阜平县基层建设年帮扶工作队扎根深山，克服困难，完成了筑路、饮水等关乎民生的“十项工程”，受到地方政府和群众的欢迎。

（张　希　韩亚清）

保险业

【保定市保险行业协会】 保定市保险行业协会（以下简称协会）是保定市区（含各县）各商业保险机构自愿结成的自我协调、自我约束、自我管理和自我发展的非营利性行业自律组织，是经中国保险监督管理委员会河北监管局审查同意并在保定市民政局登记注册的社会团体法人。设有综合部、业务部、考试中心3个处室。协会的职能是：自律、维权、服务、交流；协会的宗旨是：遵守国家宪法、法律、法规和经济金融方针政策，遵守社会道德规范，贯彻科学发展观，依据《中华人民共和国保险法》，在国家对保险业实行集中统一监督管理的前提下，配合保险监管部门督促会员自律，维护行业利益，促进行业发展，为会员提供服务，促进市场公开、公平、公正有序竞争，全面提高保险业服务社会服务民生的能力。

会　　长　武运宝（9月离任）
　　　　　乔柯岩（9月任）
秘 书 长　赵晓昌
副秘书长　孟昭民

【概况】 截至2012年底，保定市协会拥有共计38家产、寿险会员公司，其中财产险公司19家，寿险公司19家，另外有5家公司已批筹。保险营销员在岗人数合计31000余人。2012年全年，保定市保险业保费总额达到104.49亿元，同比增长3.3%。从保险密度看，保定市平均人口按1100万人计算，人均保费为950元；保险深度为3.8%。财产险总保费30.65亿元，同比增长15.59%，其中商业险21.26亿元，交强险9.39元，分别同比增长18.41%和10.27%。人身险总保费73.84亿元，同比负增长0.84%。财产险累计赔款支付15.68亿元，人身险累计赔款支付1.07亿元 死伤医疗给付1.53亿元，满期和年金给付10.12亿元。

【完善自律公约，进一步规范保定车险市场】 4月16日，全体产险会员公司在人保财险召开了保定市各产险公司总经理签署车辆保险自律规约会议，现场举手表决并一致通过《保定市机动车辆保险自律规约及惩戒条款》，各会员公司总经理联合签署了同意意见。4月20日，《保定市机动车辆保险自律规约及惩戒条款》在保定市全面实施，并于4月26日在《保定日报》全文刊发，接受社会监督。

【组织行业集中宣传，树立保险业整体形象】 3月15日，保定市保险行业协会联合市消费者协会、新市区工商局、市电台等多家单位在市人民广场开展保险服务宣传活动。协会以“3.15消费者权益保护日”为契机，以切实保护保险消费者权益为主题，以3.15河北保险人在行动为活动口号，组织辖区37家保险公司共同开展保险服务宣传。活动利用现场咨询的形式，宣传保险服务，以介绍公司的服务承诺、理赔须知、投保提示为主，开展保险消费者教育活动。5月19日，由保定市金融办和《保定日报》联合主办，保定市保险行业协会、保定银监分局协办的“卓正杯”保定第二届金融理财博览会在北国先天下广场举行，保险业有十余家单位参加，参展单位包括银行、保险、证券、基金、小贷等20余家，为古城市民献上了一场内容丰富的金融盛宴。

【发挥职能，认真履行社会责任】 根据保定市政府抗洪救灾部署，保定市保险行业协会成立“抗洪救灾领导委员会”，其职责为研究部署保定市保险业抗洪救灾期间重大事项。抗洪救灾领导委员会为加强暴雨灾害后的保险理赔服务工作，发挥保险公司风险补偿的特殊行业职能，要求所辖保险公司成立领导组织，全力做好理赔工作。开通灾害理赔的绿色通道，各公司建立暴雨灾害“理赔绿色通道”，制定24小时接报案值班制度，简化勘查理赔流程，秉着特事特办、特事快办、特事办好的原则处理好每一件赔案。10月6日，保定市五尧乡东五尧村尧和宁苑小区住宅楼发生非法制造、储存雷管的刑事爆炸案，保险行业协会在第一时间主动与市委、市政府取得联系，全面协助政府做好善后处理工作，并成立业内事故处理小组，与各保险公司随时沟通，及时提供事故处理信息。

【加强三农保险基层服务体系建设，提升保险服务水平】 在河北保监局和保定市委、市政府领导下，各级政府积极推动，财政、农业、畜牧、金融办等部门密切配合，人保财险和中华联合两家市级保险公司积极行动，严格遵循“政府引导、市场运作、自主自愿、协同推进”原则，推动保定市的农业保险有了突破性进展，在防灾减损等方面发挥出了积极作用，得到了农民群众的广泛赞誉。

【面向会员公司做好服务工作】 5月30日，保定协会组织市区各财险公司在人保财险视频会议室参加中国保险行业协会召开的机动车辆损失险代位求偿推广视频培训会。各财险公司理赔部门负责人和IT部门技术负责人及协会秘书处相关人员共同参加学习。会上，通报了代位求偿等相关理赔工作的实施情况，讲解了机动车辆损失险代位求偿实务和车损险代位求偿案件结算机制相关内容。规范考试管理，确保考试工作顺利有效进行。电考中心严格审查，把好报名资料关，核对报名信息，确保报名质量和信息准确。严肃考风考纪，规范考务管理。完善电考中心内务管理，从每个员工做起，坚守好自己的岗位，服务好各会员公司，做到一视同仁。截至12月31日，共接待报名30248人，组织考试756场，领取资格证书16171本。建立电考中心QQ交流群。2012年初，为了适应保险代理人资格考试发展，满足会员公司的考试需求，合理充分利用考试位置，电考中心创建保险代理资格考试QQ交流群，方便了各保险公司（包括部分代理公司）组训之间的沟通，对部分公司考试人员拼场提供便利。QQ交流群成员已达60余人。

【提升行业凝聚力，加深各公司友谊】 9月19日，保定市保险行业协会第二届乒乓球友谊赛顺利举办，保定市20多家保险公司40余位保险公司员工参加了本次活动，协会会长乔柯岩亲自到比赛场地为运动员加油并做了赛前动员。本次乒乓球友谊赛的顺利举办充分体现了保定市保险行业团结一致、积极进取的行业作风，有效地促进了各保险公司间的交流。

【积极主动的完成上级委托交办各项任务】 财政部金融司司长孙晓霞一行5人于2月13日～15

日到保定市调研金融业促进地方实体经济发展情况。在保期间，调研组听取了市金融办、财政局等有关部门及各金融机构工作汇报和建议。保定协会原会长武运宝代表保险业做了专题汇报，中华联合保险负责人列席会议。4月23日，中国保监会副主席陈文辉一行在河北保监局局长吕宙陪同下，到保定对人身保险市场情况进行调研，并召开了部分人身保险公司参加的座谈会。中国人寿、太保寿险、人保寿险、平安寿险、新华寿险、泰康寿险、民生寿险、生命寿险、太平寿险、中英寿险等单位负责人紧紧围绕“市场经营运行情况，存在问题，治理销售误导工作，退保情况，及对监管机关的意见建议”进行汇报。9月28日，保险与社会管理创新高层研讨会在保定市召开。中国保监会副主席周延礼，省人大常委会副主任宋长瑞，省长助理、省金融办主任江波，中国保险学会会长孙沛城，河北保监局局长吕宙，市人大常委会副主任袁振江参会，保定市副市长杨宝东致辞。会上，来自北京大学、对外经济贸易大学、中国社科院金融研究所及各大保险公司的专家学者，围绕保险业参与社会管理创新的有效途径和模式进行探讨。

（张建永）

【中国人民财产保险股份有限公司保定市分公司】 人保财险保定市分公司始终秉承“人民保险，服务人民”的价值理念，致力于为客户提供最有力的保险保障和最优质的保险服务。在全市各县区共拥有36家营业机构，在298个乡镇、6000多个行政村设立了三农保险服务站和三农保险服务点，吸纳各类管理、技术、销售人才2000余人。围绕全市“打造京畿强市，构建善美保定”的工作主基调，依托遍布城乡的服务网络和庞大的专业人才队伍，不断拓宽保险保障范围，提升保险服务品质，充分发挥了保险助推经济发展、维护社会稳定的职能作用。几年来，连续被人保财险河北省分公司评为“经营业绩优胜单位”、“双文明”建设先进单位；被保定市国税局、地税局评为保险行业唯一纳税A级企业，车船税代收代缴先进集体；连续三年被保定市社会治安综合治理委员会评为社会治安综合治理工作“先进集体”，连续两年被保定市金融办和保定金融理财博览会组委会评为“十佳明星理财机构”；2011年被评为保定年度十大最具影响力企业；2012年被评为3.15河北市场重质量讲信用公众满意单位。

党委书记 总经理	武运宝	
副总经理	张友林	李彦军
总经理助理	魏宝兴	
高级业务主管	刘宝占	马克勇
	谢　冬（女）	

【概况】 2012年，人保财险保定市分公司不断推动管控水平提高，全年保费收入达到14.5亿元，市场份额为47.12%。通过整合资源、认真履行行业自律要求、增强合规经营意识，当年车险保费收入达到11.9亿元；当年累计缴纳各种税款2.35亿元，其中代收代缴车船使用税9737.47万元；为保定市各个行业和领域提供各类风险保障3027.79亿元，同比增长23.32%，当年累计支付赔款7.68亿元，同比增长38.36%。

【支持服务地方经济发展的能力明显提升】 2012年，人保财险保定市分公司注重经济效益和社会效益的协调发展，积极履行保险业参与社会管理的职责，与政府各职能部门建立了顺畅的沟通反馈机制，不断扩大保险辐射范围，为保定市经济社会繁荣稳定提供强大的保险保障。在服务“三农”方面，严格遵循“政府引导、市场运作、自主自愿、协同推进”原则，开办了政策性小麦、玉米、棉花、水稻、花生种植险和能繁母猪、奶牛养殖险业务，当年承担农业生产风险22.2亿元，同比增长88.52%，支付农险赔款5132万元，同比增长117.4%；与此同时，以政策性农险为纽带，大力推进三农保险基层服务体系建设，积极发展农村治安保险、农房保险、家庭财产保险和新农合医疗补充责任保险，乡镇保险服务站覆盖率达到100%，农村保险服务点覆盖率达到80%以上，为农村社会和谐稳定、农民安居乐业提供了更全面的保障，构建了一条“农村保险护城河”。在教育、医疗、环保方面，积极开办校责险、学幼险、教职员工校责险、校车责任险，累计为保定全辖约200万学生提供了650亿元风险保障，累计支付赔款266.27万元；全面关注医疗行业，联合卫生部门积极推广乡村诊所基础医疗责任保险，已与20余家乡镇卫生院确定了保险合作关系，有效扩充医疗保险的保障范围，提升了广大居民的就医能力；作为河北省环境污染责任险试点工作的主承保商，积极参与全省环境污染责任险保定试点工作，已承保保定市60余家大中型企业，承担风险总额5500余万元。在支持地方经济建设方面，人保财险保定市分公司进一步增强了与天威集团、巨力集团、长城汽车股份、华北铝业、乐凯集团、钞票纸厂、亚大集团、生力啤酒等保定市知名企业的合作关系，并以主承保商的地位，为保沧高速公路、张石高速公路、保阜高速公路、荣乌高速公路及其附属设施建设、互通路段建设、津秦高铁等工程项目提供了近173亿元的全方位保险保障。

【充分发挥自觉合规经营的示范作用】 2012年，人保财险保定市分公司根据外部监管的新形势、新要求，在整体运营上，严守合规底线，积极配合各级监管部门和上级公司开展合规检查工作，自觉规范竞争行为，有效维护了市场竞争秩序。在内部管控上，进一步修订、补充和完善了《关于进一步加强合规工作的意见》等内控制度，明确了基层单位合规经营工作的考核内容，对强化内控管理起到了积极作用；通过加大包括业务、财务、理赔、用工、内控管理等方面的合规检查整改力度，深入开展党风廉政建设、落实《诫勉谈话制度》、坚持刊发《警钟长鸣》和《行风简报》，全员的合规意识和责任意识明显增强，车险自律公约、农险“四到户，两公开”、财务授权管理等方面的执行力明显增强，实现了被动合规向主动合规、局部合规向全面合规的转变。

【着力打造具有保定特色的人保服务体系】 2012年，保定分公司围绕保险经营的整个过程，不断强化服务能力提升，着力打造具有保定特色的人保服务体系，用实际行动践行“做人民满意的保险公司”的承诺。在基础服务方面，启动了营业厅亮化工程和理赔服务标准化建设，利用视频监控网实时监控营业厅服务状态，按季评比优秀理赔服务标兵，强力推动标准化服务升级，树立了良好的企业形象。在特色服务方面，一是开通跟踪服务平台。同时兼具客户关怀回访、续保及短信提醒、VIP客户及集团客户服务落实情况监督三大项功能；二是推出全程协助审检服务，在全辖18条检测线，配备协检员，统一管理、统一培训、统一形象、统一95518调度。三是整合内外部资源，大力推广集团客户工程，与零售、餐饮、汽车服务、移动通讯、医疗卫生等行业建立战略合作伙伴关系，同时以集团客户工程为平台，大力开展保险“进社区、进学校、进企业”活动，为广大人保客户提供更加丰富的增值服务。四是启动车友俱乐部项目，初步建立了车友俱乐部系统平台，把服务视角拓展到传统的承保、理赔业务以外的服务领域，推出“酒后代驾”和“洗车服务”，为私家车客户打造集保险、金融、车辆养护、交流互动为一体的服务平台。

【全力开展“7·21”暴雨灾害救灾理赔工作】 7月21日至7月22日，保定局部地区经历了60年不遇的特大暴雨灾害，共造成涞源、涞水、易县、涿州等地40多个乡镇不同程度受灾，人保财险保定市分公司所承保标的预估损金额达到1.7亿元。“7·21”暴雨灾害发生后，人保财险保定市分公司立即启动大灾应急预案，成立以市分公司一把手为组长的“7·21”暴雨灾害抢险指挥部，专项指挥救灾理赔工作。抽调全辖200余名工作人员成立10多支救灾理赔小组，抽调3辆查勘救援车，奔赴受灾严重的涞水三坡镇和涞源山区等地，协助当地分支机构和当地政府开展施救、查勘、定损等工作，并要求所有参与救灾理赔人员对所有受损车辆不分承保公司，只要客户提出要求一并予以施救、拍照、查勘，在抢险理赔过程中，共施救、查勘其它主体承保车辆100余辆。人保集团公司和总、省两级公司得到灾情汇报后，人保集团公司党委书记、董事长吴焰一行5人赶赴保定就“7·21”暴雨灾害救援理赔工作进行调研指导，人保财险省分公司副总经理于全祥带队到受灾企业走访慰问和现场查勘。人保财险保定市分公司本着“特事特办、特事快办、特事办好”的原则，打破常规理赔模式，加大损失摸排力度，积极与受灾企业、农户、车主核实损失情况，于灾后一周之内向受灾农户、企业、车主支付了共计256.36万元保险赔款和预付赔款，帮助农户和企业及时恢复生产生活；于灾后一个月内向受灾玉米绝收的易县三个乡镇支付玉米保险赔款161.75万元和涿州6个乡镇及中国农业大学涿州科技园区支付玉米保险赔款404万元。据统计，人保财险保定市分公司共支付“7·21”暴雨灾害赔款近1.3亿元，为受灾地区抗灾减损、家园重建提供了有力支援，保定市委、市政府特别给予了通报表彰。此外，人保财险保定市分公司积极响应市委、市政府号召，在全辖掀起了“捐款献爱心”的热潮，累计向灾区捐款达68928元，并筹集专项资金3.7万元，购置500张行军床专程送到涞源县民政局，为灾区人民重建家园贡献了绵薄之力。

（安志杰　杨大伟）

【中国人寿保险股份有限公司保定分公司】 中国人寿保险股份有限公司是中国最大的人寿保险公司，总部位于北京，注册资本282.65亿元。公司历史悠久，实力雄厚、始终占据国内保险市场领导者的地位，被誉为中国保险业的“中流砥柱”。中国人寿保定分公司是隶属于中国人寿保险股份有限公司的（地）市级分公司，公司销售和服务网点覆盖保定市各县、市、区，销售人员近万人，公司以崭新的姿态在回馈社会、服务客户方面不断迈出新的步伐，努力为全市广大居民提供丰富、优质的涵盖医疗、养老、意外伤害、企业年金、分红理财等各方面的寿险产品和服务。

党委书记
总经理　宗　志
党委委员
副总经理　颜世欣　李　冰
闫　然（7月任）
张雨波（7月任）

【概况】　2012年，保定分公司总保费收入32.5亿元，市场份额44.02%，各类给付以及赔款支出87219.86万元，继续保持在保定寿险市场的领先地位，一年来，被河北省人民政府评为“河北省就业先进企业”，被保定市委、市政府评为“文明单位”，被集团公司评为业务发展先进单位，被总公司评为模范集体，在河北省分公司被评为“先进集体”。

【发挥行业职能，积极服务三农】　为落实中央和各级政府“服务三农”要求，该公司充分发挥行业职能，始终深入推进农村网点建设，大力发展农村人身保险。特别是加大了对保费低廉、保障适度、理赔简便的农村小额人身保险的推广力度，满足了广大农民群众对特定风险的保险保障需求，受到了广大农民的充分肯定。在此基础上，不断加大“保险村”建设力度，稳扎稳打、步步为营，不仅建成了全省第一个保险先进乡——白沟乡，更建成了全国十佳五有保险示范村之一的唐县西足里保险先进村，受到新华社等中央级媒体的集中报道。

【履职行业职责，积极参与社会保障体系建设】　自2002年起，保定国寿承办大额保险统筹业务以来，至2012年，业务范畴覆盖全区城镇职工、居民大额补充医疗保险和附加意外伤害保险业务，参保涉及人群140万人，为近6000名参保客户提供了直接理赔服务，充分发挥了大额补充医疗保险互助共济的作用，进一步减轻了因病致贫、因病返贫的社会现象，为促进构建和谐社会建设作出了积极贡献。为提升服务品质，提高工作效率，公司在保定市第一医院、第二医院、第三医院和第一中心医院开通了“医保通零距离赔付系统”，使患者在办理出院结算的同时即可以办理大额医疗保险理赔，住院期间还免去了垫交大额押金，被老百姓称之为“爱心系统”。同时，该公司积极支持地方经济建设，积极吸纳下岗职工，解决农村闲散劳动力就业，缓解社会就业压力。踊跃投身于社会公益事业，积极参加捐资助教、扶贫济困、“三下乡”、结缘工程、博爱一日捐等活动，为困难群众、贫困学生捐款捐物，服务回馈社会大众。

【苦练内功，构建完善的服务体系】　作为服务型的金融行业，该公司始终将提升服务品质作为一项重点工作，以服务赢得客户和市场，以服务树立公司的良好品牌。重点从抓内部经营管理入手，实施精细化管理，制定全员学习日制度，倡导全员学习，加强岗位练兵，并提出了创建“学习型机关”、“效能型机关”、“服务型机关”、“创新型机关”、“和谐型机关”的五型机关要求。积极为客户提供各种优质服务，继续执行大额保单出单、理赔的绿色通道，狠抓理赔效率，提高给付时效，保障客户利益，积极推广国寿“1+N”附加值服务及VIP客户服务工作，切实为国寿客户提供了更加便利、超值的服务，构建了大服务格局。

【创先争优，营造良好的企业文化氛围】　加强企业文化建设。进一步加强6S标准化管理，积极推进“服务基层36524活动”，加大职场文化建设力度，开辟了文化墙，设置了文化展板，营造了良好的企业文化氛围。同时，不断加强党团工会建设。深入开展创先争优活动和迎接十八大系列主题活动，充分发挥了党支部的战斗堡垒作用和党员的先锋模范作用。积极发挥工会职能，维护职工权益，关怀和丰富员工生活，公司上下共同唱响了“争先创优，攀高比强，永争第一”的企业文化主旋律。

（王　晶）

【中华联合财产保险股份有限公司保定中心支公司】　中华联合财产保险股份有限公司保定中心支公司于2005年8月26日正式挂牌成立，下设12家分支机构，4个直属业务部，服务网络遍布全市各个县市区，截至2012年底拥有员工队伍约1500人。中华联合财产保险股份有限公司保定中心支公司始终秉承“稳健、创新、持续、高效”的经营理念，以优质服务赢得市场、以规范守信严格自律，始终坚持以科学发展观为指导，以服务社会为己任，以市场需求为导向，以做专业型公司、效益型公司为目标，艰苦创业、用心经营，人才强司、优化服务。

党委书记
总 经 理　张增贤（6月离任）
　　　　　王冠军（6月任）
副总经理　赵炜东（6月离任）
　　　　　姚　建
　　　　　王金花（女，6月任）

【概况】 建司以来，公司保费收入由4000余万元快速发展至2012年保费收入3.97亿元。业务经营范围涵盖非寿险业务的各个领域，包括机动车辆保险、意外险、团体员工福利保障计划、借款人意外险、安全生产责任险、政策性农险、温室大棚蔬菜种植保险等，经营险种已达200多个。2012年全年缴纳各种税款2152万元，代收代缴车船使用税2827万元，全险种共为社会提供风险保障484.35亿元。全年共受理赔案4.13万余件，共支付赔款2.02亿元。保定中支被中华联合总公司评为年度“先进基层公司”。

【主营业务持续稳健发展】 2012年保定中支在全系统“二次创业”三步走的总体规划指导下，坚持以提质提速发展为主线，积极开展“客户服务年”、“诚信中华，理赔不难”等活动，并按要求开展全面风险排查工作，围绕提升服务能力，竞争能力，合规能力三大工作目标，全力推进公司持续稳健的发展。年度承保笔数达到22.04万余笔；非车险险种取得跨越式发展，2012年全年共为社会提供风险保障253.71亿元；承担农业生产风险保障25.58亿元，农险保户共313428个，年度支付赔款625.10万元，累计承保农作物153.43万亩，承保牲畜8.01万头。

【进一步推进公司改革】 2012年是公司全系统完成注资重组，偿付能力问题彻底解决，“二次创业”三步走第一步战略目标提前实现，开始向着第二步目标奋力迈进的关键的一年；同时也是保定中支完成班子换届、实施销售体制改革的关键的一年。保定中支牢固树立忧患意识和责任意识，顺应行业发展大局，各项经营指标继续改善，积极树立公司形象，社会影响力大大增强，向社会展现了中华保险发展的底蕴与潜力，极大地提升了公司上下干事创业的热情和加快发展的信心。领导班子秉持工作的前瞻性和主动性，积极主动贯彻保监会、行业协会有关市场秩序的规范整顿、自查自纠的政策，坚持依法合规，确保规范操作，加强基础管理和业务管控，努力防范经营风险，以身作则推进行业自律；坚持以服务基层、促进展业、做好一线后援保障工作，紧紧围绕公司各项中心任务开展工作；大力抓好农险业务，加强与各基层乡镇政府沟通，协助做好农险业务，大力推进农村网点试点建设，以农促商，开拓农村市场，增强基层公司竞争力；推进销售渠道改革，创新展业思路，进一步提升公司销售能力；严格落实总公司“效益优先、合规经营”的工作要求，稳步推进集中管理，多措并举强化公司的内部管控；积极开展全面风险排查，严格固定资产管理等工作。

【客户服务工作取得实效性进展】 上半年，保定中支积极响应全系统提出的“中华保险、理赔不难”工作目标，深入推进客户服务年活动，使全辖客服水平得到有效提升。实现了理赔周期缩短、结案率提高，使过去积累的疑难问题得到解决。通过小额案件现场赔付、5000元以下小案快速理赔的服务措施有力提升了公司的品牌和服务形象。以“五个三”工程服务标准为基础，抓出单时效、现场勘察率、理赔周期、客户满意度、队伍综合能力等几项关键性指标考核。为切实解决车险理赔难问题，积极开展“客户服务年”活动，进行了一系列卓有成效的客户服务活动：共组织7人次现场查勘客户体验活动；组织总经理室成员总计参与现场查勘18次；联合财险部开展防灾防损活动，对公司承保的所有企业进行了风险排查；落实了每周六的“总经理室接待日”制度；开展了百万客户大回访活动；非事故道路救援工作顺利实施；一袋式快递上门收取索赔资料以及“清凉一夏，递送一瓶水”活动。通过以上这些活动的开展，理赔人员的服务意识进一步增强，服务水平逐步提升，中华保险的服务不断得到社会的认可。

【勇担社会责任】 继续秉承坚持“服务至上、信守承诺、回报社会”的服务宗旨，积极参与社会公益事业，勇于承担社会责任，帮困救灾、捐资捐物、助学扶贫。在2006年，把原本用于司庆活动的近2万元经费全部捐给唐县东下素小学，用于更新桌椅板凳，翻新教室地面，还出资打井，解决了长期以来困扰师生的吃水难问题。另外，还发起以“中华爱心献社会，天地无情人有情”为主题的倡议，组织全体员工为重症女童献爱心，向曲阳县的重症白血病患者马雪萌小朋友捐款17460元，扶危济困，缓解了其无钱医治的燃眉之急。总经理室成员以个人的名义长期捐助了唐县4名贫困儿童。在汶川“5.12”地震后，先后组织全区员工向灾区捐款两次，缴纳特殊党费2.29万元、爱心款17.99万元，共计20.28万元。2012年10月23日爱心捐助望都县黑堡乡中心小学1万元，另赠送价值2万余元的学习用品。2012年5月30日参加由保定市妇联组织的庆“六一”爱心救助表彰大会，获“保定市爱心慈善奖”一枚；5月31日由保定市委、市政府授予“金融工作贡献奖”奖项；6月27日，保定市中小企业融资论坛暨“卓正杯”第二届金融会颁奖典礼获“2012年最受保定市民喜爱的保险服务品牌”奖项。

（高　凯）

【华安财产保险股份有限公司】（以下简称华安保险）是经中国人民银行批准，于1996年10月18日正式创立的一家专业性保险公司，总部设于深圳，注册资本21亿元，主要经营各种财产险、责任险、信用保证险、农业险、意外伤害险和短期健康险业务。华安财产保险股份有限公司保定中心支公司是经中国保监管理委员会批准的一家专业性保险公司，公司成立于2006年10月24日。主要经营范围包括办理辖区内企业财产损失保险、家庭财产损失保险、建筑工程保险、安装工程保险、货物运输保险、机动车辆保险、船舶保险、能源保险、一般责任保险、保证保险、能源保险、信用保险（出口信用除外）、短期健康保险和人身意外保险及中国保监会批准的其他业务。保定中支自2008年以来，各项常规业务快速发展，自觉遵守总公司、保监局及保险行业协会的各项规定，保费规模大幅提高，积极发展多家专业合作渠道，并新建四级机构两家有安国营销服务部、唐县营销服务部。

总经理　贾洪杰

【概况】　截至2012年年底，共实现保费收入2678.46万元，赔付率43.3%。公司加强内部经营管理，成立承保管理委员会、理赔管理委员会，为公司的各项工作提供决策支持，并采取多种措施提升客服质量，提高赔付给付时效，保障客户利益。

（王彦红）

【民安财产保险有限公司保定中心支公司】　民安财产保险有限公司（简称民安保险）是经中国保监会批准成立的全国性综合财产保险公司，为海航资本控股有限公司成员公司。总部位于深圳，注册资本金20.01383亿元，经营范围包括财产损失保险、责任保险、信用保险和保证保险、短期健康保险和意外伤害保险等业务，拥有近300种保险产品，为企业及个人提供全面的风险保障。并与中国再保险公司、慕尼黑再保险公司、瑞士再保险公司、汉诺威再保险公司在内的多家国际知名专业再保险公司建立了业务关系，拥有强大的再保支持，有效保障民安客户的利益。民安财产保险有限公司保定中心支公司成立于2008年5月12日。

总经理　庞淑娟（女）

【概况】　保定中支以创新的管理模式、优秀的企业文化和持之以恒的社会责任与担当，得到了社会的高度认可，截至2012年12月，累积实现保费规模8600多万元。2012年全年实现保费收入1237万元，全年结案率为93.00%，满期赔付率为91.09%。保定中支坚持以客户为导向，不断通过产品、服务及科技创新满足客户需求，强化数据管理和新技术应用，建立起以电子商务平台、综合客户服务平台、移动查勘定损及自助理赔服务系统为核心的综合电子服务平台，为客户提供更高效、更贴心的保险服务。

（赵建伟）

【阳光财产保险股份有限公司保定中心支公司】　是主要经营财产保险业务的全国性保险公司。目前阳光产险已有36家分公司开业运营，三四级分支机构1000余家，服务网络实现全国覆盖。阳光财产保险股份有限公司保定中心支公司于2006年12月7日经中国保险监督管理委员会批准成立。保定中支所辖县域分支机构有涞源、易县、唐县、定州。另外还有几家机构正在报批审核当中，有高碑店、清苑、徐水、高阳、雄县等。六年来，保定阳光累计为22.41万次客户提供各类风险保障446.54亿元，支付各类赔款1.65亿元，上缴各类税收超过8300余万元。

总经理　刘　炜(5月任)
党委书记　佟　英
副总经理　曹玉蓉（女）

【概况】　阳光财产保险是主要经营财产保险业务的全国性保险公司。阳光产险已有36家分公司开业运营，三四级分支机构1000余家，服务网络实现全国覆盖。2012年阳光产险保定中支保费收入达到1.028亿元。其中财产险收入37.65万元，意健险（人身意外伤害险和健康险）收入10.28万元，车险收入10236.26万元，其中交强险收入5912.96万元，商业险收入4323.30万元，综合成本率74.18%，综合赔付率为35.94%。为客户提供风险保障122.66亿元，在保定保险市场排名第7位。

【特色服务闪赔优化直赔升级】　注重客户体验，不断致力于改善以理赔为代表的服务效率和品质，持续打造"闪赔"、"直赔"的特色理赔服务品牌。按照保监会的要求，优化承保、理赔等环节的服务流程，进一步治理车险理赔难和销售误导，为客户提供更加优质、贴心的服务。经过几年的尝试，阳光产险"闪赔"服务已成为业界的标杆，但服务提升无止境，阳光产险进一步优化"闪赔"平台和赔款支付系统，提高案件审核和赔款支付时效，推出"阳光闪赔通"自助理赔服务，客户使用手机应用客户端可以完成一键报案、现场拍照，轻松实现自助索赔。

【真诚感恩关爱回馈客户】 阳光保险以感恩之心，将关爱送到客户身边，将温暖送到客户心里。阳光产险在微博上开设保险知识微讲堂，传播保险常识、保险产品知识和保险服务指南，帮助保险消费者明明白白买保险、轻轻松松享服务。阳光产险客户之家－－"阳阳俱乐部"将在公司官方网站上成立，客户注册成为会员，即可在线报名参与精彩活动。成为客户信赖的公司。

【积极履行社会责任】 与不断壮大的企业实力相匹配的是阳光保险的责任与担当。阳光保险成立以来，在一系列重大事件中发挥了金融保险企业应尽的社会责任，践行着共同成长的企业使命。2008年3月3日，阳光保险向中国铝业预付雨雪冰冻灾害国内单笔最大保险预付赔款6000万元；"5·12"汶川地震，捐款捐物超过300多万元；青海玉树"4·14"地震，向地震灾区捐款1000万元；2010年海南洪涝灾害，捐款200万元。

（卜俊影）

【中国平安人寿保险股份有限公司保定中心支公司】 中国平安人寿保险股份有限公司（以下简称"平安人寿"）成立于2002年，是中国平安保险（集团）股份有限责任公司的重要成员。中国平安人寿保险股份有限公司保定中心支公司（以下简称"保定平安"或"中支"）是隶属平安人寿、以寿险为主要经营业务的三级机构。

总经理　胡云亚
后援经理　武梦宇

【概况】 截至2012年上半年，保定平安共承保规模保费8400余万元，其中4、5两月累计承保规模保费2700余万元。截至12月31日，保定平安面对金融和经济市场的动荡，仍然实现全年保费收入1.37亿元，完成全年任务。承保年累计NBEV（新销售业务内含价值）6000万元，完成率102.6%。2010年末，保定平安共有业务人士2365人，2011年末达到3130人，净增长率32.3%，2012年继续保持人力正增长的势头，郊县区域业务规模得到进一步拓展，高阳营业网点（四级机构）正式挂牌运营，并开发了新的郊县营业网点白沟。截至2012年底，保定中支在全保定市共辖下16个郊县机构。2012年中国平安继续坚持不懈地践行"标准案件、资料齐全、三天赔付"的服务承诺；全年支公司共给付理赔案件5016件，赔付金额约3200万元；标准案件3个工作日结案率99.9%，案件数为3985件，占比78%，平均结案时效0.5天。在客户服务方面，公司努力为客户打造贴心、周到、领先的服务平台，以"观影会"、"少儿才艺大赛"、"平安车友会"、"必胜客DIY做比萨"等活动形式，让客户体验到平安的尊贵待遇。保定平安人寿致力于公益事业发展：2012年8月，保定平安为推进河北青少年体育事业，独家赞助了由保定体育局主办的河北省"平安杯"青少年篮球赛。在一些郊县机构自发组织了"爱心公社"，不定期为贫困儿童和孤寡老人带去关爱。

（马　骏）

【国华人寿保险股份有限公司保定中心支公司】 国华人寿保险股份有限公司（以下简称"国华人寿"）成立于2007年11月，总部位于上海，是由中国保险监督管理委员会批准设立的全国性、股份制寿险公司。公司主要经营各类人寿保险、健康保险、意外伤害保险等人身保险业务，上述业务的再保险业务；国家法律、法规允许的保险资金运用业务以及经中国保监会批准的其他业务。国华人寿保定中心支公司于2010年9月27日正式开业。国华人寿保定中支认真履行行业自律要求，积极维护市场秩序，合规经营，着力打造具有保定特色的国华服务体系。积极发展多条专业合作渠道，高碑店支公司于2012年8月17日开业。

总经理　刘桂民

【概况】 在保险服务上，国华人寿保定中支秉承"关爱零距离、服务无止境"的服务理念，为客户提供优质服务。全国统一客户服务电话95549随时受理客户的报案、咨询、投诉等需求，为客户提供优质、快捷服务搭建了新的平台。2012年全年新收保费1.1亿元，在保定市保险市场排名第7位，赔款支出为1305589.58元。

（蒋薇薇　刘艳梅）

【泰康人寿保险股份有限公司保定中心支公司】 泰康人寿保定中支隶属于泰康人寿保险股份有限公司河北分公司，行政市三级机构，下辖18家县级机构，19家乡镇级机构，拥有1400余名员工。

总　经　理　烟少军
助理总经理　李　雷
高级业务主管　刘振凯
　　马爱涛（11月离任）
　　邓巨轮
　　秦　伟(3月离任)
　　田春丽（女，1月任）

【概况】 2012年，泰康人寿保定中支贯彻落实公司战略，以客户为中心，优化团队结构，稳健经营，合规发展，保持业务规模平稳较快增长。全年总保费收入37130.7万元，其中个险保费收入3459.3万元，续期保费收入15850.57万元，银行保险收入15688.77万元。满期给付4984.53万元，理赔支出4381.88万元。2012年获全系统“优秀中心支公司”。

【调整结构，夯实团队】 充分发挥保险保障功能，回归寿险本质，强化执行，主动调整产品结构，加大健康人生和泰康吉祥险种的销售力度，取得实质性的一步。险种结构：长期健康险1410.21万元，占总保费3.79%，同比增长0.74%，短期健康险368.52万元，占总保费0.99%，同比增长0.3%，分红型保险33657.55万元，占总保费90.64%，同比下降9.17%。对接公司2012版代理人管理办法，强化从业人员的日常化经营意识，提升从业人员业务技能，推动团队发展，保持业务持续稳定发展，代理人队伍的13个月留存率提升至63.64%，同比提升15.33%。

【风险管控，合规发展】 严格履行各项法律法规，合规经营。建立突发事件应急预案，完善公司金融机构突发事件相关流程体系，将风险管控与日常经营管理融为一体。有效推进风险管理工作，强化对合规法律风险、销售行为风险等风险管控，分层负责，逐步实施。加强人员培训，进一步培养中支干部合规经营能力，从消费者利益出发，维护消费者权益，从思想上、销售上、服务上将风险管控与日常经营管理融为一体，切实有效的提升了销售队伍的整体素质，从而维护当时保险市场环境的稳定。

【电子化投保，便捷化服务】 泰康人寿围绕客户核心诉求“手续再简便一点、效率再提高一点、服务再贴心一点”，着力服务向电子化、智能化、移动化升级，谱写关键环节“服务三部曲”，传递保险正能量。2012年保定中支优化投保流程，推动电子化投保，全年电子化投保达到70%以上，承保时效缩短至1.91天。电子化投保是集现场投保、在线核保、实时收费、即时承保于一体的新型投保方式，避免纸质投保填写潦草引发的各类问题，有效保证客户的权益。服务便捷化，满足客户不断变化的需求，泰康官网不断完善“E站到家”板块，密码注册率13.73%，全年累计电子化使用率为85.54%，此外，泰康人寿保定中支代理人代办系统上线，通过系统服务295次。理赔3G化，平均理赔时效缩短至3.8天。理赔E化率为86%，简易案件业务处理时效缩短至1天。

【重要理赔情况】 客户触电身亡，泰康人寿赔付近38万元：家住保定安国市的许先生于2010年8月，经银行柜员介绍投保了泰康金满仓两全保险（分红型），趸缴9万元。被保险人许先生平日主要是经营钢材作坊月来维持生计，双亲身体健康，膝下儿女双全，幸福和睦，是街坊邻里甚是羡慕的家庭。2012年8月2日下午，许先生吃过午饭后开始切割钢筋，没想到操作机器时被高压电击中身亡。8月3日上午，被保险人的哥哥拨打了泰康的全国服务热线95522报案。泰康人寿保定中心支公司理赔员第一时间与客户家属取得联系，协助客户准备理赔所需的资料。11月21日，理赔资料全部收集完毕；12月5日，经公司核定，履行保险合同赔付客户377280元，给付红利3321.77元。

（柴和彬）

【新华人寿保险股份有限公司保定中心支公司】 新华人寿保险股份有限公司（简称“新华保险”）成立于1996年9月，总部位于北京市，是一家大型寿险企业，拥有新华资产管理股份有限公司、新华家园养老企业管理（北京）有限公司和新华卓越健康投资管理有限公司等子公司。2011年，新华保险在香港联合交易所和上海证券交易所同步上市。新华保险保定中支成立于2003年12月，下设10家机构（清苑、望都、定州、徐水、高碑店、涿州、高阳、安国、涞水、易县）。

总　经　理　郭长林
副总经理　杨旬辉
总经理助理　廉志辉（女）

【概况】 保定中支2012年保费收入6.5亿元，其中个险新单

8770.74万元，团体业务789.65万元，银代业务收入6943.04万元，续期业务收入48518.43万元。累计标保同比增长13.6%，保定市场份额占比10.9%。

【以客户为中心】 新华保险坚持“以客户为中心”的产品开发理念，深入了解人生不同阶段的不同保障需求，充分体现“为客户创造价值”的原则，形成了新华保险产品的鲜明特色。“会长大的保险”在客户中深入人心，赢得了广大客户的喜爱和信赖。针对客户的不同需求，新华保险建立了完善的产品体系，涵盖传统保障型产品和新型人身保险产品，可充分满足各个年龄阶段客户在意外伤害、医疗、养老、子女教育、家庭理财等方面的需求。我们在国内寿险市场率先采用“保额分红”方式，并在此基础上形成了独具特色的分红产品体系。保额分红产品通常采用“年度红利”和“终了红利”双重红利设计，一般情况下，公司使年度红利保持相对平稳，满足客户相对合理的预期，并通过终了红利“以丰补歉”，平滑回报。新华保险从客户的需求出发，不断提升理赔服务水平，致力于打造更快、更易、更关怀的理赔服务。平均理赔时效1.95天。3000元以下的小额赔付1小时内办理完毕。复杂重大的赔案30天之内处理妥当。保定中支2012年度理赔总件数2593件，给付金额1950.86万元，积极履行理赔十大服务承诺，为客户着想，推广理赔时效服务理念。通过标准化柜面建设、柜面差异化服务、客户自助服务、柜员队伍建设、柜面满意度等综合测评，被总公司评为星级柜面。

（朴　颖）

【河北汇新保险代理有限公司】

河北汇新保险代理有限公司是经中国保险监督管理委员会批准的一家专业性代理公司。公司成立于2005年7月19日。主要经营范围：代理销售保险产品；代理收取保险费；代理相关保险业务的损失勘察和理赔；中国保监会规定的其他业务。经营管理目标：规范化、专业化；自我完善、自我发展。经营原则：诚信为本，稳健经营。经营理念：靠优质服务感动客户。公司下设19个分公司，员工200余人。

总经理　石志芳（女）

【概况】 河北汇新保险代理有限公司在全省范围内展业，与中华、人保、平安、太平洋等各大保险公司建立了长期稳定的合作关系。销售产品有财产险类：机动车辆保险、企业财产险、家庭财产险、建筑安装工程保险、货物运输保险、责任险、健康险；人身保险类：人身意外伤害保险、重大疾病保险、分红险、养老险、子女教育金保险、企业年金保险等。2012年，公司贯彻落实发展战略，完善各岗位职能，做好后期工作，业务完成总量达到9800万元，自公司成立以来年业务量以每年30%的速度递增。

（杨婉璐）

证券业

【财达证券有限责任公司保定莲池北大街营业部】 前身为保定信托投资公司证券营业部，设立于1995年。2004年加入财达证券公司，更名为财达证券保定莲池北大街证券营业部。营业部位于保定市莲池北大街23号，主要业务为证券经纪业务。营业部拥有保定市及周边县域客户5万余名。拥有正式员工22名，90%以上具有本科学历，全部具有证券从业资格证书。

总经理　吴希柱

【概况】 证券市场行情持续低迷，成交量大幅萎缩，佣金率的持续下滑摊低了行业的利润水平，并由此引发了业内更为激烈的生存竞争。5月份券商创新大会召开，为券商的业务种类和网点设立审批等进行了政策层面的重大变革。保定莲池营业部对内加强员工管理，完善考核制度；紧跟客户需求完善服务措施；配合公司创新业务的开展，加强学习，积极筹划。2012年营业部经过全员的不懈努力，在严酷的市场环境下，实现营业收入2345.8万元；净利润662.8万元；截至2012年年底，营业部有效开户数45851户；客户托管资产15.27亿元；全年客户交易量139.67亿元。营业部保住了原有市场份额，新客户增长指标良好。在严酷的市场环境下，营业部保住了原有市场份额，新客户增长指标良好。

【完善考核制度】 提高服务水平，建立起与客户顺畅的沟通渠道和良好的服务关系。营业部将核心客户分成20个组分配到每一位员工，基本覆盖了营业部的核心客户群体。每名员工负责一组客户的维护，每月考核2个指标：每月与客户电话联系、回访的情况；当月所属客户的交易量情况。客户回访考核和交易量考核各占考核期奖金的50%。考核结果月月张榜公示，分组客户交易量数据有专人统计，在即时通上日日公布。做到了考核有办法，指标精细化。从年初制度制定至今，营业部坚持月月考核并兑现奖惩。员工随时关注客户交易量及在营业部的排名，及时调整服务策略，形成了员工间比较、学习、交流、提高的氛围。

【紧跟客户需求】 2012年行情持续低迷，有的投资者被深度套牢，有的对行情的走势深感迷茫。为满足客户需求，营业部邀请公司资深分析师，在营业部召开投资策略报告会5场，深度剖析市场整体发展趋势，并对热点板块做专题的深度研究，与投资者进行深度互动，有问必答。营业部每月向核心客户免费寄发《证券市场红周刊》；组建核心客户QQ群，每天开市前做信息发布，盘中随时解盘。周末组织客户举办股市沙龙，搭建客户间，客户与营业部间沟通交流的平台，拉近了客户与营业部的关系，努力通过服务提高客户的收益，尽量规避市场风险。

【从新业务中寻找利润增长点】 中国证监会5月份召开的券商创新业务大会，为券商未来的发展带来新的机遇和空间，在公司新业务品种不断丰富的背景下，营业部大胆尝试业务创新之路，开辟新的利润增长点。首先，从学习入手，使员工对创新业务知识及时更新，对政策全面把握。对公司申请新业务的进展及时进行学习和通报。其次，积极搭建创新业务开展渠道。营业部首先从内部现有客户着手，建立了由客户部、员工、营销经理组成的创新业务推介体系。推荐方式主要以电话回访的方式进行。客户部员工负责向营业部高端客户进行新业务的推荐，营业部员工负责向所属分组核心客户推荐新业务，营销经理负责自己所属客户的推荐工作。最后，细分客户，按需推荐。营业部要对客户进行了细分，对股票交易频繁，且收益尚可的客户暂不推荐。对客户闲置资金较大，闲置时间较长和股票已经套牢的客户征询创新业务的交易意向。对有意向的客户再做进一步的业务种类的选择。

【开展创新业务】 为有效推动公司创新业务的开展，服务于保定的民营企业，实现他们的投、融资需求。在民营企业家协会的大力协助下，11月中旬，财达公司派出3位专家，组成讲师团，分别就民营企业的债券业务、资管业务、上市前的辅导为专题，召开了证券公司服务于民营企业的专题报告会，收到与会的100多位民营企业家的积极响应。2012年10月，保定市政府与河北证监局签订了《促进保定市资本市场的发展合作协议》，签字仪式召集了券商、政府相关部门、上市和拟上市公司负责人到场。保定上市及拟上市公司众多，市场潜力巨大，营业部与这些公司积极联络，按客户需求推荐公司产品。进一步优化营业部客户结构，推动公司创新业务进一步发展。

（孙慧汇）

【国开证券保定五四西路营业部】 国开证券保定五四西路营业部隶属国开证券有限责任公司。国开证券有限责任公司是国家开发银行通过收购、增资、更名设立的，是国家开发银行的全资子公司，注册资金为73.7亿元。公司经营范围包括证券经纪，证券投资咨询，证券交易、证券投资活动有关的财务咨询，证券承销与保荐，证券的自营买卖，中国证监会批准的其他业务，证券资产管理业务。保定五四西路证券营业部是国开证券在河北省设立的唯一一家证券营业部，位于保定市区中心，毗邻新市区政府。营业部始终以“和谐凝聚、共创财富”为企业精神，以“培养一流人才，提供一流服务，创造一流效益”为发展方向，以“客户满意是我们永恒的追求”为服务宗旨。截至2012年年底，投资者开户数达到58951户，客户总资产达到17.05亿元。

总 经 理　李　晋
副总经理　王　锋
财务总监　黄　河

【概况】 2012年，保定市区证券营业部到年底已增至10家。券商数量的不断增加，加剧了本地证券市场的行业竞争。佣金率下滑和市场成交量萎缩等因素使经纪业务收入减少，从而影响证券行业整体业绩下降。国开证券保定营业部全年共完成交易额139.03亿元；实现营业收入2523万元，比上年同期减少1525万元；完成营业利润1160万元；上缴税款1216万元。上证指数收于2269.13点，全年小幅上涨2.5%，深证成指收于9116.49点，全年小幅上涨2.22%。国开证券保定营业部认真贯彻总公司提出的“两个坚持，两个加强”工作要求，努力服务实体经济，积极帮助河北省当地企业在国开银行河北分行成功办理贷款等金融业务。

（谷玉凤）

教　　育

教育工作

【保定市教育局】　保定市教育局是主管全市教育事业和语言文字工作的市政府工作部门。内设16个职能处室：局办公室、财务处、人事处、局机关党委（局党委办公室）、发展规划处、基础教育处、职成教处、思政体卫处、高等教育与师范教育处（市语言文字工作委员会办公室）、纪检监察室、教育督导团办公室、安全法制处、局老干部处、教育系统团委、局妇工委、教育系统工会委员会。市直属事业单位有：市教师进修学校、市中小学教师培训中心、市教育科学研究所、市教学仪器站、市电化教育馆、市校办产业管理办公室、市教育勘测队、校办企业总公司、教育人才分中心。

党委书记 局长 市教育考试院 党组书记	王绍联
党委副书记 市教育考试院 院长	周立峰
党委委员 副局长 市电大党委 书记	杨书明
党委委员 副局长	刘　恒　张国忠 王国良
党委委员 纪委书记	邢晓峰
党委委员 副县级督学	陈志会

【概述】　2012年，全市教育系统以办好人民满意的教育为目标，深入开展执行力亮剑行动，抓队伍，促发展，提质量，保稳定，惠民生，提前超额完成了省、市确定的全部18项考核任务，被国务院授予全国“两基”工作先进单位称号，被国务院扶贫开发领导小组评为“全国扶贫开发工作先进集体”，被教育部督导团评为“全国教育督导工作先进集体”。50次受到教育部和省、市有关部门表彰，国家和省级媒体104次报道保定市教育工作业绩。据统计，至年底，全市共有各级各类学校（幼儿园）4525所，其中幼儿园1823所，小学2137所，初中367所，高中阶段学校158所，特教学校23所，高等学校（含驻保高校）17所。在校生208.27万人（含驻保高校在校生近25万人），教职工13.3万人。

【学前教育保持全省先进位次】　全面落实《学前教育三年行动计划》，办园条件极大改善，办园水平大幅提高，继续保持全省领先水平。多渠道筹措资金3亿元，新建、改扩建、增设幼儿园627所，是政府工作报告安排任务的12.5倍；利用农村闲置校舍改建幼儿园203所，农村小学增设附属幼儿园185所，新（改、扩）建幼儿园56所。办园水平整体提高，新增省示范园3所、省一类园5所。学前三年教育普及率达到88.7%，分别比全国和全省平均水平高35个和20个百分点。

【义务教育均衡发展实现新突破】　加大区域推进的督查力度，完善义务教育经费保障机制。深入推进学区一体化管理，262个学区建设任务全部完成并按新体制运行。加快改造薄弱学校和标准化学校建设，全市标准化中小学达到规划保留学校的38%，师资、设备等教育资源配置更加合理，27个县（市、区）、开发区全部实现了县（区）域义务教育初步均衡发展。

【高中教育再创佳绩】 大力普及高中阶段教育，全市适龄人口毛入学率达到88.1%，2010年基本普及了高中阶段教育。加快普通高中建设，优质教育资源不断扩大。定州中学、定兴中学、曲阳中学新（改、扩）建工程进展顺利。20所普通高中改制学校全部恢复公办性质。课程改革不断深化，教学科研得到加强，教育质量进一步提高。2012年全市高考再创佳绩，本科二批及以上上线人数连续十年位居全省第一，万分人口比连续四年全省第二。

【成人教育成效显著】 以“送教下乡”活动为契机，乡镇成人学校的办学水平得到提高，完成劳动力转移培训80929人次，实用技术培训461763人次，提前完成实用技术培训35万人次的年度工作任务。

【职业教育不断发展壮大】 全面提高职业教育为经济社会发展服务的功能，成立了中职招生工作领导小组，建立了定期通报制度，积极拓宽生源渠道，完成招生4.2万人，超过计划2000人。在全市中职学校开展了“教育教学质量提高年”活动，在全省中等职业学校学生技能大赛中取得优异成绩，22个代表队获团体一等奖，79个代表队获二、三等奖，113名学生获个人一等奖，536名学生获二、三等奖。年均向京津地区输送实习就业学生2万多人次，中等职业学校毕业生就业率稳定在98%以上。中职基础能力建设进一步加强，满城、徐水职教中心进入全国中等职业教育改革发展示范学校行列，建成国家中等职业教育改革发展示范校5所，国家级、省级重点49所，特色骨干专业52个，位居全省前列。

【民办教育健康发展】 积极鼓励、规范管理民办学校，建成市级民办教育名校6所，示范性学校8所，规范化学校13所。有11所学校被评为河北省依法诚信办学民办学校，数量居全省第一。对全市民办学校进行了年度检查，对无证办学的278所民办幼儿园进行了清理整顿。

【特殊教育巩固提高】 坚持硬件软件一起抓，普及提高双促进，建设高标准特教学校23所。全市义务教育阶段残疾儿童入学率达到94%。建成了从学前教育到本科教育完整的民办教育体系，办学规模、办学水平居全省前列。安新、阜平新建了特教学校，通过了省普及特殊教育县验收。

【努力增加教育投入】 年内全市教育总投入初步统计达到97亿元（其中财政性教育经费投入为84.7亿元），比2009年增长61.9%，年均增长17.5%。中小学校舍安全工程累计投入资金30多亿元，加固改造校舍329万平方米。先后实施了农村校舍维修和薄弱学校改造工程、农村初中校舍改造工程、农村学前教育推进工程，新建、改扩建校舍128万平方米。投入教育信息化建设资金11亿多元，全市基本普及了“校园网”，实现了“校校通”。

【全面落实义务教育阶段经费保障机制】 在全市义务教育阶段全面推行新的经费保障机制，2008年以来落实义务教育经费保障机制改革公用经费27亿元，初中、小学生人均公用经费逐步增长，小学达到555元，初中达到755元。坚决治理教育乱收费。严禁各种形式的乱收费行为，严禁公办学校举办或与校外机构合作举办有偿补课班，严禁公办学校教职工组织或参与有偿补课，严禁校外机构利用学校场地有偿补课。严厉查处教育乱收费案件，处理违纪人员16名。

【项目建设完成既定任务】 全市中小学校舍安全工程累计投入工程资金31.35亿元，累计开工329万平方米。筹集校舍维修改造专项资金8900万元，新改扩建中小学68所。争取薄弱学校改造资金4204万元，改造学校27所。8个初中工程项目投入资金2800万元，完成建筑面积2万平方米。26个农村教师周转宿舍项目投资6000万元，完成建筑面积3.7万平方米。投资1000万元的4个农村学前推进工程项目完成建筑面积6960平方米。

【教育基础建设扎实推进】 校安工程。投入工程资金3.1亿元，完成改造任务90万平方米。其中12.8万平方米D级危房均已封存停用，进行了拆除或重建。救灾保学。“7·21”洪灾后，全力投入抗灾保学，着力破解“学生安置”、“因灾失学”和“学校修建”三大难题。9月1日前，完成了212所洪灾受损学校修缮工作，确保按时开学。争取上级资金7387万元，重建学校52所。通过就近分流、租房上课等方式，受洪灾影响的学生68310名全部正常就学。九年一贯制学校建设。9月1日前正式交付使用，河北保定师范附属学校按时迁入，有效缓解了北部新城居民子女入学压力。

【教育现代化进程加快】 年内

投入资金2亿多元，新增计算机、电子白板、录播系统等设备1万余件（套），共享资源总量接近2000GB。全市45%以上的学校以光纤形式接入教育城域网，教育信息化工作基础较好的县（市、区）及市直学校60%以上的教学班配置了短焦交互式电子白板。208所中小学通过了市级标准化图书馆验收，119所学校实验室达到市级标准化实验室标准。

【教师队伍素质不断提高】 建立和完善师德建设长效机制，市委、市政府连续两年召开大会，表彰教书育人楷模、师德建设先进集体，有6名教师被市委、市政府授予“保定市教书育人楷模”称号，223名教师被市教育局和人社局授予“保定市师德标兵”称号。评选出师德建设优秀单位15个，由市委、市政府表彰；市教育局表彰师德建设先进单位58个。全市共有近5万名教师参加了远程网络培训，完成国家和省、市级教师培训项目20636人。评选出市级学科名师67名，保定市名师100名，推荐省学科名师34名。全市幼儿园、小学、初中、高中专任教师学历合格率分别达到98.97%、99.9%、99.37%和94.7%。10万多名教师参加了学历进修和业务培训，专业素质不断提高。培养出特级教师121名，省、市学科名师212名，省、市骨干教师2124人名，保定市名师850名。近几年来，通过公开招聘等方式补充教师6778名，为贫困县招聘特岗教师2768人。加强教师培训基地建设，更新教学设备，又有7所县级教师培训机构达到了省示范校、达标校标准，走在全省前列。新建教师专业发展学校示范校87所。认真组织选派1738名城镇教师分赴农村学校驻校支教。评选出20个支教工作先进集体，对80名优秀支教教师进行了表彰。

【中小学生素质全面提高】 坚持德育为首、育人为本，整合校内外德育资源，认真开展了社会主义核心价值观教育、心理健康教育、合作精神教育、实践体验和养成教育。组织70余万名中小学生参加了“建设幸福中国”主题读书活动、中学生“念党恩、颂师魂”演讲比赛活动、绿色教育活动和校外教育活动。本市在全省德育工作会议上交流经验，承办了全省校外教育现场会并作典型发言。《河北教育》刊登本市德育工作经验。加强学校体育管理工作，完成了7.5万余名考生参加的中考体育测试，承办了省第十七届中学生运动会乒乓球、健美操两项比赛并取得优异成绩。健全管理制度，加大了对学校卫生、食品安全、食堂及周边餐饮服务专项整顿等工作的督导检查力度，加强了传染病和常见病预警和防控，保障了师生健康与安全。艺术教育丰富多彩，主要开展了中小学生“阳光下成长”系列比赛活动，征集作品千余幅、节目五百余个，定兴三中、保定女子职业中专代表河北省参加了全国展演比赛。扎实推进中小学生劳动实践教育和勤工俭学活动，创建市级劳动实践场所80所。

【校园安全稳定全面强化】 把维护学校安全稳定作为重点工作，构建了主要领导负总责，分管领导具体抓，班子成员一岗双责，有关处室和学校共同落实的领导体制和工作机制。全力做好十八大期间的安全维稳工作，全市教育系统保持了安全稳定，市教育局被评为全市先进集体，17人受到市委、市政府表彰。积极协调有关部门解决校园周边环境问题，开展了“护校安园”集中整治专项行动，加大了预防溺水宣传教育力度，开展了“珍爱生命、平安出行”交通安全竞赛活动，积极协调市公交公司开通6条“公交学生专线”，辐射学校25个，日乘车学生约1500人次。

【教育公平得到充分体现】 认真落实学生资助政策，构建了覆盖各级各类教育的家庭经济困难学生资助体系，全市多渠道筹集资助资金1.23亿元，资助家庭经济困难学生10万人。免费为114万名农村学生及城市家庭经济困难的学生提供教科书，补助贫困寄宿生生活费3031万元。对12549名“7·21”洪水灾区家庭困难学生实施救助，资助、减免费用2138万元。如期启动农村义务教育学生营养改善计划，8个集中连片特殊困难县农村义务教育学校的25.7万名学生受益，全年补助金额达1.54亿元。筹资1268万元改善农民工子女就读学校办学条件，全市共接受流动人口子女就学50776人，比2011年增加9481人，其中保定市区接受流动人口子女就学19775人，比2011年增加2532人；接受就读的学校365所，比2011年增加50所。

【语言文字工作再上新台阶】 精心组织安排“推普周”和“双推月”活动，积极营造全社会重视语言文字工作的良好氛围。满城、顺平、唐县、白沟新城、雄县、安新等6县（区）顺利通过了三类城市语言文字工作达标验收，全市已有19个县（市）通过评估，居全省先进水平。组织广大师生积极参加“全国书信大赛”、“全国学生规范汉字书写大赛”等活动，先后有18个单位、5000多名师生获奖。

【教育形象进一步提升】 在国家级新闻媒体刊发稿件45次，省级新闻媒体刊发59次，编发“保定教育信息”百余期。被评为全省教育宣传工作先进单位，信息工作受到市委办公厅和市政府办公厅表彰。高质量完成40件人大代表建议、政协委员提案，按时办复率、规范率、走访率、满意率均达100%。提前完成了《保定市志·教育卷》的编纂工作，局机关和18个市直学校（单位）档案室升格为省三A级，2个达到2A级。在保定市政府信息公开平台公开文件133个，在市直机关名列前茅。

【教育督导工作进一步加强】 对高碑店、涞源、雄县、容城、安新、北市区进行了过程性督导评估，督促县（市、区）政府进一步加强对教育工作的领导，加大教育投入力度，努力改善办学条件。经过努力，6个县（市、区）顺利通过了省政府教育工作综合督导评估。对尚未完成普及高中阶段教育的10个县（市）进行了专项督导，容城县、雄县、唐县、曲阳县、阜平县普及高中阶段教育工作有实质性进展。在全市范围内建立和实施了督学责任区制度，采取随机督导、全面督导、专项督导等方式，全面提升了教育督导工作水平。

【工青妇和老干部工作协调推进】 市直中学全部健全了团组织，广泛开展了社会主义核心价值观宣传教育活动和“学雷锋志愿服务”活动、18岁成人仪式教育活动、青年教师立足岗位创先争优活动，做到了团组织网络、团工作影响对适龄青年的全覆盖。局妇工委深化巾帼建功活动，对30个先进单位和50名优秀女同志进行了表彰。高度重视并做好了计划生育工作。精心组织了“六一”儿童节慰问活动，许宁、李谦等市四大班子领导先后来到保师附小和青年路幼儿园，与少年儿童共庆“六一”。在市直属单位积极开展“寻找爱心父母帮助困境儿童”活动，共资助100名困境儿童，救助金额24800元。认真落实老干部政策，主动为老干部服务。做好关心下一代工作，发挥老干部的作用，举办青少年法制、安全、心理、卫生知识讲座，开展献爱心帮扶留守儿童和困难群众活动。在教育部关工委组织的“五好小公民”读书活动中，获“先进集体”奖。

【基层建设年扎实推进】 成立了由局一把手为组长的基层建设年活动领导小组，投入4万余元，改善驻村工作队工作和生活条件。加大项目支持力度，教育项目优先安排省、市、县驻点村，项目资金优先保障。驻村工作队克服了驻点村地处偏远，原有基础设施条件差，集体经济薄弱等难题，入户走访，调查摸底，制定了切实可行的帮扶方案，按期完成了10个帮扶项目。积极发挥教育部门优势，协调完成了8个自选项目，投入资金共计269万元。在全省基层建设年检查验收活动中，本局驻南际头工作队代表全市接受了省检，获全省先进工作队称号。切实加强基层组织建设，着力加强领导班子和党员队伍建设，基层党组织的凝聚力和战斗力不断增强，市教育局机关党委被省委评为先进基层党组织。

【惩防体系建设进一步完善】 召开了2012年全市教育纪检监察审计工作部署会议，与各县（市、区）教育局及市直学校（单位）签订了责任书，将党风廉政建设纳入领导班子和领导干部目标管理体系。强化责任，推进落实，严格检查，不断提高反腐倡廉建设科学化水平，深入推进教育系统党风廉政建设和反腐败工作。深入推进权力运行监控机制建设。将教育采购、基建工程、落实惠民政策作为重点，完善了廉政风险评估防范机制、公开透明机制、绩效考核和责任追究机制，建立了审批备案和审批负责人签字备案制度。市直教育系统21个单位都成立了权力运行监控机制建设领导机构，认真查找廉政风险点，确定风险等级，制定防范措施。省纪委、教育厅和市纪委予以充分肯定。

（陈铁深　侯文生）

部分高校简介

【华北电力大学】 华北电力大学是教育部直属国家“211工程”、“985工程优势学科新平台”重点建设高校，是教育部与国家电网公司等七家特大型电力企业集团组成的校理事会共建的全国重点大学。学校创建于1958年，原名北京电力学院。1969年由北京迁至河北，先后更名为河北电力学院、华北电力学院。1995年与北京动力经济学院合并组建华北电力大学。学校校部设在北京，分设保定校区，两地实行一体化管理。学校设有10个学院、62个本科专业，拥有2个国家级、23个省部级重点学科；5个博士后科研流动站；5个一级学科、30个二级学科博士学位授权点；23个一级学科、123个二级学科硕士学位授权点。学校拥有MBA

和工程硕士学位授予权。学校现有中国工程院院士（含学校双聘院士）5人，“973”首席科学家、国家“千人计划”、“长江学者”、“青年千人计划”等14人。5人获国家杰出青年科学基金，7人入选国家“百千万人才工程”，28人入选教育部“新世纪优秀人才支持计划”，4支团队列入教育部“长江学者和创新团队发展计划”，3个基地列入教育部和国家外国专家局联合实施的“高等学校学科创新引智计划”。

【学科建设】　学校通过不断丰富和推进“大电力”特色学科体系建设，传统优势学科、新兴能源学科、文理学科之间以强带弱、优势互补、交叉互动、相互促进，带动了学科整体水平的快速提升。电气工程、动力工程及工程热物理在新一轮全国学科评估中排名位居全国第6和第11位，比上一轮评估分别上升了3位和1位；控制科学与工程、工商管理、管理科学与工程三个具有一级博士点的学科排名也有明显提升，控制科学与工程学科获批博士后科研流动站，实现了五个一级学科博士后科研流动站全覆盖；10个学院中有9个具有独立或合作培养博士研究生的资格，“4、3、3”学科阵型基本形成。“电力科学与工程985优势学科创新平台”正式获批；“211工程”三期建设通过国家验收；动力工程及工程热物理、控制科学与工程两个学科增列为一级学科省部级重点学科；应用数学、诉讼法学增列为河北省重点学科，至此，学校一级学科省部级重点学科增至3个，二级学科省部级重点学科增至23个。

【师资队伍建设】　学校启动新一轮劳动人事制度改革，制定并出台《进一步深化人事制度改革原则意见》和《教师绩效考核及校内津贴调整方案》。引进2名“千人计划”学者和1个由5名海外知名大学博士学位获得者组成的年轻学术团队，新增“长江学者”特聘教授1名，国家“杰出青年科学基金”获得者1名，国家“优秀青年科学基金”获得者2名，入选中组部第一批“青年拔尖人才计划”1名，“新世纪优秀人才”支持计划7名；20名青年骨干教师获得国家留学基金委“青年骨干教师出国研修项目”资助；完成2012年专业技术职务评聘工作。

【教育教学】　3个专业列入教育部专业综合改革试点，1门课程入选国家精品公开课建设计划，3部教材入选国家级规划教材；2个国家级实验教学示范中心通过验收，新增电气工程国家级实验教学示范中心。获省部级高等教育教学成果一等奖6项、二等奖10项；获得省级优秀博士学位论文1篇，全国节能减排大赛特等奖1项，数学建模竞赛连续五年获得全国一等奖；学生参与创新实践活动人数大幅攀升，获国家大学生创新创业训练计划项目150个，学生创新成果获专利34项。生源质量稳步提高，考研率、出国率稳步提升，毕业生一次性就业率持续保持96%以上。学校的毕业生质量得到企业和社会各界的认可，入选中国百强上市企业最喜爱的十所高校之一。

【科学研究】　2012年度科研经费达到5.67亿元，较上年增长12%，其中纵向科研经费首次突破2亿元，较上年增长25.93%，占学校科研总经费的40%以上。新增1个河北省软科学研究基地；“中加能源环境可持续发展研究院”正式挂牌启动。获得国家科技进步奖二等奖1项，教育部自然科学奖一等奖1项，二等奖2项，河北省社会科学优秀成果奖一等奖1项，中国管理科学学会管理科学奖（学术类）1项；申请专利的数量和授权量较前一年增长50%以上。

【产学研与开放办学】　学校与中国南方电网、中广核集团等大型企业建立战略合作伙伴关系；与保定市政府共建保定电谷大学科技园工作顺利推进；学校牵头组织申报的“火力发电产业技术创新战略联盟”获得2012年产业技术创新战略联盟试点。新增1个“高等学校学科创新引智计划”基地，1个引智基地获得滚动支持。

【条件建设、党建与思想文化建设】　高质量完成校园的修缮及改造工程；保定二校区实验综合楼顺利开工，启动“校园一卡能”建设工作。以创先争优和基层组织建设年活动为契机，强化党员干部思想政治教育，着力加强党的基层组织建设；认真组织学习和贯彻落实党的十八大精神，加强宣传教育活动；组织力量认真研究、系统总结了学校新世纪以来的办学理念与创新实践，完成《强校之路》的编撰出版工作。

（水志国）

【河北大学】　河北大学是河北省唯一一所由国家教育部和河北省人民政府共同建设的重点综合性大学。学校占地2880亩，建筑面积98万平方米。设有29个二级学院，有87个本科专业；190个硕士学位授权点、19个硕士专业学位授权点；37个博士学位授权点和7个博士后科研流动站。

拥有1个国家重点（培育）学科和4个河北省强势特色学科、18个河北省重点学科；拥有新能源光电器件国家地方联合工程实验室，1个教育部省属高校人文社会科学重点研究基地，1个教育部重点实验室，9个河北省重点实验室（基地）。建有2个国家级实验教学示范中心、6个国家特色专业。学校还是国家大学生文化素质教育基地、全国高校首个延安精神教育基地。

【入选中西部高等教育振兴计划“两项工程”】 相继入选中西部高校“基础能力建设工程”、“提升综合实力工程”。根据教育部、财政部工作部署，学校发动全校师生广泛参与、深入研讨、系统论证，编制了《“提升综合实力”工作建设规划》和《“提升综合实力”工作资金规划》。《“提升综合实力”工作建设规划》明确了到2015年基本实现“有特色、高水平”综合性大学的建设目标，确立了以实施“六大工程”为核心的主要建设内容。《“提升综合实力”工作资金规划》包括了预算构成情况、资金使用方向、年度安排计划以及主要保障措施。

【学科建设】 哲学一级学科新增为博士后科研流动站，新增“少年儿童与思想意识教育”二级学科硕士点。汉语言文字学、肿瘤学、新闻学新增为河北省重点学科，9个学科顺利通过全省高校重点学科评估，中国哲学获“优秀”成绩。21个学科参加了全国第三轮学科评估，其中11个学科进入全国前30名，8个学科进入参评学科的前50%，15个学科位居全省第一。根据汤森路透（Thomson Reuter）统计结果，化学学科进入ESI（Essential Science）全球前1%行列，显示了在相关领域的国际水平和学术影响力。法律硕士、金融硕士、汉语国际教育硕士、公共管理硕士成为省级专业学位改革试点，入选数量全省第一。

【教学工作】 本科教学质量工程成果丰硕，建成国家级卓越法律人才教育培养基地，获得“国家级大学生创新创业训练计划项目”资助资格，新增1个省级二级学院试点项目、10个省级专业综合改革试点项目。11项教学成果获河北省第六届教学成果奖。与中科院联合探索科教结合、协同育人的培养模式，共同创办的“生命科学星辰班”。督导工作在教学工作中继续发挥重要作用，开展了校际督导经验交流和研讨活动。

【师资队伍建设】 引进1名教育部“长江学者”讲座教授，实现了高层次人才引进的重大突破。依托教育部重点实验室组建的“新型抗肿瘤活性分子的发现”创新团队，获得河北省“巨人计划”首批创新创业团队称号，1名教师获得“创新创业团队领军人才”。1名教师当选IEEEFellow，中国大陆地区享有这项荣誉的仅有40多人。1名教师入选“国家高层次人才特殊支持计划”。青年人才队伍建设取得进步，送出培养的37名博士学成归来；博士后工作取得新成效，进出站博士后23人，2人获中国博士后科学基金面上资助，2人获河北省博士后科研项目择优资助。不断拓展师资队伍的国际视野，积极争取师资培训出国项目，80多名教师赴海外和港澳台地区访问讲学。

【科学研究】 承担国家自然科学基金36项、社科基金18项。承担国家科技部重大专项子课题5项、教育部重大攻关课题1项、国家艺术科学社科基金项目2项，医学学科获得国家自然科学基金2项、省自然科学基金9项。三大检索收录论文559篇，SCI收录论文继续位居全省高校之首。获省自然科学二等奖2项、科技进步三等奖2项；4项成果获中国高校社科优秀成果奖；30项成果获省社科优秀成果奖；10项成果获省社科基金优秀成果奖。出台《科研创新支持计划》，调动了教师潜心科研、勇攀学术高峰的积极性。新能源光电器件国家地方联合工程实验室进入建设周期，获得300万经费资助；药物化学与分子诊断实验室顺利通过验收，达到教育部重点实验室的建设要求；医工交叉河北省重点实验室立项建设，省部级重点实验室达到11个；成功入选河北省首批“软科学研究基地”。

【社会服务】 年内，分别与中国航天科技集团、中国兵器装备集团、中国船舶重工集团共建“功能性薄膜材料研究院”、“薄膜光伏技术研究院”、“电动汽车动力电池实验室”。与香港安堡集团、中国建材集团、中国医药集团、巨力集团、天保集团就科技创新、人才培养、成果转化签署合作协议。学校科技园被认定为省级科技企业孵化器，是科技园取得的第一个省级资质。与华夏麒麟集团合作启动了科技文化产业园项目，建设规划方案获得保定市政府的支持。

【办学条件】 新建综合教学楼、德翰园青年教师公寓投入使用，药物化学与分子诊断实验楼竣工。启动了图书馆、医学教学楼等建设项目，图书馆项目已通过省发改委论证并报国家发改委立项。档案安全保障体系逐步建立，信息化建设步伐不断加快。博物馆馆藏资源日益丰富，面向社会开放能力持续增强。加强图书文献资源建设，增强了为教学科研服务的能力。校园信息化建设实现新突破，成功入选教育部首批66所教育信息化试点高校。《河北大学学报（哲学社会科学版）》入选国家重点资助的第二批百种名刊，填补了河北省高校国家级名刊的空白；“宋史研究”栏目获“教育部名栏”称号。《河北大学学报（自然科学版）》第四次获得中国高校优秀科技期刊奖，并与《日本问题研究》双双获得中国科技论文在线优秀期刊二等奖。出版社管理体制和运行机制不断完善，2部图书获河北省“五个一工程奖”，实现利润490万元，较上年度增长24%。附属医院医疗质量和服务能力不断提升，获得“河北省文明单位”和“白求恩杯优胜单位”称号。

【校园文化】 在全省高校率先成立青年联合会，开展了系列主题教育活动。关老工作和青年志愿者服务活动活跃，离退休人员和涉老组织充分发挥政治优势、经验优势，为学校建设与发展建言献策。广泛开展国防军事教育、心理健康教育、贫困生救助活动。获得全国高校电视奖二等奖1项、三等奖2项；1部舞蹈作品获得全国首届高校廉政文化作品大赛银奖；学生广告创意作品连续第三届获得时报金犊奖。积极组织师生参加各类学术科技竞赛活动，获得省部级以上奖励170多项。学生就业创业工作实绩突出，被评为河北省“创业帮扶定点”服务机构、河北省高校毕业生就业（创业）服务基地。

【国际交流与合作】 接待国外和港澳台友好院校代表团30余个。中外合作办学取得重要进展，与爱尔兰国家学院合作办学项目获教育部批准。与美国西肯塔基大学、印尼苏迪曼将军大学合作的“2+2”项目、交换生项目业已付诸实施。在俄罗斯、韩国设立学生实习基地，首批学生已派出实习。美国路易斯安那泽维尔大学孔子学院正式揭牌，巴西里约热内卢天主教大学孔子学院教学规模进一步扩大，两所孔子学院分别成立理事会，管理模式日渐完善。来华和出国留学工作取得新进展，招收长短期留学生330余人；近百名学生赴海外及港澳台地区留学，被批准为教育部出国留学培训与研究中心。

（高新文　苏国伟）

【河北农业大学】 河北农业大学始建于1902年（清光绪二十八年），是河北省重点骨干大学。到2012年，全校有5个校区：保定东、西校区，秦皇岛校区、定州校区和渤海校区，校园占地320万平方米，建筑面积近127万平方米。全日制在校生规模4.5万人，纸质型图书与文献200余万册，仪器设备值2.6亿元，附属实验农场330余公顷，林场2700余公顷。

设27个学院。设有8个一级学科博士点（涵盖31个二级学科博士点），另有3个二级学科博士点；20个一级学科硕士点（涵盖62个二级学科硕士点），另有15个二级学科硕士点，83个本科专业。有1个国家重点（培育）学科，1个农业部重点学科，1个国家林业局重点学科，4个河北省强势特色学科，16个省级重点学科，河北省高校唯一一个国家级工程技术研究中心－－国家北方山区农业工程技术研究中心。26个省部级重点实验室（工程中心、基地、试验站）。另有计算机中心、现代教育技术中心、体育工作部等教学单位。出版有《河北农业大学学报》（自然科学版）、《河北农业大学学报》（农林教育版）、《Frontiers of Agri culture in China》等学术期刊。

【110周年校庆】 10月16日，举行了建校110周年庆祝大会。中共中央政治局委员、国务委员刘延东致贺信，全国人大常委会副委员长、全国妇联主席陈至立题词致贺，省委书记张庆黎、省长张庆伟，教育部、农业部、国家林业局、部分国内外大学、友好单位等100多家单位和个人发来贺信，人民日报社、新华社、光明日报社、中央电台等20多家媒体到校采访。为做好110周年校庆工作，成立了110周年校庆筹备工作领导小组和校庆办公室、宣传组、教育教学组、科技活动组、校园环境组、捐赠组、安全保卫组、庆典活动组、校友联络组、校志续写组10个组织机构。110周年庆祝活动回顾总结了110年，尤其近10年的办学成就，分析了形势，奠定了发展基础。

【学科建设】 对博士、硕士学位授权二级学科进行了梳理，自主设置和调整后，一级学科博士学位授权点8个（涵盖二级学科博士授权点31个），另有3个二级学科博士学位授权点；一级学科硕士学位授权点20个（涵盖二级学科硕士授权点31个），另有15个二级学科硕士学位授权点。土壤学、预防兽医学2个学科申报了河北省重点学科。完成了河北省强势特色学科、重点学科建设总结与经费绩效评估。农产品加工及贮藏工程、临床兽医学、农业机械化工程、结构工程、植物学5个学科获得中央财政专项资金支持。农业工程学科获批为博士后流动站。车辆工程等3个本科专业增列为学士学位授权专业。对《河北农业大学学位授予实施细则》、《河北农业大学研究生导师遴选办法》进行了修订；制定并实施了河北农业大学博士后进站、中期考核、出站程序等措施。

【教育教学】 召开了“深化实践教学综合改革，全面提高教育教学质量”为主题的教学工作会议，制订了河北农业大学《关于全面提高本科教学质量的若干意见》、《教师教学质量评价办法》等文件。完善并实施了“专业实践能力培养方案（路线图）”。生物工程等8个专业在国家和河北省专业综合试点改革申报推荐中获准立项，其中园林等3个专业被推荐参加国家评选。1名教师参加国家教学名师评选；1个学院参评河北省二级学院综合改革试点项目建设。6个项目参评河北省教育厅2012年高等教育教学改革项目；12项成果参评2012年河北省教学成果奖。在第八批校级教学研究项目评审中，立项项目79项，重点项目24项，一般项目55项。3项河北省高校英语教学改革立项项目申请结题。继续实施领导干部听课制度，共听课797人次（实验课59人次，讲授课738人次）。完善了理工类、生命类专业实验室建设。优化了计算机实验教学资源，搭建了计算机实验教学平台。制定了渤海校区第二、三学期实验室建设计划，完成22个实验室建设任务并投入使用。

启动了“研究生管理与创新平台”中非全日制培养模块使用功能。出台了《全日制硕士专业学位研究生专业实践实施意见》；设立3个研究生实践教育基地；制定了5个全日制专业学位硕士、6个学术性硕士研究生培养方案。1篇博士学位论文被评为河北省优秀博士学位论文，6篇硕士学位论文被评为河北省优秀硕士学位论文。在国务院学位办随机抽检中，5篇博士学位论文全部合格。成人招生1241人，毕业1050名。成人高考录取3765人，成人在校生9961人。

毕业本专科生10677名、硕士研究生663名、博士研究生39名。39人获得博士学位，833人获硕士学位，6789人获普通本科学士学位，273人获成人本科学士学位。录取本专科12117名。录取博士研究生53人、硕士研究生724人、非全日制专业学位硕士研究生244人。

【科学研究】 实施了河北农业大学《财政科研经费管理办法》、《横向科技项目管理办法》等制度。承担的“国家棉花原原种扩繁基地项目”通过验收；“河北省农产品加工工程技术研究中心”通过评估，“河北省农业经济发展战略研究基地”通过中期评估。新建4个省级研究平台；“河北省‘三农’问题研究基地”被确认为第一批河北省软科学研究基地。1个团队获“河北省‘巨人计划’创新创业团队”称号。新立国家、省部科研课题165项，厅局级课题396项。鉴定科技成果75项，国际先进水平以上43项。获省部级科技奖励31项，其中一等奖4项、二等奖9项、三等奖18项；获河北省第十三届社科优秀成果奖12项，其中二等奖2项、三等奖10项。审定植物新品种5个，授权专利48项，科技著作40多部，三大索引论文284篇。组织学术报告145场。主办和承办“第十二届中国农业园区论坛院士专家报告会”等大型学术会议10余场，派出数十名教师、科研人员参加国内外学术会议近百人次。《河北农业大学学报》第六次入选中文核心期刊。

6名教师赴荷兰应用科技大学参加教师培训、8名学生赴该校攻读双学士学位。与美国爱荷华州立大学签署合作协议，与加纳发展研究大学签署谅解备忘录，与澳大利亚西澳大学达成合作交流意向。2名教师和2个“成组配套”出国研修团队被录取。争取国家汉办赴美国汉语教师志愿者名额1个。5名学生被录取赴泰国、印尼、柬埔寨进行为期1年的汉语教师志愿者工作。13名学生到美国、新西兰、加拿大等国攻读本科或硕士学位。聘请外教8名。接待10个国家和地区外宾45人次。完成了“发展中国家中兽医学培训班”、“发展中国家棉花加工与贸易研修班”、“非洲国家杂交谷子种植与贸易研修班”的培训任务，培训了20多个国家的学员61名。

【学生工作】 组织开展了第五届全国高校辅导员工作创新论坛、“第十二次全国高等农业院校学生工作研讨会征文”系列活动。在全省高校思想政治教育工作会议上，做了《以先进典型为引领，加强大学生思想政治工作》的典型发言。修订了《河北农业大学学生处分管理规定》等制度。选聘310名专业教师担任新生班主任。形成了《学院就业考评和考核办法》修订方案。通过“就业问卷调查”、“企业家活动月”等活动，加强了择业观教育。形成了‘大学生学业规划与职业指导”课程监管体系。搭建了校企服务平台，提供1000条就业信息和3万个就业岗位。成功申报“2012年度河北省‘创业帮扶工程’省级定点服务机构”。本科就业率95.85%，专科就业率97.29%。8000名学生被评为校级优秀学生干部、三好学生、社会活动优秀奖获得者、省级三好学生、省级优秀学生干部，6个班集体被评为省级先进班集体，1.10万名学生获得优秀学生奖学金。2件作品获“挑战杯”2012“动感地带”省大学生创业计划竞赛特等奖，并代表河北省参加了全国“挑战杯”大学生创业计划竞赛，均获三等奖；13件作品在“挑战杯”2012“动感地带”河北省大学生创业计划竞赛中获一、二、三等奖，19件作品获企业专项竞赛二、三等奖。在2012年科研类全国航空航天模型锦标赛中，获太阳能模型飞机载重飞行一等奖、太阳能模型飞机设计飞行科技创新三等奖。1821名学生考取了硕士研究生，16名学生被省委组织部选调到基层锻炼，890名学生报名参军，11名学生志愿服务西部，40名学生通过“三支一扶”，服务新农村建设。3个团委被评为保定市五四红旗团委，2个班团支部被评为保定市五四红旗团支部，4项团日活动在河北省大中专院校“我的团日，我做主”自主团日活动中被评为“十佳”和“优秀”，4人被评为河北省及保定市优秀团干部。

【太行山道路】 学校进驻保定市大学科技园。“河北农业大学技术转移中心”被认定为国家技术转移示范机构。新增2个校级“三结合”基地。与永清县、中国农业科学院兰州兽医研究所等多地多单位所签订合作协议。签订横向科技项目150项。转化专利技术、新品种、新产品和新成果100余项，创经济效益上百亿元。成立了新的科教扶贫工作领导小组和新的科教扶贫工作专家队伍；出台了帮扶赤城县村域规划专项工作举措。10余个对口帮扶贫困县开展科技指导与培训。帮助曲阳、涿鹿、赤城3个贫困县编制扶贫规划。在10余个县建立科教扶贫示范村近100个。开展了新阶段“四帮一”对口帮扶工作。组织100名专家参加了“河北省千名专家服务基层活动”；承担了保定市等5个设区市355个村的科技咨询与指导帮扶。派出专家、教授科技服务团，学生科技小分队1000多人次，举办不同类型培训班300多期，培训农民3万多人次，推广科技成果100多项、新技术100项次，为贫困县乡村引进项目30余个、种养新品种40多个，扶持科技示范点100多个。作为“农业部现代农业技术培训基地”完成了600名基层农技人员的培训工作。作为省属高校首个“河北省阳光工程培训基地”，举办培训班70多期，完成了2800名农民春、冬季的培训任务。“一村一名大学生工程”通过深化教学改革、实施小学期制、完善教学计划等措施，进一步得到完善。

【保障体系】 完成了第二次专业技术岗位聘用摸底。对专业技术岗位聘用进行了年度调整。完善了职称量化测评体系、绩效工资内部分配暂行办法、教学工作量计算办法。录用教师43人（博士21人，硕士18人，本科4人）；招聘辅导员22人、其他人事代理人员22人（硕士35人，本科9人）。中兽医学院46名教师调整到保定校区。开展了青年教师教研论文评比、说课大赛等工作，4个课件在“第十二届全国多媒体课件大赛”中获奖。评选出校级优秀教师12名。5名教师赴校外从事博士后科研工作。21名教师取得博士学位，63人取得硕士学位；68名教师报考博士研究生，16人报考硕士研究生；3名教师获得河北省优秀专家出国培训资格；6名教师获得留学回国科研项目经费资助。1名教师被批准为河北省第二批“百人计划”人选；2名教师入围国家特支计划百千万领军人才，1名教师入围国家中青年科技创新领军人才。1名教师获河北省人才培养工程资助。招收博士后8人，出站3人；1人获国家面上基金资助二等奖，3人获省博士后科研资助。

完成了中兽医学院、海洋学院财务交接和河北省对学校的债务化解任务。取得了西校区正式土地使用证。成为“河北省大型科学仪器资源共享服务联盟”理事单位，获得省内开展“共享服务”资格。东、西校区绿化保洁、东区医院全面实行服务托管模式。开展了“安全教育月”系列活动。完成了西校区温室工程建设的前期手续。

省重点工程－－河北农大农商物流园项目进入实质性施工阶段。河北农大钢材物流园正式投入运营。标本园搬迁全部完成并投入使用。完成了林场80亩苗圃回迁工作；承担的林业厅2000亩侧柏林抚育间伐项目通过验收；签订了省政府关于林场置换协议。注销了保定河北农大天天林果有限公司。完成基建工程、修缮工程项目审计75项。购买中外文图书9358册，订购中外文期刊2159种。

【党建工作】 12月21日，召开了中国共产党河北农业大学第八次代表大会，选举产生了第八届委员会委员25名、纪律检查委员会委员9名。22日，第八届委员会第一次全体会议和纪律检查委员会第一次全体会议分别选举产生党委常委、书记、副书记和纪委书记、副书记。七一前夕，对创先争优活动开展以来涌现出的10个先进基层党组织、30个先进党支部、100名教工优秀党员、100名学生优秀党员、60名优秀党务工作者进行表彰。2个学院党委获河北省教育系统创先争优活动先进基层党组织称号。召开全委会2次、常委会15次、党政联席会1次。交流处级干部3名、提拔处级干部13名，调整、提任科级干部142名。完成了2011年党建理论项目结项工作，新立党建理论项目28项，实践研究项目11项，培训入党积极分子5636名，发展党员2801人。在新华网、人民网、《中国青年报》、《中国教育报》等主要媒体发表新闻稿件200多篇。教育部思想政治教育工作简报报道果树9301班优秀毕业生群体事迹，中央政治局常委、中央精神文明建设指导委员会主任李长春作出批示，省委书记张庆黎给予高度评价。学生何飞被团中央评为“中国大学生自强之星”称号，当选3月份“河北雷锋”，入围“中国好人榜”。成立了“接力果树9301班志愿服务团”。组织121名辅导员走访了1568个学生家庭。修订完善《党风廉政建设责任制和责任追究实施细则》。召开了五届四次教职工代表大会。推荐教师代表河北省参加了首届全国高校青年教师教学竞赛，获文管组二等奖，成为河北省参赛选手中的最高奖获得者。1人获省级、6人获市级“三育人”先进个人称号。校工会被保定市总工会评为“工会工作红旗单位”。学校党外人大代表、政协委员、民主党派人提出省级以上提案建议15件，1件建议被中央统战部《零讯》采用，“九三学社”支部被评为“保定市参政议政工作先进集体”和“社情民意信息工作先进集体”。“侨之家”被国务院侨务办授予“全国社区侨务工作示范单位”称号。

（吕宏玉）

【河北金融学院】　河北金融学院（原保定金融高等专科学校）创建于1952年，隶属中国人民银行总行，2000年划归河北省人民政府，实行“中央与地方共建、以地方管理为主”的管理体制，2007年3月升格为本科院校。2011年10月，经国务院学位委员会批准，学校获得金融专业硕士研究生培养资格，是华北、西北地区唯一一所具有鲜明金融特色的省部共建院校。学院占地1431亩，建有教学楼、实训楼、图书馆、综合体育场地、学生公寓区、万兆核心以太网等学生学习和生活设施。学院现有专任教师550人，副高职以上教师占专任教师总数的31%，硕士以上学历学位教师占专任教师总数的68%。学院现有43个专业实验室、8个语音室、8个网络机房，教学仪器设备4564万元。学院图书馆藏书96.7万册。在学科和专业建设上，学院坚持服务地方经济和行业发展，突出金融特色的原则。现有8个教学系、1个国际教育学院和4个公共课教学部，开设了39个本、专科专业，形成了以经济学科和管理学科为主体，经、管、文、法、理、工各学科专业交融互补，金融特色鲜明的学科专业体系。2012年学院有全日制在校生12171人，招生范围涉及全国29个省市、自治区，在华北、西北地区。

【教育教学】　学校大力加强思想政治理论课建设，完善辅导员培训培养长效机制，进一步完善学生评价体系，引导学生张扬个性、全面发展。学校大力推进创新创业教育，构建了大学生创业基地、大学生创业项目实验区、高校创业园区的创业服务体系。在“挑战杯”2012“动感地带”河北省大学生创业计划大赛上，摘得特等奖1项、一等奖2项、二等奖6项、三等奖7项。在全国第八届“挑战杯”创业计划竞赛中，获得全国铜奖。在承办的2012年“建行杯”全国大学生创业竞赛决赛中，摘得金奖1项、银奖5项、铜奖12项。商务外语系2009级英语本科班赵健同学被评为河北省十佳“创业之星”，创新创业教育成为该校的亮点。2012年，被评为“河北省首批高校毕业生就业（创业）服务基地”和“河北省首批服务外包实训基地”。

【学科建设】　2012年，金融学专业获批国家级“专业综合改革试点”，会计学、法学获批省级“专业综合改革试点”，学校原有金融学、会计学两个重点发展学科顺利通过评估，其中金融学获批河北省高校省级重点学科，新增计算机应用技术、企业管理2个省级重点发展学科。2008年增设的5个专业高质量的通过河北省学位委员会专家组评估。省级精品课程及两个省级教学示范中心也顺利通过验收，并推荐国际教育学院参加高校二级学院综合改革试点的遴选工作。

【科研工作】　2012年，学校共立项各类课题204项，比上年增长35.6%；到账科研经费161万，比上年增长71.3%；获省级奖励7项，创历年最好水平。国家社会科学基金课题、国家科技部软科学课题、教育部课题等标志性成果相继实现突破。核心期刊论文发表数量大量增加。2012年，河北省科技金融重点实验室顺利通过评估验收，并与河北省科技厅、民生银行共同建设了河北科技型中小企业金融信息服务平台，这一平台已有企业3000余家。

【对外交流】 学校坚持开放办学，逐步拓展全体师生的国际视野，不断深化国际化水平。2012年，学校与爱尔兰格林菲斯学院的金融学本科获得教育部审批并开始招生，标志着中外合作办学层次获得了突破。全校拥有6个中外合作办学项目，学生规模达到1800余人，在河北省产生了极大影响。学校还与美国、印度等国高校签订合作协议，准备实施金融MBA联合培养项目。2012年，学校与河北省农村信用联社签订战略合作协议，干部培训学院正式挂牌，学校服务社会的职能得到了提升。

【学生工作】 2012年学校在各省的本科生录取分数线与往年同比稳步提高，在河北省录取分数线再创新高，文、理科分别比二本线高出36分和45分。2012年招收本科生2044名，专科生1327名。2012届本科毕业生就业率达到95.6%，专科就业率为96.2%，育人质量得到了业界和社会的一致认可。

（蔡禹龙）

【保定学院】 保定学院占地921亩，建筑面积27.49万平方米。有本科专业25个，专科专业34个，8个类别的实验室，单价800元以上的教学仪器设备总值6640万元，馆藏纸质图书98.8万册，电子图书32.6万余册，期刊1200余种。有教职工901人，专任教师642人，其中正高职87人，副高职239人，具有博士、硕士学位的教师425人。2012年，物理学、历史学、体育教育、思想政治教育、地理科学5个专业增列为学士学位授权专业。

【教学成果】 一是组织了学院第一届教学改革研究项目的评审和第一届教学成果奖的评选表彰。二是开展了国家、省级“本科教学工程”项目的遴选、申报，完成了2项省级“教学质量工程”项目的评估验收。三是加强体育工作，切实保证学生每天校园体育活动一小时，学院被省教育厅评为“第五届全国亿万学生阳光体育冬季长跑活动河北省级优秀组织单位”。四是新增纸质图书4.5万册、数据资源库4个，实施了骨干教师教案数据库和地方文献中心建设工程，学院被评为河北省“全民阅读活动先进单位”。五是在河北省第十七届大学生运动会上，学院代表团获丙组团体总分第二名、甲组团体总分第七名的好成绩，学院获“体育道德风尚奖”。在第七届全国信息技术应用大赛中，1名学生获一等奖。在全国大学生物理教学技能大赛中，获一等奖1项，二等奖3项。在第十六届全国大学生英语辩论赛华北赛区比赛中，获三等奖。在省大学生人文知识竞赛中，两支代表队分获二、三等奖。在省大学生创业计划竞赛中，共获二等奖2项、三等奖3项。在第六届省数码剪辑大赛中，获三等奖2项。在2012年河北省大学生足球比赛中，学院代表队获超级组第二名。在驻保高校首届大学生天文演讲大赛中，学院代表队获一等奖。在省“精彩在沃”大学生校园歌手大赛保定赛区比赛中，获二等奖2项、三等奖2项。

【科研工作】 一是出台了《保定学院科研团队建设管理办法（试行）》等规章制度。二是成立了低碳文化研究中心等9个非实体性研究机构。三是通过“教授·博士讲坛”、“名家讲坛”等形式，邀请国内外专家学者来院做报告10余场。四是加大科研奖励力度，投入经费81.2万元，奖励科研成果210项，资助科研项目100项。五是切实做好各级各类科研项目的中期评估检查。六是着力提升学报质量，在办好“保定研究”、“河北中青年社科专家特稿”专栏的基础上，开办了“热点聚焦”专栏；全年刊文178篇，其中被人大复印资料、复印和索引编目104篇次，占刊文总数的58%，1篇文章被人大复印资料全文转载。

【师资队伍建设】 一是全年共招聘教师13人，其中博士5人、“211院校”硕士5人。全年考取定向博士研究生4人，派出单科进修10人次，访问学者2人，32人通过在职学习取得硕士学位。1人入选“河北中青年社科专家五十人工程”，1人被评为河北省“三育人”先进个人，1人被评为省级劳动模范，1人被评为“保定市名师”，2人被评为保定市师德标兵并记三等功，2人被评为保定市“三育人”先进个人。二是出台了《保定学院第一届教书育人楷模评选奖励办法》，开展了首届教书育人楷模评选表彰，共评出校级教书育人楷模8人。三是进一步规范职称评聘工作，出台了《保定学院专业技术岗位聘用管理办法》。

【学生工作】 一是通过实施“贴心工程”、开展新生入学教育、军政训练、进行心理健康普查等方式，加强学生思想政治教育。二是组织辅导员进行了“心理咨询师”培训，50人获得资格证书；开展了暑期“大家访”活动。三是全年共发放奖助学金1440.97万元，其中国家奖学金17.6万元、国家励志奖学金221万元、国家助学金964.2万元、学院奖学金84.44万元、勤工助学岗位津贴130万元、慈辉助学基金23.73万元；528名学生成功申请国家、省助学贷款279.68万元。

【精神文明建设】 一是举办了纪念建团90周年、纪念“七·六护校斗争80周年”、喜迎十八大、第六届文化艺术节、“榜样——年度校园人物”评选表彰、纪念“一二·九”运动77周年等多项活动，营造了蓬勃向上、健康和谐的校园文化氛围。7个节目入选河北省第三届大学生艺术展演并获一、二等奖，其中两项节目被选送参加全国第三届大学生艺术展演，分获二、三等奖，学院获“优秀组织奖”。二是大力开展青年志愿者活动，学院现有青年志愿者1.4万余名，志愿服务基地70余个，累计志愿服务50余万小时，3项活动被评为市“优秀志愿服务品牌”。三是开展了以“青春奉献促和谐，投身实践走基层”和“体验省情、服务群众”为主题的实践活动，被河北省授予社会实践活动先进小分队2个、先进教师6名、先进学生12名、优秀调研报告5篇。四是加强校内外宣传，全年编印简报43期，出版校报13期，新闻网编发新闻近千条，制作视频新闻50期，在河北日报、河北工人报、河北电视台、保定电视台等新闻媒体发稿30余篇，在网络等新媒体上正面报道百余次，多篇信息被市委信息刊物采用。学院被评为市“思想政治工作先进单位”、“上报市委信息工作先进单位”。

【培训工作】 完成了“国培计划”1个示范性项目、2个河北省培训项目的培训，共培训“国培计划”教师477人、省市级骨干教师1541人、市级中学校长123人；学历教育规模稳步扩大，招收成人本专科学生257人、远程教育学生88人，在籍学生近2000人。

【管理工作】 一是多渠道筹措资金，积极清偿各项债务。二是完成基建、修缮工程审计项目25项，审减金额517.07万元。三是进一步规范了物资设备入账程序，完成了行政楼地下车库清理、各单位库房清查和报废资产的处置。四是完成了食堂供电系统和天然气改造；加强了对食品采购、加工、销售等环节的监管；建成了7个标准化网球、排球、篮球场，新建两个停车场；改造供暖管道，通过动态分区供暖节约热能30%，供暖效果明显提升。五是认真做好党的十八大和全国两会期间的安保工作，学院被评为“保定市十八大安保维稳工作先进集体”；通过安装校园监控设备、排查安全隐患、举办安全知识讲座、进行消防实战演练，增强了学生的安全意识，学院安全状况进一步改善。

（刘 佳）

【保定职业技术学院】 保定职业技术学院是一所国办综合类全日制普通高等学校。学院占地面积360亩，校舍建筑面积16万平方米，现有全日制在校生8767人。设有15个教学系部，49个专业（目前招生专业44个），其中中央财政支持的重点建设专业2个，省级教学改革示范专业3个，省级示范校重点建设专业5个。学院现有教师382人，其中教授39人，副教授82人，博士3人，硕士216人，硕士在读100余人，具有双师素质的教师288人，专业带头人28人。国务院特殊津贴专家1人，全国优秀教师2人，入选省新世纪“三三三”人才工程6人，全国行业教学指导委员会委员2人，省级教学名师1人，省级优秀教师4人，市新世纪学术技术带头人12人，市级教学名师11人。从企业聘请兼职教师302人。拥有国家级精品课程2门、省级精品课程10门。学院固定资产总值3.3亿元，教学科研仪器设备总值6291万元。建有16个实训中心130个实训室，有中央财政支持的实训基地2个。拥有各类图书资料92.67万册。建有覆盖学院所有建筑的校园网和校园安全监控系统，有教学用计算机2709台，有合计4910个座位的现代化多媒体教室。

学院被保定市人民政府确定为“保定市职业技术教育龙头学校”；2008年第一轮高职院校人才培养工作水平评估被评为优秀；2010年被遴选为河北省重点建设的示范性高职院校；2012年被教育部遴选为职业院校教育信息化建设试点院校；连续多年被评为保定市工作实绩突出单位、市级文明单位、省市安全稳定先进单位；牵头组建了保定新能源及能源设备制造产业职教集团。近年来招生及就业情况良好，被评为河北省招生工作先进院校和河北省普通高校毕业生离校前就业工作先进集体。学院团委被团中央授予“全国五四红旗团委”称号，学院就业服务指导中心被省教育厅遴选为河北省普通高校示范性就业指导中心。

【教学工作】 围绕全面建成省示范性高职院校和迎接人才培养工作评估，不断深化教学改革。学院与长城汽车等保定市龙头企业的战略合作日益密切，长城订单班及校企共同开发课程取得了阶段性成果。专业群面向产业集群提高服务能力的办学特色构建已经形成了清晰的框架体系。中央财政支持的国家级改革建设项目现代农业技术实训基地和机电一体化实训基地建设、网络技术专业和电视节目制作专业建设稳步推进。

参加教育部、国家级行业协会、教育厅及省直有关部门组织的国家级、省级技能大赛，全年参加各类比赛20余项，有104人获得省级以上大赛奖励。学院三个代表队代表河北省参加2012年全国职业技能大赛，其中“信息安全技术应用”代表队获二等奖、“计算机网络应用比赛”代表队获三等奖、“新城疫抗体测定项目”代表队获三等奖；学生参加“挑战杯”2012年河北省大学生创业计划竞赛荣获特等奖，是全省高职高专院校中唯一获此殊荣的院校。

【学生工作】 坚持“育人为本，育德为先，育能为重”的育人理念，把社会主义核心价值体系融入人才培养全过程，不断加强学生思想政治教育，进一步提升学生素质教育的层次和质量，积极探索“全员育人、全方位育人、全过程育人”的育人机制。规范学生管理工作，积极开展贫困家庭学生帮扶工作，深入开展大学生心理健康教育工作，重视学生职业道德和创新能力培养，全面加强大学生社会实践工作和综合素质教育工作。

【科研及社会服务】 2012年完成市级以上课题立项47项，获市级以上优秀科研成果奖12项，教师发表中文核心期刊论文63篇，主编教材（著作）13部。继续实施“双百工程”，选派教师进厂入村，深入生产一线，支持新农村建设，服务区域经济，教师入厂下乡技术服务1万人次。完成专业技术人员公需科目知识产权培训、全国计算机应用技术培训、河北旭阳集团企业管理专业人员培养、劳动力培训“阳光工程”等各类培训9000人次。

（王胜杰）

【河北软件职业技术学院】 1972年建校，直属河北省教育厅，设有8个教学系部，48个专业（方向），全日制在校生9000余人，是河北省首家独立建制的以信息技术教育为主的高等职业院校，也是省内最大、专业覆盖最全的培养信息技术高技能人才的高职院校。学院以新兴产业为依托，以信息技术教育为主体，全力打造软件技术、动漫设计与制作技术、计算机网络技术、新能源电子技术四大品牌特色专业，兼顾其他人才需求旺盛专业的专业建设格局，构建了国家、省、院三级试点专业体系，其中软件技术和动漫设计与制作专业为中央财政支持高等职业学校重点建设专业；软件技术专业为国家级高职高专教学改革试点专业；软件技术、动漫设计与制作、计算机网络技术3个专业为省级高职高专教育示范专业，形成了服务于以信息技术为支撑的新兴产业的鲜明特色和优势。2012年，学院以省级示范性高职院校建设为抓手，以建设促内涵，整体工作扎实推进。

【校企合作迈出新步伐】 在电谷学院成为河北省政校企合作成功案例的基础上，及时启动系部等二级单位的校企合作理事会。CSDN学院、数字传媒系校企合作理事会协商议事机制和工作制度率先建立。与此同时，微软（中国）Windows8应用开发基地落户学院、校企合作共建新能源技术应用中心、启动大学生科技园服务项目建设，标志着学院校企合作由主要服务校内人才培养需要，开始转入依托国内外知名企业，面向社会推广先进技术的层面。学院相关专业还与天津空港经济区、保定卓正国际酒店、保定市创新瑞德新能源技术有限公司等企业，在人才培养、课程开发、师资建设、实习就业、实训室建设等方面实现了全方位的紧密合作。

【师资队伍建设取得新成效】 正式承担了国家软件技术类教师培训项目，首期面向全国培训教师28人。通过派出国内访问学者，参加河北省高等学院师资培训、下企业实践等方式，培训专业带头人、骨干教师132人；6人取得硕士学位，1人取得博士学位；1人入选河北省高校百名优秀创新人才支持计划，1人入选河北省“三三三”人才第三层次人才并获河北省“三育人”先进个人称号，1人获保定市社科联授予的“保定市第一届社会科学优秀青年专家”称号，1人入围“2011全国高校辅导员年度人物”。

【专业建设和教学改革取得新成果】 新增物联网应用技术、计算机辅助设计与制造、广告设计与制作3个专业。启动专业教学资源库建设项目，组织开展院级专业教学资源库建设。运用现代科技手段，以课堂网络点名系统、体育俱乐部网络化课程和人才培养方案网络流程化管理为试点，提高教学管理信息化水平。建立实习就业基地库，对100余个校外实习就业基地进行分级评定，全面提高了校外实习就业基地的建设与管理水平。

【社会服务和科研工作能力进一步提升】 “河北省高校电子商务软件应用技术研发中心”正式获批建设。学院内部软件技术教育研究院、软件技术应用中心、新能源技术研究中心、动漫技术研究中心、网络技术研究中心等“一研院四中心”正式成立，在推进科技成果转化，增强科技创新能力，实现经济效益和社会服务水平等方面取得进展。

【校区建设有新进展】 完成征地近100亩，东校区新大门和8、9号学生公寓年内落成投入使用，综合教学楼建设顺利推进，硬件环境得到改善，学院形象得以提升。

【校园文化建设展现新面貌】 举办了“校园之星”年度人物、“感动校园人物”和“三育人”先进个人等系列评选活动，加强优秀师生先进事迹和典型经验、成功案例的宣传，激发大学生成长成才的进取心和爱校兴校的归属感。学院还进一步强化育人工作机制，成立大学生思想政治教育工作领导小组，健全大学生思想政治教育工作体系和大学生素质教育学分评价体系。年内，全院大学生参与省市级文化体育活动200多项，其中获奖励80多项，1500多人次获省市和学院级奖励。

（马冬来　王　静）

科 学 技 术

科技工作

【保定市科学技术局】 是市政府的职能组成部门，主要职责是贯彻实施国家科技方针、政策；组织拟订全市科学技术发展的中长期规划和年度计划；研究提出全市科技发展的重大布局和优先领域。加强高新技术产业化及应用技术的开发与推广工作，指导国家级、省级高新技术产业开发区的建设。参与编制全市重大科技工程建设规划，编制并实施全市重点实验室等科研基础设施建设计划；归口管理全市国际科技合作与交流；管理全市科技成果、科技奖励、技术市场，负责协调全市知识产权保护及科学技术普及工作；指导和协调市直各部门及各县（市、区）的科技管理工作。内设办公室、人事处、政策法规与知识产权处、计划财务处、国际合作处、高新技术产业化处、农村科技处、社会发展处、科技成果与技术市场管理处9个处室。下辖6个企（事）业单位：市科学技术信息研究所、市草莓研究所、市自动化研究所、市生产力促进中心、市民办科技创业服务中心、市创元科技风险投资有限公司。

党组书记
局　　长　李同聚
党组副书记　张燕飞
副 局 长　李明凯
　　　　　徐春齐（女）
　　　　　裴冬梅（女）
纪检组长　韩　鹏

【概况】 2012年，保定市科技工作以深入贯彻落实全国全省科技创新大会精神，增强自主创新能力为主线，以科技泽企惠民为目标，完成了各项目标任务。2012年，全市完成专利申请2400件，争取省以上科技项目49项、获省以上支持资金10983.5万元，同比增长166万元；新建“院士工作站”4家，新建省级工程技术研究中心2家、市级工程技术研究中心25家；新认定高新技术企业7家。2012年保定市获省级科技进步奖、企业建立“院士工作站”、建设市级科技创新平台等总数均居全省前列。

【高新技术产业及高新成果转化】 保定市把高新技术产业作为新的经济增长点，促进产业结构优化调整。2012年，保定市以全市特色产业发展为核心，推进传统产业向高新化聚集，积极引导和鼓励企业发展高新技术，持续推进技术创新、制度创新和管理创新。2012年，全市通过高新技术企业认定的企业已达101家，形成了以英利集团为代表的光伏产业，以天威集团、中航惠腾为代表的风电产业，以长城汽车、立中集团、标正机床为代表的机械制造产业。全市高新技术产业增加值达到216.98亿元，同比增长26.26%；高新技术产业投资完成230.1亿元，比上年同期增长35.3%。在高新成果转化推广方面，组织实施了LED室内照明应用科技示范工程“进区入户”活动，市科技局优先从项目经费中列支200万元，在东方家园、烛光小区、康馨园社区等10余个生活社区，补贴推广LED室内照明灯具，推动1.3万用户享受到了新型高效节能产品，带动了全社会的普及应用。

【科技创新平台建设日趋完善】 2012年，坚持“统筹规划、合理布局、突出优势、重点发展”的原则，依托全市主导和优势产业中科技实力、技术创新能力较强的企业，大力实施“强腰壮肾工程”，新建和完善了一批企业工程技术研究中心、重点实验室和院士工作站，提升了主导产业技术集成创新、原始创新能力，加速科技成果向现实生产力转化。全市新建省级工程技术研究中心2家，市级工程技术研究中心17家、市级重点实验室8家，新建院士工作站4家。2012年，全市建成各级各类基础创新平台87家、院士工作站11家。其中国家级重点实验室2家、国家级工程技术研究中心2家；省级产业技术研究院1家、省级重点实验室13家、省级工程技术研究中心22家；市级重点实验室7家、市级工程技术研究中心40家。

【列入国家、省重大科技项目】 保定市积极谋划重大科技工作和科技项目，争取资金总数再创历史新高。全年共争取省级以上科技项目49项、资金10983.5万元，同比增长166万元，其中“高压共轨轿车柴油机开发”、“效率20%以上新型电极结构晶体硅电池产业化成套关键技术及示范生产线”和“磁悬浮飞轮储能研发和产业化”等项目被列入国家863计划；“宇能智能快速车载充电机”、“长城腾翼C20纯电动轿车研发与产业化技术攻关”等项目列为省2012年重大科技成果转化项目；4项国际科技合作项目已通过有关专家论证，预计可获国家1900万元的资金支持。

【农业科技】 围绕省“双百”工程，深入实施科技特派员制度，推进农村科技创业。全市选派了344名科技特派员带资金、带技术、带项目到基层开展技术服务和成果转化，创办领办科技型企业，培育新兴的县域特色农业产业，提升区域特色产业的科技水平。科技特派员队伍通过开展科技试验示范、技术咨询、技术培训等技术服务，有效地促进了农业科技成果转化。2012年共推广新品种54个，新技术125项，培训农民1万余人，发放技术资料1万余份，取得了显著的经济社会效益。同时，30家农村产业专家工作站共组织各种培训40场次，培训农民20万人次，解决技术难题50多项，通过引入星火科技12396信息服务系统、设立农村科技信息服务示范网点，建立了2个省级农业科技园区和5个市级农业科技园区，确立了20个省市新农村建设科技示范、试点，辐射带动农民10万多人，推动试点农民增收10%以上。

【深化科技惠民举措，推广民生科技成果】 在节能环保、百姓健康等民生关注的领域，实施了一批集成示范项目，加大了科技成果转化与推广应用力度。全年共完成祁紫菀、祁山药2个道地中药材的颈尖脱毒和生物组织培养研究；组织了“基于GPRS的县域污水排放在线监测系统”等3个节能、环保及生物技术领域创新技术的开发与应用；完成了“低强度华法林抗凝治疗高出血风险的房颤患者的临床研究”、“不同类型脑梗死患者血浆溶血磷脂酸含量变化的研究”等共30项常见、多发病的临床诊治新技术的研究与开发和“保定市120院前急救疾病谱分析及相关问题研究”、“老年性高血压病患者社区健康教育效果研究”等5项公共卫生及精神卫生领域临床新技术的研究与开发。

【科技成果奖励和知识产权工作】 2012年，坚持把自主创新作为发展的战略核心，出台了一系列鼓励科技创新、激励科技人员创业的政策措施，激发了科技人员的创新热情，越来越多的科研人员把研究方向转向国家重点支持、与行业发展联系紧密、能够对产业和企业发展产生较大促进作用的课题，科技在助推经济转型跨越中的支撑作用日益凸显。在2012年河北省科技进步奖的评选中，全市28项科技成果获省科技进步奖，其中“大型风电机组电控系统技术开发与产业化”等5项科技成果获省科技进步一等奖。2012年，全市拿出70万元用于专利申请补助，全市涉及新材料、新技术、新材料等方面的专利申请超过了2400件，专利申请量实现了新的突破。在全省工矿企业专利前十排名中，保定市长城汽车和天威集团包揽前2名。2012年，加大了科普宣传的力度，认定了3个省级科普示范教育基地，建立了10家科普示范村（社区），先后开展了6次丰富多彩的科普宣传活动，展出科技展板60余块，发放各类科普资料6万余份。

【科技合作与交流】 立足地域优势，充分利用环首都经济圈的科技资源，重点加强了与大院大所、科技集团的合作，深入开展了“引智工程”，引进先进技术和培养顶尖科技人才，满足全市企业需求并解决重大技术瓶颈和难题。2012年新建“院士工作站”4家，累计吸引院士22人、博士学位以上专家136人。通过在有条件的企业共建工程技术研究中心、联合实验室和组织联合攻关等方式，开展互惠互利的高层科技合作，有效提升了企业自主研发能力和核心竞争力。2012年，新建了中国钢研科技集团与涿州合作的非晶带材产业化基地，加强了奥润顺达窗业有限公司“国际科技合作基地”建设，参与举办了首届国际门窗节，促成了英利集团与荷兰合作的“高效与低成本N型硅太阳能电池及设备联合研发”等7个国际合作项目。2012年，先后组织2家企业参加了香港投资洽谈会、组织4家企业参加了第十五届中国北京科技产业博览会、组织5家企业参加了第九届中国东盟博览会，参展项目30余个。市科技局分别获第十四届中国北京国际科技产业博览会“最佳组织奖”和中国-东盟博览会“优秀组织奖”。

【营造科技创新氛围，加强科技宣传】 科技信息宣传作为科技管理工作对外展示的窗口，市科技局对内规范了科技信息上报制度，修订完善了《信息工作管理办法》，对外加大了媒体宣传力度。一是借助“科技局门户网站”和“科技信息网”平台，及时更新，公开政务信息，传播科技信息1600余条；二是开展了两项重大科技宣传活动。历时3个月，联合市电视台拍摄了《科技创新、成就辉煌》8个科技专题片，涵盖了人才引进、平台建设、创新基金、科技成果、农业科技、知识产权、高新技术企业等多项内容，组织召开了“学习贯彻全国科技创新大会精神的座谈会”，并利用电视台专栏和报纸专版进行了广泛宣传。集中20天组织了保定市科技局“走进阳光直播室”活动，回答了百姓关注的13类科技问题，收到了预期效果，扩大了科技工作的宣传面。三是科技信息宣传数量稳步提升。在信息宣传工作中突出基层最新科技动态、实用技术等信息，有效宣传了保定市的科技工作，提高了科技工作的显示度。全年共上报省信息230余条，上报各新闻媒体稿件60余篇，上报市委、市政府信息77条，共编发《科技简报》49期。其中，被国家级刊物《保定发展》“聚焦栏目”一次采用4篇稿件，保定市有1人获河北省科技好新闻三等奖。

（安士奎）

附：

2012年度保定市科学技术进步奖项目表

序号	项目名称	主要完成单位	获奖等级	
1	大型风力发电机组变流器关键技术及产业化	保定科诺伟业控制设备有限公司	1	
2	“达赛莱克特”草莓品种的优选评价及规范化栽培技术研究与应用	保定市草莓研究所	1	
3	恩必普治疗进展性脑梗塞研究	保定市第二医院	1	
4	阿托伐他汀长期干预初诊2型糖尿病合并颈动脉粥样硬化患者的转归及影响因素	保定市第二医院	1	
5	阿托伐他汀干预下肢动脉硬化闭塞症腔内治疗后再狭窄的研究	保定市第二医院	1	
6	内镜微创保胆术后中医药预防结石复发的临床研究	保定市第二医院，保定市第一中医院	1	
7	气管炎菌苗片和维生素AD及甘露聚糖肽佐治复发毛细支气管炎	保定市第二中心医院	1	
8	无创正压通气对急性心肌梗死不良事件的预防作用	保定市第一医院，空军保定卫生路干休所，满城县医院	1	
9	PTEN基因抗白血病、骨髓瘤作用及其机制研究	保定市第一医院，定州市人民医院，顺平县医院，高阳县医院	1	
10	940nm半导体激光治疗体表毛细血管瘤的临床研究	保定市第一医院，河北保定急救中心，华北电力大学医院，中国石油东方公司职工中心医院（徐水县石油物探医院）	1	
11	头皮缝合技术的改进	安国市医院	1	
12	保定市中老年人2型糖尿病流行病学调查	保定市第一中心医院	1	

序号	项目名称	主要完成单位	获奖等级
13	经阴经腹超声及其新技术结合血 HCG 对宫外孕临床诊断的价值探讨	保定市第一中心医院	1
14	影响弱视儿童视力恢复的多因素分析	保定市第一中心医院	1
15	不同氧浓度在新生儿复苏中的作用	保定市第一中心医院	1
16	宫颈癌组织中 Survivin，Ki－67 及 VEGF 的表达及相关性研究	保定市第一中心医院	1
17	改良腓动脉穿支蒂皮瓣的临床应用	保定市第一中心医院	1
18	皮瓣缺血再灌注损伤后细胞凋亡变化规律的研究	保定市第一中心医院	1
19	开放外侧裂池治疗外伤性海马钩回疝的临床研究	保定市第一中心医院	1
20	中药穴位注射治疗动眼神经麻痹多中心随机对照研究	保定市第一中心医院	1
21	重症手足口病并发神经源性肺水肿相关因素研究	保定市儿童医院	1
22	孕妇弓形虫不同感染状态对妊娠结局影响的研究	保定市妇幼保健院	1
23	保定地区固定无偿献血者群体的影响因素及其拓展方向的研究	保定市中心血站	1
24	TWPD－2623 便携式局部放电巡检仪	保定天威集团有限公司，保定天威新域科技发展有限公司	1
25	SFP－1140000/500 电力变压器	保定天威集团有限公司保定天威保变电气股份有限公司	1
26	超高压直流换流变压器瞬态电磁场特性的仿真研究	保定天威集团有限公司，河北工业大学	1
27	基于物联网在交通管理系统关键技术的研究与应用	保定维特瑞交通设施工程有限责任公司	1
28	都市智能哈弗 H6SUV	长城汽车股份有限公司	1
29	长城 CH041（腾翼 C30）三厢轿车开发	长城汽车股份有限公司	1
30	涡轮增压 T 家轿腾翼 C50 设计开发	长城汽车股份有限公司	1
31	经阴道尿道中段补片悬吊术治疗压力性尿失禁的临床研究	定州市人民医院	1
32	高效电池化成技术研究	风帆股份有限公司	1
33	水性环氧地坪涂料	河北晨阳工贸集团有限公司（河北省水性涂料工程技术研究中心、河北省企业技术中心）	1
34	新型环保无烟香技术研究	河北古城香业集团股份有限公司	1
35	大跨度软弱围岩偏压隧道施工及变形监控技术	河北建设集团有限公司，河北大学	1
36	汽车零部件专用铸造铝合金系列产品	河北立中有色金属集团有限公司，河北四通新型金属材料股份有限公司	1
37	微创植骨及骨诱导剂技术治疗股骨颈骨折临床实践	保定市第二中心医院	1
38	高效晶体硅太阳能光伏组件的开发	英利集团有限公司	1
39	失效光伏组件分解回收关键技术与设备研发	英利集团有限公司	1
40	应用触珠蛋白血清水平评价卵巢癌疗效的价值	保定市第三医院	1

序号	项目名称	主要完成单位	获奖等级
41	半导体激光联合药物治疗囊肿性痤疮疗效观察	保定市第一中心医院	1
42	硫化氢对恶性肿瘤化疗后感染的病理生理学作用	安国市医院	2
43	索拉非尼联合热疗对人肝癌 Hep－G2 细胞系的抑制及促凋亡作用的研究	保定恒兴中西医结合医院，解放军 252 医院	2
44	不同潮气量单肺通气后兔两侧肺损伤程度的比较	保定恒兴中西医结合医院	2
45	高效无氯硬脂酸钙（锌）粉末生产新工艺	保定蓝海实业有限公司	2
46	用于单晶硅制备的高频开关电源	保定三伊电力电子有限公司	2
47	高强耐高温不锈钢纤维纱线及机织物、耐高温铁铬铝合金纤维纱线	保定三源纺织科技有限公司	2
48	GB12014－2009《防静电服》A 级防静电面料和服装	保定三源纺织科技有限公司	2
49	慢性乙型肝炎血清 MMP－1，MMP－2，SOD 与纤维化四项分析的临床研究	保定市传染病医院	2
50	AFP、AFP－L3、GP73、AFPmRNA 联合检测在肝细胞癌诊断中的应用价值	保定市传染病医院	2
51	安氏Ⅲ类错（牙合）畸形拔牙与不拔牙矫治的对比研究	保定市第二医院	2
52	脾功能减退与冠状动脉病变关系的探讨	保定市第二医院	2
53	钙干预对儿童生长性骨痛、骨代谢和骨密度的影响	保定市第二医院	2
54	血清 S－CD105 与 VEGF 联合监测复发转移性乳腺癌的意义	保定市第二医院	2
55	桡神经浅支的功能解剖学研究	保定市第二医院	2
56	下颌前伸式矫治器对上气道形态影响的磁共振研究	保定市第二中心医院	2
57	直流电导入水杨酸钠联合超短波治疗颞下颌关节紊乱综合征临床观察	保定市第二中心医院	2
58	低潮气量机械通气对慢性肺病患者全麻术中肺呼吸的保护作用	保定市第二中心医院	2
59	不同病程 2 型糖尿病患者强化治疗后胰岛功能状态比较	保定市第二中心医院	2
60	榆黄组方喷剂用于治疗烧伤的临床观察	保定市第二中心医院	2
61	量化针刺法治疗麻痹性斜视的临床研究	保定市第三医院，保定市新市区医院	2
62	间接性鼓膜裂伤实验研究	保定市第三中心医院，河北大学附属医院，涞水县公安局	2
63	善宁联合乌司他丁治疗老年性糖尿病酮症酸中毒合并急性胰腺炎临床观察	保定市第五医院	2
64	中西医联合治疗糖尿病神经源性膀胱的疗效观察	保定市第一医院	2
65	恶性血液病血管新生机制的研究进展	保定市第一医院，定州市人民医院	2

序号	项目名称	主要完成单位	获奖等级
66	容积造影成像 C 平面、容积造影成像静态及二维超声诊断纵隔子宫的比较研究	保定市第一中心医院	2
67	保定市城乡小学生龋病调查分析	保定市第一中心医院	2
68	阴部神经阻滞麻醉提高产妇第二产程依从性效果观察	保定市第一中心医院	2
69	乳宁 II 号对乳腺癌术后放射性肺炎影响的临床观察	保定市第一中心医院	2
70	nephrin 和 ZO-1 在糖尿病大鼠肾组织中的表达及其与足细胞数目的相关关系	保定市第一中心医院	2
71	乳腺癌合并 2 型糖尿病患者沉默信息调节因子 1 表达及其意义	保定市第一中心医院	2
72	电视胸腔镜术后肺持续漏气的原因分析及有效治疗方法	保定市第一中心医院	2
73	七味利湿散治疗湿热型小儿腹泻临床研究	保定市第一中医院	2
74	利用普通曲面断层机摄取 CR 影像	保定市儿童医院	2
75	固表定喘法联合匹多莫德治疗儿童哮喘的临床研究	保定市儿童医院	2
76	夫精宫腔内人工授精导管排气对周期妊娠率的影响	保定市妇幼保健院	2
77	6-F 硫色烯并［4，3-c］吡唑啉的体内抗肿瘤活性	保定市妇幼保健院	2
78	产前超声诊断胎儿手畸形与妊娠结局的探讨	保定市妇幼保健院	2
79	萨博心肺复苏器与徒手心肺复苏加强复苏 461 例效果比较	保定市急救中心	2
80	腹部外加压治疗腹腔出血技术研究	保定市急救中心	2
81	自拟温肾调经组方治疗多囊卵巢综合症的疗效观察	保定市三丰医院	2
82	高校学生首次献血认知态度的调查分析	保定市中心血站	2
83	基于人件和综合组件的建设工程信息管理系统	保定市珠雅科技有限公司	2
84	66kV 油浸绝缘电流互感器	保定天威集团有限公司，保定天威互感器有限公司	2
85	TB 系列变压器中性点接地电阻柜	保定天威集团有限公司，保定天威集团特变电气有限公司，保定天威北方电气自动化有限公司	2
86	TWPD-2621C 电力电容器局部放电检测仪	保定天威集团有限公司，保定天威新域科技发展有限公司	2
87	乘用车柴油动力自主研发	长城汽车股份有限公司	2
88	防潮防霉涂料	河北晨阳工贸集团有限公司	2

序号	项目名称	主要完成单位	获奖等级	
89	室内薄型钢结构防火涂料	河北晨阳工贸集团有限公司（河北省水性涂料工程技术研究中心、河北省企业技术中心）	2	
90	香产品低温烘干工艺新技术研究	河北古城香业集团股份有限公司	2	
91	胰岛素强化治疗对严重脓毒血症患者心功能的影响	保定市第一医院	2	
92	脑卒中后偏瘫病人下肢误用形成因素研究	定州市人民医院	2	
93	平衡镇痛麻醉在小儿腹部及下肢手术中的应用及优势研究	定州市人民医院	2	
94	大型浮吊用超长钢丝绳的研制	巨力索具股份有限公司	2	
95	基层糖尿病合并脑梗死早期危险因素的应用研究	涞源县医院	2	
96	钢丝双褥式缝合治疗髌骨下极粉碎性骨折的临床研究	蠡县医院	2	
97	前置胎盘剖宫产出血的防治研究	清苑县人民医院	2	
98	易县地区碘缺乏病防治方法及效果研究	易县疾病预防控制中心	2	
99	多晶铸锭炉铸造N型大晶粒（单晶）硅锭	英利集团有限公司	2	
100	高转速低能耗储能飞轮关键技术研究及应用	英利集团有限公司	2	
101	盐酸替罗非班对急性心肌梗塞合并糖尿病的介入的疗效和安全性评价	涿州市医院	2	
102	TB系列变压器中性点间隙保护装置	保定天威集团有限公司，保定天威集团特变电气有限公司，保定天威北方电气自动化有限公司	3	
103	逆行带锁髓内钉治疗股骨中下段骨折术后骨不连	保定德润医院	3	
104	立体绿化装置及栽培技术研究	保定爬山虎立体绿化有限公司	3	
105	用于多晶硅铸锭炉的双回路加热电源	保定三伊电力电子有限公司	3	
106	手足口病并病毒性脑炎与普通手足口病对比分析	保定市传染病医院	3	
107	应用荧光定量PCR检测肝细胞癌的微小转移	保定市传染病医院	3	
108	慢性乙型病毒性肝炎患者血清MnSOD和NT水平的变化	保定市第二医院	3	
109	磁共振动态增强扫描及扩散加权成像在肝脏占位性病变中的应用价值	保定市第二医院	3	
110	中药抗抑郁有效成分研究	保定市第二医院	3	
111	顺铂加苦参胸腔灌注联合微波热疗对恶性胸水的疗效观察	保定市第二中心医院	3	
112	高压氧联合常规药物治疗银屑病的疗效观察	保定市第二中心医院	3	
113	捏脊疗法加中频脉冲治疗辅助治疗小儿秋季腹泻	保定市第二中心医院	3	
114	两切口食管癌根治术放置十二指肠营养管方法的改进	保定市第三医院	3	

序号	项目名称	主要完成单位	获奖等级	
115	慢性阻塞性肺疾病分期与中医主证关系分析	保定市第三医院	3	
116	血液透析联合血液灌流与克隆怡宝对老年性糖尿病肾病的疗效观察	保定市第三中心医院	3	
117	女性阴蒂海绵体纤维组织炎的诊断和治疗	保定市第四医院	3	
118	Foleys 尿管超小水囊联合小量缩宫素用于足月引产研究	保定市第四医院	3	
119	保定市更年期女性人群高血压前期检出率及影响因素分析	保定市第五医院	3	
120	复方丹参滴丸联合氯沙坦治疗 IgA 肾病的疗效观察	保定市第五医院	3	
121	黛力新联合心理干预治疗血液透析患者忧郁状态的疗效观察	保定市第五医院	3	
122	原发甲减患者高敏 C 反应蛋白、血脂和心肌酶谱的变化及左旋甲状腺素治疗的影响	保定市第一医院	3	
123	原发性高血压患者夜间血压水平与左室重塑、脂联素与高敏 C 反应蛋白的关系	保定市第一医院，保定市顺平县医院，保定创伤专科医院，保定市高阳县医院	3	
124	吡柔比星在膀胱原位癌诊断中的应用	保定市第一医院保定市第二医院	3	
125	斑蝥酸钠对肺癌抑制作用基础及临床研究	保定市第一医院，保定市第二医院，保定市第一中心医院，高阳县医院	3	
126	变应性鼻炎和慢性荨麻疹的变应原检测分析	保定市第一中心医院	3	
127	亚低温联合依达拉奉及醒脑静治疗急性脑出血临床疗效观察	保定市第一中心医院	3	
128	无症状和症状性颈动脉粥样硬化性狭窄的预后和影响因素研究	保定市第一中心医院	3	
129	L 形额肌瓣悬吊治疗重度上睑下垂的临床研究	保定市第一中心医院	3	
130	股骨头成形术在兔股骨头无菌性坏死中的实验研究	保定市第一中心医院	3	
131	小骨窗经颞入路并外侧裂池引流治疗基底节区脑出血	保定市第一中心医院	3	
132	针药结合治疗高血压病的应用研究	保定市第一中心医院	3	
133	输卵管妊娠腹腔镜手术临床疗效及预后分析	保定市妇幼保健院	3	
134	城市开放性公园使用状况评价研究	保定市竞秀公园管理处	3	
135	王不留行合谷穴、三阴交穴按压预防过期妊娠的临床观察	保定市新市区医院	3	
136	糖尿病并脑中风（中经络）规范化中医临床分型研究	保定市中医院	3	
137	二重管式水冷却器	保定天威集团有限公司，保定多田冷却设备有限公司	3	
138	YF 系列大容量风冷却器	保定天威集团有限公司，保定多田冷却设备有限公司	3	

序号	项目名称	主要完成单位	获奖等级	
139	35kV－500kVSF6 气体绝缘电流互感器	保定天威集团有限公司，保定天威互感器有限公司	3	
140	66kV 油浸绝缘电压互感器	保定天威集团有限公司，保定天威互感器有限公司	3	
141	35kV、66kV 干式电流互感器	保定天威集团有限公司，保定天威互感器有限公司	3	
142	小排量增压汽油机自主研发	长城汽车股份有限公司	3	
143	高槲皮素黄酮苷银杏叶提取物注射液抑制肿瘤作用及机制研究	定州市人民医院	3	
144	阿魏酸钠联合心理干预治疗血液透析患者顽固性高血压的疗效观察	定州市人民医院，保定市第五医院	3	
145	一种槐豆茶饮料及制备方法	河北国槐长寿基因科技有限公司	3	
146	治疗牛、羊、猪附红细胞体疾病的药物	河北瑞高动物药业有限公司	3	
147	关节镜下髌周支持带平衡术治疗髌股关节对合异常的临床研究	保定市第三医院	3	
148	乌灵胶囊治疗更年期妇女心脏神经官能症临床分析	易县医院	3	
149	护理干预对住院婴幼儿负性情绪影响的研究	蠡县医院	3	
150	川芎嗪腹腔灌洗和静脉滴注治疗术后早期炎性肠梗阻的临床研究	蠡县医院	3	
151	新“呼衰合剂”联合机械通气治疗 AECOPD 合并呼吸衰竭的研究	满城县医院	3	
152	应变成像技术对肺动脉高压患者右心室非同步运动的研究	徐水县人民医院	3	
153	涿州市 18 岁以上居民饮酒行为与健康的调查分析	涿州市妇幼保健院	3	

科协工作

【保定市科学技术协会】 保定市科学技术协会是中共保定市委领导下的人民团体、科技工作者的群众组织、党和政府联系科技工作者的桥梁和纽带、国家发展科技事业的重要社会力量。市科协内部设办公室、普及部、学会部、宣传部、全民科学素质领导小组办公室等 5 个部（室）。下属事业单位科学宫、科技活动（咨询）中心。

党组书记
主　　席　张怀明
党组成员
副 主 席　刘春生
　　　　　王坤燕（女）
　　　　　李国旗　魏建华

【概况】 2012 年，市科协动员和组织广大科技工作者服务全市经济社会发展，圆满完成了全年各项工作任务，连续五年被评为“实绩突出单位”，荣获“河北省科协系统先进单位”、“河北省青少年科技创新优秀组织奖”、“第十四届中国科协年会先进集体”等称号。全年共争取省以上奖补资金 207 万元。

【“第十四届中国科协年会”保定工作成效显著】 2012 年，第十四届中国科协年会在河北省举办，保定市承担了多项工作任务。一是举办“太行山农业生态经济发展”专题调研座谈会，出版论文集 300 册，先后有 5 名两院院士、20 余名专家教授来本市并到太行山区考察、座谈、做学术报告，省政协副主席、省科协主席段惠军评价说：保定太行山农业生态经济发展专题座谈会在全省起到了示范带头作用；二是年会签约人才、技术、项目25项，省委副书记赵勇在年会省签约仪式上说：11个市综合排队，前3名是：保定、石家庄、承德。三是举办10场大型科普报告会，受到广泛欢迎。保定市年会组织工作做到了标准高、质量好、进度快，市委书记许宁、市长李谦多次作出批示。活动期间，许宁批示："工作部署严谨，落实有效，望再接再厉。"8月28日的常委会上，许宁指出：市年会领导小组工作围绕大局，组织严谨，既有想法又有思路，同时有很强的前瞻性和时效性，开展的非常好，充分体现了保定争先创优的意识，树立了保定高效、高质的形象。在9月10日的党政领导联席会议上，许宁要求：市政府要就加强与北京科研院所及专家学者对接问题进行研究，建立沟通渠道，加强日常联系，形成长效机制。由王惠欣牵头负责，积极向中国科协、省科协了解本次年会院士专家的科技成果，针对保定产业发展实际，加强科技成果转化对接，促进保定产业上档升级，放大科协年会效果。

【全民科学素质工作创出品牌】

为建设优秀传统文化传承体系，弘扬中华优秀传统文化，针对幼儿素质教育，组织成立了全民科学素质教育研究会家庭教育研究会，开展了系列幼儿培训项目，一是聘请厦门、北京、天津、山东等地的10余位国内知名教育专家，举办20场"幼儿骨干教师科学素质公益培训班"，培训幼儿骨干教师3000余名，打造了一支具有现代科学文化素养和创新精神的幼儿园骨干教师队伍，扩大了科协知名度和美誉度。二是开设了"博雅讲坛"、"孕妈妈健康课堂"和"爱尚全脑早教课堂"等系列品牌讲座，开设课程10余种，举办公益活动40场，受益人数达2万人，这一举措打响了幼儿教育的品牌，推动了全市幼儿园教育质量的有效提升，为提高未成年人的科学素质奠定基础。三是针对以农民、城镇劳动人口、领导干部和公务员、社区居民、未成年人为"五类重点人群"，突出"节约能源资源、保护生态环境、保障安全健康、促进创新创造"的主题，开展全民提素活动50场，受益2万人次，同时，挂牌5个科学素质教育示范基地。

【青少年科技创新工作成绩斐然】

一是在第27届全国青少年科技创新大赛中，1个集体项目（3人）获一等奖，并获得清华大学环境友好专项奖，2个项目获全国二等奖，55名学生获省一等奖。二是在第12届"明天小小科学家"奖励活动中，1名学生获全国二等奖。三是在全国青少年信息学奥林匹克联赛中，6名学生获一等奖。四是在第12届中国青少年机器人大赛上，涿州市的4名小学生脱颖而出，获全国一等奖（全省唯一）。全年共有10名高中学生通过参加各类科技活动，取得重点本科院校保送资格。青少年科技活动在全省处于领先水平。五是开展了"院士专家进校园"活动，邀请院士、专家举办了10场高层次的青少年科普报告会。六是组织本市万名儿童和青少年参加了"保定市第12届青少年智力七巧板拼图竞赛"、"保定市第12届青少年模型竞赛"、"保定市第28届青少年科技创新大赛"、"青少年信息学奥赛初赛和复赛"和"第20届青少年科技辅导员论文征集活动"。七是发挥科学宫、天文馆作用，组织天文观测30场。

【科普大阵地创建工作取得成效】

一是积极开展"科普惠农"和"科普益民"活动，培育的5个优秀农技协、4个科普示范基地、5个科普示范社区和1个科普带头人受到国家和省表彰奖励。二是在科普示范县特色项目、科普社会化资助项目和公民科学素质教育示范单位的申报评选工作中，共有5个单位或项目获省以上表彰和奖励。三是发挥桥梁纽带作用，成功帮助大王太阳能光伏设备公司与罗马尼亚阿夫里格市建立商贸合作关系，签署价值350万元的购货合同。促成美国燕赵科技商务促进会中药代表团考察安国中药材产业，达成了商贸合作意向。四是组织了农村实用人才培训和百万菜农科技大轮训工程，全年共举办科技培训100余场，培训种养殖大户、科普带头人等农村实用人才2800人次，轮训菜农40万人次。五是落实了易县科技扶贫计划。邀请专家、学者到易县紫荆关镇南歇村、恩村香菇种植基地及太平峪村针对当地产业深入调研，提供顶层设计，为山区经济发展出谋划策，并建立了长效联系机制。六是组织科普日和科普进军营、防震减灾等科普宣传活动。发放防震减灾科普图册和紧急避险知识宣传彩页10000份，利用科普画廊展出防灾减灾知识挂图30余副，向部队官兵赠送科技书籍500余册、科普光盘300余张。七是成立了农业生态园大学生科普志愿者讲解团，20名志愿者开展活动50场。

【学会工作有声有色】 一是开展重点学术交流活动达20余项，上万名科技工作者直接参与了各项活动。二是开展了"2012年海峡两岸大学生动漫文化交流活动”，2000余名大学生参加，优选近百个动漫作品上报。三是开展了首届“星级学会”评比活动，8个市级学会脱颖而出。四是开展了最佳学术活动评选，评选最佳学术（学会）活动16项。五是开展了自然科学类学科、学术、技术带头人评选活动，共评选学科带头人10名，学术带头人19名，技术带头人16名。

【科普宣传工作大力开展】 一是全年出版《保定科协》内刊4期，对宣传和指导基层科协工作、提高科协影响力发挥了积极作用。二是开展了百名科技人物大宣传活动。在《保定科协》内刊、保定科协网、科普画廊、本市主流媒体及上级科协媒体累积宣传40余人，营造了尊重人才、鼓励人才的浓厚氛围。三是充分发挥科普影视制作中心、科协网的宣传作用，及时更新日常信息，为科技工作者交流提供平台。四是制作植物园科普宣传栏，利用五幅滚动画面宣传节能环保、科学常识、养生健康等群众喜闻乐见的科普知识。五是制作农业生态园植物标识牌70余种300余个，丰富了园区科普功能。

【基层科协工作稳重推进】 一是积极组织企业科协开展“讲理想、比贡献”竞赛活动。完成“讲比”立项300多项，经济效益100万元以上的市级重点项目14项，实现经济效益达6600万元。二是成功举办第二届驻保高校大学生科技节。8所驻保高校1000余名大学生作为科普志愿者参加了科技节的活动。三是组织“两院院士走进保定·红色太行行”活动。邀请5名院士，20余名专家、教授及10个市级学会，针对本市太行山区“贫困县脱贫、林果业、旅游业、山区农业和水资源保护”5个专题，通过深入考察和广泛调研论证，形成了30多项有价值的调研成果。

（崔宏辰　牛建哲）

气象科学

【保定市气象局】 气象事业是科技型、基础性的社会公益事业。保定市气象局为正处级直属事业单位、国家基本站，实行上级气象部门主管、地方人民政府领导的双重领导管理体制和与之相适应的双重计划财务体制。主要负责保定市气象事业发展规划、计划的制定及气象业务建设的组织实施，对所属气象台站进行业务管理、物资供应；组织管理气象探测资料积累、审核、汇总、传输以及气象探测环境的保护；负责管理本行政区域内公众气象预报、灾害性天气预报预警以及农业气象预报、城市空气质量预报、火险气象预报等专业气象预报的制作和发布，为本级人民政府组织防御气象灾害提供决策依据；依法管理和组织实施全市人工影响天气作业以及雷电灾害防御工作。局机关内设办公室、业务科技处、人事教育处、计划财务处、政策法规处5个行政处室，设市气象台、核算中心、科技服务中心、人工影响天气办公室、保定市防雷中心、网络装备中心、清苑国家基本观测站、行政执法支队8个直属事业单位。下辖涞源、易县、涿州、徐水、高碑店、阜平、曲阳、安国、定州、容城、安新、顺平、高阳、唐县、满城、望都、蠡县、雄县18个县（市）气象局和涞水行业站。全市气象部门现有在职职工195人，其中市局92人，县局103人。本科以上学历人员113人，硕士学位人员12人。副研级技术职称10人，工程师职称71人。

【概况】 2012年，全市气象部门以气象防灾减灾绩效管理为抓手，积极推进气象现代化进程，深入开展基层气象机构综合改革，扎实做好各项气象服务。以气象防灾减灾绩效管理为抓手，进一步完善气象灾害防御体系建设，有效应对“7·21”、“8·30”暴雨和11月初暴雪强寒潮等重大天气过程。不断加强气象科学知识宣传教育。为农服务“两个”体系建设深入推进，农村气象灾害监测预报预警能力稳步提高。适时开展人工增雨作业，防雹增雨效果显著。现代气象业务体系建设稳步推进，综合气象观测系统不断完善，预报预测能力进一步加强，公共服务能力不断提升。有效强化气象社会管理，规范开展气象行政许可审批。科技创新和人才体系建设不断取得新进展，党建、党风廉政建设、文化建设稳步深入。2012年，保定市局分获先进基层党组织、安全生产监管先进集体等多项荣誉称号。全市获“省级精神文明单位”3个，“市级精神文明单位”11个，“县级精神文明单位”5个。8人获“保定气象青年五四奖章”，徐水县气象局等3个单位获“保定气象青年集体五四奖章”。市气象台被评为2012年全省重大气象服务先进集体。市气象局获省政府“7·21暴雨和10号台风抗洪抢险救灾先进集体”，市气象局、涞源、涿州、易县获省气象局“‘7·21’特大暴雨气象服务先进集体”，易县气象局和涞源县气象局高月梅、市气象台高万泉等6人分获市“7·21”抗洪抢险救灾先进集体和优秀个人。

党组书记 局 长 刘玉虎
副 局 长 王秋仙（女）
纪检组长 刘小国
副 局 长 陈 艳（女）

【现代气象业务体系建设】 公共气象服务系统方面。气象为农服务“两个体系”建设深入推进，农村气象灾害监测预报预警能力稳步提高，建成电子显示屏350块，气象预警大喇叭495个，建成乡镇气象信息服务站255个，村级气象服务工作站24个，乡镇覆盖率达100%。气象信息员队伍增至6952人，覆盖率达100%。气象预报预测系统方面。继续深入开展“预报服务质量年”、“观测质量年”活动，建立了SWAN系统专用服务器，加快MICAPS、短时临近预报、精细化要素预报等业务系统的推广应用和本地化开发；开展了逐日温度预报评分机制，温度预报准确率较往年提高7%，晴雨预报准确率较往年提高3%。综合气象观测系统方面。依托山洪地质灾害防治气象保障等重点项目，新建自动土壤水分观测站2个、GPS水汽观测站2个、称重式降水传感器3套、能见度自动观测设备2套，四、六要素区域自动站35个，单暴雨区域站49个。完成涿州、定州等6个自动土壤水分站对比观测和业务化评估，并投入业务化运行。顺利完成地面气象观测业务改革调整。

【气象防灾减灾】 以气象防灾减灾绩效管理为抓手，进一步完善气象灾害防御体系建设，有效推动气象灾害防御工作。成立了保定市气象防灾减灾绩效管理工作领导小组和办公室，各县（市）也相继成立了组织机构。市政府组织召开了保定市气象防灾减灾绩效管理工作会议，下发了《关于加强气象防灾减灾绩效管理试点工作的通知》、《保定市气象防灾减灾绩效管理试点工作实施方案》和《保定市落实2012年省气象防灾减灾绩效管理考评体系目标任务分解》。保定市及18个县（市）成立了气象灾害防御指挥部。全年以市气象灾害防御指挥部名义发布气象灾害防御通知13期，启动市级气象灾害应急预案1次，响应省气象局气象灾害应急预案5次，发布预警信号96期。保定、涿州、满城等“一市七县”出台了《气象灾害防御规划（2011－2020）》。同广电、通信等部门签订快速发布协议，全年发布气象灾害预警短信1500余万人次，电视、广播发布预警38次。与农业、水利、国土、民政等签订合作协议，实现部门协调联动和资源共享。有效应对“7·21”、“8·30”暴雨和11月初暴雪强寒潮等重大天气过程，尤其在“7·21”特大暴雨灾害中，全市气象部门提前预报预警，实时暴雨监测，细化决策服务，全程应急保障，各级政府和部门及时行动、采取有效措施，根据气象预报预警及时组织转移危险区域15万群众，积极应对和处置暴雨带来的各种影响，取得了抗洪抢险救灾显著成效。全力做好涞源、阜平森林火灾等应急气象服务。在紧急应对阜平森林火灾过程中，市人影办组织易县、安新、曲阳等6辆人影作业车赶赴现场实施人工增雨作业，效果显著。山洪灾害防治项目全面推进，山洪县级非工程措施项目9个实施县完成暴雨监测网、信息传输与共享系统、预报预警系统、预警发布系统项目建设。气象保障工程2012年自动雨量站基础建设全部完成。气象科普深受公众欢迎。建设气象科普教育基地7个，涿州市气象局被命名为全国科普教育基地，徐水、市局气象台被评为市级气象科普教育基地。全市气象部门扎实开展“世界气象日”、“防灾减灾日”等科普品牌活动，深入推进气象科普“五进”活动，组织宣传80余次，发放气象科普宣传材料3万余份。

【公共气象服务】 手机短信、电视节目等公众气象服务产品更具针对性和实效性，“保定气象”官方微博发布气象科普、天气预报、天气预警等各类气象微博信息近千条，粉丝达3000余人。96121陆续推出《预报员说天气》、《谈天说地》及《气象热点》分信箱，拨打次数逾15万次。优化完善了公共气象服务平台决策服务系统、专业气象服务系统；分别与旅游、社区联合下发了《关于加强旅游气象防灾减灾工作的通知》和《关于做好社区气象防灾减灾工作的通知》；针对雷击风险评估业务，建立了《气象服务资料数据库》。完成了保定火车站“京畿之门”防雷检测验收并无偿提供LED彩屏气象服务，北京铁路局保定站改造工程指挥部致信感谢。以春季抗旱、“三夏”气象服务为重点，农业气象服务能力不断增强。完善了农业气象周年服务方案，强化气象服务责任制，为各级党委政府提供服务支撑。三夏期间组织专家会诊40余次。市政府领导批示：今年夏粮大丰收，市气象局功不可没，做了大量工作，提出表扬。阜平、满城两个全国乡村气象服务专项实施县圆满完成了2012年建设任务。满城农业气象适用技术示范推广试点成效显著。针对春季抗旱、生态干旱和关键农事季节，想政府所想，急农民所急，全力以赴开展人工增雨

（雪）防雹作业。全市全年共增雨（雪）、防雹作业115点次，燃烧碘化银烟条231根，发射WR、BL型火箭弹141发，三七炮弹1216发，防雹增雨效果显著。

【强化社会管理职能】 结合政府和社会需求，成立了高新区和白沟新城办事处。成立了综合气象服务回访中心，初步建立了综合气象服务质量评价体系。《保定市气象灾害防御和气候资源开发利用管理办法》列入市政府规范性文件制订计划。防雷安全列入《保定市2012年安全生产目标管理责任书》，并纳入市政府2012年全市安全生产工作要点和安委会安全生产目标管理范畴。继续在全市范围内大力开展集约执法，全年检查重点项目143个；加强同安监、住建、消防等部门协作，督导检查在建工程18个；规范了重点文物保护单位、公路收费站等13个行业的防雷安全检查标准。2012年，市行政服务中心气象局窗口受理防雷装置设计审核行政许可411项，防雷装置竣工验收行政许可207项，组织现场踏勘107次，市气象局窗口获“优秀带班领导”、“优秀窗口负责人”、“业务能手”、“案件评查先进集体”等荣誉，6家单位赠送锦旗感谢。组织召开了“2012年全市气象行政执法工作会议”，举办了“保定市气象社会管理培训班”，开展了全市气象依法行政案卷评查活动。

【自然灾害】 5月29日，顺平出现强对流天气，降雨期间伴有短时冰雹和雷暴天气，该县蒲上乡、腰山乡、白云乡等6个乡镇出现冰雹，蒲上乡受灾最严重，降雹时间达半小时，冰雹最大直径达3厘米，对全县林果业影响较大，受灾严重的是杏、西瓜、桃、苹果，对农业影响不大。

6月21日19时至22日夜间，雄县出现短时强对流天气，瞬时最大风速达28.4米/秒，突破1974年以来历史气候极值。经调查，张岗乡、朱各庄镇、双堂乡、米家务镇等遭受风雹灾害，树木被拦腰刮折，有的连根拔起，通讯线杆被刮断，活动房、彩钢屋顶、大型广告牌被刮倒。造成农作物受灾面积352公顷，经济作物受灾面积56公顷，树木折断3218棵，严重倒损房屋203间，部分电力、通讯设施损毁，张岗乡张一村道路损毁严重，村民无法出行。此次灾害造成6179人受灾，经济损失共计约280万元。

7月10日傍晚18时起，阜平自西向东出现雷雨大风冰雹强对流天气过程，造成多乡镇受灾，受灾面积17170亩，成灾面积11370亩，绝收3100多亩，冲毁水渠1000米，道路1100米，民房损坏19间，大树刮倒600多棵。

7月21日白天到夜间，受副热带高压和冷空气的共同影响，保定北部出现罕见的大暴雨，局地特大暴雨，多地受灾。涞源县所有乡镇受灾，成灾人口7.5万人，受灾严重的有10个乡镇50个行政村。具体损失为过水房屋8926间，冲毁倒塌2856间；田地过水面积57600余亩，冲毁田地38200余亩；桥梁涵洞冲毁67座，护村护地坝23960米，树木125万余棵。塌方141处，滑坡68处、泥石流5处，冲毁鱼池3个，冲走牲畜3569头。冲毁国省干道及乡村公路240公里，白石山旅游公路3公里塌方，占地6万平方米的停车场全部冲毁，毁坏车辆273辆。重点矿区冲走铁精粉17万吨，机械设备256件。全县通讯、电力线路损坏严重，5427根通讯、电力线杆倾倒或冲走，全县大部分通讯电力交通中断。唐县黄石口乡：周家堡、唐河西、司里、河暖、花塔、三道河、五家角、苑家会、北当9个村132户家里进水，造成一家房屋倒塌，玉米绝收面积2000亩左右，树木冲倒或冲毁1000棵左右，两座桥梁被冲毁。司里、周家堡交通中断。14个村电力中断，部分电杆被冲走。经济损失500万元以上。倒马关乡：玉米受灾面积420亩，冲毁道路6.5公里。上城口村因硬化地面20多吨水泥放置道路旁边被水淹没，造成水泥不能使用，直接经济损失48万元。川里镇：玉米受灾面积1328亩，水稻140亩，经济损失30万元。白合镇：唐河两岸12个村遭受到不同程度的自然灾害，水稻、玉米等作物造成冲毁、压伏，冲毁农用桥3座，主要有东唐梅、西唐梅、南唐梅、业里、北唐梅、河南、上赤城、下赤城、父子三村、白合村、贾庄村。受灾人口13000人，受灾面积110公顷，成灾面积50公顷，绝收面积30公顷，冲毁树木200余棵，造成直接经济损失80万元。军城镇：和家庄村遭遇暴风雨灾害，灾害造成玉米倒地400余亩，树林被刮倒1100余棵，因树木倒塌而砸房屋15余间，因灾害造成经济损失50万元。此次暴雨造成全县经济损失在700万元以上。涿州受灾面积12.1万亩，倒塌房屋113间，倒塌围墙7513米。其中，大秋作物沥涝面积7.8万亩，设施蔬菜大棚受灾5000亩，37个养殖场不同程度受灾，倒塌圈舍2万多间，畜禽死亡5129头（只），以上直接经济损失预计1.2亿元。高碑店特大暴雨造成房屋倒塌、围墙倒塌；农作物受灾、玉米倒伏、花生、树木被淹；

牲畜死亡，因灾共造成直接经济损失2944.65万元。易县28个乡镇（处）362个村造成了不同程度的灾害，受灾面积达1689.2平方公里，受灾人口23万。其中紫荆关镇、南城司乡、蔡家峪乡、白马乡、流井乡、桥家河乡、良岗镇等山区乡镇受灾最为严重，据统计测算，本次洪涝灾害给易县造成直接经济损失约31.06亿元，其中农业损失9.13亿元；工矿企业损失1.17亿元；公益、基础设施损失15.29亿元；家庭财产损失5.47亿元。

8月20日15时15分开始，阜平西部天生桥镇出现冰雹、大风、强降雨等强对流天气过程，过程持续半个小时左右，据村民介绍冰雹最大有核桃大小，冰雹积深达20厘米。冰雹大风灾害主要集中在天生桥镇的西下关、东下关、塔沟、红草河、罗家庄、南栗园铺、北栗园铺、大教厂、沿台、龙王庙、不老树等11个自然村。受灾玉米1.5万亩，其中绝产50%，减产50%；蔬菜500余亩，核桃树2.3万棵；房屋62间不同程度损坏，其中10间已成危房；电力线路损坏1000余米。

9月1日，受冷暖空气共同影响，全市多地出现暴雨。顺平县安阳乡、大悲乡、神南乡、河口乡受灾，受灾人口1.68万人，倒塌房屋8间，直接经济损失77万元，农作物受灾面积30公顷，成灾面积30公顷，因灾减产粮食3万斤，经济作物损失4.5万元。易县强降雨造成狼牙山镇、西陵镇、西山北乡3个乡镇受灾，房屋受损5间，其中倒塌2间，无人员伤亡；乡间道路冲毁6130米，农作物受灾1530亩。

（臧新伟　丁峥臻）

防震减灾

【保定市地震局】　保定市地震局是市政府管理全市防震减灾工作的直属事业机构。内设3个处室：办公室、监测预报处、震害防御处。主要负责管理本辖区内的防震减灾工作、起草规范性文件；根据有关法律、法规和规章的规定，组织编制防震减灾规划和计划；组织建立地震监测预报、震灾预防和紧急救援工作体系；承担政府抗震救灾指挥机构的办事机关职能；组织开展地震科学研究与成果推广应用；指导各县（市、区）的防震减灾工作；承担上级地震部门和市委、市政府交办的其它事项。

党组书记
局　　长　高良友
副 局 长　邢新海　许彦都

【概况】　2012年，认真落实国务院防震减灾工作联席会议、全国地震局长会议和全省防震减灾工作联席会议、地震系统防震减灾暨党风廉政建设工作会议精神，按照《河北省人民政府办公厅关于5.28唐山地震应对及下一步工作安排情况的通报》要求，坚持预防为主、防御与救助相结合的方针，积极推进防震减灾文化建设，努力提升防震减灾综合能力，促进了城乡防震减灾稳步协调发展，2012年度目标考核被省地震局评为优秀单位，市地震局办公室、安国市地震局被省地震局评为先进集体。保定市地震局、新市区地震局、阜平县地震局、徐水县地震局获全省防震减灾综合评比三等奖。

【切实做好经常性监测预报工作】

（一）认真落实周、月、半年和重要时段（加密）会商制度，不断强化地震数据的收集与研究，积极探索新技术新方法在地震预报中的分析应用，增强会商意见的科学性，促进了监测、观测、分析预报和科研有机结合，通过参加全省地震分析预报工作业务培训和岗位练兵，会商工作整体水平明显提高，保定市地震局年度地震分析预报工作被省局评为优秀单位。（二）注重加强现有地震观测台站网点建设和计算机通讯网络经常性管理工作，定期派专业技术人员到实地进行检查指导，及时帮助一线人员现场解决在地震观测过程中遇到的实际问题，确保了各观测台站网点数据资料传递连续、准确、安全、保密。市地震局信息网络被省局评为第三名，安国信息网络节点获得县级第一名。（三）切实加强地震异常核实与谣传平息工作，及时通报国内震情，实现信息资源共享，为市领导与主管部门决策提供服务。认真落实地震突发性事件月报告制度，坚持在第一时间向市四大班子通报国内发生的破坏性或有影响的重大震情，年内发布上报《震情简报》25期，得到了市领导和有关部门的高度重视与好评。

【着力推进重点项目建设】

（一）积极推进防震减灾“十二五”发展规划的实施，按照全省计划要求，完成中国地震背景场项目（河北）建设——位于本市的10个强震台租地和基建任务建设，为尽快投入运行奠定了坚实基础，受到了省地震局的好评。（二）加快本市城市活断层探测和地震危险性评价项目建设进度。2012年，在市政府领导协调和有关部门的大力支持下，市配套资金已全部争取到位。（三）按照《〈市政府工作报告〉2012 年落实方案》责任分工，由市地震局牵头提前两个月完成了 3 个依托广场、绿地或人防工程的地震应急避难场所建设，分别制定了相应的避难场所应急预案。一是与市公用事业管理局在军校广场完成了 1 个地上地震应急避难场所建设；二是与市人防办利用人防工程在华联超市（大慈阁店）和大润发超市建设了 2 个地下地震应急避难场所。

【突出抓好震害防御工作】（一）认真落实《防震减灾法》、《河北省地震安全性评价管理条例》和全省震害防御工作会议精神，解放思想，转变观念，切实加强建设工程抗震设防要求管理工作。市局领导与主管业务处人员多次深入各县（市）地震局及有关基层部门开展调研，积极探索新形势下提高震害综合防御能力有效途径，保证了一些重点建设工程项目地震安全性评价工作的顺利开展，为提升全市城乡建筑抗御震害能力提供了强有力保证。（二）按照“六进”要求，广泛开展防震减灾宣传教育活动。一是按照中国地震局《关于开展“平安中国”防灾宣导系列公益活动的通知》（中震函〔2012〕70 号）要求，从 2012 年 2 月至 8 月在全市广泛开展“平安中国”防灾文化系列公益活动，组织全市地震系统观看录像片，唱响“今天的准备，为了明天生命的延续!”的口号；二是 5 月 24 日，与市委宣传部联合组织各县（市、区）宣传部门和地震系统集中收看了全国防震减灾宣传工作电视电话会议实况，按照会议精神，不断深化开展防震减灾科普知识进机关、进学校、进企业、进乡村、进社区、进家庭“六进”活动，突出 5 月“强化宣传月”，推进了全市防震减灾安全社区、示范学校、示范企业、示范乡村和科普教育基地建设。三是组织专业人员、志愿者队伍，多次深入到学校、社区、乡村、机关、企业、公园、广场、庙会、集贸市场等人员密集场所，扎实开展地震法律法规和地震科普知识咨询服务宣教活动。将本局自行编制的《防震减灾知识问答》手册 1 万余册，发放给各县（市、区）地震局和机关、学校，同时，制作了防震减灾科普知识宣传展板 9 块、《防震减灾法》图片 25 幅，利用“5·12”防灾减灾纪念日 4 周年、7·28 唐山地震日、12·4 法制宣传周等重要时机，先后走进南市区政府机关、青东巷社区、田野社区、新一代社区和天鹅小学、乐凯小学、爱民小学等部分中小学校举办地震知识讲座；四是以日本大地震为借鉴，广泛组织开展地震应急演练活动。5 月 10 日，市地震局与新市区地震局组织天鹅小学 1490 余名师生开展了地震应急演练。还先后组织蠡县中学、徐水史端中心学校、乐凯小学的师生和田野社区、青东巷社区居民等单位开展了防震避震应急疏散演练活动。全市广大民众防震减灾意识、公共安全知识、自救互救技能得到进一步提高，城乡应对震害综合防御能力进一步增强，取得了良好的社会宣传效果。据统计，2012 年全市发放各类地震科普知识资料和图片 22.7 万余份、悬挂横幅标语 81 条，咨询群众 2.5 万人次，利用媒体播放领导讲话、录像片 10 多场次。保定市地震局、徐水县地震局在全省地震宣传专项工作评比中分别获得三等奖。（三）着力改善“两个环境”、服务方便群众、提高机关效能建设，不断规范执法工作人员行为，积极创建“优质服务窗口”，提高服务质量和执法水平。一是严格地震行政审批程序，落实“一口”对外和“一章”制；二是地震窗口人员实行了首办负责制、AB 角工作制、限时办结制，竭诚为群众服务；三是切实加强地震执法人员的培训教育、监督管理和考评工作，注重加强权力公开透明运行，提高行政效能，努力打造“政府需要、企业欢迎、群众满意、社会赞誉”的部门形象，依法办事、文明执法，杜绝了吃、拿、卡、要，不作为和乱作为的现象，地震审批窗口多次被市行政服务中心管委会评为先进单位；四是大力加强本市防震减灾文化建设，充分利用中国地震局和河北省地震局门户网站以及《地震报》等载体，积极发动地震工作人员撰写信息稿件，全面宣传保定、发展保定。2012 年度市地震局被河北省地震局采用刊载的信息稿件 81 篇、被《地震报》刊登的文章 30 余篇，宣传报道工作走在了全省地震系统的前列，局长高良友和副局长邢新海撰写的调研报告均获得省地震局三等奖。

（朱建颖）

文　　化

文化事业

【保定市文化广电新闻出版局】

主要职责：1、贯彻党和国家关于文化艺术、文物工作的路线、方针、政策，拟定关于文化、文物和博物馆工作的政府规章草案、制度并贯彻执行。严格执行国家关于文化艺术、新闻出版、新闻宣传、广播电影电视、文物和博物馆管理的法律、法规，依法管理文化市场。2、拟定全市文化事业、文化市场的发展战略、长期发展规划、年度计划并监督执行；拟定全市文物利用及相关产业开发规划；拟定全市文物、博物馆事业发展规划并组织实施；负责广播电影电视播出节目的政治内容、质量的审查。3、指导全市艺术创作、研究、生产，主办全市性重大艺术活动；指导和协调全市广播电影电视网建设和管理工作；负责全市广播电影电视队伍建设和专业培训，按照广播电影电视、文物和博物馆事业发展需要，有计划、分层次地培养各种专业人才。指导、协调全市文物管理、保护、抢救、发掘、宣传和利用等业务工作。4、综合管理、协调指导全市社会文化事业，推动和指导群众文艺活动，发展全市图书馆和博物馆事业，组织、举办全市性重大文化活动。组织实施非物质文化遗产保护和优秀民族文化的传承普及工作。组织申报世界文化遗产、全国重点文物保护单位、省级文物保护单位。组织审核市级文物保护单位；依照有关法律法规审核申报全市文物发掘、保护、维修项目。5、管理全市演出、电影电视、出版、印刷、图书、音像和包装装潢印刷品印刷经营市场；指导、监督文物经营单位的购销活动；指导文化市场稽查工作。综合管理全市文化（广播电影电视、文物和博物馆）系统的对外交流与合作等外事工作。6、制定文化经济措施，统筹安排市拨文化事业经费、推动市属国有文化资产的规划、开发和利用。负责国拨、省拨、市拨文物保护专项补助经费、文物事业费和基建经费的计划和管理。研究提出多渠道筹措文物保护经费的措施。研究处理文物保护的重大问题；对查处盗窃、破坏、走私文物的大案要案，提出文物方面的专业性处理意见。7、指导市直属文化事业单位的机构设置和调整，参与制定有关文化事业的干部、人事、劳动政策，促进文化体制改革。申报全市各级广播电台、电视台、转播台、发射台的建立和撤销；协调、指导县（市）广播电影电视事业发展方面的有关事项。审核申报文物经营单位的设立和撤销。8、承办市政府交办的其他事项。内设机构：办公室、组织人事处、计划财务处、艺术处（宣传管理处）、传媒机构管理处、科技处、社会文化处、文化市场处（行政审批服务处）、新闻出版处、电影电视剧管理处、文物保护处、文物项目管理处等12个职能处室。

党委书记
局　　长　高　玉

党委副书记
文物管理局
局　　长　王胜利

党委副书记
副 局 长　赵立柱

副 局 长　万进儒
孙彦君（女）
李天慧（女）
韩志勇（兼市文化市场行政执法大队队长）

纪委书记　钱立功
调研员　贾清彬（7月离任）

【概况】　2012年全市文化工作按照市委、市政府的工作部署和确定的年度目标任务，完成年度各项任务目标，为“京畿强市、善美保定”建设提供了思想保证、精神动力、舆论支持和文化条件，为文化建设领跑全省奠定了坚实基础。市“扫黄打非”办公室被评为“2012年全国‘扫黄打非’先进集体”，新市区颉庄乡郝庄村等3个村的农家书屋被国家新闻出版总局评为“2012年全国示范农家书屋”，市局被省农家书屋工程建设领导小组评为“农家书屋工程建设先进单位”、被省新闻出版局评为“第三届全省印刷行业职业技能比赛优秀组织奖”，先后被省文化厅评为“先进基层党组织”、“全省文化统计工作优秀单位”、全省“扫黄打非”先进单位、第七个中国“文化遗产日”暨第五届河北省民俗文化节活动优秀组织奖、文化信息工作优胜单位，被市委、市政府表彰为“政协提案先进承办单位”、“文明单位”、“全市建设年活动优秀驻村工作组”、被省文化厅、市委、市政府通报表彰或评为先进的共26人次。

【推出了一批特色文艺精品】　着力打造的精品剧目话剧《约定无期限》彰显了新时期保定精神，得到了中共中央政治局常委李长春和省委书记张庆黎等领导的高度评价，先后受到省委宣传部、省文化厅、市委、市政府的通报表彰。为扩大影响，该剧在全省高校巡演，并在清华大学等北京高校演出。已公演100余场，观众达13万人次，引起了强烈社会反响，《光明日报》、人民网、新华网等媒体争相报道。该剧还作为全省唯一入选剧目参加了第三届中国校园戏剧节，获优秀剧目，为河北省、保定市争得了荣誉。市文广新局指导拍摄的微电影《灵·囚－勇者无惧》已经成功首映。第一部由保定人编剧、投资，并且在保定市全景拍摄的电影《猎杀公墓》正在拍摄。由保定艺校创排的《儿童戏曲表演》赴中央电视台参加了2012年央视“六一”儿童节“幸福像花儿一样”大型文艺晚会演出。安国市老调剧团演出的《祁州药戏》上了中央电视台《探索与发现》专题节目。与驻军合作编创的舞蹈节目《烈火忠诚》获2012年全国群星奖。另外，为贯彻落实市委十届三次全会精神创作的《古城新歌——保定儿女进行曲》，为“7·21”抗洪救灾创作的歌曲《风雨同舟》、《伸出爱的手》，为学习宣传十八大创作的诗朗诵《放歌十八大》、小品《生态达人》等节目，均产生社会影响。

【加强公共文化服务体系建设】　不断完善基础文化设施。按照“3311”标准积极督促落实三级文化馆（站）设备配置，新建乡镇综合文化站41个；为乡镇文化站申请配套设备101套，价值505万元，占全省指标数的40%。于10月份提前完成了全市803个农家书屋建设任务（包括643个帮扶村数字农家书屋），实现了所有行政村全覆盖，工作进度居全省前列。确定了市图书馆和博物馆升级改造工作实施方案，两馆升级改造工程前期准备工作已全部就绪。加快推进群众艺术馆新馆选址工作，已完成了相关论证。建成了曲阳定瓷博物馆、高碑店门窗博物馆等一批辅助文化设施。为643个农村党员远程教育基层点完善了配套设施。扎实推进文化惠民工程。完成了488个村6564户的广播电视“村村通”设备安装，已提前完成年度任务；超额完成农村公益电影放映任务，全年放映7万余场；实现了市图书馆、博物馆和群艺馆免费对外开放；市群艺馆与河北大学等驻保高校签订了共建艺术类学生实习基地协议，为培养艺术类专业高素质文化人才搭建起实践平台；向省文化厅申请“流动舞台车”10台，价值360万元，占全省指标数的19%。积极开展群众文化活动。举办了保定画院赴石家庄美术精品展、“迎十八大京冀鲁书画名家暨梁彪先生书画展”等“欢乐城乡·文化保定”系列活动30余场；协办了庆“八一”文艺演出，到驻军进行文艺辅导50多次，促进了军地文化交流；加强农村文化阵地建设，重点对扎根农村30年蠡县“光头老楚艺术团”等进行扶持，营造了“善美保定”的浓厚氛围。

【非遗发掘传承取得新的进展】
2012年新增国家级非物质文化遗产项目代表性传承人2名、省级15名。北宋村古乐等7个项目被列入省级非物质文化遗产名录；保定老调剧团等9个单位被省文化厅命名为河北省首批非物质文化遗产传承示范基地；公布了第三批市级非物质文化遗产名录共38项。成功举办了“非遗百日·文化百年”系列展等宣传展示活动；安新县马家寨造船工艺、芦苇画工艺等15个项目参加了河北省第五届民俗文化节暨第七个中国文化遗产日展演活动，扩大了保定市民俗文化的影响。

【大力发展新型文化产业】　注重发展新型文化业态，提高文化产业规模化、集约化、专业化水平。组织参加了第八届深圳文博会、中国·廊坊国际经贸洽谈会和第一届文化名城－民俗产业洽商会，共推介保定市特色文化品牌和文化产业项目16个；将曲阳县定窑遗址公园等8个招商项目录入《河北省文化产业重点招商项目名录》，总招商金额183.5亿元，其中河北实甫文化产业创意园项目签约金额60.5亿元。召开关于鼓励和引导民间资本投资广播影视产业的新闻发布会，支持民营影视制作机构发展，徐水巨力影视公司等一批民营文化企业发展迅猛。加快推进河北数字文化产业园（保定基地）、保定中国古典民居博物馆、易州古镇暨易州文化产业园、“智慧城”文化创意综合体等重大文化产业项目。完成了第四批国家级文化产业示范园区和第五批国家文化产业示范基地的申报工作。年内，河北野三坡神悦文化传播有限公司被文化部命名为第五批国家级文化产业示范基地。至此，保定市国家级文化产业示范基地增至3个，占全省数量的33.3%；有2个省级文化产业示范基地。在全省文化产业“三个十”推荐名单中，曲阳县入选省文化产业“十强县”、曲阳雕塑文化产业园入选河北省“十大文化产业聚集区”，保定市文化产业园区数质量在全省名列前茅。河北大学亿万泰科技有限公司成为国家动漫产业发展（保定）基地、河北动漫游戏产业振兴基地，雄县印刷产业园区成为河北省包装装潢印刷产业基地。进行了第一批市级文化产业示范基地的评选工作。

【维护文化市场稳定繁荣】 经过几个月的试点实践，确立了“以市为龙头、以县（市、区）为主导、以乡镇（街道）为依托、以村组（社区）为基石”的横向到边、纵向到底、上下联动、综合治理的城乡文化市场管理新体系，初步形成了全市农村文化市场监管四级网络。9月省文化厅在保定市召开了全省文化市场管理工作会议暨农村文化市场管理工作经验交流会，该局和县、乡（镇）分别介绍了经验。大力实施文化市场“护城河”工程，组织开展迎庆党的十八大文化市场专项保障行动14次，出动执法人员2600多人次，检查印刷企业、书报刊经营单位、音像店共3500多家次，收缴各类非法出版物（音像制品）1.8万余册（张），有效地净化了文化市场环境。积极开展了“风暴一号”、“风暴二号”扫黄打非专项行动，共查处案件17起。在查堵反制香港政治性出版物、清查整顿印刷复制企业、医疗广告非法出版物工作中成效突出，受到国家扫黄办的肯定，省扫黄办转发了经验做法。按照“铁的目标、铁的意志、铁的措施、铁的纪律”要求，始终把“防插播、防破坏、防干扰”作为重中之重，以人防、物防、技防为重点，采取非常举措，确保了十八大期间广播电视的安全播出。

【完成全市重大工作任务】 认真组织中央、省市重大会议精神的学习宣传。以文艺演出平台为阵地，开展了十七届六中全会，省委八届二次、三次全会，市委十届三次全会精神的学习宣传活动；特别是党的十八大胜利闭幕后，立即组织开展了以“庆祝十八大、城乡欢乐行”为主题的文艺宣传，浓厚了学习贯彻十八大精神的环境氛围。强化稳控举措，高标准做好十八大安保工作。特别是下大力气保持信访稳定，确保“零”上访。彻底解决了原广电局下属广播电视服务公司15人多年上访问题；广播电视技术公司、实业公司和文化娱乐中心近百人多年上访“老大难”问题正在有效解决；全市重点上访群体1300多名原农村电影放映员稳控工作扎实有效，达到了市委、市政府提出的“大事不出、小事也不出”要求。按照省委“三自”“六不”要求和市执行力亮剑行动部署，积极开展了“一学六治”亮剑行动。制定下发《关于县（市、区）文广新工作目标管理考核评价办法》等三个办法，实行年初建账、年中要账、年底算账的目标责任考核，促进各项工作的规范管理和科学发展。结合基层建设年活动，大力开展文化扶贫攻坚。完成了643个帮扶村的文化信息资源共享工程村级服务点建设和文艺演出任务，建成保定市第一批农村群众文艺辅导基地209个，打造“农村文化建设示范村”6个，创排反映社会主义新农村题材的文艺作品133件，加强帮扶村文化遗产的普查、挖掘、整理和保护工作。为4个帮扶村筹资28万余元，协调资金469.96万元完成了部分村庄的供电工程、饮水工程建设和特色养殖项目，受到群众广泛赞扬。该局驻村工作经验做法在全省基层建设年现场观摩会议上进行了经验交流。发挥职能作用，全力投入“7·21”抗洪救灾。积极响应市委、市政府号召，全局共捐款6.64万元；认真做好受损文化设施统计上报，指导受灾地区高标准建成乡镇文化站7个；完成了市委主要领导交办的组织受灾县搞好“7·21”特大洪灾遗址纪念地选址工作；积极参与承办了保定市抗洪救灾大型募捐晚会；配合省有关厅局及河北出版传媒集团公司为受灾县农家书屋捐赠670多万元图书、200多万元文化活动器材；组织“爱心放映队”和“心连心艺术团”赴灾区进行慰问演出，大力宣扬“7·21”抗洪抢险救灾精神，为灾区群众及时送去了精神食粮。

【文物工作】 2012年，保定市文物局以科学发展观为指导，认真贯彻落实“保护为主、抢救第一、合理利用、加强管理”的文物保护方针，确保文物安全，狠抓项目建设，夯实文物基础，全市文物保护和利用工作卓有成效。

积极申请争取上级部门资金支持。年内文物项目申报工作，包括安防、消防、避雷、文物本体维修、周边环境改造等45个，涉及资金17481万元。配合市旅游局完成淮军公所及清河道署维修项目（申请资金5000万元），总督署西路开发项目（申请资金800万元）；配合市发改委完成抢救性保护设施建设项目——莲池博物馆防雷安防项目的申报工作（申请资金500万元）。清西陵十二五规划项目总数33个，项目资金6.9亿，其中文物保护维修项目16个，安防、避雷、消防系统建设工程项目3个，基础工作项目6个，管理监测项目1个，展示利用项目3个，基础设施建设项目4个。已完成泰东陵、慕东陵、泰妃园寝、行宫、昌妃园寝全面维修保护工程方案的上报和审批工作，已到位资金2000万元。清西陵三维声敏预警报警复核系统工程到位资金320万元，已完工，正在申报验收。规范长城项目建设。按照全省长城保护工作会议精神，对全市部分长城积极进行抢险加固。《易县紫荆关保护规划》已在编制中，预计年底完成；真武山段约950米墙体测绘工作已完成，正在编制维修加固保护方案；乌龙沟长城正在编制保护规划，《乌龙沟长城第一期抢险维修工程》已经得到了国家局批复，倒马关长城保护规划进行了前期筹备工作。累计到位资金890万元。

文物安全情况。加大文物安全巡查力度，确保文物安全。对全市22个县（市）47处国保、111处省保单位进行检查，填写文物安全巡查表158份，拍摄文物照片500余张，建立了文物巡查安全档案，对发现的18处文物安全隐患，现场提出整改措施。并与长城沿线各县签订了《保定市长城保护责任书》，建立了长城保护管理责任制。建立健全工作台账，加强基础建设。制定了《关于文物保护单位执法巡查实施方案》、《保定市文物安全检查表》、《保定市文物安全隐患情况一览表》等措施制度及影像资料，建立健全工作台账。组织了文物安全及馆藏文物保管培训，夯实了文物安全的基础，使文物安全工作有序开展。按照省文物局相关会议精神，由市政府组织召开了保定市田野文物安全技术防范系统建设项目调度会，进一步加强保定市田野文物安全技术的防范工作，提高定州等5个县（市）对重点田野文物的实时监控和预防。强化执法督察力度，确保文物安全。重点督导满城汉墓违建案件，由满城县政府组织有关单位联合执法，拆除墓地26座；赴定州市七极村汉墓实地调查，向省局上报了《关于对定州市七极村汉墓重新勘探进行认定的请示》；督导清西陵管理处协调易县处理在清西陵保护范围及建设控制地带内非法开设灰窑案件等。

淮军公所、清河道署已申请第七批国保单位，淮军公所享殿已修缮，西大门围墙也正在抢修，保护规划和维修方案等前期工作已经准备完善，近期已向国家申请维修资金670万元。市政府投入资金50万元，编制保定市古城文物保护总体规划，并与北京大学考古文博学院、北京建工建筑设计研究院签订了《保定市古城文物保护总体规划》协议，现场调查，史料整理等工作已基本完成。完成帮扶村的文物遗存调查工作，全市600余个帮扶村，有45个村庄47处文物保护单位，其中国保5处、省保10处、县（市）保32处。加大对直隶总督署、博物馆和保定军校纪念馆资金跑办力度。积极配合市政府向国家文物局、河北省人民政府、河北省文物局上报专项资金申请报告，为总督署争取了省发改资金400万元，省财政资金100万元。为保定军校争取市财政支持5万元。制定完成《保定市文物事业“十二五”发展规划》已上报市政府，并由发改委印发。积极协调推进徐水釜山合符文化挖掘整理、开发利用和扩大宣传工作。形成了专家对定瓷博物馆建设的选址意见。推动宋祖陵文保单位申报及文化旅游景区建设。

围绕“文化遗产与文化繁荣”活动主题，与曲阳县政府组织实施了“走进魅力曲阳·探秘千年古墓”第七个文化遗产日暨田庄古墓公众考古活动。活动邀请了省文物局、保定市政府相关领导及省市主流媒体参加，并组织社会各界人士到发掘现场亲身体验公众考古活动。文化遗产日当天，在市区主要街道悬挂“文化遗产与文化繁荣”的遗产日宣传条幅，组织公众签名活动；同时，全市重点文物景区实施减免费开放，参观人数大幅增加。通过一系列的活动，将保护成果最大程度的惠及了民众，提升了他们的文化遗产保护意识。配合城市基础建设，对已经立项需要开工建设的项目，依照工作流程，进行行政审批，按时办理。配合省文物局完成了清苑宋祖陵、满城要庄遗址、容城南阳遗址、徐水东黑山遗址及定州汉中山王墓群等大遗址总体保护规划的前期调研工作，为以后保护规划的编制工作打下了坚实的基础。完成三普资料后续整理工作。按照国务院要求和河北省的统一部署，在圆满完成市第三次全国文物普查实地调查工作的基础上，按时启动了《保定市第三次全国文物普查工作报告》的编制工作，并完成编制工作。同时完成了第三次文物普查地图的初次校验工作。积极解决刘春霖墓的安置问题。由市委督查室牵头，与园林局等相关单位协商解决刘春霖墓有关事宜。刘春霖雕像与状元策碑刻等已制作安装完毕，状元亭已经建设完成。完成两处世界文化遗产预备名录的申报工作。完成北岳庙、刘伶醉烧锅遗址两处全国重点文物保护单位申报列入世界文化遗产名录的相关工作。

【保定市图书馆】 保定市图书馆占地15.56亩，建筑面积1.2万平方米，主楼8层，配楼3层，设计藏书能力100万册，阅览坐席600个，被国务院批准为“全国古籍重点保护单位”、文化部评定为国家二级馆。现有藏书75万册，其中古籍文献13万册，经专家鉴定的古籍善本有1.2万册，先后完成了“第四批国家珍贵古籍名录”、“河北省第一批珍贵古籍名录”、“河北省重点古籍保护单位”的申报工作，馆藏古籍15种收入国家珍贵名录，44种63部古籍入选“河北省珍贵古籍名录”。全年共完成报纸期刊征订490种，购置、加工、上架新书9000多册。购置报纸期刊触摸屏两台，年接待读者约17万人次，外借图书约15万册次，月均流通量约1.6万人次。

开展燕赵少年读书活动。2012年燕赵少年读书活动以“体验阅读快乐，放飞科学梦想”为主题。对宣传工作进行了精心部署，由中小学生阅览室制定了活动实施方案，在图书馆楼前悬挂宣传横幅，用醒目标志引起社会关注；印制宣传展牌和资料，向来馆读者和各学校散发；对读书活动给予详细介绍；在与保定市特教中心举行的“体验阅读快乐，放飞科学梦想”启动仪式上，为孩子们送去荐读图书200册，还为2011年参加活动获奖的孩子们赠送了奖品。特教中心的孩子们用他们的特殊方式表演了精彩的文艺节目，电台、电视台的同志制作了专题节目，在黄金时段向社会播出。并在报纸上也进行了宣传。通过报纸、电台、电视台等媒体广泛宣传，为深入开展读书系列活动创造了条件，提供了很好的社会氛围。在2012年燕赵少年读书系列活动中，共征集绘画作品400多件，征文600多篇，上报省组委会参评。

承办了“河北省公共电子阅览室建设暨文化共享工程基层服务点管理培训班”。5月10日至13日，在涞水县举办了“河北省公共电子阅览室建设暨文化共享工程基层服务点管理培训班”，培训班学员为全省11个地市图书馆馆长及保定市属22个县（市）图书馆馆长共76人。省文化厅副厅长彭卫国、河北省图书馆馆长李春来等有关领导到会参加了培训班开幕式及部分活动。聘请了国家共享中心主任张彦博和副主任李建军、罗云川授课。这次培训班是文化部提出在全国推广公共电子阅览室建设后河北省召开的首次全省市级公共图书馆馆长培训班，为在全省推动公共电子阅览室建设开创了新局面。在展示保定图书馆组织协调能力的同时，也增长了组织大型会议的经验，增进了馆际间的融合和交流。深受与会领导和参会人员的好评。

强化古籍品牌工作。目前保定市图书馆馆藏古籍12万册，善本1万余册，在全省位于前列。20余部古籍被收入《国家珍贵古籍名录》，丰富的古籍成为馆藏中的特色品牌。为此每年市政府投入古籍专项保护经费，市图书馆也连续几年添置专业设备，大力改善古籍保存环境。2012年又完成了“河北省第二批珍贵古籍名录”的申报工作，申报古籍59部。与国家图书馆出版社合作出版了《保定市图书馆藏稀见方志丛刊》，完成了全国古籍普查平台善本部分的录入。善本书影制作基本完成，预计今年下半年将出版“善本书影”一书。为提升古籍从业人员的业务能力和水平，组织参加了国家和省举办的两期古籍保护业务培训。

利用文化信息资源共享平台开展服务。7月15日至8月25日，举办了面对青少年的《绿色网络青春营》宣传发动工作，目的在于培养少年儿童正确利用网络，让网络成为汲取知识的宝库，学习的良师。从“上图讲座”和“国家图书馆讲座”光盘中选取群众关注的热点问题，定期播放，增加了图书馆的服务功能和宣传图书馆的效应，收到良好效果。

加强图书馆基层服务点建设。目前已经建成基层图书服务点13个，扩大了图书馆服务的辐射范围，方便了读者接受图书馆服务的渠道，丰富了群众的业余文化生活。年初又与保定学院、保定职业技术学院续签了文献资源共享协议。与保定市新市区公安局、解放军驻满城县某部签订了集体借阅服务协议。为保定市社会福利院捐赠图书，并建立图书服务点。在地方文献阅览室工作人员的努力下，加强残疾人与公共图书馆的交流和沟通，引导残疾人走进图书馆，享受公共文化服务。受到福利院老师和孩子们一致好评。同时为了提升基层服务点的服务水平，加快了基层点图书交流更新频率，提高了基层服务点工作人员的业务水平和服务能力。为了更好更全面的收集保定市地方文献，形成馆藏保定特色文献库，年内加大了对地方文献的收藏力度。印制宣传册发放到相关单位，在《保定日报》《保定晚报》上发布征集公告。业务人员走访了保定市多家文献单位进行收集。馆藏地方文献的种类不断增加。为了充分利用这些文献，在对地方文献进行标引著录的基础上，还开通了读者咨询电话服务，方便了读者利用。

开展图书馆宣传辅导活动，扩大图书馆影响力。4月23日，是世界读书日，利用省图书馆整理的85块展板，进行了为期20天的展览，激发广大市民爱读书、多读书、读好书的热情，加深对图书馆的理解和认知。在图书馆宣传周期间，到市区裕华路、植物园等人员密集的地方发放宣传单，接待读者咨询。通过宣传活动让更多的市民了解图书馆，走进图书馆，体验公共文化带给他们的实惠。在纪念雷锋60周年活动中，还制作展板宣传雷锋事迹和精神，体现公共图书馆作为文化阵地和文明窗口的作用。为了更好地与县级馆长进行业务交流，促进和提高各县公共图书馆人员的业务能力，实现公共图书馆讲座联盟。于12月24日至26日召开公共图书馆馆长年度工作会议，参加会议的人员共计35人，对2012年工作情况分别进行了汇报发言，同时对2013年全国第五次公共图书馆评估进行了动员，提出了评估工作的具体要求。

（赵立柱　刘永顺）

报　纸

【保定日报社】　保定日报社隶属中共保定市委，是中共保定市委的新闻机构，负责编辑出版发行市委机关报《保定日报》，主办《保定晚报》、《莲池周刊》，开办“全保定”网站。职能是宣传市委、市政府的重大决策，报道各条战线、各行各业在改革开放的社会主义现代化建设事业中涌现出的新人新事、新经验、新气象，反映人民群众的呼声和要求；编辑、报道国际、国内时事新闻。报业传媒有限公司，集印刷、广告、发行、旅游、拓邦继续教育培训中心、阅报栏公司等多业并举，走上了报业集团化经营、产业化发展的道路。《保定日报》是保定市委机关报，注重政策性、权威性、指导性，对开八版，发行量为7万多份。《保定晚报》为服务城镇居民生活报，注重知识性趣味性，四开32版，发行量为9万多份。《莲池周刊》集生活资讯、消费信息、休闲娱乐之萃，八开50版，发行量为4万多份。《保定日报》《保定晚报》《莲池周刊》日发行总量20多万份，受众达300万人次。

党委书记 社　　长	陈永健
总　编　辑	许顺兰（女）
党委副书记 副　社　长	高群占（7月离任）
副　社　长 报业传媒有限公司总经理	展　宁
纪委书记	李玉臣
副　社　长	张培英（女）
副　总　编	贺广君
副　社　长	王大山

【概况】　2012年，《保定日报》《保定晚报》《莲池周刊》把握正确舆论导向，紧跟中心工作，加大新闻宣传效能，重点开展了执行力亮剑行动，改善“两个环境”的宣传，在抗洪一线开展“走基层、转作风、改文风”活动，推出“保定油条哥”善美保定典型，学习贯彻十八大精神宣传，建设京畿强市善美保定。《保定日报》在中国报业协会“发展创新、经营管理”十佳评选活动中，荣获“优秀报纸奖”，并获“2011－2012中国品牌媒体百强——地市党报品牌影响力十强”。《保定晚报》被省委宣传部评为“走基层转作风改文风”省级先进集体。《莲池周刊》荣获“全国城市周报十强”、“全国城市周报特色项目”和“中国地方都市类报纸最具成长性十强”。“全保定”网荣获“河北省百佳优秀网站”。在全省新闻奖评选中，《保定日报》《保定晚报》《莲池周刊》共获四个一等奖。全年在省以上主要媒体刊发稿件827篇。聘请资深办报专家，每月开展《保定日报》《保定晚报》《莲池周刊》阅评工作，共撰写4万多字的点评意见，同编辑部反馈、互动，提高办报质量。每月开展好新闻评选活动，共评出社好新闻36篇，激发记者出精品、写力作的热情。

保定日报社获“河北省文明单位”，实现四连冠。在“全国精神文明建设先进单位”的基础上，又被评为“全国文明单位”。在连续三届获得全国报业管理先进单位的基础上，再次荣获全国报业经营管理优秀单位、“中国报业广告年度创新奖”。同时被评为“全省文化体制改革工作先进单位”和“全省经营管理先进报社”。保定日报社党委被市委、市政府授予“工作实绩突出单位”，实现八连冠。报业广告公司荣获中国报刊广告经营先进单位，发行公司连续六次被评为“全国自办发行先进集体”，印刷厂又荣获全省印刷质量精品奖。此外，还获得“文化名城建设先进单位”等50多项荣誉称号。

【《保定日报》把握导向关注民生】 市委十届三次全会召开后，《保定日报》创新宣传形式，策划20个系列彩色整版，对全会精神进行全方位解读。在执行力亮剑、着力改善“两个环境”宣传活动中，推出重点稿件300多篇，重点策划了“亮剑”会客厅活动，开辟“着力改善两个环境·曝光台”专栏，加强与职能部门沟通互动，及时曝光负面典型。根据市委、市政府阶段性重点工作，相继推出“新春走基层”、“两会”专题报道、“7·21”抗洪抢险等系列宣传。春节放假期间，高标准完成省委书记张庆黎到保定考察工作和市委书记许宁春节期间调研的报道任务。“两会”期间策划了“两会特刊”。围绕“科学发展成就辉煌”这一主题，在头版开辟“学习贯彻十八大精神建设京畿强市善美保定”等专栏，推出系列评论员文章，日均发稿3000字以上，同时，策划“庆祝党的十八大召开”大型系列专版，多角度、全方位展现了全市上下在十八大精神鼓舞下，推动工作的新思路、新举措。在全省好新闻评选中，《保定日报》作为唯一一家地市级媒体，新闻稿件和版面同时荣获一等奖。

【《保定晚报》全新改版打造精品】 2012年《保定晚报》全面改版，创新版式风格。新版采取A、B、C三叠组合形式，A版为本地新闻，着力打造“第一事件”、“民生”、“城事”等16个版，突出新闻时效，稿件贴近民生，资讯便民实用。实行首席名编辑、名记者等激励机制，激发编采人员工作热情，采写出“关注出租车乱象”、“供热困局调查”等一批新闻报道，引起职能部门关注。挖掘“善美保定”典型，率先报道并连续刊发保定“油条哥”刘洪安诚信经营的故事，弘扬新时期保定精神，引起央视、新华社在内的众多媒体关注。《中国记者》等国家、省级刊物推介了《保定晚报》的办报经验。B版为公共新闻，C版开办《女人帮》、《乐游》等周刊，发展5000名晚报小记者，开办教育周刊，延长读者链。《保定晚报》推出官方微博和“云报纸”，创新新闻传播模式，“云报纸”首发当日点击量达到2000台（次），巩固扩大读者群。理顺《今日白沟》采编、发行、广告运行机制，提高办刊质量，拉动了经营创收，扩大了《保定晚报》在白沟新城及京南保东一带的影响力。

【《莲池周刊》新闻鲜活信息实用】 着眼本土化、服务性，《莲池周刊》加大策划力度，先后推出《“多院合一”破解养老难题》、《放心早餐的“正能量”》等一批新闻专题。打造“新闻关注”、“生活指南”、“楼市专刊”等版块、栏目，组织开展“行摄天下”摄影大赛等系列活动，增强服务性、趣味性、参与性，开通微博开展形式多样的零售促销活动，加强与客户互动。

【“走基层、转作风、改文风”活动见实效】 为进一步贴近读者，推出“走转改·一线体验”、“晚报记者在现场”等专栏、专版，《保定日报》编辑部聘请了20名“百姓记者”，《保定晚报》编辑部在100个社区挂起“晚报社区记者联络牌”，开通24小时新闻热线，倾听民声、关注民情。在“7·21”抗洪救灾中，日报晚报编辑部全力以赴，编采人员主动请缨，克服道路被毁、通讯中断等诸多困难，第一时间赶赴灾区一线，在版面上打破常规，策划“7·21”抗洪抢险纪实大型系列报道，推出系列专版36个，刊发相关稿件（照片）500多篇（幅），全方位、多角度宣传全市上下同心，用大爱救大灾的生动事例，弘扬保定抗洪精神，为夺取抗洪救灾和经济发展“双胜利”营造了强大舆论强势。

【对外宣传保定工作实现新突破】 保定日报社举全社之力，加强和改善对外宣传保定工作，编采人员紧扣建设“京畿强市善美保定”、开展执行力亮剑行动等市委、市政府中心工作，全力攻大报，对外发稿数量、质量实现新突破。全年共在中央和省级主要媒体发稿827篇。其中，在省级媒体刊发《保定“执行力亮剑行动”促发展》等头版头条13篇。6月13日，同时在《河北日报》、《河北经济日报》刊发了头版头条，并在《经济日报》刊发一篇倒头条。组织以“善行河北、善美壮歌”为主题的抗洪救灾摄影展赴省会石家庄展出，从近万张图片中精心筛选出200多幅，展出面积1000平方米，展现用大爱救大灾的生动场面，赢得社会反响。

【经营收入、经济效益取得新业绩】 年内，受经济环境和宏观调控影响，全国报刊经营收入整体大幅下滑。保定日报社完善经营机制，突出主业、多元发展，拉动经营创收，经营工作取得新业绩。报业传媒有限公司实施分媒体经营，策划举办“首届保定旅游美食节”、“2012春季车展”、“保定金融理财博览会”、“榜样保定”等系列文化商业活动，带动形成了投放热点。全保定网博道网络科技公司团购业务进一步成熟，服务商家1000余家，成功举办频道两周年大型活动；运作“易百事”分类频道、“同城百货”电子商务项目，“爱优客”DM刊，成为网站新的增长点。拓邦教育培训中心开办婚庆主持、学生夏令营等项目；报业旅行社拓展出境旅游产品，升级为国际旅行社。保定日报社党委把发行工作列为报业发展的重中之重，成立报刊发行策划领导小组，科学分析市场，实施全员订报等措施，发展新的团体订户。发行公司增加一线投入稳定队伍，开展技术练兵鼓舞士气，实施有效发行策略，提前征订抢占市场份额。与市高级酒店、银行、汽车4S店等合作，开展“报架进千家”活动，吸引巩固高端消费人群。印刷厂在新增印刷设备的基础上，抓管理、提效能、拓市场，报纸全年印量2.7亿印张，印刷时效达到99%，连续14年获得全省印刷质量精品奖。印刷厂开展“经营成本控制年”活动，细化原辅料出入库管理制度，降低损耗节约成本。扩大外活承揽，使外活占比达到50%。

（刘国辉　陈　冬）

广播电视

【保定广播电视台】　保定广播电视台是保定市委所属的正县级经费自理事业单位。主要职责是：宣传贯彻党的路线、方针、政策，坚持正确的舆论导向；负责时政新闻的报道，完成市委、市政府交办的广播电视宣传任务；负责制作、播出和转播广播电视节目，丰富人民文化生活；负责广播电视产业经营，提供广播电视广告服务。目前拥有四套广播频率、三套电视频道、一个网站和“广播电视报”专业报刊。

党委书记 台　　长	李成果
党委副书记 副 台 长 总 编 辑	王建立
党委委员 副 台 长	刘继忠
党委委员 纪委书记	朱丽娟（女）
党委委员 副 台 长	温　清（11月任）

【概况】　2012年，保定广播电视台以喜迎十八大、学习宣传贯彻十八大精神为宣传主线，在全面提升舆论引导能力的同时，积极推进技术事业发展、经营创收、队伍建设等工作。全台在改革中求发展，在发展中谋长远，化压力为动力，化危机为契机，围绕中心、服务大局意识更加明确，干事创业的作风不断加强，在克服诸多不利影响下，各项工作得以健康发展。

【新闻宣传坚持正确的舆论导向】

全年，围绕全市中心工作、紧扣不同阶段宣传重点、统筹宣传资源，精心策划报道。年内电台、电视台、《广播电视报》先后推出“落实省委‘三自六不’要求深入推进执行力亮剑行动”；“加强基层建设年活动”；“贯彻市委十届三次全会精神，努力建设京畿强市、善美保定”；“科学发展成绩辉煌”；“来自抗洪抢险一线的报道”；“贯彻党的十八大精神着力改善两个环境”等40多个专栏。

在重大报道活动中以主流媒体的姿态彰显时代强音。党的十八大宣传报道，提前组织、精心策划，所属各媒体相互协调联动，内宣、外宣有机结合，报道亮点频现，取得良好宣传效果。“7·21”抗洪抢险报道，承担起了应有的社会责任，置身采编一线，协调配合，创出了抗洪抢险及灾后重建报道多个全市第一。昼夜赶制的电视灾情汇报片《用大爱救大灾》得到省、市领导充分肯定。全台多个部门或个人获得抗洪抢险先进集体、先进个人称号。在树立“京畿强市，善美保定”形象宣传中，将日常报道与培树典型结合、新闻宣传与专题节目宣传结合，年内报道了《豆腐哥臧双平》、《献血哥于盈申》、《最美乡村女教师刘一村》、《为留守儿童建幼儿园的邱妈妈邱淑芬》、《抗洪抢险中英勇献身的“飞镖哥”》等一大批有影响的保定好人、保定好事。特别是“油条哥”报道，着眼大局，多次组织在中央台、河北台重要新闻节目中宣传油条哥事迹；协调省电台将刘洪安请进直播间专题报道；并联系陕西、浙江、湖北等外地省、市电台和电视台，为“油条哥”刘洪安事迹走出保定做出贡献。

年内，按照“保三争二”的目标，大力支持对上报道工作。全年所有全市性重大活动以及十八大召开等重要时间节点，都做到了在省台、中央台发稿，传达保定善美之声、汇集保定正能量。在协调争取下，6月易县县委书记杨义宝做客中央人民广播电台中国之声《政务直通》节目，向全国宣传推介易县。10月，中央人民广播电台台长王求率“倾听河北”采访团到保定开展“走转改”采访，全台抓住机遇，配合完成大量前期采访，采访的内容两次在中国之声主要节目头条播出。

广播外宣在中央台发稿再次获得“全国十强”，在河北台发稿继续保持全省第三名；电视外宣在中央电视台发稿近90篇，在省台发稿722篇，在全省位列第三名。广播、电视外宣工作双双保持了全省先进位次。年内，新闻宣传工作做到了主题宣传与重要会议、重要活动、重要时间节点相结合；市内宣传与对上报道相结合；新闻宣传与公益广告宣传相结合。广播、电视与报纸、网络多媒体联动相结合，创新了形式，提高了宣传效益，促进了“京畿强市、善美保定”形象的树立，为全市中心工作营造了浓厚舆论氛围。

【节目改革稳步推进】 广播电视台媒体影响力得到回升，区域主流媒体地位得到强化，尽快实现保定广播电视事业的整体科学发展。一是建立健全广播电视节目管理考评体系。引进索福瑞、尼尔森公司进行广播电视收视率、收听率调查。将调查结果和专家、受众评委意见一起，作为节目考核奖惩的主要依据，使节目评价考核体系更科学、更实用。二是积极推动广播电视品牌节目建设，靠品牌兴台。上半年成功举办了“保定广播电视台首届主持人大赛”，为品牌兴台发现、储备了一批播音主持人才；下半年，成功举办了《行风热线》开播十周年暨“善美保定行风之星”大型评选活动，进一步提升了《行风热线》的品牌价值。各频率、频道，各节目、栏目也纷纷以品牌建设为导向，精办节目。电视《清风》栏目融入影视剧表现手法，增强了节目可看性，被省纪委作为典型在全省推广。电视《文化七日行》栏目推出了《走基层·保定非物质文化遗产巡礼》主题报道，用视频方式记录文化资源，完善了保定市非物质文化遗产资料。广播《新闻夜总汇》节目推出《读照片、看文明》活动，拓展了广播新闻的表现范畴。年内在继续强化《保定新闻联播》、《360新闻眼》、《行风热线》等老品牌的同时，《快乐起航》、《警方报道》、《新闻夜总汇》、《997如此听说》、《欢乐出行》等一大批新品牌节目影响力逐步上升。三是认真做好“保定广电”整体品牌推广工作，大力增强社会影响力。积极参与社会活动，配合市委宣传部主办了“大灾显大爱——7·21抗洪救灾大型募捐晚会”，为灾区募集到价值上亿元的款物；为弘扬“油条哥”精神，推出根据刘洪安事迹创作的歌曲《油条哥》；新闻广播与河北台两个频率共同发起“山火无情人间有爱－－救助易县烧伤女孩李培活动”；交通广播再次成功举办“爱心送考”活动。电视成功举办了“2012年保定市春节联欢晚会”，并在2012年度全省春节文艺晚会评选中获二等奖；经济广播的《跟着老电影游保定》参加了“全国电台春节节目大联播”与全国20多家电台的节目进行交流等；还先后举办了大型观众参与互动节目《欢乐达人秀》、“六一”儿童节晚会、《声动古城》语言展示、“保定好人评选”等系列活动，为树立“保定广电”整体品牌，扩大媒体影响力起到推介作用。四是进一步推进频率类型化改革，逐步形成广播电视台所属各媒体整体呼应、互为补充的竞争格局。继续积极推进各频率、频道类型化步伐，引导广播电视台所属广播、电视、报纸、网络各媒体形成整体效应、互为补充的竞争格局。广播新闻、经济、交通、城市服务频率类型化节目体系在进一步增强的基础上，对城乡联盟长书广播进行了节目调改，形成类型化长书广播的节目架构。电视新闻、经济生活、文化娱乐频道自办节目严格按照频率定位方向改革，各频道整体节目风格越来越明显，初步具备类型化频道特征。广电报年内进行了版面改革与探索，报纸影响力得到有效加强。五是大力推进全台业务素质建设，全台创优能力得到回升。年内，获得省、市级业务作品奖励上百件。其中广播《只为一个永远的约定》、电视《为了总书记的嘱托——石家统生态文明旅游村建设纪实》、广电报《对驾车陋习说拜拜》等获得河北新闻奖一等奖。《红歌传奇》等数件作品获得河北广播影视节目奖一等奖。播音作品《今日准新闻》等获得河北播音主持奖一等奖。

根据尼尔森调查显示，广播整体竞争力在保定上空居于强势地位。广播新闻频率、交通频率收听率居于保定区域前3位。特别是广播新闻频率获得‘金长城传媒奖2012中国十大影响力城市广播电台”奖。索福瑞调查显示，电视自办节目各项主要指标都处于稳步提升状态。

【健全播出保障体系】 加强了技术改造力度。在经费紧张的状况下，投入大量资金对白石山、抱阳山、黄山发射台更新了设备、对电视播出进行了设备改造。对播出系统核心设备视频服务器、数据服务器进行了更新和软件升级，提高了安全播出的系数。积极健全技术发射工作机制。建立了事前部署、事中调控、事后检查的管理模式，完善应急预警机制和监测调度指挥机制，加强安全播出的规章制度、操作规程、应急处置等业务培训，提高了技术人员处置突发事件、排查技术故障的能力。完成了“十八大”、市“两会”、“市抗洪表彰重建动员广播电视大会”、“市着力改善两个环境动员大会”等数十次重要安全直播任务。广播电视全年安全完成现场直播、转播、录制工作达100余场次。

【规范经营秩序和管理】 按照确定的经营思路和模式，对电台经营创收重点抓巩固、调整；对电视台、广电报经营创收重点抓规范、提高。一是更新经营观念，优化广告品牌、客座结构，留出更多时段精办节目，以优质节目促效益提高。二是完善机制，严格管理，有效堵塞了收入中的“跑漏”，规范了经营秩序，激发了业务人员的积极性。

（赵晓波）

卫生·体育·旅游

卫　生

【保定市卫生局】　保定市卫生局是主管全市卫生工作的市政府工作部门，负责统筹规划与协调全市卫生资源配置，指导区域卫生规划的编制和实施。组织实施农村卫生发展规划和政策措施。负责新型农村合作医疗的综合管理。拟订社区卫生、妇幼卫生发展规划和政策措施。规划并指导社区卫生服务体系建设，负责妇幼保健的综合管理和监督。负责疾病预防控制，拟订实施重大疾病防治规划与策略，拟订全市免疫规划及措施，有关部门对重大疾病实施防控与干预，发布法定报告传染病疫情信息。负责卫生应急工作，拟订卫生应急预案和措施，负责突发公共卫生事件监测预警和风险评估，指导实施突发公共卫生事件预防控制与应急处置，发布突发公共卫生事件应急处置信息。拟订中医药中长期发展规划，并纳入卫生事业总体规划和发展目标。指导规范卫生行政执法工作，按照职责分工负责职业卫生、放射卫生、环境卫生和学校卫生的监督管理，负责公共场所和饮用水的卫生安全监督管理，负责传染病防治监督。推进公立医院改革，组织建立规范的公立医院管理体制和运行机制；负责医疗机构医疗服务的全行业监督管理，拟订医疗机构医疗服务、技术、医疗质量和采供血机构管理的规范、标准，组织拟订医疗卫生职业道德规范，建立医疗机构医疗服务评价和监督体系。组织拟订卫生科技发展规划，组织实施重点卫生科研攻关项目。参与拟订医学教育发展规划，组织开展继续医学教育和毕业后医学教育。指导卫生人才队伍建设工作，组织拟订全市卫生人才发展规划，会同有关部门拟订卫生专业技术人员资格标准并组织实施。组织指导卫生方面的国际交流合作，开展与港澳台的卫生合作。负责市保健对象的医疗保健，负责市直部门有关干部医疗管理，负责重要会议与重大活动的医疗卫生保障。承担市爱国卫生运动委员会和市防治艾滋病工作委员会的具体事宜。内设办公室、人事处、规划财务处、卫生应急办公室、医政科教处（行政审批服务处、保健处）、妇幼保健与社区卫生处、农村卫生管理处、中医处、食品安全综合协调与卫生监督处、疾病预防控制处、机关党委、老干部处等。

党委书记
局　　长　　杨运杰
党委副书记
副 局 长　　徐顺通
党委副书记
调 研 员　　李光平
党委委员
调 研 员　　杨　瑛
党委副书记
纪委书记　　宋天锁
党委委员
副 局 长　　郭淑芹（女）
　　　　　　王实达
副 局 长　　葛长青

【概况】　2012 年，保定市卫生工作按照国家和省、市卫生工作安排部署，抓住深化医药卫生体制改革这条主线，实施医疗服务、疾病预防控制、卫生监督三大体系建设。落实卫生支农、健康促进、医疗惠民、医院管理、项目建设等重点卫生工作，各项工作取得了较好成绩。各级政府财政投入力度持续加大，全市医疗卫生总投入 75.2 亿元，其中财政性支出 42.5 亿元，同比增长 20%，有力保障了医改工作顺利推进及各项医疗惠民政策的全面落实；基层医疗卫生机构运行新机制初步建立，基本药物零差率销售全面推开，绩效工资考核制度认真实施，作为县级公立医院综合改革试点的唐县人民医院走在全省前列；新农合筹资补偿标准不断提高，公共卫生服务项目全面落实，重大疾病防控、卫生监督工作扎实开展；卫生基础设施项目建设加快推进，村卫生室标准化建设基本完成；卫生行风建设进一步好转，医疗卫生服务能力和水平得到新提升；中医药“治未病”和养生保健试点工作受到国家中医药管理局肯定；列入市委、市政府的3件惠民事项及《〈市政府工作报告〉2012年工作落实方案》的16项重点工作全部如期完成；面对“7·21”洪灾、“10·6’爆炸案等突发事件卫生医疗保障任务，卫生队伍经受住了考验，为全市和谐稳定做出贡献。

年末全市共有医疗卫生机构14037家，其中省驻保医疗机构4家，驻军医院2家，市直医疗机构13家，县级综合医院25家，县级中医院22家，县级妇幼保健院（所）25家，厂企医疗机构24家，乡镇卫生院311所，村卫生室12081所，民营医疗机构1427家，城市社区卫生服务机构105家；三级甲等综合医院2家，三级甲等专科医院1家，纳入三级医院管理4家。

【公立医院改革】 作为省、市、县级公立医院改革试点的唐县人民医院把破除以药补医机制作为突破口，积极探索落实政府办医职责、调整医药服务价格和改革医保支付方式等综合措施推进改革，做到了“两降低、四提高”，即药品“零差率”销售药费降低，大型设备检查费降低10%；手术费、护理费、住院诊查费、治疗费有所提高。县级公立医院改革试点工作走在全省前列，省卫生厅先后两次在该院召开现场会，经验做法在中央电视台、《健康报》和河北电视台进行报道。

【基本药物制度】 基层医疗卫生机构运行机制进一步完善，初步建立了体现公益性的管理体制、具有竞争性的用人机制、带有激励性的分配机制和长效性的财政保障机制。基本药物制度实施范围向村卫生室延伸。截至年底，全市5975个村卫生室实行基本药物零差率销售，占99.93%，药品价格比上年同期下降了40%。药品省网集中采购工作全面落实。全市二级以上公立医院和政府办基层医疗卫生机构全部实行药品网上集中采购，实行零差率销售的村卫生室所需药品由乡镇卫生院统一采购，基层医疗卫生机构运行机制和基本药物制度更加巩固完善。

【新型农村合作医疗】 全年共有807.6872万人参加合作医疗，参合率达96.52%，筹资标准提高到290元/人，报免年封顶线提高到7万元。重大疾病医疗保障工作全面开展，支付方式改革和门诊统筹工作实现全覆盖，市级定点医疗机构全部实行出院即时结报。推行记分量化管理，开展新农合基金安全集中稽查活动，强化新农合基金运行分析及风险预警监测。截至年底，共补偿参合农民2319万余人次，补偿资金23.52亿余元。

【公共卫生服务】 一是认真贯彻“预防为主，防治结合”方针，重大传染病得到有效防控，全市未发生聚集性暴发疫情。“五苗”报告接种率达到99%以上，乙肝首针及时率达96.79%。二是卫生应急工作成效显著。开展应急演练，提高应急处置能力。蠡县一次性通过国家卫生应急示范县评审，成为全国首批获此殊荣单位。三是食品安全风险监测、卫生监督、职业病、地方病防治工作取得新成效。四是全面落实公共卫生服务项目。全市城乡居民电子建档率分别达到94.74%、80%。农村孕产妇住院分娩补助94396人，住院分娩率达到99.8%，补助金额3.7亿余元。免费为900名白内障患者进行复明手术。

【卫生支农】 在提高为民服务水平上下功夫，加大卫生支农力度，派出465名医务人员对口帮扶144所乡镇卫生院。全市5500多个卫生建设项目全部按时完成，6217个行政村卫生室完成了标准化建设，培训基层卫生人员1万余人。特别是“7·21”特大洪灾后，根据实际情况，在“1带X帮扶工程”基础上，推出“5+1”（5个县对口帮扶一个灾区县）帮扶机制，从硬件方面全力对灾区县卫生工作予以支持，要求乡镇卫生院的重建与修复，要采取一院一策的原则，使房屋更牢固，规模更适当，功能更合理和更适用。

【卫生项目建设】 市直医疗卫生单位建设项目列入惠民事项和《政府工作报告落实方案》的共6个，其中新开工项目1个，续建项目5个。市第一中心医院门诊综合大楼改扩建项目，计划建筑面积6.5万平方米，包括5层门诊楼、6层医技楼、21层病房楼（800张床位）。建设内容包括门诊、医技、病房、地下停车场等，主要功能为各科室门诊用房、专业诊室、体检中心等。建设总投资预算近4亿元，建设工期计划2年零6个月。续建项目中，市中医院改扩建项目已完工，部分投入试运行；市第二中心医院门诊综合楼改扩建项目一期完工投入使用，二期年底竣工并投入使用；市急救中心迁址新建项目正在进行主楼外窗安装及内外装修，能完成年度建设任务；市儿童医院迁址新建项目；市中心血站迁址新建项目开始地上三层主体施工，分别完成投资5000万元。

县（市、区）卫生建设项目。2011年底下达县（市）建设项目37个，3个县级医院已进入主体施工阶段；11个乡镇卫生院全部完工；13个监督所项目已完工2个，在建4个，其他正进行前期准备；10个急救中心已完成4个，在建3个，其他正进行前期准备。“一村一室”和基层建设年项目。3月份省下达标准化村卫生室建设项目4967个，已完工3104个，完工率62.49%，其他均已开工在建。基层建设年追加资金3858万元重点帮扶643个村卫生室建设，已全部完工，并顺利通过省级验收。“7·21”灾后重建项目。全市卫生系统790个恢复重建项目已全部开工，完工率达94.81%。其中3所县级医疗卫生机构（易县医院、易县中医院、易县妇幼保健院）全部完成改建任务，44所乡镇卫生院按重建规划进入主体施工阶段，7所乡镇卫生院（涞源4个、易县3个）已完工，739所标准化村卫生室已全部完工。

【中医药工作】 组织召开了全市中医药工作大会，积极支持、指导安国“中药都”建设；规范管理中医养生保健行业，全面开展中医“治未病”工作。保定市被国家中医药管理局确定为全国中医药“治未病”试点区和全国中医养生保健试点区，参加了全国治未病工作会议，并作典型发言。深入开展“百名名老中医进太行”大型公益活动，把中医药“简、便、验、廉”的优势服务送到农民家门口，让农民真正得到实惠。《健康报》、《中国中医药报》、《河北日报》、《河北卫生》杂志等媒体对此先后进行报道，在全国“中医中药·中国行”经验交流会上介绍了经验，获“中医中药·中国行特别贡献奖”。

【突发事件应急处置】 年初把十八大安保工作作为一项重要政治任务来抓，多次对市直单位安全稳定工作进行督导检查，组织突发事件应急演练，认真落实“五包一”稳控措施，实现了市委提出的“大事不出、小事也不出”的目标。“7·21”特大洪灾发生后，先后派出484名医护人员、451名防疫人员，接诊患者2701人；向灾区发放漂白粉13吨，漂白精片2488瓶，84消毒液16890瓶，确保灾区群众病有所医，大灾之后无大疫。面对突如其来的“10·6”爆炸事件，迅速启动应急预案，第一时间赶赴现场。先后出动救援人员130余人次，车辆30台次。及时邀请国家和省级专家会诊，没有一例伤员因救治不力而死亡，受到省、市领导好评。

【党建与行风】 市卫生局以“修医德、强医能、铸医魂”主题实践活动为抓手，6月，开展卫生系统“修强铸”主题演讲竞赛活动，颂扬高尚医德优良医风，推动活动健康持续深入开展。建立“全面对标、认责承诺、夺旗争星、亮牌示范”四项机制，深入开展创先争优活动。加强思想教育，深化“修医德、强医能、铸医魂”主题实践活动，行业作风建设进一步加强。在全市29个经济社会管理部门行风评议中，市卫生局取得综合排名第2的好成绩，市卫生局局长杨运杰被授予全国医药卫生系统创先争优活动指导工作先进个人，市卫生局副局长郭淑芹被授予全国医药卫生系统创先争优活动先进个人，唐县人民医院被授予全国医药卫生系统创先争优活动先进集体。

同时，抓教育，筑牢拒腐防变的思想防线；抓源头，推进诚信体系建设；抓管理，落实党风廉政建设责任制；抓创新，“制度+科技”的权力运行监控机制实现全覆盖。加强公务用车配备使用管理，加强信访举报案件核查工作，建立案件协查工作机制，全市卫生系统教育、制度、监督并重的惩治和预防腐败体系初步建立。

【白求恩文化工程】 分期分批组织全系统干部职工参观唐县白求恩纪念馆，用白求恩精神强化医德修养。编辑了《白求恩——医药卫生工作者的楷模》一书，使卫生系统文化内涵得到丰富和发展。在全系统营造了自觉学习、大力传承、主动践行白求恩精神的创先争优氛围，涌现出了第一中心医院院长郭淑芹、中医骨科主任贾向晖、市第二医院特诊科主任牛连英，以及临危不惧、机智勇敢、被网络誉为“最美医生”的急救中心急诊医师魏小华等先进典型。特别是涌现出了县级公立医院改革先锋——唐县白求恩纪念医院院长吴立国，被卫生部、中央电视台评为“全国特别关注乡村医生”荣誉称号，受到国务院总理李克强接见的涿州市刁窝乡刁四村卫生所乡村医生周松勃。

（贾世杰　肖建军）

【保定市第一中心医院】　保定市第一中心医院是一所三级甲等综合医院，河北省卫生厅确定的四个地市级区域医疗中心之一。有总院和东院两个院区，占地面积167亩，省卫生厅核编床位1300张，实际开放床位1600张，高峰住院患者1735人；两个院区共有75个临床及医技科室。高级职称医务人员309人，博硕士学位研究生272人，保定新世纪学科带头人51名。15人担任保定市医学会、医师学会专业委员会的主委。内分泌科为省级重点学科和专科，中医骨科是省级中医重点专科，眼科、骨科是保定市久负盛名的重点学科。心胸血管外科、心血管内科、神经内科、重症医学科等十几个骨干科室市内优势突出；开展的科研项目连续7年在市卫生系统排名第一。为河北医科大学、承德医学院等医学院校的非隶属关系附属医院，承担河北医科大学四、五年级学生的临床教学和实习任务。医院引进的64排64层螺旋CT、SPECT、3. 0T核磁共振、FT－20血管造影机、直线加速器等百余台件大型医疗设备可为临床诊治提供良好的支持；所开展的先进技术如各种先心病矫治、心脏瓣膜置换、心脏不停跳冠脉搭桥术；急性心梗的急诊冠脉造影及支架植入术、埋藏式心律转复除颤器及心脏起搏器植入术、房颤射频消融术；眼科超声乳化人工晶体植入术、玻璃体切割术；骨科断肢（指）再植术，前后路单、双开门手术治疗颈椎病；胸、腹、宫腔镜下各种微创手术等高新技术均达到国内先进水平。

医院连续11年被保定市委、市政府考评为“实绩突出单位”，是“全国精神文明建设工作先进单位”、“全国工人先锋号”、“全国卫生系统先进集体”、“全国医德建设先进集体”、“全国卫生文化建设先进单位”。院长郭淑芹是第十届、十一届、十二届全国人大代表，曾获全国先进工作者、全国优秀院长等荣誉。

【保定市第二中心医院】　保定市第二中心医院（保定市红十字会医院）为保定市卫生局直属医疗单位，位于涿州市区，是保定市唯一一所驻外医疗机构。经过近60年的不懈努力，医院已发展成为一所集医疗、科研、教学、预防保健、急诊急救、公共卫生事件应急处理为一体的现代化综合性医院，是国家三级综合医院，省级爱婴医院。医院开放床位813张，拥有在职职工1381人，卫生技术人员1187人，高级职称医务人员91人，中级职称医务人员165人，初级职称医务人员676人。长期与北京各大医院开展技术协作与交流，与国内外医学学术前沿接轨。医院临床一级科室设有急诊科、重症医学科、内科、外科、妇产科、儿科、中医科、耳鼻喉科、口腔科、眼科、皮肤科、麻醉科、康复医学科、肿瘤科、预防保健科、心理咨询门诊、感染性疾病科等一级临床科室。临床二级科室中内科下设心血管、呼吸、消化、血液、肾病、神经、内分泌、老年病科八个二级分科。呼吸内科、神经内科、心内科、胸外科、骨科、产科、麻醉科、耳鼻喉科等多个科室的诊疗水平已达到国内先进程度。

医院有固定资产1. 617亿元，占地面积114. 76亩，业务用房面积5. 71万平方米，年业务总收入3亿多元，投资兴建的12层住院楼于2007年6月正式投入使用，设备先进，功能齐全。原有住院部东楼和西楼装修一新，住院部南楼于2011年8月、新门诊楼一期工程于2012年6月完工并正式投入使用。病房内设有独立卫生间、中央空调、中心供氧、床头传呼、桥式吊塔等先进设施，拥有价值千万元以上飞利浦64排CT一台，西门子医用直线加速器一台，百万元以上医疗设备14台件，如德国西门子X线造影系统（大C）、美国IU22、IE33四维彩超、核磁共振、德国数字摄影系统（DR）、口腔曲面断层全景X光机、钼靶乳腺照相机等先进医疗设备。尤其层流手术室、ICU病房的医疗设施已达到国内先进水平。

【保定市第三中心医院】　保定市第三中心医院始建于1937年，是一所集医疗、教学、科研、预防、保健于一体，技术力量雄厚，设备先进，管理科学的综合性二级甲等医院。原名为保定铁路医院，自2004年7月与铁路主辅分离，归属保定市实行属地化管理。2005年3月1日更名为保定市第三中心医院。2006年4月25日，被市政府指定为市唯一的惠民医院。2007年6月22日，增挂红十字救助医院的牌子，2008年，经市政府批准，将原保定市博爱医院划归三中心医院，并增挂了慈善医院的牌子。医院总资产共计16739441. 3元，年收入6000万元。占地面积25015. 6平方米，建筑面积15075. 75平方米，设置床位数224张。在编职工305人、临聘人员55人；其中正高职人员9人、副高职人员21人、中级职称人员135人。医院特色专科有肛肠专科、传染病专科、不孕症专科、耳鼻喉专科、糖尿病专科和按摩科等。

【保定市第一医院】 保定市第一医院始建于1904年，是一所有着百年历史的古老医院。经过109年的发展，已成为市级医疗机构中规模较大、综合实力较强、集医疗、教学、科研、康复、预防保健、社区医疗服务为一体的综合性大型医院，同时也是河北大学、承德医学院的非隶属附属医院。已通过三级医院评审，被河北省卫生厅纳入三级医院管理。是卫生部在保定市设立的唯一一所脑卒中筛查与防治基地医院。医院占地31433.84平方米，建筑面积62758平方米。17层病房楼建筑面积26400平方米；住院/医技/门诊综合大楼5900平方米。医院开放病床600张。平均床用率在96%～120%，平均住院日11.1天，抢救成功率90.7%。医院病房楼进行了高起点、高标准、高质量的设计和规划，配有中心供氧、吸引、呼叫系统、医院信息化管理系统、中央空调系统、消防安全监控系统、监护系统、通讯网络系统、电视电教系统等现代化设施。医院职工总数1149名，其中专业技术人员943名，占职工总数的84%，护理人员443人。各专业科室的科室主任均具有副主任医师以上专业职称。博士、硕士研究生98人，副高职以上人员190人。

医院能全部完成三级综合医院的技术项目。经省卫生厅批准的保定市脑血管病救治中心、保定市脑血管疾病研究所和耳鼻喉头颈外科研究所在该院成立。医院设临床科室35个，医技科室22个，职能科室25个。神经内科、神经外科、肾内科、耳鼻喉科为市级重点专科。心血管内科、心胸血管外科、普外科、消化内科、骨外科、泌尿外科、呼吸内科、内分泌、血液科等学科优势突出，所开展的高新技术均达到国内先进水平。医院投入近8700万元，引进10万元以上国内外先进仪器设备118台。其中包括西门子1.5T开放式核磁、日本东芝64排CT等1000万以上设备共2台；美国曲光度治疗仪、日本C臂造影系统、GE双层螺旋CT、多用途数字遥控胃肠机、日本奥林巴斯胆道镜、胃肠镜、十二指肠镜、DSA、德国小巨人碎石系统、体外循环机、骨关节镜等百万元以上先进设备20台，为临床诊断和治疗提供了有效保证。

医院重视“人才资源”和人才资本。按照阶梯型人才培养规划，聘请学有成就、卓有建树的专家担任学科带头人，平均每年选拔百余名专业技术尖子和科室骨干到北京301医院、协和医院、阜外医院等知名医院进行学术交流，培养了一大批高精尖人才，部分学科带头人在自己从事的专业做出了显著成效，其中18人被河北省政府授予“河北省三三三人才工程”荣誉称号、41人获“保定市新世纪学科带头人”荣誉称号。选派学科带头人前往日本、德国等国家进行过学术交流及参加国际学术会议。先后引进了多名各学科专家，博士、硕士等人才，现有河北大学、承德医学院聘任的教授、副教授141人，硕士生导师7名。每年获得市级科技进步奖10余项，在国家级核心期刊发表论文150余篇。自1984年以来，每年接收承德医学院、河北大学120余名实习学生来院实习，承担基层医院技术骨干临床专业进修任务，为国家培养了大批优秀医学人才。2007年开始接受带教硕士研究生任务。医院连续多年主要技术指标、社会效益、经济效益、科研成果、社会满意度调查等综合指标位列保定市卫生系统前茅，连续数年荣获市政府实绩突出单位、获全国精神文明建设先进单位、全国卫生系统先进集体、全国医德建设先进集体、省文明单位、省精神文明建设“窗口单位”、省百佳医院、省创建诚信医院先进单位等荣誉称号。

【保定市第二医院】 保定市第二医院始建于1920年，是保定市一所学科齐全、设备先进、人才结构合理、集医疗、教学、科研、预防、保健和康复功能为一体的三级甲等综合医院。医院现有建筑面积4.68万平方米，开放床位720张，设临床、医技科室55个，有职工1163人，其中卫生技术人员908人，副高职称以上155人，硕博士研究生130人；年接诊30余万人次，年收住院1.8万余人次。医院设有医疗专业49个，心脏外科、口腔科为河北省医学重点发展学科，心脏外科、心脏内科、口腔科为保定市医学重点学科，技术水平在保定市居领先地位。血管外科、肝胆外科、泌尿外科、骨科、神经内科、神经外科、耳鼻喉科是医院的特色科室，并在人才、设备和基础设施上形成明显的竞争优势，某些项目达到省内领先或国内先进水平。医院开展新技术200余项，分别获国家、省、市级科学技术进步奖百余项，发表论文近千篇。部分高新技术均达到国内先进水平。

医院拥有美国GE公司SIGNAHDe1.5T磁共振成像系统、德国西门子VB30EC臂造影系统、64排128层螺旋CT、口腔CT、多用途X线数字胃肠诊断系统等大型医疗设备200余台（件），能够为患者提供全面、快捷、准确的检查报告和最先进的治疗手段。医院以医院管理年、医疗质量万里行和创建三级综合医院、创先争优、三好一满意和修医德、强医能、铸医魂等活动为契机，以实施全面质量管理，创新机制，持续改进医疗质量为切入点，使医院实现了全面、稳步发展，同时赢得了上级部门和社会各界的一致认可和广泛赞誉。医院先后被评为“全国诚信文明示范品牌医院”，河北省“文明单位”、“先进集体”，河北省“创建诚信医院活动先进单位”，省卫生厅、人事厅“卫生系统先进单位”等荣誉称号，被河北省人民政府指定为“人身伤害重新鉴定医院”，省司法厅命名为“河北省保定司法医学鉴定中心”，连续多年被中共保定市委、市政府评为“工作实绩突出单位”。

【保定市第三医院/肿瘤医院】 保定市第三医院/肿瘤医院，创建于解放战争年代，由解放军三个后方医院1953年集体转业合并而成，1964年命名为保定市结核病防治院，1972年改为保定市第三医院，1987年增建保定市肿瘤医院。已发展成为集医疗、教学、科研、预防保健、康复、急救为一体，既具有以肿瘤、结核为专科特色，又具有内、外、妇、五官等综合服务功能齐全的二级甲等医院。医院占地面积214.5亩，建筑面积16万平方米，开放病床800张，在职职工800人，其中高级职称100人，中级职称200人，医学博士3人，在读博士3人，硕士76人，硕士生导师5人，新世纪学术技术带头人22人，保定市名医10人。

该院系河北大学附属保定市第三医院、天津肿瘤医院分院、河北医科大学教学医院，承德医学院教学医院，设有中国癌症研究基金会保定肿瘤研究所、保定医学会肿瘤学分会、保定市肿瘤介入治疗中心、X－刀放射治疗中心。开设有骨科、神经外科、妇产科、肛肠外科、泌尿外科、腹部肿瘤外科、普外科、乳腺科、头颈外科、耳鼻咽喉外科、眼科、重症医学科、神经内科、呼吸消化内科、肿瘤内科、心内科、肾内科、结核科、急诊科等临床科室及相应专业门诊，还备有放疗科、放射科、检验科、CT、超声诊断室、心电图室、ECT等医技科室。胸外科、腹部肿瘤外科、肿瘤内科、临床病理科为四大市级重点学科，其中胸外科为河北省重点发展学科。

【保定市妇幼保健院】 保定市妇幼保健院前身是河北省妇幼保健院，始建于1950年，是保定市唯一一所集预防、保健、医疗、科研、教学、康复、计划生育指导于一体的三级甲等妇幼保健专科医院，担负着全市1100多万人口中妇女、儿童的医疗、保健及基层妇幼保健业务的指导工作。1994年被世界卫生组织、联合国基金会、国家卫生部授予“爱婴医院”称号；1998年卫生部批准为三级甲等妇幼保健院；2010年首家通过了河北省卫生厅三级甲等妇幼保健机构评审。医院始终坚持“科教兴院”发展战略，着力打造“人无我有、人有我优、人优我精”的专业特色，立足妇幼医学最前沿，以科技项目、重点学科、技术平台建设为载体，依托新生儿科、妇科、产科、生殖医学科、乳腺外科等几大特色科室的专业优势，带动全院各专业协调发展，形成了一批省、市领先的学科品牌，在妇女儿童保健、新生儿疾病、儿童及妇产科急危重症、不孕不育症的诊疗与救治方面积累了丰富的临床经验。新生儿专业、产科专业为保定市重点专科。生殖中心开展的人类辅助生殖技术、产前诊断中心开展的产前遗传学诊断技术、妇科开展的微创手术和阴式手术、产科无痛分娩技术、新生儿救治、乳腺微创技术等，在全省乃至周边省市都具有一定影响力，成为保定市妇幼保健中心，计划生育技术指导中心，妇儿疾病救治中心，围产医学研究中心，新生儿疾病筛查中心，产前诊断、产前筛查中心，不孕不育诊疗中心，妇女乳腺病救治中心，是河北医科大学、承德医学院、河北大学医学部临床教学基地。医院体外受精胚胎移植及其衍生技术（试管婴儿技术）为保定市及周边地区唯一能开展此项技术的医疗单位。

医院以“卓越的管理、和谐的团队、精湛的技术、优质的服务”为发展目标，紧紧围绕“积厚德、精医术、爱母婴、筑和谐”服务理念，大力发扬“开拓创新、求真务实”的工作作风，培育了一支德才兼备的优秀团队，实现了从规模效益、学科进步、学术提升、人才优化、管理创新到服务人文等各方面的高速发展，赢得社会各界的广泛赞誉，先后获得全国卫生系统先进单位、全国青年文明号、全国三八红旗集体、河北省妇幼卫生工作先进集体、河北省医药卫生系统先进单位、河北省卫生系统白求恩杯竞赛优胜单位、河北省工人先锋号、河北省精神文明建设先进单位、河北省企事业单位内部治安防范先进单位等荣誉称号。

【保定市第一中医院】 保定市第一中医院于1949年建院，是一所集医疗、科研、教学、康复和预防保健为一体的三级甲等综合中医院。是北京中医药大学、河北医科大学附属保定医院，省级示范中医院。编制床位500张，设有急诊科、重症医学科、普内科、心血管科、普外肛肠科、妇产科、儿科、针灸经络科、骨科、体检治未病中心、康复医学科等23个临床科室，功能检查科、CT室、检验科、病理科等11个医技科室。其中国家级重点学科3个，国家级名医工作室1个，国家级培训基地1个，省级重点实验室1个，省、市级重点学科6个。全院职工600余人，高级职称106人，硕士生导师5人，博、硕士研究生37人，省级名医2人，市级名医12人，国家、省级优秀临床人才10名，三三三人才工程4人，新世纪学术学科带头人18人。医院设备齐全，拥有GE64排128层（动态500排）CT、电子胃肠镜、CR数字胃肠、动态心电图、动态血压、经颅多普勒、彩超等先进设备，技术力量雄厚。医院中医药特色优势明显，中西医结合治疗，疗效显著，综合服务能力强，为患者提供全方位的医疗、保健、康复服务。

【保定市中医院/市糖尿病医院】

保定市中医院/市糖尿病医院是一所全民所有制的全国重点建设中医院，被列入扩大内需中央投资计划。糖尿病科为国家级重点专科，康复理疗科、中西医结合生殖医学科为市级医学重点专科；拥有“全国名老中医药专家传承工作室”和“河北省中医药重点研究室”。医院已成为国家、省、市级糖尿病重点专科，全国十佳糖尿病医院、全国针灸临床研究中心分中心、国家糖尿病二级实验室、全国糖尿病新技术推广应用示范基地、省级示范中医院、市级糖尿病专病业务技术指导组，获中国医疗卫生行业人民放心、患者满意十佳医院、全国质量服务信誉AAA级医院、河北省地市级以上中医医院预防保健中心（治未病中心）、省级文明单位、市绿色医院、消费者信得过单位等荣誉称号。

医院设有糖尿病国家级重点专科和市级医学重点专科——康复理疗科、中西医结合生殖医学科、保定市“治未病中心”以及急诊、内、外、妇、男、儿、口腔、眼、皮肤等科室。针对糖尿病及其并发症的不同特点，开设糖尿病综合门诊、糖尿病合并心脑血管病、胃肠病、神经病变、肾病、眼病、足病、性功能障碍等专科诊室。“治未病中心”遵循“未病先防，即病防变”的理论，在临床中推广运用中医疗法与高科技医学技术相结合，设立了“辨识体检中心”“健康调养咨询门诊”“传统疗法中心”等科室，在保定市率先开展被纳入国家公共卫生唯一的中医体检——中医体质辨识项目，采用先进的计算机信息系统对受检者的整体健康状况进行综合评估，为患者提供治疗疾病的最佳依据。院内多名专家担任世界中医药学会联合会糖尿病委员会，省中医药学会糖尿病、心脑血管、肾病、针灸学会，省中西医结合学会内分泌、肝胆病等专业委员会副主委和委员；有全国名老中医、省内名老中医以及带教徒弟多名；30余名中青年专家入选全国优秀中医临床人才、河北省有突出贡献专家、省优秀中医临床人才、保定市学术技术带头人、市名医等，承担了国内外多所高等院校的教学任务。

【保定市传染病医院】 保定市传染病医院是保定市唯一一所传染病专科医院，集医疗、教学、科研、预防、保健、康复、突发公共卫生事件救治于一体，医院占地面积53360平方米，医用面积24617平方米，开放床位350张；在职职工391人，正高职称20人、副高职称29人、中级职称64人；是北京佑安医院联盟成员单位、河北省传染病医疗集团成员单位、国家传染病专家会诊基地、河北大学教学医院、市传染病诊疗中心、市肝病研究所、全国皮肤性病协会成员单位。2012年收入院病人6339人次、业务总收入8475.8万元，床位使用率103%，单日住院病人最高到428人。设业务科室15个，其中临床科室9个，医技科室6个。临床科室实行轮流门诊，并设中医、疑难肝病、中西医结合肝病、脂肪肝、慢乙肝肝纤维化、慢乙肝病毒携带者、高黄疸重症肝病7个特色门诊；临床科室有5个病区、2个结核科、综合科、介入医疗科。医技科室设有检验科、临床基因扩增检验实验室、功能科、胃镜室、放射科、血液透析室。医院配有日本东芝螺旋CT、美国GE彩超、法国肝纤维化诊断仪、德国Deray1000数字拍片仪、500maX线胃肠仪、日本奥林巴斯全自动生化分析仪、PCR基因检测仪、人工肝治疗仪、感染性血液透析机、赫美斯臭氧肝病治疗仪、射频治疗仪、C型臂。

2012年建设成保定市首家“一体化数字医院”，在全市率先使用“一卡通”就诊。设立了基层协作办公室，下设外联办和患者回访中心，主要职责是建设以该院为龙头，县、乡、村四级传染病防治体系，回访中心对每位出院患者进行电话回访，了解患者的治疗效果、住院满意度，对出院的慢性病患者进行跟踪、指导用药、健康指导以及提醒复查时间等服务。这项工作在市级医院中为首创。检验科2012年通过了市科技局、财政局、发改委“重点实验室”审核。

【保定市急救中心】　保定市急救中心始建于1937年，占地3.5亩，建筑面积4800平方米，设置病床80张，拥有职工290名，其中卫生专业技术人员221人，是全市唯一一所集院前急救、院内救治、院间转诊和紧急医疗救援任务为一体的综合性专业医疗机构。拥有急诊内科、急诊外科、创伤外科、心脑血管内科、ICU重症监护病房等一线临床科室以及CT、放射、彩超、检验等医技检查科室。拥有呼吸机、除颤器、多参数监护仪、动态脑电图、自动生化分析仪等精良的抢救、检查、治疗设备以及一支专业医疗救援队伍。拥有院前救护车14辆以及专用于甲流、手足口等传染病转诊的负压救护车2辆。年平均出诊2万余次，在应对重大交通事故、大型食物中毒、锅炉爆炸、施工塌方、毒气泄漏、抗击非典、甲流及手足口转诊等紧急医疗救援以及奥运安保、防恐演习、消防演练等重大社会活动保障中，发挥了急诊急救先遣队和主力军作用。随着城市规模的不断拓展和人民群众急救服务需求的不断提高，市急救中心以中心总站为依托和平台，在南、北、新、高四区设置了4个急救分站，进一步缩短了急救半径，加快了反应速度，保障了急救效果。

2009年3月11日，为进一步增强城市综合应急能力和提高城市文明水平，市人大常委会通过了《保定市急救中心迁址新建项目议案》的决议。决议通过后，市人大、市政府、市卫生局以及高新区、社会各界给予了大力支持和积极努力，项目工作始终在扎实有序的快速推进。项目位于高新区朝阳北大街西侧，于2010年11月10日破土动工，2011年12月15日主体封顶，目前正在进行内外装修及专业设备安装，计划于2014年整体竣工投入使用。按照规划设计，新建成的保定市急救中心将是一所集“保定市急救中心、高新区综合医院”于一体的“大专科、小综合”型专业医疗机构，科室设置更趋科学合理，功能更加全面。

【保定市儿童医院】　保定市儿童医院是河北省唯一一所市级儿童专科医院。医院设有小儿内科、小儿外科、耳鼻喉科、口腔科、眼科、哮喘科、癫痫科、中医皮肤科、中医儿科、心理保健科、针灸理疗科等门诊科室。住院病区设有九个内科病区和两个外科病区，内科病区有：急诊科、血肾科、感染科、呼消科、神经科以及NICU、PICU两个重症监护病区。医院拥有西门子螺旋CT、CR、DR等影像处理系统、高频摄像机、数字胃肠机、生化分析仪、微量元素检测仪、骨密度仪、小儿腹腔镜、婴幼儿专用呼吸机、多参数多功能监护仪等一大批现代化医疗设备，大大提高了临床诊断准确率。

医院汇集了全市一流的儿科权威专家和一大批中青年技术骨干。拥有高级职称56人，中级职称83人，初级职称298人。与北京儿童医院等国内一流儿童专科医院建立了良好的长期合作关系，在儿童急、危、重症的抢救，新生儿以及小儿外科疾病诊治等方面处于领先水平，在全市手足口病防治、儿童疾病救治和预防保健方面发挥着不可替代的作用。医院用一流的技术和服务和谐患者，加强内涵建设和专科建设，使医院整体医疗水平明显提升。医院收治的疑难、重症病人也越来越多，收治病种更为广泛。就诊患儿除全市25个县、市区儿童外，还有沧州、衡水、邢台、邯郸等地患者。为了满足广大患儿的就医需求，2011年9月医院新址建设项目在保定市恒祥北大街以东、规划东君路以南正式动工，医院整体迁建工程正在建设中。

体　　育

【保定市体育局】　保定市体育局是市政府主管体育工作的行政职能部门。机关内设办公室、人事处、竞技体育处、群众体育处、法规产业处、体育总会秘书处、机关党委、监察室、工会等。辖7个单位：体育运动学校、第一重点业余体校、第二重点业余体校、人民体育场、游泳馆、体育幼儿园、体育服务公司。

局　　长　董路锋
副 局 长　刘建新　孙学昌
纪检组长　潘志军

【概况】　2012年，以“建设体育之城、做大冠军摇篮”为目标，以落实《全民健身条例》为主线，以推进“环京津体育健身休闲圈”建设为抓手，大力发展公共体育事业，统筹推进全市竞技体育、群众体育和体育产业持续发展，为建设体育强市贡献力量。

【竞技体育】　县级业余体育训练网络初具规模。2012年，成立了保定市加强体育后备人才建设协调小组，由体育、教育行政部门和学校齐抓共管抓业训，已经在全市27个县（市、区）、开发区逐步恢复完善县级业余体育训练。在具备条件的涿州、定州、安国、高碑店、定兴等县（市）建立和恢复了业余体校，已初具规模、初显成效；暂不具备条件的县（区），在中小学创建特色体育班，推行体育特色项目学校建设，实现了小学、初中、高中“三级联创”区域化，每个县确立三所小学、两所初中和一所高中建立业余训练队，县（市、区）中小学校训练网络建设任务已基本完成。各县（区、市）在布局田径、篮球、排球等基础性项目的基础上，因地制宜，依据本地实际情况确定了两个以上重点优势项目，建立梯队，逐步形成自己的优势和特色。

参加省第七届青少年运动会成绩突出，全市取得了125枚金牌、7000分的优异成绩。尤其是游泳、体操、武术散打、网球、女足取得了金牌和总分双第一的佳绩，乒乓球、柔道、古典摔跤取得了金牌或总分第一的佳绩。体育局连续承办了省七青会射击预赛、游泳（丙组）预赛、女足（乙组）比赛及2012年河北省跆拳道锦标赛、省传统校篮球锦标赛、省俱乐部篮球锦标赛、省县级市乒乓球比赛等8项比赛，保定市被评为全省“最佳赛区”。同时，做好全市青少年各项竞赛工作，全市共举办篮球、乒乓球、跆拳道、围棋等市级比赛25项次，参加运动员5000多人。通过赛事活动，锻炼了组织能力，提高了全市竞技体育水平。保定市新注册运动员3000多人，注册人数全省领先。培养二级以上运动员350名，向省以上专业队输送运动员23名。

“体教结合”工作再上新台阶。一是为有效解决学训矛盾，弥补业余体校开展训练选材难的不足，把项目放在学校。每个项目设立3～5个布点县（区），每个县（区）建立2～3所项目布局学校，合理调配项目、调配师资、强化全市优势项目，侧重与省优势项目和成材率高的项目对接，把学校业余训练办成特色、使运动成绩上水平。二是抓好体育项目传统校、青少年体育俱乐部的建设，积极与教育部门协调，对体育传统学校业训工作和各学校青少年训练基地，加强管理、积极支持、正确引导，使之切实有利于业训工作的开展，鼓励有条件学校创建国家级青少年体育俱乐部，增加优秀人才储备，防止人才流失。年内，新挂牌市级游泳、射击、武术训练基地7家，发展“青少年体育俱乐部”10家，4家被评为“国家级青少年体育俱乐部”，1家被评为“国家级青少年户外活动营地”。10名体育教师被评为省级体育传统校优秀教师，4所学校被评为省级优秀体育传统项目学校。协调教育局完成了全省中学生运动会的跆拳道、健美操比赛。三是加强体育教师（教练员）培训，提高训练水平。与教育部门密切配合，抓好体育教师（教练员）队伍的建设和管理，把承担业训任务的体育教师纳入教练员培训计划，通过评优课、论文评优、参加省级培训等形式，加大体育教师（教练员）培训力度，全年共组织体育教师参加国家级、省级体育教师培训39人次；同时，定期安排各项目教练员到相关学校指导学校科学训练、上档升级。四是积极配合教育局落实中考加分政策，让家长和运动员看到实惠。全市一直坚持实行优秀业余运动员初中毕业升学加分和特招政策，对获得国家一级、二级的运动员分别给予50分和20的加分；对应届初中毕业生在初三年度内参加河北省运动会、省青少年运动会及年度锦标赛取得前八名的学生分别给予50%、30%、20%的加分。年内，享受优惠的学生运动员达到150余人，保障了体育特长学生顺利升入高一级学校继续深造。

校园足球工作稳步推进。年初，保定市通过积极申报，被确定为首批河北省青少年校园足球活动布局城市。按照工作规划，确定16所学校为市青少年校园足球活动首批布局学校。4月初，召开了体育、教育、企业三方参加的校园足球联席会议，安排部署了全市校园足球工作。4月15日，举行了保定市青少年校园足球活动启动仪式；5月15日，完成了校园足球各类人员培训工作；6月15日，总局青少司副司长、全国校园足球活动办公室主任张智、副主任陆煜和省体育局青训中心主任赵捷对市校园足球活动开展情况进行了调研，先后到前卫路小学、河北小学实地考察，对市校园足球活动给予了充分肯定；7月12日至10月31日，市校园足球联赛经过前期细致准备，顺利进行了30轮240场比赛，并于10月31日举行闭幕式暨颁奖仪式，已呈现良性发展的上升态势，注册的学生人数已达到500余人，参与足球运动的在校中小学生人数逾万人，得到国家、省体育部门的充分肯定。通过参与校园足球活动，使学生享受到了“阳光体育、快乐足球”带给他们的乐趣。

做好新周期国家高水平后备人才基地申报准备工作。2008年全市三所体校同时被认定为国家高水平后备人才基地，对全市竞技体育的发展起到了巨大的促进作用。年内国家体育总局对基地工作重新认定、申报，体育局按照有关文件精神认真准备。3月，组队参加省体育局青少年业余训练中心组织的新周期基地文件学习班，4月底，组织相关单位赴湖北进行学习考察，10月初，通过扎实准备，四家申报单位通过了省体育局“国家高水平体育后备人才基地领导小组”复评。同时，组织部分项目教练员、裁判员参加省级培训，共有包括田径、游泳、体操、摔跤、自行车等8个项目50余人参加国家和省各项目运动管理中心组织的教练员、裁判员培训，通过培训提高了教练员、裁判员的自身素质和组训能力，进一步规范了训练、教学计划和各项规章制度。射击教练员张广伟入选国家体育总局“精英教练员双百计划”名单。

保定籍运动员参加国内外大赛成绩优异。5月，羽毛球运动员杜鹏宇参加2012年“汤姆斯杯”世界羽毛球男团锦标赛夺得冠军，成为保定市第18名世界冠军，在10月丹麦羽毛球公开赛男子单打决赛中获得亚军。11月，跆拳道运动员李悦参加世界杯赛获得冠军，成为保定市第19名世界冠军，王广帅获得季军。游泳运动员哈思楠在第九届亚洲游泳锦标赛夺冠，成为保定市第28名亚洲冠军。保定市世界冠军达到19人，亚洲冠军达到28人。在2012年全国游泳冠军赛暨伦敦奥运选拔赛中，郝运获男子200米、400米、1500米自由泳三项亚军，首次参加伦敦奥运会获得了男子4×200米自由泳接力赛铜牌，并获得了第11届世界短池游泳锦标赛男子400米自由泳亚军。王涵多次获得国际泳联跳水大奖赛冠军；王佳丽在2012重庆国际马拉松赛暨奥运会选拔赛女子组比赛中，以2小时22分41秒的成绩夺得冠军，并创造了她个人最好成绩。任丹丹获全国跆拳道锦标赛冠军。乒乓球运动员崔庆磊、翟超、范胜鹏获2012全国乒乓球锦标赛男团第三名，直接晋级2013年辽宁全运会决赛资格，小将马特和刘曦参加全国青少年乒乓球锦标赛分别夺得男、女单打冠军。保定市籍在省以上专业队有近百名优秀运动员，以奥运冠军郭晶晶、庞伟为榜样，为家乡争光。

【群众体育】 全年，以“全民健身示范城市”试点工作为契机，贯彻落实《全民健身条例》和省、市《全民健身计划（2011－2015年）》，围绕“打造精品、突出特色、形成品牌”的工作思路，加强品牌群体活动的挖掘和推广，共组织开展各类活动比赛800余项次，参与活动人数达200万人次。促进了体育进农村、进社区、进机关、进学校，形成了天天有活动，月月有比赛，季季有高潮的深厚氛围。

市级大型品牌群体活动影响力逐步扩大。重点组织了第五届中国·保定国际空竹艺术节、中国·保定篮球文化节、中国·保定民俗体育艺术节及全市第十届新年万人长跑、第七届业余篮球联赛、第十一届“三人制”篮球赛等有规模、有影响的品牌群众体育活动，推动了全民健身活动深入开展。2012年空竹艺术节，有来自美国、澳大利亚、俄罗斯、泰国等60个国家100多名国际友人，国内32个省（市、自治区）及香港、澳门特别行政区均派出代表队或观察员，共有92个城市203支代表队5000多名空竹爱好者参加，创造“最多国籍空竹爱好者参与的抖空竹活动”上海大世界吉尼斯纪录，参赛规模创历届之最。中国·保定国际空竹艺术节被评为“河北特色的全民健身活动品牌”，并授予“河北省全民健身精品活动”称号，入选2012中国文化品牌节庆榜。12月8日，中国·保定首届民俗体育艺术节在河北大学体育馆开幕，空竹、铁球、踢毽、陀螺、快跤、舞狮、高跷、孙氏太极拳、鹰爪翻子拳、戳脚等11个具有保定地域特色的民俗体育项目进行了展演。国家体育总局向保定市颁发全国“推广民间民俗传统体育突出成绩奖”奖牌。活动展示了保定民俗体育文化的独特魅力，成为保定全民健身事业的新品牌。

各项全民健身工程扎实推进。将市龙潭公园规划建设为市级体育公园，该园体育设施占地面积1万平方米，投资建设了篮球场、乒乓球场、羽毛球场及健身步道等项目，为群众健身提供便利条件。积极推进基层建设年体育健身工程的实施，制定了《保定市加强基层建设年活动农民体育健身工程实施方案》和工作细则，各级体育部门把该项工作列入年度重要议事日程，成立了项目工作领导小组，层层签订目标责任书，全市643个帮扶村安装健身工程任务按要求圆满完成。同时，还完成了为25个社区和20个行政村新民居的健身器材安装任务。

各地全民健身活动精彩纷呈。各地创新形式，开展了“一县一品”、“一县多品”全民健身活动。年内，各县（市、区）发掘利用体育资源，开展了形式多样、喜闻乐见的全民健身活动100多项次。易县举办了第六届全国群众登山健身大会狼牙山登山节，承办了2012年全国摩托车越野锦标赛（河北·易县）首站赛，这也是至今为止河北省规模最大的摩托车比赛，开创了易县举办国家级体育赛事的先河。徐水县举办了2012中国·徐水山地自行车越野赛，满城县承办河北省老年人柔力球交流活动，高碑店市承办了河北省第二届中国式摔跤跤王争霸赛，定兴县承办了河北省县级青少年乒乓球锦标赛，顺平县举行了孙氏太极拳文化交流会，阜平县承办了全市老年人太极拳交流展示大会等。

全民健身组织建设不断加强。以乡镇（街道）综合文化站、体育协会为主体、以社会体育指导员为骨干、以全民健身站点和文体活动中心、晨晚练点、体育俱乐部为支撑的全民健身组织网络进一步完善。市丽景蓝湾等6个社区入选为“省级社区体育健身俱乐部”，建设市级体育指导站23个，培养二级以上社会体育指导员535人，组织教练员、体育教师、社会体育指导员开展健身辅导活动100多人次。

【体育社团】 县级体总工作向纵深发展，群众体育活动遍地开花。5月，召开了全市体育总会工作会议，会上推广了高碑店市体总、涞水县体总以及市羽毛球协会、乒乓球协会、信鸽协会等五个单位的先进经验，各县、市（区）体育总会以本次会议为契机大力开展全民健身运动，推进单项体育协会建设。指导高碑店市成立了武术协会，博野县成立了羽毛球协会、篮球协会和自行车协会，指导满城、徐水、清苑、定州、安国、望都、曲阳等18个县成立了乒乓球协会。至年底，共成立单项体育协会195个（其中市级33个），体育俱乐部120个，举办各类赛事活动300余次（其中市级30次），组织体育骨干培训班80余次，充分发挥了体总和单项体协的作用。安国、望都举办了乒乓球比赛；蠡县、唐县举办了男子篮球赛；涞源县举办了围棋锦标赛；高碑店市举办了摔跤大赛；定兴县举办了河北省县级乒乓球锦标赛；顺平县举行了孙氏太极拳文化交流会；满城县承办了全省老年人柔力球展示；阜平县承办了全市老年人太极拳交流展示大会；徐水县举办了山地自行车越野赛、乒乓球、羽毛球等赛事活动；涞源县力促全民健身，将太极拳、空竹、武术、登山等健身活动走进机关、学校、社区，发展健身网络点60多个，形成了以县城为中心，向乡、镇、村辐射的全民健身网络。

加强体育社团管理，发挥指导和服务作用。结合换届工作对协会进行了重新规范和明确，对新成立和换届的协会认真进行组织调整，多方访贤求能，将热爱体育事业、敬业奉献的各界知名人士调整到协会中来。年内新成立市级协会有轮滑协会、自行车协会、围棋协会和江城青少年俱乐部、健行俱乐部，对33个单项体育协会，30个体育俱乐部完成了年度检查，均被评为合格。62人被市体育局授予二级裁判员，指导健美操协会召开了第二届换届大会，完成了换届工作。新一届健美操协会，精心谋划工作，承办了市第二届健美操锦标赛，有500多名运动员参赛，和上年首届大赛相比，参赛人数多，专业技能高，社会影响大，该协会代表国家参加在美国拉斯维加斯举办的第十六届世界健美操冠军赛，获少年组第二名。

广泛开展丰富多彩的体育健身活动。以体育协会为载体，打造地方特色赛事品牌。保定市注重发挥篮球协会、乒乓球协会、羽毛球协会、老年体育协会示范作用，全面带动各单项协会健康稳步发展，形成体总指导体育协会办赛事，社会共同参与的良好局面。篮球协会承办了全市第七届男子业余篮球联赛，76支代表队近千名篮球健儿汇聚古城，比赛规模越来越大，展现了保定市篮球运动广泛的群众基础和全国篮球城市的风采；羽毛球协会举办了全市羽毛球俱乐部杯大奖赛；乒乓球协会举办了首届乒乓排位赛和乒乓球俱乐部大奖赛，共吸引了全市各县市区78只代表队，700多名爱好者参赛，有在国外工作的保定籍运动员王婷婷、王青、王嘉男等到现场助阵，还特邀请瑞典国家青少年乒乓球队与市乒协进行了一场精彩的友谊赛，成为当日比赛一大亮点；空竹协会在2012年中国·保定国际空竹艺术节期间，承担全国32个省（市、自治区）5000多名空竹爱好者的比赛与交流活动，协会工作安排周到、认真负责，顺利完成任务，受到各方的好评。同时空竹协会还代表河北省参加了在北京举办的第四届全国体育进社区优秀健身项目展示，为保定市争了光；年内成立的自行车协会，举办了全市迎“七一”自行车骑行大赛，从电谷国际酒店出发，终点设在易县石家统村，全长45公里，参赛人数多达2200余人，参赛选手中，年龄最大的64岁，最小的16岁，比赛旨在倡导全民低碳、绿色、健康生活，促进了全市群众性自行车骑行运动蓬勃发展。同时其他协会都结合实际，积极组织开展了形式多样丰富多彩的体育活动，有乔氏杯（保定站）“直面亨德利”中式八球台球冠军挑战赛和首届少年儿童国际跳棋公开赛、第二届健美操锦标赛、春季门球比赛、围棋段位赛、象棋大奖赛、信鸽500公里和400公里比赛、保龄球大赛等。在广场、公园、街头、社区到处可见赛事活动。全年，全市各项社会体育项目共有48人获得二级运动员称号，18人获一级运动员称号。

扎实做好健身气功工作。组

织优秀辅导员参加了全省健身气功培训班，同时加大了对站点的管理，组织讲座、观摩辅导，利用周日对站点进行具体指导，认真解决了各站点存在的实际困难，为各站点解决了器材维修费用，使练习健身气功的人数越来越多。6月26日，在化纤厂社区举办了全国百城千村健身气功交流展示活动，健身气功爱好者分别展示了国家体育总局推广的导引养生十二法、八段锦、马王堆导引术、太极养生等功法，吸引了近千名健身气功爱好者热情参与，各站点互相交流，互相学习，极大地鼓舞了练习者的热情。

承办和参加省以上赛事活动成绩突出。保定市体育总会在5月承办了河北省第六届跆拳道馆公开赛，来自全省71支代表队参加。保定市连续6年承办全省大众跆拳道馆公开赛，参赛人数由最初的300人达到了2012年的1300人，保定市荣获品势、竞技、特技和双节棍四个项目冠军。承办了省老年人柔力球交流展示活动，有来自全省16支代表队，近200多名运动员参加。满城县、安新县代表队获得优胜奖和体育道德风尚奖。承办了河北省中国式摔跤暨第二届“跤王争霸赛”，市选手勇夺十项冠军。承办了全国钓鱼精英赛和“池励”杯全国钓鱼邀请赛，吸引了来自北京、天津、河北、山西、浙江、广东、新疆等地500多名钓鱼爱好者参赛，保定选手赵建新获得亚军。

组队参加了河北省国际象棋锦标赛，分别获得男女团体冠军，还参加了省体育舞蹈锦标赛，取得了12枚金牌、25枚银牌、23枚铜牌的优异成绩。保定棋手杨弋靖在斯里兰卡举行的亚洲青少年国际象棋锦标赛上，获12岁女子组亚军。

【体育产业】 体育产业基础性工作实现新进展。深入开展“环京津体育健身休闲圈”体育产业巡视宣传调研活动，省、市两级体育部门对市重点体育产业项目进行调研。先后到保定市正大乒乓球学校、超达网球俱乐部及容城县奥森、萨弗蒂制衣有限公司，易县878精品游全民健身户外基地、高碑店市文化体育产业园进行实地考察，展示了保定市近年来的体育产业发展成果，营造了有利于全市体育产业发展的社会氛围，为指导全市体育产业发展打下了良好基础。积极组织参加中国体育旅游博览会，把优质体育旅游资源向全国推介。积极培养体育产业品牌产品，定州、唐县、新市区等12家体育厂商参加了第30届北京国际体育用品博览会，安新县茂达鞋服有限公司、定州市利生体育用品有限公司等5家体育产品企业被河北省质量奖评审委员、质量技术监督局评为河北省名牌产品。

公共体育设施建设实现新进步。将公共体育设施纳入了“保定市十二五国民经济发展规划”。依据城乡一体化和新农村建设的要求，努力做好城乡体育设施建设。加强市区公共体育设施改造规划论证，尽快改变全市体育场馆设施落后的状况，市体育场、市体育局院体育设施改造工程项目规划报市政府审批。继续加快西部体育新城体育中心规划论证工作，市政府已审议通过了《保定市文体新城控制性详规及城市设计》，11月14日，省体育局局长张平到保定调研，重点考察了保定体育新城的规划建设情况。年内保定市体育健身中心新建设的网球馆项目以及改造的田径场、足球场项目全部完工。

环京津体育产业特色项目实现新发展。抓住河北省“环京津体育健身休闲圈”建设的机遇，大力发展特色健身休闲类项目，推进体育与文化、旅游、信息等产业并肩发展。重点指导发展了涞水、涞源、易县等西部山区县的户外拓展、攀岩、登山等项目，加快定州体育健身器材，容城、安新、白沟运动服装等特色体育产业发展。积极发展户外健身产业，全市已有野三坡河北省乒乓球训练基地、易县878精品游全民健身户外基地等8处省级全民健身户外活动基地。

体育彩票销量稳步增长。认真落实省体育局《关于进一步加强体育彩票发行工作的若干意见》等，学习江苏、山东等地的先进经验，紧紧围绕做大做强体育彩票总量这一目标，结合保定实际，创新工作举措，努力做好“一把手”工程，开展了“购买体育彩票，为冠军助力”等系列活动，不断扩宽行业销售渠道，稳步推进保定体彩事业健康发展。全年销售体育彩票3.03亿元。

（张英敏）

旅　　游

【保定市旅游局】 保定市旅游局是市政府主管全市旅游工作的直属事业机构。主要担负着全市旅游发展规划编制、旅游城市形象宣传、旅游市场秩序监督管理等任务，内设5个处室：办公室、人事培训处、市场开发处、资源开发处、行业管理处，下辖2个事业单位。

党组书记
局　　长　李洪强

党组副书记
副　局　长　孙万忠
纪 检 组 长：张宝红（女）
调　研　员：李克信

【概况】　2012年，积极贯彻落实《国务院关于加快发展旅游业的意见》（国发〔2009〕41号）和《河北省人民政府关于进一步加快旅游业实现跨越式发展的若干意见》（冀政〔2012〕22号）文件精神，认真谋划大旅游发展格局，强力推进保定由旅游资源大市向旅游强市和旅游名市跨越。全市旅游工作取得了明显进展，经受住了“7·21”洪涝灾害带来的巨大考验，旅游产业发展实现了大的突破。全年保定市共接待境内外游客4491.72万人次，同比增长23.2%；旅游总收入237.79亿元，同比增长24.3%。保定市旅游局被河北省旅游局评为全省旅游规划发展工作先进单位、全省（旅游）政务信息上报优胜单位、打非治违门市部清场专项行动先进单位；被市委、市政府评为安全生产责任目标先进单位、安全生产先进单位、对外宣传保定先进单位、惩防体系建设制度创新年活动获奖单位、政协提案先进承办单位、积极走访跑办单位、2012年度先进基层党组织、2012年度市直机关工会工作先进单位、2012年度承办人大代表建议政协提案受表扬单位。

【景区提档升级工作强力推进】　成立了白洋淀、野三坡、清西陵、白石山和保定市区等五个旅游景区上档升级工作指挥部，强化重点景区旅游产业的提升。各指挥部总指挥由市委常委担任，指挥部下设办公室，景区所在地党委书记担任办公室主任，成员包括市相关部门和旅游系统主要领导。坚持市县区的党政一把手负总责，亲自抓，协调解决景区提档升级工作中存在的重点和难点问题，为确保景区提档升级提供了有力的政策保障和组织保障。

【景区整改督导工作全面推开】　组成工作督导组，以公共服务设施和景区环境为重点，每月至少对景区的整改工作和服务质量提升进行一次全面督导检查。开展景区复核进展情况大排名，对排名在后三位的景区约谈景区所在地主管副县长、旅游局长和景区负责人，并致信景区所在地县委县政府一把手，加大督导力度。建立景区整改档案，现场拍摄照片2000张，指派专人按月统计各景区整改进度和整改资金投入情况。年内，全市4A级以上景区共谋划实施了65个整改项目，总投资达3.2亿元。其中游客中心项目9个，停车场项目7个，旅游厕所项目11个，购物中心项目3个，标识标牌项目10个，其他项目25个。

【旅游规划工作全面启动】　筹措省、市、县三方资金400多万元，聘请高端规划设计单位，编制《保定市环首都经济圈休闲旅游产业规划》、《保定市“一城三星”文化休闲旅游综合体规划》、《保定市“两白两县”休闲旅游聚集区发展规划》、《古北岳恒山—大茂山文化旅游产业聚集区总体规划》等重点规划。《涞涞易区域创建河北省旅游产业综合改革示范区战略规划》已通过专家论证，《保定市“7·21”洪灾涞涞易区域旅游业恢复重建规划建议书》和《景区基础设施重建提升要点指导规划》已编制完成，并下发各县指导重建工作。

【项目建设成效明显】　结合旅游规划和聚集区建设，年内重点推进白石山、狼牙山、清西陵、满城汉墓、天生桥等5A景区创建项目，抓好阜平、涞源、涞水、易县等西部太行山区乡村旅游扶贫开发，以安国药王庙文化景区、满城汉文化景区、定州文博园、曲阳雕塑文化产业园、涿州六祖文化景区等为重点，加快文化旅游产业发展。谋划推进江城机场航空俱乐部、安新白洋淀旅游综合体、白沟新城恒大御湖城、阜平古北岳神仙山开发等项目的落地实施，突出抓好易县易水湖开发、涞源滨湖新区、白洋淀（容城）休闲旅游区、白沟新城国际运动休闲健康港、涞水拒马河旅游开发、阜平沙河度假区、雄县（双盛）温泉应用示范园、高碑店奥润顺达国际门窗展览交易城、保定市农业生态园二期、高新区直隶餐饮文化博物馆等60个总投资3亿元以上的重点旅游项目。全市在建旅游项目104个，年内完成投资73.66亿元。其中新开工项目32个，年内完成投资21亿元；续建项目72个，年内完成投资52.656亿元。

【“7·21”灾后重建取得阶段性成果】　“7·21”洪涝灾害使涞水、涞源、易县等地区受灾严重，旅游业遭受巨大损失，各受灾景区积极开展抗险救灾和灾后重建工作。在灾后重建中，提出要将灾害转变成经济发展、旅游产业提升的重大契机。以旅游产业为先导，推进灾后产业结构的调整和提升，促使“涞涞易”三县从点状拉动向块状组合式聚集区发展，调整旅游产业空间，打造对接京津及环渤海经济圈的休闲度假旅游目的地，构建产业集聚和融合的新经济形式。按照市委市政府统一部署，力求通过重建把“涞涞易”区域打造成国际旅游目的地和国家级山地休闲旅游度假区。野三坡景区投资10.27亿元，打造高端山地生态观光休闲目的地，建设超5A精品景区；白石山景区投资6.02亿元，打造“北方小黄山”，着力构建“一山（白石山景区）、一镇（白石山休闲度假风情小镇）、一城（滨湖新城旅游度假区）”旅游业发展大格局，三年内创建5A级景区；狼牙山景区以创建5A级景区为目标，计划投资9.26亿元重点建设“十一个一”工程，使狼牙山景区成为全省乃至全国红色旅游的一面旗帜。截至年底，争取到的2600万元灾后景区重建资金已全部拨付，景区建设扎实推进。

【宣传促销和节庆活动高潮迭起】 全年在报纸、电视、电台、网络等各级各类媒体宣传报道共计530篇（条），其中国家级媒体151篇（条），省级媒体204篇（条），市级媒体175篇（条），刊发旅游专版36个，被评为全省旅游宣传工作优秀单位。筹资491万元，在中央电视台一套《朝闻天下》栏目投放15秒保定旅游形象广告；与中央电视台合作，由中央电视台《探索发现》栏目拍摄并播出《宋辽古战道》、《龙门天关石刻》两期保定旅游专题节目；编辑完成《印象保定》、《美食美景美在保定》画册、2013年旅游挂历、《保定旅游交通图》、《舌尖上的保定》旅游美食专题片等多种宣传品。

4月至7月，成功举办了中国·保定首届旅游美食节。国家旅游局副局长杜江，河北省委常委、副省长聂辰席，河北省旅游局局长栗进路，中国烹饪协会会长苏秋成，以及省、市领导和餐饮界大师出席了开幕式。本次活动共吸引了来自京津石及本地近万名游客和市民，40余家国家、省、市媒体追踪报道和持续宣传，网络报道达100余万条，树立了“美食，美景，美在保定”的新形象，在保定旅游业发展史上具有里程碑的意义。4月6日至8日成功举办了保定市第二届旅游产业博览会，对保定市旅游资源、旅游线路和旅游商品进行了集中宣传营销。6月22日至24日成功举办了中国·保定第二届国际旅游文化节暨野三坡华谊兄弟音乐嘉年华，把保定的旅游品牌与国内知名的文化品牌相结合，实现了文化产业与旅游经济的完美融合。指导各县（市）举办了各具特色的旅游节庆活动12起，均取得良好的宣传效果。

【行业管理和队伍建设规范高效】 协助国家和省旅游局完成对全市两家五星级酒店的评定性复核工作，完成对14家四星级酒店的复核，组织了市区星级饭店与旅行社的对接。依法降低了旅行社质保金缴存数额，规范了旅行社分社、服务网点经营、旅游合同、旅行社用车，确保了游客安全，全年未发生一起重大旅游安全事故。开展行业执法检查行动80余次，下达书面整改意见40份，处理26起违法违规案件，游客满意度抽样调查显示满意度上升到93.6%，旅游投诉率下降了57%。先后召开了全市星级饭店负责人、旅行社经理、导游员工作座谈会，组织了“全市导游员技能大赛”、“全市旅游星级饭店员工岗位技术练兵和服务技能大赛”、保定旅行社管理和全市旅游执法质检培训会。

【涉旅企业整合工作实现重大突破】 以市场为导向，以企业为主体，打破体制、地域制约，组建保定金牌旅游线路联盟，确定了“两白一山一城”精品旅游线路，形成了旅行社、A级旅游景区、星级饭店、旅游客运企业、旅游购物商店、导游员、旅游局共同参加的6+1旅游营销新模式。到年底，共有22家景区、12家旅行社、7家星级饭店、1家购物商店、2家客运企业，加入联盟。分别针对北京、天津、石家庄三个方向的客人，推出8条精品线路供游客选择。经过近一年的运营，获得了良好的市场反应。

【旅游商品】 整合全市优秀旅游商品企业，注册了“直隶珍品”、“直隶八珍”两个商标，建立了凯拉维斯旅游购物推荐场所旗舰店，由旅游局对旅游商品进行监管，统一宣传、统一品牌、统一管理、统一营销，为壮大保定旅游产业、提振保定经济做出贡献。

（蒋丹丹）

社　会　生　活

民　政

【保定市民政局】 保定市民政局是市政府主管社会行政事务的职能部门，基本职能是调节社会矛盾，维护社会公平，促进社会稳定，依法保障人民群众的基本生活权益，具体承担五个方面任务：一是以救灾救济、农村五保、城乡低保、医疗救助等为主要内容的社会救助工作；二是以拥军优属、优待抚恤、烈士褒扬、退伍安置、军队离退休干部安置和服务管理、军队无军籍退休职工安置等为主要内容的为军队和国防建设服务方面的工作；三是以城乡基层政权建设和社区建设等为主要内容的基层民主政治建设方面的工作；四是以扶老助残救孤济困等为主要内容的社会福利方面的工作；五是以区划、勘界、地名管理、社团管理、民办非企业单位管理、婚姻管理、殡葬管理、收养管理等为主要内容的专项社会事务管理方面的工作。局机关设15个处室，编制69人；下设直属事业单位19个（9个参照公务员管理单位），在职干部职工283人。

党委书记 局　　长	张子冬
党委副书记 副 局 长	高淑英（女）
党委委员 副 局 长	张　革　刘　伟
党委委员 纪委书记	穆小燕（女）
党委委员 老龄办专职 副 主 任	门惠泽

【概况】 2012年，全市民政部门围绕市委、市政府中心工作，牢固树立“对党负责，对民尽心，以民为本，为民解困”的民政理念，以建设“京畿强市、善美保定”为总目标，服务大局，开拓创新，扎实工作，各项工作整体推进，成效显著，全年圆满完成2项市委市政府惠民事项、11项政府责任目标，民政系统窗口单位为民服务创先争优、“7·21”抗洪救灾等6项工作受到省、部级表彰，地名公共服务、信访等19项工作受到市、厅级表彰。

【城乡社会救助体系日趋完善】 坚持把社会救助作为保障群众生活的重要民生工程，全力保障困难群众的基本生活。进一步规范了城乡低保申请、公示、审核、审批、备案制度，完善了低保对象“能进能出”的动态管理机制。建立建全了低保标准与全国、全省平均水平同步增长机制，社会救助和保障标准与物价上涨挂钩机制。农村五保对象纳入财政保障范围，所有符合条件的人员均已纳入供养范围，供养条件不断改善，服务管理和供养水平不断提高。全市共有低保对象31.7万人，农村五保对象3.1万人，实现了动态管理下的应保尽保、应退尽退。医疗救助工作进一步规范。全市各县（市、区）启用了“保定市医疗救助一站式结算系统”，全年累计救助35万人次，发放救助金额近6373万元。

【防灾减灾救灾工作扎实有效】 不断完善自然灾害应急预案编制和定期演练、灾情会商评估、救灾物资紧急拨付等机制，实现了常态减灾和非常态救灾的有效结合。全力应对“7·21”灾害特大洪涝灾害，第一时间启动预警响应，第一时间转移安置群众，第一时间下拨救灾款物。共转移受灾群众15.9万人，安置受灾群众5.36万人，下拨救灾资金1.17亿元，救灾物资8.5万件（套）。

【双拥优抚安置工作创新发展】 深入开展双拥共建活动，获得全国双拥模范城“七连冠”。按政策及时、足额发放了抚恤补助经费，进一步完善了抚恤补助标准自然增长机制和优抚医疗保障制度，全面推行了优抚医疗“一站式”即时结算服务，组织3134名涉核人员进行了健康体检，全年下拨各类优抚资金3.76亿元，全面提高了优抚保障水平。着力做好新旧安置政策衔接工作，认真解决退役士兵安置遗留问题，严格落实退役士兵免费职业技术培训、自主就业退役士兵一次性经济补助，以及扶持退役士兵创业的税收减免等各项优惠政策，圆满完成了退役士兵安置任务。全面落实军休干部“两个待遇”，稳步推进军休房改，大力开展军休文体活动，全面提升了军休干部的幸福指数。

【基层民主政治建设深入推进】 第九届农村居委会换届选举工作圆满完成，换届完成率达到99.9%，创历史新高。农村社区建设工作取得重大突破，全市农村社区数量达到164个，北市区被确定为全国首批农村社区全覆盖试验单位。开展了以“基层配套组织全覆盖”为主题的基层建设工作，全面落实了“四议两公开一监督”机制。

【社会组织管理进一步加强】 行业协会等级评估、社会团体收费专项检查和“小金库”治理工作收到明显成效。坚持依法审批，社会组织数量稳步增长，全市注册登记社会组织达到2046家；严格把关，顺利完成社会组织年检工作；明确目标，注重实效，继续推进培育发展农村专业经济协会步伐，全年培育14个农村专业经济协会。

【社会事务管理不断规范提高】 婚姻登记工作进一步完善，规范了办事程序和服务标准，对搭车收费、乱收费问题进行了治理，群众满意度不断提升；收养登记进一步规范；全市新申报国家级三级殡仪馆3所，全市达到14所，火化区火化率达到83%以上。全面完成了13个撤乡建镇申报工作。进一步完善工作机制，地名命名更加规范、科学，平安边界创建活动不断深入。

【社会福利事业得到快速发展】 提高了孤儿养育标准，积极开展了类家庭养育、孤残儿童特殊教育等新模式，保障了1100多名孤儿的生活权益。福利机构建设取得新突破，建立和完善了孤儿保障制度，社会福利企业达到151家，安置残疾职工5126人。救助流浪乞讨人员10718人次，对危重病人和精神病人进行了及时救助治疗，保障了流浪乞讨人员的基本权利。强化福彩宣传，狠抓营销和管理，全年福彩销售达6.8亿元，再创历史新高。

【养老服务工作取得新进展】 在居家养老服务方面，按照“五有”（有机构、有场地、有网络、有服务、有高龄津贴）标准，居家养老服务体系逐步形成。全市建成263个居家养老服务站，占总数的66%；社区服务热线“12349”和老年人紧急救助服务体系建设受到了民政部部长李立国和副部长窦玉沛的充分肯定，并向全国进行了推广。3月在全国社会养老服务体系建设工作会议上，保定市民政局做了大会发言；6月，全国老龄办又在保定市召开现场会，推广本市“12349”网络服务平台，在全国引起了强烈反响。经统计，全国有80多个地市到保定市学习考察，有31个地市仿照这一模式建立起了便民服务和为老服务系统。在福利性养老方面抓两手：一手抓机构养老，大力发展福利性养老机构。全市建成并投入运营23所“多院合一”型民政事业服务中心，在全省率先达到了每县一所的目标。市区整合四区资源，建成一所集敬老院、光荣院、社会福利院、儿童福利院、残疾儿童康复中心、未成年流浪儿童保护中心、军休服务中心和医疗机构于一体的市级民政事业服务中心，实现了全省第一、全国一流的承诺；着眼社会上有机构养老需求的老人，大力发展社会化养老机构，给规划、给政策、给服务，鼓励和吸引各种社会力量投资兴办养老机构。一手继续抓好“手拉手”助困活动。“手拉手”救助五保对象1.3万人，占农村五保总数的42%。着力抓了农村互助幸福院建设，全年建成3136个，覆盖率50.5%，超额完成省定目标。

（杜宏祥）

扶贫工作

【保定市扶贫开发办公室】 保定市扶贫开发办公室是市政府直属事业机构，主要职责是：贯彻执行党、国家和省委、省政府的扶贫开发方针、政策、法律法规；组织拟订全市扶贫开发工作总体规划、中长期规划；拟订缺乏基本生存条件的贫困人口易地搬迁工作规划；制定年度计划并组织实施。拟订全市扶贫开发工作的意见、办法，协调扶贫开发项目的规划、立项、申报和储备工作，经批准后组织实施；组织拟订扶贫资金、物资的分配、使用意见，负责指导、监督和检查资金、物资的使用；联络中央和省国家机关、民主党派、群众团体、部队、院校对口帮扶贫困地区工作；组织协调社会各界参与扶贫开发工作，负责社会各界扶贫捐赠资金、物资的接收和管理。负责全市贫困状况的统计监测；组织扶贫开发重大问题和事项的调查研究、汇总分析，收集和掌握国内外扶贫开发信息；负责产业化扶贫工作；负责扶贫开发的交流与合作，规划和管理外资扶贫项目，组织协调有关扶贫开发的出国、出省招商、考察和培训工作；负责扶贫开发宣传报道和科技扶贫，组织实施贫困地区干部培训、群众科技培训、劳动力转移培训和实用技术推广。内设综合处、项目规划处、监督检查处、社会扶贫培训处、互助资金指导处。

党组书记 主　　任	马世乐（10月离任）
	张　明（10月任）
党组成员 副 主 任	李福刚（7月离任）
党组成员 纪检组长	王海江
党组成员 副 主 任	段丽军
	彭拴准（1月任）

【概况】　全年扶贫开发工作以燕山－太行山连片特困地区为主战场，坚持“四个统筹”，强化专项扶贫、行业扶贫和社会扶贫三位一体的“大扶贫”格局，全面实施“十二五”扶贫规划，以涞水、涞源、易县环首都扶贫攻坚示范区为重点，打好“十大战役”。全市大部分贫困村生产生活条件得到了明显改善，有105个贫困村、13.2万人分别达到省定村“十二有”、户“十有”标准，环首都示范区建设初见成效，实现了率先启动、率先突破。

【扶贫攻坚强势开局】　2月29日全省扶贫开发暨环首都扶贫攻坚示范区建设工作大会在涞水县召开后，保定市当即在原地组织召开了高规格的扶贫大会，成立了高规格的指挥机构，40多名市级领导分包联系9个贫困县，并抽调2400名干部包村包户抓扶贫。市委、市政府主要领导30多次带领四大班子领导深入扶贫攻坚一线现场办公，各位市级领导多次到重点县和联系点深入调研，督导调度。市相关部门对各重点县倾力支持，出资金、跑政策、要项目。广辟宣传渠道，大力宣传发动，社会各界全面动员、主动参与，形成了党政统揽、领导带头、部门履责、社会帮扶、群众参与的良好局面，扶贫开发工作实现了全面强势开局。

【规划编制全面完成】　把规划编制放在各项工作的首位。既注重把各重点县扶贫产业发展、群众增收放到突出位置，也注重立县强县的工业大项目，推动实现扶贫开发与富民强县的有机统一；高标准编制完成了《燕山－太行山区区域发展与扶贫攻坚规划》、《环首都扶贫攻坚示范区建设规划》；同时，制定了易地搬迁、整村推进，以及生态、旅游、村庄建设等专项规划。出台了《关于举全市之力打好扶贫开发攻坚战的意见》等政策文件，为全市扶贫开发工作提供了政策保障，有效激发了贫困地区扶贫攻坚的内在动力。

【搭建平台整村推进】　列入“十二五”规划的434个贫困村全部启动。围绕“山水林田村整治、水电路讯房建设、科教文卫保配套”要求，以贫困村为基本单元，变简单解决群众温饱为全面综合开发，整村推进。每个贫困村都制定了扶贫发展规划，确定并开始实施主导增收产业项目。各行业部门为贫困村修路（硬化）560公里，打井（配套）124眼，解决了6.2万人的饮水安全问题，扩大灌溉面积1.3万亩，新建、改建校舍1052间，建村卫生室、农家书屋等860个，106个村的基础设施、公益事业、村容村貌发生了根本性转变。

【资金投入前所未有】　全年投入市级以上专项扶贫资金和社会帮扶资金达到7亿多元，接近上十年的总和。其中，争取省以上扶贫专项资金3.5亿元，含计划外国家级项目3个，涉及资金2750万元（中央彩票公益金1500万元项目落户涞源县，科技扶贫试点县250万元项目落户易县，中国扶贫基金会小额贷款1000万元项目落户曲阳县）；市财政安排扶贫专项资金1.53亿元，达到市本级公共预算收入的3.3%；筹集社会帮扶资金2.05亿元，达到上十年总和的60%。

【扶贫产业空前发展】　坚持把发展产业作为解决贫困群众长期稳定脱贫的根本途径，把连片开发、规模发展和龙头带动作为实现扶贫产业发展的主要手段。全市重点培育38个产业片区，其中涞涞易三县重点实施的15个片区已初见成效，带动了连片贫困农村整体脱贫。各重点县共流转土地2.8万亩，新种植核桃8.5万亩，超过上十年的总和；设施蔬菜等特色种植和蜜蜂、肉驴等特色养殖业规模都超过2011年50%以上。全市培育扶贫龙头企业55家，其中省级25家，延长了产业链条，提高了农产品附加值，为带动贫困群众稳定脱贫提供了保障。

【集团帮扶再创佳绩】　启动新一轮集团帮扶工作，组织全市党政机关、企事业单位、大专院校、经济较强县（市、区）等194个单位，由市委办公厅、市政府办公厅等9个市直综合性部门牵头，组成9个帮扶集团，组团定向帮扶9个扶贫开发工作重点县，并积极动员民营企业和社会各界参与。在保定市定点帮扶的4个中直单位、9个省“四帮一”定点扶贫工作队和对口支持涞涞易三县的省市“七帮一”单位、驻保部队，对全市的扶贫开发工作也给予了大力支持。各重点县也广泛发动本县机关单位、企业和社会各界参与扶贫攻坚，出力献策。全年共筹集各类帮扶资金2.06亿元，实施帮扶项目1842个，有力地促进了贫困地区加快发展和贫困群众增收脱贫的步伐。

【搬迁培训拔除穷根】　把实施易地扶贫搬迁作为一项“拔穷根”工程重点推动。注重与农村新民居建设、城镇化规划、“7·21”灾后重建相结合，并对搬迁户进行后续扶持，帮助发展种植、养殖增收产业或组织培训到城镇务工就业、自主创业。启动15个易地扶贫搬迁小区建设，完工7个。着眼于提高贫困群众的自我发展和可持续发展能力，组织培训转移输出贫困劳动力1.2万人，组织农业实用技术培训15万人次。

（侯贵斌　张　雷）

计划生育

【保定市人口和计划生育委员会】
是保定市人民政府主管全市人口和计划生育工作的职能部门，业务工作受河北省人口和计划生育委员会指导，承担控制人口数量、提高出生人口素质、完成人口计划和落实计划生育政策的任务。机关设有办公室（财务处）、人事处、政策法规处、规划统计处、宣传教育处、科学技术处、流动人口计划生育服务管理处7个行政处室，下设保定市计划生育药具管理站、保定市计划生育宣传站2个科级事业单位。

党组书记 主　　任	张晓梅（女）
党组副书记 副 主 任	靳旭辉
副 主 任	李文利　孙玉秀 李砚学　王洁晨
纪检组长	邓聚来

【概况】　2012年，全市各级人口计生部门认真贯彻落实中央《决定》和省人口计生电视电话会议精神，按照“强基固本、全面提高、创先争优”的总体要求，抓重点、攻难点、拓亮点，圆满完成了年度人口计生各项责任目标。2011年10月1日至2012年9月30日，全市共出生147075人，人口出生率12.9‰，符合政策生育率91.1%；农村已婚育龄妇女生殖健康检查免费服务率达94%；出生统计求实率为97.3%；群众对人口计生工作的满意率为98.5%，低生育水平继续保持稳定。被国家人社部、国家人口计生委授予全国人口和计划生育系统先进集体；被市纪委、市监察局、市委宣传部、市政府纠风办、保定广播电视台评为“善美保定行风之星”；被国家人口计生委、人口与计划生育杂志社评为2012年度基层宣传工作先进集体；被中国人口报社评为2012年度新闻宣传工作先进单位。

【强化组织保障】　年初，市委、市政府与各县（市、区）、市直有关部门主要领导签订《2012年度人口和计划生育目标管理责任书》，县对乡、乡对村也逐级签订责任书，健全责任链条。市委将人口计生责任目标完成情况作为考核县级领导班子和个人政绩的重要内容，加大考核权重。市委、市政府印发了《关于在公共决策中实行人口和计划生育初审制度的通知》，防止公共决策与计生政策发生抵触，把计生优先优惠落到了实处。严格落实“一票否决”制度，在干部提拔和各种评优评先工作中，各级人口计生部门严格审核把关，通过计划生育审核，对45个单位和76名个人实施了“一票否决”，维护了计划生育基本国策的严肃性。

【夯实基层基础】　在农村，通过公开招聘、择优录用，配齐配强了村计生专干和育龄妇女小组长，着重抓了业务培训和待遇落实。育龄妇女小组长报酬达到了每人每月80元以上，并全部纳入县级财政预算予以保障。在城镇，各级认真落实市委、市政府《关于加强城镇社区计划生育基层组织网络建设的意见》，完善城镇社区人口计生服务管理工作，实现了人口计生服务管理全覆盖。年初，将各县（市、区）排位倒数第一的乡镇列为市重点管理乡镇，将各乡镇排位倒数第一的村列为县重点管理村，对重点管理乡村全部落实党政领导分包责任制，将转化结果直接与分包领导年度考评实绩挂钩。通过扎实工作，年初确定的26个后进乡镇全部实现了转化，312个后进村已有300个村实现了转化，转化率96.2%。狠抓“无政策外多胎生育乡镇和无政策外生育村”创建，促进了人口计生整体工作水平提高。考核年度以来，全市共对312个乡镇的5129个村进行了调查解剖，占全市总村数的77.4%，涉及人口861万人，占总人口的74.8%，对提高统计求实率起到极大的推动作用。

【打造惠民品牌】 认真落实国家和省规定的各项计生奖励、扶助、救助等政策。继续深入推进“关心计生家庭、关爱计生老人”系列活动，把着力点放在解决计生老人养老上。与市民政局联合出台了《关于对计生老人入住老年福利机构实行优先优惠政策的通知》，明确了对入住老年福利机构的计生老人给予优先优惠的政策措施，对入住的计生老人每人每年给予600～1200元补贴。推广高阳、定州“计生老人互助幸福院”养老模式，得到省人口计生委主要领导的充分肯定。2012考核年度，对36937名奖扶对象、2533名特扶对象，落实了奖扶政策；对65690户计生贫困家庭进行了救助，救助率100%。

【提升服务水平】 市县两级加大财政投入，配齐县乡计生技术服务站医疗装备，推进免费服务“民心工程”拓展升级。2012考核年度，全市共为182.3万名农村已婚育龄妇女提供了生殖健康检查免费服务，为9万多名50岁以上计生夫妇进行了免费体检，“民心工程”服务率为94%。认真实施无工作军人家属计划生育服务管理“一通三”工程，为户籍在保定辖区和临时到驻保部队一个月以上且无固定工作的军人家属提供医疗、计生技术服务2156人次，优惠金额10.2万元。大力推进免费孕前优生健康检查服务工作，全市投入财政资金988万元，建成21个高规格P2实验室，并按标准配齐了医疗装备和检验专业人员。截至10月底，12个国家级免费孕前优生健康检查项目试点县，服务计划怀孕夫妇39023对，服务率84.51%；15个省级试点县服务计划怀孕夫妇7182对。充分发挥药具基础保障作用，及时更新药具服务平台信息。全市使用药具人员15.6万人，占综合节育措施的7.24%。在流动人口密集地和县城设立流动人口免费药具发放点503个，安装刷二代身份证自动领取药具免费发放机9台，流动人口避孕药具服务可及率、获得率均达到了100%。

【普及婚育新风】 在市、县两级新闻媒体开办计划生育专题栏目，宣传人口计生法律法规、生殖保健、优生优育知识和先进典型事迹。通过人口文化大院、直面工程、印发宣传资料等方式，向育龄群众开展面对面的宣传。2012考核年度，全市在各级报刊、杂志刊发人口计生稿件249件；电台、电视台播放计生专题节目805期；新建文化大院580个，婚育知识长廊3050个，书写、刷新标语41040条。培树并推广了“定州男到女家落户”婚育新风倡导模式，得到了国家和省人口计生委主要领导的充分肯定，全省现场会在保定市召开，国家人口计生委将其作为典型案例在全国予以推广。

【推进依法行政】 严格落实“持证上岗”、执法过错责任追究、办证一次告知、“一次查实下岗”等制度，全市1461名计生执法人员全部做到了持证上岗，亮证执法。坚持“双盲鉴定”、集体审批、公开公示、专项检查等制度，加强对再生育审批的监督管理。2012考核年度，经市级审批的再生育夫妻678对，县级审批的再生育夫妻31970对，审批及时率、合格率均达到了100%。积极推进计划生育依法行政示范乡镇创建活动，创建国家级示范乡镇6个，省级6个。实施“三公开、四评议、五监督”、“诚信计生”和“阳光计生行动”，在全市行风热线开播十周年暨“善美保定行风之星”评选中，被评为十大行风之星。定州、高碑店被国家人口计生委命名为“基层阳光计生行动示范单位”。进一步健全完善信访组织网络，畅通信访举报渠道，下大力解决信访老户问题，建立健全了领导包案、信访分析、协调联动、督导通报、跟踪回访、舆情监控、应急处置、新闻发言人、责任追究等九项制度。党的十八大期间，全市人口计生系统未发生进京、赴省访，受到国家和省人口计生委的高度评价。

【深化综合治理】 强化出生人口性别比偏高问题综合治理，5月份召开全市人口计生工作调度会议专题部署，并先后印发了《关于加强出生人口性别比治理工作的意见》（［2012］保市府办224号）、《关于进一步加强出生人口性别比偏高问题治理工作的实施意见》（市计育领字［2012］3号）等文件，强化组织领导，严明部门职责，健全信息通报、领导约谈问责、“一票否决”和有奖举报等制度，推进综合施治。进一步健全完善B超使用管理、有奖举报等规章制度，严格落实“三级两全包保服务责任制”，推进服务关口前移。在省确定3个重点治理县的基础上，全市又确定了7个市级重点治理县，省市重点治理县（市）严格落实“治理在县、责在政府”的工作要求，均成立了由政府分管领导任主任，相关部门具有执法资格人员组成的综合治理出生人口性别比实体办公室，集中办公，密切协作，严打“两非”。2012考核年度，全市查处“两非”案件166起，收缴B超机32台，引流产器械14套，取消执业资格1人，出生人口性别比呈下降趋势。加强流动人口计生服务管理，积极探索流动人口计生服务管理新模式，按照因地适宜、试点先行的原则，在白沟新城探索了“分级负责、四位一体、优质服务、综合治理”的模式；在高阳县探索了由县委县政府牵头、多部门联合办公、实体运行的流动人口管理服务中心工作模式；在雄县探索了在乡中心学校、企业、农副产品批发市场、农村设立流动人口分站工作模式等，强化了管理，维护了流动人口的合法权益。国家人口计生委流动人口服务管理司司长王谦就此到保定市调研考察，并给予高度评价。

（田　娟）

计划生育协会

【保定市计划生育协会】 保定市计划生育协会（以下简称计生协）是在中共保定市委领导下的群众团体。其主要职责是动员、组织广大育龄群众和热心计划生育事业的各界人士自觉参与计划生育工作。市计生协为正县级单位，设常务副会长1人，专职副会长1人，科级职数3人，科员3人，退二线1人。

会　　长　常增月
第一副会长　石海林
常务副会长　靳旭辉
专职副会长　吴兴亚

【概况】 2012考核年度以来，保定市委、市政府先后出台了一系列加强协会建设的文件，把计生协工作作为党政一把手亲自抓、负总责的重要内容，列入了全市人口与计划生育工作责任目标，在有人干事、有钱办事上给予支撑，加强了对协会工作的领导。一是达到了两个“经常”；二是形成了两个“制度”；三是做到了两个“落实”；四是实行了一个“优惠政策”。保定市计生协以“保定市计生协工作落实年”为抓手，以计生协基层组织建设、人口计生基层群众自治、生育关怀、宣传教育活动为重点，注重典型引导、项目带动和活动聚力，开拓思路抓创新，在出亮点创精品上下工夫，解放思想，开拓创新，培树典型，突出特色，不断提高协会的整体工作水平和能力，充分发挥了计生协职能优势以及在人口和计生工作中的生力军作用，为促进全市人口计生事业和经济社会全面协调可持续发展做出了贡献。

【强基固本，推进协会组织建设】 市计生协紧紧围绕强基固本这一中心工作，不断推进协会的基础建设和组织建设，协会发展的内在动力进一步增强。一是努力抓好协会自身建设；二是全力强化“三类协会”建设；三是认真完善协会制度和阵地建设；四是积极强化能力建设。

【扎实推进计生基层群众自治工作】 计生基层群众自治和诚信计生工作，是实实在在的群众工作，通过各级会议，对上级的要求，特别是省计生协要求进行了再部署、再落实。通过宣传群众、发动群众、组织群众，提高了群众的认识。达到了政府诚信、家庭守信、群众互信、扎实推进的效果。一是抓组织网络；二是抓四个“一”。即：抓好一个《章程》、一个《公约》、一个《承诺书》的制定、完善、签订和一个公开的实施。三是抓示范；四是抓督导。

【生育关怀行动取得明显成效】 一是针对计生特殊家庭这一特殊群体，与市民政局联合制发了《针对计生老人入住老年福利机构实行优先优惠的通知》，明确了这些家庭老人要优先纳入“五保”供养范围，并每年进行一次免费体检。本市被列为中国计生协“计生特殊家庭帮扶模式探索试点市”以来，积极配合国家对100个特殊家庭进行基线调查和深度访谈。二是开展“三优”教育服务。共开展婴幼儿家长培训600多期，培训3万多人，以早教基地为依托开展庆六一文艺汇演28期。三是巩固“少生快富”工程成果。围绕市委市政府提出的“环京津发展战略”，争取涞水、满城20万元新项目，通过少生快富贴息资金与当地政府扶持资金捆绑使用，扩大了救助范围。四是开展帮扶救助活动。共组织志愿者服务队开展义诊义治、生殖健康检查40余万人次，开展专家讲座、业务培训160多期，培训近万人，组织特困救助、关爱女孩、寒门学子救助、救助贫困母亲等慰问5200多人，慰问金500多万元，各县主管领导参加活动70多人次，组织志愿者服务12000多人次。帮包建活动全市全年稳定帮扶3.2万户计生贫困家庭，实施“关爱计生家庭，关爱计生老人”行动，救助特困计生家庭15.3万户，送去慰问金和米、面、油等生活用品价值69万余元。五是积极协办计生系列保险。市财政部门出资50万元，各县市区财政出资100多万元，对在村独生子女家庭参加意外伤害保险给予了10元至全额30元的补贴，受到群众欢迎。全市共办理计生系列保险7万份，共办理赔付110万多元。六是强化幸福工程项目管理。新争取易县10万元项目，全市正在运作的幸福工程——救助贫困母亲项目共有355.6万元，救助项目户3391户。七是乳腺健康免费诊治项目。全年各项目点共为4.9万名育龄妇女开展乳腺健康免费义诊和生殖健康培训，共查出乳腺增生等乳腺疾病2.6万例，其中查出纤维瘤等非典型病例327例，乳腺癌确诊病例18例。八是大力推进青春健康项目。

（魏　伟）

残疾人工作

【保定市残疾人联合会】 保定市残疾人联合会（以下简称市残联）为正县级事业单位，受市委、市政府领导，业务上接受市委、市政府有关部门的对口指导。下设办公室、组联部、宣文部、教就部、康复部5个部室。

党组书记、理事长　李　勇

党组成员、副理事长　郑章雨　刘忠林　赵健华（女）　李学军

【概况】 2012年，市残联以推进残疾人“两个体系”建设为核心，以改善和保障残疾人的生活状况为目标，认真学习和贯彻落实中央、国务院和省委、省政府、市委、市政府关于残疾人事业发展的相关政策，坚持重点突破、整体提升，求真务实，锐意进取，努力加快残疾人事业科学发展，各项工作取得新成绩。

【残疾人扶贫和就业工作成效显著】 2012年市委、市政府把涉及残疾人民生的三项工作列入了《2012年在直接关系群众生活方面拟办的10项惠民工程32件惠民事项》之中，在媒体上公开发布，接受社会监督，由市执行力亮剑行动领导小组督查落实。认真落实河北省《农村残疾人扶贫开发规划（2011－2020年）》，扎实有效抓好农村残疾人实用技术培训工作，对4500余名残疾人进行了农村实用技术培训。在春节前后继续实施了以救助特困残疾人为主题的第十次“阳光行动”全市共救助贫困残疾人6000户发放救助款120万元。为420户农村贫困残疾人改造了危房，改善了420户农村贫困残疾人的居住条件。筹措资金73.7万元，资助2012年所有考入大中专院校的残疾大学生和贫困残疾人家庭大学生381名。开展“通向明天”——交通银行福彩助学活动，资助35名贫困残疾学生每人1000元，使他们顺利入学读书。全市在农村残疾人扶贫开发工作中做出突出贡献的20名先进个人和10个先进集体受到了省残联和省扶贫办的表彰。协调组织、商务、新闻出版等部门共同实施了“农村基层党组织助残扶贫工程”、“万村千乡市场工程助残扶贫项目”和“农家书屋残疾人就业项目”，完成了25户农村基层党组织助残扶贫工程任务。发动党政机关企事业单位和社会力量开展了“帮、包、带、扶”活动，领导干部与农村贫困残疾人或残疾人家庭结成帮扶对子，帮扶贫困残疾人和残疾人家庭解决了实际生活困难。

【开展康复活动，扩大残疾人康复服务覆盖面】 紧紧围绕“人人享有康复”的工作目标，突出为残疾人办实事、做好事的主题，不断拓展康复服务范围。实施“万人复听工程”，为600名贫困轻度聋人验配安装了助听器。对400名聋儿进行了听力语言康复训练。对500名聋儿家长进行了康复知识培训。实施“万名精神残疾者免费服药工程”，对100名重性贫困精神病患者实施了免费救治；为1000名贫困精神残疾患者实施了免费服药；为7000名贫困精神残疾患者提供了综合性、开放式、社会化康复医疗和服务；为10人次孤独症儿童提供康复训练补贴。实施“万人复视工程”，为3750名贫困低视力者购置并免费发放了助视器。逐级筛查，为3000例贫困白内障患者免费实施手术。实施残疾儿童康复救助“七彩梦行动计划”项目，对80名贫困聋儿进行了筛查，为22名贫困聋儿免费安装了电子耳蜗。免费对40名贫困脑瘫儿童进行康复训练。为20名贫困孤独症儿童提供康复训练补助。为30例贫困肢体残疾儿童做了矫治手术，并进行康复训练。免费为100名贫困肢体缺肢者安装了假肢。对600名盲人进行了定向行走训练。充分利用“爱耳日”、“助残日”等宣传日，协调相关部门从优生优育、生产、生活、交通等方面开展宣传活动，提高残疾预防意识，减少残疾发生。

【残疾人宣传、文化、体育工作成绩显著】 协调市主要媒体，围绕市残联中心工作广泛宣传了残疾人事业所取得各项的成绩。对残工委主席团会议、本市十项助残工程、第22次全国助残日、县区残联特色工作、残疾人自强典型等进行了重点报道。特别是本市十项助残工程取得的成绩，在《保定日报》的重点位置进行报道，《河北日报》也进行了转载报道。助残日期间，在报纸、电台、电视台及市区3000辆出租车做了助残公益广告宣传，电视台《聚焦栏目》通过特别制作专题片对本市残疾人文化工作进行深入宣传。5月份结合助残日开展了文化活动月，举行电影专场组织了数百名残疾人基层工作者、残疾人代表及部分社会助残志愿者观看电影。积极督导，徐水、涞水盲文图书室正式建成并开始对外开放，定兴电视手语节目正式开播。组织残疾人体育社会指导员参加省里培训，组织肢体、视力残疾人赴省参加残疾人群体比赛，获1个一等奖，1个二等奖，2个三等奖。组织残疾人健身日及全国特奥日活动，大力推动了残疾人基层群众体育的普及。在2012伦敦世界残奥会上，本市残疾人运动员不畏强手，奋勇拼搏，取得了一金一银一铜的优异成绩，为国家争得了荣誉。

【筹划全国助残日、国际残疾人日活动】 精心策划组织第22次全国助残日活动。市委常委、农工委书记、统战部长王慧欣代表市领导到北市区社区参观残疾人服务设施，走访慰问了残疾人家庭。各地按照市残联统一要求开展了形式多样的助残日活动，掀起了“文化助残”以及奉献爱心的热潮。据统计，各地开展各类文化助残活动100多场次，给残疾人送去慰问金及各类助残用品价值170万余元，受到广大残疾人和社会各界的一致好评。在第21个国际残疾人日，市残联向市特教中心捐赠电脑20台，向3区4县残疾人捐赠轮椅100台，中残联福利基金会向本市残疾儿童捐赠儿童轮椅80台。王惠欣出席捐赠启动仪式，并向特教中心师生致以节日问候。近年来，市残联先后向特教中心捐赠价值数十万元的电脑、投影仪、图书、体育器材等物品，推动了残疾人教育事业健康发展。

【加强基层组织建设，保障残疾人事业深入发展】 根据《关于开展全省残疾人组织建设“强基育人”工程中期大检查工作的通知》，8月底前，对全市25个县（市、区）残联进行了“强基育人”工程检查，全市基层组织建设全部达标。在全市1/5以上县（市、区）残联班子中，配备了残疾人领导干部，健全完善了全市残疾人专职委员电子档案，50%的县（市、区）进行了专职委员的培训，全市配备残疾人专职委员6169名，投入资金57万元，把市财政管理县区的841名专职委员待遇全部落实到位。深入乡村积极宣传，主动上门，为残疾人办理残疾证236840个。完成全市残疾人志愿工作者网上注册9705人，全市25个县（市、区）、357个乡（镇、街道）和1640个村建立了助残志愿者联络点。指导涿州市清凉寺办事处阳光社区和清苑县大福村抓好残疾人试点工作，各项工作全部达标。抓好残疾人信访工作，制定出台了全市残疾人信访工作意见，并积极督查落实，为“十八大”的召开尽全力做好残疾人的稳定工作。周密谋划，认真部署了第六次残疾人代表大会。

【推进维权工作，提高残疾人社会地位】 围绕年度工作，对照年度任务指标，扎实开展各项工作。依据省残联2012年维权工作安排，制定下发了《2012年度保定市残疾人维权工作安排》。对加强维权组织建设、深入开展残疾人普法宣传教育、扎实推进无障碍建设以及其他相关工作进行了部署，对各县（市、区）残联承担的任务指标进行了明确。扎实开展了“法律援助月”活动，6月，按照全省法律援助月活动要求，市残联专门召开了会议，举行了启动仪式，下发了《保定市残疾人联合会关于开展“残疾人法律援助月”活动的实施意见》，在全市范围内开展了“送法进社区、送法进乡村”等形式多样的法律援助和法律宣传活动。活动期间，通过地方电台、报刊对涉残法律、法规宣传18期，制作宣传片13个、组织专场法律宣传活动50多场，在市区内制作和设置法律宣传专栏45块，制作墙体法制宣传广告230块，发放宣传资料30多万份；市、县领导接访解释相关法律政策2500人次，解决残疾人诉求50多件次；深入50多个行政村，对1200多残疾人，宣传了有关政策、发放了宣传资料和“明白卡”。按照省《关于做好残疾人机动三轮车燃油补贴统计工作的通知》精神，采取媒体、电台公告，认真核查资料，严格把关等有效方式，将705辆残疾人机动三轮车燃油补贴发放到了残疾人手中。根据省残联维权部成立残疾人法律救助领导小组的要求，成立了残疾人法律救助领导小组，出台了《保定市残疾人法律救助工作实施意见》，为维护残疾人合法权益提供了法律依据。

依据省残联要求，在对所属县（市、区）充分调研的基础上，按照有能力的县（市、区）重点建设，全面推进原则，市本级、蠡县、望都等15个县（市、区）建成了法律救助工作站，达到了省残联指标要求。结合实际，认真调研，明确标准，区分任务，市、县（市、区）匹配资金12万元，为60户贫困残疾人家庭进行了无障碍改造，建立了家庭无障碍改造档案。北市区、望都县家庭无障碍改造工作突出，受到了省残联和残疾人家庭好评。多部门协调，协助保定市继丰驾校成立残疾人驾驶培训基地，把残疾人培训费用降到了1500元/人，使残疾人少花钱就能学到技术，现已有100名残疾人顺利通过驾驶证考核。

【开展干部下乡活动，服务残疾人】 为掌握基层残疾人的就业培训需求，进一步深化“交友连心”活动，做好对受灾残疾人的救助，维护十八大期间残疾人群体的安全稳定，确保年度工作圆满完成，市残联党组、理事会研究决定，从9月1日到十八大闭幕，在全市残联机关开展“交朋友、送温暖、抓落实、保稳定”干部下乡活动。全系统干部在下乡过程中采取措施，主动上门，切实为残疾人办一些实实在在的实事，尤其是对“7·21”受灾的残疾人，及时了解掌握了他们的受灾情况和生产生活状况，有针对性地帮助受灾残疾人尽快恢复生产，及时向受灾严重的残疾人家庭提供了必要的生活用品和经济支持，确保受灾残疾人有饭吃、有衣穿、有住处、有干净水喝、有病能够得到及时救治。并鼓励受灾残疾人立足自救，牢固树立不等不靠、自力更生的意识，尽快投身到恢复生产、重建家园中去，让贫困残疾人切实感受到党和政府的温暖，同时了解和掌握了基层残疾人关心的就业培训需求，认真排查化解了各种矛盾隐患和不稳定因素，彻底化解了信访积案，进一步深化了“交友连心”活动。督导检查了年度工作的完成和创先争优情况。

（汤贵堂）

开 发 区

高新区

【保定国家高新技术产业开发区】 保定国家高新区技术产业开发区（以下简称“保定高新区”），位于市区西北部，地处保定北向发展重要位置，京昆高速公路引线（乐凯大街）、向阳大街、朝阳大街、复兴路、北二环、北三环等市区主要道路贯穿园区，全市唯一的立交桥坐落于区中心位置。1992 年 11 月 9 日经国务院批准设立，是全国 108 家国家级高新技术产业开发区之一。托管大马坊、贤台两乡，形成“以国务院设定区为核心、托管两乡、共建一园”的空间格局（托管大马坊乡和贤台乡，与徐水共建大王店工业园），实际管辖面积约 60 平方公里，电谷中长期规划总面积约 118 平方公里。下辖两乡、一个街道，共 34 个行政村、3 个社区，总人口 10 万。全区各类企业 2940 家，其中工业企业 800 余家，规模以上企业 62 家，已认定高新技术企业 60 家（高新技术企业数位居省内高新区第二）。

中共保定高新区工作委员会

书　记　孙金博

副书记　张志奎　佟维力

　　　　苑景华　苏占国

委　员　孙国山　连书君

　　　　冯建法　丁　阳

　　　　杨洪光　马铁里

　　　　高金三

保定国家高新区管理委员会

主　　　任　孙金博

常务副主任　张志奎

副　主　任　佟维力　苑景华

　　　　　　孙国山　连书君

　　　　　　丁　阳

总 经 济 师　杨洪光

【概况】 保定高新区初步形成光伏发电、风力发电、新型储能、高效节能、输变电和电力自动化等六大产业体系，得到国家科技部、发改委、商务部、工信部等部委高度评价与支持，保定新能源产业已获批准多个国家级基地称号，包括：国家新能源高技术产业基地、国家可再生能源产业化基地、国家新能源与能源设备产业基地、国家出口创新基地、国际合作基地、国家新型工业化产业示范基地、国家太阳能光伏发电集中应用示范区等，担当全市经济社会发展的强力引擎和城市建设的主力军，成为区域产业转型发展的“孵化器”、创新驱动发展的示范区、高端技术人才的聚集区和低碳文明生态的新城区。

2012 年，全区规模以上工业增加值 83.3 亿元；固定资产投资 101.7 亿元，同比增长 2.6%；全部财政收入 30.8 亿元，同比增长 19%；社会消费品零售总额 57.4 亿元，同比增长 14.5%；实际利用外资 2923 万美元。

【项目建设】 把项目建设作为抓投入、保增长的关键举措来抓，瞄准新上大项目、好项目、高新技术项目，力促产业结构优化和经济发展方式转变。对巨力、宇能、中铁等重点项目，按照“五个一”要求（一个项目、一个领导、一套班子、一个方案、一抓到底），进一步健全了重大项目领导分包责任制，每个项目均有明确的分包领导，作为项目的第一责任人，负责全程跟踪，协调解决项目从落地建设到开工生产全过程的所有问题。推动英利与长城联合，启动建设长城产业园 50 兆瓦“金太阳”光伏屋顶并网发电项目，成为河北省最大装机“金太阳”单体工程。2012年全区投资亿元以上新开工项目21项，总投资522亿元，其中省、市重点项目11项，当年计划投资27.6亿元，实际完成50亿元，投资率达到170%。总投资183亿元的巨力光伏与索具产业链项目、总投资21亿元的宇能科技园项目、总投资15亿元的中铁电化科技园等项目相继开工建设。3月28日和10月29日，两次举办中国电谷重点项目集中奠基仪式，已有3个省重点、4个市重点项目开工建设。

【园区建设】 立足“保重点、保发展”，着力在城乡规划、基础设施、公共服务等方面加大投入力度、加快发展步伐。总长9.3公里、占地2000亩、总投资5.86亿元的保定城建重点项目朝阳大街北延工程全线贯通，实现了电谷新区与大王店园区的南北贯通。总投资1037万元的天鹅路和朝阳北大街改造工程全面竣工(2012年市政府督办的续建重点项目)。城中村改造工程稳步推进：西南韩和小次韩村超计划完成拆迁任务，拆迁总量达到70%以上；花庄村详细规划顺利通过市规委会评审，正在制定改造方案并着手启动土地招拍挂事宜。电谷新区污水处理厂正式启动，项目前期手续正在办理，可研报告和规划设计初步完成；电谷新区供热站后期工程扎实推进，土建安装工程基本到位，新区供热投入运行。城市景观工程再上新台阶：按照“国家园林城市”验收标准，朝阳北大街、茗畅园广场、天鹅路、二环排水泵站和京昆高速公路引线景观林带等工程全面竣工，园区形象进一步提升。

【科技创新】 突出创新驱动，推进转型发展，创新平台和创业孵化体系日趋完备。国家创新型特色园区顺利获批。相继获批科技部“国家级创新型特色园区”(河北省内仅保定与石家庄高新区获批)和“新能源与智能电网创新型产业集群”，标志着保定高新区创新转型发展再上新台阶。总投资2.87亿元，占地100亩，建筑面积14万平方米的保定国家大学科技园正式开园。华北电力大学、河北大学、金融学院和软件职业技术学院四所院校入驻，创立了一园多校、联合创新的发展模式，成为“中国电谷”又一自主创新基地、产学研合作示范基地和战略性新兴产业培育基地。入驻企业73家，科技园全部投入使用后，将实现年产值20亿元。连续第六年成功举办中国电谷香港推介会，签约项目25项，总投资25.5亿美元，利用外资18亿美元，彰显了电谷品牌，受到省市主要领导高度评价。同时与香港科技园签署战略合作协议，将在技术合作、投资开发、人才培养等方面展开深度合作。光伏发电技术国家重点实验室建设进展顺利。依托英利集团建设的光伏发电技术国家重点实验室承担了科技部科技支撑项目、“973”、“863”等多项研究开发项目，投资1.3亿元建成国内最大光伏检测中心。国家级新能源检测平台建设取得重要进展。“风能仿真与检测认证技术重点实验室”正式获批得国家能源局授牌并成功运行；中科院国家光伏检测实验室正式交付使用。两个国家级检测平台将对全区新能源产业的创新发展带来积极的拉动作用。

【投资环境】 拓展融资渠道，多元融资体系初步建立。积极应对经济下行带来的财政资金压力，创新融资模式，成功发行城市建设投资债券，融资8亿元，为2013年新区规模开发、创新发展提供了资金保障；同时积极引入社会资金，建业路等3项基础设施工程采用BT模式，融资9000万元；主动争取国家政策性资金支持，通过污水处理厂等项目，申报扶植资金超过1亿元。搭银企桥，主动安排企业与金融机构开展经常性金融对接；下探服务，开展“百家企业大调研”活动，制定下发《重点企业走访会诊实施方案》，逐个解决企业发展中遇到的问题，如帮助推进英利与长城联合；强化调度，加强经济运行监测分析，准确把握经济走势，有针对性地济困扶强，力促经济总体运行平稳。

【社会事业】 大力发展社会事业，切实保障和改善民生。坚持以人为本，围绕公共服务、社区和新农村建设、民生保障，积极发展各项社会事业。大力推动教育事业协调发展。扎实推进学前教育三年行动计划和九年义务教育计划，旭日幼儿园改扩建项目年底竣工，保定高新区小学二期工程竣工投入使用，中学建设立项启动。逐条落实为民解困政策。按时足额发放低保资金，为32名城镇低保居民、223名农村低保人员发放低保资金36万元；为33户“五保”家庭发放五保资金14.5万元。进一步加强食品安全工作。大力推进放心食品工程，成立保定高新区食药监分局和食安办，通过食品安全重点工作责任立项分解和层层签订目标管理责任书，为有效保障全区稳定的食品安全形势夯实基础。积极推进和谐社区建设，高新区连续被评为全市社区建设先进区，茗畅园社区、新世纪社区获得“全国和谐社区建设示范社区”、“低碳社区”等荣誉称号，茗畅园社区成为全国和谐社区典型。非公企业党建工作不断创新，“党群工作一体化”工作体系日益完善，成为全市党建工作样板；企业诚信体系建设持续开展，营造出良好的保定高新区诚信发展氛围。

（刘　畅）

白沟新城

【白沟新城】 白沟新城于2010年9月正式揭牌，辖白沟镇和白洋淀温泉城开发区，总面积118.5平方公里，居住人口15万人，是保定市经济最活跃、常住人口和流动人口最密集、最具发展潜力的地区之一。白沟在持续快速发展的过程中，形成了“活力、包容、开放、创新”的城市个性和独特的“发展优势”：历史积淀厚重。白沟市场盛于明清，历史上有着“日过千帆，商贾云集”的繁荣。区位优势明显。位于“京津冀三角腹地”，东有大广高速公路、京九铁路，西有京港澳高速公路、京广铁路和京石高铁，南有荣乌高速公路和正在建设的津保高铁，北有廊涿高速公路，距即将建设的首都第二机场仅55公里，北京至白沟的城际铁路已列入铁道部规划。产业基础扎实。主导产业箱包业具有原材料供应、产品设计、加工制造及销售等完整的产业链，已形成一个辐射周边6个县（市）、55个乡镇、500多个自然村，从业人员超过200万人的区域特色产业集群。拥有14个专业市场，总经营面积400万平方米，2012年市场成交额达457亿元。品牌聚集度高。市场经营各类商品的注册商标总数8000多个，其中国家驰名商标368个，省级著名商标和名牌1965个。购物与旅游优势互补。白沟的商贸物流优势结合白洋淀温泉城丰富的旅游资源优势，形成了白沟新城购物旅游的雏形。物流辐射面广。白沟拥有完善的物流配套体系，建有省级物流产业园，货运线路138条，站点121家，覆盖全国31个省市区，直达80余个地级市，货源覆盖周边百公里，形成了辐射全国的物流集散基地。

白沟新城党工委书记 管委会主任	刘金龙
白沟新城党工委副书记 管委会常务副主任 白沟镇党委书记	杨建军
白沟新城党工委委员 管委会副主任 白沟镇镇长	韩尹清
白沟新城党工委委员 管委会副主任	韩晓杰
白沟新城党工委委员 纪工委书记 政法委书记	李增良
白沟新城党工委委员 管委会副主任（挂职）	李　航
白沟新城管委会副主任（挂职）	陈　隽

【概况】 2012年，白沟新城坚持以“转型升级、创业创新、科学发展”为主线，以项目建设为中心，以改善“两个环境”为抓手，攻坚克难，真抓实干，实现了全区社会安定和谐，尤其在经济发展方面取得了显著成效。2012年，地区生产总值完成61.5625亿元，同比增长14.5%，增速位列全市第2名；财政收入完成2.8136亿元，同比增长41%，增速位列全市第1名；固定资产投资完成88.5亿元，同比增长35.3%；规模以上工业增加值完成19.4137亿元，同比增长26.8%，增速位列全市第1名；社会消费品零售总额完成46.46亿元，同比增长14.7%。各项主要经济指标在全市名列前茅。

【修编规划，进一步明确城市功能定位】 白沟新城聘请上海同济等国内一流的设计院修编白沟的各项规划，将各项事业纳入到规范化、科学化发展的轨道上来。一是提升、调整总体规划。为提高总体规划设计水平，适应建设中等城市的发展目标要求，聘请上海同济城市设计院完成了《白沟城市总体规划修改（2012－2030）》。白沟城市总体规划的修编，进一步明确了白沟新城作为保定东部中心城市辐射带动周边的功能定位，并与周边县（市）的规划进行了衔接，为白沟建设中等城市指明了方向。二是编制专项规划。相继组织编制完成了《白沟镇土地利用总体规划》、《白沟新城城市风貌特色近期建设规划（2012－2015）》、《物流产业聚集区发展总体规划》、《旅游发展规划》等8个专项规划，启动了《白沟新城土地利用总体规划》编制工作。为商贸、物流、旅游休闲产业的科学发展提供了依据、拓宽了发展空间。同时，顺利完成并正式运行了全区数字规划系统平台，完成了白沟新城数字三维立体城市展示系统制作工作，在打造数字化城市上迈出了坚实的一步。

【抓项目建设，增强城市发展支撑力】 2012年，白沟新城重点推进“两城一区”（华北城、旅游城、国际保税物流区）特大项目建设。和道国际（华北城）项目，总投资500亿元，规划总占地面积7平方公里，总建筑面积500万平方米，是集产品研发、生产、交易、展示、信息交流、电子商务、仓储物流、金融结算、人才流通、休闲购物等功能于一体的超大型商贸综合体，以经营规模大型化、经营品种专业化、经营档次高端化、经营手段现代化、经营空间国际化、经营环境规范化的商品交易流通平台建设，带动市场转型升级，拉动城市建设和经济发展。华北城子项目50万平方米的国际箱包城、辅料城预计2013年6月启动运营；旅游城项目，总投资200亿元，规划建筑面积280万平方米，倾力打造规模、档次具有国际一流水准，集酒店、会议、运动、文化、饮食、娱乐、游乐、健康、商业于一体的旅游综合体。该项目前期手续已完成；国际（保税）物流仓储产业园，总投资20亿元，依托天津港，将建设成为集国际贸易、港航、口岸中介、金融、商务、等功能于一体的“北方内陆港”，一期已投入运营，二期正积极推进。

【加大投入，加快城乡一体化建设】 围绕生态旅游城市建设目标，着力加强基础设施、绿化和新农村建设工作。一是全力推进精品街区建设。2012年投入近2000万元，完成了友谊路、京白路、富民路等6条主干道的改造；实施了京白路10千伏输电线路入地改造工程、东一环自来水管网工程、京白路高速引线升级工程和温泉城湖边公园景观工程，城市功能进一步完善，承载能力进一步提升。二是加强城区园林绿化建设。打造城区“绿色景观带”，完成了城区主干道和快速路两侧绿化工程，道路累计新增绿化面积10万平方米，植树10.5万株。三是新农村建设成效显著。大力实施幸福乡村计划。狠抓王庄村、来远村、小营村、许庄村等6个幸福乡村计划示范点建设，带动乡村整体建设水平。从群众最关心、要求最迫切的问题入手，深入开展农村土地整治工作，谋划确定建设项目，标准化幼儿园、村卫生室、活动中心等一批惠民工程全面开工，示范带动作用明显增强。

【优化“两个环境”，提升人民群众满意度】 深入落实省委、市委关于改善“两个环境”的总体安排部署，发展环境持续优化。一是着力改善发展环境。健全行政服务大厅、简化办事程序，200项行政审批项目，30多个部门，66名工作人员全部入驻大厅，实现了一站式服务。深入开展执行力亮剑行动，深化亲商重商活动，强化重点工作、重点领域监察治理，强化行政权力公开透明运行和党务公开，全区发展环境进一步改善。二是着力改善生态环境。着力解决突出环境问题，环保、工商、质监、劳动、公安等相关部门联合行动，利用近3个月的时间，对辖区内3000余家箱包加工厂（点）进行了摸排登记，建立台账，取缔关停企业23家，整改企业51家。积极推进两厂建设，两座污水处理厂投入运行，城市污水处理率达到85%，垃圾处理厂全年完成投入1200万元，基建工程已基本完工，2013年4月底前可投入运行。白沟新城的政务环境、生活环境、法治环境等不断优化，人民群众的安全感和满意度进一步提升，投资者的投资意愿更加坚决，为经济社会全面快速发展提供了有力的保障。

（顾延锋）

县（市、区）

南市区

【地情提要】 南市区地处保定市区东南部，位于古城老城区中心地带，周边与新市区、北市区、清苑县、满城县接壤。南市区区位优越，京石高速铁路、保沧高速公路和京广铁路纵贯东西两翼，形成了四通八达的交通体系。南市区历史悠久，文化底蕴深厚。区内除拥有目前国内保存最完整的省级衙署直隶总督署，全国十大名园之一的古莲花池等14处市级以上文物保护古迹之外，还有众多的历史街区和革命遗址，是历史文化名城发展变迁的最好见证。河北农业大学、中国地质大学长城学院、河北大学医学院、河北科技学院等大中专院校遍布全区。

自然环境 域内地表平坦，土质肥沃，地势由西北向东南呈平滑倾斜，大陆性季风气候特点显著。一亩泉河、清水河、府河、护城河流经。域内土质主要由黏质砂土和砂质黏土构成，土壤类型为石灰性潮褐土。

行政区划 全区总面积102.05平方公里，辖4个乡（南大园、杨庄、焦庄、五尧）、5个街道办事处（永华、裕华、南关、红星、联盟），61个行政村、48个社区居委会。

人口民族 2012年全区总人口257312人，其中城区人口155060人，占60.1%；乡村人口102252人，占39.9%。全区人口出生率9.87‰，人口自然增长率4.53‰。辖区居民汉族占95%以上，其他以回族、满族为主，历来为市区回族聚居区。

【概况】 2012年，全区完成规模以上工业增加值129.7亿元，同比增长19.2%；全部财政收入完成47.99亿元，同比增长22.1%；其中公共财政预算收入完成2.31亿元，同比增长31%；地方公共预算支出7.55亿元，同比增长15.5%。在岗职工年平均工资6.95万元，比上年增长170%，农民人均纯收入1.37元，比上年增长13.5%。固定资产投资完成85.9亿元；社会消费品零售总额完成129.71亿元；实际利用外资完成36647万美元。其中工业增加值总量占全市的1/8，财政收入总量占全市的1/6，社会消费品零售总额总量占全市的1/8，实际利用外资总量占全市的2/3。获省家电以旧换新工作先进单位，成为全市销售补贴额最大的县区，也是全市唯一获省家电以旧换新工作先进的单位。长城汽车股份有限公司“哈弗H3/H5系列SUV及高性能乘用车柴油机自主研发”项目获中国汽车工业科学技术奖一等奖。南大园乡东五里铺村被河北省新闻出版局评为“河北省示范农家书屋”称号。全区61个行政村全部建立农家书屋，覆盖率达到100%。

【项目建设成绩显著】 实施项目69项，计划总投资286.7亿元，其中列入市重点项目5项，竣工22项，在建22项。“河北长城工业聚集区”跻身全省先进工业园区行列，王成兰食品搬迁扩建项目拉开东区开发建设序幕，保定烟厂易地技改项目进入征地阶段。“河北长城工业聚集区”累计完成投资141.5亿元，主营业务收入712亿元，工业增加值完成112亿元，实现工业利润61.3亿元，出口创汇10.5亿美元。

【汽车产业发展强劲】 长城汽车不断发展壮大，总投资50亿元的长城新技术中心开工建设，总投资17亿元的产能提升项目建成投产，H6、C30、M4等多款车型供不应求，进入2012“中国企业500强”、“最佳中国品牌价值排行榜”。全年整车销量62万辆，同比增长28%，其中出口汽车9.6万辆，实现利税87.6亿元，产品销往全球160多个国家和地区，多款产品打入欧盟市场。携概念车哈弗E、高端SUV车型哈弗H7等19款车型、6款发动机、2款变速器亮相第十二届北京国际车展，参展规模达历届之最。

【城乡面貌明显改善】 继续推进府河、清真寺、淮军公所清河道署三大片区拆迁改造工作，累计动迁居民1.2万余户，建设返迁楼83栋。改善交通设施，整修改造东韩蒋南路、马池路、小祝泽南路等5条村间道路和8条便民小路，硬化朱庄、东五里铺、大阳东街等6个村道路2.26万平方米。配合市完成东风路东延、京港澳高速公路拓宽、黄花沟下游改造等大交通大水系建设阶段任务。查处147宗土地违法案件，拆除违章建筑，规范土地管理。开展全民绿化活动，新建片林1处，补植、新植乔木4万株。推进刘守庙、马家疃、止舫头等7个城中村改造。成立区城市管理执法局，严格治理占道经营、市场外溢和私搭乱建。开展环境卫生专项整治活动，清理垃圾2.5万余立方。

【农村经济稳步发展】 突出“奶牛养殖、设施蔬菜、苗木花卉、农产品加工”四大特色产业，推进“城郊型精品农业”发展。强化动植物防疫，推广测土配方施肥新技术，筹资1200余万元落实各项惠农补贴政策，全区农业产业化率达到71%，全年粮食总产3.25万吨，实现单产、总产“九连增”，农民人均纯收入13012元，较上年增长13.9%。佳康食品、大众味业获得省级农业产业化重点龙头企业称号。

中共区委

书　记　杨文堂（5月离任）
　　　　王晓栋（5月任）
副书记　苏树锋　马义民
常　委　杨文堂（5月离任）
　　　　王晓栋（5月任）
　　　　苏树锋　马义民
　　　　冯怀芝（7月离任）
　　　　张承军（7月任）
　　　　谷俊杰　井建良
　　　　李文阁（女）
　　　　李丽萍（女）　穆希君
　　　　牛善平（10月免）
　　　　王益民（10月任）
　　　　赵万里

人大常务委员会

主　任　韩桂林
副主任　李春萍（女）
　　　　刘畔力（2月任）
　　　　齐志武（2月任）
　　　　刘俊巧（女）

政　府

区　长　苏树锋
副区长　谷俊杰　穆希君
　　　　赵建军　张立辉（女）
　　　　周喜峰（2月任）
　　　　张志辉（2月任，10月免）

政　协

主　席　郭清申
副主席　张更利（2月任）
　　　　张永海（2月任）
　　　　苏　倩（女，2月任）
　　　　刘聪慧（女，2月任）

（商　玉）

北市区

【地情提要】 北市区位于保定市城区东北部，地理坐标为北纬38°50′~38°56′，东经115°28′~115°34′。北与徐水县毗邻，南与南市区接壤，东与清苑县相接，西与新市区相连。京广铁路、京广高速铁路、京港澳高速公路、107国道纵贯区境。总面积82.33平方公里，其中城区面积18.98平方公里，乡村面积63.35平方公里。区政府西南距石家庄125公里，东北距北京140公里，东偏北距天津145公里。区政府驻七一中路789号。

自然环境 北市区位于漕河冲积洪积平原上，区域内地表较为平坦，地势呈0.5/1000左右的自然坡自西北向东南倾斜，西北高，东南低，海拔在14~18米之间。一亩泉河、侯河、白草沟河横穿西南区境，分别于灵雨寺附近注入府河。区域内土质主要由黏质砂土和砂质土壤构成。耕地面积2881公顷。大陆性季风气候，春夏秋冬四季分明。年平均气温14.1℃。气温最高在7月份，月平均气温26.7℃。气温最低在1月份，月平均气温-4.3℃。无霜期213天，年日照2563小时。年平均降水量269.6毫米。地面气流明显受太行山脉的影响，风向以西南风和东北风最多，年平均静风频率17.4%。大风多集中在春季，尤以4月多风，夏季暴雨时伴有6~7级大风。

行政区划 2012年辖5个街道办事处（五四路街道、西关街道、和平里街道、中华路街道、东关街道办事处）、3个乡（韩庄、东金庄、百楼）、54个社区居委会、59个村。

人口民族 2012年末，全区总户数107503户，总人口321741人，比上年增加2063人。其中男性人口157609人，女性人口164132人，分别比上年增加711

人和1352人。全年出生人口4144人，死亡人口946人，全年净增人口3198人，自然增长率9.94‰。有13个民族，少数民族以回族为主。

【概况】 2012年，全区经济社会发展取得了新的进步。全区生产总值完成94.9亿元，同比增长12%。固定资产投资完成121.2亿元，同比增长28.4%。规模以上工业增加值完成10.5亿元，同比增长22.7%。全部财政收入完成24.2亿元，同比增长21%。公共财政预算收入完成5.7亿元，同比增长81.2%。地方公共预算支出6.97亿元，同比增长12.07%。在岗职工年平均工资35411元，比上年增长5.3%。农民人均纯收入达到12940元，同比增长16.2%。社会消费品零售总额完成44.7亿元，同比增长14.5%。实际利用外资完成2608万美元。八项重点指标全部实现了三区“保二争一”目标，其中公共财政预算收入增幅和实际利用外资完成总量排名全市第二。全区经济发展呈现出总量稳步增长、质量稳步攀升、速度稳步提高的良好态势。

【园区、项目建设】 启动并基本完成了园区南区390亩土地征用工作，保障了北京电科电气等重点项目建设用地。完善了418亩农用地征转报批手续，已上报国务院审批。启动了凤栖街、天宁路等园区路网与城区主干道的连通工程，“一横三纵”路网基本形成。编制了园区三期控制性详规，园区发展远景初步绘就。积极应对规划停批、土地指标不足等不利因素，全年共谋划千万元以上项目150个，其中列入省重点项目3个、市重点项目6个、区重点项目44个，年内共完成投资39.2亿元。慕湖恒源、瑞科物探等4个项目开工建设。鑫丰建材、支点塑胶等14个项目续建顺利。华劲服饰、龙田医药等4个项目竣工投产。中华老字号、印刷产业园等项目得到积极推进。保定银座商城开业运营，华夏麒麟、立中车轮国家级研发中心等项目成功签约落户。

【改革创新步伐加快】 在全市率先设立1500万元工业技改专项资金和500万元中小企业发展专项资金，制定相应管理办法。新建省级工程技术研究中心1个，新增市级工程技术研究中心2个、省级院士工作站1个，争取省级以上科技资金700万元，企业自主创新能力明显提升。积极推进国企改革，完成了保定市被服厂职工安置和中药材公司股份制改造，启动了人民商场破产程序和长天药业二次改制工作。

【三农工作】 全区耕地面积2881公顷，粮食总产量26023吨。完成林业产业调查和全国第一次水利普查。投资200万元，改造留守坟、高庄、尚庄、头台等4个村的农用闸桥。投资30万元，铺设防渗管道1.2万米，新增节水灌溉面积1000亩。在抓龙头方面，投资2300万元，完成了农业生态示范园主体建设，完成了鑫博生猪标准化养殖场建设，启动了头台阳光牧场标准化建设。全面落实各项惠农政策，发放粮食直补406万元、良种补贴90.5万元。实施阳光培训工程，组织涉农企业负责人参训达600余人次。筹资356万元，实施农村饮水安全工程，改善8个村、1.1万人的饮水条件。在创特色方面，出台了《加快蔬菜产业发展的意见》和《设施蔬菜贷款贴息奖励办法》，扶持付村、东良、南常保、杨指挥营四大蔬菜片区发展壮大。

【城乡面貌日益靓丽】 城建项目加力推进。初步制定北市区118平方公里城区战略发展详细规划，明确城区建设发展思路。高铁客运站投入运行，东湖片区、高铁片区建设稳步推进，“未来石”城市综合体加快建设，一批地标性建筑正在崛起。完成郭辛庄75亩和未来城400亩土地的征用工作。保定师范附属学校投入使用，儿童医院加快建设，城区北部公共设施逐步完善，宜居保障能力显著增强。城区路网更加便捷。投资300余万元，整修了深圳路、学苑路等18条便民小路。启动瑞祥大街北延和京港澳高速公路拓宽的征迁工作，完善复兴路东延、东风路东延的交通设施，干道交通更加顺畅。城中村改造稳步实施。韩庄村安置房建设完毕，北关村、米家堤村安置房建设有序，店上村、薛刘营村铁西片区完成拆迁，冯庄村完成土地出让，留守坟、北高庄村改造范围经市批准，改造方案正在组卷。城区管理规范有效。成立区行政执法局，合理调配执法力量，管理体制进一步理顺。开展违法违规建设清理和市容环境脏乱整治行动，城区环境日趋整洁有序。加强便民设施投入，增设垃圾箱10个，垃圾池8个，维修、新建公厕6个，居民生活更加方便。全面完成绿化任务，顺利通过国家园林城市验收。完成外环水系付村段清淤工作，缓解了防汛压力。生态改良全面促进。区环境监察标准化建设达到国家三级标准，主要污染物减排目标全部超额完成，夏秋秸秆禁烧工作目标圆满完成。促进低碳高端成果惠民，推广各型LED照明灯具近2万盏，惠及居民近

4000户。实施韩庄乡省级环境优美乡、东良村省级生态村创建工程，顺利通过省级验收。完成百楼乡创建省级环境优美乡规划编制，生态改良工作水平逐步提升。

【社会事业全面进步】 教育事业优先发展。筹资6400万元，完成三中分校、厚福盈小学、前卫路小学等5所学校运动场建设，完成卫生路小学、河北小学等4所学校教学楼建设，完成十三中、育德中学等3所中学教学楼配套工程建设，为辖区所有中小学配备了信息技术教育设施，更新图书、门窗、体育器材等办学设施，提升现代化教学水平，以全市排名第一的成绩被省政府评为“教育综合工作先进区”。卫生保障水平进一步提高。投资300万元，为50个村建立标准化卫生室。区妇幼保健院、东金庄乡卫生院、新农合管理中心顺利搬迁。落实新农合提标政策，参合率97.3%，补偿1.17万人次，发放补偿金1182万元。城镇居民基本医保参保率达97.4%，补偿5.78万人次，发放补偿金623万元。投入资金218万元，全面落实计生奖励政策，各项人口控制指标运行良好，低生育水平持续稳定。社保就业工作扎实推进。启动新农保，参保居民2.4万人。城镇新增就业人员8900余人，下岗失业人员再就业3100余人，安置就业困难对象1100余人，城镇登记失业率控制在4.2%以内。企业养老保险、工伤保险、失业保险扩面工作均超额完成市下达任务。困难群众生活有效改善。全面推进城乡低保，发放城市低保金1308万元、农村低保金131万元。积极探索“三院合一”管理模式，高标准建成3800平方米的民政事业服务中心。积极开展残疾人救助，建成200平方米的残疾人康复活动中心。实施供暖改造，筹资1700万元，改造双井、东升街等24个隐患小区的供暖设施，保障居民温暖过冬。社区建设再创佳绩。投入320万元，加强社区硬件建设，建成天马、迎宾等4个高标准和谐社区，全区高标准和谐社区达到11个。完成金昌西、西关大街等8个社区上档升级，被市委、市政府命名为“社区建设先进区”。农村社区管理服务体系不断完善，被国家民政部命名为“全国农村社区建设实验全覆盖示范单位”。档案管理和方志工作全面加强。档案工作全市领先，承办保定市农村、社区档案工作现场会。东金庄乡档案工作顺利通过省4A级等级认定，成为全省首批、全市首家达到4A级标准的乡镇。圆满完成了省、市年鉴供稿和二轮修志市级评审，连续三年被评为“全省修志工作先进单位”。

【安全监管】 加强生产安全监管，成立专家组和督导组，以“打非治违”专项整治行动为主线，对所有行业领域的安全隐患进行不间断排查整改，全区未发生较大以上生产安全事故。加强食品安全监管，建立“区、乡、村”三级食品安全协调监管机构，网格化管理进一步完善。加强消防安全监管，共检查单位近3500家，查改各类隐患近2万处，有效遏制重特大火灾事故发生。为各村、社区配备了安全监管员并落实待遇，实现安全监管触角有效延伸，一大批安全隐患得到有效治理。

中共区委

书　记　赤光明

副书记　张少轩　谢永军

常　委　赤光明　张少轩

谢永军　温宏江

赵海娜（女）　王　勇

彭尚林　王书安

刘武需　段秀丽（女）

李志才

人大常务委员会

主　任　李正伦

副主任　李立宪（2月离任）

周开祥（2月离任）

荀惠贤（女，2月离任）

李明伟

田秀芹（女，2月任）

董志湖（2月任）

田朝阳（2月任）

政　府

区　长　张少轩

副区长　赵海娜（女）　王书安

贾春顺　张　杰

刘晓鹏　张　犁

政　协

主　席　穆大群

副主席　李军红　张金瑞（女）

侯跃斌

王　磊（2月任）

（刘尚波）

新 市 区

【地情提要】 新市区为城乡结合型市辖区，区位优势明显，保定市党政机关，以及乐凯集团、天威集团、天鹅化纤集团、风帆集团等大型国有企业为代表的“西郊八大厂”；中国银行、中国工商银行、中国农业银行等金融机构的分行总部；保定报社、电视台等均坐落新市区，是保定的政治、经济、金融、传媒中心。

地理位置 新市区地处保定市区西半部，东与北市区、南市区交界，西、北与满城县接壤，南与清苑县毗邻。位于北纬38°51′～56′，东经115°21′～25′，全境面积131.3平方公里。西高东低。西依太行山，东为冀中平原，西北20公里是太行山低山丘陵区，北偏东距北京141公里，东北距天津155公里，南偏西距石家庄124.8公里。京广铁路沿东界通过，107国道和保涞、保阜等省级公路穿经辖区，与区内主干道路相交联通。

自然环境 新市区属平原区，地势较为平坦开阔，总趋向由西北向东南逐渐倾斜，海拔最高点为30米，最低点为17.1米。根据地貌特征和地面组成物质以及人类生产活动的影响，新市区可分为以下两种地貌单元类型。一是洪积、冲积扇平原。二是山前溢水带区。由于山前特殊水文地质构造的影响，地下水溢出地表，形成新市区西北部一亩泉、黑风泉、五花泉、联珠泉等相连的溢水带区。诸泉于70年代后期先后干涸。新市区属暖温带季风型大陆性气候，年平均气温为12.4℃，最高气温为7月份，月平均气温26.7℃，极端最高气温43.3℃（1955年7月23－24日）。最低气温为1月份，月平均气温－4.3℃，极端最低气温－23.7℃（1951年1月13日）。无霜期213天。总热量较为丰富，积温为4348.6℃，最高积温4701.2℃，最低积温3959.7℃，平均日照总时数为2610.2小时，年平均日照率为58.57%。土壤分为两个土类（褐土类、潮土类），两个亚类，4个土属，18个土种，26个变种。

自然资源 新市区总面积122平方公里，其中耕地5466公顷。新市区是保定市的主要水源区，一亩泉河、候河、白草沟河均在境内。

行政区划 全区辖富昌、韩村、南奇、颉庄、江城5个乡，63个村；先锋街、东风路、建设南路、新市场街、韩村北路共5个街道办事处，75个社区，8个村。2008年12月，根据市委保发【2008】21号文件精神，新市区大马坊乡、韩村乡大边坨村划给高新区托管。

人口民族 全区总户数134744户，人口429337万人；人口自然增长率3.8‰。辖区内有汉、回、蒙古等11个民族。

【概况】 2012年完成地区生产总值135.21亿元，同比增长11.5%，其中第一产业增加值2.83亿元，比上年增长2.2%，第二产业增加值85.31亿元，比上年增长13.4%，第三产业增加值47.06亿元，比上年增长8.5%；完成规模以上工业增加值47.5亿元，增长19.7%；全部财政收入完成30.2亿元，增长10.9%，其中地方公共财政预算收入完成7.0亿元，增长55.8%；地方公共预算支出10亿元，同比增长30.89%。完成固定资产投资131.7亿元，增长22%；出口总值8622万美元，同比增长9.3%；实现社会消费品零售总额89.1亿元，增长18.9%；粮食总产量44601吨，比上年减少1284吨。农民人均纯收入达到1.3万元，增长18.3%。城镇居民人均可支配收入19047.66元，比上年增长12.6%；以城市管理权限下放为契机，统一整合行政执法、环卫、住建等部门职能，理顺了城市管理体制。成立了区食安办，建立食品安全监管体系。7个公办基层医疗机构全部完成五项重点改革。全年省外资金实际到位12.1亿元，实现进出口总额9674万美元。

【园区、项目建设实现突破】 新市区工业园区获批为市级产业园区；向阳航空科技装备产业园顺利奠基；体育产业园区控制性详规获得批准；保定农业生态园一期工程公益部分顺利开园，蔬菜观光园建成投入使用；保定西部高新技术产业园已报省政府待批。全年新建、续建千万元以上项目50个，其中省、市重点项目9个，总投资18亿元的万博广场和总投资10亿元的燕赵国际商务中心主体封顶；总投资6.2亿元的保钞二分厂技改和总投资13.8亿元的天鹅股份3万吨短纤维项目如期竣工；央企合作项目——保定石化沥青建设项目建成投产。

【产业结构优化、转型步伐加快】 工业经济质量效益进一步提高，新增规模以上工业企业4家，实施工业技改项目9个，关闭、淘汰落后产能企业9家，全区规模以上工业增加值能耗下降11.7%。组织实施污染物减排项目16个，超额完成主要污染物减排市定目标。现代服务业新增限上商贸企业11家，时代商厦重装开业；美国沃尔玛、马来西亚百盛集团、英国洲际酒店签约入驻万博广场；香江家居与港商合作新建香江时尚酒店；保定会馆、亚华酒店、金筷子餐饮公司等餐饮企业进一步做大做强。特色农业稳步发展，粮食总产4.5万吨，高效设施农业达到7000亩，蔬菜标准化生产达到2万亩，中德肠衣、槐茂酱菜分别获批省、市级农业龙头企业。

【城乡建设】 西二环竣工通车，复兴路西延全面启动。推进西大园片区拆迁改造，完成三条酒店等集体企业拆迁。继续推进四里营、灵雨寺、中廉良等11个城中村改造，新建村民返迁楼20余万平方米。新民居建设建成住宅108.7万平方米。

【民生事业全面进步】 教育事

业稳步发展，顺利实施中小学校安工程，新建十九中综合教学楼，为6所学校安装了网络设备。中考成绩继续保持全市第一方阵，高考成绩再创历史新高。基层医疗卫生服务体系进一步健全，顺利通过了全国中医药特色社区卫生服务示范区复核，创建5个高标准社区卫生服务机构中医室，新建62个标准化农村卫生室，全部实施了基本药物零差率销售。社会保障体系更加完善，城乡低保、城镇居民基本医疗保险、城乡居民养老保险、新型农村合作医疗、低收入家庭廉租住房保障实现全覆盖。为全区城乡低保对象免费体检，建立了健康档案。新建1所养老机构，建成39个农村互助幸福院，为5700多名80岁以上老人发放了生活补贴。全面完成地名普查和《政区大典》编纂。社区建设成绩突出，创建4个高标准和谐社区，7个精品社区实现上档升级。实施农村饮水安全工程，解决了6个村1.2万人的饮水安全问题。圆满完成全国第一次水利普查任务。推进文化惠民工程，在全市率先实现了农家书屋全覆盖。人口计生工作得到加强，持续保持了低生育水平。大力开展阳光行动，关心残疾人发展。安全生产形势总体稳定，连续7年获得全市先进。食品药品安全专项整治成效明显。深入开展“严打整治”斗争，群众安全感不断提升。

中共区委

书　记　崔坤军
副书记　姬　琳（女）　侯印红
常　委　崔坤军　姬　琳（女）
　　　　侯印红
　　　　齐春刚（5月离任）
　　　　柏纪伟　郑斌慧（女）
　　　　杜香兰（女）
　　　　马跃斌（7月离任）
　　　　姚红玉（7月任）
　　　　张雪松　孟小龙
　　　　高　巍

人大常务委员会

主　任　王文志
副主任　王克俭　李玉梅
　　　　李冬立　林　海

政　府

区　长　姬　琳（女）
副区长　柏纪伟　张雪松
　　　　段晓彤　刘　爽（女）
　　　　边少清　沈立群

政　协

主　席　朱立文
副主席　范铁海　张　艳（女）
　　　　倪学红（女）
　　　　赵　妍（女，2月任）

（张惠兰）

满城县

【地情提要】　满城县位于河北省中部，太行山东麓，北纬38°43′20″～39°07′00″，东经114°43′20″～115°32′00″之间。总面积629.26平方公里（不含贤台），耕地面积233.87平方公里（不含贤台），北同易县接壤，南与清苑县毗邻，西与顺平县交界，东接保定市区和徐水县。县城距北京150公里，天津150公里，石家庄120公里。

自然环境　满城县位于保定市西北部，地势西北高，东南低。西部和北部为太行山余脉，山峦起伏，坡陡流急，山区面积占全县24.4%；中部为山区和平原过渡带，丘陵区面积占30.6%；东部和南部为平原，地势开阔，地形平坦，面积占45%，地貌类型的多样性，给农业生产提供了多种条件。满城四季分明，光照充足，雨热同期，气候属暖温带大陆性半干旱季风气候。2012年气温偏高，降水偏少，日照偏少。年平均气温12.8℃，年最高温度38.4℃（6月17日），最低温度－13.5℃（1月22日），年降水量572.6毫米，年日照时数1989.2小时。

自然资源　满城县自然资源丰富，境内有漕河、界河、龙泉河等河流，龙门和马连川两座水库。著名的“一亩泉”地下水脉水质清澈、甘甜，富含矿物质成分，可与青岛崂山矿泉水媲美，是保定市重要水源区。西部山区矿产资源种类丰富，盛产青石板、石碴、大理石、花岗岩、石灰岩等，其中石灰被誉为“中国第一白”，并有褐铁矿、磁铁矿、金矿、铝矿、银矿等金属矿产资源。农副特产品主要有草莓、磨盘柿、地芸豆、雪桃、雪杏、伊丽沙白瓜、葡萄等，有“全国草莓之乡”、“磨盘柿之乡”、“雪桃之乡”等美誉。

【概况】　2012年地区生产总值81.75亿元，比上年增长10.7%，其中一、二、三产业增加值分别为17.08亿元，43.25亿元，21.42亿元，比上年分别增长2.09亿元，4.09亿元，1.83亿元。单位工业增加值能耗为0.975吨标准煤，比上年降低11.16%。民营经济增加值66.92亿元，比上年增长12.44%。粮食总产量173484吨，比上年增长－3.2%，棉花总产量484吨，比上年增长0.6%。财政收入5.66亿元，比上年增长19.7%，其中地方公共财政预算收入2.58亿元，同比增长19.5%。地方公共财政预算支出10.34亿元，同比增长22.2%。社会商品零售总额36.78亿元，比上年增长15%，固定资产投资完成38.91亿元，比上年增长36%。年末城乡居民储蓄存款余额88.51亿元，比上年增长15.1%。城镇居民人均可支配收入19113元，农民人均纯收入8769元，分别比上年增长10.2%和17.6%。

【基层水务工作】 抓住中央加大水利投入的机遇，积极争取一批重点项目的实施。2012年，共引进国家、省、市水利资金1.07亿元，其中2011年第三批和老区专项转移支付资金饮水项目、2012年第一批和基层建设年帮扶村饮水项目，共投资2246万元，解决了51个村、5.49万人的饮水安全问题；高标准农田重点县项目投资2200万元，新增灌溉面积2.98万亩，受益人口3.5万人；2011年水土保持项目投资160万元，治理水土流失面积8平方公里，受益人口4000人；2011年移民后期扶持项目投资156万元，解决了12个村道路和机井配套问题，受益人口2.32万人；南水北调永久弃渣场水保绿化工程投资768万元，绿化面积410亩，受益人口5.66万人。

【农业农村工作稳步发展】 2012年，完成播种面积42.26万亩，平均单产441公斤，总产量18.8万吨，被省政府评为“粮食生产先进县”。继续加强设施蔬菜建设，县域特色蔬菜产业发展和技术推广工作，大赛“富赛”果蔬园区被农业部确定为蔬菜标准园创建示范园，李铁庄“合友”园区日光温室扩大200亩，孙村“沃土”园区新增日光温室56个，“绿波”园区定植草莓观光采摘棚9个。全县种植面积13.25万亩，总产27.8万吨，完成草莓种植4.95万亩，总产9.3万吨。全年生猪存栏21.8万头，出栏28.3万头，牛存栏1.57万头，家禽存栏233.4万只，肉类总产2.75万吨，奶产量3.3万吨，禽蛋产量2.12万吨。

【医疗惠民工程效果明显】 开展乡镇卫生院综合改革“回头看”活动。推进乡、村基本药物制度，183个村全部实行了基本药物网上采购，零差价销售。新农合参合率95.4%，报销比例和最高限额明显提高，减轻了参合农民就医负担，同时，全面推行先住院后付费和出院即报制度，方便群众就医、报销。在县医院增设惠民病房5间，减免各项费用8万余元。下乡义诊35次，受益15000余人次。

【食品安全】 满城县组建成立食品安全领导小组办公室，严格落实餐饮业、食堂许可准入制度，严把入口关，累计审核新发《餐饮服务许可证》109家。加大对学校、幼儿园食堂及“小饭桌”的监督检查力度，落实量化分级管理，对全县57所学校、幼儿园及18家“小饭桌”进行全面排查监管，全部落实索证索票和进货查验制度。以排查整治地沟油、瘦肉精、食品添加剂为重点内容，开展“两节”、五一、中秋、国庆等重大节日期间和中高考、夏、秋季食品安全专项整治行动，规范全县食品安全秩序，确保群众饮食安全。同时，探索新的监管模式，聘请农村集体聚餐监督员214名，加大对农村集体聚餐的监督指导。

【园区项目建设再创佳绩】 继续实行“四位一体”责任制，明确年度目标、工作重点、时间进度等要求，确定分包县领导、乡镇和部门，坚持一月一督导、一季一通报、半年一联查，调动项目建设的积极性。全年共谋划实施千万元以上重点项目55个，总投资457.7亿元，比上年增长163%。其中，省、市重点项目9个，年计划投资4.6亿元，实际完成投资11.7亿元，占年计划的256%，国家能源局同意投资30亿元的国电西北郊热电厂项目实施；四方腾泰、北瑞甾体生物有限公司项目竣工投产；10万吨生活用纸生产基地、华奔机械制造、康强医疗、秀兰山庄4个市重点项目全部开工建设。县重点项目19个，年计划投资7.65亿元，实际完成投资22.83亿元，占年计划的298%，其中微晶铸石板生产线技改、成功纸业技改等9个项目竣工投产，通力金属、翔宇纸业技改等6个项目按计划实施，永红铸造等9个新开工项目全部顺利开工。新引进德顺食品、新希望天香乳业、力美包装3个项目，重点项目投资和形象进度达到时间进度要求，新开项目如期开工率和续建项目复工率均达100%，项目工作位居全市先进位次。县经济开发区、新兴产业园区顺利通过市级产业园区评审。

【节能低碳再达目标】 按照省“双三十”示范县要求，以节能减排工程为重点，确定实施减排项目52个，节能工程5项，严格控制高能耗项目上马，对49个新、改、扩项目全部进行节能评估审查，对20家重点用能企业编制了“十二五”节能规划，积极推广高效节能照明产品，完成既有建筑节能改造工程42万平方米，全年削减化学需氧量1666.01吨、氨氮132.75吨、二氧化硫966.61吨、氨氧化物178.83吨，万元GDP能耗降低率和万元GDP二氧化碳排放率分别达到4.13%，超额完成了省、市下达的节能减排任务目标。

【农村“三资”委托代理工作】 满城县依托乡镇农经站，在原建立农村会计委托代理服务中心的基础上，建立农村集体“三资”（农村集体资金、农村集体资产和农村集体资源）监管中心，通过健全制度，强化监督，加强服务，对农村集体“三资”进行管理。2012年，全县12个乡镇204个行政村全部落实农村“三资”委托代理工作，被省政府评为保定市唯一一家农村“三资”管理示范县。

中共县委

书　记　张　华

副书记　刘　峰　康　社

常　委　张　华　刘　峰

　　　　康　社　王瑞生

　　　　孙增军　周民选

　　　　刘　杰　冯　峻（女）

　　　　李雄鹰　夏　冰

　　　　史洪昌

人大常务委员会

主　任　吕耀新

副主任　王凤林（1月离任）

　　　　尹全泉（不驻会）

　　　　魏凤禄（1月离任）

　　　　宋连勇

　　　　姜文英（女，1月任）

　　　　陈承德（1月任）

政　府

县　长　刘　峰

副县长　刘　杰

　　　　李雄鹰（1月任）

　　　　李保章（1月任）

　　　　刘彦茹（女，1月任）

　　　　陈志强（1月任）

　　　　孙建设（1月任）

政　协

主　席　范福生（1月离任）

　　　　贾玉兰（女，1月任）

副主席　商振华　刘铁英

　　　　李文安

　　　　潘金忠（1月任）

（张海涛）

清苑县

【地情提要】 清苑县位于河北省中部，京、津、石三角腹地，两面环绕古城保定，是保定市“一城三星一淀”大框架内，按区管理的卫星城。地理坐标为北纬38°33′～38°35′，东经115°13′～115°45′。全县总面积867平方公里。县人民政府驻地北距北京145公里，东北距天津140公里，西南距石家庄117公里。境内交通便利，京港澳高速、保沧高速和保衡、保沧等多条省级公路以及正在施工建设的京石铁路客运专线贯穿全境，自古就有“北临三关，南通九省”之称誉。

自然环境 清苑县地处冀中平原西部，地势坦荡，西南高，东北低，缓缓倾斜。气候属于北温带半湿润半干旱大陆性季风气候区，四季分明，年均气温12.3℃，平均日照2610小时，无霜期174天，年均降水量597毫米，全年西南风和东北风频率最高，年均风速2.1米/秒。境内河流系海河流域大清河水系，计有唐河、新开河、九龙河、龙泉河、清水河、金线河、府河、漕河8条，河道总长167公里，流域面积877.2平方公里。土壤主要有褐土、潮土两种，其中潮土59.32万亩，占总耕地面积的69.6%。

自然资源 全县土地总面积867平方公里，耕地面积89.3万亩，人均耕地1.4亩。土层深厚，土质松软，耕性良好。无地表水。地下水资源丰富，品质优良，地下水资源总量8270万立方米。植物资源种类繁多，分布均匀，盛产小麦、玉米、花生、红薯和各种瓜菜、苹果、梨、桃等，有蒲公英等50余种野生植物。野生动物主要有青蛙、野兔、野鸡、蜂、雀、蛇等20余种。

行政区划 全县辖10乡8镇，1个城区办事处，266个行政村。18个乡镇分别是清苑镇、张登镇、冉庄镇、大庄镇、臧村镇、阳城镇、魏村镇、温仁镇、白团乡、石桥乡、何桥乡、闫庄乡、望亭乡、孙村乡、东闾乡、李庄乡、北王力乡、北店乡。

人口民族 2012年末统计，全县共17.5万户，总人口65万人。境内有汉、满、蒙古、回等18个民族，以汉族人口为主，占总人口的98%。全县人口出生率13.5‰。人口自然增长率为7.78‰。

【概况】 2012年全县地区生产总值完成104.3亿元，同比增长12%。一产、二产、三产分别完成26.8亿元、50.9亿元、26.6亿元，同比分别增长3.9%、15.6%、12.2%。规模以上工业增加值完成56.9亿元，同比增长22.8%。全社会固定资产投资完成73.4亿元，同比增长32.5%。社会消费品零售总额完成45.7亿元，同比增长15.8%。城镇居民人均可支配收入同比增长12.2%；农民人均纯收入同比增长13%。财政收入突破6亿元，同比增长22.2%；其中公共财政预算收入完成2.7亿元，同比增长19.4%。年末城乡居民储蓄存款114亿元，同比增长12%；单位生产总值能源消耗下降5.69%；城市空气质量等级二级以上天数334天，超全年目标12天。清苑县与中国有色金属工业协会再生分会签订了战略合作协议，并列入全省循环经济示范县。完成工业企业技改投入25.9亿元，同比增长57%。立中集团被科技部命名为“中国国际科技合作基地”。对全县14家纳税大户进行了表彰。全县新增企业236家，新注册个体工商户1540户，民营经济占全县经济总量的比重达到73.1%。政银企对接活动，5家金融机构向12家企业发放贷款4.6亿元。对116家有色金属摊点和22家造纸企业进行了关停取缔，超额完成省市下达的任务目标。

【项目建设】 全县新建、续建千万元以上项目21个，总投资93亿元。投资28亿元的大唐清苑热电项目顺利竣工并投产运营。中汽零一期巨威电子电器、四通合金新材料等总投资45亿元的8个项目进场开工。宇雕起重设备、通达医药等总投资34亿元的15个项目具备开工条件。投资100亿元的中国汽车零部件（保定）产业基地、投资20亿元的百威英博集团啤酒生产项目和投资65亿元的河北建设集团绿色建筑产业园项目，与县政府签订协议。

【农业农村工作】 粮食生产实现“十连增”，总产达到49.9万吨，同比增长5.2%。全县农业无公害种植基地达到14个，省市级产业化龙头企业达到16家，各类专业合作社156家。投资3亿元的海大饲料生产及粮食收储中转基地项目与县政府签约。全县蔬菜面积发展到33万亩，林果达到3.5万亩，肉、蛋、奶产量分别达到2.8万吨、5.5万吨和8.5万吨。培树农业品牌，在国家工商总局注册了“地道战”商标，涵盖粮食、瓜果、蔬菜等15大类商品。投资3.68亿元的何桥、李庄等6个乡镇41个村的土地整治项目进展顺利，可新增耕地5800多亩；投资300万元完成小麦深松整地12.2万亩；投资1300万元的小型农田水利重点县建设，完成节水灌溉4.2万亩；投资500多万元完成8个新农村电气化建设工程；投资960万元完成四座农村危桥改造；投资5900多万元启动实施6个幸福乡村计划示范点。县农机局被省农业厅授予农机监理先进单位，并被评为全国农机监理示范窗口。投资1.25亿元新改扩建农村公路139公里，是农村公路建设投资最大、里程最长、效益最明显的一年。

【城镇建设】 聘请中国城市规划设计研究院，对县城总规及城市风貌特色、“四口”包装进行了高标准规划设计。投资3.9亿元新修和改造县城道路7.1万平方米、新建建筑41万平方米、新增和改造绿地47.2万平方米。投资7800万元完成县城公园建设并正式向群众开放。投资3600万元完成县医院改扩建工程并投入使用。城区集中供热工程加紧施工，部分小区实现集中供热。投资3600万元完成县城东部道路翻修和雨污分流工程。投资1.5亿元对电影院改造。正式启动京港澳高速公路清苑段改扩建工程。圆满完成白洋淀大道京石高铁前营段一期拆迁工作

【社会事业】 全年民生事业支出8.3亿元，是近几年来民生投入最多的一年。年初确定的25件大事实事、10件惠民实事以及120项“三农”服务承诺全部完成。社会保障工作不断加强。发放各类社会救助、救济保障资金2600多万元。县民政局被省民政厅评为全省民政工作先进集体，民政事业服务中心被民政部命名为全国民政系统群众满意窗口和行风建设示范单位。设立200万元扶贫济困基金，对95名困难群众实施了有效救助。完成农村危旧房改造、贫困残疾人危房改造376户。投资9000万元完成保障性住房主体工程，建成的252套廉租房，首批入住241户。全面启动城乡居民社会养老保险工作，参保率达到95.5%。城镇新增就业3150人，城镇失业率控制在4.5%以内。教育事业不断加强。高考再创佳绩，本二以上上线总人数稳居全市第一平台，被评为全市教育工作先进县。县青少年校外活动中心被省校外教育领导小组命名为河北省示范性青少年校外活动中心，青少年读书活动获得全国优秀组织奖。投资650万元的县城第三小学综合楼和投资1400万元的6所中小学校新建、扩建工程全部竣工。对评选的30名县级名师、名校长进行了表彰奖励。面向社会公开招聘教师200名，农村教师队伍的年龄结构、专业结构得到优化。卫生事业统筹推进。医改工作位居全市前列，全县基层医疗机构和338所村卫生室基本药物实现零差率销售，新农合参合率达到98.5%；免费为全县6万名65岁以上老年人进行健康体检，并落实动态管理。文化事业更加繁荣。冉庄地道战遗址顺利通过4A级景区检查验收，全年接待游客近110万人次。宋祖陵被列入河北省文物保护单位，“北宋村古乐”成功入选第四批省级非物质文化遗产。档案局被省方志办评为县志编纂工作先进单位。新建乡镇文化站8个、新农村书屋150个，完成29个村体育健身器材安装，县哈哈腔剧团下乡演出247场次，并代表保定市参加了河北省第九届戏剧节，获得多个奖项。

中共县委

书　记　杨文堂

副书记　王　芃　张晓东

常　委　杨文堂　王　芃
　　　　张晓东　王永强
　　　　刘春林　谢占斌
　　　　刘盼山　王敬朝
　　　　胡志英（女）
　　　　黄文涛　韩拴宝

人大常务委员会

主　任　吴建民
副主任　李建元　范同山
　　　　苏秀义（女）　连凌柱

政　府

县　长　王　芃
副县长　刘盼山　王敬朝
　　　　王振起　陈　克（女）
　　　　陈国志　马锁红
　　　　刁　敏（女，6～10月，挂职）

政　协

主　席　宋　静
副主席　税国芳（女）　段树立
　　　　李志芳（女）

（刘　刚）

曲阳县

【地情概要】　曲阳县位于保定市西南部，总面积1083.7平方公里。为“中国雕刻之乡”、“中国民间文化艺术之乡”和“中国观赏石之乡”。

地理位置　曲阳县地处太行山东麓，华北平原西部，县境地理坐标为北纬38°26′28″～38°57′18″，东经114°24′30″～114°53′54″。县城北偏东距北京200公里，南偏西距石家庄70公里。

自然环境　曲阳县为半山区，地势西北高、东南低，地貌自西北向东南依次为浅山、丘陵、河套、平原，俗有“六山一水三分田”之说。曲阳县属暖温带半干旱大陆季风气候区，四季分明。春季气温急剧升高，气候干旱；夏季天气炎热，雨量充沛；秋季天气清爽，昼暖夜凉；冬季天气寒冷干燥。2012年全县平均气温11.6℃，最高气温出现在6月17日，为38.9℃，最低气温出现在1月22－23日，为－15.8℃，年降水量532.8毫米，无霜期210天。境内河流属海河流域大清河南支，水位动态自西北向东南方向径流。境内有通天河、三会河、大沙河等河流。境内土壤有褐土、潮土、沼泽土、草甸土、水稻土5个土类，9个亚类，40个土种。

自然资源　曲阳县自然资源丰富，生物资源主要有果树、砧木等，矿产资源主要有大理石、石灰石、煤等，旅游资源有国家重点文物保护单位北岳庙、灵山聚龙洞和虎山原生态风景区等。

行政区划　2012年，辖恒州、灵山、羊平、燕赵、文德5镇，产德、路庄子、党城、孝墓、齐村、晓林、郎家庄、庄窠、北台、范家庄、东邸村、东旺、下河13乡，一个社区办，下辖367个行政村和8个居民社区。

人口民族　2012年总人口621304人。其中农业人口462702人、非农业人口158602人；人口自然增长率7.15‰。在总人口中，男性人口317128人、女性人口304176人，性别比104.3∶100。居民99.9%为汉族，少数民族有蒙古族、回族、苗族、壮族等21个。

【概况】　2012年全县生产总值完成57.43亿元，同比增长11.0%。其中，第一产业增加值10.21亿元，同比增长1.3%；第二产业增加值22.97亿元，同比增长14.4%；第三产业增加值24.25亿元，同比增长11.4%。人均生产总值9244元。三次产业的构成比例为17.8∶40.0∶42.2。万元GDP能耗降低率为4.8%，万元规模以上工业增加值能耗降低率为12.77%。当年农、林、牧、渔业总产值19.85亿元，比上年增长3.78%。全县粮食播种面积516180亩，粮食总产量202557吨，比上年减少246吨。全年完成工业总产值69.13亿元，增长15.4%，全县建筑业产值17.40亿元，同比增长28.53%。全社会固定资产投资17.65亿元，同比增长32.26%。全县全部财政收入3.80亿元，同比增长8.2%。其中地方公共财政预算收入完成2.27亿元，增长25.3%；地方公共预算支出13亿元，同比增长31.4%。社会消费品零售总额26.81亿元，比上年增长15.2%。居民消费价格指数为102.1，比上年上升2.1个百分点。城镇居民人均可支配收入11925元，比上年增长9.39%；农村居民人均纯收入3308元，比上年增加15.2%。年末城乡居民储蓄存款余额73.01亿元，比上年增长18.8%。

【项目建设实现重大突破】　2012年共谋划实施重点项目23项，先后与中国长江三峡集团公司、山西煤炭运销集团有限公司、河北前进钢铁集团有限公司、中国电力投资集团公司、中国华电集团公司、英利集团有限公司等建立了战略合作关系。与三峡集团签订总投资25亿元的150兆瓦光伏发电项目，与山西煤销集团签订了投资3.16亿元的储配煤物流园项目，与前钢集团签订总年产200万吨的石光纸项目，与华电集团签约300兆瓦光伏发电项目，与中电投集团签约300兆瓦光伏发电项目等。其中在建亿元以上项目12项，市重点项目3项（曲阳县城区教育基地项目、元成塑料年产3万吨PE包装膜及无纺布产品项目及宏州石业国际雕刻文化园二期工程），年内投资4.62亿元。

【“三农”基础进一步夯实】 年内成立了县乡土地经营权流转机构，全县土地经营权流转面积1.78万亩。农民专业合作社发展到120余家，农民组织化程度和专业服务水平提高。年内发放各类惠农资金1.4亿元。不断完善农田水利基础设施，年内新打、维修机井245眼，建设、整修渠道69公里，修建水池、水窖430个，对宿家庄水库和李家洼水库进行了除险加固，全县农田有效灌溉面积18970公顷，农业机械总动力527879千瓦，农村用电4780万千瓦时。大力发展现代设施农业，扩大设施蔬菜种植面积，建设蔬菜大棚441个，发展薄皮核桃8430亩、优质大枣3000亩，新建优质花生基地7万亩、优质小杂粮基地6万亩、鸭梨示范园5000亩、油葵基地600亩和繁种田1万亩。蔬菜产量131837吨，比上年增加3540吨；鲜果产量88913吨，比上年增加3974吨；油料产量7316吨，比上年增加50吨。规模养殖新建鲟鱼规模场2个，规模养猪场8个。全年肉类产量23636吨，比上年增加135吨。全面实施“幸福乡村”计划，着力改善农村环境。规划实施杨家沟小流域及西峪西水土流失综合治理和三会河项目区水土流失治理，年内人工造林3.7万亩，封山育林3万亩。实施玉米新品种科技示范推广，转移培训农村劳动力10968人，开展林果技术普及推广培训1890人，拓宽农民增收渠道。加大扶贫开发力度，出台《关于加大扶贫开发攻坚力度的实施意见》，争取各类扶贫资金3350万元、社会帮扶资金500万元，对55个贫困村进行重点帮扶。规划实施九大扶贫片区，发展种植核桃、枣树、“三优”富士苹果等项目和相关设施建设，全年实现6000人脱贫。

【加速推进城乡建设】 年内完成《曲阳县国家雕塑文化产业园总体规划（2012－2030）》和《曲阳县教育城规划》等重点项目及38个帮扶村环境综合整治规划和15个保留村的规划编制，所有审批项目修建性规划编制率达到100%。恒阳街南段、惠丰街南段、文昌街竣工通车，实施了南环东延、东环南延工程，主城区交通更加顺畅。投资6030万元，实施孟良河景观综合改造项目，实现了清水入城和沿河景观全面提升。投资1000万元，对恒山路进行硬化、亮化、绿化、美化提升改造。投资300万元，完成雕刻广场亮化工程。投资1.6亿元实施观赏石公园项目，投资149万元完成莲花汪引水工程。新建污水管网9.3公里，铺设天然气管道10公里，新增集中供暖面积30万平方米。组建城市综合执法办公室，投入资金500余万元，购买清洁设备，充实环卫力量，提升城市管理水平，县城容貌明显改观。科学制定五年交通会战规划，编制完成“三横、三纵、两环、一园区”地方公路网。多渠道筹措资金1.2亿元，完成了辛燕（辛庄——燕赵）线拓宽改建、王快水库防汛路新建工程，实施了雕刻大道——曲承公路（曲阳城——承安铺）拓宽改建工程。完成农村公路修扩建80公里，其中38个基层建设年帮扶村建设任务全部完成。

【文化建设成果丰硕】 成功举办首届河北省雕刻职业技能大赛、曲阳雕塑作品展暨第三届河北省雕塑大赛、曲阳雕塑走进河北大学等活动。投资2亿元的曲阳雕塑创意研发基地项目开工建设；先后组织企业参加国家级大赛3次，近百件作品获奖；新入选国家和省级非物质文化遗产传承人各1人；成功申报省级文化产业示范基地2个；新增国家级工艺美术大师2名。观赏石产业规模进一步扩大，泥塑业知名度不断提高。曲阳定瓷“走进”中央电视台，成功举办中国陶瓷艺术高峰论坛。投资5000万元建设的定瓷工业园投入使用。投资1.26亿元，对北岳庙、虎山风景区、黄山八会寺、灵山聚龙洞等旅游景点及配套设施进行升级改造。先后举办“旅游文化周暨首届梨花节”和“走进魅力曲阳探秘千年古墓”暨河北省文化遗产日等活动。年内新增省级工业旅游示范点1处（定瓷有限公司）。投资1142万元实现全县18个乡镇综合文化站和367个行政村农家书屋全覆盖。争取上级资金141万元，建设文化信息资源共享农村基层点287个。患癌症近30年仍坚守三尺讲台的刘振江、见义勇为好少年张要红等一批道德模范被中央、省、市等媒体宣传报道。2012年，在市级以上媒体发稿1000余篇，中央电视台4次聚焦曲阳文化，曲阳形象进一步提升。《保定日报·今日曲阳》创刊发行，搭建了宣传曲阳的新平台。

【民生事业得到全面加强】 集中力量办好惠民利民事项。新开工建设保障性住房338套，竣工250套，主体完工590套；完成农村危房改造800户。发放家电下乡补贴2563万元。城镇新增就业3062人，城镇登记失业率3.9%。基本养老、基本医疗、城乡低保等保障体系进一步健全。完成燕赵、产德卫生院扩建工程和130个村卫生室标准化建设，基层医疗条件明显改善。教育投入大幅增加，基础设施建设不断完善，总投资18亿元的教育城项目第二高中主体工程全部封顶。计生工作不断加强，各项奖励扶助政策得到有效落实，共发放资金262万元。扎实开展基层建设年活动，全县38个帮扶村共累计投入建设资金5042万元（其中县配套资金542.6万元），实施帮扶项目620个。深入开展“打非治违”等九个专项行动，筹措维稳资金5087万元，解决了一大批涉及企业改制、人员待遇、信访积案、民生欠账等方面的历史遗留问题，妥善处置“5.25”食品安全事件，圆满完成十八大安保任务，和谐稳定局面得到持续巩固。

【环境建设取得新进展】 实施行政审批提速工程，坚持城乡规划和土地管理工作集体审批决策机制，成立政府投资工程建设项目招投标交易中心，工作效率明显提高。开展土地房地产市场治理整顿，共排查出违法违规项目43个，全部按时限要求主动接受了处理，完善了各项手续，共补交各项费用6556万元。推进土地卫片执法检查，清除违法占地面积138.6亩。全年共完成人工造林4.5万亩，义务植树92万株，封山育林3万亩，全县森林覆盖率净增1.25个百分点，顺利通过省市核查验收。

【150兆瓦光伏发电项目在北京签约】 5月4日，曲阳县人民政府与中国三峡新能源公司150兆瓦光伏发电项目签约仪式在北京举行。中国三峡集团公司董事长、党组书记曹广晶到会祝贺，市领导许宁、李谦出席签约仪式。该项目位于曲阳县齐村乡，计划总投资25亿元，主要建设150兆瓦平板阵列光伏发电厂，并配套建设变电站一座。年内完成各项前期工作并开工建设。

【中央电视台播出《定窑考工记》】 9月18日和19日晚20:40分，中央电视台10套《探索·发现》播出纪录片《定窑考工记》（上、下集），片长共80分钟。该片以涧磁村荒野中矗立的13个“瓷堆子”为线索，追溯传承定窑崛起的社会背景、文化风貌、艺术借鉴进行了详细表述。清晰完整地重现了定窑历史文脉以及恢复发展的历史进程，为探求中国古代文明和中国陶瓷发展史谱写了光辉灿烂的历史篇章。《定窑考工记》由央视《探索发现》栏目与县委宣传部联合拍摄完成。专题片播出后，引起社会各界强烈反响。中国网、长城网、燕赵都市网等媒体予以报道，提高了曲阳县的知名度、美誉度和影响力，同时为“雕塑、定瓷、北岳”三大文化产业的宣传、推介、发展营造了良好的舆论氛围。

【11岁张要红登上“中国好人榜”】 中国好人榜是由中央文明办、全国总工会、共青团中央、全国妇联组织开展的全国道德模范评选表彰活动。张要红为曲阳县南青阳贯村小学学生，2012年2月1日，张要红路过村北水坑，看到在冰窟中挣扎的4岁幼童王家旺，他来不及脱掉衣服和鞋子，纵身跳入冰冷刺骨的水中，由于人小力单，几次努力都没有成功。他游回岸边，脱掉衣服再次跳入水中，不顾破碎冰碴划伤脸部的疼痛，终于把小家旺救出。张要红机智勇敢勇救落水儿童的事迹经报道后，在社会引起强烈反响，感动了全国网友，2012年3月份被评为中国文明网“中国好人榜”见义勇为好人。

【田庄考古发掘获重大发现】 5月22日，由河北省文物研究所和曲阳县文保所组成的考古队，经过一年时间的抢救性发掘，考古工作获得重大发现：古墓年代约为唐至宋初时期；结构复杂、规模庞大及壁画精美为河北省同期古墓首例，全国罕见。具有历史、科学、艺术三大价值。田庄古墓位于县城南15公里处，整个墓葬为青砖结构，内部由12个墓室相连，古墓为南朝向，南北长66米，东西封土直径34米，由内、外两圈组成。其墓室顶部为青砖砌成的穹庐尖顶，墓室四周均匀分布着四个青砖立柱，立柱顶部为中国古代建筑的标志性构件斗拱结构。墙体刻着“大金皇统九年三月x日重修坟”字样。在对古墓前后两大墓室进行清理后，出土的遗存主要是汉白玉质地的建筑构件、瓷器残片及少量鎏金饰品，暂未发现批量的完整器物。由于考古发掘工作尚未结束，且未发现相关的墓志铭，墓主人身份无能确定。

【《保定日报·今日曲阳》创刊】 该刊由曲阳县委宣传部与保定日报社联合出版。1月5日创刊，每周四出版，共四版。此刊以“贴近实际，贴近生活，贴近群众”为宗旨，报道重心“向基层、向一线”倾斜。头版报道县委、县政府的政策决策、领导工作部署和调研信息以及全县重要会议；第二版为综合新闻，重点报道全县的重大项目、事件的进展情况及工作成就；第三版为文艺副刊，主要刊载散文、小说、杂文及文摘作品，有很强的可读性、吸引力，内容精彩丰富；四版为摄影专题作品。

【举办河北·曲阳旅游文化周暨首届梨花节】 4月11日～22日，县委、县政府举办"河北曲阳旅游文化周暨首届梨花节"活动。此次梨花节的活动主题是"品千年文化，赏万亩梨园"，分设两个梨花观赏区——燕赵镇观赏区和晓林乡观赏区。

中共县委

书　记　董晓宇
副书记　于振海　董少卿
常　委　董晓宇　于振海
　　　　董少卿　修长晓
　　　　张　广　王耀永
　　　　霍　磊　李银峰（女）
　　　　王海龙　郭义明

人大常务委员会

主　任　韩国勋（2月任）
副主任　张一歌（女，2月任）
　　　　陈景会（女，2月任）
　　　　夏立章　高爱茹（女）

政　府

县　长　于振海
副县长　霍　磊　王耀永
　　　　杨亚勋　周　颖（女）
　　　　芮兰军　李献峰

政　协

主　席　刘同孝
副主席　任曙光　万树勋
　　　　牛树乔（女，不驻会）
　　　　王建哲（2月任）

（王亚丽　赵丽英）

涞水县

【地情提要】 涞水县位于河北省中部偏西，太行山东麓北端。北纬39°17′～39°57′东经114°49′～115°48′，总面积1650平方公里。与北京接壤110公里，县城距北京市中心90公里，距天津170公里，距保定75公里。

自然环境 涞水地域狭长，地表自西北向东南倾斜，直线距离76公里，分为山区、丘陵、平原三种地貌。山区面积1287.4平方公里，占总面积的78%；丘陵99平方公里，占总面积的6%；平原面积264.1平方公里，占总面积的16%。属太行山脉，境内长约50公里，为西南－东北走向。千米以上山峰有29座，主峰有：白草畔海拔1983米（九龙镇），金华山海拔1711米（九龙镇），胖坨子海拔1635米（其中口乡）。河流属海河流域，大清河水系。主要河流为拒马河，发源于涞源，流经涞水县110公里。境内流程分为两段：一段从龙门乡入境，三坡镇出境，流经3个乡镇，共74公里。另一段从宋各庄乡入境，自铁锁崖分成南北拒马河，南拒马河流经5个乡镇，共36公里，经义安镇流入定兴县境；北拒马河流入涿州市。属暖温带大陆性季风气候，2012年平均气温12.1℃，极端最高气温38.5℃，出现在6月17日；极端最低气温－16.1℃，出现在1月22日。无霜期230天，年降水量772.6毫米，相对湿度66%，多南风，最大风速23米/秒。

自然资源 全县土壤分五个土类。褐土209.2万亩，占全县总面积的84.46%，棕壤土22.09万亩，草甸土3.54万亩，潮土5.12亩，沼泽土0.38万亩。已探明的矿物种类30种，其中有开采价值的18种，主要为金、银、钼、石灰石、建筑石材、建筑砂石料、煤、铁、铜、铅、锌、耐火黏土（含瓷土）、海泡石、滑石等。野生植物资源中木本植物25科、40属、50种，草本植物30科、62属、85种。野生药材多达776种，主要品种有五味子、刺五加、小黄连、知母、柴胡、远志、马斗铃、苍术等。野生动物有山羊、狍子、狼、野猪、黄鼠狼、野兔、野鸡等35种。在野三坡金华山景区有国家一类保护动物褐马鸡栖息，黑鹤也经常迁涉栖息。全县水电资源蕴藏量为1.96万千瓦，已建电站一处（平峪），装机0.08万千瓦，规划电站5处（邢各庄、都衙、北柳子等），装机容量0.69万千瓦。有山泉760处，其中最大的是鱼谷洞泉，平均流量为0.4立方米/秒，且含有多种矿物质和微量元素。全县地下水年可开采量为9148万立方。全县有中型水库2座，总库容3277万立方米，小型水库8座，总库容1227.6万立方米。

行政区划 辖涞水、永阳、义安、石亭、赵各庄、九龙、三坡7镇，明义、王村、东文山、娄村满族乡、宋各庄、其中口、龙门、胡家庄8乡，284个行政村，588个自然村。

人口民族 2012年末全县总户数达到14.85万户，户籍总人口35.30万人，其中非农业人口6.31万人。有满、回、蒙古、苗、壮、傣、朝鲜、土家、维吾尔等少数民族共3.58万人。

【概况】 2012年完成地区生产总值43.87亿元，同比增长12.5%，其中第一产业增加值10.31亿元，同比增长7.7%，第二产业增加值10.81亿元，同比增长15.1%，第三产业增加值22.74亿元，同比增长13.2%。万元生产总值能源消耗1.73吨标煤，比上年增长65%。粮食总产量14.14万吨，财政收入3.81亿元，比上年增长26.9%，其中地方一般预算收入2.51亿元，同比增长25.8%；财政支出16.82亿元，同比增长55.6%。社会消费品零售总额20.28亿元，同比增长15.0%，固定资产投资59.61亿元，同比增长32.1%。职工年均工资28202元，比上年增长

7.6%，农民人均纯收入5077元，同比增长20.2%，城镇居民人均可支配收入14307元，同比增长13.1%，年末城乡居民存款余额82.60亿元，同比增长22.8%。

【结构调整，产业升级】 以项目建设为核心，调整优化产业结构，三次产业比达到23.5：24.7：51.8。新增规模以上工业企业5家。高性能碳/碳复合材料、太阳能热水器等一批新兴产业项目建成投产。深化与北京的对接融合，先后与航天科工集团、中国电科院等一批企业、集团建立了合作关系，签约、在谈重大项目9个，总投资144.5亿元。开展项目建设百日攻坚活动，实施重点项目20个，完成投资22.34亿元，占年度投资计划的146.7%。经济开发区东区控制性详规和化工板块安全评估编制完成，南区纬二路、纬三路雨污水管网及道路工程竣工；新兴产业示范区产业发展规划编制完成，预征建设用地420亩。“7·21”洪灾之前，三坡景区接待游客139万人次，实现门票收入3705万元，旅游总收入4.43亿元，与上年同期相比均有较快增长。成功举办“野三坡华谊兄弟音乐嘉年华”活动，神悦文化传播有限公司被评为国家文化产业示范基地，三坡景区知名度、美誉度进一步提升。天鹅湖欧式风情小镇、一渡新新温泉小镇、祖冲之文化森林公园等重点旅游休闲度假项目进展顺利，新的旅游板块逐步形成。粮食连续九年丰收，总产量19.3万吨，增长9.7%。设施蔬菜、林果、畜牧等特色主导产业快速发展，总产值18.7亿元。

【扶贫攻坚成果丰硕】 以全省环首都扶贫攻坚示范区建设涞水会议为契机，以完善提升基础设施为重点，以培育富民产业、增加农民收入为目标，全面启动，整体突破，贫困农民人均增收950元，41个村、2.6万人实现脱贫。全县流转土地1.2万亩，建成蔬菜大棚1600多个，食用菌发展到8000万棒，栽植薄皮核桃、板栗等优质林果4.1万亩，新建各类养殖场59个，扶贫产业体系基本形成。修建乡村道路230公里，新打饮水、灌溉机井135眼，安装自来水3815户，实施农村电网改造71个村，新建或改造通讯基站68个，宽带入户1910户，贫困村生产生活条件有效改善。新建、改造标准化村卫生室207个、村幼儿园11个、农家书屋109个，开展技术培训3.2万人次，成立农民专业合作组织76个，贫困村公共服务水平明显提升。

【灾后重建进展迅速】 面对突如其来的“7·21”特大洪灾，县委、县政府全力以赴，昼夜奋战，安全撤离游客1.2万人，解救群众2000余人，紧急转移安置1.6万人，最大限度地降低生命财产损失。全力抢修水毁基础设施，最短时间内恢复灾区生产生活秩序，塑造“人民为本、生命至上，团结一心、众志成城，不畏艰险、敢于胜利”的“7·21”抗洪精神。恢复重建工作，取得阶段性成果，总投资14.25亿元的1256个重建项目快速推进，竣工798个，完成投资5.06亿元。1703户水毁房屋、131公里乡村道路、111个村饮水安全工程、211个村卫生室和59所中小学、幼儿园校舍修复重建，均按既定任务和时限要求完成。百里峡景区、三坡大剧场恢复重建基本完成，野三坡景观大道（拒紫路）、百里峡景观大道（蓬紫路）、9座景观桥梁和景区配套设施重建工程进展顺利。三坡景区拒马河沿线景观提升及现有建筑改造工程全面启动，拆除水毁及违章违规建筑3万平米。

【城乡面貌明显改观】 实施城镇带动战略，城乡环境面貌有了大幅提升。府前街夜景亮化及道路配套设施改造、泉阳路和冲之大街综合整治工程全部竣工。县城消防站完成选址，三坡消防站正式开工。城区水厂、天然气门站、热力站完成部分基建、管网铺设工程。滨河新东城等3个旧城改造片区完成建筑面积19.8万平方米。数字化城管正式运营，城镇管理水平逐步提高。63个村达到幸福乡村建设标准；“四清四化”（清垃圾、清杂物、清残垣断壁和路障、清庭院，绿化、美化、亮化、净化）和“五改”（改路、改水、改厕、改圈、改垃圾处理）活动成效明显，农村环境问题得到有效治理。张涿高速建设全线推进，京昆高速涞水段完成土地征迁，112国道南秋兰村至易县交界段扩建工程竣工通车。

【社会环境和谐稳定】 基本养老、基本医疗、城乡低保等保障体系进一步健全。建成“互助幸福院”142个，发放城乡低保资金2135万元，实现动态管理下的应保尽保；新型城乡居民社会养老保险参保率达97%，养老金发放率100%；新型农村合作医疗参合率达95.3%，受益农民57.9万人次。就业再就业服务水平日益提升，城镇新增就业2400人，下岗失业人员再就业550人，农村劳动力向非农产业转移1.6万人。教育事业取得新突破。师资大量得到有效补充，学前教育进一步规范，义务教育发展更加均衡；高考再创佳绩，本科二批以上上线人数首次突破700人；实施农村义务教育阶段学生营养改善计划，1.5万余名学生吃上了免费营养餐。卫生事业得到新发展。11项基本公共卫生服务项目有序实施，均达到或超过市核任务目标；县医院门诊综合楼改扩建工程主体竣工。安全生产形势持续巩固，社会治安环境不断优化，城乡居民生活质量进一步提高。

中共县委

书　记　王义民

副书记　于舒心　陈　河

常　委　王义民　于舒心

陈　河　朱明新

沈　刚　马坤英（女）

荆明志　张晓笠

刘清源　韩彦清

周　峰

符　捷（女，挂职）

李杰刚（挂职）

人大常务委员会

主　任　薛兆丰

副主任　李福生　胡云霞（女）

王金桥

政　府

县　长　于舒心

副县长　朱明新　刘清源

符　捷（女，挂职）

穆启文　陈　隽

张贺春　梁丽敏（女）

贯素明

熊秀林（挂职）

政　协

主　席　宋冀中

副主席　胡玉祥　郑晓先（女）

杨宝楼

（赵丽丽）

涞源县

【地情提要】　涞源县位于保定市西北部，太行山北端，为山区县，全县总面积2448平方公里。北纬39°01′~39°40′，东经114°20′~115°05′。东界涞水、易县；西接山西省灵丘县；南与唐县、顺平、阜平县为邻；北与张家口市蔚县接壤。县城东北距北京160公里（直线距离，下同），东距天津210公里，南距石家庄156公里，东南距保定89公里。境内交通便利，京原铁路横贯全境，3条国道（108、112、207）、2条省道（宝平、保涞线）在县城交汇，全长66.58公里的涞源南至易县西陵段高速公路竣工通车，实现全线贯通，彻底疏通了全县经济社会发展的“主动脉”。

自然环境　涞源县主要地形为山地，西北高，东南低，县城海拔858米，最高处位于北部东团堡乡与蔚县交界处，县北利华尖，海拔2144.7米，最低处是县南银坊镇玉皇沟门，海拔350米，相对高差1794米。境内群山起伏，沟谷纵横，山间分布大小盆地，主要有涞源盆地、东团堡盆地、南城子盆地。境内有拒马河和唐河两大常年基流河，均属大清河水系。涞源属暖温带半湿润半干旱大陆性季风气候区，四季分明，冬季寒冷干燥，盛行西北风；夏季降雨集中，盛行东南风；春季干燥多风；秋季凉爽少雨。2012年全年最高气温34.5℃（7月1日），最低气温－22.6℃（12月24日），年平均气温7.4℃，盛夏平均气温（6、7、8月）20.8℃。零厘米平均温度9.9℃，全年日照2650.6小时；无霜期184天，初霜期9月29日，年降水量591.2毫米，年均风速2.0米/秒，风极端最大值10分钟平均15.1米/秒。

自然资源　水资源较丰富，有唐河、拒马河两大河流，大小山泉102处。旅游资源独特，基本类型45种，游览面积320平方公里，共有8大景区，218个景点，其中2006年9月，白石山被联合国教科文组织评为“世界地质公园”。野生动、植物资源种类丰富，高等植物有110科793种，菊科、木本科、豆科、蔷薇科种类占绝大部分，县域属暖温带针阔混交林地带，山场面积约305万亩，全县森林覆盖率为35.1%。野生动物有60余种，鸟类有30余种。矿产资源丰富，已探明的矿藏有43种，其中金属矿21种，非金属矿22种，金属矿主要有铁、铜、铅、锌、金、银、钼、钾等；非金属矿主要有石棉、大理石、石灰石等。

行政区划　2012年，全县辖7镇（涞源镇、银坊镇、王安镇镇、水堡镇、杨家庄镇、走马驿镇、白石山镇）、10乡（北石佛乡、上庄乡、东团堡乡、金家井乡、留家庄乡、南屯乡、烟煤洞乡、乌龙沟乡、塔崖驿乡、南马庄乡）、1城区办事处。

人口民族　全县总人口28.3万人，其中非农业人口80728人，农业人口202670人。全县有满族、回族、蒙古族、土家族、朝鲜族、壮族、傈僳族、藏族、彝族、布依族、仫佬族、瑶族、苗族、侗族、哈尼族、赫哲族、黎族、高山族、景颇族、土族、羌族、仡佬族共22个少数民族，少数民族人数392人，占全县总人口的0.14%；人口自然增长率4.62‰。

【概况】　2012年地区生产总值60.9亿元，同比增长12.84%，其中第一产业增加值3.78亿元，同比增长6.2%；第二产业增加值36.66亿元，同比增长15.7%；第三产业增加值20.50亿元，同比增长9.0%；民营经济增加值49.7亿元，同比增长13.7%；粮食总产量69055吨，同比下降8.9%；全部财政收入12.5亿元，同比增长10.5%；其中地方公共财政预算收入6.9亿元，同比增长35.3%；公共预算支出18.3亿元，同比增长67.4%。社会商品零售总额11.5亿元，同比增长15.9%；全社会固定资产投资42.9亿元，同比增长36.4%；职工年平均工资33811元，同比增长16%；农民人均纯收入3079元，同比增长20%；城镇居民人均可支配收入14938元；同比增长11.7%；年末城乡居民存款余额50.27亿元，同比增长8.4%。

【7·21抗洪抢险及灾后重建取得阶段性胜利】 7月21日，涞源县遭受有气象记载以来（1956年）的最大降雨，最大降雨量达到378.6毫米，强降雨从西南到东北横贯全县，18个乡镇全部受灾，强降雨持续13小时后转中雨，总长达20个小时。受灾人口17.15万人，占全县总人口的58.9%。洪涝灾害造成15人遇难，1人失踪，全县直接经济损失达40.6亿元。山洪暴发之前，按照省委、省政府的部署和要求，县委、县政府迅速启动应急预案，及时紧急疏散危险区群众4.5万人，从白石山景区成功解救外地游客120人（其中韩国游客6人），特别是对一时失去联系的5个村，派出5个小分队连夜冒雨徒步10个小时进山入村。洪灾发生后，全县集中安置受灾群众1.6万人。在38军空投支援下妥善安置近5000名受困群众，并及时抢通电力、通信、国省干道等；对99家受损严重企业在资金支持、要素供应、税费减免等方面进行一对一、点对点、实打实的扶持，确保尽快恢复生产；紧急调集蔬菜、荞麦等种子10万斤，对1.6万亩农田进行修复和补种；为杜绝疫情发生，组建突击队对受灾村全面进行环境治理和消杀防疫。8月18日，县政府研究制定了《涞源县7·21洪灾重灾区转移安置人员基本生活救助办法》，8月21日召开全省灾后重建动员大会，县委、县政府按照省委书记张庆黎提出的‘努力奋战一百天、确保群众过好年”的总体要求，围绕“超过灾前、技术先进、特色鲜明、成为样板”的工作目标，立足于“受灾重、重建好、起表率”的工作要求，坚持“科学规划、统筹兼顾、尊重自然、依靠群众”的重建理念，把“六个结合”（与扶贫攻坚相结合、与幸福乡村建设相结合，与产业转型升级相结合、与着力改善两个环境相结合、与中等城市建设和小城镇建设相结合、与加强党的建设和精神文明建设相结合）的重建方向，严格落实救助政策，妥善安置广大受灾群众。通过投亲靠友、结对帮扶、邻里互助、修缮闲置房屋等措施，设置集中安置点3个，安置135户、555人，分散安置1292户、3599人。按照“六个确保”（有饭吃、有衣穿、有干净水喝、有房住、有学上、有病能医治）的要求，下拨救助及安置资金1653万元，成品粮44.03万公斤，发放棉被褥15759条、棉衣11690件，累计救助受灾群众22417户，60067人。严格落实“每人每天1斤成品粮、10元生活费（孤老、孤儿、残疾群众每人每天20元）每户每月300元租房补贴”的救助标准，并将救助政策由规定的3个月延长至2013年2月底。8月23日，保定市“7·21”灾后重建项目启动仪式在涞源县主会场王安镇迁建区举行，副省长宋恩华、市委书记许宁等省市领导和县级主要领导参会。在灾后重建项目上谋划实施8大类、245大项、660小项灾后重建项目，完成投资56809.5万元。县列入省补助C、D级房屋3395户，其中除800户异地迁建D级危房外，其余2595户原址修缮或重建危房全部完工，完成投资12149万元。八大片区建设完成投资16300万元，其中县城集中安置片区开工建设住宅楼35栋。全县共有38个项目列入省对口支援范围，总投资65063万元，已到位29795万元。

全县受灾后，受到省市领导及社会各界的亲切关注，截至12月，全县灾后救灾及重建到位资金83605.91万元，其中救灾资金3970.84万元，上级下达专项资金42099.32万元，接收对口援建资金29795万元，接收捐赠资金2326.75万元，县本级安排救灾资金5414万元；拨付资金79205.91万元，其中救灾资金3970.84万元，灾后重建资金41699.32万元，对口援建资金25795万元，捐赠资金2326.75万元，县级5414万元（含预拨4477万元），占到位资金的93.5%。此外，接收捐赠物资50余种、8.3万余件，价值1384万元，绝大部分下发到受灾群众手中。

【5万千瓦风电项目竣工发电】

涞源新天风能有限公司东团堡10万千瓦风电场位于涞源县东团堡乡，占地面积约40平方公里，总投资5亿元，于2011年8月12日经省发改委核准，9月开工建设。项目装机规模49.5MW，共安装国电联合动力技术有限公司生产的UP86IIIB－型号风力风电机组33台，轮毂高度为65米，装机容量为49.5MW。每台风力发电机接一台1600KVA箱式变压器，将机端690V电压升至

35KV，并接入35KV集电线路，经2回35KV集电线路送至风电场110KV升压站。同期建设一座110KV升压站、一条110KV线路。于2012年12月28日竣工并网发电。

【扶贫工作成效显著】 6月8日成立了以县委书记任政委、政府县长任指挥长，副县级领导为副指挥长的涞源县扶贫攻坚指挥部。高标准编制完成了《涞源县扶贫开发规划（2012－2020年）》、《涞源县燕山－太行山连片特困地区发展规划（2012－2020年）》、《白石山旅游扶贫发展规划》。全年累计投入扶贫资金52903万元（含中央、省、市各类扶贫资金），其中用于产业发展的23543万元，基础设施7230万元，民生事业22130万元。全年栽植优质核桃4万亩，种植山地中药材8000亩，种植张杂谷2.8万亩；建设肉驴养殖基地8个，养殖规模达2400头；发展舍饲养羊场33个，养殖规模16000只；发展规模养牛场16个，养殖规模达3700头。投资2276万元，完成旅游农家院征地208亩，新建和改造农家院67户。完成白石山东西门连接线3.4公里，完成白石山河道改造工程2300米，山地绿化2700亩，铺设饮水管网5000米。成立蔬菜大棚种植合作社，建蔬菜大棚263个。完成移民搬迁430户，1505人。

【张石高速公路涞源段全线贯通】 张石高速公路涞源至曲阳项目，2005年11月由《河北省发展和改革委员会关于张石高速公路涞源（张保界）段项目可行性研究报告的批复》（冀发改交通［2005］1063号文）批准建设。张石高速公路涞源段，起于留家庄乡伊家铺村北的涞蔚县界，途经留家庄、金家井、涞源镇、北石佛、城区办、南屯、杨家庄、王安镇、塔崖驿9个乡（镇、办事处），49个行政村，止于塔崖驿乡涞易县界，线路长66.58公里，其中涞源西互通至东互通与荣乌高速公路共线段9.1公里。全线桥涵设计汽车荷载公路－Ⅰ级；路基和大、中、小桥涵设计洪水频率为1/100，特大桥设计洪水频率为1/300；其余技术标准和指标按交通部〈公路工程技术标准〉（JTGB01－2003）规定建设；全路为全封闭、全立交，沥青混凝土路面。涞蔚界至涞源西互通路基宽26米，双向4车道，设计时速80公里/小时；涞源西互通至涞源东互通路基宽26米，双向4车道，设计时速100公里/小时。设涞源北、涞源南、涞源东匝道收费站3处，涞源北、涞源东服务区2处，张保界主线收费站1处，监控中心1个，养路工区1个，连接线2条。张石高速涞源北段，自涞蔚县界至县城南互通，长33.58公里，2007年8月开工建设，总投资21.26亿元，共设特大桥2座、大桥18座、中桥5座、小桥13座、涵洞50道、人行天桥4座、通道9道，于2010年10月25日竣工通车。张石高速涞源东段，自南互通至涞易县界，长33公里，于2008年4月开工建设，共设大中小桥21座、人行天桥2座、隧道10条，于2012年12月22日涞源南通至易县西陵互通段33公里竣工通车，张石高速公路实现全线贯通。

中共县委

书　记　赵志栋（5月离任）
　　　　高文才（5月任）
副书记　高文才（5月离任）
　　　　肖明旺（5月任）
　　　　石志新
常　委　赵志栋（5月离任）
　　　　高文才
　　　　肖明旺（5月任）
　　　　石志新　曾　文
　　　　魏立恒　任生桥
　　　　王志乾　陈　伟
　　　　都建华　王晓明
　　　　李　辉（挂职）（2月离任）
　　　　和永新（挂职）（8月任）

人大常务委员会

主　任：张保福
副主任：刘培才
　　　　李生明（1月离任）
　　　　李　凯
　　　　孙志强（1月任）
　　　　梁永强（1月任）

政　府

县　长　高文才（5月离任）
　　　　肖明旺（5月任政府负责人，7月任代县长）
副县长　陈　伟（1月任常务副县长）
　　　　都建华
　　　　罗玉琴（女，1月任）
　　　　徐路生　杨文彪
　　　　杨　辉（1月任）
　　　　曹　立（12月任）
　　　　刘玉卓（挂职，9月任）

政　协

主　席　张德勇
副主席　刘东江（9月离任）
　　　　王全胜　贾银山
　　　　尹金花（女）

（刘淑红）

博野县

【地情提要】 博野县地处河北省中部，冀中平原腹地，北京、天津、石家庄之间。县城北距保定市区50公里，西南距石家庄

100公里。地理坐标为北纬38°27′~38°35′，东经115°29′~115°39′。西与安国毗邻，东与蠡县交界，北与清苑接壤，南与衡水市的安平、饶阳相连。全县总面积330.8989平方公里。保（定）－衡（水）公路纵穿过境，定（州）－河（间）公路，朔（州）－黄（骅港）铁路横越县城。

自然环境 博野县境南北狭长，中西部和西北部有两块条形风沙高地，面积为980公顷，其余均为平坦壤地。境内有三大条形洼地，即西北部的城东洼、中部的南小王洼、东南部的东阳村洼，总面积为733.33公顷。地势中北部西高东低，南部和东南部自西南向东北倾斜。地面高程在19米~30米之间，坡降为1/3000。行洪河潴龙河，县内流程15.4公里。三条排水河自北向南依次为孝义河、月明河、小白河。沙河灌渠为行水河渠，县内渠长9.437公里。博野县属暖温带半湿润半干旱大陆性季风气候区，干湿季节明显，四季分明，降水量不足，且年际及年内分布很不均匀。春季干旱多风，夏季湿热多雨，秋季天高气爽，冬季寒冷少雪。平均气温12.3℃，地温15.1℃，日照2655小时，降水447毫米，无霜期186天。

自然资源 2012年耕地34.3万亩，园地1.60万亩，林地1.38万亩，水域面积9822.15亩，未利用土地921亩，全县耕地土壤为褐土和潮土两大类，土质肥沃，适宜农业种植，是全国商品粮基地县之一。境内地下水径流量为6000万立方米，地上外来给水800万立方米，全县生产用水总量为812万立方米，缺水6800万立方米，为缺水县。境内查明地下储藏石油和地热，石油储量小，地热资源丰富。

行政区划 博野县隶属保定市，辖博陵、小店、程委3镇，东墟、北杨村、城东、南小王4乡，133个行政村，139个自然村，5个社区居民委员会。

人口民族 年末全县79327户，26.9万人，其中农业人口22.01万人，有汉、壮、回、蒙古等民族，汉族人口占99.92%，人口出生率11.5‰，符合政策生育率90%。

【概况】 全县生产总值完成37.82亿元，同比增长10.4%，其中第一、二、三产业增加值分别是11.16亿元、15.74亿元、10.91亿元，同比分别增长1.8%、15.8%、11.2%；规模以上工业增加值实现11.97亿元，同比增长19.1%；规模以上工业利税实现2.4亿元，同比增长19.7%；固定资产投资完成27亿元，同比增长32.6%；建筑业总产值完成1.8亿元，同比增长105.8%；全部财政收入完成2.58亿元，同比增长19.5%；公共预算收入完成1.28亿元，同比增长22.5%；地方公共预算支出6.52亿元，同比增长9%；社会消费品零售总额完成15.42亿元，同比增长15.1%；农民人均纯收入实现6991元，剔除物价上涨因素，同比增长20.7%；城镇居民人均可支配收入实现15532元，增长12%。橡胶机带业、机械制造业、有色金属加工业、食品加工业、纺织业、化工业构成博野县域经济的支柱产业。全年共争取上级各项资金2.3亿元，打造了一批市有位次、省有影响的特色亮点工作，博野县被授予第二批全国粮食流通监督检查示范县、全省粮食生产先进县、全省计生综合改革示范县、全省国有粮食企业振兴工程示范县、保定市设施蔬菜示范县等荣誉称号，博野的知名度和美誉度不断提升。

【园区建设稳步推进】 谋划实施市、县重点项目16个，完成投资15亿元。规划建设占地8.13平方公里的经济开发区，继续推进基础设施建设，被认定为河北省资源综合利用试点基地和省级经济开发区。截至年底，开发区建成区面积3.2平方公里，累计完成固定资产投资35亿元，入驻企业116家，其中规模以上企业14家，实现工业销售收入51亿元，从业人员2.2万人。

【传统产业转型升级】 实施百万元以上技改项目32个，总投资14.6亿元。支柱产业持续平稳发展，输送机带业实现税收5500万元，占全部税收的25%，被评为中国（博野）输送带工业城和中国（博野）煤炭矿业输送机带城。纺织、机械制造、食品加工等传统产业不断技改升级，化工、有色金属加工两个产业逐步实现规范发展，工业化率达到36.57%。大力实施品牌战略，“京博”商标被认定为中国驰名商标，填补了博野县国家级品牌的空白。

【“三农”工作成效明显】 惠农政策全面落实，累计发放各类补贴资金1.04亿元。粮食生产实现“九连增”，总产突破20万吨，被认定为全省粮食生产先进县。整合项目资金6400多万元，实施农村安全饮水、节水灌溉等工程，解决全县35个村1.9万人的安全饮水问题，节水灌溉面积达到20万亩。积极发展设施农业，实施“凤还巢”工程，吸纳民间资本投资农业，先后引进东墟好滋味、白塔汇盈、北邑农业科技示范园、程委循环农业园等一批项目，新增设施蔬菜面积2000

亩，设施蔬菜面积发展到5.7万亩。加快农村土地流转，新流转土地5900亩，达到5.39万亩，土地流转率16.3%。农业产业化经营步伐加快，培育省、市级农业产业化龙头企业11个，产业化率达到67%，新增省级和全国示范社各1家。扎实推进“三品一标”认证工作，新增无公害农产品及产地认证28个，东章设施蔬菜和大北河果品基地分别被农业部确认为国家级蔬菜和果品标准园创建基地。以列入省级贫困县为契机，全力推进扶贫攻坚，争取省级财政专项扶贫资金1000余万元，35个重点村基础设施缺项逐步得到弥补。

【城镇建设扎实推进】 继续推进城建工程，对博兴路进行升级改造，南环路路基建设基本完成，花园街雨污管网铺设和道路工程完工，对县城12条小街小巷进行了硬化，建成全县首个商业步行街，美泉宫城市综合体项目签订了框架协议。推进旧城改造，全县在建房地产项目12个，开工面积15万平方米。加快保障房建设，争取上级资金600多万元，建设保障性住房213套。县城集中供气项目完成供气门站选址和主要街道供气管网铺设。铺设污水管网9600米，污水处理厂达标运行。不断强化县城管理，持续开展县城容貌综合整治活动，县城“脏、乱、差”现象得到有效改观。农村公路建设稳步推进，投资1680万元建管养农村公路52公里。

【社会事业协调发展】 教育事业稳步推进，投资4870万元，新改扩建中小学32所，建成了青少年活动中心。西杜村等4所小学顺利通过保定市标准化学校评估验收，义务教育学校标准化率居全市先进行列。面向社会公开招聘教师144人，师资力量得到加强。卫生事业统筹推进，118个行政村建成标准化卫生室，新农合参合率95.87%。社会保障进一步加强，城乡居民社会养老保险工作全面启动，参保登记11.2万人，参保率90.8%，为3.4万名60周岁以上城乡居民发放基础养老金1119万元。对212户困难家庭发放廉租房补贴，对180户贫困农户实施了危房改造。文化事业繁荣发展，新建2个乡镇综合文化站，42个农村书屋，成立了摄影、书画、单车等协会组织，群众性文体活动更加活跃。大力实施文化扶助“金种子”工程，对首批67个行政村进行了文化设施补贴，乡村公共文化服务体系不断加强。深入开展安全生产、食品安全专项整治、“十八大”安保等专项行动和严打整治斗争，被市委、市政府授予“十八大”安保工作先进县荣誉称号。

中共县委

书　记　马志超（12月离任）
　　　　陈春霞（女，12月任）
副书记　张　才（12月任）
　　　　史来顺
常　委　马志超　陈春霞（女）
　　　　张　才　史来顺
　　　　宿守安
　　　　张树才（7月离任）
　　　　刘晓昱　汪树立
　　　　罗晓瑞　陈英民
　　　　郭杏来　陈　伟
　　　　靳国强（挂职，10月任）

人大常务委员会

主　任　侯利杰
副主任　孟彦波　张丽娜（女）
　　　　蔡良占　时耀曙

政　府

县　长　陈春霞（女，12月离任）
　　　　张　才（12月任）
副县长　汪树立　陈英民
　　　　赵东辉　李青华
　　　　孙东义　庞　颖（女）
　　　　赵建军（挂职，10月任）

政　协

主　席　郭小六
副主席　刘凤雪（女）　刘　祥
　　　　王文永

（温　钊　杨占恒）

阜平县

【地情提要】 阜平县地处太行山东麓，河北省保定市西部，北纬38°9′～39°7′，东经113°45′～114°31′。东与曲阳、唐县交界，西与山西省五台县、繁峙县接壤，南与行唐县、灵寿县毗连，北与涞源县、灵丘县相邻，素有“畿西屏障”、“冀晋咽喉要道”之称。全县东西长74.8公里，南北宽49.6公里，总面积2496平方公里。

自然环境 阜平是一个全山区县，山地总面积374万亩，山场面积达326万亩，占山地总面积的87%。境内山峦起伏，沟壑纵横，地势由东南（海拔200米）向西北（海拔2200米）逐渐升高。主峰海拔在800米以上的山峰有42座，其中歪头山海拔2286.2米，为保定市最高峰。河流属大清河水系，境内有大沙河、胭脂河、北流河、鹞子河、板峪河、平阳河6条常年河，汇入王快水库。阜平县气候属暖温带半湿润半干旱大陆性季风气候，四季分明。2012年年平均气温为12.1℃，最热月为7月，月平均气温26.0℃，最冷月为1月，月平均气温－4.9℃。年极端最高气温39℃，出现在6月17日；年极端最低气温－15.4℃，出现在1月23日。年降水量

660.2 毫米，一日最大降水量 68.4 毫米，出现在 6 月 24 日。全县多年平均降水量 582 毫米，全年以西北风为主。全年无霜期 224 天，年平均相对湿度 55%。年蒸发量 15640 毫米，年太阳辐射总量 125.6 千卡/平方厘米；平均年实照时数 2471.5 小时，日照百分率 56%。

自然资源 阜平县自然资源丰富，其中主要有集“中国北方最大瀑布群、中国最大片麻岩天生桥、罕见的原始次生林”于一体的天生桥国家地质森林公园；有被誉为“空中花园、野生植物王国和太行山绿宝石”的玫瑰坨（与平山县、灵寿县、五台县交界，又称驼梁山）；有“流水潺潺、林茂花繁”的仙人山；有“群山环抱、碧波荡漾”的苍山湖；有“风光旖旎”的银河大峡谷；有“奇峰林立”的千峰山等。同时，阜平具有品质优良的地热资源，有名的是城南庄温泉、吴王口温泉和上堡温泉。历史人文资源主要有参与五岳联合申遗的古北岳——神仙山（与唐县、涞源交界，又称大茂山）；有被誉为“冀晋咽喉、佛教圣地五台山东大门”的“万里长城龙泉关”；有清康熙、乾隆皇帝当年到五台山进香走的“古御道”，被誉为“领袖泉”、“将军池”的城南庄温泉。

行政区划 全县辖阜平镇、城南庄镇、平阳镇、龙泉关镇、天生桥镇（原东下关乡）5 个镇和王林口、台峪、史家寨、大台、北果元、夏庄（原下庄乡）、砂窝、吴王口 8 个乡及 1 个社区，共 209 个行政村 1131 个自然村。

人口民族 总人口 21 万，以汉族为主，有蒙古、回、满、藏、苗、壮等少数民族，人口自然增长率 7.4‰。

【概况】 全县生产总值完成 27.7 亿元，同比增长 7.5%，其中一产 6.7 亿元，同比增长 4.7%；二产 6.4 亿元，同比增长 10.0% 亿元；三产 14.6 亿元，同比增长 6.5%；全部财政收入完成 2.00 亿元，同比增长 7.1%，其中地方公共财政预算收入完成 1.62 亿元，同比增长 27.9%；地方公共预算支出 8.34 亿元，同比增长 13.76%。规模以上工业增加值完成 2.13 亿元，同比增长 25.8%，全市排名第 4 位；固定资产投资完成 32.25 亿元，同比增长 32.4%，全市排名第 14 位；社会消费品零售总额完成 12.31 亿元，同比增长 14.9%；居民储蓄存款余额达到 44.45 亿元，比年初增长 11.9%；农民人均纯收入完成 3262 元，同比增长 20.6%。

【经济发展稳中有进】 2012 年谋划实施重点项目 79 项，总投资 173.77 亿元；河北名舍、乐天凤凰、煤炭物流园等 5 个市重点项目完成投资 7.8 亿元，完成年计划投资的 300.5%。炭灰铺煤矿实现与冀中能源整合重组；阜平县现代工业园区升级为市级产业园区，入驻项目 20 个；煤炭物流园正式运营，规模化、集约化水平明显提升。引进省外资金 4.9 亿元；引进省外技术 14 项；引进人才 263 名，实际利用外资 3 万美元；分别与国华能源投资有限公司、中电投河北易县新能源发电有限公司签署总计 64.2 亿元的新能源开发项目。晋察冀边区革命纪念馆、天生桥国家地质（森林）公园两个 4A 级景区完成升级改造，全年接待游客 39.5 万人次，旅游综合收入 2.1 亿元。第二个十万亩大枣基地、核桃基地、千亩板栗基地等建设项目稳步推进，大枣种植面积达到 45 万亩 1800 万株，核桃基地面积达到 8.5 万亩 300 万株，板栗基地面积达到 3.5 万亩 130 万株，林业总产值 5 亿元；成功争取全国高效节水灌溉试点县项目；博夏醋厂、丰旭食品等果品加工企业不断壮大。甲鱼养殖 2600 亩，成为华北地区最大甲鱼养殖基地；肉鸡养殖达 36 万只，生猪存栏 7 万头，肉羊存栏 17 万只，奶牛存栏达 1800 头，畜牧水产业产值达 3.9 亿元。

【民生持续改善，公共服务得到新提升】 阜平县 10 项民心工程 30 件惠民实事全部落实。民政事业服务中心建成并投入使用；基本养老、基本医疗、城乡低保等保障体系进一步健全。84 套廉租住房分配入住，288 套保障性住房加速建设，农村危房改造 2606 户，易地搬迁 516 户 1960 人。城镇新增就业人口 2128 人，登记失业率控制在 4.5% 以内。高考本二上线人数 303 人，再创历史新高；2012 年落实全县中小学公用经费 1577 万元，其中投资 775.6 万元为 170 所农村中小学 1.8 万名学生实施营养改善计划。医药卫生体制改革扎实推进；完成 166 个村卫生室标准化建设；急救中心改建项目全部竣工，县医院病房楼改扩建项目加紧装修；新农合参合率达 95.19%，为 25 万人次报销补偿费用 4767 万余元；全县共建立居民健康档案 173603 份，建档率 84.43%，预防接种建证建卡率 100%，无重大传染病暴发流行；全县公路通车里程达 1319 公里，实现村村通水泥路（柏油路）。完成 11 个乡镇文化站、187 个农村文化书屋建设，县图书馆完成升级改造，广播电视“村村通”工程顺利实施。

【县域面貌得到新改观】 阜平县着力改善“两个环境”，推进生态建设，森林覆盖率提高到36.35%；实施城市形象提升工程，开展城乡环境综合治理，完成城乡总体规划修编，县城规划面积由4.07平方公里增加到14.9平方公里，县城框架进一步拉大。县城东环路、北环路建设加速推进，保阜高速公路互通连接线建成投用，县城路网更加便捷。引进广厦集团，对沙河县城段进行综合治理，休闲运动广场建成对外开放。深入推进“执行力亮剑行动”，行政效能得到提升。组建城市管理行政执法局，城市管理日益规范，成立阜平县公路综合治理办公室，强化超限超载和公路“三乱”源头治理，矿业秩序、税费征管趋于规范。成立阜平县政府食品安全委员会和食品安全委员会办公室，分析全县食品安全形势，研究部署、统筹指导食品安全工作；发展环境日趋优化，县城形象得到新提升。

【习近平到阜平考察】 12月29日～30日，中共中央总书记、中央军委主席习近平，驱车到阜平县看望慰问困难群众，考察扶贫开发工作。抵达阜平县后，习近平连夜听取了河北省、保定市、阜平县经济社会发展特别是扶贫开发工作的汇报。30日一大早，习近平在河北省委书记张庆黎陪同下，到地处深山的龙泉关镇骆驼湾村。随后，习近平来到龙泉关镇顾家台村看望了贫困农户。

中共县委

书　　记　李宁太
副 书 记　徐志清　贡希强
常　　委　李宁太　徐志清
　　　　　贡希强　王建永
　　　　　赵春辉　刘喜宗
　　　　　赵　杰　陈树军
　　　　　张金科
　　　　　袁玉璀（女）
挂职常委　王天威(11月离任)
　　　　　刘永涛（8月任）

人大常务委员会

主　　任　王林义
副 主 任　周有军　陈德廷
　　　　　张新占　赵雪峰

政　府

县　　长　徐志清
副 县 长　赵春辉　赵　杰
　　　　　刘　婷（女）
　　　　　李贤明　王成峰
　　　　　李　勇
挂职副县长　王天威(11月离任)
　　　　　王乡文(8月任)
　　　　　陈　亮（11月任）

政　协

主　　席　董国平
副 主 席　顾廷哲　陈占洲
　　　　　张　倩（女）
　　　　　郑来宽

（王　振）

唐　　县

【地情提要】 唐县位于保定市西南部，东与望都县、顺平县接壤，西、西南与定州市、曲阳县、阜平县相接，北与涞源县交界，107国道从县境南端穿过。地理坐标为北纬38°38′～39°10′，东经114°28′～115°03′。县城距保定60公里，距北京190公里，距天津220公里，距石家庄100公里。

自然环境 全县总面积1417平方公里。东南部为平原地带，中部、西北部属中山丘陵山区，地势为西北高、东南低。主要山峰有54座，最高峰大茂山，海拔高度为1898米。境内主要河流有唐河、通天河、清水河、逆流河。最大河流唐河，平时水流量为2.5立方米/秒，最大过水能力2000立方米/秒。境内属暖温带大陆性季风气候，春季干旱，有季风，秋高气爽，四季分明。夏季炎热多雨，雨季多在6～8月间，最高气温39.4℃，出现在6月17日；冬季寒冷少雪，最低气温－12.9℃，分别出现在1月22日和12月24日。年平均气温13.0℃。年平均地温15.1℃，年日照时数2359.2小时，年日照百分率53%，无霜期205天，初霜日为10月18日，全年降水量671.8毫米。

自然资源 全县耕地面积2.72万公顷，适宜种植小麦、玉米、豆类、花生等多种农作物和油料作物，共有宜林地98.5万亩，适宜栽植柿子、红枣、核桃、桃、杏等经济林果木。境内水资源丰富，有大小水库25座，唐河、通天河有8处可建水电站。矿产资源主要有石灰石、大理石、金矿、铁矿、高岭土等17种。

唐县是尧帝故里，白求恩精神发祥地，历史传承悠久，文化底蕴深厚。自然风光秀丽，旅游资源丰富，主要有五个旅游区：一是唐南古文化旅游区，主要包括唐尧文化园、白合镇大卧佛、北魏三尊佛、香山生态园等。二是古北岳恒山生态旅游区，主要景区大茂山国家森林公园等。三是青虚山喀斯特峰林与道、佛教文化旅游区，包括青虚山、庆都山灵隐寺、西胜沟等。四是红色旅游区，主要包括晋察冀烈士陵园，白求恩、柯棣华纪念馆。五是倒马关古关山水旅游区，包括景点有倒马关古长城、大石峪、秀水峪、唐河百里画廊、仙鹤峪等。

行政区划 唐县共辖7个镇：仁厚、白合、王京、高昌、北罗、军城、川里。13个乡：羊角、倒马关、黄石口、石门、齐家佐、大洋、雹水、罗庄、南店头、都亭、北店头、长古城、迷城，共345个行政村。县城设1个社区办事处，8个居委会，城区常住人口4.8万人。

人口民族 全县总人口589971人，总户数181344户。其中非农业人口49229人，农业人口540742人，共有23个民族，以汉族人口为主。2012年全县政策生育率88.8%，人口出生率13.01‰，人口自然增长率6.81‰。

【概况】 2012年全县地区生产总值完成61.12亿元，同比增长11.8，其中第一产业增加值完成15.46亿元，同比增长7%，第二产业增加值完成27.38亿元，同比增长17.4%，第三产业增加值完成18.27亿元，同比增长8%；单位GDP能耗下降4%（预计）；全社会固定资产投资完成44.79亿元，同比增长30.4%；其中城镇固定资产投资完成43.99亿元，同比增长33.15%。全部财政收入完成3.87亿元，同比增长20.3%；地方一般预算收入完成1.87亿元，同比增长36.3%；财政支出13亿元；同比增长22.05%；全县农民人均纯收入达到3698元，同比增长20.6%；民营经济增加值43.98亿元，同比增长13.1%；城镇居民人均可支配收入12409元，同比增长11.6%；社会消费品零售总额完成21.4亿元，同比增长15.3%；年末城镇居民各项存款余额121.35亿元，同比增长21.72%，职工年平均工资33392元；粮食总产21.14万吨，棉花总产1047吨，油料总产4149吨，全县肉产量达到3.11万吨，蛋产量达到2.28万吨，奶产量1.5万吨；猪存栏253500头，出栏298500头，牛存栏20500头，出栏8100头，羊存栏26.77万只，出栏38.14万只，家禽存栏195.61万只，蔬菜产量20.88吨，食用菌产量达到5.1万吨，果品产量达到6.48万吨。

2012年规模以上工业增加值完成11.8亿元，同比增长23.2%。全社会固定资产投资完成44.99亿元，同比增长30.4%，其中城镇固定资产投资完成43.99亿元，同比增长33.15%。引进省外资金8.6亿元，同比增长45%，完成市核任务的107.5%。加快广播电视“村村通”、文化资源信息共享、乡镇（社区）文化站、农村电影放映、农家书屋等重点文化惠民工程建设，建成乡镇文化站17个，农家书屋200多个。

【县域经济、产业转型升级】 按照“一产抓特色、二产抓提升、三产抓特产”的要求，构建优势突出、特色鲜明的经济发展新格局。一是项目建设势头强劲。项目个数、投资结构，园区规模、建设速度都取得了重大进展。全年实施投资千万元以上项目42个（其中省重点项目1个，市重点项目4个），总投资137.3亿元。开工建设的项目36个，完成投资29.5亿元，占年任务的118.5%。台商陶瓷文化园、亿丰建材物流园、冀东特种水泥、中美合资美达铸造工业园等一批重点项目落户唐县。二是工业经济发展壮大。坚持“传统产业抓提升、新兴产业抓培植、高端产业抓引进”，推动产业转型升级，形成矿产开采加工、机械制造、建筑建材、农产品加工、文化旅游五大产业板块，产业集聚度、完整度、关联度、外向度明显提高。矿产开采加工业，不断加快资源要素向优势企业集中，投资15亿元的冀东水泥成为全县最具活力的经济增长点。机械制造业，按照“高、精、尖”的要求，开发高端产品，中达、赛维、华龙等重点企业加速向集群化发展。建筑建材业，坚持向环保生态发展，以唐尧建筑、冶金白灰、梅纳雪陶瓷项目为代表的建筑建材业不断发展壮大。三是产业集聚明显加快。围绕“一区两园”格局规划建设面积16.3平方公里，完成园区主干道20.7公里，11万伏变电站一座，启动南区污水处理厂项目，园区通讯、燃气管道、供排水网等基础设施进一步完善。加强园区管理，组建园区管委会，创新运行模式，完善优惠政策。唐县省级经济开发区挂牌成立，成为唐县发展史上的重要里程碑，开启了县域经济发展的新阶段。

【扶贫开发，活跃农业农村经济】 坚持以扶贫开发总揽“三农”工作，实施“集中连片、彰显特色、示范带头”的扶贫开发思路，全县第一批58个贫困村扶贫开发全面启动。一是抓好特色产业。加快农业结构调整步伐，围绕畜牧养殖、林果种植、食用菌种植等特色产业，按照集中连片的模式，整合各种涉农资金，集中投入，红枣、核桃、苹果等基地建设进展顺利，白合苹果现代科技示范园、齐家佐薄皮核桃连片示范区初具规模。唐县被确定为河北省扶贫示范县。蔬菜和食用菌种植面积分别达到6.6万亩和1.7万亩，以养羊、养猪为代表的畜牧业加速发展，全县规模养殖场达到2200多个。获“全国农业综合生产示范县”称号。二是推进农业产业化。按照“标准化、规模化、集约化”的要求，大力发展农产品加工业，初步形成唐龙纺织、汉唐牧业、富民食用菌等龙型经济。市级以上龙头企业达到15家。三是加强农业服务体系建设。抓好农技推广、疫病防控、质量监测、信息服务工作，覆盖全程、综合配套、高效便捷的新型服务平台不断完善。专业合作社达到260家，农民组织化程度不断提高。

【文化旅游产业】　深入挖掘唐县丰富的红色文化、唐尧文化、历史文化内涵，强化文化与产业的深度融合。打造白求恩精神品牌。推进白求恩精神医德医风教育基地和全国检察官学院教育示范基地建设。白求恩精神医德医风教育基地项目，被列入省部合作框架，红色旅游列入省级规划。加强景区景点建设。青虚山、西胜沟、倒马关省级森林公园、秀水峪景区开发等项目进展顺利。加强旅游交通、景区景点、食宿接待等硬件建设，景区功能进一步完善。全县3A级景区达到5家，省级以上森林公园达到2家。加大旅游宣传推介。与中央电视台《探索与发现》栏目合作的纪录片《古北岳探秘》完成资料收集，与《燕赵都市报》合作刊登旅游广告2.5版，与保定电视台合作制作了旅游形象专题片。延伸文化旅游产业链条。加快现代商贸物流业发展，促进中介服务、金融保险、信息咨询、会展接待等现代服务业的发展。全年共接待游客63.2万人次，实现综合效益1.88亿元。

【城镇扩容升级，打造保西次中心城市】　按照“做大县城、做特乡镇、做美农村”的工作思路，构建以县城为核心，以各具特色的建制镇为基础的城镇梯次化发展格局。城镇整体布局持续优化。完成《唐县城市总体规划(2012－2030)》调规，县城城区框架进一步拉大，县城规划面积从22平方公里扩大到32平方公里。立足区域优势，加强特色小城镇建设，白合工业特色城镇、军城文化旅游特色城镇、川里物流商贸特色城镇建设稳步推进。网络交通建设不断加强。实施大路网工程，努力构建“一环六横六纵”的城市路网格局，完成光明路西通一期、朝阳街北延一期和旧西环改造工程。城镇功能进一步完善。唐县市民生态园建设全面启动，实施县城统一供水、供气、垃圾处理等一批便民工程，中天大厦投入运营，县城综合承载力进一步增强。城镇品位不断彰显。完成向阳街、光明路、中山大街街道两侧建筑物外观改造，加快县城水系景观带建设，县医院北游园项目基本完工。城镇管理进一步规范。坚持建管并重，抓好城镇容貌、交通秩序、环境卫生、集贸市场、生态绿化“五项整治”。加大城镇土地管理力度，非法违规占地开发建设行为得到有效遏制。

【民生工程】　以民生工程为载体，办好惠民实事。深化亲民爱民活动，抓好群众工作站。发展教育事业，努力提高教育教学水平，不断改善办学条件，唐县第一中学综合楼主体和县城第二幼儿园建设顺利完工。唐县高考本科二批以上上线人数达到1148人，再创历史新高。新医改工作取得重大进展，在全省率先实现公立医院药品“零差价”和乡村一体办医，受到卫生部充分肯定，被评为河北省医改先进示范县。实施安居保障工程，开工建设保障性住房323套，完成农村危房改造1232户。抓好就业工作，城镇新增就业人数2703人，农村劳动力转移就业10908人，完善社会救助体系，农村和城镇低保人数分别达到15524人，4562人。社会保险覆盖面稳步扩大，新农保正式启动，新农合运行规范。民政事业服务中心投入运营。推进生态环境建设，加强矿山管理，整治矿山开发秩序。加强唐河、通天河及西大洋水库水源水质保护，确保保定市民饮水安全。全力应对“7·21”洪水灾害，群众无一人伤亡，募捐380余万元，灾后重建全面铺开。

中共县委

书　记　李军辉

副书记　杨小宁　李树田

常　委　李军辉　杨小宁　李树田　贾凤聚　刘子仁　刘俊禹　赵泽琼（女）　耿彦瑞　莫海军　晏中亚　柴惠杰（5月因公去世）　陈江河　王　燕（女）

人大常务委员会

主　任　马保利

副主任　李高升　苑淑范（女）　马志会　覃晓桂（女）

政　府

县　长　杨小宁

副县长　赵泽琼（女）　柴惠杰（5月因公去世）　刘福根　陈　明　杨文淇　邢永恒　陆阳春（女，挂职）　韩四强（挂职）

政　协

主　席　杨马银

副主席　蔺增利　左俊敏　刘宝惠　甄清款

（李德锁）

高阳县

【地情提要】　高阳县位于保定

市东南部，东与任丘市交界，西与清苑县毗邻，南与蠡县接壤，北与安新县相连，距保定市中心35公里，地理坐标为北纬38°30′～38°46′、东经115°38′～115°39′，境域东西长30公里，南北宽28.5公里，总面积494.88平方公里。

自然环境 县处黄淮海冲积平原的前部边缘，属扇间交接洼地。地势由西南向东北略有倾斜，自然坡降为1：4000～5000米，海拔7～12米（黄海高程）。有孝义河、潴龙河、小白河三条季节性河流，呈西南至东北走向横贯境内。三条过境河流的过水总量最大为1706.6立方米/秒，排洪能力为1507立方米/秒。境内四季分明，属暖温带半干旱半湿润大陆性季风气候区。2012年，境内最高气温37.9℃（6月17日），最低气温－16.0℃（1月23日），年平均气温12.0℃；全年日照总时数2346小时，无霜期196天，全年降水总量630.4毫米；大风日数2天，最大风速19.3米/秒。

自然资源 全县可耕地面积47.7万亩，人均占有耕地1.39亩。境内地下水主要贮存于第四纪松散地层中，水位与地势吻合，与河流走向一致。境内干旱少雨，河流长年干涸，地下水位持续下降，水资源形势严峻，2012年，水位深埋年均29.5米，最大埋深47米，较本世纪初分别下降18米和12米。境内地热丰富，储藏面积400平方公里，总蕴含量38亿立方米，有深水地热井20眼，全部为采水井，年出水量37万立方米。县内有低丰度油田，产油层系在新生界下第三系的沙河街组，储量在千万吨以上，2012年境内有油井约310眼，年产原油约20万吨。

行政区划 辖高阳、庞口、西演、邢家南4镇，晋庄、蒲口、小王果庄、龙化、庞家佐5乡，181个行政村（社区）。

人口民族 2012年末，全县总人口34.28万人，有汉、回、满、壮、蒙古等14个民族。以汉族为主，占总人口的99.55%。全县人口自然增长率为5.77‰。

【概况】 2012年完成地区生产总值97.05亿元，比上年增长14.3%，其中第一产业完成8.91亿元，比上年增长1.1%；第二产业完成67.39亿元，比上年增长13.2%；第三产业完成20.75亿元，比上年增长8.7%。全社会固定资产投资完成53.55亿元，同比增长29.95%，入统工业企业万元生产总值综合能耗1.025吨标准煤，同比下降4.79%。粮食总产量173589吨，同比增长1.5%，棉花产量7756吨，同比下降17.37%。财政收入完成7.03亿元，比上年增长20.1%，其中一般预算收入3.96亿元，同比增长21.4%；一般预算支出完成10.2亿元，比上年增长19.4%。全县规模以上企业增至82家，规模以上工业增加值完成61.68亿元，比上年增长23.67%，实现利税18.67亿元。全县社会消费品零售总额35.96亿元，比上年增长15%。在岗职工年平均工资36594元，比上年增长23.8%，农民人均纯收入9433元，比上年增长15.4%，城镇居民人均可支配收入1.74万元，比上年增长12.5%。年末城乡居民储蓄余额80.93亿元，比年初增长13.76%。

【项目园区建设实现新突破】 实施千万元以上重点项目43项，蓝瑞照明灯具等6个项目列为市重点，宏润中水回用染纱（一期）等一批大项目相继开工建设、投产，完成投资26.4亿元，占年计划的117%。纺织循环经济示范区被列入省“3255”示范工程，河北碧水蓝天水务公司与清华大学环境学院成功签订教学科研基地合作协议，尚品家纺等4个项目开工建设；庞口汽车农机配件产业园、庞佐电器电料产业园稳步推进，友谊配件、同兴电器等项目顺利实施；南圈头中小企业创业辅导基地被评为省级示范基地，聚集效应进一步凸显。污水处理厂二期工程、羽豪技改、惠保新型保温板、一枝秀纺织、天润果品仓储基地等9个项目已竣工（或完成项目投资），重点推进了“三园区一基地”（纺织产业聚集区、庞口农机汽车配件产业园、庞佐电器电料产业园、中小企业创业辅导基地）建设。纺织产业聚集区（省级）建成区面积扩大到946.9公顷，入驻企业达到100个，实现主营业务收入100亿元，工业增加值39.74亿元，利润7.2亿元，税金1.11亿元，出口创汇2465万美元，引进省外资金1.98亿元；截至12月，区内在建项目25个，完成投资15.92亿元。庞口汽车农机配件产业园、庞佐电器电料产业园入园项目进展顺利，部分项目竣工投产。中小企业创业辅导基地16家企业全部开工建设，3家企业进行试生产。

【转型升级取得新进展】 农业产业化水平不断提高，天润万吨果品仓储物流基地建成使用，宏润公司成为国家级农业产业化龙头企业，市级以上龙头企业发展到13家，全县农业产业化率达到56%。新型工业化进程明显加快，全年新上高档织机300余台，先进设备投入占比达80%以上；蓝波公司完成由单纯生产灯芯柱向出产成品节能灯的转变，建强公司制动软管、液压软管分别获国家实用新型专利；新增永亮、智阳、燕赵3个国家驰名商标，省级以上品牌达到55个；新增一枝秀等6家规模企业，规模以上企业发展到82家（其中年销售收入超亿元企业33家），全县工业化率达到65.2%。电子商务蓬勃发展，近3000家企业建立自主网站和销售平台，“中国毛巾网”网上采购额达2亿元，航证公司年销售收入突破10亿元，河北省电子商务工作会议在高阳召开。外贸出口活力强劲，开拓境外营销网点168个，出口总额达到2.4亿美元，被商务部评为国家外贸转型升级专业型示范基地。实施节能项目，推动循环经济建设，把实施节能项目作为调优存量的重要手段，以推进主导产业上档升级为重点，深挖潜力，寻求突破，谋划实施印染技改、织机技改、电机变频器等节能项目18个，全部竣工并投入运行，形成12452.56吨标准煤的年节能能力，完成纺织循环经济示范区修建性详规，再生水利用、污泥燃烧、热电联产等关键补链项目正在加快推进。

【城乡面貌呈现新变化】 实施城乡建设重点项目30项，投入资金6亿多元，保沧线、肃临线、津保南线三条省道大修全面完成，打造“六纵六横一环”城市路网框架，对三利大街、商贸大街等城区路网进行翻新改造，文化路东西贯通、安居路建成通车、宏润大街改造工程、北大外环道路建设启动实施，新县医院建设主体基本完工，人民公园改造、朝阳路综合整治深入推进，南沙、南关旧村改造和上林苑、七彩家园等住宅小区加紧建设，城市功能品位不断提升；新改建农村公路65.6公里，建设电气化村5个，改造农业排灌机井213眼，解决了10个村17所学校近2万人的饮水安全问题，农民生产生活条件持续改善；城乡环境综合整治成效明显，私搭乱建、乱停乱放、占道经营、垃圾乱倒得到有效遏制。完成城区主要道路和游园广场的规划施工设计，对高速公路引线、迎宾广场、现代城三期等路段和小区进行绿化，全年绿化面积4.38万平方米，实施朝阳路综合整治、正阳路亮化改造、三利大街五岔路口改造和城区环境综合整治，优化了县城环境，完善了城市功能。

【社会事业均衡发展】 基层医药卫生体制改革深入推进，建成165个标准化村卫生室，拨付县级医改资金2580万元；县医院迁建、急救中心、卫生监督所、3个乡镇卫生院等中央投资项目有序推进；新型农村合作医疗参合率达到99.01%。提供就业岗位2478个，下岗失业人员再就业505人，免费培训下岗职工508人，农村劳动力转移2812人，城镇登记失业率有效控制在2.6%以下；城镇参加基本养老保险人数（在职）达到11160人，城乡居民社会养老保险农村参保人数181565人，城镇居民参保人数568人，征收养老保险金1658.56万元，参保率95.1%。教育基建项目顺利推进，其中龙化中学实验楼、宏润幼儿园等5个项目竣工并投入使用；布里中学、春蕾小学等5所学校通过市标准化学校验收；完成“校校通”、“班班通”工程，68所学校加入“河北教育直通车”；高考创历史最好成绩，本二上线率45.7%，两名考生被北京大学录取。年初确定的十项民心工程30件实事全部完成，发放各类强农惠农资金3987万元，人民群众得到更多实惠。新建乡镇文化站9个、农家书屋180个，丰富了群众精神文化生活。人口计生工作成效明显，获国家优质服务先进单位。发放各类救助资金1018万元，投入廉租住房建设资金1656万元，公共租赁住房资金843万元，农村危房改造资金397万元，有效解决了低收入群体住房难问题，建设保障性住房552套，困难群众生活得到全面保障，全县居民生活幸福指数不断提高。

中共县委

书　记　崔立新

副书记　马一蕊（女）　张大鹏

常　委　崔立新　马一蕊（女）
　　　　张大鹏　崔永葆
　　　　续金明　刘新桥
　　　　刘立朋　李东海
　　　　葛新军　孙亚珍（女）
　　　　魏文德
　　　　赵振川（挂职，11月任）

人大常务委员会

主　任　孙　立

副主任　孙彦平（2月离任）
　　　　田兰宽（2月任）
　　　　王桂英（女）　罗桂贤
　　　　曹培元

政　府

县　长　马一蕊（女）

副县长　刘立朋
　　　　李东海（2月任）
　　　　赵振川（挂职，11月任）
　　　　王士芳　王克杰
　　　　姚红玉（8月离任）
　　　　王素芬（女，2月任）

政　协

主　席　林海泉（2月离任）
　　　　贾红雨（2月任）

副主席　田兰宽（2月离任）
　　　　李朝华（女）　张琢玉
　　　　张文进
　　　　刘晓萌（女，2月任）

（翟月光）

定兴县

【地情提要】　定兴县位于河北省中部，保定市北部。地理坐标为北纬39°05′39″～39°20′04″，东经115°30′07″～115°58′06″。西邻易县、东毗高碑店市，北与涞水县相接，南与徐水、容城县接壤。东西长39.9公里，南北宽26.6公里。县城驻地定兴镇，北距北京89公里，东至天津122公里，南距保定50公里。定兴县地处北京、天津、保定中心地带，交通便利，京广铁路、京石客运专线、京港澳高速公路、京昆高速公路、京深公路纵穿全县。境内土地肥沃，灌溉便利，为传统农业大县，主要种植玉米、小麦、花生。为全国粮食生产先进县、全国文化先进县、全国平安建设先进县、全国绿化模范县、国家蔬菜产业重点县。

自然环境　定兴县属海河平原区（西北部地区属太行山东麓山前平原亚区）。地形地势平坦开阔，自西北向东南略有倾斜。西魏家庄海拔43.2米，谭城北海拔13.4米，两点交叉29.8米。境内有南拒马河、中易水河等8条河流。受洪冲积成土影响，境内形成兰沟洼、阎台洼、江村洼、肖村洼四大洼地。定兴县地处中纬度地带，属东部季风暖温带半干旱气候，四季分明，大陆季风性气候特点显著。无霜期年平均为185天。春季多风少雨；夏季高温、多雨、潮湿；秋季昼夜温差较大，气候干燥；冬季寒冷，降水稀少。2012年平均气温18.0℃，年极端最高气温39.1℃，出现在6月18日；年极端最低气温－17.5℃，出现在1月23日。年降水量575.8毫米，一日最大降水量116.6毫米，出现在7月21日。日照时数为2985.8小时。

自然资源　定兴境内地势平坦，土层深厚，土质松软，耕性良好，灌溉便利。盛产玉米、小麦，经济作物多为花生、辣椒、麻山药、红薯，县域东南部桃树种植面积在3万亩以上，总产达到12万吨。由于开发历史悠久，境内天然植被已被人工植被所替代，植物资源较丰富，主要树种以杨、柳、榆、槐为主，绿化多以杨树、柳树、梧桐、银杏为主。境内河流属大清河水系，主要有南拒马河、中易水、北易水，为季节性河流，汛期行洪，冬、春季断流。

行政区划　全县辖5镇11乡1个城区管理委员会，共274个行政村和18个居委会。乡镇有定兴镇、固城镇、贤寓镇、北河镇、天宫寺镇、高里乡、杨村乡、北田乡、小朱庄乡、东落堡乡、张家庄乡、姚村乡、肖村乡、柳卓乡、北南蔡乡、李郁庄乡。

人口民族　总人口589076人，人口自然增长率10.28‰。共有民族25个，人口最多的为汉族，占总人口的97%，较大的少数民族为满族和回族。

【概况】　全县总面积713.87平方公里，耕地面积718115.7亩，人均耕地面积1.55亩。2012年完成县域生产总值86.7亿元，增长10.6%，其中一、二、三产业分别完成增加值26.9亿元、36.8亿元、23.0亿元，分别同比增长9.0%、16.4%、4.7%。民营经济增加值64.8亿元，增长12.5%。固定资产投资完成69.3亿元，增长36%。城镇居民人均可支配收入18452元，增长11.3%，农民人均纯收入8401元，增长15.8%；社会消费品零售总额达到32.3亿元，增长15.7%。财政收入达到6.24亿元，增长24.9%，增速居保定市第二位，其中地方公共财政预算收入2.57亿元，增长10%。公共财政预算支出完成12.31亿元，同比增长6.7%。2012年末，城乡居民存款余额78.01亿元，增长22.8%。

【调整结构，现代农业特色显现】

积极落实各项涉农惠农补贴政策。发放粮食直补、农资综合直补资金7971.7万元，发放粮种补贴资金1049万元，补贴资金全部通过农信社一折（卡）通发放，惠及272个行政村，受益农户12.2万户，受益农民50.5万人。落实农机具补贴792万元，共564台套，受益群众269户。农业综合生产能力明显提高，实施总投资1.4亿元的农业综合开发等工程，建成粮食高产示范片8个，完成1751.84万元的小型农田水利建设投资，涉及3个乡镇16个村，受益人口2.39万人，新增节水灌溉面积2.91万亩，铺设输水管道33.47万米，增产粮食0.23万吨。完成粮食播种面积105.8万亩，总产达到55.2万吨，实现一连增。蔬菜产业稳步发展，播种面积30万亩，生产总量150万吨。建成石象、龙华智能温室育苗中心，认证绿色基地11个，产品31种，被定为首都安全食品供应基地县。荣达畜禽公司被评为国家级标准化示范场，带动建设养殖小区20个，禽类存栏452.8万只，出栏956万只。省市农业产业化龙头企业13家，农产品生产加工基地7个，农业产业化率67.2%。

【主导产业转型升级，工业经济跃上新台阶】　汽车及零部件和食品加工两大主导产业实现转型升级，机械制造、生化制药等新兴产业逐步扩张，对县域经济的拉动作用明显增强。规模以上工业企业发展到49家，工业增加值完成24.1亿元，增长22.4%。京石高铁客运专线建成通车，统筹推进城北经济开发区建设，成功获批省级经济开发区。城南省级工业聚集区组建副县级管理机构，在保定市率先通过ISO9001质量体系认证。落实部门服务，项目建设承诺双向监管机制，列入省、市重点项目12个，总投资148.76亿元，其中总投资4.2亿元的长城新建年产10万台的GW4D20柴油机，总投资3.1亿元的西麦燕麦食品，总投资2.1亿元的步长天浩新建制药项目竣工投产。以厦门投资说明会等活动为媒介，引进俄罗斯木材加工，英国KEE污水处理设备等14个项目，总投资51.8亿元。积极对接央企，华建与中车集团合作项目开工建设，恒天大迪汽车公司揭牌运行，新车途腾系列皮卡实现批量生产并投放市场。

【保障民生促社会事业进步】 商贸业快速发展，营业面积2000平方米以上的商贸服务企业达到12家。沃美生活广场、天奕商厦重装开业，形成开放活跃的商贸圈。发放财政补贴1961万元推进摩托车家电下乡。河北省首家巾帼创业小额贷款公司开门营业，全县小额贷款公司达到3家，中国银行在定兴设立支行。各项贷款余额29.4亿元。加快文化事业发展，举办首届中国·定兴非遗文化旅游节，承办河北省县级青少年乒乓球锦标赛、河北省第十届普通高校校长体育比赛等文体活动。发展教育事业，实施投资9200万元的54个项目学校建设，标准化学校创建率位居保定市第一。青少年校外活动中心被评为国家级示范中心，中高考综合评价居保定市第一。医药卫生体制改革不断深化，全县274个村卫生室全部建设完成，累计完成投资1644万元。实现基本药物制度全覆盖，新农合参合人数441533人，参合率95.32%，农村五保户、低保户等特殊困难群体参合率100%，累计报销1.3亿元。社会保障体系日益完善，全县企业养老保险参保单位218家，参保人数22885人，新增扩面人数3364人，增长率17.2%。城乡居民养老保险参保26.32万人，其中农保缴费2253.86万元，为63539人发放养老保险金3878.06万元，城保缴费114.02万元，为410人发放24.81万元。城乡居民养老保险参保率达93%，新增就业4050人，城镇登记失业率控制在2.97%以内。

中共县委

书　记　牛景峰
副书记　王少雄
　　　　张　才（12月离任）
常　委　牛景峰　王少雄
　　　　张　才（12月离任）
　　　　孙　辉　孟伟国
　　　　赖晓庆　潘　江
　　　　张铁山　孙建明
　　　　贾瑞生　蒋东方（女）
　　　　赵润林（2月任）
　　　　孙知音（7~10月）

人大常务委员会

主　任　牛和平（2月离任）
　　　　王崇泽（2月任）
副主任　杨文星（2月离任）
　　　　张秀菊（女，2月离任）
　　　　蔡占全　侯铁城
　　　　吴奇玲（女，2月任）
　　　　刘　昆（2月任）

政　府

县　长　王少雄
副县长　赖晓庆　潘　江
　　　　赵润林（6月任）
　　　　李红娜（女，2月任）
　　　　张东兵（2月任）
　　　　张晓峰（2月任）
　　　　邓艳学（2月任）
　　　　王承先

政　协

主　席：文大华（2月离任）
　　　　傅　勤（2月任）
副主席：汪振亮（2月离任）
　　　　杜金城　肖　钧
　　　　王洪波（2月任）
　　　　刘晓涛（女，2月任）

（张路全　徐兴国　刘　辉）

蠡　县

【地情提要】 蠡县位于河北省中部偏南，保定市东南部，南北纵距36.5公里，东西横距32公里，总面积652平方公里。县境东北与高阳、东南与肃宁、正南与饶阳和安平、西南与博野、西北与清苑县接壤。县城位于石家庄东北142公里，保定南偏东50公里处。

自然环境　蠡县地处华北平原中部，地势西南高、东北低，坡度0.3‰~0.1‰，无明显起伏变化。地表平坦，漕形洼地\河流相间。境内有潴龙河、孝义河、月明河和小白河四条河流，均系海河流域大清河水系，潴龙河贯穿全境。土壤分3个土类、6个亚类、13个土属、36个土种。耕层土壤有机质含量偏低，蠡县属暖温带大陆性季风气候，四季分明。春干旱多风，夏炎热多雨，秋天高气爽，冬寒冷干燥。2012年，最高气温38.5℃，出现在6月17日；最低气温-14.1℃，出现在1月22日。年平均气温12.6℃，日照2351.3小时，无霜期209天，初霜日为10月24日，大风2日，最多风向南风，频率11%，年降水量571.7毫米。

自然资源 2012年耕地面积46580.79公顷。地表植被包括野生植物（杂草、菌类、苔藓）和栽培植物（树木类、作物类、蔬菜类、草药类）。生物资源有药草类、菌类、用材林、果树、粮食作物、经济作物、饲草、蔬菜、花卉等植物资源和鱼类、家畜、家禽、鸟类等动物资源。石油是蠡县主要矿产资源，已探明大百尺、万安、辛兴、鲍墟等10个乡镇有石油蕴藏。

行政区划 辖8镇5乡，232个行政村，乡镇名称：蠡吾镇、留史镇、大百尺镇、辛兴镇、北郭丹镇、万安镇、桑园镇、南庄镇、鲍墟乡、小陈乡、大曲堤乡、林堡乡、北埝头乡。

人口民族 年末总人口53.49万人，其中农业人口42.77万人，有汉、满、回、蒙古、布依等21个民族。全县计划生育率为88.63%，自然增长率5.99‰。

【概况】 2012年全县生产总值完成77.8亿元，同比增长11.8%。其中第一产业增加值13.7亿元，同比增长2.4%；第二产业增加值44.2亿元，同比增长16.9%；第三产业增加值19.9亿元，同比增长8.0%。固定资产投资30.5亿元，同比增长36.2%；粮食总产量25.3万吨，增长-1.2%；财政收入4.5亿元，其中地方公共财政预算收入2.4亿元，同比增长23.9%；一般预算支出12.7亿元，社会消费品零售总额43.6亿元，增长15.6%，在岗职工年平均工资26484元，增长-0.2%；城镇居民人均可支配收入17373元，比上年增长11.3%；农民年人均纯收入8348元，增长13.6%；年末城乡居民存款余额114.9亿元，同比增长14.9%。

【项目园区建设】 继续深化与中国英利、北京富泰、辽宁禾丰、河北利美、保定鑫泽等公司、集团的合作，英利二期、祥润纺织、利美粮油、青山防水等项目全面开工建设，聚力保温、泰丰纺织等项目成功签约落户，项目建设继续保持强劲势头。2012年，全县共实施千万元以上项目49个，其中投资亿元以上项目20个，总投资规模达139亿元。开发区规模实力日趋壮大，建成区面积达5.41平方公里，入驻企业25家，在全省开发区综合测评中位居前列。

【城市化进程加快，城镇形象提升】 规划体系逐步健全，加快县域总体规划修编，实施街区、公园、示范小区等城市风貌特色规划；正式组建规划委员会，规划审批更加民主、科学。城市功能不断完善，建成县城首座垃圾中转站，初步实现垃圾收集、运储的规范管理；加快县城天然气入区步伐，长瑞锦城、君鹏花园等规模小区实现供气7800余户。道路出行更加通畅便捷，投资1800万元对蠡吾大街进行改造升级；公园路全线贯通；投资6000万元的公园南路、工业大街北延、平安路东延等6条市政道路全部建成通车，市政道路通行能力、街区形象全面提升。北部新城的中心地位日益凸显，总投资3.3亿元的长瑞锦城已入住；总投资3500万元的档案馆、名人纪念馆，完成主体工程；投资1200万元的县城第三实验小学、青少年活动中心投入使用；数字影院、两馆（档案馆、名人纪念馆）前广场等文化娱乐设施日趋完备，城市品位大幅提升。启动实施总投资6亿元的新城市广场项目；总投资2亿元的信誉楼商厦投入运营，城镇居民的生活质量不断提高。

【节能减排成效显著】 ，开展污染整治“飓风行动”，严厉打击污染反弹，强化企业运行监管。实施潴龙河生态治理工程，已阶段性完工，有效改善了周边生态环境。推进结构减排、工程减排、农业源减排和节能降耗工作，规划上报的26个节能减排项目和6个淘汰落后产能项目，全部实现预定目标。全年各项节能减排指标均完成省核任务，“双三十”（三十个重点县市、三十个重点企业）成果进一步巩固。

【支农惠农力度加大，“三农”基础不断巩固】 严格落实各项惠农政策，粮食生产实现十连增。加大农田水利设施投入，完成总投资600万元的高效节水灌溉工程和总投资1431万元的万亩高标准农田示范项目。实施总投资2100万元的农村安全饮水工程，解决了4.3万人饮水安全问题。麻山药和设施蔬菜种植面积分别达到6.9万亩和4.4万亩，总投资1.2亿元的河北永诚食用菌项目一期建成投产，农业产业化发展水平明显提升。完成了15条“村村通”工程，农村交通环境进一步改善。

【民生事业统筹发展】 新农保工作进展顺利，参保率达到96%，累计发放基础养老金5398万元。保障性安居工程扎实推进，新开工建设公租房178套、经适房224套。教育资源优化整合步伐加快，蠡县实验中学投入使用，中小学办学条件明显改善。医疗保险覆盖面不断扩大，新农合参保率达到95.01%，参合农民受益率326%；公共卫生服务水平、卫生应急处置能力进一步加强，蠡县被卫生部授予“国家卫生应急综合示范县”称号。落实计生惠民政策，低生育水平持续巩固。国企改革稳妥推进，顺利完成商务系统第二批破产企业养老保险金核销工作。集中开展食品药品安全、安全生产、消防安全等专项活动，有效消除了安全隐患。加强和创新社会管理，有效化解了一批群众反映强烈的社会治安问题，社会稳定局面进一步巩固。

中共县委

书　记　田　钧
副书记　李自贤　刘建立
　　　　孟祥群（挂职）
常　委　田　钧　李自贤
　　　　刘建立　孟祥群
　　　　李亚东（7月离任）
　　　　魏守海（7月任）
　　　　单志合
　　　　张　平（7月离任）
　　　　张俊营　李　娟（女）
　　　　刘俊禹　吴素杰
　　　　张增祥（7月任）
　　　　齐福民

人大常务委员会

主　任　董彦雷
副主任　石博勋　徐怀玉
　　　　孙永良（2月任）
　　　　李树杰　韩建军

政　府

县　长　李自贤
副县长　单志合　吴素杰
　　　　魏彦茹（女）　李建英
　　　　王力军　刘立辉

政　协

主　席　绳兰柱（2月任）
副主席　楚小楷
　　　　孙永良（2月离任）
　　　　李俊卿
　　　　杨进忠（2月任）

（鲁春芳　伍　艳　孙　赞）

顺平县

【地情提要】　顺平县位于河北省中部偏西，北纬38°44′35″～39°07′18″，东经114°50′08″～115°17′04″。东邻满城，西接唐县，南毗望都，北连易县，东南与清苑接壤，西北与涞源交界。县城北距北京162公里，南距石家庄102公里，东距保定32公里。张石、保阜高速、保阜、保涞、107国道等公路和京广铁路穿境而过。

自然环境　顺平县地处太行山东麓，华北平原西部，总面积708平方公里。地形呈西北至东南斜长，地势西北高，东南低，分中低山、丘陵、平原三种地貌。西北部为太行山区，面积约占全县总面积的三分之二，东南部为平原。最高的山峰白洋坨，海拔1006.7米，中低山海拔300～500米，丘陵地区一般海拔200米左右，平原一般海拔为35～65米。主要河流有曲逆河、蒲阳河、界河、金线河、七节河，近30年来均变为季节河。全县属东部季风暖温带半干旱大陆性气候，四季分明。2012年降水总量652.6毫米，降水最多月份为7月份，降水量236.2毫米；日降水量最大47.8毫米，出现在6月24日。年平均气温12.5℃，1月平均气温－4.4℃，7月平均气温26.9℃，年极端最高气温39.0℃，出现在6月17日，年极端最低气温－15.5℃，出现在1月22日。

自然资源　全县共有耕地面积212667公顷。全县多年平均自产地表水资源量0.96亿立方米，地下水平均资源量0.97亿立方米。非金属除石灰岩储量15亿吨，其中高级石灰岩1亿吨外，还有石英岩和石英砂岩，白云岩、大理石、石板等；金属矿有金矿、银矿、磁铁和褐铁矿。

行政区划　全县设10个乡镇，其中5个镇，5个乡（蒲阳镇、高于铺镇、腰山镇、蒲上镇、神南镇、白云乡、河口乡、安阳乡、台鱼乡、大悲乡），辖237个行政村。

人口民族　2012年总人口为31.6万人，绝大多数为汉族，另有回、满、侗、藏、壮、朝鲜等16个少数民族。

【概况】　2012年全县生产总值42.49亿元，同比增长11.0%，一、二、三类产业增加值：第一产业13.97亿元，增长6.6%；第二产业19.31亿元，增长15.7%；第三产业10.21亿元，增长8.7%，民营经济实现增加值25.12亿元，增长12.5%。社会固定资产投资额55.61亿元，增长30.5%。粮食总产量12.7万吨，下降3.6%，财政收入3.12亿元，增长20.1%，其中公共财政预算收入完成1.57亿元，同比增长24.0%。财政支出8.31亿元，增长10.3%。社会商品零售总额18.85亿元，增长14.9%。职工年平均工资26778元，增长7.4%。农民人均纯收入3283元，增长21.7%。年末城乡居民存款余额46.38亿元，增长16.5%。城市空气质量等级（二级以上天数）355天。单位GDP能耗1.313吨标准煤/万元，上升9.5%，规模以上工业增加值单位能耗1.198吨标准煤/万元，上升351.7%；化学需氧量减排103吨、二氧化硫减排48吨、氨氮减排9.6吨、氮氧化物减排10吨，均完成或超额完成市核任务。旅游开发增添魅力，编制了全县旅游总规，成功举办第十三届桃花节、第四届白银坨红叶节，与河北省摄影家艺术学会联合举办了摄影大赛。完成佛光寺项目规划设计、征地拆迁等前期工作，3月份正式开工建设。

【项目增强经济实力】 继续推进项目园区建设，一批超亿元的重点项目在顺平落地生根。顺平省级经济开发区管委会获省批复，入驻项目企业11个。中国肠衣基地一期工程建成并正式开园。长城汽车零部件工业园完成电力专线架设。修订完善了《招商引资奖励办法》、《为企服务“五个平台”建设实施方案》、《争取上级财政资金奖励办法》等一系列文件。全年谋划实施项目23个，总投资151.4亿元，项目开工率达到100%。金强水泥、苏博汽配、润东陶瓷、圣雪绒羊绒衫等一批超亿元项目建成投产；银祥国储棉、威利欧管材、和谷工业园、鼎兴钢构等项目开工建设。

【重点工程提升县城品位】 投资17.8亿元，实施城建重点项目20多个，打通多条断头路，拉伸了县城框架。仙洲路南延、永禄大街东延、顺望路拓宽改造工程竣工通车，平安西街路面改造顺利完工。杏林山水公园、顺平公园和8块街头绿地广场、5个公厕已经建成，为居民提供了更多健身休闲场所。建设了水木清华、依林雅筑等4个居民住宅小区，华立、顶秀新园等住宅小区实现燃气入户。保定西部最大的商贸综合体——林江商厦正式营业。

【“三农”焕发农村活力】 打造东委村草莓、苏辛庄樱桃、南吕和常大村蔬菜四个休闲采摘园，新增设施蔬菜2000亩，总面积达到11.3万亩。培育了“尧贡”、“尧福”、“荷观雨”等一批知名品牌，向京津地区输送蔬菜9.5万吨，实现销售收入2.5亿元。引进林果新品种10个，新增三优红富士1万亩、薄皮核桃1600亩、甜柿200亩、桃树2200亩，优质果品率达95%以上。积极争取上级支持资金4亿元，实施土地综合整治、农村电网改造、农村饮水安全、乡村道路建设等农业基础设施建设，改善了农村生产生活条件，提高了农业综合生产能力。成立了扶贫攻坚支农惠农领导小组，制定了《关于做好扶贫攻坚支农惠农工作的实施意见》、《顺平县燕山－太行山片区区域发展与扶贫攻坚规划》、《顺平县扶贫产业项目实施细则》。加强与省、市35个帮扶单位联系，争取对口帮扶资金389.41万元、财政扶贫资金2721万元，协调小额贷款1500万元，并将各部门涉农资金集中打捆使用，全年实施扶贫开发项目69个。坚持“一乡一业、一村一品”，培育高效林果、特色养殖、乡村旅游等9个产业示范基地。

【民生工作惠百姓】 总投资4000万元的“五院合一”二期工程完工，增加床位650个。全县三分之一的村建成农村互助幸福院，养老覆盖面进一步扩大，五保集中供养能力达到80%以上。完成实验中学、蒲上中学搬迁，实现实验学校初中小学分离，特教学校竣工并投入使用，新改扩建幼儿园10所，实施校安工程项目6个，为全县中小学加装了取暖设备，改善了办学条件。实施农村学生营养改善计划，121所中小学校的2万多名学生享受到营养套餐。投资730万元，新改扩建农村卫生室174个。完成总投资750万元的卫生监督所·妇幼保建站综合楼和总投资250万元的县医院急救中心项目硬件建设，医疗条件大为改观；10个乡镇卫生院全部实行药品零差价，群众就医成本明显降低。17.3万人参保了城乡居民养老保险，4万名60岁以上农村老人领到了养老保险金，1万名城乡居民享受到了最低生活保障，共发放低保资金1893万元。城镇新增就业2112人，下岗失业人员再就业502人。提高了692名自筹机关事业单位退休人员养老保险金发放标准。完成原农村民办和代课教师摸底登统工作，为下一步落实待遇奠定了基础。成立首家正式注册的顺平县爱心协会，吸收会员100人、爱心企业10余家，开展各类活动30多次。华北电力大学和顺平爱心企业合作，筹集企业善款150万元，华北电力大学配套150万元，启动关爱留守儿童“情暖童心”工程。建成廉租住房225套，首批70户低收入家庭喜迁新居。

中共县委

书　记　张亚娟（女）
副书记　王永建　郑福群
常　委　张亚娟（女）
　　　　王永建　郑福群
　　　　荀习顺　蒋宇林
　　　　甄会龙　赵永帅
　　　　樊朝宇　齐新成
　　　　田建生　朱国栋
　　　　杨保军

人大常务委员会

主　任　郭文忠
副主任　王长占　张连营
　　　　石新生
　　　　李艳红（女）

政　府

县　长　王永建
副县长　樊朝宇　梁文杰
　　　　杨保军
　　　　杨军华（女）
　　　　李长军　刘士华

刘志永
温高原（12月任）
党组成员　张建鹏
政　协
主　　席　郭建军（2月离任）
王若辉（2月任）
副主席　侯英武　刘振国
孙洪江
肖少鹏（3月任）

（冀敬军）

望都县

【地情提要】　位于河北中部偏西，太行山北段东麓山前平原，东西宽24公里，南北长33公里，总面积374平方公里，北纬38°30′～38°48′，东经115°01′～115°18′。东毗清苑县，南邻定州市，西接唐县，北交顺平县，东南与安国市接壤。县城北距北京187公里，南距石家庄98公里，北至保定35公里。京广铁路、107国道、京港澳高速公路贯穿县境。县人民政府驻地望都镇。

自然环境　地处太行山北段东麓山前平原，地势西北部高，东南部低，缓缓倾斜，无明显起伏变化。西部最大海拔高度56.3米，东南最低海拔高度27.8米，地面平均纵横度1/800。土壤为洪水冲积物，土层深厚，土壤肥沃。河流均系海河流域大清河水系，自然河道有唐河、九龙河、白岳河、运粮河、曲逆河，人工开挖的河道新开河，境内河道总长54.5公里。地下水水质良好。地处暖温带半干旱半湿润季风气候区，四季分明，2012年降水量598.6毫米，年平均气温12.2℃，极端最高气温38.8℃，出现在6月17日；极端最低气温－15.5℃，出现在1月22日。年日照时数2007.9小时，无霜期205天。

行政区划　全县辖2镇6乡，142个行政村8个社区。乡镇有望都镇、固店镇、寺庄乡、黑堡乡、高岭乡、赵庄乡、中韩庄乡、贾村乡。

人口民族　年末全县总人口26.5万人。境内有汉、满、回、蒙古、壮、朝鲜、苗、彝、羌、侗、土家等20个民族，其中以汉族人口为主。人口自然增长率7.67‰。

【概况】　2012年全县生产总值完成47.7亿元，增长11.9%，其中第一产业增加值15.5亿元，增长7.6%；第二产业增加值19.8亿元，增长16.3%；第三产业增加值12.5亿元，增长9.3%；财政收入完成2.97亿元，增长19.9%，其中公共财政预算收入完成2.05亿元，增长34.1%；地方公共预算支出6.7507亿元，同比增长36.5%。规模以上工业增加值完成14.3亿元，增长24.5%；固定资产投资完成34.3亿元，增长32.1%；社会消费品零售总额完成13.8亿元，增长15.4%；城镇居民人均可支配收入完成17629元，增长12.1%；农民人均纯收入完成6704元，增长16.1%；实际利用外资112万美元；引进省外资金18.5亿元，增长65.2%。金融机构存款余额61亿元，增长17.7%；贷款余额19.9亿元，增长16.4%。

【项目和园区建设取得新进展】　实际到位非普惠性资金（项目）2.38亿元，涉及项目137个，其中三农类32项，民生类67项，基础设施类38项。实施省、市、县重点项目15项，完成投资20.1亿元，完成年计划的214%。蒙牛PET、天宏果蔬、美和春食品等项目竣工，万世春铁路配件、先锋机械等项目进展顺利，大通铸锻、鑫知农等项目开工建设。园区建设完成经济开发区产业发展规划、总体规划，景观大道全面完工，区内水厂投入使用，配套设施进一步完善，县工业园区正式成为省级经济开发区。

【农村经济发展迅速】　发放粮食直补和家电下乡等惠农资金4998万元。创建国家级小麦、玉米万亩高产示范片各2个，粮食总产达到27.45万吨。争创市级标准化奶牛养殖小区4个，奶牛存栏1.23万头。启动万亩蔬菜示范园建设，规划建设保定恒开、望都镇、南岗子、柳陀等8个现代设施农业园区，设施农业种植规模、发展质量实现历史性突破，新增设施蔬菜种植面积2972亩。休闲农业起步发展，樱桃种植面积达到1500亩，新增省级观光采摘园1个。新增市级产业化龙头企业2家、农业合作组织68家，农业产业化率达到63%。扶贫开发工作全面展开，谋划实施扶贫项目20个，争取财政扶贫资金1693万元，直接受益农户1873户，户均增收2375元，5430名贫困人口实现脱贫。基层组织建设年活动深入开展，“十件实事”共计227个子项目全部完工，实际投资达到4164万元。投资2.07亿元的土地综合整治项目全面启动，涉及4个乡镇28个村。建设节水灌溉农田4.7万亩，新打机井197眼，植树造林4538亩，修建农村公路40.5公里。

【城市建设】　科学编制了2011－2030年望都县城总体规划、新城区一期修建性详规，新城区建设步伐加快。武装部民兵训练中心投入使用，望都镇社区综合服务中心完工。一期投资9800万元的九龙河改造提升工程正式启动。解决北环路及公铁立交桥拆迁清障工作，北环路基本完工。公铁立交桥开工建设，107国道临时改线主体完工。精心打造阳光大街样板街，进行楼体亮化、立面净化。完成北环路、京港澳高速公路引线绿化，城区绿化覆盖率达到36.3%。

【民计民生持续改善】 全年转移农村劳动力56551人，城镇新增就业2130人，城镇下岗人员再就业809人，城镇登记失业率控制在2.97%，零就业家庭全部实现动态归零。投资4740万元，新建、改扩建特教、中小学校6所，幼儿园11所。全面实施农村中小学营养改善计划。创新运营模式，成立了校车公司，新购置校车57辆，实现全县小学、幼儿园校车接送全覆盖。落实寄宿补助、助学金、助学贷款等困难学生补助490万元。县医院综合病房楼投入使用，寺庄乡卫生院完工，县卫生监督所和望都镇卫生院开工建设。在全市率先完成了村级卫生室标准化建设，并实行基本药物零差率销售。新农合参合率99.2%。新型城乡居民社会养老保险全面启动，参保率96%。争取救灾资金101万元。

中共县委

书　记　孟晓灵（女）
副书记　孙晨光　张美顺
常　委　孟晓灵（女）　孙晨光
　　　　张美顺　吴从志
　　　　崔建民　谢世援
　　　　莫茂林　赵　勇
　　　　李红彬　黄　伟
　　　　李向东

人大常务委员会

主　任　刘洪洁（女）
副主任　麻金龙　张顺英
　　　　于书亭　王小来

政　府

县　长　孙晨光
副县长　崔建民　李红彬
　　　　田双喜　何　东
　　　　王彩芬（女）　张长春
　　　　王志佳（8月任）
　　　　杨伟坤（女，3月离任）

政　协

主　席　何任道
副主席　马文库　孙丁立
　　　　张建敏（女）　张淑淼

（张建华）

雄　县

【地情提要】 雄县位于华北平原，河北省中部。北纬38°55′～39°10′，东经116°01′～116°20′，东西长26公里，南北阔25.5公里，总面积513.46平方公里。东部与霸州市交界，南部、东南部隔大清河与任丘市、文安县相望，西南临白洋淀及温泉城与安新县相接，西部与容城县相接，西北、北部与白沟新城、高碑店市毗邻，东北部与固安县接壤。地处京津保三角腹地，县城北距北京108公里，西南距石家庄175公里，东距天津100公里，西距保定70公里。宋代古地道绵延几十里，有“历史奇观，地下长城”之称。

自然环境　雄县地处拒马河下游，属低平原区，地势平坦，自西北向东南略有倾斜，海拔高度8～14米，土壤以砂壤和壤质为主，属暖温带半干旱大陆性季风气候区，四季分明。2012年平均气温11.7℃，极端最高气温38.8℃，出现在6月17日；极端最低气温－17.4℃，出现在2月2日。降水量757.1毫米。大清河是流经本县的唯一自然河流，境内全长38.75公里，多年来为常年有水河道，50年代后形成季节性河道。白洋淀为常年蓄水的淡水湖泊，雄县拥有淀区面积18.3平方公里，县城距白洋淀4公里。

自然资源　全县耕地面积31944公顷，其中水浇地面积21930公顷。境内石油、矿泉水、地热水等自然资源丰富。境内有油井1500多眼，年产原油70万吨，占华北油田原油总产量的六分之一。矿泉水总储量4亿吨左右，1987年12月，国家地质矿产部水文地质工程司组织专家对白码地热井进行全面分析化验，水中的碘、锂、锶、偏硅酸及矿化度均达到国家饮用天然矿泉水标准，被鉴定为“国内少见的优质矿泉水”。地热资源具有面积广、储量大、埋藏浅、温度高、水质好等特点，号称“华北之冠”。地热田覆盖面积达320平方公里，储量达100亿立方米，水温55℃～86℃。2006年3月，被中国矿业联合会正式命名为“中国温泉之乡”。2011年12月，被国土资源部命名为“中国温泉之乡”。

行政区划　全县辖6镇3乡1个社区办，223个行政村、7个居委会。乡镇有雄州镇、昝岗镇、大营镇、龙湾镇、朱各庄镇、米家务镇、双堂乡、张岗乡、北沙口乡。

人口民族　2012年末全县总人口383829人。境内有汉、满、回、蒙古、朝鲜、壮、彝、苗、羌、侗、土家等24个民族，其中以汉族为主，占总人口的97.5%。人口自然增长率5.82‰。

【概况】 2012年全县实现国内生产总值75.95亿元，同比增长12.4%，其中第一产业增加值

10.16 亿元，增长 1.7%；第二产业增加值 49.7 亿元，增长 18.4%；第三产业增加值 16.09 亿元，增长 1.8%。民营经济增加值 57.94 亿元，同比增长 14.3%。粮食总产量 25.24 万吨，同比减少 4.1%。棉花产量 512 吨，同比增长 1.4%。全部财政收入 5.38 亿元，同比增长 22.3%，其中地方公共预算收入 3 亿元，同比增长 19.6%。地方公共预算支出 8.36 亿元，同比增长 3.7%。社会消费品零售总额 33.12 亿元，同比增长 15.1%。全社会固定资产投资完成 55.2 亿元。在岗职工年平均工资 31033 元，同比增长 2.2%。农民年人均纯收入 9101 元，同比增长 17.5%。城镇居民人均可支配收入 19972 元，同比增长 12.1%。年末城乡居民存款余额 66.31 亿元，比年初增长 20.55%。

【项目质量逐步优化】 实施项目选优工程，累计实施重点项目 20 个，总投资 93.18 亿元，投资完成率达 153.9%。其中省市重点项目 5 个，开工率达 100%，持续位居全市第 1 位；省市重点技改项目 5 个，总投资 12.6 亿元，完成投资 20.17 亿元，同比增长 45.9%。储备亿元以上项目 59 个，其中 10 亿元以上项目 7 个，项目质量、规模和数量创近年来最好水平。

【园区建设实现突破】 在全国各类经济开发区审批收官之际，雄县以全市第一的位次入围申报行列，并顺利获省审批，开发区规划面积 14.03 平方公里，着眼省级一流园区目标，投资 8000 余万元，启动了路网、管网、电力及污水处理等基础设施，开发区基本框架、产业结构、城市设计等初步搭建。

【城乡面貌明显改善】 《雄县城乡总体规划》获市审批，规划面积依法增加到 48 平方公里。白洋淀支线建成通车。投资 5100 万元的迎宾大道改造工程竣工通车。投资 617 万元的雨水提升泵站投入使用，总投资 6000 万元的雨污分流工程竣工闭合，经受住了“7·21”特大暴雨的考验，汛期城区交通受阻的现象明显缓解。

【三农基础更加坚实】 继续稳固农业基础地位，落实惠农政策，累计发放五项补贴（粮食直补、综合直补、良种直补、农机具购置补贴、农业保险费补贴）5287.9 万元。狠抓农业生态安全，积极推进农业结构调整，并争取到全市唯一的现代农业综合开发区项目，累计争取上级资金 8000 余万元；加快农业产业化步伐，国际生态观光园、化强广通等现代农业项目稳步实施。开展“幸福乡村”计划，胡家台等 5 个省级示范村扎实推进。扶持纸花、石雕等富民产业，培育壮大专业市场。推进乡村“农超”对接，发展物流配送产业，农民收入渠道进一步拓宽。

【社会事业长足进步】 总投资 3282 万元的第三小学奠基开工；总投资 600 万元的雄中塑胶体育场建成使用。总投资 4283 万元的县医院扩建项目一期工程主体竣工；总投资 1338 万元的 223 个村级卫生室建设基本完成；新农合参合率达到 98.33%。生育水平稳定在 11.88‰，性别比治理顺利通过省级考核。新增就业 2347 人，城镇失业登记率控制在 2.4%。城乡居民养老保险全面铺开，累计发放保险金 1442 万元，惠及城乡居民 4.43 万人。社会环境持续稳定，被市委、市政府评为“全市十八大安保工作先进县”。

中共县委

书　记　张　海
副书记　李克英（女）　王育新
常　委　张　海　李克英（女）
　　　　王育新
　　　　段振杰（4 月离任）
　　　　黄继忠（4 月任）
　　　　刘志刚　温占芳
　　　　董贺群　许顺田
　　　　万树军　孙勇奇
　　　　崔建军

人大常务委员会

主　任　王汝强
副主任　马木良
　　　　王东风（女，1 月离任）
　　　　张振强
　　　　张　荣（女，1 月任）
　　　　程泽军

政　府

县　长　李克英（女）
副县长　刘志刚　万树军
　　　　姚晓莉（女）　刘玉峰
　　　　张占良　王洪超

政　协

主　席　任志强
副主席　常福山　许卫荣（女）
　　　　张　荣（女，1 月离任）
　　　　韩　兵
　　　　延景祎（1 月任）

（孙丽新）

易　县

【地情提要】 易县位于河北省中西部，太行山北端东麓。地理坐标为北纬 39°02′30″～39°35′50″，东经 114°51′05″～115°38′12″。县境东西跨距 67.7 公里，南北跨距 61.7 公里，总面积 2534 平方公里。县城南距保定 60 公里，西南距石家庄 169.5 公里，东北距北京110公里，东南与定兴县，南与徐水，西南与满城县、顺平县，西与涞源县，北与涞水县相邻。易县是“千年古县”，境内有清西陵、燕下都、紫荆关、老子道德经幢、北福地史前遗址、圣塔院塔（荆轲塔）六处全国重点文物保护单位。清西陵、狼牙山为全国4A级景区。过境的京原铁路和国道112线、省道京赞线、易定线、保平线、良顺线组成境内主体交通网。张石高速公路易县段67公里全部通车。南水北调中线易县段经过8个乡镇、46个行政村，全长45公里。矿产建材、旅游、林果、畜牧养殖是易县的四大支柱产业。

自然环境 县境地处太行山区向华北平原过渡倾斜地带，与定兴县相邻的高陌乡是全县惟一平原乡，平均海拔324米，地势由西向东下降明显，流水落差大，易患水灾。主要山峰有摩天岭、平顶山、五峰寨、云蒙山、狼牙山等，最高山峰摩天岭位于蔡家峪乡与涞水县交界处，海拔1813．3米。境内主要河流有北、中、南三条易水河和漕河、拒马河，均属海河流域大清河水系，河流总流程216公里，年径流量9．35亿立方米，正常泄洪能力1580立方米/秒。属暖温带大陆性季风气候区，春秋干旱多风，夏季炎热多雨，冬季严寒少雪，四季分明。2012年平均气温11.4℃，年极端最高气温38.4℃，出现在6月17日；年极端最低气温-16.5℃，出现在1月23日。年降水量721.4毫米，一日最大降水量124.6毫米，出现在7月21日。全年日照总时数2091.9小时，无霜期203天。大风日数1天，最大风速24.7米/秒。由于连年干旱，地下水位下降，灌溉面积萎缩。

自然资源 可耕地约12万公顷，土壤多见褐土，海拔700米以上多见棕壤。地下水资源总量1.14亿立方米，水质清澈，呈中性、弱碱性，PH值6.9~7.9，主要金属矿有金、铁等，非金属矿有磷、膨润土、石灰石、花岗岩、石棉、蛭石等，其中石灰石和花岗岩储量最大，分别为3000万吨和6000万吨。建筑沙资源丰富。主要药用动植物有全蝎、蝉蜕、五灵脂、沙参、丹参、枣仁、柴胡、知母等30多种，全部野生药材近200种。

行政区划 全县辖易州、梁格庄、西陵、裴山、塘湖、狼牙山、良岗、紫荆关、高村（2012年1月乡改镇）9镇，桥头、白马、流井、高陌、大龙华、安格庄、凌云册回族满族乡、西山北、尉都、独乐、七峪、富岗、坡仓、牛岗、桥家河、甘河净、蔡家峪、南城司18乡，1个城管处，469个行政村（含7个社区，10个居委会）

人口民族 全县总户数192370户，年末总人口573731人，其中少数民族33030人，有汉、满、回、蒙古等28个民族，凌云册乡是满族回族乡。

【概况】 全县完成地区生产总值82.75亿元，同比增长12.2%。其中第一产业增加值完成21.804亿元，同比增长5.2%；第二产业增加值完成33.17亿元，同比增长19.0%；第三产业增加值完成27.77亿元，同比增长8.7%。三次产业的结构比例由2011年的25.7：41.4：32.9调整为2012年的26.3：40.1：33.6。乡镇企业总产值173.56亿元，同比增长26.5%。粮食总产量230726吨，同比下降3.8%；棉花总产量595吨，同比增长1.0%。财政收入4.80亿元，同比增长20.02%；其中地方一般预算收入完成3.02亿元，同比增长39.45%；财政支出16.73亿元，同比增长27.3%。城市空气质量等级2级以上天数达到341天。社会消费品零售总额30.13亿元，同比增长15.0%。职工年平均工资30861元，同比增长7.9%，农民年人均纯收入4643元，同比增长15%。城镇居民人均可支配收入15652元，同比增长11.6%。年末城乡居民存款余额86.92亿元，同比增长19.0%。

【农业经济稳步发展】 林果、畜牧、杂粮、蔬菜、食用菌等特色产业规模进一步扩大。全县新增果树1万亩，达到37.5万亩，果品产量达到3.9亿斤，林果产值达到6.2亿元。生猪、肉牛饲养量分别达到75.82万头、12.09万头，肉类、蔬菜、甘薯总产分别达到6.19万吨、26.66万吨、2.3万吨。食用菌种植新增1000万棒，达到1500万棒。新增市级农业产业化龙头企业2家，新发展农民专业合作社95家，全县达到300家。产业化经营率提高2.2个百分点，达到57.4%。全年完成造林面积12万亩，有林面积达到192万亩，林木覆盖率达到50.5%，被评为“河北省国土绿化突出贡献单位”。完成水保治理面积55平方公里，新打机井230眼，修防渗渠3.2万米，铺设节水管道5.7万米，恢复改善灌溉面积1.8万亩，解决了6万人的饮水困难问题，实现全省农田水利基本建设“海河杯”八连冠。

【工业结构不断优化】 继续推进矿产、建材、铸造等传统产业改造升级，万利达精密铸件、均益矿产建材生产线等列入省级技改项目8个，总投资9.8亿元，完成技改投资3.5亿元。全县新增规模以上工业企业4家，达到60家，完成工业增加值37.31亿元，增长26.4%，实现利税6.24亿元，增长14.24%。经济开发区建设扎实推进，A区服务中心项目主体完工，新建一条园区支路，完成了污水处理厂、中易水河道综合治理前期工作。开发区新开工项目5个，续建项目2个，完成投资14.2亿元。节能减排成效明显，万元GDP能耗下降5.2%，化学需氧量、氨氮、二氧化硫、氮氧化物排放分别削减388.5吨、28.42吨、62.5吨和59.31吨，超额完成目标任务。同时，长城白水泥厂、粮食系统企业改制工作取得新进展。

【旅游产业】 编制完成易县旅游业发展总体规划及清西陵、狼牙山、易水湖、千佛山等景区的发展规划。清西陵管理体制改革实现重大突破，完成农大教学实验场、西陵林业示范场的置换工作。总投资6000万元的泰东陵等维修工程顺利实施。狼牙山景区管理机构获得省市批复，启动实施综合服务区、旅游公路、英雄广场、星级酒店等重点工程，狼牙山龙门湖欢乐世界、葵花园、牡丹园、玫瑰园、滑雪场等项目建成开放。清西陵、狼牙山景区顺利通过国家4A级景区复核验收。易水湖旅游综合开发项目取得重大突破，完成4005亩地上附着物登统核查和7.8万亩山场租赁，完成441亩土地挂牌出让，水面使用权和旅游经营权顺利移交。总投资30亿元的易州古镇项目正式签约，前期工作进展顺利。成功举办狼牙山山花节暨红流计划走进英雄山、全国摩托车越野锦标赛等活动。全年接待游客、门票收入和旅游总收入分别为261.1万人次、3105万元、7.24亿元，受“7·21”特大洪涝灾害影响，同比分别增长2.8%、2.4%和14.2%。

【城乡面貌日益改善】 坚持规划先行，完成县城总规修编和25公里的补测任务，城区规划面积扩大到40平方公里。完成城区10个专项规划和162个村庄规划编制工作。厂东关莱市场改造稳妥推进，垃圾填埋场实现正常运营，总投资10亿元的中华砚文化博览城项目初具雏形。投资4380万元扩改“迎宾大道”建设竣工通车，投资400多万元在张石高速公路血山、西陵出口建成两个迎宾公园。引进总投资3亿元的龙烁集中供热项目，一期工程完成投资1.2亿元，铺设管道2.4万米，新增供热面积40万平方米，20个机关单位和27个居民小区实现集中供热，县城集中供热面积达到150万平方米。加快华宇新时代、东关新村、盛世家园等商住小区建设步伐，全县完成拆迁20万平方米、开工12.7万平方米，竣工10.3万平方米，建筑业总产值25.04亿元，增长38%。投资2000万元完成靖远街墙体立面、广告牌匾、电线入地综合改造。投资300万元完成城区“四纵一横”主干道路灯提升改造工程。加强城乡环境综合整治，开展广告牌匾、马路市场、城区夜市、车辆乱停乱放等专项治理。张石高速公路易县段全线通车，荣乌高速公路具备施工条件，京昆高速公路北延完成征地拆迁。国道112线县城至涞水、大红门至张石高速公路西陵出口改建和省道宝平线中修工程全面竣工，新建、改造乡村道路107公里。实施农网升级改造工程，完成15个新农村电气化村建设。开通移动基站39座，通信质量明显提升。

【民生和社会事业全面发展】 全年用于民生方面的支出达到10.9亿元，增长23.9%。城镇新增就业4403人，下岗失业人员实现再就业1320人，农村劳动力向非农产业转移新增9018人。城乡居民社会养老保险参保率95.4%。城乡低保、农村“五保”对象分别达到5853人、20223人、2996人，发放补助分别为1485.2万元、2294.9万元、682万元。总投资2500万元的民政事业服务中心建成投用。新农合参合人数达到40.1万人，参合率95.3%，全年为11.13万人次补偿医药费1.16亿元。加快推进保障性住房建设，亚澜家苑、仁合家园102户廉租房实现入住，东关新村配建5.6万平方米的保障性住房项目主体竣工，御景蓝湾配建保障性住房项目开工建设，为600户住房困难家庭发放租赁住房补贴61.25万元。教育事业全面发展，15所学校的校安工程和3所学校的校舍维修工程开工建设，新建标准化学校两所，县第一幼儿园顺利通过省级示范性幼儿园验收，农村义务教育阶段学校营养改善计划全面实施，高考综合排名继续位居保定第一平台。推进卫生事业发展，3所县级医疗机构、13个乡镇卫生院、396个村卫生室新建、改建项目竣工，实现全县行政村标准化卫生室全覆盖。编制易水文化产业园区规划，举办了首届易水文化论坛。实施70个村体育健身工程，完成6个乡镇综合文化站维修改造和144个农家书屋建设，实现了全县行政村农家书屋全覆盖。低生育水平持续巩固，人口出生率控制在13.54‰，符合政策生育率达到89.5%。加强基层建设年活动成效显著，完成投资4200万元，实施帮扶项目855个，为48个村办了一大批实事好事。

【“7·21”抗洪抢险】 积极应对“7·21”特大洪涝灾害，安全转移涉险群众1.46万人，无一人伤亡。全力推进灾后重建工作，易县被列入全省“7·21”洪水灾后重建重点扶持县。确定了涉及住房、交通、卫生、教育、农业、水利、旅游及对口援建等8个方面134个灾后重建项目，总投资7.9亿元。全年完成投资4.68亿元，竣工项目72个。

中共县委

书　记　杨义宝
副书记　李广义　韩朝红
　　　　尤志军
常　委　杨义宝　李广义
　　　　韩朝红　尤志军
　　　　王清亮（7月离任）
　　　　杨　明（7月任）
　　　　张铁柱　段志伟
　　　　张东辉　张永山
　　　　王占平　刘　嵘
　　　　魏云海
　　　　黄正权（8月任，挂职）

人大常务委员会

主　任　张树林
副主任　高文杰　马根全
　　　　崔永德　郝卫国

政　府

县　长　李广义
副县长　张铁柱　张东辉
　　　　赵春生　王东风（女）
　　　　勾士涛
　　　　赵永忠（8月任）
　　　　荀习顺（11月任）
　　　　王明生（8月任，挂职）

政　协

主　席　杨春立
副主席　闫　力　杨凤娥（女）
　　　　耿树启
　　　　陈　东（8月任）

（王秀丽）

徐水县

【地情提要】 徐水县地处华北平原，太行山东麓，位于河北省中部，保定市中部偏东。县城北距北京119公里，西南距石家庄155公里，东距天津145公里。县域地理坐标为北纬38°52′40″～39°09′50″，东经115°19′06″～115°46′56″，东西长37.7公里，南北宽22.8公里。全县行政区域土地面积723平方公里，其中建成区面积21平方公里。县人民政府驻地安肃镇。东与容城县、安新县为邻；南与清苑县、保定北市区接壤；西与满城县、易县交界；北与定兴县相连。

自然环境 徐水县中东部地势平坦开阔，土壤肥沃。西部为山前丘陵，蕴藏着高岭土、青石板等矿藏。四季分明，光照充足，属大陆性季风气候。境内瀑河、曲水两座水库及漕河、瀑河、萍河三条河流基本处于无水或断流状态。境内地下水水质清洌甘甜。由于降水少，加之过度开采，地下水位呈连年下降趋势。全年平均气温11.5℃，极端最高气温38.7℃，出现在6月17日；极端最低气温-17.1℃，出现在1月23日。年日照时数2183.8小时，无霜期205天。全年降水量650.4毫米。

自然资源 年末徐水县实有耕地43006公顷，比上年减少343公顷。有效灌溉面积39260公顷。丘陵区面积91.2平方公里，主要矿产有板岩、高岭土、石灰石、白云石、八厘石、硅石等，其中板岩、石灰石储量丰富。

行政区划 2012年，徐水县辖7乡7镇和1个城区办事处。分别为安肃镇、大因镇、崔庄镇、漕河镇、高林村镇、大王店镇、遂城镇、留村乡、东史端乡、正村乡、户木乡、义联庄乡、瀑河乡、东釜山乡、城区办事处。县辖304个行政村。

人口民族 年末徐水县总户数192370户，总人口597344人，其中：非农业人口119535人。本年出生9190人，出生率为15.53‰；死亡3806人，死亡率为6.43‰，自然增长率为9.1‰。出生人口性别比为107.78。境内汉、回、满、壮、蒙古等25个民族和睦相处。

【概况】 2012年实现生产总值139.48亿元，同比增长12.1%。其中：第一产业增加值25.20亿元，比上年增长4.3%；第二产业增加值75.97亿元，比上年增长17.5%；第三产业增加值38.31亿元，比上年增长7.3%。一、二、三产业占生产总值的比重分别为18.1%、54.5%和27.4%。人均生产总值23478元。财政收入占GDP的比重为8.7%。

全年粮食播种面积89.20万亩，同比下降0.9%，粮食总产量40.71万吨，同比增长0.6%。其中小麦播种面积42.86万亩，小麦产量18.28万吨，玉米播种面积44.68万亩，玉米产量21.88万吨。棉花种植面积1215亩，棉花产量91吨。2012年全年完成工业总产值299.13亿元，同比增长24%。其中规模以上工业总产值222.40亿元，同比增长28.8%；规模以下工业总产值76.72亿元，同比增长10%。2012年全部工业增加值71.09亿元，同比增长18.5%。其中规模以上工业增加值58.62亿元，同比增长25.2%。规模以上工业实现销售收入210.86亿元，同比增长24.8%，规模以上工业利税28.38亿元，同比增长31.2%。当年入统规模以上工业企业64

家，其中销售收入超亿元的工业企业达到29家，利税超千万元的27家。三大主导行业完成产值11.06亿元，同比增长25%。其中索具制造业产值78.76亿元，同比增长24.9%；物探装备制造业产值16.51亿元，同比增长25.8%；汽车零部件制造业产值15.36亿元，同比增长25%。

2012年全年完成全部财政收入12.11亿元，同比增长19.8%。其中公共财政预算收入6.64亿元，同比增长44.4%。公共财政预算支出15.80亿元，同比增长28.5%。消费品市场繁荣稳定。全年实现社会消费品零售总额55.09亿元，同比增长14.9%（快报数）。年末金融机构各项存款余额141.24亿元，比年初增加20.64亿元，增长17.1%。其中居民储蓄存款余额114.35亿元，比年初增加16亿元，增长16.3%。据抽样资料显示：2012年城镇居民人均可支配收入21560元，比上年增长12.1%；农村居民人均纯收入9173元，比上年增长17.2%；在岗职工年人均工资33783元，比上年增长7.8%。

万元生产总值能耗0.769吨标煤/万元，比上年降低4.96%。规模以上工业增加值能耗0.391吨标煤/万元，比上年降低8.46%。全年环境污染治理投资额8500万元。工业二氧化硫排放量3440吨，氮氧化物排放量452吨，烟（粉）尘排放量984吨。县内拥有污水处理厂一座，城镇生活污水处理率90%。

高考再创佳绩，2012年全县高考报名人数4976人，本一上线1044人，本二以上上线2008人，本三以上上线3892人，专科以上上线4872人。

社会保障与福利事业不断发展。农村新型合作医疗参保人数达到467319人，参合率95%。全年医疗基金收入13751万元，基金支出1.52亿元，共有103.85万人次得到了医疗补偿。卫生事业发展较快，医疗服务水平明显提升。

2012年末，县、乡级卫生系统拥有在职卫生技术人员1774人。其中县级以上卫生机构6个、在职卫生技术人员1294人；乡镇卫生院14所、在职卫生技术人员480人。取得营业执照的村级卫生室510个，取得从业资格的村级卫生技术人员1227人；民办医疗机构7家、卫生技术人员113人。乡及乡以上卫生机构拥有床位数1427张。

全年通信业营业收入3.28亿元，同比增长9%。年末手机用户达到38.68万户，固定电话7.52万部，互联网宽带用户5.9万户。全社会全年售电量94593万千瓦时，同比增长7.2%；

全年引进内资25.20亿元，同比增长52%。全年出口总额2.49亿美元，同比下降5%。年内实际利用外资为零。年末实有三资企业11家。

至2012年末，拥有省级名牌产品7个，国家级名牌产品1个，省级以上著名商标14个，其中中国驰名商标2个。

【经济运行稳中有升，总体实力持续增长】 2012年经济社会发展取得了较好成绩。完成地方生产总值139.48亿元，同比增长12.1%。完成固定资产投资85.4亿元，同比增长36.5%。完成全部财政收入12.11亿元，同比增长19.8%。

【园区建设加快推进，承载能力显著提高】 坚持把园区建设作为重要支撑，举全县之力，打造产业发展平台。县城工业园区基础设施建设累计投入8.2亿元，基本实现“六通一平”。至2012年入园企业达136家，2012年实现产值180.5亿元、利税16.3亿元。长城110KV变电站、大王店污水处理厂、热力供应站、综合管网等正在建设中。新上企业8家，总投资356.8亿元。2012年7月，徐水大王店产业园区被批准为省级经济开发区。县城工业园区和大王店产业园区被市政府评为先进园区。徐水县被省政府确定为全省优先扶持的五个产值超千亿、财政收入过百亿的重点县之一，长城项目被确定为省长计划单列项目，重点支持。

【农业基础日益稳固，农村经济稳步发展】 坚持把第一产业作为重要基础，抓调整，育产业，培特色，加快发展现代农业。各项支农惠农政策全面落实，共发放粮食直补和综合补贴资金6194万元，极大地调动了农民种粮积极性，粮食生产实现十连增，再次获全国粮食生产先进县称号。争取农业、水利专项资金8340万元，农田水利基本建设全面加强，农业生产条件明显改善，被省政府评为“海河杯”农田水利基本建设先进县。农业结构调整步伐加快，蔬菜、畜牧、林果三大优势产业规模进一步壮大，蔬菜种植面积达15.96万亩，奶牛存栏3.76万头，生猪存栏47.2万头，林果面积达6.5万亩。

【工业经济平稳增长，主导产业优势彰显】 坚持把第二产业作为重要引擎，鼓励引导企业抓技改、扩规模、创名牌，经济效益稳步提升。骨干企业发展较快，规模以上工业增加值完成58.6亿元，同比增长25.2%，规模以上工业企业、销售收入过亿元企业分别达66家、26家。主导产业发展壮大，吊装装备制造、汽车及零部件制造、石油物探装备制造三大主导产业实现产值116.7亿元，同比增长26%。铸造、造纸、食品加工等产业技改步伐加快，白酒业专项治理进一步加强，投资6.5亿元的刘伶醉白酒生产线整体搬迁项目竣工投产，刘伶醉新工业园建成开园，传统产业发展水平得到明显提升

【第三产业发展快速，带动能力明显增强】 坚持把第三产业作为重要突破口，拓市场，增功能，强服务，所占比重逐年提高。废钢市场得到规范壮大。工程车租赁和二手车交易市场规模扩大，成立易极拍卖交易中心，年总交易额达25亿元。以巨力影视传媒、釜山文化、徐水舞狮为代表的文化产业快速发展，投资18亿元的石龙山生态旅游度假村项目累计完成投资2亿元，并成功举办首届石龙山杯山地自行车越野赛。

【基础设施日趋完善，人居环境不断优化】 加快民生工程建设，易保线大修、渭保线大修、津保公路与107国道交叉口改造、职教中心实训楼工程完工，西北外环、城内大街南延、徐水第二幼儿园、中医院迁建工程正在建设中。拆除漕河收费站，破除交通瓶颈，方便群众出行。加快保障性住房建设，公共租赁房、棚户区改造主体工程完工，经济适用房正在进行主体工程建设。开展城市环境容貌“脏乱”整治，打造内净外靓、街绿路畅的城市面貌，被省政府授予人居环境进步奖称号。

【社会事业全面进步，稳定局面更加巩固】 教育工作再创佳绩，教育质量全市领先，校舍安全工程稳步推进，标准化学校建设进程加快，教育资源得到进一步优化。卫生事业发展较快，基层医疗卫生体制改革扎实推进，医疗服务水平明显提升，新农合补偿标准提高，实现门诊全覆盖。社会保障工作成效显著，城乡居民养老、医疗保险覆盖面进一步扩大，城乡救助体系逐步完善，弱势群体基本生活权益得到有效保障。计生工作扎实推进，计生政策全面落实，低生育水平进一步稳定。社会治安综合治理得到加强，治安防控能力进一步提高，圆满完成十八大安保工作任务，确保全县政治安定、社会稳定。科学技术、广播电视、环境保护、人民防空、文化体育等工作都取得新的进步。

中共县委

书　记　王　林
副书记　李保森（12月调离）
　　　　王保辉（12月任）
　　　　尤志敬
常　委　王　林
　　　　李保森（12调离）
　　　　王保辉（12月任）
　　　　尤志敬　崔铁成
　　　　李天明　刘惠聚
　　　　郭海山　杨秀云（女）
　　　　刘永泽　田国清
　　　　李庆斌
　　　　梅忠堂（3～12月）

人大常务委员会

主　任　朱三臣（2月调离）
　　　　张海波（2月任）
副主任　蔡秋贵（2月调离）
　　　　孙秀英（女，2月调离）
　　　　王苏娅（女，2月任）
　　　　高振宏　胡利清
　　　　李文启（2月任）

政　府

县　长　李保森（12月调离）
　　　　王保辉（12月任）
副县长　崔铁成
　　　　刘永泽
　　　　梅忠堂（3～12月）
　　　　孙志江　田素宁（女）
　　　　范振中　霍玉鹏

政　协

主　席　张建国（2月调离）
　　　　王学卫（2月任）
副主席　王苏娅（女，2月调离）
　　　　张凤春　史淑敏（女）
　　　　张洪亮（2月任）
　　　　徐红玉（女，2月任）

（王丽英　张军泽）

安新县

【地情提要】 安新县地处河北平原中部，保定市东北部，海河流域大清河中游。地理坐标为北纬38°43′～39°02′，东经115°38′～116°07′。自古有“燕南赵北”、“京畿之地”、“九河下梢”之称。全县总面积738.6平方公里，东邻雄县、任丘市，南连高阳县，西接清苑县、徐水县，北界容城县。县人民政府驻地安新镇，北距北京162公里，东距天津159公里，南到石家庄187公里，西至保定45公里。白洋淀为海河流域蓄滞洪区，起着保护天津和周边市县安全的作用。

自然环境 地势由西北向东南略有倾斜，自然坡度1:2000，平均海拔7.55米。总面积738平方公里，地貌特征水、陆各半，环淀堤堰将陆地分割成5大封闭区，7处洼地。白洋淀位于县城东部，面积366平方公里（大沽高程10.6米），安新县占水域的85%，沟壕纵横，河淀相连，水生动植物种类繁多。属温暖带半湿润大陆性季风气候，四季分明。2012年年平均气温12.2℃，最高气温38.5℃，出现在6月17日；最低气温－16.4℃，出现在

2月2日。年降水量716.3毫米。年平均日照时数为2578.3小时，占可照时数的58%。无霜期平均200天。水灾、旱灾及风灾、雹灾害时有发生。

自然资源常见鱼类14科48种，陆生草本植物37科164种，水生植物15科46种，其中芦苇5000公顷。鸟类190种，其中夏候鸟78种，留鸟17种，旅鸟88种，冬候鸟7种。耕地32595公顷，土壤有4个土类、21个土属、128个土种和1个复区。地表水分布集中，地下水水位逐年下降，人均水资源占有量低于全市平均水平。地热、石油资源丰富。

行政区划 2012年辖安新、大王、三台、端村、赵北口、同口、刘李庄、安州、老河头9镇，圈头、寨里、芦庄3乡和1个办事处，207个行政村、5个居民委员会。隶属保定市。

人口民族 年末安新县总人口442695人。人口出生率13.67‰，死亡率6.04‰，自然增长率7.63‰。出生人口性别比为107.78。境内人口主要是汉族。有等个少数民族，少数民族人口648人。

【概况】 2012年，县域经济保持了平稳较快发展的良好态势。生产总值完成69.84亿元、增长12%；规模以上工业增加值完成43.59亿元、增长22%；固定资产投资完成50.2亿元、增长35%；全部财政收入4.59亿元，公共财政预算收入2.26亿元，分别增长19.7%和26.4%。地方公共预算支出10.1607亿元，同比增长12.9%。农民人均纯收入8734元，增长17%。社会商品零售总额31.83亿元，同比增长15.3%。年末城乡居民储蓄余额24.14亿元，同比增长2.6%。

【加大项目投资，优化经济结构】

全年谋划项目185个，年度计划投资45.1亿元，完成投资50.2亿元，占计划的111%。其中市重点项目3个，总投资28亿元，年度计划投资6亿元，完成投资6亿元。引进内资项目27个，内资15.17亿元。争取上级资金支持项目34个，到位资金6352万元。循环经济工业园区和鞋服羽绒工业园区均被列为市级工业园区。新增规模以上企业6家，全县规模以上企业达到71家。有色金属、羽绒、制鞋等主导产业改造升级步伐加快，谋划技改项目31个，完成技改投资6.67亿元；全力推进旅游二次创业，谋划了总投资32亿元的白洋淀休闲旅游综合体项目，投资近千万元对旅游码头和景点进行了提升，庆洋旅游度假中心、京汉·四季会馆等项目进展顺利。

【农业产业化步伐加快】 全年完成播种面积65.5万亩，粮食产量494915吨，稳中有升。省、市级农业龙头企业达到13家，其中禽牧养殖公司6家，农民专业合作社达到33个，成功取得白洋淀咸鸭蛋、皮蛋（安新产区）地理标志，农业产业化经营率达67.5%。

【县城面貌不断改善】 县城控制性详细规划顺利通过评审论证，同时完成21个村的环境整治和建设规划编制工作。投入近2亿元用于湿地华城公园、环城水系还清、滨河景观、崇文大街、保障性住房、新徐新线大修等一批重点工程，投资600余万元对城区污水管网进行了提升改造，湿地华城、京新风景园、育才花园等一批大型住宅小区相继落成，县城新区“四纵四横”路网格局基本形成。城区面积达到6.9平方公里。

【旅游城框架初具规模】 成立城市管理行政执法局，加大城乡容貌整治力度。制定《安新县城区改造开发实施办法（暂行）》，城市管理实现新突破。投资882万元完成了牛角－杨桥、寨里－建昌、小王营－尹庄等乡村道路建设，完成旅游路西延工程，白洋淀大道项目正式启动。全年累计接待游客125万人次，实现旅游综合效益6.26亿元。安新白洋淀景区作为全省唯一的诚信经营景区典型，已由省旅游局向国家旅游局申报。2012年，安新县被省委、省政府授予“省级文明县城”称号。

【环境保护深入推进】 羽绒、水洗印染行业综合整治初见成效，涉铅行业整治稳步推进，集中和专项清理取缔非法企业效果明显。深入开展主航道及水区村环境卫生综合整治，自身污染治理成效显著，白洋淀湖泊生态环境保护试点获财政部、环保部批准。节能减排任务目标圆满完成，全县万元生产总值综合能耗下降4.13%，单位规模以上工业增加值能耗下降7.5%，全年减排化学需氧量98.83吨、氨氮17.95吨、二氧化硫253.89吨、氮氧化物42.13吨。

【改善民生，惠及于民】 幸福乡村计划全面实施，启动了7个省级幸福乡村示范点建设，完成投资2473万元。18个省级新民居示范村建设进展顺利，完成投资2.4亿元，13个村750余户入住。惠农政策全面落实，发放粮食直补、农作物良种、农资综合补贴4847万元，发放家电、摩托车下乡财政补贴750万元。在此基础上，投入223万元用于农村危房改造，投入1445万元实施寨里乡增庄村基本农田整理和寨里乡中低产田改造项目，并争取同口镇高标准农田建设示范工程和中低产田改造农业综合开发项目补贴资金1914万元。投资2733万元加强电网建设，完成8个乡镇89个村的电气化建设任务。投资1509万元实施了民生水利工程，解决了3万人的饮水安全问题，投资1178万元完成淀北泵站更新改造。成立了公共资源交易中心，建立了党政领导接待企业制度，县行政服务中心在全市第一个通过ISO9001质量管理体系认证。开展“服务企业、活跃经济”活动，大力解决资金、用地等方面的问题。在融资方面，进一步健全“政银企”沟通制度，全县金融机构新增存款12.38亿元，新增贷款4.12亿元，新增小额贷款公司1家。争取用地指标466亩，通过实施砖瓦窑复垦增加用地610亩。全面实施“六五”普法，民主法制建设不断加强。认真贯彻落实《行政许可法》，在法定期限内办理完成人大代表建议、意见47件，政协委员提案53件，办复率为100%，答复函规范率100%。

【社会事业进一步提升】 投资1000万元启动了老河头、刘李庄、同口、安州四所高标准幼儿园建设，投资2992万元对淀南中学、端村小学等14所学校进行了新、改、扩建。高考再创佳绩，专科上线率99.7%。顺利通过省政府教育督导评估验收。卫生事业全面进步，新农合参合率、补偿标准、最高支付限额大幅提升。乡镇卫生院全部取消药品加成，实行零差率销售。县财政投入1242万元完成了207个标准化卫生室建设。人口计生工作扎实推进，“百日会战”和性别比治理活动成效显著，各项奖励扶助政策全面落实，计生基础工作进一步加强，人口与计划生育各项指标圆满完成。广播电视、人武、人防、科技、通讯等其他各项社会事业全面进步。

【人民生活得到根本保障】 成功启动新型农村社会养老保险工作，全县5.4万人享受国家基础养老金补贴。全县社会保障和就业支出达1.3亿元，民政抚恤、城乡低保、五保户供养、建国前老党员生活补贴等按时发放，弱势群体生活条件进一步改善。加强就业指导，城镇新增就业2246人，安置下岗失业人员再就业895人。文化建设实现新跨越，与中国传媒大学合作，编制全县文化产业中长期发展规划。开展安全生产“打非治违”专项行动，加大危险化学品、烟花爆竹、建筑施工等重点行业、重点领域的监管力度，严格落实企业主体责任，全县未出现重大安全生产事故；食品安全，成立了食安办，健全了县、乡、村三级食品安全监管网络，开展“食品非法添加剂、瘦肉精、地沟油、私屠乱宰、假劣酒”等五项专项整治活动，强化行业监管，严惩食品违法行为，确保了食品安全；交通安全，开展道路、水上交通安全大检查，重点查处酒后驾车、超载超限等交通违法行为，全县道路交通事故和死亡人数大幅下降；校园安全，扎实推进校安工程，加强校车管理，整治校园周边环境，消除了安全隐患；消防安全，深入推进消防安全网格化管理，对人员密集场所、易燃易爆单位、“三合一”企业等重点目标，落实最严厉的监管措施，对9家存在重大隐患的单位进行了停业整顿；社会安全，加强社会治安综合治理，保持对各类犯罪的高压态势，组织开展严打整治“亮剑”、“清剿”等专项行动，全县共破获各类刑事案件416起，同比上升46.47%，受理治安案件1186起，同比下降59%。大力开展矛盾纠纷排查化解，积极推进社会管理创新，依法加强对宗教事务的管理，维护了社会稳定大局。

中共县委

书　记　肖占兵
副书记　杨宝昌　林振英
常　委　肖占兵　杨宝昌
　　　　林振英　郎建灵
　　　　刘书勤（女）　张虎林
　　　　王景权　齐会山
　　　　安熠辉　付建宾
　　　　孟光耀

人大常务委员会

主　任　杨世俊
副主任　魏小爱（女）　刘锁申
　　　　高剑坡　张双龙

政　府

县　长　杨宝昌
副县长　张虎林　安熠辉
　　　　郝顺清（女）　马卫光
　　　　谢　鹏　任海燕（女）

政　协

主　席　王国增
副主席　朱志齐　杨柒零
　　　　赵凤军　花鸿雁（女）

（夏石矿）

容城县

【地情提要】 容城县地处冀中平原中部，京、津、保三角腹地，位于北纬38°57′04″～39°08′32″，东经115°45′26″～116°04′02″之间。东西最长25.85公里，南北最宽21.38公里，总面积314平方公里，耕地面积2.06万公顷。

自然环境 全境西北较高，

东南略低，海拔标高（黄海）7.5～19.5米，自然纵坡千分之一左右，为缓倾平原，土层深厚，地形开阔。属暖温带半干旱半湿润大陆性季风气候区。2012年平均气温18.1℃，极端最高气温39.2℃，出现在6月17日；极端最低气温-17.3℃，出现在1月23日。年降水量602.5毫米，一日最大降水量72.4毫米，出现在7月31日。全年日照总时数2225.6小时，无霜期222天，大风日数1天，最大风速19.7米/秒。

行政区划 辖5镇3乡，乡镇名称有容城镇、小里镇、南张镇、大河镇、晾马台镇、贾光乡、八于乡、平王乡，共127个行政村。

人口民族 全县总人口为267974人，年末总户数84048户，其中农业人口221752人。人口自然增长率10.31‰。居民大多数为汉族，另有白、满、蒙古、回、壮、朝鲜等21个少数民族2000多人。

【概况】 2012年，全县地区生产总值完成53.30亿元，其中第一产业增加值0.98亿元，第二产业增加值31.07亿元，第三产业增加值12.42亿元。全部财政收入完成3.92亿元，同比增长20.5%；其中地方公共财政预算收入完成2.58亿元，同比增长19.4%。地方公共预算支出7.36亿元，同比增长7.8%。固定资产投资完成39.39亿元，同比增长29.94%。社会消费品零售总额27.79亿元，同比增长15.87%。在岗职工年平均工资27816元。城镇居民人均可支配收入完成1.82万元，同比增长12%。农民人均纯收入9926元，同比增长16.7%。主要经济指标基本进入全市前8行列，其中两项指标进入全市前3名。年末城乡居民储蓄存款总额57.29亿元，同比增长16.0%。

工业经济运行平稳。2012年，全县规模以上工业企业达到60家，实现增加值17.8亿元，同比增长26.5%。服装业完成产值193亿元，同比增长14%；出口产品交货值完成54.3亿元，同比增长14.1%。35家服装企业设立了研发机构，投资2400万元的县服装研发中心主体完工。汽车灯具、食品加工等产业蓬勃发展，全年完成产值50亿元，同比增长19%。容城工业园区建成面积达3.35平方公里，完成投资9.3亿元，入园企业27家，主营业务收入22.3亿元。

现代农业稳步发展。2012年，全县粮食总产量4.28亿斤，连续10年保持“全国产粮大县”称号。全力打造“绿色蔬菜基地”，种植面积达2万亩，建成午方、陈杨庄等5个千亩示范园；天达等4个专业合作社通过无公害蔬菜产地认定和产品认证；与北京二商集团等10余家蔬菜批发企业建立了长期合作关系；2000亩农业设施蔬菜保护基地建设进展顺利，与北京菜蔬公司达成供货协议。畜牧业发展水平进一步提高，全县肉猪存栏17.23万头，出栏34.15万头，奶牛存栏7000头。大力扶持沃克、博宇等农产品加工企业，积极培育农业产业化龙头，农业产业化率达到71.1%，龙头企业12家。惠农政策全面落实，发放各类农业补贴3300万元。

第三产业提质增效，市场体系不断完善。投资8亿元的金台商贸综合市场、投资3亿元的桥南轻纺城二期主体完工；“万村千乡市场工程”稳步实施，建成农家店141家，覆盖率达100%；餐饮、物流等产业快速发展，城乡消费不断扩大。2012年，社会消费品零售总额完成27.8亿元，同比增长15.9%。

容城·白洋淀旅游商贸区建设进展顺利。2012年，完成了1800亩征地拆迁工作；投资5400万元完成了白洋淀景观大道辅路、奥威路东延等6条园区主干道工程；集中供水、供电、供气、供热、弱电、雨污管网正在建设中；投资2600万元的三贤文化公园基本建成；投资855万元实施了电力设施改造。通过积极努力，总投资28.18亿元的华北家居建材市场等17个项目落户商贸区，4个项目开工建设。石亨化工天然气项目主体封顶，行政服务区建设进展顺利。

城乡基础设施日臻完善。2012年是容城城市化进程提速发力的关键一年，用于公益性基础设施的土地达600亩，资金投入超2亿元。老城区30多栋高层建筑拔地而起。投资3000万元完成平安大街初建、和平路东延工程；投资1000万元完成奥威路景观改造提升工程；投资1200万元改建农村公路18.2公里；投资1100万元的容固路改造竣工通车；投资3000万元的津保北线改线正在建设中；投资8000万元的城西污水处理厂开工建设。

居民居住条件明显改观。城中村改造稳步推进，总投资12.2亿元的领秀城、谷丰印象、博奥财富广场等一期工程相继竣工；总投资2.9亿元的鑫海花园、祥和新区、阳光家园等项目主体完工。全县11个省级新民居示范村全部开工，完成建筑面积22万平方米，1200户村民入住新居。

项目建设、招商引资取得实效。2012年，谋划投资千万元以上重点项目39个，总投资102.5亿元，当年完成投资29.6亿元。全年引进省外资金15.2亿元，同比增长51%。其中，凯隆亿盛服装辅料、盈德食品果蔬加工等项目竣工投产，来福汽车灯具组件、鹏大军需原辅料等项目进展顺利，奥威仓储物流、康恩菲尔德油脂二期等项目正在完善前期手续。

发展环境不断优化。深入推进效能革命，压减审批前置条件27项，压缩审批环节85个，受理审批服务事项1400件，办结率100%；实行干部联系企业制度，为企业解决实际问题260个。生态环境得到改善，节能减排效果明显，超额完成市核指标。

惠民实事扎实推进。总投资1.8亿元的十件民生实事进展顺利，校安工程、容固路改造、胡村110KV变电站建设等重点民生实事全面落实，民生福祉进一步改善。特别是胡村110KV变电站建设，结束了容城县没有第二电源的历史。

【社会保障体系逐步完善】 全面落实城乡居民最低生活保障和医疗救助制度，全年发放城乡低保、各类救灾救助资金1758万元；新农合运行平稳，参合率达97.7%，累计补偿54.7万人次，补偿金额5900万元。新农保全面铺开，发放养老金2155万元。保障性住房建设进展顺利，新建公共租赁住房199套，经济适用住房148套。

【文化教育事业稳步发展】 高标准通过省政府教育工作综合督导评估和义务教育阶段教学评估，投资1668万元的校舍安全工程进展顺利，投资440万元的薄弱学校及寄宿制学校改造项目投入使用；县幼儿园顺利通过省级示范园验收，改扩建农村幼儿园5所，学前教育成果进一步巩固。高中教育办学水平有新提高，职业教育特色明显。完成6个乡镇综合文化站的升级改造，农家书屋实现全覆盖。

【医疗、计生水平明显提高】 投资2660万元的县妇幼保健院综合楼即将竣工；投资900万元新建127所标准化卫生室，获“省乡村卫生服务一体化管理示范县”和“市乡镇卫生院综合改革优秀县”称号。开展计生集中整治行动，征收社会抚养费574.7万元，继续保持低生育水平。

【社会局面稳定和谐】 2012年度投资290万元实施“平安容城”视频监控二期工程，破获各类刑事案件700余起，抓获各类犯罪嫌疑人、逃犯252人，获“全国法治县创建活动先进单位”称号。大力开展危爆物品清理、食品药品安全、打非治违、消防安全等专项行动，全县未发生一起较大以上安全生产事故和食品安全事故。

中共县委

书　记　张　浩

副书记　李绍祥　杨立平

常　委　张浩　李绍祥
　　　　杨立平
　　　　李俊岭（5月因公牺牲）
　　　　田建辉（9月任）
　　　　刘文中　王秉华
　　　　刘彦坤　胡占房
　　　　徐同柱
　　　　刘　靖（7月调离）
　　　　刘　征

人大常务委员会

主　任　刘延平

副主任　张悦英　张金海
　　　　朱占奇　李振国

政　府

县　长　李绍祥

副县长　胡占房
　　　　刘　靖（7月调离）
　　　　李丽辉　牛国增
　　　　宋永良　高国华
　　　　吕晓明（8月任，挂职）

政　协

主　席　姜占军

副主席　王忠尔（1月离任）
　　　　薛志敏（女）
　　　　赵映杰（不驻会）
　　　　李秋安
　　　　李怀彦（1月任）

（曹宏君）

涿州市

【地情提要】 涿州市位于保定市最北部，地处京、津、保三角地带，为首都北京的“南大门”。东接固安通廊坊、天津，南连高碑店市，西邻涞水，北与北京市接壤，至北京天安门62公里。境内107国道、京广铁路、京石高铁、京港澳高速公路、京广高速铁路贯通南北，又有涿涞、涿廊、京白等主要公路联接周围市县，交通便利。地理坐标北纬39°21′～39°36′，东经115°44′～116°15′之间。涿州市境东西横距36.5公里，南北纵距25.5公里，市境线全长142公里，总面积为742平方公里。

自然环境　涿州全境地处太行山前倾斜区，由西北向东南倾斜，乃华北冲积平原的边缘，海拔20～70米，地势平坦，土质肥沃，故有“幽燕沃壤”、“督亢膏腴”之称。土层深厚，土壤成分丰富，宜耕性强，适应性广，有利于发展农业生产。涿州全境属暖温带大陆性季风气候，特点显著，四季分明。2012年均气温11.7℃，最高气温38.4℃（6月17日），最低气温－16.1℃（1月23日、12月24日）。降水量846.0毫米。2012年日照总数

2432.2 小时，无霜期 195 天。

自然资源 涿州境内有永定河、白沟河、小清河、拒马河、胡良河、琉璃河 6 条主要河流，全长 112 公里。涿州地下水源为生产、生活用水提供保障。涿州沙和砾石是涿州乃至北京的重要建筑资源。涿州境内还有较丰富的地热和油气资源。2012 年全市耕地面积 44300.64 公顷。

行政区划 2012 年，全市辖双塔、桃园、清凉寺 3 个办事处，松林店、码头、高官庄、东仙坡、东城坊、百尺竿 6 个镇，孙家庄、豆庄、义和庄、刁窝、林家屯 5 个乡，1 个开发区。有 403 个行政村，41 个社区居委会。

人口民族 2012 年，全市总人口 65.04 万人，其中非农业人口 19.25 万人。涿州市人口多为汉族，少数民族有回、蒙古、满等 20 多个。2012 年人口自然增长率 7.44‰。

【概况】 2012 年全市完成地区生产总值 203.48 亿元，同比增长 11%。其中第一产业增加值完成 19.90 亿元，同比增长 3%；第二产业增加值完成 75.33 亿元，同比增长 11.1%；第三产业增加值完成 108.26 亿元，同比增长 12.3%。一、二、三产业增加值比为 9.8∶37.0∶53.2。民营经济增加值 113.42 亿元，同比增长 11.4%，占地区生产总值的 55.7%。单位生产总值能源消耗 0.643 吨标煤/万元，同比下降 5.9%。城市空气质量好于二级 334 天，优良率为 91.5%，同比增长 2.2%。全年粮食总产量 32.5 万吨，同比下降 6.06%。完成全部财政收入 24.6 亿元，同比增长 19.7%；完成地方一般预算收入 15.4 亿元，同比增长 20.1%；财政支出 19.9 亿元，同比下降 5.5%。社会消费品零售总额 94.34 亿元，同比增长 15.2%。完成全社会固定资产投资 152.34 亿元，同比增长 23.7%。职工年均工资 48862 元，同比增长 12.9%；城镇居民人均可支配收入 21333 元，同比增长 13.26%。农村居民人均纯收入 10588 元，同比增长 13.4%。年末城乡居民储蓄存款 199.6 亿元，同比增长 15.1%。

【园区和项目建设】 2012 年，致力园区、项目、招商一体化，增强产业支撑能力。示范区基础设施建设进展顺利，京广高铁涿州站场投入使用，润禾南街等道路工程竣工。总投资 3 亿多元的松林店工业聚集区七条道路全面启动，污水处理厂投入运行。开发区实施总投资 7500 万元的腾飞大街等四条道路及附属工程。中国农大涿州科技园区加快建设，与中国农大的战略合作进一步深化。生态宜居示范基地规划获得省政府批准。全年征地 5000 多亩，先后组织项目集中开工 6 批次，总投资额 410 亿元的 26 个重点项目开工建设。17 个亿元以上产业项目列入省、市重点，当年完成投资 68.5 亿元，占年度计划的 126%。修订了招商引资优惠政策和奖励办法，翔鹭腾龙、世界侨商科技城等一批重大项目落户涿州，凌云集团成功收购德国 KKT 公司，全年利用外资 2313 万美元，引进省外资金 49.5 亿元。争取上级资金 6380 万元，组织申报国家、省市科技计划 9 项、重点技术改造项目 6 个，连续六年获“全国科技进步先进市”，被河北省认定为“装备制造名市”。

【城乡一体化】 2012 年，全年用于城市基础设施建设投入 6.63 亿元。完成永济路综合改造，影视城连接线竣工通车，永济、范阳公园同时开园，博物馆主体完工，六祖文化景区一期竣工并对外开放。城中村改造扎实推进，全年完成拆迁 31 万平方米，李家坟、邱庄社区村民回迁，梁家场、小沙坎、南关七组回迁楼建设接近尾声，西河、南河、镇安寺等村改造工作全面展开。新民居建设稳步实施，码头镇区改造深入推进，史各庄村民入住新居，义和庄六村联建 51 栋住宅楼封顶。蔬菜标准园达到 1 万亩，农民专业合作社发展到 110 家，高官庄千亩蔬菜产业园被国家农开办确定为重点设施农业项目。市财政出资 443 万元为农户投保，实现全市小麦、玉米、水稻保险全覆盖。实施了向仙路、东码战备路等 11 条公路改扩建工程，全年新建、翻修道路 37 公里，城乡道路总里程达到 1138 公里；投入资金 5750 万元，完成 39 个村的低压整改；抢修因“7·21”洪灾造成的水毁道路桥梁、通讯和电力设施 431 处。

【发展和生态环境】 2012 年，实施“只纠章、不罚款”等一系列政策措施，清理罚款项目 392 项，罚款数额较上年下降 27.8%。开辟重点项目审批“直通车”，组建中小企业服务中心和优化环境“110”，搭建公共资源交易平台，撤销 107 国道涿州收费站。引进了交通、中信两家商业银行，成立了政府控股的中小企业融资担保公司，全年新增贷款余额 15.6 亿元。建立城市能源管理信息平台，推进了无极灯之城示范工程，启动东污水处理厂扩建和生活垃圾处理场提标改造。对 20 个燃煤锅炉进行淘汰升级，实施了三五四三、华北铝等企业煤改气工程，COD、氨氮、二氧化硫、氮氧化物分别消减 3496.2 吨、153.9 吨、197 吨和

181.3吨，超额完成减排任务。全年依法取缔砂石料开采、加工点62家，拆除砖瓦窑20家，对80余宗违法占地进行了集中治理。实施了涿廊路等17项美化绿化工程，完成造林1万亩。

【民生事业】 2012年用于民生支出13.9亿元，占全部财政支出的70%。全面免除公办高中和中等职业教育阶段学费，面向社会公开招聘149名优秀教师，完成1236名60周岁以上农村原民办、代课教师的教龄补助身份认证。改善办学条件，投资1.2亿元的双塔中学主体完工，15所农村教学点、幼儿园改造及为期三年的22所学校D级危房改造全面启动，投资3.3亿元的保定幼儿师范高等专科学校迁建工程进展顺利。高考本二上线人数同比增长16.9%。城镇新增就业5598人，农村劳动力转移7500人，城镇登记失业率控制在3.5%以下。养老保险实现全覆盖，五保老人集中供养率近70%。引进北京优质医疗卫生资源，新农合住院补偿最高支付限额提高到7万元，平均补偿比例达到73%；投资2300万元，全面推行基本药品零差率销售，村村建有标准化卫生室。总投资4.8亿元的1800套公租房和600套的人才家园项目加快建设，60户农村危房改造任务顺利完成。彻底解决松林店等三个乡镇3.7万人饮水不安全问题。为4700多名农民工解决拖欠工资6690万元。强化对特种设备、危险化学品、危爆物品的监管；开展了食用油、瘦肉精等专项整治行动。大力弘扬主题文化，涌现出“最美乡医”周松勃、“中国好人”谢清岭、敬老模范李长水等全国先进典型。

中共市委

书　记　王　舟
副书记　朱子强　赵志刚
常　委　王　舟　朱子强
　　　　赵志刚
　　　　贾素明（7月离任）
　　　　邓来权（7月任）
　　　　钟铁钢（满族）
　　　　任彦鹏
　　　　蒋秀琦　李全新
　　　　侯晓平　张明杰
　　　　李建军
　　　　于明科（3月任，挂职）

人大常务委员会

主　任　邸建民（2月离任）
　　　　邢建国（2月任）
副主任　王天琴（女）　姚鸿升
　　　　王保国　张宝利

政　府

市　长　朱子强（代市长、2月任市长）
副市长　侯晓平　李建军
　　　　于明科（3月任，挂职）
　　　　王双九　黄吉欣
　　　　曹　谦（7月任）
　　　　杨僧豹　赵玉芬（女）
　　　　毛苏宇（7月离任，挂职）
　　　　李光军（7月离任，挂职）
　　　　郑文良（11月任，挂职）

政　协

主　席　姚士峰
副主席　刘蕴英（女）
　　　　于雪辉（女）
　　　　夏培鑫

（刘允强）

定州市

【地情提要】 定州市地处太行山东麓，华北平原西缘，河北省中部偏西。地理坐标是北纬38°14′20″~38°39′50″东经114°47′50″~115°15′10″。全境南北长48公里，东西宽40公里，总面积1283平方公里。市区北距北京196公里，南距石家庄68公里，北距保定56公里。北与望都、唐县交界，西与曲阳接壤，南与新乐、无极、深泽相毗连，东与安国为邻。

自然环境 定州市地势平坦，一脉平原，自西北向东南微微倾斜，平均海拔43.6米，地面坡降1.4‰~0.7‰，尤以京广铁路以东更为平坦。境内有唐河、孟良河、沙河自西向东过境，这些河流属于海河流域大清河系，以防洪排涝为主。气候属于暖温带半湿润半干旱大陆性季风气候，具有春季干燥多风，夏季炎热多雨，秋季天高气爽，冬季寒冷少雪，四季分明的特点。2012年，定州市平均气温12.8℃，年极端最高气温38.5℃，出现在6月17日；年极端最低气温-13.5℃，出现在12月24日。年降水量569.1毫米，一日最大降水量58.3毫米，出现在7月31日。日照时数为2258.9小时。

自然资源 全市耕地面积85457公顷，土层深厚，多为褐土。地下水多年浅层补给量3亿立方米，水质优良，适合生活饮用和农业灌溉。光辐射强，日照时数多，无霜期长，温度适宜，雨热同期，适合农作物生长，生产潜力大。矿产资源有黏土、河砂等。

行政区划 辖西城区、北城区、南城区3个城区，留早、清风店、庞村、砖路、明月店、开元、东亭、东旺、大辛庄、叮咛店、李亲顾、子位、高蓬、邢邑、赵村、周村、息冢17个镇，东留春、杨家庄、大鹿庄、号头庄、西城5个乡，428个村民委员会、41个城市社区居委会、58个社区村委会。

人口民族 定州市总人口1211805人。28个少数民族成份，少数民族人口30342人，其中回族人口最多，有29768人，占少数民族人口的98%。

【概况】 2012年完成地区生产总值239.7亿元，增长10.5%。其中，第一产业增加值66亿元，增长6.4%；第二产业增加值121.7亿元，增长13.2%；第三产业增加值52亿元，增长9.3%。万元生产总值综合能耗降低率下降5.1%。民营经济增加值154.5亿元，增长12.15%。粮食总产量72.7万吨，减少1.68%。财政收入24.21亿元，增长20.02%。财政支出30.04亿元，增长14.74%。社会消费品零售总额101.9亿元，增长15.65%。全社会固定资产投资158亿元，增长23.99%。职工在岗年平均工资32213元，增长10.8%。农民人均纯收入8622元，增长16.01%。城镇居民人均可支配收入13574元，增长13.11%。年末城乡居民存款余额206亿元，增长18.37%。

【项目建设实现新突破】 实施重点项目42个，总投资397.9亿元，年度完成投资40.7亿元，占计划的121%。唐河园区4条主干道通车，统一供水工程全面展开，两座变电站和唐河整治一期工程竣工，建成区实现“七通一平”，面积达到9.77平方公里，配套新区9家企业投产、25家在建，园区入园企业达到81家，完成主营业务收入262.9亿元，增长20.7%。沙河经济开发区入驻企业68家。与23家央企和省外企业签订合作协议，签约生产性重大项目10个，总投资397亿元。保定市项目、园区和城建工作会议在定州市召开。

【“三农”工作取得新成效】 推进超千亿斤粮食生产能力、高产示范田等项目建设，再次被评为全国粮食生产先进县。首农循环农业示范区基础设施及奶牛场全面开工，富元现代农业科技园设施蔬菜基地投产、醋厂投建，新扩建怀德、廉台等4个高标准蔬菜产业园，改造12个标准化规模养殖场，新增高档花木1.2万亩，认证无公害生产企业5家、产品18种，菜、肉、蛋、奶总产持续增长，农业产业化经营率达到69%，被命名为国家现代农业示范区、全国蔬菜产业重点县、河北省苗木花卉核心产区。加强农田基本建设，发展节水灌溉6.5万亩，炸窑复耕100余亩，整治土地5.2万亩，太行山前土地整治示范区建设得到国土资源部肯定。

【产业升级迈出新步伐】 推进主导产业扩张，新长安之星上市，长客轻型车、伊利冷饮基地、四方畜牧设备二期等项目投建，旭阳三期完成征地，10万吨合成氨项目竣工。加快传统产业升级，双天基地新建项目8个，双天创业服务楼和朝晖新区办公楼竣工，万通医药产业园、体育用品产业园完成征地等前期工作。新增规模以上工业企业10家、民营企业50家，完成5家企业破产终结，安置职工2500人。加快服务业发展，新增限额以上贸易企业6家，成立2家融资性担保公司，实施7个市场改扩建项目，组建农民专业协会4家、农合联分会25家，万村千乡、家电下乡、军粮特供等工程居全省先进。

【城市容貌发生新变化】 区域中心城市建设列入上级规划，李亲顾镇被确定为全国改革发展试点镇，城市发展走向更高起点。定州东站站房及站前广场一期工程投用，定州中学新校区开工建设，市民中心获省政府批复并启动实施，拉开了城东、城北两个新区开发建设的帷幕。城市候机楼运营，京港澳高速公路拓宽工程启动，清风北街拓宽改造、京石高铁进站路、京广铁路北框构桥等工程通车，南框构桥主体工程及西引线竣工，自来佛街北延启动征迁，城市交通更加便利。实施亮化工程，城市夜景靓丽多姿。完成旧城拆迁改造20万平方米，新增天然气管线10公里，公厕改造等市政建设扎实推进。《城市景观风貌专项规划》获住建部三等奖，建成数字化城市管理平台。

【生态环境得到新改善】 对市区3条主街道和4座地道桥进行绿化改造，新建3个绿地游园，全市森林覆盖率提高1.05个百分点，大辛庄镇被命名为全省文明镇。李亲顾污水处理厂、污泥无害化处理厂开工建设，固体废弃物卫生填埋场通过住建部验收，周村垃圾中转站投入运营，城乡垃圾一体化处理扎实推进。36个重点减排项目顺利实施，对42家企业污染源实行在线视频监测，取缔13家“两高一资”企业，拆除12台燃煤锅炉，环保执法模式及秸秆禁烧工作得到省充分肯定，《中国环境报》等多家媒体进行了报导。节能减排超额完成任务目标，城市环境定量考核获全省第二名。

【民生质量再上新台阶】 投入14.1亿元用于保障改善民生，城镇居民人均可支配收入达到13574元，农民人均纯收入8622元，分别增长13.1%和16%。5118套保障性住房开工，廉租住房补贴按时发放，为4366户发放公积金贷款4.9亿元。34个新民居和8个“幸福乡村”示范村加快建设，改造农村危房300户、残疾人危房50户。改建乡村道路118公里、危桥2座。建成5个农村水厂，无偿打井300眼，解决了13万人饮水不安全问题。建成大型沼气池1座、户用沼气池400个、沼气服务网点10个。完成18个电气化村建设，对186台农业台区、206个村内台区进行增容改造。东亭民政事业服务中心、儿童福利院投入使用，为720例白内障患者免费实施了手术。全面启动城乡居民社会养老保险制度，新增就业、职业培训、五险扩面、城乡低保等超额完成任务，劳动监察工作受到全国表彰。

【社会发展呈现新亮点】 实施84所中小学校校舍安全工程和21所幼儿园建设，高考成绩实现“七连增”，本一、本二上线分别增长3.8%、6.5%。推进科技创新，5项成果获保定市科技进步奖，5个省重点技改项目加快实施。深化医改工作，人民医院南院区住院楼启用，全面完成484所集体产权村卫生室标准化建设，城镇居民医保、新农合参合率分别达到100%和96.2%，建立居民健康档案88.2万份。成功举办首届社区文化艺术节、中央电视台《2012春耕行动》公益演出、纪念张寒晖诞辰110周年、12家省级卫视“幸福大联盟”电视直播等活动，电影《张寒晖》开机，完成中央电视台《国宝档案》拍摄录制工作，《定州市志（1990－2008）》通过国家级专家评审并获得好评。荣获全国阳光计生行动示范单位、河北省流动人口计生“双居”工程示范单位等称号。统计专项工作获全国、全省先进。审计、双拥、人防、气象、通讯、档案、老龄、国防动员等工作都取得新的成绩。

【依法行政开创新局面】 严格执行各项法律法规，扎实推进“六五”普法，被省政府命名为建设法治政府先进单位。完善政府信息公开平台，行政服务中心标准化质量管理体系通过国家认证。认真执行市人大及其常委会决议，自觉接受法律、民主和社会监督，办理人大代表建议、政协委员提案278件，承办工作得到保定市表彰。加强社会管理创新和平安定州建设，全年未发生重大安全生产和食品药品安全事故，商务综合执法被确定为国家级试点单位。市公安局“6·25”专案组获公安部授予的全国唯一县级集体一等功。

中共市委

书　记　杨宝东（5月离任）
　　　　赵志栋（5月任）
副书记　吴亚飞
　　　　周胜会（女）
常　委　杨宝东（5月离任）
　　　　赵志栋（5月任）
　　　　吴亚飞
　　　　周胜会（女）
　　　　肖明旺（5月离任）
　　　　庄荐钧　李新立
　　　　庄春来　白俊杰
　　　　高亚光　陈庆亮
　　　　赵建斌

人大常务委员会

主　任　锁宝贵
副主任　肖福全　魏洪彬
　　　　张进宝（1月任）
　　　　刘跃平（1月任）

政　府

市　长　吴亚飞
副市长　肖明旺（5月离任）
　　　　陈庆亮　李克明
　　　　李献强　李永侃
　　　　梁　飒
　　　　杨　涛（挂职，10月离任）
　　　　张卫强（挂职，10月离任）

政　协

主　席　师建军
副主席　刘玉青　王建义
　　　　席国旗　和建辉

（田亚伟）

高碑店市

【地情提要】 高碑店市位于河北省中部，保定市北部，107国道、112国道在此交汇，京广铁路、京广高铁、京港澳高速公路纵贯全境，是京南保北的重要交通枢纽。地理坐标为北纬39°05′45″～39°23′28″，东经115°47′00″～116°12′28″。东西宽37.5公里，南北长31.5公里，总面积672平方公里。东与固安县交界，南与雄县、容城县交界，西与定兴县、涞水县接壤，北与涿州市毗邻。高碑店市人民政府驻地高碑店，北距北京82公里，东距天津134公里，南距石家庄224公里。

自然环境 地处太行山东麓平原，地势自西北向东南徐缓倾斜，平均坡度比为0.6‰，海拔高程在11.4～39.4米之间，构成地势平坦的平原地貌。河流均为海河流域大清河北支水系，为季节性河流。白沟河纵贯南北，将全市分成东、西两部分。南拒马河沿西南部流过。紫泉河、仓上河、白沟河、三门河水由北向南汇集，经拒马河倒虹吸注入白洋淀。芦僧河、大沙沟由北向南流入雄固霸排水系统。多年平均年径流量1950万立方米，平水年1300万立方米，枯水年60万立方米。多年平均年过水量7.82亿立方米，平水年过水量5.49亿立方米，枯水年过水量0.27亿立方米。白沟河、拒马河泄洪能力分别为1800立方米/秒和3000立方米/秒。气候温和，四季分明，雨热同季，属暖温带大陆性季风气候。2012年平均气温11.3℃，其中最高气温为38.7℃（出现在6月17日），最低气温为-17.4℃（出现在1月23日），年降水量841.7毫米，年日照时数2215.1小时，年无霜期196天。

自然资源 土壤多为褐土和潮土，适宜农作物生长。地下水资源常年平均综合补给量为1.3亿立方米，水质清澈，呈中性，适于灌溉和饮用。境内野生植物有酸枣、蒲公英、马唐草、白术、板蓝根等31科90种。野生动物有麻雀、鹰、青蛙、刺猬、蝎子等60余种。

行政区划 辖和平、军城、东盛、北城、兴华路5个街道办事处，方官、新城、泗庄、东马营、辛立庄5镇，肖官营、梁家营、张六庄、辛桥4乡，有409个行政村、18个居民委员会。

人口民族 境内户籍人口566172人，有汉、回、满、蒙古、壮、彝、朝鲜、布依、土家、苗、哈尼、阿昌等22个民族，汉族人口占98.1%。

【概况】 2012年全市经济呈现出崭新的发展局面。全年完成地方生产总值117.62亿元，同比增长10.7%。其中第一产业增加值14.37亿元，同比增长1.6%；第二产业增加值72.27亿元，同比增长14.1%；第三产业增加值30.99亿元，同比增长7.1%；单位生产总值能源消耗同比下降4.2%；民营经济增加值89.19亿元，同比增长11.9%；粮食总产量36.2万吨，同比增长0.14%；棉花总产量631吨，同比增0.16%；全社会固定资产投资60.90亿元，同比增长36.6%；全部财政收入10.95亿元，同比增长21.2%，其中一般预算收入6.15亿元，同比增长38.9%；地方公共预算支出13.94亿元，同比增长14.0%。在职职工年均工资36800元，同比增长13.56%；城镇居民人均可支配收入20713元，同比增长12.5%；农民人均纯收入8594元，同比增长16.1%；年末城乡居民存款余额182.20亿元，同比增长16.7%；社会商品零售总额39.6亿元，同比增长16%。

【县域经济发展较快】 全部财政收入达到10.95亿元，增速连续三年在保定市保持第一。全市规模工业完成总产值151.6亿元，同比增长17.5%。汽车制造、食品饮品、机械制造等传统产业完成产值92.8亿元，同比增长7.9%；新能源和节能门窗两大新兴产业完成产值39.3亿元，同比增长72.6%。加快农村经济发展，落实各项强农惠农政策。投资4214万元解决了7.6万农村人口饮水安全问题，全市累计受益人口达到21万人。豆豆集团、兴达、碧照轩、双合盛一批产业化龙头企业迅速发展，并新增规模养殖示范场、示范小区14个，农业生产集约化、专业化、组织化水平不断提高。

【项目建设】 谋划实施千万元以上项目90个，总投资1162亿元，列入省、保定市重点建设项目18个，数量在保定市排第一。新型节能门窗、军隆电磁绕组器件、汇通路桥配套系列产品、华峰伟业大型锻造等项目竣工投产，光为多晶硅太阳能电池及组件、奥润顺达新型门窗木索生产及实验检测、成发发动机、铁岩钢板桩、豆豆集团大豆制品综合加工等项目开工建设，娃哈哈三期、亢龙水处理设备、新发地大型物流园等项目即将开工。

【城市建设】 《高碑店市城乡总体规划（2011-2030年）》通过省政府审批，城区规划面积达到71.8平方公里，拓展了城市发展空间。京广高铁高碑店东站投入使用，市区5条公交线路开通，方便了群众出行。借京港澳高速公路改扩建之机，争取新改扩建通道8座、高架桥1座。新建城区道路14公里，完成国省干道及21条街巷的路灯升级改造110公里，完成30条街（区）的给排水管线铺设和升级改造8700米，新增改造绿化面积12.6万平方米。

【民生工程建设】 2012年，民生领域投入达到7.6亿元，是历年来投入最多的一年。为80周岁以上老人发放高龄津贴300余万元，为全市五保户发放供养费225.6万元，并全面落实财政供养人员津贴补贴政策。投资1.5亿元对教育基础设施、信息技术、仪器装备等进行更新改造，东环路小学教学楼改扩建工程投入使用，第二中学、第一幼儿园改造扩建工程主体竣工。总投资5000万元的市医院外科医技综合楼投入使用，总投资2430万元的405个村卫生室项目全部竣工，实行了基本药物制度和药品零差率销售。城镇居民医疗保险、城乡居民养老保险参保率均达到95%以上；新型农村合作医疗参合率96%，为全市参合农村居民补偿医药费用1.12亿元。建设保障房3349套，农村危房改造316套。

中共市委

书　记　田宝庆（12 月离任）
　　　　李宝森（12 月任）
副书记　韩晓明　张　昇
常　委　田宝庆（12 月离任）
　　　　李宝森（12 月任）
　　　　韩晓明　张　昇
　　　　麻连印　田耀明
　　　　雷彦民　刘晓梅（女）
　　　　安建学　金培元
　　　　刘　旭　李子龙
　　　　高豫新

人大常务委员会

主　任　夏文山（2 月任）
　　　　赵矿生（2 月离任）
副主任　陶德立（2 月离任）
　　　　石向红（女）　韩冠军
　　　　王福山（2 月离任）
　　　　杨　彤（2 月任）

政　府

市　长　韩晓明
副市长　田耀明　李子龙
　　　　程慧敏（女）　赵广鹏
　　　　朱冠军　李志勇
　　　　高豫新

政　协

主　席　王瑞坡（2 月任）
　　　　夏文山（2 月离任）
副主席　王福山（2 月任）
　　　　马文欣（2 月任）
　　　　王　栋（2 月任）
　　　　杨　彤（2 月离任）
　　　　史继宏（8 月去世）
　　　　李春明（2 月离任）

（赵亚坤）

安国市

【地情提要】　安国市位于北纬 38°15′～38°35′，东经 115°10′～115°29′。城区坐标为北纬 38°26′，东经 115°19′。地处河北省中部，保定市南端，北京、天津、石家庄三角区中心。总面积 486 平方公里，耕地 3.29 万公顷，人均耕地面积 0.08 公顷（1.2 亩）。市区北距北京 250 公里，保定 54 公里；南距石家庄 113 公里；东北距天津 235 公里。东距博野县城 15 公里；西距定州市区 35 公里；西南距深泽县城 37 公里；东南距安平县城 32 公里；西北距望都县城 40 公里；北距清苑县城 45 公里。西距京广铁路 37 公里，东距津浦铁路 153 公里，朔黄铁路纵贯市区北部。

自然环境　安国市地势平坦，属太行山东麓海河流域平原，自西北向东南缓倾，自然坡度为 1/2200，海拔高度在 24.6 至 36.4 米之间，由于历史上 3 条行洪河道穿越境内和唐河在境内多次改道，造成大量泥沙沉积于地面，形成了近 300 平方公里的洪积冲积平原；80 多平方公里的浅平洼地和少许土坡地和河漫滩。

安国市气候属暖温带大陆性半干旱季风气候区。大陆性气候特点明显，四季分明，湿热同季，日照充足。春季干旱多风，气温回升较快；夏季炎热多雨；秋季昼暖夜凉，温差较大，晚秋多干旱；冬季寒冷少雪。春夏多南风，秋季多北风。全市年日照可照总时数为 60%，7 月份最少为 52%，8 月份也仅有 54%。实照时数以 5 月份最多，为 283.2 小时，12 月份最短，为 178.5 小时。各月日平均实照时数以 5 月份最长，平均为 9.2 小时，12 月份最短，平均为 5.8 小时。2012 年平均气温为 13.5℃，极端最高气温为 36.8℃，出现在 6 月 17 日；极端最低气温为 －12.7℃，出现在 1 月 22 日。全年降水量为 563.6 毫米，其中 8 月 6 日降水量最大，为 67.3 毫米。

自然资源　历史上，安国市地上水资源较丰富。河流流域广阔，径流量颇大。明清时期，磁河、沙河、唐河三河流域大多年份水量较丰，沥涝之年时有涨溢，平均 20 年一次大涨发。唐、沙、磁河虽属季节河流，但大多年份枯水季节不见断流。至 60 年代中后期，由于上游水库蓄水，加之降水量减少等原因，境内河流除在雨季有水外，其它月份皆干涸。

安国市境内土壤分为褐土和潮土两个土类。褐土是境内主要土类，面积 436029 亩，占全市总面积的 60.5%，其中褐土性土面积 47312 亩，占全市总面积的 6.56%；潮化褐土面积 388717 亩，占总面积的 53.94%，其中沙质河流沉积物土属面积 28959 亩，占总面积的 4.02%；壤质河流沉积物土属面积 34141 亩，占总面积的 4.74%；脱沼泽河流沉积物土属面积 50620 亩，占总面积的 7.02%。境内土地肥沃，地表下 0～20 厘米耕层土壤养分平均含量为有机质 0.85%，全氮 0.055%，碱解氮 367PPM，速效磷 5.5PPM，速效钾 81PPM。所含微量元素，有效锰极为丰富，有效铜比较丰富，部分土壤缺铁，大面积土壤缺锌。

行政区划　2012 年，设祁州药市街道，祁州、任仁桥、石佛、郑章、大五女、西佛落（2009 年 9 月撤乡改镇）6 镇，明官店、南娄底、西安国城、北段村 4 乡，1 个办事处，下辖 198 个行政村。

人口民族　2012 年，全市总人口为 413884 人，其中男性 207723 人，女性 205725 人。人口自然增长率 6.81‰。境内有汉、回、满、蒙古、壮、苗、白、瑶、土、朝鲜、维吾尔、纳西、布依、彝、藏等 22 个民族，汉族人口约占总人口的 99.1%。

【概况】　2012 年全市生产总值

92.68亿元，同比增长12.9%；其中，第一产业增加值20.71亿元，比上年增长2.0%；第二产业增加值45.03亿元，比上年增长19.3%；第三产业增加值26.95亿元，比上年增长10.3%。民营经济增加值167.3亿元，比上年增长14.5%。规模以上工业实现增加值40.69亿元、利税27.1亿元，分别增长21.9%和40.9%；全社会固定资产投资完成96.45亿元，增长27%，其中固定资产投资完成87.9亿元，增长30.4%；全部财政收入完成5.78亿元，增长22.8%；其中地方一般预算收入完成3.02亿元，增长20.1%；地方公共预算支出10.2亿元，同比增长14%。社会消费品零售总额50.5亿元，增长15.1%；城镇居民人均可支配收入16953元，增长12%；农民人均纯收入9278元，增长15.2%。年末城乡居民存款余额90.4亿元，比年上年末增长20.0%。

【确立药业发展新战略】 2012年，安国中药都建设规划被商务部批准为国家级中药和保健品外贸转型升级示范基地。国家级中药材流通质量追溯体系试点项目落户安国。省委书记张庆黎、省长张庆伟等多位省领导分别到安国进行调研指导，中药都建设各项前期工作全部启动，成立了中药都建设指挥部，确定了8条工作主线，明确了25项工作重点，把111项具体任务进行细化，责任到人、到部门。12月6日，省长办公会议将安国中药都建设作为中医药强省战略龙头打造。年内承担的国家星火计划“中药材规范化种植基地项目”通过国家验收，创建了9个中药材种植示范园，完成了“祁紫菀”、“祁山药”组培脱毒研究和祁山药产业化技术、乙醇制备药用冰片技术等4项国家、省中药科技创新项目。中药材市场管理进一步加强，制定出台了黑名单制度、奖励举报制度等6项长效监管机制，查办各种违法违规案件300多起，全市中药材种植面积13.5万亩；GDP认证制药和饮片加工企业35家；总投资3.6亿元的同仁堂安国中药配方颗粒饮片项目正式签约；河北嘉富中药饮片提取、康派创业辅导基地开工建设。全年来自药业的GDP、财政收入、农民人均纯收入均占三项总额的40%。全市药材种植面积12.3万亩，比上年增长3.9%，总产量4.5万吨，药材种植业产值10.33亿元。

【工业取得新进展】 中药工业园区发展迅速，完成投资20亿元，入住企业67家，其中年销售收入过亿元的企业14家，全年实现产值60亿元；石佛泵业园区入住企业38家，伍仁桥纺织园区实现集群化发展，入住企业45家。继续开展“项目建设年”活动，投资千万元以上续建、新开工项目25项，其中列入省市重点项目6项，共完成投资16.75亿元，乐仁堂饮片二期、药都集团GMP改造等一批省市重点项目竣工投产。同仁堂精料加工及物流、河北嘉富中药饮片提取、一方药业配方颗粒等一批生产项目开工建设。实施“扶优扶强”战略，开展“企业技改创新年”，进一步加大对药都集团、金木药业、前进无纺布等龙头企业的扶持力度，对21个项目进行技术改造。新增规模以上工业企业6家，全市规模以上工业企业达71家。

【城市建设步伐加快】 按照“石、保、衡三角区域中等城市”定位，合理规划，加大投入，优化环境。将创建省级园林城市列入《政府工作报告》，先后6次召开政府办公会议进行研究部署，采取副市长包路包段，职能部门责任到人，经过各级履职尽责，团结奋战，完成保衡路市区段迎宾路改造，高标准规划建设了药香大路；占地300亩的药用植物园建成开园，投资5亿元的综合性商业物流中心与河北省供销总社签署协议。完成垃圾处理厂二期工程建设，铺设天然气入市管道29公里，编制了药王庙文化景区核心区总体规划，完成三期拆迁。经过不懈努力，使安国成为2012年保定市唯一被省政府正式命名的“省级园林城市”。

【农业经济实现新提升】 全面落实各项支农惠农政策，发放粮食直补和综合补贴资金3862.7万元，改造中低产田8000亩，品种优质率达到90%，粮食生产实现九连增。建成门东苗木、霍庄药材、东河栝楼、马庄奶牛等10个特色产业示范村，各种专业合作社总数达120个，保定市级以上农业产业化龙头企业达到16家，农业产业化率达63%，发展高标准节水灌溉9万亩。投资2220万元，新修改扩建农村公路71公里，解决29个村5.7万人的饮水安全问题，编制伍仁桥省级优美城镇规划，争取专项资金487万元，用于农村环境连片整治。东河、姬庄等14个省级新民居示范村建成158万平方米，入住居民5493户。卓头、霍庄、马固和北娄底4个村被列为河北省幸福乡村和计划示范村。全年粮食播种面积56.7万亩，比上年减少0.1%，粮食单产485公斤，总产27.9万吨，下降1.4%。

【社会民生得到新改善】 2012年共争取上级社会民生支持3.4亿元，同比增长62%。教育基础设施建设投资力度进一步加大，办学条件明显改观，完成4所标准化学校建设和7所学校校舍安全工程，投资30多万元，对54所学校教学设备进行更新，高考继续在保定市综合排名第2位。全年新增就业3512人，下岗人员再就业949人，登记失业率4%。积极推进公共卫生三大体系建设，全市共有卫生机构451个，其中医院、卫生院14个，等级医院3个，村卫生所412个，个体诊所11个，民营医疗机构3家，市医院住院部大楼主体建设进展顺利，新建1所社区卫生服务中心。基层医疗卫生体制改革扎实推进，完成10所乡镇卫生院改造，198个行政村全部配备完善了标准化卫生室，被评为河北省乡村卫生服务一体化管理示范市，保定市医改工作先进市和爱国卫生先进单位。新农合参合率达99.25%，并实现门诊全覆盖，居保定市第一位。城乡救助体系进一步完善，农村“五保户”全部实现财政供养，社会救济总人数8320人，高标准敬老公寓建成投入使用，城乡居民养老保险完成任务目标。生态环境建设稳步推进，全年完成造林面积1035亩，森林覆盖率11%，市区建成绿地面积4.78平方公里。完成环境污染治理投资额3193万元，生活、工业废水全部处理达标排放，空气质量达标天数340天。

【依法行政、依法治市效果显著】

开展“六五”普法教育，优化发展环境，深化行政审批制度改革，行政服务中心全年办理审批事项13530件，办结率达100%。全年累计办理人大代表建议78件、政协提案88件，按时办结率为100%，建立了行政权力运行监控、行政权力廉政风险防控等机制，完善政府常务会议旁听和“三重一大”（重大事项决策、重要干部任免、大额资金使用）集体决策等制度，提高职能部门依法行政水平。

市　委

书　记　韩占山

副书记　张贺良　赵武卫

常　委　李庚田　罗　利

王俊红（女）　张彦安

张志定　王占祥

戴鹏洋　张二乐

人大常务委员会

主　任　杨　宁

副主任　封庆明　刘彬国

焦杏芹（女）　李景志

沈占房

政　府

市　长　张贺良

副市长　罗　利　王俊红（女）

王　建　杨振山

谷雄军　张天亚

邸建明

政　协

主　席　焦新年

副主席　张玉soft　甄子明

王志彪　张会娟（女）

（宋义军）

人　　物

劳动模范

2012年保定市全国五一劳动奖章获得者

张学博	保运集团一分公司经理
张赞英	中国乐凯胶片集团公司工段长
许顺兰（女）	保定日报社高级记者
芦　虎	三利集团有限公司总经理

2012年河北省五一劳动奖章获得者

胡爱红（女）	保定商业银行白沟支行副行长
王振华	豪丹服饰有限公司销售部经理
谢占清	保定市第二医院康复理疗科主任
吴　琼（女）	卓越技工学校高级讲师

文 献 选 编

保定市2012年国民经济和社会发展统计公报

保定市统计局

2013年5月13日

2012年，面对复杂多变的国内外经济形势，“7·21”特大洪灾等严峻考验，市委、市政府带领全市人民，紧紧围绕建设“京畿强市、善美保定”中心任务，牢牢把握“突出抓发展、重点抓项目、持续保稳定、着力惠民生”主基调，扎实推进稳增长、调结构、攻重点、抓改革、惠民生、优环境各项工作，国民经济保持平稳较快发展，各项社会事业取得全面进步，为全面建成小康社会奠定了良好的基础。

一、综合

初步核算，全年全市生产总值实现2720.9亿元，比上年增长10.5%。其中，第一产业增加值378.2亿元，增长4.2%；第二产业增加值1495.9亿元，增长12.2%；第三产业增加值846.8亿元，增长10.4%。第一产业、第二产业和第三产业增加值分别占全市生产总值的比重为13.9%、55.0%和31.1%。人均生产总值24054元，比上年增长9.8%。

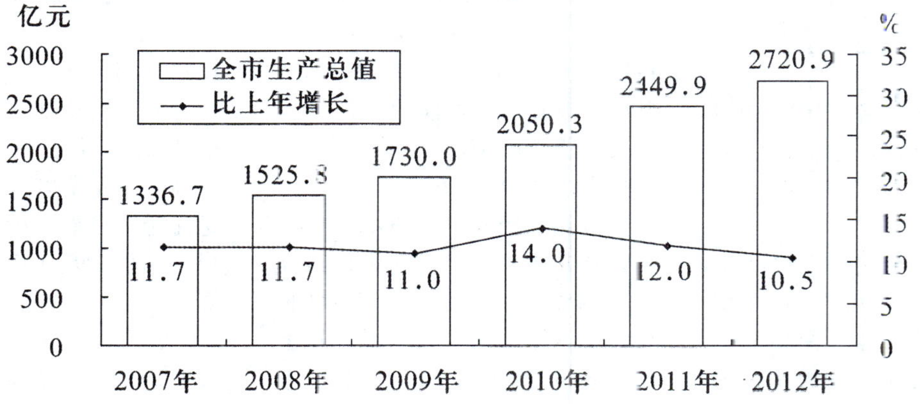

图1　2007－2012年全市生产总值及其增速

全年居民消费价格指数（CPI）累计同比上涨3.5%，其中，食品价格上涨11.0%；工业生产者出厂价格指数（PPI）累计同比下降0.5%；固定资产投资总指数累计同比上涨0.4%。

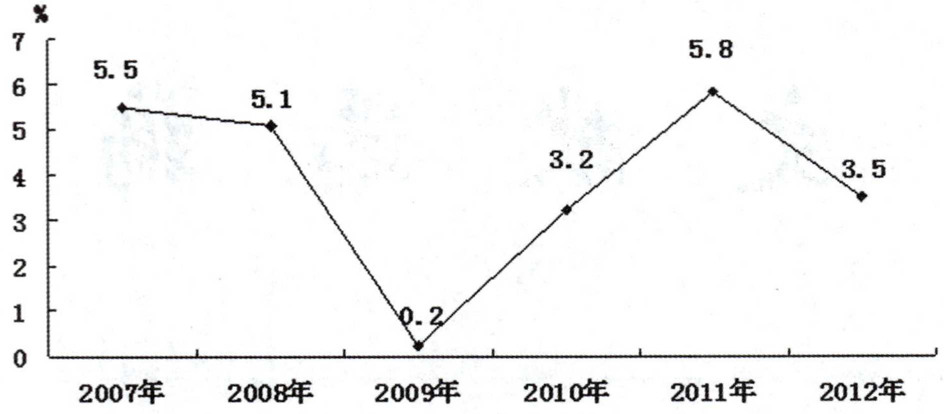

图2　2007－2012年居民消费价格涨跌幅度

表1　2012年居民消费价格比上年涨跌幅度

指标	比上年增长（%）
居民消费价格总指数	3.5
其中：食品	11.0
烟酒及用品	1.8
衣着	－5.1
家庭设备用品及维修服务	0.9
医疗保健和个人用品	2.1
交通和通信	0.3
娱乐教育文化用品及服务	－0.1
居住	1.2

全年全市城镇新增就业9.9万人。年末城镇登记失业率为3.91%，比上年下降0.14个百分点。

初步核算，全市民营经济实现增加值1848.4亿元，比上年增长12.6%，占全市生产总值的比重达67.9%，比上年提高1.4个百分点；实缴税金230亿元，比上年增长18.1%，占全部财政收入的比重为73.9%；完成出口42.8亿美元，比上年下降14.0%，占全市出口总值的89.7%。

二、农业

全年粮食播种面积1382.3万亩，粮食总产量604.5万吨。其中，夏粮总产量258.8万吨；秋粮总产量345.6万吨。粮食亩产437公斤。

全年蔬菜播种面积239.8万亩，比上年增长1.1%，总产量931.6万吨，比上年增长2.1%。其中，设施蔬菜播种面积39.0万亩，总产量153.1万吨，占全部蔬菜产量的16.4%。

全年瓜果类播种面积34.2万亩，比上年下降0.6%，总产量111.2万吨，比上年增长1.2%。其中，设施瓜果类播种面积20.4万亩，总产量68.1万吨，占全部瓜果类产量的61.2%。

全年肉类总产量64.5万吨，比上年增长1.8%。其中，猪肉产量46.8万吨，比上年增长1.5%；牛肉产量4.7万吨，比上年增长0.2%；羊肉产量3.6万吨，比上年增长0.1%。年末生猪存栏395.0万头，比上年下降2%，生猪出栏621.2万头，比上年增长1.0%。牛奶产量80.3万吨，比上年增长1.5%；禽蛋产量42万吨，比上年增长0.1%。

农业产业化经营率达到63.5%，比上年提高2个百分点。

年末拥有农业机械总动力0.12亿千瓦时，比上年增长2.1%。当年机耕面积63.7万公顷，比上年增长1.6%，当年机播面积87.7万公顷，比上年增长2.1%，机收面积64.3万公顷，比上年增长14.8%。有效灌溉面积66.2万公顷，比上年增长0.2%。农村用电量47.4亿千瓦时，比上年增长14.6%。

三、工业和建筑业

全年全部工业完成增加值1259.4亿元，比上年增长12.9%。规模以上工业完成增加值1020.9亿元，比上年增长14.1%。规模以上工业中，分登记注册类型看，国有控股企业完成增加值148.0亿元，比上年下降9.0%；集体企业完成增加值2.0亿元，比上年增长19.7%；股份制企业完成增加值845.5亿元，比上年增长13.3%；股份合作企业完成增加值3.0亿元，比上年增长28.0%；外商及港澳台商投资企业完成增加值65.6亿元，比上年增长32.1%。分轻重工业看，轻工业完成增加值356.4亿元，比上年增长20.7%；重工业完成增加值664.5亿元，比上年增长10.9%。

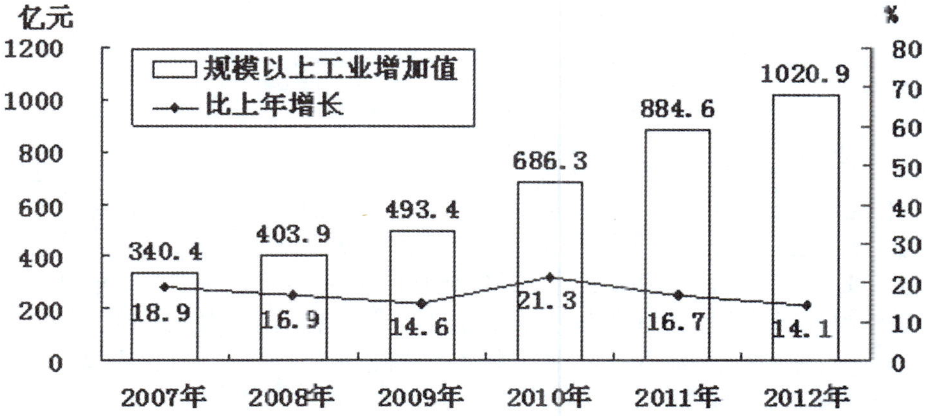

图3　2007－2012年规模以上工业增加值及其增速

规模以上工业中，装备制造业完成增加值375.7亿元，比上年增长7.4%。大中型企业完成增加值467.0亿元，比上年增长9.5%。汽车、新能源、纺织、食品和建材五大主导行业完成增加值550.2亿元，比上年增长9.3%。其中，汽车及零部件业完成增加值217.1亿元，比上年增长16.8%；新能源及输变电业完成增加值74.5亿元，比上年下降25.7%；纺织服装业完成增加值155.3亿元，比上年增长24.5%；食品业完成增加值66.9亿元，比上年增长9.2%；建材业完成增加值57.6亿元，比上年增长23.9%。六大高耗能行业完成增加值148.6亿元，比上年增长17.9%。其中，电力、热力的生产和供应业完成增加值55.6亿元，比上年增长1.5%；非金属矿物制品业完成增加值25.9亿元，比上年增长25.4%；化学原料及化学制品制造业完成增加值25.7亿元，比上年增长22.7%；黑色金属冶炼及压延加工业完成增加值23.8亿元，比上年增长15.8%；石油加工、炼焦及核燃料加工业完成增加值18.1亿元，比上年增长94.9%。

表2　2012年主要工业产品产量及增速

产品名称	单位	产量	比上年增长（%）
发电量	亿千瓦小时	135.4	－1.0
白酒（折65度，商品量）	万千升	6.7	19.4
卷烟	亿支	136.4	5.7
化学纤维	万吨	2.6	－11.2
纱	万吨	17	13.8
布	亿米	12.98	5.7
服装	万件	7955.8	28.3
纸制品	万吨	122.9	40.3
塑料制品	万吨	55	27.4
水泥	万吨	694.6	39.7
汽车	万辆	82.5	14.6
铅酸蓄电池	万千伏安时	1395.1	7.7

产品名称	单位	产量	比上年增长（%）
变压器	万千伏安	10360.8	-21.2
乳制品	万吨	44	8.8
焦炭	万吨	267.6	40.8
钢材	万吨	59.4	11.5

规模以上工业全年实现主营业务收入3865.7亿元，比上年增长11.5%；实现利润总额197.9亿元，比上年增长3.1%；亏损企业亏损额72.7亿元，比上年增长1.7倍；工业产品销售率97.6%，比上年增长0.3个百分点。

全年全市建筑业完成增加值236.5亿元，比上年增长9.0%。全市具有资质等级的总承包和专业承包建筑业企业，实现利润30.7亿元，比上年增长16.3%，其中国有及国有控股企业实现利润9.6亿元，比上年增长7.9%；房屋建筑施工面积7719万平方米，比上年增长13.0%；房屋建筑竣工面积2973万平方米，比上年增长25.2%。

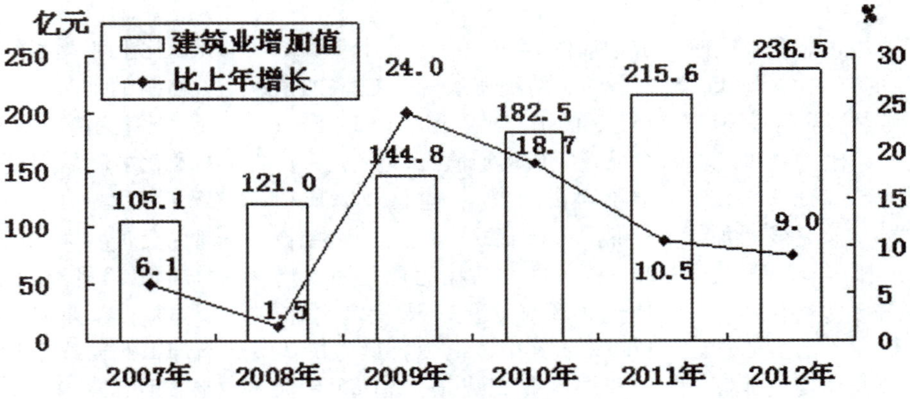

图4　2007－2012年建筑业增加值及其增速

四、固定资产投资

全年全社会固定资产投资完成1987.7亿元，比上年增长20.0%。固定资产投资（不含农户）完成1888.5亿元，比上年增长21.2%，其中城乡建设项目投资1540.5亿元，比上年增长27.9%；农户投资99.2亿元，比上年增长0.5%。

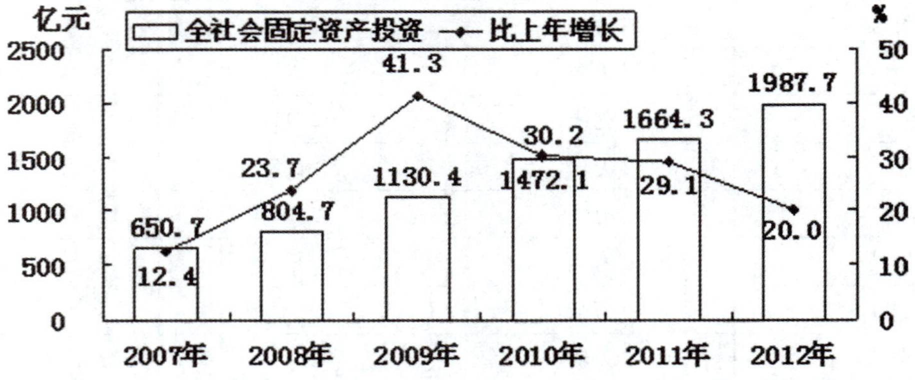

图5　2007－2012年全社会固定资产投资及其增速

在固定资产投资（不含农户）中，第一产业完成投资65.1亿元，比上年增长63.2%；第二产业完成投资905.0亿元，比上年增长29.6%，其中工业完成投资905.0亿元，比上年增长29.6%，工业完成技改投资396.6亿元，比上年增长33.4%；第三产业完成投资918.4亿元，比上年增长12.0%。

全年亿元以上项目达到680项，比上年增加86个，完成投资1244.0亿元，比上年增长35.8%。

表3　2012年分行业城乡建设项目投资

单位：亿元

行　　业	投资额
城乡建设项目投资	1540.5
农、林、牧、渔业	65.1
采矿业	16.0
制造业	849.1
电力、燃气及水的生产和供应业	39.8
交通运输、仓储和邮政业	83.8
信息传输、计算机服务和软件业	0.1
批发和零售业	80.8
住宿和餐饮业	20.9
房地产业	147.4
租赁和商务服务业	32.6
科学研究、技术服务业	34.9
水利、环境和公共设施管理业	89.8
居民服务和其他服务业	6.5
教育	13.5
卫生和社会工作	16.8
文化、体育和娱乐业	29.6
公共管理和社会组织	13.9

房地产开发企业达到391家，完成投资347.9亿元，比上年下降1.7%，其中商品住宅完成投资304.9亿元，比上年下降0.5%。

表4　2012年房地产开发和销售主要指标完成情况

指标	单位	总量	比上年增长（%）
房地产开发投资	亿元	347.9	-1.7
其中：商品住宅	亿元	304.9	-0.5
房屋施工面积	万平方米	3142.3	-1.2
商品房销售面积	万平方米	419.6	-12.2
其中：商品住宅	万平方米	370.5	-16.8
资金来源总计	亿元	443.1	6.2
其中：国内贷款	亿元	30.9	1.2
企业自筹	亿元	281.3	2.9

五、国内贸易

全年社会消费品零售总额实现 1174.3 亿元，比上年增长 15.3%。其中，限额以上企业零售额实现 316.6 亿元，比上年增长 26.4%。分地域看，城镇市场零售额实现 915.1 亿元，比上年增长 16.1%；乡村市场零售额实现 259.2 亿元，比上年增长 12.7%。分行业看，批发业零售额实现 144.0 亿元，比上年增长 13.7%；零售业零售额实现 901.9 亿元，比上年增长 16.7%；住宿业零售额实现 9.7 亿元，比上年增长 13.3%；餐饮业零售额实现 105.6 亿元，比上年增长 9.7%。分类别看，限额以上批发零售企业中，粮油食品饮料和烟酒类、服装鞋帽、家用电器和音像制品、石油及制品、汽车五大类商品零售额实现 256.6 亿元，占全市限额以上企业零售额的比重达到 81%。

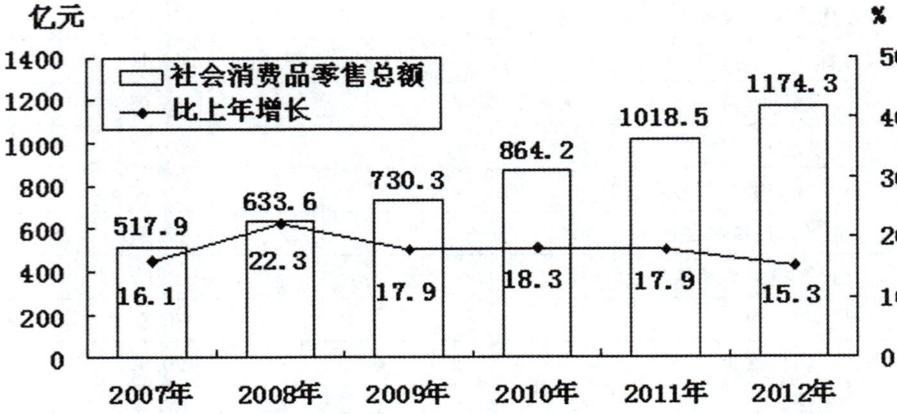

图 6　2007－2012 年社会消费品零售总额及其增速

六、对外经济

全年进出口总值完成 60.9 亿美元，比上年下降 17.1%。其中，出口总值 47.7 亿美元，比上年下降 11%；进口总值 13.2 亿美元，比上年下降 33.6%。主要出口产品中，机器、机械器具、电气设备等设备出口 15.9 亿美元，比上年下降 31.1%；车辆、船舶及有关运输设备出口 10.5 亿美元，比上年增长 6.3%；纺织原料及纺织制品出口 9.7 亿美元，比上年增长 11%；贱金属及其制品出口 3.1 亿美元，比上年下降 13.3%；皮毛及其制品出口 1.5 亿美元，比上年下降 3.2%。

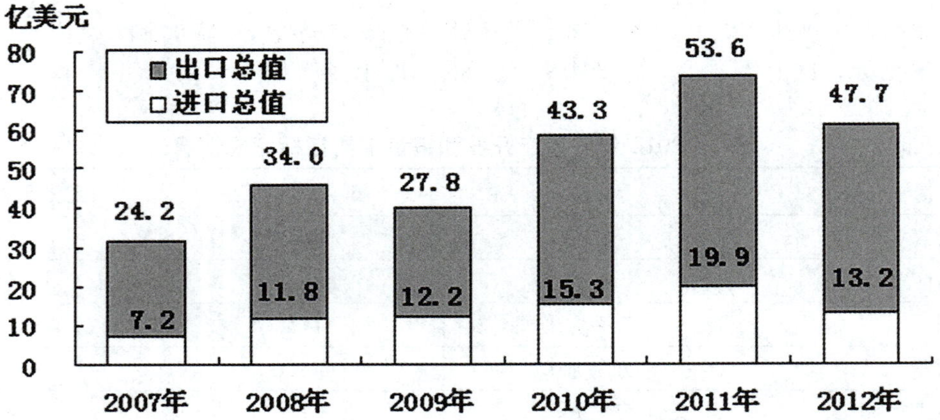

图 7　2007－2012 年进出口总值

表5　2012年进出口情况

单位：亿美元、%

指标	总量	比上年增长
进出口总值	60.9	-17.1
其中：出口	47.7	-11.0
进口	13.2	-33.6
主要出口国家和地区	-	-
其中：德国	5.0	-42.3
美国	4.8	-9.0
俄罗斯	3.8	1.4
荷兰	3.1	8.7
印度	1.8	66.7

全年实际利用外资5.51亿美元，其中外商直接投资5.47亿美元。在外商直接投资中，制造业占96.4%。全年新注册三资企业7户，总投资3.1亿美元。

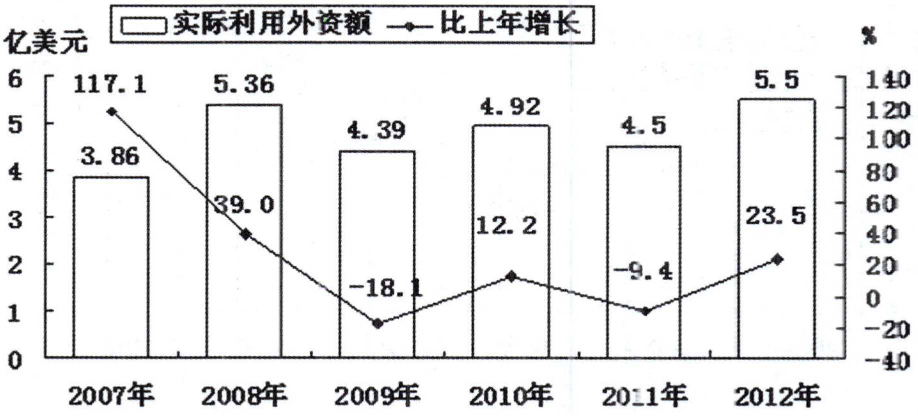

图8　2007-2012年实际利用外资额及其增速

表6　2012年分行业外商直接投资及增速

行业	投产企业数（个）	外商直接投资（万美元）	比上年增长（%）
外商直接投资	334	54749	26.2
其中：采矿业	3	49	-93.5
制造业	281	52783	35
批发和零售业	2	10	-23.1
房地产业	5	1899	1149.3
租赁和商务服务业	3	8	-92

全年引进省外资金536亿元，比上年增长44.8%；引进省外技术753项，比上年增长6.1%；引进省外人才1.2万人，比上年增长6.5%。

七、交通、邮电和旅游

全年交通运输、仓储和邮政业完成增加值123.1亿元，比上年增长9.0%。

全年货物运输总量2.2亿吨，比上年增长20.0%；货物运输周转量857.3亿吨公里，比上年增长19.9%。旅客运输总量1.5亿人，比上年增长4.7%；旅客运输周转量92.8亿人公里，比上年增长9.3%。全市营运车辆14.8万辆，比上年增长7.2%，其中货运14.2万辆，比上年增长7.4%；客运5575辆，比上年增长3.6%。全年机动车保有量（包括三轮汽车和低速货车）178.2万辆，其中私人151.8万辆。小型轿车保有量49.3万辆，其中私人47.3万辆。

全年完成邮电业务收入68亿元，比上年增长10.6%。其中，邮政业务收入6.0亿元，比上年增长17.5%，电信业务收入62.0亿元，比上年增长9.9%。年末固定及移动电话用户总数达1104.5万户。其中，拥有固定电话用户165.4万户，移动电话用户达到939.1万户。国际互联网接入用户数达135.6万户，比上年增加12.3万户。

全市共有A级名胜风景区40个，其中4A级以上景区8个。星级饭店59家。全年接待游客4491.8万人次，比上年增长23.2%。其中，国内游客4472.7万人次，比上年增长23.1%；国际游客19.1万人次，比上年增长66.0%。国内游客创收229.7亿元，比上年增长20.1%。国际游客外汇收入1.2亿美元，比上年增长2.6倍。4A级以上景区接待游客453.8万人次，总收入1.9亿元，比上年增长35.7%。

八、财政、金融和保险业

全年全部财政收入完成311.3亿元，比上年增长17.1%，其中地方公共预算收入完成159.9亿元，比上年增长24.4%。地方公共预算支出383.6亿元，比上年增长15.3%。

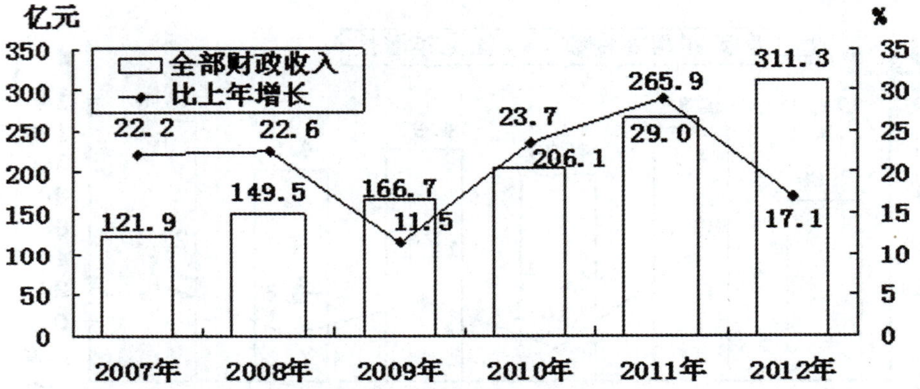

图9　2007－2012年全部财政收入及其增速

年末金融机构本外币各项存款余额3774.9亿元，比年初增长16.2%。其中，人民币存款余额3759.9亿元，比年初增长16.3%；城乡居民储蓄存款余额达2664.4亿元，比年初增长16.4%。金融机构本外币各项贷款余额1589.7亿元，比年初增长17.6%。其中，中长期贷款余额961.7亿元，比年初增长16.7%；短期贷款余额593.7亿元，比年初增长15.6%。

表7　2012年金融机构本外币存贷款及增速

单位：亿元、%

指标	年末数	比年初增长
各项存款	3774.9	16.2
企事业单位存款	1023.1	14.8
储蓄存款	2664.4	16.4
各项贷款	1589.7	17.6

指标	年末数	比年初增长
其中：短期贷款	593.7	15.6
中长期贷款	961.7	16.7

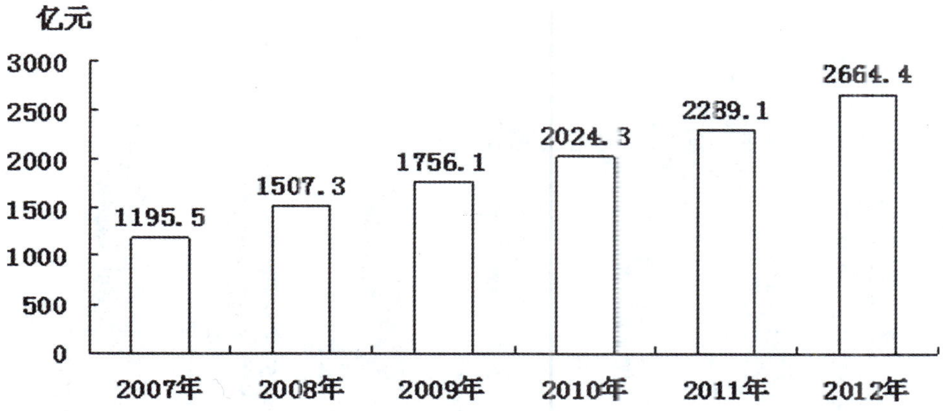

图 10　2007－2012 年城乡居民储蓄存款余额

年末全市共有保险公司 39 家，其中财产保险公司 19 家，人寿保险公司 20 家。在岗保险营销员达 3.1 万人。保险业保费收入达到 104.5 亿元，其中财产保费收入 30.7 亿元，寿险保费收入 73.8 亿元。支付各类赔款 16.8 亿元，其中财产险赔款 15.7 亿元，寿险保费赔款 1.1 亿元。

九、教育、科学技术和文化

全年研究生招生 2522 人，在学研究生 7013 人。全市普通高等学校 10 所，在校学生 14.2 万人。成人高等学校 1 所，在校学生 2.8 万人。中等职业教育学校 83 所，在校学生 13.4 万人。普通中学 442 所，在校学生 48.8 万人，小学 2137 所，在校学生 89.1 万人。学龄儿童入学率达 100%，九年义务教育完成率达 89.6%，高中阶段毛入学率达 88.1%。特殊教育招生 127 人，在校生 1691 人。幼儿园在园幼儿 32.4 万人。

年末共有院士工作站 11 家，其中院士 22 人，博士专家 136 人。共有省级研究所 3 所。国家级重点实验室 2 个。企业技术中心 49 家，其中国家级 6 家，省级 43 家。全年取得省级科技成果 288 项。全年推广省级以上科技成果 3 项。全年申请专利 4044 项，授权专利 2722 项。年末技术合同成交额 5.9 亿元。有 28 个项目获省级科技进步奖。根据 2008 年《高新技术企业认定管理办法》认定高新技术企业 101 家。

全市拥有剧场、影剧院 5 个，群众艺术馆 1 个，群众文化馆 22 个；乡镇（街道）文化站 315 个；公共图书馆 23 个，总藏书量 193 万册。其中，市级图书馆 1 个，藏书量 75 万册。电视台 1 座，广播电视台 22 座，广播电台 1 座，有线广播电视用户达 83.4 万户，有线数字广播电视用户 66.1 万户。电视综合人口覆盖率 98.5%，广播综合人口覆盖率 98.7%。

全市共有体育场馆 19 个，其中市区 4 个。全年举办市级以上各类比赛活动 9 次；全民健身活动 475 次，参加人数 108.9 万人。全市国家二级裁判 379 人，国家二级运动员 311 人。各运动队参加比赛共获省级以上奖牌 375 枚，其中金牌 124 枚，银牌 133 枚，铜牌 118 枚。

十、卫生和社会服务

年末共有卫生机构 117 个，其中妇幼保健院 24 个。医疗机构 11609 个，其中医院 134 个，卫生院 311 个，村卫生室、诊所 9453 个。卫生技术人员（含乡医）4.4 万人，其中执业医师和执业助理医师 2 万人，注册护士 1.4 万人，药师 0.2 万人，技师 0.2 万人。医疗卫生机构床位 3.7 万张，其中医院、卫生院 3.4 万张。农村有医疗点的村数占总村数的 100%；社区医疗卫生覆盖率达 99%。

全年全市有 31.9 万人享受居民最低生活保障，其中农村 23.6 万人。农村居民得到五保救济人数达到 3 万人。国家抚恤、补助优抚人数达到 8.9 万人，其中定期补助 7.6 万人，定期抚恤 0.4 万人，伤残补助 0.9 万人。年末全市各种社会福利收养性单位 82 所，床位达 1.45 万张，收养各类人员 0.72 万人。

十一、人口、人民生活和社会保障

年末全市常住人口为1135.14万人，比上年增加7.91万人。出生率为13.27‰，死亡率为6.33‰，自然增长率为6.94‰。

全年城市居民人均可支配收入19048元，比上年增长12.6%；城市居民人均消费支出11769元，比上年增长7.1%；城市居民家庭恩格尔系数（即居民家庭食品消费支出占家庭消费支出的比重）为35.2%，比上年下降1.7个百分点。全年农村居民人均纯收入7696元，比上年增长15.6%；农村居民人均生活消费支出4899元，比上年增长7.6%；农村居民家庭恩格尔系数为33.0%，比上年下降0.8个百分点。

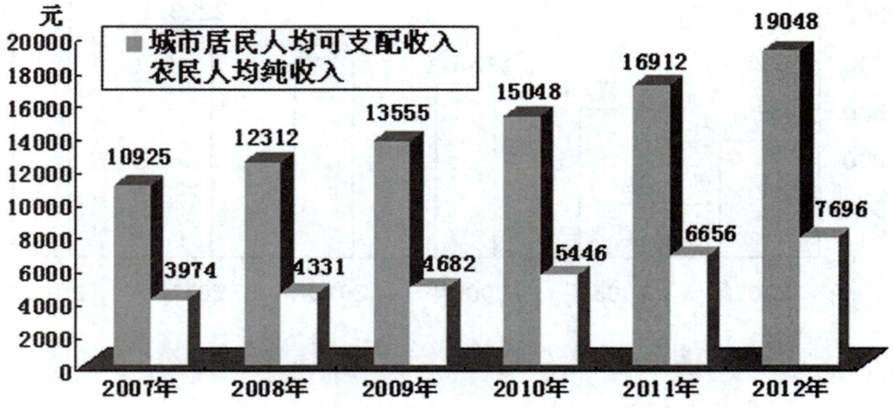

图11 2007－2012年全市城乡居民收入

年末全市参加城镇职工基本养老保险人数为112.3万人，比上年末增加5.5万人。企业离退休人员月人均养老金1583元。职工养老金社会化发放率100%。参加城镇基本医疗保险的人数为189.2万人，比上年末增加2.6万人，其中参加城镇职工基本医疗保险人数96.3万人，参加城镇居民基本医疗保险人数92.9万人。参加失业保险的人数52.1万人，比上年末增加0.2万人。企业参加工伤保险的人数为51.4万人，比上年末增加11.2万人。参加生育保险的人数为59.9万人，比上年末增加2.3万人。25个县（市、区）全部开展农村新型合作医疗，新型农村合作医疗参合率达到96.5%，报销医疗费23.5亿元，2319万人次受益。年末全市领取失业保险金人数0.9万人。

十二、资源、环境和安全生产

国土资源调查及地质勘查共有矿产地118处，其中能源矿产地5处，金属矿产地84处，非金属矿产地29处。有77种矿产资源，已探明储量的59种，主要矿种有：煤、铁、金、铜、铅、锌、钼、花岗岩、大理石、石灰石、陶瓷原料等金属及非金属矿产。

空气二级以上达标331天。城镇污水处理厂32个，城镇污水处理厂设计日处理能力112.2万吨。年末全市共有省级自然保护区5个，面积达13.6万公顷。建成区绿地率36.2%，建成区绿化覆盖率30.5%，城市人均公园绿地面积7.7平方米。

全年单位GDP能耗1.034吨标准煤/万元，比上年降低4.8%。全年单位工业增加值能耗1.127吨标准煤/万元，比上年降低7.2%。

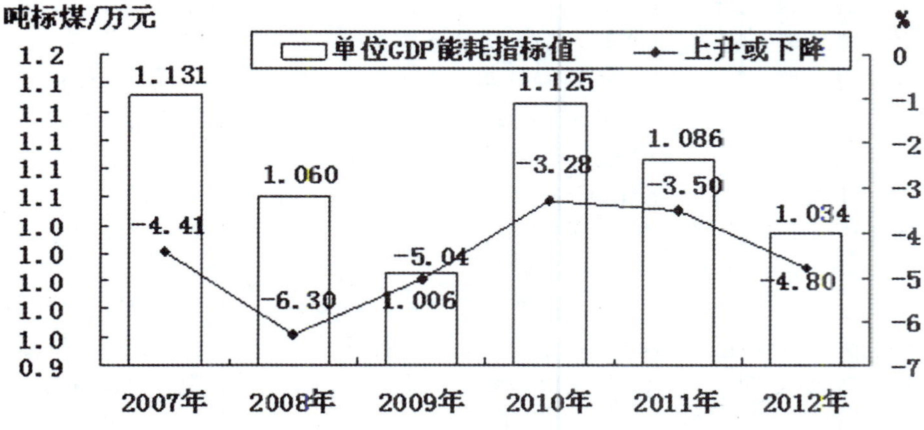

图 12　2007－2012 年单位 GDP 能耗及其降低率

全年各类安全生产事故 1129 件，比上年下降 2.4%，安全生产事故死亡 284 人，比上年下降 4.1%，亿元 GDP 安全生产事故死亡 0.1 人。工矿商贸企业事故死亡 14 人，与上年持平。全年火灾事故 346 件，造成经济损失达 1188.8 万元。全年交通事故 763 起，造成 260 人死亡，造成经济损失达 474.7 万元。

注　释：

1、本公报 2012 年部分数据为快报数。

2、公报中生产总值、各产业增加值按现行价格计算，增长速度按可比价格计算。

3、单位 GDP 能耗 2009 年以前使用 2005 年可比价格；2010－2012 年使用 2010 年可比价格计算。

4、2012 年起，国家统计局执行新的国民经济行业分类标准，工业行业大类由原来的 39 个调整为 41 个，固定资产投资行业分类也按新的标准进行了调整。

5、房地产业投资除房地产开发投资外，还包括建设单位自建房屋以及物业管理、中介服务和其他房地产投资。

中共保定市委　保定市人民政府
关于加快开放型经济发展的意见

（2012 年 5 月 24 日）

为深入贯彻省第八次党代会和市第十次党代会精神，大力实施开放提升工程，进一步扩大对外开放，全面推进区域经济合作，加快发展开放型经济，开创建设京畿强市、善美保定的新局面，提出如下意见。

一、充分认识加快发展开放型经济的重大意义

当前，我市发展正处在一个重要关口，全市经济整体处于工业化初期向中期转变阶段。奋起发力、争先进位、加快发展，是时代赋予我们的历史使命，是全市人民的迫切期待。国内、省内先进地区的发展实践反复证明，开放程度决定发展速度，扩大开放是加快发展的必由之路。改革开放以来，我市对内对外开放区域不断扩大，开放型经济发展不断取得新进展，特别是企业上市融资和外贸出口一直处于全省前列，为促进全市经济社会发展发挥了越来越重要的作用。

在看到成绩的同时，必须清醒地认识到，我市多年来的发展得益于开放的成果，但发展的速度仍受制于开放程度不高。一直以来，我市引进境外域外项目直接投资数量少、单体规模小，实际利用外资主要来自企业境外上市融资，项目直接投资规模在全省处于落后水平。从 2003 年我市第一家企业境外上市以来，全市累计实际利用外资（剔除上市融资）仅 13.8 亿美元，在全省排第八位，占全社会固定资产投资的比重为 1.24%，在全省排第九位。特别值得关注和反思的是，近年来省内先进地区依靠开放引进不少大企业、大项目，而我市却普遍存在外来大企业、大项目

"引不来、留不住"的问题，甚至一些本土企业受投资环境影响到市外投资。事实充分表明，我市虽处在环京津的开放区域，但增长模式却相对内向封闭；全市开放型经济总体规模不大，对经济增长的拉动力不够，既是制约发展的"短板"和弱项，也是造成发展活力不足、速度不快的重要原因。这种状况如不彻底扭转，势必影响全市经济社会又好又快发展，影响建设京畿强市、善美保定目标的顺利实现。

面对经济全球化和区域经济一体化发展大势，扩大对内对外开放，转变内向封闭增长模式，加快发展开放型经济，是保定的希望所在、活力所在、后劲所在，是实现更好更快更大发展的关键举措。我市区位优势相对明显，主导产业结构相对合理，文化旅游资源众多，科技教育基础较好，劳动力和智力资源较为丰富，这是我市加快开放型经济发展的重要条件和支撑。要按照省委"三自"、"六不"要求，以开展执行力亮剑行动为契机，紧紧抓住环渤海地区快速崛起、产业梯度转移速度加快等重大历史机遇，切实增强责任意识、竞争意识和机遇意识，坚定信心和决心，以开放的思维、宽广的眼光、创新的思路、务实的举措，全力加快开放型经济发展，为建设京畿强市、善美保定作出应有贡献。

二、加快开放型经济发展的总体思路、基本原则和主要目标

总体思路：以科学发展观为指导，把加快发展开放型经济作为转变增长方式、提升发展水平、重塑保定形象的长效之举，把破除思想障碍和体制障碍贯穿扩大对内对外开放的全过程，以招商引资为主抓手，以开发区园区为主阵地，以壮大优势产业为主攻方向，以优化投资环境为根本保障，努力构筑全方位、多层次、宽领域对外开放新格局，全面打开区域合作新局面，促进开放型经济转型升级，推动全市经济社会又好又快发展，建设京畿强市、善美保定。

基本原则：

——坚持扩大开放与转变发展方式相结合。充分发挥比较优势，扩大开放领域，提高开放质量，在扩大开放中转变发展方式，通过转变发展方式促进开放质量的提升。坚定不移地走低碳发展之路，扩大高端产业开放合作，在发展方式和产业层次上构建战略新优势。

——坚持对外开放与对内开放相结合。在继续扩大对外开放的同时，高度重视对内开放。加快以京津冀一体化为重点的深度合作，主动承接产业转移。推动境外、域外全方位开放，实现对外开放和对内开放相互促进、相互提高。

——坚持整体推进与分类指导相结合。根据各地自然条件和经济发展水平，实施不同的开放策略和实现路径。保定主城区及周边地区全面加速，环京津地区率先发力，平原地区快速跟进，西部山区奋起突破，形成各地主动开放、全市整体推进的开放格局。

——坚持创新体制与优化环境相结合。以解放思想为先导，创新体制机制，优化发展软环境。加强硬环境建设，完善承载配套和服务功能，以环境的不断优化促进开放水平的不断提升。

主要目标：经过几年的努力，开放型经济总体水平显著提高，对全市经济社会发展的促进作用显著增强，对经济增长的拉动力和贡献度显著扩大，基本形成利用外资争先进位、区域合作分量加重、园区经济转型升级、主导产业优势放大、市场主体活力迸发、保障机制更加完善的开放型经济体系。具体目标是：

——总量指标明显提升。开放型经济主要指标增速高于全省平均水平、高于我市地区生产总值增幅。2012年—2015年，全市实际利用外资年均增长16%以上，引进省外资金年均增长15%以上，对外贸易进出口总额年均增长12%以上。2012年，实际利用外资5.5亿美元，引进省外资金480亿元，对外贸易进出口总额达到80亿美元。

——开放平台承载功能明显提升。市级以上园区（开发区、聚集区）数量不断增加，基础设施不断完善，产业分工更加明确，功能定位更加合理，发展特色更加鲜明，对全市经济辐射带动作用明显增强。加快县（市）园区经济发展，以园区吸引投资，靠园区推动开放。2012年—2015年，省级以上园区（开发区、聚集区）主要经济指标年均增长30%以上，市级园区主要经济指标年均增长25%以上。

——质量效益明显提升。先进制造业、现代服务业、高效农业和基础设施等领域外来投资比重明显上升。外来投资与经济社会发展进一步融合，消化、吸收先进技术的能力明显增强。外贸出口基地和出口品牌建设取得明显成效。服务贸易特别是服务外包有明显增长。出口结构进一步优化。

——投资环境明显提升。基础设施建设进一步加强，对外来投资的吸引力和承载力明显增强。开放型经济政策支撑体系更加健全，统筹利用政府可控资源服务企业、服务发展的机制更加完善。创业宽松、服务良好、人居安全和低交易成本、低生产成

本、低行政成本、低社会成本的投资发展环境逐步建立。全社会开放意识明显增强，开放氛围更加浓厚。

三、加快发展开放型经济的重点工作

（一）准确把握主攻方向。锁定重点区域和领域、重点产业和企业，展开大力度、高效率的开放合作。瞄准以下主攻方向：瞄准京津，把深度对接京津作为域外开放的重中之重，精心组织、深入实施“央企进保”、“外企进保”、“大型民企进保”、“总部进保”、“人才进保”、“新技术进保”六大开放攻坚行动，打造“桥头堡”，带动境内外全方位开放。瞄准央企和知名民营企业，展开务实合作，扩大合理投入，以项目引进为重点，努力构筑高端产业高地。瞄准世界500强，积极引进战略投资。瞄准“珠三角”和“长三角”，积极承接南资北移、南企北扩，拓展合作领域，提升合作层次和水平。瞄准港澳台，充分发挥人缘、地缘优势，巩固发展传统市场，开拓新兴市场。瞄准我市优势产业具有国际竞争力的国家和地区，引导客商投资新能源、汽车、吊索具等先进制造业，投资物流、文化、旅游、信息等现代服务业，投资高效生态农业、农产品精深加工等基础产业。

（二）强力推进招商引资。招商引资是加快开放型经济发展的重中之重，是抓发展、促转型的核心内容，必须摆在更加突出的位置。创新招商方式。

针对某一个国家或地区，持续开展小团组招商，提高招商实效。采取点对点、面对面招商、网上招商、上门招商、以商招商、代理招商等多种形式，形成“引进一个、影响一批、带来一群”的联动效应。放大招商优势。充分挖掘毗邻京津、产业园区平台、科技人才及人脉资源等比较优势，用优势产业和资源吸引客商，用人缘关系感化客商，用良好的环境留住客商，把优势发挥到极致。提升招商水平。加强专业招商队伍建设。精心谋划一批对全市经济拉动作用大、自主创新能力强的重点项目，充分做好前期工作，提高招商引资成功率。引入战略投资，吸引国内外大型企业在我市设立总部、区域性总部、研发机构、生产基地。发动全民招商。制定激励措施，动员全民招商。充分利用媒体和网络资源，加大对我市资源优势、政策环境、产业平台的整体宣传力度，提高保定知名度和美誉度。调动全民招商、主动招商的积极性，形成人人关心招商、支持招商、投身招商的社会氛围。

（三）全力推动环京津开放。京津是扩大对内开放的重点地区，也是国内外投资的热点地区。总的要求是：坚持以主动促互动，发挥优势、扬长避短，承接转移、接受辐射，通过依托京津、服务京津、利用京津，追求与京津的“同城”效应。建立健全区域合作机制。加强与京津及京津区县的合作，建立政府间紧密的会晤和联席会议制度。组建一批区域性中介组织，形成政府、中介、企业等多主体参与的京津合作机制。积极参与京津城市间促进区域合作的各类论坛、会议，宣传我市开放战略，寻求合作机会。在京津积极举办推介会、展销会、文化旅游交流会等对接活动。深化重点领域合作。全面推进与北京的一体化发展，积极承接北京的产业转移、功能转移、技术转移，建设京津冀都市圈先进制造业基地、现代服务业基地、精品农业基地。积极向京津输出劳务人员，做大做强劳务品牌。保护并建设良好生态环境，面向京津大力发展文化旅游产业，与京津形成客源互补、市场连片的大旅游格局。开通城镇至周边旅游景区景点的公交班线，力争到2015年实现我市现有A级景区公交网络全覆盖。加快综合交通运输体系建设。积极推进京石高速改扩建工程。加快京石高铁保定东站建设。加快推进保定至天津铁路建设进度。尽快启动保定与首都二机场的铁路、轨道交通、国省干道的规划对接。抓紧研究论证，争取“天津—保定—大新”煤货铁路两运线建设增列铁道部“十二五”规划。积极谋划启动与天津港合作建设具有保税物流中心功能的保定“无水港”，打通海关“绿色通道”。适时启动我市与北京公交的全面对接，消除通往北京主干道的交通壁垒。用好本地高校资源。发挥我市高校和科研机构多的优势，推动企业与北京高校及科研单位建立紧密联系，主动承接京津技术扩散和产业扩散，建设科研机构试验基地（中心）、高新技术成果转化和生产基地。柔性引进京津人才和智力。树立“不求所在、但求所用”思想，采取岗位聘用、项目聘用、任务聘用和人才租赁等方式，引进京津高等院校和科研机构的高素质人才。鼓励企业引进专业技术带头人和高级管理人才，为其创造良好工作和生活环境。加快发展风险投资。支持我市重大科技攻关专项与京津科研机构加强合作。

（四）积极推动央企进保定。加强与央企的合作，充分利用央企在技术、资金、人才、市场等方面的优势，扩大合作领域，提高合作层次，是我市的长期战略。建立联系沟通机制。抓住河北省实施央企入冀战略的机遇，主动加强同央企的沟通协调，定期邀请央企高层人士组织洽谈会、联谊会等活动。实行市四大班子领导分工联系责任制，每季度至少主动与央企高层联系走访一次，市委、政府主要领导每半年听取一次专题汇报。切实发挥驻京办事处的作用，建立驻京央企联络处。探索开展地方与央企干部“双挂职”。积极推进项目合作。充分挖掘人脉、地缘资源，积极推动央企在我市定点布局，加强在装备制造、信息技术、新材料、食品加工、清洁能源等领域的合资合作。抓紧落实已签约央企合作项目，提高项目履约率、资金到位率、开工率和竣工率。打造央企聚集区。依托国家级高新技术开发区、涿州新兴产业示范区、定州唐河循环经济产业园区、高碑店经济开发区和涞水经济开发区，加强基础设施建设，完善配套服务功能，建设央企特色产业聚集区。其它各县（市、区）要积极创造条件，利用本地开发区（园区、聚集区），吸引和承载央企进入。

（五）建好开放平台和载体。各种经贸活动是开放的重要载体，各类产业园区是承接项目的主要平台。建好高质量的平台和载体，是加快开放型经济发展的基础和前提。大力促进各类产业园区转型升级。坚持用国际化理念规划园区、用全球化视野打造园区、用产业化理念发展园区，切实加大园区建设力度，构建各类产业园区分工明确、特色鲜明、优势互补、联动发展的良好格局。国家级开发区要积极实施项目优选工程，率先由“引资”向“选资”转变，进一步提升开放型经济质量和水平。省级开发区（园区、聚集区）要围绕主导产业，打造产业集群，实现错位发展，争创国家级开发区。做多做大做强市级园区，健全管理机构，完善基础设施，提高承载能力，推动其从项目聚集、要素聚集向产业聚集、财富聚集转变。通过转型升级，使各类产业园区成为聚集先进生产要素的主要载体、对外开放和自主创新的重要阵地、富有活力和竞争力的新经济增长极。认真办好各类特色经贸活动。积极组织参加国家、省举办的重大经贸洽谈活动。围绕我市主导产业适时组织举办主题招商推介活动。鼓励支持各县（市、区）、开发区办好具有本地特色的专业招商活动和展会。按照国际化、市场化、品牌化的要求，聘请专业机构，对市内有一定影响力的特色展会进行整体策划、包装和推介，着力打造标志性品牌展会。规划建设市会展中心。

（六）着力激活市场主体。企业是扩大开放的主体，是加快发展开放型经济的重要支撑。支持企业转变发展方式，全面提高发展质量、效益和水平，真正走上创新驱动、内生增长的发展轨道。强化部门优质服务。真正实现“三个转变”：由部门高人一等、企业矮人三分向纳税人是上帝、机关干部是公仆转变，形成亲商、爱商、重商的浓厚氛围；由企业围着部门转向部门围着企业转转变，部门工作要以支持企业发展、服务基层群众为中心，做到工作快节奏，办事高效率，服务更优质；由被动服务向主动服务转变，不能坐等企业登门解决问题，而要主动深入企业帮助排忧解难。扩大企业话语权。探索建立全方位改进服务及企业发展环境的有效机制，让最了解环境的企业评判环境，让企业给政府部门定优劣，根据评议结果落实奖惩措施。支持企业上市融资。加强分类指导、跟踪服务，帮助企业找准定位，选择适合企业自身特点的板块在境内外多层次资本市场上市融资，推进已上市公司实现增发再融资。充分发挥银行业机构融资功能，解决中小企业融资难题。加强企业家队伍建设。建立企业家早餐会制度和企业接待日制度，形成及时帮助企业解决实际困难的“绿色通道”。定期开展政企对接、企业家培训、外出考察、联谊会等活动。加强舆论宣传，培树创业典型，在全社会营造尊重企业家、关爱企业家的浓厚氛围。

（七）转变外贸发展方式。进一步扩大对外贸易规模，优化外贸结构，培育以技术、品牌、质量、服务为核心竞争力的出口新优势。强化出口基地建设。加强和完善研发设计、试验检测、展示培训等各类公共服务平台，推进国家级和省级外贸出口基地建设，加快培育一批新的出口聚集区，壮大规模，提升质量，促进出口产业聚集化、集群化发展。强化出口品牌建设。推动更多企业获得国际市场质量许可和认证，加快境外商标注册。加快技术创新，培育自主出口品牌，优先推荐品牌企业申报各级出口产品公共服务平台建设项目。用足用好国家和省、市有关政策，加强品牌展示和推介，引导品牌企业深度开发国际市场。积极开拓国际市场。依靠新产品、新技术、新标准、新服务，巩固并继续开发美国、欧盟、日本等传统市场，大力开拓东盟、非洲、南美、俄罗斯、印度和中东新兴市场。积极组织企业参加国内外知名展会，鼓励企业集体参展、统一布展。支持企业开展网上国际贸易。加快发展服务外包。建立完善服务外包推进体系，加强公共服务平台和公益性基础设施建设。引进服务外包龙头企业，培育成长型外包企业，鼓励外商投资服务外包产业，加快形成重点骨干型服务外包企业群。重点抓好信息技术服务、数据处理、客户服务、金融后台服务和动漫游戏等服务外包。推动对外工程承包和外派劳务稳步增长。鼓励大型对外承包工程企业承揽技术含量高、能够带动我市设备和技术出口的大型工程项目，扩大市场份额，同时推动我市企业与国际国内大型承包商建立战略合作关系。强化政府公共服务，建立市县两级对外劳务合作服务平台，为劳务人员和外派企业免费提供对接服务。

四、加快发展开放型经济的保障措施

（一）加强组织领导。各级党委、政府及有关部门要把扩大开放作为推进全市经济加快发展和加速转型的主战略，作为“一把手”工程来抓。成立由市主要领导任组长，相关市领导任副组长，有关部门主要负责人为成员的市开放工作领导小组，及时研究全市开放型经济发展的重大事项，协调解决事关开放全局的重要问题。领导小组办公室设在市商务局，负责对全市加快开放型经济发展工作的组织、指导、协调和督查。市开放工作领导小组每季度听取一次各县（市、区）、开发区和有关部门主要负责人的开放工作述职；领导小组办公室每月听取一次相关分管领导开放工作推进情况汇报。对各县（市、区）和开发区开放型经济指标完成情况定期通报。对重大内外资项目落实专办、代办制度，实行工程式推进和挂账式督导。

（二）加大政策激励。市政府设立市级开放型经济发展专项资金，并根据发展需要逐年增加，纳入市财政预算。各县（市、区）、开发区也要设立本级开放型经济发展专项资金，与省、市专项资金配套使用。对招商引资和对外经济技术合作做出重大贡献的单位或个人给予表彰奖励。对出口上台阶的企业领军人物给予表彰奖励。研究制定引资奖励办法，对项目引荐人给予重奖。落实国家汽车及零部件出口基地建设的配套资金（每年不少于1亿元）。深化投融资体制改革，鼓励社会投资主体投资经营性基础设施项目。

（三）强化要素支持。加快土地、技术、劳动力和资本市场建设，为项目投资提供要素支持和保障。对鼓励类引进项目的用地、用电、用水、用气、运输等给予重点支持。实行差别化供地政策，对符合国家产业政策、有利于全市经济发展的重大合作项目、有利于引领县域特色经济上规模上水平的项目，战略性新兴产业项目、重大基础设施项目和民生项目，优先安排用地指标。对经济总量较大、招商引资及企业内生扩张力度大、项目多的县（市）给予更多的用地支持。对用地集约的国家鼓励类外商投资项目，按照省政府《印发关于扩大对外开放加快开放型经济发展意见的通知》（冀政〔2011〕35号）的有关规定给予优惠。建立适应开放型经济发展新要求的公共信息服务平台，完善快速反应、长期应对、联合预警的长效机制。

（四）创优投资环境。认真落实市委、市政府《关于落实省委“三自”“六不”要求，开展执行力亮剑行动的实施意见》及相关实施细则。改善金融服务，积极组织政银企对接，对各类企业给予信贷支持。加大金融领域开放力度，引进更多股份制银行和外资银行落户保定，支持和服务我市经济发展。降低企业创业投资风险，进一步优化自主创新和科技创业环境。完善市、县两级行政服务中心建设，提高行政效能，对外来投资项目，实行全程“一站式”服务。定期召开内外资企业投资环境座谈会，听取企业的意见和建议，集中解决困扰企业发展的重点问题。探索建立外来投资企业信用评级制度，对符合产业发展方向的重点项目及信誉好的企业优先提供主动高效优质的服务。进一步完善外来投资者投诉和投资咨询服务，严厉打击坑商、骗商、扰商等违法违纪行为。

（五）加强开放型人才队伍建设。制定人才培养、引进工作方案，多渠道、分层次培养一批、引进一批、选拔一批具有较高外语水平、丰富专业知识的高素质、复合型人才。加大培训力度，利用高校优势，聘请专家、教授，对经济部门的干部进行开放型经济发展知识培训，每年举办企业高管人员和业务骨干示范培训班。优化干部队伍结构，大力选拔具有世界眼光、战略思维和熟悉开放型经济的干部进入各级领导班子，增强领导开放合作工作的能力。

（六）完善目标考核。结合执行力亮剑行动，进一步完善开放型经济工作的绩效管理和考核评价体系，将外贸出口、利用外资和引进省外国内资金等主要指标纳入目标考核体系，并加大考核权重和结果运用。对开放工作中贡献突出的单位和个人，按规定予以重奖；表现优秀的干部，优先提拔重用；对完不成年度任务目标且排名倒数第一的县（市、区）、开发区党政主要领导和分管领导，一年亮黄牌、两年亮红牌。

由市开放工作领导小组办公

室牵头，市直有关部门配合，依据市执行力亮剑行动有关细则和本意见，分别制定鼓励创业投资、人才引进培养与奖励、促进服务外包发展、项目引荐奖励、外资项目专办代办制度、发挥高校优势、促进央企进保等方面的具体规定和办法，使我市开放型经济发展形成一套科学合理、具体量化的政策支撑体系。市执行力亮剑行动领导小组综合办公室、查效问责办公室、考核办公室要各负其责，督导落实。

以前有关对外开放的规定与本意见不一致的，按本意见执行。

中共保定市委　保定市人民政府
关于实施城市突破战略加快新型城市化进程的意见

（2012 年 5 月 24 日）

城市化是经济社会发展的必然趋势，是关系全局、关系长远的重大战略问题。为深入贯彻落实省第八次、市第十次党代会精神，加快我市新型城市化进程，充分发挥城市在经济社会发展中的集聚、辐射、带动作用，推动京畿强市、善美保定建设，提出如下意见。

一、充分认识加快新型城市化进程的重大意义

加快推进新型城市化，是贯彻落实科学发展观的必然要求，是扩大内需、转变发展方式、保持经济平稳较快发展的强大动力，是统筹城乡发展、解决“三农”问题、保障和改善民生的重要途径，是全面建设小康社会、加快实现现代化的必由之路。

近年来，我市城镇面貌发生明显改观，城市化步伐不断加快，但城镇规模偏小、建设水平落后、城市化水平偏低等问题还没有从根本上改变。2010 年我市城市化率为 39.47%，分别落后全国、全省平均水平 10 个和 5 个多百分点，低于周边的北京、天津、石家庄、廊坊等城市 10 个百分点以上，属于京津冀都市群中的城市化“洼地”。我市城镇建设发展质量不高，基础设施欠账较多，功能配套不完善，城镇特色不够鲜明。城镇管理水平粗放，创新发展能力不足，环境脏乱差问题较为突出。城市化滞后工业化，城市辐射带动和集聚功能不强，中心城市“小马拉大车”问题突出。城市化水平落后，已成为制约我市经济社会发展的短板，使我市在京津冀城市群中面临被边缘化的危险。加快新型城市化，构建转型发展、跨越发展的重要战略支点，是摆在全市面前的一项艰巨而紧迫的任务。

当前和今后一个时期，是加快我市城市化进程的关键时期，面临着诸多有利条件。近年来，我市重大交通基础设施建设日臻完善，经济社会得到较快发展，人均生产总值已达 3500 美元左右，已进入国际公认的城市化快速发展期，加快新型城市化的内在需求日益迫切。京津冀一体化步伐加快，首都经济圈纳入国家“十二五”规划，京津的辐射效应日益明显，加快推进新型城市化的外部机遇已经来临。遵循经济社会发展规律，顺应城市化趋势，加快推进城镇建设发展，已是势在必行。全市各级党委、政府和各级领导干部，一定要从战略和全局的高度，深刻认识加快新型城市化进程的重要意义，切实增强责任感、紧迫感，抢抓机遇，乘势而上，推进城镇建设实现新突破，加快新型城市化步伐，为全市发展提供强力引擎、构建战略平台。

二、总体要求

（一）总体思路。紧紧围绕建设京畿强市、善美保定的奋斗目标，深入贯彻落实科学发展观，坚持新型城市化与新型工业化、农业现代化同步发展，紧扣“提速、提质”主题，实施城市突破战略，以规划为引领，以增强综合承载能力为基础，以项目园区为主要抓手，加快做大做强中心城市，做优做美区域中心城市和县城，做新做特小城镇和中心村，促进大中城市和小城镇协调发展，努力构建“大马驾辕、多马拉车、众星捧月、各放异彩”的城市发展新格局，促进全市经济社会快速发展。

（二）基本原则

1、规划先行，集约发展。充分发挥城乡规划的引导调控作用，完善城市总体规划、土地利用总体规划、产业发展规划，促进资源优化配置和集约节约利用。

2、产城互动，集聚发展。坚持用新型工业化带动新型城市化，调整城镇布局与产业结构优化结合，统筹兼顾劳动密集、资本密集、技术密集产业的协调发展与合理布局，以产兴城、以城促产，推进新型城市化健康发展。

3、突出重点，梯次发展。坚定不移地做大做强中心城市，培育发展大、中城市，推动县城扩容升级为中小城市，积极培育一批特色重点镇，打造区域经济增长极。

4、以城带乡，统筹发展。坚持工业反哺农业、城市支持农村，以城市繁荣带动农村发展。完善城乡协调发展机制，推进公共财政向农村倾斜，基础设施向农村延伸，公共服务向农村覆盖。

5、以人为本，和谐发展。加快城乡配套基础设施和公共服务设施建设，加强和改进社会管理，改善城市生态环境，提高精细化管理水平，打造宜居城市，提升居民幸福指数。

（三）目标任务。到2015年，全市城市化率达到51%，年均增长2.5个百分点，接近或达到全省平均水平；新增城镇人口130万左右，产业、人口集聚能力明显提高；城镇规划建设管理水平全面提升，基础设施和公共服务设施更加完善，综合承载能力和竞争力明显增强；城镇容貌、生态环境不断改善，住房、交通、教育、文化、医疗条件不断提高，社会保障体系基本健全。全市初步形成空间布局合理、功能分工明确、等级规模有序、基础设施合理，大中城市和小城镇协调发展的城镇体系。

到2020年，全市城市化率达到57%以上，赶上或超过全省平均水平，中心城市辐射带动力明显增强，中小城市规模和实力明显壮大，小城镇发展质量明显提高，全市经济社会展现更大活力。

三、科学构建城镇体系框架

（一）优化城市发展空间布局。做大中心城市，到2015年人口达到210万人左右。其中，主城区人口达到150万人左右，发展为特大城市；徐水、清苑、满城、安新四个县城分别达到15万人、15万人、14万人、18万人，发展为小城市。培育大中城市，到2015年，定州市区达到50万人、涿州市区达到40万人，加快向大城市迈进；白沟新城达到30万人，高碑店、安国市区和涞源县城达到20万人以上，发展成为中等城市。发展中小城市，推进其他县城加快向中等城市、小城市发展，到2015年全市县城建成区面积扩大100平方公里、常住人口新增100万人。打造一批特色小城镇，到2015年国家和省级重点镇人口达到5万以上，市级重点镇达到3万以上，其他建制镇达到1万人以上，新培育建制镇20个左右。同时，发展一批中心村和新型农村社区，促进城乡一体化发展。

（二）加力做大中心城市。坚持“一城三星一淀”组团式发展模式，努力把中心城市统筹打造成为全市政治、经济、文化中心和宜居、创业之城。中心城区，围绕拉大框架、提高承载能力，在继续做好三大片区改造和东湖、西湖片区建设的同时，加力推进城市北延东拓，重点打造北部低碳新城和东部高铁新城两个组团，使之成为新的经济增长极和城市扩张发展的重要引擎。北部低碳新城，重点建设新能源研发基地、装备制造基地与产品展销中心、汽车研发与制造基地和综合服务业基地；东部高铁新城，重点建设现代服务业基地，打造京津冀商务、会展、信息、交通、物流重要节点。“三星一淀”，按照“同步、同标、同城”标准，加快推进清苑、满城、徐水、安新四个县城建设，加强与中心城区的联系，实现基础设施共享。清苑重点建设加工制造业基地和农产品生产供应基地，形成疏解主中心城区部分加工制造和物流配送功能的新型工业卫星城；满城重点改善西部山区生态环境，建设保定西花园和休闲度假、文化旅游服务基地，成为分担中心城区部分文化、居住功能的生态精品卫星城；徐水重点建设保北装备制造工业基地、现代物流基地和蔬菜副食供应基地，形成疏解中心城区部分装备制造和区域物流功能的新型工业卫星城；安新重点保护和改善白洋淀生态环境，建设环京津休闲度假旅游基地，成为生态环境优美、居住方便舒适的新型生态精品卫星城。通过组团发展，把中心城市打造成低碳发展特征鲜明、文化底蕴充分彰显、充满创业激情和发展活力的山水宜居城市。

（三）培育发展大中城市。定州市，围绕建设大城市，发挥保南石北区域中心城市作用，完善城市规划，扩大城区规模，依托唐河循环经济产业园区和沙河产业集聚区，大力发展汽车、电力、煤化工、食品等主导产业。协同安国市，辐射带动博野、曲阳、望都等周边县域发展。涿州市，围绕建设大城市，充分发挥毗临北京优势，紧紧抓住环首都绿色经济圈建设机遇，加快新兴产业示范区、开发区、工业集聚区和现代物流园区建设，大力发展铝加工、包装材料和印刷、蔬菜产业，积极培育电子信息、冶金新材料、商贸物流等新兴产业，打造对接京津的桥头堡。协同高碑店市，辐射带动涞水、易县、定兴等周边县域发展。高碑店市，围绕建设中等城市，依托工业优势，以开发区扩容为重点，带动定兴县一体化发展，进而连接涿州市，形成现代制造业走廊。安国市，围绕建设中等城市，依托医药产业和千年药都品牌，构建以轻型加工业和商贸物流业、健康旅游业为主的产业结构，带动周边特色产业发展，逐步与定州市、博野县等周边区域资源共享，协作互补，共同发展。白沟新城，围绕建设中等城市，发挥商贸物流等产业优势和体制机制优势，打造现代特色产业集聚区、统筹城乡发展综合配套改革示范区和中国箱包之都、京南商贸名城。协同带动容城、雄县等县传统特色产业转型升级，加快建设成为特色明显、实力强劲、潜力巨大的中等城市。涞源县，围绕建设中等城市，发挥生态风景区、河北冶金工业园区和矿产资源、交通区位等优势，加大县城建设力度，努力建成西部山区具有表率和示范作用的中等城市。

（四）推动县城向中小城市发展。明确各县城功能定位，完善基础设施，加快产业集聚，促进人口集中。推进常住人口5—10万左右的易县、定兴、高阳、蠡县、涞水、容城、雄县、唐县、曲阳等县城，尽快发展成为10—20万人口的中小城市；提高常住人口5万人以下的博野、望都、阜平、顺平等县城承载能力，尽快发展为人口10万人左右的小城市。

（五）培育特色重点镇。积极推进涿州松林店、蠡县留史和辛兴、高阳庞口、定州李亲顾等国家和省级重点镇建设，着力完善功能、改善环境、塑造特色。各县（市）结合本地实际选择1个以上建制镇，合理规划，重点建设，建成具有较强辐射能力的地域性经济文化中心。

（六）加快中心村建设。合理调整村庄布局，积极稳妥搞好中心村建设，引导有条件的中心村开展联村建镇。结合实施“幸福乡村计划”，提升基础设施和公共服务设施建设水平，引导农村二、三产业向中心村集中，增强中心村集聚辐射和服务带动功能。发展农村社区，建设环境优美、文明和谐的新农村。

四、强力推进城市建设发展

（一）加强规划引领。着眼于融入首都经济圈和京津冀区域一体化发展，坚持规划先行，严格落实规划，加快城市建设发展。

1、科学制定规划。围绕推进新型城市化，进一步审视、完善城市总体规划、控制性详细规划和各类专项规划。特别是围绕中心城市建设，深化“一城三星一淀”中心城市空间发展战略规划研究，促进中心城市迅速扩张发展。围绕推进两个大城市、四个中等城市和各县城建设，县（市）要结合新一轮城市总体规划、控制性详细规划修编，优化完善各类专项规划。各县（市）要列出专项资金，加强乡镇和村庄规划编制，促进城乡一体化发展。

2、统筹规划对接。按照“三规合一、三规同向、三规同步”的要求，城市总体规划、土地利用总体规划和产业发展规划在发展目标和空间布局上要做到相互衔接，各类专项规划要与城市总体规划协调统一。各级开发区（园区、产业集聚区）规划要统筹纳入城乡规划体系，使园区和城镇建设同规划、共发展。建立区域规划协调工作机制，推进中心城市与相关县（市）之间的产业布局、重要项目、重大设施、土地使用等方面的规划对接。

3、维护规划权威。坚持用规划引导建设，建立完善城乡规划管理监督和督查制度，对违反规划行为加大查处力度，严肃规划权威性。加强城乡空间管制和重要资源、生态环境区域保护，严格实施城市红线、蓝线、绿线、紫线、黄线等“五线”管理制度。积极推进城乡规划信息化建设，规范城镇规划信息发布制度，让全社会参与规划制定，监督规划落实。

（二）提高承载能力。按照功能完备、设施齐全、舒适方便原则，加快城镇基础设施建设，完善公共设施服务网络。

1、加强重大基础设施建设。完善现代交通体系。适应京津冀区域一体化发展需要，重点推进铁路十字交叉、高速公路四纵四横二环建设，实现县县通高速，建设中心城市半小时交通圈，县（市）一小时交通圈，京津石一个半小时交通圈。到2015年，全市铁路通车里程达到900公里左右；高速通车里程达到1200公里，高速路网密度达到5.4公里/百平方公里。创造条件发展城际快速干道，加快形成路网完善、结构合理、快速高效的交通体系。加强水系工程建设。王快—西大洋水库连通工程今年通水。加快南水北调27个供水配套工程建设，争取2014年投入使用。加快能源基础建设。推进南郊、西北郊、涿州热电联产等重大能源项目建设，到2015年全市电力总装机容量达到740万千瓦；加强电网建设，实现源网建设与输电网、城市配网、农村配网建设协调发展。搞好“陕京三线”等天然气骨干管网及我市配套工程建设，建成以中心城市为核心，以大中城市为节点，辐射各县（市），实现“县县通天然气”的供气网络。

2、拉大城市发展框架。以更

大的力度、更快的速度推进中心城市发展。加力推进北部低碳新城建设，搭建路网框架，推动北部区域快速扩张。结合高铁车站建设，规划建设东部高铁片区商贸物流中心，撬动东部区域发展。加快与清苑县城对接，带动南部区域发展。加快万博广场、燕赵国际商务中心以及火车站综合改造等工程，将市区朝阳大街和东风路交叉地带打造成高品质的中央商务区。加快东湖区域文化中心、西湖体育中心建设，带动相关区域发展。推进“三大片区”拆迁扫尾和改造工程建设，打造老城区发展亮点。加快军用机场搬迁步伐，打破瓶颈制约，加快东南部城区发展。加快城市主次干道建设，实施七一路西延、东风路西延、乐凯大街和长城大街南延、朝阳大街北延、东西三环连接清苑北外环、白洋淀大道等一批重大项目，打造“九纵九横”主城区路网格局。四个县级市、18个县城和白沟新城，要结合产业园区、开发区和工业集聚区建设，拉大发展框架，加快县（市）城扩容升级。

3、完善提高城市功能。以提高城镇综合配套能力为目标，加快城市路网、水网、电网、气网、热网、信息网等城市基础设施建设。各县（市）城全面实现“三个有”和“四个达标”，即县县有垃圾无害化处理场所、集中供热设施和星级公园，城镇燃气、供水、污水处理和道路交通设施建设达到规划目标。到2015年，市区建成区人均道路面积达到17平方米以上、路网密度达到6公里/平方公里以上，县（市）城道路网密度达到5公里/平方公里以上；促进城市公交向郊区和农村延伸，力争用3年时间实现乡乡通公交。市区集中供水普及率达到100%、集中供热普及率达到80%以上、管道燃气比重达到80%以上；县（市）城集中供水普及率达到90%以上、集中供热普及率达到70%以上、燃气普及率达到80%以上；城镇污水处理率和生活垃圾无害化处理率达到90%以上。加强城镇公共服务配套设施建设，集中实施一批教育、卫生、文化、体育惠民工程。到2015年，中小学幼儿园教育设施水平全部达到国家建设标准；市区万人拥有医院床位数达到40个、县（市）达到20个，各县（市）至少1所县级医院达到标准化水平；全市社区服务设施综合覆盖率达到90%。市区物业管理覆盖率达到60%，县（市）城物业管理覆盖率达到35%。同时，加强防洪排涝、防震减灾、公安消防等设施和“平安城市”建设，增强对重大自然灾害和突发事件的应急处置能力。

4、提高住房保障能力。把加快住房建设作为提高城镇人口承载能力、改善居民生活环境的重点来抓。进一步加大棚户区、城中村、城郊村、旧住宅区、旧商贸区改造力度，加快城镇新区开发，大幅度提高城镇居住质量。扩大住房保障范围，建立以公共租赁住房、廉租住房为主的保障体系，对符合住房保障条件的城市低收入家庭应保尽保。中等偏下收入住房困难群体住房条件明显改善，全市住房保障覆盖率“十二五”末达到20%以上。

（三）彰显低碳特色。实施低碳优先发展战略，强化低碳理念，发展低碳经济，打造低碳产业，加强低碳管理，倡导低碳生活，打造中国低碳示范城市。

1、强力推进低碳工程建设。组织实施先进制造业基地、现代服务业基地、绿色农业基地、传统产业改造、新型能源开发利用工程、建筑节能改造、城镇集中供热、农村节能普及、交通节能、森林碳汇十大工程建设。推进气化保定、金太阳示范工程建设，打造全国低碳交通示范市、中国太阳能之城。广泛开展低碳企业、低碳园区、低碳社区创建活动，动员社会各界积极参与低碳城市建设，建设经济发展、社会繁荣、人类社会与自然和谐共存的低碳城市。

2、大力推进节能减排。优化城镇工业布局，加快城市中心区污染企业搬迁改造步伐，对污染严重的违法排污企业依法关停并转，大力发展循环经济，严控主要污染物排放总量。大力开展城市综合节能，重点加强新建住宅和公共建筑节能工作，落实建筑节能强制性标准，推广新型墙体等新材料，发挥好建筑节能示范作用，打造节能型城镇。

3、加强生态环境保护。树立绿色发展理念，不断改善环境质量，切实保障环境安全。实施蓝天行动，加强建筑工地、拆迁工地、道路施工管理，减少扬尘污染，治理机动车尾气和噪声污染，市区好于二级标准的天数达到310天以上，县（市）达到300天以上。建立县城空气质量自动监测系统，市区实施PM2.5环境监测。实施碧水计划，开展重点流域水污染防治，推进白洋淀污染综合整治，加强市区河道环境管理。实行水资源质量辖区负责制，建立县（市）河流断面水质监测考评机制，加强饮用水源地水质保护和应急水源建设，确保群众饮用水安全。加快生态创建和生态恢复，大力开展植树造林，突出抓好工程造林，保护森林资源，提高森林覆盖率。市区人均公园绿地达到6平方米以上，县（市）城达到5平方米以上；市区达到国家园林城市标准，所有县级市和60%的县城进入省级园林县城行列。

（四）提升文化品位。按照城市建设有传承、有特色、有魂魄、有品位要求，推进文化名城建设，塑造独特城市形象，不断提高发展软实力。

1、丰富文化内涵。加大保定古城及系列文化景点恢复、保护、利用力度。加快淮军公所、清河道署修缮及周边整体拆迁改造，保护修缮和综合利用直隶总督署、古莲花池、保定军校、大慈阁等历史遗存，再现古城区"明清风貌、灰墙黛瓦、书院衙署、槐柳荷花"的古韵幽风。深入挖掘城镇文化和风景名胜资源，做实文化载体，抓好城市原点、城市标志性建筑、城市雕塑等有形文化建设。实施文物保护抢救工程。加强历史文化名城名镇名村、风景名胜和古树名木保护。积极推进定州河北文博园、曲阳雕塑、定兴黄金台等文化产业园建设，力促白洋淀、野三坡、白石山、易水湖等风景名胜区不断上档升级。

2、打造精品工程。加快万博广场、关汉卿大剧院和博物馆、火车站、高铁车站、农业生态园等重点工程建设，深入创建一批高品质特色街区、样板道路、示范小区、文化广场和城市标志性建筑（群），新建成3个以上省级精品公园。各县（市）以打造精品、提升品位为目标，实施"四个一"工程，即建设一条城市迎宾大道、建成一座星级以上综合性精品公园、建设一座规模较大的商业综合体、完成一条城市主干道综合整治。

3、提升整体形象。加强城市形象策划、设计和对外宣传，着力打造"京畿重地、文化名城、低碳城市、山水保定"四张城市名片。各县（市）要把历史文化积淀和城镇建设发展有机结合起来，充分体现地方特色，精心打造县城名片，丰富城市美学元素，强化城市可识别性，体现自身独有的特色和魅力。

（五）提高管理水平。以精细化、标准化管理为核心，坚持建管并重，强化综合执法，确保中心城市、各县城、重点镇环境容貌明显改观。

1、治脏。清除卫生死角，加强道路清扫，加强集贸市场、城乡结合部、城中村、铁路沿线等地区的卫生保洁，清理积存垃圾。大规模整治贴近群众生活的城市支路和背街小巷，按照路面平整、排水通畅、路灯明亮、街容整齐的标准，三年内全面完成建成区内支路、背街小巷的整治任务。

2、治乱。深入开展占道经营、店外经营、夜市摊点、乱贴乱画、乱搭乱建等专项整治。整饰建筑外观，推进夜景亮化。对城镇重要道路及商业中心、广场、主要出入口等进行重点治理，打造标志性地段和节点。

3、治堵。实施城镇畅通工程，完善支路配套，改造小街小巷，增强城镇多层次道路的衔接性和通畅性。加强公共交通场站和配套设施建设，大力发展公共交通。加强交通管制科学设计，完成城镇数字化管理平台建设任务，规范道路交通秩序，加快形成路网完善、结构合理、快速高效的城镇综合交通体系。

4、治违。净化建设环境，打击非法建设，强力整治土地违法、规划违法、施工违法问题。实施拆违行动，对挂牌的违法违规项目依法顶格处理，对恶意阻工、抢建、抢种、抢载和黑恶势力进行专项清理。

（六）做强产业支撑。以工业化推进城市化、以城市化带动工业化，加快产业结构调整步伐，促进城镇经济发展。

1、调整城镇产业结构。着力培育壮大电子信息、新材料、节能环保等战略新兴产业，加快形成一批以城镇和园区为依托的特色优势产业。中心城区，要加快"退二进三"步伐，优先发展金融保险、商业服务、总部经济、科技研发、文化旅游等服务业，引导推进资源型产业、加工型产业逐步向城郊和小城镇转移。大中城市和小城镇，要把增加就业岗位放在更加突出的位置，积极发展特色产业和劳动密集型产业，培育一批工业型、旅游型、商贸型、交通型小城镇，实现经济发展和就业增长的良性循环。

2、推进产业园区建设。坚持产城互动、园城融合，按照布局集中、产业集聚、用地集约要求，完善城镇功能分区，合理配置工业用地，规划建设好各类开发区和产业园区。保定主城区周边重点规划建设3—4个产业园区，涿州、定州、安国、高碑店、白沟新城和涞源县城周边重点规划建设2—3个产业园区，其他县城周边规划1—2个产业园区，全市市级以上园区达到50个以上。加快中国电谷建设，把高新区打造成国家创新型特色产业园区。推进省级重点开发区、园区和工业集聚区建设，培育壮大特色主导产业，提高产业园区的竞争力。

3、全面振兴县域经济。实施县域腾飞战略，加快优势产业升级改造，推进"二次创业"。坚持特色兴县，分类指导、因地制宜，加力推进县域经济"四名工程"。发展壮大民营经济，实施扶持企业成长工程，提升企业管理水平，加快技术创新步伐，推动民营经济转型升级。特别是环首都经济圈县（市），要紧紧抓住京津冀一体化进程加快的战略机遇，加强与北京、天津全方位对接，承接城市产业转移，提高县域经济竞争力。

五、健全保障机制

（一）加强组织领导。市委、市政府亮剑行动城市建设推进组负责统筹、协调、领导推进城市化各项工作，城市建设推进组办公室具体负责督导各项建设任务的贯彻落实。各县（市、区）、开发区要建立主要领导牵头的组织协调机构，研究制定加快城镇建设的具体实施方案和政策措施。各有关部门要强化大局观念，增强服务意识，加强协作，密切配合，规范办事程序、简化办事环节、提高办事效率，及时解决城镇规划、建设、改革等方面存在的突出问题。加强领导干部专业培训，提高驾驭新型城市化的工作能力和水平；加强城乡规划、建设和管理的专业培训，建设一支高水平、高素质的规划建设管理人才队伍；要充分利用各种媒体，加大宣传力度，在全社会形成关注城市化、参与城镇建设的浓厚氛围。

（二）理顺管理体制。深化体制改革，转变政府职能，充分运用城市总体规划、土地规划、资质审查等手段调控、引导资源和要素配置。深化市政公用事业改革，完善特许经营制度，建立有利于资源节约、环境保护和市政公用事业稳步发展的价格机制。按照“行业管、社会办”的原则，对水、热、气、通讯、有线电视等市政公用设施及配套设施，引入竞争机制，尽快将市政、环卫等行业全面推向市场。鼓励城市管理体制创新，明确市、区、街、居的城市管理责任、权力和经费来源，探索城市执法监管新机制，形成管理重心下移、执法服务集中的城管新格局。有步骤地推进行政区划调整，适当扩大中心镇的管理范围，实行镇改街和村改居。加强数字规划、数字城管和数字住房等系统的融合对接，积极探索智慧城市的管理模式。

（三）提供要素保障。统筹城乡土地资源，建立与人口相匹配的城乡用地协调互动机制，盘活城镇闲置土地和低效使用土地，加快城中村、旧住宅小区、棚户区改造步伐，充分挖掘存量土地潜力。加强农村土地管理，加快空心村治理、废弃砖窑复垦等改造步伐，探索农村集体非农建设用地合法进入市场，实现农民和土地的完整转移。加大财政投入力度，同时积极争取国家政策性银行、商业性银行等金融组织贷款，采取发行市政债券、增资扩股、上市融资等形式筹集建设资金。规范和完善城市建设投融资公司管理，强化资本注入和资产整合，做大做强融资平台。按照谁投资、谁受益原则，利用BT、BOT、TOT等比较成熟的模式，吸引社会资本参与城镇基础设施建设。积极引进战略投资者，创新城镇建设投资模式。

（四）强化政策扶持。加快建立适应城市化快速发展的户籍管理制度，实行居住证制度，引导农村人口向城镇集聚。以合法稳定就业和合法稳定住所（含租赁）为落户条件，解决进入城镇的大中专院校及技校毕业生、农民工及其配偶、未成年子女的城镇户籍。建立和完善社会保障制度，实施社会保障全覆盖工程。基本养老保险、基本医疗保险、最低生活保障三项制度覆盖城乡，逐步实现城镇企业职工和非就业居民养老保险与新农保之间、城镇基本医疗保险与新农合之间、城乡医疗救助制度之间的衔接。推进城中村综合转制，解决失地农民的就业和生活保障问题。

（五）健全考核机制。认真落实执行力亮剑行动实施意见和关于加快城市建设工作的实施细则，着力建立科学务实的城市化建设考核评价体系，完善奖惩激励机制。建立市区城建重点项目建设考核通报制度，实施月检查、季通报制度，每季度按完成工作量占目标任务的百分比打分排队，优秀的表彰奖励，未完成任务目标的责任单位给予警告；经警告仍未完成任务目标的出示黄牌；黄牌警告后在限定期内仍未完成目标任务的出示红牌，对单位主要领导实施问责。建立县城建设量化评价体系，每年对各县（市）城镇建设观摩评比，对排位后三名的县（市）通报批评，取消评优资格；连续两年排位后三名的，对其主要领导和主管领导调整岗位。

中共保定市委
关于全面建成小康社会的决定

（2012年12月17日中共保定市委十届四次全会通过）

为深入贯彻落实党的十八大和省委八届三次全会精神，深化完善市委十届三次全会确定的思路举措，市委十届四次全会认真总结工作，准确把握形势，对保定全面建成小康社会问题进行了深入研究，作出如下决定。

一、充分认识全面建成小康社会的重要性和紧迫性

1、凝聚全面建成小康社会的强烈共识。中国共产党第十八次全国代表大会，是在我国进入全面建成小康社会决定性阶段召开的一次十分重要的大会。十八大报告提出，在发展平衡性、协调性、可持续性明显增强的基础上，到2020年实现国内生产总值和城乡居民人均收入比2010年翻一番。省委八届三次全会提出，把今后五年作为全面建成小康社会的决定性阶段，全面建成小康社会目标在大多数地区总体实现。保定地处首都经济圈，作为全省第一人口大市，实现全面建成小康社会目标，是贯彻落实十八大和省委八届三次全会精神的政治要求，是建设京畿强市、善美保定的必经阶段，是顺应全市人民过上幸福生活新期待的必然选择。全市各级党组织和广大党员干部要充分认识到，以更快的速度、更高的标准、更严的要求推动全面建成小康社会，关系人民福祉，关系大市尊严，关系保定未来，必须把思想统一到中央、省委的决策部署上来，把智慧和力量凝聚到全面建成小康社会目标上来。

2、认清全面建成小康社会的严峻形势。改革开放特别是党的十六大以来，我市小康建设不断取得新进展，积累起全面建成小康社会的重要发展基础。在看到成绩的同时，必须清醒地看到两个方面的差距：一方面，与省委确定的五年内全面建成小康社会目标要求相比，我市还有较大差距。2010年，我市城乡居民人均收入分别低于全省平均水平1215元和512元。如果与全省同步实现翻番，我市与全省平均水平的差距不仅不会缩小，还会进一步拉大。另一方面，与市委十届三次全会确定的重返全省第一方阵的要求相比，我市面临的形势更加严峻。2010年，我市地区生产总值全省排名第五位。今后五年，既要实现GDP总量翻番，完成全面建成小康社会目标，又要为综合经济实力重返全省第一方阵奠定坚实基础，这就要保持比五年内实现全面建成小康社会目标更快的增长速度。保定慢进亦退、不进更退，实现全面建成小康社会目标、重返全省第一方阵面临的任务更加艰巨、困难更加突出、压力更加巨大。

3、增强全面建成小康社会的信心力量。全面建成小康社会，综合经济实力重返全省第一方阵，是对全市各级党组织和广大党员干部的现实检验和重大考验。必须按照省委确定的全面建成小康社会的时间节点，安排工作，部署任务，提升标准，建设更高水平的小康社会；必须按照重返全省第一方阵的目标要求，制定战略规划，谋划战略举措，构建战略优势，加快跨越赶超；必须以更大的政治勇气和智慧，不甘人后，奋勇争先，弘扬保定精神，创造保定速度；必须动员一切力量，调动一切积极因素，朝着全面建成小康社会的目标聚焦发力，努力推进京畿强市、善美保定建设取得重大标志性突破，为建设经济强省、和谐河北作出应有贡献。

二、全面建成小康社会的总体要求和奋斗目标

4、全面建成小康社会的总体要求。坚持以邓小平理论、“三个代表”重要思想、科学发展观为指导，突出科学发展主题和转变经济发展方式主线，以经济建设、政治建设、文化建设、社会建设、生态文明建设“五位一体”为总体布局，更加注重保持经济平稳较快发展，更加注重调整经济结构，更加注重统筹城乡，更加注重壮大县域经济，更加注重改善人民生活，更加注重社会和谐稳定，全面把握机遇，沉着应对挑战，确保实现全面建成小康社会目标，确保综合经济实力大幅提升。

5、全面建成小康社会的奋斗目标。按照中央、省委的要求，我市确定的主要目标是：

——经济建设跃上新台阶。全市地区生产总值和城乡居民人均收入在全省提前实现翻番；到2020年，人均地区生产总值和城乡居民收入超过全省平均水平，综合经济实力进入全省第一方阵。

——政治建设取得新进展。基层民主不断扩大。依法治市全面落实。法治政府和服务型政府建设成效明显。司法公信力不断提高。风清气正、开放文明、和谐稳定的发展环境全面构建。

——文化建设开创新局面。社会主义核心价值体系深入人心。公民文明素质和社会文明程度明显提高。公共文化服务体系更加健全。文化旅游产业成为支柱性产业。文化建设领跑全省，基本建成文化强市。

——社会建设实现新进步。基本公共服务均等化总体实现。基本实现教育现代化。全民健康水平进入全省前列。全国体育名城基本建成。城乡居民收入水平在全省位次前移。社会保障水平稳步提升。社会管理科学化水平显著提高，人民群众安全感和幸福感明显增强。

——生态文明建设呈现新景象。资源节约型、环境友好型社会建设取得重大进展。自然生态环境得到有效保护。人居环境明显改善。低碳城市建设卓有成效，资源循环利用体系初步建立。生产转型、天蓝水净、地绿山青的目标全面实现。

三、全面建成小康社会的主要任务

（一）围绕进入全省第一方阵，做强全面建成小康社会的经济支撑

6、强力实施工业强市战略。坚持走具有保定特色的非资源型工业化道路，加快从“保定制造”到“保定创造”的重大转变，推动工业经济走上投资拉动和创新驱动的轨道，大幅提升全面建成小康社会的产业实力。倾力支持新能源及能源设备制造产业做大做强，把保定建成在全国具有重要影响的“新能源之城”；集中优势资源，加速壮大汽车及零部件产业，全力打造配套体系完善、产业集中度较高、核心竞争力较强的“中国汽车城”；抢抓市场机遇，放大产业优势，加快建设华北地区领先的“航空航天工业城”；按照突出特色、科技引领、循环发展的要求，建设全国一流，综合性和现代化的“安国中药都”。积极发展电子信息、新材料、节能环保等战略新兴产业，对高成长性企业重点扶持，抢占产业竞争制高点。进一步推进纺织服装、食品医药、建筑材料、化工橡胶、冶金加工等传统优势产业上档升级，发展壮大。把项目和园区建设作为加快发展的核心之举，突出抓好能够形成产业集群的战略拖动性项目，培育一批在首都经济圈有较高知名度的大型企业集团，扶持一批推动力强、带动力大的龙头企业和知名品牌，支持大王后工业园区加快发展，谋划建设具有保定特色的“低碳经济示范区”。加快现代金融体系建设，加大金融支持工业力度。到2020年，全市工业化水平超过全省平均水平。

7、强力推进县域经济“二次创业”。以县域经济、园区经济、工业经济、特色经济、民营经济为重点，完善有利于县域经济发展的体制机制，建立科学合理的县域经济发展综合指标评价体系。持续开展县域经济对标行动，促进经济总量、规模企业和财政收入净增量每年都有明显增长。坚持特色兴县，形成知名特色产业、特色园区、特色企业、特色品牌竞相发展格局。突出培育一批立县强县龙头企业，使其成为带动产业集群加快发展的主导力量。放宽市场准入，推进政策创新，建设中小企业创业辅导、融资担保、技术服务三大平台，营造全民创业的生动局面。以高产、优质、高效、生态、安全为主攻方向，大力推进优质农产品基地建设，全面推广标准化、无公害生产，打造首都经济圈绿色农产品供应基地。加强服务体系建设，积极发展农民专业合作组织，稳步发展农业块状经济。大力推进农业循环经济试验区和农业高科技示范园区建设，推广农超对接，构建农产品生产、加工、包装、销售为一体的新型农产品生产流通体系。发展农业产业化经营，提高农民组织化程度，增强抵御市场风险的能力，千方百计拓宽农民增收渠道，促进农民收入较快增长。

8、强力提升开放型经济水平。瞄准京津，瞄准国内行业排头兵，瞄准港澳台，瞄准世界500强，引进战略投资，形成全方位、多层次、宽领域对外开放新格局。抢抓首都经济圈列入国家发展战略的重大机遇，把北京作为开放重点，深入实施“央企进保”、“外企进保”、“大型民企进保”、“总部进保”、“人才进保”、“新技术进保”六大开放攻坚行动。积极参与首都经济圈区域分工，加快与北京的规划对接和基础设施对接，逐步消除与北京在硬件环境方面的梯度落差，加大保定在京津冀一体化发展中的份量和话语权。加强基础建设，积极发展会展经济，使保定具有承接国内外大型会议和经贸活动的能力，办成一批国内一流、具有国际影响的特色经贸活动。提高对外贸易质量，培育一批战略型、领军型外贸企业，增强外贸出口竞争优势。积极推进一批重点企业上市。加强出口基地建设，支持骨干企业对外投资，拓展国际市场，全面打开对外经济合作新局面。

9、强力推进城乡一体化进程。做大做强中心城市，加快清苑、满城、徐水、安新与主城区在道路、水系、供气、供热等基

础设施建设以及教育、医疗、公共交通、社会保障、户籍制度等方面的全方位对接，适度疏解主城区功能。打通乐凯大街南延、复兴路西延、白洋淀大道等主城区与组团之间的连接通道。高标准规划、高速度推进北部低碳新城、东部高铁新区、东湖文化中心片区、西湖体育新城建设，谋划启动以长城汽车公司总部为中心的南部新城建设，为主城区实施人口规模、城区规模、经济规模倍增计划奠定基础。超前谋划建设中心城市路、电、水、讯、气等基础设施，加大城市主次干道改造力度，加快建设一批立交桥、快速路，构建城区畅通高效的综合道路交通体系，把保定建设成为京津冀都市圈独具魅力、充满活力和综合竞争力的特大城市。扶持壮大中等城市，推动定州、涿州向大城市迈进，推进白沟新城、高碑店、安国、涞源加快建设中等城市，打造更多区域发展增长极。加大县城建设力度，推动县城扩容升级，完善县城功能，提高管理水平，积极推进县城向中小城市发展，打造优势明显、布局合理的中小城市集群。加快乡改镇步伐，打造一批特色中心镇。加快改革户籍制度，有序推进农业转移人口市民化，努力实现城镇基本公共服务常住人口全覆盖。全面实施“幸福乡村”计划，加快城市公共基础设施向农村延伸，形成城乡一体的公共交通、供水、供电、广播电视、宽带网络；加快面向农民的教育、文化、卫生等公共服务设施建设，打造一批中心村和社区，形成以工促农、以城带乡、工农互惠、城乡一体的新型工农、城乡关系。到2020年，全市城镇化率达到或超过全省平均水平。

（二）推进政治文明建设，强化全面建成小康社会的政治保障

10、发展民主政治。支持人大及其常委会依法行使职权，加强对“一府两院”的监督，促进依法行政、公正司法和重大决策事项的落实。推进人民政协政治协商、民主监督、参政议政规范化、制度化，促进政党关系、民族关系、宗教关系、阶层关系、海内外同胞关系的和谐，巩固和发展最广泛的爱国统一战线。支持工会、共青团和妇联等人民团体依照法律和各自章程开展工作。推进军民融合式发展，巩固和发展军政军民团结。健全基层民主制度，丰富基层民主形式，扩大公民有序政治参与，畅通民意表达渠道，保障人民群众的知情权、参与权、表达权、监督权。

11、建设服务型政府。推进行政审批制度改革，最大限度地简化审批程序、减少审批环节、压缩审批时限、提高审批效率。深化政企分开、政资分开、政事分开、政社分开，促进政府职能向创造良好发展环境、提供优质公共服务、维护社会公平正义转变。加强政务服务体系建设，推行政府绩效管理，营造优质高效的政务环境。完善市场监管体系，营造公平竞争的市场环境。加强社会信用体系建设，营造诚实守信的人文环境。

12、推进依法治市。推进政府工作法制化、透明化，做到严格规范公正文明执法，建设法治政府。深化司法体制改革，坚持有法必依、执法必严、违法必究，促进司法公正。深入开展法制宣传教育，弘扬社会主义法治精神，树立社会主义法治理念，增强全社会学法遵法守法用法意识。健全法律服务体系，满足人民群众的法律服务需求。深入推进平安保定建设，打造群众安心、放心、舒心的社会治安环境。依法严厉打击干扰企业正常生产经营、严重侵害客商合法权益的各种不法行为，始终保持对犯罪分子的高压态势，维护法制尊严。

13、强化权力运行监督制约。按照科学决策、民主决策、依法决策要求，健全决策机制和程序，坚持重大问题集体决策制度和专家咨询制度，完善决策问责机制和纠错机制。积极推行权力运行公开化、规范化，完善党务公开、政务公开、厂务公开、司法公开和各领域的办事公开制度。严格中介机构监管，加强公共资源交易管理，坚决遏制权力“寻租”和腐败行为。加强党内监督、民主监督、法律监督、舆论监督，让人民监督权力，让权力在阳光下运行。

（三）加快建设文化强市，彰显全面建成小康社会的文化软实力

14、全面提升公民文明素质。深入开展全民铸魂工程和社会主义核心价值体系建设，加强社会公德、职业道德、家庭美德、个人品德教育，持续开展各类群众性精神文明创建活动，强化公共意识、责任意识、诚信意识、科学意识，培育自尊自信、理性平和、开放包容的社会心态，引导全社会树立正确的幸福观，营造健康向上的社会风尚。净化社会环境，保护青少年身心健康。大力弘扬“崇信、重义、尚和、争先”的新时期保定精神，努力把善美保定崭新形象推向全国、推向世界。

15、完善公共文化服务体系。按照公益性、基本性、均等性、便利性的要求，发挥政府主导作用，强化公共财政支撑，加强基层文化建设，实施文化惠民工程，兴建一批功能齐全、布局合

理、特色鲜明的公益性文化基础设施项目，形成比较完备的公共服务体系，保障群众文化权益。开展群众性文化活动，努力把敬老健身节、空竹艺术节、民俗体育艺术节等活动办成具有全国影响力的文化品牌，引导群众在文化建设中自我表现、自我教育、自我服务。大力开展全民阅读活动。加强网络社会管理，唱响网上主旋律。积极开展群众体育活动，提升竞技体育水平，发展体育事业，打造全国体育名城。

16、壮大文化产业实力。积极发展新型文化业态，全面激发文化发展活力。实施重大文化旅游产业项目带动战略，集中建设一批重大文化产业聚集区，集中培育一批具有特色竞争力的文化产业，集中扶持一批文化产业龙头企业，集中打造一批闻名全国的精品旅游景区，集中创作一批展示保定形象的文化精品，推动产业集聚，形成规模效益。大力推进曲阳石雕、安新苇编、易水砚、定瓷等文化产业基地建设，引导文化产业规模化布局、集约化发展。着力发展以会展、演出、影视、印刷出版等为主的文化产业园区和以体育训练、健身、竞赛、体育用品经营等为主的体育产业园区。加快建设国家动漫产业基地，推出更多创意精品，促进动漫产业上档升级，不断壮大整体规模实力。充分挖掘以晋察冀革命文化为代表的红色文化资源，建设爱国主义教育基地，促进与旅游业的深度融合，做大做强保定红色文化产业。

17、发展保定特色文化。充分挖掘保定文化特质，打造鲜明的城市主题文化。围绕始祖文化、诚义文化、书院文化、直隶文化、民间文化、餐饮文化等特色文化资源，建设一批具有标志性的重大文化基础设施。充分发挥大学城、冠军城、拥军城等特色文化优势，展现保定独特文化魅力。弘扬中医药文化，扶持中医药事业发展。合理保护、开发、利用物质文化遗存和非物质文化遗产，打造演艺与旅游相结合的精品演出。坚持政府主导、市场运作，集中书法、绘画、工艺美术等方面的专业人才，创建保定文化艺术区。

（四）以人为本加强社会建设，提升全面建成小康社会的幸福指数

18、大力发展社会事业。坚持教育优先发展方针，统筹各类教育协调发展，办好学前教育，均衡发展义务教育，普及高中教育，推动高等教育内涵式发展，稳定提高高校资源在全省的优势地位，打造京津冀职业教育中心和特教中心，积极发展继续教育，完善终身教育体系，基本实现教育现代化。健全以县级医院为龙头、乡镇卫生院和村卫生室为基础的农村三级医疗卫生服务网络，提高城镇社区卫生服务水平，加快以全科医生为重点的基层医疗卫生队伍建设，健全覆盖城乡的新型医疗卫生服务体系，促进城乡基本公共卫生服务均等化。落实医疗保障、医疗服务、公共卫生、监管体制等综合改革政策，吸引京津优势医疗资源和高级医疗人才，打造京南医疗康复中心。做好人口和计划生育工作。创建健康城市，争创全国卫生城市。

19、提升社会保障水平。拓宽就业渠道，完善就业服务体系，鼓励多渠道多形式就业，增强失业保险对促进就业的作用，努力实现高质量就业。以增强公平性、适应流动性、保证可持续性为重点，全面建成覆盖城乡的社会保障体系，稳步提高基本养老、基本医疗、社会救助、城乡低保、保障性住房等保障标准，不断提高统筹层次。充分发挥政府的救助主体作用，健全制度性救助措施，完善社会救助体系，持续解决好低收入群体的生活保障问题。健全社会福利制度，支持发展慈善事业，做好优抚安置工作。保障妇女儿童合法权益。大力发展老龄服务事业和产业。保障残疾人权益。

20、加大扶贫攻坚力度。借全省之势，举全市之力，高标准推进扶贫开发，提速贫困地区发展，实现整体脱贫、稳定脱贫、自主脱贫、全面脱贫，持续改善贫困群众生产生活条件。继续把环首都扶贫攻坚示范区建设作为重中之重，统筹“7·21”灾后重建工作，高标准建成幸福乡村示范区、生态开发示范区、小康建设示范区和科学发展的样板。统筹区域协调发展，基本消除域内贫困人口，实现人民共同富裕。

21、提高社会管理能力。健全党委领导、政府负责、社会协同、公众参与、法治保障的社会管理体制，加强社会管理体制机制、能力、人才队伍和信息化建设。创新城乡基层社会管理模式，改进政府提供公共服务方式，加强基层社会管理和服务体系建设，增强城镇社区服务功能，强化企事业单位、人民团体在社会管理和服务中的职责，引导社会组织健康有序发展，充分发挥群众参与社会管理的基础作用。完善城乡社区服务体系，实现农村基层党组织、民主组织、经合组织与综治维稳组织全覆盖。加强各级接访中心、矛盾调解中心、司法服务中心建设，畅通和规范群众诉求表达、利益协调、权益保障渠道。完善信访制度和人民调解、行政调解、司法调解联动的工作体系，及时化解矛盾，坚决纠正损害群众利益的

行为。完善司法救助机制，保障公民合法权益。建立健全重大决策社会稳定风险评估机制。强化公共安全体系和企业安全生产基础建设，遏制重特大安全事故发生。强化信息网络管理，提高管理虚拟社会的水平。加强政法队伍建设，提高推动发展、化解矛盾、维护稳定的能力，杜绝以言代法、以权压法、徇私枉法。

（五）大力推进生态文明建设，创造全面建成小康社会的永续发展条件

22、坚持低碳崛起。把低碳作为保定的“金字招牌”，以工业领域节能降碳、农村节能普及、发展低碳交通、推进建筑节能为重点，切实加强低碳管理。积极推进绿色发展、循环发展、低碳发展，积极构建以低碳为主导、以先进制造业为代表的现代产业体系，大力发展低碳经济。深入持久开展低碳机关、社区、高校、医院、企业等各类创建活动，倡导低碳生活，提高全民低碳意识，促进形成低碳、环保、文明的生活方式和消费模式。

23、加强污染防治。深入开展污染减排攻坚行动，落实结构减排、工程减排和管理减排各项措施，重点行业、重点企业、重点领域污染减排得到明显好转。深入开展水体污染治理行动，强化西大洋水库等水源地污染防治，大力实施拒马河等流域综合治理，维护好白洋淀生态环境稳定。加强对市区内河道环境管理，进一步改善河道生态环境。深入开展空气质量改善行动，积极防控煤烟型污染，有效控制机动车污染，从生产源头和全过程减轻环境污染。狠抓城乡扬尘污染治理，促进环境空气质量明显改善。

24、建设生态屏障。大力开展植树造林，提高森林覆盖率，全力创建国家森林城市。以西部山区和北京周边县（市）为重点，因地制宜，重点实施退耕还林、太行山绿化和三北防护林工程建设，加大对西部山区采矿、建材开发企业破坏植被的生态修复，大力开展人工造林、封山育林，建设太行山保土蓄水绿色生态屏障。积极推进城区森林体系建设、农村绿色家园建设、平原农田林网建设、净水护堤建设、绿色廊道建设，加强造林绿化工作，构建环首都绿色屏障。实行差别化的区域开发和资源环境管理政策，加大生态修复，确保恢复自然生态功能。

25、整治城乡环境。实施城镇靓化工程，下大力解决违法违规建设和环境脏乱差问题，积极推进城镇园林体系建设，大力提升净化、绿化、亮化、美化水平，

建设“魅力城市”和“魅力县城”。突出抓好铁路、高速公路、国省干道两侧、城市出入口及城乡结合部、旅游景区等重点部位的环境整治，全力打造展示保定形象的靓丽窗口。推进“魅力乡村”建设，开展“魅力乡村”评比，抓好农村生态创建示范，建立农村环境卫生长效管理机制，争创一批美丽村镇。

26、完善体制机制。全面落实生态环境建设目标责任制，加大生态环境建设指标在领导班子和干部考核体系中的权重，建立健全环境问责机制。深化资源性产品价格和税费改革，建立资源有偿使用制度和生态补偿制度。加强环境监管，健全生态保护责任追究制度和环境损害赔偿制度。围绕预防、预警、应急三大环节，构建突发环境事件安全防控体系。建立风险评估和隐患排查机制，严防公共环境事件的发生。逐步建立和完善社会力量参与环境保护工作机制，引导民间环保组织和志愿者参与生态环境建设。

四、全面提高党的建设科学化水平

27、着力加强思想理论建设。按照建设学习型、服务型、创新型政党的要求，切实抓好思想理论建设这个根本，把人民群众对美好生活的向往作为共产党人的不懈追求，自觉做坚定理想信念的表率。牢牢把握加强党的执政能力建设、先进性和纯洁性建设这条主线，切实加强对党员、干部的理论教育。完善各级党委（党组）理论学习中心组学习制度，切实提高学习效果。教育引导党员、干部自觉做认真学习实践的表率，做社会主义道德的示范者、诚信风尚的引领者、公平正义的维护者，以共产党人的人格力量和实际行动推动京畿强市、善美保定建设。

28、着力加强高素质执政骨干队伍建设。按照科学执政、民主执政、依法执政的要求，改进领导方式和执政方式，提高领导干部执政本领。坚持五湖四海、任人唯贤，坚持德才兼备、以德为先，坚持注重实绩、群众公认，深化干部人事制度改革。扩大干部工作民主，提高民主质量，完善竞争性选拔干部方式，提高选人用人公信度。完善干部考核评价机制，促进领导干部树立正确政绩观。健全工作机制，从严管理监督干部，努力建设政治坚定、能力过硬、作风优良、奋发有为的执政骨干队伍。

29、着力加强人才队伍建设。坚持党管人才原则，统筹抓好以高层次人才和高技能人才为重点的各类人才队伍建设。强化人才是第一资源理念，为各类人才解决好居住、医疗、子女入学、社会保障等现实问题。健全创新促进政策，建立重大创新奖励机

制。在全社会营造尊重企业家、关爱纳税人、支持创业者的浓厚氛围。创新人才工作体制机制，激发各类人才创造活力和创业热情，开创人才辈出、人尽其才新局面。

30、着力加强基层党的建设。扎实抓好党员队伍建设基础工程，学习党章、贯彻党章、维护党章、遵守党纪，增强党员意识，提高党员素质。全面推进农村、企业、城市社区和机关、学校、新社会组织党的建设，建立健全城乡一体党员动态管理机制。优化组织设置，扩大组织覆盖，创新活动方式，建设服务型党组织。建立健全党内激励、关怀、帮扶机制，关心和爱护基层干部、老党员、生活困难党员。

31、着力加强执行力建设。坚决维护党的集中统一，自觉遵守党的政治纪律，在思想上、政治上、行动上同党中央和省、市委保持高度一致。各级领导干部要自觉做坚持民主集中制的表率，按照党的组织原则和党内政治生活准则办事，任何人都不能凌驾于组织之上。要严明政治纪律和组织纪律，决不允许“上有政策、下有对策”，决不允许有令不行、有禁不止，切实保证政令畅通。持续推进“执行力亮剑”行动，对违反纪律的行为进行严肃处理，切实做到纪律面前人人平等、遵守纪律没有特权、执行纪律没有例外，形成全市上下步调一致、奋发进取的强大力量。

32、着力加强作风建设。按照中央、省委部署，深入开展以为民、务实、清廉为主要内容的党的群众路线教育实践活动。认真落实中央政治局关于改进工作作风、密切联系群众的八项规定，完善领导干部直接联系群众的制度，着力解决人民群众反映强烈的突出问题，提高做好新形势下群众工作的能力。各级领导干部要自觉做弘扬优良作风的表率，带头加强学习、提高本领，带头求真务实、少说多干，带头克服形式主义、官僚主义，带头倡导新风正气、反对铺张浪费，以优良党风带动政风民风，凝聚党心民心。

33、着力加强廉洁政治建设。坚持标本兼治、综合治理、惩防并举、注重预防的方针，全面推进惩治和预防腐败体系建设，做到干部清正、政府清廉、政治清明。严格执行党风廉政建设责任制，严格落实领导干部重大事项报告制度，着力解决发生在群众身边的腐败问题，坚决查处违纪违法案件，依纪依法严惩腐败分子，为全面建成小康社会创造良好环境。

全市各级党组织和广大党员干部，要更加紧密地团结在以习近平同志为总书记的党中央周围，在省委的正确领导下，按照市委的决策部署，坚定不移沿着中国特色社会主义道路前进，坚定不移推进建设京畿强市、善美保定进程，以一个好的精神状态、一个好的工作作风、一个好的工作业绩，团结一心、埋头苦干，开拓进取、攻坚克难，为全面建成小康社会而不懈奋斗！

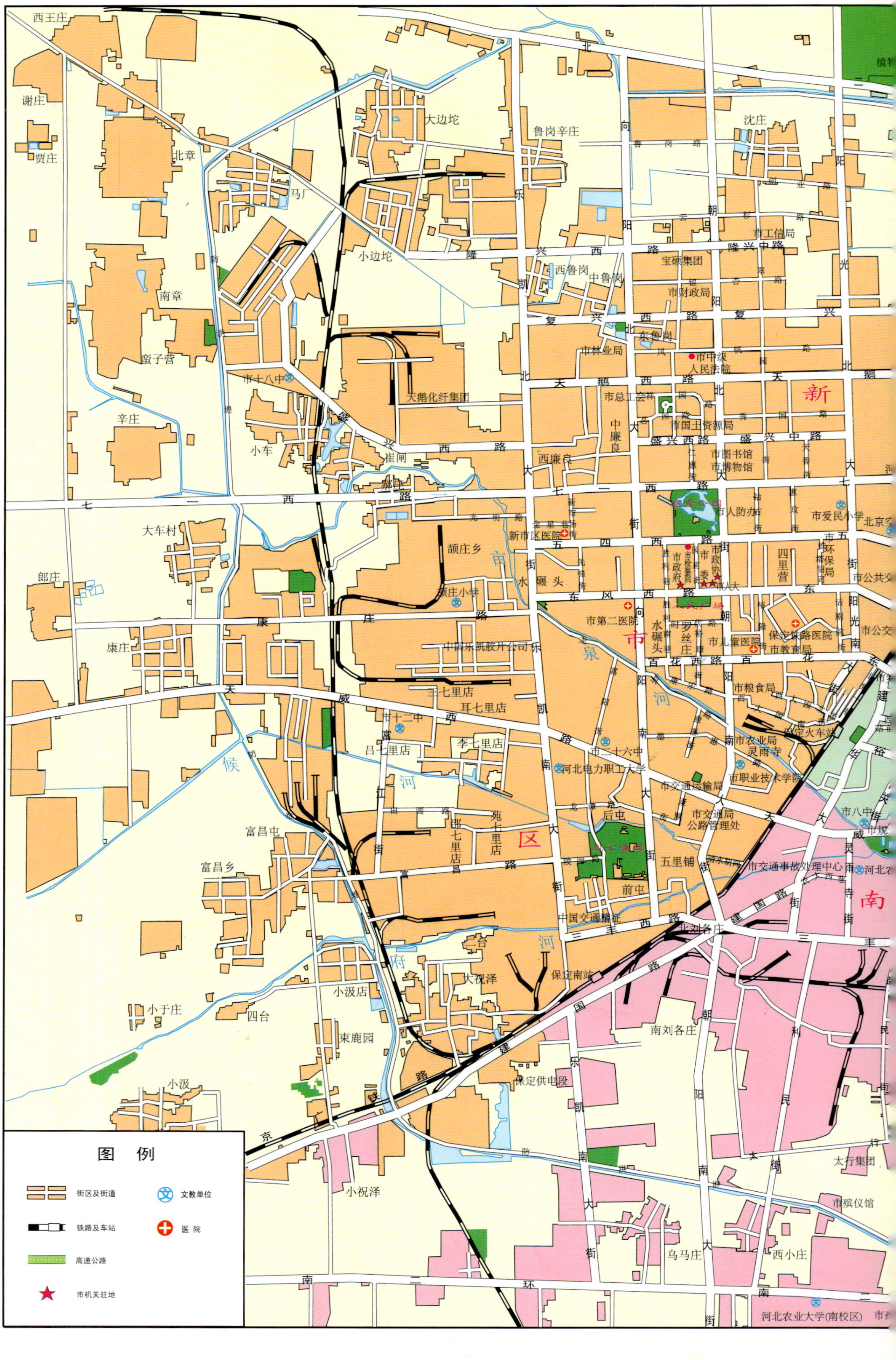
西王庄
谢庄
贾庄
北章
马厂
大边坨
小边坨
鲁岗辛庄
沈庄
南章
蛮子营
辛庄
市十八中
大鹅化纤集团
小车
崔闸
西鲁岗
中鲁岗
东鲁岗
宝硕集团
市财政局
市工信局
市林业局
市中级人民法院
市总工会
市国土资源局
中康良
西康良
市图书馆
市博物馆
市人防办
新市区医院
颉庄乡
颉庄小学
水碾头
市检察院
市政府
市委
市政协
市人大
四里营
环保局
市爱民小学
市第二医院
罗丝庄
市儿童医院
保定铁路医院
市教育局
大车村
郎庄
康庄
中国乐凯胶片公司
王七里店
耳七里店
市十二中
吕七里店
李七里店
市二十六中
河北电力职工大学
市粮食局
市农业局
灵雨寺
保定火车站
市职业技术学院
市交通运输局
市交通局公路管理处
后屯
前屯
五里铺
富昌屯
富昌乡
邵七里店
苑七里店
市交通事故处理中心
中国交通银行
北刘各庄
小汲店
大祝泽
保定南站
小于庄
四台
束鹿园
小汲
南刘各庄
保定供电段
小祝泽
太行集团
市殡仪馆
乌马庄
西小庄
河北农业大学(南校区)
市八中
新
市
区
南
七一西路
康庄路
天威西路
隆兴中路
复兴西路
北大鹅西路
盛兴西路
盛兴中路
东风西路
百花西路
裕华西路
三丰西路
南二环
京广铁路
侯河
府河
图 例
街区及街道
文教单位
铁路及车站
医 院
高速公路
市机关驻地